甜蜜的世仇

Britain and France, the History of a Love-Hate Relationship

Robert Tombs
Isabelle Tombs

英国和法国，300年的爱恨情仇

[英] 罗伯特·图姆斯
[法] 伊莎贝尔·图姆斯
—— 著 ——

冯奕达
—— 译 ——

上

That Sweet Enemy

中信出版集团｜北京

图书在版编目（CIP）数据

甜蜜的世仇：英国和法国，300年的爱恨情仇 /（英）罗伯特·图姆斯，（法）伊莎贝尔·图姆斯著；冯奕达译 . -- 北京：中信出版社，2022.05
书名原文：That Sweet Enemy：Britain and France, The History of a Love-Hate Relationship
ISBN 978-7-5217-3442-3

Ⅰ . ①甜… Ⅱ . ①罗… ②伊… ③冯… Ⅲ . ①英法关系－国际关系史－研究 Ⅳ . ① D856.19 ② D856.59

中国版本图书馆 CIP 数据核字（2021）第 162094 号

That Sweet Enemy
Copyright©2007 Robert Tombs and Isabelle Tombs
This edition arranged with A.M.Heath & Co.Ltd.
through Andrew Nurnberg Associates International Limited
ALL RIGHTS RESERVED
本书简体中文版由长沙森欣文化与中信出版集团联合出版。
本书仅限中国大陆地区发行销售。
书中地图系原文插附地图。

甜蜜的世仇：英国和法国，300 年的爱恨情仇
著者： [英]罗伯特·图姆斯　[法]伊莎贝尔·图姆斯
译者： 冯奕达
出版发行：中信出版集团股份有限公司
（北京市朝阳区惠新东街甲 4 号富盛大厦 2 座　邮编　100029）
承印者： 湖南天闻新华印务有限公司

开本：880mm×1230mm　1/32　印张：37.25　字数：822 千字
版次：2022 年 5 月第 1 版　印次：2022 年 5 月第 1 次印刷
京权图字：01–2021–4072　书号：ISBN 978–7–5217–3442–3
定价：168.00 元

版权所有·侵权必究
如有印刷、装订问题，本公司负责调换。
服务热线：400–600–8099
投稿邮箱：author@citicpub.com

献给我们俩的父亲

——丹尼斯与约瑟夫,

昔为战友却无从知之。

献给我们俩的母亲

——凯瑟琳与伊冯娜,

跨越海峡形同无物。

今日我策马挥臂举矛

皆尽如己意而收获奖赏,

英格兰人眼中之评判,

与若干法兰西冤家皆同;

众骑士歌颂我马上技艺

城里人赞赏我的力量;

讲究的裁判夸我艺精于勤

几位才人归诸运气;

其余则论之为我从双亲处

得来的血缘确实善于此道,

自然认为我天生精武。

但他们大错特错!真正的原因是,

美若天仙的斯黛拉一旁观战

投来她的微笑,使我有如神助。

——菲利普·西德尼爵士(Sir Philip Sidney),《爱星者与星》(*Astrophel and Stella*),十四行诗第四十一首,1591年

目 录

引 言	001
第一部：斗争	005
第一章：英伦入欧	008
欧洲心脏英国：1688—1748 年	031
法兰西与小骑士，1744—1746 年	048
终末之始	058
钱啊：拿黄金打仗	061
英国："拿金币破窗"	063
法兰西：破产地主	069
第二章：所思、所悦、所见	073
探索知性之旅	077
旅人故事	090
感受力流行：帕梅拉与茱莉的年代	117
爱恨纠葛	136
法国人与莎翁：伏尔泰时代	150
第三章：世界之权柄	155
糖与奴隶	158
印度诸地之富	162
几亩的雪地	164
七年战争：1756—1763 年	166

I

皮特与舒瓦瑟尔	181
胜利年代，1757—1763 年	190
占领全球	202

第四章：复仇者的悲剧　　　　214

舒瓦瑟尔复仇记	215
拿掉"不列颠"的"大"：美国独立战争，1776—1783 年	222
现世报：1783—1790 年	253

第五章：理念与刺刀　　　　268

至福之晨	269
光荣之日	287
内伤	304
从无法得胜的战争到不稳的和平	316
文化之战	327

第六章：令世界改头换面　　　　331

拿破仑的愿景	331
地表最后希望？英国的抵抗：1803—1805 年	341
巨鲸与大象	357
大陆封锁对决圣乔治金骑	374
从塔古斯河到别列津纳河：1807—1812 年	387
入侵：1813—1814 年	398
第二次百年战争结束：1815 年	404

结论与异见　　　　411

第二次百年战争：谁的胜利，谁的失败？	411
起源	414

文化 416
　　政治 417
　　经济 419
　　欧洲 420
　　世界 421
插曲：圣赫勒拿的景象，1815年10月至1821年5月 424
注释 430

第二部：共存 469
第七章：摘下和平果实 471
　　我们的敌国友人 472
　　浪漫相遇 487
　　棉花国王与丝绸女王 493
　　愁云惨雾 500
　　是盟友，还是"反法"？ 504
第八章：不成战争的战争 514
　　美梦：第一次《挚诚协定》，1841—1846年 515
　　"天佑这道狭窄的海"：从革命到帝国，1848—1852年 523
　　"这般忠实的盟友"：1853—1866年 538
　　双城记 553
　　隔岸观火：1870—1871年 572
第九章：衰颓与重生 588
　　下入深渊 592
　　重生：权力与帝国 614

让法国人有点血色	623
食物与文明	632
临渊：1898—1902年	642
离渊：迈向新《挚诚协定》，1902—1904年	658
结论与异见	668
插曲：各种观感	671
起源：种族、土地、气候	674
宗教、不道德与背信	675
"自然"对"文明"	676
阳刚和阴柔	678
崇尚物质、剥削、贪婪	680
注释	687

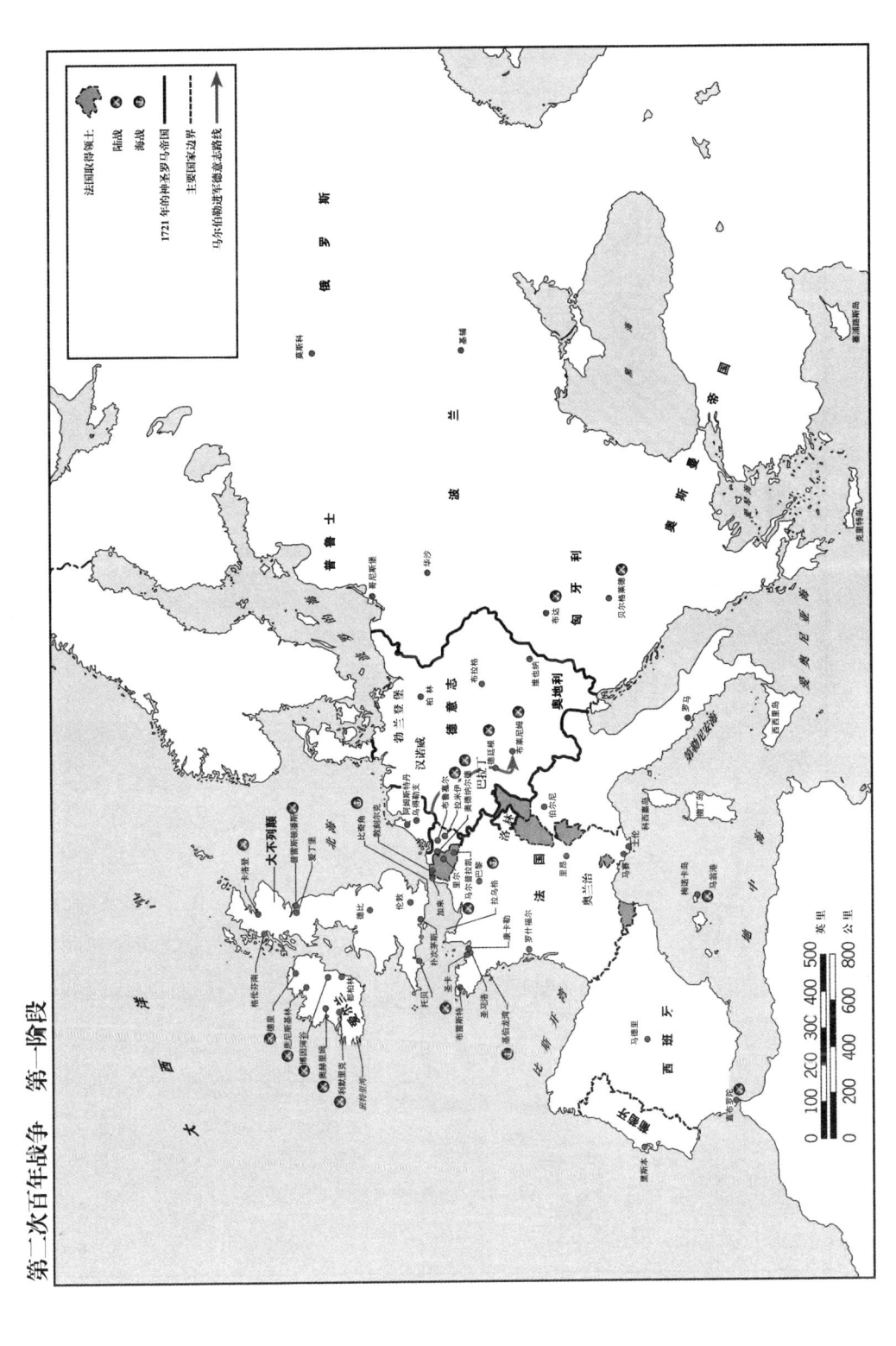

第二次百年战争 第一阶段

七年战争 1756—1763 年

美国独立战争 1775—1783 年

法国革命拿破仑时代的欧洲 1795—1815 年

西线 1914—1917年

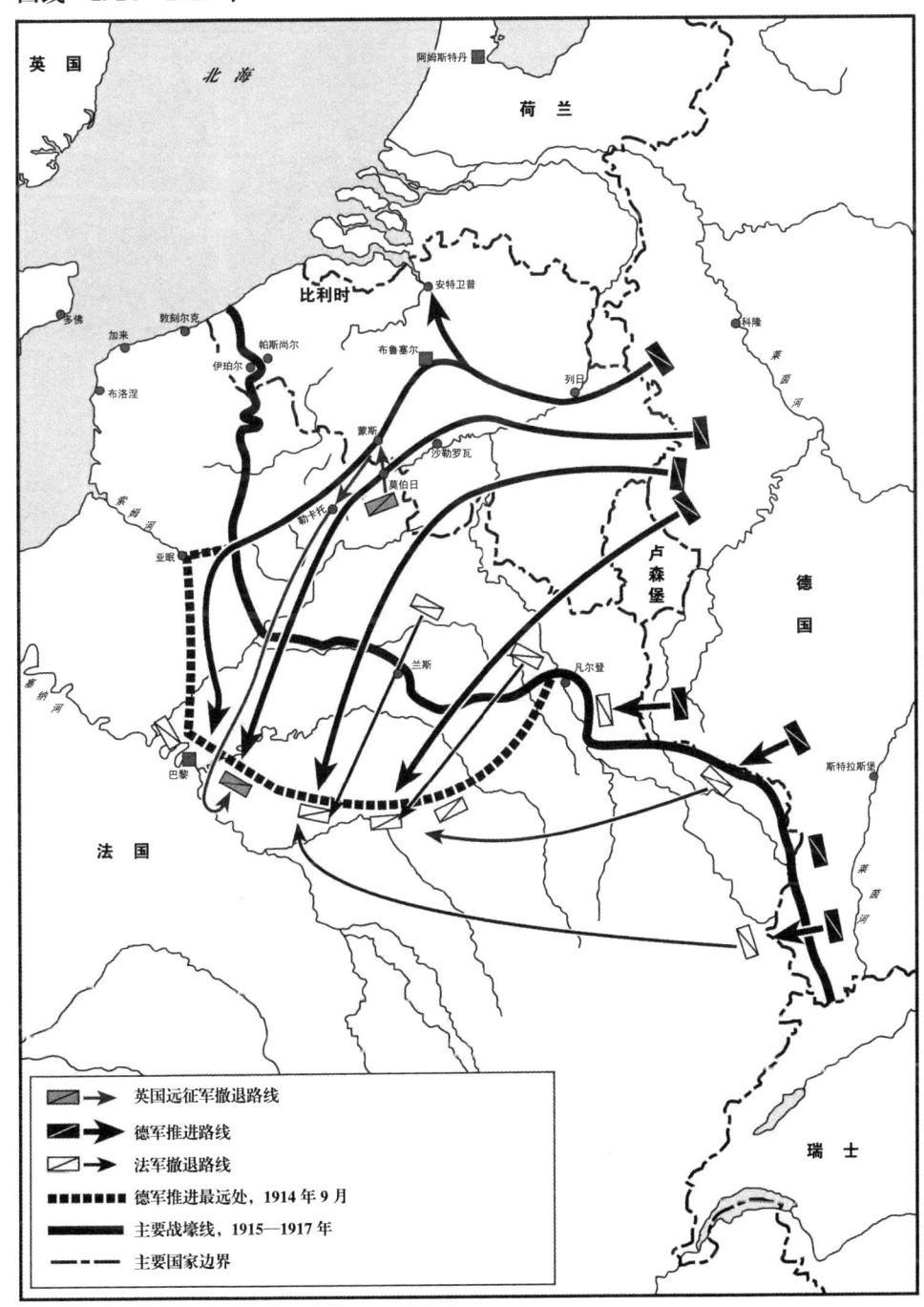

西线 1917—1918 年

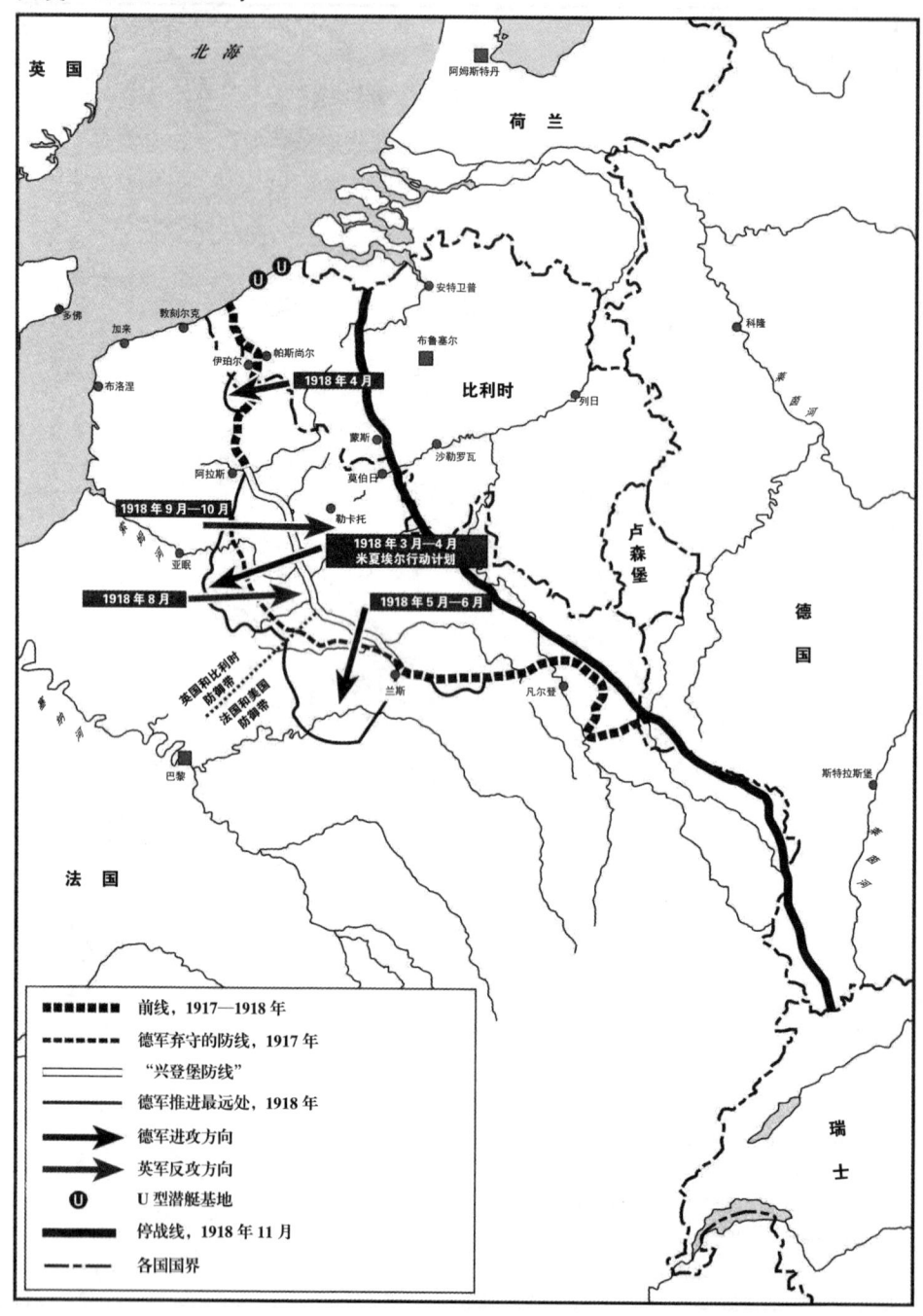

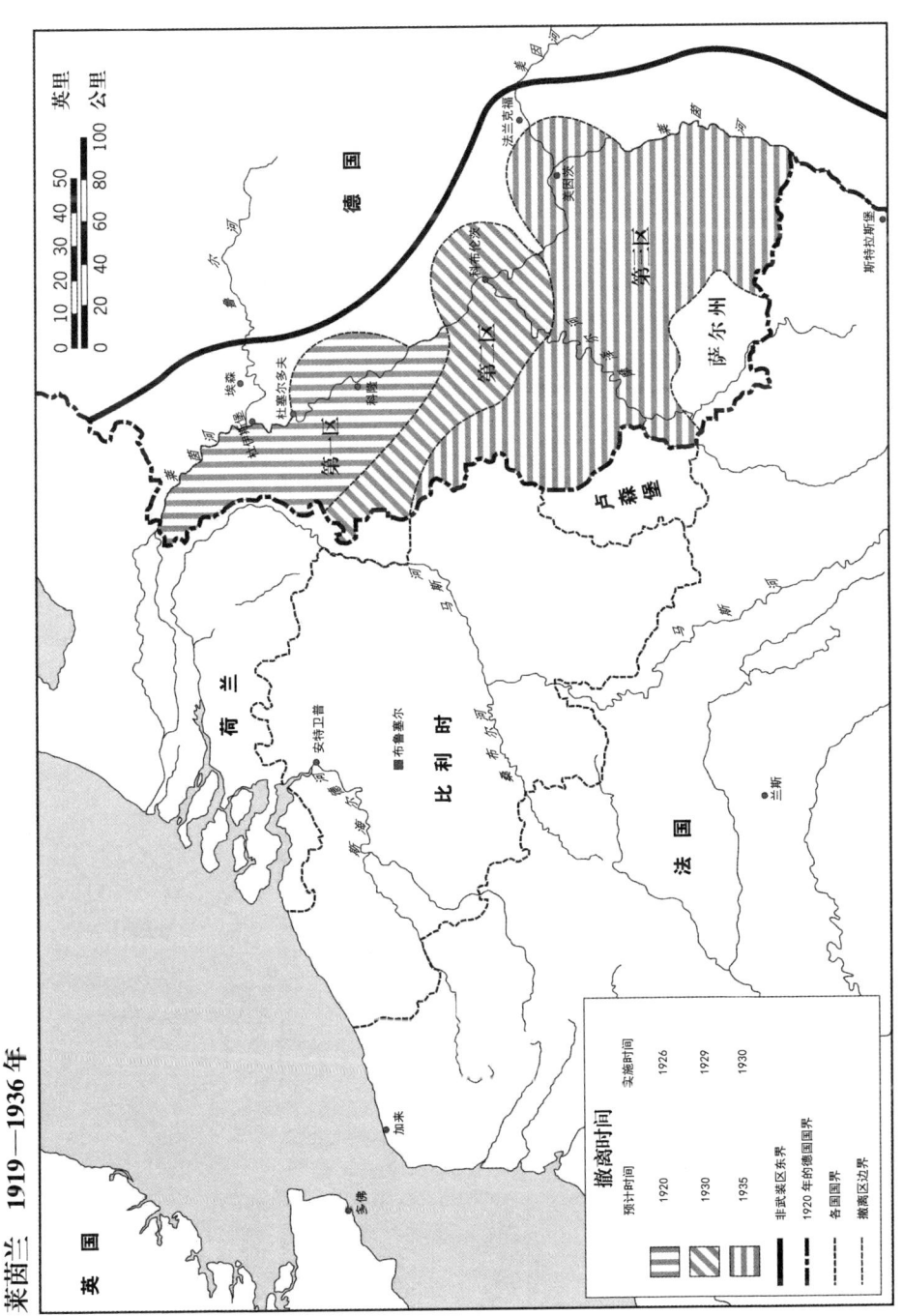

莱茵兰，1919—1936 年 甲阻德国：占领莱茵兰以威胁协关键的鲁尔部分地区，并为150英里以外的法国盟友捷克斯洛伐克斯提供可能的联系。

法国陷落 1940年

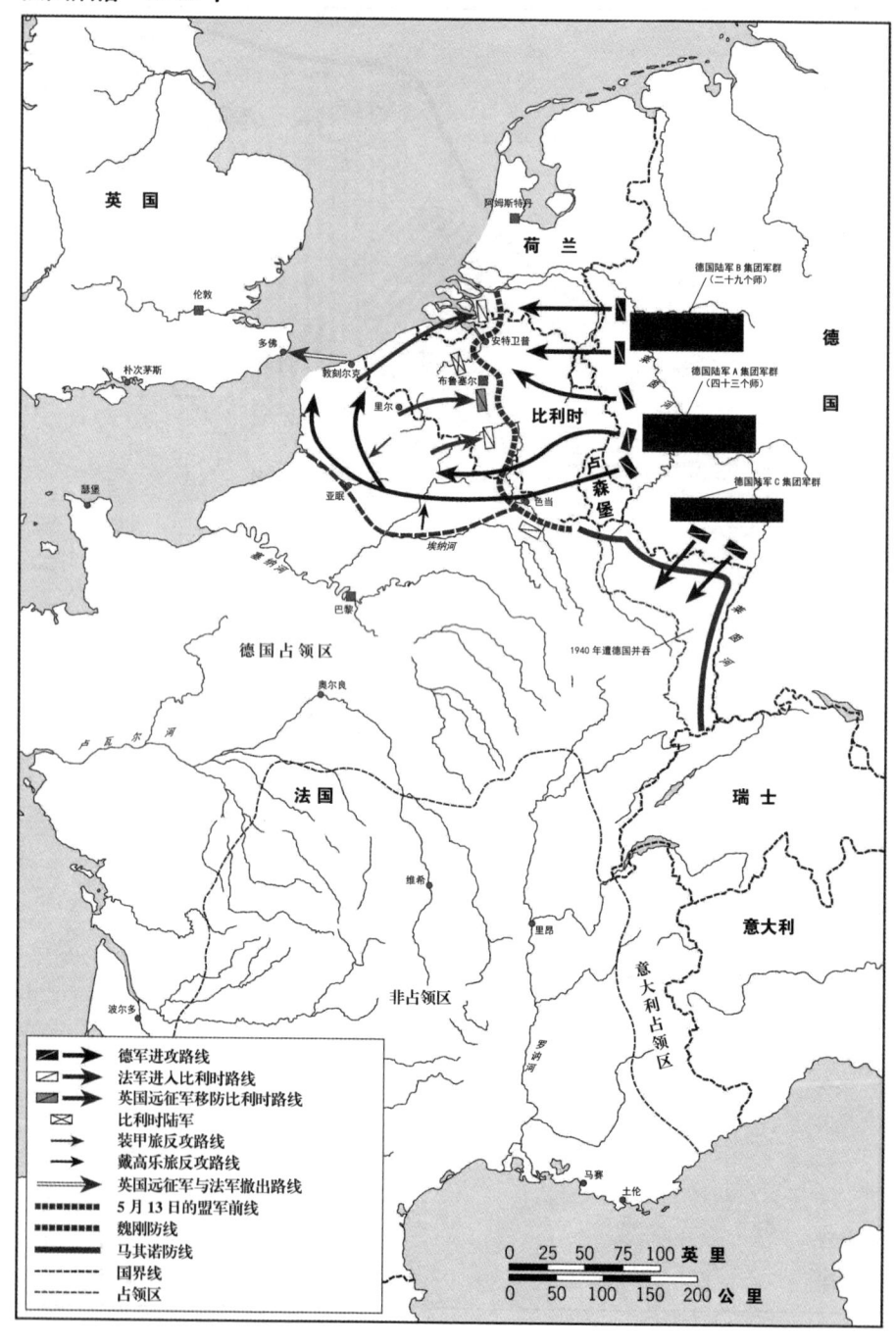

法国解放　1944 年

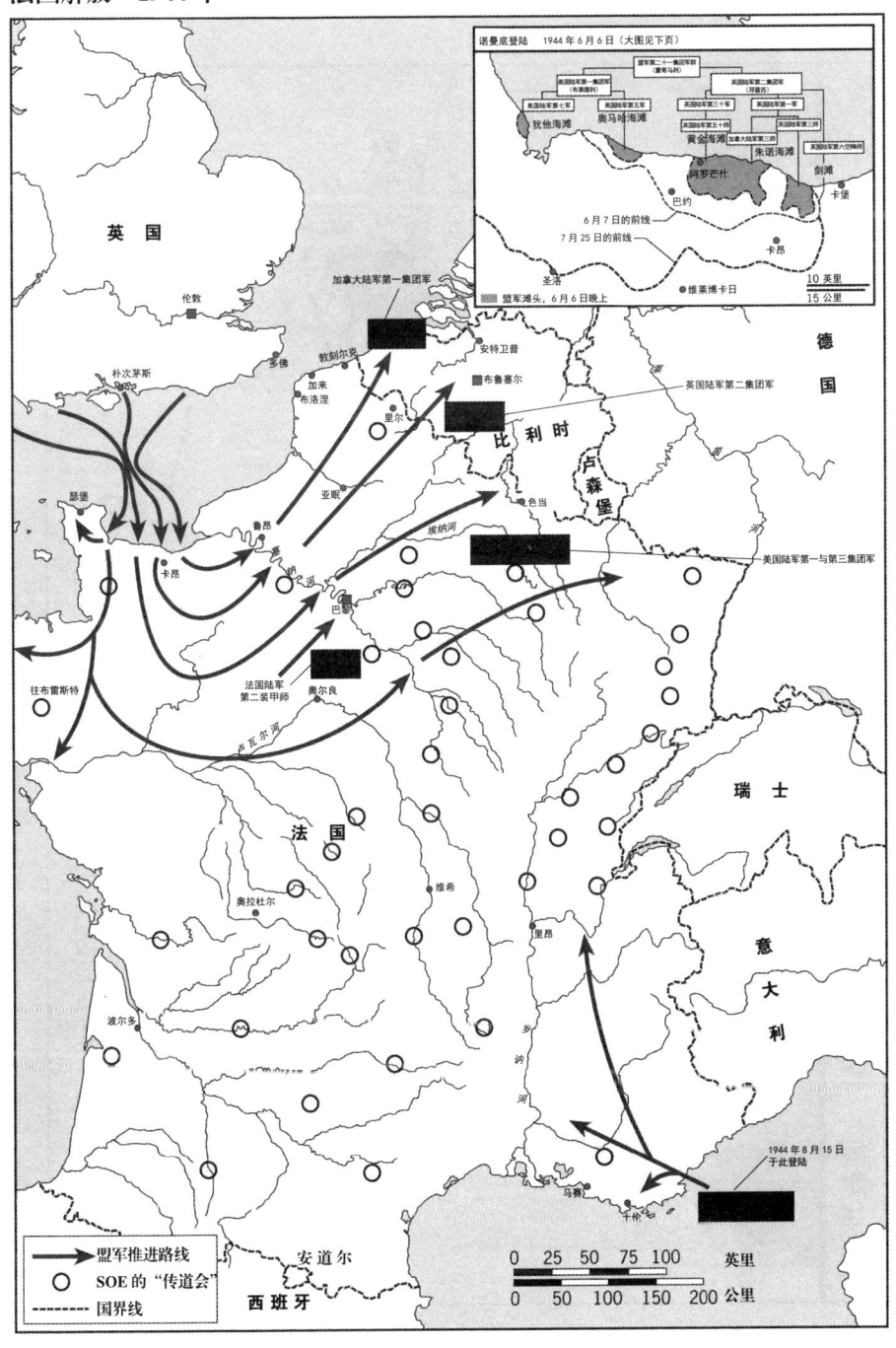

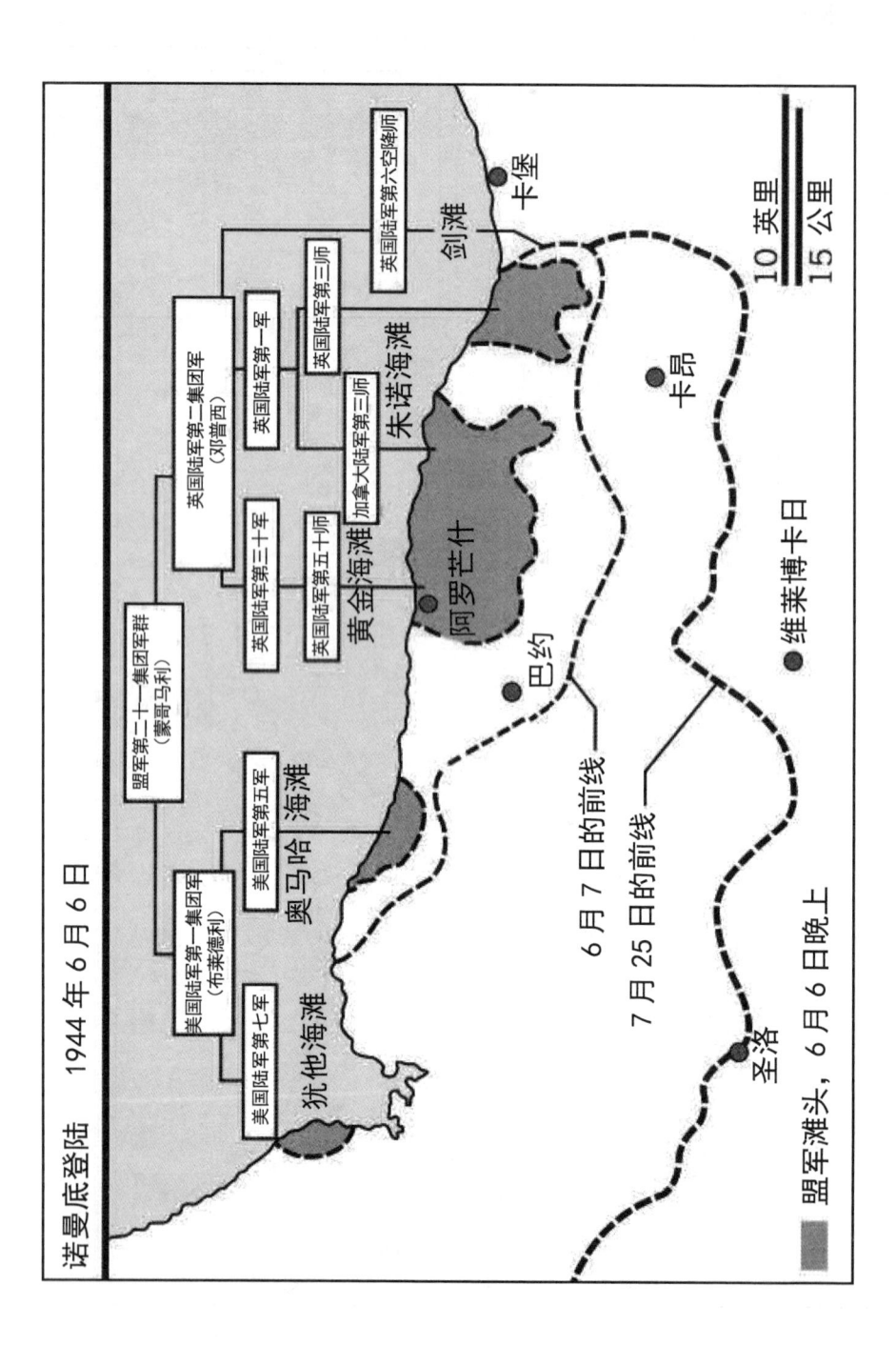

诺曼底登陆　1944年6月6日

- 盟军第二十一集团军群（蒙哥马利）
  - 美国陆军第一集团军（布莱德利）
    - 美国陆军第七军 —— 犹他海滩
    - 美国陆军第五军 —— 奥马哈海滩
  - 英国陆军第二集团军（邓普西）
    - 英国陆军第三十军
      - 英国陆军第五十师 —— 黄金海滩
      - 加拿大陆军第三师 —— 阿罗芒什
    - 英国陆军第一军
      - 英国陆军第三师 —— 朱诺海滩
      - 英国陆军第六空降师 —— 剑滩

地点：卡堡、卡昂、维莱博卡日、巴约、圣洛

- 6月7日的前线
- 7月25日的前线
- 盟军滩头，6月6日晚上

比例尺：10 英里 / 15 公里

引　言

　　这桩故事要讲一段紧绷、动荡的关系,而且是近代史上最有张力、最问题重重,也最重要的一段关系。就在我们讲述故事的当下,法国人与英国人之间已经有着一段漫长且曲折的历史,各种神话充斥其间。诺曼人征服英伦三岛,开启了一段英伦三岛与欧洲大陆紧紧相连却又令人忧心的关系。其间,王室贵胄或争权夺利,或为荣誉而战,足迹遍布整个不列颠群岛与欧洲大陆,替民族的情感、仇恨与认同打下了早期基础。两国斗争在百年战争(传统断代为 1328—1453 年)达到高峰,双方都创造了不少残酷无情与充满英雄气概的传说:黑太子(Black Prince)[①]、加来义民(burghers of Calais)[②]、亨利国王与阿金库尔(Agincourt)的长弓兵[③]、奥尔良之围(siege

---

[①] 这里指伍德斯托克的爱德华(Edward of Woodstock),英格兰国王爱德华三世之子,百年战争初期名将。据说爱德华在克雷西会战(Battle of Crécy)中身着黑铠甲,因而人称黑太子。——译者注
[②] 这里典出 14 世纪历史学家让·傅华萨(Jean Froissart)的《闻见录》(Chronicles)。1346 年,英格兰的爱德华三世挟克雷西会战之余威,围困加来。爱德华三世向加来居民表示,只要有六人脖子上绑着绳索、带着城门与城堡的钥匙自愿赴死,他就放过全城人民。以城中领袖为首的六人按照要求出降,以挽救众人性命,人称加来义民。最后爱德华的王后埃诺的菲莉帕(Philippa of Hainault)为之求情,爱德华因此饶过六人。——译者注
[③] 英格兰国王亨利五世在阿金库尔战役中,率领长弓兵对抗兵力三倍于己方的法军,并大获全胜。由于英军以弓兵为主,法军主力则为骑兵,此役被公认是骑兵战衰落、远距离武器兴起的转折点。——译者注

甜蜜的世仇
英国和法国，300 年的爱恨情仇

of Orleans）①，以及最重要的圣女贞德——1431 年被英格兰人烧死的烈士。她那道最有名的命令——将英格兰人逐出法兰西，在 1453 年实现。英格兰王室自此失去宝贵的领地波尔多（但依旧从当地买进葡萄酒），但在加来、敦刻尔克、科西嘉岛等今天属于法国的领土上，英格兰的统治仍来去去。历代英格兰与不列颠君主始终自称法兰西国王，直到拿破仑在 1802 年强迫他们不再这样做。法国人则一直怀疑对方觊觎自己的土地，猜疑直到第一次世界大战才消停。纵使是现在，海峡中的几块礁岩还是能激起法国人的强烈情绪。当然，苏格兰人、爱尔兰人与法国之间的关系则大不相同，"敌人的敌人就是朋友"是他们据以行事的危险准则。法苏"古老同盟"（Auld Alliance，1295 年首度缔结）迟至 16 世纪有着一半法国血统的玛丽女王统治苏格兰时，才终于开花结果。法国与苏格兰的宗教差异虽然让情势更加复杂，但法国仍不断鼓动苏格兰和爱尔兰抵抗英格兰宰制。我们会在本书第一部看到这样的情景一再上演。

百年战争结束后的两个世纪里，英法关系对双方来说都没么吃力。宗教改革带来了信仰上的动荡，国内外冲突因此产生，在意识形态与政治上创造出新的世界，致使法国与英国有了新敌人，包括西班牙、奥地利与荷兰共和国。两国也因此都饱受惨烈的宗教战争的折磨。在 1660 年查理二世不流血复辟之后，法国宫廷的文化格调开始传到伦敦。不列颠群岛上三个幅员相对狭窄、君主新立、经济羸弱的斯图亚特王国②仿佛

---

①1428 年 12 月—1429 年 5 月，英军围困奥尔良。原本战局不利的法军，在贞德的率领下大胜英军，为奥尔良解围。此役使贞德成为闻名遐迩的人物。——译者注
②英格兰、苏格兰、爱尔兰三国当时都是由斯图亚特王朝的查理二世统治。——编者注

成为路易十四管辖下强大法国的卫星国,尤其是它们有着共同的敌人:荷兰共和国。然而,事情在1688年发生了戏剧性转折,创造了英国与法国历史的新纪元,也翻开了世界历史新的一页。我们的故事就从这里开始。

但,且慢,让我们暂停片刻,来谈谈"法国人"与"英国人"。"法国人"的概念似乎不成问题,他们知道自己是谁,别人也知道他们是谁。但法国的疆界,甚至连"法国特质"(Frenchness),都是不断变动的。斯特拉斯堡是法国城市,布鲁塞尔和日内瓦则不是;科西嘉人说法语,而非英语;一般认为法国人既有都市气派又有乡土气息,既反抗成性又尊重权威;法国西南部的卢尔德镇(Lourdes)和英国的威根镇(Wigan)两地爱打橄榄球的人数不相上下;肋眼牛排是一道能引发爱国情操的民族菜肴……上述所有特质,多半都得归功于法国人和我们所谓"英国人"之间的互动(本书后面会再提到)。这类集体名称有不少问题。有些历史学家认为"英国人"这个概念是为了与法国人对抗而发明的。过去所说的"三王国"(Three Kingdoms,英格兰暨威尔士、苏格兰、爱尔兰)之所以一步步成为"联合王国"(The United Kingdom),就是对法战争的直接结果;而北美洲大片的"英属"领地,以及爱尔兰海对面多数的联合王国国土(指北爱尔兰)上的人民,如今都认为自己并非英国人,这同样是与法国对抗所造成的直接或间接的后果。这下可好,哪一个词才能准确称呼海峡以北的土地及人群呢?有些作者提议用"大西洋群岛"(Atlantic archipelago),或者含糊其词,叫"这些岛屿"。时人多半使用各式各样的称呼,包括用"英格兰人"来指称所有人,就像过去的法国人一般就是这么叫,至今依旧如此。我们俩一方面迫于现实,一方面也因为某位美国历史学家近来所说的,"经常没有机会选择确切的形容词,(因为)经常缺乏确切的形容词可供选择",[1]因此经常使用"英国"与"法国",但也不会忘记这两个实体在1700年、1800年、1900年与2000年时疆界不同,涵盖的人群也不同(其中有许多人宁可不要成为两国的一分子)。不过,情势之复杂,也是法国与英国关系牵一发而动全身的写照。

这不是一本把法国与英国历史并排呈现的书,也不是两国的比较史。只有从双方互动中产生,或是影响双方接触的人与事,才会被写进本书。可写的还真不少:战争、结盟、仇恨、共存、忌妒、钦羡、模仿,有时候甚至是爱情。我们这本书囊括了所有我们俩相信该写进来的重大历史事件,但也写了些我们觉得饶富兴味、启迪人心,或者纯属好玩的事。毕竟这不仅是国家的故事,也是人的故事。我们俩不见得总是意见一致,书里也写到了两人一些不同的看法。如果读这本书,能不时出乎你意料,逗笑你,惹恼你,感动你,一如我们俩写书时的感受,此则幸甚。

第一部

斗争

甜 蜜 的 世 仇
英国和法国，300年的爱恨情仇

1688年的盖伊·福克斯日（Guy Fawkes Day）[①]这一天，欧洲入侵英格兰。荷兰人、德意志人、丹麦人、法兰西人、瑞典人、披着熊皮的芬兰人、波兰人、希腊人与瑞士人组成两万大军，分乘500艘船袭来。这支舰队的规模是100年前入侵英格兰失败的西班牙无敌舰队的两倍以上，也是1944年诺曼底登陆之前，欧洲水域上最大的一场海上进攻。英国环境之肮脏吓到了在托贝（Torbay）上岸的荷兰人，但他们受到苹果、苹果酒和"愿神保佑你"的欢呼的迎接，心里却也直乐。部队以缓慢但坚定的步伐进军伦敦，此行即将成为1066年诺曼征服以来，影响最为深远的入侵行动：一半是征服，一半是解放。入侵者的目标，是把英格兰、爱尔兰与苏格兰三王国拉进欧洲人阻止法国扩张的斗争之中。这场斗争产生了一个破天荒的结果：将这座积弱不振、动荡不安的岛屿从"欧洲人的笑柄转变为全球强权"[1]。"英国"这个概念能成形，靠的不只是英格兰与苏格兰在1707年共组联合王国，还得让"英国特质"这个概念在岛民脑中产生意义。造成如此彻底转变的主因与结果，就是后人所称的"第二次百年战争"：法国与英国在1689—1815年爆发了六场对决大战，不仅让全球沦为焦土，也让两个主要参战国面目全非。法兰西倏然发现自己在欧洲的独霸地位遭到挑战与削弱，在欧陆之外的地位则在遭到顽强抵抗后被摧毁，

[①] 福克斯为16世纪末、17世纪初英格兰天主教徒。1604年起，他加入罗伯特·凯茨比（Robert Catesby）领导的天主教团体，计划炸毁议会，暗杀信奉新教的国王与议员，却在1605年事发被捕。此后11月5日逐渐出现各种庆祝活动，演变为盖伊·福克斯日。——译者注

其政府与社会更是以革命告终。小英格兰（Little England）不复存在，人们将在接下来 300 年间，看到大英帝国夙夜匪懈，努力"挥出超出其分量的拳头"，使其意志称霸欧洲，甚至世界。

第一章：英伦入欧

> 英格兰值得征服。只要一有机会，肯定会有人这么打算。英格兰人民一旦衰败、懦弱、没有纪律、贫困、不满，就很容易被击败。这就是如今的局面……对外人而言，他们是手到擒来的猎物。要是还有一丝悲惨的感受与自怨自艾，他们还会盼着任何入侵者，视之为救星。
>
> ——政论作家阿尔杰农·西德尼（Algernon Sidney）[1]

> 这个国家曾屹立不倒，保有其特权与自由长达数百年，却在不到 1/3 世纪中倾颓，其间挥霍 1.6 亿英镑之数，使英国生灵沦为祭品，股市操作（或在炮口下）违逆其营生，先是颠倒其荣誉、法律与正义，而后取笑之。
>
> ——1719 年的政治宣传册[2]

持续一个多世纪的惨烈宗教冲突在三十年战争（Thirty Years War，1618—1648）中达到巅峰，数百万人丧命。法兰西就是在欧洲饱受如此折磨之际，摆脱了该国 17 世纪 50 年代的内部冲突，凭借其人口、武力、财富与文化影响力崭露头角，成为首屈一指的强国。这股力量的化身就是路易十四：他在 1643 年即位时年仅 4 岁，统治时间却达 72 年。在他亲政的 54 年间，有 33 年在打仗。路易十四一生致力于确保国王能在文化与政治上统治法兰西,进而确保法兰西能宰制欧洲。在这个视战争与狩猎为常态的时代,君主的职责在于引导这些冲突,为他自己以及王朝和国家增添荣耀,而王朝和国家的繁荣与安定,都是他力量与智谋的成果。

路易十四掌控欧洲,凭借的不是过人的智力或人格魅力(他虽勤劳,但称不上聪明),而是靠其统治之长久,并孜孜矻矻于提升王权形象。他招来画家、作家、建筑师、音乐家与教士,创造他所说的"极端有效的宏大、权力、财富与庄严意象"。1688年竣工的凡尔赛宫,就是他惊艳全欧洲的舞台。人们长久以来相信,路易十四的动机是对荣耀需索无度的渴望,他本人的看法也支持这点。此说不能算全错,但我们必须明白,"荣耀"在当时还包含"声望"甚至"职责所在"的意义。不同于某些英国历史学家,法国历史学家主张路易十四之所以对外扩张,无论是攫取西班牙帝国,还是开疆拓土到比利牛斯山、阿尔卑斯山与莱茵河等日后人们所说的"法国天然疆界",并不是在遵循什么大战略,而是因为路易十四和大臣们坚信,他既然身为欧洲最伟大的君主,自然有权扩张其王国与王朝,有权比肩甚至超越历史上的伟人。人们尊路易十四为"奥古斯都"、"君士坦丁再世"或"查理曼再世"。路易十四这股无形、潜在的无尽野心,展现在专横字句与好战举动上,导致大半个欧洲联合起来反对他。就英国历史而言,路易十四就是让英伦三岛陷入这股洪流之中的要角;而对于路易十四来说,英国扮演的角色则是克服种种不利因素,成为反路易联盟的领袖。他个人对斯图亚特王朝的支持部分出于骑士精神,部分出于信仰,还有部分出于现实政治。这不仅导致三王国内部纷争不断,彼此之间征战不停,也让英国与法国的冲突无可避免。

太阳王

是否成为有史以来最耀眼的君王,由陛下自己定夺。

——马萨林枢机主教(Cardinal Mazarin)致路易十四[3]

路易十四是欧洲的诅咒与危害……这个穿高跟鞋、戴假发的花花公子,在情妇与告解神父的卑躬屈膝间趾高气扬……用50年以上的浮夸排场困扰着全人类。

——温斯顿·丘吉尔[4]

路易十四(1701年)

到了 17 世纪 80 年代早期，路易十四和大臣已经能心满意足地看着欧洲了。

法兰西……已几乎包围在大海、高山或深河所形成的天然疆界之间，足以抵御外敌入侵。她拥有人民所需要的丰饶物产……其政府之完善超乎寻常……其居民近乎无数，强健而大度，是天生的战士，既坦率又有纪律。[5]

拥有傲视全欧的达 2 000 万且仍在增加的人口，法国成了身处一群小矮人之间的巨人。西班牙只有 850 万人；德意志地区共有 1 200 万人，却是由无数城邦、主教辖区与公国组成，且与法国东疆毗邻处尽是一片毫不设防的迷你国家；尼德兰联省共和国（United Provinces of the Netherlands）有将近 200 万人口；斯堪的纳维亚诸王国的人口加起来则介于 200 万到 300 万之间。按人口数往下排，不列颠岛上的"三王国"总人口有 800 万，但人数正在下降，被法兰西外交部列为欧洲第六等国家，其政府岁入只有法国的 1/5，军队规模更只有瑞典的 1/4。

法国努力不懈地巩固其自然优势。17 世纪 70 年代，国务大臣让-巴普蒂斯特·科尔贝（Jean-Baptiste Colbert）打造了一支比荷兰或英格兰的海军都要庞大的海军；陆军则超过 20 万人，睥睨群雄。军事工程师塞巴斯蒂安·勒普雷斯特·德·沃邦（Sébastien Le Préstre de Vauban）元帅建立了一连串的要塞来保卫法兰西王国的国土，也让法国成为世界上最固若金汤的国家（现存许多城堡可供佐证），几乎所有战斗都发生在外国领土上。天分与努力似乎得到神圣天命的认可，让法国在战场与外交场合好运不断，慷慨创造出路易十四得以踏入的权力真空。老对手哈布斯堡曾一度同时统治西班牙与神圣罗马帝国，如今马德里与维也纳分庭抗礼。西班牙虽然握有令人垂涎的富裕的殖民地，但国势正走下坡；神圣罗马帝国饱受战争与宗教冲突蹂躏，支离破碎，而且经常遭到土耳其人攻击，维也纳甚至在1683年被土耳其人围困。路易十四似乎代表未来：绝对的王权、专业的行政机构，以及一致的宗教信仰。法国官员与文宣作家习惯用"托大"与"狂妄"等词语形容任何反对他们的国家，法兰西人的优越显得多么理所当然。

自从联合欧陆与苏格兰的斯图亚特王朝在1660年复辟以来，不列颠岛上的三王国一直深受波旁这颗太阳的重力吸引。全欧洲此前深陷宗教与军事动荡，三王国亦尚未从此间脱离，动荡不仅害得查理一世掉了脑袋，更使25万英格兰与苏格兰子民失去性命，爱尔兰的牺牲者更是多到不计其数。[6] 领教过清教徒共和国[①]的"狂徒"（Fanatic，他们的敌人通常这么称呼）之后，从法国流亡归来的查理二世一开始颇受人爱戴。查理二世和其弟约克公爵詹姆士（James, Duke of York）着手巩固复辟成果：朝近代专制政权发展，绕过"议会"这个古老的麻烦。此举需要法国支持，包括拨款（有时甚至是由查理二世的贴身侍从转交）。[7] 法国担心英格兰萌芽中的商业与海军成就，因此自然希望英格兰王座上的是自己的盟友。通过查理二世的法国旧情妇，朴次茅斯女公爵路易丝·德·凯鲁阿尔（Louise de Kéroualle, Duchess of Portsmouth），法国得以影响英国。流亡海外的法国作家夏尔·德·圣埃夫勒蒙（Charles de Saint-Evremond）就宣称"围在她腰

[①] 此处指1649—1660年采用共和制的英格兰联邦（Commonwealth of England），由克伦威尔掌权，这段时期又被称为护国公时期。——编者注

上的丝绸缎带将法兰西与英格兰系在一块儿"。但查理二世不需要这类声色的引诱，因为在他"脑海的地图里，欧洲中心根本不是英格兰，而是法兰西"[8]。1672年，他协助路易十四侵略荷兰（也是英格兰的敌国）；但这一仗不仅未能巩固英法同盟，反而更像是对英格兰人的当头棒喝，证明真正的威胁来自法国。法国陆军的声威令人紧张，人们更是相信法国海军是刻意避开战场，好让英格兰与荷兰自相残杀。据说法国海军"吹嘘说在打下荷兰之后，下一个就轮到英格兰"[9]。英格兰舆论感觉自己人上了当，在亲法宫廷的纵容下，成了路易十四侵略企图的帮凶。有位议会议员说："不让法国染指英格兰，是我们的重大责任。"[10] 尽管查理二世向路易十四保证，自己会"为法兰西利益挺身而出，对抗自己的整个王国"[11]，但路易十四却出人意料，把自己与查理二世暗通款曲的细节，透露给反对查理二世的议会，可见路易十四也在勾结英格兰议会。路易十四的策略（与对付荷兰的方式类似）正是撩拨不列颠内战的余烬，确保三王国积弱不振。

在三王国内外，许多人都认为斯图亚特王朝的势力全赖凡尔赛支持；但英格兰王詹姆士二世暨苏格兰王詹姆士七世（他在1685年继承查理二世而成为英格兰国王）意识到，路易十四将会为了切身利益而牺牲斯图亚特王朝，于是他开始让英格兰脱离法国势力范围。从詹姆士二世的最终下场来看，造化实在弄人。纵使詹姆士二世任命法国密友布兰克福特侯爵［Marquis de Blanquefort，亦称费弗沙姆伯爵（Earl of Feversham），其兄曾于1688年指挥法国陆军］掌管国内佣兵部队，还给一名派驻在荷兰海牙的爱尔兰天主教外交官安上法文头衔［阿伯维侯爵（Marquis d'Albeville）］以彰显其职位之特殊性，但他不打算和自己的长兄查理二世一样彻底沦为法国附庸。他的策略是避开所

013

费不赀的欧陆战事，同时利用海上力量在北美洲与法国抗衡，将自己在该地的领土化为广大私人领地（例如已属于他的纽约），凭借其收入独立于议会之外。苏格兰与爱尔兰的议会大可忽略不计，但英格兰的议会却性喜犯上。

宗教是影响英格兰对法态度的关键。自从路德与加尔文出世以来，动摇全欧的宗教对抗似乎正往天主教胜利的方向发展，许多人认为这意味着君主的胜利。路易十四视天主教为其权力支柱，也是神恩的泉源。法国仍有150万新教徒，他们身上的压力在17世纪80年代剧增——此前，法国宗教相对宽容，英格兰宗教异议人士（长老教会、贵格会、浸信会）因此盛赞法国，对比自身在英格兰遭受的迫害；局势如今逆转。士兵住进新教徒家庭后，生活变得难以忍受，此即恶名昭彰的龙骑兵迫害（Dragonnades）。1685年10月，这位"君士坦丁再世"的路易十四撤销了1598年的《南特敕令》（Edict of Nantes，根据《南特敕令》，新教徒的信仰、民事与政治权利得到永久承认），并宣布从此战胜了人数日益减少的"胡格诺派"（Huguenots，揶揄新教徒的名称）。路易十四表示法国国土再也不存在"所谓改革宗"，此后不能公开或私下举行新教信仰仪式、新教婚礼或继承仪式。所有新教学校、教堂一律拆毁。此举成为路易十四治下最受欢迎的施政，在天主教子民间带来"剧增的喜乐"：御用作家让·德·拉布吕耶尔（Jean de La Bruyère）、让·德·拉封丹（Jean de La Fontaine）与让·拉辛（Jean Racine）便是其中的成员。群众拆毁新教教堂，亵渎新教墓地。虽然有武装抵抗，但陆军大臣卢瓦侯爵（Marquis Louvois）下令："别留下太多俘虏……女人也别饶过。"[12] 新教徒难民于是涌向荷兰与不列颠，带去关于迫害的恐怖故事。英格兰当局更是在法国大使要求下,将其中一部最有影响力的出版物没收烧毁。

这道划过海峡的创伤,为詹姆士二世统治的第一个月蒙上了阴影。1685年2月,他才刚成为欧洲尚存的最大新教国度里的天主教国王。查理二世、詹姆士二世两人之所以与其他几位谨慎的北方王公一样倒向天主教,部分是出于个人与家庭因素(受到两人的法裔母亲影响),部分则由于他们也一致认为天主教是王权支柱。查理二世的态度主要跟政治有关,但詹姆士二世的确是虔诚的天主教徒。无论如何,两人政教合一的做法被反对者烙上"教皇走狗"的印记。当法国宗教迫害初露端倪时,詹姆士二世在宗教上赞同法方的态度更是令英格兰人担忧。用某位贵族的话来说,你只能在"奴隶兼教宗一党"与"新教徒兼自由人"中二选一。[13] 反詹姆士二世的暴动在苏格兰与西乡(West Country)爆发,查理一世信奉新教的私生子——蒙茅斯公爵(Duke of Monmouth)就在西乡自立为王,叛乱旋即被残酷镇压。一名妇女因窝藏逆贼而被送上火刑柱,另有约300人遭绞刑后被五马分尸,行刑场鲜血如洗。詹姆士二世旨在让天主教成为其辖下三王国的合法宗教。他威胁与利诱双管齐下,试图让英格兰国教信徒与天主教徒结盟对抗闹事的不从国教者,甚至单独约见每一位议会议员。此举不成,他便又孤注一掷,采取相反的策略:为天主教徒与不从国教者提供宗教宽容,借此让双方联手对抗当权的国教徒。他不敢叫停天主教徒不得担任议会议员的禁令,而是采取策略,一步步让不从国教者包办下议院。他将2/3的国教治安法官与郡长免职,任命数量多得不成比例的不从国教者与天主教徒担任军事与政治要职。天主教徒掌握国务大臣(Secretary of State)、爱尔兰代理总督(acting Lord Lieutenant of Ireland)、大法官(Lord Chancellor)以及海军舰队司令。耶稣会士爱德华·彼得（Edward Petre）神父成为枢密院（Privy Council）一员。詹姆士二世打算让天主教获得跟"国教"（Established）教会平起平坐的地位，自有其主教、牧区、什一税与学院。这等于取国教徒而代之，例如牛津大学莫德林学院（Magdalen College）便接受命令选出信仰天主教的院长，等到教员拒绝时，他们便全数遭到免职。[14] 皇家礼拜堂（Chapel Royal）公开举行弥撒，并接待教廷大使。有些人喜闻乐见，但更多人却担心有朝一日整个国家会再度信仰天主教，就像法国一样。1688 年，詹姆士二世的男性继承人（继承顺位高于信奉国教的异母姐姐玛丽与安妮）出生，并受洗成为天主教徒，詹姆士二世的安排霎时变得明确起来。谣言满天飞，说这孩子并非亲生，而是有人把婴儿放入锅里，偷偷带进了王后寝宫。

经常有人以为詹姆士二世的野心尚有分寸，因为民众对"教皇派"（Popery）的担忧充满偏见、歇斯底里，纵使他真有心追求绝对王权，也绝无可能成功。不过，近年若干重量级研究却有相反的结论：詹姆士二世追求绝对王权的大胆目标"不仅切实可行，而且差点就能达成"。[15] 欧洲似乎正走上这条绝对王权的道路，就像丹麦与瑞典不久前才失去该国的代议组织。詹姆士二世的政策等于用宗教纷争与内战再次爆发来威胁英国。倘若他再得到法国的支持，威胁的力度更将加倍。用某位下议院议员的话说："我国对教皇派，或者说专制政府的艳羡，并非出自本地少数无足轻重的教皇走狗，而是因为我们有法兰西这般的坏榜样。"[16]

路易十四正踏上自封天主教捍卫者的征途，他的新教邻居们因此神经紧绷。天主教王侯同样担心，包括其中的正宗，也就是教宗英诺森十一世（Innocent XI），他在法国的宗教权威遭到公然藐视。英诺森十一世对于路易十四和土耳其人联手之举极为愤怒,于是在1687年对路易十四施以绝罚。新教徒和他们的天主教对手一同控诉路易十四志在建立"普世君主国"(Universal Monarchy),这个概念暗示路易十四将独占宗教与世俗权威。当法方暗示路易十四以获选为神圣罗马帝国皇帝为夙愿时,这类指控就变得更加可信。英国新教徒乐于和反对路易十四的天主教国家联手。包括近年来的若干史学家在内,为路易十四辩护的人向来斥这类恐惧为偏执妄想;他们主张路易十四完全是为了防御,他只是坚定行使其世袭权力,确立法国疆界而已。

当然,这种"防御"观点是否有理,要视论者身在沃邦元帅新盖的森严的防御工事哪一边。法国的政策是以武装力量为其不可靠的法律主张撑腰,借此确保所有通往其领土的"大门"尽入囊中,如里尔(Lille,从西属尼德兰割来)、梅斯(Metz)、斯特拉斯堡(Strasbourg,此前是神圣罗马帝国利伯维尔)与弗朗什-孔泰(Franche-Comté);这也等于让邻国越来越不设防,因为这些"大门"双向互通。这些年来,萨伏依(Savoy)、西属尼德兰、几个德意志国家、的黎波里、阿尔及尔和热那亚皆苦于法国入侵。法兰西觊觎西属尼德兰(今天比利时的大部分)、洛林与莱茵河边疆已不是秘密。在某些琐事上,法国人的意图不光是控制,还要羞辱人。法国不仅不准名义上独立的萨伏依公爵前往威尼斯度假,甚至囚禁另一位以游客身份造访巴黎的独立统治者梅克伦堡公爵(Duke of Mecklenburg)。1672年,法国与荷兰和谈,居然要求荷兰每年派使节带一面金牌给路易十四,谦卑地感谢他为荷兰人带来和平。此条件被荷兰人拒绝。法国当局行径不受任何人节制,"有时威胁恐吓邻国,有时强行实施法方意愿"(这是一位现代法国史专家的原话)。[17]没有人知道,法国野心未来会发展到什么样的地步。

独立公国奥兰治（Orange）是路易十四飞扬跋扈的小小受害者。奥兰治位于法国南部朗格多克（Languedoc），宛如新教孤岛。该国在1682年被法方占领，过程伴随着常见的奸淫掳掠，犯下暴行的正是路易十四的龙骑兵，他们可是低强度反新教徒的军事行动专家。英格兰新教徒对此大为紧张、愤慨。不出路易十四所料，小公国的青年大公、奥兰治的纪尧姆（Guillaume d'Orange）盛怒至极。当纪尧姆派使节前去法国抗议时，路易十四的大臣便威胁要将其关入巴士底狱。从事后来看，法国此举虽然大错特错，但其逻辑原是想惩罚纪尧姆另一个比较著名的身份：奥兰治的威廉三世（Willem Ⅲ van Oranje），法国对他领导荷兰对抗法军一事非常厌恶。纪尧姆的家族是德意志的拿骚伯爵家（Counts of Nassau）与法兰西的奥兰治大公家（Princes of Orange）的结合，此家族之所以具有影响力，是因为荷兰共和国奇特的执政（Stadhouder）一职。执政身份是半选举、半世袭而来，总是不讨共和寡头政体喜欢。联省共和国紧急时会任命执政，指导政府方向，并指挥武装部队。威廉一世（Willem I，又号"沉默者"）曾在1579年领头对抗西班牙。共和国成立后，奥兰治－拿骚家族数度出任执政。1650—1672年并未设置执政，但在1672年，路易十四在查理二世唆使下入侵荷兰共和国，青年威廉三世衔命担任终身执政，指挥军队反抗法军入侵。直到荷兰人涌向通往阿姆斯特丹的道路时，法军才停下脚步。布尔乔亚的贸易利益集团，尤其是在阿姆斯特丹的利益集团，随后与法国达成了协议，而法国正是他们最大的市场之一。1677年，英王查理二世将亲弟詹姆士二世的长女玛丽许配给威廉三世（威廉三世是查理一世的孙辈），希望借此影响他，让他从另一场跟法国的冲突中抽身。但这场联姻却起了相反的效果：威廉三世得到了在英国外交政策上的合法发言权。

到了1687年，路易十四不再纡尊降贵，宣抚荷兰"奶酪小贩"和"鲱鱼渔夫"，特别是因为购买荷兰产品会浪费法国金子。他傲慢轻蔑地取消贸易协议。荷兰人，包括他们亲法的商人寡头政权因此遭逢灭国的要挟。荷兰一抗议，100艘荷兰船只便被法国港口扣留，荷兰共和国的存续再度受到威胁。法国与荷兰之间免不了大战一场，说不定还会牵连大半个欧洲。不过，荷兰人情急之下的反应虽然冒险，却带来了决定性的影响，堪称是荷兰史上最大的冒险之举。[18]他们得阻止英国及其海军（17世纪80年代欧洲规模最大的海军）再次加入法国阵营，可能的话，还要将该国海军连同其他任何被集结起来的人力、财力资源拉到自己阵营。当英王詹姆士二世在1688年与法国签订海事协议时，荷兰人的恐惧似乎得到了证明。威廉三世于是安排詹姆士二世在英格兰的对手邀请自己以武力干预英格兰政局。平时争吵不休的荷兰各省与城市同意提供金钱、人力与船只，供威廉三世入侵英格兰，强迫詹姆士二世"做个对（威廉的）友人与盟邦，尤其是对这个国家有用的人"[19]。路易十四的天主教敌人，包括教宗、神圣罗马帝国皇帝与西班牙国王在内，皆默许这项行动，前提是不能伤害英国的天主教徒。荷兰人表面上假装只是想对北非的巴巴里海盗发动惩罚性掠夺，但法国大使仍在1688年9月9日严正警告，表示任何违抗詹姆士二世的行动，都会被路易十四视为"对其王国的战争行为"。[20]此举简直是火上浇油，让荷兰人相信法国与英国的同盟确实存在。

法国未能成功阻止荷兰人入侵英格兰，这给历史带来了深远的影响，而且其失败的原因始终令人费解。一个原因是詹姆士二世和路易十四的疏远。假使他接受附庸地位，他原本应能得到法国陆海两军相助，可他不愿意依赖路易十四。詹姆士二世对法国大使表示，"他对路易十四的友谊很有信心，相信路易十四绝对不会嫉妒自己的成就，也希望他去征服整个德意志"，话中不免让人嗅到一丝不满；[21] 另一个原因是，路易十四的注意力在这个关键时刻，被东南方遥远处看来更严重的事件吸引，该事件导致欧洲版图被永久改变。路易的对手神圣罗马帝国开始在与土耳其人的漫长战事中取得胜利。不久前，奥斯曼陆军才在1683年包围维也纳，法方对此曾窃喜：让人兴奋不已的可能性出现了，哈布斯堡家或许会丢掉皇冠，让路易十四得以成为中欧甚至是神圣罗马帝国皇帝的"保护者"。但土耳其人被击退，帝国陆军继而在1686年夺取布达（Buda）这座"伊斯兰的桥头堡"。德意志上上下下的新教徒与天主教徒拍手叫好，但法国人则开心不起来。威尼斯人攻击土耳其人的希腊省份（无意间点着了藏在帕台农神庙里的火药，结果炸毁了神庙），基督徒军队开始反攻整个巴尔干地区的各处土耳其据点。而在奥斯曼土耳其的首都伊斯坦布尔，脸上无光的苏丹遭人罢黜。土耳其人的强大要塞贝尔格莱德在1688年9月6日陷落，此后土耳其人再也构不成威胁。这回漂亮的胜利意味着帝国部队有余力西进，防守莱茵河沿岸的脆弱小国。法国人决心要先发制人，强化自家在德意志的军事地位，并鼓励土耳其人继续战斗。路易十四手下的一位大将清楚表示：

> 宫里很难决定把宝押哪一边才好。是支持正面临攻击的詹姆士二世，还是阻止土耳其人求和呢……否则接着皇帝便会倾力对付我们……卢瓦阁下（说话颇具分量的陆军大臣）决定在后者身上下注……对我们而言，没有什么比引导土耳其人继续战争还来得重要。[22]

于是，法兰西舰队将注意力放在地中海，陆军则移防莱茵兰，发起"大气的吓阻攻势"，而非攻击荷兰人并保护斯图亚特王朝的詹姆士二世。[23] 法国部队在路易十四的直接训令下，一步步破坏帝国境内的巴拉丁领地（Palatinate），以警告潜在敌人，同时创造焦土屏障以抵御进攻。海德堡、曼海姆（Mannheim）、斯拜尔（Spire）、沃尔姆斯（Worms）与其他城镇皆遭到劫掠与焚毁。此举虽然说动了土耳其人继续战斗，却造成德意志地区群情激愤，全欧洲联手对付法国。

等到路易十四、詹姆士二世和他们的谋士意识到威廉三世的威胁有多严重时，已经太迟了。他们原本以为英格兰海军能抵挡任何人入侵。[24] 法方估计，即便英格兰确实被入侵（法国大使认为近期内不会），也会造成相当惨烈而混乱的局面，使威廉三世短期内分身乏术。路易十四甚至可能是故意让荷兰人走进这个危险的陷阱里，借此惩罚詹姆士二世在北美洲的敌对举动。詹姆士二世最后还是请求法国派一支舰队到布雷斯特（Brest）以防万一，但这支舰队却没有采取任何可能实际派上用场的举动。根据西属尼德兰总督身边的法国间谍所言，法方已经将船只调往地中海，陆军派到莱茵河，"实无余力提供多少协助"；但法国人却告知伦敦方面，说除非詹姆士二世照章办事，与法国签订盟约，否则法国不会提供协助。结果詹姆士二世全盘皆输：法国未来将提供援助的暗示刺激了他在荷兰与英格兰的敌人采取行动，但法国的支持却从未化作现实。

路易十四与詹姆士二世的想法没错，入侵英格兰要冒很大的风险。威廉二世是在"豪赌"，军事行动的谣言更是让阿姆斯特丹股票交易资金流失。群众以欢呼、祈祷和眼泪目送威廉三世的舰队，这支舰队不仅容易遭到海上攻击，也难以防范冬天的强风，此行"完全违背常识与专业经验"。[26] 在强风下，荷兰舰队总算在第二次尝试时成功横越海峡，抵达托贝，这股强风也把詹姆士二世的海军困在泰晤士河口。登陆之后，英格兰贵族犹豫了好几天，至于苏格兰则毫无反应。但没多久，英格兰中部与北部便有部队集结宣布起义。诺丁汉宣称："反抗依法而治的国王，我们认为是叛乱，但……反抗'暴君'，我们没有理由视之为造反，而是必要的自保。"[27]反詹姆士二世与反教皇党的动乱纷纷爆发，伦敦情况尤其严重，教廷使节及其礼拜堂皆遭到攻击，骚动持续好几周。有谣传称爱尔兰的天主教军队已经烧了伯明翰，大肆屠杀新教徒。混乱导致情况变得更加激进。一开始的武装起义，在 12 月时已经演变为"光荣革命"。詹姆士二世经历了一场精神崩溃，导致军队指挥官弃他而去，他将妻儿送到法国，把国玺丢进泰晤士河，接着在荷兰人严密的"护送"下，向路易十四寻求庇护。

"太阳王"的敌人们松了口气。一位意大利新教徒写道："荷兰人通过这项事业，对欧洲民众的福祉与自由有莫大贡献。"[28]威廉三世把部队开往伦敦，策略性地以荷兰军队中的英格兰与苏格兰兵团为前锋。他威胁若不把王位交给他，他就要返回荷兰。于是所谓的协商议会（Convention Parliament）请他登上"空缺"的王座，成为威廉三世，他的妻子则是女王玛丽二世。威廉三世则礼尚往来，接受《权利宣言》（Declaration of Rights）。这份后来成为《权利法案》（Bill of Rights）的文件一方面限制王室权力，一方面则确立议会权力。威廉相信自己身负保卫欧洲自由不受法国"普世君主国"侵犯的神圣使命，相信入侵英国是为了征召英国加入斗争。为了这个当务之急，他希望让自己的新王国达成最大限度的团结，否则法方希望他身陷另一场英国内战的期待恐怕就会成真。如果与本地人合作意味着要接受议会对政治活动的永久干涉，那就让它干涉吧，他会像面对荷兰议会一样面对英格兰

奥兰治的威廉

我了解,这些人民并非为我而存在,而我亦非为这些人民而存在。[29]

威廉三世(1650—1702)

议会。对威廉三世来说，战争经费的来源才是关键问题，他率先为自己的入侵行动开了张 663 752 英镑的账单给议会。然而，与过去君主统治时不同，英格兰议会如今只愿意将短期的财政与军事大权交给王室，且这种权力今后每一年都需要获得下议院首肯，议会从此成为"一个机构，而非一场活动"。[30] 由此可见，真正让英格兰政局改头换面的，并不是意识形态，而是战争。

事实证明，威廉三世称得上是最有才能、最重要，但也最不受爱戴、最无人缅怀的英国君主之一。他确确实实改变了英国历史，或许他不讨人喜欢的原因正在于此，因为英国人在乎那些象征延续的事物。威廉三世的母亲让他拥有一半斯图亚特王朝血统，英语则是他生疏的母语。自始至终，他都有登上英国王位的可能。他虽然体弱多病，但从小就接受细心的教育，被以担当重大责任的期望来养成。1672 年，20 岁出头的他指挥荷兰军队抵抗路易十四入侵。尽管久经战阵，这位"执政国王"却未成为杰出军人，但毫不松懈的决心让他成为可畏的政治与外交人物。他不受欢迎，是因为他不苟言笑，又偏袒有能力而值得信任的荷兰军队与幕僚（这可以理解）。但最主要的原因，还是他为英国带来了前所未见的战争苦难。

许多人一开始欢迎威廉三世介入，后来却发现他的即位带来了许多麻烦，公然藐视了神圣王权世代相袭的原则。当年查理一世虽在内战中被斩首，但至少王位还是由他的儿子继承。此回詹姆士二世与其子仍然在世，就这么被人取代，这是否意味着议会、人民，甚至是武装势力可以随意废立君主？是否代表根据合法、安定的君权神授原则所建立的合法政府就此终结？至于互不相属的王国，像是苏格兰与爱尔兰，又该如何处理？这又是否会打开无止境冲突的大门，继而引发

17世纪40年代与50年代那样的内战梦魇？不出几星期，原本反对詹姆士二世的统一阵线，便分化成形形色色、争吵不休的派系，从支持神圣王权的保王党"托利党"到失望的激进分子都有。纵使1688年在一个世纪以后会因为法国大革命而获得了全新意义，却仍然能造成严重分歧。将近半个世纪的时间里，支持斯图亚特王朝的英格兰詹姆士党（Jacobite）都反对新王及其继承人；苏格兰的反对比英格兰更久，而爱尔兰又比苏格兰更久。还有更多血得流，"派系怒火"①仍将延续，留下的伤疤就连三个世纪后都还在汨汨渗血。

虽然英国民众只依稀记得，但1688年确实是新时代的开端。再也不会有哪位君主试图以斯图亚特王朝的方式统治。议会、代议制与立法同意原则，成为政府的永久基础。议会的确得到了事实主权，理论上至今也仍然拥有。审查言论的法律失效，威廉三世也更支持宗教宽容，期望以此增进在即将到来的战争中的团结，并安抚西班牙与神圣罗马帝国等天主教盟友。若以哲学家兼政治人物约翰·洛克（斯图亚特王朝的反对者，如今结束流亡归国）的原话来说，这种宽容的结果，"终于在我国有了稳固的法律基础。程度虽不尽如人意……但如今的情况还是有所进步"[31]。以宗教统一（无论是国教、清教还是天主教）为基础的专制政府，再也不会出现了。[32]这是英格兰政治与文化认同进化的里程碑，强调温和、妥协与中庸，人们逐渐确信不列颠，精确来说是英格兰，已不可同日而语。

不过，1688年发生在英格兰境内的事情不仅称不上故事全貌，甚

---

① 在英国史上，派系怒火（Rage of Party）专指"光荣革命"后的政治震荡期，辉格派与托利派在此期间出现严重的派系争斗。从1688年至1715年间，议会共轮替过11次。——编者注

025

至不算故事主线。就像剑桥大学达尔文学院研究员克雷格·罗斯（Craig Rose）所说："这次革命最革命性的一面，（在于）英格兰外交政策的剧烈转向。"[33] 出现于大不列颠（以及爱尔兰，只是造成了不同的悲剧性结果）的政治妥协与政府结构，不全是国内方面选择所造成的。威廉三世对苏格兰与英格兰做了妥协，也准备对爱尔兰让步。信仰天主教的爱尔兰原有可能达成"与威廉三世和解，（并）获得某种形式的政治与宗教独立"。[34] 假使如此，不列颠群岛的历史会有非常不同的发展。然而，慢了半拍的法国人，最终仍决定以船只、人力与金钱支持斯图亚特的反革命行动，结果也引燃了他们满心期待的英国内战。1689 年 3 月，一支法国海军分舰队载着金钱、武装和 8 000 名士兵抵达爱尔兰金塞尔（Kinsale）和班特里湾（Bantry Bay）。路易十四打发詹姆士二世随军前去，而非留他在圣日耳曼（Saint-Germain）的流亡王宫里自怨自艾。英格兰与苏格兰议会都同意威廉三世对法宣战的要求。"第二次百年战争"就此展开。

爱尔兰是詹姆士二世克复大不列颠岛的跳板，17 世纪 80 年代的亲天主教政策让他在天主教贵族间颇受爱戴，都柏林也夹道欢迎他。但这不只是一场爱尔兰人，或是英国人的战争；爱尔兰如同佛兰德（Flanders）或莱茵兰一般，成为欧洲战场的一部分，三王国的未来也为外部势力所影响。詹姆士二世深知自己唯一的指望，就是集结爱尔兰部队，然后跨海前往苏格兰，他在那儿也有强大的支援。荷兰入侵一事，在苏格兰引发了远比在英格兰更极端、更激烈的革命。爱丁堡议会直言不讳，宣布詹姆士二世已"放弃"王位，而非拐弯抹角地说王位"空缺"；苏格兰低地的长老会众也粗鲁地（通常还很暴力）拆毁圣公会教堂，驱除教士与主教，并肃清大学。威廉三世没有选择,只能接受长老教会(跟他本人的加尔文宗观点大相径庭)为苏格兰的新国教。但这种照顾都市、重视苏格兰低地的措施,却疏远了信奉英国国教或天主教的、奉行父权制的、大部分地区尚属封建社会的苏格兰高地。圣公会神职人员与苏格兰地主于是倒向唯一能保护他们不受长老教会极端主义伤害的詹姆士二世。1689年7月,一小支由詹姆士党高地人组成的军队在邓迪子爵[Viscount Dundee,一位骁勇善战的佣兵,后人神化之,称其为"好邓迪"(Bonnie Dundee)]率领下,于基利克兰基(Killiecrankie)惨胜苏格兰与荷兰联军,子爵在战斗中阵亡。这一仗也催生了最后一首写于苏格兰的拉丁文重要史诗。[35]进一步的攻势在不久后的8月遭到长老派部队抵挡,止于邓凯尔德(Dunkeld)。这些苏格兰高地家族收到了归顺于威廉政权的最后通牒,格伦科的麦克唐纳家族(MacDonalds of Glencoe)错过了期限,结果导致38个家族成员在1692年被苏格兰长老派政治家罗伯特·坎贝尔(Robert Campbell)派兵屠杀。不过就像之后会再看到的那样,苏格兰的詹姆士党人远未覆灭。

由于詹姆士二世正在爱尔兰围攻德里[Derry,后改名为伦敦德里(Londonderry)]与恩尼斯基林(Eniskillen),这么一耽搁,他便错过了与邓迪子爵会合的契机。德里围城战见证了阿尔斯特(Ulster)新教徒的传奇故事:当13名新教徒为对抗詹姆士军队而关起城门后,围城战于焉展开。德里抵抗法国主导的围城军队,从1689年4月持续到7月,成为"英国王位继承战争的转折点"。[36]阿沃伯爵(Comte d'Avaux,经验丰富的法国外交家,路易十四派他盯着詹姆士二世)放弃了入侵苏格兰的想法,决心延长在爱尔兰的战事。无论是波旁王朝、18世纪90年代的革命政府,还是拿破仑统治时,法国在爱尔兰

027

或苏格兰的政策都奉行以最小代价创造最严重破坏的原则,以达到声东击西的效果。结果屡试不爽。威廉三世不得不将最优秀的部队调离佛兰德,甚至御驾亲征爱尔兰,从而让法军在1690年6月21日于西属尼德兰的弗勒吕斯(Fleurus)打了场大胜仗。

7月1日,敌对的两位国王在博因河(River Boyne)边、都柏林以北的道路上对阵,这场战役很大程度上决定了战争成败。博因河战役是爱尔兰史上最知名的战役,也是不列颠群岛上发生的最具欧洲特色的一场战役,支线战役在佛兰德、加泰罗尼亚与莱茵兰等地同步打响。威廉军以荷兰人、丹麦人与胡格诺派为主,勉强以英格兰新兵补其不足。有许多新兵害了病,"死状如腐烂的羊尸"[37]。詹姆士党的军队有2万到3万人,核心为7 000名效力于法军的法国人、德意志人与瓦隆人(Walloons)。指挥两军的都是曾经效力于路易十四的军人:威廉军主将为前法兰西元帅弗里德里希·冯·朔姆贝格(Friedrich von Schomberg,他是威廉参将里唯一通英文者),詹姆士党人则由法国廷臣洛赞伯爵(Comte de Lauzun)领军。[38] 正当威廉勘察战场地形时,一颗炮弹蹭过威廉的肩膀,剖破了他的大衣与衬衣(他省言一如往常:"幸好没有蹭得更用力。")。有谣言说威廉三世已经战死沙场。传闻一抵达法国,人们马上在街上喝酒、跳舞庆祝,凡尔赛当地民众甚至强行进入王宫庭院,在路易十四的窗户底下点起营火。博因河的战况并不惨烈,双方都只损失了几百人(包括率领胡格诺派冲锋,一面高喊"冲啊,诸君,就是这些人迫害你们!"的朔姆贝格元帅),但结果却颇具决定性。威廉军渡河推进,詹姆士党溃逃,法国军官后来将之怪罪于麾下的爱尔兰步兵。

形势原本有机会在7月10日逆转。是日,法国海军在贝济耶角[Cap

Bézeviers，即比奇角（Beachy Head）]取得了对英荷联合舰队最大的一次胜利。英荷方面输得匪夷所思，英国海军没能帮助到荷兰人，甚至因此低声下气地向荷兰议会道歉，付费修缮荷兰船只，赔偿那些失去男丁的家庭。[39] 路易十四非常高兴地说，"几个世纪以来，英格兰人自夸为海峡霸主。击败他们之后，我看我才是海峡的主人"，接着唱起了赞美诗。[40] 这次大胜不仅让法方保持了与爱尔兰的联系，而且还将威廉三世孤立于爱尔兰，创造出趁机入侵英格兰的可能。但路易十四手下的海军将领却不打算如此冒险，他为此大为恼火。舰队蒙受了损失，许多船员也生了病。法国海军嘴上表现强过海上，指挥官似乎完全没有策略。据说，詹姆士二世的爱尔兰总督泰尔康奈尔伯爵（Earl of Tyrconnel）曾感叹："圣乔治海峡（St George's Channel）少了一支法国舰队，结果就成了我军的末日……[威廉]的部队与粮草原本不该运到这儿，他的部队本该挨饿啊。"[41] 威廉三世迅速返回荷兰，詹姆士二世则仓皇逃往法国，寻求援军，并催促入侵英格兰。但经历博因河一战，路易十四已经不打算像过去那样在爱尔兰投入重兵，何况洛赞伯爵的部队业已归国。至于对英格兰的攻势，法军只限于在廷茅斯（Teignmouth）安营扎寨，等到1692年终于决定发起入侵，但为时已晚。

世世代代内心苦涩的詹姆士党人，都把詹姆士二世离开爱尔兰视为临阵脱逃。他的部队逃往西边的口岸，得到法国海军接应。来年，新任指挥官圣卢特侯爵（Marquis de Saint-Ruth，原本在南法镇压新教徒起义）决定背水一战，破坏麾下部队身后的桥梁，在戈尔韦（Galway）附近的奥赫里姆（Aughrim）挖掘壕沟。惨烈的战斗在1691年打响。圣卢特被炮弹削去脑袋，詹姆士党于是溃逃，7 000人命丧荷兰将领金克尔男爵〔Baron van Ginckel,后被立为阿思隆伯爵(Earl of Athlone)〕与胡格诺派信徒吕维尼侯爵〔Marquis de Ruvigny,后被封为戈尔韦伯爵(Earl of Galway)〕先后率领的威廉军之手。尽管利默里克(Limerick)围城战在布瓦瑟洛侯爵(Marquis de Boisseleau)指挥下坚持了一阵,但多数爱尔兰领袖如今已愿意接受荷兰人开出来的任何条件。1691年10月,爱尔兰领袖与威廉方(由金克尔代表)签订了《利默里克条约》(Treaty of Limerick),条约带来了特赦与宗教自由。法军的救援舰队迟至三周后才抵达。法方试图撤回自己的士兵,同时尽可能招揽爱尔兰新兵到欧陆作战。条约容许15 000名爱尔兰士兵乘船前往法国(他们从此以"野鹅"之名而为后人所知),他们在此接受詹姆士二世检阅,以其之名为法国效力,深信马上便能凯旋。威廉三世亟欲平定爱尔兰,以便专注于欧陆事务,对于条约也乐观其成;但詹姆士党仍在部分郡里持续发动游击战(出于对法方再度支持入侵行动的期望),让《利默里克条约》形同空文,导致爱尔兰议会立法打击天主教贵族的经济与社会力量。这些"惩戒法"(penal laws)戕害了爱尔兰与英国几代人之间的关系。

流亡:胡格诺派与詹姆士党

法国废止《南特敕令》,导致约4万到5万名胡格诺信徒前往不列颠群岛;光荣革命则造成许多詹姆士党人去国前往欧洲,以法国为主。这些人多数是陆、海军官兵。将近2.5万人的部队(主要是爱尔兰人)跟着詹姆士去了法国。沃邦元帅则估计有2万名新教陆、海军士兵离开法国。难民及其后代世世代代在对立阵营作战，不时面对彼此。让－路易·利戈尼尔（Jean-Louis Ligonier）在 1757 年成为英国陆军司令。爱尔兰与苏格兰的詹姆士党则为法兰西提供了 2 名元帅和 18 位将军，而且几乎垄断了法国殖民地的管理权，就像他们在英国的同乡垄断了英国殖民地的管理权那样。詹姆士党在圣日耳曼（巴黎西部）、西法的海港，以及巴黎等地建立斯图亚特王朝行宫。爱尔兰天主教徒在造船、奴隶贸易、葡萄酒与烈酒领域都具有崇高的地位。高质量、供出口到伦敦与都柏林的蒸馏酒"干邑白兰地"，其实是他们的发明。[42] 伦敦则成了胡格诺派最大的侨居地，他们聚集在斯皮塔菲尔德（Spitalfields）与索霍（Soho）。有些人还当上了新成立的英格兰银行的股东或董事。有名的斯皮塔菲尔德丝绸工厂便用了来自图尔（Tours）与里昂的新技术。难民对各行各业都有重大贡献，尤其是金银匠、钟表匠、枪炮制造匠、家具制造匠、印刷匠、翻译员、出版人、雕版匠、雕塑家与制帽匠。罗马枢机主教的红帽子，就是旺兹沃斯（Wandsworth）的胡格诺难民制作的。[43]

欧洲心脏英国：1688—1748 年

这场战争是为了捍卫与保护法律、自由、习惯与宗教，以及不论是教宗信徒还是新教徒，免受法兰西国王野蛮、邪恶之暴政与入侵的荼毒。

——理查德·科克斯爵士（Sir Richard Cocks），1695 年[44]

> 我们以战争为手段，意欲坚持欧洲之自由。我们有古今各民族之楷模，他们曾抵抗强大的君主，以耐心、智慧与勇气争取自由，并鼓励我们坚持下去。
>
> ——查尔斯·戴夫南特（Charles Davenant），1695 年[45]

不列颠群岛上的三王国贸然参加九年战争［Nine Years War，1688—1697，亦称奥格斯堡同盟战争（War of the League of Augsburg）］，并在经过短暂和平后，又参与西班牙王位继承战争（War of the Spanish Succession，1701—1714）；参与这两场战争是它们有史以来对欧洲政局为时最久的干预。英国军队冒险深入欧洲的程度是 1945 年以前前所未有的。战争花费与伤亡让斯图亚特王朝重获支持，但光荣革命所创造的联结却不容易被毁弃：抵抗法国与斯图亚特王朝就是"反对教皇党和奴役"以及为"欧洲的自由"而战（路易十四一再使这点得到证实）。法国伤亡也很惨重，对该国而言，与英国的冲突本只是整场战争的一环，如今却越发重要。1688 年，路易十四曾预计战事将持续几个月，谁知竟持续了将近 25 年。结果，所有参战国皆精疲力竭，路易十四也不例外。他行将就木时，心里不得不相信战争是神降临于他、他的王朝与法兰西的惩罚。

两场战争都演变为消耗战。大军（直到拿破仑时代才再次出现）不仅集结起来大费周章，移动与给养都很困难；随着冬天来临，军队还得解散。漫长防线（堪称 1914—1918 年堑壕战的先例）与大量堡垒（尤其是在佛兰德地区）令调度大受限制，一整年的战事也因此着重于围困一两座城堡，或单纯占领土地以攫取食物与财物。军队刻意破坏大片地区，使其无法为敌军所用。战斗有时极其血腥，但很少能一锤定音，统治者与将军们对此能避免则避免。发生在佛兰德、莱茵兰与西班牙的艰苦战斗很少能留在各民族的记忆中。九年战争是一连串复杂纠葛的起点，有人认为这才是"真正的第一次世界大战"，但仅有少数出自九年战争的纪念碑或军旗留存至今，它们也难以令人想到大型近身杀人比赛有多么骇人听闻。而法国这一侧只有少数曾掳英王虎须的海上英雄，例如让·巴尔特（Jean Bart），其名字仍成为战舰、街道或酒馆之名，以示对他们的尊崇。对英国而言，最关键、最重要的战事，就只有威廉三世在爱尔兰的胜仗，这场战役确立了英荷同盟作为反法联盟政治、财政与军事核心的地位。

　　法国人仍采取了一连串举措，试图扭转光荣革命，他们首次尝试入侵行动（未来仍多次尝试，在拿破仑统治时达到高峰），只是为时已晚。1692 年，3.2 万名法国与爱尔兰部队（名义上由詹姆士二世指挥）集结于诺曼底。但到了 5 月，法国海军在巴夫勒尔（Barfleur）外海的拉乌格战役（Battle of La Hougue）中，遭遇规模将近两倍的英荷联合舰队。法军以技巧与勇气应战，成功趁夜色与浓雾掩护撤退。偏偏风向与地形对行军不利，大多数船只受困于瑟堡（Cherbourg）半岛的另一侧，没有设防的基地可以供它们暂时避难。来到圣瓦斯特（Saint-Vaast）港内，英国人以小船进攻，双方在水边进行白刃战，一名英国水兵甚至用小船的锚钩将法国骑兵拉下马。尽管詹姆士的部队从岸上用滑膛枪齐射，但仍有数十艘法国战列舰连同几乎所有入侵用的运兵船遭焚毁。[46]英国计划发动以牙还牙的反入侵，包括出动爱尔兰新教徒部队，旨在法国激起新教徒起事，但海军认为此举并不可行。既然相应的入侵行动业已被放弃，伦敦当局便将爱尔兰部队挪到莱茵河对岸与佛兰德。阴谋与叛变持续在双方阵营上演，但双方皆无法命中对方要害，

033

只能在未来 100 年内重复同样模式。

　　战争花费了大量金钱，也中断了双方海上贸易。英国为低地国家部队买单，法国则同时在四条战线开战。英国提高税额，设立借款新名目，但也碰上了怨言与抵抗。许多纳税人［"乡党"（Country party）为他们的苦痛表达不满］认为自己是在拔毛资助威廉三世那一小撮自行其是的荷兰跟班与作为统治阶级的辉格党"小团体"①，富了伦敦市中心那些"势利眼"，"让他们能给太太穿上天鹅绒……反观可怜的乡绅几乎买不起一袭棉麻罩衫给自己的太太"。47 "托利党"的怒意更盛，他们质疑威廉三世统治的正当性，或者认为威廉三世是在将英格兰推向一场远非其真正利益所在的战争。②

　　即便不是真正的詹姆士党人，也有可能希望詹姆士二世或其子能通过协商归国，或者认为这事不可避免，因为威廉三世与玛丽女王（1694 年死于天花）膝下无子。下一位新教继承人安妮公主只有一个儿子顺利成长，但他在 1700 年过世。这种情况下，不仅乡间心怀不满的托利党、军事要人如约翰・丘吉尔、内阁大臣，甚至连威廉和安妮公主都或多或少和圣日耳曼的流亡宫廷秘密保持着联系。在这场机巧狡诈的游戏中，掣肘詹姆士二世的就是他自己的个性：他越来越固执己见，也越发不问俗事［他多半时间待在拉特拉普（La Trappe）的修道院］，以及他和家人已成为路易十四傀儡的事实。很少有托利党

---

① 辉格党小团体指 1693—1717 年辉格党内的一批领导人物，他们可以影响党意，从而在辉格党主政时影响了政府决策。——译者注
② "辉格党"（通常是富有的贵族）由反对斯图亚特王朝、拥抱光荣革命、支持威廉与其新教继承人的人所组成。"托利党"（通常是地位较低的乡绅）则对斯图亚特王朝维持些许忠诚，支持英格兰国教会，对辉格寡头政权及其所费不赀的政策感到愤怒。

人会考虑一个由法国扶植的天主教君主。

法国也饱受战争之苦。法国在1693—1694年遭受饥荒打击。虽然造成饥荒的并非战争,但军队消耗食物,以及由波罗的海进口谷物遭到中断,也让情况更加严重,恐怕有10%的人口(将近200万人)饿死。饥荒还有更残酷的影响:迫使吃不饱的人加入法国未曾言败的军队。整场战争中,法国从未输过一场重要的陆战。绝对君主制[1614年之后未曾召开过三级会议(Estates General)]更剥夺了不满人士的政治发言权。

到了1696年,双方皆已濒临极限。更有甚者,两国也注意到它们担心已久的地缘政治危机正在逼近,即西班牙王位继承问题。西班牙国王卡洛斯二世(Carlos II)自幼多病,人们从来不期待他活多久,甚至生下继承人,医生过度的照料也使预言成真。17世纪90年代中期,卡洛斯二世显然已离死期不远。主要的合法继承人是法国王子(路易十四之孙)和奥地利大公。这意味着不光伊比利亚半岛的西班牙本国,连同其在意大利、尼德兰与美洲的领土都会一口气落入波旁或哈布斯堡阵营。出生与驾崩的纷乱局势,甚至有可能让所有地方变为单一的"法兰西—西班牙"或"奥地利—西班牙"君主国。倘若如此,更为惨烈、影响更为深远的欧洲战争也就难以避免。无论是避战还是备战,都势在必行。

已呈现僵局的九年战争,以1697年的《里斯威克条约》(Treaty of Rijswijk)告终,谈判主要发生在法国与英荷同盟间,显示出英国对欧洲事务有不同以往的重要性。版图方面变化不多。政治上,路易十四承认威廉三世与玛丽二世的君主地位,同时承诺不再进一步协助流亡的斯图亚特王朝。詹姆士二世在法国的爱尔兰部队随之解散,导致上千人一贫如洗。詹姆士党虽然震怒，但事实上承认了威廉三世。圣日耳曼的斯图亚特宫廷依旧存在，四处离散的詹姆士党仍然活跃，爱尔兰部队则被并入法国陆军。法国以焰火表演和"路易十四赐予欧洲和平"的口号庆祝，[48]但宫中却把条约当成战败，毕竟法国打过这么多辉煌的胜仗。沃邦元帅觉得谈和"实不名誉"，[49]路易十四自己则总结道："我为了世人和平（的需要）……而牺牲了我在战争中获得的优势。"[50]无论如何，一切都要在另一场战争，那场同样被称为"真正的第一次世界大战"的西班牙王位继承战争里再战一回。

　　威廉三世与路易十四都想当欧洲的仲裁者，起先同意瓜分西班牙领土，以避免进一步的战争。谁知病榻上的卡洛斯二世坚持不想看见其帝国分裂，于是在1700年10月将整个国家传给16岁的安茹公爵，也就是路易十四的孙子之后，便撒手人寰。威廉写道，"要是这遗嘱成立，英格兰和荷兰共和国便得面临最大的灭国危机"，[51]法国将统治低地国家、地中海和南北美洲。路易十四与大臣激烈讨论后，得出"此乃天意"的结论：安茹公爵不只该当上西班牙国王，而且也该在法国王位继承顺序中保有一席之地。在这种"大胆、唐突、傲慢的挑战"之后，[52]或许是认为英国与荷兰因太过弱小而无法做出反应，路易十四他们于是迅速采取行动。1700年11月，安茹公爵离开凡尔赛宫，手里紧握着路易写给他的治国术提点。法国士兵与幕僚随他前往马德里，眼看就要让西班牙及其海外帝国成为法兰西的保护国。法军包围西属佛兰德的"屏障堡垒"（这些堡垒根据条约为荷兰所有，用以保护共和国的安全），并将驻守卫军捉拿入狱。路易十四已做好准备，为确保波旁王朝万世一系的凯旋而战。

　　西班牙王位继承战争影响了整个西欧与南欧，更加唤醒了法兰西

"普世君主国"的幽灵。由于英国托利党与荷兰共和党倾向与路易十四达成协议,威廉三世担心他奋斗20年得来的果实将会"不开一枪,湮灭在一夕之间"[53]。经过《里斯威克条约》后,吝啬的反战议会将英国陆军裁减到7 000人,威廉三世对此非常灰心。然而,此时法国人在处理形势上却犯下大错,他们非常挑衅但又很拖延,既让对手有了口实,又给了他们准备反击的时间。最糟的例子是,当詹姆士二世在1701年9月去世后,路易十四不顾大臣的反对,公开承认其子詹姆士三世暨八世(James Ⅲ and Ⅷ)的合法地位,形同撕毁《里斯威克条约》。英国人立刻与法国断绝了外交关系。就连1702年威廉三世猝死(原因是落马),也无法暂停战争到来的脚步。安妮女王继位后,在5月对法宣战。一如既往,英国成为包含荷兰、神圣罗马帝国、丹麦、勃兰登堡及其他几个小国在内的联盟的盟主。

从某些角度看,这一仗显然是九年战争的延续,战事主要发生在低地国家与莱茵河上游,以及其他在西班牙与意大利地区的战场。最大的差异是,英国贸易与繁荣之所系的西属美洲如今处于危急关头,所以大西洋彼岸也发生了战争。此外还有一点不同:九年战争期间,法国赢了每一次战役,却无法赢下整场战争;这一次,换联军赢下重要战役,却无法打倒法国。发生在布莱尼姆(Blenheim)、拉米伊(Ramillies)、奥德纳尔德(Oudenaarde)、马尔普拉凯(Malplaquet)的大规模血战,是整个世纪里最恐怖的景象,而这都跟马尔伯勒公爵(Duke of Marlborough)约翰·丘吉尔令人不寒而栗的军事头脑有关。

布莱尼姆[这是巴伐利亚村落布林德海姆(Blindheim)的英文名]之战于1704年8月13日打响,马尔伯勒公爵在当天开拔进军德意志南部,为了拯救神圣罗马帝国于危亡之中。他进军既迅速又深入，同时还能保持军队在作战状态。他费尽心思组织补给，加上有能力以现金（一车车由伦敦金融城提供的钱）购买食物与草料，才让这一切成为可能。布莱尼姆一役，法军在将近半世纪中首度溃败，半数将士阵亡、负伤、被俘或逃亡，大炮、辎重、军旗及指挥官尽被俘获。不过一个下午，法国不仅在德意志地区失势，也失去了在欧洲大陆的军事优势。[54] 凡尔赛宫对于发生的事情毫不知悉，传令都没有回音。消息一点一滴，从被俘军官匆匆写给家人的信件中流出，但几天来都无人敢告诉路易十四。据伏尔泰说，人们最后把重担交给与路易十四门不当、户不对的妻子，曼特农女侯爵（Marquise de Maintenon）宣布"他已不再无敌"的消息。[55] 两年后于低地国家，马尔伯勒公爵在拉米伊赢得了一场不算压倒性的胜利，将法国逐出西属尼德兰，然后又在奥德纳尔德打了胜仗，导致里尔要塞陷落，开辟出通向巴黎的大道。1709年的马尔普拉凯战役震惊了所有参战方，人们越发质疑马尔伯勒公爵的战略：是役死亡人数，堪比1916年索姆河（Somme）战役第一天的恐怖伤亡。①

马尔伯勒出发打仗啦

> 马尔伯勒……对法兰西霸业最致命的人物，几世纪来仅见……他在……混战中仍保持镇定与勇气……英格兰人称之为"冷静的头脑"。
>
> ——伏尔泰[56]

---

① 索姆河战役为第一次世界大战中伤亡最惨重的堑壕战，历时四个多月，双方伤亡合计超过100万人。——译者注

在拿破仑横空出世前，欧洲还没有哪位将领能拥有如此广泛的影响力。他本人就是维系近20个国家组成的同盟的中心。他以不逊于军事胜利的外交手腕，维系整个大军事同盟。他带领自己掌握的3/4个欧洲，策马跃入战场。

——温斯顿·丘吉尔[57]

马尔伯勒伯爵约翰·丘吉尔不仅是英格兰最有才干的将领，更是英格兰唯一有才干的将领。他最杰出的几位后辈多半来自苏格兰或爱尔兰，但这些有能之人却多流露出阴郁、职责优先、沉默寡言的特质，即使是他们中最伟大的威灵顿，也是不显山水的典型。可是马尔伯勒与他们大相径庭：他首先是廷臣，然后才是军人与政治人物，而且向来潇洒迷人。马尔伯勒野心勃勃，表里不一：他抛弃了詹姆士二世，后来又在效力于威廉三世时与詹姆士党策划阴谋（害他在伦敦塔待了段时间），但这不妨碍他广受喜爱。尽管他在佛兰德时曾从法国人身边得到一些军事经验，但他的胜利与专业知识无关，而是来自他大胆的构想、无情的攻势、高效的备战、创新的战术，以及迅速的反应。马尔伯勒率领英国陆军（兵员以德意志士兵为主）比以往任何时候都更深入欧洲大陆，在该世纪四场最大的战役中都取得了胜利。然而，上述战事的花费与血腥场面（伤亡高达1/4）也在本国与荷兰引起了恐慌。马尔伯勒的贪婪几乎和他的军事才华同样传奇，他被控贪腐，被控为一己之私而拉长战事。他那入侵法国本土、进军巴黎的希望，也因为这次指控而无从实现。我们再也无从知晓他原先的计划究竟是会酿成大祸，还是会成就决定性的胜利。

他成了当时最有名的英格兰人，在法国也是传奇人物。至今仍广为人知的歌曲《马尔伯勒出发打仗啦》[曲调跟《快乐老好人》(For He's a Jolly Good Fellow)大致一样]就是证明。人们出于相同道理,用他的大名吓唬调皮的孩童。这位多塞特(Dorset)乡绅之子也成为历来最富裕的英国子民:他身兼公爵与神圣罗马帝国亲王,还拥有布莱尼姆宫这座当时最宏伟的宫殿;他的子孙仍年年向君主献上一面象征其胜利的百合花徽旗,[1]代替租用伍德斯托克皇家庄园的费用。

　　战争如此激烈,肯定会影响国内。苏格兰和法国中部偏南、以新教为主的塞文(Cevennes)山区都爆发了叛乱,而且都得到了另一个阵营的鼓励与资助,但另一方都没有实际出手。对英国来说,这次冲突最重要的结果,就是1707年英格兰与苏格兰的《联合法案》(Act of Union)。苏格兰人得做出选择,要么作为附属于英格兰但会得到英格兰特殊照顾的伙伴,从而面对一个危险的世界,要么作为泛欧同盟中人微言轻、可以被牺牲掉的帮手。英格兰方面威胁要将苏格兰视为外国,以及来自伦敦的贿赂都影响了选择的过程。苏格兰议会最终选了两国联合。

　　法国和上一场战争时一样,深受饥荒打击。气温在1708—1709年急遽下降,以"大寒冬"之名为人长久所记。寒冬摧毁了幼苗、花苞、藤蔓与树木,来年的收成免不了惨况。食物价格飞涨,导致经济全面不景气。里昂市破产,无人纳税,连酒税、盐税都征收不了。法国战争机器因此停摆。饥民暴动,攻击市集、女修道院与庄园。路易十四

---

[1] 百合花徽虽然出现在众多欧洲纹章中,但经常令人联想到法兰西王国。波旁王室、西班牙王室的波旁分支皆大量使用百合花徽,它几乎已成为法国的代表标志之一。——译者注

采取前所未见的举动，直接恳求其子民。他的信在每一间教堂中被朗读，向人民保证"吾待吾民之慈爱不亚于待吾子"，但仍坚称反法联军提出了不可能的要求，导致法国暴露在入侵与羞辱之下，因而仍需人民共克时艰。廷臣多少也出于善意，把更多自家的银器送往铸币厂，当局也开征新税。许多外国人因此相信法国将继续作战，其专制王权在战争中比英国这类喋喋不休的议会体系更有适应力。

下议院虽然是动员全国的有效手段，但在表现不满时也一样有效。税赋、财政不稳定、贸易中断，加上人们感觉英国的真正利益遭到漠视，都让托利党与潜伏的詹姆士党对辉格派大臣和马尔伯勒不遗余力地批评。这对安妮女王改变立场同样有所影响。罗伯特·哈利〔Robert Harley，未来的牛津伯爵（Earl of Oxford）〕与亨利·圣·约翰〔Henry St John，未来的博林布鲁克子爵（Viscount Bolingbroke）〕领导的托利党新内阁开始秘密议和。最早的秘密接触是在1711年，是通过生活在伦敦的法籍天主教教士弗朗索瓦·戈尔捷（François Gaultier），以及冒险犯难的剑桥诗人、宣传家兼外交官马修·普赖尔（Matthew Prior，此前他在斯图亚特流亡宫廷经营相当高效的间谍网）所展开的。哈利在1711年3月8日参加内阁会议时，被一名鬼鬼祟祟的法国"难民"刺杀，但他大难不死，此事在法国与英国历史上实属罕见。法国与英国之间的掮客已经很不寻常，而"小马"（Matt）普赖尔更是其中之最。安妮女王并不情愿任用某个"需索无度"之人为信使（打从普赖尔孩提时，就有人发现他在叔叔位于伦敦的酒吧吧台后读拉丁文，他从此开始平步青云），但他的才干实在不容忽视。正是他居中撮合，才让后来人称"小马和约"（Matt's peace）的协议得以达成。秘密磋商在他伦敦的公馆里展开。而当他到巴黎时，也有人张开双臂欢迎他：一位贵族出身的浪荡修女克洛迪娜·德·唐森（Claudine de Tencin），两人共赴云雨。人们说克洛迪娜是"美丽而堕落的修女"，她后来成为该世纪最杰出的女性知识分子之一，也是法国哲学家让·勒朗·达朗贝尔（Jean le Rond d'Alembert）的母亲。协议的结果是马尔伯勒失去职位，麾下部队则受命不得进一步发动攻势，而且法军比联军还早得知这个决定。伦敦方面坚持议和，使法国免于遭到可能的入侵，让路易十四以不败之姿入土。

1713年4月，双方签订《乌得勒支条约》（Treaty of Utrecht）。该条约终结了一段以宗教冲突、领土易变、王权继承争议与漫长战事为特色的欧洲事务极端动荡期。自1688年来，已有将近200万士兵阵亡。如今法兰西霸权带来的危险已然消退。条约禁止法兰西与西班牙两王室合并，但腓力五世仍然保有西班牙王位，西班牙也随之成为法国将来对英国作战时的主要盟友。西属尼德兰被割予奥地利，以保护荷兰。英国确实成为欧陆主导力量之一。法国再度承认英国的新教王权传承，这一回更排除了斯图亚特王朝的继承权。英国得到位于北美洲、直布罗陀、梅诺卡岛（Minorca）的大片土地，以及一项预计有利可图的贸易让步——"阿西恩托"特许权（asiento），即向西属南美洲供应奴隶并每年向那里派遣一艘贸易船只。法国拆除武装私掠船的老巢敦刻尔克的防御工事与港口，并接受英国派驻"特使与监察官"，以确保相关设施不再重建。这成了长年敌意的来源。

法国与英国国内的政治风向都有转变，显见《乌得勒支条约》实为分水岭。安妮女王在1714年驾崩，王位随后顺利传予她的新教徒表哥——汉诺威选帝侯乔治（Elector Georg of Hanover），是为乔治一世（George I）。他视托利党为潜伏的詹姆士党敌人。哈利与普赖尔被逮捕，博林布鲁克则逃往法国，为斯图亚特王朝的僭主当了一段时间的重要谋士，获吹捧为政治思想家。1715年9月，路易十四驾崩，长期受苦的民众并不感念他。人们说，他把法国变成了一所大型济贫院。路易十五以两岁之龄继承其祖父的王位，他的堂亲奥尔良公爵（Duc d'Orléans）摄政时必然得长期小心翼翼；加上无论《乌得勒支条约》如何规定，西班牙国王都有可能索要法国王位，摄政王只能加倍警惕。由于领导法国与英国的统治者都有潜在的弱点，不难理解双方会避免冲突，同意不去鼓动彼此的敌人。这回重修旧好来得太晚，来不及阻止1715年马尔伯爵（Earl of Mar）领导的那场失败政变，但此后确实带来了一段和平，两国甚至还当了20年的盟友。同盟一事起于1716年，并得到了法兰西摄政王的幕僚迪布瓦枢机主教（Cardinal Dubois）的支持。迪布瓦安排了一场与英国军人兼政治人物斯坦诺普勋爵（Lord Stanhope）在海牙买书时的不期而遇。斯坦诺普的英法结盟愿景是一次巩固和平的大胆尝试。两国间的相互谅解一路延续到18世纪20年代由法兰西弗勒里枢机主教（Cardinal Fleury）和英国首相罗伯特·沃波尔爵士（Sir Robert Walpole）主政时，但双方没有太恢宏的目标。沃波尔希望继续远离欧陆战事，弗勒里则想先等法兰西恢复自己的国力，再来推动更远大的政策。

这个法国与英国的"同盟"肯定有益于欧洲。双方避免战争的渴望，也感染了彼此的盟国、被保护国与邻国，缔造了历史学家吕西安·贝利（Lucien Dély）所说的"欧洲新秩序"。然而，这个新秩序却被东欧地区强权的向外扩张动摇：俄罗斯与普鲁士越来越喜欢向外侵略，而瑞典、波兰、土耳其，甚至连神圣罗马帝国都开始摇摇欲坠。事实证明，每一起政治事件，尤其是王位继承中断所造成的事件，都成了

043

侵略的托词。弗勒里枢机主教知道,跟英国的良好关系并不为宫廷与军方所喜欢。此时法国仍然是欧洲巨人,其君主体制似乎更强大、更稳定,不像英国君主受制于层出不穷的党派争端与继承争议。法国有能力更快集结其力量,而且不被舆论反对。法国对外贸易迅速增长,英国却停滞不前,法国海军也一直在扩大。弗勒里一觉得法国已足够强大,便马上中断了这种互相谅解。1731年,伦敦方面被告知,两国利益相差太远,难以"在欧洲事务上协调"。[58]到了18世纪30年代晚期,法国再度成为"欧罗巴之仲裁者"(普鲁士王如此宣称),人们对于法国称雄的野心的恐惧,以及对其支持斯图亚特反革命的担忧于是卷土重来。

英国首相沃波尔决心避免涉入波兰王位继承战争(War of the Polish Succession,1733—1735)。"夫人,"他对王后说的话相当有名,"欧洲今年有5万人在战争中被残杀,其中一个英格兰人都没有。"[59]但与贸易、殖民地有关的摩擦却没那么容易避免。英国非法贸易商船与西班牙"海巡"(说穿了,就是有牌海盗)在西属美洲发生冲突。一位英国船长的耳朵被人割下来,以教训他尊重西班牙的规矩,随后,"詹金斯之耳战争"(War of Jenkins's Ear)便在1739年爆发。法国虽身为西班牙盟友,但不愿卷入事件。然而形势却在1740年转变:这年,普鲁士趁敌对的继承人争夺奥地利王位时入侵西里西亚(Silesia),奥地利王位继承战争(War of Austrian Succession)由此展开。英国与法国原本只是作为"助拳"角色卷入这场不受控制的战争,将部队借给各自的奥地利与巴伐利亚盟友。因此,尽管1743年的德廷根战役(Battle of Dettingen)是英国君主(此时为乔治二世)最后一次在战场上指挥军队(对手当然是法国),但他却是以汉诺威选帝侯的身份参战，其麾下英国兵团挂着汉诺威旗帜作战一事，还在英国国内激起了怨言。战争旋即在中欧、低地国家与意大利地区演变为无比熟悉却又毫无记忆点的一连串军事行动。等到硝烟终于在 1748 年散去，唯一的重大变化就只有普鲁士保住了西里西亚。

然而对法国与英国来说，这场战争还让两国的其他争议浮上台面，将普鲁士与奥地利这场西里西亚争端演变为另一场法国与英国的对决。两国间的冲突比以往任何时候都更明显地扩大到欧洲大陆之外。英国最重要的战争发生在北美洲：1745 年 6 月拿下临海的路易斯堡要塞（fortress of Louisbourg），控制圣劳伦斯河河口，但最后又在和谈桌上用来交换法国打下的马德拉斯（Madras，今印度金奈）。来到欧洲，法军在低地的丰特努瓦（Fontenoy）取得对英国的大胜。最后同时也最重要的一点是，这场战争让詹姆士党有机会发动最后一次，同时也是最强势的一场叛变："45 年詹姆士党起义"（the Forty Five）。这也是法国扭转 1688 年以来局势的最好机会。

1745 年 5 月 11 日的丰特努瓦

英格兰诸君，让你们先开枪吧！
——法兰西禁卫军（Garde Française）指挥官安泰罗什伯爵（Comte d'Anterroches）

勿忘利默里克与英格兰的背叛！
——爱尔兰旅团在战场上的呼号

就像法国很少有人强调布莱尼姆战役,丰特努瓦(位于今比利时)的战事如今在英格兰同样也为人所遗忘。坎伯兰公爵(Duke of Cumberland)指挥的英国、荷兰与德意志部队败给了萨克森伯爵莫里斯(Maurice of Saxony)元帅指挥的法军。这场战役在对18世纪惨烈战事的冗长记述中别具意义,原因有三:一、丰特努瓦战役是法国国王最后一次象征性地在战场上指挥军队。路易十五因此成了一段时间的"万人迷",拿破仑更断定这给波旁君主国带来了新生。二、丰特努瓦一役,也是拥护詹姆士二世的爱尔兰人对英国最引以为傲的胜仗,是"爱尔兰人最辉煌的战场荣耀",直到20世纪都还为爱尔兰人与爱尔兰裔美国人所铭记。[60] 三、礼让英格兰人,让英格兰人先开枪这事,堪称法国战争故事中最有名的桥段。

丰特努瓦战役(Battle of Fontenoy),1745年5月11日。这是法国与爱尔兰联军对英国人取得的最辉煌的胜利。

法军中的爱尔兰"野鹅"旅团相当独树一帜。理论上，他们是流亡的英国军队，军旗上绣了圣乔治十字（Cross of St George），身着红大衣，以英语为指挥用语。所有军队都会从欧洲较贫困但有多余男丁的地方招募外籍部队：瑞士人、德意志人、苏格兰人、爱尔兰人与克罗地亚人都是名声响亮的士兵。爱尔兰人就和英国军队里的胡格诺信徒一样特别，在政治、宗教两方面都是流亡分子。欧洲各地，如西班牙、奥地利与俄罗斯都有詹姆士党。他们在法国的人数最多，而且扮演一个特别的角色：入侵与反革命预备军。地产遭没收的爱尔兰贵族觉得为法国国王效力的体面事业。克莱尔子爵查尔斯·奥布莱恩（Charles O'Brien, Viscount Clare）当上了法国陆军元帅，并以朗格多克总督身份，对叛变的新教徒痛下杀手。许多家族代代效力法国国王，有几家[例如狄龙家（Dillons）、希思家（Shees）、克拉克家（Clarkes）、拉利家（Lallys）与麦克马洪家（MacMahons）]甚至跻身为法国贵族成员。丰特努瓦是爱尔兰旅团扭转乾坤的地点：旅里的6个团对上了英国分队（包括爱尔兰与苏格兰新教徒在内），并替法国扭转了战局。至于英国一侧，高地警卫团"黑卫士"（Black Watch）同样创造了一个英勇且富有"英国"色彩的神话。据说领导高地警卫团攻势的，是随军牧师亚当·弗格森（Adam Ferguson，后来成为爱丁堡大学教授，是苏格兰启蒙运动的领导人物）。传说中，在炮弹削掉陆军中将詹姆斯·坎贝尔（James Campbell）的手臂以前，弗格森已用自己的阔剑杀了9个人。要知道，这个为维持苏格兰治安而被集结起来、被人用计骗往海外、还发生了兵变的兵团，原本恐怕是不会有人记得的。[61]

法兰西禁卫军和英国步兵卫队（Foot Guards）在战场相遇，催生了礼让对方先开枪的知名故事。这种英勇的举动，体现了18世纪将战争看作"身着蕾丝的战争"的想象，更点出了当时人认为战争就是精致军服、贵族风范，以及死伤不会太严重的错误观念。故事还暗示法国与英格兰绅士之间有着客气的礼貌，暗示双方在打上多场硬仗之后，已经变得能够互相尊重，甚至惺惺相惜。然而，这种礼貌也可能具有讥讽意味。当年的滑膛枪不容易命中，子弹的杀伤距离也很短。第一轮齐射是最有效的，甚至可能左右战局，但必须在齐射前预先上膛。也因此，先开枪的一方由于距离较远，等于浪费了预先上膛的优势，使自己暴露在危险面前；忍住不开枪的一方，则能趁敌方重新上膛时缩短距离，施以更致命的齐射。如此说来，这种表面上的礼让，也是双方都听得懂的残酷笑话。这是典型的法式骑士风范与轻率的综合。

法兰西与小骑士，1744—1746 年

> 虽说吾王无须涉入年轻的查尔斯·爱德华亲王所做的计划……但只要亲王有胆识与决心去执行，那么……每一回能羞辱敌方，都是得当之举。
>
> ——诺瓦耶元帅（Marshal de Noailles），1745 年 [62]

> 倘若法兰西能及时再投入十万兵力……他们很快就能让整个西方世界尽入囊中。
>
> ——《老英格兰报》（Old England）1745 年 10 月 [63]

《联合法案》生效后的苏格兰称不上是个心满意足的国家。国教会与长老教会之间的剑拔弩张，大致反映出苏格兰高地与低地间的文

化差异，以及詹姆士党与辉格党间的政治分歧。对法战争导致增税，关税与消费税则是两国联合造成的不快影响。由于走私与其他非法行动与日俱增，有利可图的对欧陆贸易，尤其是对法贸易，被私掠船与海军行动打断。苏格兰人不愿为了英国君主而承受艰难生活，不满之情因此在1736年激烈爆发：爱丁堡城卫队的陆军上尉约翰·波蒂厄斯（John Porteus）在处死走私客时，对难以控制的群众开枪，结果波蒂厄斯遭私刑处死，暴动一连持续了好几天。

追求权力的野心家，必须决定是要在更宽广的英国政坛中抢得先机，还是把目光投向可能的恩主——流亡的斯图亚特王朝与法国人。最早向伦敦输诚的就属志向远大、颇具才干的达尔林普尔家族（Dalrymples），当中有政治人物、军人和外交官。他们先是协助詹姆士二世，后来则辅佐威廉治理苏格兰。接着，他们改帮汉诺威家统治英国。第二代斯泰尔伯爵约翰·达尔林普尔（John Dalrymple，2nd Earl of Stair）是位成功而"傲慢"[64]的驻巴黎大使，他在当地主持后乌得勒支时代的两国修好，同时紧盯着詹姆士党人。几个大家族也跟汉诺威家结盟，包括知名的坎贝尔家，以及格拉斯哥等城镇的市法团。信仰苏格兰圣公会的大地主最不愿妥协，为之撑腰的则是其宗派失去国教地位的教士。家族的封建权威、尚武精神与盖尔（Gaelic）文化，都跟低地城镇追求平等的长老会信仰、重商精神格格不入。在活跃的苏格兰詹姆士党中，大多是圣公会信徒。[65]

异议分子唯有凭借斯图亚特王朝与法国人，才能成为难以阻挡的政治力量。但两者很少展现出足够的能力或胆识。流产的阴谋、被叫停的入侵与失败的起事，成了他们的标记。在《乌得勒支条约》签订后法国与英国修好期间，斯图亚特王朝必须将自己一度光鲜亮丽的宫廷从宏伟的圣日耳曼搬到独立的洛林公国，接着又搬到教廷的阿维尼翁，再搬到西班牙，最后落脚意大利，大业日益黯淡。甚至有一场阴谋遭到法国当局背叛，被透露给伦敦方面。但他们在法国仍旧能得到同情，而且可能也还有用处。法国人提供资金，安排婚姻，以持续供应王位争夺者。奥地利王位继承战争重振了斯图亚特王朝的前景。早在公开宣战前，凡尔赛方面便已计划好入侵："不光英格兰，甚至全欧洲的命运都依赖这场冒险。"[66] 王室诰谕已预先写好，向"英格兰国"保证法国人并非以敌人身份而来，而是接获"良善信实的英格兰人"之邀，前来"拿掉异国枷锁"，让正统国王复位。[67]

　　计划最初是要突袭伦敦，但英国人接获了线报。他们在法国地位最高的间谍弗朗索瓦·德·比西（François de Bussy），以 2 000 英镑的代价将计划细节卖给英国。他是法国小廷臣与贵族小姐的私生子，母亲的人脉使他得以享有成功的外交生涯，但出身却让他不得晋升大使。愤怒或许在他叛国时发挥了一点影响，但沃尔德格雷夫勋爵（Lord Waldegrave）在维也纳招募他时，金钱才是最直接的动机。比西的挥霍引起了人们怀疑，但他从未曝光，甚至还在 18 世纪 60 年代被派驻伦敦。他的密告让当局急忙做好海上防御措施。这一切连同恶劣的天气，让法国入侵部队在 1744 年 3 月靠近肯特海岸时中止了计划。

　　詹姆士二世有个 25 岁的孙子：查理·爱德华·斯图亚特亲王，他个性迷人、坚决，但经常喝醉酒，且喝醉时会发酒疯。查理决心强迫法国再试一次。他受到大胆的爱尔兰与苏格兰谋士鼓舞，其中最突出的是来自圣马洛的安东尼·沃尔什（Anthony Walsh，法国人称呼他为"Gouelsch"），他是爱尔兰船主与奴隶贩子游说团体中的首脑，而这些人负责提供船只与金钱。引开英国海军、让自己的武装私掠船不受阻碍的可能性，激发了这些人的爱国心。沃尔什还得到了被授予贵族爵位的承诺。1745年6月，查理与少数追随者搭上了沃尔什提供的战舰，凡尔赛方面对酝酿中的事情一无所知。在一封给路易十五的道别信上，查理用大大的稚气笔迹证实了自己的冲动之举，并承诺"若'陛下'让我成功，您将会发现我是位忠实的盟友"[68]。他跟英格兰战舰擦身而过后，登上西部群岛（Western Isles），接着在8月19日于英格兰本岛的格伦芬南（Glenfinnan）举起斯图亚特王朝的旗帜。[69]他向忧心忡忡的同情人士保证这次起事必然成功，因为法国的援军即将到来。据乔治·默里勋爵（Lord George Murray，他是查理的军事指挥官）后来的观察："这四五百个苏格兰人肯定从未想过自己得动手让国王登上英格兰王位。"[70]查理以诉诸荣誉与利己的滔滔雄辩做出承诺，同时要求其贵族支持者负起封建义务，从而纠集起一支大约1800人的小军队。到该年年末时，军队人数达到5000人的高峰。[71]

路易十五与幕僚们考虑良久。[72]反对意见认为，付出时间大力协助斯图亚特王朝复辟的价值不甚明确，他们许诺的回报恐怕永远不会实现。在英国恢复天主教信仰，恐怕会在德意志地区的法国新教盟友间（包括普鲁士）再度引发往日的恐惧。复辟，而且是三个王国都复辟，这真有可能吗？詹姆士党冒进、不可靠、没有策略，而且整体来说过度乐观。反对意见指出："1688年革命的原则，至今仍是大多数英国人眼中的权利基础与根本，人们绝不能相信整个国家会迅速、轻易地放弃这些原则。"但赞同意见则认为，这可是声东击西的诱人机会，能迫使伦敦方面召回在佛兰德的部队与海上的舰船以协防本土，让伦敦惊慌失措。如果接着发生旷日累时的内战，英国就不再是威胁，其欧陆盟友也会顿失依靠。看来,提供武器、金钱甚至是军队仍然有价值。但要送往何处?谨慎的意见则反对再度试图入侵英格兰:除非投入大军,否则不可能成功,但调动大军的风险很高,而且会削弱法国在欧陆的力量。间谍比西是一位(收了巨款的)悲观论者,他宣称在伦敦附近登陆注定失败。最安全的选择是爱尔兰,部队在当地能得到广泛支持,西班牙海军也能加入法国阵营。但较为大胆的意见占了上风,因其颇得路易十五欢心。看来,虽然查理亲王用法方援助作为承诺,误导其追随者,因此长久受人指摘;但他认为法国不会袖手旁观的看法并没有错。埃吉耶侯爵(Marquis d'Eguilles)获得任命担任路易十五的使者,前往苏格兰。法国船只运来了金钱与物资。受到詹姆士党9月21日于普雷斯顿潘斯(Prestonpans)大捷的消息所鼓励,10月14日的御前会议于是同意派军登陆英格兰,以复辟斯图亚特王朝为目标。10月24日的《枫丹白露条约》(Treaty of Fontainebleau)白纸黑字写下了这一切,但条文并未保证英国有多少地方能重归斯图亚特王朝统治。钱和兵源则从西班牙、瑞典、教宗领地、热那亚与瑞士等地征集。

  英国阁员知道入侵行动迫在眉睫。查理在苏格兰的大胆行动并未吓到多少人,甚至他在普雷斯顿潘斯取胜后亦然。对于詹姆士党在英格兰发动革命的想法,内阁也没有认真对待。他们担心的是法军会在不设防的郡登陆:"只要他们朝伦敦进军,这座城就是他们的了。"这是陆军元帅乔治·韦德(George Wade)的看法。[73] 伦敦当局"执迷于当个好欧洲人"[74],不希望将部队从欧陆"为欧洲自由的抗争"中撤出。直到9月,内阁才终于命令坎伯兰公爵带麾下大部分部队从低地返国,但他们需要几个星期才能抵达。查理催促不情不愿的追随者朝英格兰进军。他想在当地发动詹姆士党人起事,以确保法国入侵。他向部下保证,法军会在12月初登陆（他已经从自己在巴黎的弟弟那儿得到消息）。埃吉耶侯爵证实法方已决心入侵，但要等到詹姆士党起事蔓延到英格兰，他们才会出手。于是苏格兰人在11月时往南进军。

法方在11月与12月初迅速备战。沃尔什街命负责备办所需船只。法国最杰出的将领之一黎塞留公爵（Duc de Richelieu）获派为指挥官，证明了这项计划的重要性。人员与火炮在敦刻尔克、加来与布洛涅（Boulogne）集结。法国首屈一指的英国事务专家伏尔泰则受托起草传单，解释路易十五的入侵只是为了"协助"英格兰民族同时享有应得的君王与"最有益的特色"，以"恢复英格兰与欧洲之和平"并团结"应当互相敬重"的英格兰人与法国人。[75]12月7日，法军的苏格兰裔军官约翰·德拉蒙德勋爵（Lord John Drummond）率领1000人在蒙特罗斯（Montrose）登陆，作为此次协助的第一步。部队成员以皇家苏格兰兵团（Royal Écossais）为主，由爱尔兰旅中的苏格兰士兵作为补充（上级决定不找爱尔兰士兵，因为苏格兰人讨厌他们）。埃吉耶打包票，表示法军已经登陆英格兰，不日就会抵达。[76]与此同时，军官们则在巴黎与家人道别，承诺会和查理亲王一同在伦敦庆祝圣诞节，再不济，也能欢度新年。

然而，查理的军队〔几乎没有遭遇任何抵抗便抵达德比（Derby）〕早已在12月5日掉头北返。他把麾下的苏格兰人，当成带动英格兰詹姆士党、引入法军、让家族重返圣詹姆斯宫（St James's Palace）这场豪赌的牺牲品。但苏格兰裔的指挥官和部下当然有不同的优先考虑，他们希望能活着回到苏格兰，择日再战。一旦有了法国支持，他们便能在苏格兰发动游击战，保护家园。此时，他们领悟到查理亲王对于英格兰詹姆士党将响应的保证（乐天派预测将会有大批来自牛津

053

这座失落志向之乡①的学生加入）不过只是一场空。这些苏格兰人并不知道，迎击他们的汉诺威军刚接获南下守卫伦敦的命令（此时伦敦全城惊慌失措，英格兰银行发生挤兑），士兵被派去保卫英格兰海岸，烽火台等着点燃烽火传递法军登陆的消息，马匹牛只都被拉走，以防入侵者将其作为运输工具或食物。

再争辩回撤北方究竟是必要的审慎，还是勇气尽失之举，都已不重要，因为决定性的事件并非发生在德比，而在敦刻尔克。发动入侵显然比任何人的预期都要复杂，得沿海峡征用 300 艘船只。这不仅需要时间，也无法秘密进行。军官与大炮数量同样不足，黎塞留公爵表示这使他无法在 12 月初抵达当地后便下令出发。接着又是坏天气和坏消息：詹姆士党从德比撤出，英国海军与私掠船则航向法国近海，破坏集结中的入侵船队。这些消息导致黎塞留对此行疑窦丛生。但 12 月 20 日—24 日的天气很好：南风至少能将部分入侵部队从加来与布洛涅吹向肯特，同时阻止英国海军采取行动。事后看来，这是最好的机会。不过，这不是第一回，也不是最后一回，有准备入侵的法军指挥官对涉险感到踌躇。黎塞留痛失良机。[77]

等到他在 1 月 5 日举行战情会议，计划下一回的尝试时，整件事情已变成一出黑色喜剧。法方将集结行动从敦刻尔克转移到布洛涅，却发现潮汐只允许几艘船一次出港，这意味着当舰队集结好出航时，英国人能好整以暇地对付他们。法国人只好再度转移阵地到加来与奥斯坦德（Ostend）。最后两次尝试（原定于 1 月 13 日与 2 月 6 日—8 日）

---

① 典出 19 世纪英格兰诗人马修·阿诺德（Matthew Arnold），他称赞牛津大学对失落的志向、受人摒弃的信念、不受欢迎的名号与难以置信的忠诚来说仿佛家园一般。——译者注

也被取消了,因为英国海军已倾力而出。这时,每个人都只想敷衍了事以保存颜面。伏尔泰去信安慰好友黎塞留:"无论发生什么,你都拥有发动世上最辉煌远征行动的荣誉……无论是要快点去安慰你,还是前往伦敦巴结你,我都会看到你为国王加冕,使路易十五再度成为欧洲的仲裁者。"但他意味深远地补了一句:"要是能在12月25日出发,这一切早就成了。帝国居然命系于此!"[78]

从这段挺有哲理的话来看,詹姆士党的命运已经注定,其余不过是垂死挣扎。苏格兰裔的指挥官们希望撤回遥远的北方,但查理拒绝了,理由再熟悉不过:

法国人和西班牙人会怎么看我们?对准备进攻已久的法国人,或对替我们雪中送炭的西班牙人来说,这是哪门子鼓励?[79]

几乎就在这几个字出口之际,黎塞留放弃了入侵行动,返回巴黎;其麾下部队返回了佛兰德。法国外交官甚至暗示,如果英国开价够高,他们或许愿意放弃詹姆士党。[80]与此同时,法军仍设法让一艘载着少数下马骑兵①的船穿越封锁,抵达苏格兰的阿伯丁(Aberdeen);但其余突破的尝试,连同运钱去维持查理军队所需的船只,都被拦截。这加速了终幕的到来。由于没钱支付饥饿、开小差的士兵,查理坚持在1746年4月16日这天于卡洛登(Culloden)放手一搏。埃吉耶宁愿不要见证屠杀:"我急忙撤至因弗内斯(Inverness),在那里焚毁我所有的书信,思索有什么方法,能为陛下您保存部分有机会活过此次行

---

① 步兵的一种,骑马移动以提升机动性,赶赴战场后改为下马作战。——译者注

动的法国与苏格兰部队。"[81]法国人一直担心，如果此次冒险失败，那些在法军效力、被派往苏格兰的苏格兰裔或爱尔兰裔军官，将会因叛国罪而被处死。德拉蒙德勋爵的部队在卡洛登投降，逃过死劫，但他们的未来，还有埃吉耶的前途，看来都很黯淡。若要确保这些人最后能够获释，便需要强硬的声明，声明背后要以逮捕所有身在法国但无护照的英国人（实际上是作为人质）作为支持。法国最后的动作，是派船营救查理。他能传奇般逃到斯凯岛（Skye），得归功于弗洛拉·麦克唐纳（Flora MacDonald）；但从斯凯岛到法国，就得靠法国海军的勇气。其余詹姆士军则难逃此劫，悉数遭到追捕。凡尔赛方面敦请开恩，英国则允诺会赦免所有人，但先前参加过1715年起事者例外。

这场"詹姆士党起义"对詹姆士党的复国大业是场灾难，但对法国来说绝对不乏好处。投资些许的武装、人力与金钱［不到500万里弗尔（livre）①］，便能迫使英国、荷兰与德意志部队急忙乘船前往英国，从而削弱了反法联盟在佛兰德战场的力量。法军趁查理的小规模军队艰辛地走向末日时，拿下了布鲁塞尔（净赚2 000万里弗尔），同时进一步威胁荷兰；[82]此役也掣肘了英国海军，让法国私掠船荷包满满，并使英国人无法增援北美，还让全欧洲都看到英国有多么不设防。法方得以在1748年协商《亚琛和约》时，采取比较强势的立场，终结奥地利王位继承战争。

但这些补偿无法掩饰法国的历史性失败：这本来会是颠覆光荣革命、在欧洲内外削弱英国力量的最佳机会。虽然潮汐与天气（一如往常）

---

① 里弗尔是8世纪末至18世纪末的法国货币，相当于20苏（sous），每苏则相当于12第纳尔（deniers）。——译者注

有其影响，但法方思虑亦有不周。法国统治者对于国家利益和优先事项没有统一的看法。有人认为重点是低地国家，其他人则重视德意志或地中海，甚至是加拿大。他们因此无法决定如何对付英国。思路清晰的诺瓦耶指出了最大的问题：假使法国真的复辟了斯图亚特王朝，它们同样有可能受议会或人民所迫采取反法政策，那又何必多此一举？或者，凡尔赛当局应改以分裂三王国为目标，让苏格兰或爱尔兰成为法国附庸国？若干詹姆士党人鼓吹这种做法，视之为解决法国全球问题的万灵丹；但要在不列颠群岛维持如此规模的驻军，需要无尽的军事、海事与财政投入。其余欧洲国家对于势力均衡的变化，又会如何反应？

因此，1745年的凡尔赛方面犹豫不决，等同于将詹姆士党当成牵制用的棋子。黎塞留与沃尔什费尽心思，让几个兵团乘坐渔船与私掠船渡过海峡；至于在布雷斯特作壁上观的法国海军，则完全专注于另一项冒险计划：准备一支70艘船、3 500名士兵的舰队，试图横渡大西洋，收复北美洲的路易斯堡，显见他们把鳕鱼看得比征服更重要。这就是45年詹姆士党起义的悲痛收场：这支舰队在卡洛登之役后的2个月出发，却饱受疾病折磨，指挥官过世，继位者试图自杀，更有2 300人因坏血病死于加拿大海岸，比卡洛登的伤亡更惨重。要是当时派他们去爱尔兰或苏格兰，那历史会不会改写？

象征

两国的爱国象征，都是从"第二次百年战争"中浮现的。法国人经常表示，英国国歌《天佑吾王》（*God Save the King*）原本是让-巴普蒂斯特·吕里（Jean-Baptiste Lully）为路易十四所写的《神佑国王》（*Dieu protège le Roi*）；但此说没什么证据，而且其歌词与曲调似乎早已出现。《天佑吾王》近代的样貌，是出自托马斯·阿恩（Thomas Arne）的编曲，1745年9月于伦敦德鲁里巷（Drury Lane）的剧场首演，借此在詹姆士党之乱最严重时提振士气。詹姆斯·汤姆森（James Thomson）的《统治吧，不列颠尼亚》（*Rule Britannia*）写于1740年，戴维·加里克（David Garrick）的《橡树之心》（*Hearts of Oak*）则写于1759年，也就是七年战争（Seven Years War）的"凯旋之年"（Year of Victories）。《马赛曲》（*Marseillaise*）写于1792年的斯特拉斯堡，由青年军官鲁日·德·李尔（Rouget de Lisle）谱写为目前的样貌，但最有名的几句歌词，例如激动人心的副歌歌词"拿起武器，公民们！排好你们的队伍！"却是摘自七年战争时反英格兰作品大爆发期间问世的诗句。歌词中用来"灌溉我们的沟渠"的"不洁之血"，原本并不属于1792年的奥地利人与普鲁士人，而是流淌自1757年那个"发假誓的民族"——英格兰人。[83] 两国国旗颜色大致相同，这恐怕也不是巧合。联合王国国旗无疑是随着与法国的斗争将三王国巩固为一的过程，将圣乔治旗、圣安德鲁旗与圣帕特里克旗一步步组合而成。但拉法耶特（La Fayette）在1789年发明的三色旗，可能有部分灵感出自美国国旗的红、白、蓝三色，而美国国旗则是从英国旗帜发展而来。

终末之始

　　光荣革命至《亚琛和约》的60年间，三王国已经因为参与对抗超级强权法兰西的联盟（最终还成为其领导者）而改头换面。英国成为大国，其陆军（不时）赢得重大胜利，海军则堪称驾驭波涛（但偶有差池）。它创造出为这些昂贵目标筹措金钱的制度。贸易与殖民地在这股新力量的滋养下扩张，整体经济旋即发生变革。王室、议会与教会构成的政治体系，以及三王国中两王国的联合，皆得以巩固。政治文化，以及长期发展起来的民族认同感，都在这些年有大幅发展，与此前极端、暴力与动荡的历史形成鲜明对比。三个世纪后，官方会将此政治文化定调为"权利与责任、宽容、公平竞争、言论与出版自由等观念"。[84]

纵使法兰西与反法联盟都消耗如此多的鲜血与财富来互相对抗，但在《亚琛和约》签订时，法国仍然是欧陆首屈一指的国家。普鲁士态度友好，西班牙由波旁家族统治，奥地利再也构不成威胁。伏尔泰告诉普鲁士国王腓特烈二世（Frederick II），说法国像"被一群人围绕的巨富，周围的人一点一滴走向破产，他则低价买进其产业"。[85] 法兰西吞并了鲁西永（Roussillon）、弗朗什-孔泰（Franche-Comté）、阿尔萨斯（Alsace）与一半的佛兰德，而且马上就要拿下洛林与科西嘉。既然已经强大许多，法国君主制度自然没有必要改变其基本结构。尽管从凡尔赛的角度来看，英国正在成为威胁，并在逐渐涉足欧洲以外的世界。但英国不仅不是唯一，甚至不是凡尔赛主要的注意力焦点。对多数法国人而言，奥地利与神圣罗马帝国才是世仇，荷兰和此前的西班牙也几乎一样可恨。认识到有些大事发生在英国之后，人们既起了兴趣，但也有非难。历史学家马克·富马罗利（Marc Fumaroli）写道，自1688年以来，法国与英国之间的争端始终存在某种"形而上的方面"。[86] 但双方的冲突还需要一个世纪才会达到高峰。

为最符合基督精神之陛下效劳

路易十五个人对于结束战争、与英国恢复外交关系感到非常满意；他的情妇德·蓬帕杜夫人（Madame de Pompadour）也大大松了口气。驻英国大使馆书记在1749年4月26日解释道：

陛下似乎非常讨厌让自己的情妇怀上孩子……阁下请允许我如此说，这种形势非常微妙，假使陛下对某位小姐相当着迷，这位小姐得运用各种灵巧的手法应对；她尽管对怀孕极端忧虑，非常小心加以预防，也无法长久保持警觉，说起来，这会让陛下大为难堪……我身负要务，要一口气……从英格兰取得300个以上的这种预防的东西——毕竟本国不生产此物，近来英勇审慎的年轻绅士皆使用之；我唯恐这些东西遭搜索，或者被视作违禁品没收，因而非常希望直接将之交予最符合基督精神之陛下；我可是等这些等得不耐烦了，但我的买办对数量感到大吃一惊，恳求多宽限几天来备办；我几乎忍不住想要求有将之进口到法兰西的特许，想必这会是致富的体面方法。[87]

随后的百年间，人们用起了诙谐语"英式骑马装"［Redingote Anglaise，情圣卡萨诺瓦（Casanova）尤其爱用］，到了19世纪则改讲"英式厚大衣"（Capote Anglaise，字面意思相仿），至今仍很常用。

钱啊：拿黄金打仗

这几回战争不是用铁在打，而是拿黄金在打。

——英格兰银行创办人威廉·佩特森（William Paterson）[88]

谁有最长的钱包，谁就能佩带最长的剑。

——《箴言报》（The Monitor），1765 年 9 月 6 日 [89]

皮特找英格兰银行出手的做法，具体而微地表现了英国世界性的影响力是通过什么样的关系得到伸张的。此图题为"政治强奸，针钱街的老小姐危险了！"

1688—1815 年，英国在史上规模最大的十二场战争中六度勇敢对抗法国。法国不仅版图是英国的两倍，1788 年的国民生产总值也是英国的两倍，人口更是英国的三倍之多。如果想知道其中缘由，我们就得先了解钱。当时英国与法国都是富有的国家，人均国内生产总值远高于今日许多第三世界国家。两国都在与彼此的冲突上花费了前所未见的金钱。但从18世纪初以来，英国便设法在必要时让支出多于法国，投入经费占国内生产总值的比例是法国的五倍，[90] 因此才有能力一方面维持本国武力（尤其是海军），同时又雇用外籍部队（经常占"英国"陆军一半的人力），反制法国势力并支持盟国。

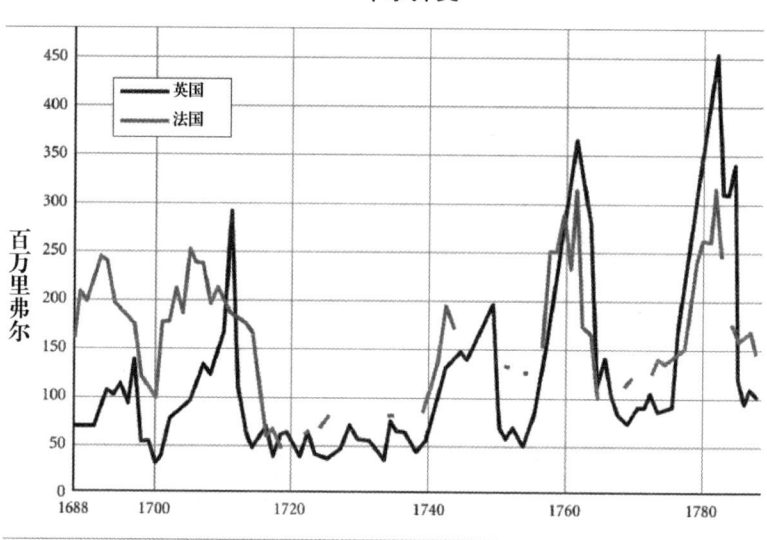

军事开支

尽管英国承平时期开支一般较低，但发挥全力时，支出却总是能比法国多［Sargent and Velde（1995）p.486］

以18世纪的物价来看，英国在"第二次百年战争"中的总花费远高于20亿英镑。[91] 若通盘来看这个金额，英格兰在17世纪80年代的年度全国总收入据估计为6 000万英镑，19世纪第二个十年的大不列颠国民总收入则是3亿英镑。①17世纪80年代的英国王室岁入为400万英镑，1760年提高到800万英镑，1795年则达到1 600万英镑。法兰西王室岁入也出现了类似的逐步增加：在1726年为1.81亿里弗尔（折合790万英镑），1788年则是4.7亿里弗尔（折合2 000万英镑）。两国皆将3/4左右的政府岁入直接或间接用于战争。国内外的观察家对此相当震惊，一再警告紧绷的财政——尤其是债务增长——将不能持续，酿成灾难。情况确实如此：财政问题同时在美洲与法国（在70年内六度拒不偿还其公债）激起了革命。

英国："拿金币破窗"[92]

税收乃国家重要职责。不，何止，税收即国家。

——埃德蒙·伯克[93]

英国能跟法国从1689年打到1815年，靠的是增税达1 600%，举债则增加24 000%，增税飞速。[94]税收与债务在九年战争期间翻倍，等到西班牙王位继承战争在1713年结束时，税收在全国收入所占比例，

---

① 没有简明的方式能将18世纪的物价换算为21世纪的数字，毕竟商品运费不同，消费模式也有改变。若要以当今的数值来感受18世纪的物价，就得乘以范围不同的数字：从乘以50（粗略等于18世纪以来纯金价格上涨的幅度）、乘以300～400（基本日用品），到乘以500～1 000（租金与收入）。两国汇兑比较稳定。从18世纪20年代晚期到法国货币在革命初期崩溃时，1英镑（等于20先令，每先令等于12便士）价值都接近23图尔里弗尔（Livres Tournois）。十进制的芽月法郎（Franc Germinal，1795年启用）回到接近革命前的汇率：每24法郎兑1英镑，并一直维持到第一次世界大战时。

063

已较 1688 年时增长将近两倍。[95] 整个"第二次百年战争"期间，税收增加速度是经济增速的五倍。税，始终是激辩、周期性暴动与常见避税手段（尤其是通过走私）的缘由。伯克说过："想一边收税一边讨好人，就像想同时拥有爱情和智慧一样，都是不可能的。"但英国国内的政治问题还算能处理。根据历史来看，增税的结果并非大规模造反（只是发生的暴动不算少），而是王室对议会的完全依附。议会的同意与监督，成为税收正当性的来源。英格兰是单一的政治、司法与行政单位，不能有区域性或团体性的优待税率，这和欧洲多数地区不同。人们普遍认为税收既公平又正当。一旦战争似乎已成为应对法国或西班牙威胁的方式，或是与国家利益相符（例如保卫、扩张殖民地与贸易），大家就会相信战争花费有其必要性，甚至于众有益，都会"相当显著地"遵守要求，尤其是跟法国或其他国家相比。[96]

在 1713 年以前，土地税都是岁入主要来源，达总税收的 20%。此后则被一系列消费税取代：酒、烟草、茶、玻璃、法律文件、发粉、纸牌，甚至连单身都要收税，由手握大权的专业机构收受。这些税目完全不受欢迎。口齿伶俐的西德尼·史密斯（Sidney Smith）对这套体系大加挞伐，说它意味着"垂死的英格兰人把自个儿的药（已经付了 7% 的税）倒进了一只税率 15% 的汤匙，吃完药倒在他那棉罩的床上（又付 22% 的税），接着死在一位花 100 英镑买执照的药剂师怀里"。然而，这类间接税已算相对避人耳目，而且议会也足够公平审慎，将大部分的负担压在相对富有的人身上。食物不征税（但啤酒要抽税，这是税收最多的单一商品种类），而且凯尔特偏远区（Celtic Fringe）不收税。经济增长（尤其是海外贸易与制造商品的增长）让人民更能承受关税与消费税，也让收税变得容易。全国性的济贫制度（范围是当时欧洲最广）为最脆弱的人提供了缓冲。尽管一般人对18世纪的看法，已经有剥削与官僚无能的巴洛克故事添油加醋；但实情是，纳税人相对守法，税收制度有效率，政府施政花费不高，而且"相当清廉"。[97]

然而，税收总是无法追上战时激增的开销。政府得靠借贷，才能满足开销的3/4。[98] 国债从17世纪80年代的300万英镑，增长为1760年的1亿英镑，1796年的3亿英镑，以及1815年的7.45亿英镑。1715年，有半数的税收被用于支付利息，到了1815年则是60%。这需要前所未有的成熟财政体系，借此用长期、低利公债取代短期债务（实际上是政府部门的借据）。17世纪90年代，大臣、议员与商人研究起荷兰人与威尼斯人的方法。当局诉诸民众对怡情小赌的爱好和储蓄倾向，开始拿奖券与年金做实验，当然也有失败。1694年，"执拗的苏格兰人"[99]威廉·佩特森与英格兰人迈克尔·戈弗雷（Michael Godfrey）推动议会通过他们设立英格兰银行的规划［以阿姆斯特丹银行（Bank of Amsterdam）为榜样］，这起事件确实有划时代的重要性。英格兰银行旋即在来年证明了其价值，使政府免于信用破产，更让政府在两年后的和平到来之前，皆有能力持续支付战争经费。英格兰银行不只借钱给政府，更成为英格兰整体财政架构的脊梁与调节器。通过贩卖稳定支付利息的政府债券，投资对法战争一事改变了整个伦敦金融界。议会控制是维持信用不可或缺的支柱。政府因此不太可能不履行债务（特别是许多议会议员本身就是债券持有人），议会也通过了为支付定期利息而设立的税目。由于信用增长，政府必须支付的税率从1693年的14%降到1731年的3%。[100] 尽管其间也曾发生危机与恐慌，但"只要土地还在，啤酒还喝"，英国绝对不会不履行债务,这是纽卡斯尔公爵(Duke of Newcastle)的原话。[101] 下议院与伦敦金融城两相结合,即将创造出世界强权。

纵使悲观预测从未停止,英国却没有因此失血而亡。正好相反。政府公债可以自由转让,投资免税公债成为安全的储蓄手段。政府借贷的增长,加上处理借贷的金融机构,一同刺激了财政的现代化。伦敦金融城成为世界金融中心,到了300年后仍然是英国经济的基石,2005年时还号称是这颗行星上脑力与运算能力最集中的地方。对抗法国及其西班牙盟友的一次次战争,让英国获得了欧洲对外贸易最大的份额,伦敦金融城则为之提供信贷与保险服务。欧洲对外贸易成为工业革命的发电机。滑铁卢一役后,英国拥有欧洲历来最高的人均收入,高于法国将近30%。就和20世纪的美国一样,战争是能赚钱的。

吹泡泡

劳假装自己能让法兰西达到前所未有的高度,让法国处于能对全欧洲下令的地位;他假装自己只要愿意,便能随时摧垮英格兰与荷兰的贸易跟信用;他还假装自己只要有心思,便能随时摧毁我们的银行与东印度公司。

——英国大使斯泰尔伯爵,1719年[102]

劳理斯顿的约翰·劳(John Law of Lauriston)是一个职业赌徒与经济理想家。他擅长打法罗牌(Faro)和兰斯克内特牌(Lansquenet),两种依靠记忆力、心算与心理素质的小游戏。1701年,他在一场内情不单纯的决斗之后被迫逃离伦敦,游历了整个欧洲大陆,最后落脚巴黎，在当地用精湛的牌技打开了贵族家的大门。他让摄政王相信自己有一套解决法国债务问题的"方法"。近年来的战争，让法国与英国背负前所未有的债务。路易十四留下了6亿里弗尔的短期债务与20亿的长期债务，国库空虚。人们普遍认为这些债务将导致灾难，让国家无法发动战争。因此能减债的国家，就能得到政治与战略上的优势。劳的减债提议比法国常用的权宜之计巧妙得多，他不像法国一样把债主关起来，拒绝付钱（此举实际上会让将来更难借贷），而是在1716年成立通用银行（Banque Générale），该银行和英格兰银行一样能发行纸币。接着，他在1717年成立西方公司（Compagnie d'Occident），一家海外贸易公司，其前景令人垂涎三尺，吸引王室的债权人纷纷以手上的债券交换股份，借此将公债私有化，刺激整体经济。他还以前所未见的努力，诱使一技在身的英国工人前来法国。

成功的关键在于公司股价诱人的上涨，而且股价有时确实也有所上涨，民众继而争相购买其股份。政府允许劳执掌印度公司（Compagnie des Indes），用收税权奖励其银行，强制人们使用该公司发行的纸币。简言之，劳现在主持一家庞大的私有机构，该机构垄断了政府财政与海外贸易大权。他成了法国头等要人之一的财政总监（Controller-General of Finance），也是巴黎好几处庄园与地产的所有人，就连富丽堂皇的旺多姆广场（Place Vendôme），他也拥有1/3，而且他就住在这里。法语出现了新词"millionnaire"（百万富翁），用来描述从他这套"方法"里获益最多的人。

劳的大胆事迹在英格兰引起了人们的嫉妒与警觉：法国似乎正在减债，有可能趁英国衰弱时开启另一场战争。人们开始模仿劳的计划。南海公司（South Sea Company）于是成立，意在从为南美洲供应奴隶与商品的贸易中获利（《乌得勒支条约》取得的成果），并于1719年开始鼓励公债持有人用政府债券交换其股份。计划在伦敦的发展就和在巴黎一样美妙，股价在6个月里上涨700%，85%的公债私有化。

巴黎与伦敦这两家公司竞争着同一种国际投机资本，然而各自的贸易前景皆不足以支持其票面价值。真相在1720年初开始曝光，敏锐的荷兰投资人开始卖掉股份。劳奋力维持股价上涨，假造预期利润，印更多的钱买回股份。此举虽让灾难延后，却让灾难在夏天爆发时更为猛烈。成群愤怒的贵妇人与前百万富翁冲向坎康普瓦大道（Rue Quincampoix）的办公室。劳的马车被人砸成碎片，自己则勉强脱身。而此时在伦敦，南海公司的股价也在民众恐慌下崩盘。自杀率增长40%。英国财政大臣被关进了伦敦塔，劳的生意伙伴则被关到巴士底狱。

预期的崩盘影响有些成真，有些没有发生。两国的财政与经济并未因此走向末路。英国首相罗伯特·沃波尔爵士与法国摄政王各自都有能力以不同的方式恢复金融平稳。轻信的投资人牺牲之后，两国政府债务皆大幅缩减，这也是内阁之所以保护劳，允许他从法国逃回英国的其中一个原因，他的家人后来还成了法国贵族。两国的金融机构都恢复了正常，但有个关键的差异：伦敦的英格兰银行更加强大，能接管、抢救南海公司。这是伦敦金融城首度发生"大爆炸"，于是有关方面引入规范，使投资行为更为安全，结果让英格兰公共财政变得"比欧洲其他国家更可靠也更有效率"。[103] 但在法国，国家银行的概念成了几代人眼中的过街老鼠，人们排斥纸币，金融现代化随之停顿。专制君主国显然总会欺瞒。民众囤积钱币，一再导致金银短缺。法国真成了个藏宝国，情况甚至延续到20世纪。这次崩盘毁了法国信贷市场"至少长达一个世纪"。[104] 王室重回专制政体粗糙的老方法：坚决不偿还上千万、上亿里弗尔的债务。财经要人（Financiers，由商人、公务人员与捐官廷臣组成的一类人）的主导地位，连同他们复杂、效率低下的方法一起恢复了。法国的军事动员力受到了损害，经济增长也是如此。长期而论，君主制本身也受到削弱。约翰·劳因此在法国与英国历史上拥有特殊的地位。

法兰西：破产地主

有两个地主，一个每年收入1万，另一个超过4万；前者债比较多，却筹到了更多钱，这怎么可能？

——财政总监亨利-莱昂纳尔·贝尔坦（Henri-Leonard Bertin），1759年[105]

英国的金融实力令贝尔坦等法国官员和独立评论家目瞪口呆、目不转睛。[106] 他们认为这是魔术师的把戏，认为财产是通过把戏在纸上创造出来的，没有土地或黄金等实物支持。他们希望找到方法，揭开这个骗局，让整个英国势力结构土崩瓦解。

法国财政的特色是复杂与不平等。[107] 税制是人头税、财产税与货物税的综合体，被地方团体根深蒂固的历史特权搞得千疮百孔。税额评估很糟糕，不考虑支付能力，因而不可能收齐。人无论贫富，皆公然逃税。法国最有钱的奥尔良公爵便宣称自己跟有关官员"总会把事情安排好"，[108] 收入不错的佃农假装自己是劳工。成千上万的穷人跟税吏打起游击战，设法走私免税盐。据银行家兼财政大臣雅克·内克尔（Jacques Necker）所言，税制复杂到每一代人里只有一两个人能弄懂。结果，虽然有苛税重压的传说，法国其实税收不足：当1789年爆发革命时，税收水平只有英国的1/3。人们普遍认为法国税制既不公正也不可靠，这种不信任意味着提高税率或改进效率都是政治难题。因税收而起的政治冲突开始于18世纪50年代（七年战争花费使然），时起时落，直至君主制崩盘。

王室岁入由财经要人处理，他们以包税人（farmers-general）与出纳官（receivers-general）的身份代替王室收税，以各部门与地方司库的身份制定预算，并提供借款。他们的利润来自佣金，来自用属于政府的钱投资私人商业活动，他们还让王室以未来的岁入为抵押，提供高利息预借款给王室。通常这就等于拿国王的钱借国王。一旦王室在战时对金、银的需求孔急，他们的地位就更为稳固。后来，内阁试图恢复损益的传统做法，就是逮捕重要债权人，控告他们欺诈，以囚犯船或镣铐撑腰，对他们施以巨额罚款，或者直接拒不付款，写下欠条。法国在1759年、1760年和1770年就是这么做的。这意味着未来借款得付可观的保险费。到了18世纪80年代，法国王室得支付双倍于英国的利息。换言之，如果支出相等，他们只能筹到一半的钱。

对内部人士而言，不透明制度就是力量来源。他们游走于迷宫中，寻找信贷来源，使自己变得不可或缺。人们对于金融世家又爱又恨，例如巴黎出身卑微的克罗札家（Crozat）四兄弟。他们家拥有配有广阔英式花园的大城堡，在巴黎亦有别墅，足见其富裕与野心。安托万·克罗札（Antoine Crozat）为其中一位女儿建造了爱丽舍宫（Elysée Palace）。他们也是音乐、文学与科学的赞助人。克罗札家还打造了世界上最庞大的私人收藏之一：超过400幅绘画与19 000件手稿。18世纪的英国很少有投机商人能与之比肩。

财经要人在宫廷里必然有权有势，他们是王侯、廷臣与政治人物的朋友、出资人甚至岳父。克罗札将自己的一个孙女许配给路易十五的左右手舒瓦瑟尔伯爵（Comte de Choiseul，后为公爵），舒瓦瑟尔则投桃报李，安排了法国与哈布斯堡财经要人之间的一系列联姻。这几位巴黎弟兄，也为路易十五接二连三的情妇慷慨支付开销。1745年，他们为国王提供了一位新爱人，这位聪慧优雅的女子不仅能占据国王的脑袋，也占据了他的床。让娜-安托瓦妮特·普瓦松（Jeanne-Antoinette Poisson）是克罗札家一个下级雇员的女儿，也是克罗札家一个兄弟的教女，说不定其实是他的私生女。[110] 她被安排下嫁给依附于克罗札家的一位贵公子，借此得到名望。她接受教育，添上衣妆，接着在 24 岁时被人刻意在化装舞会上引介给国王认识。国王吞了饵，她就成了德·蓬帕杜夫人，采邑与头衔则出自巴黎兄弟的手笔。此一财经、军事、性爱复合体以德·蓬帕杜夫人为支柱，宰制政局长达 19 年，包括整个七年战争期间。接替她成为国王情妇的要角杜巴利伯爵夫人（Comtesse du Barry），则跟海军承包商关系匪浅。说得委婉些，要改革这个体系并不容易，有太多要人从中得利。最终得靠革命让 28 位这种财经巨子上了断头台，才能有所改变。[111]

偏偏从某个角度来说，这套体系还真的管用。将收取岁入承包出去（例如交给臭名昭彰的承包官或地方要人）为凡尔赛宫卸下了庞大的行政负担，也能以体面的方式迫使许多特权团体（教会、主教辖区、市政府，甚至是财经巨子本身）提供借款与额外捐献。然而，全球战争却创造出前所未有的需求。1759 年和 1770 年，当局把拒不付款、强迫债权人减少利息等传统补救方法都用上了，但缺钱仍迫使王室把目光投向国外的财源，向阿姆斯特丹、日内瓦、德意志，甚至（暗中向）

伦敦银行家借钱。而这些债权人是他们无法以传统方式加以威胁的，若不偿还恐怕会导致灾难。鉴于法国的过往表现，借款人要求相当可观的风险溢价。德意志富裕城市审慎的司库甚至"如躲避瘟疫一般"躲避法国人的借款需求，但他们反而拼命买入英国公债。凡尔赛方面就只剩下非常昂贵的权宜之计：出售年金险。我们并不知道此举究竟是出于必要还是无能，根据推测，凡尔赛方面是受到"欠款将渐渐自然消逝"的想法吸引。但精明的日内瓦银行家却精心挑选出年仅 4 岁左右的小女孩，让她们接受特别医疗照顾，再用她们的名义投入上千万资金。这使法国即便到了大革命期间，都仍在支付大笔利息。假使这套制度没有随革命瓦解，法国还得付 400%～500% 的利息，一路付到 19 世纪。[112]

到了 18 世纪 80 年代，波旁君主国已经步入财政绝境。因为无法获得信任，法国政府得比英国付出更多才能借到款，而且政府已经失去债务违约的权威与自信。事实上，路易十六登基时还曾发誓不会不履行债务。部门预算出现赤字，这多半是支付战争经费利息使然。王室无法在不激起愤怒的政治抗争的情况下增税，其中含义既迫切又根本。[113] 谁该为国债负责？是该拒绝偿还（苦了债主）还是该尊重合约（加重纳税人负担）？若拒绝偿还，会让法国在对英国关系中更强势，还是更软弱？此举是否将造成国内外冲突？解决国债是需要专制君主的权威，还是需要更高的责任者，例如按照英国或美国的做法，选出议会？谁有权力征税？谁能代表国家？法国跟英国斗法的开销，创造出了难以克服的政治与意识形态问题，（我们会在第四章提到）这些问题最后将被革命解决。用某位政治人物的话来说："我们不过是让革命成了收税的主。"[114]

第二章：所思、所悦、所见

> *取悦人的技艺似乎属于法国人，思考的技艺似乎属于你们（英国人）。*
>
> ——伏尔泰[1]

> *几乎每一位法国厨师的教养，都高于大多数英格兰厨师。举止更安适，穿着也更体面。*
>
> ——切斯特菲尔德伯爵（Earl of Chesterfield）[2]

1713年的《乌得勒支条约》带来了长达80年的跨海峡的深入理解。在这段时间里，法国人与英国人对彼此思维方式与举止的兴趣堪称前无古人、后无来者，影响之重大也宛如一场思想变革。这种兴趣对法国人来说相当新鲜。17世纪，特别是斯图亚特王朝复辟之后，英国在文化上向来依附法国：文学、戏剧、绘画与时尚，皆自凡尔赛输入或模仿而来。路易十四有次还问驻英国大使，想知道英格兰是否有任何作家或饱学之士。[3]

科学思想扮演了"英格兰霸权的开路先锋"。[4]培根与牛顿带来了理解宇宙的新方法：观察与推理。力量与政局同样能改变人的观点。英国在战场上的胜利及其基础——光荣革命的成就，让英国一瞬之间成了嫉妒、兴趣，甚至是赞赏的对象。浴血内战催生了内部和平，无论这和平有多么脆弱。"科学、知识、理性、自由与自主以某种方式全部结合在一起，显见英国的形成本身就是启蒙的结果。"[5] 17世纪的英格兰政治与哲学著作（尤其是约翰·洛克的著作）在18世纪初主宰了欧洲哲学界：其中的思想似乎表现出一种已经证明其价值的政治制度，而制度也回头支撑这种思想。洛克的《人类理解论》（*Essay on Human Understanding*，书名为"*Un Essai sur l'entendement humain*"的法语节译本于1688年发表，全译本则是1700年问世）或许是欧洲最广为人阅读的哲学著作，内容主张所有知识都是感官经验的产物，而非由原罪或天赋观念所预先决定。英文著作即将影响法国的政治、宗教与哲学思想，也为"文字策略、文类与风格"提供模范——例如乔纳森·斯威夫特（Jonathan Swift）的讽刺文和亚历山大·波普（Alexander Pope）音韵铿锵的诗歌。[6]

另一个层面上，约瑟夫·爱迪生（Joseph Addison）受沙夫茨伯里伯爵（Earl of Shaftesbury）著作的影响，以日报《旁观者》（*Spectator*，1711—1714）为媒介，有意提倡一种有"礼貌"的文化：合群、温和、中庸的思考、行为，甚至是感受方式，试图抹去上个世纪的宗教仇恨与激烈派系斗争。《旁观者》别开生面，融合新闻、道德训诫、文学、流行与交流，影响无远弗届。旧刊以书籍形式再版，也有翻译版。从18世纪中叶巴黎地区私人藏书来看，《旁观者》是最受欢迎的散文类作品，在所有类型的藏书中排名第五。[7]《旁观者》让英式生活与文学成为欧陆读者群的现代典范，同时也是皮埃尔·德·马里沃（Pierre de Marivaux）的仿作《法兰西旁观者》（*Le Spectateur Français*）的灵感所在。因冲突而四处漂泊的难民，包括英国的胡格诺派、法国的詹姆士党、异地作战的军人、流亡的政客、出逃的贵族，都扮演了中介的角色。胡格诺派一直自认为是法国人，他们传播法国的思想与风俗，翻译、出版英语和法语著作，包括法文版本的洛克、波普、斯威夫特与丹尼尔·笛福的作品。詹姆士党奠定了爱尔兰人、苏格兰人与英格兰人在法国商界[8]、文化界与政界的地位，还引进了共济会。18世纪末，共济会已经成为文化与政治革新的重要通道，成员达5万到10万人，全法国作家恐怕有1/10是会员。[9]许多已遭今人遗忘的流亡者，帮助法国与英国塑造相互认知。何谓英格兰特色？何谓法兰西特色？在这个问题上，没有人比托亚阁下保罗·德·拉宾（Paul de Rapin，1661—1725），以及安东尼·汉密尔顿（Anthony Hamilton，1646—1719）为后世带来的理解更多：拉宾写了当时第一部重要的英格兰史著作，而汉密尔顿则创造了历久不衰的法国男子气概理想。

为彼此做肖像：拉宾与汉密尔顿

拉宾是个出身朗格多克、信奉新教的小贵族，他跟奥兰治的威廉三世一起登陆英格兰，1689年也随他一起在爱尔兰作战。他在利默里克负伤，养伤时发展出对历史的兴趣，并且在战后开始撰写十卷《英格兰史》（*Histoire d'Angleterre*，1723—1727），这项写作占据了他余下的人生。他是第一位撰写前后连贯的英格兰全史，并且把书一直写到自己身处时代的历史学家；书中谈及撒克逊人、阿尔弗雷德大帝、大宪章、议会的发展及其对抗斯图亚特王朝的历史，以光荣革命收尾。简言之，拉宾是辉格派史学家先驱：对辉格派来说，英格兰历史是一段终获胜利的漫长自由抗争。自由是根深蒂固的民族性，从日耳曼先祖那里继承而来："英格兰人一直非常珍视他们的自由。"[10] 拉宾的《英格兰史》（以法文写就）在欧陆广为人阅读，因为书中讲述了英格兰人成功的秘密，欧洲人迫切想知道个中巧妙；伏尔泰与孟德斯鸠的著作也呼应了书中的主题。《英格兰史》也有英译本，成为18世纪上半叶的权威读物。虽然《英格兰史》最后隐没于苏格兰史学家大卫·休谟的《英格兰史》（History of England, 1754—1762）之下，但该书塑造了英格兰民众对重大事件及其民族历史意义的认知，继而塑造了英格兰人的自我认同。

安托尼（安东万）·汉密尔顿是天主教徒，他走上了与拉宾相反的发展方向，在爱尔兰为詹姆士二世而战，后来加入圣日耳曼的流亡宫廷。身为军人、廷臣与阿伯康伯爵（Earl of Abercorn）的亲戚，他轻松打进了法国贵族圈，写着因其"纯粹"、优雅、机锋而受人称许的法文。他的杰作《格拉蒙伯爵生平》（*Mémoires de la vie du comte de Gramont*, 1713），讲的是其连襟年轻时在法国与复辟时期英格兰的冒险历程，是一部半虚构的流浪冒险故事。他笔下的格拉蒙是军人、多情种、赌徒、廷臣，也是机智幽默的弄臣；觉得谁好骗就整谁，而且通常都是他赢；他深受伙伴和部下喜爱，对上位者则毫无敬意，随时准备惹麻烦，然后全身而退。总之，汉密尔顿在格拉蒙身上创造了法式男子气概的典型，不是虔诚或者拘谨，而是风趣、随性、无畏而性感。格拉蒙风靡海峡彼岸：霍勒斯·沃波尔（Horace Walpole）在1772年出版了《格拉蒙伯爵生平》的英译本，还用汉密尔顿书中角色的插画，装饰自己位于草莓丘（Strawberry Hill）的新哥特风公馆的一个房间。据19世纪文学评论家查尔斯·奥古斯丁·圣伯夫（Charles Augustin Sainte-Beuve）所言，这本书成了"年轻法国贵族的日课"。

汉密尔顿是一代代冒险小说主角的文学教父。

探索知性之旅

英格兰人充满思想，法兰西人则满是风采、赞美与甜言蜜语。
　　　　　　　　　　——伏尔泰的笔记，18世纪20年代 [11]

君不见此三绅士甫自伦敦返国？他们已离开数月有余，其间必定表现得庄严肃穆，染上思想家之气息与神态。
　　　　　　　　——《法兰西信使报》（*Mercure de France*），1766年 [12]

第一代博林布鲁克子爵亨利·圣约翰是18世纪首位非自愿渡过海峡的知名旅人。他既是托利派思想家，又是颇具影响力的政治流亡人士，也是少数在法国比在英格兰更受人尊敬的英格兰政治人物。躲避牢狱之灾的他，在流亡时寻得了慰藉。博林布鲁克被时人公认为是法兰西之友，也是英国政治智慧的源泉，凡尔赛方面因此给予他抚恤金，还让他娶了富孀维莱特伯爵夫人［Marquise de La Villette，他在这位夫人位于卢瓦尔河河畔拉索斯（La Source）的城堡，打造了法国诸多英式花园里最早的一座］，博林布鲁克从此成了一位同时能吸引流亡知识分子与本地知识分子的人物。他是夹层俱乐部（Club de l'Entresol，不对外开放）成员，该俱乐部是第一个致力于自由谈论政治，也是第一个使用外来英语词汇"俱乐部"的社团。18世纪20年代的夹层俱乐部聚集了一小撮巴黎激进思想精英，最后因出格而遭查禁。博林布鲁克照顾、影响了两个人：伏尔泰与孟德斯鸠,而这两人也都致力于让英格兰成为法国改革人士的楷模。圣约翰通过自己写的《爱国王者之理念》(*Idea of a Patriot King*,1750 年被译为法语),将新词"爱国精神"引入法国,这也是该词首度出现在法国,[13]让人们能够谈论政治上的忠诚与义务,而非单纯服膺于神选君主。一位反对辉格政府的托利派前阁员便以这种方式引进思想,影响了未来的法国革命。

博林布鲁克的一个崇拜者,是冉冉上升的诗人弗朗索瓦-玛丽·阿鲁埃(François Marie Arouet),自称"伏尔泰"。两人间的联系影响了伏尔泰,让他在 1726 年,也就是 22 岁那年时,决定前往英格兰旅行。发生在巴黎的一起事件(有好几个版本的说法)加快了他的脚步,也让此行重要性大增。某个重要廷臣家的子孙罗昂-沙博骑士(Chevalier de Rohan-Chabot),在剧院命令平民伏尔泰让出自己的位子。接着双方一阵唇齿相讥,罗昂随后则派仆从在大街上殴打伏尔泰。伏尔泰要求决斗,结果却被送进巴士底狱待了一段时间,继而被从巴黎流放,于是他前往伦敦,个中的心情不难理解。在他眼里伦敦则是另一片天地,是思想家能自由自在、受人尊重,最终出人头地(他本人就是实例)的地方。伏尔泰与文学界、戏剧界频繁接触,和政界与宫廷圈也有联系。他在 1726 年写信给朋友,说在英格兰"所有的艺术皆备受尊崇、褒奖……不同艺术情况虽有不同,但人们不吝赞美……每个人都能自由、自重地思考,不受位卑之恐惧所拘束"。[14]虽然伦敦的日常生活并不好过,但 1727 年时,牛顿"有如国王般"下葬于威斯敏斯特大教堂的庄严场面更是肯定了他的推崇。

伏尔泰决定动笔写自己的第一部政治散文著作,来描述这个"哲学家国度"。[15]他勤于阅读,书单包括拉宾、洛克、博林布鲁克、笛福与斯威夫特等人的作品,以及《旁观者》。成果就是《英格兰民族书简》(*Letters Concerning the English Nation*),法文版称《哲学书简》(*Lettres Philosophiques*)或《英国人信札》(*Lettres anglaises*),这是唯一一部先以英语发表的法国经典著作。伏尔泰甚至暗示(但实情并非如此)自己以英文写作,是择其"自由"与"活力"。[16] 这本书大部分写于1728年,又在1732年他重返法国后加以增补。书中以25封给友人的信为形式,仿佛只是旅人闲谈内容的笔记。文字短小精练、妙语如珠、平易直率,但绝非旅游指南或旅人日记。信中完全不提英格兰的景色、气味、恶劣的食物、发酒疯、粗野的娱乐和古怪之处等法文著作中常见的英国话题(但伏尔泰确实提到神职人员酗酒,尽管他认为"这并不丢人")。伏尔泰反其道而行,写对英格兰的印象:宽容、自由(对法国人来说很新鲜)、文学与思想,因为他认为这里是个"人们普遍都会思考"的地方。英格兰与高压而荒谬的法兰西明显不同,但这不妨碍伏尔泰直言不讳。书中的笔调和他后来的大作《老实人》(*Candide*)一样诙谐天真,这反而令他故意为之的傲慢更为有趣,当然也更具挑衅意味。

  书中的前4封信出人意料,以贵格会(他跟贵格会的老师学英语)起头,伏尔泰借此表示英格兰人能"选择自己上天堂的路"。他有一小段话谈议会,以恢宏的方式说议会是"英格兰人民的威仪"(他不仅有所误解,而且从未去过议会)。他宣称做生意在英格兰是体面事,连年轻的贵族子弟也从事买卖,因为商业能创造自由、财富,并壮大国家。各种信仰的人在股票交易所里平静交易着,只有破产才是"异教"。英格兰对异国风俗保持开放,例如玛丽·沃特利·蒙塔古夫人(Lady Mary Wortley Montagu)从土耳其引入的接种术。有几封信谈的是培根（"实验哲学之父"）与洛克的思想，还有几封信是关于牛顿的，伏尔泰封他为"破坏笛卡儿体系的人"。但这个攻击却起了反效果，反而巩固了笛卡儿思想作为法国思想精华的地位。

最有意思的信之一，是《论悲剧》（*On tragedy*）。伏尔泰将莎士比亚连同约翰·德莱顿（John Dryden）、托马斯·奥特韦（Thomas Otway）和约瑟夫·爱迪生（他的最爱）一起讨论（莎士比亚这个主题将一辈子折磨着他）。例如，他提供了一段哈姆雷特独白的润饰译文，这也是这段文字的第一个法语版本，试图让莎士比亚变得更文雅，结果却让他双眼没了，牙齿没了，一切都没了：①

> *Demeure; il faut choisir, passer à l'instant*
> *De la vie à la mort, ou de l'être au néant*
> *Dieux cruels! s'il en est, éclairez mon courage.*
> *Faut-il vieillir courbé sous la main qui m'outrage,*
> *Supporter ou finir mon malheur et mon sort ?*
> *Qui suis-je ? qui m'arrête ? et qu'est-ce que la mort ?*

伏尔泰严正"诅咒照字面译的人"，为了彰显他的精神，下面是我们传达其"生存，还是毁灭"译文风味的尝试：

---

① 这里典出莎士比亚的喜剧《皆大欢喜》（*As You Like It*）第二幕第七景忧郁杰克（Melancholy Jaque）的独白。独白将世界的发展比拟为人生的七个阶段，本句即为独白的末句。——译者注

仍然；随时刻消逝，人必得选择
由生到死，自有而无。
残酷的诸神！若你们真有，启明我的心智啊
我难道非得渐长，向暴虐之力低头，
承受，抑或终结我的苦，我的生命气息？
我是谁？有谁束缚我？死为何物？

伏尔泰清楚表达出后来法国人的标准意见：莎士比亚是未经雕琢的创造力的化身，他粗野而难驯，正是英格兰特质的缩影。

《哲学书简》是"启蒙哲学的主要文献之一"，[17]不仅传递出一种英格兰的意象（姑且不论描述是否正确），更传递出一种价值视野、一种信息：如今的英格兰比古代希腊、罗马更为优越，是理性与自由的化身，因而享有和平、繁荣、影响力与文化活力。这种暗贬法国的做法难免造成公众的强烈抗议。因此，伏尔泰在1729年半秘密重返法国后，推迟了完成手稿的时间，直到1773年才在伦敦出版英文版，1734年则同时于伦敦和巴黎出版法文版。抗议声浪如期而至：当局查扣书本，搜索他在巴黎的寓所，想找到他是作者的证据，以及帮他出版的共犯。随着巴士底狱再度呼唤，伏尔泰只好开溜。他身为知名异议人士的生涯由此展开。无论贵族友人对他保护如何周到，也无论他后来得到的财富与名声几何，他大部分的生命都处在半流亡状态，选择住在离边界不远处，接待慕名而来、川流不息的访客，包括几百名英国人。当局以《哲学书简》违反正统信仰、不道德、不尊重权威为名，判决将其撕毁、焚烧。关于上述指控，他的书在其中两项可是光荣入罪。

但迫害也挡不住商业上的成功。正好相反，《哲学书简》是伏尔泰第一次胜利也是最大的胜利之一，堪比后来写的《老实人》。这本书至少出了 35 个版本：据权威估计，《哲学书简》在 18 世纪 30 年代的法国就卖了 2 万册；近年来的研究指出，真正的严肃读者总数只有 3 000～5 000 人，其销量因而更显出众。[18] 据哲学家孔多塞（Condorcet）所说，《哲学书简》开启了一场革命。这些信件不只让崇拜英格兰蔚为风尚，对整个启蒙运动的面貌也至为关键。有个不服气的法国人总结了伏尔泰的"奇迹"："英格兰人神奇地改了头、换了面……这群向来以最骄傲、最好妒……最野蛮闻名的人……据伏尔泰先生所说，却是最高尚、最慷慨……完美的典范。"[19] 到了 1740 年，法国已有 16 份专门探讨英格兰文学、思想的期刊。[20]《哲学书简》也为伏尔泰在英国博得了名声，他成为人们眼中的历史学家、散文家与自由卫士，而不只是诗人与评论家。他即将成为该世纪名声最响亮，或者说最具争议性的作家。

另一位划时代的旅行家在 1729 年末抵达英格兰，差不多是伏尔泰离开的时候。尽管两人有共同的熟人（著名者有博林布鲁克与切斯特菲尔德伯爵），且说不定都在伦敦短暂地停留，但他们并未相遇。这并不让人意外。这位叫作孟德斯鸠男爵夏尔·路易·德·塞孔达（Charles-Louis de Secondat）的波尔多高等法院世袭庭长，[21] 是个比有煽动性的阿鲁埃"伏尔泰"更广为人尊重也更有分量的人物。尽管他的大胆讽刺之作《波斯人信札》（*Lettres Persanes*，1721）在整个欧洲声名狼藉，但他跟伏尔泰大不相同，称不上半流亡人士。他是既有秩序的擎天柱，从荷兰乘大使的帆船抵达英国海岸，但其著作所带来的爆炸性影响，非但掷地有声不逊于伏尔泰，而且余音绕梁更久。

孟德斯鸠的伦敦之行，是一项学术计划的一部分。对地方高等法院庭长一职已感到厌倦的他，为了这项计划奉献了自己的后半生。孟德斯鸠对英格兰的兴趣，或许源自他所从事的波尔多葡萄酒生意：他拥有格拉夫（Graves）与梅多克（Médoc）最好的几处葡萄园。通过与詹姆士党流亡者（例如博林布鲁克与英国共济会会员）的往来，他对英格兰兴趣渐增，而且逐渐聚焦在当时日益流行的主题上，也就是英格兰1688年后的政治制度。因此，他与友人沃尔德格雷夫勋爵结伴，展开了一场从1728—1731年的研修壮游，游遍意大利、德意志、荷兰，伦敦则是最后一站。此时正好是造访英伦的好时机。两国关系缓和，意味着孟德斯鸠与詹姆士党流亡人士，例如斯图亚特王朝的伯威克公爵（Duke of Berwick，时任波尔多总督），以及与爱尔兰诗人、神职人员的友谊，如今不再是结交切斯特菲尔德与沃尔德格雷夫（他是巴黎的共济会兄弟）等辉格派贵族的阻碍。两人将孟德斯鸠介绍给英王乔治二世认识，孟德斯鸠则跟王后聊起法国政坛八卦。他获选为皇家学会成员，逐渐熟悉了文坛、政坛，经常与胡格诺知识分子互动；当伏尔泰上戏院时，孟德斯鸠则参加了议会。

浸淫于英格兰生活确实深有启发。孟德斯鸠起初带着怀疑，带着法国人普遍的保留态度抵达。他原本认为，英格兰人控制不住情绪，抱持极端意见，文化古怪，科学成果值得怀疑，其政治体系尤其不合逻辑、即将崩溃；但他改观了。他发现当地人亲切有礼，他也和伏尔泰一样赞赏相对自由、开放的英格兰社会。他在日记上写着："英格兰是目前世界上拥有最多自由的国家，任何共和国都没有英格兰来得自由。"而在其他国家，"钱比荣誉或美德更重要，人民粗俗、不好相处，最糟糕的则是腐败"。[22]

孟德斯鸠在伦敦停留的日子（一直待到1731年），对于他日后写出18世纪最有影响力的政治书籍同时也是近代最重要的书籍之一的《论法的精神》（*L'Esprit des lois*），起到了莫大影响。孟德斯鸠大约在1734年开始动笔，他一方面注意到伏尔泰的《哲学书简》激发了人们对英格兰事物的兴趣，一方面对伏尔泰遭受的谴责也有所提防。他在这本书上花了超过10年的时间，内容大半写于他位于拉布雷德（La Brède）的城堡，相关材料则由皇家学会的友人寄给他。1748年，《论法的精神》在日内瓦印刷发行，以规避法国的出版审查。孟德斯鸠将最早发行的几百本送往英国，期待这些书能得到当地读者圈的热烈回响。不过他很有先见之明，放弃了把书题献给英王乔治二世长子威尔士亲王的念头，毕竟法国与英国终究又打起仗来了。

《论法的精神》探讨了一国法律与其体制、公民社会和物质情况之间的关系。全书从研究法律的历史起源开始——就英格兰的例子看来，他认为是来自日耳曼人的遗产。孟德斯鸠把历史与法律摆在政治理论的中心，为近代政治思想"设定了调性与形式"。[23] 他讨论古罗马与当代英格兰这两个重要例子，但他跟其他作家（不只是伏尔泰）不同，并不主张英格兰提供了可供法国仿效的现成模范。每个国家皆独一无二，必须从其处境与经验中汲取灵感。改革派务须审慎，尊重既有风俗，毕竟其中有深厚的根源与复杂的原因。后来，埃德蒙·伯克在1790年抨击法国革命时，便以雄浑的方式发展了这种观点。但对于所有社会来说，宽容与修正、改进其运行的能力皆至关重要，孟德斯鸠此时指出了英格兰的优点：

> 英格兰政府比较高明，因为有一群人不断审查它，而它也不断自我审查。无论有什么错误，都不会长久延续……一个不受拘束的

政府定然受人搅弄，假使不能通过其法律而对匡正保持开放，便将无以自持。[24]

他虽同意伏尔泰，认为英格兰制度优于希腊与罗马，但他并未抱持伏尔泰那种煽动性的乐观心态。博林布鲁克、洛克与英格兰共和派作家的影响力，反对派对王室日益强大的权力及其庇护的攻击，加上看起来并不稳固的政党制度与议会力量，导致他对参政自由的朝不保夕提出警告。这份担忧创造出他的分析中最知名、最历久不衰的特色：分权概念。他在第十册第六章"论英格兰宪法"（De la Constitution d'Angleterre）中，以"立法"、"行政"与"司法"三权间的关系，来解释国家的自由程度。如果三权由同一批人掌握，则国家为专制体制；若其一独立自主，则为"温和"政府；倘若三权分立，则为自由国家。这种杂糅了托利党的不满与法国世袭贵族判断的反思，令此后政党政治的分权口号"得到尊严与合理性"，"将之与自由理论挂钩，并交托予后世"，[25] 最终成为未来美国宪法，以及所有受此影响的宪法所依赖的基础。

孟德斯鸠对未来抱持审慎态度。英格兰理论上自由，但现实上却不一定。倘若行政当局腐化议会，自由也就终结了。自由之存续，有赖一国"普遍的精神"（我们不妨称之为政治文化）以及"一般民众"的"自由精神"。虽然看法较为悲观，孟德斯鸠仍相信"自由在欧洲的最后一口气，将吐自一位英格兰人"。[26]

孟德斯鸠学问渊博、论证有力、文风精妙，不仅为他的著作赋予了无与伦比的分量，使之成为欧洲各地政治自由的重要教科书，更为之带来了若干保护，令厌恶其信息却无能力驳斥它的当权者无以加害。

来自索邦神学院（Sorbonne）的批评退却了。《论法的精神》旋即得以自由在法国出版，在 18 个月里卖出了 13 个版本。虽然该书名列教廷禁书名册，但连天主教会对它也非难甚少。许多反对人士甚至忍不住美言几句。对法国来说，这真是种新的政治语言：宪法（Constitution）和行政（Exécutif）确实是外来的英语词。孟德斯鸠拥护法国，但他仍赞许英格兰为近代世界的自由方舟。他是忠诚的子民，但他的著作却为那些攻击波旁君主制为"专制政权"的人提供了子弹。

孟德斯鸠对动荡的政治制度做了悲观的分析，但爱德华·吉本的《罗马帝国衰亡史》（The Decline and Fall of the Roman Empire，1776—1788）完全不落人后。这本英格兰最伟大的历史与文学著作，由最倾心于法国的英格兰思想家吉本所写，大卫·休谟甚至还建议他以法语写作。吉本深谙法国史学与哲学，从孟德斯鸠讲述罗马政治沦为专制的文字中得到了灵感。他对俗世历史的分析同样不输给孟德斯鸠，用独立于神意之外的方式来解释历史上的重要事件。光这样就够颠覆传统了，但他甚至还将罗马的衰亡解释为基督教兴起所导致的结果。

知识的流动绝非单向。尽管接连不断的战事导致交流中断并带来了恨意，但 18 世纪后半叶仍然是个深度对话、成果丰硕的时代；对这个时代来说，经过深思熟虑后的不同意见，跟模仿有同等的重要性。尽管现代性的视野来自英国，但法国纵使有反复无常的言论审查与镇压，却仍然是欧洲的文化舞台。比如，伦敦人伊弗雷姆·钱伯斯（Ephraim Chambers）在 1728 年就有了出版《百科全书，或艺术与科学综合词典》（Cyclopaedia, or Universal Dictionary of Arts and Sciences）的绝妙想法。到了 18 世纪 40 年代晚期，一群与共济会有联系的法国出版商抄了这个点子，委托德尼·狄德罗（Denis Diderot，因著作而入狱）与让·达朗贝尔（Jean d'Alembert）共同主持。他们的《百科全书》(*Encyclopédie*)使钱伯斯的原书相形见绌。这部法国文学界倾力之作（虽然主要依赖一群核心作者）最后有两万人参与其中。[27]《百科全书》自1751年开始发行，在接下来20年间为启蒙文化烙上永恒的法国印记。纵使英国的文化生活多么创新，但它缺乏基础建设，缺乏图书馆、学术机构、修道院和大学等，因而无法支撑这种规模的学术工作。

跨海峡的交流鼓舞了苏格兰启蒙运动的两大巨擘：大卫·休谟及其友人亚当·斯密。休谟早期的哲学论著主要是关于道德的非宗教解释，受到了17世纪法国耶稣会士尼古拉·马勒伯朗士（Nicolas Malebranche）著作的影响。他的《英格兰史》（1754—1762）是第一部以复杂而无法预测的政治为主的历史著作，有心要取代拉宾瞻前顾后的编年史，以及伏尔泰讲得活灵活现但没有根据的故事。七年战争一结束，崇拜法国的休谟旋即于1763年回到巴黎，担任英国大使的秘书。他那种怀疑宗教的态度相当符合时下风潮，而他的亲和力也让他成了社交宠儿，被称为"好大卫"，哲人追星族布夫莱尔伯爵夫人（Comtesse de Boufflers）几乎目不转睛地关注着他（虽然恐非休谟本人所愿）。他对自己外交职务的结束深感遗憾，接着打算住在巴黎而非伦敦，因为伦敦"不欢迎苏格兰人"。[28]但我们知道，他确实重返了伦敦，而且还带着让-雅克·卢梭。事后来看，这件事真是大错特错。

1764—1766年，亚当·斯密造访法国。他在思想上带来的影响，堪比跟他旅行方向相反的孟德斯鸠。斯密此行规划于七年战争期间，是他唯一一次前往更广大的世界远足，也是文化交流如何无视战争的众多例证之一。出使法国的休谟为他铺好了路，斯密在法国是以《道德情操论》（*Theory of Moral Sentiments*，1759）作者的身份为人所知,这本书不久前才在法国出版。休谟向他保证,连国王的情妇德·蓬帕杜夫人,以及股肱大臣的夫人——舒瓦瑟尔伯爵夫人,都读过他的书(但很可能是因为其书遭禁之故)。斯密的《道德情操论》将道德诠释为当自然"为社会塑造出人的时候"的产物。他浸淫于法国思想:研究笔记提到了孟德斯鸠,书名呼应了莱韦斯克·德·普伊(Levesque de Pouilly)的《愉悦情感论》(*Théorie des Sentiments Agréables*,1747),其理念有部分是对让-雅克·卢梭的《论人类不平等的起源和基础》*Discours surl' Origine et les Fondements de l' Inégalité Parmi les Hommes*,1755)的回应。斯密以年轻的巴克卢公爵(Duke of Buccleuch)的家庭教师的身份旅行,造访了巴黎、图卢兹与大半的法国南部,与伏尔泰数度会面,并且对法国的税制、贸易进行了研究(此举多少有意为导致法国兵败七年战争的软肋做出诊断)。尽管他法语讲得不熟练,而且不止一位巴黎小姐嫌他长相奇丑无比,但斯密仍然在许多沙龙留下了自己的足迹。他曾与提倡经济自由的人有过诸多讨论,主要是重农学派(Physiocratic School)成员,如杜邦·德·内穆尔(Dupont de Nemours)、弗朗索瓦·魁奈(François Quesnay),以及才智过人的公务员兼未来的阁员安·罗贝尔·杜尔哥(Anne Robert Turgot)。许多人认为斯密是重农学派的追随者,但他其实对"体制中的人"抱持怀疑态度。这些研究与交流"是斯密思想发展过程中最令人兴奋的一段",[29] 有助于其《国民财富的性质和原因的研究》(*Inquiry into the Nature and Causes of the Wealth of Nations*,1776,也就是《国富论》)一书成形,而且他尤其反对重农思想中将农业视为财富唯一基础的信条。他还根据自己对法国的观察,断言纵使政府无能,经济活动仍然能够存续,可见社会与经济的改善无须国家的指导,只要有法治与人身、财产安全保障即足矣。

斯密的巨作不仅别出心裁，甚至堪称最精妙的经济学专著，具有革命性的推动力，让经济自由成为和平、非压迫社会的基础。这本书实现了启蒙运动的核心抱负，即探索人类行为中的"自然规律"，也就是书中所说的"简单明了的自然自由体系（System of Natural Liberty）"。个人的利己本能将"按照事物的自然发展轨道"，仿佛受"看不见的手"所引导，对整体的福祉做出贡献。"我们的晚餐依赖的并非屠夫、酿酒人或面包师傅的善心，而是他们对自己利益的关注。"因此，经济自由不仅正确，而且有效。压迫与奴役不仅错误，而且不切实际。政府即便出于善意而干预，也会适得其反："此举非但无法促成，反而会妨碍社会朝向真正的富裕与伟大发展。"既然人人皆由人人的劳动中获益，这时唯一需要的就是"应该让每一个人以自己的方式追求自己的利益，不加干涉"。[30]

斯密综合了法国与英国思想中的重要主题。他的理念不仅在法国大革命初期出于各种理由而被革命领袖引用，而且至今仍广为人热议。但思想史学者克劳德·尼科莱（Claude Nicolet）也指出，斯密的思想和其他苏格兰启蒙运动思想（所谓"现代性的出生证明"）大抵没有在法国政治文化中扎根。[31] 斯密的愿景适合一个不断变化的世界，其间没有任何确定的事情，也没有高于一切的权威。这跟法国控制经济（一般归因于路易十四的大臣科尔贝）的专制传统、天主教家长作风、共和爱国思想，甚至跟未来拿破仑式的国家指导现代化的做法都有冲突。身处革命漫长余波中的人，也担心斯密的主张会造成社会动荡。因此，法国人并不喜欢前总理爱德华·巴拉迪尔（Edouard Balladur）所描述的"丛林法则"。法国大革命支持一种理想化的古典公民观念，压抑现代社会强调的个人自由。共和派指责英国（"迦太基"）是自私的商业社会，赞赏法国（"罗马"）高举更高贵的价值。两个世纪之后，这一点仍然让法国有别于英语世界。法国之所以在2005年否决欧盟宪法，多半也是延续了"科尔贝与亚当·斯密两人的继承人之间的古老争论"。[32]

旅人故事

> 英格兰人无疑是欧洲最常旅行的人……他们的岛对他们来说，是某种牢笼。
> ——让-伯纳德·阿贝勒布朗（Jean-Bernard Abbé Le Blanc），1751年[33]

> 送你去国外，不是为了让你跟自己的同胞交谈：一般而言，处在他们之间，你得不到多少知识，也学不到什么语言，肯定也学不到规矩……他们在桌边享乐，结果则是野兽般的酒疯、卑劣的骚动、打破窗户的举动，而且经常（他们活该）断手断脚。
> ——切斯特菲尔德勋爵，1749年[34]

> 一个心思敏锐的英格兰人从造访异国中得到的最大好处，便是意识到他自己国家的优秀无与伦比。
> ——约翰·安德鲁斯（John Andrews），1783年[35]

从伏尔泰仓促抵达伦敦到法国大革命爆发之间，有大量欧洲人在这60年里为了乐趣、出于好奇心而外出旅游。这既是启蒙普世价值的一个方面，因为宗教仇恨有所减轻；也是一种与财产扩张有关的消费形态；还是文化交流的一个方面，因为随之而来的还有外国文学阅读；更是通过比较本国与异国风俗，塑造民族认同的一个重要途径。各地的旅行活动都有增加，但跨海峡的旅行（尤其是英国人的旅行）增加最为显著。每一次战争后，旅行人数都有激增。战争其实不是无法跨越的障碍，特别是对于勇敢或有关系的人来说。海峡的暴风雨本身就够危险了，更别提私掠海盗船了。人们在承平时期的18世纪20年代、50年代初期、60年代中期、80年代，以及1802年，蜂拥拜访过去的敌人。

矛盾情绪成了旅行经历的调味料。对法国人而言，英国的胜利逐渐使他们渴望了解（甚至是钦佩）这些发假誓的阿尔比恩人[①]是如何办到的。他们的反应通常令人想到家道中落的贵族——内心充满优越感、鄙视暴发户的粗野。英国人就像突然发迹的新贵，渴望展现自己的金钱与现代性，却脏臭得吓人。双方很快便冒犯到彼此，却也同样迫切想恢复自己的信心。不过，尽管有战争与宗教、政治上的差异，他们的反应很少只有一面：赞赏与批评同时出现，个人的情谊也会跨越国家与意识形态的疆界。

法国与英国旅人之间有广泛的差异。[36]我们没有可靠的统计数字。当时人口中的"大量"指的是"数十"而非"上千"。若干历史学家接受的数字是：18世纪60年代晚期，英国每年有12 000人造访欧洲大陆，人数在18世纪80年代中期提升到超过4万人。这意味着有5%

[①] 阿尔比恩是大不列颠岛的古称，后作为该岛的雅称而被人沿用。——编者注

的英国人可能出过国，大多数是前往法国，或是途经法国。假使如此，这可是个惊人的数字；但法国警方的记录却暗示这过于夸大（除非当局忽略大多数的外来访客）。[37] 无论确切总数是多少，英国人肯定最引人注意，人数也最多。法国观察家认为，这是因为英国的生活非常糟糕，而自己国家则有优越的生活。反正法国无所不有，那何必出国呢？话虽如此，造访伦敦人数最多的外籍游客据说就是法国人。英国的旅人以年轻人偏多，他们在上大学前或大学毕业后出发，踏上据说有教育意义的"壮游"之路；女性也偏多，相较之下法国女性则很少出国。而且英国游客各式各样，从贵族到迫切想一尝高雅时尚的"中间阶层"都有：

> 我们离开英格兰，离开叫人难为情、普普通通、一般般的英格兰家庭！但在法国待了半年，到气候更温暖的意大利过冬之后，咱们对各种精致的享受、挥霍和感官之乐都了然于心啦。[38]

上面这段讽刺小说和赫斯特·司雷尔（Hester Thrale）对自家人真实经验的总结相当类似："我们离开巴黎——之前在这里整整花了1个月的大钱，有些纯属享乐，但也有些收获；毕竟我们见到了形形色色的人和事物，奎妮（Queeny）还学了点法语，舞跳得也不错。"[39] 比起法国人，享乐更是英国人旅游的动机；即便此行志在向学，他们也不忘娱乐。一般来说，法国人不会为了享乐而造访英格兰。社会地位高的人通常带有求知的使命，为了学问而来的旅人名录，几乎等于启蒙哲人的点名单：除了伏尔泰与孟德斯鸠，还有爱尔维修（Helvetius）、布丰（Buffon）、卢梭、普雷沃（Prévost）、霍尔巴赫（Holbach）、雷纳尔（Raynal）与内克尔。地位低的人去英格兰不是为了花钱，而是为了赚钱。"身为外国人，海峡两岸都有生意可以做"，[40]他们靠流行的刻板印象获益。毫无疑问，法国特色为展开职业生涯带来了更多契机：伦敦有法国音乐家、舞蹈老师、教师、手艺人、裁缝、假发匠与仆人——据一位法国观察家表示，这些人没一技之长，粗野又不道德。[41]巴黎则引入了银行家与骑师，但他们的风评也不好。

以旅游为题的书《无论真实或想象之旅》迎合了某些有思想自由但身体没那么自由的人，满足了其神游的需求。这类著作充满政治与社会评论，同时也提供有趣或骇人的传闻，以及实用信息。但理应求实的内容却与虚构重叠。《格列佛游记》（*Gulliver's Travels*）不仅启迪了伏尔泰的《老实人》，还启迪了许多名不见经传的作家，他们希望自己写出的旅游指南带有斯威夫特式的讽刺。[42]有些写手抄袭现有的著作，活灵活现描述自己从未涉足的地方。即便他们真有去过当地，不谙语言也妨碍了他们直接认识当地。比起英国人，这更是法国人的缺点（他们期待外国人讲他们的语言）。因此，皮埃尔－让·格罗斯里（Pierre-Jean Grosley）读不出"Sakespear"/"Sakhspear"；杜·博卡热夫人（Madame Du Bocage）则畅游"法克斯豪尔"［Faxhall，指沃克斯豪尔（Vauxhall）］与"雷内拉许"［Renelash，指兰尼拉（Ranelagh）］的漂亮花园。有本旅游书则好心提供了读音版的英格兰词组，像别出心裁地用"il te rince"（冲洗）来表示"it rains"（下雨）。[43]［法国人现在还是喜欢开这种玩笑，知道讲英文的人会说"桑窟叭哩骂取"（Saint-Cloud Paris-Match，字面意思是圣克劳巴黎赛事）来表示谢意］。文学习惯手法、抄袭和直率的宣传文字，都让主题与样板一再出现，又反过来影响了旅客的期待。个人经验是否与期待吻合，也就成了旅游小说和私人书信、日记的常见主题。

长期雄踞法国市场的两本旅游书，是布朗神父的《法国人来鸿》（*Lettresd'un François*，1745年初版），以及格罗斯里的三卷本《伦敦》（*Londres*，1770）。格罗斯里的书是以他1765年造访伦敦六周的经历写成的。他不会讲英语（根据他自己的说法是："有理智的人，不会在年过40之后，还跟外语瞎搅和"），只能靠他的厨子，以及他借宿的家庭传达意思。他只能听懂一点脏话（像"法国狗""法国×子"），据他说，每个街口都有人冲他这么喊。稍愉快的回忆则有"波涛汹涌"、"没有束缚"的英格兰女子胸部，其"成长发育时……尽享自由的好处"。[44] 布朗神父的《法国人来鸿》（经常再版、遭人剽窃）是18世纪的畅销书之一，也是继伏尔泰的作品以来以英国为题材的最广为人阅读的书。[45] 他目中无人，致力匡正国人视听，务求挫挫英国人的锐气："法国民众把英格兰人想得太好，同时也想得太坏；他们绝非其自诩的模样，亦非我们所认为的样貌。"[46] 一言以蔽之，英格兰多雾，人民没有文化、粗野、迟钝，而且每况愈下。但因为天气潮湿之故，英格兰乡间土壤肥沃，蔬果质量、种类皆优于法国——这是布朗心中英格兰最主要的吸引力。

布朗的英格兰

让-伯纳德·阿贝勒布朗神父在1737—1738年造访英格兰，而非他的出版商所宣称的七年时间。他与伏尔泰、休谟相识，协助将他们的著作引进法国，有些还是他自己翻译的。布朗的《法国人来鸿》在奥地利王位继承战争期间面世。据说他是"温和亲英派"，[47] 我们就来看看这亲英态度有多温和。

他们的岛总是弥漫着雾气,英格兰人将其草原之苍郁、性情之忧郁一概归诸斯。

在巴黎,仆人与侍女经常模仿其主子的穿着。伦敦的情况却完全相反,主子穿得像自己的仆人,贵族女士跟侍女有样学样——古怪得难以理解。

法国男人乐得有女人陪伴,英格兰男人对此却退避三舍……我国妇女喜爱琥珀香,而该国女士却完全不同,享受马厩的气息……妇女谈发型、丝带、戏剧与歌唱,要比谈马鞍、马匹来得优雅……不具备其性别之羞怯的女人,较容易以罪恶取代其妇德。

英格兰是世上怪人最多的国家,毫无疑义;英格兰人纵使不把古怪当成美德,至少也将其看成某种优点……他们批评我们个个都一样。理智之人是古怪之敌——法国人很少视理智为问题,但英格兰人却经常如此。

幽默为某种结合古怪与玩笑……荒唐泛滥的对话。

他们靠酒精排解无聊……摆脱妇人,桌上摆满了有柄的大杯、酒瓶和玻璃杯,甚至还有烟草与烟斗……我从没亲眼见过剑桥与牛津绅士的堂皇放纵。我还没勇敢到能把我的研究推到如此的地步。

英格兰人身上最少见的,莫过于文雅的措辞与愉悦的心情……他们不了解如何像法国人一般尽情享受生活。但并非所有书籍都很消极——时人认为这是个客观的评论——其要旨可以从某些章节标题来衡量:"英格兰人口才缺乏进步"、"恶劣的英格兰建筑品位"、"霍布斯的有害意见"、"滥用出版之危险"、"莎士比亚之粗野"、"论英格兰对暴力活动的偏好"、"拦路盗贼与英格兰警察之轻纵"、"英格兰人对政治的过度投入",等等。

市面上有许多英文旅法指南,而其中销路最好的两本,发表的时间和格罗斯里的著作相近,都在战后旅游大兴的 18 世纪 60 年代。菲利普·西克尼斯(Philip Thicknesse)的《法国人风俗礼仪之观察》(Observations on the Customs and Manners of the French Nation,1766)与约翰·米勒德(John Millard)匿名发表的《绅士游法指南》(Gentleman's Guide in his Tour through France,日期不详),其作者分别是陆军与海军军官,这或许能让读者感到安心,毕竟无论法国朝他们丢什么,他们都有大无畏的处置应对能力。《绅士游法指南》以简单、非个性的务实为目标,着眼于路线、地址、价格与实用建议:从携带的衣物数量与种类,到"对偷情之举要非常小心(如果你有此打算!)"的警语。"小心面对法国人"确实是一再出现的主题。这位作者很少表达自己的意见(他偏好英格兰女士,讨厌那些有钱的僧侣),只力劝其读者尽可能"少在我们的宿敌国家"消费,断言只要避免"那些高傲、迷信之人的蠢行、恶举和矫情",就能靠 150 英镑生活 18 个月。[48] 西克尼斯相对亲法(只是有时候"苦于没茶可喝"),致力于驳斥托比亚斯·斯摩莱特(Tobias Smollett)在争议性的《遍游法国和意大利》(Travels through France and Italy,1776)一书中"不实抹黑"法国人的"不义之举"。他主张,斯摩莱特错就错在把普通人和"时尚人士"混为一谈。西克尼斯并不鼓吹英国"出身低的富人"到海峡对岸"旅游",到那儿去当小丑,影响有格调的旅人,例如《法国人风俗礼仪之观察》的作者与读者的出游兴致。但他本人却乐得当笑柄,带着家人、吉他和大量鸦片，乘坐相当于 18 世纪露营车的马车，还让穿了马夫制服的猴子坐上驾驶台。[49]

读者出发时心里得以有些概念，甚至是壮了胆。多数旅客都会走法国的加来或布洛涅到英格兰的多佛（Dover）的路线，这是跨海距离最短的路线。主人的人头费为 12 里弗尔［相当于半基尼（Guinea）］，仆人则为 6 里弗尔。收费 3~6 基尼的私人船只则能运载一家人和行李、马匹。然而跨海距离短，却意味着来回巴黎的陆路距离更长，花费更贵。借道迪耶普（Dieppe）到布莱琐斯通［Brighthelmstone，即布赖顿（Brighton）］的路线较为便宜。但跨海距离较长带来的海上险阻，只有胆子够大或皮夹够薄的人才不在意。尽管天气理想时，加来-多佛路线乘邮船只需 3 小时，但风向不好就得延误数日，突如其来的暴风雨甚至可能把船在海上到处吹来吹去好几天，让人浑身湿透，晕船，从偏僻的地方狼狈不堪地登陆，而且情况经常相当危险。1750 年，作家博卡热夫人的船便偏离航线，被吹到迪尔（Deal）："船长用手抓紧我，想扶我上小船，但浪不时把小船打离大船，结果他在梯子上滑了一跤，害他放开了手：但我挺幸运，没有掉进水里，反而落在小船的桨手之间——谢波涛仁慈——吓得发抖。"[50] 乘客不仅得看老天爷脸色，还得打发水手、小船船夫、脚夫与海关，每个都要小费。

到了 18 世纪的最后几十年，伦敦与巴黎之间的旅游规划，便已达到轮船时代之前所能发展的极致了。人们可以到圣母凯旋大道（Rue Notre Dame des Victoires）的驿站，以 120 里弗尔的价格购买套票，内含马车、船票、食宿、行李与海关费用。若走便宜的迪耶普-布赖顿线，价格只要大约 40 里弗尔。伦敦与多佛间的马车每小时都有，索费 1 基尼（坐车顶半价），车程约十六七个小时。想省钱的法国旅客

097

也不被建议步行,那得花上好几天,住宿费会花费更多。从加来到巴黎更是浩浩荡荡:不仅需要 3 天,而且光是驿马与车夫就要价 10 英镑。大旅社有自己的马车,或者租车来用。计划长期停留的人多半会带自己的马车来,或是购买二手马车(大约 20 基尼),等回国时可以再转手。有些旅人倾向搭公共马车——"仿佛挪亚方舟"——这当然是为了省钱,但爱交际的人也能借此与本地人打成一片;在英格兰,车上的人通常沉默不语,可在法国人人都能聊。

海港的旅馆客栈出了名——好名坏名都有。脾气暴躁的苏格兰人托比亚斯·斯摩莱特,在 1766 年痛骂多佛人是"一窝小贼",居民"战时以海盗为业;平时则干走私,敲诈外地人"。[51]18 世纪 80 年代的多佛有间由"诚恳的先生、夫人"经营的法国旅馆床位加伙食费用为 5 先令。但不幸的格罗斯里得自己到厨房拿地点的牛排,凌晨 3 点就被叫起来退房。但他倒是写道,多数旅馆"待英格兰贵客宾至如归,其清洁远甚于人们对法国最好的房舍所抱有的期待"。[52]敦刻尔克则有英格兰人所有的白鹿旅店(White Hart)。加来有几间专门接待英格兰旅客的旅馆,其中最有名的要数新开的英格兰旅馆(Hôteld'Angleterre,有自己的剧场与出租马车),据说是欧洲最好的旅馆。

在法国,一旦上了路,食宿就是令人不安的事。旅馆老板和车夫态度不佳、需索无度可能是普遍恐英心态的症状,西克尼斯认为上层阶级还能用礼貌掩饰恐英心态,但一般人"多数时候"都会显露出来。跳蚤、臭虫猖獗——"我永远洗不掉这个国家的污秽了",恐法的霍勒斯·沃波尔大声嚷嚷。[53]但饭菜却不时有美妙的惊喜。旅客人数节节增加,人们也明智地在一开始谈好价格:"该国的英格兰人人数之多,让在此旅行有如在英格兰一样亲切",[54]何况当地人觉得他们都是带着满满金币的有钱主子。法国道路素有安全的好名声，这得归功于法国骑警的铁腕。英格兰的拦路抢匪尤其让法国旅客胆战心惊。这些抢匪是英格兰自由与错误仁慈的消极面，当局仅吊死罪犯，而非以碎骨轮刑伺候。旅游书建议旅客带两个钱包，一个给强盗，并建议旅客出游则挑星期天，因为这天是抢匪的例行假日。

旅行文学表现出有趣的一致看法。法国游客个个赞美英格兰乡间无与伦比之美"有如壮观的花园"，赞叹乡下人富足的生活——男人穿着细布衣裳，女人则穿得像小说里的牧羊女。有人据此得出政治结论，认为这是农民自由与税赋平等的好处。令几乎所有人都印象深刻的有多佛的道路（只有斯摩莱特认为这儿的路是"英格兰最差的"，"连一滴质量尚可的麦酒都不值得漏在路上"），还有价格低廉的马车（毕竟竞争就代表低价，不像法国，驿马租用由国家垄断）。人行道与不时出现的行人座椅，更是令他们铭记在心。这些座椅被视为英格兰共和平等思想的标志，让人觉得这里"法律不是只由马车里的人物制定"。[55] 英国游客对法国北部有多种混合的印象。有人觉得旅馆和居民很肮脏，城镇死气沉沉，哥特式教堂老派——不过亚眠（Amiens）的主教座堂倒是得到了几乎所有人的赞许［附近的牛头旅馆（Bull's Head）提供的茶还挺顺口］。其他人则赞许乡间的丰富景致与食物，对数不清的野味来源大感惊讶（在英国，打猎是贵族独享的活动）。初来乍到的人，会为不过20英里[①]路就能带来的差异而感到惊奇："街上到处都能看到僧侣……光脚或穿凉鞋……马车、货叹、马匹，甚至连狗都不一样，一切映入眼帘的光景都特别惊人。"[56] 由于经历了七年战争的折磨，

---

① 1英里=1.609 344公里。——编者注

许多英国人谈到法国时都提到了贫穷，而贫穷通常也是英国人对法国的刻板印象，他们还谴责王室、贵族与神职人员的强取豪夺。西克尼斯与赫斯特·司雷尔两人对四处可见的畸形人大感震惊，但司雷尔倒是把畸形怪罪于少女被迫穿紧身胸衣。

旅行中的危险令人想到今天在第三世界国家可能的遭遇：意外（畜力运输难免）、讨价还价、大批不请自来的向导与脚夫的骚扰、便宜酒类的酗酒问题、不时发生的犯罪，以及肠胃不适。英国医生名声较佳，法国医生则"连最好的都还在讲过时的鬼话"。1767年，斯宾塞女士（Lady Spencer）备受折磨，"被迫采用当地的做法……几乎不断在灌肠"，"一圈男人围着告诉我多久该排个便"。[57]对于这类风险，《绅士游法指南》已经警告过旅人。英国游客最担心而且一直担心的，就是便溺问题。巴黎的饮水会导致"拉稀"，这可是令人焦虑的问题，因为"没有哪个精致、文雅的世界，会很难提供方便的地方"；英国人一致谴责，表示法国人在马路上"解放其菊花"的"野蛮风俗"得负部分责任。[58]

巴黎与伦敦是旅客的主要目的地，一如今日。有些共识不仅出现在同胞当中，甚至两国民众也有共同看法。巴黎比较壮观，伦敦比较新潮。巴黎有很多纪念碑，伦敦有很多店面。巴黎有贵族沙龙，伦敦有公共花园。达尔林普尔勋爵（Lord Dalrymple，英国大使的兄弟）在1715年写道："我在这儿（巴黎）待得不够久，还不确定娱乐最多的城市是伦敦还是巴黎。这儿的人比较快乐，小姐们不太漂亮、妆比较浓，喜欢骑士风范甚于逸乐，喜欢调情胜过坚贞之爱。"[59]这样的观点简明扼要，且为英伦海峡两岸长久所共有。

法国游客置身于辉煌的伦敦与威斯敏斯特大教堂之前，得先穿越萨瑟克（Southwark）的阴暗垃圾堆，斯摩莱特对此大感丢脸。他觉得，这于英国威望有损。但他其实不用担心，因为法国人对伦敦和威斯敏斯特大教堂印象也不深。圣保罗教堂至少还算大，而且有伦敦最好的视野。政府建筑如圣詹姆斯宫、议会大厦等都有令人尴尬的不足。就连财神的神庙也不够气派。像泰晤士河，人们原本可以看到其壮观全景，但它却被围栏围起，以防范（法国人认为八成是）英格兰人自杀的倾向（都怪大雾、啤酒和坏心情），或是被仓库挡住。人们非得往下游的格林尼治去，才能赞叹一下海军医院（终于有景点了！），并为伦敦口岸的熙攘屏息。这时法国游客才了解：大海、贸易与海军是英国伟业之基石。人人几乎都记得，伦敦的人行道是英格兰特质的表现：行人的生命与肢体安全受到保护，不受高大的马车伤害。天文学家查尔斯·玛丽·德·拉孔达明（Charles Marie de La Condamine）据说曾高喊："赞美神！居然有个照顾行人的国家。"[60] 路灯（"仿佛舞池"）和自来水管让人赞叹不已，后来格罗斯里还宣称这些是由法国难民引进伦敦的。[61] 随着喜爱自然蔚为风尚，法国人也越发欣赏伦敦的公园。圣詹姆斯公园是"原始的自然"，有鹿又有牛。小姐们和自己的侍女简单戴着草帽，围上白围裙，"像山林间的小仙女一般走着"。有些法国游客发现公园也对平民开放，这是关于英国社会阶级自然杂处最常见的观察之一。某些人因此忍俊不禁："英格兰值得走走，就算只是看选举跟斗鸡也行。当地有种不分上下、绝妙的混同精神。"[62] 法国人发现，这儿的主仆穿着差不多，娱乐活动似乎对所有人开放，地位高的人也似乎乐得和下位者相处：

> 酒馆或咖啡厅里最常见的景象，莫过于英格兰绅士与工匠坐在同一张桌前，大谈新闻和政事。公园、舞会和剧场也是这番光景。[63]

在这两座城市里，你一眼就能从衣服看出谁是游客，许多人因此赶忙改变装束，假装本地人。志在社交的英国绅士（显然比女士多）上下都得打点：大衣、及膝紧身裤、假发和帽子是旅客最常消费的几种商品。既然融入法国社会是旅游的目标，正确的服装式样就少不了。裁缝得用上四五天赶制必要的行头。拿到衣服之前，比拜访景点更深入的活动都不该开展。切斯特菲尔德勋爵在1750年提点儿子：

等你去了巴黎，你一定要注意，衣着必须非常得体……找法国最好的裁缝做你的衣服……穿上它们，扣子是扣还是不扣，就学你看到的有教养的人怎么做。教你的人跟最优秀理发师学如何整理你的头发，发型可是你衣着非常基本的部分。[64]

但穿当地人的衣服不见得有用。西克尼斯警告，"英格兰人的牛排布丁脸"若上头戴顶法国小帽，看来恐怕很蠢。[65] 两国人的外貌、姿态和动作都不同。法国的女士和先生们都受过舞蹈老师训练，被塑造出切斯特菲尔德所夸奖的"习以为常的文雅仪态"。

法国人担心在伦敦街头遭人辱骂——这是旅游书代代相传的主题。这些盛传的故事是否足以作为英格兰人恐法情结，或是法国人恐英情结的证据，我们不得而知。[66] 法国人衣着较精致，阶级妒意与排外心态都是造成敌意的潜在原因。手笼与雨伞都是纨绔子弟的标志，也是许多漫画的主题。18世纪中叶时，已知会带雨伞的唯一一个英格兰人是詹姆斯·汉韦（James Hanway），他是海事学会（Marine Society）的捐助创办人。汉韦这把伞，是个壮观如帐篷般的配件，上面覆着浅绿色的丝绸，以稻草色的缎子做内衬，饰有小小的水果与花朵图案。他似乎是得到众人宽容的怪胎。后来带雨伞的英国人就没那么幸运了，这些追求流行、崇拜法国的"通心粉"招来了不少猜忌："英国人，要知羞耻啊！做端正的男男女女，祛除这种异国恶习。"1813年，铁公爵之所以在下雨的战场上斥责卫队的好几名青年军官，或许就是受到这类联想的刺激："威灵顿勋爵不允许在敌方开火时使用雨伞，也不准绅士子弟使他们自己成为部队眼中的笑话。"⁶⁷

巴黎新桥（Pont Neuf）一景：英国人挖苦法国人浮夸的典型方式，以雨伞、手笼、精致的假发、毛做了造型的狗，以及吃不饱的民众为代表。

两座城市都有几个城区，会让游客感觉比较像家。英国人能在圣日耳曼德佩区（Saint-Germain-des-Prés）附近的大使馆周边找到旅馆、英格兰银行业从业者、咖啡屋、生活必需品，还能喝杯茶。而法国人则是在气氛亲民的莱斯特区（Leicester Fields）和索霍区（Soho）。在这两座城市，打算待久些的旅客一般都会被建议根据花销、行为举止和社会地位，决定住在体面的私人公馆还是租个房间。他们该雇个当地仆人，还应找个发型师（至少巴黎如此）天天给自己烫卷发、上发粉，这是男人和女人都需要的。两座城里都有地方点外带小吃，但当然也有许多餐厅。巴黎的餐饮业尚在襁褓期，由英式的大饭店——如安托万·博维利埃（Antoine Beauvilliers）的伦敦大酒店（Grande Taverne de Londres）引领潮流。[68] 伦敦寄宿住房的餐点似乎没有时间限制，它们供应汤、牛排或羊排，还有马铃薯。不过，杰明街（Jermyn Street）的正点餐厅（Canon）和老鹰街（Eagle Street）的七星餐厅（Sept Etoiles）有要价 1 先令的法国菜。[69] 大家都建议法国旅客不要喝葡萄酒，因为它不仅贵，还有可能是假酒；口渴的游人只能喝黑啤酒，这种酒有"温和的通便效果"[70]——有助于对付英式料理。但对于英格兰菜，法国人有不同看法。有人觉得食材比本国质量更好，种类更多，但半熟的肉令人作呕，还能依稀闻到煤烟味。巴黎的水（取自充满秽物的塞纳河）有更猛烈的通便作用，但食物确属上乘。西克尼斯宣称，在巴黎以 17 便士吃到的饭菜，比在伦敦用 17 先令吃到的还好——结合享乐与实惠，吸引英国游客达 3 世纪之久。

　　谈到壮观的建筑，巴黎的优越不容否认。英国人喜欢新颖的建筑，例如卢浮宫、荣军院（Invalides）等巴洛克与新古典的建筑，以及圣叙尔比斯教堂（Saint-Sulpice，1736 年完工）、圣洛克教堂（Saint-Roch，1760 年完工）与圣热纳维耶芙教堂（Sainte-Geneviève，1757—1790 年存世）等高耸的新教堂。当时的旅游指南跟今天一样，列出的景点大致相同：圣母院、卢森堡公园、卢浮宫、旺多姆广场和胜利广场（Place des Victoires）。有的名胜则已消失在法国历史中，例如杜伊勒里宫（Tuileries）与有着"古怪石造建筑"之称的巴士底狱（因为只能从外面看）。戈布兰家（Gobelins）的挂毯作品尤其吸引人，因为工厂是由一个英国詹姆士党人经营的。

事实上，从游客看待当地詹姆士党人与天主教徒的态度便能看出，至少从 18 世纪中叶以来，英国人已经没有历史学家所想的那么偏执了。旅游手册指出，"我们的国王詹姆士二世"及其女的遗体能在圣宠谷（Val de Grâce）的修道院见到，他们的灵柩并未入土，象征性地在等待返国。附近的英格兰本笃会修道院也值得一探，修士"对同胞格外有礼"，如果请他们吃点点心，或是送个小礼物给他们，他们更是乐意做向导。约翰逊博士与司雷尔女士旅途中用去不少时间拜访修士与修女，约翰逊还安排前往牛津大学彭布罗克学院（Pembroke College），跟一位熟识的修士会面。

1789 年，有位青年旅客描述巴黎是座"建筑杂乱、肮脏、恶臭的城镇"，但他没讲到重点。无论还有什么别的味道，巴黎就是充满着优越的气息。意大利仍然是艺术重镇，但巴黎才是品位的标杆。尽管附近的宫殿，包括马尔利宫（Marly）、圣克卢宫（Saint-Cloud）、枫丹白露宫，当然还有"独一无二的欧洲之王，我指的是凡尔赛宫"[71] 等，都是宫廷与政府的核心，人们能在王室进餐、祈祷，甚至是着装时瞪着眼看他们，但巴黎最重要的魅力并不在此。英国人是想沾巴黎的光。他们报名上击剑与舞蹈班，买家具，坐下来给人画肖像。学习风格才是要务：

教养好但不拘礼节，随和而不粗心，坚毅勇敢而又中庸，文雅而不做作，奉承而不阿谀，欢快而不嘈杂，诚恳而不轻率，守密而不故弄玄虚；无论你说什么、做什么，都懂得适时适地。[72]

在法国，由妇女组织、妇女做主的沙龙是文化活动的重心，对有关系或才能出众的人开放。伦敦成功的"蓝袜圈"[①]也无法与沙龙的高雅或影响力匹敌。巴黎的女赞助人享誉全欧，她们几乎皆出身贵族，但不一定是宫廷中人，也不一定是传统上身份体面的人物。英国知识分子如霍勒斯·沃波尔、大卫·休谟与爱德华·吉本，都是赫赫有名的座上宾。最知性敏锐的女主人，要属唐森侯爵夫人、盲眼的德芳侯爵夫人（Marquise du Deffand，沃波尔的密友）以及若弗兰夫人（Madame Geoffrin）——她跟休谟关系好到称呼他为"我的小滑稽"和"我亲爱的捣蛋鬼"。沙龙为法国文化赋予了独特的社交性质，活动安排以谈话为中心。有人批评这种做法剥夺了深度，因为强调谈话风格甚于内容。沃波尔评论道："人人高歌、读自己的作品……毫不犹豫，也不看斤两。"[73] 所有人都知道，沙龙令女性（以及与男男女女的互动）成为文化生活的中心：

> 在巴黎，无论男女都是鉴赏家与评论家……其谈话能同时塑造、改善品味，吸引人们品评，无疑比我们这儿与会者参差不齐的交谈来得可取；假如他们正好想克服吹嘘和打牌的毛病，这些对话绝对能让人放下手边任何玩乐或高谈阔论。我认为原因在于（毕竟妇女通常能为对话定调）我们英格兰妇女的学问与修养远不及法国妇女。[74]

[①] 蓝袜圈指伊丽莎白·蒙塔古（Elizabeth Montagu）、伊丽莎白·维西（Elizabeth Vesey）等英国女性知识分子，于18世纪50年代推动的社交、教育、文艺集会。——译者注

司雷尔女士与博卡热夫人

《英荷意来鸿》（*Lettres sur l'Angleterre, la Hollande et l'Italie*, 1764）的作者玛丽·安·杜·博卡热（1710—1802），以及《法兰西、意大利与德意志一旅见思》（*Observations and Reflections Made in the Course of a Journey through France, Italy and Germany*, 1789）作者赫斯特·司雷尔（1741—1821），是两位卓越的旅游作家和女文士。博卡热曾经在1750年到访英格兰，在弥尔顿和波普的鼓励下写诗，并经常拜访切斯特菲尔德家与玛丽·沃特利·蒙塔古夫人。她爱喝茶，甚至也爱"英格兰人简单的烹饪方式，我们向来没有好话说的那种（他们偏生的肉、葡萄干布丁和鱼）"。司雷尔初次造访巴黎则是在1775年，身边陪伴着家人，以及紧紧跟着他们一家的塞缪尔·约翰逊（Samuel Johnson，即约翰逊博士）。他们照例拜访了博卡热夫人，受邀共进晚餐［其间，他们的女主人表现出自己对英式料理的爱好，上了一道按昆斯伯里公爵夫人（Duchess of Queensbury）的食谱所做的英式布丁］。但双方的会面并不成功：博卡热对客人们没留下多大印象，客人则因为仆人用手指放糖进他们的茶杯而感到不舒服；更有甚者，当时有柄老茶壶倒不出来，仆人与博卡热夫人解决的方式，居然是接连含着壶嘴，把堵塞物给吹出来——此景令司雷尔惊骇莫名。这证明了司雷尔对于法国人是"不文雅"民族的印象，何况他们还吃腐肉，随地吐痰。[75]

伦敦吸引的法国游客较少，多少是因为法国人较少旅游。但前往伦敦的人，都体会到伦敦代表某种新鲜事。咖啡屋、俱乐部、剧院、音乐会、游乐园,各种各样的景象构成了一个商业化的,因此相对开放的社会和文化场景。[76] 许多人谴责这种情景是庸俗和令人担心的,例如你得冒着跟不受欢迎的人摩肩接踵的风险,街上的行人缺乏尊重,甚至还会侮辱衣着体面的外国人。不过,随着共济会的到来、俱乐部与咖啡馆的风行,以及法国第一处商业中心——皇家宫殿广场(Palais Royal)在社交与商业方便的成功,1760 年之后的法国同样能看到这种公共空间,以及独立于权威、官方社会阶级体系的私人空间所具有的吸引力。

通常少有人前往首都与主要路线以外的地方。法国旅客有时会前往牛津或剑桥冒冒险,许多英国人则继续往意大利旅行。很少有人和阿瑟·扬(Arthur Young)一样勇敢——18 世纪 80 年代,他骑着马穿越法国,而当时能让旅客接受的道路、食物与住宿仍相当稀少。人们对于充满狂野浪漫的自然环境(苏格兰、比利牛斯山与阿尔卑斯山即为其缩影)的兴趣确实有增长。劳伦斯·斯特恩(Lawrence Sterne)是先驱之一,他在 1762 年前往巴涅尔德比戈尔(Bagnères-de-Bigorre),当时可正值七年战争期间。1770 年夏天,议会议员亨利·坦普尔[Henry Temple,巴麦尊勋爵(Lord Palmerston)之父]与画家威廉·帕尔斯(William Pars)一块儿在阿尔卑斯山待了六周,后者的作品来年则展示于皇家学会。当时,每一季大约有十多名英格兰人造访冰川。[77]

男性作家(偶尔有女性作家)也会脱离主要路线,拜访知名文人。伏尔泰和比较不爱交际的卢梭,都有川流不息的英国访客上门拜访——前者的访客包括奥利弗·哥尔德斯密斯(Oliver Goldsmith)、吉本、激进政治人物约翰·威尔克斯(John Wilkes)与亚当·斯密;后者的访客则有詹姆斯·鲍斯韦尔(James Boswell),此君表达自己对卢梭敬意的方式,居然是勾引长期辛苦照顾卢梭的"管家"泰蕾兹·勒瓦瑟（Thérèse Levasseur），将她视为法国行的纪念品。一旦来到偏僻的地方，私人的款待就少不了；这时，私人关系、学术交情或共济会弟兄情谊也就弥足珍贵。频繁的通信维系了这个欧洲知识分子网络。

但对让-雅克·卢梭与塞缪尔·约翰逊这两位知识界巨擘来说，他们的跨海造访行却是个糟糕透顶的经历（虽然他们已经尽力让自己的旅途好过些）。1766 年 1 月，被法国当局追捕并被仰慕者纠缠的卢梭，被出于好意的大卫·休谟说动，和他一起前往伦敦。事情一开始就很糟糕，霍勒斯·沃波尔开了个玩笑，传播了一封据说来自腓特烈大帝的恶搞信："我亲爱的让-雅克……法国方面已经发布你的逮捕令；来找我吧……你的好友腓特烈。"过度敏感而偏执的卢梭，把这信当成休谟和他的小圈子密谋要羞辱、败坏他名声的第一个迹象。尽管他在伦敦备受礼遇，在休谟请求下得到了一份王室年金（起先他高傲地拒绝，后来又改变了心意），戴维·加里克还带他参加德鲁里巷的表演盛会（国王与王后一同莅临，而且"注意卢梭的时间比注意演员的还多"），但他的怀疑并未消散。卢梭太渴望被众人关注，结果差点摔出包厢。[78] 休谟找艾伦·拉姆齐（Allan Ramsay）为卢梭画肖像，成果却让画中主角勃然大怒，咬定通过肖像把自己给画丑是休谟阴谋败坏自己名声的下一步。富有的理查德·达文波特（Richard Davenport）是卢梭的仰慕者，将斯塔福德郡（Staffordshire）的伍顿庄园（Wootton Hall）提供给他使用，此处距离文风兴盛的利奇菲尔德（Lichfield）不过几英里远。卢梭与泰蕾兹（由勤勉的鲍斯韦尔从瑞士护送到当地，鲍斯韦尔宣称自己在途中与泰蕾兹十三度发生性关系）在此隐遁，两人在伍顿开心地度过了几个月，卢梭在此继续写作

《忏悔录》（*Confessions*）。这位慷慨的"卢斯欧"先生很受当地人欢迎，贵族小姐与地方文人也大肆为其宣扬。伊拉斯谟·达尔文博士［Dr Erasmus Darwin，他是后来人称"英格兰中部启蒙运动"（Midlands Enlightenment）的领袖］从利奇菲尔德前来拜访，当他发现卢梭在一处洞穴中冥思出神时，心里真是激动莫名。只是好景不长。卢梭接连指控休谟与达文波特对他有所图谋，并随即逃亡，还在途中写信给大法官要求派护卫保护他不被暗杀。[79] 最后他把自己锁在舱房，1767年5月从多佛返回法国。休谟先是困惑，继而生气，一怒之下（或许不太明智）决定将两人的通信对病态的欧洲文坛公开。

拉姆齐绘制的卢梭肖像：卢梭觉得这幅肖像未经修饰，怀疑拉姆齐有阴谋要他出丑。

8年后，约翰逊博士造访法国。此行虽然称不上天大的灾难，但确实令人失望。他一直想去法国走走，但直到1775年他66岁时，才托有钱的友人司雷尔家之福，顺利成行。他不会讲法语（虽然阅读无碍），只好回头讲拉丁语，在当时实属古怪。这导致他无法与人轻松交谈，而他听力与视力上的恶化让事情变得更糟。他确实有跟作家埃利·弗雷隆（Élie Fréron）对话（弗雷隆计划翻译他的一本著作），也见到了其子（后来成为雅各宾恐怖统治的重要人物）。他把大部分时间用在图书馆、与英格兰修士互动，或是意兴阑珊地走访景点。根据一位当时人的说法，约翰逊穿着自己平时穿的棕色伦敦西装与黑袜子，显得荒谬可笑，所以他买来白袜子（当时的标准装束，农民除外）、一顶假发和一顶帽子——本杰明·富兰克林（Benjamin Franklin）巧妙运用自己的装扮，以塑造某种农家智慧的形象时（但不戴假发），就会这么穿。但约翰逊跟成为社交界名人的富兰克林不同，这种打扮让他颇不自在。他只以游客的身份看了王宫，表达了自己对法国的失望：法国不像英国，没有"酒馆生活……大家在里头平起平坐，无拘无束，也不紧张"。[80] 他把这次的经验变为对法国社会普遍的看法，不断在自己的笔记与后来的信里重申"法国没有中间阶级"。

但这完全不影响想学去学贵族礼仪的人。许多青年绅士，包括16岁的阿瑟·韦尔斯利（Arthur Wellesley，未来的威灵顿公爵），纷纷前往昂热（Angers）的皇家马术学院（Royal Academy of Equitation），或是卢瓦尔河流域的其他军事学院，到这些公认法语口音最纯正的地方学习语言、风格高雅讲究的马术、剑术与舞蹈：

> 这一刻，你的舞蹈老师对你来说就是全欧洲最重要的人。你得先

跳好舞，才能坐有坐相、站有站相、走有走相；为了给人好印象，这一切都得学好。[81]

韦尔斯利始终讲得一口流利的法语，一生对法国也充满敬意。1783 年，一贫如洗的年轻船长霍雷肖·纳尔逊（Horatio Nelson）打算学法文，圣－奥梅尔（Saint-Omer）的寄宿学校对他来说聊胜于无。同年，年仅 24 岁的前财政大臣威廉·皮特（William Pitt）也和两位大学同窗在兰斯（Rheims）学法文——但他前去参观枫丹白露宫时，却被当成名人款待，与王室和大臣会面。虽然皮特再也没有重回法国，但他仍然能讲几句法文，同时也认识到法国人即便没有政治权利，但在社会上还是享有许多自由。其中几种自由具有危险的吸引力，比如赌博与向女子献殷勤。想融入大贵族与宫廷圈，就必须在玩英格兰引入的"惠斯特牌"和"赌骰子"等游戏时愿赌服输。这正是约翰·劳在该世纪早期的敲门砖，最后他把整个国家的财富都拿来赌了。至于献殷勤，年轻男子期待成为成熟妇女的入幕之宾，不只是（或者主要是）为了性，也是为了优雅地谈情说爱。这时，父母亲的建议当然会有冲突。额尔金勋爵（Lord Elgin）的母亲劝他"看在上帝的分上，绝对不要有情妇，不只不道德……在健康与荷包两方面，她们终归是世上最昂贵的宠物"。可连她都赞许适度的殷勤："谈情说爱确实是法国时尚，只要心态正确、没有邪念，你就可以跟漂亮的女孩儿谈笑，免得人家说你不近人情"。[82] 切斯特菲尔德希望儿子尽其所能地发挥："对了，你还在跟伯肯洛德夫人（Madame de Berkenrode）谈恋爱吗……一段好恋情对绅士有好处。假使如此，我劝你绝对要守密，保持最深的沉默。"[83] 守密不是绝对的规则，尤其对象是地位低的女性时：例如与歌剧院的知名舞者一同现身,就是件趣事。报章评论对此多半不敢苟同,但对于这种英国人进一步的征服,不时也会表露出骄傲之情。但这一切都有代价:赌博会输钱,性病经常会留下无法痊愈的疤痕。[84]

从18世纪中叶以来,前往英国的旅人发展了比较稳重的新兴趣。有钱总是意味着有权;如今有了新财源,英国则有开创新财源的惊人能力。敏锐的观察家了解到有某件前所未有的事情正在发生,而他们造访的地方、学到的经验,是伏尔泰和孟德斯鸠绝对想不到的。每一位旅客都抱怨煤烟,而早在1738年,工厂稽查员提克就意识到了煤是新经济形态的基础。他报道说在英格兰中部地区有一种使用煤矿的铸铁技术,同时提到工人的高生活水平。随后的半个世纪,法国当局(比其他任何国家都积极)接连不断派官方与非官方的观察家(好几个其实是间谍)去了解方法,获取机器,并招募工人。此举同时具备发展经济与军事应用的目标。大使馆的布洛塞侯爵(Marquis de Blosset)以情报头子的身份活动,提供联系方式、经费与资料,并雇用使馆教士麦克德莫特神父(Fr MacDermot)担任翻译。18世纪60年代,矿业稽查员加布里埃尔·雅尔(Gabriel Jars)获派前往调查采矿技术,并了解是否真能以煤将铁熔炼,以及"英格兰人所说之'coucke'[①]为何"。他还得就某个历久不衰的问题提出说明:"为何其工业发展大幅超前于法兰西,而此差异尽管有各种可能的理由,是否肇因于英格兰人不受法规之束缚。"博纳旺蒂尔·约瑟夫·勒蒂尔克(Bonaventure Joseph Le Turc)是位职业间谍,他将自己对冒险的爱好与爱国心、上进心相结合,在18世纪80年代走私各种拆解的纺织

---

① 这里指炼铁用的焦炭(coke)。——译者注

机与制造业样品（从袜子到夜壶都有），有些他还打算复制生产。他最大的成就是受海军大臣卡斯特里元帅（Marshal de Castries）委托（海军向来从事谍报活动），从英国带回大规模生产滑轮的技术。他因此获得外交身份保护，同时受勋并获颁年金，但一切都断送于法国大革命。[85]

这些行动在某方面来看相当成功：纺纱机、高炉、蒸汽引擎等工业革命的伟大发明皆在问世后没几年，就被人带到法国。一连串英国生意人与工人迅速响应法方的接触。其中有些有特殊原因，例如霍克斯一家[①]是詹姆士党人，而伯明翰工具制造商迈克尔·阿尔科克（Michael Alcock）则跟一位年轻女员工私奔到法国；但大部分人只是想做生意。多数的生意活动都合法，就算不合法也很少遭到取缔，战时亦然。18世纪70年代，出口新型大炮到法国供测试之用，是得到官方许可的。不过，有些行径仍然是擦边球，需要保密、贿赂或动用关系。最大胆的协议，出自精明又贪婪的威尔金森（Wilkinson）兄弟：他们在1777—1778年，利用刚获得专利的技术，在布雷斯特附近替法国海军盖了座火炮工厂，正好能赶上美国独立战争。法国人了解，要趁战争开始前收买威廉·威尔金森（William Wilkinson），因为他的"行动全然受获利精神驱使，这在该国人身上再常见不过了"，否则"他就无法在不犯重罪的情况下……来到这儿"。开发蒸汽机的伟大工程师马修·博尔顿（Matthew Boulton）与詹姆斯·瓦特（James Watt）对

[①] 这里指英格兰人约翰·霍克斯（John Holkers）一家。约翰是铁匠之子，20多岁时与人合伙做生意。他曾加入小王子查理的军队，后来在部队北撤时被捕，但随后成功越狱逃往法国，被法国当局吸收，重返英格兰刺探纺织业技术，并吸收工人至法国。——译者注

于威尔金森兄弟这样"完全没有爱国心,甚至等于叛国"的行为视若无睹。[86] 由于技术在当时只能面对面传授,法国自然也得招募拥有一技之长的工人;或许有些人过去曾经是天主教徒或詹姆士党,但高周薪和过好生活的希望,通常便足以作为动机——连领班说不定都有40英镑的高额聘金。尽管渡海的人为数不多,整个世纪也就几十个生意人和几百名工人而已,但他们对于推动法国工业发展却有极大影响。阿尔科克动身出发,要让圣艾蒂安(Saint-Etienne)成为"法兰西的伯明翰",威尔金森则让勒克勒佐(Le Creusot)开始发展,这两座城市也在19世纪成为法国工业重镇。

然而,短时间来看,法国效法英国工业的结果却令人失望:炼铁、炼钢、焦炭与玻璃制造业都失败了,既花钱,又丢人。法国探子很少懂得完整、繁复的工业制造流程。法国缺少道路与运河等基础建设;关键原材料,尤其是不同种类的煤、铁矿与陶土不足;而且还缺乏技术劳工和有能力制作工具、零件以及维修机器的作坊网络。引进国内的英国工人通常是在本国没有成就的人,不听话,不守秩序又酗酒。勒蒂尔克引进的滑轮工人发现了廉价红酒之乐,一个人每天要痛饮5瓶。[87] 总之,后代人对此的说法是,"伦敦混不下去,就试试翁弗勒尔(Honfleur)"。不过,这只是文化普遍差异的一个症状。1784年,一名热情的19岁法国青年弗朗索瓦·德·拉罗什富科(François de La Rochefoucauld)在英国诺福克(Norfolk)与萨福克(Suffolk)学习现代农业时,了解到所谓农业不光是种种芜菁而已。一般英国农民("只不过是粗人!")对于其农作方法能讲得头头是道、唾沫横飞,还会去俱乐部交换想法,而且在猎狐时与士绅平等相处,甚至主动邀请像他这样的公爵之子用午餐。这些农民的信心令拉罗什富科大为惊讶,

115

这里和他认识的诺曼底完全是不同的世界。另一位18世纪80年代的旅人则发现英格兰人"有犯上之心"。自由派经济学家兼商人杜邦·德·内穆尔，对引进的英国工人大为光火，认为他们"桀骜不驯、好斗、爱冒险又贪婪"。可一旦面临变局，这样的特质便成了独立、自信与敏捷。[88]当时的人无法完全理解19世纪20年代一位法国经济学家在回顾这个时代时所称的"工业革命"。但某些人确实诊断出，庞大的经济动能其实是一场更深层的政治、文化革命的一部分，而这场革命被公认是英国的特色：[89]经营自由与信息自由；人身安全与财产安全；阶级分化程度较低的社会；更合理、更平等的税赋；以及合群。简言之，就是自由、平等、博爱。伏尔泰与孟德斯鸠曾夸奖英国是个善待知识分子的社会，但同一个社会在当时人眼中，也是个有利于农民、制造业者，甚至工人的社会。

没有人比自命农业现代化使徒的阿瑟·扬，更渴望传播这条福音了。这位农学家的旅行见闻记录，让他成了欧洲名人。他在18世纪80年代深入走访法国，发现没有什么值得称道。他一路所见，尽是贫穷、落后与压迫。人们会觉得，扬所做的某些趾高气扬的比较既过度乐观又偏颇，不值一提——他的法国门徒拉罗什富科等人所言亦然。布列塔尼（Brittany）等贫穷地区确实无法与诺福克在生产力上一较高下，但英国大部分地区也无法与诺福克相比。当然，现代化有输家，也有赢家。我们虽然要匡正视听，但也不能因此把18世纪的英格兰想象成贺加斯式①的充斥着琴酒、绞刑架、妓女和饿殍的地狱。以欧陆的标准来看，英格兰平民没那么贫困，还比较自由、平等，拥有较大的

---

① 威廉·贺加斯（William Hogarth）是18世纪英格兰画家、版画家与讽刺家，其画作经常充斥着对政治与社会的讽刺。——译者注

政治发言权。一再重申这种比较，只会让更多人相信法国的政治与社会制度——绝对主义和残余的封建主义——是在扯自己后腿。扬警告，旧政权正处在深渊边缘。他的《法国游记》（*Travels in France*）的法语译本居然成了革命政权的官方宣传册，当局买了两万本分送到法国各地——谁知他却猛烈批评法国革命，这实在是讽刺。

感受力流行：帕梅拉与茱莉的年代

阿尔比恩沼泽的瘴疠之气造成哲学思想上的瘟疫，不仅扼杀天才、扰乱心神，还塑造出反民族的喜好。
　　　　　　　　——里戈莱·德·朱维尼（*Rigoley de Juvigny*），1772 年[90]

我们的女人、马匹与狗……绝对能为法国各地所称赞。
　　　　　　　　——《绅士游法指南》，约 1765 年

文化盛行风总是从法兰西吹来。就时尚与礼仪的方方面面来看，这一点始终如此。例如，在德鲁里巷剧院法式主题的剧目成为常态剧目，当中有许多改编自莫里哀的剧作。[91] 情况在 18 世纪出现转变：新的、有挑战性的剧目从英国而来，结果法国变成了华丽保守的代表。18 世纪 40 年代起，英国不仅成为人们心中科学、哲学与政治等方面新意的出处，也是崭新感受方式的出处，因此也成为新的行为方式与外貌展现的出处。这一切又强力地反射回英国，尤其是通过让－雅克·卢梭的著作。

这些感觉的新方式，其起源几乎不可考。英格兰人因岛屿环境与气候之故，成了情绪浓烈而抑郁的民族——早在17世纪早期，法国大使苏利公爵（Duc de Sully）的著名回忆录中便表达过此看法。发脾气与自杀被认为是英格兰人独特的体液失调症状，病因则是雾气、牛肉与啤酒"造成的乳糜，其有害之沉重只会将易怒、忧郁之体液传输至脑部"。[92] 塞缪尔·理查森（Samuel Richardson）的作品在无意间点石成金，在他深受赞誉（而且难得不插科打诨）的小说《帕梅拉，或善有善报》（*Pamela, or Virtue Rewarded*，1740—1741）中，他让法国人相信英格兰人的特质或许有"情感深度"这项正面之处。该书讲的是一位女孩经历的考验与磨难，她保护自己的处子之身，继而得到婚姻为报偿。这个故事风靡国际，全欧各地都有译本与抄袭本。理查森是个出身德比的细木工之子，却无师自通成为画家，而此事更是让人觉得这个故事里有某种新颖、"多愁善感"（这是个新词，而且带褒义）的存在，这是一种真挚情感的泉源，是对人类善恶的真实探究。亲英派的普雷沃神父（18世纪30年代，他从圣日耳曼德佩的修道院卷款潜逃，到伦敦寻求庇护）立马将《帕梅拉》译出，此书继而成为该世纪最热门的小说之一。理查森的《克拉丽莎》（*Clarissa*，1748—1749）内容更黑暗，篇幅甚至比《帕梅拉》更长，内容是关于欲望、性暴力与悔恨，其译本《克拉丽莎·哈洛维》（*Clarisse Harlowe*，1752）如平地一声雷，深深影响了卢梭及众启蒙哲人。卢梭在1758年写道："从来没有人以任何一种语言，写出一部与之并驾齐驱，甚至是接近其成就的小说"。"哦，理查森！"狄德罗在1761年高喊，"假使我非得卖了我所有的书，你的小说仍然会留在我身边和摩西、荷马、欧里庇得斯、索福克勒斯同一个书架。"[93]

英格兰小说此时在法国读者间受到的欢迎，为历来所仅有。有人对该世纪中叶巴黎周边地区贵族、教士与专业人士所拥有的500件私人藏书的内容进行了研究，结果显示有 3/4 的小说是由英文翻译而来，只是内容有所删节、法国化，并去除了任何"不适当"的内容。被最多人拥有的 4 本小说里，有 3 本分别是《帕梅拉》、《汤姆·琼斯》（*Tom Jones*）与《克拉丽莎·哈洛维》。最受欢迎的 20 本虚构作品中，还有其他由理查森与亨利·菲尔丁（Henry Fielding）所写的小说、以英式情节铺陈的小说，以及《阿罗那哥》[*Oronoko*，推测是阿芙拉·贝恩（Afra Behn）旧作的翻译或改写]。萨德侯爵（Marquis de Sade）当时正因性犯罪而被关在巴士底狱，他手边就有理查森、菲尔丁和斯摩莱特的作品当消遣。[94] 英格兰小说家无论男女，皆在史学家罗伊·波特（Roy Porter）所说的"深入自我的启蒙之旅"中，领导法国与全欧洲。[95]

理查森对法国作家如拉克洛（Laclos）、马里沃（Marivaux）、雷蒂夫·德·拉布勒托纳（Restif de La Bretonne）与萨特的影响，能明显从风格、主题，甚至是人物姓名中看到。但他对卢梭的冲击无疑更为重要。两人的关系就像博林布鲁克之于孟德斯鸠——弟子远贤于师。卢梭谈爱、分离与美德的伟大小说《茱莉，或新爱洛伊丝》（*Julie, ou la Nouvelle Héloïse*, 1761）标志着欧洲文化史新纪元的开端，只不过简·奥斯汀（Jane Austen）跟家人后来对此书大加嘲笑。陶冶、表现高尚而真挚的情感，成为艺术乃至人生目的，被人无止境地加以分析、讨论、重温。群山的自然纯粹，如今大加挞伐腐败的平原城市。①

英国诗作同样首次在法国受到欢迎，特别是因为人们认为其

---

① "群山的自然纯粹"暗指出生于瑞士日内瓦山区的卢梭，"平原城市"（Cities of the Plains）典出《创世记》，指约旦河平原的所多玛（Sodom）、蛾摩拉（Gomorrah）、押玛（Admah）、洗扁（Zeboiim）、拉沙（Lasha）等五座城市。——译者注

中具备了多愁善感、自然流露、道德升华与感伤忧郁等特质。托马斯·格雷（Thomas Gray）的《墓畔挽歌》（*Elegy Written in a Country Churchyard*，1751）是今天唯一为人所知的例子，但这本诗集只是更广泛的内省、子夜抒怀、死亡与乡间挽歌风潮中的一部分。此风潮的其他代表作品还有詹姆斯·汤普森（James Thompson）的《四季》（*The Seasons*，1726—1730）和爱德华·扬（Edward Young）哀婉的《夜思》（*Night Thoughts*，1742—1745）。这些著作在18世纪60年代与70年代被译为法文，在18世纪70年代与80年代催生出大量的关于季节、夜晚、花园、田园和乡村的诗作。詹姆斯·麦克弗森（James Macpherson）在1761年发表了《芬格尔：古代史诗》（*Fingal, an Ancient Epic Poem*），声称该作品是从古代吟游诗人莪相（Ossian）之诗翻译而来；该作品在法国取得了巨大成功，让苏格兰有如卢梭的家乡瑞士一样，成为清新热山风的风头。莎士比亚的声望也因此大大提高了。

具有文学影响力的作品，并不限于英国作者的手笔。英国人物与故事背景（有时候是苦命鸳鸯得到解脱的地方，或者是可以赚大钱的所在）也是十多部小说中的重要特色。普雷沃神父以《英格兰哲学家：克伦威尔之子克里夫兰先生的故事》（*Le Philosophe anglais, ou Histoire de M.Cleveland, fils de Cromwell*），在18世纪30年代成为以英格兰为背景写作的先驱。卢梭的《新爱洛伊丝》中有个重要角色，是道德高尚、情感浓烈而忧郁的英格兰富绅埃杜雅·波姆斯顿（Edouard Bomston），沮丧的男主角圣-普乐（Saint-Prieux）在故事结尾则是跟海军将领安森（Anson，他是真实人物）环游世界去了。这股风潮在18世纪60年代大兴，大量的小说人物以芬妮（Fanni）、珍妮（Jenny）、悉德尼（Sidnei）、乌劳姆（Wuillaume）、南茜（Nency）与贝茜

（Betsi）为名，书中更充斥着无数的乡绅、小姐和阁下［包括某个"W. 昏头（Shittleheaded）阁下"］。就算真实性马马虎虎也无所谓：某部畅销的"英格兰"小说的主角们叫"华泰"（Warthei）、"殷实"（Hinsei）和"祖名"（Zulmie）。[96]重点是英格兰作为"多愁善感"、自由与异国情调（例如喝茶、赛马、拳击）之乡的形象。霍勒斯·沃波尔希望法国人当法国人就好，他感叹法国人品味之沉沦："当他们读我们英国作家的作品时，理查森与休谟先生居然是他们的心头好，这谁信？"他甚至为加里克"谈莎士比亚时令人难以忍受的胡扯"而感到羞愧。[97]

　　花园成了感受力风尚的精心极致的表现。"英式花园"如画般自然的设计，多半要归功于克劳德·勒·洛兰（Claude Le Lorrain）的想象风景画——他的画在英国向来大受欢迎。坐拥一座英式花园，就像坐拥一处能让多愁善感的心灵接受自然洗涤，同时还能跟自己朋友炫耀的地方，因此成为一股所费不赀的欧陆狂潮，刺激出好几部专论，连《百科全书》对此也严肃以待。几个较具企图心的例子更是得到"全然的艺术……包容了哲学、文学、建筑、雕塑、绘画、运动与音乐"这样的评价。[98]引领潮流的，是吉拉尔丹侯爵（Marquis de Girardin）位于埃默农维尔（Ermenonville，巴黎北边）的宏伟别墅。别墅内的花园在1763年规划，1773年完工；苏格兰园丁处理草坪。吉拉尔丹是卢梭的追随者，他在达德利（Dudley）附近的列泽兹花园（Lcasowcs）寻觅到自己的自然理想，而列泽兹是一位二流诗人暨乡绅威廉·申斯通（William Shenstone）的公馆，申斯通写过一篇极具影响力的关于"园林造景"的论文。18世纪40年代与50年代，列泽兹花园建于起伏的丘陵地上，里面有树木、湖泊、小溪和粗糙木料搭的桥，还有牧神潘

(Pan)的神庙、一幢"倾颓的小修道所"和一处草庵。尽管名气没有裘园（Kew）或斯陀园（Stowe）响亮，这儿却成了行家（包括批评斯陀园雕琢过头的卢梭）的典范。[99]1777年，吉拉尔丹写了本谈地景布局的书，书中摒弃传统法式花园的几何风格，高度赞扬列泽兹花园。[100]但来自海峡对岸的名气，似乎让申斯通挺不自在：

> 吾颤抖着望向高卢之虚假艺术
> 窃取吾爱之宁静简朴。[101]

埃默农维尔别墅规模更大，不仅在地貌上能与申斯通的公馆一较高下，而且模仿了申斯通公馆那种用来激起哲思、文学与审美的建筑设计：一座巨石阵、一个瀑布、一座做白日梦用的祭坛、一个水神耐得斯（Naiads）的洞穴，以及一栋当代哲学神庙（故意没有完工，墙上刻着当代思想家的名字）。吉拉尔丹在一座方尖碑底座上，用英文刻着：

> 致威廉·申斯通
> 其韵文展现
> 心中自然之心灵
> 于列泽兹他铺陈
> 桃源翠绿乡野。[102]

吉拉尔丹在1778年得到终极的造景物：卢梭曾在这座花园散过步，过世后葬于湖中的小岛。埃默农维尔成为这位自然、善感圣人的圣陵，欧洲各地的朝圣者纷纷造访，包括法国王后玛丽－安托瓦内特（Marie-Antoinette）、各国君主、本杰明·富兰克林、米拉波（Mirabeau）、丹东（Danton）、罗伯斯庇尔与拿破仑。列泽兹花园的命运没那么璀璨，隐没在黑乡（Black Country）[①]之中，如今部分是高尔夫球道，部分是有点糟糕的市立公园。

沙特尔公爵（Duc de Chartres）不落流行，在1773年请人在自己位于巴黎北缘蒙索（Monceau）的公馆，盖了座精致的英式花园，一部分如今已成为巴黎最漂亮的公园之一。他打算，或者说设计花园的艺术家路易·卡蒙泰勒（Louis Carmontelle）打算超越英格兰人——英式花园单色的草坪缺乏想象力，他认为不足以取悦巴黎人的口味。每一种流行元素尽数被打包进一个空间，忙碌的人得以在社交互动时穿梭其中：中国牌楼、荷兰风车、宣礼塔（搭配骆驼与戴头巾的听宣者）、五彩缤纷的亭阁、冬季花园、金字塔、洞穴、中世纪塔楼、残破的神庙、有酒神巴克斯（Bacchus）雕像的葡萄园、哥特式建筑（内为化学实验室）、白色大理石牛奶屋、湖泊、乡间小桥、羊群和农村风牧羊人、竖立高柱的岛屿等。有人嫌这儿太铺张，尤其是公爵的财务顾问。束身自修的苏格兰人托马斯·布莱基（Thomas Blaikie）——"法国的大有为布朗"（Capability Brown of France）[②]——宣称这花园"一团乱"，接受委托加以裁剪。布莱基还为阿图瓦伯爵（Comte d'Artois）的小爱好——"小玩意儿"别墅设计过一座花园。成果

[①] 英格兰中西部伯明翰以西的地区。工业革命时，当地因为产煤，成为重要的采煤、炼铁、玻璃、砖瓦等产业重镇。严重的空气污染令当地素有"黑乡"之名。——译者注
[②] 18世纪英格兰造景建筑师兰斯洛特·布朗（Lancelot Brown）的绰号。他总对自己的委托人表示他们的地产有很大的进步空间，因此得名。——译者注

123

甜蜜的世仇
英国和法国，300年的爱恨情仇

让布莱基声名鹊起："凌乱有如身着薄纱的诱人女子，身上的一切表面上像随意搭配的，实则为真正的艺术之作；但这艺术的样貌如此贴近自然，连自然本身都会受骗。"[103] 玛丽－安托瓦内特要布莱基带她参观埃默农维尔。18世纪70年代晚期，她在凡尔赛宫里的小特里阿农宫（Petit Trianon）盖了自己的花园，里面包括知名，或者说恶名昭彰的"小村庄"，里头有羊、牛和乳品场。旧政权最后、最大的英式花园，兴建于1785年，位于梅雷维尔（Méréville），属于财经要人拉博德侯爵（Marquis de Laborde）。花园里包括一座库克船长纪念碑。拉博德在1794年被逮捕并送上断头台时，梅雷维尔花园的建造仍未完成。但这仍然不是风潮的结束：虽然发生了革命与战争，法兰西帝国皇后约瑟芬（Josephine）依旧在马尔迈松城堡（La Malmaison）里建成她奢华的花园，园中种植了价值19 515法郎的英格兰植物与种子。[104]

先前提到，前往巴黎的英格兰游客会匆忙换上法式装束。无独有偶，若干法国名流从18世纪60年代以来，便在法国穿起英式服饰——这种矫揉造作将持续两个多世纪。此前，法国时尚主宰了两国，如今在最正式的场合中仍然如此——法国女帽商（至少是有法文名的女帽商）供应伦敦市场，进口的洋娃娃打扮也是最新的巴黎样式。但英式风格的男女衣着，反映了不同的文化潮流：不拘礼节、自然随性、运动风与乡村风。他们的穿着品位，同样受到相对没有阶级差异的伦敦暗色系风格，以及童装影响。于是，男人的穿着打扮则是更硬挺、更粗的材料（羊毛，甚至是皮革，而非丝绸），较少刺绣与蕾丝，偏短而合身的剪裁，朴素的颜色，短假发或自然发，靴子，帽子（"骑师头上那种"），以及适合骑马的大衣——例如骑士服与宽松长大衣。女人的是：较轻的布料（采用印度平纹细布，而非浮花锦缎），搭配

沙特尔公爵的花园拥有每一种流行特色，胜过所有对手。此图描绘的是卡蒙泰勒将巴黎蒙索公园的钥匙交给沙特尔公爵。

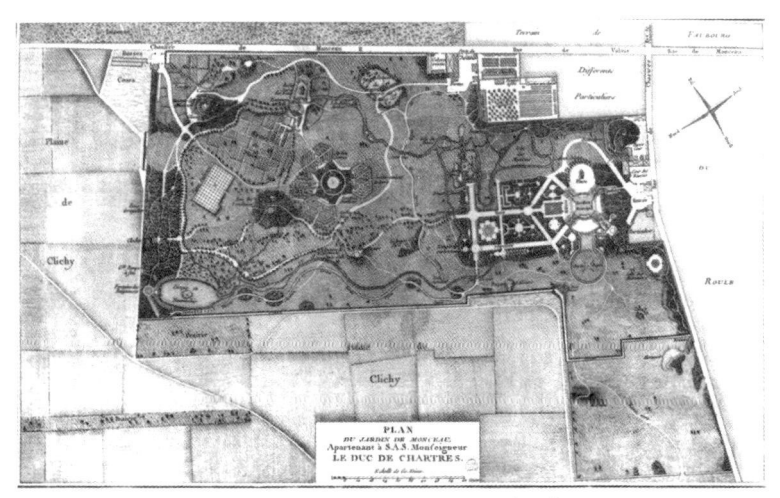

巴黎蒙索公园（Parc Monceau，沙特尔公爵所有）平面图

适合夏天出门的素雅颜色；更有弹性，更紧身，层次更少，装饰也较少；骑马装；画淡妆；最惊人的是不戴假发，戴帽子（包括草帽）遮阳。帽子原先是在乡间使用的配件，上层阶级的法国妇女不会在城里戴帽子，毕竟头上顶着体积庞大的人工假发。《时尚邮报》（Courrier de la Mode）在1768年表示，英式时尚"更为别致如画，少几分僵硬……我们一天天往优美简朴而去"。

这一切代表了活力、年轻（"从15～50岁都适用"[105]）、不拘礼节而自由。新风潮不仅离经叛道，还很性感，自然会有人义愤填膺。一些人哀叹男人女人穿着都一样，全是"伦敦的烟灰色"。作家福格雷特·德·蒙布兰（Fougeret de Montbrun）攻击那些"在最该体面的地方无耻展现自己，用丑陋的大外套包着身体，将泥水喷到肩膀上，帽子下的头发还梳得老高"的人，说他们内心"下流"而"龌龊"。其他作家则谴责"衣服上没有绣花、没有穗带，拿根粗手杖，围厚围巾，无疑像个伦敦布尔乔亚一般走过"的贵族，并因"民众不计代价想当英格兰人，这种炫耀风气摧毁了我们的民族精神……我们的时尚、我们的风俗，变成我们痛恨的邻居"而感到痛惜。对于英国服饰与举止之低微，切斯特菲尔德勋爵也表示同意："其举止如脚夫与马夫，连衣服也一样；你必定在此地街头见过他们，穿着肮脏的蓝大衣，手上拿着橡木棍，头发油腻不上发粉，一大团积在他们的帽子底下。"[106]虽然路易十六将英式马桶引进了凡尔赛宫，但他也对英式时尚感到恼怒，"盎格鲁狂热分子"因此面临失宠的危险。他曾对孔夫兰侯爵（Marquis de Conflans，"穿着一袭朴素的宽松大衣，头发剪得像个骑师，没用发粉或发蜡"）表示侯爵"看起来像个锁匠"，还告诉洛赞公爵——如果有人这么喜欢英格兰人，就该去跟他们一起生活。[107]但双方还是达成了若干妥协：法国风俗和英格兰风俗得以共存，非正式的宽大衣有朴素的英格兰样式，也有带有更多装饰的法国版本。[108] 玛丽－安托瓦内特（至少在时尚方面是革命分子）穿起王后礼服——结合英格兰、印度、卢梭与新古典美学影响的薄布洋装；德文郡公爵夫人（Duchess of Devonshire）最早在英格兰穿起这种服饰。伊丽莎白·维热－勒布伦（Elizabeth Vigée-Lebrun）曾为如此穿着的王后绘制肖像，结果这张肖像因为太过不得体，在1783年巴黎沙龙展遭撤下。王后去世后，各种版本的英式洋装仍然成为共和国晚期与拿破仑帝国时代社会上的标准穿着。[109]

最真诚的恭维形式

休伯特·布吉尼翁［Hubert Bourguignon，亦名格拉沃洛（Gravelot）］的雕版画帮助英格兰时尚流行于法国。布吉尼翁是巴黎一个裁缝师之子，在英格兰生活将近20年——值得一提的是，他教过托马斯·庚斯博罗（Thomas Gainsborough），① 并为《帕梅拉》绘制插画。布吉尼翁在1744年重返法国，"他引入……对草帽、素雅长裙与白衣裳天真外貌的喜好"。[110] 1760年起，杂志有了兴盛的发展，上面就有跨海交流的版画：《风尚杂志，或按月记录淑女与绅士新时尚，作为两性品味、高雅与新潮之完整大全》（*The Fashionable Magazine or Lady's and Gentleman's Monthly Recorder of New Fashions, being a compleat*

---

① 庚斯博罗是英格兰肖像画、风景画家兼酿酒师，也是18世纪下半叶的肖像画翘楚，英国风景画派的宗师，皇家艺术学院（Royal Academy of Arts）的创始人之一。——译者注

Universal Repository of Taste，Elegance and Novelty for Both Sexes）在伦敦问世，杂志上的插图几个月后就在《法英新时尚杂志》（*Le Magasin des Modes Nouvelles Françaises et Anglaises*）上再度出现。[111]

路易十六的弟弟阿图瓦伯爵（未来的查理十世），装模作样扮起英格兰乡绅：注意那顶骑师帽。

戴着英式帽子、穿着优雅的漂亮女士。虽然女帽是来自英格兰的舶来品，但图中这顶已根据法国都会的品味做了大改造。

"盎格鲁狂热"既是模仿英格兰人，同时也是与之竞争。奥尔良公爵领地的继承人沙特尔公爵是头号盎格鲁狂热分子。奥尔良家是王室的旁系，迫切于争取人心，为此与波旁堂亲以及凡尔赛宫的沉闷保持距离。盎格鲁狂热令他们显得更摩登、开放，而且（虽然模模糊糊）与自由相连，况且这种狂热也时尚有趣。18世纪70年代，沙特尔连同阿图瓦伯爵（路易十六狂放不羁的幺弟）、洛赞公爵、孔夫兰侯爵与菲茨－詹姆斯公爵（Duc de Fitz-James）等死党，组成赛马与赌博小圈子，并引进马匹与骑师。他们期望在巴黎西郊的萨布隆（Sablons）打造"法国的纽马基特（Newmarket）"[①]，法国第一场赛马在1766年于当地举行。众廷臣谴责他们与放荡的英格兰"底层渣滓"厮混，还带这种人到凡尔赛宫用餐，"以最随便、放纵的方式把自己的手肘摆在餐桌上"。[112]沙特尔一伙人举办盛大公开的赛马比赛，连玛丽－安托瓦内特都出席了——她在政治上再讨厌英格兰，也无法抵挡长驱直入的流行，他们还结交了英格兰中产阶级友人——亨利·斯温伯恩（Henry Swinburne）一家人。

衣服、马车、马匹、狗、肖像、饮食（葡萄布丁、潘趣酒等）、园丁、骑师、朋友与情妇，在18世纪70年代与80年代被从英国引进法国。美国独立战争（好几位盎格鲁狂热人士参战）也很难让形势消停。当对立态势逐渐高涨时，沙特尔得到允许，带回8匹马与20条猎狗，帮助他度过这段时间。金发碧眼的苏格兰女冒险家格雷丝·达尔林普尔·埃利奥特（Grace Dalrymple Elliott，庚斯博罗曾为之作画）受重视的程度自然比小马更高［埃里克·侯麦（Eric Rohmer）不久前也以她为题拍摄电影］。她先后成为阿图瓦与沙特尔的情妇，与两人始终保持友谊。不过，最特别的还是帕梅拉。

[①] 纽马基特为英格兰赛马圣地，早在16世纪便有赛马的记载。1667年，查理二世在此建立赛道，此地因此成为纯种马竞赛的重镇。——译者注

| 第一部 斗 争 |

另一位帕梅拉

1780年的复活节——正值美国独立战争高峰——一名马商为沙特尔公爵带来了"英格兰最漂亮的母马与最漂亮的小女孩"。[113] 后者是沙特尔的英格兰友人兼代理人纳撒尼尔·帕克·福思（Nathanial Parker Forth）送来的，福思受托到伦敦的孤儿院，找个大约6岁、漂亮的棕发女孩，"绝对不能是大鼻子，或是懂得任何一个法文字"。沙特尔想帮自己的女儿们找个玩伴，如此她们便能讲英文长大。这孩子便是出生于汉普郡基督城（Christchurch, Hampshire）的安妮·"南希"·西姆斯（Anne 'Nancy' Sims）。她或许是在纽芬兰出生的，是玛丽·西姆斯（Mary Sims 或 Mary Syms）的私生女，父亲从事腌鳕鱼贸易。按照流行，安妮改名为帕梅拉，这位"小天使"马上带来了成功。沙特尔与他的前情妇（这时则是沙特尔孩子们的女家教）让利斯伯爵夫人（Comtesse de Genlis）拉扯她长大，她成了这个极度非传统家庭中备受宠爱的成员。[114] 伯爵夫人是位自学成材的不羁文人，你大概猜得到——她也是理查森的书迷与卢梭的信徒。卢梭的《爱弥儿》给了她灵感，她以此教育奥尔良家的孩子与帕梅拉。事实上，人们对卢梭的追捧，使得领养小孩做教育实验蔚为风尚。1785年，伯爵夫人带帕梅拉踏上一次计划已久的英格兰之旅。两人前往理查森的花园巡游，伯爵夫人和有血有肉的帕梅拉，一块坐在《帕梅拉》原著写就的那张长凳上。帕梅拉的冒险还远未结束。1792年，她在逃离法国大革命的路上，嫁给了爱德华·菲茨杰拉德勋爵（Lord Edward Fitzgerald）——爱尔兰最有名望家族的激进了嗣。爱德华成为爱尔兰

131

人联合会（United Irishmen）的一位领袖，死于英国人之手。帕梅拉在英格兰躲躲藏藏，接着远走汉堡，与当地的美国领事短暂结婚，之后似乎还跟好几个男人一起生活过。她的儿时玩伴成为奥尔良公爵，并且在 1830 年即位为法国国王路易 – 腓力（Louis-Philippe）。法国国王与她保持距离，但在 1831 年为其支付葬礼费用。1880 年，帕梅拉的子孙将她的遗体迁葬于英格兰。

"帕梅拉"往后的生活：爱德华·菲茨杰拉德的夫人和女儿。

一来为了支付自己奢侈爱好的花费，二来则是为了标榜思想前卫，奥尔良公爵（1785年由沙特尔所继承）将家族在巴黎的宅邸——皇家宫殿——变成了商业场所，其灵感则来源于沃克斯花园等伦敦游憩花园。"呦，"路易十六嗤之以鼻，"你成了小店主啦。"经历颤颤巍巍的起步后，皇家宫殿花园成为巴黎时尚与挥霍之地的一块磁铁，周围满是咖啡屋的座位、新式"餐厅"、名望高低不一的俱乐部，以及摆满英格兰商品和广告的店面。"人们称它为'巴黎之都'……它是一座被包围在大城市里的奢华小城。"[115] 由于有奥尔良家王室特权的保护，这里也成了议论政治与宣传理念的中心。对公爵来说，皇家宫殿花园的成功带来了利润，自由卫士的身份也为他带来了名望。1789年7月14日，进攻巴士底狱的队伍，就是从皇家宫殿的园林里出发的。

这时，英式风俗与时尚已经为人所熟悉。当然，仿效英国风格不必然意味着认同英国理念或人民。七年战争与美国独立战争加深了敌意，更坚定了"如果要模仿英国，目的也是为了超越之"的决心。流行的盎格鲁狂热，与伏尔泰和孟德斯鸠那种对政治理念的兴趣并无多少共同点。即便如此，许多观察家仍然为风潮之显著（战时甚至不减）而震惊。美国使者发现全巴黎的商店都打着"英格兰商品刚到货"的广告，吓了一跳。[116] 1782年，一位从土耳其回国的外交官写道：

> 我离开巴黎已经15年了，一回到巴黎，我还以为我到了伦敦。上了街，我只见英式马车，车内的妇女按英格兰风俗，戴着优雅的帽子；只见英格兰风的两轮马车，驾车的青年绅士穿着骑马装，双重、三重、甚至四重领子下垂如披肩，戴着小圆帽；只见马夫英式的穿着、骑姿；只见行人穿着一样的服饰……商店堆满各种英格兰商品，广告牌写着"盎格鲁商店"，更有无数的咖啡店外打着英格兰潘趣酒的广告。[117]

踮着脚尖走路的英格兰老爷：跟"猴子国"（Monkey Land，一个人人仿效彼此的地方）学服装、发型和仪态的英格兰人。

　　年轻的安托万·桑泰尔（Antoine Santerre，此君后来主持了路易十六的死刑）凭借酿造淡啤酒，在巴黎赚到最大、最快的一笔财富。盎格鲁狂热再也不限于贵族阶层："一个财经要人的儿子……一个公司职员，穿着长长的合身大衣，头上的帽子戴得端正……说起来，这些人没有一个去过英格兰，而且连个英文字都不懂。"[118] 当盎格鲁狂热席卷巴黎时，"通心粉们"仍旧是时尚的伦敦的宠儿（也是对讽刺漫画家的恩赐），其穿着（无论名称为何）深受法国时尚启发——男人带伞、拿手笼、戴高假发、穿紧身及膝裤，他们对所有法国事物皆表示由衷的赞赏。有人宣称大城市里"一切都是法国风格"。[119] 威尔士亲王新落成的卡尔顿公馆（Carlton House），内部装潢与家具多半出自法国工匠之手，显示出他"相当支持波旁宫廷的风格与华丽"。[120]谁知当奥尔良公爵终于获得路易十六允许，于1783年造访伦敦时［此前他已经在新落成的波特兰街（Portland Place）租了间房］，伦敦的报纸居然因为他素色简朴的（英式）服装而赞许他，拿他跟威尔士亲王的（法式）浮夸对比，这实在令人可笑。

散步的法国女士：据信这是一幅画给英格兰民众看的法国漫画，内容不只讽刺法国时尚，也凸显了富人与穿木鞋的贫穷儿童之间的差异。

爱恨纠葛

若法兰西人充满美德、学问与智慧,具备其国家的礼节与良好出身,即拥有完美的人性。

——切斯特菲尔德伯爵,1747 年[121]

我们是世上唯一英格兰人不会小觑的民族。他们反而以全心痛恨我们,作为向我们致敬的方式。

——福格雷特·德·蒙布兰,《反盎格鲁狂热》(*Préservative contre l'anglomanie*),1759 年[122]

我所反对的,是他们弃绝自己宜人的风格,用起我们最糟糕的事物。天知道,我们已经受够了。

——霍勒斯·沃波尔,1765 年[123]

近年来,有几本书强调英国与法国之间的冲突对于塑造两国认同至关重要。回到当年,一些作家表示英国民间的排外心态要强于法国,不少现代的历史学家也接受这一点。倘若英国人对法国人态度确实更直接、更极端,原因显然是英国人对任何事情都很直接、很极端:直到巴士底狱陷落之前,法国都没有相当于英国讽刺画家詹姆斯·吉尔雷(James Gillray)的人物来警醒人们无理的行径。出现在英国的恐法心态,表达的是对专制统治的恐惧,以及对自命不凡的憎厌。当伦敦的画师嘲讽街上的"法国狗"时,他们攻击的对象多半是过分打扮的英格兰人。恐法心态随法国威胁的严重程度起伏，在18世纪中叶似乎逐渐退去，直到在18世纪90年代以完全不同的形式卷土重来。至于法国，自七年战争以来，政府助长的恐英情绪相当剧烈，而且始终是保守政治论述的主流。法国人对雪耻的渴望在18世纪70年代与80年代尤为显著（之后我们会提到），与之结合的还有一厢情愿的想法，认为英国正在走向衰落，其政治与社会制度一再受到抨击。在海峡两岸，政治名嘴都认为自己的民族代表了更优越的价值。

宗教的影响很大。法国的天主教卫士们用"异端"与"宗派主义者"谴责英国人，说他们情绪激动而暴力，而证据便是他们在政治上的最大罪行——谋弑查理一世。英国的新教保卫者则攻击波旁君主为宗教、政治自由之敌和迷信操纵者——简言之，即"教皇派"。然而，宗教并非海峡两岸矛盾激化的根本原因。比起罗马，英国人更害怕凡尔赛。何况，天主教徒与新教徒内部也分化严重。法国的詹森派（Jansenists）是天主教中相当虔诚但倾向非正统的一派，他们认定的敌人是耶稣会、教会阶级体系与王室，而非新教徒；他们还认为英格兰是宗教自由的典范。英格兰与苏格兰圣公会面对恼人的不从国教者，也能从法国天主教徒身上看到若干美德。18世纪早期一位托利党的坎特伯雷大主教（Archbishop of Canterbury）提倡盎格鲁与高卢（Gallican，指法国天主教）国教会携手合作，只要后者彻底与罗马断绝若即若离的关系即可。詹姆士党的威胁在1745年遭到挫败之后，英国对于教皇派的担忧也逐渐减少，宗教也不再是英国外交政策中的"重要因素"。[124] 至于法国，尽管天主教保守主义在七年战争期间重新流行起来，但恐英心态中浮现出的主题不是新教，而是重商精神。法国人斥英国为"迦太基"——崇尚物质、贪得无厌、性好欺瞒。

但如果以为海峡两岸的竞争能让两国内部出于对"对方"的敌意而团结,那可就错了。对英国而言,两国的竞争"导致国内形势的紧张"——政治、族群与宗教的紧张,"但也经常解决这种紧张"。[125]法国亦然,国内的差异会反映于对英格兰的态度上。盎格鲁爱好向来暗示的是对宗教和政治专制体制的异见,甚至是直接的批判。盎格鲁恐惧则意味支持王权与教权,抵抗社会变迁。17世纪80年代兴起的盎格鲁狂热,其开端即为社会精英与凡尔赛宫"可悲而无聊"的政治、文化当权派疏远——意大利与德意志音乐的风行,也是这股潮流的一部分。[126]

总之,"对立"并非法英关系的唯一关键。纵使两国分别帮助对方塑造了自我感,但自我感同样是通过自我批判、讨论、赞赏与模仿塑造而成。双方都在持续的交流中热切阅读、称赞、反对、模仿与响应对方。双方逐渐发展出一样的看法,认为彼此是文明的共同领袖,只是它们总试图将文明带往不同的方向。战争并未危害个人关系。部队中的军官在造访"敌"国时还会特别穿着制服(旅游指南如此建议),以确保受到礼貌对待,并获准到与其军阶相当的食堂用餐。两本谈法国的知名著作——斯摩莱特的《遍游法国意大利》(1766)与斯特恩的《感怀之旅》(*Sentimental Journey*,1768)——得到的回响,也透露了英国阅读阶层抱持的心态。人们视斯摩莱特的恶意批评(公认出于排外心态,但其实他的暴躁脾气是不分对象的)为没有品味,斯特恩的轻柔魅力才符合时下的氛围。慈祥的修士、睿智的旅馆主人、忸怩的修女、伶俐的侍女和风情万种的女士,都能赢得他的心,精准组成了英国人心目中的法兰西景象:美食、好礼,夹带一丝魅惑冒险的味道。

乐曲的主题——应该说,是同一个主题的变奏——从18世纪的对话中浮现：英国代表自由，法兰西代表秩序。或者也可以说英国代表自然，法兰西代表文明（尤其是18世纪下半叶）——加里克一针见血，说法国意味着束腹与过了时令的水果。这种看法之普遍，甚至塑造了经验，从而变为现实。这种看法能配合各种正面与负面的诠释：倾慕者与批评者对本质有一样的看法，但价值判断天差地远，令人讶异。因此，英国的自由（或者说自然状态）可以用来解释暴力的群众、醉酒闹事、粗俗的趣味与枯燥的言谈。但同样的自由也造就了牛顿、洛克、莎士比亚、政治参与、宽容、相对平等的社会、言论与写作自由、对变迁的开放心态、繁荣、真诚、善感与友好。自由同时成为"好脾性"与"忧郁"这两极的原因，造就了帕梅拉之美与"杰克·烤牛肉"的愚笨。英国的自由跟政治制度的关系显而易见："无怪乎这群不停嚷着自己很自由、只服从于法律的人，会如此骄傲而粗野。"[127]

无独有偶，法国的秩序与文明也包括了教权与王权的压迫、受压迫的农民、遭迫害的新教徒、言论审查、衰弱压抑的文化、纨绔子弟的"娘娘腔"与凡尔赛宫趾高气扬的硬规矩。海峡两岸有许多人都觉得法国人太有礼貌、太做作也太受制于传统习俗与时尚：舞蹈教师的仪态，或是像猴子一般爱模仿（经常有漫画如此挖苦他们）。但这也能解释法国人的高贵、雅致、机锋、淳厚的文化、聪颖、时尚、欢乐、注重礼仪、好客、安全的道路，以及客气的普通民众。法国的沉稳、秩序与权威吸引了许多英国游客，社会下层的顺服、阶级的划分、沙龙内的非商业文化世界也令他们感到舒心。费勒斯勋爵（Lord Ferrers）对这种理想献上最坚定不移的真诚敬意——1760年，他因为杀害其管家而被判处死刑，最后他按法国人的习惯穿上绣花白绸缎衣接受绞刑，以此对判决所蕴含的平等价值表示轻蔑。

139

甜蜜的世仇
英国和法国，300 年的爱恨情仇

画成教训

如果有人能将大量的语言与想象加以总结，结果必然是——英国人若非赞赏，就是嘲笑法国人；法国人若非羡慕，就是蔑视英国人。英国人赞赏法国人的优越，同时嘲弄法国人（和法式）的自命不凡、纨绔姿态，以及舞蹈老师教的讲究姿势。法国人羡慕英国人的自由与财富，同时鄙视他们的粗野与缺乏手腕。

礼貌：众多以相反形象呈现法国人与英国人的漫画之一——服装、仪态、餐点、体态，甚至连狗都不一样。吉尔雷还是老样子，同时挖苦双方。

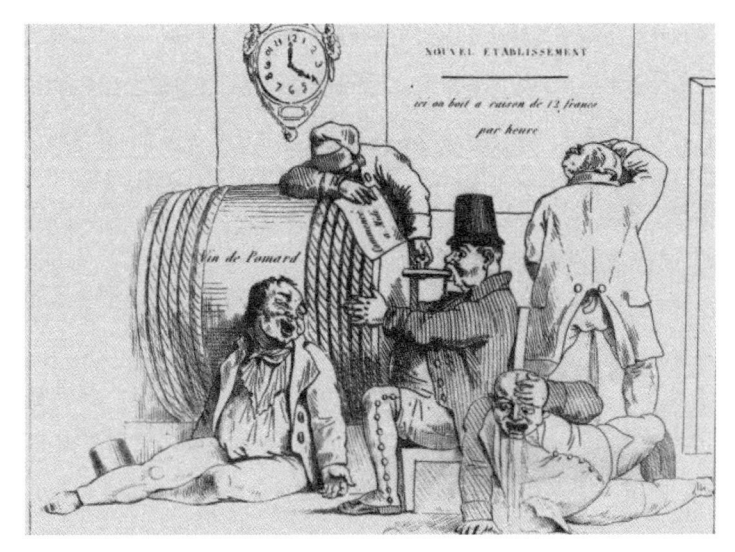

勃艮第的英格兰人：法国人一向认为酗酒是英格兰人典型的毛病。

加里克的法国舞者

尽管18世纪的战争对其他活动的影响小得出奇，但1755年仍然不是法国与英国文化交流的最好时机。12月，演员经理戴维·加里克请了一班"法国"舞者［事实上，领班是凡尔赛宫赫赫有名的瑞士人让-乔治·诺韦尔（Jean-Georges Noverre）］到德鲁里巷表演，结果导致一连几晚的骚动，甚至是流血动乱。冲突双方分别是包厢里的贵族赞助人，以及坐在正厅后排和顶楼座位、出身平民的观众；前者坚持让舞者表演，后者则坚持舞者不该表演。一份法国报纸报道说：

老爷阁下们通通冲进乐池，有人拿木棍，有人拿剑，对着一群示

甜 蜜 的 世 仇
英国和法国，300 年的爱恨情仇

或者招呼过去……英格兰女士们完全没被恐怖的混战吓倒……指点他们该把谁给撵出去……等到芭蕾舞开始，舞台上已撒满好几升混了钉子的豌豆。有钱的老爷拿自己的帽子掸着舞台，却有更多豆子被丢下来；乐池的门被一群肉贩冲开来，于是老爷们再次冲进乐池……攻击左右的示威者。

治安法官和部队试图平息戏院与周边街道上的纠纷，加里克的家就在附近，连窗户都给打破了。

经常有人援引此事，作为英格兰人粗野排外的证据。这件事在法国广受报道，达让松侯爵（Marquis d'Argenson）因而在日记中写道："真是卑鄙的一群人，外表装得有多哲思，人就有多残暴。"有鉴于战事已经在北美洲打响，报纸杂志又报道法国准备入侵英国，无怪乎人们有些恐法。此外，找不到工作的演员、竞争戏院的经理，以及胡格诺流亡人士多少也在这起风波中推了一把。双方都有花钱找混混助阵。值得大书特书的是，观众席里的大老爷居然如此积极保护法国舞者，而且国王与王后都看了第一晚的表演（据说这起骚乱让国王"开怀大笑"）。亲法与恐法向来都暗含阶级因素。但当事人没往心里去：几年后，诺韦尔在没那么动荡的时节再度来到英格兰，而他的兄弟（差点死于暴民之手）更是在诺里奇（Norwich）展开舞蹈老师的生涯。[128]

"热爱"（philia）与"恐惧"（phobia）是两个令人误会的词尾，让人以为人们的态度都很两极。从贺加斯、吉尔雷与托马斯·罗兰森

（Thomas Rowlandson）[①]的油画与讽刺画来看，英国人与法国人都大受挖苦，就好比伏尔泰或孟德斯鸠的著作对两国社会皆有褒有贬。法国旅游书警告其读者恐怕会遭到拦路贼抢劫、伦敦暴民推搡，以及被趾高气扬的老爷嫌弃，但也令他们期待高效的交通、舒服的床铺、好走的人行道，以及干净、明亮的街道。英格兰游客则对懒散的修士、发号施令的官僚和前胸贴后背的农民保持戒心；但他们也期待美食、一视同仁的客气、灵光闪现的智慧与都市人的文雅。至于他们是否喜欢自己体验的一切（意外不算），多半都跟成见有关，有些人夸奖的事情，有些人却谴责之。塞缪尔·富特（Samuel Foote）的知名滑稽剧《英人在巴黎》（*The Englishman in Paris*）与《英人返自巴黎》（*The Englishman Returned from Paris*），就是靠挖苦人们熟悉的偏见，同时以突如其来的方式告诉人们成见可以改变，让 18 世纪 60 年代的观众忍俊不禁。他笔下的典型英格兰"主人翁"乡绅巴克（Squire Buck）到了巴黎之后，对于街道名称都有个"Rue"而感到恼火，跟某个"用鼻孔看人，冲我喊畜生"的法国人打了一架，还抱怨"男的都是些目中无人的家伙，装腔作势、跳舞、叽叽喳喳，还龇着牙笑；女的都是上了妆的玩偶；他们的食物只能给狗吃"。等到返回伦敦时，他已经能讲一口优雅的法语，并宣称"法兰西人是寰宇间第一等人；就生活之艺术而论，全世界的原则皆由他们制定，或是应由其制定；此外，任何意欲优雅地吃喝、穿着、跳舞、打斗、歌唱甚至打喷嚏的人，都该到巴黎学学"。[129]

社会观感的关键，摆在对妇女角色与行为的对比上，一位旅游作

[①] 罗兰森是 18、19 世纪之交的英格兰艺术家、插画家，以政治讽刺与社会观察闻名。——译者注

家直言总结道:"我呢,偏好寻法国女人为情妇,但寻英格兰女士为妻。"[130] 相较于欧洲其他地方,英法两国的妇女在经济活动与文化生活上皆相当引人注目。英格兰有较多女性以作家身份闻名,法国女人则多凭借其沙龙而成为赞助人——虽然这恐怕意味着她们是"隐去自我的推动者"。[131] 对于这如何展现两国社会内涵,已有许多讨论。法国游客一贯抱怨英格兰妇女,认为她们虽然美丽、健美、庄重,但缺乏魅力与自信、话少而不解风情;简言之,她们很冷淡。"自然"与"文明"的对比此时再度浮现。许多人同意的说法是,法国较重视社交,因此较有文化,而法国妇女就是合群社交的创造者,也是文明的催生者。"活力、欢乐、机灵、风趣,她们的性情使她们生来就适合为伴;她们有着适合沟通的好脾气,举手投足也吸引人,两者相辅相成,令愉悦的精神得以循环,这是言谈中最重要的乐趣与优点。"[132] 但许多英国游客却认为法国女性相当大胆,迷人而(或)吓人。对于这种世故风雅,有人趋之若鹜,有人避之唯恐不及。斯摩莱特一如往常,对"邓巴顿(Dumbarton)感到厌恶":①

> 法国时尚就是规定所有小姐们用……化妆品,即白粉,将之涂在她们的脖子、肩膀以及坑疤上,脸上也乱涂乱抹,从脸颊往上涂到眼睛……这幅景象着实吓人……她们头上盖着一大团假发……全是白的。[133]

---

① 斯摩莱特出生于邓巴顿,而"Dumbarton"一词原意即为"英国人的堡垒"。——译者注

一位英格兰游客造访凡尔赛时，看到两位英格兰妇女自然"可人的外貌"，对此大感愉快，"不施脂粉的她们，胜过所有法国娃娃"。[134]但年轻的纽纳汉姆勋爵（Lord Nuneham）却"钟爱化了妆的坑疤脸……对我来说，这是最漂亮的白面孔、最舒服的体态，衣装不好看也不影响"。[135]

英国文化显得更阳刚，更物质化，可以说更粗暴——而且是文明、秩序社会的对立面。法国观察家一再提到几个方面。英格兰戏剧比较暴力。加里克在日记中说："法国人无法忍受舞台上搬演谋杀，却可以因为微不足道的偷窃罪而将罪犯五马分尸。"[136]但这不是法国人的重点（也不是法国人排斥莎士比亚的核心原因）：剧场应该是个受到保护的文雅空间。大受欢迎的拳击赛，以及频繁发生的街头斗殴——绅士居然愿意观看，甚至参与其中——都让法国人相当震惊。绅士之间以骑士精神决斗是一回事，这与绅士动手跟平民混战完全不可同日而语。在伦敦，佩剑在18世纪20年代已经不再流行，决斗则是在18世纪70年代逐渐不为人所认同；更有甚者，寻常的行人甚至会介入、阻止决斗者。[137]如果说，这种现象在英国是人们眼中文明价值的进步，那么以法国标准而言，这就是退步。运动则是另一种失礼的体格展现：光是成年人还想打板球，就已经难以理解了，贵族居然跟自己的仆人一起比赛，这更是不可理喻。这种平等以待的作风，与法国人和家仆之间的亲密相处完全不同——博马舍（Bcaumarchais）的《费加罗》（*Figaro*）则用绝妙的方式颠覆了这种亲密关系。英国人并不鞠躬，也不行屈膝礼，而是吻手或握手（"抓着人家整条手臂，大力摇到让肩膀脱臼"）。看到英国大使与自己一位使女握手时，玛丽－安托瓦内特惊讶得说不出话。随着握手变得越来越正式，这种习惯也显然更有法国味。还有食物（向来是关键主题）——对法国人来说，英国人是个吃"血淋淋菜肴"的民族，近乎生吃，相当恶心；法国人则是文雅的"酱料民族"，食材改头换面，被掩盖在酱汁底下。[138]

英国与法国都有人害怕"娘娘腔"会腐化男性的"共和"美德，从而令爱国人士纷纷谴责贵族圈子堕落的文化与社交风俗。这种风俗的特征是妇女拥有影响力，以及人们过度关心流行时尚等阴柔事物，从而对公共事务缺乏关注："我们在精致和优雅方面获得几分，便在行为的阳刚与言说的自由方面损失几分，但这种阳刚和自由却是支撑我们民族性格最重要的两根支柱。"[139] 对于时尚、频繁社交与性别空间的质疑，在政治和道德方面都获得了相当的重要性。若干英国评论家怀疑，这是波旁王朝削弱英国的阴谋。虽然这种想法相当傻气，但抱持这种想法的人不在少数。[140] 法国也有相对应的看法，认为引入更粗鲁、更平等的英国风格，会削弱法国传统价值，而保守派希望传统价值可以促进不问政治的勤王思想。有首名为《法兰西民族品格》（*Caractère de la Nation Française*）的歌，如此勾勒这种价值：

回到昔日
人们忠诚、坦白、彬彬有礼
尊重我们的法律
仰慕我们的爱人
忠于我们的国王
心中永怀敬爱，永为信实之子民。[141]

作家路易-塞巴斯蒂安·梅西耶（Louis-Sébastien Mercier）在

18世纪80年代大感绝望,"除了服装之外,我们从来不应该采用任何来自英格兰的事物";他用挖苦的方式刺激同胞重新回到法国风格:"穿起你们的蕾丝……把小帽夹在你们腋下吧",因为"穿其他民族的衣服,不会带来……智能与品格"。[142]

有两种标签式人物,足以代表、总结这些不同的认知——法国舞蹈老师和英格兰骑师。前者灌输秩序、世故、优雅、自我控制与传统——简言之,就是"礼节"。但批评者将这种"教养"斥为外表上的惺惺作态。骑师是勇敢、体能非凡与现代的象征,但批评者同样视之为举止粗俗、乡村娱乐的代表。热爱盎格鲁文化的拉罗什富科,认为值得在自己农事实作的笔记里记录在英格兰"两性跳舞跳得一样烂,连最基本的仪态、脚步或节奏都没有;他们完全不像我们会研究舞蹈。女子四肢不协调……男子跳舞时弯着膝盖……总之,他们表现出最最难看的样子"。[143] 至于赫斯特·司雷尔,她则反过来嘲笑法国人赛马时的无能。[144] 梅西耶谴责骑士是"花蕾间的浪荡子……我得有所罗门王的笔,才能详尽描述骑师、骑马装与公然赌博……所带来的伤害"。[145] 许多人把"舞蹈老师"当成骂人的话来用,其中最有名的,要数塞缪尔·约翰逊对切斯特菲尔德勋爵的《致儿子信》(Letters)的批评,约翰逊说信上教"妓院的道德与舞蹈老师的仪态"。至少后半句的看法完全正确。

第四代切斯特菲尔德伯爵菲利普·多默·斯坦诺普(Philip Dormer Stanhope)清楚表达了自己对法国文明的爱好,他在18世纪中叶写信给有一半法国血统的儿子,谈礼仪与社交——据首屈一指的法国文化史学家马克·富马罗利的看法,他的信是"欧陆法国的道德明证"。[146] 与之对立的则是《爱弥儿》(1761)——日内瓦人让-雅克·卢梭写的小说。这部关于"自然"与自由的划时代宣言,身受洛克的作品与笛

147

福的《鲁滨孙漂流记》所影响。富马罗利相信，文明与自然之间的冲突如此深刻，以至于"该世纪以来的欧洲历史，都绕着"切斯特菲尔德与卢梭打转。[147]

两本书都在谈教育年轻人。对切斯特菲尔德来说，人性的野蛮需要教化。社会上的成就与影响力，唯有熟习礼节，并且持续自我控制、创造放松自然的表象才能获得："尤其注意你手臂的动作，要自在而优雅。"在切斯特菲尔德眼里，成为合格的法国人，就是成功的标志——"让法国人脱口说出，这真是个法国人。"卢梭则说"世上的人都藏身于自己的面具后……本质于他并不重要，外表于他却是一切。"对卢梭而言，天性要接受保护，不致扭曲与腐化，此外真诚与个人自我表达也要得到培养。"任何出于造物主之手的事物皆是善的，任何落入人类手中的事物皆会堕落……他不要任何自然所造之物，连人都不想要；他得如马戏团的马一般训练，在自己的园地像棵树一般盘绕。"但爱弥儿将"遵循自然之道"，饮母乳，冲出襁褓，独自成长，从经验中学习，身边只带一本书——《鲁滨孙漂流记》，卢梭的圭臬。[148]

两人都觉得跳舞很重要。卢梭认为跳舞本身就是好事，切斯特菲尔德则认为这很"可笑，但与此同时"作为训练"也相当重要"。两人都欣赏知名舞蹈老师马塞尔先生（M. Marcel）。"你马上去上马塞尔的课，"切斯特菲尔德直言，"让他愿意教你人体所能做出的每一种文雅姿态。"但卢梭却郑重声明："假使我是舞蹈老师，我可不会耍马塞尔的每一种猴戏……我会带我的学生到山脚下……在陡峭的坡道上轻快踏步……我会让他模仿山羊，而非芭蕾舞者。"[149]

切斯特菲尔德与卢梭的共同点，是他们的控制欲。切斯特菲尔德在超过30年的时间里，让他倒霉的儿子收了四百封信，信里都是难如登天的建议。至于卢梭，虽然他称赞自由与自然，但他却以全然人为的方式养育爱弥儿，让一位睿智、全知、不倦的好心教师（卢梭本人的理想化）管束他。卢梭赢了这场论战：1774 年，切斯特菲尔德的信一出版就遭受攻击，内容被认为既过时又不道德：真正的"礼貌"一定要诚挚而自然。

自然与礼节之间的竞争在欧洲各地打响——18 世纪 60 年代的利奇菲尔德自然不例外。托马斯·戴（Thomas Day）是当地的卢梭支持者，他从什鲁斯伯里（Shrewsbury）的孤儿院挑了一个 11 岁的女孩，打算训练她成为模范妻子；他让女孩改名"萨布丽娜·西德尼"（Sabrina Sidney），送她去上阅读课、听讲、到法国旅游一回，让她接受斯巴达式的坚毅训练，只是女孩很少表现出"有能力在某一天为孩子的教养负起责任，而这些孩子将来是要成为格拉古兄弟①的"。戴放弃了，决定用比较传统的方式讨老婆，他试着让自己更有吸引力，于是在 1771 年到法国待了一年，学习"军人的步伐、流行的鞠躬礼、小步舞与沙龙舞（cotillion）"，此举实际上等于舍卢梭而就切斯特菲尔德。他甚至用夹板，忍痛将自己内八的膝盖夹得优雅笔直。呜呼哀哉，斯塔福德郡是个乡下地方，等他回来，他"训练到家进门时的鞠躬礼、突然间想到而摆出来的姿态，在人们心中唤起的是荒唐而非赞赏的感受"。[150] 但一切倒也没有全白费：他终究娶了一位女继承人。

临近 18 世纪末，许多人认为法国正跟着英国的方向前进，至少是走上了"自由"与"自然"的方向。法国省级高等法院宣称代表国家。

---

① 这里指公元前 2 世纪晚期，古罗马望族格拉古家族的提比略（Tiberius）与盖约（Gaius）兄弟。为解决土地问题，担任保民官的两人推动改革，将大贵族的土地分配给城市中的穷人与退役士兵，但两人先后被暗杀。——译者注

商业也在扩大发展。沙龙让路给更公开的、由男性主导的咖啡屋、俱乐部与聚会所，政治论辩也把愉快的"阴柔"对话挤到一边。最后，尊崇卢梭的法国革命分子将妇女排除在政治之外，流放了各阶级中的"贵族"，坚称"自然"的价值胜过那些出于腐败文明的价值。但英国人发现自己站在另一边。虽然他们永远无法像切斯特菲尔德指点的那样精于礼仪，但英国业已成为18世纪礼仪的堡垒，与严苛的共和美德相抗衡。

法国人与莎翁：伏尔泰时代

莎士比亚拥有丰富的想象力、本能的思考，也有自我表达的手段策略；但这些好品质却被掩盖在他混进自己剧作中的垃圾底下。

——法国人对莎士比亚可考最早的评论，1704年[151]

莎士比亚向来是法国人对英格兰文化态度的风向标。自从伏尔泰在拥有广大读者群的《哲学通信》（1734）中引介他以来，他就成了众人眼中英格兰神魂之精髓——"有力而多产的天才，兼具自然与崇高，没有一丝文雅，也没有一点对规矩的认知……假使像马尔利宫花园中的灌木一般被塑形、修剪，英格兰创作之神魂便会死去"。打从一开始，人们便把这英格兰"神魂"明确视为法兰西精神的对立面。因此，评判莎士比亚，也就等于评判法国文化。于是乎，伏尔泰一面夸奖莎士比亚的质朴之美，一面强调其质朴之罪：强有力但缺乏礼法；原创但不老练；深刻但不一致；崇高的诗意瞬间被卑鄙的下层角色、粗野嘈杂的举动、无端的暴力与一贯的傻气败坏。伏尔泰认为，莎士比亚的成功，令不良习性根植于英格兰舞台，从而伤害了舞台；此外，英格兰语言恐怕正在衰微。

伏尔泰当然认为自己根据莎翁主题所写的剧本——例如颇受欢迎的《恺撒之死》（*Mort de César*，1733），以及受《奥赛罗》（*Othello*）启发的《扎伊尔》（*Zaïre*，1732）——比其原作更成功，足以凭借适度注入莎翁活力的做法，让法国戏剧界恢复活力。他在1750年写道："我们用太多的台词，就好比你们用太多的动作，情况确实如此；或许，至臻完美的艺术，是混合了法兰西的品味与英格兰的精力。"他始终认为法国文学更为优越，因此喜爱爱迪生甚于莎士比亚，因为爱迪生下笔就像法国人，优雅、雕琢、精准。伏尔泰的看法不只法国人接受，在英格兰也颇有人认同，这证明法国古典风格（包括他自己的戏，其中有16部在伦敦制作）的威望仍然存在。莎士比亚的作品在海峡两岸都遭受审查、修正，连捍卫莎翁不遗余力的塞缪尔·约翰逊与戴维·加里克也参与过。他的词被改得更有诗意，剧情被改得更好懂，结局也被改得更开心。

伏尔泰引发的莎翁风潮，很快就超越他屈尊俯就的赞赏。下一代的作家与启蒙哲人之所以钦佩莎士比亚，原因正是他不理睬古典惯例："诗意之神魂有其独立精神，其挥洒自如、不受众多规矩局限，令人羡慕。"[152] 18世纪50年代与60年代，热爱法兰西但爱国的加里克（他是胡格诺信徒之子）在巴黎的沙龙搬演莎士比亚选粹，同时将莎士比亚当成民族诗人、英格兰戏剧之卫士，重新引介回英国的舞台。

赞扬莎士比亚，便会冷落高乃依（Corneille）与拉辛（Racine）的古典戏剧传统，而伏尔泰本人正是两人在当时的头号支持者。他决定挫挫这位已死对手的锐气。伏尔泰的敌意起自18世纪40年代，当时他将《哈姆雷特》（*Hamlet*）描述为"下流野蛮的东西，连法兰西或意大利最底层的民众都无法容忍"，而虚荣心与政治目的加深了他的敌意。[153] 但底下作祟的不止虚荣心。法国古典戏剧是哲思的（凸显道德两难），莎士比亚的作品则是心理的（探究角色的发展，这正是加里克的"哑剧"带来的冲击——用面部表情与身体动作演戏，而非单纯朗诵韵文）。法国戏剧的基础，在于以诗意的方式描述舞台外的事件，而莎翁戏剧的基础就是在其舞台表现（例如打斗、杀人等让人不愉快的场景）。前者凝聚而有序（严守时间、空间与行动的统一），后者散漫、繁复，甚至前后不连贯。前者道德，而且多半乐观，后者不只不道德，而且经常悲观。前者对受教育的精英有吸引力，后者则吸引普罗大众。在伏尔泰来看，前者就是更高级的艺术形式，由更超前的文明所创造；后者无论多么有力，都是幼稚而粗糙的："写一部好戏，当然比在舞台上搬演谋杀、绞刑、女巫与鬼魂来得更难。"[154] 伏尔泰好比高傲的音乐评论人，赏个脸承认披头士的歌也有优点，等到人们开始说保罗·麦卡特尼（Paul Macartney）比舒伯特更厉害，就觉得天崩地裂。只是这一回，被比下去的是伏尔泰。他哀号说："我原想加入多些动作，让剧场界活络些，谁知现在一切都是动作跟哑剧……再见了，精致的韵文；再见了，真挚的情感；再见了，一切。"他对朋友忏悔道："这起灾难中最惨的是，当初第一个提到莎士比亚此君的人是我，是我把自己在他庞大粪堆中找到的几颗珍珠拿给法国人看的。"[155]

七年战争创造了恐英的氛围，英国的文化影响力似乎正挑战法国的优势地位。1761 年，伏尔泰（宣称要为故土而战）发表《告欧洲各民族书》（*Appeal to All the Nations of Europe*）。这是他对英格兰文化下的战书。[156]莎士比亚如今成了"乡下小丑"、"野蛮的江湖骗子"和"醉酒的蛮子"。他给《哈姆雷特》剧情做了番假装严肃的摘要,转述其中的若干台词,使之听起来荒谬、粗野而愚蠢。他用"英格兰社会缺乏鉴别力"来解释莎翁的成就,说对于英格兰的"搬运工、船员、车夫、小二、屠夫和店员"来说,舞台上的暴力、喜剧和奇风异俗就是其娱乐,而这些人制定的公共标准"让欧洲各地品味高雅的人士感到憎恶"。

加里克则押上了更多赌注,在1769年举办了爱国意味浓厚的莎士比亚纪念活动,等到皮埃尔·勒·图纳尔(Pierre Le Tourneur)在1776年开始翻译莎士比亚全集(译成20册),同样的活动又举办了一次。图纳尔版的莎士比亚剧作是用来阅读的,而非表演的,目标在于忠于原著,忠实程度远甚于剧场惯例所能容许的程度。尽管忠于原著,"卑鄙庸俗"的用词还是要改得文雅。《奥赛罗》里的"黑公羊……跟你的白母羊交欢"变成"黑秃鹰"和"年幼的白鸽"。单纯的俗语也改得像诗兴大发:狗变成"秃鹫",蟋蟀变成"地里的昆虫",如此这般。勒·图纳尔的版本成就惊人,连王室成员与重要政治人物(包括恐英的舒瓦瑟尔公爵)都成了订户——这是莎士比亚与英格兰文化声望的有力象征,两国当时甚至处在战争边缘。勒·图纳尔在献给国王的序言中,宣称"从来没有任何天才人物能如此直指人心至深处"或创造出"这般自然的"角色。伏尔泰勃然大怒,"这个粗鲁的傻瓜"居然高举莎士比亚为"地道悲剧的唯一典范……将拉辛与高乃依的冠冕重重踩在脚下",借此侮辱法兰西。他给法兰西学院(French Academy)去信,谴责莎士比亚伤风败俗的用语和"恶名昭彰之堕落",若干内容"竟大胆违抗我们戏剧界的威仪"。[157]信在1776年8月由达朗贝尔在学院中宣读,出席的英国人使斯托蒙特勋爵

（Lord Stormont）大为不悦，伊丽莎白·蒙塔古也在场，表情也很严峻。针对伏尔泰早先的抨击，她写了一篇踩中痛脚的反驳文章——《论莎士比亚之写作与天才——与希腊和法国剧作家比较》，而这只是从海峡对岸咆哮而来的众多反击之一。

法国文坛在"创造力"与"品味"之争中分裂。借蒙塔古的话来说："创造力，唯有强而有力的创造力（狂野自然之气势从根作用起！）才能创造出如此强烈、与众不同的美。"[158] 创造力赢了——但不是完全桀骜不驯。莎士比亚的剧作也得被驯化，一如在英格兰的情况。让-弗朗索瓦·迪西（Jean-François Ducis）把莎翁改得让法国观众"能够承受"，删去了不雅观的动作与不舒服的剧情，还加入了芭蕾舞（但他英文不好，是从译本改的）。[159] 他毫不忌讳的改写（以《哈姆雷特》和《罗密欧与朱丽叶》最受欢迎）在18世纪70年代与80年代吸引了成千上万的观众。1783年，《李尔王》（在迪西的修改后，这部戏以喜剧收场）在凡尔赛宫初演——法国与英国当时还在打仗，这简直不可思议。好戏还在后头：1793年9月，两国再度对垒，革命政府的恐怖统治正值高峰，而音乐剧版本的《罗密欧与朱丽叶》却成功在巴黎制作登台了。

第三章：世界之权柄

> 无论普世君主国的目标有多么异想天开，只要一国掌握了美洲所有贸易，通过财富影响世界的目标就不再是痴人说梦。
> ——诺瓦耶元帅，1755 年 [1]

> 我们必须同时身兼商人与军人……我国贸易依赖海军力量适当行使；贸易与海军实力彼此相倚；而确属本国资源之财富，则依赖其贸易。
> ——内阁大臣霍尔德内斯勋爵（Lord Holderness），1757 年 [2]

> 发现新大陆一事已经转变了欧洲的政治体系。陆军曾经能造就国家的命运，但自上个世纪以来，海神的三叉戟已经成了世界的权柄。
> ——法国外交部报告，1779 年 [3]

1688 年展开的那场竞争，从欧洲延伸到美洲、亚洲、非洲与太平洋，背后受到贸易因素的刺激。整个世纪下来，法国与英国各自巨幅扩张对外贸易，国内经济也应声改头换面。这种贸易中最具推动力的元素，则居于欧洲之外。那么，"第二次百年战争"是否是为利益而战，答案是不是就呼之欲出了呢？当时的法国评论家与历来许多历史学者（虽然以法国历史学家为主，但不止他们），皆指责英格兰这个"小店主之国"

甜 蜜 的 世 仇
英国和法国，300 年的爱恨情仇

贪得无厌，将国家力量用于他们掠夺全世界的自负野心。根据这种看法，倒霉的法国人只想和非欧洲民族和平贸易，却一再成为英国斗牛犬猎食时残暴攻击的对象。这是很严重的指控，但这个叙事却是倒果为因的：让商业竞争转变为帝国战争的，就是两国在欧陆的冲突。

大家都知道，贸易就是力量。早在 1714 年，法国就有一份报告警告"我国工业与航运将黯然失色，英格兰则会因其人口、产量与财富增长而令人难以企及"。[4] 贸易导致税收增加，成为借贷能力的支柱。商船队由此建立，大量的船员得以在战时为海军所用。英国商船总吨位，从 1686 年的 34 万吨，增加到 1815 年的将近 250 万吨；法国虽然少得多，但也成了世界第二。两国将半数远洋船只用于殖民地贸易。[5] 双方一直密切注意局势变化，也都清楚权力平衡有多么不稳。乔治三世在美国独立战争正酣时写道："要是我们输掉手上的香料群岛，就不可能举债来继续战事了。"到了 18 世纪末，一位英国阁员老调重弹忆当年："大不列颠从来不打算维持所费不赀的战事纠葛，而是凭借摧毁敌人的殖民地资源，并按比例增加我们手中的贸易资源，这才是而且始终是海上力量的唯一基础。"[6]

两国的利害关系人——金融巨子、重要海港、若干制造商、特许贸易公司等，都支持"爱国"的扩张。对英国而言，帝国战争比远征欧陆更受人支持。不过，轻松获胜才合人胃口，漫长战争则是政治危机。一旦有一方获益，另一方就会蒙受损失。英国与法国的东印度公司，都发现公司的军事负担轻轻松松就吸走了所有的盈利。无论如何，不管是凡尔赛还是白厅（Whitehall）①，都不为商业游说团体或舆论所动：

---

① 白厅位于伦敦威斯敏斯特市内的一条大道上，也是英国政府中枢的所在地。后成为英国中央政府的代名词。——译者注

双方最在乎的，是安全、威望与权力。

英国终究成为最大的帝国式国家（以法国为鱼肉），这时人们自然会将这段过程诠释为有预谋的掠夺。不过，挑起头的通常都是法国——例如17世纪90年代掠夺纽约之举——为的则是声东击西，把英国军队的注意力从欧洲引向其他地方。[7]18世纪40年代、50年代、70年代与80年代时，也是法国与西班牙（法国的主要盟友，由波旁"家族协议"所联结）在制订计划、建设海军，为战争做准备。英国所有承平时期的盟友皆采取守势。英国的政治家认为，盟友无论变得多么好战，都是出于对法国的恐惧。历史学家杰里米·布莱克（Jeremy Black）更是断定："英国当局从未因为想攫取新领土，而在未受攻击的情况下发动战争。"[8] 唯有法国与英国直接为敌时，永久占领与治理才会随帝国征服行动而来，而且这只会发生在双方不顾一切想限制或排除对方的地区：北美洲、加勒比海与印度。两国也并未占领中立的亚洲国家，也没有把目标转向葡萄牙、荷兰或西班牙等帝国的弱小目标。有些殖民远征行动确实演变为大规模的掠夺飨宴，例如七年战争结尾时占领马尼拉与哈瓦那之举。但这些诱人的奖品——属于西班牙，而非法国——只有在西班牙主动参战，加入法国一方后才被占领。

无论是英国还是法国，都没有明确的全球战略，甚至也并未以摧毁对方势力为目标（至少法国大革命前没有）。毕竟这种做法，会让全欧洲与胜者为敌。但双方皆深信对方确实怀抱这种战略。由于法国"生来"就是支配欧洲的强权，英国自然对任何追求"普世君主国"的迹象有所警觉。法国则是对英国试图削弱其既有霸权的"傲慢"、"狂妄"之举（尤其是借由海外贸易）非常敏感。

两国的冲突对全世界有着长期而深远的影响，因为 18 世纪就是个全球政治局势不稳的时代——既有的欧洲与非欧洲帝国所拥有的权威与力量，此时都因为各种原因而衰弱。法国与英国人来到莫卧儿帝国治下的印度，在部分被迫、部分主动的情况下涉入当地的权力斗争，战略、政治与经济利益在此间彼此纠缠。[9] 英国最后在当时的全球危机背景下胜过了法国，得到了此前完全无法想象的优势地位。这段时间的重要性无须多提，当时的明眼人对此也有充分认知。一位法国历史学家如是说：这段时间决定了西方的样貌与世界力量的平衡，直至 20 世纪。[10]

糖与奴隶

殖民者居住在这些长久以来恶名昭彰的岛屿上，他们的活动是非洲贸易的唯一基础，扩展了北美洲的渔业与种植业，同时为亚洲的制造商提供了有利的销路，而且是全欧洲商业活动的两倍，甚至是三倍。他们被公认是搅动全世界的迅猛活动的主要原因。

——雷纳尔神父（Abbe Raynal），1770 年 [11]

糖对两个帝国而言都是鲜美的琼浆玉液。历史上没有别的商品——金银与石油以外——有足以与糖相比的地缘政治影响力。糖是最早从热带地区被带回欧洲的大规模消费商品之一，也是 18 世纪时输入欧洲的最有价值的商品。亚当·斯密曾经提到，糖的利润"远大于已知的所有作物"。加勒比海地区的糖业种植园主是世界上最富有的一群人。人们对糖的需求不断提高：英国在 1715 年进口 2.5 万吨，

1780 年进口 10 万吨，人均消费量从 4 磅①提高到 20 磅。糖可以加进茶里（茶也随之成为国民饮品），也可以加入酒精饮料；糖浆可以为面包与粥增味；果酱和布丁成为民族象征。这也导致人们对于此前被人忽略的农产品，尤其是水果与浆果的需求增加，有助于为扩张中的都市人口提供营养。

  糖对法国的重要性又有不同。由于法国人（比较穷，而且多喝葡萄酒）消费的糖较少，大部分由法国人生产的糖（产量远胜于英国殖民地）会再度出口至欧洲各地与中东地区。法国人占领了圣多曼格（Saint-Domingue，今海地），它是全世界最有价值的领土。圣多曼格的土壤与地理条件理想，截至 1743 年，岛上生产的糖比英国所有岛屿的总产量还多，也更便宜，此外岛上还有咖啡、棉花与靛青等的生产。圣多曼格在 18 世纪 80 年代的贸易活动与整个美国不相上下。此外，法国还拥有马提尼克（Martinique）、瓜德罗普（Guadeloupe）与其他一些岛屿。大革命之前，法国的海上发展与经济是以糖为动力。法国本土出口在 1716—1789 年增加了 4 倍，殖民地贸易则增加了 10 倍；到了 18 世纪 80 年代，加勒比地区农产品已经占法国总出口的 40%。[12]

  糖成了广泛贸易活动的中心，支撑着其他主要商品，例如朗姆酒与茶叶的贸易。糖业将进口商品带入加勒比地区：亚麻来自爱尔兰、苏格兰与布列塔尼，鱼来自纽芬兰，木材来自新英格兰，奢侈品则来自英格兰与法国（包括 40% 的波尔多红酒）。糖税占相当大一块的国家收入——英国人幅增加的税收在拿破仑战争期间达到巅峰，此时的糖税占其中的 1/8。[13]

---

①1 磅 =0.4536 千克。——编者注

有糖就代表有奴隶。这时,法国与英国既是彼此的帮凶,也是对手。大约有 600 万人(包括在途中大量死亡的人数)被从非洲运往其他地方——这是史上规模最大的人口迫迁行动之一。虽然欧洲各国都牵涉其中,但英国人却成为最大的承运商,载了大约 360 万人,而法国人(因为圣多曼格之故)则是最大买主。非洲统治者提供奴隶,交换大量来自印度与兰开夏郡(Lancashire)的棉衣、来自诺曼底和约克郡的羊毛,足以武装好几支军队的来自伯明翰与查尔维尔(Charleville)的枪支、来自北美洲的朗姆酒、来自法国西部的白兰地,以及来自太平洋地区的宝螺。大多数的口岸都加入了奴隶贸易,但主要的奴隶口岸还是利物浦与南特,这两个港口在该世纪中大幅超越了伦敦、波尔多、布里斯托与勒阿弗尔(Le Havre)。利物浦的优势,在于跟活跃在英吉利海峡的私掠船有段安全距离。利物浦与南特之富裕,令当时的人非常震惊。南特"比我在法国待过的任何一个地方都更活络、更积极、更有生命力"。这些口岸则从各自的腹地获得贸易用的商品。法国西部因此成为法国制造业的中心。曼彻斯特的情况与此类似,当地在 18 世纪 80 年代,有 1/3 的布料是出口至非洲的。[14] 这就是臭名远播的三角贸易:带着制成品前往非洲交换奴隶,将奴隶卖往加勒比地区,以购买欧洲所需的糖。

对于奴隶贸易的批判都噤声了。约翰·洛克谴责奴隶制可憎、不可原谅,但他却拥有贩奴公司的股份。国王学院、剑桥、从事慈善的不从国教者、美国贵格会和法国宗教团体全部闭口。耶稣会是主要的奴隶主,他们在加勒比商业冒险的失败,成了未来被驱逐出法国的预兆。天平的另一端则有乌尔苏拉会(Ursuline)的修女,她们拥有"区区一个棚子里的 3 个大锅与 19 个老黑人"。[15] 海军将领(不论是法国人、英国人还是美国人）都是积极的支持者与参与者。人们提出许多主张，用来平抚不安的良心。奴隶制度过去始终存在，一直被宗教与历史容忍。南特市长坚称非洲人"适合过奴役生活"。[16] 奴隶通常是战俘或死刑犯，反正都要面临死刑或奴役：他们在美洲的处境也不会更糟，说不定能拯救他们的性命，甚至是灵魂（信神的奴隶主如是说）。总之，奴隶贸易对经济太过重要，不值得为此冒险。不参与奴隶贸易，只不过是把极大的优势交到敌人手中。奴隶贸易当然也有风险，但殖民母国、殖民地与非洲统治者在其中皆有利可图。习惯成自然，奴隶船被命名为"迷人萨莉号"（Charming Sally）、"可人塞西尔号"（Aimable Cécile）、"宗教改革号"（一艘贵格会的船），法国革命早期甚至有艘船叫"平等号"（Egalité）。塞拉利昂外海一处由苏格兰人经营的奴隶贸易站拥有一座高尔夫球场。[17] 法国与英国通过若干法律，为奴隶提供些许保障，但 18 世纪 60 年代之前很少有人对奴隶贸易提出严厉批评。奴隶贸易则在 18 世纪 80 年代达到其高峰。

对于这些财富与权力的来源而言，和平的日子不长了。连那座高尔夫球场，都在 1779 年遭到法军破坏。至于加勒比海地区，战争从 15 世纪起便屡见不鲜。法国与英国在该地区的斗争（与两国在欧陆的冲突平行发展）从 17 世纪 80 年代之初便开始了。加勒比海成了后续每一场战争的焦点。数以万计的军队一次次成了热带疾病的牺牲品：接获前往当地的命令后，英国与法国军官便打算退伍，士兵则开小差。但海岛要不计代价保住。1763 年，法国准备割让加拿大以重获瓜德罗普与马提尼克，英国则在 1778 年弃费城以保牙买加。

印度诸地之富

> 总有一天，印度会成为欧洲大国最想极力争取的地方。
>
> ——法国外交部报告，1777 年[18]

欧洲人老早就想从事高价值亚洲物产的贸易。除了对丝绸与香料的需求，如今对质轻、色彩缤纷的棉布的需求呈爆炸性增长，而印度则是人人瞠乎其后的棉布生产地；此外还有对中国与印度的茶叶、咖啡、靛青以及印度硝石的需求——硝石对火药的大规模生产至关重要。相关贸易的利润（高达百分之几百）早已为英国在对抗路易十四的战争初期提供了经济帮助。来自好几个国家的数千名欧洲人，已经在贸易据点定居——尤其是科罗曼德尔半岛（Coromandel）海岸的马德拉斯（Madras）与本地治里（Pondicherry），以及孟加拉的加尔各答与金德讷格尔（Chandernagore）。到了 18 世纪中叶，法国人与英国人成了最大的贸易商，荷兰人次之。这几国各自的东印度公司相互之间既是对手，也是伙伴——在确保赚钱生意不至于被战争打断上，各方有一致的利益。法国财政大臣艾蒂安·德·西卢埃特（Étienne de Silhouette）在 1752 年指陈："我们不过是想要一些出口，保证我们的贸易活动；不是为打胜仗，也不是为了征服，只是为了大量的商品以及增加一点股息而已。"[19] 未来会相互为敌的人们精神抖擞地交易、通婚。法国旧政权的印度总督让－弗朗索瓦·杜布雷（Jean-François Dupleix）有许多英国友人与生意伙伴，罗伯特·克莱武（Robert

Clive）[1]则向法国人提供了巨额贷款。[20]在印度有许多充满精力与挑战精神的冒险家，他们不为对国家民族的忠诚所影响。其中之一是法国人克劳德·马丁（Claude Martin），他最后加入英国一方，指挥由法国逃兵组成的部队。身处形形色色的冒险事迹之中，他坚强到能用一长条钢丝为自己做尿道结石手术，心思明白到能够将手术步骤写成报告寄给伦敦医学会（Medical Society of London），财务上更是成功到能在勒克瑙（Lucknow）成立一所学校——马丁尼叶学院（La Martinière），该校至今仍是印度最为声誉卓著的学校。[21]

人们一再尝试保持当地的中立和贸易收益，但情况从18世纪40年代开始变得越发困难。当时人与后世历史学家已经点出几个罪魁祸首，但通常都不一样；不过，有鉴于法国与英国的全球冲突正在扩大，两国在印度发生龃龉也变得很难避免。更有甚者，波斯人与阿富汗人的入侵正在削弱莫卧儿帝国，导致当地统治者彼此倾轧，他们也希望法国人与英国人加入己方。18世纪40年代，惨烈的战争在印度的陆地与海上开打，这是奥地利王位继承战争的一部分。防备不足的英国据点马德拉斯被法军拿下，法国人则迎头痛击，打退了海军上将爱德华·博斯科恩（Edward Boscawen）攻占本地治里的行动。1748年的《亚琛和约》让一切恢复原状。不过，法国军人夏尔·比西（Charles Bussy）却认为"两国间在印度的中立只是空中楼阁"。[22]杜布雷纠集上千人的印度人部队，加入当地政治斗争，目的是延伸法国影响力、赚钱，以及阻挠英国人。"那个据说是欧洲最会动脑筋的民族"——

---

[1]此人人称"印度的克莱武"，曾任英国东印度公司在印度的军事总指挥官，帮助英国人在孟加拉站稳脚跟，大败莫卧儿帝国。——译者注

此话显然在讽刺伏尔泰——"怎么没想到让自己的邻居起妒意,会阻挠自己的计划。他们就这么动手了,我们为什么不照做?"[23] 马德拉斯总督托马斯·桑德斯(Thomas Saunders)担心,法国人"目标无他,就是为了把我们排除在海岸地区的贸易活动之外,借此渐渐将我们排除出印度"。[24] 英国东印度公司跟着杜布雷,涉足印度政局,纠集军队,寻求盟友。公司找到了一位无畏而高效的指挥官,一位意想不到的人物——由职员转任军人的罗伯特·克莱武。他只用几百人,便让杜布雷及其盟友名誉扫地。杜布雷的政治野心耗费了法国印度公司太多钱,于是在 1754 年被召回法国。或许,他能从"他的冒险事迹令狂傲的英格兰人在 10 年间抬不起头"(这是近年来他的传记作家所说)的事实中得到一点宽慰。[25] 但他的所作所为却改变了游戏规则:从和平贸易转为武装争斗、领土扩张与收税。克莱武与英国人也有样学样。

几亩的雪地

两国为了加拿大的几亩雪地而战,他们花在这场战争上的钱,比整个加拿大的价值更多。

——伏尔泰,《老实人》,1759 年

相较于岛屿的财富,以及可以在印度轻易赚的钱,北美洲,尤其是人能行至的大北方的前景就没那么让人神魂颠倒了。虽然法国人早在 16 世纪初便涉足当地,英国殖民地也于 16 世纪初早期建立,但北美洲的基本知识在欧洲仍然鲜有人知。腓特烈大帝把南北美洲搞混，乔治三世错把密西西比河当成恒河，某位英国首相还认为北美大陆内陆"完全是沙漠，毫无用处"。[26] 新地（Terre Neuve，即纽芬兰）外海的鳕鱼业既有重要经济价值，又能提供上千个海员工作机会——海员可是一国海军的重要后备力量。但除此之外，极北地区仅产生了利润尚可的毛皮贸易，这种贸易大多数是经拉罗谢尔（La Rochelle）的新教商人之手——凡尔赛宫选择这种安排，目的是让这些异端承受其生意遭另一种异端威胁的风险。沿圣劳伦斯河发展的新法兰西（Nouvelle France）殖民地，其经营从未中断。当局出于其战略重要性而把注资金：新法兰西能威吓更南方的英国殖民地。自从弗龙特纳克伯爵（Comte de Frontenac）在17世纪90年代试图攻下纽约与波士顿，导致欧洲战事蔓延至美洲以来，殖民与其原住民盟友在接下来的一个世纪间，有大多数时候都为偶发、惨烈的战争所牵连。魁北克有个头皮市场。与英国人友好的印第安人得承受"被煮来吃"的风险。[27] 英国殖民地——居民从1700年的26.5万人，迅速增加为18世纪70年代的230万人——远比新法兰西更容易受到攻击。南方的殖民地出口种植园作物，以烟草为大宗。北方的殖民地则供应加勒比地区所需，出口具有战略重要性、供造船之用的木材，而且殖民地本身也造船。由于这个蓬勃扩张的经济体大致局限于初级产业，各殖民地因此成为英国制造业产品的活跃市场。

从权力政治的整体规划中来看，凡尔赛与伦敦都认为北美洲的重要性将逐渐增加。奥地利王位继承战争让法国占了上风。担任内阁大臣多年的纽卡斯尔公爵以遏制法国势力为目标，在欧陆利用盟国"体系"，同时加强殖民地防务——在哈利法克斯（Halifax）建立海军基地，并且将大炮运往弗吉尼亚。[28] 法方采取的策略，则是在半个世纪中时不时推动的做法：试图经由俄亥俄河河谷，将新法兰西与法国的路易斯安那殖民地连成一体。他们计划设一道军事障碍，阻挡英国西向蚕食。法国人担心，如果他们无法限制英国殖民者的行动，那么英国殖民者主宰整个北美洲，继而掌握整个美洲，就只是时间问题。[29]1749年，即和约在亚琛签订后一年，新法兰西总督加利索尼埃侯爵（Marquis de La Galissonnière）便开始派出小部队，动员原住民盟友，屠杀英国的原住民盟友，劫掠争议领土附近的殖民地，逮捕或杀害英国贸易商，并建筑要塞。法国部队相当乐观，在各个要地留下铅制铭牌，上面刻着他们对于"此前法兰西国王所享有或应享有，以武力持有，据里斯威克、乌得勒支与亚琛等条约所拥有之奥约河（River Oyo）及其所有支流、两岸所有土地与前述河流之资源"的主张。[30]

简言之，由于两个帝国在全球各地的敌对，双方都认为在美洲的对垒势不可免。法国人深信英国人正准备"推动他们对整个美洲的大计划"。[31]英国人则认为法国人打算进攻，借此——用1754年殖民地代表会议上的发言来说——"将整个大陆纳入其统治，以符合法国人一以贯之的建立普世君主国的计划"。[32]双方提出了彼此冲突的优先占领无主地的主张，法国人与西班牙人同时扩编其海军。

七年战争：1756—1763年

陛下，英格兰人是法兰西最古老、最危险，也最难以克服的敌人。桀骜不驯的英格兰民族忌妒陛下的尊贵与威势，出于觊觎之心，与您争抢欧洲第一等的地位，想比肩您在陆地上的力量，并完全宰制海洋……他们追求和平，也只是想借此强化自己的力量与贸易……但

没有哪一场战争，比这种和平更危险、更有害……和平会让他们迅速得到对全欧洲发号施令的能力。

——诺瓦耶元帅，1755年2月[33]

问题在于要维持一等强国的地位，还是变成二流国家。

——舒瓦瑟尔公爵，1760年[34]

继温斯顿·丘吉尔以来，称七年战争为真正的"第一次世界大战"，已经成为常态。说起来，这是唯一的世界大战——唯一一次从欧洲以外的地方展开的全球冲突，所有欧洲大国皆牵涉其中，主要为了欧洲以外的目标而战，其影响对欧洲以外的地方也最深远。

第一起直接冲突发生在充满争议的俄亥俄山谷，时间是1754年5月，乔治·华盛顿谋害了一群法方的和平使节——至少法国国内是这么报道的。法国试图以武力保住该河谷的做法，事后看来相当鲁莽，甚至是自毁长城。海面通常掌握在英国手中，一旦双方交战，法国要增援殖民地就变得相当困难。英国的13个殖民地居民超过百万，他们对抗的是加拿大的75 000人与路易斯安那的6 000人。但法国军人与殖民地官员有信心能防范英国的扩张于未然。新法兰西不同于英国殖民地，是由海军部管理，管控严密，且高度军事化。所有年纪在16～60岁、体格健康的男性都被编为民兵，人数达16 000人。法国人有更多原住民盟友——这是关键的优势，尽管各个原住民族都试图让欧洲人与他族为敌，但许多原住民族却跟法国人交好（或是遭法国人恐吓）；相较于渴望土地的英国人，法国人表现出来的对原住民领土的威胁也较小。休伦人（Hurons）、阿布纳基人（Abenaki）与阿尔

167

冈昆人（Algonquins）皆深受法国传教士影响，而传教士经常跟着他们迁徙。可见法国人对于其打击能力更胜一筹的信心并非空穴来风。一旦他们把英国人压制在沿海一带，大量的人口对英国来说就不是优势，而是负担，防卫脆弱陆地边界的需求则会让英国人分身乏术，无暇干预欧陆事务。[35]

早在1755年，凡尔赛与伦敦便开始摆起架势。双方第一次派出大批正规军前往北美洲。法方派了一支由战舰与运兵船组成的分舰队，前去加强新法兰西的防务。博斯科恩上将航向圣劳伦斯河河口拦截法国舰队——尽管大多数法国船只趁6月的浓雾穿了过去，但仍有两艘船被俘获。法国破坏了外交关系。与此同时，陆军将领爱德华·布雷多克（Edward Braddock）指挥的英国正规军部队也获命前往俄亥俄河攻占迪尤肯堡（Fort Duquesne），结果在1755年7月9日被印第安人与法国联军的伏击屠戮。8月，英国人开始扣押所有法国船只。但两国台面上仍维持和平，双方都没准备好开战。

背信弃义的阿尔比恩

英格兰人介于人兽之间。在我看来，英格兰人和非洲野蛮人之间唯一的不同，在于后者会饶过女人。

——罗贝尔·马丁·莱苏尔（Robert-Martin Lesuire），《欧洲野蛮人》（*Les sauvages de l'Europe*），1760年[36]

"背信弃义"（perfidiousness，原意为在信仰上固执己见，后来有欺骗与虚伪的意思）这个标签，至今仍是法国人对英格兰人刻板印象的一部分,虽然在今天只是半开玩笑。"背信弃义的阿尔比恩人"这个短语,是路易十四的护教辩士波舒哀主教(Bishop Bossuet)发明的。七年战争开打,为这个词注入了新生命。许多事件都让这种看法更为根深蒂固。

1754年5月28日,一起发生在俄亥俄河河谷无主地的事件,让22岁的乔治·华盛顿短暂成了恶名昭彰的人物。华盛顿麾下的部队由约100名弗吉尼亚民兵与原住民盟友组成,他们与大约35人的法军巡逻队遭遇。法国人若非被杀害,就是被俘,而法军指挥官——海军少尉约瑟夫·库隆·德·朱蒙维尔(Joseph Coulon de Jumonville)则遭塞内卡人的酋长重击头部而死。初出茅庐的华盛顿在一旁不知所措,但他在不久后被捕时,还是签了文件,承认自己对于朱蒙维尔之死有责。消息一传回法国,朱蒙维尔便成了英格兰人残忍暴行的殉难者,被人歌颂:

嗜血之英格兰人朝天呼号
其眼中闪现野蛮之喜悦。[37]

这起事件一再出现在政治宣传中,直到20世纪30年代都有。

整体而言,在非战时攻击法国船只之举更为严重。这种做法甚至今仍被收入法国教科书,书中愤慨称之为"海盗行径",但这种行径倒是完全消失于英国人的记忆里。根据法方的说法,博斯科恩将军的船在开火之前,还先对法国人高喊"和平"——近年来,一位美国历史学者指控"英国借此丑行开战"。[38]法国人强调自己的愤怒:

英格兰人适才侮辱了国王的旗帜，攻击陛下的舰船，此乃最为暴戾、于信仰最为可憎之举……言利之事或许还能赔偿，但荣誉之事完全没有方法足以弥补。[39]

不过，法国人也不是无辜得不可指摘。凡尔赛方面知道驰援加拿大可能引起英国海军拦截，但他们愿意冒这种计算过的风险，而且不乏利用任何英国人的攻击，达到在欧洲宣传用的意图。此举非常成功，一来大多数的法国部队抵达了目的地，二来英国人确实感受到自己在宣传战中一败涂地。事实证明，海军中将爱德华·霍克（Edward Hawke）后续包围约300艘法国商船及船上共7 000名船员的举动，反倒更有效率。近来有法国历史学家主张此举是"公然藐视国际法的极端例证"，囚禁了法国有经验海员的1/4，使法国海军战败无可避免。[40] 英国史也选择遗忘这不光彩的阴招。回到当时，法国人的愤怒让此次事件成为对英国态度的转折点——历史学家吉本被迫乔装才能进入法国，他发现"事情让这个有礼的民族多少有些愠怒难哄"。[41]

第三起背信弃义之举（在英国史上同样被轻描淡写）则是大骚动——迫迁战略要地阿卡迪亚（Acadia）的居民，将当地改名为新斯科舍。7 000～8 000名阿卡迪亚人被迫离开家乡，他们的家园若非被焚，就是落到英国拓荒者手上。当局允许他们回到法国，或是流散到其他殖民地：路易斯安那的"卡郡人"（Cajuns）就是他们最有名的后代。一位英国人认为"这是不得不为的痛苦之举"，毕竟阿卡迪亚人虽为英国臣民，却拒绝宣誓效忠，甚至受加利索尼埃与一位有政治偏见的神职人员所鼓动，组成"第五纵队"。[42] 但亲法的史书则认为此次事件堪比20世纪的"种族灭绝"和"族群清洗"。[43] 2003年，一份加拿大的皇家布告才"确认"阿卡迪亚人所受的苦。

上述这些事件让七年战争不只是君主间的对抗,更是国家民族的对抗。官方支持的恐英心态推翻了一整代知识分子表现出来的亲英观点。如今的英格兰,是由"平民"主宰的地方,贴着"迦太基"的标签,是个属于"海盗"、"杀手"、"逆贼"、"伪誓者"、"乘人之危之人"、"土匪"和"嗜血野兽"的背信弃义的商人国家,[44]将被法兰西这个"罗马"——欧洲文明的代表——摧毁。这些主题在大革命期间复活,甚至直到第二次世界大战还出现过——通敌叛国的巴黎电台(Radio Paris)誓言"仿佛迦太基的英格兰被夷为平地"。[45]

在此期间,发生在欧洲的协商导致了 1756 年的"外交革命"。奥地利与法国一致同意,两国的头号敌人如今分别是普鲁士与英国,两国最好结盟,而非为敌。路易十五的情妇德·蓬帕杜夫人居中奔走,波旁王朝与哈布斯堡王朝于是在 1756 年 5 月签订了第一次《凡尔赛条约》(Treaty of Versailles),第二次条约则在 1757 年 5 月 1 日签订。同时间,英国与普鲁士也在 1756 年 1 月签订《威斯敏斯特和约》(Convention of Westminster)。至此,始于俄亥俄的斗争已经变成另一场欧洲大战,英国对抗法国时,普鲁士则对付其余所有国家——法国、奥地利、瑞典,后来还有俄罗斯。法国的目标很清楚:"在欧洲扮演与法兰西之资历、高尚与威望相符之领头角色,打倒任何有意超越她的国家。"[46]

身为较强联盟一方的领导,法兰西拥有绝佳的优势,战争开局也不错。法国人纠集了一支入侵部队,虚晃一招,迫使多数的英国部队与船只留在本土,导致其余地方的英国部队无法招架。1756 年 4 月,

171

甜 蜜 的 世 仇
英国和法国，300 年的爱恨情仇

加利索尼埃（从加拿大归来）麾下的法国土伦舰队与陆军元帅黎塞留指挥的 15 000 人部队，袭击了梅诺卡岛上岌岌可危的英国海军基地。英国海军上将约翰·宾（John Byng）指挥的弱小分舰队无法抵挡，于是撤退到直布罗陀。马翁港（Port Mahon）的英国驻军在 6 月投降。据说，法国人在当地以解放者的身份受到欢迎。胜利让法国国内相当欣喜，人们甚至发明了新的蛋黄酱汁——美乃滋（意即"马翁酱"）来纪念。至于宾——博斯科恩口中的"海军之耻"——则受到军法审判，被枪决。

在印度，法军已加强了军力，英国东印度公司则试图磋商出一份中立协议，只是徒劳无功。第一起戏剧性事件发生在 1756 年 6 月，当时法军的盟友——孟加拉的纳瓦布（Nawab of Bengal）占领了加尔各答的英国据点。若干英国人犯被关押在一间小牢房里——此即恶名昭彰的"加尔各答黑洞"，多人在狱中丧生。詹姆士党出身的陆军将领拉利伯爵（Comte de Lally）则在印度南部承诺会"将所有英格兰人逐出印度"。[47] 一如 18 世纪的其他殖民战争，法裔新教徒在印度为英国而战，对抗为法国而战的爱尔兰天主教徒。

在美洲，法国人在 1756 年 8 月占领了纽约的奥斯威戈堡（Fort Oswego）。法军指挥官蒙特卡姆侯爵（Marquis de Montcalm）看到己方的原住民援军将好几十个伤兵与平民的头皮割下时，内心大为惊骇。法国的特拉华族（Delaware）盟友则深入劫掠宾夕法尼亚。北方的防御工事——威廉·亨利堡（Fort William Henry，以两位王子之名命名）则在 1757 年 8 月，向一支由法军与 30 个原住民族联军组成的部队投降。蒙特卡姆以礼对待要塞驻军，但他的盟友是为了劫掠、战利品与俘虏（原因有收养、仪式性的虐待，有时则是食人习俗）而战，觉得自己没有得到应有的报酬，于是抓走了几百人，或是剥了他们的头皮——

这些被抓或被剥了头皮的人大多是当地民兵及其家眷。此事大大伤害了英国人与法国人在美洲的关系，詹姆斯·费尼莫尔·库柏①的《最后的莫希干人》（The Last of the Mohicans，1826）则让此事千古流传。虽然这部小说对故事人物的处理并非非黑即白，甚至带有同情，不像是政治宣传之作，但它也确实创造出一段讲边塞的残酷、法国之背信的难忘故事，堪比法国人对背信弃义的阿尔比恩人的谴责。费尼莫尔·库柏描绘的蒙特卡姆老练而无情，是欧洲宫廷价值观的化身，为了方便而允许手下人屠杀："当形势使然，必须证明原则的重要性远高于方法时……宽容的态度、高贵的举止和骑士的勇气便失去其影响力。"但现实中的蒙特卡姆却是急忙阻止杀戮，随后更是尽其所能为俘虏赎身——为每个俘虏花了130里弗尔和30瓶白兰地。有些俘虏选择与收养他们的印第安家庭同住。蒙特卡姆试图在疏远印第安人的情况下安抚英国人，但事实证明他两边都不讨好。印第安人的支持——对于防守新法兰西至关重要——逐渐减少。不过，最惨重的人间悲剧则是天花——从囚犯与剥下来的头皮开始传染，肆虐了整个五大湖区。[48]

在欧洲，事情的发展也有利于法国。法国人跟奥地利人进军德意志。英国人急着想把法军从汉诺威引开，帮助承受压力的普鲁士人，于是在1757年派了一支大规模入侵舰队，前去占领罗什福尔（Rochefort）的大西洋海军基地。此次远征是昂贵的空包弹。是月，法军迫使坎伯兰公爵带着麾下的汉诺威陆军投降。汉诺威被占领，普

---

① 詹姆斯·费尼莫尔·库柏（James Fenimore Cooper，1789—1851），美国小说家，擅长写作关于美国早期印第安人的历史浪漫小说，代表作为《最后的莫希干人》，该作品曾被改编成电影。——编者注

鲁士则被俄罗斯、奥地利、法国与瑞典入侵。经历梅诺卡之败,有舆论要求撤换领导层。形势看来,法国人咬定英国只有表面实力的说法果真不假。切斯特菲尔德勋爵说:

> 确定我们完蛋了……国内受迫于债务与花费的增加;国外则备受我们的厄运与无能的打击。普鲁士国王是我们在世界上唯一的朋友,我担心如今的他会怯战。我看,眼下汉诺威跟萨克森处境相同,结局显然已经注定。法国人成了主子,美洲任其处置。我们再也不是个国家了。我从未见过前途如此多舛。[49]

法国出了庆祝胜利的戏剧与歌曲,挖苦英格兰人是没胆的小丑。其中一出胜利大戏叫作《梅诺卡人》(*La Mahonaise*),故事彰显占领梅诺卡之事,剧中卑鄙、一点都不性感的英格兰人"无信",不只失去了这座岛,还失去了可人儿小雀儿——她对精神抖擞、勇敢诚挚的弗朗舍维尔侯爵(Marquis de Francheville)一见倾心。[50] 前往普鲁士的英国使节回报:"如今整个欧陆都忌妒、痛恨英格兰人。人们鄙视英格兰人……当他们是没有能力为自己做主,或是支持其盟友的废物。"[51]

但普鲁士人在 1757 年 11 月 5 日扭转了形势。他们丝毫不畏战,在罗斯巴赫(Rossbach)击溃法军。法军是役惨败震惊全欧。普鲁士人随后转而对付奥地利人,在洛伊滕(Leuthen)击败他们。法国人快速取胜于欧陆(如此才能着力对付英国)的希望破灭了。普鲁士国王腓特烈二世成为英国民族英雄,享有酒吧以其名字命名的难得荣誉(只是大多数都在 1914 年后改名了)。如今的战局演变为漫长、血腥的肉搏战,英国得到了第二次机会。

杀鸡儆猴

伏尔泰的小说《老实人》（1759）——该世纪最享誉国际的畅销书——描述主角抵达朴次茅斯，看到"一位魁梧的人物蒙着眼，跪在一艘军舰的甲板上。四名士兵……各朝他的头部开了三枪，过程平静自若"。旁人告诉老实人，"在这个国家，人们认为时不时杀个将军以激励别人，是件好事"。[52] 丢掉梅诺卡岛导致暴动，宾将军是最明显的代罪羔羊。人们向来认为他之所以遭殃，是因为他的同性恋倾向与"通心粉"品味——"娘娘腔"的法式风尚与举止，它们被公认会削弱英国人的尚武精神。造化其实弄人，伏尔泰对宾的死也有责任，他写了封密信给宾，称颂他的行为举止，结果信中途遭到拦截。更教人感叹的是，处死宾似乎没能激励他人：根据海军历史学家尼古拉斯·安德鲁·马丁·罗杰（Nicholas Andrew Martin Rodger）所言，此举有"严重的影响"。他主张，宾其实是不撄其锋，避开更强大的敌人：处在上层后甲板的将领与船长尤其容易战死与负伤。[53] 无论宾的举措的真相为何（他的下属表示异议），民众的强烈反对导致接连两任政府倒台。此时正是存亡关头。罗什福尔的指挥官也受到军事审判。国王之子坎伯兰公爵是卡洛登的胜利者，但他也因为投降而蒙羞，被胡格诺派老将约翰·利戈尼尔爵士（Sir John Ligonier）取代。明登战役（Battle of Minden）之后——英国在是役中大胜——乔治·萨克维尔勋爵（Lord George Sackville）遭人指控畏缩不前。他的耻辱被写进每个兵团的指挥手册中，好让所有人了解"无论是出身高贵还是位高权重，都无法包庇这种性质的犯罪"。

甜 蜜 的 世 仇
英国和法国，300年的爱恨情仇

目击了宾被处决的老实人大骇着逃离了英格兰——伏尔泰的同胞面对这种英格兰人野蛮之举的新例证，一样有这种惊骇的感受。但他们很快也开始处死指挥官，以杀鸡儆猴。这人也赢得了伏尔泰的同情。他是陆军将领托马斯·阿瑟，也就是拉利伯爵，詹姆士党死忠杰拉尔德·奥拉利爵士（Sir Gerald O'Lally，曾于1689年跟随詹姆士二世抵达法国）的孙子，小王子查理的前任副官，也是德廷根与丰特努瓦战役的老将。1761年1月，他将本地治里拱手让给英国人之后，获准以假释方式回到法国，为自己的名誉辩护。拉利被关押在巴士底狱，被判犯下叛国罪，在1766年5月被五花大绑、堵住嘴巴，然后被砍头，成了另一位失望爱国情绪下的牺牲品。

.....

这种国家民族之战同时改变了法国与英国。经济活动中断、食物短缺、征税、征用人力都导致了暴力抗议。在英国，失去梅诺卡导致因战争而贸易中断、工人停工的地区，或是男人被迫加入海军的地区发生了暴动。此外，民众对于政府以宾作为代罪羔羊的做法感到不信任，认为这象征"贵族"都"懒洋洋地躺在自己的软沙发上，枕着宫廷的利益"。阁员也受到类似的抨击，尤其是热爱法国的纽卡斯尔公爵［绰号是"Chateauneuf"（法语单词，意为"新堡"）］，就是因其在法国艺术品、仆人、法式饮食与葡萄酒上的挥霍而名誉扫地。[54] 该世纪最严重的粮荒暴动始于1756年8月，对圈地与渔猎法的既有不满成为其动力。到了12月，已经有140场暴动发生在30个郡里，多数都在声讨民众认为的不公之事与不爱国的投机者。经济上的不满因为战争而更加严重，人们也攻击他们认为没有对国家尽到责任的社会上层，两种情况相结合显示出民众的爱国情绪既不稳定，要求也很苛刻。粮食暴动期间至少有20人被杀，200人被起诉，4人被吊死，每一起事件都以政府妥协告终。

有组织的"爱国行动"以理想和强势商业、工匠团体的利益为号召，这些团体在政局动荡且相对民主的伦敦城中区、威斯敏斯特区、米德尔塞克斯（Middlesex）与美洲尤其强大。反高卢宗荣誉协会（Laudable Society of Anti-Gallicans）、艺术协会（Society of Arts）、海事协会与军人协会（Troop Society）等组织在战争中建立或扩大，若干结合爱国与慈善目标的组织亦然——例如托马斯·科拉姆（Thomas Coram）船长设立的伦敦慈善收容所（London Foundling Hospital）。爱国社团出版宣传品，奖励为国付出的行为，并招募贫民与少年加入军队。对于精英圈外的男性与一些女性而言，这是涉足政治生活的契机，既能展现自己的爱国心，又能促进国家与自己的利益。虽然这些协会经常享有王室与贵族的赞助与保护，但它们对于自己诊断为不爱国的贵族恶习，也会激烈抨击。[55]

至于在法国，战争则让意识形态上的压力，以及民众对食物价格与税负等物质方面不满之情，有了相当程度的结合。最重要的意识形态冲突跟宗教有关——对新教徒严苛但偶发的宗教迫害，以及天主教异议分子詹森派潮流和王室支持的官方教会阶级体系间的冲突。天主教正统派作为王室权力的支柱，得到了宫廷里一小撮"虔诚"派别的支持。詹森派则成为政治与宗教异议分子的核心，代表与王室相抗衡的民族自由。詹森派在高等法院内尤具影响力，而高等法院则是唯一能合法进行政治论辩的公开场所。增税的皇家诏书让高等法院派有了表达异议的新口实。战争初期，这些意识形态冲突曾经出现戏剧性的表达——曾担任仆从、精神反复无常的罗贝尔-弗朗索瓦·达米安

甜蜜的世仇
英国和法国，300年的爱恨情仇

（Robert-François Damiens），在1757年1月5日于凡尔赛宫犯下大逆之罪，行刺了路易十五（但伤势并不严重）。达米安宣称自己没有杀害国王的意图，而是要"促使他拨乱反正，恢复其国家内的秩序与安宁"，并照顾"悲惨的人民"。[56]处死达米安的场面极为骇人（动用了点燃的硫黄、烧红的剪刀、滚烫的沥青，再用马匹将他的四肢活生生从躯干上扯下），却没有能力消除阴沉的不满情绪，以及关于阴谋的流言蜚语。虔诚派（其虔诚委实难以令人信服）指控高等法院派与詹森派煽动不满情绪。詹森派则指控虔诚派是耶稣会的共谋，并指控他们谋划了达米安的行刺——人人都说弑君是他们的专长。间谍刺探同情达米安、批评国王与当局的言行。充满敌意的标语也出现在巴黎城墙上。舌头管不好，就可能因言论获罪：进监狱、上奴隶船、被严刑拷打，情节重大者则面临绞刑或碎骨轮刑。英国间谍报告说，路易十五相当沮丧，考虑退位，是德·蓬帕杜让他打起精神——而德·蓬帕杜本人其实差点被逐出宫廷：国王只要受到惊吓，就会变得虔诚，想借此表示其真心。

法国先是与信奉天主教的奥地利，接着又和西班牙联手对抗英国与普鲁士，双方阵营普遍认为此举有其宗教意味。消息灵通的达让松侯爵，认为这是"天主教阵营对欧洲新教徒发动的全面圣战"。[57]用路易十五的原话来说，此举是"护持天主教信仰……唯一的途径"。[58]英国政府宣称其志在"自由与宗教"。[59]此时，这话对英国人来说不过只是传统措辞而已——毕竟，他们之前与天主教的奥地利当了60年的盟友，现在却很少表现出要与新的盟友，也就是信奉新教的普鲁士巩固友谊的意向。法国的宗教问题严重得多。法国新教徒视战争为获得更多宗教宽容的机会。有些人（尤其是西南海岸地区）希望与英国入侵行动连成一气。[60]大多数的天主教徒——无论是正统派还是詹森派——

则视新教徒为潜在或实际上的叛国者。英国劫掠近海的结果之一，就是新教徒被缴械，接下来则是一拨拨的龙骑兵迫害、逮捕、地下礼拜堂遭拆毁、教派相杀，以及对宗教集会的军事攻击。不过，在这次浪潮中最骇人听闻的一起事件——也是大革命之前最后一起严重的宗教迫害——则是卡拉斯案（Calas Case）：1761年，一位年迈的新教徒店老板被错判为杀害自己信奉天主教的儿子的凶手，被处以碎骨轮刑。

伏尔泰勇敢地为卡拉斯辩护，但启蒙哲人们只能采取守势。盎格鲁狂热此时成了可能的叛国之举，煽乱作家"无论身份地位高低"，都受到死刑的威胁。这种信息在一本讽刺小册子与一出讽刺剧中被一再重述，由于这两部作品得到了官方出资赞助，启蒙哲人因此视之为公开的威胁。小册子标题为《撰写卡库人历史之用的新大事记》（*Nouveau Mémoire Pour Servir à l'histoire des Cacouacs*, 1757），是斯威夫特式的寓言，讲了一群自视甚高、崇拜外国思想、对本国毫无忠诚的奇特民族。剧作《哲人们》（*Les Philosophes*, 1760）得到了宫廷支持，在法国国家大剧院（Comédie Française）登台，剧中攻击启蒙哲人不假思索便歌颂异国之道，既不爱国，也不虔诚。莫雷莱神父（Abbé Morellet）出声反击，结果进了巴士底狱。爱尔维修的《精神论》（*De l'Esprit*）在1758年遭到谴责、焚毁；他则警告好友大卫·休谟，要他别太常写信给自己，"免得遭人怀疑"。狄德罗的《百科全书》则在1759年成为禁书。一份亲启蒙哲人的时事通讯人叹："刚刚开始扩散的火光行将熄灭；野蛮与迷信马上便要重新掌权。"[61] 伏尔泰打起了爱国牌，他的态度扑朔迷离，而且经常能骗过人。身为四海一家的哲人，他真心讨厌这场战争，认为战争会终结欧洲的黄金时代。抱持怀疑态度的他嘲笑战争之荒谬（甚至公然庆祝魁北克失陷），对他来说，战争是不情愿的枷锁。但他确信法国文化的优越，娴于世故的他也会结交位高权重的人。总之，他在1761年以独有的方式加入战局，以笔名发表了一份对英国文化的明确攻击，这就是他有名的《告欧洲各民族书》。

法国王室面对的最严峻挑战，来自抗拒战争税激增的法律界当权派。[62]18世纪50年代初期詹森派冲突时，法律界当权派便已磨刀霍霍，也有了直言不讳的领袖。1756年的诏书宣布将"二十分之一税"翻倍时，教士会议（Assembly of Clergy）、地方三级会议（Estates Provincial，特定省份的上层人士代议组织）与法院都出现了反抗。无法解决的政治斗争大大削弱了波旁专制体制，而此事正是开端。巴黎高等法院拒绝同意1756年的增税之举，警告增税将造成"一连串难以言说的不义之事"与"极端的苦痛"。[63] 到了1759年，王室濒临破产，被迫搁置海军建设。1760年的另一份诏书，将"二十分之一税"又增加了50%，另外人头税也变为以前的两倍。许多高等法院派人士拒不执行王室的命令——连路易十五本人开口也没用："我是你们的主子……我应该惩罚你们……我要你们服从。"王室总督领兵进入法院，向法院职员宣读诏书，但效果同样不彰。高等法院派抗命，发表了他们的抗议。大臣们了解，这场抗命的消息将"在一周内传遍伦敦的咖啡馆与荷兰的报纸"，还将增加国际借款的难度。情况越来越明确无疑，这是从意识形态上挑战王室的权威。财政大臣谴责用投票决定税收、监督开销的要求，说这是"盎格鲁的原则"。高等法院派公然使用危险的用词，谈论国会主权、"自由"、"暴政"、"国家"及其"公民"的权利，最后甚至要命地要求召开三级会议——法兰西王国的这个代议组织，从1614年之后还从未被召集过。首席大臣舒瓦瑟尔与国王在1760年后改变战术，试图用说服的方式，敦促高等法院派让"我国的敌人了解我们的情况足以抵抗他们",但他们旋即恢复高压做法。

虽然英国与法国都饱受局势动荡之苦,但两国仍设法在全球各地打了七年时间的仗。两国政府都有能力凝聚、耗费鲜血与财富。无论是在当时或之后,这些操作都跟两位伟大的"爱国"大臣有关,两人也都是在局势不利时受召执掌朝政,他们是:威廉·皮特(William Pitt)——后来受封为查塔姆伯爵(Earl of Chatham),以及艾蒂安-弗朗索瓦·德·舒瓦瑟尔-斯坦维尔(Etienne-François de Choiseul-Stainville),后受封为舒瓦瑟尔公爵。皮特曾于1756年、48岁时短暂获命为内阁大臣,后来又在1757年6月至1761年10月,与沙场老将纽卡斯尔公爵组成龃龉不断的联合政府。舒瓦瑟尔在1758年11月获命为外交大臣,时年39岁,一直在任至1770年。两人对两国的历史都有深远的影响。

皮特与舒瓦瑟尔

他志……不在财富——他弃之如敝屣,无法用钱收买——而是在权力……身为温和君主国内的铁杆共和派,他最希望当个爱国者——至少表面上如此,受民众爱戴……皮特先生对自己的主君相当傲慢,要是在法兰西,下场就是被关进圣米歇尔山(Mont Saint-Michel)……要是在俄罗斯,若非成就一场革命,就是舌头被人扯下来、死在鞭刑之下……但在英格兰,他却得到了位高权重的、可以大肆敛财的官位……国家在危亡时刻有了这种大臣真算是倒霉。

——法国外交部报告,1763年10月[64]

甜蜜的世仇
英国和法国，300 年的爱恨情仇

> 晚餐后受人引介……见到舒瓦瑟尔公爵……活像个小炸弹，他的表情跟仪态没什么可以吓着我，也吓不了我国。我只见了他三秒钟，无论任何人或任何事，他都只给这么多时间。
>
> ——霍勒斯·沃波尔，1765 年 10 月 [65]

皮特与舒瓦瑟尔分别在各自不同的世界里，控制新的"爱国"力量为自己所用。在英国，这意味着出身于所谓腐败的统治阶级以外，同时要做国家利益的喉舌。虽然看起来不像，但皮特确实是局外人。他是"钻石大王皮特"的孙子，爷爷在印度致富，他则是以"伟大的普通人"① 这个挖苦人的诨号为荣。他在政治上自行其是，靠自己夸张、琐碎、有时候却相当精妙的演说之力，来影响下议院。他有种不顾后果的、具有破坏性的、难以平息的野心，这种人被揽进圈内会比留在圈外更安全些。他是冷酷职业政治家的早期典型，对威斯敏斯特宫内外的支持者都不屑一顾，曾出任腐败选区② 的议员。在国际事务层面，爱国就意味着反对涉入欧陆（一般认为涉入欧陆事务是汉诺威宫廷的私利），并支持帝国进行海外征服与贸易的"蓝水"（Blue Water）政策。皮特在 1757 年向议会大做承诺，表示他"连一滴血都不会送去易北河，不会让一滴血浪费在那个血污的海洋里"。[66] 他的行动背叛了他的话——当然，"此一时彼一时"是专业的象征——但他得天独厚，

---

① 1766 年受封为查塔姆伯爵之前，皮特曾多次拒绝接受贵族头衔，因而得名。——译者注
② 在英格兰以至于英国的选举制度下，一自治市若得到王室特许，成为议席自治市（Parliamentary Borough），则有资格选出两名自由民担任下议院议员。然而，选区数百年来并未随人口增减调整，导致若干人口甚少的选区容易受到特定家族操纵和长期把持，这些选区被称为口袋选区（Pocket Borough）或腐败选区。——译者注

能够"否定自己说过的话,表情一点也不害臊"。[67]他设法让"爱国心"不跟政府对抗,而是成为政府的工具。他还享有伦敦城中心相对民主、完全由财阀统治的世界、郡中的托利党,以及政治世界外围不少人的支持。他因此成了渠道,舆论通过他影响政府,政府通过他影响舆论:"那个天才首先提振了国民萎靡的精神……引领他们走向光荣与征服。"[68]而他伟大的贡献,首先是为日益涉入德意志事务提供了正当理由,虽然他本人与其他爱国派长久以来对此都抱持反对立场;其次是说服议会投票通过金额前所未有的军费;还有就是传达出一种大无畏与坚定的感觉(虽然经常受人夸大)。

舒瓦瑟尔虽然认为皮特是个"假内行"和"蛊惑民心的政客",却也从他身上学到了应对舆论的必要。舒瓦瑟尔更像个圈内人:他出身于当时仍独立的洛林公国(Duchy of Lorraine),是个心怀四海、有门第观念的贵族;每一个欧洲君主都会任用世家通才,他也是其中一员,身兼军人、外交官、行政官员与廷臣。不过,他的家族却不是首都那种生来就能影响宫廷的名门贵胄。他和皮特一样,得努力不懈、运用自己的天赋与机运,走出自己的路。舒瓦瑟尔崇尚流行、会无礼逗趣,必要时也很有魅力,他是个花花公子、自负、花钱如流水,也是艺术赞助人与鉴赏家(拥有一座英式花园与大量的绘画藏品),他宣称自己:

> 讨厌工作,我跟我20岁那年一样爱享乐,现在对钱也满不在乎……我在巴黎有座华丽、舒适的宅子;我老婆非常聪明,而且居然没有给我戴绿帽;我的家人与密友非常好相处……人们都说我的情妇向来条件都不错。

尽管模样吊儿郎当（骗过了沃波尔），但他可不容小觑。舒瓦瑟尔还证明自己是个高效的管理人才："我总让别人的工作比我自己做的还多。一个人不该埋首在纸堆里。"[69] 他依赖那些为国王提供必要服务的人——财经巨子与野心勃勃的女人。德·蓬帕杜夫人就是他的恩主，他对她向来也很有用。她将舒瓦瑟尔从外交使节团拔擢进外交部；敌人都称舒瓦瑟尔是"她的小猴子"。舒瓦瑟尔的太太是安托万·克罗札的孙女，克罗札是最有钱、势力最大的政府财政官员之一，也是德·蓬帕杜早期的恩主。总之，皮特与舒瓦瑟尔，都跟来自帝国主义与战争的新财富有关联。舒瓦瑟尔支持与奥地利结盟，他希望此举能让法国腾出手，跟英国暴发户决战于海外。整体而言，他的国际战略视野似乎比皮特更清楚，皮特所拥有的全球视野，只是仰慕者——以及对手——的杜撰。舒瓦瑟尔对皮特既痛恨、又害怕，认为他是英国力量的邪恶守护灵："这个大臣有着对荣耀的贪婪。"他怀疑，皮特"沉醉于成就"，已经采取剥夺所有法国殖民地的"大计划"。[70]

两人之间明显的差异，反映了两套权力架构之间的鸿沟。皮特是议会中人，也是历来议会中最有说服力的人之一。舒瓦瑟尔则是廷臣，身处一个所有政治生涯皆从宫廷开始又在宫廷结束的国家。皮特主要在公共领域活动，舒瓦瑟尔则私下行动。皮特滔滔不绝，舒瓦瑟尔谈笑风生。皮特用威吓，舒瓦瑟尔靠魅力。最近有位舒瓦瑟尔传记作者表示，在法兰西，没有必要讨好整个民族，只需要取悦一个男人，或是一个女人就行了。[71] 因此，皮特无论在自己生活的时代，还是在接下来的两个世纪，都比舒瓦瑟尔更为传奇。他因为别人的作为而受到赞扬，重大事件也站在他这边，人们开始以他的自我看法来看待他：

"我很清楚,只有我能拯救这个国家,其他人都不行。"皮特是大战领导人[其子小威廉·皮特(William Pitt the Younger)、大卫·劳合·乔治(David Lloyd George)与温斯顿·丘吉尔]的原型,凭借娴熟的议会演说——演说的内容则在全国回荡——在国难当头时为民族发声,激励全国人。皮特也和这类领袖一样,在战争中找到了自己尊崇的理想,却在承平时期迷失了方向。当然,比起这些领导人,他的人格更有问题,样子也更像装的。不过,无论是在英国国内,还是在法国与普鲁士,人们越发相信是他的意志力与鼓舞,支撑着英国有史以来最大的胜利。埃德蒙·伯克将圈内人的矛盾心态表达得最清楚,称他是"骗子里的翘楚……哦!可这并不减损他伟大、了不起的一面"。[72]

舒瓦瑟尔虽然是个廷臣,但他和皮特一样,都认为自己一定要在这场斗争中驾驭新的政治势力。他上书国王说:"在法兰西,爱国的美德确实一年不比一年……我的其中一项目标……便是重建法兰西人心中对祖国的关注与热爱;我希望大家把我们的乡、我们的省和我们王国的利益,摆在自己的利益之前。"[73]他委托人从事爱国与反英的宣传行动,创办报纸以宣扬政府的方针,他本人更是起草宣传册,对凡尔赛宫以外的民众说明自己的政策。他对高等法院派采取和解态度,以期能赢得他们对战争的财政支持。他(和德·蓬帕杜夫人一道)跟启蒙哲人保持联络,甚至在他允许人们攻击哲人的亲英心态时亦然。后来,巴黎高等法院派在1764年以耶稣会在西印度群岛的制糖生意瓦解(毁于英国的海军行动)为由,驱逐耶稣会时,他也没有任何反对之举。耶稣会是高卢教会、詹森派、启蒙哲人和高等法院派(简言之,就是法国的"爱国"派)痛恨的对象,舒瓦瑟尔希望驱逐耶稣会之举,能为他赢得民众的支持,避免人们批评他协商出来的和约条件。

许多舒瓦瑟尔的拥护者,将他的国内政策诠释为试图使君主国现代化,并试图将君主国与进步力量联结起来的举措。有人甚至称之为"左派的诞生"。[74]但他可没打算让什么诞生。尽管舒瓦瑟尔确实有读自己手上的孟德斯鸠与伏尔泰的作品——他喜欢读给别人听,但他的目标绝非赞成代议制政府在法国实现。他鄙视议会政治,只有——在皮特这种惑众的政治人物领导时——议会能激发出好战的爱国精神这一点例外。他的目标同样是在法国激起好战情绪,但要打着专制君主国的旗号。他宣传的中心主题是法国人在强大的父权统治下的忠诚与快乐,以及这种制度优于英国腐败、派系倾轧与注定完蛋的议会政权。

舒瓦瑟尔的宣传活动曾一度取得辉煌胜利。1761年11月,他秘密通过朗格多克地方三级会议弄来一笔"献金",供已经支离破碎的海军建造军舰。这掀起了一波爱国狂热浪潮,国内各省与大公司都在争取这笔款子,以便来建造自己的船只,小一些的行会、商会(例如屋顶工匠与柠檬水老板)也加入了战局。爱国主义也是个有用的政策。给王室的自由捐献是特许组织用来购买其特权的方式,若是这些捐献能有利于地方,那就两全其美了。精明的布列塔尼人确保战舰"布列塔尼号"(Bretagne)是以产自布列塔尼森林的橡木、在雷恩(Rennes)织成的船帆,以及在潘蓬(Paimpont)铸成的铁制零件所打造。[75]16艘战列舰很快就有人认养,船名则显示出捐款者的公民美德:"朗格多克号"、"巴黎市号"(Ville de Paris)、"勤奋号"(Diligent,由邮局局长赞助)、"奋锐号"(Zealous,由收税官员赞助)、"有用号"(包税总监希望借此举打好公关)以及(取名相当流行,但稍嫌鲁莽的)"公民号"——被宫廷银行家与好战的财经巨子认养。舒瓦瑟尔凭借此举,在低潮时刻提振了士气，但宣传也有风险。认养者——其中许多人都反对增税——表明了其爱国的"公民身份"，自愿为自己支持的开支捐献金钱。这跟王室强行加税的举动有明显的对比。不过，无论这些捐款者的姿态有多慷慨，他们捐款的数目不过是九牛一毛。围绕税收、爱国情怀与公民资格的斗争才刚刚开始。七年战争开启了革命年代。

至此，我们已经看到法国与英国类似的开局方式：迫使对方将力量投注于欧洲，借此弱化对方的海外力量。英国有了普鲁士腓特烈大帝这个盟友，可是好处良多。由于奥地利与俄罗斯都想打倒普鲁士，腓特烈别无选择，只能孤注一掷地战斗；有鉴于他是当时最伟大的军事领袖，英国用钱与人力支持他，得到了大笔红利。事后来看，奥地利与法国的结合就没这么成功，两国不仅追求不同的目标，而且还彼此提防（也有道理），怕对方把战争的重担推给自己。

不愿让军队沉没在德意志"那血污的海洋"里的皮特，倒是敦促军队登陆法国，此举既能迎合人们对海上军事行动的"爱国"偏好，又能迫使法军将成千上万的部队留下来保护其海岸，借此安抚普鲁士人。事实上，法国海岸几乎不设防，大炮都拿去给海军用了。布列塔尼总督艾吉永公爵（Duc d'Aiguillon）大叹："这省里没有一个炮台有武装……海岸地区连一个炮台、一颗炮弹都没有。"[76]1757 年 9 月 7 日，一支由 82 艘船组成、载有 1 万人部队的入侵舰队从斯皮特黑德海峡（Spithead）出航。一部法国经典史书如是说："这个规模远比确保成功所需还大。"[77]舰队的目标是罗什福尔的海军基地，它先是在河口外打探了十日，摧毁了雷岛（Ile de Ré）上的一座小碉堡，随后因指挥官认为登陆法国本土过于冒险而返航，途中还因为遭遇敦刻尔克海盗而损失了一艘船。虽然这样的行动从谨慎用兵的角度来讲确实言之成理，但这次虚晃一招造成的失望与指责，堪比梅诺卡岛失陷后的情况。皮特名声受损。然而他在普鲁士人的敦促下坚持这种战略，普鲁士必然也了解这是他们唯一能获得的帮助。军方仔细备战，包括为登陆打造专用小船。这一回的目标是私人劫掠船口岸——"总是让英格兰人大为恼火的"[78]的圣马洛（Saint-Malo）。1758年6月5日，1.6万人的部队在圣马洛以东9英里的康卡勒（Cancale）登陆。道路状况不佳，树篱、田埂所构成的林原交杂的田野也难以通过——1944年时，当地的地形同样为战车行进带来了严重困扰——让部队无法将围城的大炮移到圣马洛。入侵者在陆上和海上都没有遭遇抵抗，他们焚烧船只，"摧毁途中的一切事物"，在法国土地上待了4天之后回到船上。双方似乎都很满意。圣马洛市长在报告中说，"烧我们的船，敌人只会燃起我们的热忱"，他接着要求奖励，让他的城镇得到免税的资格。[79]

两个月后，瑟堡受到攻击。弱小的驻军（包括许多"瘸子、乞丐与小孩"）逃窜，有35艘船遭捕获，港口也在一周的被占领期间遭到摧毁。胜利的一方带着大量的钱财、超过1万头的牛羊马，以及"数量惊人"的家禽回到船上。[80]目前为止，英国人都没有遇到重大的抵抗，但登陆行动逐渐激起了布列塔尼人的愤怒，他们嚷嚷着要拿起武器战斗。等到英国人在9月企图二度攻下圣马洛时，形势便清楚显示出入侵行动对入侵者有多么危险。有4 000人安全上岸，但他们出于实际需求，改从陆路进军圣马洛，从而与舰队失去了联系。艾吉永率领一支由常备军、岸防队与民兵组成的万人部队，迅速前往截击。英国部队撤退到海边的圣卡（Saint-Cast），多数人回到船上。然而，法军在9月11日抵达圣卡时，巡逻队仍然在滩头。尽管理查德·豪（Richard Howe）将军和海军登陆艇的船员努力将部队接走，仍然有大约750人

（法方记录的数字更多）战死或被俘。"我们终于彻底击败了英格兰人……虽然损失了 300 人，但我们让他们留下了 1 000～1 200 人在海滩上当肥料。"[81] 艾吉永礼貌地邀请被俘的军官一起晚餐，但经历了近来军事行动造成的破坏，他可没有原谅的意思：当英国人为法国国王的健康举杯时，"我可没有回礼"。[82] 100 年后，沙丘上立起了凯旋柱。但双方都能为胜利庆祝。英国人实施了自百年战争以来最大规模的登陆法国的行动，法国海军也没有出港挑战。他们摧毁了许多恼人的海盗船，带着 22 门俘获的大炮，穿越海德公园（Hyde Park）进行凯旋游行。法国人也能从自己的角度，对于"把他们丢进海里"感到快乐。伏尔泰趁着爱国情绪还在，写道："我非常怀疑他们在圣马洛附近杀了 3 000 个英格兰人这一事实；但我承认我希望他们确实如此。是很无情，但你能怜悯海盗吗？"[83]

至于登陆之举是否更加分散了英军而非法军，这仍然没有定论。照理说，比起布列塔尼渔船和家禽的命运，凡尔赛更担心要把船只与兵丁派去佛兰德或德意志。不过，英国人劫掠海岸之举确实有一项严重而且完全无法预测的影响。艾吉永提高当地的税赋，用于改善布列塔尼虚弱的防御与道路。这导致雷恩的高等法院派与他对抗，指控他非法行事。艾吉永此举被法律界异议人士当作理由，最终在 1771 年导致了掌玺大臣勒内·尼古拉·德·莫普（René-Nicolas de Maupeou）称之为政变的事件——它是通向 1789 年法国大革命道路上的一座里程碑。

英国人放弃了劫掠法国。皮特主张转而攻击西非与加勒比海地区，但如今他也跟大家一样，清楚知道关键在于德意志。法国一旦在德意志取胜，便能转头对付英国；可既然法军仍在当地作战，英国就能冒险派遣大部分陆军渡过大西洋：1759 年，美洲有 32 个营的红衫军[①]，德意志只有 6 个营。法国有 395 个营的部队，只有 12 个营在加拿大，4 个营在印度。[84] 在德意志持续进行陆战，让双方耗费的钱越来越多。我们已经知道法方试图增税的难处。英国人同样感觉手头很紧：1758 年，伦敦金融城因为政府延迟还款而出现信任危机，英格兰银行甚至警告信用崩溃的阴影已然出现。纽卡斯尔公爵提高政府借款利率以平息恐惧，可连他本人也担心"我们投入的开销已大大超越自己所能支付的"。[85] 不过在 1758 年年末时，战局似乎渐渐按照英国的意思发展。虽然所费不赀，但德意志局势相当稳定。贸易发展兴盛，法国的生意则因为非洲、印度与西印度群岛（富庶的瓜德罗普被敌人占领）遭受攻击而深受打击。至于在北美洲，经历了一连串的失利之后，仍有 45 000 人准备入侵新法兰西。

胜利年代，1757—1763 年

来吧，振奋精神，咱们的小伙！我们朝光荣前进，
为这美妙的一年添上新页，
我们以荣耀召唤你们，而非将你们当作奴隶来压迫，
毕竟谁能如浪涛之子般无拘无束？
——戴维·加里克，《橡树之心》，1759 年[86]

像这样的一年，我们岂能轻易浪费余下的时光？还都是黄金岁月……我们所征服的，不过是美好的天气。有人或许会想，我们已

[①] 英国陆军士兵身着红色军大衣，因而得名。——译者注

经讲了东、西印度群岛的阳光了。为胜利鸣钟，已经让我们的钟残破不堪了。

——霍勒斯·沃波尔，1759年10月21日[87]

战争已经在北美洲打响，而北美洲也即将成为战争的头彩。那儿发生的事件，终于有了决定性的转折。有人或许会问（当时某些人也确实问了）：为什么这么久才出现转折？这场较劲其实没有表面上看起来的一面倒。法国人有2.5万名常备军与民兵能派上战场，其中多数已习惯在美洲环境下作战。他们有许多印第安人盟友，这是强大的优势。距离、"让人吃尽苦头的森林"、山地、恶劣气候、没有道路（得靠小船移动）与补给短缺，都让大部队调动既艰难又危险，也让英国人难以运用其数量优势。这一切因素，都让法国相信新法兰西坚不可摧。

而在英国一侧，殖民地民兵不仅不可靠，而且远不及法国民兵吃苦耐劳。英国将领与殖民地政府时有摩擦。伦敦方面（尤其是皮特）更是扯后腿，不是制订不切实际的计划，就是命令下得太迟，一旦情况不如意便撤换指挥官。不过，皮特倒是愿意在美洲花费与欧洲同样的巨款，担起军事行动的花费：一桶桶的金银从伦敦抵达，不仅缓解了殖民者遇到的许多困难，经济也得以蓬勃发展。英国指挥官与部队都学到了在森林里作战的方法。豪勋爵采用适合当地环境的战术与装备：军大衣剪去下摆，制服不再漂白上浆，脚上改穿北美原住民的软皮平底鞋，并采用印第安战斧。军官得吃公用锅中的炖菜。来自苏格兰高地的战斗人员（包括曾经在13年前为小骑士查理而战的人）开始在联合王国旗下创造新的军事传奇。有些人乐于与法军战斗，以惩罚他们"在1745年背弃承诺"。[88] 非正规军如罗伯特·罗杰斯的巡逻队则声名大噪——或者说恶名远播，因为他们采取边境战事中的无情做法。但还是有失败的打击。1758 年 7 月，英国进攻位于泰孔德罗加（Ticonderoga）的卡里隆堡［Fort Carillon，控制从纽约到蒙特利尔之间的尚普兰湖（Lake Champlain）航线］，一开始豪勋爵便在遭遇战中阵亡，而无能的拉尔夫·阿伯克龙比（Ralph Abercromby）将军害怕法军增援抵达，于是试图带着麾下正规军冲向守军。结果 2 000 人在自杀式攻击中被射杀，军队溃败。蒙特卡姆起先还以为是敌方诡计，后来则认定这是场奇迹，于是竖立十字架纪念，并在上面题上虔诚的铭文。但与此同时，西北方 600 英里外的地方就没有这种奇迹了，新法兰西的命运就此注定——英国人大胆地从海上进攻布下重防、扼住圣劳伦斯河河口的路易斯堡海军基地，使法军无法增援和运送补给。军纪严明的有能力的将领杰弗里·阿默斯特（Jeffery Amherst，他取代了阿伯克龙比）攻占魁北克与蒙特利尔，只是时间问题而已。为了回敬威廉·亨利堡遭受的屠杀，阿默斯特将路易斯堡驻军押为战俘，将 8 000 名平民驱逐回法国，其家园则被来自新英格兰的移民占据。

在印度，英国压倒性的海上量力让战况不利于法军。早在 1757 年 6 月，克莱武用一次大胆且机巧的行动，在普拉西（Plassey）击败法国的盟友孟加拉的纳瓦布，从而令英国人控制了印度最富裕的地区。1759 年时，法军也在印度南方的万达瓦西（Wandewash）吃了败仗——爱尔兰裔的陆军上校艾尔·库特（Eyre Coote）击败了由爱尔兰裔将军拉利所率领的法军爱尔兰人部队。

按照逻辑，法国现在必须想办法一击扭转局势，那便是入侵英国。自 1758 年末起，法国便在海峡边的口岸集结部队、船只与驳船，并试图得到俄罗斯与瑞典的支持。法军计划让佯动部队登陆爱尔兰与苏格兰，希望多少能煽动詹姆士党的余烬,接着从北海航行而下,掩护从奥斯坦德渡海前往埃塞克斯(Essex)的主力部队。此举志在一拳击倒伦敦,导致英国政府与金融体系崩溃。英格兰本土守军不值一提,尤其是皮特(对法军的威胁漠不关心)还在把部队派往了海外。虽然操练民兵确实有助于陆军上尉爱德华·吉本了解古罗马军团的战术,但民兵是无法抵挡法国正规军的。一旦登陆,法军肯定能推进到伦敦。凡尔赛方面在登陆艇上耗费巨资,问题在于集结足够强大、能够护卫运兵船的舰队。

入侵部队蓄势待发,1759年由此展开,这将是英国伟大的"胜利之年",只是每一场胜利都来得惊险,有几回甚至可以说是意外。第一场胜仗,是英国与汉诺威在8月1日出乎意料的胜利,地点则是在德意志西北的明登,法军看似锐不可当的推进在这一天遭到逆转。一支不过6个营的英国部队无畏前行——只是似乎有些歪打正着,挡下了来自斯图亚特家族的菲茨詹姆斯公爵(Duc de Fitzjames)指挥的法国步兵、骑兵以优势兵力发动的连番突击,英国人为此热血沸腾。法军损失了7 000~10 000人,英国与汉诺威联军则有2 700人伤亡。日落时,法军士气崩溃,在耻辱中撤退。德意志西北受到的威胁又被消除了一年,法军则抽不出更多用于入侵英国的部队。先前已经提过的萨克维尔勋爵率领骑兵进攻未果,成了英国此役唯一的污点。

英军最为声威远播的凯旋,是9月13日占领魁北克——在此役捐躯的詹姆斯·沃尔夫(James Wolfe)将军,因此成为日后每一位英国学童都认识的史诗英雄。沃尔夫的小股陆军乘坐170艘船,沿圣劳伦斯河逆流而上,艰辛地走了300英里路——这番壮举完全出乎法国人意料。此举之所以能成功,多半得归功于当时默默无闻的海军上尉詹姆斯·库克精湛的技术。然而,沃尔夫的部队却被魁北克城难以跨越的天然与人为屏障阻挡，城中有无数的驻军，甚至还有学生组成的军事单位［绰号"皇家语法"（Royal Syntax）］。法将蒙特卡姆只需要坚守城池，等到冬天降临迫使英国人从水路撤退，然后以待来春就好。沃尔夫想方设法进攻位于河流上游的魁北克，但没有效果。英国人无计可施到挥舞帽子来刺激对方来攻，甚至孤注一掷地破坏周遭乡村，屠杀与割人头皮在破坏行动中都不少见。青年沃尔夫以杰出而人道的军人之姿，得到为国捐躯的烈士光环——据说他在卡洛登时，曾拒绝杀死一名负伤的詹姆士党人。其实，他的个性有几分凶狠，甚至有些高度神经质，但种种形势反而证明这是种高效的组合。乔治二世曾经有句名言，表示若沃尔夫发疯，他希望沃尔夫去咬其他将军。由于冬日会在不到一周后来临，并将迫使英国人撤退，沃尔夫深信自己已无计可施，即将面临耻辱，于是居然想出一个不成功便成仁的计划：发动一次两栖夜袭，爬上魁北克西面、能俯瞰圣劳伦斯河的峭壁。此举杀得法军措手不及——"敌军长了翅膀吗？"蒙特卡姆如是说。蒙特卡姆不等遥远在外的分遣队回来，便率领手下剩余的5 000人出城，试图在4 500人的英国部队站稳脚跟前将之击退。但他麾下由法国正规军、加拿大民兵与原住民盟友组成的混合部队，并不适合在亚伯拉罕平原（Plaine d'Abraham）的开阔战场上开火，旋即被沃尔夫完美执行的毁灭战术——大规模近距离齐射——击溃，魁北克沦陷。假如沃尔夫的赌博失败，一切都得推迟到来年，并将造成不可预料的政治影响：法国说不定能因为英国妥协而保住部分的新法兰西。而且，假使法军仍然驻在当地，英国殖民地也不会这么快便被独立的诱惑吸引。

死为英雄

死去的英雄：竞相创造标志性的符号，采取类似的英雄之姿、悲叹情景与在场者。上图为《蒙特卡姆之死》，下图为《沃尔夫将军之死》。

无论是沃尔夫还是蒙特卡姆，两人都不想远离德意志地区真正的戎马生活，到美洲的落后地方任职。对于终于有机会能在魁北克真正打上一仗，两人也都相当欢迎。沃尔夫发动攻击时，被侧翼的非正规军神枪手击中两枪，在战事落幕时撒手人寰。蒙特卡姆则是被英国海军设法架在峭壁上的大炮发射的葡萄弹打中，并在翌日清晨过世。印第安人对待战俘的方式让蒙特卡姆深感耻辱，他努力将欧洲人的标准加在边境战事上，结果导致原住民盟友脱离战线，严重削弱了其军力。沃尔夫对于不时发生的屠杀没那么在乎，甚至还花钱买头皮。攻陷魁北克让英属北美与英国国内一片喜气洋洋，人们放烟花，点篝火，张灯结彩，举杯祝贺，举办宴会、音乐会，讲道庆祝。一位波士顿传教士预测了帝国与新教徒的辉煌未来：“每一座山丘上都建起宏伟的城市……庞大舰队……原野村落一片欢腾。”[89] 但沃尔夫的胜利称不上一锤定音，法军在来年春天几乎重新攻克魁北克。但此次胜作为一个象征，确实让人难以忘怀。美洲画家本杰明·韦斯特（Benjamin West）以沃尔夫之死为题作画，为的不只是纪念这位青年将领的牺牲，更是要褒扬帝国的团结，美洲游击队、苏格兰高地兵团和忠诚的莫霍克族（Mohawk）勇士作为这种团结的拟人化表现出现在画中——但这些人当时都不在场。若干法国画家试图模仿或剽窃韦斯特，例如路易-约瑟夫·华托（Louis-Joseph Watteau）。他们俩的画作都成了人们瞻仰的圣像：沃尔夫象征崛起帝国的活力勇气，蒙特卡姆[全称为圣韦朗的蒙特卡姆-戈松侯爵（Marquis de Montcalm-Gozon de Saint-Véran）]则是贵族在四面楚歌时所表现出的坚毅骑士精神的化身。两者的差异确实有点道理。法国武装部队由贵族与廷臣掌控。151 名法军将领中，有 8 位亲王、11 位公爵、38 位侯爵、42 位伯爵、6 位男爵与 14 位骑士。[90] 让沃尔夫这种年仅 32 岁、没有家世背景的海军陆战兵团军官指挥一支法国陆军部队，是一件无法想象的事，即便在殖民地亦然。但沃尔夫与蒙特卡姆就和多数正规军军官一样，两人之间的共同点，要比他们与各自殖民地同胞的共同点更多。韦斯特的画作在1770年发表时，吸引到的观众比英国史上的任何一幅画都多，赚的钱或许也更多。[91]只是画中宣扬的团结一心，早已开始瓦解。

即便失去了魁北克，法国人还是能靠入侵英国一举扭转战局。为了防范法军入侵，英国舰队（由霍克将军领军）头一次连续在海上停留数星期，设法以严格的清洁和补给船运来的新鲜给养保持官兵健康。此举封锁了法国西部主要口岸，带来了严重的经济与战略影响，更让法军主力舰队被困在布雷斯特。英国地中海舰队也以类似方式封锁土伦。然而舰队不可能长久停留在海上，原因主要是气候影响。法军可以等待英国封锁出现任何空隙，再突围而出。8月，法国舰队从土伦逃脱，前往布雷斯特，为沙场老将、领元帅衔的海军中将孔夫兰助阵，但舰队却在葡萄牙拉古什（Lagos）外海遭到拦截，损失惨重。照理说，法国人这时该取消其入侵计划才是。但入侵英伦是他们唯一的希望，孔夫兰虽然认为海军的可靠程度堪忧，可是凡尔赛还是命令他执行"比自杀任务好不了多少"的计划（某位抱持同情立场的美国史学家如是说）。[92]等到霍克的舰队被暴风吹离阵地，孔夫兰便在11月14日率领21艘战列舰，载着艾吉永在基伯龙湾（Quiberon Bay）的2万人部队，航向苏格兰，再从苏格兰前往奥斯坦德。但霍克在颠簸的浪中穿越风暴，带着23艘战列舰回防，于11月20日目视到法军。孔夫兰火速赶往基伯龙湾的礁岩与沙洲间寻找掩护，他认为这种天气使"敌军不敢跟在我后头"。[93]但霍克敢，他相信自己的手下和饱受天气摧残的船只。2艘法国战舰在炮火下投降,伤亡惨重,还有3艘战舰在巨浪中沉没——经验不足的船员奋力从舷侧开炮,结果海水从炮眼中灌入。只有少数生还者被英国小船救起。战斗在夜幕中暂息,8艘法国舰船得以逃脱。翌日清晨,其余船只(包括孔夫兰的旗舰在内)若非因搁浅而被放火烧毁,就是遁入维莱讷河(Vilaine)河口——有11艘船被困于河道,它们的船长丢人地被解职了。英方大约有300人阵亡,法军则有2 500人战死,多半是征召来的布列塔尼士兵。

这一仗,赢家称之为基伯龙湾战役,输家则称之为枢机岩之战(Bataille des Cardinaux),是海军史上最大胆的行动之一。用霍克自己的原话说,这"简直是奇迹,追击敌军时,我方半数船只都没有在他们的海岸边搁浅,敌军反而被困在我们不熟悉的岸区"。[94]假使霍克的舰船真的搁浅,英国面对法国的入侵等于门户洞开,历史恐怕就会走上另一个方向。现实是,基伯龙湾成了"法国海军的坟场",终结了法国击败英国的最后希望。"这个忧愁的国家还会发生什么事啊!"一位法国军官写道,"神救救我们啊!我一直为它流泪,现在都还在流!"[95]英国人把法国近海岛屿当成自己家,在那里种菜,打板球,用鼻孔鄙视凡尔赛。

第二年,法军在加拿大的力量也遭到扫荡。海军上校让·沃克兰(Jean Vauquelin)指挥法军在圣劳伦斯河上唯一的护卫舰,他抛下锚,把旗帜钉在桅杆上,战斗到弹药耗尽,宁愿把剑丢进河中也不愿缴出去。另外有700名和他一样决定反抗的法军,花了7个月时间朝新奥尔良行军,逃出生天。法裔移民在经济上陷入绝境,对于当局显然抛下他们感到愤怒,此后也放弃抵抗,向英王乔治宣誓效忠,开始跟英国人做生意。英国方面则以保证信仰自由作为响应。一位法国历史学者表示,法国殖民者与英国人开始和解，也就代表新法兰西殖民地的终结。

"胜利之年"落幕，但战争远没有结束。即便英国取胜于海外，法国仍有希望赢得欧陆，也确实计划将30万大军投入德意志的战事。[96]普鲁士陷入绝境（而且还有奥地利与俄罗斯的威胁），向英国要更多人力，最重要的是更多的钱。更有甚者，西班牙正准备加入法国阵营。威廉·皮特要求先发制人，扣押从南美洲出航的西班牙珍宝船队，等到议会同僚反对时，他便于1761年10月辞职。西班牙在1762年宣布参战。但没人料到俄罗斯女沙皇伊丽莎白在同月驾崩，德意志局势从此逆转，因为伊丽莎白的继承人彼得三世立刻与普鲁士议和。西班牙显然成了英国人可以拿捏的软柿子。英国海、陆军受到巨额奖励鼓舞，全力进攻并拿下了两座最有钱的西班牙殖民地城市——古巴的哈瓦那与菲律宾马尼拉。事实证明，疾病才是最危险的敌人：从北美洲调来的部队，有将近1/3病死于古巴。攻下马尼拉的则是在印度纠集的杂牌军，甚至包括法军战俘。进攻方有出其不意的优势，因为战争爆发的消息还没传到西班牙守军耳中。从这两座城市得到的战利品极为惊人。政府先拿走其份额，剩下的大部分给了军队指挥官，每个普通的陆海军士兵也拿到了几英镑。在印度，拉利将军发动法军在此有史以来最庞大、最昂贵的远征行动，却没能夺取马德拉斯，法兰西印度公司因此破产。随后拉利的部队在被包围了5个月的围城战后纷纷开小差，他只能交出本地治里。胡格诺信徒出身的英国马德拉斯总督乔治·皮戈特（George Pigot），为了报复马德拉斯遭受的破坏而劫掠了本地治里城。"杜布雷洁白耀眼的宅邸，与其建造者的梦想一起在战争失败的灰烬与废墟中沉没。"[97]1762年下半年，法国人和西班牙人再度计划入侵英格兰，梦想扭转败局，但海军之孱弱迫使计划迅速中止。

甜 蜜 的 世 仇
英国和法国，300 年的爱恨情仇

如今形势已然明朗，经历了上百万名士兵战死之后，无论哪一方都已经没有任何值得为之而战的目标了。1760 年即位的新国王乔治三世及其近臣兼前家庭教师比特伯爵（Earl of Bute，一个学究式的苏格兰人），都迫切渴望和平。他们想跟欧洲的冲突撇清关系，不在乎汉诺威的未来——乔治三世称之为"那恐怖的选侯国"，[98] 对浴血不屈的普鲁士人利益之所系也不予理会。英国主要的关注点位于欧洲之外。其实，英国人并未计划主宰世界或摧毁法兰西帝国，但这与当年法国人的看法（法国历史学家至今仍坚持这种看法）相反。皮特甚至考虑归还魁北克。英国人担心得益过多，会惊动其他欧洲国家。议和的主角贝德福德公爵（Duke of Bedford）反对"割开法国人的喉咙"，他认为：

我们已经得到太多，多到不知如何是好。我非常担心，要是我们把欧洲以外的征服领土留下太多，就会有过度殖民的风险，还会因为这些领土而走向毁灭，就像西班牙人一样。[99]

因此，有些殖民地会还给法国跟西班牙，但要还哪些？英国目前的指导原则是守成，倾向保有加拿大——借此终结北美洲的冲突，而非留住法国的瓜德罗普与马提尼克等产糖岛屿。舒瓦瑟尔似乎放弃了殖民比赛，表示要将路易斯安那提供给西班牙，但他其实暗自打算借此诱使西班牙人尽早议和，从而以 5 年为期打造法国海军，重新与英国一战。舒瓦瑟尔想要回产糖岛屿，也坚决要求保留在纽芬兰外海捕鱼的权利。他在御前会议表示，渔业的价值要高于法国在北美洲的所有领地。[100] 原因在于，这种"培育所"能供应全法国 1/4 的海员，这对他的复仇海战计划来说是不可或缺的。英国保留几个小一些的岛屿（格林纳达、圣文森特与多巴哥），并重获位于梅诺卡岛的海军基地。哈瓦那与马尼拉被交还西班牙，以交换佛罗里达。西非与印度的法国贸易据点物归原主，但需解除武装。"本地治里城只剩下一堆废墟，水井堵塞，树也被砍倒了……金德讷格尔殖民地的情况也相去不远。"[101]

法兰西君主国被削弱了，时人对此已有认识。战败暴露出路易十五是个庸才，显然任凭自己受亲奥地利的德·蓬帕杜及其闺密所掌控。巴黎在1763年竖立路易十五雕像一事，反而激起了人们的公然嘲弄。战争加剧了法国对奥地利的愤恨传统——法国人将战败怪罪于奥地利，这种恨意在一代人之后变为惩罚，降临在玛丽－安托瓦内特王后不愿妥协的头颅上——舒瓦瑟尔选了这个"奥地利女人"作为法奥联盟的化身。战争使恐英情绪成为法国人爱国心的基调。尽管"盎格鲁狂热"表面上仍维持流行，但以英格兰为模范的看法，已经受到爱国主义的愤怒情绪，以及战后撼动英国政治制度的冲突所削弱。

七年战争最大的影响在经济。工业革命正在起步，而这场变革的原因与影响范围一向受人热议。近年来的研究，将之与英国海外贸易的扩张，以及伦敦金融城的财经实力紧密相连，而这两者都是对法斗争的产物："英国的经济发展跟其军事霸权的建立是分不开的。"[102]英国有能力赢得战事，保有活跃的海外贸易，贸易则得到了金融城的资金，同时受到海军保护——这可是独步全欧的优势，而七年战争更是为之添砖加瓦。当时的每一个人都知道，贸易有助于支付战争经费，战争则能扩张贸易。贸易刺激投资，提高薪资，扩大消费，同时刺激新技术与新工艺的出现。新产品的销路多半都是出口，而且越来越多地输往欧洲以外。若干产业，例如黑乡的工具与约克郡的羊毛，有高达70%的产品销往国外。假使英国输了七年战争（一直都有这个可能性），其经济及政治发展都会不同。"权力与富足一同来到；权力确实会带来富足……要是控制不住海洋，经济增长便会受限，若干其他欧洲国家恐怕就会占上风。"[103]

《巴黎条约》（Treaty of Paris，1763）可以视为让步之举：英国在没有补偿的情况下交还了好几处征服成果。法国人松了口气，有些英国人则开始抱怨。但这仍然是"欧洲历史上最值得赞许的和约"，[104] 是英国有史以来最大的胜利，也是法国历史上最大的失败。《巴黎条约》确立了英国身为全球强权的地位，但它能够独占这个位置多久呢？历史证明，英国的胜利是暂时的，这一点我们之后会提到；但法国的失败却是长久的：下个世纪的主宰将是英国，而非法兰西。但如果后见之明会让人误会历史看上去是明确而无可改变的，那就是加倍的误导。七年战争如今看似一道分水岭，只是因为这得到了接下来 50 年冲突的证明：1763 年只进展到剧情的一半。法国仍然在欧洲之外同时从政治与贸易两方面挑战英国的新霸权。法国没有选择。

占领全球

恺撒未曾知晓之处

当由汝之后人支配

其鹰未曾飞越之处

亦不再无人能敌。

——*威廉·柯珀*（William Cowper），《布狄卡》（Boadicea）

法国人失去了北美洲。尽管他们从未认真试图重获该地的领土，但这仍让法国人更有理由要在其他地方扳回一局：舒瓦瑟尔马上在

1763—1764年，于圭亚那建立新的殖民地。然而此举却以惨败收场，1万名殖民者很快死于疾病与饥饿。有些人已经料到，英国在印度称雄，将可能转变世界权力平衡，影响到欧洲。这可是法国人无法允许的。凡尔赛断定英国不可能像表面上一样强大，其胜利是由于皮特的奸巧与伦敦金融城的财经戏法，因此是可以抵抗的。

路易十六对拉佩鲁兹下指示：此图显示了法国国王对探索全球的兴趣，同时也表现了宫廷得体仪态之优雅。

这正是为什么，接下来数十年会成为一个热衷海外探索的时期，与海外探索有关系的人也因此驰名欧洲。这时的探索以太平洋为主，地理学家期望在此找到新陆地，甚至是一块新的南方大陆（"适合生产用于贸易的畅销商品"），以及连接大西洋与太平洋的西北航道。

战略要地如马洛于内群岛（Malouines，即马尔维纳斯群岛），则是人人觊觎。法国希望弥补失败，英国则想巩固胜利。海外探险成为18世纪文化的典型表征，不仅将强烈的科学好奇心——在数学、天文学、制图学、机械学、哲学、生物学与人类学等领域的好奇心——与国家威望和无耻的利润渴望相结合，而且其发展也按照典型的英法两国相互竞争与合作、嫉妒与赞许的模式进行。"两个世纪以来，地理学家持续彼此通信，英国与法国探险家友好地聚首和分手，但在互相恭维的交流下，国家间的竞争深入而且激烈。"[105]

18世纪40年代以来，法兰西海军部和学界合作进行了一系列拥有丰厚资金支持的海外探险，范围到达波利尼西亚群岛、澳大利亚、塔斯马尼亚与新西兰。1769年的金星凌日成为法国人首度环球航行的契机，一支大型探险队在路易－安托万·德·布干维尔（Louis-Antoine de Bougainville，前滑膛枪手，曾经在加拿大担任蒙特卡姆的副官）指挥下出发。他收到的命令是观测凌日（作为测量日地距离的方法）并寻找南方大陆。此举刺激了英国海军部——此前对这类神秘难解之事不感兴趣的海军部，派出一支科学探险队，搭乘改名为"奋进号"（Endeavour）的改装运煤船，由素有善领航之名的青年军官——海军上尉詹姆斯·库克指挥。探险队的装备，其经费出自一位热情的博物学家兼皇家学会会员——约瑟夫·班克斯（Joseph Banks）庞大的私人财产："他们有各种捕捉、保存昆虫的工具，有各种网、拖网与鱼钩"，甚至还有"一样奇妙的器械"用来观察水下。[106]库克和布干维尔一样接到了寻找南方大陆，以及与当地人接触，以"得到其允许，在适合的形势下取得土地"的命令。皇家学会主席提醒他，要"耐心、克制"对待"天然且合法的所有人……他们也是同一位全能造物主的造物"，说不定这些人比"最高雅的欧洲人"还更能"得到造物主的青睐"。路易十六也下了类似的指示。法国与英国的探险行动，皆志在将未知之事引入欧洲人的思想、政治与经济领域中。两群人根据类似的路线航行，面对波利尼西亚社会也有类似的经验——与当地人之间的关系充满了震惊、赞赏、误解、紧张、暴力，乃至尴尬的和解。他们的报告在欧洲各地都有狂热的读者。两支探险队都带了一名波利尼西亚人返回欧洲，他们也都受到法国与英国流行社会的类似款待。报告中说这些人纯洁、高贵，完全不受传统束缚，让崇拜卢梭的欧洲人神魂颠倒。"再会吧，快乐而睿智的人民，"布干维尔在他那部1771年畅销国际的书中写道，"愿你们永远如今。我将愉快回忆你们，只要还活着，我必将歌颂这快乐的基西拉岛（Cythera），此乃真正的乌托邦。"[107]基西拉岛是爱神维纳斯之岛，激发的可不只是探险家与其读者的智力，还包括波利尼西亚人的盛情款待、好奇心、示好，以及可交易且不受拘束的性行为。英国人与法国人将性病与其他疾病留给了他们——库克虽想阻止，但徒劳无功。地理发现的黑暗面还不仅于此。欧洲人在无意间加深了当地权力斗争中的恶意，此外还触犯了其宗教规矩。

这几趟探险之行，也是其他几个领域较劲的焦点：广阔太平洋海面最是考验航海技术与精准计时。由于缺乏推算经度的能力，航海灾难一再发生。想解决问题（英国议会为此在1714年提供了2万英镑的巨额奖金），便需要精确无误的天文观测与复杂数学计算，或是找到方法比较出当地的精准时间与已知地点——例如格林尼治的时间差。从木匠转行当钟表匠的约克郡人约翰·哈里森（John Harrison），将自己大半生命与超凡天才奉献于一连串定时器的制作：到了1760年，他制作出的天文钟，已能在最严苛的航海条件下保持时间精准。英格兰与法国钟表匠［尤其是皮埃尔·勒罗伊（Pierre Le Roy）］在18世纪60—80年代彼此激烈竞争——抄袭与刺探都用上了——以求赶上甚至是超越哈里森。法兰西科学院（French Academy of Sciences）也有提供奖金。乔治三世与路易十六（两人都是业余钟表匠）对于当时存在的最精密的制品都有高度兴趣。制作出来的样品在250年后依然能够运作。乔治三世确保哈里森在天文学家的大力阻挠下，仍然能得到应有的奖赏——"上帝见证，哈里森，我会为你做主！"勒罗伊的天文钟在1769年测试成功，他宣称此事为爱国者的凯旋，证实了"我国工艺在异国人之间声威远播，其声威尤其回荡在始终作为我国竞争者与对手的民族之中"。[108]库克在18世纪70年代第二、第三次出航时，测试了哈里森天文钟最新样式的几个样品，精准的导航与制图证明了其价值。法国的制造技术没那么先进，还是英国人找到方法，在18世纪80年代之后大量制作价格稳定的天文钟。

　　库克回答了欧洲人关于太平洋的重要问题，他的日记（旋即出版了法文译本，路易十六与玛丽-安托瓦内特都读了）也让他声名大噪。他测绘了新西兰与澳大利亚东岸（并宣布占领之）的地图，确定除南极洲以外别无其他南方大陆的存在。用他麾下一名军官的话来说，"地维四方之辽阔疆界今已为人知悉"。[109]1779年2月，库克在第三次航程中因与夏威夷岛民发生冲突而遭到杀害——此事以骇人的方式，证明了连最"开明"的欧洲人与最"高贵的野蛮人"之间的接触也不可能人畜无害。全欧洲都把库克丧生的消息视为悲剧，包括法国——虽然两国又开始打仗了。宫廷银行家让-约瑟夫·德·拉博德（Jean-Joseph de Laborde）与法国的海外贸易以及探险关系匪浅，他在自己的庄园里盖了一座纪念碑，铭文写着"库克，请接受一个法兰西之子的致敬"。[110]

法国在美国独立战争中取胜,其称霸全球的雄心再度恢复。海军持续扩军,志在破坏英国在印度的势力。当局同时开展和平的探险行动,将科学研究与军事侦察相结合。森林保育工作也在进行,不仅建立植物园,还引入新的植物。英国人在这方面自觉"落后20年",奋力想追上脚步。[111]1785年,法国热气球首度飞越海峡。海外探险的最后一次尝试也发生在这一年。当局计划让两艘船进行探险远征,由仰慕库克的拉佩鲁兹伯爵让-弗朗索瓦·德·加洛(Jean-François de Galaup)担任指挥。路易十六对这份计划投入甚多。探险队中有植物学家、工程师、地理学家、天文学家、地质学家、钟表匠与若干画家。他们带着种子、礼物,以及超过1 000种灌木。法国国王亲自指示拉佩鲁兹要避免暴力与征服,但也要寻找适合设立贸易站的地点,秘密从事间谍活动,并确保法国有压倒英国的优势。探险队先是在阿拉斯加外海发生意外,又和萨摩亚人发生冲突,之后在1788年1月抵达植物学湾(Botany Bay),打探英国人的意图——他们发现一支由11艘英国船只组成、由海军上校阿瑟·菲利普(Arthur Phillip)指挥的舰队,已经先于他们抵达当地,建立了流放者殖民地。法国人把船开走了,此后下落不明。植物学湾立起一座孤零零的纪念碑,至今仍有路过当地的法国海军船员前往凭吊。这座纪念碑不仅代表远征队的失踪,也象征法国海权梦的消失——破灭于来年法国大革命的动荡之中。心向探险的路易十六在前往断头台的路上,还问起是否有拉佩鲁兹的任何消息。

好几位法国历史学者,都习惯说法国从此"错过了与大海的约会"。对皮埃尔·肖尼(Pierre Chaunu)而言,这成了法国特色中的要素:

我们安土重迁的农民心态,意味着我们无法忍受大海的阻隔。登船渡海是失根,是断裂。我们多少因此密集地在法兰西内部发展……我们无法真的关心海外……法国人……有自己的一小块地……不需要其他畅想寰宇的事物。[112]

若果真如此,那么海盗、商人冒险家、五大湖区与大洋上的探险家,也就变得越来越不属于这个民族自我形象的一部分。法国最伟大的英雄不是海外冒险者,而是那些团结法兰西,使其疆土趋于圆满,并保卫其边界的人。[113] 英国人反而逐渐自认为拥有全球性的使命。尽管偶有失手,不列颠女神仍统治了波涛,伦敦成为世界的十字路口。无论行动多么颠三倒四、缺乏规划,也无论影响多么难以预料,他们都喜欢把自己想成是航海民族、贸易民族、探险民族、征服民族,也越来越认为自己是统治民族。上百万从法国移民出来的人多半不再继续当法国人,但英国人——以苏格兰人和爱尔兰人为领头羊——却成了开枝散叶的民族,虽散布全球各地,却仍然与"本土"相连。如今连汉诺威家族,都不认为欧洲及其"血污的海洋"是个需要留心的地方。布莱尼姆与明登在记忆中与普拉西和魁北克相形见绌。

语言:挑战法语霸权

英格兰人已败坏了我王国内的人心;我们可不能让下一代人暴露于被其语言引入邪路的危险。

——路易十五[114]

和一个英国人提起战争，他会勇往直前，

一个英格兰士兵能击败十个法国人；

纵使吾人将豪夸之物由剑尖转为笔锋，

我们失败的可能性仍然更高，更高啊我们……

莎士比亚与弥尔顿一马当先，有如战争中的神祇，

拿着他们的全部剧作与史诗来战斗……

还有约翰逊，仿佛往昔之英雄，

已经打倒四十个法兰西人，接下来还要再打倒四十个！

——戴维·加里克，《论约翰逊字典》(*On Johnson's Dictionary*)，1756 年[115]

七年战争期间，似乎能算是英语开始成为第一种世界语言的时间，虽然法语在欧洲仍占据主导地位。伏尔泰没有说错：莎士比亚的语言并不优越于拉辛的语言。但语言的传播不是凭借文学或时尚，而是靠权力与金钱。

法语在 18 世纪初确立了其作为外交语言的地位。《乌得勒支条约》（1713）以法文写就。使用拉丁文的旧习仍持续了一段时间，西班牙、德意志与意大利地区的政府在一段时间内仍使用本地语言。但在 18 世纪的头几十年间，法语因其重要性与便利性，逐渐成为国际交流的媒介——尤其是因为英国人只能说一点法语，说别的语言都不行。这种习惯大致上延续到第一次世界大战。历史学家让·贝朗热（Jean Bérenger）与让·梅耶尔（Jean Meyer）指出，法语霸权确立之时，恰好是法国霸权正要开始衰落之时。[116] 大卫·休谟在七年战争后自满地预测道："所以，就让法国人在当前其语言的传播上取胜吧……我们在

美洲稳固、逐渐发展的基础……将为英语许下更优越的稳定性。"[117] 不过，英语后来虽然传播到世界各地，但很少有地方是直接受到美洲的影响。反而是法国战败、英国海外帝国随后的扩张，以及英国对贸易与交流的相应宰制，才确保了英语能在大半个世界成为实用的沟通媒介。

长久以来，作为文化与社会上层语言的法语，可谓难逢敌手。有人把高乃依的剧作《熙德》（*Le Cid*）的英译本送给高乃依，高乃依觉得这语言相当古怪，把书跟另一种奇特语言——土耳其语的译本摆在同一个书架上。1680—1760年，法国是最大的书籍出口国。[118] 斯图亚特宫廷的常客文人夏尔·德·圣埃夫勒蒙，待在伦敦的40年间都没有学英语——此番丰功伟业，几乎可以跟20世纪长久出任大使的保罗·康邦（Paul Cambon）相提并论。有个故事说，18世纪40年代的凡尔赛宫除了一位出身加来的滑膛枪手之外，就没有人有能力翻译英语文件了。[119] 路易十五反对进一步推广英语。在英国，通法语始终在受人称赞的修养中占有一席之地，直到20世纪亦然。旅游作家格罗斯里甚至认为英格兰会重新使用法语，一如诺曼人统治时代；当时也确实有股潮流，将词语与拼法加以高卢化（较古老的拼法如"honor"、"center"仍流传至今，或是在美洲重新开始使用）。[120] 学法语是"壮游"中重要的一面。多数英国知识分子多少都能来点沙龙对话，即便这相当费劲（如大卫·休谟与亚当·斯密的例子）。安东尼·汉密尔顿与威廉·贝克福德（William Beckford）更是以法语作家身份闻名。19世纪中叶，有志成为家庭教师的年轻女子，通常都会到法国学校里学如何教书，因为英格兰上流家庭对"在法国学到的法语"有强烈的需求。[121]

出于时尚与价值观因素而对英语有兴趣的法国人，在18世纪变得越来越多。伏尔泰对于法语在欧洲的普及贡献良多，而对于英语在法国的流行，他也扮演了重要的角色。他主张自己是法兰西学院中第一个学英语的人，这话应该不假，但孟德斯鸠旋即跟上脚步。夏特莱侯爵夫人（Marquise du Châtelet）是伏尔泰过从甚密的赞助人，她把英语学到好得足以翻译牛顿的著作，而且还能跟伏尔泰用法腔英语吵架。由于学校里不教英语，爱尔兰与苏格兰裔的詹姆士党人便开班私人讲授，许多语言教材因而出版。[122] 百科全书作家德尼·狄德罗设法用拉丁—英语字典学英文。但一直要到18世纪70与80年代，英文才随着其他方面的"盎格鲁狂热"，变得足够流行。在小姐们心中，英语取代了意大利语，成为高雅的文化素养。皮索先生（M. Pissot）因为"近年来英语在法国如此普及"，开始出版低价版的英语经典作品。[123] 18世纪70年代，一位讽刺作家嘲弄那些能"糟蹋几个字"的人："O di dou miss, kis mi"（哦，小姐打哪儿来啊，吻我）。[124] 在宫廷里，普罗旺斯伯爵（Comte de Provence，后来的路易十八）决定学英文——法国大革命期间，他长期流亡在外，这个决定带来的好处比他过去所想象的更多。对英格兰又爱又恨的路易十六，则是自学英语，这违逆了他母亲的意愿——她认为这是种煽动叛乱的语言。[125] 他译过几段弥尔顿，而他翻译的霍勒斯·沃波尔所写的理查三世一朝的历史，则在他死后出版。他在等待上断头台时，还研究了斯图亚特王朝的历史。用盎格鲁化的表达方式或字词成为一种流行，甚至连国王都这么做：将 site（所在）当作 situation，用 prononcer（表达）取代 exprimer。此举煮恼了纯净主义者，尤其当这类用词具有社会或政治内涵时更是如此：tolérance（宽容）、budget（预算）、vote（投票）、opposition（反对）、club（俱乐部）、pétition（请愿）、constitution（宪法）、législature（立法机构）、convention（协议）、jury（陪审团）、pamphlet（宣传小册）。

人们难免比较起这两种语言。有些启蒙哲人对英语表示赞赏——

伏尔泰则是一改早期的称赞，转为挖苦：

英语之灵魂在于其质朴，但免不了最卑下或最荒谬的思想；其灵魂在于其活力，但其他民族或许认为那是粗野；其灵魂在于其勇气，但对于异国语法不习惯的人，恐怕会当那是胡说。[126]

卢梭的影响多少扭转了人们的价值观。优雅的法语交谈开始被批评为过度矫饰、喋喋不休、不真诚而且"缺乏男子气概"。[127] 此前被人们抨击为英式浅白与沉默的对话，如今则被诠释为真诚与质朴。也有人有意采取措施，让这两种语言浅显易懂。塞缪尔·约翰逊在他的《约翰逊字典》（1755）里努力收录流行于社会上层的"高卢语法结构与词组"。诗人克里斯托弗·斯马特（Christopher Smart）则希望"英格兰人之语言"有朝一日能成为"西方语言"。[128]

1783年，一份备受注目的法语跨国辩护书出炉了——柏林的王家科学院举办了一场论文比赛，题目为《法语何以如此普及？它何以得享如此特权？其地位可能保持吗？》。主办单位只接受以拉丁文、德文或法文提交的论文。来自各国的参赛者大致同意法语有独特的吸引力，广受欢迎，取得了伟大的文学成就，其优越地位历久不衰。奖项的共同得主之一安托万·里瓦罗尔（Antoine Rivarol）——"当代发型最好看的人"——断言德语有太多喉音，西班牙语太过严肃，而意大利语不够阳刚。至于英语，除了会让说英语的人自己感到不快之外，它太近于野蛮，对欧洲来说太边缘，其文学缺乏品味，文法"古怪"，发音更是低人一等。法语不只有文学上的丰功伟业，还有某种独特的"灵魂"：其他语言也许更具诗意、更富音乐性，但法语的优雅、逻辑、清楚皆独一无二，因而导致了它举世无双的"刚直"。更有甚者，法国知识领袖维持法语的地位，美国独立战争为法语加冕，让英语文学和英格兰人的力量黯然失色。里瓦罗尔以精妙的方式总结了早已广为人所接受的看法，将这种语言与生俱来的美德确立为固定的看法。用他最有名的话来说，"如果不清楚，那就不叫法语"。[129] 对于马克·富马罗利来说，这种语意上的精确，与他形容为"柔弱的透明"的20世纪全球语言英语大相径庭——英语只能在缺乏风格的情况下传达大致意义，无法为21世纪带来一种文雅的全球语言。[130] 英语的角色确实与盛极一时的法语大不相同，当时的法语让人联想到影响力与高雅文化。法语始终是独特的标志；英语呢，则是"自我进步的手段"。[131]

第四章：复仇者的悲剧

> 在我看来，身为法国人就不可能不希望英格兰倒霉，但若一个人是受到要求而生活在英格兰人之间，这种理所当然、相互的情绪只会与日俱增。至少我是这么感觉，我真希望自己活得够久，能看到一切坏事降临在他们身上，看他们的宪政体制即将在国内造成什么问题，看他们在国外的粗野活该遭遇什么惨剧。
>
> ——法国驻伦敦大使夏特莱公爵，1769 年[1]

七年战争带来的透支，把法国与英国推进水深火热中。君主与大臣备受抨击。反对者要求更多的发言权。"爱国心"、公民身份、代议与权利等词语融入政治论辩中，让涉及税收的冲突越发危险。在英国，美洲殖民者造反，威胁着不稳的政局；在法国，一场近乎宫廷政变的事件震撼全国，但此举却未能压制政治上的紧张关系。法国统治者认为七年战争的结果不合常理、纯属机运，决心颠覆这个局面。他们的决心，注定了大英帝国与波旁君主国的命运。

舒瓦瑟尔复仇记

> 英格兰不过是欧洲的一小块地，居然占了上风，我对此完全不可置信……或许有人会回应说"这是事实"，这我也非同意不可；但既然这不该发生，我也只好抱着希望，相信不能理解之事将无法长存。
>
> ——舒瓦瑟尔公爵，1767 年[2]

"满心仇恨、不知悔改的盎格鲁恐惧者"舒瓦瑟尔，[3]认为《巴黎条约》不过是一纸停战协议。七年战争之初，舒瓦瑟尔担任驻维也纳大使，当时他就对与奥地利的联盟感到不耐烦，深信此举将迫使法国"忽略海战与美洲，但美洲才是真正的战场"。[4]这位来自洛林的贵族把握到了"几亩雪地"的重要性，这几亩地会对欧洲造成影响。要是他能破坏英国对殖民地的控制，将殖民地的贸易转给法国接管，就能提升他影响欧洲事务的能力，减少英国干预。如此一来，法国面对崛起中的普鲁士与俄罗斯时的威望与安全也能得到强化。舒瓦瑟尔上书国王，说：

> 英格兰公然与陛下的大权与国家为敌，她永远都会是敌国。她对贸易的贪婪，在协商时不可一世的态度，对陛下权力的觊觎之心……必然使您预见，面对这个志在成为地维四方之尊的国家，得用去数世纪的时间才能与之缔结长久的和平关系。我们必须殚精竭虑，以倾国之力对抗英格兰人。[5]

舒瓦瑟尔公爵，虽然被称作"小家伙"，却是大英帝国的死敌。

舒瓦瑟尔策划另一场战争来回应此前的溃败，此举证明了这位看似轻佻的廷臣有着什么样的自信与决心，他像历史上任何一位政治家那样，准备对英国挥出一记重拳。

他深信英国已经黔驴技穷——这是法国政坛常见的看法，许多英国人也这么认为。公债、高税赋、贸易动荡、派系政治与种族冲突，都让人进一步怀抱希望，认为英国的力量只是空中楼阁。这种公开不满情绪最恶名昭彰的代言人，就是聪明、毫无道义、好色却又魅力十足的政治投机者约翰·威尔克斯——借塞缪尔·约翰逊的话说，这位最"无赖"的人最后的庇护所,就是爱国主义。1763年,威尔克斯逃到法国,以躲避煽动叛乱与渎神的指控,他在法国待了5年,直到为躲过债主而被迫逃亡。一位恐法、反教皇党的爱国人士似乎不太可能流亡到法国,何况在法国仍然是个社交名流。但作为英国政府的大敌,他总是能找到些朋友,而他争取"自由"的行动也能在法国王室的反对者中引起共鸣。威尔克斯手巾——印有威尔克斯对米德尔塞克斯选民的演讲词,并附有手绘"爱国英雄"画像的手帕,成为流行商品。英国政府试图让他闭嘴,付钱找了个人(此君还在威尔克斯的花园里勤练手枪枪法)前往法国,试图在决斗中杀掉威尔克斯,但未能成功。[6]

舒瓦瑟尔对威尔克斯及其不称职的迫害者嗤之以鼻——"无能至极的政府,连人民中一个侮骂、讥讽它的杂碎都不敢惩罚"。他"满心欢喜",读着伦敦暴动的报告:"英格兰人此番自相残杀最能让我们感到满足。"[7]一切局势都显示出法国无须忧心。法兰西的政治制度与国力天生更为优越。就连"图尔的穷人"请愿表示"全民业已饥寒交迫",也无法破坏凡尔赛的好心情。[8] "除了纠集一支16万人的海军,以及25万人的陆军之外,英国还有什么能耐?"[9]万事俱备,只欠行动:"法国只要让能臣掌权,英格兰立刻便会掉回原本的平庸境地。"[10]而舒瓦瑟尔就是最聪明的臣子。

法兰西认定美洲是英国曾辉煌凯旋的舞台,也是英国的弱点。早在1765年,舒瓦瑟尔便告诉法国国王:"唯有在美洲引发一场革命……才能让英格兰回到软弱的状态,让欧洲再也不用担心它。"[11]只要殖民地无法给英国政府带来贡献,英国海外帝国的花费便将压垮该国。但若英国试图对殖民地征税,"殖民地很容易就会脱离……它们丝毫不担心遭到惩罚,因为英格兰没有能力持续与之作战"。[12]若干事件

217

也巩固了这种期望：《糖税法》（American Duties Act，1764）与《印花税法》（Stamp Act，1765）在新英格兰造成了严重动荡。

如果说舒瓦瑟尔的策略是等待美洲情况的发展，那他就太被动了。他在伦敦与美洲派驻间谍搜集政治与军事情报，甚至试图行贿美洲的帝国派爱国人士本杰明·富兰克林，但在当时没有成功。眉清目秀的迪昂·德·博蒙骑士（Chevalier d'Eon de Beaumont），则是驻伦敦的重要间谍——这位骑兵军官后来以男女莫辨的伪装闻名。但在当时，博蒙只是外交官兼间谍——王室密探（法国国王私人的外交与间谍组织）的一员。后续任职的大使们也为战争出谋划策。"无论是谁，只要生为法兰西人，"大使吉纳伯爵（Comte de Guines）在1773年写道，"看到居然有个国家长年以来明显胜过自己的国家，肯定感到椎心之痛……这灾难由来虽然已久，但并非无法补救。"[13] 吉纳大使是另一号有趣人物，以长笛吹奏技巧和穿紧身裤的爱好闻名（据说，他的男仆为他准备服装时，会先询问他当天是否有打算坐下）。他为情报行动提供支持，并密谋趁危机爆发时在股票市场中大赚一笔。海军上校路易-弗朗索瓦·卡莱·拉罗齐埃（Louis-François Carlet de La Rozière）与王室密探头子德·布罗伊伯爵（Comte de Broglie）勘测了萨塞克斯（Sussex）与肯特海岸，让详尽的登岸计划得以完成。一切在1765年呈交国王。到了1766年，凡尔赛与马德里已经制订好战略计划。[14] 但博蒙为了钱与当局起了争执，开始"扮演威尔克斯"，公开抨击凡尔赛。此举使他在英格兰成为政治英雄，他甚至出人意料地成了一位研究17世纪英格兰共和思想著作的学者，并翻译了若干作品。真正的危险在于，他威胁要将大使馆制订的入侵计划公之于世，以过早地挑起战争。法国当局因此大失颜面，先是试图毒杀他，后来还想在沃克斯花园绑架他,却两次都失败了,反而使他声名更为响亮。[15]

舒瓦瑟尔继续推动计划,煽动爱国狂热。皮埃尔·贝卢瓦(Pierre Belloy)在当局赞助下所写的剧本《加来围城战》(*Le Siège de Calais*,1765),是"第一部让全国人感受到身临其境的法国悲剧"。[16] 这部戏在首都巴黎与地方都吸引到了狂热的观众。在有驻军的城镇,军官们还会登台飙戏。剧情以1347年英格兰人围困加来为本松散写就,演绎了高贵、无私的法国人对抗"骄傲""残忍""自大""野心勃勃"的英格兰人——法国人"无边的大家庭"威武不能屈,令英格兰人因了解到自己的错误举止而感到羞愧。剧情以诉诸人性与欧洲的激情场面结束。这部戏虽然被题献给法国国王,但剧中表现的君主国概念,即便放在英格兰也显得相当大胆:"若无人民的同意",君权则"徒然无用";"自由而自豪的民众……为自己制定……公正而至高无上的律法"。[17] 这类理念是爱国主义的精髓,也正是专制君主国赌上其存续也要试图否定的理念。

对复仇的准备无远弗届。法国要在海外行动,就必须巩固与奥地利的同盟关系,以保持欧陆平静;也需要拉拢西班牙(其海军为法国所急需)参与这场冒险,将之打造为有用的援军。凡尔赛派遣使节到德里的莫卧儿帝国、强大的马拉地(Maratha)联盟,以及其他印度地方强权——例如迈索尔(Mysore)的海德尔·阿里(Haider Ali)那里。位于地中海、加勒比海与印度洋的基地也要做好准备。动员海陆军之前,需要筹措经费。这一切需要坚定不移的政治支持与国家机器的完美掌控。因此,舒瓦瑟尔在宫中的友人得确保路易十五听取有用的建言,并确保国王周围都是可靠的人。舒瓦瑟尔在这个由前厅、寝宫与裙带关系组成的世界里悠然自得。他的朋友仍然是德·蓬帕杜夫人。如今的她不像国王的爱人，反倒像好友，但她仍然活跃，而且不甘作为玩物。

舒瓦瑟尔的当务之急在于海军，他告诉国王，海军"将成为这个王国的救赎或衰败之所系"。七年战争期间，法国海军"不仅被击溃，而且颜面扫地"。[18] 法军失去了 93 艘船（相形之下，英国只损失一艘），只剩下 40 艘饱受摧残的船只。舒瓦瑟尔将外交事务交给亲戚，接掌了海军部，开始学习有关大海的事情。他以打造 90 艘战列舰与 45 艘护卫舰为目标，并承诺国王能在四年间完成 64 艘战列舰。战争期间各界出资打造的 17 艘巨舰（每艘价值 100 万里弗尔）终于完工，并积累了大量木材与桅杆等战略储备。到了 1765 年，舒瓦瑟尔告知国王，他已经让准备出海的军力"几乎翻倍"，达到 62 艘战列舰与 23 艘护卫舰。情报单位在朴次茅斯与普利茅斯（Plymouth）招募间谍，另外还派人前往英格兰的黑乡打探铸炮所需的焦炭炼铁技术。造船厂进行升级或扩建，连西印度群岛的也不例外。相关人士也制订计划，让瑟堡的港口能支持海峡内的军事行动。法兰西岛［Ile de France，即毛里求斯（Mauritius）］战力得到强化，作为印度军事行动的跳板。1769 年，法国占领科西嘉岛，此举主要是为了不让英国人得到能扼住土伦的可能据点。英国民众相当赞许科西嘉开明派英雄帕斯夸莱·保利（Pasquale Paoli）领导的抵抗行动。同情人士为抵抗行动提供了武器与资金，但白厅无意为科西嘉岛一战。25 000 名法军部队花了好几个月才击破科西嘉志士，驱逐了保利，使其带着名誉流亡至英格兰。拿破仑·迪·波拿巴（Nabuleone di Buonaparte）就是生在这一年，"生于故乡垂死之际"。他因此成为法兰西子民，而非热那亚人（差一点就成了英国人）。

遗憾的是，舒瓦瑟尔无缘亲自品尝计划中的复仇。他对资金的要求难免造成高等法院派的抵制，因此他试图安抚他们。但此举却冒犯了宫廷内的保守派，他们指控他削弱王权——他甚至遭人指控毒杀王太子。他的命运就和所有波旁大臣一样，在宫廷内成为定局。他的自信、对权力与荣誉的贪婪、对敌手的鄙视，以及豪掷法兰西王国财富的做法，都给他树立了许多敌人。德·蓬帕杜夫人在1764年过世，削弱了他对国王的掌控，而他也没能成功让自己的一位追随者取代德·蓬帕杜夫人的位置——他的妹妹原先是有机会的。但这不妨碍舒瓦瑟尔对国王新任情妇的鄙夷——"嘿，美女，情况好不？"他刺探寝宫内情，向路易提交了一份羞辱人的报告，内容表示这位情妇拿路易的性无能说长道短，他想借此使她失势。但这种微不足道的胜利并不长久。1769年，一位更难以应付的对手——美丽、风趣、傻气的让娜·贝屈（Jeanne Bécu）这位成功的应召女郎"天使小姐"（Mademoiselle Ange）——找到方法重振了国王的雄风，更因为其付出而获封为杜巴利伯爵夫人。舒瓦瑟尔受到自己的自命不凡与嫉妒心所驱使，同样试图使杜巴利伯爵夫人倒台，她也因此成为舒瓦瑟尔的对手向法国国王尊耳进谗言的渠道。他们指控舒瓦瑟尔纵容高等法院派，说他借此增加自己影响力；"天使小姐"也一再对自己的爱人耳提面命，提醒他查理一世的下场。舒瓦瑟尔了解到形势岌岌可危，但仍然安排了好几桩波旁家与哈布斯堡家的联姻，以巩固与奥地利的同盟。其中最重要的，就属未来的路易十六与女大公玛丽－安托瓦内特的婚姻——当她还是个小女孩时，舒瓦瑟尔就订了这桩婚事。

他的失势紧跟着马尔维纳斯群岛事件发生。1770年，英国与西班牙因对马尔维纳斯群岛的对立主张而起了冲突。舒瓦瑟尔起先敦促过度自信的西班牙要严加提防。他知道法西两国尚未准备好拿下英国海军，也不期望美洲会在近期发生革命。然而法国国工担心舒瓦瑟尔在战争上押宝以维持自己的权势,而舒瓦瑟尔确实也对自己的盘算讳莫如深。[19] 国王于是用了波旁式的做法,没有一点表示就将他撤职,给他24小时离开凡尔赛,回到自己的乡间封地。舒瓦瑟尔活到了1785年,其间虽然有玛丽-安托瓦内特为之说情,但他再也没有重新掌权。他把闲暇用于地产投机和出售自己的若干藏画[今藏于卢浮宫、隐士庐博物馆(Hermitage)与华莱士典藏博物馆(Wallace Collection)],多少也是为了支应自己贵族式的大手大脚。不妨说,舒瓦瑟尔成了法国首个公开的、宣称爱国的、具影响力的反对党所攻击的箭靶。

舒瓦瑟尔倒台,标志着政策方向的短暂转变,以及一段政治剧烈冲突时期的到来。他的后任缓和了与英国的关系,以便腾出手打击国内反对派,将他们的注意力转移到东欧问题上。1771年,掌玺大臣莫普曾剥夺高等法院派的权力,试图扑灭反对力量。此举究竟是短视的愚民政策,还是大胆、良善的改革?历来史学家对此有分歧。但路易十五在1774年5月突然驾崩——一度"广受爱戴"的人,这时却受所有人厌恶——导致政策翻转。年轻的路易十六开除了莫普,恢复了高等法院派的职位。他就像乔治三世,以当个"爱国的国王"为目标——身兼国家领袖与公仆,既能治疗伤者,又是美德的典范(两位国王都打破传统,对妻子保持忠诚)。表面来看,路易似乎比乔治更有可能成功,因为乔治的王国快要爆炸了。

拿掉"不列颠"的"大":美国独立战争,1776—1783年

那个"大"字很快就会从不列颠顶上消失……不出几年,她就要

跌落成二流或三流的欧洲国家，没有复兴的希望。

——法国外交部报告，1777年[20]

一度扼住法兰西的强权如今彻底而永久地衰落了，失去了所有影响力与力量……沦为与瑞典和丹麦相仿的二流国家。

——神圣罗马帝国皇帝约瑟夫二世（Joseph II）[21]

美洲殖民地人民与母国政府在1763年共享帝国的凯旋，但双方却如法国人所料，在接下来几年形同水火。处在风口浪尖的，是美国领袖塞缪尔·亚当斯（Samuel Adams）所谓的"我们英国人特有的权利"。[22] 两项最关键的议题，分别是控制因法国战败而得来的辽阔领土，以及处理庞大的战争债务——整个世界经济体系已经因战争经费而不堪重负。增税有其必要，但确实滞碍难行。政府开支在战后难免要紧缩回原样，因而开启了一段难以承受的经济衰颓。破产、失业与饥饿也让纳税人在英国与美洲的抗议愈演愈烈。

土地炒作与移民侵吞原住民土地，都是根本而无解的问题。英国官员担心会爆发惨烈而代价昂贵的印第安战争。许多官员与如今成为英国子民的印第安部落有着良好关系。北美洲印第安事务司司长威廉·约翰逊爵士（Sir William Johnson），是莫霍克部落收养的成员，讲莫霍克人的语言，与莫霍克公主结婚〔人们一般称呼她为莫莉·布兰特（Molly Brant）或"印第安的约翰逊女士"（Indian Lady Johnson）〕。两人的儿子成为英国陆军军官，他们的家——约翰逊公馆（Johnson Hall），则是名副其实的英国—印第安人社会的中心。[23] 1763年10月，当局颁发皇家公告，禁止欧洲移民聚落越过阿巴拉契亚山向西发展。对殖民地人民而言，此举意味着击败法国人的胜利果实被扣住了。

伦敦的大臣们希望能对殖民地人民稍稍征税，以支付殖民地过去与未来的防务开支。但殖民地人认为《航海法》（Navigation Acts）已让英国独占美洲贸易，目前的税收贡献已经足够。暴动、官员大批辞职，以及最严重的——抵制英国进口货物，让英国的生意人与政治人物深信当局做得太过火了。威廉·皮特（此时已下野）与埃德蒙·伯克等辉格党领袖，为殖民地人民大声辩护。1765年的《印花税法》在第二年被撤销，爱国人士一片欢腾，大西洋两岸都放起了烟花。但喜悦却很短暂。税收、贸易限制、债务与土地等根本问题，进一步加剧了价值观与利益的冲突。[24]平静的局面再也无法重建，尤其是在波士顿、纽约与费城等大的口岸。等到1773年，当局为了惩罚骚动而关闭波士顿港时，对抗于此展开。1774年9月，代表所有北美殖民地的大陆会议（Continental Congress）在费城举行。1775年4月的马萨诸塞也发生了民兵与正规军之间的战斗。

这场当时人认为的英国内战，在大西洋两岸激起了争执：政治上的反对派指控当局密谋要削弱整个帝国的自由。他们怀疑，强索自印度的不义之财，已经被有心人士用来腐化政治制度。《魁北克法》（Quebec Act, 1774）虽然认可天主教会在被征服的法国殖民地内存在，但并未为当地设立民选议会——"教皇党与奴隶制度"似乎正是倾向专制的证据。罗金厄姆勋爵（Lord Rockingham）、谢尔本勋爵（Lord Shelburne）与埃德蒙·柏克等辉格党领袖谴责在北美殖民地动用军队的做法。罗金厄姆的原话是："一旦专断独行的武力控制了这个大帝国的一部分……则距离整个帝国陷入类似的被奴役局面也就不远了。"[25] 这类观点在1780年4月激起了下议院有史以来最知名的一个动议——"王室的影响力已经扩张，且仍在扩张，应予以缩减。"殖民地人民的反抗最终带来了1776年7月4日的《独立宣言》，宣言在英国也有许多支持者。其中最有力的支持来自不从国教者——尤其是英格兰的"理性不从国教者"（Rational Dissenters）①与阿尔斯特长老教会，他们对反抗者的宗教与政治立场感同身受。约翰·霍恩·图克（John Horne Tooke）是其中一员，他发动募捐，以照顾"我们挚爱的美洲同胞留下的寡妇、孤儿与年迈双亲……这些同胞忠于英格兰人的品格……却遭到国王军队的残忍杀害"。[26] 至于支持政府的人，大致上都认为叛乱削弱了法治，威胁了帝国存续，要是少了海外帝国领土，英国便无法与法国抗衡。这种观点在苏格兰非常流行，以至于英格兰的反对派将这起冲突斥为"一场苏格兰战争"。至于爱尔兰，天主教徒对"新教"叛乱者没有多少同情，许多人更是渴望借机展现对王室的忠诚。

　　法国的情况相仿，试图解决战后经济问题的措施，也导致了民间与当局的对抗。财政大臣杜尔哥是握有实权的启蒙哲人，也是重农派的经济学家，性格武断而且自以为是（但不得不说，他常常是对的）。重农派相信经济自由能增加国家财富与政府税收，因此杜尔哥希望撤销对谷类贸易的管制；然而，他却选在收成不佳时实施，结果造成了民众恐慌。暴动从乡间蔓延到巴黎与凡尔赛，群众甚至包围了王宫。当局为取得谷物采取果断措施，这场"面粉战争"以镇压告终。此外，

---

① 英格兰不从国教者中，有一群人在礼俗上与国教最为接近，但认为设立国教等于干涉思想自由因而反对国教。他们激烈抨击国教的阶级结构，反对国教会在财政上与政府的紧密联系。——译者注

杜尔哥以压抑财经巨子特权、改革税收为目标，颁布了《六诏令》（Six Edicts, 1776），结果也激起了廷臣与高等法院派等既得利益者的愤怒反对。这起事件相当于英属北美洲问题的法国翻版，但对权力中心的威胁更为直接——国王本人能"亲眼"看见饥饿的农民。不过正因为如此，要镇压也更为容易：处理"面粉战争"的 25 000 人部队就在手边，英国在马萨诸塞的军力却只有 3 500 人。更有甚者，法国政府再度准备举债，好让财政问题眼不见为净。

从 18 世纪 70 年代中期以来，法国大幅增加军事开销。"神意指明此刻为羞辱英格兰之时"，新任外相韦尔热纳伯爵（Comte de Vergennes）是这么认为的。[27]《加来围城战》盛大上演，就是被刻意安排来刺激爱国狂热的。法方迅速招来威廉·威尔金森，让他设厂铸造大炮。在纽芬兰外海作业的渔民则接获命令，回港担任军舰船员。英国人知道有事正在发生，他们在法国有高效的间谍网，由大使斯托蒙特勋爵主持。本杰明·富兰克林对帝国价值感到幻灭，逐渐倒向美国爱国主义，他刚在巴黎郊区的一栋房子里设立临时使馆，就被英国当局渗透了。

有个人板起脸说教，提醒人们小心，他就是杜尔哥。对于美洲人的目标，他比机会主义的同僚们怀抱更多同情。他相信美国独立——应该说所有殖民地的独立，最终都不可免。他主张法国的利益在于让盎格鲁—美洲冲突持续下去。干预恐怕会让双方和解，转而对付法国。说到底，法国负担不起战争。"国王知道自己王国的财政情况"：战争将是"极大的灾难，毕竟战争会让必要的改革长期无法推行，甚至是永远无法推行……如果我们草率动手，就是冒着让我们的弱点长久存在的风险"。[28]他拒绝将海军预算从 3 000 万里弗尔增加到 6 200 万里弗尔。1776 年 5 月 12 日，杜尔哥下台。这下钱就不是问题了，海军开始在布雷斯特与土伦备战。

杜尔哥去职被公认是法国历史的转折点之一：旧政权就此错过了自发改革的最好机会，踏上了通向垮台的致命一步。杜尔哥警告，第一发炮响也就意味着革命，此言看似危言耸听，实则真实不虚。身为国家财政的舵手，他的音量却出奇微弱。一位圈内人写道："大臣们习惯上只把财政总监当成收钱的人，认为他要负责执行而非阻挠他们的政治计划。"[29] 这段话挺适合当波旁君主国的墓志铭。

职业外交官韦尔热纳延续了舒瓦瑟尔的政策，以恢复法国的优越地位。他特别针对英国：

让北美洲殖民地脱离她；她萎缩的贸易、越来越沉重的财政负担，将恰如其分地削弱其力量，使她不那么恼人，也不那么骄傲。她将无法继续在欧洲大国间制造分裂与不和。[30]

韦尔热纳厌恶北美洲反抗者的政治理念。但意识形态不是问题。他愿意支持波士顿的爱国者，视他们为"我们的朋友"来对抗英国，同时却镇压日内瓦的本土势力，视之为"英格兰的帮手"。[31] 但他很小心。英国说不定会试图在欧陆引发战争。因此，绝对不能让其他国家觉得自己受到了法兰西雄心的威胁。"只要我们满足于砍下敌人的双手，而不坚持刺穿其心脏，别人就不会那么怕我们。"[32] 最好的做法，是尽可能长久借代理国的手进行战争，暗助反抗军，同时在印度鼓励人们反对英国。法国国王如是说："他们越打就越是损己。"[33]

走进费加罗世界

  美洲与英格兰之间如火如荼的争吵,即将分裂全世界,改变欧洲的结构……唯有不计代价阻止英格兰与美洲议和,同时防止任何一方大获全胜,陛下才能维持您所意欲之和平。

  ——皮埃尔-奥古斯丁·卡龙·德·博马舍(Pierre-Augustin Caron de Beaumarchais)致信路易十六,1776年2月[34]

  皮埃尔·卡龙——又名博马舍的卡龙——是位钟表匠、王室竖琴老师、治安官、企业家兼谋杀嫌疑犯,而且想当廷臣与剧作家。他同时是王室密探的一员,帮舒瓦瑟尔公爵打杂——后者相当于费加罗所服务的伯爵阿尔玛维瓦(Almaviva)。1775年上演的《塞维利亚的理发师》(The Barber of Seville),则让他首度在文坛大获成功。

  这年夏天,他被派往伦敦担任密探,设法解决悬而未决的骑士迪昂问题。此时的迪昂以女性剑术老师的身份,通过教小姐们击剑为生,同时仍威胁若不支付318 000里弗尔又26苏,就会将秘密文件公之于世。路易十六为了终结难堪的局面,希望迪昂重返法国,以女性的身份生活,穿着专属女子的衣服。博马舍与之进行了接触:"这少妇为我痴狂……是哪个白痴,以为国王的政府需要我对这个龙骑兵上尉[①]献殷勤?"[35] 他说服迪昂交出争议文件,交换条件是每年12 000里弗尔的年

[①]1761年5月,迪昂担任龙骑兵上尉,在七年战争晚期参战。——译者注

金、清偿其伦敦债务、一笔2 000盾（écu）①的治装津贴，以及在女装上佩戴圣路易十字章（Cross of St Louis）的皇家特许（"仅限于在外省时佩戴"）。博马舍也跟威尔克斯及其他亲美政治人物接触。他本人对法国本土出现的民主理念不抱同情，却成为美洲民主人士的热烈拥护者。他致信法国国王与韦尔热纳，敦促将资金与武器运给反抗军："他们请求的这一点点帮助……将为我们带来重大的胜利果实，而且毫无风险。"[36]1776年5月，韦尔热纳授权他设立公司，要他以"自负风险"的方式提供武器："在英国政府甚至是美洲人眼中，这种行动应该以私人投机生意的表象进行，我国则对此一无所悉。这一点至为关键。"[37]法国政府预支了200万里弗尔，西班牙又给了100万，包税总监再加码到400万。博马舍在巴黎成立了罗德里格·霍塔勒兹公司（Roderigue Hortalez et Compagnie），向政府的兵工厂购买武器。美国人马上订了3万支滑膛枪、3万套制服、2 000桶火药、大炮、弹丸与4 000顶帐篷，以烟草支付。截至1777年3月，博马舍已经派送了九趟关键的船货，只有一次遭到拦截。[38]没过多久，他自己就有了一支迷你海军，但他从来没有赚到多少钱。

战后，博马舍重返剧场界，写作《费加罗的婚礼》（The Marriage of Figaro）。剧中借一位聪明新贵对贵族做了无礼的嘲弄，捕捉到了战后观众的口味。时尚的宫廷中人很喜欢《费加罗的婚礼》，让这部戏能在1784年4月登台，尽管路易十六对此强烈反对——他清楚表示，让戏上演，就相当于拆毁巴士底狱。

---

① 盾，法国货币，因为钱币上印有盾形纹章而得名。最早的盾金币，其价值与成分随时代而有所不同。——译者注

229

伦敦方面希望限制战争的规模，因此对法国运送武器睁一只眼闭一只眼。但凡尔赛允许美国私掠船进法国港口寻求庇护，此举却造成了一场外交危机。1777 年 6 月，英国海军接到命令，搜索并阻止法国船只前往美洲。英国扣押了158艘法国商船及其船员[39]——这项行动（与1755 年时相似）让法国缺少船员。1777 年 12 月，陆军少将约翰·伯戈因（John Burgoyne）的部队在萨拉托加（Saratoga）投降的消息震惊各界，导致伦敦股票市场崩盘。法国出了首流行歌歌颂"叛乱军的胜利"：

一天就结束任务
送你的孩子去跳舞
在英格兰的废墟上跳舞。[40]

法国国王与韦尔热纳打算以协助的形式出手干预，不希望美国在法国有时间这么做以前就获得胜利。他们相信（博马舍对此做了保证）英国人已经决定让美国独立，并改以攻击法国与西班牙的殖民地来弥补自己的损失，说不定还会跟曾经的叛军联手。[41] 韦尔热纳决定以"不让法国真成为侵略者"的方式激起战争。[42] 外交部预测"1778 年将决定英格兰的命运并确立法国的优势"。[43] 美国海盗船再次得到港口设施支持，此举在 2 月时成为官方政策——基伯龙湾的法国海军以九响礼炮，向声名狼藉的海盗船长约翰·保罗·琼斯（John Paul Jones）船上的美国国旗致敬。到了 3 月，凡尔赛告知伦敦，表示法国已经与美国人签订条约，承认其独立。双方各自召回大使，英国驻敦刻尔克的

"监察官"则在欢腾的爱国情绪中遭驱逐出境。3月20日，本杰明·富兰克林正是以美国使节的身份获宫廷接见。富兰克林新大陆式的直率，让齐聚一堂的贵妇人、教士与贵族感到相当兴奋：褐色套装、笨重的鞋、眼镜、没有假发（人们认为这是清教徒的风格，但显然是在渡海时给风刮到海里了）。但英国人还是没有中计，他们没有宣战。

1778年6月17号，第一场流血冲突终于在罗斯科夫（Roscoff）外海发生——小型护卫舰"美少女号"（Belle Poule）与"阿瑞图萨号"（Arethusa）打了起来。双方皆把此事当成光荣凯旋加以庆祝——两国的历史书仍能反映出不同的意见。尽管"美少女号"严重受损，被迫寻找避风港，且有1/5的船员阵亡，但船长仍然成为民族英雄：艾萨克－让－蒂莫泰·沙多·德·拉克罗谢特里（Isaac-Jean-Timothée Chadeau de La Clochéterie）祖上三代都是海军军官，父亲在30年前与安森将军作战时阵亡。他的"勇气，甚至是疯狂"[44]终于催动了敌意，不过距离正式宣战，还需要三周时间。凡尔赛的妇女开始梳着"美少女号"发型——将头发梳好上胶，弄成船的形状。

这场战争得到全民支持。赞美英式自由的人认为殖民地人民是真正的自由捍卫者。保守派则对机会表示欢迎，打算让博马舍所谓的英国"混杂动荡的……王室—贵族—民主政体"之低劣广为人知。贸易商则期待获得顾客。所有人都期待法兰西恢复（一份报纸如是说）"其帝国、其优势……恢复她作为欧洲一流国家的地位，再也不失去这种地位"。[45]有首流行歌的歌词则说希望"你将击碎／属于号称政治家的这些商人／属于下议院小政客的讲坛"。[46]

心怀革命的贵族

> 我们踏在花毯上欢快前行,很少想象脚下有着深渊。
>
> ——塞居尔伯爵(Comte de Ségur)[47]

在一群帮助美国人,借此追求荣耀与复仇的法国贵族青年中,拉法耶特侯爵马里·约瑟夫·莫捷(Marie Joseph Motier)是最有名的一位。洛赞公爵(玛丽-安托瓦内特的亲信之一)指挥自己的兵团参战。年轻的塞居尔伯爵(战争大臣之子)、孟德斯鸠男爵(那位哲学家的孙子)、泰奥多尔伯爵(Comtes Théodore)、查尔斯·德·拉梅特和亚历山大·德·拉梅特(Alexandre de Lameth)、布罗伊亲王与诺瓦耶子爵全都投身战场。瑞典的费尔森伯爵(Count Fersen,后来因试图搭救玛丽-安托瓦内特而闻名,据说也是她的爱人)也设法插了一脚。

其中有好几位到了 1782 年春天才搭上船,先是在亚速尔群岛磨磨蹭蹭(跟年轻的葡萄牙修女建立"友好关系"),差点被英国海军俘获,到战争将近结束时才登上美洲大陆。但拉法耶特的角色远比他们重要得多。其祖上在第一次百年战争时是法国陆军元帅,父亲则在明登阵亡。他渴望冒险、荣耀与复仇——"伤害英格兰,就是为国效劳(我相信也是复仇)。"[48]1777 年,他在没有王室许可的情况下溜出法国,自己买了船,向华盛顿伸出援手。华盛顿急需法国人援助,拉法耶特则提议动用自己在社交界的影响力以达成目标。一开始,这位 20 岁的侯爵与其美国盟友的关系相当紧张——法国人跟美国人之间多半如此——但拉法耶特美化了美洲、原住民与殖民地人民的形象。

法国军官"看到拉法耶特侯爵多次屈尊,模仿美洲民主人士的风俗习惯",对此大为不悦。[49] 他崇拜华盛顿,华盛顿则报之以慈父般的关怀。

约克镇围城战时的拉法耶特侯爵和他的黑人仆从詹姆斯·阿米斯特德(James Armistead)。爱国派的贵族帮助一个拥奴的共和国,真是加倍讽刺。

拉法耶特以英雄身份重返法国,此后他始终是美法友谊的象征。后来,他和其他曾在美洲作战的贵族(尤其是拉梅特兄弟)在反对专制君主国的政治抗争中以及法国大革命初期担任要角。

法国的介入在英国引爆了严重的分化，人们对战争和现实处境的看法也有所改变。这一方面创造出一种大难临头的普遍感受，各界因此加倍批评政府将国家领向如此危机。暴动四起，群众悬吊人像，攻击官员住宅，爱尔兰亦形势不稳。另一方面，局面如今仿佛护国之战，许多反对派人士因此团结起来，存亡危机也将美洲的叛变降为一段插曲。[50] 剑桥郡有一批不从国教派的会众，过去他们为"结束跟美国人之间的这场血腥、违逆天理的战争"而祈祷，如今则为"对抗法国人"祈求神助。无独有偶，阿尔斯特志愿军也以"与美洲迅速议和，跟法国开战"为祝酒词。[51]

法国的战略是打一场有限度的战争：以入侵行动的威胁，迫使英国人将军队（尤其是海军）留在本国，接着攻击印度、西印度群岛以及（尤其是）北美洲的孤立前哨，破坏贸易以促成恐慌，削弱英国的作战能力。为此，法方早在战争开始前的1778年春天，便将土伦舰队派到美洲。这一回，一切都奏效了。欧陆没有战事分化法国的军队。英国军队（特别是海军）作战能力不强，而且准备不足：不仅没有跟上法国和西班牙扩建海军的步伐，而且因为担心显得挑衅而推迟动员。英国决定将大多数部队从北美洲撤回，以防守存亡之所系的西印度群岛。

然而，北美洲的发展却不如法国人所期待的那么美好。反抗军已山穷水尽，英国人也试图妥协。法国大有错失复仇机会的风险。这时，西班牙——海战的必要盟友——对法国的计划造成了决定性的影响。自从七年战争以来，西班牙政府一直受该国殖民地抗税斗争所苦，对支持英属殖民地反抗军的做法表示反感。他们只打算以获得直布罗陀与梅诺卡岛为主要目标，打一场简短的战争——只要成功，他们相当愿意放弃美洲子民。要达成这个目标，就必须入侵英格兰。韦尔热纳提议在爱尔兰进行有限度的登陆战,煽动"狂热于民主的"长老教派,由 1745 年入侵爱尔兰行动的老兵——沃尔(Wall)将军制订计划。但西班牙人坚持在英格兰发动决定性的登陆。否则——法国大使提出警告——西班牙人只会派他们最烂的船,将其交由"最愚昧、最惹人厌的军官"指挥。[52] 沃尔的计划被束之高阁,到 1796 年才派上用场。韦尔热纳(似乎是受吉纳伯爵的计划所启发)同意在怀特岛(Isle of Wight)与朴次茅斯登陆两万人,借此摧毁海军基地,终结英国人对海峡的控制。部队将依序攻击布里斯托、利物浦、都柏林,以及美洲陆军主要的补给基地——科克(Cork),抢夺那里的 5 万桶咸牛肉。朴次茅斯甚至有机会成为法国的直布罗陀,从此严重削弱英国,使法国成为欧洲主宰。法国人大做白日梦:"英格兰银行倒闭,灌水的货币缩水回真正的币值——至少要缩水 9/10——信用破产,财源枯竭,陷入全面恐慌。"[53]

1779 年春天,3 万人的部队已经准备好从勒阿弗尔与圣马洛出航。拉法耶特带着雀跃的心情从美国回国,梦想"在那个粗野国家的正中心插起第一面法兰西旗帜……一想到能看见英格兰颜面扫地、遭到击溃,便让我兴奋得发抖"。迪昂跃跃欲试,志愿加入海军,"我在承平时期穿的或许是裙子,但在战时是不可能这样穿的"。[54] 当局发布了应对原住民的训令:

> 英格兰人繁荣时便傲气十足,一旦遭遇逆境马上就泄了气……
> 用钱最能诱使原住民将货物售予我们,毕竟这个民族最关心的就是赚钱。[55]

235

廷臣带着夫人涌向诺曼底去共享荣耀，军官宿舍成了凡尔赛分宫。年轻的勒内·德·夏多布里昂（René de Chateaubriand）终其一生，都忘不了气宇轩昂的洛赞公爵骑在阿拉伯马上的样子——"一个世界将终结在他们其中一人手中"。[56]

在海峡对岸，梅德斯通（Maidstone）近郊的科克斯希思（Coxheath）与布伦特伍德（Brentwood）附近的沃利（Warley）也设立了营地以保卫首都。这儿的情况与法国相仿，军营成为流行社交中心以及戏剧、漫画和歌舞剧的主题。马车载着游客从伦敦出发，约翰逊博士也去了。国王与王后也在当地一位天主教贵族的陪同下现身——表现出为国团结的非凡姿态。德文郡公爵夫人和友人穿着贴身的军服，天天在马背上露面，还搭了好几顶覆盖着毯子的大帐篷，暂且充当游戏间、卧室、厨房与仆役房。[57]部队的装备反而没那么招摇，连货车或军需库都没有。公民们出于爱国心与上进心，恳求当局允许他们指挥自己的志愿军部队。陆军少校霍尔罗伊德（Holroyd）获准招募"近期无业"的萨塞克斯走私贩子。他们的兵团团歌唱着："我国的妇女无须害怕西班牙人或法国人／霍尔罗伊德的龙骑兵会出现在他们前进的路上。"[58]但这类请求多数都被驳回了，包括一则来自温特沃斯先生（Mr Wentworth）的请求——他希望用狱中的债务人组成部队，打着弗朗索瓦一世的格言——"除荣誉外别无他物"上战场。[59]只有在人力极端吃紧时，政府才允许私人募兵，尤其是在苏格兰高地。

1779年7月，兴奋的巴黎人看着士兵在塞纳河上穿着软木救生衣操练。谣言指出韦尔热纳将成为英格兰总督，至于乔治三世则将被关押于香波城堡（Château de Chambord）。到了8月，博马舍宣称"伦敦每一家咖啡店的客人都在议论纷纷，问是否要在攻击行动发生时撤退。大家都倾向逃到苏格兰"。[60] 英格兰银行预料将面临挤兑。一家伦敦商号去信爱尔兰，信上说"这个王国"已经陷入"此前从未经历过的惊慌态势"。民众手忙脚乱，准备将牲畜、车辆与谷物从受威胁地区移走。一位乐观的军事幕僚希望所有男性公民能"起身抗敌"，至于"妇孺则封阻道路，驱赶牛只"。《晨报暨每日广告》（*Morning Post and Daily Advertiser*）这样激励读者：

就算那些法国先生与西班牙老爷携手合作，
真正的英国英雄又有什么好怕的呢？
青蛙、清汤和葡萄酒，
哪比得过牛肉、葡萄干布丁与啤酒？ [61]

双方的专家都认为英国的陆上防御不堪一击，而法国—西班牙联合舰队有 104 艘战舰，数量远胜英国海军。500 艘运兵船已经准备好载着诺曼底的陆军出发。"历史上从未有过如此时刻……法国海军如此接近自己一再盘算的目标——登陆英格兰：海峡一片畅通，敌军都躲在港里。"[62]

敌人的无能和大自然的力量拯救了英格兰——这不是第一次，也不是最后一次。1779 年 6 月 10 日，法国舰队抵达与盟友约定的集结地——西班牙外海，结果却在海上等了 6 周。等到西班牙人终于抵达，这两支舰队还得先演习；双方都无法解读对方的指令："二流船长的人数居然比上一回还多。"粮食与饮用水逐渐减少。天花、坏血病与霍乱开始暴发，"一场恐怖的瘟疫，让我们的船都缴械了"。"兵丁得用体格不达标的人补充……饮用水汲自受污染的泉水。我们没带酸模和柠檬就出海了。灾难是躲不掉了。"[63] 8月15日，法西联合舰队抵达康沃尔海岸。英国舰队（指挥官们还在争吵）则撤往海峡北方。联军清楚知道时间有限，于是改以法尔茅斯（Falmouth）为目标，有意占领康沃尔为桥头堡。法军指挥官海军上将奥维利耶伯爵（Comte d'Orvilliers）接着错失了缔造历史的良机。他坚持自己绝不能在击败英国舰队之前冒险发动登陆：此举不仅不光彩，从常理来看也办不到。在越来越恶劣的天气中载浮载沉之后，奥维利耶在9月中旬返回布雷斯特，8 000名士兵病的病，死的死——损失比任何海战都惨重。据说，不得不丢进海中的尸体之多，让康沃尔与德文郡的民众拒绝吃鱼。这次入侵是"法国人在战争中最严重的战略失败"。[64] 单就该世纪而言，此话确实不假。玛丽-安托瓦内特写道，"奥维利耶先生手握远多于英格兰人的兵力，却无法与之一战，公众对此大为愤慨……此行花费甚巨"——高达1亿里弗尔！——"却毫无成就，在我看，没有任何迹象显示能在今年冬天缔结和约。"[65]

因此，战事将继续进行，蔓延全球。海军大臣安托万·德·萨丁（Antoine de Sartine）确保其预算得到了巨幅提高，从和平时期的大约2 000万里弗尔，提升到1776年的3 500万、1778年的1亿、1780年的1亿6 900万，以及1782年的2亿。[66] 法国人发现得动用自己宝贵的木材储备，帮西班牙舰队维修、重新安置桅杆。[67] 但至少他们能从波罗的海地区进口木料，至于不可或缺的船桅与其他航海所需的物料，也能通过荷兰船只安全运送，或是经由荷兰运河漂送过来，英国巡洋舰对此鞭长莫及；与此同时，英国则失去了北美的关键供应。英国陆军与海军的注意力从美洲的关键行动转往别处：他们得防止英国受到另一次可能的入侵，为直布罗陀解围，在印度次大陆抵抗法军及其印度盟军,还要守护西印度群岛。西班牙与荷兰先后加入战局,英国海军寡不敌众:英国有94艘战列舰,联军则有137艘。[68]制海权已经失去,"其影响在世界各地都感受得到"。[69]

英国动员人力与资源的程度,超越以往的任何一场战争。海军从平时的1.6万人,扩增为1782年的10万人;同一时间的陆军正规军与民兵则达到25万人,另有6万名爱尔兰志愿军。税收提高了30%,在战争结束时有23%的全国收入都变为税收——不仅高于此前任何一场战争中的税收,也高过其他参战国的税收。这场冲突强化了大不列颠与爱尔兰的"英国意识"。仍在美洲的陆军庆祝"我们的兄弟主保圣人",即安德鲁、大卫、乔治与帕特里克的节日。① 当局对此大为支持。和上一回跟法国的战争不同,现在再也没有任何詹姆士党"第五纵队"带来的危险了。穿着苏格兰高地服饰不仅合法,军队甚至大量订购苏格兰花格呢,供新成立的高地兵团穿着。爱尔兰议会获得了更多自治权。《天主教解禁法》(Catholic Relief Act, 1778)减少了针对天主教徒的法律限制,为招募天主教徒加入陆军大开方便之门。

但此举却在新教徒之间激起了强烈的亲美反作用力,他们指控政府跟"教皇党"调情,危害自由。动乱从苏格兰展开,最后在伦敦演变为英国近代史上最具破坏力的政治暴力事件:遭受破坏的财物,甚至比整场法国大革命破坏的都多。[70]1780年6月6日,乔治·戈登勋爵(Lord George Gordon)得到5万群众的支持,在议会发起抗议。大臣们与坎特伯雷大主教遭人团团围困。不受控制的暴动在首都与若干

---

① 这四位圣人分别是苏格兰、威尔士、英格兰与爱尔兰的主保圣人。——译者注

地方城镇延续了一周时间,许多激进团体参与其中。但传说中的"戈登暴动"(Gordon Riots)——狂乱的无政府状态与野蛮凶残的行为——确实过于夸大。闹事者专门以天主教机构、亲政府派政治人物和权威象征为目标,最后连纽盖特监狱(Newgate Prison)与英格兰银行都遭了殃。工人阶级的天主教徒多半不受打扰。[71]但暴动产生的影响,反而使反对派的政治人物不愿进一步鼓励大规模行动,而且阻挠了改革方案的推行,并导致官方对不从国教者越发猜忌,使得天主教徒也显得不那么危险了。

关于战争对法国造成的立竿见影的影响,我们所知不多,因为历史学家的注意力都被最终导致1789年革命的长期影响给吸引过去了。这场战争对法国民众的影响远远不及对英国人的影响。投入战事的军队人数远少于投入此前战争的,毕竟欧陆没有战事。海军征召对布列塔尼、诺曼底与普罗旺斯的渔业人口造成了打击:船员设法避免接受征召,因为在不卫生的海军舰艇上服役可不好玩。从1779年那支舰队下船的病人挤满了医院,队伍甚至往内陆延伸数里。贸易因海军行动与私掠而中断,每一次与英格兰开战皆是如此。政府决定借款偿还战债,不像英国那样结合借贷与增税。法国的做法在短时间内促成了了经济蓬勃发展。有首流行歌表示:

> 英国人看来恼火
> 我们发展、他们欠债
> 可我们有大把的现金
> 看看我们的每一场宴会吧。[72]

历史学家西蒙·沙玛（Simon Schama）表示，这场战争以"极具颠覆性的、无法逆转的"方式影响了法国的上层社会。[73]这在当时并不明显：光荣复仇哪有什么危险？当局一如既往，委托人制作宣扬国威的画作与雕像。然而这次的冲突，却让七年战争期间已经浮现出的新形态爱国主义更为流行，而且如今的美国人就体现了这种爱国主义。这跟效忠国王的古老传统大相径庭。从拉法耶特1779年返回后受人追捧的情况，人们就能略见其端倪。起先他因为在没有王室允许的情况下参战而被软禁。但巴黎的剧场界为他欢呼，法国国王不久之后邀请他来到王室猎场，原先鄙视他的玛丽-安托瓦内特更是在他22岁的时候任命他为皇家龙骑兵团指挥官。本杰明·富兰克林的声望也不差。他的刚毅朴实、智慧举措，令人想起了卢梭与画家让-巴普蒂斯特·格瑞勒兹（Jean-Baptiste Greuze）所描绘的形象。他的《穷人理查德年鉴》（*Poor Richard's Almanach*）的法语版《好人理查德的科学》（*La Science du Bonhomme Richard*）成为畅销书；他的电学实验蔚为风尚，显示了在他"显眼却不张扬"的外表之下潜藏着天赋。[74]宫廷不只加入，甚至引领了这种吹捧；但拉法耶特与富兰克林所体现的文化与价值，却在不经意间为凡尔赛的浮夸习惯定了生死。

法国政府了解，若要援救美洲反抗军，需要投入的不只是船只、武器与资金，也需要派遣军队。英国人在纽约势力稳固，正朝南方的殖民地推进。王室得到了殖民地保王党的强力支持，尤其是德意志与苏格兰移民（30年前曾英勇搭救小王子查理的弗洛拉·麦克唐纳就是其中之一）的支持。以保王党身份参战的美洲人比加入华盛顿军队的人更多。成千上万的肖尼人（Shawnees）、克里克人（Creeks）、莫霍克人、切洛基人（Cherokees）与其他原住民族都站在王室这方，对抗对土地毫不餍足的拓垦移民。非洲奴隶如果背叛了参与造反的主人,则能获得自由,勤王的非裔军队于此成立。多达10万人把握住了这次机会——"美洲奴役史上首度大规模脱逃"——其中许多人原先还是乔治·华盛顿的财产。[75] 一位宾夕法尼亚政治领袖担心,高额税金会让殖民地人民准备"重新与大不列颠缔结关系"。还有一位议员在1780年写道:"我们差不多走到绝境了。"[76] 华盛顿乞求法国援助。一位美国历史学家断定,"少了来自法国的资金与补给,美国就不大可能生存下来;没有法国陆、海军相助,几乎不可能将英国人从各个美洲据点驱逐出去"。[77]

1780年7月,17艘战舰、30艘运兵船与5 000人的部队悄悄开进罗得岛(Rhode Island)的新港(Newport)——人数虽然不比1689年派到爱尔兰的多,但仍然有巨大的军需与财政支持。士兵来自法国各地,但多数的招募兵一如既往,主要来自尚武、爱国的东部省份——苏格兰高地人也开始在英国扮演类似角色。船员多为诺曼人与布列塔尼人,虽然海军征召机构要求他们痛恨英格兰人,但经历一代代的战争、袭击与掠夺之后,这早已是他们的本能。部队指挥官为罗尚博伯爵(Comte de Rochambeau),他前一年的任务,就是为英格兰入侵行动打头阵。罗尚博是位有能力的职业军人,"谈的都是丰功伟业……完全没有其职业之外的想法"。法国人对美国人不抱多少指望。罗尚博被要求"隐藏自己的委屈、担忧,静静接受自己将与之协同作战的人的无能"。即便如此,法军仍然对华盛顿麾下部队的情况大为震惊——尽管有着严刑峻法,他的部队仍旧因临阵脱逃与哗变而支离破碎。法国海军指挥官报告说:"美国人已陷入严重困境。他们想要求和。"罗尚博向韦尔热纳求援,要求"援军、船只与资金。不要指望这些人和他们的资源,他们没钱、没信用,部队行将瓦解"。[78] 但韦尔热纳不愿意在美国人自己都想放弃时派出更多部队。

法国士兵与舰船长期固守新港，准备着应对英国人的进攻，而且他们的消息主要依赖来自纽约的保王党报纸。他们靠发牢骚、赌博、吵架来打发时间，跟美国人保持礼貌但警戒的关系。他们清楚许多美国人对法国人有所怀疑，部队也都留在营中，以防法国人的"时髦、浮夸"与美国人的"简约、乡村风格"有所龃龉。为了避免冲突意外发生，哨兵接获指令——如果以"Qui vive"（来者何人）盘查却没有得到回答，就改大吼"Ou is dair"（音近于英文的"who is there"）。[79] 军官可以自由与美洲居民交流，他们惊讶地发现美洲人没有国内刻板印象所指出的那么懦弱、那么"不像男人"。新港居民对于贵族准备为自己的目标冒生命危险，似乎有些受宠若惊。孟德斯鸠男爵得益于祖父的大名，深受众人追捧。当乔治·华盛顿在 1781 年 3 月造访法军营地时，法国人也投桃报李，第一次浸淫于共和美德中的军官们也奉他为偶像。1755 年不幸的朱蒙维尔事件已被人遗忘。

罗尚博抵达不过数周，英国人似乎就要赢得胜利。纵使以相当退让的条件在日内瓦与阿姆斯特丹举债，法国仍极度缺钱。这个国家流失了大量现金。由于将 1 亿里弗尔运往美洲与印度，国内四处都缺乏硬币。萨丁秘密签发了 2 100 万里弗尔的借条，维持海军运转，结果导致自己在 10 月下野。日内瓦银行家兼法国末代财务大臣雅克·内克尔要求控制支出却遭到拒绝，于是在第二年 5 月辞职——法兰西王室第一次有大臣敢走人不干。英国情报人员以乐观的心态上报此事，认为这是"对法国信用、美国独立的致命一击"。[80] 法国人、美国人和西班牙人都在跟伦敦进行非正式议和接触。法方预料英国将保留其攻下的领土，即纽约、卡罗来纳、佐治亚与缅因大部

243

分地区。英国战争大臣乔治·杰曼勋爵（Lord George Germain）认为：

> 现在各地的叛军势力如此孱弱，我方则有巨大的优势，无法想象他们还能抵抗……征召来的为国王服役的美洲兵员，人数多于为大陆会议效力的兵员，一思及此……令人满意。

首相诺斯勋爵（Lord North）向国会保证，有前景能签订"公平、体面的和约"。[81]

韦尔热纳决定孤注一掷，说服国王相信国家名誉在此一举。美军得到了送来的装备与资金（用快船运来的一桶桶现金），用于最后一役；到了1781年3月，海军中将格拉斯伯爵（Comte de Grasse）麾下的20艘战列舰也从西印度群岛开来。英国海军上将乔治·布里奇斯·罗德尼（George Brydges Rodney）聪明反被聪明误，一门心思都放在了搜刮西印度群岛的战利品上，没有前往拦截：可以说，北美洲一役就输在加勒比地区。格拉斯得以北向驰援罗尚博，如果战情没有改善，也能带他撤离。凡尔赛方面的期待并不高："我们不该指望能在北美洲挥出关键一拳。"[82]1781年6月，罗尚博的5 000人马终于从罗得岛动身，加入华盛顿前景黯淡的纽约围城战。

英国人的情况没有表面上看来那么兵强马壮。若干部队已撤离美洲，前往防守西印度群岛。国王的陆军还是能打胜仗，但反抗军比他们更容易补充兵力损失。一位将军如是说："敌军的计划，八成是每星期都输给你一仗，输到你涓滴不剩。"陆军将领查尔斯·康华里（Charles Cornwallis）就碰上了这种事：1781年夏天，他无畏地——

或者说鲁莽地——从南卡罗来纳扫荡到弗吉尼亚，意图捣毁美军的核心抵抗力量。此举导致康华里的部队从 4 000 人减损为 1 400 人，他只得撤至切萨皮克湾（Chesapeake Bay）旁的约克镇（Yorktown），等待海军接应。

1781 年 8 月，华盛顿在罗尚博的坚持下，[83] 与他一同南进，对阵康华里，与格拉斯相呼应。在这场战争中，制海权才是关键，这一回也不例外。格拉斯捎去消息，表示自己正带着舰队与援军从西印度群岛前往切萨皮克。他把舰队开进切萨皮克湾，让 3 000 人以上的法军登陆。英国海军上将塞缪尔·格雷夫斯（Samuel Graves）率领麾下舰队从纽约南下，在 9 月 5 日抵达切萨皮克湾，比格拉斯稍晚。虽然人数落下风，但他仍攻击了法军并打成平手，双方舰队都有损失。但法军仍在，孤立了康华里的陆军。经常有人批评格雷夫斯未能强行攻进切萨皮克，帮助康华里的部队逃走，但如果他这样做了，他自己的舰船恐怕会因此受困。军事历史学家皮尔斯·麦克西（Piers Mackesy）将风险总结如下：

> 虽然事实证明康华里的军队将损失惨重，但失去海军却会是更严重的灾难……背风群岛（Leeward Islands）与牙买加恐怕会失陷。纽约将遭受猛攻，甚至得不到食物。印度将无以防御。甚至只要法国人允许，连新斯科舍与加拿大都会受美国统治。[84]

格雷夫斯撤退至纽约以恢复元气，并制订计划回头协助康华里，他希望康华里能先坚守几个星期。

但罗尚博与华盛顿的部队上了格拉斯的船，从切萨皮克湾顺流而下，于 10 月 6 日围困约克镇。这是法国陆军在美洲打的唯一一场重要战役。部队全副武装,配有重炮,攻势精准,推进积极:这是罗尚博第十五次打包围战。当美军试图攻占英军的一处据点,却遭到困难时,指挥一支美军旅的拉法耶特向美军伸出援手,结果触怒了自己的同胞。到了10月16日,康华里只剩3 000多人还能战斗,而他们要对上法军的7 800人、华盛顿部队的5 800人,以及3 000名弗吉尼亚民兵。他弹尽援绝,无法抵挡敌军即将发动的全力进攻。1781年10月19日,他的人马出城放下武器,乐队则演奏《天翻地覆》(The World Turned Upside Down)。这一仗是法国海陆两军对英国取得的最大胜利,创造了历史。

康华里称病,派爱尔兰裔的副将查尔斯·奥哈拉(Charles O'Hara)率军投降。奥哈拉打算把佩剑交给罗尚博,识时务的罗尚博拒绝接受,但华盛顿反倒将之收下。他当然是故意的。英国人与美国人如今互相看不顺眼,彼此多次控诉对方的暴行,而且这些控诉还经常有凭有据。法国人本能地同情英国人,希望维持"欧洲国家的战时惯例"。[85] 这成了联军之间不和的起源。有些法国人头一次见识到美军士兵在纽约附

康华里勋爵投降,交出约克镇:英国人不愿向美军投降,宁可投降法军。

近"毫无怜悯、嗜血无餍"的行为,大感震惊。他们认为美国人在约克镇一役之后的行为缺乏骑士风范,虐待英国战俘的做法更是有罪。法国人和战败的英国人称兄道弟,美国人对此也感到愤愤不平——例如罗尚博,他借钱给康华里,康华里则大加赞扬罗尚博的慷慨。法国人驳斥美国人说,"良好的教养与礼貌让人们团结一致,有鉴于我们有理由相信美国人讨厌我们,他们应该也不意外我们会偏爱英格兰人"。[86] 在布列塔尼获得假释的战俘也得到了类似的善待。

抢救阿斯吉尔上尉

约克镇一役有位战俘,是19岁的查尔斯·阿斯吉尔(Charles Asgill)。为了报复保王派吊死反抗军军官,美军抽签选人处以死刑,结果抽到了他。他的母亲无计可施,只好在1782年7月18日写信向韦尔热纳求情,韦尔热纳把信呈给路易与玛丽-安托瓦内特。阿斯吉尔的年轻为他赢得了不少同情,法国国王伉俪交代韦尔热纳介入此事。韦尔热纳写了一封彬彬有礼但绝不含糊的信给华盛顿。他以"有情之人与慈父的身份"写信,但也得到"国王陛下知情与首肯",提醒华盛顿:因为有法国陆军的支持,才会有这些战俘;此外他还表示"国王陛下心怀善意,希望尊驾能同意,满足陛下让一位不幸母亲之忧得以平抚的心愿"。[87] 虽然大陆会议对于向法国"卑躬屈膝"颇有微词,但美方别无选择,只能释放阿斯吉尔(后来他一路当上将军)。阿斯吉尔全家人前往凡尔赛宫,亲自向国王与王后致谢。英国人与法国人认为彼此生活在同一个具备骑士精神与"有情"的世界,而美国人并不是这样。

甜蜜的世仇
英国和法国，300年的爱恨情仇

　　1781年11月，洛赞公爵将约克镇的消息带回凡尔赛，但宫廷把注意力都放在最近出生的王室继承人身上。许多人因为本国毫不在乎自己在远方的胜利而气愤不已，洛赞就是第一个。对两国而言，约克镇一役的重要性在于心理层面，而非实质层面——相较于同一时间西班牙包围直布罗陀，约克镇之战微不足道，但心理上的震撼不可谓不大。拉法耶特去信给韦尔热纳说："试过这回，英格兰的将军还打算怎么样征服美洲？"[88]诺斯勋爵听到消息时"大松了口气"，振臂高呼："上帝啊！终于结束了。"这个反应至少在当时相当普遍。法军接连在印度、地中海与加勒比海取胜，法西联合舰队又有能力在全球各地发起攻击，战争带来的财政负担前所未有，再加上约克镇的结果，堪称是绝望的配方。

　　但韦尔热纳的反应清醒得多："要是谁以为这代表马上就能议和，那可就错了；英格兰人的个性使他们没那么容易放弃。"[89]他知道时间不利于自己这方。事实上，约克镇的消息挽救了联军，使其不致崩溃。[90]1782年4月9日—10日的圣徒岛（Saintes）之役——18世纪最重要的海战之一——倏地显示出天平已倒向不利于法国的一方。约克镇一役过后，格拉斯扬帆前往西印度群岛，攻占了圣基茨（St Kitts）、内维斯（Nevis）、蒙塞拉特（Montserrat）与其他岛屿。最重要的岛屿就属牙买加，法方希望英国会因为失去牙买加而放弃战争，格拉斯于是率领其舰队与英国人对决。由于产糖岛屿至关重要，英国主力舰队因此前去阻击，打了皇家海军史上头一遭在欧洲水域之外的大战，也是1944年以前其主力唯一一次前往距离本土如此之远的地方。罗德尼与塞缪尔·胡德（Samuel Hood）将军横扫法国舰队，掳获包括旗舰"巴黎市号"（舒瓦瑟尔的那批爱国船只之一）在内的五艘战列舰及其统帅。罗德尼向伦敦当局大书特书："现在所有敌人我们都可以不放在眼里。"新任法兰西海军大臣——领元帅衔的卡斯特里侯爵听到消息时,大呼这是"一场天大的灾难"。[91] 政府游说高等法院派,希望他们同意紧急加税——这是旧政权最后一次获准增税。圣徒岛之役一如约克镇,造成了重大的心理冲击。韦尔热纳认为:

> 英格兰人多少令自家海军恢复了力气,而我方则元气大伤。造船速度完全跟不上损失;优秀海员的供应已经枯竭,军官则表现出匮乏。英格兰不光是海军,而是整个国家都表现出积极精神,我方相形之下实在非常不利。[92]

韦尔热纳所言不无道理。罗德尼也跻身全民英雄的行列,其姓氏成为男孩们的教名。对于许多英国人来说,至少如今可以把这场战争视为道德的胜利。据斯塔福德郡汉伯里(Hanbury)的教区牧师所言:

> 在未来的人们眼中,这场战争将是桩难以置信的壮举……这几个王国居然能在一场光荣但不对等的冲突中坚持好几年,对上最难以战胜且最无端起衅的一帮国家……即法兰西、西班牙、荷兰联省,以及北美洲十三个叛变的殖民地。[93]

所有人都松了口气,终于是时候开始玩一如往常尔虞我诈的外交椅子游戏了。作风多变、手段刁钻、心地却相当高洁的爱尔兰大地主谢尔本勋爵接替了诺斯勋爵的位子。谢尔本热爱法国,对美国人也表示支持。他向后者提供优渥的条件,希望能挽救贸易上与政治上的关系。他还在大谈法国与英国在欧洲的伙伴关系。谢尔本为了美国人与政治利益的关系,抛弃了保王党与英国的印第安盟友——上议院用"寡廉鲜耻、罪无可逭"来攻击这种背信弃义的行为。[94] 但阿尔比恩绝非唯一背信弃义之人。美国人深知己方之弱小,怀疑法国人打算勾结英国、瓜分美国——英国人也把截获的法方文件展示给美国人看,证实了美国人的恐惧。法国人自始至终都有类似的恐惧,担心英国与美国谈妥条件,从而让英国人通过占领法国与西班牙领土的方式弥补其损失。美方也确实秘密敦促英国人从自己的盟友手中夺回佛罗里达。西班牙人把焦点放在直布罗陀,如果可以,就用武力,或是通过协商取得;但若是没有指望(例如在 1783 年,经历四年围城却仍功败垂成之后),他们也愿意求和。谢尔本愿意以直布罗陀交换波多黎各,但因议会强烈抗议而打消念头。所有参战国都陷入极端的财政吃紧状态,还有新的危险逼近:俄罗斯正利用形势威胁土耳其——法国传统上的盟国。总之,和会召开,谢尔本与美方在 1783 年 1 月签订草约,美国人等于以单独议和的做法背弃了自己的法国盟友。

在世界的另一端,英法冲突仍在延续。1779—1780 年,以马拉地联盟和迈索尔统治者海德尔·阿里为首的法国盟友在法国陆海军的协助下,眼见就要摧毁英国人在印度的立足之地了。法国战略家相信,美国迟早会主宰南北美洲,印度即将成为最重要的兵家必争之地,如今正是法国从中赢得若干成果的良机。归结到底,一切成败皆有赖制海权,一如美洲的情况。1782 年,海军中将叙弗朗(Suffren)抵达印度地区,法军的活动也重焕生机。叙弗朗是众多无与伦比的法国海军英雄之一,英国历史虽然忽略了他,但法国街道名称与学校教科书却让他永垂不朽。他是个肥胖、邋遢、易怒、粗俗而幽默的南法国人。

他不同于大多数的法军指挥官，而是长期经略大海——十多岁时，他就加入了马耳他骑士团。1782年全年和1783年上半年，他和英国海军少将爱德华·休斯（Edward Hughes）的分舰队在印度东南外海有过一连串的交手。以战斗之激烈与势均力敌的情况来看，这几场战事在海军史上实属罕见。但法军没有整体战略，而且即便有荷兰与丹麦之助，他们的兵力仍不足以在海战或陆战中彻底击败英国人。1783年6月，停战协议在5个月前缔结的消息抵达了印度。[95]

1783年9月，《巴黎和约》签订。警方在巴黎的各家咖啡馆宣布了这个好消息，法国一片欢欣鼓舞。从新英格兰打响的第一枪到印度南方的最后一发子弹，战争一共延续了八年。法国人痛快地报了仇，英国锐气大挫，国力衰退：1/4个国家不见了。"美洲丢了大半；英属印度因战争、饥荒与贪腐而一片荒芜；爱尔兰动荡不安；英属西印度群岛经济困顿……整个大英帝国面临不确定的未来。"[96]连不屈不挠的乔治三世也有失落的片刻。海军大臣桑威奇勋爵（Lord Sandwich）期盼"我们再也别当独步欧洲的大国，只要能以商业国家的卑微身份过个几年，就该甘之如饴了"。[97]《诺福克纪事报》（*Norfolk Chronicle*）更担心"大不列颠似乎即将面临一场革命，甚至解体"。[98]

这些话并非危言耸听。代议政府早已受到美洲反抗所动摇，危机迫在眉睫。1783年，下议院因为与谢尔本不和，认为他不坦白、对英国的敌人太宽容、对保王派漠不关心而倒阁。不久后，有钱、放荡、亲法也亲民的查尔斯·詹姆斯·福克斯（Charles James Fox）与名誉扫地的战争输家诺斯勋爵组成联合政府。各界报之以憎恶，视之为肮脏的政治操作。乔治三世考虑退位，到汉诺威过退休生活。但在1783年12月，国王通过一次大胆（也可以说是冲动）的行动，结合原则、私怨以及对政治舆论出人意料的精准判断,强迫联合政府解散,指派年仅24岁、固执的改革家小威廉·皮特担任首相。此举原本说不定会造成宪政危机、逊位甚至是革命,但王室却大获全胜——1784年,小皮特在大选中击溃福克斯－诺斯派,继而着手整顿财政制度,减少债务负担。识时务者、道德人士、纳税人与提倡现代化的人,共同参与了皮特的改革。乔治三世得益于他素有声名的枯燥性格与顾家美德,成为爱国国王——宪政体制守护者。在法国人眼中,这类古怪扭曲的发展,证明"威斯敏斯特政局绝非法兰西的榜样"这个观点为真。密切观察英国政局的路易十六则祝愿乔治好运,因为连他也面临类似的问题。

对法国而言,胜利的果实干巴巴的。威望是被精彩地恢复了,但实质收益却"不值一提"。[99]胜利的盟国(包括美国)比战败的英国还要虚弱。荷兰颜面扫地,对本国殖民地的掌控有所动摇,国内稳定也遭到破坏。西班牙发现(就像其统治者担忧的那样)独立的美国跟英国一样危险,而本国作为殖民大国的日子也不长了。英国的遭遇原本恐怕更惨——西印度群岛、印度、加拿大与直布罗陀都有失去的可能——但如今与美国的贸易关系却以极快的速度完成重建。

与美国的贸易至关重要。法国人原先视之为赶上英国金融实力,甚至是取而代之的手段。谁知心想却从未事成:舒瓦瑟尔与韦尔热纳的愿景,是"空想战略家的白日梦,把外交密谋跟贸易征服混为一谈"。[100]英国商人了解市场,有能力供应全世界最便宜的制造商品,信用之良好更是无与伦比。美国对英国商品的需求,成为"1783—1801年与未来长期繁荣最重要的动力",[101]刺激了工业革命。法国与美国的关系(即便为盟友,通常关系也不温不火)反而渐行渐远,法国对美出口更是在战后崩盘。杜尔哥老早就警告过,法国会让自己的财政弱点成为永久性的。

法国的干预,让英国人不能保有更多的美洲领土。但此举是否在无意间帮助了英国,迫使其断舍离?不然,北美大陆或许也会像南美一样,变成七拼八凑的殖民地与独立国家。如果英国统治的不只是加拿大与西印度群岛,而是还有纽约、南卡罗来纳、佐治亚与西部的大片地区,大西洋两岸间的紧张关系会恶化到什么程度?纵使英国找到方法镇压叛变,恢复对所有殖民地的统治(在税收与自治上做出妥协),"爱国者"与"保王党"之间的仇恨无疑仍会有增无减,许多英国政治人物与军人对此已有感受。伦敦也将面临在南非与澳大利亚遭遇过,且多半不能解决的极端问题:如何阻止对原住民的攻击与剥夺?当局还得面对难解的奴隶制度问题:18 世纪 80 年代以来,废奴运动开始在英国出现,伦敦与蓄奴的美洲殖民地之间将有难以避免的摩擦。就算公开冲突可以被奇迹般化解,帝国权力中心会不会像亚当·斯密所预测的、本杰明·富兰克林所期盼的那样,从伦敦转移到纽约?如果说英国在战败中亦有获益,那么法国的胜利却催动了其史上最严重的巨变。

现世报:1783—1790 年

法兰西如今深陷灾难,而这场战争就是耗费巨款的深渊,是我国财政混乱最大的原因。三级会议的绅士们,是谁想打这场仗?就是你们,是你们自己……在脑海里幻想整支英格兰海军灰飞烟灭,接着从桶中取酒痛饮,预先享受复仇的愉悦。

——《第三等级的诚恳建议》(*Avis salutaire au Tiers Etat*),1789 年[102]

> 这场战争……以三种方式催生了即将来临的革命：反抗与自由的理念因战争而弥漫全国，军队对旧秩序的忠诚因战争而削弱，旧财政体系因战争而崩溃。
>
> ——安托万·巴纳夫（Antoine Barnave），革命领袖[103]

据当时估计，美国独立战争造成 10 万人丧生，更因为牵连全球而耗费了巨额财富。英国花了 8 000 万英镑，战争结束时的国债为 2.5 亿英镑，每年需支付 950 万英镑的利息——这个数字超过总税收的一半。法国花了大约 13 亿里弗尔（相当于 5 600 万英镑）——由于该国财政体制过于复杂，因而无法得出精确数字。法国政府债务达到至少 20 亿到 30 亿里弗尔（即 1.87 亿英镑），利息为每年 1.65 亿里弗尔（720 万英镑）——国家岁入的 50%。法国人希望看到背负更多债务的英国会被债务压垮。但英国政府有伦敦金融城之助，作为债务人的记录更是清白，能以更低廉的代价借到更多钱。因此，法国债务虽然只有英国的 62%，其利息却达到对方的 75%。法国人口与国民生产总值更高，理应更有能力承担自己较少的债务。但由于先前提到的几点原因，法国无法增税。国家的支出每年皆较岁入高 1 亿里弗尔。[104]

法国财政负担之所以恶化，是因为其各部大臣打算再跟英国打一仗。韦尔热纳倾向以和平的手段巩固胜利，通过外交影响力与扩大的贸易，确保法国成为全世界首屈一指的国家。他希望遭到惩罚、国力衰落的英国人会听话。但他也担心（偏偏担错了心）"趾高气扬"的英国可能会试图报复，因此连他的和平政策也需要所费不赀的海军。至于卡斯特里元帅主导的另一派则想更进一步。卡斯特里坚持认为韦尔热纳过早地在 1783 年议和使法国错失了大获全胜的机会。法兰西必须为另一场战争做准备,才能将全球霸权从英国手中彻底抢过来:"超过两世纪积累的经验,让人了解到统御海洋的国家才能宰制欧陆。"印度——全球霸权的关键,成为众人的目标。卡斯特里拒绝让他那无边无际的预算受到财政总监的监督——"强大的海军可是一项好投资"。[105] 英国人对于这些计划的猜疑非常中肯,使馆在 1786 年 2 月回报说"此刻的法国正绷紧每一条神经,为其海军打下坚实的基础"。[106] 若法国及其盟友西班牙、荷兰的海军集结起来,实力将远远超越英国人。1786 年,法国开始在瑟堡投入巨资建立海军基地,以支持海峡舰队,与朴次茅斯抗衡。路易十六亲临基地现场——这是他自加冕以来,唯一一次敢前往凡尔赛宫几里路以外的地方。法国近年的胜利加深了民众对舰船与大海的着迷,路易十六也感染了这种情绪。先前提到的前往太平洋的探险队,就是这时派出去的。人们的好奇目光也投向了埃及与中南半岛。

小威廉·皮特解决英国财政问题的方式,是高调的节约措施(尤其是大幅削减王室雇员),设立偿债基金减债,并设置会计委员会(Accounts Committee)以加强议会的监督,借此树立审慎与负责的形象。(他对钱通常不很在乎,但只限他自己的钱,对国家的钱不会。)韦尔热纳也试图以设立财政委员会(Conseil des Finances)、改革收税等方式来控制支出,但不敌卡斯特里及其担任战争大臣的盟友——领元帅衔的塞居尔侯爵。这两人都是军界的贵族,并且都认为试图控制其支出的做法是种"危险的理财方式",是"官僚与我等人民之间一场至死方休的战争"。[107] 因此,政府在夏尔·德·卡洛纳(Charles de Calonne,1783 年后的财政总监)的主导下,试行相反的政策:花

255

更多钱,借更多钱。英国大使回报说"目前看来没有任何节约的意思"。[108] 但这没有乍听之下那么疯狂。相较于英国,法国的税收挺轻。卡洛纳相信,人们对政府缺乏信心是个问题,但他可以通过胸有成竹的自我展现来减轻问题,"仿佛一位破产的放荡之人底下手段巧妙的管家"。[109] 他宣称以法国的情况来说,"资源正是因支出之举措而增加",[110] 而他有能力掌握胜利所创造的机会,刺激贸易与经济增长。政府因此重新举债——1783—1787 年借款超过 6.5 亿里弗尔。钱花在宫廷上,包括宫殿整修与采买——卡洛纳认为这是"有用的奢华"。不受欢迎的包税人之墙在巴黎周围建起,以增加货物税收入。卡斯特里下单建造更多战舰。钱也用在产业规划上——主事者乐观地认为,此举将令法国在"产业之战"中迅速赶上英国的脚步。廷臣与王室财经官员的借款、补贴与投资流入制糖厂、计划中的热气球运输业、水利设施、采矿、兵工厂与海外贸易公司。勒克勒佐公司成为法国最大的工厂,展现出一派有高炉、蒸汽引擎、玻璃工厂与铁路的英国式工业的景象。前面已经提过,法国和英国经济史上最重要的几个大人物都有参与,包括威尔金森、瓦特、博尔顿、勒克勒佐公司创办人弗朗索瓦·伊尼亚斯·德·文德尔(François Ignace de Wendel)与工程师雅克-康斯坦丁·皮埃尔(Jacques-Constantin Perier)。1785 年,伊尼亚斯·德·文德尔得到威尔金森的协助,在勒克勒佐生产出欧陆第一批焦炭高炉铁,但由于缺乏支持其生产的发达的经济与技术环境,勒克勒佐工厂很快便没有了用武之地。

卡洛纳结合了约翰·劳的油腔滑调与约翰·梅纳德·凯恩斯(John Maynard Keynes)的自信十足,当时人与历史学家对他褒贬不一:他究竟是个不顾后果、狡猾的假内行，还是法兰西君主国最后一位伟大的政治家？但他无疑是"政坛最具创造性，也最具毁灭性的一股力量"。[111] 疑虑在 1785 年浮现出来：当时，巴黎高等法院的法官被国王命令一个个签字，确保通过一笔新的借款——这是未改革的君主国最后一次躲过惩罚。英国使馆方面（认为法国的大臣们简直疯了）则希望难以避免的财政灾难会让法国人不得不维持和平。

1786 年，英国与法国（在后者的坚持下）签订了一纸通商条约，英国根据其主要协商人威廉·伊登（William Eden）之名，称之为《伊登条约》（Eden Treaty）。韦尔热纳与卡洛纳意在预防冲突（每一个法国人都知道，要打动一个英格兰人的内心，就要从他的钱包下手）、加速技术流入，以及通过增加贸易和减少走私泛滥来增加税收。海峡两岸的国内制造商皆强烈反对这纸条约——由于签订时不巧碰上法国经济衰退，法国受到的伤害因此尤其严重。条约签订前，双方的合法贸易额大约都是 2 300 万里弗尔；但到了 1787 年，合法的法国出口虽然增加为 3 800 万，但英国则增加为 5 100 万。[112] 许多法国制造商破产，工人暴动。各界民众发起"买法国货"的行动，鲁昂（Rouen）与里昂甚至举办舞会，仅限穿着法国制造的爱国时尚服饰的人参加。在法国第二大城里昂，市长禁止英国商品打广告。甚至连政府内管理贸易的官员都谴责"跟英格兰那要命的条约，是对法国制造者的死刑令"。[113] 行会、商会与报章媒体皆斥之为背叛法国利益的做法，导致 20 万人失业。人称"钻石项链事件"（Diamond Necklace Affair）的丑闻，就发生在这个最糟糕的时候——宫廷珠宝匠与玛丽－安托瓦内特受到这起精心骗局牵连，事件最主要的影响，便是王后遭到通奸与欺诈的诽谤，导致她名誉扫地。

卡洛纳的泡泡在 1787 年破裂——荒年让岁入减少，战时的税款超过追缴期，政府与许多财政官员极度捉襟见肘，无力偿还债务。2月时，巴黎富豪阶级中最奢华、最为人艳羡的一位——海军财务长克劳德·博达尔·德·圣－詹姆斯（Claude Baudard de Sainte-James）乞求国王把自己关进巴士底狱，靠厚重的石墙把自己跟债主隔开，这样他才能厘清自己的账目。接下来几星期，又有四位政府财经要人破产，包括陆军总司库。[114] 知名的廷臣与王室要人自食其果。但卡洛纳是一号头脑冷静的人物。随着他的计划破产，他拿出了已被讨论过并被搁置多年的全面财政改革蓝图。蓝图相当于要改造政府机构与财政：由地主组成的地方议会将负责管理新的一般土地税。此举将绕过高等法院，终结财经要人的特权，自然能大幅增加王国岁入。显贵会议（Assembly of Notables）接着召开，充当批准卡洛纳方案的橡皮图章，赋予其政治正当性。

1787 年 2 月，144 名显贵齐聚于凡尔赛，这也正好是博达尔即将破产之时。尽管选人标准是好说话——亲王、公爵、主教、法官、官员——但他们却表现出不再惧怕王室、不愿意跟卡洛纳买"二手篷车"的样子。[115] 众显贵拒绝授权征收范围无限的税改。他们要求更多的说明，并成立了公开会计委员会，和小皮特成立的会计委员会差不多。拉法耶特提出重大要求：召开自 1614 年以来的第一次三级会议。卡洛纳试图公开抹黑他们。教士得在讲道坛上宣读他对众显贵的攻击："有些人会付出更多代价……那么，会是哪些人？只有那些过去付出不够多的人。"[116] 这样的丑态，导致显贵会议休会，国王被迫将卡洛纳解职——一个世纪以来，首度有君主面临如此挫败。卡洛纳的后继者——枢机主教洛梅尼·德·布里耶纳（Loménie de Brienne），试图强行通过印花税（让众人联想到美洲反抗的序曲）与土地税。政府描绘了一幅好得离奇的前景，"财政秩序恢复……强大的海、陆军重振声威……歪风遭到遏止，在英伦海峡建设新港口以确保法兰西旗帜之荣耀，司法得到改革，民众接受完善的教育"。[117]真实情况却是巴黎高等法院的法官被迫接受王室税令，接着被驱逐。无论是增税还是不履行债务（显然是另一种选择），当局在双方面皆遭遇强硬抵抗：这种进退两难的局面，就是最主要的政治问题。卡洛纳居然以令人屏息的沉着自信在伦敦现身，不久后向小皮特简要说明了法国因为财政虚弱，所以无法就荷兰问题参战。

有这种队友，法兰西君主国还真不需要对手。可偏偏还是有。国家被迫削减40%的外事经费，军队的钱更是比路易十四死后的任何时候都来得少。其他国家坐收渔翁之利。最严重的结果发生在荷兰。法国需要荷兰的海军及荷兰在印度洋的基地，以及出自阿姆斯特丹众银行的借款。卡斯特里——一位英国外交官称他为"这老婊子"——积极推动法国与荷兰联合出手把"英国人赶出印度"，与强大的印度统治者结盟，最终将英国的势力降到"丹麦或瑞典"的等级。对卡斯特里而言，"维持与荷兰的盟友关系，对法兰西至关重要；破坏这种关系，则符合英格兰的最大利益。"[118]但荷兰人在美国独立战争中作为法国的盟友，付出的代价就是财政与政治动荡。爱国派——反对执政奥兰治的威廉的人——利用法国的支持，发起政治攻势。积极进取的英国使者詹姆斯·哈里斯爵士（Sir James Harris）则组织奥兰治派与之抗衡，并提供金援。等到爱国派逮捕了奥兰治亲王的王后（她是普鲁士国王的妹妹），英国与普鲁士立刻决定采取行动。1787年9月13日，普鲁士军队开进荷兰。凡尔赛与白厅都很清楚，彼此拥有不相上下的全球雄心。英国战舰已经做好准备,以防法国介入。塞居尔与卡斯特里打算接受挑战。一支由罗尚博指挥的干预部队开始在北方国界集结。拉法耶特也想指挥一支志愿军。跟英格兰再打一仗,能不能解决——或者至少减缓君主国的危机?卡斯特里敦促路易十六:

> 将光荣之理念展现给法兰西人,则您将最能有效改变……当前的混乱局势。由于开战则显然必须征税,社会氛围将趋缓,说不定您将能看到政府恢复已失去的部分秩序。[119]

但法国政府没钱开战——卡洛纳也这么告诉小皮特——因此只好接受屈辱,放弃盟友荷兰,放弃自己的全球与欧陆野心。塞居尔和卡斯特里辞职:"我们输光了。"[120]

至此,辉煌的美洲复仇不过五年,幻灭就来了。路易十六与大臣缺乏维持法兰西荣光所需的钱。但少了钱,很难想象人们会让他们在没有起码的政治认同时增税:"所有阶级的人民,从凡尔赛的画廊到王家宫殿广场的咖啡馆,"塞居尔说,"都在挞伐大臣们对自己的忽视。"[121] 政府失去民心——甚至是遭到藐视——影响了贵族、军队与统治阶级本身的忠诚心,而这种忠诚心对政府却是不可或缺的。自从七年战争战败以来,军官中一直有不满之情,如今军队预算遭削减,加上晋升之途受限,都让他们越发愤慨。既有体制中的高层引用18世纪60年代起渐为人所熟知的爱国主义言论,质疑起体制本身的惯例与原则。声名鹊起的奥尔良公爵成了他们的代言人——他是有王室血统的益格鲁狂热者,对他的波旁族亲而言是个麻烦人物,此外也是法国最有钱的人(他私下估计,税改将使他一年损失20万里弗尔)。

1787年11月19日，他在巴黎高等法院发难，告诉路易十六增税是违法的——场面前所未有。国王对他的表态大为震惊，只能嗫嚅着专制国家的老调答案，说因为他说了算，所以增税合法。奥尔良公爵遭逮捕，被逐回其封地。接下来几个月，王室与高等法院派之间冲突不断。当局在1788年5月一度试图以武力镇压反对，结果导致数个省发生叛乱。在雷恩、格勒诺布尔（Grenoble）、图卢兹（Toulouse）与贝桑松（Besançon）等地，贵族出身的陆军军官无视镇压人民暴动的命令，甚至辞去军职。无论是在巴黎还是在外省，军人都加入了示威的行列。

造成问题的是钱，决定结果的也是钱。政府早就预支了1788年收到的2.4亿里弗尔税款，因此得借一笔相等的数目，以满足1788年应支付的款项——包括其战争债务孳息。政局的动荡不稳、债务违约甚至内战的谣言，都让借款人却步。1788年的雹灾又毁了作物，令税收缩水。到了8月，国库实际上已空空如也：现金支付暂停，政府公债崩盘，银行发生挤兑。布里耶纳急于恢复政府信用，被迫定于1789年5月1日召开三级会议。他随后辞职，建议国王召回公认财政才干非凡的内克尔——史上第一次有遭免除职务的大臣得到召回。内克尔暂停所有改革，直到三级会议召开为止。这等于专制君主国自己摧毁自己，恳求其子民解决问题。

乔治三世的家庭生活又是另一番不同的光景。他从一段精神失常的时光中恢复过来，举国上下真心为此感到高兴。原先国王精神状况导致的宪政危机，恐怕会让众所厌恶的威尔士亲王获得摄政的权力，亲王臭名远播的密友福克斯也将上台，如今危机落幕。为何战败的汉诺威王朝声势如日中天，胜利的波旁王朝却在深渊的边缘摇摇欲坠？两位国王皆试图以爱国者的身份治国。乔治当然更有决心，也更有经验，而且拥有意外的优势——他在英国并未孤立于某个相当于凡尔赛宫的地方（英国君主没有盖豪华宫殿的钱，也没有胆子）。乔治有小皮特这位杰出的大臣，皮特有着一本正经的高尚道德，比油滑的卡洛纳或花招百出的内克尔更适合节约时期。然而更关键的是，英国的政治制度能发挥作用，法国则在危机的獠牙间试图推行新政。最后一点还是跟钱有关。英国有能力收到更多税，并拥有可靠的信用；法兰西君主国则无力偿债。世上早已有连篇累牍的专书，在探讨波旁王朝无法成功改革其财经制度的原因。不过，假使法国无须为与英国的竞争花钱，那套未经改革的制度倒也不见得不如其邻国的体系。波旁君主国因为其复仇行动，也因为其再度备战的决心而受害。对于英国人意图的"彻底误解"，"扭曲"了该国的外交与国内政策。[122] 甚至在破产前夕，法国都还在建造战舰。

法国跌落深渊，是历史上最震撼的故事之一：三级会议代表罗列了各种怨言［即《陈情表》（*Cahiers de Doléances*）］，政治俱乐部蓬勃发展，经济处境恶化，1789 年夏季居然还歉收。最惊人的则是 1789 年 5 月于凡尔赛召开三级会议时，第三等级——平民所展现的坚定自信。6 月 17 日，第三等级代表在若干神职人员与贵族支持下，宣布组成"国民议会"（National Assembly）。三天后，国民议会通过知名的《网球场宣言》（*Tennis Court Oath*），公开反抗王权。民众的激烈不满令巴黎为之震动：人们攻击卡洛纳兴建的包税人墙、暴动四起、抢夺粮食、寻找武器，最后以 1789 年 7 月 14 日席卷巴士底狱为高峰。在这座恶名昭彰的城堡里，囚犯寥寥可数，其中一位是留着长胡子的马若尔·怀特（Major White），他要求人们带他见律师，随后展现出精神失常的进一步症状。麦瑟林勋爵（Lord Massareene）则幸运得多，遭受18年的监禁（因为欠债）之后，他趁乱从拉福尔斯（La Force）监狱中逃走。

"爱国者"［或者称之为"国民派"（National Party）］在这几个月扮演了重要角色。最引人注目的要数奥尔良公爵这类贵族与许多军人，他们通过第二等级的《陈情表》激烈表达其愤怒。[123] 爱国者中的领袖人物为美国关系人士［拉梅特兄弟、诺瓦耶、塞居尔、拉罗什富科－利昂古（La Rochefoucauld-Liancourt）、洛赞］、迪隆家族与拉利－托勒达尔（Lally-Tollendal）家族等前詹姆士党家族的成员，以及最知名的拉法耶特——他成了国民议会副主席暨巴黎民兵指挥官。他们的许多理念——包括"爱国者"一词，以及拉法耶特采用红、白、蓝为国旗颜色的想法——皆受到英国与美国习俗的影响。英国与美国的同情人士，则对他们的努力报之以热情。拉法耶特与美国大使托马斯·杰斐逊讨论《人权宣言》的草稿。兰斯当勋爵（Lord Lansdowne，他的角色就像1783年磋商和约时的谢尔本勋爵）及其改革派知识圈子——包括司法改革家塞缪尔·罗米利（Samuel Romilly）、年轻的杰里米·边沁、不从国教者激进领袖理查德·普赖斯（Richard Price）与约瑟夫·普里斯特利（Joseph Priestley），以及流亡在外的日内瓦革命分子，皆慷慨向羽翼未丰的法国政治人物提供建言。兰斯当付钱给年轻的日内瓦流亡人士皮埃尔·艾蒂安·路易·迪蒙（Pierre Étienne Louis Dumont），让他担任研究助理、文胆与宣传人员，为政界的冉冉新星米拉波伯爵（Comte de Mirabeau）效力。罗米利则撰写下议院议事规则摘要，供新成立的国民议会参考。[124]

英国有许多人认为：在光荣革命的一个世纪之后，法国将采用英国宪政体制的完善版本。使馆书记丹尼尔·黑尔斯（Daniel Hailes）相信，除了对英国商品之外，法国人也已培养出对英国理念的爱好："法国人与美国人的往来……让他们比以往更接近英格兰人。我国的日报几乎被无限制引入法国，让其人民逐渐注意到自由与我国宪政体制之优点。"[125] 不少人认为革命已经结束，大使多塞特公爵便是其中之一。民众席卷巴士底狱之后两天，他在报告中写道："就我们所知，这场最大的革命影响所及……只有极少数伤亡；从此刻起，我们可以把法兰西视为一个自由的国家；国王是一位权力相当受限的君主，而贵族的影响力也缩小到与其他国民一般的水平。"[126]

法国带来的威胁消失了，也有人因此大大松了口气。使馆报告说：

> 军队丧失军纪，几乎没有士兵。国库没有钱，也几乎毫无信用……这场乱事当然会造成某些可能的结果；但我很满意，法国若要成为令其他国家坐立不安的存在，必然是很久之后的事。[127]

私底下，多塞特的反应结合了新教徒对修女常见的痴迷，以及他个人恶名昭彰的色欲："民众仍四处劫掠，他们还亵渎了两所女修院，玷污了每一个修女，我觉得这点子还蛮不错。"[128] 英国游人依旧四处游玩，在家书上写下他们的兴奋之情，以及通常相当正面的印象。观光客经常发现，自己的国籍成了得到亲切接待的保证：

> 他们说英格兰人是"我们的朋友。我们现在也要自由了……"法国产业发展惊人。这一点连同该国宜人的气候、肥沃的土壤，再加上他们不久即将得到的自由之祝福，必定会使他们成为快乐而光荣的民族。[129]

但法国跟英国并未殊途同归。早在1789年夏天，紧张的局势便开始浮现。最明显的原因是"对1789年的法国人而言，英格兰人就是敌人"。[130]《陈情表》（尤其是出自港口与纺织城镇的）要求采取行动，阻止进口英格兰商品。法国一直有谣言表示英国人引发了革命的暴力——有报道指出多塞特"撒下大把的钱，目的在于维持、强化不满之情"，多塞特对此相当担心。[131]对于英国未能供应谷物的批评，在法国也久久不散。就连赞扬英国体制的人，也不主张与英国为友。

纵观发生在国民制宪议会（Constituent Assembly）与见诸报端的论辩，英国的例子一再有人提起。其他国家在人心与言谈中，都没有如此分量，连美国也没有。但爱国者中的领袖已不再以英国为典范。美洲革命与随后发生在英国的动荡，损害了议会的形象。国民议会首屈一指的思想家西耶斯神父（Abbé Sieyès），在他那本写于1789年、流传甚广的宣传册《第三等级是什么？》中，将英国宪政体制斥为"大多诞生于机会与形势，而非启蒙之产物"，他还呼吁法国人要取代英国，成为"万国之楷模"。当米拉波（在兰斯当一行人的鼓励下）提议采用下议院议事规则时，有人大吼"我们才不想要任何英格兰的东西，我们不需要模仿任何人"。[132]

若干法国政治人物（尤其是来自四海一家的贵族圈外者）主张无中生有，创造一套专属法国的、更优秀的制度，不受古代希腊与罗马以外的任何外部启发。此举标志着跟1649年、1688年与1776年的英国与美国革命划出意识形态界限。马克西米连·德·罗伯斯庇尔大声疾呼："法兰西民族之代表……可不是受人之托，要来一味抄袭诞生于蒙昧时代的制度。"[133]他们应规划全新、合理的架构，以表彰国民的"共同意志"。英国政坛的私相授受与贪腐遭到唾弃，人们也拒绝诉诸传统与先例的做法。其他人则打算从英格兰学些东西，但启发他们的不是乔治三世的英格兰，而是奥利弗·克伦威尔（Oliver Cromwell）的英格兰。最早的法国共和派认为，17世纪50年代的英格兰联邦制度是近代民主制度实践最好的例子，他们热烈钻研其历史与相关政治专论，志在创造更好的联邦制度。青年演说家卡米耶·德穆兰（Camille Desmoulins）宣称："我们应该要超越这些为我们效劳的、对自己的宪政制度感到自豪的英格兰人。"[134] 立宪君主派则是最亲英格兰的一群人。领导人之一的让·约瑟夫·穆尼耶（Jean Joseph Mounier）谴责风向的大变："不到一年前，我们还用羡慕的口气谈英格兰的自由……而今，尚在无政府状态中竭尽己力以获得自由的我们……居然有胆藐视英格兰的宪政体制。"他促请国民议会"从经验中学习，莫要轻视历史的例证"。[135] 新教牧师拉博·圣艾蒂安（Rabaut Saint-Etienne）一针见血地驳斥了这种想法："历史并非我们的律法。"长久以来受人爱戴的英国制度，如今成了引发不和的陈词滥调。赞成"分权"、"上议院"与"下议院"或王室特权①的人，会被当成抵制革命的人。若干英国改革家一度希望能在两国令人雀跃的发展中担当核心，现在却发现自己及其法国友人被边缘化了。米拉波断绝了跟兰斯当圈子的联系。"英格兰人认为兰斯当与不从国教者是法国大革命的密使，但其实他们遭受革命人士排斥；法国人谴责他们为政治当权派辩护的做法，在革命的过程中与他们断绝了关系。"[136]

---

① 这里指习惯法、民法以及其他法律中划归给君主，为君主独有、无须与国会或其他机构分享的权力。——译者注

板球：1789 年巡回赛[137]

> 人生不过是场板球赛——美女是球棒，男人是球。
>
> ——多塞特公爵

多塞特大使是当时最优秀的通才，他认为板球或许能缓和巴黎的紧张局势，同时展现他本人与英国的善意。他联络板球球友坦克维尔伯爵（Earl of Tankerville），伯爵同意组一支球队，队员包括他本人、威廉·贝德斯特［William Bedster，曾经是伯爵的管家，也是萨里（Surrey）有名的打击手，这时在切尔西（Chelsea）经营一间酒吧］、"大块头"爱德华·史蒂文斯（Edward "Lumpy" Stevens，伯爵的园丁，也是难缠的投手）和许多知名的板球老手。大使本人也会加入。球队预计在 1789 年 8 月上旬抵达法国。然而，巴黎形势一触即发，使馆陷入危机，多塞特于是离开巴黎，在球队正准备从多佛上船时拦住了他们。至少公爵还能看到肯特郡—萨里郡对抗赛的第一天，"大块头"也有上场。总之，这是人们第一回认真尝试将公平竞赛精神引入法国，但遭到革命阻止。据说玛丽-安托瓦内特留下多塞特的板球棒，当作纪念品。

第五章：理念与刺刀

> 革命等于理念加刺刀。
>
> ——拿破仑·波拿巴

> 革命事已成，但并非让法国自由，而是让她变得难以应付。
>
> ——埃德蒙·伯克[1]

革命起先似乎使法兰西与英国走到了一块儿，实际上却标志着两国再度分道扬镳。但两国对抗所具有的意义，如今却有了翻转：英国此前是"改变"与"革新"的代名词，此后渐渐成为"稳定"与"传统"的象征。法国过去是"君权"与"阶级社会"的化身，现在却代表"拒绝过往"、"民主"与"剧变"。人们原以为革命会动摇法国，谁知它却让法国迅速强大起来；而"战争"与"革命"的结合，更是威胁要扭转——本来也真有可能扭转——法国与英国之间百年对抗的结果。法国扩张的范围远胜于路易十四统治时，英国则牢牢控制着爱尔兰，至于加勒比海与印度则大受震动。

至福之晨

啊！希望与喜悦的愉快操演！
援军之强大，立于
我们这一方，为爱则强！
活在斯晨即为至福，
若更有年轻，则为天堂！——啊！那时，
贫瘠、陈腐、冷淡的
习俗、法律与规章，倏地吸引
一整个浪漫国度的注意力！……
并非在乌托邦、地下的矿场，
或某座秘密岛屿，上苍知道是哪儿！
而是在此世，正是此世
属于我等，——终将在此地
我等或寻获至乐，或一切成空！
——威廉·华兹华斯（William Wordsworth）[2]

即使是英格兰最有能耐的领袖所策划，或是倾其所有财产去收买，也无法对其敌国造成如此致命的形势——法兰西如今便是在这种形势中，因为自己腹中的动乱而倒下。
——英国外相卡马森勋爵（Lord Carmarthen），1789年[3]

对于1789年惊天动地的消息，英国与爱尔兰的反应是一面倒地支持。伦敦的戏院重现事件。巴士底日几乎成为英国假日——下议院提出设置"法国革命感恩日"的动议，上议院否决的票数不过是13∶6。改革派希望法国能为英国提供有益的榜样：法国不久前解放犹太人与新教徒的做法，预计将刺激英国废除宗教歧视，而该国的制宪论辩也重振了本国有气无力的议会改革。许多人预言法国将向英国靠拢，踩着"光荣革命"的足迹前进——人们不久前才庆祝光荣革命百年纪念。革命事件也成为排外式幸灾乐祸的源泉。卡马森勋爵心想，英国外交官将"以一种久违的如沐春风的状态，昂首阔步于欧洲"。跟法国的战争明明刚过去了几个月，如今已被人遗忘。华兹华斯将这种兴奋之情表现得最淋漓尽致，但在1789年时，他还是剑桥大学圣约翰学院（St John's College）的大学生，比起革命的黎明，他更关心考试和就业前景。不过，他确实在1791—1792年造访法国时，发展出对革命的诚挚热情——刺激他的，是他跟一位布卢瓦（Blois）姑娘的情爱，以及和一位爱国军官的友谊。[4]

最热情拥戴革命的人是宗教上的不从国教者和以查尔斯·詹姆斯·福克斯为首的辉格在野党："这真是世上发生过最重要的事件，也是最美好的一件事！"福克斯及其拥趸对法国实际发生的事情不太了解，也不太关心，而是执着于乔治三世及其阴谋"小团体"对自由造成的神秘威胁。他们因此将波旁王朝的失败视为对"专制统治"的又一次打击，好比是美国革命。福克斯与贵族出身的法国改革人士为友，认为改革派将掌权。他态度坚决，想觅得法国的"辉格党"人物——甚至找到类似雅各宾恐怖统治领导者罗伯斯庇尔与路易·安托万·德·圣茹斯特（Louis Antoine de Saint-Just）这样的人物。辉格党的思路是，法国大革命无论有多害人，与原先的统治一比不过是小巫见大巫；而革命势力战胜奥地利、普鲁士，以及后来战胜英国（由被他们妖魔化的小威廉·皮特所领导），则是人类发展的凯旋。福克斯将不理想的发展悉数归咎于国内外反对革命的人，带着一种混杂同情、固执、失败主义与恐惧的情绪，敦促与法国协商议和。

支持革命的知识分子由"理性不从国教者"领导，其中不少人是长老教会中倾向一位论（Unitarian）的信徒。他们否定三位一体的教义，也否定基督具有神性。这种立场会削弱宗教、政治与社会秩序的基本前提——教会与国家是由神所立的。理查德·普赖斯博士与约瑟夫·普里斯特利博士（他也是一位知名科学家）等活跃的一位论牧师，里士满公爵（Duke of Richmond）、兰斯当侯爵与格拉夫顿公爵（Duke of Grafton）等政界同情人士，以及诗人塞缪尔·泰勒·柯尔律治（Samuel Taylor Coleridge）等热情青年，都把法国革命诠释为神意对教皇党和立国教之举的重击。普里斯特利的表达方式于其名声有损——"一车的火药已经搁在教会当权派底下"，这话也为他赢得了"火药老乔"的诨号。普里斯特利是一位分析家，刻苦钻研但以理、以赛亚与《启示录》的预言以及气象科学，多年来他一直期待"教会与国家一起垮台……这虽会带来灾祸，但终将是光辉灿烂之事"。如今他美梦成真："法国革命合乎神意"，一位再洗礼派牧师在民风激进的诺威奇（Norwich）如此宣布。"没有国家站得住脚，凭神的大能都能推翻。"无论动荡与苦难多么严重，革命都将击溃天启所说的罗马大淫妇与七头十角兽，为基督的复临以及地上的天国引路。许多千年至福论[①]宣传册都以类似《法国革命预言与敌基督的败亡》（*A Prophecy of the French Revolution and the Downfall of Antichrist*）的书名问世。"至高

---

① 基督教末世思想，相信耶稣将在审判日后复活，统治千年。——译者注

者的圣民，"普里斯特利以预言的口吻宽慰众人，"必将占领王国，直到永远。"至于罪人——革命中的受害者——则被交托给"智慧慈爱的神意来发落"，和那些淹没在挪亚洪水中、于所多玛与蛾摩拉业火中焚烧的人，一起被扫进同一个神学垃圾桶。[5] 埃德蒙·伯克称这些人是"可悲的偏执之人"，但他们坚定的思想、不容侵犯的道德观与对千年至福的期待，却塑造出英国版的革命价值观。

如此的期盼触发了知识分子一系列的主张。在剑桥，地方性的宗教狂热导致个性激烈的大学生柯尔律治，用火药在圣约翰学院与三一学院柔软的草坪上烧出"自由"与"平等"的字样，也让主事者以比较庄重的方式，将1790年副校监拉丁文论文奖授予一篇赞扬革命、"很可能有益于这个国家"的论文。[6] 不过，未来数年牵连更广的冲突，也在剑桥以相当迷你的方式呈现。威廉·弗伦德（William Frend）是耶稣学院中信奉一位论的教员，他不仅宣称"路易·卡佩"（Louis Capet，指路易十六）被处死"干我等何事"，还连盎格鲁教会的"黑衣人"及其"迷信的"圣餐礼一块骂，将之暗比为"巴库斯（Bacchus，罗马酒神名）的纵乐"。此举导致他因渎神言论而被剥夺教员资格，进而引发抗议活动——参与其中的柯尔律治差点被退学。三一学院的牧师则谨慎得多，将奥地利与普鲁士人跟《启示录》中的野兽画上等号。威廉·戈德温（William Godwin）、玛丽·沃斯通克拉夫特（Mary Wollstonecraft）与威廉·布莱克（William Blake）等宗教与社会激进人士也共享这种千年至福愿景。布莱克受到神学家伊曼纽尔·斯韦登堡（Emanuel Swedenborg）的新耶路撒冷教派所影响，深信"野兽与大淫妇的统治没有节度"，因此"英格兰十字军（将通过）对付国教的方式来对抗法兰西"。这个激进的地下社会将预言性的宗教和政治阴谋相结合,即便从当时宽大的标准来看,这批人有时候也称得上异常古怪。[7]

法国革命吸引了英国政治体系边缘人的注意,即诺威奇、布里斯托、莱斯特(Leicester)与纽卡斯尔等老城市,以及伯明翰、贝尔法斯特(Belfast)、谢菲尔德(Sheffield)与曼彻斯特等新兴工业重镇里自学成才的小生意人、专业人士和优秀工匠。反国教派的会众提供组织力量与受众。而这个社群最著名的代言人,是浪迹江湖的托马斯·潘恩(Thomas Paine)——他曾经是个马甲裁缝,加入过贵格会,当过税吏、海盗、记者,也是美国革命的捍卫者与参与者。社团网络将信念传播出去。有些团体的成立时间可以追溯到七年战争与美国革命时[如宪政信息协会(Societies for Constitutional Information)、宪政之友协会(Friends of the Constitution)、爱国者协会(Patriotic Societies)]。其余则是新成立的组织,其中最有名的要数1792年1月,由鞋匠托马斯·哈代(Thomas Hardy)成立的伦敦通信协会(London Corresponding Society)。政治社团之间,例如巴黎的雅各宾俱乐部与辉格党斯坦诺普伯爵主持的革命纪念协会(Society for Commemorating the Revolution)之间建立了友谊关系——不久前押解路易十六一家回到巴黎囚禁的热罗姆·佩蒂翁(Jérôme Pétion),便成了1791年革命纪念协会年度餐会的座上宾。

其中一次的友好表示造成了深远影响。1789年11月4日,身兼一位论派牧师与一流政治经济学作家的理查德·普赖斯,以《论爱我们的国》(*On the Love of our Country*)为题,向革命纪念协会发表演说。他致辞的内容随后在法国的国民制宪议会上被宣读。普赖斯指陈,"多数人的"政府"强夺人权",国教是"专横的神权统治",应该将"偏见"

从"对国家的爱"中洗涤出去，而这种爱"不必然意味着……对其法律与宪政体制有任何特定偏爱"，结果导致国内议论纷纷。他以激情的宣言为演讲做结，表示法国革命已"点燃烈焰，将专制统治烧成灰烬，温暖、照亮了欧罗巴洲"。[8] 普赖斯点燃了一场思想大战，他的言论引来了埃德蒙·伯克的"惊雷"[9]——1790年11月，《法国革命论》(Reflections on the Revolution in France)出版。这本书是历来以法国为主题的英文著作中最重要的一本，也是历来关于英国最重要的著作之一，因为——正如近代史学者德里克·比尔斯（Derek Beales）所评价——"书中一切皆与法国有关，书中一切也与英国有关。"[10]

反思革命

只要这诡异、无以名状、狂暴、激情的东西在欧洲的中心站稳脚跟，就没有哪一个君主国——无论其权力是否受到节制——或哪一个历史悠久的共和国能平安无事。

——埃德蒙·伯克，1791年6月[11]

只要英格兰人放纵雄辩家伯克跟法国作对，我们可是连自己的一丁点自由都难以赢得：他辱人的文字与收了钱的狡猾言论在我国各行政区泛滥。

——贝特朗·巴雷尔（Bertrand Barère），1794年于国民公会（Convention）演说[12]

埃德蒙·伯克1729年生于都柏林，他如果不是英国最伟大的政治思想家，那至少也是最伟大的有头脑的政治家。他批评王室的要职任命权，支持爱尔兰的天主教解放运动与美国独立，抨击英国在印度的腐败与压迫，与查尔斯·詹姆斯·福克斯为友，跟托马斯·潘恩和理查德·普赖斯通信；他对法国革命的抨击有部分跟普赖斯的影响有关，而他的言论所招来的谩骂，大部分则是因为他看似变节的转折。他造成在野的辉格党分裂，与友人关系破裂，留福克斯在下议院中腹背受敌。[13] 人们批评伯克是启蒙之敌、反革命理念家、浪漫主义先知、排外者、法西斯主义先祖，甚至是美国新保守主义者（American Neocons）的精神先祖。其实，他只是捍卫自己认为相当开明的"欧

"嗅出一只老鼠"：不信神的革命党在半夜"盘算"时受到干扰。伯克原本拥护美国与印第安人的自由，如今却遭人指控与当权者站在同一边，所以才有图上的王冠与十字架。

洲共同体"(Commonwealth of Europe):宽容、多元、上下有序、财产私有、重视贸易、实事求是、四海一家——这是洛克、休谟、斯密、吉本与孟德斯鸠的启蒙,伯克甚至将孟德斯鸠《论法的精神》评价为自《圣经》以来最重要的著作。他并未因法国的衰败而幸灾乐祸,更是第一个(在1789年11月时)对"一个位居泰西体系中心的文明大国在政治上完全毁灭"的危险提出警告的人。[14]他谴责革命等于退化回混沌与暴力的境地,而革命的动力恰与他所批评的帝国主义行径出自同一种幼稚精神与傲慢神学。[15]伯克为中庸——介于"君主专制体制"与"民众专制体制"之间的"第三条路"辩护。[16]

伯克试图清楚说明(正当的)光荣革命与(不正当的)法国革命之间有何差异,力抗那些认为两者共同表现"人民有绝对权利推翻其统治者"的人。他也为现存社会与政治体制辩护,与要求理论般完美的人对立。他承认,若与这种完美相比(他曾挖苦为"哲学仙境"),既有的一切并不完美。情感、经验与真实生活要重于抽象理论——这是他论点的核心。妙的是,早在30年前,他跟普赖斯针对人类如何理解世界——通过经验还是形而上学——便有不同意见。1789年的事件(伯克后来称之为革命的"杀人慈善事业"),让两人的哲思差异成了一件攸关生死的事情。

伯克主张,政治体系的正当性根据不在其理论基础——"光秃秃、孤零零的形而上抽象概念"——而在于"提供人所匮乏"的实际能力。这些能力构成"真正的"人权,例如"司法"与"产业的成果"。政局稳定必不可少——英格兰人民认为这是"他们的一项权利,而非他们的过错"。政局稳定并不表示排除谨慎的改革,甚至在极端情形下也不代表不能惩罚"真正的"暴君。但社会与国家不能根据"抽象原则"

废立——实际上,这些原则不过是少数狂妄之人的看法。"我无法想象,怎么会有人踏进假设的场域,把自己的国家纯粹当成白板,在上面随意乱画。"[17]这种人"对自己有绝对的信心,不尊重他人的智慧"。政治体系是人类在不同文化与情境下所创造的,而非由普世的自然规律所规定。其运作依赖于主动接受、忠诚与"偏好","它们延续越久……我们越珍视它们"。个人的思虑会犯错,因此众多的个人应当"活用各民族、各年龄层整体的银行与资本"。以英格兰为例,这种自由的"资本"可以回溯到《大宪章》,而且是种无须依赖任何抽象权利理论的"继承物"。社会与国家就像习惯法,是一代代人决策与经验的积累,是"文盲的智慧"。这种传承,是政府与被统治者——生者、死者与尚未出生的人之间千真万确的契约,是永恒的"合伙关系"。除非众人愿意接受无人拥有"独立于或撕碎"这种合伙关系的权利,否则统治就只能靠武力进行。他预测,这就是法国的命运,直到"某个受人爱戴的将军成了你们议会的主人和整个共和国的主人"。

伯克的对手根据自身国内的政治、宗教关注,来诠释发生在法国的事件(他们通常也很少关注),但伯克不同,他密切关注革命的发展。他了解到,法国革命是某种新的、"恐怖的能量",不能将之解释为对现实苦难的合理补救。革命有其意识形态推动力,创造出伯克所说的"专断式民主"(Despotic Democracy),拒绝所有加诸其权力上的限制;此外,革命同样出自一种全面改革的理想国愿景,一如国民议会重要成员——加尔文派牧师拉博·圣艾蒂安所表示:"一切都要摧毁,没错,是一切;因为一切都得重新创造。"对伯克而言,政治之智慧在于"保持"的同时"改进",因为摧毁重要的历史结构,也就等于摧毁现代社会。[18]

《法国革命论》立即造成了轰动效应：在英格兰光是一周就卖了7 000本，法国一年则卖了13 000本[19]——占读者群相当高的比例。该书激起了源源不断的批判，经常有人指控伯克跟专制统治和教皇一党站在同一边（因此吉尔雷的漫画才会出现那些符号）。福克斯称之为"受诅咒的东西"，威尔士亲王则斥之为"杂七杂八的胡说"。最有影响力的反驳之言是潘恩的《人的权力》(*Rights of Man*，1791)与玛丽·沃斯通克拉夫特的《男权辩护》(*Vindication of the Rights of Men*，1790)与《女权辩护》(*Vindication of the Rights of Woman*，1792)。沃斯通克拉夫特意翻译了卢梭之言："自然——或是以严格而得体的方式称之为神的所有造物皆为正当；但人却想出许多谎言损坏自然之造物。"她坚持受之于神的理智才是合法权威的唯一来源，拒斥传统的正当性（英格兰宪政体制是"一大堆前后不连贯的东西……创立于无知的黑暗时代"）。她谴责财产、文雅、"娘娘腔"与商贸是压迫与不道德的根源，并呼吁一场道德革命。潘恩的《人的权力》笔锋则狡猾、跳跃、直白，是非常成功的出版物。他不打算与伯克交锋，而是单纯谩骂；伯克根本不浪费时间回应。在潘恩眼中，每一件事在法国都进行得非常美好：革命就是"修整事物的自然秩序……将道德与政治的福祉、国家的繁荣相结合"。[20]

许多温和人士（包括伯克的友人）认为伯克的慷慨陈词古怪异常，危言耸听。小皮特对《法国革命论》的评论相当有名："奔放之作，令人相当钦佩，但完全不敢苟同。"他始终不接受革命全盘皆错的看法，据说他私底下表示"假使人人皆有见识，能为所当为"，那潘恩才是对的。[21]但伯克仍然在这场理念之战中占了上风。看到1792年之后的发展，他的对手没有一个还试图一条一条为法国革命辩护：内战、经济瓦解、恐怖统治、对外侵略、与英国开战、打击基督教,以及拿破仑的政变——实现了伯克关于"某个受人爱戴的将军"的预言。潘恩原先信心满满地认为,"法国把事情处理得更好","千年之后"法国人回顾这场革命时将"默默自豪",[22] 现在变成把所有问题归咎于外国的干预。革命的"野蛮与悲惨"令沃斯通克拉夫特大骇,希望"自己从未听闻……发生在那儿的暴行"。[23] 潘恩逃离英格兰的起诉,在法国接受热情招待,成为公民、国民公会议员、官方宣传家,以及制订入侵英格兰计划的业余顾问。但他支持错误的派系,在恐怖统治期间遭到逮捕入狱,差点上了断头台。潘恩颇识时务,在《理性时代》(*The Age of Reason*,1794)一书中转往比较安全的朴素神学领域,此后再也没有就革命进一步写过什么。虽然伯克赢了这场思想战役,为英国的制度赋予了"源远流长的世系,且该世系由无数赋予其正当性的力量所构成",[24] 他在 1797 年过世时,仍担心小皮特设法与革命共存之举终将让革命获得胜利。

共和派用理想化的斯巴达与罗马制度,塑造出放诸四海皆准的"专断式民主",伯克则认为一个政治共同体是由复杂和受到约束的协议、权利、责任与情感逐渐积累形成,并以此看法作为"专断式民主"之外的另一种选择。虽然人们经常说他保守,但伯克的愿景对哲学家邦雅曼·贡斯当(Benjamin Constant)后来所说的、奠基于个人政治与经济自由的"现代人的自主权"而言,却是不可或缺的要素。伯克也和法国的反革命理论家不同,这些理论家大声疾呼,表示神权政治与当局的铁腕才是革命唯一的解药。英国与欧陆的政治理念,因为对法国革命的反思而有了新定义——伯克的"第三条路",让他同时成为保守主义(因为他赞扬传统与忠诚)与自由主义(因为他同意改革为生存所必须）的教父。

英国民众对于革命的主要回应并非激进主义。激进社团的核心成员只有数十个，顶多上百人（谢菲尔德宪政信息协会或许是地方上最大的团体，积极成员在 1792 年时约有 600 名）。[25] 忠于当局的行动更为显著，就像革命让法国社会上下动员，保王思想同样也催动了英国社会，最后将近有 2 000 个保王派社团成立，例如 1792 年 11 月成立、对抗共和派与平等派①（Levellers）的自由财产保障协会（Association for the Preservation of Liberty and Property）。保王派主张，法国人激起的动乱会让富人、穷人一起一败涂地。不过，保王思想并不代表对小皮特政府的无差别支持。保王派通常同情群众的苦难——尤其是食物短缺一事，此外也不保证能毫不动摇地支持漫长无望的战争。保王派活动中比较庄重的，是通过收集上千人的签名，以及传道文、诗作、宣传册与报纸等方式向乔治三世效忠。比较不庄重的，就是群众的庆典——游行、将托马斯·潘恩人偶当成盖伊·福克斯来烧、放烟花、烤牛肉（Le Rosbif）和喝酒，通常是由乡绅出资。威胁恫吓激进派，也是保王派活动很重要的一方面：烧肖像、将激进派从酒吧与联谊社团逐出、抵制并解雇激进派，甚至私下迫害激进派作者与出版商。最极端的就是暴力骚动。最为恶名昭彰的例子，是发生在伯明翰的"普里斯特利动乱"，结果导致激进派的一个根据地遭到镇压。

---

① 平等派，政治运动派别，支持人民主权、扩大选举权、司法平等与宗教宽容。——编者注

1791 年 7 月 14 日，大约 90 位改革人士在伯明翰一间旅馆举办晚宴，庆祝巴士底日，结果导致一连三天席卷伯明翰城与邻近村庄的动乱——革命时代最大的一场民间骚动。[26] 主要目标一开始是反国教派教堂与巴士底晚宴出席者的家，接着是当地反国教派名流要人（银行家、牧师、治安法官与大工厂主）的家——有些人跟法国有不可告人的生意往来，最后连月光社（Lunar Society，英格兰中部启蒙运动的核心）社员也遭了殃。月光社社员包括伯明翰首屈一指的实业家马修·博尔顿、英国知名工程师詹姆斯·瓦特（两人是圣公会信徒，所以房子逃过一劫），以及约瑟夫·普里斯特利——他既是皇家学会会员、知名的大气和电学实验家，也是一位论激进分子，深信革命预示了敌基督将遭到推翻，耶稣将再临——"我想，20 年内一定会发生。"[27] 尽管他小心地跟晚宴保持距离（或许是遭到威胁涂鸦所警告），但他的房子仍然遭人纵火，科学仪器与文件皆被付之一炬。最后总计有一所浸信会教堂、三所一位论聚会所以及至少 27 间房舍，在这场英格兰民众示威过程中遭到劫掠、破坏或拆毁，令它们的所有者魂飞丧胆、备感屈辱，但没有给他们带来身体上的伤害。一位受害人被人"拖到酒馆……被迫握了上百双粗糙黝黑的手"，并买了 329 加仑的啤酒给群众。为什么这些黑手的主人——伯明翰与黑乡的马具匠、金属工人、木匠、玻璃匠、桶匠、矿工与泥水匠，会以"教会与国王"之名突袭文雅的亲法分子？不从国教者是当地的权贵；事件中财产损失最惨重的十个人都是巨富。传统上，他们就跟不苟言笑的清教徒一样不受欢迎——整个 18 世纪，英格兰中西部一再发生打着詹姆士党名号、攻击不从国教者的动乱。不从国教者要求宗教与政治改革（从来不受公众欢迎），这种要求通过他们公然拥戴越来越危险的法国革命的方式最大程度地彰显出来，似乎威胁着社会团结、和谐、稳定的传统理想。这种团结一心的爱国理念对熟练的匠人有强大的吸引力，而另一方的理想似乎是个"少数猖獗分子剥削多数人的残酷世界"。[28]

普里斯特利搬到伦敦，接替理查德·普赖斯，担任一位论会众的牧师。他获得了法国公民资格，并获选为国民立法议会（Legislative Assembly）议员，但他以自己不谙法语为由婉拒了。尽管发生了恐怖统治，他仍然认为革命"为世界开创了新纪元，呈现出接近千年至福的视野"，而他"怀抱热情，读着……罗伯斯庇尔以道德、宗教为题的可敬报告，我还愉快地发现，法国政要的观点有了如此重大而令人满意的转变"。[29]他最后隐居美国。

保王派与激进派同样受到欧陆事件所刺激。暴力事件的滋长，让许多人坚决转而反对革命。恐怖统治在1792年9月2日—6日达到新的阶段——革命派受到入侵军队的威胁，担心自己关押的敌人会策划阴谋，居然开始屠杀巴黎各监狱的犯人。数以百计的贵妇人、妓女、主教、乞丐、军官、前大臣、流浪儿童与财经巨子被拉到街上，遭到身兼法官、陪审团与刽子手的爱国审判团杀害。这些杀戮与法国人民轻松、文雅、顺从的传统形象相冲突，因此尤其令人震惊。

1792年9月20日，法军在法国东部的瓦尔米（Valmy）意外地成功击退普鲁士与奥地利的入侵部队，这不仅出人意料，也让同情人士松了口气。查尔斯·詹姆斯·福克斯虽然对九月大屠杀感到心寒，但仍这样写瓦尔米一役："此前从来没有任何公共事件能带给我如此的快乐，就连萨拉托加战役与约克镇战役也不能。"来写瓦尔米一役。[30]英国同情者一直在为处于沉重压力下的法军募集衣物、毯子、靴子与弹药，而法军在奥属尼德兰的其他胜利，更是让他们一片欢腾。现在换他们种起自由纪念树，烤牛肉，敲响教堂钟声，在自家窗户上张灯结彩。很显然，法国革命政府毕竟不是软柿子。

英国人（尤其是英格兰人）对法国革命的反应，一直是学者热议的主题。左派历史学家看见的是激进的回响，包括政治结社的激增，将之视为英格兰有机会发生革命，至少有可能会追求更民主的道路的征兆。但近来学者大致同意，过往的历史学家"过于高估"民众对革命的同情。反而革命"最重要的冲击之一……是为民间的保守思想提供了无尽的动力"。[31] 许多的早期热情支持者，最后都因为各种事件的压力而改变立场，包括华兹华斯、柯尔律治与罗伯特·彭斯（Robert Burns）等诗人。曾经担任主教，后来转行为外交官的夏尔·莫里斯·德·塔列朗-佩里戈尔（Charles Maurice de Talleyrand-Périgord），在接下来40年中多次出使英国。1792年，他在首度出使时写下报告，表示：

> 该国民众……紧紧依附其体制，执着于古老的偏见、习惯，执着于与其他国家一较高下，并钟情于富足荣景。他们从未想象从革命中能有任何所得，英格兰的历史令他们担忧其危险。这个国家一门心思都放在物质繁荣的问题上。[32]

唯有战争的压力伤害到这种繁荣时，这个国家才会有严重的动荡。

食人族与英雄

吉尔雷手脚很快,在关于九月大屠杀的第一道消息传抵伦敦后两周,便发表了他绘图、蚀刻的《简单的晚餐》(*Un petit souper*),用色明亮简单。外交官陆军上校乔治·门罗(George Munro)对大屠杀的目击描述,后来也回荡在英国两位重要的革命形象描绘者的著作中——托马斯·卡莱尔(Thomas Carlyle)的《法国革命史》(*History of the French Revolution*,1837),以及查尔斯·狄更斯(Charles Dickens)的《双城记》(*A Tale of Two Cities*,1859)。

用断头台与绞索堆出来的法国"光荣之巅"。这幅插图中写着:"自由的顶点:宗教、司法、效忠国王的人和所有未受启蒙的麻烦人物,永别了!"

九月大屠杀过了将近 4 个月之后，路易十六在 1793 年 1 月 18 日被处死。这件事对英国舆论带来了相当负面的影响，尤其是因为这让人想起了处死查理一世。路易也想到了类似的事情。他在自己最后几个月的生命中读起了休谟的《英格兰史》与克拉伦登伯爵爱德华·海德（Edward Hyde, Earl of Clarendon）的《叛乱史》（*History of the Rebellion*），深受英国历史教训所吸引。休谟说历史事件是"大量的意外……通常与些许智慧和远见相辉映"的格言，恐怕会令他回思不已。[33] 艾德沃斯神父（Abbé Edgworth，爱尔兰詹姆士党的子孙）在路易十六被处死时陪伴着他。当路易十六走上断头台时，那句令人难忘、仿佛出自圣典的道别词——"圣路易之子，爬上天堂吧"，据说便出于艾德沃斯的口。

　　吉尔雷用受绞刑的主教、修士、法官，以及遭亵渎的耶稣十字像与烈火中的教堂——这时可不是在反教皇党——阐明了该图的小标题，旨在挖苦同情革命的英国人："宗教、司法、效忠国王的人和所有未受启蒙的麻烦人物，永别了！"下图这张版画问世的 12 天前，法国已经向英国宣战。图中的无套裤汉（Sans-Culotte，指革命中未如贵族般穿套裤的群众，但吉尔雷一贯以其"没穿裤子"的字面意义表现）加深了革命发生前的恐法想象。松垂的长发与小提琴向来是法国人轻率的象征，如今则转变为政治暴行反复无常的标识。图案传达的信息是：革命并未矫正，反而加深了法国人的罪孽。奥克兰勋爵（Lord Auckland）便说，"一切野蛮暴行，已铭刻于风雅社会的堕落中"。[34]

　　革命人士本身对于"风雅社会"的批评更是有过之而无不及，进一步将部分引自英格兰的爱国主义与道德观念扩散出去。[35] 他们打算创造出新道德、新文化，以及新的政治制度，唾弃切斯特菲尔德等人大加赞扬的法式贵族风格。1794 年，马克西米连·罗伯斯庇尔在革命恐怖统治的高峰时宣称：

我们将……以道德取代利己，以正直取代隆重……以理智的帝国取代流行的暴政……以良善的人民取代朋党，以受人称道取代阴谋诡计，以天才取代精明，以真诚取代机巧，以好德取代餍足声色，以个人的伟大取代伟人的说教，以宽宏、强大而快乐的人民取代随便、肤浅而无赖的人民——也就是说，以共和国的一切美德与一切奇迹，取代君主国的一切罪恶与一切荒诞。[36]

朴素的衣服与顺着头发梳理的自然发型——从 1780 年的英式流行打扮演变而来——成为激进派的风尚。至于妇女方面，简约的英式打扮则染上了伪希腊风的调性，最后变得更有透视效果。革命时期的法国服饰流行一如政治，将英式风格推向新极限。

巴黎人的简单晚餐：一家子无套裤汉在一日的疲惫后补充元气。

光荣之日

> 毋庸置疑，从欧洲形势来看，我们或许能合理期待今后十五年的和平时光，这在本国史上还未曾有过。
> ——小威廉·皮特于下议院发言，1792 年 2 月 17 日 [37]

> 这将是为普世自由而起的圣战……每一位士兵都要对敌人说：兄弟，我没有要割你的喉咙，我是要把你从你所承受的枷锁中解放；我要为你指出通往幸福的路。
> ——布里索·德·瓦尔维尔（Brissot de Warville）于雅各宾俱乐部的演说 [38]

革命头几年，海峡两岸的人既不渴望也不期待打仗。法国似乎会平静下来，成为不那么威胁其邻国的立宪君主国。战争会发生，并非因为欧洲君主希望复辟波旁专制体制，他们对该体制也感到恐惧。各国进军法国也不是为了镇压革命中的恐怖事件——仔细想想，大多数的暴行当时尚未发生，革命暴行是战争的结果，不是原因。欧陆主要国家即将在东欧与巴尔干地区因瓜分地盘而陷入另一场冲突，至于细节我们就不加赘述。法国的革命政府说不定是个有用的盟友，法国国内政局是法国自个儿的事。

战争的动力来自法国内部，各派系虽然给出的理由不同，但都认为战争是政治困局的解决之道。为首的主战派是"布里索派"——布里索·德·瓦尔维尔的追随者，他们希望通过战争，让国王及其大臣显得并不爱国，以便建立共和体制，继而让自己掌权。"法国需要战争,"布里索对议会表示,"以成就她的荣耀、国防安全与国内平静,恢复我国财政信用与民众信心,终结恐怖统治、叛国与无序状态。"[39] 奥地利人面对挑战意兴阑珊,普鲁士人跃跃欲试,接受挑战,各方来来回回发表声明,语出威胁,下达最后通牒。1792 年 4 月 20 日,法国立法议会投票通过宣战,只有七票反对。双方阵营都期待能快速取胜。奥地利人与普鲁士人皆认为职业军人将击溃革命派的乌合之众,秋天时就能返家。布里索派则想象革命爱国主义将摇摇欲坠的君主国扫到一旁:"连拥有 40 万奴隶的路易十四,都知道如何睥睨所有欧洲大国;我们有上百万自由人大军,哪还怕它们?"[40]

英国政府倾向于"对法国事务采取最严格的中立"——这是新任外相格伦维尔勋爵(Lord Grenville)的原话。他认为奥地利、普鲁士一同威胁法国的做法"考虑不周,也不体面"。英国在北美洲与近东地区也有自己的问题,分别对上了西班牙与俄罗斯。经验丰富的威廉·伊登(此时已是奥克兰勋爵)坦承,虽然"脑海中"他讨厌革命,但实际上若法国有个"支离破碎、效率低下"的政府,对英国更有好处。无独有偶,对英国并无好感的布里索派,"脑海中"已经有够多的敌人了。1792 年,布里索向"最尊重我们革命及其象征的国家"致意。一名英国外交部官员则认为,英国人有"咸水壕沟"保护,卷入欧洲战事"就跟偶发事件一样,不一定会发生,也难以预测"。[41]

对法国人来说,跟奥地利与普鲁士的战事开局并不顺利。法军指挥官——美国独立战争英雄拉法耶特与罗尚博,都认为麾下部队打不了仗。两人在敌军现身时撤退,引起人们指控他们叛国。战争初期的逆势,以远比布里索派所想象的更突然、更剧烈的方式,让革命走向激进。奥地利—普鲁士联军指挥官不伦瑞克公爵(Duke of

Brunswick）发表声明，威胁说若王室成员受到伤害，巴黎便要受惩罚。作为回应，法国当局则将武器发放给民众。但民众却在 1792 年 8 月 10 日拿起武器，推翻君主国。英国大使离境，但伦敦仍保持"极度中立"。[42] 敌军兵临首都城下。凡尔登（Verdun）——途中的最后一座堡垒，也在 9 月 2 日投降。后来有好几位"凡尔登处女"因为欢迎入侵者而上了断头台。叛国与阴谋流言四起，九月大屠杀便在此时爆发，紧接着就是法军在瓦尔米史诗般的阻击。格伦维尔暗自庆幸，"我们有那种智慧，能脱身于……这桩瓜分法国、分享战利品并粉碎全世界民主价值的光荣大业"。他坚持"本国与荷兰应当尽可能继续不置一词"。[43]

形势之所以突然改观，是因为英国安全的屏障——低地国家受到意料之外的威胁。1792 年 11 月 6 日，法军在热马普（Jemmapes）击溃奥地利人，并占领布鲁塞尔。这种从危亡到凯旋的惊天转折，加上法军以解放者身份受到欢迎的消息，让新成立的国民公会大受鼓舞、目空一切，而彼此倾轧的派系则竞相表现其爱国心，淹没了谨慎的意见。"革命……披上战士的装束，要挑战全世界。"[44]11 月 19 日，国民公会一致通过，向所有为自由奋战的民族提供"友爱之手与协助"。法军的入侵旋即有了理由——不仅是协助，更是一种贯彻法国革命政府普世权利的举动。乔治·丹东声明："我们有责任将自由带给其他民族……我们同样有权告诉他们'诸君此后别无国王'。""在欧洲而且是全欧洲陷入火海之前，"布里索写道，"我们不能罢休。"他还主张"法兰西共和国应以莱茵河为唯一的国界"。[45]

小皮特政府倒也胸有成竹。起先，法军的胜利与战争来临的消息，一度为激进派带来一波令政府担心的鼓励。但保王活动从 1792 年 11

月起急遽增加,让当局大受鼓舞,而以福克斯为首的反对派发生分裂(伯克加速了过程),也让当局感到振奋。格伦维尔对驻海牙大使奥克兰如是说:"这个国家此刻的绝佳处境,为一切所不能比。最近三周来的变化堪称奇迹。愿神保佑让情况尽可能长久延续,使我们趁此气势而行,不仅能保护己身……更能让我们以英国大臣应有的口气与法国对话……并粉碎国内不稳的态势。"[46] 热烈的半官方外交活动一直延续到战争爆发前,但依旧无法跨过两国间越来越宽的深渊。格伦维尔在1792年12月31日的照会中声明:"英格兰绝不允许法兰西恣意妄为,冒称拥有生杀大权,打着自然权利的旗号,使自己成为欧洲政治制度唯一之仲裁。"[47]

法国人在1793年2月1日抢先对英国与荷兰宣战——路易十六已经在11天前被送上断头台,法国人以此表现对欧洲各君主国的蔑视。潘恩起草召集令,召集令由法国渔船与美国旅客偷渡进英格兰,号召英国人民起义。皮特在下议院报告时,将两国的斗争提升到新的高度:"一群自由、勇敢、忠诚而幸福的人民",正为了"这个国家的安宁、盟国的安全、欧洲各政权间的良好秩序,以及全人类的福祉"而战。[48] 英国参战,让"第一次反法同盟"诞生——实质上就是伦敦—维也纳联盟。

小皮特及其阁员是否如当时与后代批评所指责的那样,原应有更多避免战争的作为?人格特质——"皮特的冷漠矜持与格伦维尔的桀骜不驯"一位法国历史学家如是说[49]——是否成了阻挡与法国取得和解的障碍?说不定法国不会对荷兰动手,以交换英国承认法兰西共和国,并保证中立?这种看法就跟力促协商和绥靖的福克斯及其同僚一样,一而再,再而三误解了革命政局的推动力。历史学家弗朗索瓦·傅勒(François Furet)解释说:"革命战争没有确切的目标,因为这场战争本身就源自革命本身最深处……这正是法军的胜利顶多只能带来休战的原因；寻求和平……会招致怀疑。"[50] 近来另一位法国历史学家则主张这种心态创造了历史上全新的事物：总体战。[51]

两个阵营都期待迅速取胜，一如许多旷日持久的战争。据大部分时间待在皮卡迪利大街（Piccadilly）的白熊客栈（White Bear）喝酒、看报的法国探子们回报，英国正处在革命的边缘。其证据来自人民之友社（Friends of the People）斯多克纽因顿（Stoke Newington）分社等激进社团的友好消息，或是"好几个爱国组织"的演讲，它们宣称"法国人，你们已经自由了，但英国才正准备解放自己。贪婪的贵族阶级成员正在撕裂我们社会的心脏，他们是我们要找的敌人"。[52] 法国人把此话当真，这实在是个乐天却又难辞其咎和无知的例证：他们没有费心在这个国家打探更广泛的意见，甚至也没有跟伦敦通信协会创始人聊过，他的店可是从白熊客栈沿着路就能走到。[53] 英国政府大有理由相信法国处于混乱、倾轧和几近破产的状态。但他们错以为这会让法国人打不了仗：他们继续作战的能力——以惨痛伤亡为代价——将震惊世人。

战争改变了革命的性质，革命也改变了战争的性质。法国领导人（尤其是在他们处死国王之后）是真的在为自己的生命而战：对抗外国入侵者，对抗国内的保王派，甚至还得对抗彼此，失败或软弱很可能意味着死亡。他们的追随者甘冒失去新得到的权利、自由、财产与地位的风险。人们对于国内外策动的谋杀、饥荒和大屠杀的恐惧（不完全是想象）无处不在，更加放大了危险。《马赛曲》（*Marseillaise*）便强调一旦革命失败，也就意味着暴政的染血旗帜将迎风飘扬，凶残的敌国士兵将横行于乡野，爱国者的妻儿将遭到残杀。"他们会挖出孕妇的肚肠，切开老者的喉咙。"[54]

当局一开始是募集志愿军，接着征兵 30 万人。地方社群（有员额得达成）把四肢不健全或是对政治分界线（一边是教士与贵族，一边是共和派民兵）两侧都是麻烦的人送去充军。对逃兵的处置若非将其财产充公，就是把士兵安顿至其家中。许多人赶着结婚以避免征召——年老的寡妇从未如此受欢迎。1793 年 8 月 23 日，国民公会颁布大规模征兵令，发动总动员：

年轻人上战场；结了婚的男人锻造武器，运送补给品；妇女负责缝制帐篷、衣服，并服务于医院；孩童捻亚麻；老人要主动前往公共场所，唤起战士们的勇气，鼓吹对国王的恨意，宣扬共和国的统一。

结果虽不如预期，但仍然征集到一大帮人——混乱、没有组织、脏兮兮、衣衫褴褛、没有装备，他们的武器通常是草耙、长矛和装上刺刀应急的猎枪。上千名饥肠辘辘、饱受疥疮与性病折磨的人（有时候是全队）被抛弃，或是涌入臭气熏天的医院，死亡人数甚至比死于奥地利人之手的更多。不过，仍然有大量士兵留下来作战，甚至开始打胜仗：截至 1794 年，法国已有 80 万人拿起武器。[55] 光着脚的公民军队用灌注了革命热忱的激情刺刀，大胜外国入侵者——这类传说在当年鼓舞了共和派的爱国心，如今多少还有些效果。人数优势是解释革命军战胜的关键：实事求是而论，人数多的军队总是能赢，而且通常是法军人数占优势。在英国，明眼人都意识到这是种"新发明"：由"人民专制"（Popular Tyranny）所动员的强大"军事民主制"（Military Democracy），且"倾其全力进行战争"。[56]

1791—1794 年，战争将法国卷进恐怖统治的旋涡。大规模征兵令导致全国各地出现了前所未有的暴动。逃兵结伙变成强盗。法国西部全面公开反抗，城镇遭到愤怒的农民袭击，人称旺代起义（Vendée Uprising）。由于收不上来税，当局印了更多钞票以支付战争经费，结果迅速导致通货膨胀；政府的印钞厂在新钞的重压下几近崩溃。荒年、贸易中断与粮食囤积，让谷物价格在 1791 年上涨 25%～50%，导致了更多动乱。政府以经济控制和征用来应对，辅以恐怖手段。人们将黑市交易和军事失利指为叛国，进而肃清了被视为缺乏革命热情或不可靠的人。将领们相继投奔敌军。1793 年 6 月，随着奥地利与普鲁士军队再度挺进巴黎，巴黎群众将此前主政的吉伦特派逐出国民公会，其领袖布里索更遭人指控为英国间谍。权力于是集中于国民公会及其各执行委员会，尤其是自 1793 年起便由马克西米连·罗伯斯庇尔主导的救国委员会（Committee of Public Safety）手中。镇压真正或疑似反对者的做法，激起了更激烈的抵抗。巴黎政权与里昂、波尔多、土伦与马赛等南法城市（由遭排挤出去的吉伦特派领导）之间爆发了联邦内战。革命的敌人则希望这是革命瓦解的征兆。但关于共和国寿终正寝的报道，事后都被证明过于草率。1794 年 6 月，共和国甚至在弗勒吕斯大胜奥地利人。

战争带给英国的冲击远没有那么痛苦，这一点相当引人注意。相较于法国，英格兰、威尔士与苏格兰的政治与社会冲突程度不高。保王主义的喧闹热情，令雅各宾俱乐部与无套裤汉们相形见绌。官定的斋戒日、感恩节，以及更为盛大的凯旋庆典，皆有助于巩固对保王派的支持。多数人都接受汉纳·莫尔（Hannah More）等反革命宣传家的主张，认为无论贫富，所有人都会因法国的胜利而成为输家。包括反国教派在内的各教会，如今也支持这些主张，而法国人的举动——恐怖统治、挞伐信仰、对外侵略——都为这些主张提供了口实。

即便如此，人们对于战争的支持仍然变化剧烈，在1796—1797年、1800—1802年更是有强大的压力（特别是来自制造业）要求政府议和。民众虽然点起篝火，庆祝1797年坎珀当（Camperdown）海战的胜利，但他们也在火堆上焚烧小皮特的塑像。此举部分是因为人们对革命一事的看法一直有意识形态的分歧，部分则是因为对英国的战争目的感到困惑，但最主要的因素，还是因为战争看起来没有胜算。英国发生了一拨拨的动乱与罢工，厌战情绪严重，更有几场革命阴谋，以及令人忧心的海军哗变。但多数发生在大不列颠地区的动乱都跟革命无关，而是由食物短缺、征兵与经济动荡所引发的。近来的研究指出，英国中央与地方政府相对有效率、得民心，这些骚动大致上都能靠说之以理、动之以情的方式解决，很少以武力镇压解决。对于有男丁从军的家庭而言，《济贫法》（Poor Law）能在经济拮据时发挥救急的作用，这也是关键：英国用来赈济穷人的钱，远多于其他任何国家。经济体系与海外贸易整体上仍相当乐观。国人接受巨幅增税，包括1799年的所得税。政府非常谨慎，将主要的经济重担压在收入较高的人身上。纸币开始流通，通货膨胀率也维持在低水平。强制兵役虽然造成了动乱，但志愿役部队却战果辉煌。总而言之，战争的考验显示出英国社会多半同意其政府体制是合法的，其独立值得捍卫。至于爱尔兰又是另一个故事，且容后叙。[57]

国仇家恨是这场冲突不可避免的产物。这一仗跟过去的战争一样，经常有不对称的现象：法国是英国的大敌，但英国只是法国的敌人之一。奥地利——不忠的前盟友、入侵者与过街老鼠玛丽－安托瓦内特的祖国,才是让法国人在1789—1793年怒火中烧的主要目标。1795年起,民众的抵抗在"得到解放"的低地国家、德意志与意大利开始爆发,但革命派多半看不起当地人,认为他们背信弃义、狂热、怯懦,而且普遍低人一等。英国倒是迅速成为法国人最痛恨的目标。恨意源于一个世纪以来(尤其是七年战争期间)累积的恐英情绪。随着两国冲突延续,"英格兰"成为法国人眼中最顽固的敌人,而反革命斗争的核心,就是"贪赃枉法、汲汲于利的伦敦"。共和派跟波旁王朝都知道英国人掌握海洋,对欧陆权力政治举足轻重,若不捣毁英国,法国就无法主宰欧洲。"罗马"身为宇宙秩序、哲学与无私美德之母,跟"迦太基"这个吸血鬼、海上的暴君、"背信弃义"的敌人和腐败商业文明之母势不两立。"战士民族必将征服商人民族。"[58]

早在1789年夏天,英国人策划颠覆革命的谣言,便已打乱了法国人短暂的兴奋之情。对阴谋的恐惧,令18世纪90年代破坏性的派系斗争愈演愈烈。政治人物纷纷指责对手是小皮特的间谍。据说,连雅各宾俱乐部内部都有会讲法语的英格兰人在做小抄。有人在国民公会发言指陈:

> *巴黎都是英格兰人……他们公然披上反革命的外衣,到这儿来侮辱我们。他们用嘲讽的言辞,刺激每一位不接受英格兰礼仪、风俗的法国人。他们炫耀自己的奢侈品,同时还刺探我们、背叛我们。*[59]

我们不难理解英国何以成为主要的嫌疑犯。100年来,英国都在金援反法联盟。许多法国革命人士与曾经的革命人士确实跟英国人有往来,尤其是米拉波、陆军将领夏尔-弗朗索瓦·迪穆里埃

（Charles-François Dumouriez，他确实是叛徒）、丹东、布里索，以及残忍的让－保尔·马拉（Jean-Paul Marat）。马拉曾经在英格兰假冒医生，被牛津的阿什莫林博物馆（Ashmolean Museum）错当成窃贼，深受威尔克斯与早期英格兰共和思想影响，而他最早的政治著作都是在英格兰写作、出版的。[60] 英国政府确实有派间谍，确实伪造了法国货币，也确实拿钱影响其政局。小皮特的阴谋——从西印度奴隶船发源，途经旺代农舍，流至"伊斯坦布尔深宫内苑"的"黄金河"——是在派系倾轧、反叛、资源短缺、战败与通货膨胀等事情上推卸责任时少不了的理由。"无可否认，英格兰在欧洲所有大国当中最积极策划阴谋，不仅不利于法兰西的自由，更危害法兰西居民的生存。"[61] 罗伯庇尔在1793年推出了登峰造极的阴谋论：英国人在奥尔良公爵怂恿下策划了整起革命，意在削弱法国，让约克公爵[①]登上王座，攫取"其觊觎的……三大目标"（即敦刻尔克、土伦，以及法国殖民地）——进而重新征服美洲。[62] 当局郑重宣布小皮特为"人类公敌"。

最初，法国人将"英格兰"民众与"作恶多端的皮特"、"低能儿乔治"分别看待。据信他们不愿与法国作战，只要"他们失去宝贵的生意，爱自己财产的程度高于恨我们的程度"，他们迟早会推翻皮特政府，或者至少要求议和。[63] 各界抱持着"欧洲最强大、最开明的两个民族再也不是政治人物强烈情绪下的玩物，共同确保欧洲和平，共同发展有益于人类之艺术"的愿景，敦促救国委员会诉诸英国舆论，

---

① 此处的约克公爵是指弗雷德里克王子（The Prince Frederick，1763—1827），英王乔治三世的次子，在法国革命与拿破仑战争中率领英军在佛兰德等地与法军交战。——编者注

表示委员会"对那个无畏、宽宏的民族相当敬重"。[64] 随着战事继续，真相才渐渐明朗：

> 我们错估了英格兰民众真正的性情。他们有如迷信般依恋自己的宪政制度与宗教，此前未曾、未来也不可能欣赏法国的原则。即便他们对我们的革命表示赞赏，亦出于对我国国王之宿怨，而非出于对共和体制有一丝热爱。数世纪以来，他们已经习惯了混合政府，绝少感受到专制之打击。他们有多不胜数的好处，有睿智的法律确保其公民权利，而他们的政治权利——与贵族和国王的权力巧妙结合——带给他们某种重要性的错觉，使他们感到满足。[65]

革命政权无所不能的画家——伟大的雅克-路易·大卫，把手中的笔转向吉尔雷式的讽刺漫画，画出了这幅挖苦英国政府的图画。

英格兰人民得罪加一等，因为他们是出于自由意志反对革命。"他们因为我们拥抱自由而摈弃自由；他们因为我们与教宗断绝关系而亲近教宗……我们将玛丽之子赶下台，为此他们绝对不会原谅我们……罗马与迦太基摧毁彼此的决心再坚定不过了。"一位思考有条有理的外交部官员制作了一张表，罗列共和国对其众多敌人的政策：小国要"威吓并钳制"，俄罗斯要"密切注意"，荷兰要"摧毁"，普鲁士要"与之作战并击败之"，至于表格顶端的奥地利与英格兰，则要"根除"。[66] 罗伯斯庇尔本人在1794年初排除了所有的不确定性："我何必将某个自愿做其政府罪行之帮凶的民族，跟那个背信弃义的政府区别开呢？如果有什么比暴君更可鄙，那就是奴隶。"[67]

国民公会内部的排英情绪迅速上扬。英国商品遭到禁运。相关单位接获逮捕英国子民的命令。恐怖统治在1794年达到巅峰，救国委员会发言人贝特朗·巴雷尔也在这时要求杀掉所有英国与汉诺威的战俘：

对于英格兰的居民，我们过去总赋予一种尊敬之情……我们祈求得到其自由，我们相信其博爱，我们羡慕其宪政体制。这种危险的错误，是背信弃义的英格兰人亲手散播的，连同他们的时尚与他们的书籍……多佛与加来之间必然有片无边的海洋；年幼的共和人士必得从母亲的乳汁里吸取对英格兰人之憎恨……即便英格兰人比其他政权的士兵更为开明，但他们却是来扼杀欧陆的自由的，因此更是罪无可逭；对英格兰人宽大，就是对全人类的伤害……每一件困扰革命、打击人民的灾难，皆源自伦敦组织起来的骇人体系……其马基雅弗利思想已间接杀害上百万法国人……大不列颠的开化蛮人与欧洲格格不入，与人性格格不入：他们必须消失……让那些英格兰奴隶灰飞烟灭，欧洲就能得到自由。[68]

整个国民公会报之以"最鲜活的热情",并谕令"不留英格兰或汉诺威战俘活口"。看来,法国在弗勒吕斯大捷1个月之后,确实有若干战俘被杀害;一艘被俘获的商船的船员也被人处死。不过,罗伯斯庇尔曾抱怨谕令未获普遍遵行,不久后便形同空文。[69]

革命流亡者

让我们一同祈祷,唯有世上再也不存在暴君或奴隶时,自由的胜利之师才会放下手中的武器……我们将见到法兰西共和国与英格兰、苏格兰、爱尔兰民族间形成紧密的同盟。

——由英国人组成的"人权之友俱乐部"(Club of the Friends of the Rights of Man),巴黎,1792年[70]

虽吾生为法兰西人
吾之忠诚与君同,
于胸臆中深藏有英格兰之心
为君美德之力欢呼
于力抗暴政之战斗中

——某位流亡英格兰的法国人赋诗,1798年[71]

革命吸引了好奇的人、投入的人、激进流亡人士与难民。有个英国人的俱乐部定期在巴黎的怀特酒店(White's Hotel)或盘格鲁酒店

(Hôtel d'Angleterre）集会。1792年11月28日，该俱乐部向国民公会递交了一份友好的书面声明，英国本土的类似团体也会这么做："诸君拿起武器，全是为了理性与真理的胜利。欧洲无疑适合由法兰西民族解放。"[72] 然而，战事延烧到英国，俱乐部因此解散，许多成员随之返国。有些人留下来加入革命斗争，包括玛丽·沃斯通克拉夫特、小说家海伦·玛丽亚·威廉姆斯（Helen Maria Williams），当然也少不了托马斯·潘恩。他们跟声势如日中天的吉伦特派走得很近，等到吉伦特派失势，威廉姆斯与潘恩便遭到雅各宾党逮捕——雅各宾党用排外的怀疑心态，取代了革命的国际主张。大约有250名英国国民在1793年被逮捕，包括18所爱尔兰人与英国人宗教聚会所尚未离境的成员，以及好几位在军中服役的爱尔兰詹姆士党人后代。有些人上了断头台，如波尔多爱尔兰神学院院长马丁·格林（Martin Glynn）、陆军将领托马斯·沃德（Thomas Ward）与詹姆斯·奥莫兰（James O'Moran），以及一位被控为间谍的男孩托马斯·德拉尼（Thomas Delany）。[73] 两位神学院学生获得缓刑，加入法国海军。雅各宾党也有一些英国裔成员。押送路易上断头台的队伍中，就有两名苏格兰人——约翰·奥斯瓦尔德（John Oswald）与威廉·马克斯韦尔（William Maxwell）。奥斯瓦尔德与几个儿子后来在跟旺代叛军作战时被杀——据说是自己人下的手。等到恐怖统治在1794年结束后，最显眼的就是那些爱尔兰激进分子，例如1796年抵达法国的爱尔兰人联合会领导人西奥博尔德·沃尔夫·托恩（Theobald Wolfe Tone）。

流亡英国是个规模大得多的现象。最早抵达也是最有名的流亡人士，就是王室成员与大贵族。巴士底狱刚陷落，法国国王的手足阿图瓦伯爵就抵达了英国。等到革命越发激进，好几位国民制宪议会议员也随之而来。革命战争开启了人数最多的一次涌入，难民从1792年头几个月开始稳定来到。年底时，从多佛到南安普敦（Southampton）沿岸每天都有数以百计的难民上岸。博马舍也在这个时期抵达，后来却因为购买武器而被驱逐。逃出法国变得越来越难、越来越贵，许多难民身无分文而来。其中恐怕有半数是神职人员，包括30名主教。圣公会募资提供协助："教义上虽有鸿沟，但那些可敬的流亡人士本着良心、逆来顺受，颇得我们钦佩。"牛津大学出版社免费印制了大量拉丁文《圣经》与天主教《日课经》。政府将温切斯特城堡（Winchester Castle）拨作临时修院，提供稳定的食物配给——每天1磅的肉与4品脱啤酒。[74]但政治敌对情绪并未消失："纵使诺瓦耶到英格兰寻求庇护，这仍然是他最不该来的国家。拉法耶特和他——诺瓦耶——在英格兰得到了真诚、大方的招待，这种待遇前无古人、后无来者。虽然我们的礼节带给了他们暖意，但他们却以最恩将仇报的态度处事，仿佛只是来这儿当间谍，好到美洲打击我们。"[75]战争难免会造成摩擦。由于担心共和政府派间谍，英国议会因此通过了让人怨声载道的《外国人法》（Aliens Act，1792），将流亡者置于监控之下。彼此间倾轧严重的各派难民纷纷游说英国政府，但当局拒绝承诺支持波旁王朝复辟。与流亡人士有关的军事冒险一再出错，其中以1795年堪称灾难的基伯龙湾登陆行动为甚。等到雅各宾独裁结束——尤其是拿破仑在19世纪初掌权之后，大多数流亡人士都回国了。

难民需要经济援助。约翰·厄德利·威尔莫特（John Eardley Wilmot）是主要捐款发起人——身为律师、曾担任议员的他，在1792年11月组建了一个委员会（成员包括伯克），募资超过40万英镑。基伯龙湾一事后，相关人士成立了妇女委员会，协助寡妇与儿童。

甜 蜜 的 世 仇
英国和法国，300 年的爱恨情仇

1794—1799 年，政府提供了超过 100 万英镑的资金。多数经费被交由圣波尔·德·莱昂（Saint-Pol de Léon）主教与阿尔古公爵（Duc d'Harcourt）运作。伯克相当活跃，他做了很多事，其中一件便是设立一所学校，让法裔男孩跟着流亡的教士念书。虽然曾经的廷臣们一度还能"从城堡到城堡，四处受到热情款待"，但流亡人士很快就得自谋生路。盖里女伯爵（Comtesse de Guéry）在伦敦经营咖啡馆，它卖的冰激凌远近驰名。一位前本笃会修士用自己的藏书开了间书店。[76] 塞巴斯蒂安·埃拉尔（Sébastien Érard）创立了自己辉煌的钢琴制作生意。难民当起缝纫女工、舞蹈或击剑老师、私人教师或女家教。好几所学校纷纷成立，包括位于斯托尼赫斯特（Stonyhurst）的耶稣会学校。1792 年来到英伦的奥古斯特·查尔斯·皮然（Auguste Charles Pugin），则为阿克曼出版社（Ackerman）制作雕版画。马克·布吕内尔（Marc Brunel）在 1799 年抵达，他则是为海军做机械设计。两人都与英格兰女子结婚，他们的儿子则创造了 19 世纪英格兰最伟大的若干丰碑。

索霍区作为流亡生活中心的位置始终屹立不摇，而且特别吸引没什么钱的读书人，例如作家勒内·德·夏多布里昂。有两间书店成为聚会场所，莱尔街（Lisle Street）的法国人之家（French House）更以两三先令的价格提供法式餐点。马里波恩区（Marylebone）对贵族和有王位继承权的亲王们尤具吸引力，例如阿图瓦伯爵、贝里公爵（Duc de Berry）和孔代亲王（Prince de Condé），他们把波特曼广场（Portman Square）与曼彻斯特广场（Manchester Square）开拓成殖民地。马里波恩大街的诺曼底玫瑰俱乐部（Rose of Normandy）是他们的聚会场所，至于没那么具有交际联谊作用的聚会地点，则有法兰西王家礼拜堂（French Chapel Royal）。较贫困的难民则大量住在泰晤士河对岸南沃克的贫民窟。

法国精英在这些年里与英国及其生活方式的接触之密切，远胜第二次世界大战时自由法国政权与英国的接触，即便两国二战期间的接触是唯一可以与这段时间的接触相提并论的。人数虽然起落不定，但总数估计达 6 万到 8 万人之多，其中更有法国接下来的三位国王与好几位未来的首相。夏多布里昂——法国第一位伟大的浪漫作家——宣称流亡时光使他在举止与品味上，甚至多少连思维方式都更像英格兰人；因为，就像人人都说拜伦勋爵（Lord Byron）的恰尔德·哈洛尔德（Childe Harold）有从夏多布里昂那儿得到一些灵感，我的情况也是，那 8 年在英国的生活……以及长年说英语、写英文，甚至用英文思考的习惯，必然影响我思维的发展与表达。[77]

一名法裔学生写了一句没那么崇高的话："我喜欢约翰牛（John Bull），喜欢牛排，一如拜伦勋爵，我也爱黑啤酒。"[78] 我们八成可以这么下定论："人们移居的那几年软化了两国人民之间既有的仇恨，促成了 19 世纪两民族间的长久联系。"[79] 然而，虽然夏多布里昂刚回法国时很不习惯"我们房舍的尘垢……我们的不卫生、我们的噪声、我们的不拘礼节，以及说长道短之草率"，但他马上感受到"我们独有的社交天性……我们缺乏傲气与偏见，我们不在乎财富与名声"，这使他深信"巴黎是唯一能过生活的地方"。[80]

甜 蜜 的 世 仇
英国和法国，300 年的爱恨情仇

内伤

> 我深深地认为，只要你能设法到法兰西国内捣乱，那她本身就是弱点所在。
>
> ——埃德蒙·伯克，1793 年 [81]

热月九日（1794 年 7 月 27 日）的政变推翻了雅各宾独裁，罗伯斯庇尔及其手下被处决，督政府（Directory）成立，恐怖统治结束。从未接受伯克意识形态"圣战"理念的小皮特，准备与一个稳定的共和政权协商，而督政府说不定能满足这个条件。谁知战争不只继续，而且越发激烈。英国人不能接受法国保有征服的领土，尤其是低地国家的土地；而皮特那听起来冠冕堂皇的战争目标——"稳定的形势，顶多夹杂一些损害" [82]——对法国人而言也无法想象。由于战事继续，法方也不可能放弃征服所得，共和国的威望及其政治、经济之稳定皆有赖于此。现实政治与意识形态交织的程度，足以让双方试图以引发对方内战的方式，对对方造成长期伤害。这种做法并不新鲜。法国出手援助詹姆士党，是此前两国冲突的一贯特色；英国虽然没能援助法国境内的新教徒叛军，但这多半只是缺少契机而已。但 18 世纪 90 年代却有大把的机会。双方都夸大了对方的脆弱程度，称对方正步履蹒跚地走向瓦解，内部起事则能加快对方的覆亡。双方都在敌人中间辨别出价值观接近的朋友，并利用对方民间的不满，而利用这些做法的想法，得到了流亡至巴黎和伦敦的人的积极支持。结果，双方最后都在帮助海外的天主教农民，同时屠杀本国的天主教农民。

1793 年，法国当局努力为战争动员全国，结果遭到激烈抵抗，这我们已经谈过。乡间社群被迫提供大量人力，保卫远在天边的共和政府，但政府的举措却经常让民众大失所望，情况最糟时——特别是关系到宗教政策时——甚至会激怒民众。整个 1793 年春天，法国有三分之二的地区陷入动乱，西法情况最为严重。对教会的热忱、族群差异、土地买卖纠纷、大规模征兵，以及（特别是）远离战区（政府军部队因此在这个地区寥寥无几）——都是促成全面叛乱的因素，后来人称这场叛乱为"旺代战争"。战争起于 1793 年 4 月，叛军占领城镇，屠戮共和政府官员。5 月，吉伦特派被驱逐出国民公会，此举（我们已经谈过）加快了波尔多、里昂、马赛与土伦反叛的脚步。南法感觉跟巴黎同样渐行渐远，当地不仅在经济上受到战争的伤害，天主教徒与新教徒之间的古老仇恨也困扰着地方政局。驱逐吉伦特派成了最后一根稻草。西法与南法的叛军领袖都在寻求外援。

大西洋彼岸的加勒比地区一如既往，是最大的战略与经济目标。这一回，意识形态与政治操作改变了一切。法国发生的革命，在产糖岛屿引发了种植园主寡头阶级与由自由身的混血儿与被解放的奴隶组成的"中间阶级"（他们自己也经常是奴隶主）之间的斗争。1791 年，冲突蔓延到圣多曼格庞大的奴隶人口之间，最终造成 20 万人丧生。对英战争爆发后，法方便鼓励加勒比海岛屿，尤其是格林纳达等不久前法国丢给英国的岛屿反抗英国统治；接着在 1793 年与 1794 年，法国两度宣布解放奴隶，以期赢得庞大的、占人口多数的非裔人支持，借此保持对圣多曼格的掌控，痛击英国。到了 1795 年，每一座岛的形势——连同贸易、金融，以及为战争提供经费的能力——皆处于紧要关头。

相较于法国或加勒比地区，英国与爱尔兰在 1793 年的状态远没有那么一触即发。1790年以前，爱尔兰没有民族主义运动。美国独立战争期间的政治妥协，开辟了经济增长、自治权扩大、与英国合理共存等前景。帝国的关系带来了贸易利益。天主教完全解放指日可待。简言之，当地有种"普遍的信心"。[83]对法战争让当局更有安抚天主教的理由，借此强化爱尔兰的团结，以面对一位天主教主教所说的"雅各宾党邪灵"。[84]一支由天主教徒与新教徒共同组成的民兵部队于是成立，天主教乡绅更是在1793年得到了投票权。

但这种乐观情绪却很愚昧。爱尔兰的长老教派与大不列颠的无异，是"一群顽固、骄傲、不满的人"，受到法国革命中民主与反天主教的方面所吸引。贝尔法斯特在巴士底日出现了游行，阿尔斯特地区的小城镇甚至庆祝法军胜利：美国独立战争期间"他们都站在美国人那边"。如今，他们都站在法国人那边。[85]1791年10月，一群贝尔法斯特的长老教派生意人成立了爱尔兰人联合会，该会也吸引了若干天主教乡绅阶级成员，许多人因为读书或从军而跟法国有往来。不过，爱尔兰人联合会倒不是革命社团，其目标在于政治改革，如今更期待改革能够加速。但发生在法国的事件，却在保卫者（Defenders，天主教秘密结社，诞生于18世纪80年代南阿尔斯特乡间土地争夺与派系斗争中）之间刺激出了一批强硬的好战分子。为回应保卫者的行动，新教徒在1790年成立奥兰治兄弟会（Orange Order）。战时的苦难导致宗派暴力恶化，保卫主义怀着千年至福信仰，开始传遍爱尔兰乡间，相信"法国保卫者将贯彻大业，爱尔兰保卫者将消灭英国法律。"[86]当时人提到"绝大多数民众支持法国人"，甚至连"任何消息都传不进去的山区"亦然。[87]

英国政府看待法国政局十分谨慎。他们不相信流亡的保王派领袖，认为这些人极端反动、好斗、反英、不能成事。无论是波旁王朝还是汉诺威王朝，都没有忘记彼此一直是敌人。对英国外相格伦维尔而言，"如果一项计划的成功有一丝得依赖法国贵族的努力、审慎，甚至是他们的手段，他就极端不看好。"[88]但是，马赛与土伦的联邦主义者，却在1793年7月向英国与西班牙求援——这在战略上可是天赐良机。8月，胡德将军的地中海舰队开进土伦——地中海的重要海军据点。当局并未对波旁王朝做出承诺，毕竟一个弱化的共和国才有可能提供令人满意的议和条件。土伦的情况多少迫使当局必须表态，因为叛军——保王党与反雅各宾的共和派——宣布尊路易十六遭监禁于巴黎的幼子为路易十七。小皮特说，情况"完全跟我们希望的不同"。英国人让土伦的共和派官员与机构维持原状，伦敦方面则对法国民众发表声明，表示虽然他们认为立宪（而非专制）君主国是最好的选择，但他们无意在法国强行设立任何政权。可是路易十七的小小王国，却熬不过一次强硬的陆路进攻——年轻的拿破仑·波拿巴一战成名。胡德驻港4个月后撤离，将13艘法国战列舰、8艘护卫舰掳走或焚毁——损失程度与特拉法尔加海战（Trafalgar）相当。雪上加霜的是，土伦庞大的造船木料储备被付之一炬，使得造船厂瘫痪多年。联邦派只得逃到英国船只上，或是遁入山区。共和政府给叛军带来了另一个教训：大规模征兵（在里昂，有时甚至动用了炮火），并象征性地抹去了反叛的城市，将之改名为"解放城"（Freedtown）、"无名城"（Nameless Town）与"山地港"（Mountain Port）。失去土伦之后，科西嘉岛作为海军据点的重要性也随之提高。科西嘉人在老首领帕斯夸莱·保利授意下，请求像爱尔兰那样，加入大英帝国，奉乔治三世为科西嘉国王。这场勇敢的战时启蒙建国实验——有代议制度、陪审团审判、宗教宽容与人身保护令（Habeas Corpus）——在1795年成为现实。尽管双方皆抱持善意，但意见有分歧也在预料之中。只是，最后决定结果的是战略，而非政治。英国人领悟到这座岛易攻难守，于是在1796年撤退，带走了12 000名难民。科西嘉再度被法军占领。[89]

到了1793年8月，旺代叛军同样请求英国援助，希望英方提供武器、部队、资金，以及一位波旁亲王来领导他们。如果叛军能夺取一处口岸，英国政府愿意送去资金、武器与法国流亡者部队——但不会送去一位波旁家族的成员。叛军于10月往北进军，要拿下格兰维尔（Granville）的港口。这次突如其来的远征［人称"西北风之行"（la virée de Galerne）］成了一场灾难：格兰维尔挺住了，至于叛军（连同其家属）则在漫长的撤退行动中伤亡惨重——6万到7万人被屠杀。等到英国船只抵达时，叛军已经不存在了。共和政府察觉到有英国人牵涉进来，于是以残酷的手段应对旺代的威胁，下令"歼灭"叛军，使乡间完全化为焦土，驱逐生还的妇女与儿童（有人建议迁往马达加斯加），让共和派移民者迁入当地。南特发生了大规模处刑，包括将数千人淹死的刑罚。陆军将领路易·玛丽·图罗（Louis Marie Turreau）的"地狱纵队"（Hell Columns）在乡间采取行动，以强暴、酷刑、屠杀、摧毁村落与饥饿为手段消灭反对者："烧掉磨坊……拆毁烤炉……只要你找到农民或妇女……就对他们开枪，他们全是我们的敌人，全是间谍。"一名士兵写信告诉父亲："我们天天射杀他们，每批1 500人。"[90]有些城镇到了1800年仍一片死寂。

尽管遭受如此报复——或者说，正因为有此报复，游击战才会在西法延续，以杀害共和政府官员与军人作为回敬的"白色恐怖"（White Terror）才会在南法发生。雅各宾独裁在1794年7月垮台后，政府试图安抚法国西部：地区指挥官拉扎尔·奥什（Lazare Hoche）将军提议大赦，并以现金奖励解除武装的举动。当局与叛军领袖签订了和约。但在1795年，英国人与保王派领导人再度煽动叛乱，他们有着远大的计划，想结合西面的海岸登陆行动、南面的抵抗以及东面的盟国入侵以击败共和政府，而这次叛乱就是计划的一部分。"皮特的黄金"也一如既往，在法军将领间流传。1795年6月25日，英国陆军招募的4 500名法国保王派部队在基伯龙半岛登陆，和当地游击队朱安党（Chouans）合流，确保该区域形势，为之后的英国增援部队开路。共和当局发出警报："英格兰人（难道那个背信弃义、野心勃勃的民族的名字就使诸君因恐惧与愤怒而颤抖）适才在海岸上呕吐……那群污染其国土地最甚的至恶无赖。"[91] 入侵者因为争吵与犹豫而失去了出其不意的优势。出身高尚的保王派军人，认为朱安党盟友粗野并不可理喻，"就像印第安人"。奥什趁此空当封锁了半岛。恶劣的气候迫使英国战舰起锚回到海上，于是奥什占领了登陆区，围困了保王派9 000人，缴获了1 000万里弗尔伪币、2万支滑膛枪、15万双靴子，以及"上好的爱尔兰咸牛肉"——奥什的胜利之师大快朵颐，此外还有咖啡，这可是多数人从未品尝过的奢侈品。奥什的报告说，这儿"成了阿姆斯特丹港"。[92] 超过700名保王派被当场射杀，其中有不少前波旁王朝的海军军官。此事震撼了伦敦的流亡者社群。尽管英国海军在炮火下奋力从海岸上救出2 000名法国人，仍有人指责，甚至控诉是伦敦方面谋划了这场灾难，好削弱法国。

不过，无论是保王派还是英国人，都没有放弃。尽管有恶劣的气候与法军炮舰阻挡，资金、武器与鼓励之词仍不停流入法国西部。反抗行动因此得以延续，甚至在原本的领导人被捕、遭到杀害之后仍能维持。有关人士规划了新的大规模起义行动，由英国部队支持。无独

309

有偶，取道瑞士流入的资金也延续了保王派在南法的抵抗——此时，多采用暗杀数百名共和政府官员与雅各宾党人的方式。有更多的钱送抵巴黎城，用于支付保王派政治组织与宣传（扬言要推翻共和国）所需。但在1795—1799年，内外交困的共和国统治者却在军队的支持下，通过一系列的政变维持权力。也就是说，英国在不经意之间，为拿破仑将军最后的独裁统治铺好了路。

　　法方认定英国的煽动行为是野蛮的土匪行径，经历基伯龙入侵之后，暴跳如雷的法国人决定反击。奥什成为一份入侵英国的计划背后的推手。他身上结合了对共和制的热情与野心，一直在寻求一举终结战争的机会，从而确立自己身为法兰西第一将军的名声——他正在跟拿破仑争夺大位。他计划让罪犯登陆英格兰，制造最大程度的混乱与暴力。更重要的则是登陆"英格兰的旺代"——爱尔兰。促成此举的是爱尔兰人联合会，居中斡旋的要角则是都柏林新教徒西奥博尔德·沃尔夫·托恩，以及伦斯特公爵（Duke of Leinster）的雅各宾党儿子——爱德华·菲茨杰拉德勋爵。当法国人暗示爱尔兰人或许会希望由一位斯图亚特家族的成员（年长的枢机主教约克公爵[①]）担任统治者时，他们才有所警觉——爱尔兰才过5年就已不同以往，何况是50年？爱尔兰人联合会已经成为共和主义民族运动团体，主要是因为其政治处境越发艰难。小皮特政府没能带来天主教的政治解放——好几项改革措施因为国际关系紧张与乔治三世反对而被无限期搁置，这只是其中之一。爱尔兰人联合会（在1794年因为与法国接触而遭查禁）最

[①] 这里指亨利·本尼迪克特·斯图亚特（Henry Benedict Stuart，1725—1807），他是詹姆士党人中最后一位觊觎三王国王位的人。——编者注

终与保卫者结盟，企图引发全境起义。联合会领导人相信法军入侵将能让他们掌权，并且在农民揭竿反抗地主与宗派屠杀发生之前便恢复秩序。

1796年12月，1.5万人在奥什指挥下从布雷斯特起航，后头还有1.5万人准备上路。但通信与协调作战却是难以克服的问题，这一点，英国人一年前已经在布列塔尼领教过了。奥什在恶劣气候的掩护下摆脱了皇家海军，但麾下的船却走散了。主力——少了奥什，他是唯一知道计划的人——在暴风雪中抵达班特里湾，却没找到爱尔兰革命军；事实上，连一个爱尔兰人都没有，舰队只好班师。这个决定不仅合理，而且势在必行。但对法国来说，这等于又失去了一次赢得百年战争的机会，也失去了用革命打倒死敌的机会。驻扎在爱尔兰的正规军寥寥无几，爱尔兰人联合会如今也有决心和能力掀起一场大规模起义。奥什的另一个点子——让一堆罪犯登陆——所造成的恐慌，则显示出厌战的大不列颠有多么不设防。1797年2月，1 400人（有些人来自西法的监狱）穿着基伯龙一役收缴来的制服，由一位名叫威廉·泰特（William Tate）的年迈美国海盗领军，出航前往布里斯托，打算烧了那里。但风向迫使他们在彭布罗克郡（Pembrokeshire）的菲什加德（Fishguard）登陆，饥肠辘辘的他们把时间拿来搜刮乡间，寻找粮食。他们马上就投降了——根据传说，他们看到一群威尔士妇女穿着红斗篷，以为是"一个兵团的士兵……上主令我们的敌人战意全失，赞美主"。法国人这次的惨败行动是大不列颠最后一次遭到入侵，维多利亚女王为此在1853年将战役荣誉勋章"菲什加德"授予彭布罗克郡的自耕农志愿兵团。[93]但此事仍足以让伦敦大为震动，英格兰银行面临挤兑，迫使政府中止纸钞与黄金互兑。半个世纪以来，法国人一直

311

以造成这种金融恐慌为目标,如今靠几百名邋遢的囚犯就达成了。他们深信,此举将断送英国的信用。但天不从人愿——事实证明纸币于经济有益。

对于英国人的自信来说,1797 年的海军哗变才是更严重的打击,此时的英国没有盟友,只能依赖自己的舰队。1797 年 4 月,海峡舰队拒绝出海——虽然哗变军人一再保证若法军有任何动作就会出动。经过协商与大幅让步,当局与海员们达成协议,哗变者、将领与市政显要还在朴次茅斯设宴庆祝。这鼓舞了驻扎于诺尔(Nore)与雅茅斯(Yarmouth)的北海舰队的哗变军人,他们提出了进一步的要求。政府这时考虑弹压,同时对重返岗位的人提供赦免。大部分民众担心法军入侵,舆论转而不利于哗变者。家属纷纷去信呼吁军人投降,发动哗变的嫌疑者则在岸边被拷打。公开冲突迫在眉睫,部队内部也互相攻击。哗变在 6 月 14 日结束,超过 30 人被处以绞刑,300 多人被判处较轻的刑罚,包括鞭笞与流放。当时人与后世历史学家皆认为主张公民民主与反战的团体影响了哗变者;更有甚者,海员中有相当比例的爱尔兰人,其中便有潜在的共和党人,将之征召进海军就是一种预防措施。不过,与政治动机有关的证据却微乎其微,反而有大量的反证,例如多数哗变者自我夸耀的效忠之举与宣言。海军内部有容忍集体协商的传统,包括向海军部与议会请愿,而这几次的哗变,本质上似乎也是大规模协商的实例。但是,庞大的战时人员扩编——从 1.6 万人增加到 11.4 万人,以及通货膨胀导致海军官兵薪饷缩水,加上艰苦的海上封锁任务,都让不满情绪更难被掌控。纵使第一线部队的爱国心、忠诚心与后勤部队的无异,但不满的少数始终存在。[94]

虽然奥什在 1796 年错失机会,但班特里远征行动仍造成了严重影响。都柏林政府派陆军将领杰拉德·莱克（Gerard Lake）前去阿尔斯特——爱尔兰人联合会的主要根据地——解除当地武装。一位军官写道："我看阿尔斯特马上就要成为旺代……这儿不会归顺的，除非采用法国共和人士的手段——即让多数不满地区成为荒野。"谋杀、酷刑、劫掠，再次显示出这位军官所言不虚——拉尔夫·阿伯克龙比（Ralph Abercromby）将军提出抗议，"哥萨克人（Cossacks）或卡尔梅克人（Calmucks）所能犯下的任何一种罪孽与暴行，这儿都发生了"，于是他放弃了指挥权。[95]爱尔兰人联合会领导层陷入重围，于是在1798年5月发动叛乱，主要在爱尔兰东北部与东南部。叛军深信此举将能令法国来援。叛乱的结果与旺代惊人地相像：宗教、社会经济上的不满情绪与政治操控，在内战中引发了种族灭绝的恐慌、恨意与骇人暴行——爱尔兰人联合会领袖原先希望法方的干预可以阻止这种结果。以天主教民兵和新教自由农志愿兵团为主的部队（有若干苏格兰与英格兰援军），收到了莱克"不留活口"的命令，他们也忠实地模仿了图罗麾下地狱纵队的暴行。经过少数小规模战斗［6月21日发生在威里格山（Vinegar Hill）的战斗最为知名］与多起意在惩罚的远征行动和惨烈的遭遇战后，乱事就在屠杀、强暴、劫掠与纵火之后被平息。在沃尔夫·托恩眼中，"爱尔兰民兵与自由农志愿兵团和英格兰人共谋，将爱尔兰田野与自己身上的枷锁安得更牢，他们的恶名与耻辱将永世不灭"。他们之所以这么做，是为了捍卫爱尔兰资产阶级，对抗爱尔兰穷人的革命。为了维持社会秩序，爱尔兰上层社会要么找上法国，要么找上英国。国际关系史学者布伦丹·西姆斯（Brendan Simms）主张，纵使爱尔兰革命与法国入侵行动成功，可能的结果也"不会是天主教爱尔兰古老创伤的终结，而是新创伤的开始"。既有的社会、政治与宗教分歧，代表起事本身便包含了对立的革命与反革命元素，各方只是出于对英国的敌意而凝聚在一起。假如英国人兵败，情况将有如欧陆——种种分歧浮现，可能的结果则是"一个嗜血的布尔乔亚世俗卫星国家，对法国外交政策的需要唯唯诺诺"，并与天主教会和爱尔兰农民阶层为敌。[96]

等到一切为时已晚，1 000 名法国士兵才在让·约瑟夫·阿马布勒·安贝尔（Jean Joseph Amable Humbert，三年前，他曾在基伯龙粉碎了法国本国的叛军）将军指挥下，于 1798 年 8 月突然抵达偏远的爱尔兰西北。兴高采烈的梅奥（Mayo）农民集结在法国军旗下，但双方旋即对彼此恨之入骨。安贝尔和部下都是真正的旺代战争老兵，觉得自己的爱尔兰盟友实在太像本国的农民敌人了，一样迷信、肮脏、没有纪律，安贝尔他们甚至还处死数名爱尔兰人以儆效尤。安贝尔的部队深入内陆，希望重新引发起义。他击溃了莱克的民兵，却在 9 月 8 日于巴林纳马克（Ballinamuck）遭遇英爱联军——这也是法军最后一次在不列颠群岛上打仗。安贝尔麾下的 4 000 名爱尔兰志愿军硬生生地被摆在法军之前，兵败如山倒，许多生还者也遭到屠杀。法军投降，并得到了善待。安贝尔和手下的军官讲起爱尔兰人犯蠢的逸闻，与他们的英国同辈中人在都柏林乐不可支。爱尔兰人联合会领袖非死即被囚，等着上奴隶船或流亡。战俘被编入英国与普鲁士军队，或是被送往新南威尔士（New South Wales）或普鲁士的矿坑做苦力。幸运的人则抵达美洲——传教士宣扬要报复英格兰。其他人则抵达法国，为接连几个政权效力——共和政府、拿破仑政权，最后则是复辟的波旁王朝。有人甚至在法国活到了 19 世纪 60 年代。

两国皆借由这种"国内捣乱"，给彼此造成了永久伤害。双方阵营皆不至于丧尽天良——格伦维尔、伯克、威廉·温德姆（William Windham，军事大臣）以及在瑞士接应的间谍威廉·威克姆（William Wickham），都是真诚的保王派，都不愿放弃自己的法国盟友。法方我们则试举二人——奥什与雅各宾军事部长拉扎尔·卡诺（Lazare Carnot），他们两个对爱尔兰人的自由也有类似的真心诚意。但其他优先事项，无论是军事事件还是略具雏形的和平协商，都有可能导致计划被搁置，或是让舰船、部队、武器与资金转向其他目的地。纵然有时海上行动确定要实施，也得受天气与敌方行动的摆布，而跟游击队、密谋者与间谍的联系和协同行动则微不足道。英国与法国船只不是抵达得太早、太迟，就是抵达了错误的地点。对普罗旺斯、旺代、阿尔斯特与伦斯特而言，不光是物质援助，连获得援助的期盼也会产生作用。英国与法国都是承诺比实际付出来得好看。1798年的爱尔兰大叛乱发生在奥什的失败与安贝尔的失败之间，但叛军深信法国人终会出现。付出代价的，是那些举起叛旗，或是卷入叛乱的人。当局意识到敌国涉入，镇压只会更加凶狠。现代学者估计，1798年爱尔兰遭到杀害的人数达到1万人。[97]至于法国，光是西法在内战中的总人口损失——死于战斗、屠杀、瘟疫与贫困——就有25万人以上。[98]两国代表中央政府的高级将领都尝试降低暴力的程度，提供大赦，但为时已晚。

情感上与政治上的瘀青疤痕仍在。盲到1815年（甚至之后），西法与南法都是动荡的温床。当地对右翼（天主教与反共和派）的支持一直延续到20世纪，构成被人们称为"法法战争"（Franco-French War）的意识形态与政治斗争中最深刻的分歧之一。但爱尔兰与英国受到的影响更大。恐惧与恨意取代了乐观的进步情绪。阿尔斯特长

315

老会信徒原本是爱尔兰人联合会的磐石，此后却站到了宗派分野的另一边。这次乱局令若干英国政界、军界人物对英—爱当局之无能与残酷大为震惊，而事件的一个直接结果就是《1800年联合法案》（Act of Union of 1800）。法案的目标在于控制、绥靖爱尔兰，以废除其议会与政府，使它与联合王国合并，借此强化整体、对抗法国，然而目标并未达成。一位官员断言，"法国人绝对不会放弃在这个王国（指爱尔兰）搞鬼"，"既然我们希望遏止那个无法无天、肆无忌惮的国家遂行其野心……我们就应该支持联合的原则"。[99] 但两国联合却让"爱尔兰问题"成为英国政界挥之不去的议题，尤其是作为联合交换条件的天主教徒完整参政权遭到搁置。爱尔兰史学家玛丽安·埃利奥特（Marianne Eliott）总结道："19世纪与爱尔兰似乎正在逐步解决其问题的那些年之间，隔着一整个世界。法国革命本身或许仅是对台面下的紧张关系做出反应，但若是没有法国革命，爱尔兰的这些动乱恐怕就不会发生，而正是这些动乱吞没了任何持久解决方案产生的机会。"[100]

从无法得胜的战争到不稳的和平

在一场针对大多数欧洲国家，尤其是对我们怀有特别恶意的战争中，重要的目标……是自保……我曾希望我们有能力，将那座宏伟、令人肃然起敬的大厦（指法兰西君主国）之碎片重组起来，而不是面对那套威胁要摧毁欧洲的疯狂体制……事实已然证明，这无法企及。

——1810年11月，威廉·皮特于下议院发言[101]

战争在1793年打响时,法国与英国之间的意识形态鸿沟早已出现。不过,两国的战争目标却很传统、熟悉:掌控低地国家。但明确区分意识形态与现实政治,不仅在当时不可能,在今天也不可能。对于战争本质、原因与目标的矛盾态度,不仅影响了当时的人,也让历史学家众说纷纭。小皮特是现实主义者,准备与任何稳定、愿意放弃革命征服政策的法国政府谈判。但假使有共和政权能稳定,这个政权能放弃其征服所得吗?对于法国来说,将英国烙上必须被摧毁的"新迦太基"的烙印,既是一种极端的意识形态观点,也是对英国宰制殖民与贸易的现实评估。法国对海外革命行动的支持,是一种意识形态"圣战",但也是一种权力工具,被冷酷无情地运用。共和政府很快便清楚表示,它只会支持对自己不友好的国家中的革命,而且只帮助那些能自助的人,爱尔兰人就以自身为代价了解了这一点。即便获得解放,那些"姐妹共和国"也会发现自己要在自己的土地上为法军支付薪水,参与法国的战争,被视为文化与政治上的卫星国。

法国的战略以欧陆为重。由于海军瓦解,加上失去尤具价值的殖民地,法国的海外势力与贸易都有衰退。但它得到的欧陆领土、财富与自然资源却能弥补。巴黎方面得知的对荷和约敲定的情况是这样的:法国谈判代表冲进救国委员会,撒下一把黄澄澄的荷兰盾(Guilder),大声宣布:"我给你们带来千百万的钱币啦!"这只是从低地国家、德意志与意大利源源而来的金流之一。比利时城镇直到20世纪20年代都还在还债。拿破仑靠掠夺上位,他对麾下衣衫褴褛的意大利军发表的知名宣言,便足以勾勒出这整套体系:"将士们,你们衣不蔽体、饥寒交迫,政府……什么都给不了你们……我要领你们进入地上最丰饶的平原。富裕的乡野与城市将受你们处置,你们会在那儿找到名声、荣耀与财富。"头几个月，光是台面上的战利品，现金就超过4 500万法郎，还有价值1 200万的金条——是此前年税负的好几倍。拿破仑成为共和国的金主。[102] 战争变得自给自足，也不可少。

英国的策略，则是取决于对战争的不同假设。与意识形态最是无关的观点是［皮特的友人兼同僚亨利·邓达斯（Henry Dundas）一贯如此表达］：英国在这场战争里要和在其他任何战争里一样，应以推进切身利益与安全为务，并为协商和解做好准备。因此，英国理应攫取加勒比海与印度洋上的战略与经济资源，此举不仅能为战争提供资金，亦能确保有利的和约内容。邓达斯主张："务必在西印度群岛取得完全的胜利……其他地方的胜利都无法抵消忽略该地的损失……光是赢下西印度群岛，你就能主宰议和的条件了。"[103] 最重要的军事行动发生在加勒比地区，投入了陆军的脊梁，也因疾病而失去了这条脊梁。此举让食糖贸易持续流动，支撑了战争的巨大花费。但伯克则大声鼓吹相反的观点，认为这次的战争并非传统战争，皮特另一位最有影响力的同僚，也是他的表弟——外相格伦维尔也力陈这种看法。人们非得击败革命本身不可，只要有个不稳定的"军事民主体制"以颠覆和侵略作为其生存与扩张的手段，就不可能有稳固的和平。因此，战争应该以法国本土为焦点，以入侵、援助内部抵抗、与欧洲大国建立同盟关系为手段——只要有必要，甚至可以归还征服得来的殖民地，以拉拢波旁复辟势力。格伦维尔的观点是："雅各宾原则一直纹丝不动……我相信将来也必然如此……除非该原则在它位于巴黎的堡垒中遭受攻击并臣服。"[104] 皮特则走中间路线，更关心战争的社会、政治与经济代价。一直有人批评英国战略不连贯，行动范围太广；这时另一方则起身辩护，表示这是过度承诺、盟友不稳定与战事风向转变所带来的难免的结果。战略重心随形势而定，摇摆于海陆之间。英国无法凭一己之力击败法国，因此其行动得配合盟国。但以奥地利与俄罗斯为首的盟友却有自己的利益，与法国达成协议，应该比较符合它们的需求。更有甚者，它们不相信英国。消费"迦太基"形象的，不是只有法国人。

简单来说，第一次反法同盟战争（War of the First Coalition，1793—1797）的剧情，就是法军解决欧陆的反对者。奥地利与英国被迫从低地国家抽手；奥地利与西班牙议和；荷兰（其舰队与财富都很有用）对英国宣战。先前提到，1795年的基伯龙入侵行动失败了。不过，英国占领了好望角，派大军进入加勒比海，接着在12月第一次派人试探法国对议和的态度，只是空手而回，而1796年也没有更多可以更新的胜利消息。1796—1797年，英国在欧洲面临的形势出现恶化：西班牙换边站，皇家海军离开地中海，放弃了科西嘉岛。奥什以些微之差在班特里错失良机，英格兰银行暂停支付黄金，部分舰队还哗变了。当局再度尝试与法国协商，但英国让保王派重新掌握巴黎的计划在果月政变（1797年9月4日）中被挫败，此后法国以不屑一顾的态度拒绝协商。英国的主要盟友奥地利，则在拿破仑的攻势扫遍意大利之后动手止血，与法国达成协议，在10月签订《坎波福尔米奥条约》（Treaty of Campo Formio）。不出几个月，共和国就用从荷兰、经过莱茵兰和瑞士、直至北意大利的土地，拼出一大块领土。拿破仑开始集结一支"英格兰军"，作为他首度入侵英国的军力——1794—1805年共有四次入侵计划，一次比一次精密，这次是第二次。但对英国来说，事情发展其实没有前面这段直率总结所暗示的那么糟。英国对于海洋、殖民地贸易的控制仍然存在，一系列的海战胜利更巩固了成果——最辉煌的莫过于1797年

2月在圣文森特角（Cape St Vincent）击败西班牙人，以及同年10月于坎珀当击败荷兰人（由不久前哗变的诺尔舰队赢得胜利），官方为这两次胜利组织了庆典活动，但民众也确实为胜利而欣喜。

1798年5月，拿破仑试图打破僵局。他搁置了入侵英国的行动。"若真想掀翻英格兰，"他告诉督政官，"我们就必须占领埃及。"[105] 他用18世纪70年代制订的计划，带领大军搭乘280艘船离开土伦，途中占领了马耳他岛，在7月的金字塔战役（Battle of the Pyramids）中击败了一支土耳其部队，然后发表了那篇浮夸的宣言："士兵们，4 000年的岁月正看着你们。"这次的侵略是伊斯兰世界与西方之间关系的历史转折点。拿破仑意在夺取对黎凡特地区（Levant）的贸易，以弥补失去产糖群岛与英国殖民征服给法国带来的损失。此举使得控制北非食物生产有了可能，大大增加了法国兴战的实力。他还同样打算让埃及成为从陆路进攻印度的基地，而这正是英国人担心的。纳尔逊将军紧咬敌军，在1798年8月1日的尼罗河战役（Battle of the Nile）中攻击了在阿布基尔湾（Aboukir Bay）下锚的法国舰队。法军战线崩溃，英国人有条有理、一艘接着一艘地摧毁其船只。此时，双脚被炮弹打烂了法国海军指挥官阿里斯蒂德·奥贝尔·迪珀蒂-图阿尔（Aristide Aubert Dupetit-Thouars），居然还把自己的身子撑在木桶上，激励手下继续战斗。这一仗，堪称海战史上最完全的胜利：13艘法国战舰中，有11艘被摧毁或捕获。拿破仑和他的部队因此在埃及成为孤军，但他们对土耳其与印度仍是威胁。结果，印度的英国人为了先于法军进攻，于是先发制人击败了被法国放弃的盟友——迈索尔统治者蒂普苏丹（Tipu Sultan）。小皮特说他"因依附法国而成为受害者"。

纳尔逊的胜利鼓舞了奥地利、俄罗斯与土耳其，它们于1798年加入英国阵营，组成了第二次反法同盟。小皮特虽然对英国的厌战情绪、财政压力与食物短缺等问题有所顾虑，但仍在1799年同意放手一搏，以推翻摇摇欲坠的法兰西共和国，这一回似乎成功在望。法国有庞大的领土需要防守，人力却捉襟见肘，法国的所有征服领土与法国内部都爆发了反抗，西法与南法也再度拿起武器，法国在爱尔兰与那不勒斯（Naples）的盟友却遭到血腥镇压。英国陆军在为另一次入侵做准备，以便与旺代叛军合流，海军则扫荡了法国剩余的殖民地。俄罗斯人与奥地利人则从意大利、瑞士与德意志分进合击。英国与俄罗斯部队登陆荷兰，夺取了荷兰舰队。

这确实是共和国的终极危机，只是结果不是英国人所期盼的。拿破仑乘坐轻型护卫舰溜出埃及，告诉朋友说："要是我够幸运，能回到法国，那群喋喋不休的人就不用再统治了。"[106] 他在1799年10月9日抵达普罗旺斯，1个月后就在雾月政变中夺权，告诉麾下部队政客收了英国的钱。他立即提出议和条件，但格伦维尔迅速回绝。英国人认为，处在战败边缘的拿破仑只是想争取时间、分化反法同盟："这整局比赛现在取决于我们，想笑到最后，需要的可不只是耐心。"[107] 最后一击已经在1800年夏天准备好——盟军将从德意志与意大利进入法国，英国陆军将登陆布列塔尼。但是，成为第一执政的拿破仑却证明自己不只是个普通的将军。他恩威并施，结束了西法起事，让英国人找不到地方登陆。接着他在一个没人料想得到的地方——意大利——挥出重拳，6月14日在马伦戈（Marengo）险胜奥地利人。反法同盟的胜利希望在一天中破灭。拿破仑写了封信给奥地利皇帝——据信是在马伦戈战场上"1.5万具尸体包围下"所写的——提议和谈，并且将战争完全归罪于英格兰的贪婪与自私，这种说法许多欧洲人都能接受。

如今面对败局的变成了英国,奥地利与俄罗斯则寻求和平。拿破仑则以击败俄罗斯为目标,告诉俄国使者"我们受召而来,要改变世界的面貌"。他准备与西班牙结盟,进攻爱尔兰、葡萄牙与印度。普鲁士占领了汉诺威——英国在欧洲的最后一个立足点。俄罗斯、丹麦与瑞典组成"武装中立国",将英国船只逐出波罗的海。英国的黄金储备逐渐减少,粮食价格则涨为1798年的三倍。牛津学生能得到配给,其他不那么幸运的人只能饿肚子。一拨拨动乱让一大部分军队无法调动。议和的呼声震耳欲聋。1801年3月,在英国与爱尔兰联合之后国王拒绝赋予天主教徒平等参政权,心力交瘁的小皮特继而辞职。接替他的是名声较低但有能耐的人物——亨利·阿丁顿(Henry Addington)。皮特支持新政府求和,他认为此举已无法避免。

英国人如今活在阴魂不散的梦魇中:占据支配地位的法国准备倾欧陆之力打击英国海权。英国得以被邓达斯称为"令敌方海军力量震撼"的方式先发制人。他希望"英国的一次精妙的险棋,能遏止、缓和一同到来的混乱与挫败"。[108]英国走了运,来了两回精妙的险棋。1801年,阿伯克龙比将军强行登陆埃及,随后挫败了人数占优的法军——对于遭人看扁的英国人,这是一次了不得的成就。格伦维尔的兄弟写道:"我们看来是打破了那个大国在陆上的神奇不败纪录了。"[109]4月时,纳尔逊在第一次哥本哈根海战(Battle of Copenhagen)中摧毁了丹麦舰队,威胁要炮轰哥本哈根,迫使丹麦退出"武装中立国"阵营,阵营中其余成员也识时务地依样画葫芦。沙皇保罗遭人暗杀,俄罗斯与法国恢复友好的步伐停了下来。

因此,英法双方才能在1802年的亚眠(Amiens)签订一纸折中的和约。除了1938年在慕尼黑签订的协议之外,英国史上还没有如此丢尽颜面却又深受欢迎的条约。当局希望拿破仑能满足于获得的一切，一如慕尼黑的希特勒。英国同意归还海战所得，包括好望角与马耳他（其居民原先还请求英国援助他们驱逐法国人）。法国实际上没有提供任何回报。"我们正快速随湾流而下，"温德姆写道，"我担心，直到跟欧洲其余各国一块沦陷于那个共和普世大帝国底下之前，恐怕是停不下来了。"[110] 连议定条约的人也认为这纸条约是不得不为之举，不仅不稳定，而且就像国王所说，是"实验性的"。包括康华里、圣文森特与纳尔逊在内的多数陆、海军指挥官皆公开支持和约，他们一则看不见胜利的可能，二则担心麾下部队的士气与军纪。小皮特一如往常，带来了安定人心的信念：

我们熬过了革命狂热的暴力。我们看见雅各宾主义失去其魅力，其名声与自由之借口遭人剥除，它只有摧毁而没有建设的能力……我相信，世人不会遗忘这次重要的教训……我大胆预测，拿破仑不会选这个国家作为他第一个攻击的目标；我们只要忠于自我、剑及履及，就无须担心其攻击，就让事情在该发生的时候发生吧。[111]

舆情则大喜过望。粮食价格下跌，骚动退潮。当法国使节、陆军将领雅克·洛里斯东（Jacque Lauriston，他是约翰·劳的晚辈）带着已经批准的草约抵达伦敦时，满街的欣喜群众簇拥着他的马车。当局也在公家建筑上张灯结彩。一位批评议和的人也承认："每一个我遇见的人脸上……都挂着这种真切的热情与狂喜，不管他是农民、劳工还是工厂主。"伦敦通信社写了封逢迎拍马的信给拿破仑，表示通信社对法国的忠诚，并感谢他"和平统治大地，这是法国人的成就"。

查尔斯·詹姆斯·福克斯坦承："法兰西政府战胜英国当局,确实让我有些非常难以隐藏的喜悦。"[112] 法国民众同样欢欣鼓舞。英国大使抵达加来时,迎接他的是欢呼的群众、一队演奏《天佑吾王》的乐队,以及把鱼当礼物送他的市集妇女代表。他在前往巴黎的路上,看到了农民的"凄惨与贫困"。[113] 超过一个世纪之久的法国与英国的斗争,便以英国完好无损但法兰国大获全胜之姿落幕;法国在欧洲的巩固势力,更是达到了路易十四从未企及的程度。

十年来第一吻!

> 贵族、律师、政要与下层乡绅,
>
> 名声在外者,和无名之人、病痨、瘸子与盲人,
>
> 纷纷速前,仿佛同一种生灵,
>
> 与献上初产之群众同屈其膝,
>
> 到法兰西,在新上位的陛下之前。
>
> ——威廉·华兹华斯,1802 年 8 月于加来

和约提高了拿破仑在英国的声望。吉尔雷笔下那个抛戈卸甲、微微颤抖等人来调情的不列颠尼亚女神(Britannia),其实是穿上女装的查尔斯·詹姆士·福克斯。多名政要(包括 82 位议员与 31 位世袭贵族)曾前往法国一窥那位深具领袖魅力的领导人,福克斯就是其中之一,这位领导人给许多人留下了深刻印象。不过,福克斯却觉得他是个无聊的家伙——如果以福克斯对于找乐子(俏皮话、葡萄酒、女人、马和纸牌)的严格定义来看,这人确实很乏味。拿破仑虽然是个赌徒,

| 第一部 斗 争 |

这十年来的第一吻！不列颠尼亚与弗朗索瓦公民之相会。

但他参加的赌局若非大输，就是大赢。福克斯认为拿破仑"相当陶醉于成功"，同时也意识到法国已经成为强大而危险的军事独裁国家，抱持各种政治信仰造访法国的人当中，也有许多人做如是想。

一般观光客不断渡过英吉利海峡，一如此前战争结束后的情况。大家都想看看革命后的法国是何模样。他们注意到残破的教堂与城堡，以及一大堆的军人。有人认为法国人的举止变得"唐突而冒失"。年仅18岁、穿着军服的阿伯丁勋爵居然被人报以"嘘声"；他认为法国人虽然普遍"进退有度"，个性却跟"苏格兰佬"一样阴郁。许多游客——根据法国漫画家所绘——径直前往新开的餐厅。少数人是来找战争期间留在法国的故旧的。其中有位汤普森先生就是这样，他来看动物园里的大象。滞留法国的人当中，汤姆·潘恩不啻更为有名，他勤于撰写宣传文字，制订入侵计划。但在一次跟拿破仑的口角之后，他成为不列颠共和国元首的希望也随之破灭，只好在巴黎沉浸于自己的悲情中。海上封锁结束后，他得以顺利溜到美洲，在承平时畅想入侵英伦。包括威廉·透纳（William Turner）在内的画家则造访堆满战利品的卢浮宫。约有3 000名法国访客前往英国旅行，但和往常一样通常是出于实际需求。有些人想报道英国产业的发展，对于其变化赞叹不已。一位法国间谍重新与约翰·威尔金森（John Wilkinson）和詹姆斯·瓦特恢复了战前的联系。其他人则是为了私人的生意往来，例如知名的热气球驾驶员暨跳伞先驱安德烈－雅克·加尔纳里安（André–Jacques Garneri），他计划要表演几场；还有杜莎夫人（Madame Tussaud），她不只带了拿破仑与约瑟芬的蜡像，还有一批反映革命惨状的收藏，包括罗伯斯庇尔的死亡面具、一具断头台，以及马拉在自家浴缸遇刺的蜡像。[114]

文化之战

英国的"国家级遗产"里，有相当多是直接拜法国革命与拿破仑所赐。对艺术界而言，革命堪称喜从天降："作为收藏家在斯晨即为至福，若为专门商人，则为天堂。"[115] 手边有钱的人和其他积极想帮他们花钱的人——一位名叫威廉·布坎南（William Buchanan）的年轻苏格兰法律系学生便是个中翘楚——突然对艺术燃起热情。1792年，奥尔良公爵卖掉家族收藏的400幅画，其收藏被公认为世界上最庞大的私人收藏，包括多幅出自达·芬奇、米开朗琪罗、拉斐尔、提香、伦勃朗、柯勒乔（Correggio）、丁托列托（Tintoretto）、委罗内塞（Veronese）、鲁本斯、委拉斯凯兹（Velasquez）与其他画家的画作。这些画被以1 200万里弗尔（相当于5.2万英镑）的"恐慌卖价"卖给了银行家拉博德（库克船长的崇拜者）。拉博德把画运到英格兰——这个形迹可疑，后来他被逮捕、判刑，或许也跟这脱不了干系。但世界形势未能鼓励买家信心，这批画最后被以4.3万英镑的价格便宜卖给了以布里奇沃特公爵（Duke of Bridgewater）为首的一帮人，他们把最好的画留给自己，接着卖掉其余所有画作，所得几乎跟成本打平。数量较小的法国人收藏，例如流亡前大臣卡洛纳的藏品，同样在伦敦被售出。雅茅斯勋爵到巴黎购买艺术品，充实王室收藏，后来成为人们所称的"华莱士典藏"。家具、雕塑与瓷器［包括一套不完整的赛夫尔（Sèvres）餐具，原本预计要花20年的时间制作，供路易十六使用］也横渡英吉利海峡，若干精品今藏于温莎古堡。1796年，拿破仑横扫意大利，扣押了巨额的货币与数以百计的知名艺术品。王公贵族被迫贩卖自己的收藏,才能付钱给法国人。多数没有被搜刮到卢浮宫的艺术品都去了伦敦,尤其是画作,因为拿破仑主要的兴趣在雕塑。西班牙与德意志也发生了类似的事情,只是规模较小。[116] 在法国与英国,公开展示艺术品(含私人藏品)成为表现个人爱国心与民族优越感的方式。

夺宝行动还延伸到欧洲之外。拿破仑在 1798 年入侵埃及的行动既是军事入侵,亦是文化入侵——160 位科学家与艺术家所组成的调查团得到他的支持,进行了"一场以艺术为名……的实质征服"。[117] 理解埃及象形文字的关键——罗塞塔石碑(Rosetta Stone),就是他们最伟大的考古发现。等到法军投降时,调查团成员获准保有其笔记与昆虫、动物标本,但手稿或古物不准带走。陆军指挥官雅克·弗朗索瓦·梅努(Jacques-François Menou)试图留住罗塞塔石碑,但石碑还是在法国部队的嘲讽声中,被一位热爱古玩的英国上校指挥的分遣队夺走,这位上校把石碑带到了大英博物馆。英国与法国学者随后为解读石碑而竞争。法国人出版了多卷本的《对埃及的描述》(*Description de l'Egypte*,1809—1822)聊以自慰,后来又在 19 世纪 30 年代获得了卢克索方尖碑(Luxor Obelisk)——如今被摆在协和广场(Place de la Concorde)。与此同时,英国人则在亚述文物方面击败了法国人。

最激烈的文物争夺发生在希腊。对艺术品求之若渴的收藏家舒瓦瑟尔-古菲耶伯爵(Comte de Choiseul-Gouffier),在 1783 年获命成为法国驻奥斯曼帝国大使。他指示自己的代理人、艺术家路易·弗朗索瓦·塞巴斯蒂安·福韦尔(Louis François Sébastien Fauvel)要"尽你所能带走一切。千万别错失从雅典人及雅典土地上抢夺所有可抢之物的机会"。[118] 长久以来,觊觎的眼光始终落在帕台农神庙(Parthenon)

的雕像,以及神庙主体的外部镶板与内部饰带上。虽然神庙遭受战乱与破坏的摧残,更因为非法贩卖雕像碎片给游客的行为而残破不堪,但当时尚未受到大规模的"抢夺",福韦尔也只设法弄到了一些掉落的残片(现藏卢浮宫)。战争带来了新的机会。奥斯曼帝国需要英国人协助对抗法国人,年轻的英国大使额尔金勋爵得到了前所未有的优势地位。他和代理人获准进入卫城(Acropolis)进行素描与制模,实施挖掘,以及"带走任何雕像或石碑"。他们的原始意图并不在于取走建筑物的部件,但相关行动仍然渐渐展开,而且还得到了土耳其当局的允许。额尔金用自己的优势地位和钱见机行事,因为对雕像的破坏正在加剧,加上他知道法国人也会这么做。他决定尽己所能,使用适当设备移走雕像,包括舒瓦瑟尔-古菲耶先前为了同一目的而制作的巨型台车。额尔金并非鉴赏家,他抱有与拿破仑类似的态度——这是关乎国家(与个人)威望的问题。1801年8月,随员中的教士报告说,"这些在法兰西声势如日中天时,始终不受其黄金与影响力青睐……的优美艺术品"都上了驳船。到了1806年6月,额尔金夫人信心满满,表示"我们昨天已经从卫城取下最后一件想要的东西了,从今以后,我们就能带着自信,貌视我们的敌人"。[119]法土之战的结束与法国外交影响力的恢复,都来得太晚。大部分未被取走的文物,后来不是被损坏,就是被蜂拥而来的文物猎人盗取。额尔金回国途中经过法国,但在1803年战争重启时被逮捕、扣押,而且还受了点折磨。他深信,拿破仑是试图强迫他将自己的收藏交给法国。最好的文物仍然留在雅典,如今成为土耳其盟友的法国使节,则决心非得到不可。他们成功取得了若干体积小的文物,走陆路将其运往卢浮宫,它们至今仍为馆藏;但巨型大理石像只能经海路运送,而法国人在海上不堪一击。国家间的同盟关系后来再度翻转，额尔金因而得以在1810—1811年运走50大箱的大理石像，其中包括帕台农神庙最好的雕像。法国人保存的一块完整的镶板，在海上被皇家海军掳获，现在也在大英博物馆。额尔金因破坏文物与窃盗的行径遭到严厉指责，抨击最力者是热爱希腊、崇拜拿破仑的拜伦。由于某个不知感激的国家拒绝支付开销，额尔金巨债缠身，不仅婚姻完蛋，甚至祸延两代。为了躲避债主，他到法国度过晚年。

法国大革命与拿破仑战争让艺术瑰宝如洪水般涌入英国。此图是希腊雅典卫城帕台农神庙的大理石墙面，描绘的是拉皮斯人（Lapith）与半人马之间的战斗。

第六章：令世界改头换面

> 我注定要令世界改头换面，至少我如此相信。
>
> ——拿破仑·波拿巴，1804 年 [1]

> 我们必须回想……我们所拥有的，哪些正危在旦夕，哪些我们得感到心满意足。这是为了我们的财产、我们的自由、我们的独立，甚至是我们身为一个民族的存续；这是为了我们的品格，为了我们身为英格兰人之名；这是为了在世之人所珍重、珍视的一切。
>
> ——小威廉·皮特于下议院的发言，1803 年 7 月 22 日 [2]

拿破仑的愿景

> 我想统治世界——会有谁不想坐在我的位子上？
>
> ——拿破仑·波拿巴，1815 年 [3]

> 此后欧洲仅余一人生气勃勃；其他生灵皆试图以他呼出之空气充满自己的肺。
>
> ——阿尔弗雷德·德·缪塞（Alfred de Musset）

> 这人并不懒散,实在令人难过。
>
> ——夏尔·莫里斯·德·塔列朗[4]

拿破仑·波拿巴是最后一位彻底改变英国史与世界史的法国人。他迫使英国展开有史以来为时最久的战争动员,继而让该国在超过一个世纪的时间里成为重要的全球势力。他的统治,标志着法国声势如日中天,是法国最接近成为欧陆霸权,甚至成为地球潜在霸主的一段时期。崇拜者把他比作亚历山大、恺撒与查理曼。我们不妨拿时代比较接近的世界霸权争夺者——希特勒与斯大林来比较,至少从他崛起于默默无闻之处,从他的作为和所犯的错误,以及从他拒绝限制权力等方面来看,他有着突出但有缺陷的人格特质。但他远比这两人更有智慧与创造力,而且能干得多——比起啤酒馆的群众集会和党委员会,军队是所更好的领导人学校。他虽然无情、恃强凌弱,是个"集各种情结与神经病症于一身的行走实验室",[5]但他远没那么残忍,而且有能力去爱,去结交朋友,以及去宽恕。他的狂妄令自大都相形见绌,他目中无人到不屑于报复——至少他喜欢如此表现。但他对批评或嘲弄非常敏感,把自己的失败怪罪于他人,而且完全有大人物那种自圆其说,以及在穷途末路时自怜的能力。[6]

他的想法是 18 世纪晚期的老生常谈——精确来说,是以激进、威权方式诠释启蒙运动的老生常谈。他将自己年轻时的流行文化铭记于心。有一段时间,他崇拜卢梭;他曾试过写一本以埃塞克斯伯爵为主角的英式哥特风小说;他热爱麦克弗森那媚俗的、假托为吟游诗人莪相所作的作品,并委托让-奥古斯特-多米尼克·安格尔(Jean-Auguste-Dominique Ingres)为他从未入住过的罗马宫殿绘制如梦似幻

22 岁时任炮兵中尉的拿破仑·波拿巴。这位未来将征服欧洲的少年,虽然形单影只,但有着不错的数学头脑。

的巨幅画作《莪相之梦》（*Dream of Ossian*）。他与许多启蒙哲人一样，仰慕身兼哲学家、军人与统治者的腓特烈大帝（Frederick the Great）。他钦佩雷纳尔神父的畅销书对欧洲（尤其是英国）帝国主义的抨击——"英格兰人，汝等滥用汝之凯旋，如今正是寻求正义或复仇的时机。"[7]他喜欢展现自己对知识的关注——他是真的有一车安在炮架上的战时行动图书馆。扫除昔日的废物，借此促进人类的进步，就是他陈词滥调的目标。但他完全称不上是在坚守某种价值观，他在追寻自己深信的历史使命时，除了不断扩大的权力之外，他就没有明确的目标。他有能力抱持"直接、冒险而狂放"的心态，却以实事求是、机会主义的方式行动。[8]但他不知满足，不知适可而止。在内心深处，他没有目标。

9岁到14岁时，拿破仑就读于布里埃纳［Brienne，位于荒凉的香槟地区（Champagne）］的军事学院。他孤身一人，却好斗，在学校里遭人嘲弄、冷落。[9]这段悲惨的经历，让他的科西嘉乡土意识与对法国人的厌恶与日俱增——用他的原话来说，法国人是入侵者，在他出生的1769年"涌上了我们的海岸，用鲜血的浪潮淹没了自由的宝座"。贵族地位带来的特权和奖学金，是他父亲通敌而得来的——根据谣言，这也是因为他母亲与法国总督私通的关系。18世纪90年代科西嘉岛上的政治斗争，粉碎了他成为科西嘉领导人的野心：拿破仑遭人中伤为叛国贼，逃往土伦寻求庇护，时间就在1793年英国人应呼声前来的几周前。拿破仑尽心尽力，帮助都市里的社会精英对抗农民群众，支持雅各宾派对抗反革命势力，站在法国一边对抗英格兰："人毕竟得选边站，自然可以选胜利的一方，选择出手摧毁、掠夺、焚烧的一方……吃人总比被吃好。"[10]他的科西嘉背景，或许能解释为何他的愿景从未真正以法国为中心。法国与法国人为他实现在欧洲、地中海与全球的野心提供了可用的资源。拿破仑帝国的中轴线起自意大利，穿过隆河与莱茵河，直达低地国家与德意志西北部，以通常受到乡间敌意包围的城市为基础。经常有人（包括拿破仑本人）指出，这个范围就是查理曼的欧洲，这似乎是在为其征服的全部领土赋予正当性。近年来，人们将拿破仑誉为预见了欧盟的先知："欧洲各民族间没有足够的共同点。"[11]但这就忽略了他试图建立一个包括中东、南北美洲、印度与太平洋在内的海上帝国的野心。

有个知名故事，讲述了他在一场雪球大战中率领自己在布里埃纳的同学，从而展现出早慧的军事领导才能。但他其实一门心思都放在念书上，个性安静，相当擅长数学。他当然拥有伟大将领的素质——准确来说他的优点为"坚定、有德、专心而大胆"，但他早年担任炮兵军官的生涯，却显示出他对专业细节缺乏兴趣。他绝非军事革新者，但他懂得有效发挥其他人的点子。[12]军队是他的工具，而非他热情所在。他向来是个政治军人，试图将军事方法应用于政界、社会与经济体系上：权威、管制、效率、纪律是他的口号。他不谙一般的政治操作，少了公然威压他就无从组织与领导。[13]他相信，欧洲在经历革命的严重灾难之后，会欢迎法律与秩序的实现："整个世界乞求我前来统治。"[14]大部分人的确欢迎。但代价很高：欧洲成了一块庞大的练兵场，为一场无止境的战争服务，仿佛由军队经营一般。强迫入伍是帝国的首要任务，主要的目的就是扩张其高效的官僚体系。

拿破仑了解，18世纪90年代的恐怖统治让民主制度名声扫地。但革命肯定不会因此被消灭：革命废除了封建特权，出售教会土地，确保法律之前人人平等，加上合理的行政管理，这些共同创造出了强

335

大的经济与政治利益集团，他们担心任何类似旧政权的事物回归。拿破仑提出了诱人的交易：结束革命，同时巩固革命成果。"我的政策，是用大多数人希望受统治的方式统治他们。我认为，这是认可人民主权的做法。"[15] 他的政权是新旧精英治理的综合，排斥革命与反革命的极端，乐于为前革命分子与前保王党提供工作机会，不问多余的问题。虽然政治权利受到压制，但个人，尤其是有产阶级的自由权多半会得到尊重。这个帝国并非以恐怖手段治国：它只有大约 2 500 名政治犯，人数远低于雅各宾共和政府。当局要的只有服从。无论在法国还是在其卫星国家，拿破仑帝国最强大的支持者，都是从革命中混得风生水起的人：土地买主、特定行业利益人士、职业军人、专业管理人才、意识形态上与旧秩序为敌的人，以及宗教少数派。至于最强大的反对者，则是那些认为现代化政府就等于抽税、贫困、剥夺财产、渎神，甚至是征召成千上万人当兵的人——他们认为这些当兵的人是革命底下的新奴隶。

对许多人而言，至关重要的问题在于拿破仑从未带来他所承诺的、众所期盼的和平。批评的人一贯指责他这人是"科西嘉食人巨妖"：暴发户的虚荣，加上人们赞扬他为历史上的伟人之一，都导致他不断扩大自己的权力，废黜君主，加冕其亲人，宣布自己为查理曼传人，继而再造欧洲，令国王、教宗与公侯臣服于他。若干与他最亲近的合作伙伴——例如前主教塔列朗和曾经的革命恐怖统治者约瑟夫·富歇（Joseph Fouché），最后都认定他已失去控制。爱戴拿破仑的人——以及拿破仑本人——宣称他是为了保卫革命而被迫开战的，尤其是为了对抗那群垂涎利润、愿意资助反动势力来摧毁革命、让邪恶的旧政权复辟的"英格兰商人贵族阶级"。[16]"我打的所有战争都源自英格兰。"因此，解读拿破仑时代的关键，也就在于他跟英国的关系。谁是侵略的一方？双方死斗的原因为何？

拿破仑与他从未接触过的、想象中的英国有着错综复杂的关系。科西嘉爱国人士一度期待英国人的保护。拿破仑写过若干不成熟的小说，其中之一讲的就是某个英格兰英雄在科西嘉的冒险故事。他研究英国史，同时从詹姆斯·鲍斯韦尔的《科西嘉纪实》（Account of Corsica）来认识自己出生地的历史。他甚至考虑在皇家海军展开生涯（他就读的军事学校认为他会是个"优秀的海军军人"，据说是因为他智慧超群，却缺乏社交魅力）。但在定居圣赫勒拿（St Helena）之前，他从来不认识任何英格兰人。他通过在一个多世纪的竞争关系中堆起的恐英（偶尔亲英）老调来思考。英格兰与法兰西合力将能"统治世界"；若不能合作，就得为了众人的福祉而毁灭这个"海上的暴君"。英格兰是迦太基，是"小店主之国"（他从亚当·斯密的著作中找来这个词），它贪得无厌，以独占全球为要务。但英国的力量建筑在虚张声势与纸面信用上，只是纸老虎。他用自己的恶意使这类陈词滥调活络起来，同时却也能表达出传统上对"开明的"英格兰人民的赞赏。历史学家弗朗索瓦·克鲁泽（François Crouzet）指出，拿破仑很少将自己的时间与精力直接投注于与英国的对抗上。[17] 等到1815年最后一次战败之后，他希望能在英格兰定居，当个乡绅。这些摇摆不定的观念，完全无法让人了解他的行动。

自18世纪以来，每一个有志主宰欧洲的人，迟早都得面对位于欧陆边缘的国家——俄罗斯与英国：是与之共存，还是将其拒之门外，抑或是征服之？俄罗斯因其广土众民而重要。英国则因其有着动员全世界对抗欧陆的能力而不容小觑。拿破仑曾试图与俄罗斯达成协议，但他从未与英国妥协。1801—1803年的承平时期，是做决定的时候，此后再无回头路。《亚眠条约》（Treaty of Amiens，1802 年 3 月）是 1688 年以来，法国与英国之间的第六份和约——传统上被公认为是以条约为明摆着的借口，好让参战国为下一场战争稍事歇息。但这种观点不仅有误，而且会模糊重启战端的责任。大半个欧洲都用解脱的心态面对这份和约，多数的法国人与英国人也不例外。法国在波罗的海至地中海地区的优势地位已为人所接受。奥地利已经退出竞争行列。俄罗斯有意谈条件。普鲁士与巴伐利亚成为地位较低的伙伴国。更小的国家则成为卫星国。在可预见的未来，英国已经退出欧洲，甚至放弃数世纪以来视之为生命线、为之血战的低地国家。印度的前哨与战略要地好望角业已被归还法国及其卫星国荷兰。一言以蔽之，法国已经赢了，拿破仑也清楚。

他原本可以见好就收，却颁布了"一条条不饶人的命令"。[18] 他在德意志强行推动"大规模土地革命"，[19] 并重组意大利（由他本人担任新成立的意大利共和国领导人）。他并未放松对瑞士与荷兰的掌控（英国人以为他已经承诺放松），反而在两国实施新的宪法，确立其为法国的附属国。这么做的目的，似乎是要排除英国的影响力与贸易活动，增强法国的政治与军事实力：和约正在瓦解，卫星国家则开始武装。法国的海外行动也不平静。当局派遣远征军重新征服圣多曼格，当时独立的该岛正由之前曾是奴隶的杜桑·卢维杜尔（Toussaint Louverture）掌权，英国人正准备与他缔结条约。卢维杜尔被捕后被押回法国，之后死于虐待。奴隶制再度合法化。政府公开表示有再度入侵埃及的意图，为的是"某种高深莫测的原因，只有第一执政才能领会"。[20] 一小股远征军获派前往印度，衔命为未来的冲突做好准备，他们为此与当地统治者建立同盟，并招募印度部队（包括 7 名将领与多名士官）。法国从西班牙手中要回路易斯安那，在澳大利亚也宣布占有土地［名字自然叫"拿破仑兰"（Napoleonland）］。海军推动建军计划，并强制西班牙人加入。拿破仑更通过故意挑衅、咄咄逼人的举止加剧了局势的紧张，他还命令手下的外交官有样学样。他坚持要求英国政府阻止媒体将对他及他家人的批评与讽刺见诸报端——他极为重视此事。为了讨好他，英国当局在伦敦起诉流亡的知名记者让-加布里埃尔·佩尔蒂埃（Jean-Gabriel Peltier），指控他诽谤第一执政，法官指示陪审团判他有罪。[21] 好斗的记者威廉·科贝特（William Cobbett）认为，这件事证明英国人是个"被击败、被征服的民族"。

两方都希望维持和平，但他们对于何为和平不可或缺的条件，却有完全不同的认知。英国人认为，和平就是通过协商，创造出可接受的普遍处理方针。拿破仑则认为，和平意味着在坚持条约字面意思的同时，仍不断操弄以得到更多——"他就是忍不住骗人。"[22] 日子一久，英国人决定不能再允许此风继续下去。他们有两点坚持：法军撤出荷兰，同时不让法国人染指马耳他岛——岛上固若金汤的港湾是掌握地中海的关键。这些都是敏感的战略问题——前者关乎英国的安危，后者则牵涉埃及和印度的防务——但这两件事也能测试意向，因此越发重要。1803年2月21日，拿破仑跟英国大使惠特沃思勋爵（Lord Whitworth）谈了两小时，会中他"一再从一个主题跳到另一个主题"，给人"讲话的机会不多"。谈话的主旨是：他不想再来一场战争，因为他已经赢了，但他也不会做出让步。小皮特解读出来的意思是："我们得马上公开接受他所颁布的法律，否则就会面临战争。"[23]

英国人为了提醒拿破仑自己是认真的，于是宣布实施有限的防御措施。拿破仑则指责他们准备重起争端，并且在1803年3月13日于杜伊勒里宫的招待会上公然威胁惠特沃思："英格兰人想打仗,不过,如果他们先拔剑,那最后插剑回鞘的人肯定是我。"[24] 惠特沃思认为这并非严肃的威胁,拿破仑不过只是粗鲁。但双方都在加大赌注,而且危险的是,双方都出于若干原因,希望对方是装腔作势。惠特沃斯的报告说,拿破仑还不想打仗,而且到处都有"沮丧不满与失望的情绪"。他还提到英国的游客"令英格兰人的名声与品格大跌",让法国人相信伦敦的警告只是虚张声势。驻伦敦的法国大使也将类似的信息传回给国内。[25] 伦敦方面终于在 1803 年 4 月发出最后通牒:如果拿破仑将麾下部队从荷兰撤出,并同意英国人暂时驻军马耳他,伦敦便会接受法国近来在意大利与瑞士的举动。塔列朗试图拖延讨论,但没有同意英国的要求,惠特沃思因此在 5 月 12 日离开巴黎。英国在 18 日宣战,同日两国海军便于布雷斯特外海发生遭遇战。

法国人将战争归咎于英国人,指控他们为了马耳他岛而破坏条约。许多历史学家(尤其是法国人)仍然抱持这种看法。但近年的研究一致认为拿破仑得为此负责,因为他才是有选择权的一方:他没有受到威胁,而且有能力选择和平。假使他真这么选择,欧洲或许能有"至少一二十年"的平静。[26] 他的动机依旧成谜。是因为"新上位的陛下"的目中无人——毕竟他才 33 岁?因为世界帝国的野心?还是因为"最后一位开明专制君主"等不及要让欧洲现代化?抑或是因为恐英情绪萦绕心头?这些都有人提过。有人为他辩护,认为他深知遭受挫折、不能满足的英国必然会重启战争,他只是为不可避免的事情做准备而已。总之,历史学家还在就 19 世纪初的争端大发议论。拿破仑难道不知道,英国已经大幅度削减陆军和海军的开销,解散了民兵,并遣散了码头工人,还复员了半数陆海军?[27] 战争发生,是因为他在 1803

年的举动——这也是他终其一生遵循的模式:得到的每一项优势,都成为他下一次晋级之路上的一步。他是 18 世纪权力政治的终极化身,但革命却扯落了传统上对政治操作的限制。他是真没有和平处理的概念。无论那超凡的脑袋中想着什么,结果都很明白:"1939 年是希特勒的战争……同理可证,1802 年之后的战争,都是拿破仑的战争。"[28]

地表最后希望? 英国的抵抗:1803—1805 年

倘若对希腊、埃及、印度、阿非利加,
一切皆已定矣,汝亦将步入其间。
英格兰啊!所有承担此任之国度皆做是念:
但于爱恨,汝之敌人尽皆无知,
其凄惨远甚于汝:
智者因此为汝祈祷,纵使汝承担之
打击将相当沉重:
噫吁嚱!地上最大的希望全系于汝!
——威廉·华兹华斯,1803 年 10 月

这道海峡就是条水沟,只要有胆尝试,就能跨过去。
——拿破仑·波拿巴,1803 年 11 月[29]

英格兰向来竭尽己能拯救自己,我相信英格兰的榜样也将拯救欧洲。
——小威廉·皮特于伦敦市政厅,1805 年 11 月 9 日特拉法尔加角海战消息传来的 3 天后[30]

英国宣战之举，令海峡两岸民众皆大为震惊，他们预料未来几年将会有更多的饥饿、税收、征召与充军。在英国，海员们在煤矿与采石场找工作。当局下令抽签选人加入民兵时，陆上生活的人也抱怨连连，不时发动暴动。在法国，男孩们采用传统的下下策——自伤成残，不然就逃跑。许多人都知道，两国面临一场要命的消耗战。英国首相阿丁顿私下估计（相当精准）得打上 12 年：英国将维持守势，控制海洋；拿破仑将试图入侵，但他会失败；随后英国便能创造新的反法同盟——剧情老套。[31] 英国大臣们相当有自信，认为法国会先垮台。

无论在哪一国，这次的磨难都没有再度引发 18 世纪 90 年代的诸多问题。法国局势平稳，治安良好，政治宣传则把战争归咎于英国。

"棺材远征军——渡海中的波仔无敌舰队"：这幅漫画讽刺拿破仑的海军有如棺材远征军，拿破仑麾下许多海军军官就怕这个。

军事与行政机器没有18世纪90年代的动荡热情也能运作。至于英国，反对战争的人也不再追寻革命的海市蜃楼。法国的侵略（尤其是入侵卢梭的故乡——共和制的瑞士）以及在埃及的暴行让革命魅力尽失，只有四面楚歌的激进分子、虔诚的至福论者，以及内心为权力澎湃不已的人仍然对革命死心塌地。华兹华斯的伤感结论是：英格兰虽然过错不少，但依旧是最佳的希望，而他也为此加入民兵。

战争继续，为了强化政权，法国当局在1804年宣布拿破仑为法兰西人的皇帝。这位新恺撒决定仿效尤利乌斯，入侵英格兰——有人在他的营帐附近找到了古罗马钱币，令他喜出望外。他的入侵行动，将成为法国筹备的多次入侵中最难以击败的一次。[32] 其经费由开征的新税，以及将路易斯安那售予美国所得来支应——这笔钱分成数期，由伦敦的巴灵银行（Barings）支付，这家银行在过程中还能将钱借给英国人。拿破仑集结了16.5万人，将其分为六个营，动用了从埃塔普勒（Etaples）到安特卫普的七个港口，主力则摆在布洛涅。从萨塞克斯到萨福克之间的每一点都在打击范围内。战争爆发前，他就开始建造2 500艘炮艇与特别设计的海岸登陆艇："钱不是问题。"[33] 甚至连巴黎与斯特拉斯堡等位于内陆深处的造船厂都忙于作业。民众渴望击败国家的大敌，捐款滚滚而来，船上则刻有捐款人的名字——一艘能搭载110人与两匹马的炮艇，要价约2万法郎。拿破仑发挥自己注重细节的个性，兴建弹药库、兵营与医院，并招募翻译向导——许多是爱尔兰人。军方召来过去在三角帆大船上划桨的奴隶，为海上划桨提供建议，拿破仑令自己的亲卫队在塞纳河上操演，随后起草了一本训练手册，里面有"操桨务稳""船桨""登岸"等章节。部队演练登船。此外还有激励士气的仪式——例如1804年8月15日，新皇帝

甜蜜的世仇
英国和法国，300 年的爱恨情仇

在自己生日这天亲临荣誉军团勋章（Légion d'Honneur）集体颁发仪式，有 6 万人到场。但英国战舰逼近岸边、追逐若干法国舰艇，多少让仪式的效果打了折扣。事实证明，重装的登陆艇不适合下海。1804 年 7 月，他无视麾下海军将领的警告，下令在恶劣天气中演练登船。有 30 艘船沉没或搁浅。沉船数量被添油加醋后的报道，让英格兰一阵欢呼，但拿破仑不在乎，始终坚持在自己的加冕典礼前入侵。拿破仑的工程师想方设法，要解决 60 年前曾困扰黎塞留的地理问题。他的主要基地布洛涅——"海峡边最糟的口岸"——在退潮时会变成一片烂泥地，导致船只进退两难。经过数月的建设与操练，他们也只能让仅仅 100 艘船在一次涨潮时出海。因此，船只得在离岸 1 英里处下锚，暴露在恶劣天气与英国人的攻击之下，只得凭借碉堡与沿岸部署的马拉大炮来费力保护。

拿破仑从未因为物理屏障——高山、沙漠、风暴、炎热、酷寒、距离等而裹足不前。他认为跨越英吉利海峡，基本上跟跨越一条大河没有两样。他目光直视英格兰，看见了"房舍与马匹"，因此才有他那句"水沟"的名言。他坚信，纵使危险，但部队仍有可能在缺少战舰掩护的情况下，乘坐小船渡过海峡——像一群"长着恐怖毒针的飞虫"。[34] 他对普鲁士大使保证："浓雾和些许运气，便能使我成为伦敦、英国议会，以及英格兰银行的主宰。"[35] 热心人士建议的热气球、隧道或潜艇一概不必。拿破仑不喜欢机械的东西。美国发明家罗伯特·富尔顿（Robert Fulton，法国人拒绝了他的迷你潜艇）向英国人兜售其"鱼雷"（Catamarans），而英国人则以此攻击进犯的法军运兵船。

历来经验证明，要集结船只、渡过海峡至少需要 7 天的好天气，[36] 而非拿破仑原先期待的单单一次夜袭。因此，他在 1804 年 5 月接受了

344

登陆需要大船掩护的意见。此举需要集结海军之力，在对分散的英国舰队取得了暂时、局部性的优势，过往的每一份计划皆是如此。拿破仑构思出一连串迅速改弦更张的方案，每一份方案的前提都把英国一方设定得相当无能，好运则都在自己这边。他最后拍板定案，采用海军将领皮埃尔-夏尔·德·维尔纳夫（Pierre-Charles de Villeneuve）的看法——土伦舰队要从地中海突围，与其他位于加勒比海的船只会合，随后（假设英国人会在大西洋四处追逐他们）火速与西班牙和布雷斯特舰队合流，"沿海峡而上，出现在布洛涅"，护送陆军浩浩荡荡登陆英格兰。法国人一如既往，认为只要登陆，他们便能踏平任何守军，迅速拿下伦敦。他们或许是对的。不过，此举的风险远高于以往——当年（1745 年，甚至是 1779 年）的英格兰毫不设防，法国人可以规划用不多的军力执行入侵。但在今天，这意味着拿陆军最精锐的部分在高风险的行动中赌博，而且拿破仑得亲自指挥："如果你派（另一位将领），一旦他成功，他就比你更伟大，地位也比你更高。"[37] 可是，入侵若失败，就会毁了拿破仑及其政权，法国也无从抵御东来的入侵。

就像过往规划的入侵行动，这一回的计划中对于英国似乎也没有明确安排。拿破仑是否真如小皮特所说，会威胁"我们身为一个民族的存续""我们的品格""我们身为英格兰人之名"？严格来说，不会：法国边境的小国——瑞士、低地国家、皮埃蒙特（Piedmont），才会面临遭人遗忘的命运。英格兰迫在眉睫的危机是一场屠杀——后来发生在卡拉布里亚（Calabria）、西班牙与俄罗斯的事件显示这是可能的发展。一支以仇英宣传灌输的强大法军在无法撤退的情况下，必然会遭受大批业余士兵与整个坚决不从的社会的反抗。法军所有入侵计划皆以迅速击溃对手为务，但对于投降后的处理就成了问题。拿破仑断言,"一份民主原则的宣言"将造成"一场分裂,足以瘫痪整个国家";他将成为"一位解放者,一位新的奥兰治的威廉"。一旦攻陷伦敦,他"就会成立一个强大的政党,对付寡头统治集团"。[38] 英国的抵抗与伦敦金融城的信用将会崩溃,拿破仑将在温莎古堡宣布战争结束。但拿破仑手下一位精明得多的元帅却提出警告:"除非你打算模仿征服者威廉,否则胜利不会到来。"[39] 换句话说,征服必须是永久性的。但永久征服需要延长军事占领、分裂联合王国、摧毁其海军力量、并吞殖民地、改变贸易方向、支付巨额抚恤金,工业革命将随之由内崩溃,迅速增长的人口将陷入贫困。爱尔兰有机会像波兰一样,成为得宠的卫星国,由爱国派的小集团治理,受帝国元帅或皇亲国戚节制,并获得恩准为拿破仑的大业奉献鲜血与财富。英国会有大量被充公的土地,用来奖赏帝国的公侯与亲王。"英格兰……必将成为法兰西之区区附属,"拿破仑后来回忆,"它会成为我们的一座岛,就像奥莱龙岛(Oléron)或科西嘉岛。"[40]

明显的危机——天气大好时,可以看见法国部队操演,以及惊慌失措的居民纷纷逃离伊斯特本(Eastbourne)与科尔切斯特(Colchester),掀起了一拨行动,这是 1914 年与 1940 年以外所仅见的。民众虽有决心,但不必然有信心。从当时的日记上可以看出,有人做噩梦梦到入侵,而且经常有法军已经登陆的流言。街坊邻居"傍晚聚集在自家大门口,聊起 1745 年的叛乱——当年叛军抵达德比——不时还出现幻听,以为自己听见了法国人的……大炮"。海巡、搭建烽火台、捉拿间谍等行动大幅增加。[41] 截至 1804 年,已有 38 万人加入志愿军,参与"汉诺威王朝时代规模最大的一场民众自发行动"。[42] 这次的行动多属地方自发的行动,而非政府的规划,因为当局对志愿军部队的战斗力有所疑虑。但重返大位的皮特却想搭上这拨民意浪潮，展现民众对国防的深厚支持。公民有权携带武器，一般人也将之视为政府信任人民的象征。在若干地方，每一位体格健壮的男子都要接受操练，但也有些地方只给他们配长矛。议会通过了《大规模招募法》（Levy en Masse Act）——明显受到了法国影响，至少名称上是。但两国的法律有根本性的差异：英国大量依赖志愿军的情况堪称独一无二，从来没有征召人组成常备军的情况。人们大规模自愿从军，这当然是强烈爱国心的证据。但这毕竟是地方性的爱乡意识，并非完全无私。志愿军部队具有卓著的平等与独立精神，人员仍以便服为制服式样，接受自己的邻居指挥，只要有余裕便能返家，同时直言不讳地表达保卫自身权利与薪酬的意见。有点地位的英格兰工人都避免加入常备军：1803年6月—12月，招募官走遍全国，却只能吸引3 481人入伍。[43]如此大量的人力投入乡里的防务，意味着正规军在人力上总是远少于法国常备军。

不过，成果还是相当惊人。到了1805年，已有将近80万人，也就是20%的男性劳动人口，投入某种形式的军事活动。这种规模堪比20世纪的"总体战"，比例也远高于其他国家——英国当局估计法国只投入了7%的人口。[44]组织安排得依赖"旧时代"的地方业余行政体系：郡尉（Lord Lieutenant，其中至少有一位得靠自己的太太担任书记）、治安法官、教区牧师与教区官员。这套体系在重压之下变了形，但其成就仍证明了地方社群的力量与主动——直到20世纪30年代，这都是英国公共行政的基石。相较于法国"总体战"战备的大规模宣传与强制征兵，经常有人认为英国这种低调的动员是疲弱、过时的标志，但我们不妨将之视为20世纪的自由国家有意以"反总体战"方式战斗的预兆。

347

甜蜜的世仇
英国和法国，300年的爱恨情仇

非典型战争

我们打的是不寻常的战争——我们的故乡
正受到一帮嗜血、无情之人所威胁；
他们的主子掀翻了王座与圣坛，
其脚下是半个俯拜的世界！
"掠夺、强暴、死亡，"敌人高喊，
"向你们的城镇开火——向英国的奴隶开火！"
英国人啊，精准打击！为了你们国家的高尚目标复仇，
保卫你们的国王、你们的自由和法律！ [45]

庞大的英国宣传战中，有几个常见的特定主题。宪政体制同时保障富人与穷人的权利，而拿破仑的征服却会剥夺穷人的一切：不光是烤牛肉，连面包与奶酪都会被裸麦面包与蔬菜汤所取代。人们将被迫使用法国法律与法语。革命（即便是由拿破仑掌权）是基督信仰的大敌。法军入侵将造成劫掠与强暴——一种挥之不去的恐惧："他承诺要用我们的财产使自己的士兵富起来；用我们的妻女满足他们的欲望。"[46] 这种说法虽然骇人听闻，但从法军在汉诺威与意大利的行为来看，恐怕不是杞人忧天。人们强调拿破仑本人在埃及的作为：残杀2 000名土耳其战俘，甚至毒杀麾下若干罹患瘟疫的部队。信心抵消了惊恐的情绪：历史预言了胜利将如阿金库尔与布莱尼姆一样来到。剧场上演《亨利五世》，以激励伦敦的观众。歌曲与漫画从传统的反法挖苦中汲取灵感，将拿破仑描绘得既邪恶又古怪。

| 第一部　斗　争 |

和平之祝福与战争之诅咒：反抗共和时代与拿破仑时代法国的战时宣传有个中心主题，就是平民与统治精英同样会损失惨重。

　　海峡对岸为了准备入侵行动，也端出大量类似的歌曲、漫画、诗词与标语。亚眠盖了一座凯旋门，被命名为"往英格兰之路"。拿破仑定制了胜利纪念章，上面刻着"伦敦制造"。人们想起圣女贞德与征服者威廉的历史，贝叶挂毯（Bayeux Tapestry）[①]也在巴黎展出。入侵将不费吹灰之力——"不过是从加来走一步到多佛。"英格兰人以后会忙着喝茶。"全欧洲寄托于你们，以人性义愤之名，惩罚那背信弃义的民族。你们将在伦敦的中心对英格兰展开复仇。"[47]

---

① 贝叶挂毯，也被称为巴约挂毯或玛蒂尔德女王挂毯，创作于11世纪，长70米，宽0.5米，现存62米。上面共出现623个人物、55只狗、202匹战马、49棵树、41艘船、超过500只鸟和龙等生物，以及约2 000个拉丁文字。　　编者注

349

英国的谋士们在约克公爵率领下，参考1588年对抗西班牙无敌舰队时的防务日志，制作了一份详尽的方案。一支由小型舰艇组成的船队将拦截入侵舰队。当局计划在岸边建造知名的马尔泰罗塔（Martello Tower，法军昵称之为"斗牛犬"，其原型为英国海军在科西嘉岛的马尔泰罗遭遇的要塞，敌军盘踞在此激烈抵抗），以便对敌军造成重大打击。多佛开始兴建大型防御工事，包括大竖井（Grand Shaft）——一座三重螺旋梯，让部队能拾级而下、迅速赶往岸边。皇家军用运河（Royal Military Canal，大部分在1805年开凿）贯穿罗姆尼沼泽（Romney Marshes）。警报将同时通过传统的烽火台，以及更精密的通信站系统（连接普利茅斯、朴次茅斯、迪尔、雅茅斯与伦敦）来传递。一旦法军攻进内陆，大批志愿军将延缓其速度，乡人则将牲口、车辆与物资"驱走"，然后平民工兵将破坏道路。非战斗员将被疏散，并随身携带"一席亚麻布与一条毯子，一人一份，用床单包裹，以及……你手边所有的食物"。[48] 机动部队将不分日夜地骚扰入侵者。与此同时，113 000人将乘货车、马车或徒步，迅速由全国各地赶往伦敦西边与北边的10个集结地，其中人数最多的是斯蒂尔顿（Stilton）与北安普敦。伦敦南方也规划有防线。人们在利河（Lea）上建起拦水坝，准备淹没利河流域。有关单位收集煤炭与面粉储备以应付围城，委由皮克福氏运输公司（Pickfords）负责转运。将黄金储备交由英格兰银行运往伍斯特（Worcester）的计划业已制订。一旦战局急转直下，战斗将在首都北方发生。一起小意外显示出这个国家的准备有多么充分。1805年8月，有人不小心点燃了约克郡的烽火；还没有人发现出错之前，罗瑟勒姆志愿军（Rotherham Volunteers）便已集结起来并准备好了他们的马车，朝海岸行军达20英里。[49]

威廉·透纳绘制的《特拉法尔加角海战》：对于持续超过一个世纪的海上冲突来说，这场海战只是其中的高潮，而非结束。

1805年3月，法军开始动身。维尔纳夫的舰队成功从土伦突围，佯攻加勒比海，纳尔逊则追赶他们，一如拿破仑所料。舰队随后火速返航，抵达与西班牙盟军的会合点，接着沿海峡北上，准备护送入侵舰队。拿破仑充满兴奋之情，前往布洛涅："英格兰人不知道自己在做什么。"经过大量操演，部队理应能在一个半小时内出航。7月26日，他试着把自己的决心灌注到维尔纳夫心中："我指望着你的热情、你的爱国心、你对那个压迫我们四十代人的国家怀抱的恨意……你若抵达目标，无疑能让我们成为英格兰的主宰。"[50]法国与西班牙原本能在8月第二周，在海峡集结一支数量占优的舰队，用来掩护拿破仑的入侵部队。但计划实现所需要的不只是好运气和好天气，联合舰队及全国基础设施也得有和英国人一样的速度与效率才行。维尔纳夫先是在西班牙因补给短缺而耽搁，随后又因为英国分舰队集结而失去数量优势。此外，他还深信（说不定是对的）"无论我怎么做，都不该期待成功……我方调遣糟糕，船只缓慢，装备粗糙老旧"，英国人却"机动力高，技术良好，勇于冒险且充满信心"。拿破仑对维尔纳夫的犹豫大为恼火，"世界的命运"在此一举：法国需要的不过是"两三个敢死的将军"。8 月 22 日，他去信给维尔纳夫："英格兰是我们的。我们一切就绪，全员蓄势待发。给我在 48 小时内过来，一切就结束了。"[51]

欧陆政界此时出手干预。俄罗斯（跟着奥地利的脚步）开始考虑重启战端，与英国组成"第三次反法同盟"。假使拿破仑的军队迅速拿下伦敦，就不会有欧陆国家胆敢挑战他，但他的军队若在英格兰遭遇激烈抵抗，各国必然会进攻法国。他不露声色，暂停将部队进一步往海峡调遣的行动，接着在 8 月 23 日跟塔列朗总结形势：

> 我对欧洲形势考虑越多，越觉得关键之举迫在眉睫……若维尔纳夫遵守命令，与布雷斯特舰队合流，进入海峡，就还有余裕：我就成了英格兰的主宰。但要是我的将领们有所迟疑……我唯一的方法便是等待冬天到来，再用小船跨海——这是危险之举。假使如此，我就先处理当务之急：我会拔营，在葡月带着 20 万人出现在德意志。[52]

两天后，他得知维尔纳夫已经撤退到加的斯（Cadiz）：入侵行动结束了。拿破仑在布洛涅待到 9 月上旬，以掩饰计划有所改变。英格兰军更名为大军团（Grande Armée），动身"前往德意志与英格兰作战"（这是拿破仑的原话），而这支军队即将在距离多佛白崖（White

Cliffs）甚远的地方，获得最辉煌的胜利。1805年10月17日，少了被善变的风向、潮汐与将领所困的拿破仑，在乌尔姆（Ulm）包围奥地利军队，迫使对方不知所措的指挥官投降。他进入维也纳，在歌剧院的皇家包厢听了贝多芬的歌剧《费德里奥》（*Fidelio*）的首晚演出。

乌尔姆一役四天后，奉拿破仑之命返回地中海的维尔纳夫舰队与西班牙盟军，被潜行中的纳尔逊在特拉法尔加角外海逮到。战况一面倒，由33艘战列舰组成的法西联合舰队，有2/3被由29艘战列舰组成的英国舰队掳获或摧毁，而英国只付出了448条人命的代价——包括纳尔逊本人。凯旋时刻身亡的他成为当代的英雄典范，融大胆无畏、生死无常与悲壮于一身，就像魁北克的沃尔夫，本杰明·韦斯特也为他画了像。纳尔逊并未从迫在眉睫的入侵行动中拯救英格兰：拿破仑当时人在维也纳。不过，救赎的感受却唤起了全国的谢意，至今每年的逍遥音乐会最后一夜（Last Night of the Proms）仍在纪念此役（只是现场恐怕少有观众知道典故）。① 圣文森特将军口气平淡地说："我没说法国人不会来犯。我是说，他们不会从海上来。"不过，拿破仑仍然在1807年回头规划了一次渡海突袭，1811年再度计划，他还把安特卫普发展为大型兵工厂兼海军基地，刺激英国人在1809年发动了一次进攻，大肆破坏。总之，英国仍在为法军入侵做准备：南海岸大多数新建防御工事（包括72座香马尔泰罗塔与多佛的大型要塞）都是在特拉法尔加角海战后所建，甚至连滑铁卢之战正酣时，泰晤士河口与伦敦仍有多处城塞在修建。[53]

---

① 1905年，亨利·伍德爵士（Sir Henry Wood）的《大不列颠大海之歌》（*Fantasia on British Sea Songs*）首次在活动中演出，以纪念特拉法尔加角海战100周年。

特拉法尔加角海战 5 周之后，奥斯特利茨战役（Battle of Austerlitz）在 12 月 2 日爆发。拿破仑率领 7.3 万人，包围了由俄罗斯、奥地利皇帝领军的 8.5 万人联军，联军阵亡、负伤和被俘者达到 1/3。此役是拿破仑最全面的一次胜利，也是法国军力优越最恐怖的证明。第三次反法同盟之战才刚开打就结束了。

奥斯特利茨战役有一名英国受害者。小皮特已经病了一段时间，多半是因为用黑啤酒对付过度的工作与压力。当了将近 18 年首相的他，在 1806 年 1 月 23 日过世，享年 47 岁。奥斯特利茨令他的死期加速到来，他的私人秘书说，奥斯特利茨"使他对拯救欧洲的期盼与努力皆付诸流水"。他原本已为欧陆的未来制订了通盘的计划："把欧洲地图收起来吧。"据说听到奥斯特利茨的消息时，他如是说："这十年都白费了。"声名卓著的法国外交官暨史学家阿尔贝·索雷尔（Albert Sorel），称小皮特是"法国革命与拿破仑遭遇过的一位伟大对手"。[54] 虽然他从自己的父亲那儿继承了一点影响力，但他并非天生的战时领袖。许多人甚至觉得他称不上一个好领导人。他的志向在于政治与财经改革，但战争导致他得放弃自己的抱负。面临困难的战时决策时，他倾向于反思、拖延和寻求更多情报。他不想让关系密切的同僚失望，而这也导致了逃避与延误。"在犯下愚蠢错误的人当中，他是最能言善辩的一个，每个人都在他跟前吃过苦头……在每一回精妙的演说行将结束时，便有一场远征失败或一个王国倾覆，等到他的风格至臻完美时，欧洲也坠入痛苦的最深渊。"[55] 不光是在法国，就连在英国，这位"世界上最腼腆的人"同样遭人指控有邪恶的阴谋、渴望权力。但他的长处胜过他的短处。人们很难诽谤他是狂徒或好战人士：他在 1792 年推迟战争，希望以协商解决，又在 1802 年支持议和。尽管他有摇摆不定的倾向，但他却有根本的自信。他个性诚实无私，政务之外别无生活，而且能在同僚间激发忠诚心，甚至是崇敬。而他更是用基于理性与良心的、引人注目的雄辩来表达这一切。简言之，他完全是拿破仑的反面。

他和华兹华斯认为，尽管过错种种，英国仍然代表"地球上最大的希望"，甚至最终将是欧洲救赎之所在。他们的看法是对的吗？我们稍后再做评判。但在1805年之后，英国确实是对抗法兰西世界霸权的唯一一道防线。

未竟之事的遗迹

大军团纪念柱（Colonne de la Grande Armée）距离布洛涅市中心3英里，坐落在通往加来的路旁，纪念着一场没有发生的入侵行动。这根高53米的大理石柱，早在1804年便开始建造，位于当时英格兰军主营区中间，却像许多拿破仑时代的纪念碑一样，到1830年革命让多名拿破仑支持者重掌权力后才完工。第二次世界大战时，纪念柱严重受损，后来由荣誉军团成员捐款修复。石柱顶上景观优美，可以看见多佛的峭壁。

北安普敦威登（Weedon）的皇家军需库兴建于1803年，位于贯穿英格兰心脏地带的古老路线上，距离博斯沃思（Bosworth）、纳西比（Naseby）与边山（Edge Hill）等战场不远，就在今天的M1高速公路沃特福德隘口（Watford Gap）休息站附近。惠特灵街（Watling Street）在此与大枢纽运河（Grand Junction Canal）比邻——古罗马道路与连接黑乡军火业的近代道路相遇。运河支流穿过设有吊闸的卫哨，直抵戒备森严的武器库，营区内成排的庞大红砖仓库令村里的农舍与酒吧相形见绌。威登一地存放了供 20 万人用的枪械、大炮，以及 1 000 吨的火药——即便伦敦失陷，也能继续抗战。当局盖了一小栋供乔治三世及其家人使用的王室休息所，足证坚持作战的决心。[56] 威登继续作为军械库超过 150 年。休息所在 1972 年被拆除，其余建筑则在 20 世纪 80 年代被售出，成为各式各样的仓储空间。这些当时具有实用性的、有着宏大之美的建筑物，如今却籍籍无名。过去不对民众开放，如今"等待开发"——威登被人遗忘一事，对于一场从未发生的世界级历史事件而言，正是绝妙的反向纪念。

事情原本可能发生吗？拿破仑 1805 年的计划有严重的漏洞，根源在于他对专业建议充耳不闻，习惯低估自己的敌人，又顽固拒绝承认帆船无法像骑兵团一般调遣。海军史学家尼古拉斯·安德鲁·马丁·罗杰（Nicholas Andrew Martin Rodger）用讽刺的口吻评论，说拿破仑"不愿意相信冈托姆（Ganteaume，布雷斯特舰队指挥官）只能乘……一股让维尔纳夫使不上力的风才能扬帆出航，否则两舰队都无法北上英吉利海峡。他不愿意相信任何足以移动战舰的风对于登陆艇而言都过于强劲。"[57] 假使维尔纳夫赌上一切，他恐怕早就在海峡遭遇堪比特拉法尔加角的败仗了。纵使他设法抵达布洛涅，拿破仑也不一定能让自己的部队成功渡海：法国水手担心有一半的小船会沉没，而英国的防御也难以突破。总之，维尔纳夫的担忧或许阻止了拿破仑的事业迅速告终。合理的结论是，拿破仑的计划几乎不可能成真。但他确实做好准备要放手一搏。借他的原话说，"只要我们有 12 小时能渡海，英格兰就完蛋了"。[58] 我们有完全的把握能说他错吗？

| 第一部　斗　争 |

巨鲸与大象

天意似乎已经决定要向我们显现，若它们将地上的霸权授予我们，它们也让我们的对手成为波涛的主宰。

——拿破仑·波拿巴[59]

拿破仑无法扭转特拉法尔加角的局势，英国人对奥斯特利茨也无从回应。两国此前从未在各自的领域中获得如此绝对而全面的优势，甚至带着一种本身便能作为强大武器的无敌光环。我们知道，

吉尔雷的讽刺漫画是如此看待海权与陆权间的全球战争。

英国陆军曾在过去的几次战争中，在德意志与低地国家打过胜仗。迟至1779—1781年，法国海军也能在威胁英国的同时保护美洲。不过，1805年的僵局确实是一个世纪冲突的合理结果，对其仔细加以

357

爬梳，不仅能对拿破仑战争，而且能对法国与英国的整体对抗有深入的了解。

巨鲸

我们是海洋上小小的一点，领土大小无足轻重，而我们的力量、尊严以及欧洲的安危，皆有赖于我们作为世界上第一等贸易与海权强国。

——陆军大臣亨利·邓达斯[60]

到了1805年，皇家海军已经成为最有效的战争工具之一，甚至是世所仅见。整个法国革命与拿破仑战争期间，皇家海军在与敌军的交战中只损失了10艘船（包括1艘战列舰），而它捕获和摧毁的敌方船只却有377艘（包括139艘战列舰）。由于许多捕获的船只都被编入了皇家海军（共有245艘船，其中83艘是战列舰），法国海军历史学家甚至曾批评，说拿破仑辛苦建造的造船厂，多半是为英国海军部效劳的。[61] 皇家海军再无对手，但这一点并不理所当然。直到这场竞争结束时，英国海权才变得所向披靡，这是"英国政府与社会有史以来所从事的规模最大、历时最长、过程最繁复，也是最昂贵的事业"所带来的影响，其国民生活上很少有哪一面未受其影响。[62]

除非英国能主宰周围海域，否则它便无从抵御入侵。地理确实带来了若干优势。英格兰拥有海峡中较优越的港湾，足以为舰队提供庇护，而法国不仅没有适合入侵舰队驻留的基地，面临战斗与风暴时也没有安全的撤退点或避风港——直到强化水泥与蒸汽动力疏浚发明后才有了改观。另一方面，法国有更容易通往大西洋的通道——从布雷斯特出发，因此也容易抵达爱尔兰或更远的地方。两国都努力在自然条件上添砖加瓦。英国迫使敦刻尔克封闭，并为了不让法军靠近低地国家的巨港而奋战。法国有两道海岸线，海军因此一分为二，分驻布雷斯特与土伦。这对双方都有无可否认的影响，英国人得一直看着土伦舰队，阻止其自由行动对自己造成意外打击。英国在1713年得到直布罗陀让战略地位"翻盘"，它可以阻碍法国舰队合流。[63] 英国勉强占据梅诺卡，短暂拥有科西嘉，以及后来控制马耳他（点燃英法间最后一场战争）之举，都是为了在地中海得到一处施力点。至于在北美洲、西印度群岛和印度洋为战略良港而战，都是通往霸权少不了的步伐。让舰队扬帆远航，需要大面积、水深且有掩蔽处的下锚地，还需要桅杆、绳索、帆布与弹药的储备，以及供应生鲜食物、干净饮水的广大腹地。法国及其盟国一旦失去这一切，也就失去了使其海军行动的可能性。

两国海军的最高领袖天差地远。法国海军大臣通常是受过法律训练的行政人员。而英国海军部至少部分是由海军军官负责，英国议会中也有不少海军中人。法国的海军军官（还有法国历史学家）向来强调英国制度之优越，只是他们也夸大了英国海军部的效率。无论如何，英国海军部确实与18世纪普遍存在的政府机构废弛形成了对比。一位求职者记得很清楚："对于大多数的职位而言，能力实在无足轻重，让人几乎忘记还有一个单位对此极为重视——即海军部。"[64] 法国海军深受旱鸭子主政所苦。拿破仑1805年灾难般的入侵战略就是最惨痛的例子。他在特拉法尔加角海战前给维尔纳夫下马威，导致维尔纳夫承受注定战败的苦果，后来更是要了维尔纳夫的性命。若干法国舰艇在实际上未受过训练的情况下衔命投入战斗，并且是带着大量不谙水性的船员，或是河船船员。英国海军少有接获不可能任务的风险。"海战这一行太过重要，不能交给政客。"[65]

"战略"一词在当年尚未出现，海军作战行动也不会根据一般理论或参谋计划，但还是有若干基本规则，此外也有创新。英国海军大部分都留在欧洲水域，作为屏障保护英伦三岛不受侵略，同时控制连接欧洲与世界其余各地的路线。只有西印度群岛的重要性足以让舰队主力渡过大洋作战，而且这样的作战也只有一次：1782年的圣徒岛战役。到了18世纪40年代，海军将领安森与霍克率先建立了一支西洋分舰队（Western Squadron），以普利茅斯为基地，借由远洋巡逻来主宰大西洋水路，此举终究被证明是称雄欧洲乃至世界的决定性手段。[66]海军对法国口岸的封锁越发严密。这些方法都需要英国人长时间待在海上——海军中将卡斯伯特·科林伍德（Cuthbert Collingwood）有8年时间没有上过岸——这得有更好的卫生，供应船员的食物也得更好。到了拿破仑时代，对法国港口不间断的封锁效果之显著，甚至永久改变了法国的经济结构。法国很少发动舰队攻势，即使有，通常也是为了掩饰入侵的企图，而在舰队行动的间隙，则以攻击商船运输为手段。此举不仅对英国贸易造成了伤害，也成就了法国若干最知名的海军英雄。但这无法击败英国，英国在拿破仑战争期间仅损失了2%的商船。法国人自己的损失惨重得多：1803年，他们有1 500艘商船，但到了1812年却只剩179艘——英国可是有24 000艘。[67]

两国海军随着一场接着一场的战争而扩编：对抗路易十四时，英国海军大约有170艘船与4万人力，对抗拿破仑时则有超过900艘船与13万人力。光荣革命后，英国人始终比法国人拥有更多船只。海上的法国人就像陆上的英国人，需要盟友：通常是西班牙人（英国另一个主要殖民对手），有时候是荷兰人，不时还有丹麦人与美国人等更弱小的海上势力。到了18世纪80年代，联军拥有比英国人更多的船舰，这得感谢舒瓦瑟尔。法军不断打造新舰艇，在晚至1796年时达到其军力最高峰，这时若加上盟国，他们在数量上便能大大凌驾于英国人。更有甚者，英国海军必须分散军力保护殖民地与航运、封锁法国口岸，还要防范法军攻击，一切都加快了舰艇的损耗。法军则能留在港内，好整以暇。木制船需要经常维修，英国人需要更多船只以确保安全数量；18、19世纪之交时，粗略估计舰队有1/4留在船坞中。特拉法尔加角战役后，拿破仑征召卫星国家一同投入海军竞赛，发展安特卫普、热那亚与威尼斯，试图反制法国口岸遭受的封锁。虽然法军打造的船质量不佳，无法通过大量打造这样的船来威胁英国的霸权，但这仍证明拿破仑的全球野心不亚于舒瓦瑟尔与卡斯特里。

一支海军少不了复杂而昂贵的组织工作。皇家海军是"当时西方世界规模最大的工业单位，也是目前为止该国政府所有行政职责中最昂贵、要求最高的一件"。[68]海军最基本的需求，是大量的风干木材。虽然两国皆必须为确保木材来源而奋斗，但法国人通常比较不成功，木材也就成为其"天生的弱点"。[69]一艘排水量1 900吨的中型战舰，需要3 000吨重的原木料——相当于三四千棵成熟期的树木。[70]1790年的英国海军，得用50多万棵树打造。船只骨架部分需要特定尺寸与形状的成熟橡树（两国首选分别为产自萨塞克斯与勃艮第的木料）；木板要用榆树；船桅与帆桁需要特定年龄与种类的针叶树；此外还需要不容易腐烂、不怕虫蛀、蒙受炮火时不会碎得太离谱的木材——因为木头碎片是致人死亡的主要因素。柚木是上等料，但被炮击产生的碎片却很要命。英国与法国维持国内能大量供应橡木——科林伍德将军随身总带着一包橡子,好在适合的地点种树,而他种下的橡树有些至今仍在生长——但有些特殊需求得靠波罗的海、地中海、北美洲、亚洲的物产来满足,甚至得靠澳大拉西亚(1809年,一支登陆当地的队伍正在把贝壳杉搬上船时,被毛利人捉住吃掉了)。掠夺或摧毁敌方的原料供应,是一项重要任务。1793年,胡德烧了土伦的成熟木料储备,这对法国人来说是"天大的灾难"。[71] 教宗愿意将意大利中部生产的橡树卖给英国人,这成了他跟拿破仑发生冲突的一个原因;法国之所以并吞达尔马提亚(Dalmatia),其山区的橡树林就是重要考虑——已经有大量橡木被砍伐供皇家海军所用了。能做桅杆的巨型针叶树最是珍贵。比利牛斯山的冷杉——从划桨奴隶开辟的陡峭路径被拖下山来——过于干燥易碎。一名法国军官抱怨说,英国人能挂起更多面帆,比法国人更敢于冒险逼近海岸,"我们是被自己桅杆的质量吓倒的"。[72] 波罗的海松树品质较好,但得来不易;英国人开发加拿大松树,最终带来了巨大的优势。两国都用外交、金钱与武力确保自己的物料供应,并阻止敌人得手。英国人抬高波罗的海木材的价格,以现金购买。一名法国间谍承认,"在所有欧洲顾客中,英格兰海军部最有钱、最可靠,也最公道",因此得以优先获得供应。[73] 两国海军都是需求极大的买家,它们需要的有:麻料(平均一艘战舰需要10吨)、沥青、亚麻(阿伯丁有庞大的帆布业,后来改做油地毯)、铜〔斯旺西(Swansea)的财源〕、铁,以及特制的食物与饮料——质量必须有保证,能够长期存放。在这些事情上出问题,是真的会致命,而海军部到了18世纪50年代,已经根除了贪污问题。[74] 舰队的战斗力就由一套海军船坞体系(在不列颠还有私人船厂补其不足)和一批技术高超的劳动力长时间努力维持。

人们一般认为法国船只设计较佳，建造也更扎实，但这多半是个误解。特定时期，法国人会建造更多火力强大的船舰。有些船是更快，但也更脆弱、更容易进水——英国人通常会重建、强化捕获的舰船。英国的船造得比较结实，经得起长途航行、暴风雨、战斗与封锁，在重大创新方面也走在前面。覆铜船底——一位法国军官说，"他们用铜做刀鞘，我们用牡蛎"[75]——能预防热带船蛆对船的迅速破坏，更能提升至少20%的速度，这是决定性的战术优势。搪孔铁炮与大口径臼炮增强了船只的火力。持续不断的间谍活动——受到不讲道德的英国商人唆使，包括几位最有名的生意人——帮助法国人学到了关键技术，但他们缺乏发挥其作用所需的基础建设。例如，威尔金森兄弟在18世纪80年代合法提供了镀铜技术，但法国人无法顺利作业，只好回头用古法铜片——因为制作过程中会产生毒性金属尘，只能交由犯人制作。皇家海军率先采用机械化大规模生产。制作船上压缩饼干的，说不定是世界第一条流水线。早期的机械工具制造出上百万质轻、低摩擦的操帆滑轮套件，不仅节省了人力、载重，还耐损耗。法国人虽然成功探得内情，但用了将近40年才复制出来。等到那时，皇家海军已经更进一步了。法国海军工程师马克·布吕内尔投奔英国4年后，他所设计的滑轮组制造机便获得海军部采用。到了1806年，已经有40台蒸汽动力机械在运转。唯有一个发达的、创新的社会，才能驾驭这种水平的技术与组织。截至18世纪末，大多数国家已经跟不上比赛节奏，它们残存的舰队都已开始腐烂。

海军建设成本极高，但只要需要，英国不仅愿意，而且也有能力投入更多资金——在七年战争高峰期，大约是法国投入的三倍。与路易十四作战时，英国海军每年花费180万英镑；对抗拿破仑时，每年已超过 1 500 万英镑。海军比陆军贵上许多。战舰是当时世界上最复杂的人工制品，需要不断维护。"胜利号"（HMS Victory）服役期间，花费将近 40 万英镑，这笔钱相当于小国的年度预算。[75] 一支一般规模的海军分舰队所拥有的火炮，比奥斯特利茨战役双方加起来的都多。海军预算造成了深远的政治影响。1763—1783 年，法国海军建造的新舰艇总排水量达 70 万吨，吞没了政府支出的 1/3，同时间的英国却将 18 世纪 60 年代的年度支出，从 700 万英镑削减到 180 万英镑。[77] 结果就是美国独立。法国海军迅速造船，直到 1792 年：财务重担也引发了法国革命。

然而，人力才是最严格限制了船只大小与效率的因素。任何国家都无法负担一支庞大的常备海军，到了战时，各国也都需要人力迅速汇集。由于有技术与吃苦耐劳的要求，海军需要有经验的海员来构成船员核心。战舰需要一大批船员：一艘战列舰就需要 1 000 人，相比之下，一般商船只需要 20 人或 30 人。因此，一支海军就需要一大批商船船员成为后备海军官兵，而且他们大多数在重大战争期间都会受到征召。这正是敌对国家如此关注保护、扩大远洋贸易与捕鱼的原因，丝毫不亚于经济与财政方面的考虑。自 17 世纪初到 1904 年《挚诚协定》（Entente Cordiale）签订为止，前往纽芬兰捕捞鳕鱼的路线（有 1 万名法国水手受雇于这些渔船）始终是两国的争议问题。基于奴隶与糖的三角贸易，也是公认的战略利益之所在：从 18 世纪 20 年代到 18 世纪 80 年代，法国的贸易额飞快增加。贸易额与海军实力关系紧密，输了前者，就是输了后者。法国无法在 18 世纪 80 年代成为其后进——美国的主要贸易伙伴，这可是无法弥补的地缘政治败笔。以可供调遣的海员人数来说，英国始终占上风。法国有 5 万名海员（与荷兰相当），英国则有 10 万人。不过，英伦三岛需要更多水手，而且完全没有多余的水手。举例来说，纽卡斯尔至伦敦间的煤炭贸易（詹姆斯·库克便是从此发迹）对海军而言是重要的人力来源，但对经济也至关重要。一旦发生战争，海军就得与商船和私掠船竞争人丁，其人力需求是人力供应的 2 倍或 3 倍。外国水手填补了空隙。从此以后，强制征募队（Impress Service）——恶名昭彰的"押人帮派"（Press Gangs）多半都是暴力行为的受害者，而非加害者。他们经常遭受暴民攻击，到了船东势力强大的地方，甚至会被地方官捉拿入狱——利物浦特别声名狼藉。不过，经常受人赞誉的法国海军征兵制度效率更是不佳，人民闻服役海军即色变。[78]

双方会在每一场战争之初扣押对方的商船与水手（英国效率较高），甚至是开战之前就会这样做——怒不可遏的法国人如此指控。七年战争打了两年后，英国人已经抓了大约 2 万名法国人。到了 1800 年，法国在战前以海为生的人不是死了，就是成为阶下囚。[79] 英国人把水手关在狱里，而非将其作为战俘来交换，甚至（有人如此指控）故意让他们处于健康不良的状况，这让法国人（以及法国历史学家）气愤不已。然而，法国海军本身在维护其珍贵海员健康一事上实在也不值一哂，18 世纪更是发生了一连串的卫生灾难。英国人海上经验更多，不仅厉行卫生规定，还改善船员的营养与待遇。他们定期给海员供应新鲜食物以预防坏血病，18 世纪 90 年代开始配给柠檬汁。法国船只则是出了名地肮脏，在营养方面更是瞠乎其后。

人力素质非常关键，因为英国人很少在战斗中取得人数优势：约翰·杰维斯元帅（John Jervis）在圣文森特角一役中人数远远不及对手，尼罗河战役时双方人数相当，而特拉法尔加角海战中的法西联

365

军人数更多。曾经有位法国海军历史学家表示，18世纪两国海军军官"在智慧与政治方面，都是欧洲有史以来诞生的最了不起的精英"。[80]不过，他们的效率却有着重大差距。英国军官团相对能力出众，历练极为丰富，通常在孩提时便出过海，能连续培养出杰出的指挥官。从安森到纳尔逊，他们都有能力管理舰队、环行世界，都懂得拉船索，甚至能率军登上敌船。整体而言，法国军官便没那么有能力。波旁王朝治下的军官团相当排外，普罗旺斯与布列塔尼贵族占极高比例〔有着类似凯尔桑（Coëtnempren de Kersaint）和凯尔盖朗（Du Couédic de Kergoualen）等名字响亮的人物〕，而且个个自视甚高，呼朋结党，不听命令——"海军里人人彼此憎恨"，一位海军大臣总结道。[81]若干最优秀的指挥官（如格拉斯与叙弗朗），早年是在马耳他骑士团展开海军生涯的。许多大贵族出身的法国军官虽然年长，却欠缺经验，粗心又无能，这些从频发的意外便能看出。1782年4月，一位素有恶名的船长接连两天从侧面冲撞本方的两艘船只，导致两船严重毁损，其中一艘还是旗舰——而这更是他一年中第14次意外撞船。意外导致舰队没了速度——因为格拉斯认为"船旗之荣誉"不允许抛下受损的舰艇——结果导致了灾难性的圣徒岛战役。[82]后备军官团，是在教室里受训的。即便他们在理论知识上远胜英国的海军军校生，但他们很少有出海的经验。他们学跳舞，而不是游泳。革命为这套体制带来了改变，但偏偏使其变得更糟了。在1 600名军官中，有1 200人辞职或被开除，也没有人适时补上他们的空缺。

优秀的船员是通过实际操练培养出来的。英国水手花在海上的时间多得多，而且可以被训练成商船公司或海军所需的人才。民众传统上认为英国海军生活环境恶劣，但这多半是以讹传讹。比起商船，战舰不仅更安全、更干净,而且环境舒适得多。饮食质量上佳,且供应充足——每天提供约 5 000 大卡的热量,包括 1 磅面包、1 磅肉,以及 1 加仑啤酒。军纪虽然严厉,但海军部并不赞同严格过度。待人严酷或小气的军官上了岸会被人痛打,发生危险意外,甚至被部下控告。N. A. M. 罗杰指出,如果海军是"某种水上集中营",就很难解释其斐然成就。[83] 许多船员是志愿兵,杰出的军官甚至会有一批死忠船员,随着他从这艘船到那艘船。开小差的情况虽然普遍,但原因多半出于商船船东与私掠船船长提供的高额战时薪资。不过,海军可以提供战利品。一起关于大名鼎鼎的法国海盗瑟库夫(Robert Surcouf)的逸事,至今在法国仍广为人知。瑟库夫为钱而战,据说有位英国海军军官因此痛骂他,说他不像英国人是为荣誉而战。"我们每个人之所以打仗,"瑟库夫回嘴道,"为的都是自己最缺的东西。"这个故事非常没有说服力,因为英国海军人人求财若渴,这一点不分阶级。分红不仅令某些军官成为巨富,同时也激励海军上下奋发精神、冒险犯难、积极进取,只是有时碰上比较不赚钱的任务会让人不专心。"你无法想象我们的官兵有多么积极,"博斯科恩在 1756 年写道,"想分战利品的念头让他们雀跃无比,连打个'有船只出没'的信号,都能让他们全涌上甲板。"[84]

从 18 世纪中叶起(1776—1782 年有所间断),英国人的信心在增强,法国人的信心则在衰退。后者有理由对英吉利海峡感到恐惧,而且越来越不愿意入侵英国。主动出击成为英国海军文化与政策的无上律令,例如 1757 年,宾将军因为"未能尽其所能摧毁敌人"(依法得判处死刑)而受死一事,便明确表现了这一点。英国海军将领会为了赢得压倒性的胜利而冒险。1759 年,霍克便在基伯龙湾的礁岩间追逐法国舰队。到了1782年的圣徒岛战役，英国人首次突破敌军的战线，而非平行航行［或许是意外之举，或许是受到新发表的《海军战术论文》（*Essay on Naval Tactics*）的启发］。这种需要精准计算风险、需要技术的战法，成为获准使用的战术。1798年，纳尔逊把船开进在阿布基尔湾下锚的法国舰艇与海岸之间，让法国海军经历了"第一次歼灭战"。[85] 海军战术以强行近距离接战、迅速开炮、造成最大伤害为原则，这需要纪律、实际演练与信心。18世纪80年代，海军开始采用大口径短射程臼炮，提升这种战术的破坏力。射击演习尤具重要性，毕竟射击速度就是关键。人们做了许多关于发射装置与射线校准方式的实验。到了18世纪90年代，英国人的有效火力射程估计已达法国人的2~3倍。法国在18世纪70年代晚期则采取背道而驰的战术，与敌舰保持距离，朝桅杆与帆索高射——是种保有逃脱空间的防御性战术。他们强调完成任务的重要性，避免卷入混战——海军名将夏尔·亨利·埃克托尔·德斯坦（Charles Henri Hector d'Estaing）表示混战"制造的噪声多于利益"。

从伤亡人数这个骇人又毫不含糊的证据，便能看出结果：平均而论，法方的阵亡人数高了6倍。特拉法尔加角海战中，许多法国与西班牙船员几乎没受过训练，战死或溺水人数更是超过对手的10倍。法军"敬畏号"（Redoutable）与英军更大的"胜利号"及另外两艘船交战，结果643名船员中有571人伤亡。参战的15万名法军官兵，只有4 000人逃脱。[86] 一旦碰上英国船只驶进"手枪射击"的距离内（有时候近达20英尺①）舷炮齐发时，法国与西班牙水手通常会弃械投降。遭到登船的可能性

---

① 1英尺=0.3048米。——编者注

也同样吓人,因为皇家海军是"眼下最难对付的近身战高手,不亚于任何陆军或海军"。[87]法国从军官到士兵都渐渐放弃了这场不公平的竞争:共和政府统治时,有3/4的战争损失是因为投降,拿破仑帝国治下这个比例甚至更高。法国在1789年后唯一一场大胜的海战,是靠陆军赢得的——1795年的寒冬当中,一支骑兵队捕获了困在冰中的荷兰舰队。

大象

假使在欧洲崛起了具备活力、创造力、资源与政府的民族;这个民族结合了简约的美德与全民皆兵的做法,再加上一份可靠的扩张计划;知道如何以最少的成本作战,凭借胜利支持其开销……我们将会看到这个民族征服其邻国……在这群人中,假使崛起……某位非凡的天才人物。他将……把自己摆上这台机器的顶端,为其运转带来推动力。

——陆军将领吉贝尔伯爵(*Comte de Guibert*),1772年[88]

英国海上力量的镜中影,就是法国的陆上力量。法国有极大的人力优势,几乎整个18世纪都是欧洲人口最多的国家,其他国家唯有建立同盟才能与之对抗。对于一场战斗中阵亡的人数,拿破仑有句于名声有损的浑话——"巴黎一晚上就补回来了"——显示出对人力损失满不在乎,而且也不只是他如此。[89]法国的兵工厂与军营林立,让该国能维持大规模常备军。国界调整与严密的防御工事,让入侵法国心脏地带成为几乎无法想象的事,而法国几乎所有战争都是在外国土地上打的。陆军是该国最重要的军种,享有特权;军官团虽然也有外表体面的庸才，但总是有能力出众的人才。相形之下，英国陆军总是屈居于海军之下，在价值上经常受人怀疑，一到承平时期马上就武事废弛。陆军最大的不利因素，在于每一回战争开始，几乎都得从零开始——这比法国海军时好时坏的运气还糟。陆军从未居于科技进步的风口浪尖，军官也都是外行人，得从国外找人提点——尤其是往法国找，陆军最知名的若干指挥官就是在法国受训的。法国新教徒在18世纪前半叶提供专业知识，最有名的就是让－路易·利戈尼尔（后来改名约翰，并封伯爵），他是1757年的陆军总司令，也是七年战争中举足轻重的人物之一。1786年，阿瑟·韦尔斯利就读于昂热学院时，学校里还有其他100多位英国学生。到了19世纪初制订计划防范入侵时，英国人乐得听取流亡的迪穆里埃将军所给的建议。

然而，法国陆军对于自己的优越过于自满，对他们来说，七年战争是一场灾难。战败带来了18世纪70年代的反省、激辩与改革，背后的推手则是舒瓦瑟尔。让－巴普蒂斯特·德·格里博瓦尔（Jean-Baptiste de Gribeauval）重新设计了火炮，将之标准化。他发明了更轻、更灵活的大炮，可以搭在炮座上用于战场，射击速度也更快。战术实验——将步兵由便于移动的纵队改组为利于战斗的战列——付诸实行，出现在1788年的操练手册上。吉贝尔便是这回法国独特现象中最非凡的例子，他是位聪明的军人，想到将一支军队分为独立的师，以便迅速行动、灵活机动。不过，是革命以及后来的法兰西帝国，让这些概念发挥了其真正的重要性，并为法国陆军征服欧洲创造了条件。传统的军事战术是以漫长、移动缓慢的列队为基础，需要的不只是纪律，还有被动服从：士兵，甚至连多数军官都不需要思考。新的战术观念需要从基层就具备主动性与积极性。革命不仅使得这一切得以实现，还让许多军官得以出头，包括吉贝尔的友人迪穆里埃等改革派的贵族，以及雅各宾派政府的陆军部长拉扎尔·卡诺等渴望将战术理念付诸实现的军人政治家。革命也让一代受这些理念教育的年轻军官得到晋升——包括拿破仑，他以自己一贯的专心致志学习这些理念。[90]

革命动用了大量人力储备。18 世纪 90 年代的强行征兵——以危急形势、意识形态热情与强迫征召为动力——创造出一支远胜任何对手的武装团体。士兵打仗的方式反映出他们的优缺点所在。未经操练的士兵在队伍前担任散兵，向未移动的敌军随意开枪。上了刺刀的大批普通士兵则组成若干纵队（对吉贝尔构想的粗糙模仿），以极为沉重的损失为代价（伤亡 20% 是司空见惯的）踏过人数不如己的敌军。18 世纪的陆军训练有素，花费甚高，倾向于避免在特定情况以外战斗，而且也不会尝试歼灭战败的敌军。但革命时的陆军却想用鲜血淹死敌人：他们接受"要像古高卢人一样大批倒下"这样的思想灌输，还要"歼灭、根除、摧毁敌人，一劳永逸"。[91]这是种致命的自然选择过程，能淘汰不适应、不坚定的军官，连鼎鼎大名的拉法耶特也被扫了出去。数十位将领上了断头台，但波旁陆军仍留了一批野心勃勃的无情指挥官，他们是从下级军官、士官与士兵的位置上被拔擢上来的。

这批人才储备在拿破仑手下得到了磨炼，大部分磨炼工作是在被训练入侵英格兰时完成的。法兰西帝国与其敌人不同，是被单一的思想驱向战争的。革命陆军幸存下来的人，被赋予了一种新的精神。拿破仑创造了一支"荣誉军队"。[92]军官与长时间服役的征募兵（包括非法国人在内）优先忠于皇帝与自己所属的单位，其忠诚心则是以颁发勋章给整个单位上下、用人唯才等方式维持。别国军队会施行残忍的体罚，例如鞭刑在英国陆军里就是家常便饭，但法国人对此表示厌恶。

拿破仑瞧不起为创新而创新——例如火箭、热气球等，但他擅长整理组织，是个在制订计划时巨细必究的人。格里博瓦尔与吉贝尔带头的变革，便由他来实施、推广。师编制［拿破仑又加上了军（corps d'armée），由数个师组成］为成千上万人组成的军队提供了清楚的组织结构，使部队能分散数百英里执行寻找给养与行军等任务，接着又能在战场上集结，共同执行一项复杂的计划。拿破仑增加了火炮的数量，组织为了若干机动的炮兵团，在行动的紧要关头将他们投入使用。法军能协调散兵、快速纵队、机动炮兵团与骑兵队的行动，远胜被动的线形布阵——尤其当战线是由训练不足或士气低落的部队构成时，差距更是明显。在过去的战争里，战略目标在于攫取领土或战略要地，但拿破仑的战略不同，他要捣毁敌方的军队。结果是毁灭性的：1805—1809年，奥地利、普鲁士与俄罗斯陆军纷纷在乌尔姆、奥斯特利茨、耶拿－奥尔施泰特（Jena-Auerstadt）、弗里德兰（Friedland）、阿斯珀恩－埃斯灵（Aspern-Essling）与瓦格拉姆（Wagram）被粉碎。英国人差点就步上他们的后尘。

1792年后，法国的军事行动依赖于剥削欧洲范围内的财富、劳力与鲜血，他们占领多大地方，就剥削多少地方。对于英国而言，海上贸易扩张既能提升岁入，又能增加海军人力，而欧陆征服行动之于法国陆军也是同一种道理——即将军队驻扎在外国土地上，强索巨额赔款，征召外国部队，并征收饮食、衣物与金钱。咱们来看个小小的例子。1793年11月，法国摩泽尔河军（Army of the Moselle）占领了小公国茨韦布吕肯（Zweibrücken）。军方马上要求当地支应所有的燕麦、干草、麦秆、白兰地、皮革、武器、3 000双鞋与500双靴子；隔天又要征收所有马匹、牛羊与鞍具；接着在 48 小时内又索要所有的铜、铅、铁与教堂钟，并要求当地居民自费缝制所有的制服；上述所有战利品由征用来的车拉走，一起拉走的还有 200 万里弗尔现金。拿破仑 1805—1809 年多次战胜，奥地利被迫支付 1.25 亿万法郎，萨克森则是 2 500 万法郎。普鲁士的遭遇最惨，被法国人夺走的财富总值超过 16 年的税收。这种使人陷入贫困的做法，让柏林 75% 的新生儿夭折，自杀率也一飞冲天。葡萄牙人原本也得支付 1 亿法郎，但半岛战争（Peninsular War）救了他们一命。[93] 法兰西共和国与帝国经常靠战争赚钱，吉贝尔一语中的。

1794—1812 年，法军横扫欧陆。英国人口少，陆军规模小、训练欠佳，根本不是对手。在整个 18 世纪，法国与英国的斗争，通常也是一场法国与奥地利的斗争。此前两个世纪，法国和奥地利之间的战争已经持续了多年，两国也打了更多的仗。[94] 英国的崛起，甚至是生存，皆有赖于法国深陷欧陆战事。奥地利自 1792 年起一直是法国的敌人。奥地利愿意承认战败，它放弃了自己的尼德兰诸省，在 1806 年解散了神圣罗马帝国，将哈布斯堡女大公玛丽－路易莎在 1810 年婚配给拿破仑，英国因此顿失依靠。各国普遍对英国不断增长的海上力量与财富感到嫉妒，这也帮了拿破仑的外交操作一把。许多人相信，英国是在利用欧陆的战事，趁机独占全球贸易。1807 年，拿破仑与沙皇亚历山大一世（Alexander Ⅰ）在尼曼河（River Niemann）的一张筏子上会面，签订了《提尔西特条约》（Treaty of Tilsit），一同瓜分欧洲。两人会面一开始交流的场面话是："我跟你一样痛恨英格兰人。""那我们之间的和议就成了。"

就这样，英国被排除在欧洲大部分地区之外，在整个大陆上只有六处外交据点。但反过来说，法国也失去了所有重要的殖民地与海外基地，潜在盟友的舰队也遭到英国攻击，其中，1807年对哥本哈根的攻击最是无情。战争继续。英国仍在加强本土的防务。法国不知疲倦，打造了更多舰船。不过，陆军与海军力量之间有一项关键差异。旷日持久的陆上战争会摧毁人，大多数参战国的陆军会越来越依赖新兵。旷日持久的海战会破坏船只，如果没有一直花钱维护，海军是真的会腐烂掉。但海战死亡人数远少于陆战，出海服役与战斗更会提高船员的效率。因此，随着战争的继续，法国陆军的优势会逐渐减少，而英国海军的优势将持续增加。

眼下战事进入胶着状态。当法国的实力在1809年达到巅峰时，威斯敏斯特当局却把更多注意力放在约克公爵情妇的作为上。[①]历史学家保罗·施罗德（Paul Schroeder）评论说，拿破仑不仅无法打垮英国人，甚至也无法吸引他们全部的注意力。这两个国家需要更有效的方式伤害对方。

大陆封锁对决圣乔治金骑[②]

我想用陆地的力量征服大海。

——拿破仑·波拿巴[95]

[①] 这里指因拿破仑战争而被英国国王乔治三世任命为陆军总司令的约克公爵（也是乔治三世的次子），在1809年爆发情妇丑闻时引咎辞职，在英国王室与议会引起轩然大波。——编者注
[②] 圣乔治金骑在此指的是英国在18、19世纪发行并借贷给欧陆盟友的货币，其用途主要是帮助各国对抗法兰西共和国或拿破仑。由于金币上印有英格兰守护者圣乔治骑马屠龙的图案，故有此称呼。——编者注

再一年！——再度致命一击！
再打倒一个强大的帝国！
只剩我们，也理应只剩我们；
有胆对抗敌人的只剩我们。

——威廉·华兹华斯，"1806年11月"

1806年11月，拿破仑先是在耶拿拆了普鲁士的陆军，占领其首都，接着转而对付英国的经济。1806年11月21日颁布的《柏林敕令》（Berlin Decree）禁止所有与英国的贸易，宣布所有在欧陆的英国子民为战俘，并命令扣押所有出自英国或其殖民地的商品。"迦太基"趁战争大发利市，引来了法国人的愤怒与欧洲多数地方的嫉妒，而《柏林敕令》将扭转这种局面。

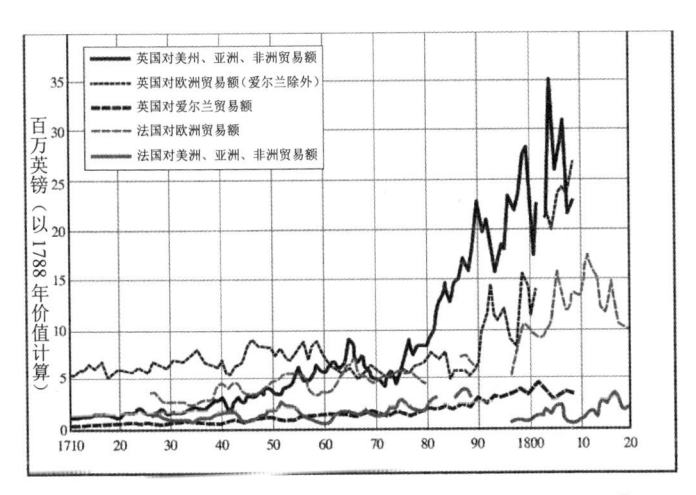

对外贸易，1710—1820年 [*Prados de la Escosura*（2004），p.59]

自1790年以来，英国的海外贸易已增长将近60%，殖民地物产

（以糖和咖啡为主）的再出口更是增长了187%。商船大军总排水量已从140万吨增长为180万吨。[96]人口飞速增长，国内需求强劲。农业用地面积为中世纪至1940年间的最高峰。战争并未延缓工业革命，英国在经济上扩大了对欧洲大陆的领先地位。资金涌入伦敦金融城以寻求稳定，可以与之竞争的金融中心（大者如阿姆斯特丹与法兰克福）再也没有恢复原有地位。当局兴建了更大的股票交易所。更有甚者，从伦敦港的大规模扩大便能看出，有一大部分的财富是来自与船运与保险有关的活动——战争使英国在这类活动上日益取得主导权。

英国之得则为法国之失，向来如此。法国一度也是重要且成功的殖民地贸易国，直到18世纪90年代为止。革命及随之而来的战争改变了一切，不仅打乱了国内经济，也毁了海外贸易。为了筹钱打仗，法国人被迫在本国与征服领土上进行了一连串具有破坏性的权宜之计：私有财产充公、恶性通货膨胀与强夺勒索。最严重的一次性损失来自圣多曼格的奴隶叛乱，但无论如何，食糖贸易还是会葬送在皇家海军手中，一如其他贸易；皇家海军的封锁让诺曼底、波尔多与隆河河谷等最富庶的工业、农业地区遭受严重打击。船运、制造业与服务业尽数瓦解。波尔多、南特、勒阿弗尔与马赛等口岸失去了工作机会、投资与人口。许多地方一直到19世纪过了大半仍未能恢复，有些地方甚至就此沉寂。商人转而反对革命与拿破仑，他们呼吁和平的声音比兰开夏郡与约克郡呼吁和平的声音还响亮。稍后我们还会谈到法国经济、社会与文化受到的长期影响。

海战与贸易战带来了一项非常重要的正面影响：奴隶贸易被废除。自从18世纪70年代以来，反对奴隶制的行动以前所未有的规模在英国发展起来，法国也有这样的行动，但规模小得多。革命与后续战事减缓了英国废奴的速度，却加快了法国废奴的脚步。不过，拿破仑重新使奴隶制度合法化，而且打算以武力在加勒比海地区推行奴隶制。英国废奴主义者得到了行政当局的支持，把握住机会在 1806 年禁止了大部分的奴隶贸易，而这完全是一种战争举措——不让敌人得到新奴隶。一旦这种做法得到接受，以宗教与人道为真正动机的废奴人士又在 1807 年更进一步，完全禁止了奴隶贸易。[97] 展现英国作为"开化欧洲之启明星，其豪言与荣光在于授自由与生活予人"的希望也很重要，这样能使其胜利显得更有根据。[98]

通过对日渐看涨的国内经济与贸易活动征税，英国政府得以为战争慷慨解囊。英国对荷兰共和国和拿破仑作战，靠的就是把钱变为军事力量——与当年对付波旁王朝的做法雷同。第一步是在伦敦金融城举债，一如既往。小皮特在 1797 年意识到信用贷款终究有其极限，这次的战争将越来越需要以税收来支付。英国历届政府收税和借钱的能力，让盟友和敌人皆目瞪口呆，似乎总能达到理论的上限。但小皮特与接任的阿丁顿却更进一步。1799 年，小皮特首度开征所得税。他说，处于一场保卫有产者的战争中，有产者当然要付钱，这很公道，也很合理。1803 年后筹措到的额外岁入，多数都来自所得税——达 1.42 亿英镑。到了 1814 年，政府的支出已经是战前预算的 6 倍，每年高达 1 亿英镑。此举无疑会导致可见的财政、经济与政治紧张，直到 20 世纪 40 年代才消止。政治反抗和经济灾难都没有发生，由此便能看出民众都能了解击败拿破仑的必要性。经济体系的力量也可见一斑：政府开支最高仅达国民总收入的 16%，而第一次世界大战期间却占了国民生产总值的 50%。[99]

钱能买到盟友。反法同盟的国家彼此互不信任，还为了钱讨价还价。

白厅方面不希望把纳税人的钱交给似乎不可信任的政权,倾向于用在本国的积极计划上,只有在紧急时刻才匀出一点钱。比方说,奥地利只有在 1795 年、1797 年与 1799 年得到了英国提供的借款,且必须在战后偿还。但奥地利、普鲁士与俄罗斯不仅极为嫉妒彼此,而且还认为英国计划趁它们打仗时抢占世界贸易先机,对此相当愤慨。它们想要更多。多亏有所得税,小皮特才能把皮夹口袋打开一些些,以相当于每位士兵每月约 1 英镑的慷慨额度为任何愿意加入战争的人付钱,而且绝口不提还钱——但这个金额仍然远少于英国陆军的开销。[100]

早在 1803 年,拿破仑便向枢密院承诺将"联合欧陆":他将"制定一套海防体系,英格兰将泣血以终"。[101] 到了 1806 年与 1807 年,他的大陆封锁已延伸到俄罗斯、斯堪的纳维亚、普鲁士、奥地利、荷兰、意大利、西班牙与葡萄牙。英国政府则在 1807 年 11 月以枢密院令(Orders in Council)报复,将海上封锁扩大,禁止任何国家与拿破仑欧洲进行贸易,除非先经过英国港口,并支付 20% 的关税。拿破仑于是下令将任何遵守英国规定的船只充公。

拿破仑计划动员整个欧陆对抗岛国,此举意味法国取得了对欧洲政治与经济的最终控制,包括对盟友与中立国的控制。若他的计划要得到接受,就得指望英国人不受欢迎。此举牵涉到重整全欧陆的市场,使之背离带有敌意的海洋。市场前景则摆在莱茵河沿岸,穿过瑞士直至北意大利——这段从安特卫普到米兰的富庶领土,如今已经成为"法兰西"的一部分了。一旦将英国进口品排除在外,法国产业将得天独厚,通过单向的共同市场,进入欧洲各地。几个处于有利地位的地区与产业的工作机会与利润前景被看好,拿破仑借此赢得的支持不仅延续到他治世的最后,甚至到统治结束之后。其他地区则遭了殃——包括加泰罗尼亚、荷兰与斯堪的纳维亚，但它们不只怪拿破仑，也怪英国。这一仗从英国封锁舰与私掠船的瞭望塔开始打起，一直打到从汉堡到的里雅斯特（Trieste）之间 2.7 万名法国海关官员的办公室里。英国人希望刺激欧洲各国揭竿而起反对法国，法国人则强迫欧洲帮忙击败英国。英国外相乔治·坎宁（George Canning）坦承："我们不能埋头不看事实——欧洲上上下下都讨厌我们。"[102] 1808 年，英国出口衰退，拿破仑宣布胜利：

英格兰从她残酷政策的开始便受到惩罚，眼见其商品被全欧洲拒之门外，其船只承载无用的财富，在他们一度声称统治的广袤海洋上漂荡，在松德海峡到达达尼尔海峡（Hellespont）之间都没能找到一个对他们开放的口岸。[103]

然而欧洲口岸仍然比他所想的更开放。消费者对于烟草、棉布、糖、咖啡、茶、巧克力、香料与工业产品的胃口永无止境，一旦黑市价格因禁令而高涨，商人与走私贩便忙不迭上门供货。虽然法国人发现了甜菜糖（两个世纪之后，法国人仍然是最大的甜菜糖制造商），但这也无济于事。1809 年，英国出口反弹回来。1807 年，英国占领了赫尔戈兰（Heligoland），在此建设了巨型的转口港，供应北德意志与荷兰，连直布罗陀、马耳他、西西里与萨洛尼卡（Salonica）也有供应西班牙、意大利与奥地利的转运站。商品在萨洛尼卡登陆后被交由骡队运送，穿过塞尔维亚与匈牙利抵达维也纳，继续前往德意志、瑞士，甚至是法国。"有时候，人们在加来购买的商品，是从 7 里格①

---

① 里格（league）是欧洲一种古老的长度单位，1 里格等于大约 4.8 千米。——编者注

甜 蜜 的 世 仇
英国和法国，300 年的爱恨情仇

这幅讽刺画描绘了英国政府遭到《柏林敕令》带来的恐惧所打击——至少法国人是这么认为的。

外的英格兰出发，绕了将近地球两圈的路来的。"[104] 成千上万的走私客生意兴隆。有头有脸的商人与银行家也参与进来，一家科隆的公司还提供保险。名流投机走私品价格，就像投机股票与证券一样。法国高官卖起免税证明——法军甚至护送走私贩子，对自家的海关官员开火。[105] 拿破仑决定杀鸡儆猴。1810 年 11 月，军队包围了一个主要走私贸易重镇——法兰克福。价值数百万法郎的可疑商品被充公或公开焚毁，重创了法兰克福经济。其他城市也发生了焚毁高价违禁品的事件。此举造成了相当严峻的影响——粮食价格飞涨，工人生活水平受到拖累，不过正逢荒年的情况或许也得付一半的责任。英国经济因此受挫了几年。金融危机打击了伦敦。北方的纺织业遭到重创，第一起捣毁机器的事件——"卢德运动"（Luddism）也在 1811—1812 年的英格兰中部地区的东半部爆发。抗议人士在伦敦架起了路障。谷类得从法国进口，而拿破仑之所以会放行，是因为这能赚到金子。

但是，拿破仑费尽心力拒于法国与北欧门外的英国出口品，却逐渐流入地中海、南北美洲与伊比利亚半岛。大陆封锁并未毁灭英格兰，反倒确确实实伤害了欧陆。德意志、意大利各地，甚至法国本身的信心都瓦解了，借款收不回来，金融机构纷纷倒闭。对于法国统治的不满开始增加。经济衰颓影响了巴黎的产业，巴黎失业率达到40%。拿破仑放弃尝试了将英国贸易排除出欧洲的努力，而是决定把生意抢过来。法国船只与商人得到了往来英国的贸易许可，但同盟国或卫星国却未获得相同的许可。万念俱灰的波尔多葡萄酒商得以再度对英国出口。驻扎在波兰的法军部队穿起英格兰制的靴子，以及在约克郡缝制的大衣。拿破仑计划成为英国及其殖民地商品销往欧陆的专卖商，价格与黑市持平，收入用来填满他的战争经费抽屉。至此，大陆封锁演变为让法国富起来、英国穷下去的手法，代价则由欧洲其余地方承担。

若想实现这一目标，拿破仑唯一的方法就是加强对更多欧洲海岸与内陆交通线的控制。他吞并了更多的瑞士领土，以控制阿尔卑斯山的通道，接着在1809年吞并了更多的中意大利地区，借此关闭教宗国的口岸安科纳（Ancona）。同年，法国兼并了奥地利手中的的里雅斯特与达尔马提亚。到了1810年，拿破仑迫使弟弟放弃荷兰王位，荷兰从此成为法国的一部分，随后，弗里西亚（Frisian）海岸和汉堡、不来梅、吕贝克（Lübeck）等原属汉萨同盟（Hanseatic League）的港口也被法国吞并。西班牙与葡萄牙被迫顺服。俄罗斯也承受了压力，上层社会因为将谷物与木材出口给英国而遭到持续惩罚，政府财政摇摇欲坠。此举终究让拿破仑与俄罗斯之间更添敌意。另一方面，英国

381

的海上封锁导致美国在 1812 年参战，试图征服加拿大，只是不果。

几年间，英国与法国都承受沉重的经济与社会压力。大陆封锁或许从来没有能力摧毁英国经济，但的确能伤害制造业。反战运动得到广泛的支持，它源自民众对经济的失望，源自认为战争徒劳、不道德亦难以持久的信念（最坚定的反战人士来自不从国教者，他们许多人都是生意人），源自反对党辉格党中对法国人一再表示同情的若干人士，以及对拿破仑的"天才"神魂颠倒的作家。1812 年 5 月，英国首相斯宾塞·珀西瓦尔（Spencer Perceval）在下议院门厅被一名精神错乱的破产生意人刺杀。在法国，社会上层只能以窃窃私语的方式表达对政治的不满，但幕僚好声好气试图约束拿破仑不断发动侵略的劝告，却被他置之不理。贪腐、谄媚却智慧超群的不倒翁塔列朗，已经在 1807 年辞职（也可以说是遭到解雇）——他很早就嗅到了风吹草动。粮食动乱爆发，尤其是在为了供应巴黎（拿破仑希望让巴黎人开心）而涓滴不剩的地方。

此图从左至右分别象征"过去、现在、未来"，描绘了拿破仑的愿望：发动欧陆封锁，让阿尔比恩由富而贫。

英国在海外砸了很多钱，用来进口木材、铁、麻等，并支付军队开支（尤其是战争在葡萄牙与西班牙爆发之后）。给盟友的补助也连年增加：总金额为6 600万英镑，但光是1814—1815年就占了2 000万英镑。到了1814—1815年，转移到国外供战争花费的资金，已经达到每年将近1 600万英镑，而政府总预算则为1亿英镑。资金必须以纸币［钞票、代表贸易债务的汇票，或是能在战后兑现的"联邦本票"（Federal Paper）］或硬币，甚至是金条的方式输出。每一种做法都会导致收支平衡问题，毕竟纸币会贬值，硬币与金条储备会短缺。形势紧急时，国王会授意非法输出金基尼币，供应威灵顿在伊比利亚半岛作战的军队——每年约花费1 000万英镑，大多数都是以现金支付。财政部利用金融家族罗斯柴尔德家族（Rothschild）的网络，运作一套秘密而复杂的体系，同时收受、支付各式各样的金融资产，包括筹集法国硬币来支付威灵顿最后的入侵法国的行动。这类前所未见的转账方式之所以能维持，是因为英国借由商品与服务赚得的境外收益几乎能跟支出打平，甚至还能进口南美洲的金条与硬币——墨西哥银比索（Pesos）就是一种主要的国际货币。英国累积出庞大的海外信贷（一如20世纪两场世界大战时的情况），部分已经清偿。从东印度公司运来的大笔现金（借由贸易与重税来筹资）扮演了关键角色，对印度社会也有长远的影响。战争最后的大笔开支，则以在海外贩卖英国政府公债所得来挹注——通常卖去的国家，就是接受该笔募集款的国家，这些国家的国民通常更愿意借钱给英国，而非自己的政府。[106]拿破仑认为伦敦金融城是纸糊的，这是要命的误解。

1813年，其他大国不得不相信拿破仑永不餍足，必须击败他才行，而这需要英国的钱才能成功，于是"英格兰人用鲜血与黄金盖满了德意志"。[107] 金钱与武器淹没了欧陆：1 000万英镑与100万支滑膛枪在一年内分配给了30个国家，俄罗斯、普鲁士与奥地利因而能派70万人上战场。[108] 英国如今运用这一切带来的影响力。所有给葡萄牙与西班牙的钱都要经过威灵顿，使他成为伊比利亚半岛实际上的最高统帅。西班牙与葡萄牙为利所趋，停止了奴隶贸易。1814年，英国外相卡斯尔雷子爵罗伯特·斯图尔特（Robert Stewart, Viscount Castlereagh）常驻联军总部，分配资金。他利用资金的影响力，恢复了小皮特1805年的"欧洲复旧要点"，包括重建法治、为各国带来"国内的福祉"，并缔结条约以确保未来的集体安全。[109]

此前人们难以置信的事情，就这么成了：为了击败法国，最后总共花了15亿英镑，留下7.33亿英镑的国债，相当于战前政府年收入的40倍，也等于英国每人欠下37英镑——这是一位伦敦劳工一年的总收入。就比例而言，这批长期累积的财政负担比第一次世界大战留下的债务高了好几倍。[110] 英国政府到1906年才结清拿破仑战争的补贴与借款账目[111]——8年后，圣乔治的金骑又要为另一回冲锋披鞍上马了。

俘虏

数量空前的法国与英国男子（女子也有一些）以捉拿者或被俘者的身份彼此接触。1803年，《亚眠条约》签订后仍留在法国的500位英国子民被拘留，他们认为此举系非法报复。接着又有1.6万人沦为战俘，主要是商船船员、皇家海军成员，或是因海上封锁舰船搁浅而被俘的陆战队成员。欧洲各地被法国人俘虏的各色人等总数约50万人，英国人只是其中的一小部分。整个法国革命与拿破仑统治期间，关押在英国的陆、海军官兵与商船船员一度达到约25万人。[112]双方战俘经历的苦难多半已为人所遗忘,顶多通过法国战俘用木头和大骨雕刻来卖的漂亮舰船模型(和不那么漂亮的断头台模型)才能被人依稀记得。但在当年与接下来的几代人当中,痛苦、残酷的故事在双方之间投下了互相指责的阴影,甚至是恨意——尤其是在许多法国水手出生的地方布列塔尼。

战俘们命运多舛。他们面临长时间的监禁——时间长达9年,有些个案甚至更久——被抢与被虐待是家常便饭。交换俘虏的制度在1803年后瓦解,而且因为这一回对抗"总体战"的特质更浓,身份普通的俘虏因此得不到什么保护,只有少数人道行动聊以宽慰。大量的俘虏人数加上扣留国国内经济艰难,战俘受到的最好待遇和斯巴达人的生活差不多。人满为患的环境难免带来疾病。英国人与法国人对待彼此,都比对待其他国家的人来得好些。英国人是唯一得到"一等"地位的民族,显然是因为英国人关押的法国战俘人数更多,而巴黎担心引来报复。法国与英国战俘每年的死亡率或许稍低于10%。

法国历史教科书仍在谴责监狱船是种"水上棺材",让法国战俘在船上人挤人。其实,大多数的战俘被关押在陆地上,如在达特穆尔(Dartmoor)特地兴建的监狱,以及彼得伯勒(Peterborough)附近的诺曼十字(Norman Cross)临时战俘营。英国战俘也在受苦,尤其是因为他们被迫徒步移动相当长的距离,但他们的命运惨不过悲惨的奥地利人、普鲁士人与俄罗斯人。普通的陆海军官兵被关押在法国北部与东部的城堡内。官方鼓励战俘服从俘房他们的人。在一段"缪斯河大桥"插曲中,英国水手努力修复战俘营附近一座破损的桥梁,好让拿破仑渡河——双方对这种尽心尽力之举有口皆碑。根据传说,心怀感谢的皇帝将自己的鼻烟盒传给顺从的英国水兵们使用,接着宽大为怀，下令释放他们。

两国都允许普通战俘承接工作。军官可以得到假释与有限的自由，上千名法国军官就这么分散在约20个内陆小镇中。英国战俘则大部分集中在凡尔登城的要塞中，高级军官与有钱的平民俘虏与家人在此过着舒服的生活。赌博、喝酒、决斗、赛马和性生活，让他们都有宾至如归的感觉。当地设立了店铺与学校，巴黎的时尚这儿也能感受到。对于少数想逃跑的人来说，假释誓约是个问题。尽管军队的荣誉协定影响力已不如前，但誓约仍然算数，至少对英国战俘是如此。军方会惩罚在假释期间脱逃的英国军官，甚至将之交回给法国。打算逃亡的人，必须在觅得空隙之前先犯点小错，让自己的假释遭到取消——但这很可能意味着他得从牢房中逃跑。刺激的逃亡故事还不少。有位年轻军官在凡尔登欠了大笔的债，他躲在法国女朋友的裙子底下，乘坐马车逃了出去——他的上级无法置信，认为他做了出格的事。两名在1797年登陆菲什加德的法国入侵者，也得到了爱慕他们的当地女孩的帮助，从破烂不堪的彭布罗克监狱挖隧道逃了出来。他们后来与这些女孩结婚，其中一对在战后重返英国，到梅瑟蒂德菲尔（Merthyr Tydfil）开了间酒吧。法国俘虏比较不在乎假释誓词，有674名军官越狱，多数是得到了英格兰帮派协助——帮助逃犯只是小罪，风险不大。[113]

多数从法国出逃的路都很艰辛，成为第二次世界大战战俘艰巨行动的先声——他们得伪造证件、乔装、翻墙、挖隧道。位于山顶、素有恶名的要塞比奇堡（Bitche）比二战时德国的科尔迪茨堡（Colditz）有过之而无不及，被用来惩罚不听话的人犯，许多人被关在不见天日的岩凿地堡里。战俘不受任何类似《日内瓦公约》（Geneva Conventions）的条约保障，逃犯有被送上奴隶船的风险，主谋则面临死刑。物质条件艰难是前工业社会的常态，也就是说，无论想抵达英吉利海峡还是奥地利，他们都得在冬季徒步数百英里，而且没有多少食物。人们经常把逃亡的战俘错当成逃兵，这反而让他们赢得了法国农民的同情，甚至是协助。低地国家与德意志地区痛恨法国统治的民众更是大力帮忙。布鲁日（Bruges）近郊至少有一个以上的非正式逃亡网络，是由一位客栈老板娘运作的。最无法控制的逃犯要数皇家海军军官候补生，他们年轻气盛、不顾一切，又有出海的经验（包括编绳与导航），几乎不可能阻止他们。举个有代表性的例子：1808年11月，几位候补生与四名友人编了一条45英尺的绳子，趁夜翻越了瓦朗谢讷（Valenciennes）要塞一道道的城墙与护城河，接着用折叠刀挖穿了一道巨门下面的地面。他们抵御了山贼的攻击，躲避了宪兵的搜捕，逃过了追击之后，友善的弗莱明斯人[①]（Flemings）承认了他们英国人的身份。他们在弗莱明斯人的掩护下待了几个月，其间还试图偷艘小船，最后则是在1809年5月付了钱，搭走私船回到故乡。[114]

从塔古斯河到别列津纳河：1807—1812年

英格兰人表明他们不再尊重海洋的中立性；我也不再承认他们在陆上的地位。

——拿破仑·波拿巴，1807年[115]

[①] 弗莱明斯人（Flemings），居住在佛兰德地区（今比利时境内）的日耳曼人，又被称为佛拉芒人（Flemish），是今天比利时境内两大民族之一。　　编者注

> 任何一个欧洲国家怀抱决心起身……反抗共同敌人……立刻就成为我们不可或缺的盟友。
>
> ——英国外相乔治·坎宁，1808 年[116]

拿破仑在提尔西特和沙皇亚历山大一世和解之后，主宰了欧陆。他得以腾出手，采用比大陆封锁更直接的手段对付"迦太基"——其构想包括入侵西西里岛（英国仅剩的地中海盟友）；瓜分奥斯曼帝国；与西班牙联合进攻直布罗陀、埃及、开普地区与东印度群岛；以及与俄国联合攻击印度："靠一支 5 万人的部队——有俄罗斯人、法国人，或许还有奥地利人——借道伊斯坦布尔，朝亚洲行军……便能让英格兰颤抖，双膝跪地。"[117]西班牙一如既往，因为其海军与殖民地势力而成为必要的援军，西班牙的波旁王朝统治者也渴望讨好拿破仑。他们的第一个任务，便是协助入侵英国的放肆盟友——无视《柏林敕令》的葡萄牙。1807 年 7 月，葡萄牙接获对英国船舰关闭口岸、逮捕英国子民、将所有英国商品充公，同时对英国宣战的命令。法国部队取道西班牙入侵葡萄牙。当他们抵达里斯本时，整个葡萄牙王室、财政部，以及大多数统治阶级的精英已经在英国海军的护送下，出航前往殖民地巴西了。拿破仑没收了他们的财产，对葡萄牙征收了巨额赔偿金，并设立了新政府。

事实证明，他的西班牙波旁盟友时常捣乱，不值得信任，于是他决定摆脱他们。他深信，现代化的法国行政管理模式将会受到政要的欢迎："西班牙每一位有思考能力的人，都鄙视其政府……至于暴民，几发炮弹便能马上驱散他们。"拿破仑估计，兼并西班牙的代价是区区 12 000 条法国士兵的命，是个划算的价格——即便忽略西班牙庞大的海军，它还拥有美洲的黄金。西班牙王室受召前往巴约讷（Bayonne），将王位交给拿破仑，拿破仑再把王位交给哥哥约瑟夫。1808 年 5 月，马德里的"暴民"确实表现出对王室遭到罢黜的愤怒，数百人被射杀或集体判刑——戈雅的名画让这起事件永难磨灭。但他们可没那容易被"驱散"。起义行动结合了社会、宗教与民族反抗的元素，显然不可能被镇压，而且还刺激葡萄牙发生了同样的反法抵抗运动。遍地烽火，整个伊比利亚半岛因此在接下来的 5 年多时间里沦为血染的深渊与废墟。历史证明，半岛战争成为耗尽法国力量的"溃疡"——这是拿破仑本人的知名比喻。但半岛战争并非一般所说的过场戏：在此阵亡的士兵人数，是 1812 年入侵俄罗斯的两倍。[118]

拿破仑的困境就是英国的机会。葡萄牙人与西班牙人一求援，伦敦方面便马上响应，派一支分舰队从丹麦海岸接应西班牙军队，载他们前去和拿破仑交手，并且将军队、武器与资金运往里斯本与直布罗陀。英国就此回归欧陆，在伊比利亚半岛周围海域运用其海上力量，尽可能发挥其小规模陆军之力与西班牙人、葡萄牙人协同作战——欧陆大国对此印象深刻，英国从而建立起自由捍卫者的声誉，并打破其出口商品所受的封锁。英国政府并不指望能迅速获胜，其目标在于延长欧洲的乱局，直到形势不利于拿破仑：

> 我们在乎的是，直到能有可以长久维持的最终解决方案之前，每件事都应尽可能保持在未定之天；篡夺者不该因为他国承认而安心；民众不该支持他们的新主子；各王国都不能确保其存续；劫掠者不该放心享用其赃物；甚至连遭受掠夺的人，也不能默默承受自己的损失。这一切都不会动摇我们，我们身处其中的要务，是让人见识什么才是

> 真正的英格兰：……无论世界的平衡何时才能得到调整……唯有通过我们，他们才能寻得保障，寻得真正的平静。[119]

在过去的战争中，英国人与法国人也曾经在西班牙交过手，但这一回却很难善了。英国人马上取得了一次胜利：葡萄牙的法国占领军投降了。然而，拿破仑不愿在伊比利亚半岛让步（在后来的战事中亦如此），这关系到他的威望。他亲自率领 13 万兵马从德意志而来，想肃清反抗。英国指挥官是大胆但刚愎自用的约翰·摩尔爵士（Sir John Moore），他让麾下 4 万人进入西班牙，试图威胁法军的通信，希望能转移其注意力，避免马德里与里斯本立刻失陷。拿破仑一意识到英国人不是乘船，而是从陆路向卡斯蒂尔（Castile）推进，他马上调兵北上去迎击，甚至让士兵手绑着手，穿越伸手不见五指的暴风雪。摩尔知道"牛皮吹破了"，他穿过加利西亚山脉（Galician mountains）的雨雪和泥泞，逃到拉科鲁尼亚（La Coruña）的港口。两军皆伤亡惨重。法国骑兵策马冲击筋疲力尽的掉队的英国部队，"仿佛男学生对付蓟草般对他们左劈右砍"。[120]平民伤亡更是惨重。由于补给线中断，部队只能掠夺悲惨的居民。法国、西班牙与英国的史料皆证实英国军纪崩坏（是个一再发生的现象），大批士兵酗酒、劫掠、强暴，甚至是杀人。逃窜的部队毁了所有带不走的东西，为的是不让法国人得到：

> 英格兰人烧了……一大幢放谷子和面粉的仓库……我们在镇上发现他们前一天晚上杀了 200 多匹马；民众不断拉着在地窖找到的或烂醉在阁楼里的英格兰人过来……他们毁了一切，尤其是烤炉与磨坊；他们抢劫、纵火、虐待当地人——人们一旦鼓起勇气，就开始报复，

自发将脱队的英格兰人抓来给我们。[121]

一名西班牙将领断言："靠法国人自个儿，可找不着比约翰·摩尔爵士率领的军队更能煽动对英国人恨意的间谍了。"[122] 英国陆军在1809年1月12日抵达拉科鲁尼亚，比法国人早到4天。摩尔在断后的行动中阵亡，陆军后来乘船离开，有20%的人下落不明，损失了大量装备，包括爆炸的4 000桶火药。乍看之下，这一仗堪称政治与军事灾难。等到后来形势明朗，才证明摩尔的突袭行动确实争取到了时间，干扰了拿破仑以胜利之姿横扫整个半岛。摩尔在身后成为英雄，诗人查尔斯·沃尔夫（Charles Wolfe）将这次的仓皇撤退改头换面，变成一段赚人热泪的话语：

未闻一声鼓鸣，未闻一曲丧调，
我们冲上前去守护他的身躯；
未有士兵鸣枪道别
于吾辈英雄埋葬之坟墓。
缓慢而悲伤，我们放下他，
战场上，他的名声响亮而血污；
未划一道墓界、未立一块墓石——
我们只能抛下他与他的荣光。

这整场战争，从开始起就很残酷。西班牙与葡萄牙叛军化为游击队（La Guerrilla，这个词如今已成为其他语言中的常见词了）。法军以焚城、屠杀与集体判刑反击，游击队则反过来杀害、折磨战俘：

一名目击者在战争初期看到一名法国军官被倒挂在谷仓大门上,头下点着火。报复与反报复行动成倍增加。西班牙国内保守派与自由派、天主教徒与反教士者(有些人是法国人的支持者,即受人憎恨的亲法者——但不是全部)之间的恨意,以及穷人对上位者毫不掩饰的厌恶,都为该国的反抗添柴加薪。许多游击队不过只是(或者变成)强盗,各国逃兵的加入壮大了其声势,他们无论贫富皆抢,越来越被人讨厌。西葡二国深受饥荒(有时是人为造成的)所苦,成千上万人死于饥饿。法国、英国、西班牙与葡萄牙——每一国的军队都变成让人闻之丧胆的掠食者集团,部分是因为当地相当贫困,而恶劣的通信又意味着补给安排经常出错,结果军人与农民必须为了食物彼此为敌。有些英国人让自己的同胞蒙羞,连他们的同胞都认为他们比法国人更糟——当然,烂醉如泥可是英国人的专长。但法军的残酷却是有计划的政策,用于对抗叛军;此外,法军的人数也多于英军。

英国人与法国人对西班牙人的嫌恶同时在增加。英国人认为他们背叛成性、自视甚高、不负责任,不愿意为自己的解放出力,还拒绝让英国盟友得到应有的支持与补给。法国人则认为他们残暴、迷信、一意孤行;他们"拒绝我们提出的一切——甚至是好处"。[123] 英国人与法国人皆自视在文化、政治上优于西班牙人。许多英国人觉得,捍卫反动的专制政权是件丢脸的事。英国新教徒与法国反教士派都鄙视西班牙天主教会,肆意进行渎神的粗野行为、破坏文物。双方都把平民当成捉弄对象,但对彼此却互相尊重,其友好态度甚至让各自的伊比利亚盟友怒不可遏。有位名叫惠特利(Wheatley)的掌旗官把话说得很直白:"我恨西班牙人甚于恨法国人。"[124] 不过,这不代表双方不讨厌彼此,至少一开始不是。法军的速度、强悍与灵活弹性皆在英国人意料之外。许多法国人——拿破仑当然也是——瞧不起威灵顿和他手下的官兵，结果因为低估他们而犯下严重的错误，但个人之间的接触却又显示出彼此显然缺乏对对方的敌意。英国人采用法国革命中的《万事顺利》（Ça ira）的曲调作为行军的进行曲。骑兵军官经常挑战彼此，进行一对一的打斗，展现古老的骑士风范。有多起报告表示，军人曾接获命令，不得杀害英勇作战的对手。哨兵不会向对方开枪；还有故事提到对方会接过枪，代替哨兵站哨。哨站有时会请对方把镇守位置移远些，避免冲突："贵官，退后些。"[125] 即将进攻之前，他们确实还会警告对方——威灵顿夸赞这种习俗合情合理。但他恐怕不赞成后来发展出来的大规模食物、烟草，尤其是酒精的买卖：有个步枪连凑钱买法国白兰地，但负责去买酒的人却醉得不省人事，法军只好请他连里的弟兄把他带回去。同袍情感非常普遍，不分阶级。两军会传信、传报纸、换酒喝，好奇的人还会相约聊天。一位英国军官走丢了几只猎犬，法军体贴地把狗送回，连狗猎到的法国牛只也分了半只来。双方逐渐同意应以合理方式对待战俘与伤兵，在人迹罕至之地也应共享食物与饮水。[126] 有些故事无疑是虚构的，但虚构的故事也构成后来两国民间传说的一部分。因此，一位年轻英国军官用望远镜观察敌人时，确实很有可能这么想："法国人是我们共同的敌人，但以一个民族而言我还挺喜欢他们的，而且我相信每一位英格兰人心里也有相同的看法。"[127]

　　从半岛战争的局面来看，法军是当时拥有最强大军事力量的国家——1812年时，法军有25万人，对手英国则是6万人。但法军为了控制西班牙全境，不得不去对付西班牙军队与游击队，因此有大约3/4的军力被牵制住了。拿破仑出于政治理由，不允许下级弃守领土。

英国人则以葡萄牙为根据地，自 1808 年起由陆军将领阿瑟·韦尔斯利爵士指挥（一连串的胜仗让他加官晋爵，一路当上威灵顿子爵、侯爵，以及公爵），趁势定期入侵西班牙；但法军总能集结足够的兵力击退他们。英国的军事行动，为受到沉重压迫的西班牙人带来了一丝喘息的空间，用韦尔斯利的话来说，就是"让法国在西班牙的整个布局暴露于极大的风险中"。[128] 简言之，法军有能力分别击败自己的每一个敌人，但无法同时击败所有敌人。

到了 1810 年，拿破仑决定入侵葡萄牙、击败英国人，从而结束战争。葡萄牙人传统的防守方式是"焦土"策略，这一回则是在威灵顿详细周到的指示下执行。他秘密建设了 29 英里长的带状防御工事以保卫里斯本——托雷斯韦德拉什防线（Lines of Torres Vedras）。他的设想是，纵使法军能穿越已化为焦土的葡萄牙中部，这条防线也会挡住他们，迫使他们撤军。事情也如他所料。法国元帅安德烈·马塞纳（André Masséna）一路进击，横跨葡萄牙"荒原"——"四处连个人影都没有，人们抛下了一切"。他撞上威灵顿的"防线"时，心里着实大吃一惊，虽然他已尽可能久地坚持攻击防线，但后来他还是班师回营了，损失了 2.5 万人，其中超过半数是死于疾病与饥饿。威灵顿相当赞赏法国人的坚忍，他很清楚英国人比不上法国人这一点。葡萄牙人承受了主要的代价。他们接获命令抛下自己的家园，所有带不走的东西被尽数摧毁，其间他们还遭受劫掠，甚至受到英国人与法国人的滋扰。受害民众设法抵达联军防线的庇护所，靠着稀缺的食物与遮蔽处过冬。拒绝逃离的人则遭受饥饿的法军袭击，法军为了榨出被藏起来的储粮，不仅动手抢劫，甚至杀人、集体拷问。先是法军的蹂躏，接着又是英国军队追击时造成的破坏——有些士兵对于葡萄牙人的苦境相当震惊，匀出些许军粮给他们，但无济于事。一位英国军人写道："死者肯定成千，上万人饥寒交迫，没有东西能应急：富人与穷人全部落入一样的境地。"[129]恐怕有5万到8万名葡萄牙人死亡。

伊比利亚半岛的命运，决定于易北河之外的地方。事实证明法俄同盟只是白日梦——拿破仑的原话是，俄罗斯拒绝"在我跟英格兰决斗时担任副手"。[130]大陆封锁需要经济与政治的从属，俄罗斯人出于自尊、价值观与利益之故，不可能长久低头。1810年12月，俄罗斯脱离封锁体系。拿破仑决定先发制人，召集盟国、卫星国与过去的敌人，发动一场大型入侵行动。他甚至撤回在西班牙的军队。1812年6月，超过60万人与20万匹马入侵俄罗斯——这是有史以来在欧洲集结的规模最庞大的军队。此时，威灵顿再度向西班牙进军，并且在7月22日于萨拉曼卡（Salamanca）对阵过度自信的法国元帅奥古斯特·德·马尔蒙（Auguste de Marmont），取得完胜，向世人证明被拿破仑斥为"印度兵将领"①（Sepoy General）的这个人确实有一手——只有拿破仑不承认。史上头一回，英国陆军证明自己有能力成功打击法国陆军主力；此役也是1799年以来，法军首次在欧洲被人打得落花流水。[131]同一时间，拿破仑（麾下的军队因酷暑而折损大半）无法诱使俄罗斯人议和，被迫在冬日降临时撤离一片废墟的莫斯科。俄罗斯元帅米哈伊尔·库图佐夫（Mikhail Kutuzov）和整个欧陆的人同样怀疑英国，他决定让法军逃走，还对一位英国观察员单刀直入地说自己"无法肯定彻底毁灭拿破仑皇帝和他的军队，对全世界而言会是件好事"。即便如此，拿破仑的

---

① 威灵顿公爵曾在印度服役，因此被拿破仑戏称为"印度兵将领"。——编者注

甜蜜的世仇
英国和法国，300 年的爱恨情仇

卡斯尔雷的画像。卡斯尔雷会不会是英国最伟大的欧洲人？尽管有着贵族的翩翩优雅，他其实出身于某个不久前才成为贵族的阿尔斯特长老会家庭。拿破仑战争期间，通过社会流动上来的精英统治英国不算是不寻常。在奥地利担任相当职位的梅特涅亲王，认为他的务实风格在英格兰相当常见。

军队还是死了37万人，20万人沦为战俘，其中只有半数生还。[132] 但纵使处于这场灾难中，西班牙的法军仍然有能力把威灵顿赶回葡萄牙。

欧陆战事即将迎来高潮，而法国与英国的斗争便是其中的核心。拿破仑高调表示自己是在捍卫欧洲不受俄罗斯的野蛮与英格兰的腐败所害，但他私下承认"假使我让欧洲自行其是，欧洲将奔向英格兰的怀抱"。[133] 奥地利与普鲁士改变阵营，加入俄罗斯，英国则提供金钱与武器。法兰西称霸20年，靠的正是敌人的分歧，大多数的对手都在某一刻试图与己为友，至少是成为其同谋——在这场自由参加的混战中，没有通行的意识形态与原则。1813—1814年，面对拿破仑无休止侵略的欧洲国家，开始携手合作，为长久的和平制订计划。英国外相卡斯尔雷意欲让人们知道英国并非，或者说不再是不负责任的迦太基式掠夺者——乐得让欧陆陷入火海，而自己则搜罗殖民战利品。他在反法同盟中创造伙伴关系，而且打算在战后继续维持。他磋商出《肖蒙条约》（Treaty of Chaumont, 1814）——"英国人的一次胜利，但胜过的不是宿敌，甚至也不是对手"——条约中承诺：假使形势需要，英国愿意再支付一年战争经费，而盟国则保证维持20年的和平。这是个实际的愿景——欧洲由独立的主权国家组成，各国在权利、地位与安全上平等。[134] 小皮特的"欧洲地图"就此展开。

拿破仑拒绝了各国联合提供的议和提案，他手下的大臣与将军大感错愕。他的固执己见不仅帮助卡斯尔雷维持了反法同盟完整，也揭示了法国的命运。盟军得打出一条通往巴黎的路；1813—1814年将是整场战争中最血腥的时期，90万生灵涂炭——堪比1914—1918年最惨烈的几个月。

397

入侵：1813—1814 年

> 对军务不熟悉的人，通常有个误解，以为军事胜利没有极限。自从把法国人从葡萄牙前线赶跑之后……大家都期待我们入侵法兰西，并在……1 个月内打进巴黎。
>
> ——威灵顿公爵[135]

> 我这人不太在乎几百万人的死。
>
> ——拿破仑·波拿巴，1813 年[136]

1813 年 5 月，拿破仑在德意志挡下俄罗斯人、普鲁士人与奥地利人，迫使他们签订停战协议。威灵顿则以恰如其分的勇气推进到西班牙北部，威胁法军的通信。6 月 21 日，法军在西班牙维多利亚（Vitoria）大败，对于西班牙的占领实际上已经结束。这是英国军方所梦想的胜利：他们不仅掳获了西班牙国王约瑟夫·拿破仑所有的火炮，连整支辎重队伍都落入他们手中。由于战利品向人招手——上百万比索的现金、珠宝与艺术品散落一地，任君拣选，英国人差点忘了追击，追击因此延迟了。几百位官员的情妇被俘。国王的银制夜壶被第十四轻型龙骑兵团拿走，兵团成员至今仍在食堂里用它来喝香槟。威灵顿继续向比利牛斯山脉推进，但过程小心翼翼，以防拿破仑与东线的盟国议和，继而回头对付英国人。9 月 9 日，英国部队包围、攻占圣塞瓦斯蒂安（San Sebastian，距离法国边境最近的港口），紧跟着猛烈进攻而来的，则是常见的抢劫、醉酒与强暴。威灵顿在 1813 年 10 月 7 日跨过法国边界——比达索阿河（River Bidassoa），而 11 天之后，就是发生在莱比锡的大会战——"民族大会战"（Battle of the

Nations）——拿破仑被迫放弃德意志。

决定性的军事行动发生在东北方——从 1814 年 1 月、2 月到 3 月，拿破仑面对入侵者，指挥了一场精妙但无用的保卫战，敌军仍旧在 3 月底抵达巴黎。不过，法国的政治未来是由威灵顿的推进决定的——这是第一次百年战争结束以来，英国部队唯一一次大规模入侵行动。他比法国元帅让－德迪厄·苏尔特（Jean-de-Dieu Soult）技高一筹：他麾下的部分军队穿越比利牛斯山西边的几处隘口，其余则沿防务松散的海岸线前往巴约讷。威灵顿决意避免激起民众抵抗。初期发生若干抢劫与强暴事件后，他认定西班牙人会为了法国人在西班牙的暴行而试图报复，于是把西班牙部队留在后方。他还威胁名誉扫地的自己人，用鞭刑、绞刑对付行为不端的人，将之就地正法。法国西南的民众早已厌倦了战争，厌倦了拿破仑。官员警告说"盛怒"的英国人即将到来，"他们踏着纵火、破坏、杀人与大屠杀的脚步"，但这种警告成效不佳。当地人发现英国人没有打算烧杀搜刮，不像本国的部队："英格兰人带着大量的基尼，每样东西都用现金付款"；"敌军与我军举止间的差异，造成了相当糟糕的影响。"威灵顿举办乐队音乐会、舞会与阅兵，以赢得民心、博取印象。"英格兰人行为阴险狡诈至极；他们动用每一种手段来讨好民众，偏偏成效好得出奇。"法军指挥官对于民众的"神魂颠倒"感到不齿："敌军才来三四个马夫，村民就投降了。"[137]掌旗官惠特利相当开心，因为姑娘们"全沐浴在阳光下"，穿着一样的衣服，景象非常奇妙，不像在英格兰，她们"提着牛奶与奶油，沿路轻快走跳，无忧无虑唱着笑着，仿佛一切已然归于平静"，可惜她们"对英格兰人相当害羞"。[138]城镇把英国人当成解放者，为他们欢呼。农民、官员、商人与店老板都很友善。有位地主因为牛卖了好价钱,心情正好,"允许我们和他女儿跳舞,拿出他最好的几瓶玛戈葡萄酒(Margot),唱了几首他最拿手的歌,热情拥抱我们,醉得胡言乱语,被人带下去睡觉"。[139]下落不明或负伤的军人也能得到庇护。民众让菲茨罗伊·萨默塞特勋爵(Lord Fitzroy Somerset)躲进以前教士躲避雅各宾党人时使用的藏身处,好躲过法国骑兵;40年后,他成为拉格伦勋爵(Lord Raglan),在克里米亚指挥英国陆军,与法军并肩作战。

威灵顿留一个师包围巴约讷,迫使苏尔特的军队往东北方的图卢兹移动,另外在保王派的敦促下派了一支部队向北行军,横越贫瘠的朗德(Landes),前往波尔多。英国部队在3月12日以解放者的身份受到市民款待——这座城市与英国有着古老的贸易联系,民众不仅期待再续前缘,同时将波旁君主国与和平画上等号。市长林奇伯爵[Comte Lynch,祖上为爱尔兰戈尔韦(Galway)的詹姆士党家族]升起了保王派的白色王旗。等到波旁王朝的昂古莱姆公爵(Duc d'Angoulême)抵达当地,高喊"不会再打仗!不会再征兵!不会再强行征税!"时,民众为之欢呼,大教堂里也唱起了感恩赞歌。两位市民代表赶忙前往英格兰,向他们的新国王——或者说旧国王——路易十八宣誓效忠。对英国政府而言,这可是个好消息——英国当局虽然认为波旁王朝复辟最有可能带来稳定、和平的法国,但不希望强行使之上位。俄罗斯人与奥地利人仍然偏好由拿破仑家族成员或者奥尔良家族成员,甚至是难以对付的法国元帅让-巴普蒂斯特·贝纳多特[Jean-Baptiste Bernadotte,如今已成为瑞典王储]来担任国王。但当波尔多传来的消息抵达如今迁至第戎(Dijon)的盟军总部时,所有国家都同意应该让波旁王朝复辟。卡斯尔雷与奥地利首相克莱门斯·冯·梅特涅(Klemens von Metternich)举杯向路易十八——以及林奇市长祝贺。[140]仍在奋战的苏尔特觉得"丢脸……一座10万人口的城镇……居然没有因为拒绝守城而受罚,甚至还热烈欢迎区区几千名英格兰人"。他在保王不落人后的图卢兹也碰到了同样的问题:他下令进行防御工作,却几乎酿成一场暴动,"事实上,整座城的人都不想设防"。[141] 但他还是守住了这座城,4月10日的图卢兹战役也成为法国南部最后一场真正的战役,造成盟军4 500人、法军2 700人伤亡。拿破仑早已在4月6日退位。苏尔特在未受追击的情况下率军离开。图卢兹市长、守军、一支乐队与一群市民全在帽子上别起象征波旁王朝的白帽带,为英国人设宴接风。

路易十八与英国摄政王乔治①,作为和平和富足象征的两人携手走进伦敦城,欢欣的群众夹道欢迎他们的马车:对不列颠而言,波旁王朝也象征着和平。有首流行歌唱着:"当法兰西欢迎波旁白花结回乡之时,英格兰再也不是你的宿敌,而会向你伸出援手。"路易宣布:"在神意之下,我们王室重新登上我们祖先的王座,而我将永远将之归功于殿下之枢密院,归功于这个伟大的国家,亦归功于人民之忠诚。"英国全国民众高声庆祝:"钟鸣枪响,汤姆·潘恩全身哆嗦。"8 000人在雅茅斯大吃烤牛肉、葡萄干布丁,痛饮啤酒,流水席摆了3/4英里长。威灵顿向麾下的军队致敬,因为"他们抚慰该国居民的举止,几乎和他们在战场上的纪律与英勇相当,继而创造了这幸运的形势,令真诚而永远的和平前景在今天诞生"。掌旗官惠特利也有他的贡献,他发现波尔多"实在棒极了。每样生活必需品都便宜得不得了"——一桶上好的干红葡萄酒只要3便士——"民众亲切有礼,

---

① 这里指日后的乔治四世(George Ⅳ,1762—1830)。由于其父乔治三世罹患精神疾病,他遂在1811—1820年担任摄政王,主掌英国国政。——编者注

401

加斯科涅（Gascon）小姐们的活力不输巴黎小姐……对每个人都咯咯笑，跑动的样子仿佛要吸引人来追。多么欢乐啊！！！"[142]

英格兰人墓地

英国这场入侵行动仍留下了一些隐隐约约的痕迹：苏尔特在比利牛斯山斜坡上建的防御工事；灌木丛中偶然可见的生锈炮弹；位于比亚里茨（Biarritz）圣安德烈教堂的战争纪念碑；巴斯克与加斯科涅教堂墓园中孤零零的士兵坟墓——以及巴约讷北沿一条气氛悠然的郊区街道尽头，穿过一片地势陡峭的橡树林，沿着杂草丛生的小径旁展开的一处英格兰人墓地。

1814年4月中旬，战争似乎就要结束了。4月10日，盟军进入巴黎、拿破仑退位的消息传到巴约讷。但沃邦在巴约讷建造的高耸城堡，在

巴约讷的英格兰墓园：这是英法两国最后一次在法国土地上的冲突。

1.3 万人的防守下抵挡了下来，城外则有饥寒交迫的 2.8 万名英国、葡萄牙与西班牙联军在雨中等待时机。"我们如今已在这座恶魔般的堡垒前玩了 2 个月的"皮克牌"（piquet），尽可能想把他们饿到开城，而我们自己也很缺食物。桌上除了鲱鱼跟白兰地以外，别的一概没有。我们的营帐就搭在大沼泽上，法国人还每隔 10 分钟就向我们开炮，弹如雨下。"联军对着防线另一边的守军大喊，告诉守军皇帝已经退位，至少英国人这么认为。没有人晓得，陆军指挥官皮埃尔·图弗诺（Pierre Thouvenot）是决定以抗命之姿做最后的顽抗——背水一战，还是因为无人告诉他城外传来的消息，抑或是他怀疑消息的真实性，所以他单纯只想把包围网往外推。一名逃兵警告英国人有场攻击即将发动，但许多人不当一回事。4 月 14 日晚上没有月亮，3 000 人趁机突入英国人位于城北树林间的阵地，杀了一位指挥官，俘虏了另一位。

我听到一声"啪"，接着又是一声。我正打算躺回去，突然有超过 500 起急报轰炸我们的耳朵，接着是一阵炮弹的雷鸣……天上满是星星与炮弹，仿佛沃克斯花园的博览会……每一处灌木与树篱都点缀起滑膛枪口发出的火星，原野上打着蓝光——是从巴约讷射过来的，让人知道土墙位置在哪儿……好指引开炮。

一场激烈的混战接着在黑暗中展开："连个人都看不清楚。树篱间不断有人问是法国人还是英格兰人，得到的回答则是一把从灌木从中插过来的刺刀。"破晓时，进攻方撤退，要求休战。"法国人从城中涌出，接下来只有一种光景——他们带回死者的尸体，我们也是。几位法国军官请我抽鼻烟，我……和他们聊了许久。当法军士兵扛着死去的同袍从我们身边经过时,我们才想到战争这行当有多可悲。"[143] 将近有 900 名法军与 600 名盟军伤亡。对法国人来说,这是英勇之举[巴约讷在 1907 年将一条路命名为 4 月 14 日大道(Rue du 14 Avril),并立起一座华丽的帝国鹰徽纪念碑,以资纪念],但对英国人而言,这叫浪费生命。此后没有进一步的战斗,正式停战协议也在 4 月 27 日签署。

这个小小的英格兰人墓地有第三步兵卫队军官的坟墓、一座小方尖碑,以及一段被炮弹击碎的树干——一开始人们用它来标示墓地位置。经过死者家属与当地英国社群成员在 19 世纪美化后,这个墓园成为爱国人士的圣地,王室成员出游时也会造访。但墓园经费在 20 世纪 70 年代告罄,如今被交由巴约讷市议会持有、维护。皇家英国退伍军人协会①波尔多分会与法国的对应组织——法国将士纪念协会(Le Souvenir Français)每年都会在此留下虞美人花圈。[144] 这里是法国与英国最后一次在法国土地上打仗的地点,只是在附近度假的无数英国游客很少有人知道或在乎这个——这么说应该不为过吧。

第二次百年战争结束:1815 年

英国对世上所有人应负的责任中,最重要者莫过于对付这个恶棍(指拿破仑)。凭借此君造成的各起事件,英格兰的地位、繁荣、财富也水涨船高。她是大海的女主人,如今无论在其版图内还是在世界贸易活动中,她都没有任何一个值得担心的对手。

——冯·格奈森瑙将军(*Von Gneisenau*)[145]

---

① 皇家英国退伍军人协会(The Royal British Legion)是一个英国慈善组织,旨在为该国退伍军人提供社会经济协助。——编者注

史诗当然要有名震天下的后话。拿破仑很快便厌倦了他在厄尔巴岛（Elba）的小小国土，岛上的探子回报说他正在增加自己的影响力。1815年3月1日，他和900人上了船，在戛纳附近登陆。军队与国内大量的少数派——恐怕每三人便有一人——拥戴他上位，而官僚、为战后经济衰颓所苦的工人，以及担心自己会失去1789年以来所得的权利、工作与财产的人尤其支持他。路易十八逃往比利时。法兰西就像受虐的妻子，想要相信拿破仑这一回已经洗心革面。英国激进派甚至比法国人更好骗："如今他已成为新人。"[146]拿破仑声称意欲和平，实则准备发动全面战争。一直以来，他经常没有明确的计划，这一回也是。只有一个条件能让他安全过关：英国不愿意，或是没有能力承担击败他所需的费用。但英国承诺再给900万英镑，还有将近100万联军开赴战场——远超过实际需要。联军不太可能会中途放弃。他们学到了教训，知道跟拿破仑没有协商的余地。据拿破仑的警务大臣富歇所预测，拿破仑会打赢前两仗，但会输掉第三仗。他确实赢得了——至少部分算赢了——两场战役，分别是在利尼（Ligny）对阵普鲁士人，以及在夸特勒布拉（Quatre Bras）对付威灵顿的英荷联军。第三场就是滑铁卢。

近代史上这场无人不知的战役，发生在6月18日，地点在布鲁塞尔往南的主要道路两旁泥泞、积水的原野上。威灵顿的人马构筑了一条防线，拿破仑的大军得尽快击溃它，而且要赶在格布哈特·莱贝雷希特·冯·布吕歇尔（Gebhard Leberecht von Blücher）率领的普鲁士军队抵达之前，以免让联军获得压倒性的人数优势。双方就此以各自的传统战术展开战斗，而且没有精妙可言——多少是因为法军得抓紧时间:"重重地打,打下去啊绅士们;让我们看看谁能打得最久。"战局演变为典型的法军进攻纵队冲击英国的防线:革命时代的战术对抗旧政权的战术,脱缰的热情对抗严以律己的斯多葛哲学(Stoicism),法兰西的愤怒对抗大不列颠的冷漠。打仗的风格不仅影响了两国人的自我形象,也影响了他们对男子气概与勇气的看法。两位指挥官似乎囊括了这些相反的特质,甚至将之凸显出来:"这一厢讲求精确,精打细算,重视空间运用,审慎,固执而冷血,"诗人维克多·雨果写道,"另一厢则凭借感知、猜测、非正统,以及超乎常人的直觉。"[147] 双方的决心加上受限的战场,创造出极端浓缩的暴力。法兰西人无法突破。普鲁士人抵达。英国人推进。拿破仑返回巴黎,经历短暂的集结抵抗力量的尝试后,他在6月22日再度退位。论理,滑铁卢的重要性在于缩短了拿破仑这步险棋的时间,让"战胜与和平的问题保持在可以处理的范围内",无须把所有协议丢回熔炉中熔掉;此外,由于这主要是一场英国的胜利,威灵顿与卡斯尔雷因而获得了影响力,得以"尽快将法国与欧洲的局面平息下来"。[148] 历史学家琳达·科利(Linda Colley)的看法是:"滑铁卢再度拯救了绅士们的世界。"[149] 确实如此,而且它也拯救了工人、农民、妇孺的世界。

此时,维也纳会议仍持续进行——君主与政治家齐聚于此,决定欧洲的未来。自从1688年三王国在催逼之下涉入欧洲事务并成为对抗路易十四的小帮手以来,事情有了多大的转变啊!如今,联合王国已成为欧洲的主导势力、唯一的全球霸权,同时也是经济结构转型的典范。法兰西依旧令人敬畏,但已不再是个威胁。不过,人们还需要一个世纪,才能完全了解法国与英国之间的战争,以及由此催生的一系列全球战事已经结束了。

滑铁卢的回响

滑铁卢！滑铁卢！滑铁卢！阴郁的平原！

树林间、小丘上、山谷间的战场

死白的面孔点亮了黑暗的营寨。

一边是欧洲，一边是法兰西。

染血的冲突！神抛弃了诸英雄；

胜利女神，你遗弃了他们，魔咒就此打破。

哦，滑铁卢！我在此驻足流泪，唏嘘！

最后一战中最后的兵士们

如此伟大；一度征服整个大地，

曾经推翻二十国国王，翻越阿尔卑斯山，渡过莱茵河，

他们的魂灵吹响嘹亮的号角！

——维克多·雨果，《赎罪》（*L' Expiation*）

战败的记忆比凯旋的记忆更为深刻。这倒不是说这场胜仗无法让英国人迷醉：假使拿破仑是在巴伐利亚的某个地方向俄罗斯人投降，而英国不过是个金主，胜利的美酒可就难以醉人了。集指挥官、总督、大使、首相与全民英雄于一身的威灵顿，终其一生都在阿普斯利宅邸［Apsley House, 人称"伦敦一号院"（No.1 London）］与自己找的老战友庆祝这一天，坐拥全欧洲的掌声。充满英国历史记忆的街道、车站、酒吧与日用品品牌的名称也让这天永垂不朽。有人会说，紧跟着胜利诗篇而来的是党同伐异的杂文，所有人（尤其是战场英雄）的

政治生涯皆以失败告终，英国面临战后常见的经济衰颓、失业、贫穷与斗争等问题——这一切完整总结于"彼得卢"（Peterloo）这个挖苦性的名字里：1819年，骑兵队冲进曼彻斯特圣彼得广场（St Peter's Fields）一群并未轻举妄动的群众中，此事后来被称为"彼得卢屠杀"。

康布罗纳名言：桀骜不驯的遗言。

不过，无论人们把阴影说得多么漆黑，滑铁卢都是永远的自信心源泉——常人只能遥想，但摄政王吃了一席好菜之后，却说服自己他当时确实在滑铁卢——也是英国、英国人民、英国制度胜利的证明。伊顿公学（Eton）的运动场培育出了战无不胜的将军，英国和爱尔兰的贫民窟与陋舍则养成了一批最难对付的暴徒：威灵顿本人说，"我不晓得他们对敌人干了什么，但我向老天发誓，他们吓到我了！"在输掉这么多战役之后赢下最后一战，挺能让人恢复信心。不过，在当时甚至是在今日，滑铁卢都不是最能深深激发英国人爱国品格的战役。当这座"温暖的小岛，一座美好、拥挤的小岛"[150]遭受威胁、孤立无援时，人们为生存而发起的抗战——无敌舰队、特拉法尔加、敦刻尔克、不列颠战役（Battle of Britain），都比滑铁卢更具分量。

这正是战败的记忆更为深入人心的原因，史学家让－马克·拉格奥（Jean-Marc Largeaud）所说的法国独有的"战败文化"因此更加丰富。[151] 英国人老说自己是个颂扬战败的民族。才不是这样：英国人有险胜，甚至曾大败对手，却从来未曾有过战败。滑铁卢之后，法国人曾经颂扬过战败，至今也颂扬战败，但都是低调而为。仔细思量"光荣战败"不仅能学习牺牲，还能证明法国能存活下来，并再次崛起。戴高乐将军——这位最有历史意识的政治家，挑滑铁卢纪念日对法国民众做自己的第一次广播，这难道只是巧合吗？滑铁卢的记忆不会减轻灾难：这些记忆奠基在悲剧，奠基在命已注定但桀骜不驯的英雄气概上。这些记忆更能凸显胜利曾经如此唾手可得（只是错得离谱）。拿破仑一直回想这一仗，嚷嚷自己真该死在战场上，怪罪自己的下属粗心、通敌，还把威灵顿本该战败的理由列成清单。维克多·雨果——滑铁卢的吟游诗人——虚构出一条隐僻的低洼小路，说法国骑兵前脚正要前去征服，后脚却深陷泥淖之中。最后，普鲁士人出现，乘人之危，扭转局势——他用这种方式否定英国人曾击败法国人。法国人在道德上胜利了——而道德的胜利便是希望的花圃。

这一切浓缩于皮埃尔康布罗纳（Pierre Cambronne）的那句名言——应该说是他的两句名言，这是另一种威武不屈的表达方式。皮埃尔·康布罗纳曾在厄尔巴岛追随拿破仑左右，他指挥一旅禁卫军，在战斗的末尾组成方阵，掩护撤军。部队陷入重围，蒙受无益的伤亡，因此有位英国将领对康布罗纳大喊，要他投降。他回答道："禁卫军宁死不降！"雨果写的版本比较有名，他在里面是这样回答的："干！"后来呢，雨果告诉我们，禁卫军是战死沙场，但康布罗纳才是滑铁卢真正的赢家，因为他嘲弄命运，"以拉伯雷（Rabelais）补列奥尼达（Leonidas）的不足"。[152]传说总比乏味的事实更有力：很少有证据显示康布罗纳说过其中的任何一句话。富有诗意的故事版本恐怕是传记作家的虚构。他重新加入路易十八麾下的陆军，路易十八则封他为子爵。[153]

法国人歌颂己方的战败，但他们不喜欢别人歌颂他们的战败。当英国政府提议举办滑铁卢战役150周年纪念仪式，想象"全欧洲"一片庆祝的景象时（傻了吗？），法国人的反应冷若冰霜——何况不久前，戴高乐才动用否决权，拒绝了英国加入欧洲共同市场的申请啊。法国驻比利时大使觉得"威灵顿与奥兰治的威廉麾下士兵的后人……举办的节庆"根本不值一哂。总之，仪式规模大大缩水，《世界报》（*Le Monde*）对此感到满意："他们几乎得为自己战胜而道歉。"[154]

结论与异见

第二次百年战争：谁的胜利，谁的失败？

　　法国与英国之间的斗争，在1689—1815年造成了无数的苦难——两国的斗争虽然不是56年间多国混战的唯一原因，却也是刺激因素。死于军事行动的直接人数难以估计，但所有参战国的总伤亡人数得用百万来计算——有可能接近600万，相当于18世纪50年代的英格兰总人口。其中有2/3死于1792—1815年，法国有140万人，英国则有20万人失去生命——比例上与第一次世界大战相仿。粗略估计来看，1790—1795年出生的法国少年，有1/3阵亡或负伤。[1] 伤残军人沦为乞丐，这是两国人都很熟悉的情景。除此之外，还要加上平民死伤、生活痛苦、饥饿、疾病、家庭破碎和经济混乱——包括每个大洲的民众因卷入冲突或是被迫支付其代价，从而承受的巨大"间接伤害"。拉迪亚德·吉卜林（Rudyard Kipling）直截了当地说："我们为了挡别人的路而制作或捣毁傀儡——偏远地区的、因为我们的怒火而被迫卷入的人"，包括印度诸国及其军队、德意志佣兵、奴隶士兵、印第安易洛魁（Iroquois）战士、西班牙水手与葡萄牙游击队。至于从孟加拉到葡萄牙之间的饥饿农民，以及早夭的婴儿、沦为奴隶的非洲人、遭到强暴的妇女和她们不愿生下的孩子，几乎都成了被人遗忘的背景。

甜 蜜 的 世 仇
英国和法国，300 年的爱恨情仇

人们讨论冲突的结果时，不该忘记他们。再引一句吉卜林的话——"海军部的代价"不是只有鲜血。

认为 1689—1815 年的战事，构成了"第二次百年战争"——这种看法相当大胆。[2]这些战事属于单一的冲突吗？就几个重要方面来看，显然不是。冲突并非总与同样的土地、利益或理念有关。冲突并非毫不间断，也不是只有仇恨。相互间的赞赏与模仿就跟恨意一样显著。两国社会无论是此前还是之后，都从来没有像这段时间一样，对彼此如此着迷。意识到对方具有吸引人的危险特质，为两国的竞争更添额外的张力。至少在 18 世纪 60 年代之前，英国都代表自由与创新——相对高的宗教自由、代议政府、政治杂音、社会流动以及"商业社会"。此后（至少在英国的许多敌人眼中），这个国家则代表征服与经济剥削，甚至让波旁王朝在美国独立战争期间成了自由的卫士。法国革命（最主要的原因是全球战争带来的财政与意识形态紧绷）进一步扭转了英法两国对立关系的本质与意义：如今，法国是改变的化身，英国则是稳定与传统的代表。

公认的是，对于法国与英国而言，两国的冲突对各自的民族认同的塑造至为关键。[3]两国的爱国人士心里满是本国独一无二、两国天命截然不同的想法。好几位英国与美国历史学家皆强调，对法冲突创造了一种新的英国民族性，其宗教、行为举止与政治都跟海峡对岸的教皇党、青蛙腿[①]和专制制度相反。有些地方确实出现了新的民族性，例如促进苏格兰人与英格兰人之间更深厚的团结，以及一系列象征符

[①] "青蛙腿"在许多英国人眼中是一道"只属于法国人"的恶心菜肴。青蛙腿，乃至青蛙，便成了某种代指法国佬的贬义词。本书中提到的与青蛙有关之物，多半暗指法国。——编者注

号与刻板印象的推广等。但时人并未以丢掉英格兰、苏格兰、威尔士与爱尔兰认同为代价,去认真创造某种单一的不列颠认同。法国历史学家不太在意英国对于法兰西民族认同形成的影响,但弗朗索瓦·傅勒倒是说过,"法国人习惯以跟某个敌人的关系来定义自己,其他欧洲民族也是这样,但法国人恐怕是个中翘楚"。[4] 但是,是哪个敌人?我们之前提到,海峡两岸并不对等。自 17 世纪 70 年代以来,法国就是英国的大敌,但英国不过只是一群血统没那么高贵、在法国脚边吠叫的敌人中的一个。法国人憎恶"生而与法国为敌"的奥地利帝国,到 18 世纪 50 年代之后,背信弃义的阿尔比恩才走向台前。英国价值观迥异于法国,是敌对同盟的核心,也是粗俗商业社会的典范;无论在革命前夕、革命期间还是革命之后,英国都是最好的陪衬——"反法兰西"——对保王党或共和爱国主义者皆然。

身份的塑造只是故事的一部分,毕竟长久的斗争同时也会带来分歧。双方都经历了革命与内战。法国人一而再,再而三地在他们的岛国敌人之中制造意识形态与族群上的差异,其中有些再也没有弥合。此前看似跨越了大西洋的单一不列颠民族就此分开,而英国与爱尔兰的关系也成了永远的烦恼。但法国不只经历了剧烈的政治革命与内战,甚至发生了惨痛的文化转变。到了两国斗争的最后阶段,许多法国人视英国为盟友与典范;许多英国人视法国为榜样,视拿破仑为英雄。对于两国而言,19 世纪的国内政治分歧多半得归因于两国的长期斗争对意识形态与经济造成的影响。

最重要的是,这场长达一个世纪的斗争成了史上第一场全球权力之争,世界历史就此展开新纪元。英国出于地缘政治与意识形态的理由,反对法国独霸欧陆——就地理位置与国土大小来看,法国是唯

——一个能威胁英国国防安全,及其在低地国家、德意志、地中海和各大洋利益的国家。好几个欧陆国家同样担心法国,但它们都曾被迫默许法国的做法,或是受到法国的诱惑、与之共谋。但法国无法强迫,也无法引诱英国——英国的顽抗太危险了,其海军与财政力量让它得以干预任何地方,带来不成比例的影响。波旁法国试图将力量投射到海外,以抵制英国的殖民与贸易扩张,同时也分一杯羹。18世纪50年代以来,法国甚至在关键时刻不得不改变其优先考虑的事项,使欧洲政局为全球斗争服务——拿破仑凭借征服陆地来宰制海洋的不可能成功的尝试,正是这种改变的顶峰。欧洲霸权与世界霸权之间的关系,让法国与英国的斗争难以调和。仅仅在1803年的几个月似乎就形成了某种僵局:英国放弃了欧陆,法国放弃了海洋——但两国对这个答案都不满意。

地理与经济因素虽然是这起斗争的材料,但决定冲突走向及其结果的,却不是这两个因素。信念、恐惧、野心、偏见、计算与选择才是开启、延续、结束斗争的关键。假使法国有任何一次入侵行动成功,故事的结局恐怕就会大不相同。

前述的意见,大致便是本书的法裔作者与英裔作者意见一致的部分。接下来则是我们看法的相异之处。

起源

伊莎贝尔: 若将这场"百年战争"视为整体,其直接根源还是英国的侵略。与伦敦金融城有关的贸易和金融利益,是"爱国"大业与在亚洲、美洲等地实施殖民扩张的支柱,冲突也因此无法避免。近年来曾有三位历史学家表示:"在英格兰,商人与银行家将王座团团包围……英格兰讲的是账本的语言,法国讲的是战士对荣誉与至尊地位的渴望。"[5] 英国人的侵略特质,通过英国文化中恶名昭彰的反法情结(其实是普遍的排外心态)表现出来:一位法国历史学家称之为"偏执"与"反天主教歇斯底里"的混合,"根深蒂固、历久不衰、强烈而影响深远"。[6] 不仅许多当代人曾提到,连英国史学者琳达·科利与保罗·兰福德(Paul Langford)都强调过这点。正是这种文化使殖民侵略,甚至是对法国的欧陆战争不仅为人接受,而且受人欢迎。法国本质上采取守势(甚至在路易十四治世时亦然),一门心思放在巩固本国边界上,对于自己在欧洲外交与文化上的首要地位感到心满意足,单纯只是决心要抵抗侵略成性的英国人独占殖民贸易的做法——其他国家也支持这种立场。是英国的钱一再促成了反法同盟,最终导致了革命战争与拿破仑战争。法国的欧陆霸权是英国挑起战争的"结果而非原因"。[7]

罗伯特:这种与英国有关的陈词滥调,是以"资本主义兴起"的相关假设而非实质研究为基础的,但确确实实还存在。其实,英国外交政策并非由贸易决定。即便在老皮特(跟金融城利益与爱国主义关系最密切的政治人物)执政时,做决策的仍然是少数王室与精英官僚,他们关注的是外交影响以及对国家最为重要的安全问题。更有甚者,舆论对欧陆战事抱持压倒性的敌意。英国政治家认为法国是个威胁,而非一颗可以抢夺其殖民地的软柿子。在印度与北美洲,一再采取攻势的是法国人。宗教偏见丝毫没有影响英国的政策:当局愿意与形形色色的主权国家和体制结盟,从加尔文共和政体到教宗神权统治皆然。至于英国或英格兰的排外心态,如果缺乏与其他国家的比较,就随便主张其排外独一无二，是没有意义的，近年对法国的研究也间接否定了这点。英国的反法情结无论有多粗鲁，都是一种反对专制政体、宗教迫害与极端社会特权的表现。法国的恐英情结比起英国的反法情结有过之而无不及，而且往往更加邪恶。冲突的真正起源在于法国——250年来最好战的欧洲国家试图称霸欧洲，继而称霸全球。至于反法同盟，英国的钱确实让历次同盟得以成真，尤其是在斗争的末盘，但光是靠金融城的黄金，也无法创造反法同盟。创造反法同盟的，是法国人的侵略。

文化

伊莎贝尔：18世纪——启蒙运动的世纪，是属于法国人的世纪。欧洲思想生活走向自发统合，变为一个从费城到圣彼得堡、以法语沟通的"文人共和国"（Republic of Letters），以理性的发展和社会的现代化为目标。英国战胜法国对欧洲文化产生了根本的影响，远远不只是莎士比亚取代拉辛、英格兰文化渐占上风而已。马克·富马罗利主张这场文化比赛是"形而上的"：启蒙运动是会转向以商业为动力的、"贪婪的英格兰实证主义与功利主义"，还是转向法国作为代表的"古典的、基督教的与贵族风的前提"——"发自内心对美与真实的爱"？[8] 英国努力想在政治上、思想上分化欧洲，为民族主义年代的好战文化打下了基础。经历了两个世纪的冲突与破碎之后，今天，欧洲才试图重建、保护其共同的文化——对抗的仍然是"盎格鲁-撒克逊"的入侵。

罗伯特：这种看法实在把英法之间的争执看得太重了。从"浪漫"时代对本土文化的重新发现，人们便能看到各地，尤其是德意志地区对法国文化霸权进行的抵抗。至于商业让文化变得粗俗这点，罗伊·波特等英国历史学家倒是大方承认这有罪：启蒙思想多半便源自商业，也正是商业缔造了现代世界。就连巴黎与凡尔赛的人，也认为"古典、基督教与贵族风"的法国文化陈腐过时。[9] 我很愿意承认，确实有些弥足珍贵的东西在旧政权遭到摧毁时消失了。咱们就忘了审查跟迫害，并同意塔列朗所言，"没有在1780年前后生活过的人，不会知道生活的乐趣"——这种充满宽容的享乐主义和高雅知性的上流生活之甜美在历史上可是罕见的。但毁灭这种甜美的人是罗伯斯庇尔，不是乔治三世。顺带一提，今天谴责"盎格鲁－撒克逊"文化优越地位的法国知识分子，却有赞扬昔日法国文化优越的倾向，这挺逗的。

政治

伊莎贝尔：拥护英国的人主张英国代表自由，但人们也能轻易指出在爱尔兰与印度，英国代表的是压迫。或许有人会为对抗路易十四的举动找理由（其实路易十四不想与英国起冲突），但法国—英国斗争的高峰，就是英国与革命政权的战争。无论人们如何批评雅各宾派的越轨行为（有比英格兰人在爱尔兰和印度的做法更坏吗？），革命无论在当时还是现在，代表的都是人权、平等、终结特权、民主制度等崭新的普世观念——简言之，就是现代政治。法国在每一个国家——包括英国——都得到了主要知识分子与最进步人士的支持，而革命至今仍能在每一个地方带来启发。法国在1789年便宣告建立民主国家。曾经是欧洲模范的英国，则跟国王和教会团结一致。保王派砸烂了约瑟夫·普里斯特利的科学仪器——真是好榜样！从1793—1815年，英国一直在对抗革命：英国成为专制政体、贵族阶级、西班牙宗教裁判所、农奴制、狂热农民、犹太人隔离区的盟友。至于其国内政局，则变得越来越反动。英国镇压爱尔兰人联合会与英格兰激进人士时，就跟纳尔逊为了取悦艾玛·汉密尔顿（Emma Hamilton）的王室密友，便容许人屠杀那不勒斯爱国者时同样鲜有悔意[①]。拿破仑给普通士兵颁发勋章，让他们晋升；威灵顿鞭打自己的士兵，还骂他们是人渣。多亏有英国——反革命的组织者与金主，欧洲才能重建自己的巴士底狱。

罗伯特：批评革命的英国人（伯克与华兹华斯可谓其翘楚），对于本国与波旁君主国的恶行都很清楚（有人或许会指出，爱尔兰与印度发生的镇压行动，跟法国的威胁有直接关系），但他们确实认为解药比疾病更糟。你说的革命是个经过选择的、理想化的版本，着重言辞，忽略现实——革命分子本身就玩这种花招，弗朗索瓦·傅勒也观察到了。[10] 革命并未受到英国率领的反动同盟的攻击，分明是这个民族主义独裁政权在攻击、征服其邻国。是"独裁民主政体"在消灭反对意见，旺代的农民也知道。假如把"现代政治"归功于革命，功过表上可不

---

① 1798年，那不勒斯王室对法国发动战争，但因战事失利而流亡。在法国的扶植下，那不勒斯成立共和国。1799年2月，天主教枢机主教法布里齐奥·鲁福（Cardinal Fabrizio Ruffo）率众抵抗那不勒斯共和政府，纳尔逊也预定驰援。但他7月抵达时，鲁福已与共和政府停战，允许其成员返回法国，但纳尔逊坚持要共和政府无条件投降。依旧以为停战协议已达成的共和政府弃械投降，成员反被捕拿，其中包括原为那不勒斯王国海军军官的共和国海军司令弗朗切斯科·卡拉乔洛（Francesco Caracciolo）。卡拉乔洛被判处死刑，且判决第二天便被行刑，据说是那不勒斯王后玛利亚·卡洛琳娜（Maria Carolina）授意。王后与英国驻西西里大使威廉·汉密尔顿爵士（Sir William Hamilton）及其妻子艾玛相当要好，而艾玛又是纳尔逊的情妇，故有此说。——译者注

能只写出今天国民安居乐业的民主制福利国家，也得添上受暴力革命的迷魅力量所激发的运动，例如法西斯主义。即便英国发现自己成了宗教裁判所的盟友，法国革命可是采用了审判异端的手段；就算英国是农奴主的盟友，拿破仑可是将军事农奴制强加于整个欧洲。拿破仑的确有把勋章颁给麾下士兵，接着呢，就带他们去让人屠戮，面不改色。威灵顿骂士兵是人渣，但他饶过他们的性命，还在滑铁卢战后落泪。不讳言，英国捍卫欧洲国家的统治阶级，与解放桎梏的力量抗衡；但英国也运用其影响力，鼓励自由思想的发展，并抑制奴隶贸易。虽然欧洲若干思想家拥护法国的大业，但法国人民却拒绝这种大业。英国战胜了拿破仑，将法国人民梦寐以求的东西带给了他们：和平、安全与稳定。这才叫"地球上最大的希望"。

经济

伊莎贝尔：英国的胜利，是凭借掠夺性的、扩张性的、全球化的资本主义，而其胜利也成为资本主义的工具，等到滑铁卢之后的一个世纪，资本主义完整的影响才显现出来。资本主义是英国霸权最重要的创造，无论好坏——它是现代世界结构的基础。"工业革命"因为战争而过度运转，伤害了社会结构与自然环境，在物质上与文化上留下了永久的疤痕。法国经济更重视农业，改变也更为渐进，对本国社会伤害较小。若是法国胜利，或许能让世界经济发展更平衡、更健康。

罗伯特：法国在 18 世纪的掠夺没有减少，从其在奴隶贸易中的领头地位便可见一斑。与法国的斗争确实催化了工业革命，倘若法国胜利，经济变化乃至社会变迁的速度或许会趋缓。工业革命的某些方面是有害的，但变革所带来的经济体系，也让大多数人获得了生计。不过，人们也不该把前工业时代的农业社会理想化——世界上许多地方至今仍处于农业社会，而这意味着不间断的辛苦劳动、贫穷与早死。

欧洲

伊莎贝尔：许多历史学家——无论英国人还是法国人，都同意法国（尤其是 1789 年后）具有放眼全欧的愿景，这预示了今日欧洲的发展方向，也是法国人从一开始便在这种发展中扮演领头角色的一个原因。拿破仑消弭疆界，终结歧视，在西欧推行现代法典与行政制度（而且多数的建设在他失势后仍留了下来），废除古老的、具有压迫性的政治单位，为 19 世纪意大利与德意志的统一以及 20 世纪晚期的欧洲一体化铺平了道路。全欧洲的改革精英对此额手称庆，等到滑铁卢之后，也是法国的这些战败盟友，在从葡萄牙到波兰之间的地方领导着自由与民主运动。拜伦挖苦威灵顿是"尚未得救的'民族之救星'、仍然受人奴役的欧洲解放者"。法国前总理多米尼克·德维尔潘（Dominique de Villepin）指出，"历史证实了拿破仑的'欧洲一家亲'的未来愿景所言不虚"，他的看法也呼应了保守派英国历史学家安德鲁·罗伯茨的观点："尽管威灵顿赢了战役，但成就的却是拿破仑的梦想。"[11]

罗伯特：把拿破仑的愿景比拟成当代欧洲，这并不讨好。拿破仑统治下的欧洲是个社会上层的自利联盟，他们瞧不起民众的愿望，让反对者消音，除了权力、好处，以及扩张这个为他们自己效力的制度之外便毫无明确的目标："我们应该自己分配好利益，无须征求人民同意。"[12] 革命的解放论调旋即变成征服与剥削的遁词；此外，连罗伯斯庇尔都知道"没人喜欢手拿武器的传教士"。把拿破仑在圣赫勒拿的宣传文字当真，也太做作了。有些欧洲名流因为符合自己的利益而为法国效力，这不让人意外：所有占领者都能找到人（包括理想主义者）合作。保罗·施罗德便主张，拿破仑对欧洲未来的贡献都不在原计划内，而且都是负面的：他把权力政治拉到让人无法容忍的极端，导致欧洲得寻找另一种国际关系体系。在推翻他之前，这种体系是无法实现的。[13] 对欧洲的未来以及对19世纪欧洲前所未有的和平与繁荣环境而言，滑铁卢战胜国为维持和平而在卡斯尔雷主持下缔结的协议，比拿破仑的愿景重要得多。拿破仑本人也在无意间对此致上最诚挚的敬意："卡斯尔雷让整个欧陆任由他摆布……结果他却像战败一样议和。真是低能！"[14]

世界

伊莎贝尔：英国击败法国，意味着宰制全球。英国后来统治世界上20%的人口，不仅让这些人的经济生活彻底转型，还影响了他们的文化，并对另外80%的人也造成了重大冲击。最明显的迹象，就是英语成为大英帝国的通用语，接着渐渐成为欧洲各国的第二语言，此后更成为第一种世界通用语——继英国而起的美国的霸权巩固了这个过程。这对世界有什么益处？假使法国战胜，它也不会变成殖民大国——事实上，19世纪的法国帝国体制，多半是对大英帝国体制采取的守势回应。更有甚者，由于法国没有英国那种经济贪念与人口压力，它和北美洲与印度原住民建立的是共存关系,而非采取迫迁或族群灭绝的政策,19世纪原本可以走上这条路,世界或许会更开化、更文明。

罗伯特:关于英国全球霸权及其带来的所有影响,发生的事情就是发生了。我们不会清楚原本可能发生的其他情况——但肯定有更糟的可能性,尤其是全球无政府状态。如果路易十四、路易十五、罗伯斯庇尔或拿破仑凯旋,法国会是什么模样?我们也无从得知。假使法国击败英国,法国的价值观、社会、经济体系,甚至连人口增长恐怕都会大不相同。因此,我们无法预测胜利的法国在世界上会采取怎样的行动——但从法国过往的例子来看,侵略或帝国主义绝对少不了。想象不同的结果还蛮好玩的,但就纯属幻想:"法兰西世纪"揭幕,法语成为世界通用语,《法兰西民法典》①(*Code Civil*)在全世界通行,还有由王家总督或拿破仑式的省长统治"孟加拉国"(Bengale)与"新西兰"(Nouvelle Zélande)的"高卢和平"(Pax Gallicana)局面——说不定,最后会在20世纪打一场法美大战?这类的幻想,至少能提醒我们没有任何结果是注定的。法国的胜利,是否意味着更开化、更文明的世界?也许吧。假使如此,有鉴于法国一贯代表更显著的中央集权化、更大的权威、更多的管制与一致性——这个世界也会是个没那么自由、创造力没那么高的世界。

* * *

我们都同意,1815年决定了世界历史的走向。此时,印度的大部分地区处于英国的宰制之下,为该国称霸亚洲提供了根据地。西班牙

---

① 此即《拿破仑法典》。——编者注

帝国与葡萄牙帝国陷入混乱，这两个殖民母国再也不复以往。至于美国，1814年从半岛战争中直接调来的英国部队让华盛顿变为火海，美国政府后来把白宫行政官邸（Executive Mansion）漆成白色以掩盖焦痕，之后100年时间它都置身于欧洲的争端之外。英国的胜利，来自其调集全球资源、动员全世界对抗欧陆的能力，直到20世纪，才有另一个欧陆国家——德国——试图挑战英国胜利带来的影响。法国人很清楚，全球资源让权力关系彻底改变。拿破仑一直无法想象自己早已在伊顿公学的运动场上被人击败，但他确实说过，早在半个世纪以前的印度普拉西平原上，滑铁卢战役便已经输了。他可以向波兰人、德意志人与意大利人征兵，抽他们税。但英国却能通过伦敦的世界票据交换所，利用孟加拉国农民、古吉拉特（Gujerati）织工、中国采茶人、非洲奴隶、美国拓垦移民与墨西哥矿工的劳动力。英国从各大洲消费者的支出中获利，不仅能支应本国的舰船与兵团，还能抱注葡萄牙、西班牙、俄罗斯、意大利、奥地利与德意志的军队。或许，巨鲸最后总是能制服大象。弗朗索瓦·克鲁泽的结论是，在一个世纪的斗争后落败，让法国变成"一个脆弱、贫穷、落后、悲惨而不快乐的国家"。[15]

甜 蜜 的 世 仇
英国和法国，300 年的爱恨情仇

插曲：圣赫勒拿的景象，1815年10月至1821年5月

> 对于欧洲……所承受的所有苦难，英格兰得负全责。
>
> ——拿破仑·波拿巴，1816 年[1]

> 命运操起钉、锤与链条，
> 活捉面目苍白的雷电窃贼，
> 喜形于色，钉他在古老的岩石上，
> 乘人之危的英格兰于此撕扯他的心脏。
>
> ——维克多·雨果

> 我这一生——多了不起的故事！
>
> ——拿破仑·波拿巴

滑铁卢并未终结拿破仑与背信弃义的阿尔比恩之间的对抗。他的第一个念头，是逃到最近刚和不列颠开战的美国。但大象向巨鲸投降，他也落入皇家海军手中。他宣称将以落脚英格兰的方式，向"我最强大、最坚定、最慷慨的敌人"表示极高的敬意。他想象自己过着乡绅的生活——当然还是个政界名人。尽管身为民众与官方厌恶的目标，"布欧拿巴特"这个"科西嘉吃人怪"仍然是众人极为好奇、崇拜，甚至

424

同情的一号人物，他的百日复辟事迹更有推波助澜的效果。抱持这种态度的，并不局限于反对党辉格党与异议知识分子。[2]威灵顿与许多军界要人，都对拿破仑有热烈的兴趣（未来的温斯顿·丘吉尔也像他这样可以勾起人的好奇心）。他的马车（曾在好几个城镇展示）与一整套相关藏品在伦敦展出，吸引成千上万人来看。当战舰载着他抵达托贝时，不仅群众将战舰团团包围，连同情人士也试图以人身保护令把他留在不列颠。但盟国没有心情处理这种鸡毛蒜皮的小事，拿破仑就这么被送到远在南大西洋的圣赫勒拿岛——这是威灵顿的点子，他特别担心波旁家族或普鲁士人打算枪决拿破仑。人被关在圣赫勒拿岛就不可能逃脱，但并不是无法搭救。流亡美洲的拿破仑一党希望成立"拿破仑邦联"（Napoleonic Confederation），包括墨西哥与北美的西南地区。热爱冒险的不列颠前海军将领托马斯·科克伦（Thomas Cochrane）计划将他从岛上带走，让他到刚独立的南美洲当皇帝。总之，情况和厄尔巴岛时不同，"拿破仑将军"不是君主，而是囚犯，只能种花浇水、指使人写回忆录，或是一不小心跟随员的太太天雷地火一番。他还跟少女贝茜·巴尔科姆（Betsy Balcombe）发展出感人的友谊，贝茜也是他唯一真正认识的英格兰人。

拿破仑（以及当时和后来同情他的人）控诉自己受到的待遇，认为这简直是对一位伟人的恐怖迫害。这件事让他得到了重新登上舞台的机会——他也积极把握住。这位"科西嘉食人怪"变成了欧洲烈士：受日晒雨淋折磨的普罗米修斯，被软禁在潮湿、阴暗的朗伍德公馆（Longwood House）。岛上的行政长官赫德森·洛爵士（Sir Hudson Lowe）落了个施虐者的角色，也确实在所有后来的记载中以恶棍的面貌登台。之所以选他到岛上，是因为他能跟这位囚犯相处：这位战士能讲科西嘉方言，曾经在盎格鲁-科西嘉王国（Anglo-Corsican Kingdom）服役，并指挥一支曾在埃及与拿破仑对阵的科西嘉部队（这点倒是不太讨人喜欢）。偏偏拿破仑没有在壁炉边操土话忆往事、提当年勇的心情。他和自己的随员很快便跟洛针锋相对。任何违反皇室规矩的行为，或是对行动的限制，都被他们斥为报复羞辱之举，并被当成能恢复其地位的材料一笔笔好好记着：“每天都来剥我这暴君的皮。”洛语带后悔，说自己这位囚犯创造了一位想象的拿破仑、一个想象的欧洲，甚至是一座想象的圣赫勒拿岛。

光是受苦还不够。让·克里斯托弗·赫罗尔德（Jean Christopher Herold）说得真好：在圣赫勒拿岛上，肉身也能成道。[3] 拿破仑的脑内沉思洪流经过随员的誊写，在他 1821 年过世后出版，以便赢利。第一本问世的书——拉卡斯伯爵（Comte de Las Cases）的《圣赫勒拿回忆录》（*Mémorial de Sainte-Héléne*，1823），成为当时欧洲最畅销的书。这本书与后来的著作（包括一份遗嘱）将拿破仑描绘成一位热爱和平的善心人士，说他为法兰西及其人民奉献，捍卫革命，决心解放所有民族，还计划着光荣的未来。"我想创立一套属于欧洲的制度，编纂一部属于欧洲的法典，并建立一套属于欧洲的司法体系……让欧洲只有一个民族。"他的理想之所以受挫，主要是因为不列颠毫不餍足的恨意与忌妒——这种看法此后成为人们热议的主题。但他的理念才是未来："除了因我而得胜的……理念与原则之外，我在法兰西与欧洲都只见到奴役与困惑"。甚至连"你们不列颠人"之后都得"为你们在滑铁卢的胜利而哭泣"。[4]

拿破仑因圣赫勒拿而成为法国近代史上最重要的政治宣传家，这一切不仅让许多优秀人物更加崇拜这位"恺撒与亚历山大的继承人"，而且使他成为浪漫主义幻想中一刻不能歇息、前途多舛的英雄化身。维克多·雨果在一段时间内曾拥护保王思想，之后他也臣服于这种英雄崇拜，并且将自己的转变表现在小说《悲惨世界》的人物马里于斯（Marius）身上。爱国派自由主义者阿道夫·梯也尔（Adolphe Thiers）写了部皇皇巨著——《督政府与帝国时期史》(*History of the Consulate and Empire*，1845—1862)，他并非只用赞美，而是用稍逊于赞美的批评之词来巩固拿破仑的说法："他搞丢了我们的伟大，却留给我们光荣——这是道德上的伟大，假以时日，它将恢复物质上的卓绝。"[5] 圣赫勒拿的消息催生了一种自发的民间神话。法国受的影响最大，但影响并不局限于法国，缅怀昔日光荣的老兵与退役军官散布这种神话，歌曲作家皮埃尔-让·德·贝朗热（Pierre-Jean de Béranger）等精明的民粹主义者则宣传这种神话：

> 这位战败倒下的英雄
> 曾受教宗加冕的他
> 在遥远处一座不毛之岛死去。
> 长久以来无人信之为真；
> 人人都说：他将归来。
> 从海上他将再度降临。
> 他将使异族低头。
> 但我们发现情非如此，
> 我的苦楚多么难以下咽。

未来数十年间，欧洲各地的政治异见都有一丝波拿巴派的色彩。

威廉·透纳绘制的《流放与笠贝礁岩》，描绘权力的落日。但拿破仑设法把流放变为有效的宣传武器。

在英国，批评战后秩序的人［拜伦、珀西·比希·雪莱（Percy Bysshe Shelley）与威廉·哈兹里特（William Hazlitt）最为知名］尽情投入对拿破仑的英雄崇拜，视之为力抗全世界的天才。拜伦买下拿破仑的马车车厢，接着跟随他的脚步环游欧洲。青年本杰明·迪斯累里（Benjamin Disraeli）写过一首与拿破仑有关的诗剧。有报道说拿破仑脱逃了，也有人称曾目击到他的踪影，还有故事说他带着美洲或突厥大军回来解放法国；即便拿破仑的尸体明明已经在 1840 年由英国人交还，在隆重的场面中于荣军院下葬，但迟至1848年仍有人拒绝相信他已死。这种"拿破仑崇拜"让他的侄儿得以在1848年登上总统大位，继而成为拿破仑三世。他在1858年买下朗伍德公馆，这里至今仍是一处远方的圣地，属于法国全民。朝圣者不远千里，从岛上带走一把泥土、一些泉水，再从为皇帝原先的坟头遮阴的那株柳树上摘下一片叶子带走。

法国政治文化中的拿破仑至今仍是个矛盾的存在。他是戴高乐之外，最受法国人爱戴的英雄。[6]近代的法国政府多半出自他的规划。但巴黎却没有一条街道采用他的圣名。（在圣赫勒拿岛上，英国人倒是有条拿破仑大街。）拿破仑遗产的重要性与吸引力，恰恰让知识分子感到尴尬，他们因此倾向于避谈这个主题。[7]不过，近年来有好几位作家再度回顾起拿破仑。2002年，自信满满的法国外交部部长多米尼克·德维尔潘（后来成为总理）出版了一部充满强烈民族主义情绪的百日复辟史，夸赞拿破仑是与恺撒或亚历山大比肩的天才，说他凭借"风发的意气"、"想象"与"炽热的情感"，超脱于平庸的道德。虽然滑铁卢让"英格兰胜过法兰西"成为定局，但法国也从战败中发现了"另一种高贵"。在德维尔潘的作品中，帝国禁卫军在滑铁卢的牺牲，激发了"抵抗的气魄"，后来更在另一位天才戴高乐身上显现出来。这种气魄至今仍滋养着"法兰西之梦……我们的自我期许"："一个可靠的国家，藐视结党营私与妥协；人们崇尚行动，心中牵挂……法兰西的崇高……拒绝向命定之数低头，在战败中保持尊严。"[8]

注释

引言

1.Semmel（2004）, p. 9.

第一部 斗争

1.Scott（2000）, p. 7.

第一章 英伦入欧

1.Scott（2000）, p. 461.
2.Hoppit（2000）, p. 5.
3.Wolf（1968）, p. 89.
4.Churchill（2002）, vol. 2, p. 228.
5.Wolf（1968）, p. 182.
6.Bennett（1997）, p. 363.
7.Petitfils（1995）, p. 330.
8.Scott（2000）, p. 170.
9.Pincus（1995）, p. 346.
10.Levillain（2004）, p. 108.

11.Scott (2000), p. 65.

12.Petitfils (1995), p. 485.

13.Hoppit (2000), pp. 17-18.

14.Morrill (1991), pp. 79-81.

15.Israel (1991), p. 10.

16.Pincus (1995), p. 352.

17.Bély (1992), p. 283.

18.Israel (1991), p. 105.

19.Ibid., p. 120.

20.Ibid., p. 109; Troost (2005), p. 193.

21.Report by French agent Usson de Bonrepaus, September 6,1688[n. s.], in AN : AE B1758.We owe this reference, and that in footnote 25, to Charles-Edouard Levillain.

22.Wolf (1968), p. 649.

23.Cénat (2005), pp. 104-105; Rose (1999), p. 115; see also Miller (1978), pp. 190-192.

24.Speck (2002), p. 70; Troost (2005) pp. 192-193.

25.Report of Sancey to governor-general, September 3, 1688, AGR T 100/409 fo 53.

26.Israel (1991), p. 108; Rodger (2004), p. 151.

27.Scott (2000), p. 217.

28.Israel (1991), p. 32.

29.Beddard (1991), p. 242.

30.Jackson (2005), p. 568.

31.Hoppit (2000), p. 33.

32.Morrill (1991), p. 98.

33.Rose（1999）, p. 105.

34.Childs（1996）, p. 210.

35.Lenman（1992）, p. 23.

36.Rose（1999）, p. 218.

37.An English officer, in Kishlansky（1996）, p. 295.

38.For details, see Murtagh, in Caldicott et al.（1987）.

39.Padfield（2000）, ch. 6.

40.Wolf（1968）, p. 459.

41.Lynn（1999）, pp. 215-216; Rodger（2004）, p. 147.

42.Cullen（2000）.

43.Gwynn（1985）, p. 68.

44.Rose（1999）, p. 112.

45.Scott（2000）, p. 474.

46.Padfield（2000）, pp. 144-150; Rodger（2004）, p. 150.

47.Dickson（1967）, p. 28.

48.Wolf（1968）, p. 487.

49.Petitfils（1995）, p. 512.

50.Wolf（1968）, p. 487.

51.Baxter（1966）, p. 379.

52.Wolf（1966）, p. 511.

53.Baxter（1966）, p. 388.

54.Bély（1992）, p. 397.

55.Voltaire（1966）, vol. 1, p. 251.

56.Ibid., p. 239.

57.Churchill（2002）, p. 15.

58.McKay and Scott（1983）, p. 138.

59.Ibid., p. 149.

60.Bartlett and Jeffery (1996), p. 299.

61.Lenman (1992), p. 84.

62.MAE MDA, vol. 52, fos 38-39.

63.Black (2000), p. 89.

64.Antoine (1989), p. 357.

65.Lenman (1992), p. 14——一个简明扼要的总结。

66.MAE MDA, vol. 53, fo 24.

67.Ibid., vol. 77, fo 98.

68.Ibid., vol. 78, fos 73-74 (dated 12 June，1745) .

69. 日期是依据旧式罗马儒略历给出的，英国使用该历法一直至1751年，比法国使用的新式公历晚11天。

70.Roberts (2002), p. 112.

71.For numbers and social composition, see McLynn (1998), pp. 18-28.

72.1745年9月，诺瓦耶公爵撰写了一篇论文，对这些观点进行了总结。诺瓦耶公爵是国王最亲密的顾问，也是一位主要的怀疑论者。MAE MDA, vol. 52, fos 38-49.

73.Black (2000b), p. 84.

74.Lenman (1992), p. 107.

75.Bongie (1977), p. 12.

76.McLynn (1998), p. 80.

77. December 31 to January 3 "new style". McLynn (1981), pp. 154-155.

78.Bongie (1977), p. 15.

79.Roberts (2002), p. 144.

80.Black (2000b), p. 183.

81.Roberts (2002), p. 168.

82.McLynn (1981), p. 235.

83.Dziembowski (1998), pp. 81-82, 464.

84.Interim report of the Life in the UK Advisory Group.

85.Brecher (1998), p. 9.

86.Fumaroli (2001), p. 53.

87.Black (1987), p. 3.

88.Scott (2000), p. 487.

89.Black (1998), p. 126.

90.Ferguson (2001), p. 49.

91.See Bowen (1998), pp. 18-22.

92.对七年战争中作战成本的评价，引自 Chesterfield (1932), vol. 2, p. 387。

93.Winch and O'Brien (2002), p. 263.

94.Capie in Prados de la Escosura (2004), p. 216.

95.J. R. Jones, in Hoffman and Norberg (1994), p. 89; Brewer (1990), pp. 90-91.

96.Martin Daunton in Winch and O'Brien (2002), p. 319.

97.Brewer (1990), p. 79; Lindert (2004), pp. 46-47.

98.O'Brien in *OHBE*, vol. 2, p. 66.

99.Dickson (1967), p. 51.

100.North and Weingast (1989), p. 824.

101.Middleton (1985), p. 153.

102.On John Law, see Lüthy (1959), vol. 1; and on the South Sea Bubble, Hoppit (2002) and Dickson (1967), ch. 5.

103.Dickson (1967), p. 198.

104.Neal, in Prados de la Escosura (2004), p. 185.

105.Dziembowski (1998), p. 265.

106.Lüthy (1959), vol.1, p. 290. See also Crouzet (1999), pp. 105-119.

107.See summary by Bonney (1999), ch.4.

108.Hoffman and Norberg (1994), p. 258.

109.Ibid., pp. 273-274.

110.Antoine (1989), p. 493.

111.Jones (2002b); Lüthy (1959), vol. 2, p. 324; Chaussinand-Nogaret (1993) .

112.Lüthy (1959), vol. 1, p. 415; vol. 2, pp. 468-521.

113.See Sonenscher (1997), pp. 64–103, 267-325.

114.Kwass (2000), p. 255.

第二章　所思、所悦、所见

1.Gunny (1979), p. 21.

2.Chesterfield (1932), vol. 1, p. 130.

3.Courtney (1975), p. 273.

4.Fumaroli (2001), p. 53.

5.Alexander Murdoch, in Fitzpatrick et al. (2004), p.104.

6.Grente and Moureau (1995), p. 61. On eighteenth-century culture generally, see Pomeau (1991), Roche (1993), Brewer (1997), Ferrone and Roche (1999), Fumaroli (2001), Porter (2000), Blanning (2002), Fitzpatrick et al. (2004) .

7.Mornet (1910), p. 460.

8.For statistics, Sahlins (2004), pp. 159, 172.

9.Jones (2002), p. 180.

10.Girard d'Albisson (1969), p.65.

11.Kölving and Mervaud (1997), vol. 1, p. 80.

12.Acomb (1950), p. 27.

13.Dziembowski (1998), p. 355.

14.Pomeau (1979), p. 12.

15.Ibid., p. 12.

16.Rousseau (1979), pp. 25, 32, 40.

17.Pomeau (1979), p. 11. See also Mervaud (1992) and Buruma (2000).

18.Fumaroli (2001), p. 22.

19.Fougeret de Montbrun (1757), p. 8.

20.Grieder (1985), p. 4.

21.Much of what follows in based on Shackleton (1961).

22.Courtney (1975), pp. 275−276.See also Dedieu (1909).

23.Sylvana Tomaselli,unpublished lecture quoted by kind permission of the author.

24.Ibid.

25.Shackleton (1961), p. 301.

26.Courtney (1975), pp. 286−287.

27.Jones (2002), p. 173.

28.Ross (1995), p. 219. See also Mossner (1980).

29.Ross (1995), p. 217.

30.Smith (1991), vol. 1, p. 13; vol. 2, p. 180. See the subtle discussion in Rothschild (2001).

31.Nicolet (1982), pp. 479−480.On Smith's early reception in France, see Whatmore (2000).

32.Jean−Pierre Langellier, *in Le Monde* (June 7, 2005).

33. Le Blanc (1751), p. 50.
34. Chesterfield (1932), vol. 1, pp. 329–330.
35. Andrews (1783), p. 266.
36. This section owes much to Black (1999).
37. Newman (1997), p. 43; Roche (2001), pp. 15–17.
38. From Garrick's play *Bon Ton*, 1775, in Eagles (2000), p. 49.
39. Tyson and Guppy (1932), p. 149.
40. Eagles (2000), p. 109.
41. La Combe (1784), p. 50.
42. McCarthy (1985), p. 150.
43. Grieder (1985), p. 40.
44. Grosley (1770), vol. 1, pp. 23, 85.
45. Mornet (1910), p. 460.
46. Le Blanc (1751), p. 16.
47. Dziembowski (1998), p. 23.
48. *Gentleman's Guide* (n.d.), pp. 5, 39.
49. Thicknesse (1766), pp. 9, 44–45, 105; Gosse (1952).
50. Du Bocage (1770), vol. 1, pp. 1–2.
51. Smollett (1999), p. 4.
52. Grosley (1770), vol. 1, p. 19.
53. Walpole (1904), p. 421.
54. Black (1992), p. 98.
55. Pasquet (1920), p. 835.
56. Black (1992), p. 18.
57. Ibid., pp. 185–186.
58. *A Five Weeks' Tour to Paris, Versailles, Marli &c* (1754), p. 15;

Gentleman's Guide, p. 88.

59.Black（1992）, p. 196.

60.Pasquet（1920）, pp. 847-848.

61.Grosley（1770）, vol. 1, p. 79.

62.Donald（1996）, p. 121.

63.Grieder（1985）, p. 109.

64.Chesterfield（1932）, vol. 2, p. 87.

65.Thicknesse（1766）, p. 9.

66.Dziembowski（1998）, pp. 207-211.

67.Taylor（1985）, p. 43; Harvey（2004）, p. 140; Holmes（2001）, p. 104.

68.Mennell（1985）, p. 138.

69.La Combe（1784）, p. 14.

70.Pasquet（1920）, pp. 838-839.

71.*Five Weeks' Tour*（1754）, p. 25.

72.Chesterfield（1932）, vol. 1, p. 103.

73.Radisich（1995）, p. 411.

74.Chesterfield（1932）, vol. 2, p. 198.

75.Tyson and Guppy（1932）, pp. 103, 146, 232.

76.Klein（1997）, pp. 362-382.

77.Taylor（2001）, pp. 17, 41.

78.McIntyre（2000）, p. 369.

79.Cranston（1997）, pp. 164-171; Uglow（2002）, p. 182.

80.Tyson and Guppy（1932）, p. 7.

81.Chesterfield（1932）, vol. 2, p. 100.

82.Black（1992）, p. 60.

83.Chesterfield（1932）, vol. 2, p. 106.

84.Black (1992), p. 206.

85.Harris (1998), pp. 225-230, 434-445, and *passim*.

86.Patterson (1960), p. 33; Harris (1998), pp. 249, 313, 600.

87.Harris (1998), pp. 441, 546-547, 550-551, 560.

88.La Rochefoucauld (1933), *passim*; Crouzet (1999), p. 115; Harris (1998), p. 547. See also Scarfe (1995), and Bombelles (1989), an officer and diplomat who came to sniff the air after the American war.

89.See Rothschild (2002), pp. 46-59.

90.Grieder (1985), p. 17.

91.Eagles (2000), pp. 63-65.

92.Grosley (1770), p. 165.

93.Grente and Moureau (1995), p. 62.

94.Mornet (1910), p. 461; Pemble (2005), pp. 77-78; on Sade, see Schama (1989), p. 391.

95.Porter (2000), p. 286.

96.Grieder (1985), pp. 74-75, 151-162.

97.Walpole (1904), pp. 422, 523.

98.Saint-Girons (1998) .

99.Ibid.

100.Plaisant and Parreaux (1977), p. 289.

101.Newman (1997), p. 125.

102.Girardin (1777), pp. 34-35.

103.Dulaure, *Nouvelle Description des Environs de Paris* (Paris 1786), in Taylor (2001), p. 99.

104.*George IV and the Arts of France* (1966), p. 5.

105.*The Lady's Magazine*, Nov. 1787, in Ribeiro (1983), p. 116.

106.Chesterfield（1932）, vol. 1, p. 330.

107.Grieder（1985）, pp. 10, 25；Acomb（1950）, p.15.

108.Steele（1998）, p. 32.

109.Buck（1979）, p. 44；and see Sheriff,in Bermingham and Brewer（1997）, pp. 473-475.

110.Boucher（1996）, p. 299.

111.Steele（1998）, p. 34.

112.Grieder（1985）, p. 16.

113.Britsch（1926）, pp. 376-378. See also Ward（1982）.

114. 她是否是让利斯和沙特尔的私生子，这个弃儿的故事是否是一个精心策划的幌子，研究者们对此仍然存有分歧。2004 年版的《牛津国家人物传记词典》（非 1884 年版）认为她是；近年来书写奥尔良家族的法国传记作家利弗（1996）和安东尼蒂（1994）强调说不是。

115.Mercier（1928）, p. 135.

116.Rothschild（2002）, p. 40.

117.Grieder（1985）, pp. 20-21.

118.Mercier（1928）, p. 74.

119.Newman（1997）, p. 38. See also Rauser（2004）.

120.Watkin（1984）, p. 116.

121.Chesterfield（1932）, vol. 1, p. 163.

122.Gury（1999）, p. 1047.

123.Walpole（1904）, p. 417.

124.Scott（1990）, p. 52.

125.Clark（2000）, p. 260.

126.Blanning（2002）, p. 415.

127.Grieder（1985）, p. 110.

128.McIntyre (1999), pp. 244-245; Dziembowski (1998), p. 55.See also Hedgecock (1911).

129.Foote (1783), vol. 1, *The Englishman in Paris*, pp. 13-14; *The Englishman Returned from Paris*, p. 22.

130.J. C. Villiers, *A Tour through part of France* (1789), in Maxwell (1932), p. 144.

131.Reddy (2001), p. 151.

132.Villiers (1789), in Maxwell (1932), p. 359.

133.Smollett (1981), p. 53.

134.*Gentleman's Guide* (n.d), p. 33.

135.Black (1992), p. 196.

136.Garrick (1939), p. 10.

137.Shoemaker (2002), pp. 525-545.

138.Mennell (1985), p. 309.

139.John Andrews, *An Account of the Character and Manners of the French; with occasional Observations on the English* (London, 1770), in Donald (1996), p. 86.

140.Cardwell (2004), 78f.

141.Clairembault-Maurepas (1882), vol. 10, p. 23.

142.Mercier (1928), pp. 74-75.

143.La Rochefoucauld (1933), pp. 57-58.

144.Tyson and Guppy (1932), p. 99.

145.Mercier (1933), p. 213.

146.Fumaroli (2001), p. 190.

147.Fumaroli (2001), p. 181.

148.Chesterfield (1932), vol. 2, pp. 105, 146 ; Rousseau (1969), pp. 245, 515.

149.Chesterfield（1932）, vol. 2, pp. 105, 145；Rousseau（1969）, p. 391.

150.Uglow（2002）, pp. 185-188, 190-191.

151.Monaco（1974）, p. 4.

152.Le Tourneur, 1776 preface, in Genuist（1971）, p. 20.

153.Pappas（1997）, p. 69.

154.Monaco（1974）, p. 9.

155.Ibid., p. 73；Pappas（1997）, p. 67.

156.Voltaire（1785）, vol. 61, pp. 350-376.

157.Genuist（1971）, p. 198.

158.Williams（1979）, p. 321.

159.Pemble（2005）, pp. 95-98.

第三章　世界之权柄

1.MAE MDA, vol. 52, fo 108.

2.Corbett（1907）, vol. 1, p. 189.

3.MAE MDA, vol. 55, fo 74.

4.Crouzet（1999）, p. 106.

5.Patrick O'Brien, in *OHBE*, vol. 2, p. 54；Crouzet（1999）, p. 300.

6.Duffy（1987）, pp. 385, 371.

7.一个很好的总结，可参见 Bruce Lenman, in *OHBE*, vol. 2, pp. 151-168。

8.Black（1998）, p. 181.

9.Bayly（2004）, part I；see also Alavi（2002）, esp. ch. 4.

10.Pluchon（1996）, vol. 1, p. 246. 关于一般性的问题，可参见 Scott（1992）, Black（1998 and 2000）, Brecher（1998），以及 Bayly（2004）

和 Marshall（2005）所做的权威调查。

11.Duffy（1987）, p. 6.

12.Ibid., pp. 7, 12；Prados de la Escosura（2004）, pp. 41-43.

13.Duffy（1987）, p. 385.

14.Thomas（1997）, p. 249；Duffy（1987）, pp. 12-13.

15.Deerr（1949）, vol. 1, pp. 240, 293.

16.Thomas（1997）, p. 300.

17.Ibid., pp. 303-304, 340.

18.MAE MDA, vol. 52, fo 234.

19.Das（1992）, p. 7.

20.See Subramanian（1999）, Manning（1996）.

21.Llewelyn-Jones（1992）.

22.Vigié（1993）, p. 504.

23.Pluchon（1996）, vol. 1, p. 191.

24.P. J. Marshall, in *OHBE*, vol. 2, p. 501.

25.Vigié（1993）, p. 8.

26.Brecher（1998）, pp. 18-19.

27.Anderson（2000）, p. 29；Meyer, Tarrade and Rey-Goldzeiguer（1991）, vol. 1, p.146.

28.Anderson（2000）, pp. 35-40.

29.MAE MDA, vol. 52, fos. 104-110.

30.Brecher（1998）, p. 11.

31.MAE MDA, vol. 52, fo 109.

32.Brecher（1998）, p. 60.

33.MAE MDA, vol. 52, fos 103-104.

34.Dziembowski（1998）, p. 216.

35.Anderson (2000), p. 17; Meyer, Tarrade and Rey-Goldzeiguer (1991), vol. 1, pp. 145-149.

36.Bell (2001), p. 86.

37.Dziembowski (1998), p. 81.

38.Dull (2005), p. 31.

39. "Mémoire sur les partis àprendre dans les circonstances présentes" (Aug.1755), MAE MDA, vol. 52, fo 134.

40.Béranger and Meyer(1993), p.278; Vergé-Franceschi(1996), pp. 122, 221; Meyer, Tarrade and Rey-Goldzeiguer (1991), vol. 1, p. 148.

41.Pocock (1999), vol. 1, p. 94.

42.Lenman (2001), p. 136.

43.Béranger and Meyer (1993), pp. 210-211; Pluchon (1996), vol. 1, p. 166. See also Plank (2001).

44.Dziembowski (1998), p. 81, Bell (2001), p. 87.

45.Dziembowski (1998), p. 85.

46.Ambassadorial instructions, quoted by Chaussinand-Nogaret (1998), p. 63.

47.Pluchon (1996), p. 248.

48.Anderson (2000), ch. 19.

49.Woodbridge (1995), p. 94.

50.Dziembowski (1998), pp. 100-101.

51.Middleton (1985), p. 41.

52.Cardwell (2004), p. 78.

53.Voltaire (1992), p. 68.

54.Rodger (2004), p. 272; Rodger (1988), pp. 266-267.

55.Colley (1992), pp. 87-98; Wilson (1995), pp. 185-193.

56.Van Kley（1984）, pp. 36, 39-40.

57.Woodbridge（1995）, p. 48.

58.Van Kley（1984）, p. 145.

59.Instructions to envoy to Prussia, quoted in Middleton（1985）, p. 27.

60.Woodbridge（1995）.

61.Dziembowski（1998）, pp. 122-130.

62.Kwass（2000）, pp. 156-192.

63.Van Kley（1984）, p. 39.

64.Dziembowski（1998）, pp. 499-504.

65.Walpole（1904）, pp. 430-431.

66.Peters（1980）, p. 104.

67.Earl Waldegrave, in Peters（1998）, p. 73.

68.Peters（1998）, p. 83.

69.Chaussinand-Nogaret（1998）, p. 216.

70.Ibid., p. 132.

71.Ibid., p. 15.

72.Peters（1998）, p. 246.

73.Chaussinand-Nogaret（1998）, p. 129.

74.Ibid.

75.Béranger and Mayer（1993）, p. 243.

76.Lacour-Gayet（1902）, p. 295; Dull（2005）, p. 61.

77.Lacour-Gayet（1902）, p. 307.

78.Ibid., p. 312.

79.Waddington（1899）, vol. 3, p. 346.

80.Ibid., p. 348.

81.Lacour-Gayet（1902）, p. 316.

82.Waddington (1899), vol. 3, p. 353.

83.Letter of October 2,1758, in Lacour-Gayet (1902), p. 316.

84.Brumwell(2002), p. 51; Kennett (1967), p. xiv.

85.Middleton (1985), p. 116.

86.McIntyre (1999), p. 291.

87.Walpole (1904), p. 260.

88.Brumwell (2002), p. 271.

89.Anderson (2000), p. 375. See also Rogers (2004), pp. 239-259.

90.Kennett (1967), p. 57.

91. 到 1790 年，雕刻复制品的利润总计达 15 000 英镑。Blanning (2002) , p. 300.

92.Dull(2005), p. 161.

93.McLynn(2005), p. 370.

94.Padfield(2000), p. 212.

95.Lacour-Gayet(1902), p. 342.

96.Middleton(1985), p. 177.

97.Vincent (1993), p. 231.

98.Blanning (1977) .

99.Black(1998), pp. 181-182; see also Middleton (1985), pp. 22, 183, 188, 208-221; Peters(1998), p. 116.

100.Dull(2005), pp. 199, 241.

101.MAE MD, Indes Orientales 1755—1797, vol. 13, "Observations sur l'article 10 des préliminaires de paix", March 1763.

102.Robert Allen, in Prados de la Escosura(2004), p. 15.

103.Stanley Engerman, Ibid., p. 280. See also Javier Esteban, Ibid., pp.59-60; and Jacob M.Price, *OHBE*, vol. 2, p. 99.

104.Anderson(2000), p. 507.

105.Glyn Williams, in *OHBE*, vol. 2, pp. 555-556.

106.Salmond(2003), p. 31.

107.Ibid., p. 53.

108.Landes (2000), pp. 165, 176.

109.Robson (2004), p. 68.

110.Ormesson and Thomas (2002), p. 206.

111.Richard Drayton, in *OHBE*, vol. 2, p. 246；Whiteman (2003), pp. 28-41.

112.Chaunu (1982), p. 262.

113.Girardet (1986), pp. 158-161.

114.Genuist (1971), p. 16.

115.Boswell (1992), p. 188. 这80个被约翰逊"打倒"的法兰西人是法兰西学院的成员，也是官方《法语大词典》的作者。

116.Béranger and Meyer (1993), p. 73.

117.Crystal (2004), p. 433.

118.Statistics in Ferrone and Roche (1999), pp. 297-298.

119.Mercier (1928), p. 158.

120.Grosley (1772), vol. 1, p. 93；Semmel(2004), p. xiii.

121.Bellaigue (2003), p. 64.

122.Plaisant (1976), pp. 197, 211.

123.Grieder (1985), p. 29.

124.Bernard Saurin, *L' Anglomane ou l' orpheline léguée* (1772), in Répertoire (1818), vol. 7, p. 246.

125.Hardman and Price (1998), p. 89.

126."Appeal to all the nations of Europe"(1761), in Voltaire (1785), vol. 61, p. 368.

127.Cohen（1999）, pp. 448-459.

128.Newman（1997）, p. 114；Lancashire（2005）, p. 33.

129.Rivarol（1998）, pp. 8, 32, 36, 42, 46-51, 68-70, 76-86, 90-91.

130.Fumaroli（2001）, p. 19.

131.Ostler（2005）, p. 519.

第四章 复仇者的悲剧

1.Dziembowski（1998）, p. 206.

2.Ibid., p. 264.

3.Ibid., p. 7.

4.Choiseul（1881）, p. 172.

5.Ibid., pp. 178, 253.

6.Conlin（2005）, pp. 1251-1288.

7.Dziembowski（1998）, p. 283.

8.Farge（1994）, p. 172.

9.*L' Année littéraire*, 1766, in Acomb（1950）, p. 61.

10.Goudar, *L' Espion chinois*, in Acomb（1950）, p. 61.

11.Choiseul（1881）, p. 178.

12.Chaussinand-Nogaret（1998）, p. 252.

13."Mémoire sur l' Angleterre," MAE MDA, vol. 52, fo 180.

14.Abarca（1970）, p. 325；Patterson（1960）, pp. 32-34.

15.Conlin（2005）.

16.Belloy（1765）, preface.

17.Ibid., pp. 55-56. 有趣的是，剑桥大学图书馆里保存的副本，是贝卢克于 1765 年 4 月赠送给戴维·加里克的。

18.Choiseul（1881），pp. 252, 254. See also Scott（1990），pp. 74-79, 140-154.

19.Dull（2005），p. 248.

20."Mémoire"（1777），MAE MDA, vol. 52, fo 230.

21.Sorel（1969），p. 382.

22.Anderson（2000），p. 605.

23.Kirk Swinehart 未发表的论文，我们很感激他允许我们引用，期待他即将出版的书《莫莉的战争》，另见 Mintz（1999）。

24.Holton（1999）.

25.Conway（2000），p. 145.

26.Wilson（1995），p. 240.

27.Murphy（1982），p. 235.

28.Turgot（1913），vol. 5, pp. 405-406.

29.Poirier（1999），p. 315.

30.To Louis XVI, 1776, in Poirier（1999），p. 310.

31.Murphy（1982），p. 400.

32.Patterson（1960），p. 227.

33.Hardman and Price（1998），p. 237.

34.Poirier（1999），p. 309.

35.Ibid., p. 304；Conlin（2005）.

36.Poirier, p. 305.

37.Ibid., p. 313.

38.Dull（1985），p. 62.

39.Vergé-Franceschi（1996），p. 154.

40.Clairambault-Maurepas（1882），vol. 10, p. 155.

41.Hardman and Price (1998), p. 48.

42.Murphy (1982), p. 260.

43.MAE MDA, vol. 52, fo 233.

44.Dull (1985), p. 99.

45.Acomb (1950), pp. 76-77.

46.Clairambault-Maurepas (1892), vol. 10, p. 155.

47.Schama (1989), p. 49.

48.Schama (1989), p. 25.

49.Kennett (1977), p. 51.

50.Rodger (2004), p. 335.

51.Conway (2000), pp. 321-322.

52.Patterson (1960), p. 42.

53. "Mémoire sur l'Angleterre" (1773), in MAE MDA, vol. 52, fos 180-223.

54.Lacour-Gayet (1905), pp. 252-253.

55.Patterson (1960), p. 154.

56.Chateaubriand (1973), p. 55.

57.Foreman (1999), pp. 64-65.

58.Conway (2000), p. 89.

59.Patterson (1960), pp. 112, 117.

60.Manceron (1979), pp. 148, 155.

61.Conway (2000), pp. 22, 198-199.

62.Lacour-Gayet (1905), p. 232.

63.Ibid., pp. 256, 274; Manceron (1979), p. 175.

64.Murphy (1982), p. 279.

65.Manceron (1979), p. 181.

66.Vergé-Franceschi（1996）, p.148; Murphy（1982）, p. 245; Béranger and Meyer（1993）, p. 316; Kennedy（1976）, p. 111.

67.Bamford（1956）, p. 210.

68.Dull（1985）, p. 110（totals for 1781）.

69.Mackesy（1964）, p. 382.

70.Blanning（2002）, p. 339.

71.Rogers（1998）, p. 152.

72.Clairambault-Maurepas（1882）, vol. 11, p. 16.

73.Schama（1989）, p. 47.

74.Ibid., p. 44.

75.Moore（1994）, p. 137. See also Schama（2005）.

76.Ferling（2003）, p. 224.

77.Dull（1985）, pp. 109-110.

78.Kennett（1977）, p. 30, 52; Mackesy（1964）, p. 350.

79.Kennett（1977）, p. 56

80.Mackesy（1964）, p. 384; Hardman（1995）, pp. 54-62.

81.Mackesy（1964）, p. 385.

82.Kennett（1977）, p. 91.

83.Grainger（2005）, p. 176.

84.Mackesy（1964）, p. 424.

85.Kennett（1977）, p. 121; Harvey（2001）, pp. 410-411.

86.Kennett（1977）, p. 156.

87.Mayo（1938）, pp. 213-214.

88.Manceron（1979）, p. 514.

89.Mackesy（1964）, p. 435.

90.Dull（1985）, p. 120.

91. Kennett (1977), p. 160.

92. Dull (1985), p. 153.

93. Conway (2000), p. 202.

94. Mintz (1999), p. 173. See also Scott (1990), pp. 324-331.

95. Hulot (1994); Rodger (2004), p. 357.

96. Bruce Lenman, in *OHBE*, vol. 2, p. 166.

97. Mackesy (1964), pp. 383-384.

98. Wilson (1995), p. 435.

99. Béranger and Meyer (1993), p. 316.

100. Lüthy (1959), vol. 2, p. 592.

101. Esteban, in Prados de la Escosura (2004), p. 53.

102. Acomb (1950), p. 86.

103. Jarrett (1973), p. 34.

104. Statistics: Prados de la Escosura (2004); Hoffman and Norberg (1994); Murphy (1982), pp. 398-399; Conway (2000), pp. 236, 316, 352; Bowen (1998), pp. 19-20.

105. Whiteman (2003), pp. 22, 23 (our translation).

106. Browning (1909), vol. 1, p. 99.

107. Whiteman (2003), p. 29; Price (1995), p. 67.

108. Browning (1909), vol. 1, p. 134.

109. Talleyrand, quoted in Jones (2002), p. 343.

110. Hardman (1995), p. 153.

111. Ibid., p. 244.

112. Ozanam (1969), p. 169.

113. Murphy (1998), pp. 73-77.

114. Chaussinand-Nogaret (1993), pp 9, 112-113.

115. Jones (2002), p. 382.
116. Egret (1977), p. 22.
117. Schama (1989), p. 267.
118. Whiteman (2003), pp. 37−39, 54; Price (1995b), pp. 895, 903.
119. Blanning (2002), p. 422.
120. Whiteman (2003), p. 63. See also Murphy (1998), pp.94−95; Price (1995b), p. 904.
121. Blanning (2002), p. 421.
122. Hardman and Price (1998), p. 105.
123. Hopkin (2005), p. 1130.
124. Jarrett (1973), pp. 274−275.
125. Browning (1909), vol. 1, p. 148.
126. Ibid., vol. 2, p. 243.
127. Ibid., vol. 2, p. 259.
128. Black (2000), p. 267.
129. Samuel Boddington.
130. Godechot (1956), vol. 1, pp. 66−67; see also Wahnich (1997), pp. 282−283.
131. Browning (1909), vol. 2, p. 251.
132. Hampson (1998), p. 16; Jarrett (1973), p. 275.
133. Acomb (1950), p. 121.
134. Hammersley (2004); Acomb (1950), p. 121.
135. Baker (1990), pp. 277−278.
136. Jarrett (1973), p. 286.
137. Goulstone and Swanton (1989), p. 18.

第五章　理念与刺刀

1.Second "Letter on a Regicide Peace," Macleod (1998), p. 13.

2. "French Revolution: as it appeared to enthusiasts at its commencement" (1809).

3.Ehrman (2004), vol. 2, p. 4.

4.Hampson (1998), p. 47；Jarrett (1973), p. 279；Mori (2000), p. 188；Barker (2001), pp. 68–73.

5.Andrews (2003), pp. 6, 31, 33；Macleod (1998), p. 154.

6.Watson (1977), p. 49；Ehrman (2004), vol. 2, p. 47.

7.Garrett (1975), p.131；Bentley (2001), pp.186,196；Andrews (2003), pp. 95–104；McCalman (1998).

8.Burke (2001), pp. 63–65.

9.Paine (1989), p. 59.

10.Beales (2005), p. 418.

11.Macleod (1998), p. 12.

12.*AP*, vol. 91, p. 38.

13.O'Gorman (1967), p. 66.

14.Burke (2001), p. 62. See also Welsh (1995).

15.Mehta (1999), p. 158.

16.Burke (2001), p. 291.

17.Ibid., p. 328.

18.Ibid., pp. 328, 339. See also Pocock (1985), p. 208.

19.Claeys (2000), p. 41.

20.Paine (1989), p. 141.

21.Ehrman (2004), vol. 2, p. 80.

22.Paine（1989）, pp. 86, 120.

23.Rapport（2000）, p. 691.

24.Frank O'Gorman, in Dickinson（1989）, p. 29.

25.Dickinson（1985）, p. 11-12.

26.The best analysis is Rose（1960）.

27.Andrews（2003）, p. 35.

28.Monod（1989）, p. 194.

29.Garrett（1975）, p. 139.

30.Ehrman（2004）, vol. 2, p. 226.

31.Dickinson（1989）, pp. 36, 103.

32.Christie（1984）, p. 93.

33.Rothschild（2001）, p. 233.

34.Hampson（1998）, p. 137.

35.Linton（2001）, p. 213.

36.Speech to National Convention, 17 Pluviôse Year II（February 5, 1794）, Robespierre（1967）, vol. 10, pp. 352, 353, 357, 358, 359.

37.Rose（1911）, p. 32.

38.Blanning（1986）, p. 111.

39.Speech of December 29, 1791, Hardman（1999）, p. 141.

40.Speaker in National Assembly, October 1791, Blanning（1986）, p. 108——它是对即将到来的战争最好的综合分析，如 Ehrman 的（2004）则是英国的视角。

41.Blanning（1986）, p. 133, and Duffy, in Dickinson（1989）, p. 128.

42.Blanning（1986）, p. 134.

43.Ehrman（2004）, vol. 2, p. 205；Blanning（1986）, p. 139.

44.Lefebvre（1962）, p. 264.

45.Ibid., pp. 274-276.

46.Blanning (1986), p. 149.

47.Ehrman (2004), vol. 2, p. 239.

48.Pitt (n.d.), pp. 32-33.

49.Lefebvre (1962), p. 280.

50.Furet (1992), p. 104.

51.Guiomar (2004) .

52.Hampson (1998), p. 94.

53.Ehrman (2004), vol. 2, p. 237.

54.Bertaud (1988), p. 120.

55.Wawro (2000), p. 3.

56.Lord Auckland,in Macleod (1998), p.39.

57.Macleod（1998）对公众舆论做了很好的总结。See also Cookson (1997), and on poor relief, Lindert (2004), p. 47.

58."Aperçu[sic]d' un plan de politique au dehors," MAE MDF, vol. 651, fo 155. See also Rothschild (2002), Wahnich (1997) and Guiomar (2004).

59.Hampson (1998), p. 117.

60.Hammersley (2005).

61."Situation politique de la République française…avril 1793," MAE MDF, vol. 561, fo 33.

62.Speech to Convention, November 17,1793, Hampson (1998), p. 130.

63."Aperçu," MAE MDF, vol. 651, fo 155.

64.MAE MDF, vol. 651, "Situation politique," fos 27-28, 37.

65.Ibid., fo 35.

66."Aperçu," Ibid. , fo 155; "Diplomatie de la République française", Ibid., fo 239.

67.Hampson (1998), p. 133.

68.Report of the Committee of Public Safety, 7 prairial, Year Ⅱ [May 26, 1794] *AP*, vol. 91, pp. 32-41.

69.Hampson (1998), p. 142; Wahnich (1997), p. 239.

70.Alger (1898), p. 673.

71.Carpenter (1999), p. 155.

72.Alger (1898), p. 673.

73.Rapport (2000), chs. 3 and 4.

74.Weiner (1960), pp. 59, 65-66.

75.Ibid., p. 43.

76.Carpenter (1999), p. 54.

77.Chateaubriand (1973), p. 404.

78.Carpenter (1999), p. 111.

79.Ibid., pp. 166, 155.

80.Chateaubriand (1973), p. 404.

81.Macleod (1998), p. 19.

82.Pitt (n.d), p. 287.

83.Marianne Elliott, in Dickinson (1989), p. 83. See also Elliott (1982) *passim*.

84.Gough and Dickson (1990), p. 60.

85.Kevin Whelan, in Wilson (2004), pp. 222-223.

86.Bartlett and Jeffery (1996), p. 260.

87.Smyth (2000), p. 8.

88.Mitchell (1965), p. 20.

89.Mori (1997), p. 700, 704-705; Thrasher (1970), pp. 284-326.

90.Martin (1987), pp. 197-198, 230, 316; Forrest (2002), pp. 29, 160-161.

91.Gabory (1989), p. 1193.

92.Ibid., p. 1230.

93.Jones (1950), p. 119; Quinault (1999), pp. 618-641.

94.Rodger (2004), pp. 442-453; Wells (1986), pp. 79-109.

95.Bartlett and Jeffery (1996), p. 270.

96.Simms (2003b), pp. 592, 595.

97.Tom Bartlett, in Smyth (2000), p. 78.

98.Martin (1987), pp. 315-316.

99.Smyth (2000), p. 16.

100.Eliott, in Dickinson (1989), p. 101.

101.Pitt (n.d.), p. 430.

102.Schama (1989), p. 207 ; Blanning (1983), pp. 318-320 ; Blanning (1996), pp. 160-163.

103.Mackesy (1984), p. 12.

104.Ibid., pp. 37-38.

105.Sorel (1969), p. 362.

106.Bluche (1980), p. 24.

107.George Canning, quoted in Mackesy (1984), p. 43.

108.Ibid., pp. 124-125, 132.

109.Ibid., pp. 206-207.

110.Ibid., p. 209.

111.Pitt (n.d.), pp. 430-433 (November 3, 1801) .

112.Emsley (1979), p. 96 ; Semmel (2004), pp. 26-29 ; Macleod (1998), p. 109.

113.Browning (1887), p. 12.

114.Grainger (2004), pp. 61-65, 93-99, 131-135; Keane (1995), pp. 441, 455, 493；Morieux（2006）；Pilbeam（2003), pp. 65-66.

115.Haskell（1976), p. 27.

116.Buchanan（1824), vol. 1 *passim*；see also Reitlinger（1961），vol. 1, ch. 1；Ormesson and Thomas（2002), pp. 255-256.

117.Bourguet（2002), p. 102. See also Jasanoff（2005）.

118.St. Clair（1967), p. 58, 下一节将由此开始。

119.Ibid., pp. 96, 110.

第六章　令世界改头换面

1.Furet（1992), p. 254.

2.Evans（1999), p. 74.

3.Herold（1955), p. 276.

4.Englund（2004), p. 279.

5.William Doyle, in *TLS*（March 6, 1998), p. 15.

6. 最好的现代传记是 Englund(2004) 的作品，而关于国际背景不可或缺的是 Schroeder(1994) 的作品。

7.Sorel（1969), p. 343. See also Bluche（1980）and Martin（2000）.

8.Grainger（2004), p. 8.

9.Dwyer（2002), p. 137.

10.Letter to brother, June 1793, Herold（1955), p. 67.

11.Conversation, 1805, in Ibid., p. 243. 关于拿破仑统治下的欧洲，可参见 Broers（2001）。

12. 最佳军事研究为 Chandler（1966）的作品。

13.Schroeder（1994), p. 446.

14.Herold（1955), p. 276.

15.Regenbogen (1998), p. 16.

16.Lovie and Palluel-Guillard (1972), p. 46.

17.Crouzet (1999), pp. 242-243.

18.Englund (2004), p. 254.

19.Schroeder (1994), p. 233.

20.Grainger (2004), p. 153.

21.Burrows (2000), pp. 114-126.

22.Grainger (2004), p. 173.

23.Semmel (2004), p. 30 ; Browning (1887), pp. 116-117 ; Grainger (2004), pp. 153, 159-160, 168.

24.Browning (1887), p. 116.

25.Ibid., pp. 135-136, 263; Grainger (2004), p. 175.

26.Schroeder (1994), p. 229. See also Englund (2004), p. 262; Grainger (2004), pp. 191, 211.

27.Emsley (1979), p. 94.

28.Schroeder (1994), p. 230.

29.Regenbogen (1998), p. 115.

30.Ehrman (2004), vol. 3, p. 808.

31.Emsley (1979), p. 99.

32.Battesti (2004), *passim*; Humbert and Ponsonnet (2004), pp. 110-119; Rodger (2004), pp. 529-530.

33.Battesti (2004), p. 38.

34.To Villeneuve, April 14; to Decrès, June 20, 1805. Napoleon (1858), vol. 10, pp. 398, 676.

35.Regenbogen (1998), p. 114.

36.非常感谢海军准将约翰·哈里斯（已退役）关于这一点的建议。

37.Marshal Bernadotte,in Battesti（2004）, p. 53.

38.Herold（1955）, p. 192；Chandler（1966）, p. 322.

39.Battesti（2004）, p. 53.

40.Herold（1955）, p. 191.

41.Colley（1992）, p. 306；Emsley（1979）, p. 112；Semmel（2004）, pp. 39-40.

42.Cookson（1997）, p. 66. See also Gee（2003）.

43.Esdaile（1995）, pp. 144-145.

44.Cookson（1997）, pp. 95-96.

45.这是由 Purcell 创作的歌曲的新歌词，这首歌一直是国歌之一。Klingberg and Hustvedt (1944) , p. 73.

46."Fellow Citizens……A Shopkeeper"［June 1803］, in Klingberg and Hustvedt（1944）, p. 193. See also Semmel（2004）, ch. 2.

47.Guiffan（2004）, p. 100；Bertaud（2004）, pp. 60-66；Battest（2004）, p. 75.

48.Colley（1992）, p. 306.

49.For details, see Cookson（1997）, Longmate（2001）, McLynn（1987）, Gee（2003）.

50.Napoleon（1858）, vol. 11, pp. 51-52.

51.Battesti（2004）, pp. 180, 182-183, 187, 192.

52.Napoleon（1858）, vol. 11, p. 142.

53.Saunders（1997）, pp. 80-89.

54.Sorel（1969）, p. 367. 关于皮特的精彩传记，可参见 Ehrman（2004）。

55.Rev. Sydney Smith, Ehrman（2004）, vol. 3, pp. 847-848.

56.Longmate（2001）, pp. 291-292.

57.Rodger（2004）, p. 536.

58.August 4, 1805, Napoleon (1858), vol. 11, p. 71.

59.Blanning (1996), p. 196.

60.Mackesy (1984), p. 13.

61.Lewis (1960), pp. 346-349; Béranger and Meyer (1993), pp. 282-283.

62.Rodger (2004), p. lxv.

63.Vergé-Franceschi (1996), p. 307.

64.Stone (1994), p. 10.

65.Rodger (1986), p. 343.

66.Daniel Baugh, in Prados de la Escosura (2004), p. 253.

67.Battesti (2004), p. 333.

68.Rodger (1986), p. 11.

69.Béranger and Meyer (1993), p. 387.

70.Albion (2000), p. 93.

71.Béranger and Meyer (1993), p. 313.

72.Bamford (1956), p. 208.

73.Albion (2000), p. 67.

74.Rodger (1986), pp. 83-84.

75.Rodger (2004), p. 345, and ch. 27 *passim*.

76.Dull (2005),p.14; Bowen(1998),p.17; Albion (2000),p.86.

77.Kennedy (1976), p. 109.

78.Rodger (1986); Haudrère (1997), p. 81; Béranger and Meyer (1993), p. 332; Brioist (1997), p. 36.

79.Dull (2005), p. 113; Morriss (2000), p. 197.

80.Jean Meyer, in Johnson, Crouzet and Bédarida (1980), p. 150.

81.Vergé-Franceschi (1996), p. 132.

82.Antier（1991）, pp. 244-245.

83.Rodger（1986）, pp. 13, 208-209; and see Macdonald（2004）, *passim*.

84.Rodger（1986）, p. 136.

85.Meyer and Acerra（1994）, p. 162.

86.Humbert and Ponsonnet（2004）, pp. 128-129；Lewis（1960）, pp. 361-370；Padfield（1973）, p. 133.

87. 感谢军事历史学家 Dennis Showalter 做出的这一判断。

88.Charlton（1966）, p. 140.

89. 他所引用的一定是孔代亲王的一句名言。Guéry（1991）评论说，事实上巴黎一晚上仅有几十个婴儿出生。

90.Quimby（1957）；Charlton（1966）, pp. 136-143；Nosworthy（1995）, pp. 103-116.

91.Guiomar（2004）, p. 13.

92.Lynn（1989）.

93.Blanning（1983）, p. 106；Blanning（2003）, p. 55；Esdaile（1995）, p. 100.

94.Guéry（1991）, pp. 299-300.

95.Tulard（1977）, p. 208.

96.Duffy（1987）, pp. 8-9, 379.

97.Anstey（1975）, pp. 407-408.

98.The Lord Chancellor, in Colley（1992）, p. 358.

99.Ferguson（1998）, p. 91；Ferguson（2001）, pp. 47-50.

100.Sherwig（1969）, pp. 338, 350.

101.Tulard（1977）, p. 206.

102.Schroeder（1994）, p. 330.

103.Tulard（1977）, p. 211.

104.The French economist J. -B. Say,in Ibid., p. 375.

105.Rowe (2003), p. 201.

106.Sherwig (1969), pp. 328-329, 342, 354-355; Ferguson (1998), pp. 94-97; Esteban (2001), pp. 58-61; Rowe (2003), p. 216.

107.Sherwig (1969), p. xiv.

108.Ibid., pp. 4, 11, 350.

109.Webster (1921), pp. 1, 393.

110.Mitchell and Deane (1962), pp. 8-10, 388, 402-403.

111.Sherwig (1969), p. 344.

112.Estimates in Lewis (1962) and Bowen (1998), p. 41.

113.Jones (1950), pp. 125-126; Harvey (1981), p. 84.

114.Lewis (1962), pp. 231-236.

115.Charlton (1966), p. 597.

116.Esdaile (2002), p. 87.

117.Letter from Napoleon to Tsar Alexander, February 1808, Herold (1955), p. 196.

118.Guéry (1991), p.301.

119.George Canning, 1807, in Schroeder (1994), p. 330.

120.Harvey (1981), p. 48.

121.Marshal Soult, in Gotteri (1991), p. 245.

122.Esdaile (2002), p. 153.

123.Gates (2002), p. 36.

124.Wheatley (1997), p. 24.

125.Blakiston (1829), vol. 2, pp. 300ff.

126.See e.g., Esdaile (2002), p. 206; Holmes (2001), pp. 373-376; Wheatley (1997), p. 33.

127.Wheatley（1997），p. 12.

128.Gates（2002），p. 219.

129.Esdaile（2002），p. 331.

130.Englund（2004），p. 517.

131.Muir（2001），pp. 208-209.

132.Michael Duffy, in Dickinson（1989），p. 137；Charlton（1966），pp. 834, 852-853.

133.Schroeder（1994），p. 448；Englund（2004），p. 383.

134.Schroeder（1994），p. 504——一项权威的分析。

135.Esdaile（2002），p. 456.

136.To Metternich, in Ellis（1997），p. 100.

137.Migliorini and Quatre Vieux（2002），pp. 199-201；Duloum（1970），pp. 106-107；Gotteri（1991），pp. 466-467.

138.Wheatley（1997），pp. 30-31.

139.Blakiston（1829），vol. 2, p. 338.

140.Mansel（1981），pp. 166-167.

141.Gotteri（1991），p. 467.

142.Weiner（1960），p. 195；Mansel（1981），p. 168；Emsley（1979），p. 167；Semmel（2004），p. 148；Wheatley（1997），p. 54.

143.Wheatley（1997），pp. 45, 46, 48, 50.

144.由皇家英国退伍军人协会波尔多分会秘书、大英帝国勋章获得者Jack Douay提供。

145.Kennedy（1976），p. 123.

146.Semmel（2004），p. 164.

147.Hugo（1967），vol. 1, pp. 377-378.

148.Schroeder（1994），pp. 551-553.

149.Colley (1992), p. 191.

150. 选自 1797 年 Thomas Dibdin 创作的爱国歌曲。

151.Largeaud (2000), vol. 2, p. 610.

152.Hugo (1967), vol. 1, pp. 373-374. 这个可怕的词被他的英语翻译省略了。

153.Largeaud (2000), vol. 1, pp. 255-256, vol. 2, 555-556.

154.Largeaud (2000), vol. 2, pp. 595-596.

结论与异见

1.Guéry (1991), p. 301; Bertaud (1998), pp. 69-70 ; Esdaile (1995), pp. 300-301; Bowen (1998), pp. 16-17; Charle (1991), p. 16.

2.Meyer and Bromley, in Johnson, Bédarida and Crouzet (1980); and see Crouzet (1996), and Scott (1992).

3.See especially the pioneering and scholarly Dziembowski (1998) and the brilliant simplification by Colley (1992).Greenfeld (1992), Bell (2001) and Blanning (2002) are thoughtprovoking. Eagles (2000) balances Colley by emphasizing francophilia. Langford (2000) and Newman (1987) are useful but often unconvincing. For penetrating scepticism, see Clark (2000).

4.Furet (1992), p. 103.

5.Bertaud, Forrest and Jourdan (2004), p. 16.

6.Crouzet (1996), pp. 435-436.

7.Ibid., p. 433.

8.Fumaroli (2001), pp. 45, 53.

9.Porter (2000), p. 3; Blanning (2002), pp. 385-387, 417.

10.Furet (1992), p. 130.

11.Villepin（2002）, p. 583；Roberts（2001）, p. 298.

12.Herold（1955）, p. 243.

13.Schroeder（1994）, p. 395

14.Las Cases（1968）, vol. 2, p. 1208

15.Crouzet（1996）, p. 450.

插曲：圣赫勒拿的景象，1815 年 10 月至 1821 年 5 月

1.Ellis（1997）, p. 196.

2.See Semmel（2004）.

3.Herold（1955）, p. xxxvii. See also Petiteau（1999）, pp. 244-252.

4.Roberts（2001）, p. 29；Herold（1955）, p. 255；Las Cases（1968）, vol. 1. p. 445.

5.Thiers（1972）, p. 680.

6.Petiteau（1999）, pp. 391-395.

7.Englund（2004）, pp. 456-467.

8.Villepin（2002）, pp. 572-573, 592-594.

第二部 共存

甜蜜的世仇
英国和法国，300 年的爱恨情仇

> 自诺曼征服以来，英格兰与法兰西的军队头一次在三代人的时间里都没有兵戎相向。图卢兹与滑铁卢的最后一批老兵已经离世……活着的人当中，没有人曾经在法国与英格兰之间的战事中开过枪……也是第一次两国男儿未曾看过妇女穿着丧服。
> ——约翰·爱德华·库尔特奈·博德利（John Edward Courtenay Bodley），《法兰西》（France，1898）[1]

在 1815 年夏天开启的一段时期里，不列颠与法国和平相处，两国间也没有战争的可能。放眼全欧，多数人民打从心底松了口气：法国与不列颠的和平，就等于全欧洲的和平。维也纳会议（法国也有参加）建立了一套体系，通过政府之间的协商维持和平，有些政治家还梦想创造永久的泛欧制度。沙皇亚历山大一世提倡成立"神圣同盟"（Holy Alliance），借此让基督教国家有更多讨价还价的空间。虽然卡斯尔雷以不列颠人惯常的实用主义思维，称之为"一纸由崇高神秘主义与胡言乱语写成的盟约"，民主派与民族主义者也视之为压迫的遁词，不过它还是体现了一种将理想主义注入国际政局的全新渴望。那些喜欢寻找开端的人，八成会把维也纳会议（而非拿破仑的帝国思想）视为欧洲一体化的起点，以及联合国的先驱。不列颠与法国得试着习惯"和平共存"的概念。两国毫不费力便当起邻居，相互开展贸易与旅游，甚至不时成为盟友。但事实证明，缔结友谊要困难得多。

第七章：摘下和平果实

> 那些穿红制服的人刚才用法兰西人的血，把自己的衣服染得更红，而正统的君主国跟在他们后面，进了巴黎。
>
> ——勒内·德·夏多布里昂[1]

> 罢黜政治领域与思想领域中的绝对权力……这便是英格兰在我们文明发展过程中扮演的角色。
>
> ——弗朗索瓦·基佐，在巴黎大学关于欧洲文明的讲座，1828 年[2]

经历拿破仑的"百日复辟"之后，权力现况已经相当明显。盟军占领北法与东法，征收 7 亿法郎的战争赔款（其中有 5 亿是占领期间的开销），并从法国边境拆除具有战略地位的防御工事。卡斯尔雷那纸由四国签订、意在防止法国侵略卷土重来的《肖蒙条约》依然有效，海军部则继续秘密刺探法国的海军基地，先小人后君子总归稳妥些。波旁复辟——英国人期待的法国问题解决方案——将在 1830 年被推翻，继承者七月王朝（July Monarchy）也在 1848 年被迫结束。但这段过程不算完全徒劳无功。史学家皮埃尔·罗桑瓦隆（Pierre Rosanvallon）曾提出，法国史可以用两种方式来讲述。[3] 其一是"雅各宾式"历史，强调冲突——一连串的革命与战争至少延续到 19 世纪 70

年代。其二则是"英式"历史,讲的是改革的延续性,却鲜有人提及。从后一种历史观来看,复辟标志着立宪政府(仔细复制了威斯敏斯特体系)的开端,英国下议院议长也为法国新议会提供有关议事规则的建议。法国拥有的思想、政治与文化自由远高于旧制度、共和国和拿破仑治世时。类似基佐等有影响力的人物发声表示两国已成为伙伴。以前的观念是,两国是将全世界分为两个阵营的两大对手,但如今人们却认为两国是两大自由国度,以捍卫、传播自由为使命。但双方仍有许多人对此并不信服。

我们的敌国友人

每一个巴黎妓女高喊:"祝我们的敌国友人万岁!"
——皮埃尔-让·德·贝朗热写的歌

总而言之,英格兰人无论其阶级出身,无论人在何方,都表现出他们一贯的模样:趾高气扬。
——一位巴黎医生的回忆[4]

我说不清是什么让我如此讨厌法国;我想,其中一个原因是,我期望太高了。
——*15岁的玛丽·布朗(Mary Browne)*[5]

一如既往,和平就等于旅游业兴起,取代私掠,成为海峡港口主要的生计来源。浩荡驾到的英国人"多得无人能比"——1815年时约有 14 000 人，占所有游客的 70%～80%——外国君主、政治人物与冒险家来到法国，享受本国军队赢来的一切，但英国人人数之多，让当地人以为所有外国人都是英国人。[6] "英式"旅馆与讲英文的侍者在长期的蛰伏后纷纷冒出头来。我们难免认为法国已大不相同：不光遍地都是胜利的英国人，法国也把自己搞得遍体鳞伤，将英国人以前所赞赏的事物摧毁了大半。游客打听到了恐怖统治时期令人毛骨悚然的故事。他们注意到倾颓的教堂、荒废的田地以及乞丐出现的频率——甚至有些乞童跟士兵学了点英语："你好。爸爸给点钱吧。祝福你。"[7] 法国如今成为英国人享有特权的地方。波利娜·波拿巴（Pauline Bonaparte）迁离她位于圣奥诺雷市郊路（Faubourg Saint-Honoré）的宅第，换卡斯尔雷搬进去，接着是威灵顿以及此后的每一任英国大使。波利娜原本摆床的高台改放了一张豪华的王座，供造访的君主使用。[8] 小说家沃尔特·斯科特爵士（Sir Walter Scott）曾经在法国度过一段美好时光。他把巴黎形容成一座冰封的湖，湖水虽深不见底，但如今人们可以在上面滑冰，无须害怕。英国人再也不需要特别得体的表现，也不再有过去那种文化不如人的感受。急着赶往卢浮宫的人知道本国政府已准备处理宫中大部分的藏品。如果法国漫画家的作品可信的话，那么，英国人从此不再觉得自己得用法式时尚来隐藏身上的英国特点。以前，切斯特菲尔德勋爵认为，如果被人当成法国人，那可是最高的赞美；如今，英国大使夫人格兰威尔女士听见法国朋友耳语说"绝对没人想到她是英格兰人"时，却为此火冒三丈。[9]

不过，法国居然有这么多东西至少从观感上来说没有改变，这也令人震惊。作家怀抱与五十年前一样的屏息与兴奋之情，描述巴黎与五十年前一样的迷人之处，当然偶尔也会有不满的地方。虽然发生过革命，但巴黎的车驾仍然能威胁行人的生命。英国人依旧认为法国人"冒失"又多话（"他们绝对不会说自己有不懂的事"）。法国人同样觉得英国人拘谨、不善表达。 威灵顿简短的讥讽，让他的法国熟人百思不得其解：一次，有位女士问他为什么得花这么多时间渡过阿杜尔河（Adour），他回道："因为有水，夫人。"类似玛丽·布朗这等年纪的英国青少年再度寻觅起法国家教，学上流社会的舞蹈、绘画、写作与音乐，仿佛罗伯斯庇尔从未存在过。但玛丽（是个言辞尖锐的人）觉得自己的老师很无能（虽然学费便宜），还发现只有一位老妇人所流露的"法式教养……和我所期待的一模一样"。[10] 或许，革命确实曾让情况有点不同，但那只是暂时的：巴黎与整个法国未来将成功发动行为举止上的反革命行动，恢复作为世界上时尚、娱乐、优雅、品味中心的地位。

英国人急着捐弃前嫌——对赢家来说不难。军队过去与法国民众建立了称得上平和的关系，对此不无帮助。[11] 威灵顿（他不认为拿破仑的百日复辟是法国民众的责任）是盟军军事占领期间的最高指挥官。他始终坚持将摩擦减到最小，对惹麻烦的人绝不宽贷。除了他自己不谨慎，跟拿破仑的前情妇——歌手朱塞佩娜·格拉西妮（Giuseppina Grassini）在床上翻滚之外（此举在法国人眼中既不得体，也很冒犯），他对于象征性行为都很敏感。他麾下有一名军官买下了阿金库尔古战场，他叫此人不要在当地挖掘；伦敦指示他取回 1745 年在丰特努瓦被夺走的英国旗帜，他抗命不从；此外，他还在耶拿桥（Pont de Jéna）上设置英国岗哨，以阻止普鲁士人炸了这座桥。[12] 许多英国人都同情他们过去的对手。英国陆军大兵成了拿破仑相关纪念品的热情收藏者——一位法国官员表示，他们"谈起拿破仑时眉飞色舞"。[13] 陆军中士惠勒对自己帮忙复辟的国王没什么兴趣："这位大肚腩的陛下……像个大女孩一样号啕大哭……是个臃肿的胆小鬼，堪称法兰西的约翰·福斯塔夫爵士（Sir John Falstaff）①。"[14]据说，当帝国元帅米歇尔·内伊（Michel Ney，滑铁卢英雄之一）被波旁政府处死时，英国陆军对此普遍感到嫌恶。拿破仑的另一位将领更是得到三位英格兰人的协助脱逃，躲过了行刑队。

然而，关于卢浮宫的珍品的处理方式，威灵顿试图寻求妥协但功败垂成。1815年夏天，英国步枪兵占领卢浮宫，强迫法国归还过去在意大利、西班牙、德意志与低地国家光荣征服（或说可耻劫掠）得来的艺术品。共和政府过去以"其军力与其文化优越地位"为依凭和借口，展开系统性的掠夺，拿破仑更是将这项政策系统化。夺来的大量藏品包括2 000幅画［其中有15幅拉斐尔、75幅鲁本斯，以及数十幅伦勃朗、达·芬奇、提香与安东尼·凡·戴克（Anthony Van Dycks）的画作］、8 000份古代手稿、上百尊古典雕像以及从威尼斯圣马可教堂运来的拜占庭驷马铜像——堪称历来规模最大的欧洲艺术收藏。将艺术品移出卢浮宫的做法，不仅令路易十八大失颜面，也让巴黎人气愤不已——巴黎民众甚至谣传威灵顿本人就在卢浮宫，"爬上梯子"把画取下，"整个早上都待在宫里"监督移走威尼斯驷马像的工作。[15]这件事不仅是拿破仑"百日复辟"的其中一个结果，也显示出法国如今受到的待遇越发严苛。当年和后来的许多法国人都认为此举完全是挟怨报复，同情法国的英国人也这么想。英国政府带头，打算挫挫法国人的"虚

---

① 福斯塔夫是莎士比亚笔下多次出现的人物，是个肥胖、自负、爱吹嘘、胆怯的骑士。——译者注

荣心"，并防止巴黎"成为未来的艺术重镇"——拿破仑有志让巴黎成为欧洲中心，这正是其中的文化面向。盟国同意了。一群艺术家提出跨国的请愿书，敦促有关单位将艺术品归还罗马——"所有民族的艺术之都"。[16] 教宗派雕塑家安东尼奥·卡诺瓦前去取回属于天主教会的艺术品（但开销则由英国负担），法国人则尽可能把东西藏起来：半数的意大利画作至今仍藏于法国各博物馆中。与此同时，战胜国也拿了赃物：1816年，额尔金伯爵以极具争议性的方式搜罗的希腊古物，此后摆进了大英博物馆。

法国人对英国人的看法，多半受到其政治效忠对象的影响：把入侵者称为"盟友"或"敌人"便能亮明立场。自路易十八以来，凡支持复辟的人，都有一种混合了怨恨和敬意的感受。"你可能不喜欢英格兰人，"诗人阿尔方斯·德·拉马丁（Alphonse de Lamartine）断言，"但不可能不尊敬他们。"波旁王朝与他们的多位谋士，都曾经流亡英国。人们注意到，有少数名流娶了英国太太［从复辟政权的最后一任首相波利尼亚克亲王（Prince de Polignac），到法兰西第二共和国的第一任总统——也就是拉马丁］。另一些人则是有英国情人，像王室招摇的年迈花花公子波旁公爵（Duc de Bourbon）①，他之所以对声名狼藉的索菲·道斯［Sophie Dawes，即富榭男爵夫人（Baronne de Feuchères）］无法自拔，多半是因为她在"窒息玩法"②上有职业水平。[17] 英国在法国的重要代表人物——卡斯尔雷与威灵顿都是亲法派，

---

① 波旁公爵指的是孔代亲王路易六世亨利·约瑟夫·德·波旁（Louis Ⅵ, Henri Joseph de Bourbon-Condé, 1759—1830）。他是波旁家旁支，路易十六的同辈。——编者注
② 传闻波旁公爵性喜窒息式性爱。——编者注

至少从两人真心尊重复辟的波旁君主国，也致力于让波旁王朝取得成功来看确实如此。美国派往伦敦的特使发现，卡斯尔雷家用晚餐时，每个人都讲法语，他对此印象相当深刻（其实卡斯尔雷本人法语讲得不好）。前去法国宫廷的英国访客，同样对路易十八同他们讲英文（挺流利）感到肃然起敬。

众多反对波旁王朝的人（包括曾经的共和主义者、拿破仑派以及许多巴黎劳工）则是把政治与经济弊端怪罪于英国。"对于英格兰人的恨意与日俱增，"一名便衣警察在1815年底如此报告，"人们视其为破坏法国产业的人。"尽管台面上友好，一艘飘着英国船旗、获命前往布洛涅接送海军大臣及其家人的海军部快艇，却遭到一头热（或者说爱国）的海关官员扣押，而且在英国暴跳如雷的抗议之下，他们仍然将船扣了1个月。普通旅客经常抱怨海关官员的恶意对待。英国观光客在杜伊勒里花园被满怀敌意的群众包围，只能仓皇离开。[18] 人在巴黎的英国军官经常得做好准备，承接他们复员的前敌军提出的决斗挑战，后者则是有计划要挑起争端。英国人当然是漫画家主要的目标。之所以如此，或许部分是因为把俄罗斯人与普鲁士人当标的实在太危险，部分因为挖苦英国人是种间接嘲讽波旁王朝的方式，部分则因为英国访客人数实在太多，而且乐得将挖苦自己的讽刺漫画买回家。无论如何，这类漫画都点出了高昂的反英情绪。焦阿基诺·罗西尼（Gioacchino Rossini）脍炙人口的歌剧《兰斯之旅》（*Il Viaggio a Reims*，1825），是庆祝查理十世加冕的委任之作，里面有个英格兰人物"西德尼勋爵"（Lord Sidney），是位浪漫的角色。但许多文学著作中——包括阿尔弗雷·德·维尼（Alfred de Vigny）、司汤达（Stendhal）、热拉尔·德·奈瓦尔（Gérard de Nerval）与巴尔扎克的作品里，英格兰角色（与18世纪文学不同）都是恶棍：巴尔扎克的小说共有 31 个英格兰角色，几乎全部是坏人。[19] 流行歌曲作家贝朗热是法国第一位伟大的香颂歌手（经常遭到起诉），他笔下朗朗上口的歌词乍听很友善，但放回时代脉络中便很讽刺。

英国人在巴黎

英国人的形象——其实不止一种——此时已根深蒂固，之后整个世纪皆是如此，甚至维持更久。这些形象与 18 世纪的偏见相呼应，但此时我们甚至能更具体地辨认出"英国形象"了，这是以前比较抽象的象征办不到的。英国人与法国人皆对于彼此体格的差异大为讶异。英国人确实长得比较高壮。直言不讳的玛丽·布朗写道，虽然年老的妇人大多挺胖，但多数法国妇女"平得像块板子"——这是当年时兴的特色。一位名叫亨利·马修斯（Henry Mathews）的先生则是大叹，某些英格兰妇女学法国女人，"把自己漂亮的胸脯束得尽可能扁平，将迷人之处的每一丝痕迹摧毁殆尽，明明比起其他所有地方的女人，她们说不定在此最是得天独厚"。[20] 法国漫画家让英国人从体态、衣着到行为都显得很怪异。男男女女都有特大体型：有时候是胖（"约翰牛"的样子）①，但大多数时候画得有棱有角，其模样则古怪夸张。英格兰女孩或许画得还算可爱，但不解风情、笨手笨脚、缺乏魅力。爱国将领让·马克西米连·拉马克（Jean Maximilien Lamarque）如是说："上

---

① "约翰牛"（John Bull）是政治讽刺中常见的英国坏人形象，通常被描绘成一名中年矮胖男子。——编者注

纵使革命与战争已经过了一代人的时间,法国人仍然自视为优美与高雅的化身,与英国人的笨拙、拘谨、缺乏品味相反。

英格兰人和法国人一样,感觉两国风俗有着强烈对比——但他们对此的解读大为不同。如今,雨伞已经变成英格兰的标志,而非法国的标志。

百位细长如杨树的英格兰妇女……正用她们唐突的举止与盛气凌人的做作步伐破坏柔美、平静的风景。"[21] 男人们则不是套了件古怪的军服（穿苏格兰裙的高地兵团显然能引起人们的好奇心），便是穿着随便的旅行装扮，总之并不时尚、文明或高雅。他们的姿态与外貌缺乏安适与自然。瞪着大眼，手里拿着旅游指南，怎么看都是乡巴佬。有个以《阶级的高度》(*Le Suprême Bon Ton*)为题的连环漫画，挖苦英国人的仪态、他们带起的哈英狂热，嘲笑他们无药可救、不可能真变聪明。格兰威尔女士——1824年上任的英国大使之妻——对此非常敏感。她对于会根据"面颊旁的头发是有6个还是5个卷儿"来评判人的优雅人士感到又气又怕。虽然她认为那些"精致名媛""头脑连个豆荚都装不满"，但"她们对我的影响，是在我明明感觉自己高人一等时，用一种我矮人一截的感觉压垮我……她们有一种自信、一套语言、一种得体的穿着，这我不可能达到，就像她们之中的任何一个人也无法像个心思细腻、感受深刻的英格兰妇女一般思考个5分钟"。[22]

英式快餐

19世纪的法国大美食家兼小说家大仲马记得，"在1815年的军事行动之后，英格兰人在巴黎待了两三年，牛排就随之在法国诞生了"。大仲马提议用"切成一指长小方棍"的炸马铃薯配牛排。[23] 也就是说，法国的国民料理——牛排配薯条［哲学家罗兰·巴特（Roland Barthes）将之定义为"法兰西风范中的饮食符号"[24]］——是从英格兰进口的，感谢威灵顿的部队。

第二部　共存

德拉克罗瓦所绘制的《行军囊》（*Campaign Baggage*）。英国兵跟法国平民相处得很好——或许也把牛排配薯条这套料理教给了他们。

英国人的出手阔绰最是有名，因此至少能得到巴结者的接待，但不见得能买到好货。"英式"商店与服务蓬勃发展。爱尔兰作家摩根夫人（Lady Morgan）提到自己一度想买点法式甜品给孙女，店员却说店里只有葡萄干蛋糕、百果馅饼、苹果派和其他"英式点心"。[25] 在皇家宫殿广场附近，哈丽雅特·邓恩女士（Mrs Harriet Dunn）的餐厅里，有位会讲英文的侍者（来自敦刻尔克）会做烤牛肉与烤羊肉，上面淋上巴黎酿的黑啤酒。纳尔逊大酒店（Great Nelson Hotel）早餐时间提供培根、蛋与茶。加利尼亚尼氏英文书店（至今还在）开始发行英语

481

报纸——《记事报》（*Register*）。以巴黎为目的地的访客远多于以往，有些人甚至打算长居，因为可以向拿破仑罢黜的贵族低价承租漂亮的别墅，维持奢华风范的费用也比伦敦低得多。何况人们不太细究外国人的出身与地位。英国游客能得到宫廷接见，情况在1830年革命之后尤甚——"这是他们在英格兰想象不到的荣幸，回到英格兰，他们对英国国王陛下的一切所知，全部是从报纸上读来的"。[26] 小说家威廉·萨克雷（William Thackeray）说得自负，"外国人只要手上有大把钞票，就能成为大人物"。这一切都吸引着暴发户、家道中落的贵族家庭，以及藐视权威的人（有时候尤其吸引这种人）——有名者如布莱辛顿勋爵伉俪（Lord and Lady Blessington）与奥赛伯爵（Comte d'Orsay，在巴黎与伦敦都是名列前茅的花花公子）组成的三角家庭、屈斯蒂纳侯爵（Marquis de Custine）和他的英格兰爱人爱德华·圣-芭布（Edward Sainte-Barbe），以及有钱有品味但放荡出了名的赫特福德一家（Hertfords）。

巴黎的社交生活变得越来越像伦敦。沙龙虽然还有，但流行风尚逐渐以营利性公共娱乐场所为中心，例如全城导览、拱廊、剧院、咖啡馆、餐厅［英格兰咖啡馆（Café Anglais）向来是最有名的一间］，以及以伦敦的沃克斯豪尔花园、兰尼拉花园为范本打造的游乐园，有时甚至沿用原版的名字。19世纪20年代的游客主要聚集地，仍然是皇家宫殿广场，这儿有吃、赌、购物（"乱成这样……人们似乎巴不得把一切都卖给你"）和性——"此情此景，绝对超乎所有英格兰人之想象……奇特、难以言喻之肉欲。这儿也有巴黎第一间公共厕所（说不定是唯一一间），收入相当不错。[27] 英国企业家出手，沿着"大马路"开辟新的、更吸引游人的社交中心，例如罗宾森新盖的蒂沃利公园（Tivoli），里头有气氛浪漫的洞穴、以沃尔特·斯科特小说为灵感的景致、云霄飞车与舞池。人们也以远较18世纪70年代详尽的方法引进赛马。皇家领地尚蒂伊（Chantilly）建了赛马跑道。以埃普索姆（Epsom）马赛为原型的"尚蒂伊德比"（Derby de Chantilly）和前者有着相同的跑道长度，成为春季的社交盛地，在19世纪30年代中期能吸引3万名观众。赛马也帮流行且花哨的"赛马会"（Jockey-Club）铺好了路。这种绅士俱乐部是战后来自英国的舶来品，与法国由女子筹办的传统沙龙大异其趣。赛马会是18世纪以来两性"分离领域"（Separate Spheres）发展的一个现象。1825年，两位英式竞赛爱好者——托马斯·布里恩（Thomas Bryon）与亨利·西摩"阁下"（"Lord" Henry Seymour，他是赫特福德家的私生子，也是阔绰的巴黎社交名人）成立了英式赛马暨猎鸽俱乐部（English Jockey and Pigeon Shooting Club）。这间俱乐部迅速成为哈英"纨绔子弟"的聚集地，连同其意大利大道（Boulevard des Italiens）设立的事务所，也成为社交活动的新重镇。西摩因为觉得俱乐部成员对比赛不够热衷而退出，接替他的是安妮-爱德华·德诺尔芒迪（Anne-Édouard Denormandie）——此君是第一位法式障碍赛的冠军，极为热爱英式生活，甚至不时假装自己是英格兰人。由于这间俱乐部与政治无涉，又极具包容性，因此吸引了不少通常出身暴发户家庭的时尚年轻人。俱乐部立即大获成功，象征人们排斥共和派的"美德"与拿破仑式的纪律，重返贵族阶级的逸乐，例如赌博以及"大马路"旁的新娱乐，甚至是跟歌剧院的女伶交往——俱乐部成员获准使用工作人员的进出口。赛马俱乐部让上层阶级与商业娱乐世界结合，这正是林荫大道两旁的社团在整个19世纪吸引人的原因，[28] 该俱乐部也在其中扮演了相当突出、通常声名也不太好的角色。如今的赛马俱乐部稳重许多，与其推广赛马的初衷更接近了。

波城：贝阿恩的英国

波城是个有2.5万人口的漂亮城镇，是省会，有法院、初中、高中、公共图书馆……但这些地理信息里，少说了一个小细节……波城显然是、绝对是英格兰的一部分。

——一位法国讽刺作家，1876年[29]

吸引英国人的可不止巴黎。海港向来是欠债累累以及面对其他社交危机的人避难的地方。久病之人也想体验比利牛斯山的温泉。来访的人虽然发现当地的酒类饮品里"茴芹籽多到有毒"，但游客与长期旅居者为了健康、赚钱与享乐，仍然在南部省份建立了自己的聚落。里维耶拉（Riviera，直到1860年都完全属于意大利）吸引了人们前去过冬。波城的奇特命运则得归于一连串的意外。1803年时，有若干英国人被关押在波城。到了1814年，波城人则高喊"解放者万岁"，在街上载歌载舞来欢迎威灵顿。[30]这些记忆促使英国访客在接下来数十年故地重游——或许，此地只有3人在恐怖统治时期上断头台的事实，也有鼓励效果。数以百计的英国游客（以苏格兰人为多）开始在19世纪20年代与30年代造访当地，吸引他们的，是比利牛斯山的清新气候与浪漫景致。当地人把所有陌生人都当成英格兰人。波城也有彻底的改变："二十年前，波城没有一栋房子里有地毯，也没有马车可以雇用。城里只有一辆私人马车；没有我们今天所说的休息处（Le

Comfort）的牌子，也没有一条街铺了人行道。今天，有部分的房子已经按照英格兰人的需求与习惯来布置了。"[31]1841 年，有位艾丽斯夫人（Mrs Ellis）写了本《冬夏比利牛斯》（*Summer and Winter in the Pyrenees*），率先开创了一种历久不衰的文学体裁，详述风景之美，以及居民之古朴——天真、古怪，但真诚热心。来年，亚历山大·泰勒医师（Dr Alexander Taylor）的医学论文也让波城赚了不少。泰勒在当地执业，发现当地人的平均寿命高得不寻常，他将原因归诸气候，认为对肺病患者特别有好处。一个个的家庭纷纷开始将患肺病的成员带到波城。众人发现周围的乡村很能激发水彩画家的灵感，附近的山区对热爱运动的人也是个挑战。英国的登山客蜂拥到当地人不敢踏上的地方。19 世纪 30 年代，一位法国观察家看到一位"年纪相当大"的英格兰人和他正值青春期的女儿，从一座瀑布上爬下来，对此"吓到无法动弹"，时时刻刻担心两人"滚下深渊"。[32]查尔斯·帕克（Charles Packe）在 1862 年发表的《比利牛斯指南》（*Guide to the Pyrenees*）是第一本旅游指南，而第一本法文的旅游指南也在三年后出版——是另一个英格兰人写的。

波城狩猎会（Pau Hunt）是欧陆唯一真正的猎狐活动。然而由于狐狸不常见，出于权宜，人们只好使用捕获（有时甚至是驯养）的鸟兽，放在兽栏里，这让英国人挺难为情。但对于拒绝法籍成员入会，他们可是毫不害臊，直到 19 世纪末才终于允许几位贵族骑兵军官加入。打猎活动声名远播——对比没有狐狸的里维耶拉，波城有其优势——连美国人都来了：1879 年，纽约报业大亨戈登·班奈特（Gordon Bennett）更是成为猎狐队领队。马术也成为该镇非常吸引人的特色，旅客接待所手疾眼快，大加宣传。波城就此成为法式障碍赛马之都，也是马球重镇。1856 年,三名苏格兰人成立波城高尔夫球俱乐部——另一项运动在欧陆的先驱。当地还有板球、滑冰、槌球等活动与英格兰俱乐部(English Club)、若干英语商店和教堂。当地料理变成英式。俄罗斯人、德意志人、美国人与意大利人跟着英国人的脚步而来。比亚里茨与圣让－德吕兹的山区度假胜地、水疗与海滨景点也随着波城兴盛起来。

但灾祸在 19 世纪 50 年代与 60 年代接连发生。忌妒话与实在话混合起来,引发了具有伤害性的指控。有人说水沟脏臭、旅客遭人敲竹杠,还有人说波城的乐趣就像"苏格兰的长老会城镇",无聊的消费者整天在俱乐部里抽烟、打台球,消磨时间。1864 年,有位马登医生(Dr Madden)表示波城冬季气候与伯明翰相仿,不仅称不上治疗,反而更有可能害死人。波城人反击了,但他们并非只是否认与闪烁其词,而是改善了城内基础设施(铁路、奢华的旅馆、"冬宫"、剧院、歌剧院、银行与诊所),并以"体育界的中心"来推销自己。总之,名人访客不断到来:威尔士亲王、美国总统尤利西斯·格兰特(Ulysses Grant)、林肯夫人——证明美国人地位与日俱增,在 20 世纪时取代英国人的主导地位。到了 1913 年,一位爱尔兰裔美籍石油商当上了英格兰俱乐部的秘书长。波城是旅游产业的先驱。英国是第一个富裕到足以创造需求、设定发展模式的社会。其他人(甚至是法国人在自己的国家里)则跟随英国人的脚步,前往山区、乡间与海滨。波城高尔夫俱乐部至今仍相当活跃,英格兰俱乐部还在,波城狩猎会依旧聚会;2003 年,瑞安航空(Ryanair)更是将 8 万名旅客从伦敦载往波城。[33]

浪漫相遇

那个地方的每个灵魂，都充满了我们今天无法想象的活力。我们沉醉于莎士比亚、歌德、拜伦与沃尔特·斯科特……我们历览美术馆，带着狂热的赞赏，程度能让今天这一代人为之捧腹。

——泰奥菲尔·戈蒂耶（Théophile Gautier），1855 年 [34]

法国民众同样渡过英吉利海峡，但人数不仅较少，通常目的也比较严肃：不仅观察，而且常常写下对英国社会、政治体系或新经济的看法，或是体验新潮的文化。他们和 18 世纪的前辈一样，往往"被无边的繁荣所震慑……所有阶级中……民众都变得相当得体……孩子长得漂亮"，他们也经常对伦敦缺乏美感表示失望。[35] 但如今的法国人更进一步，对于这座城市的规模、废气、群众、财富与贫穷有所警惕，甚至是恐惧。前往浪漫主义的源头朝圣，是 19 世纪的新现象。这种文化革命部分发展自 18 世纪人对自然、情感的崇拜，部分则是对 18 世纪一致性、理性主义与物质主义倾向的排斥。浪漫主义的特征，在于对往昔、自然、神秘思想、文化多元与自我表达有更深刻的关注。它还代表了对法国文化宰制与政治理念的摈弃，对德意志与英国来说尤其如此。浪漫潮流在法国被共和国与帝国的新古典普世思想所压抑，浪漫主义在此则表现出对法国古老传统的兴趣，以及对欧洲北部前所未有的赞扬。

英国摩登文化风潮让朝圣者跨海而来，许多人更一路北上，前往斯科特与我相的故乡。一本法文旅游书在 1826 年提到"浪漫的苏格兰"时说："今天，意大利和它美丽的天空与古迹，比不过贫穷的苏格兰及其浓雾与德鲁伊风格（Druidic）的岩石，很难再吸引更多观光客。"法国作家夏尔·诺迪埃（Charles Nodier）大为折服："哪有人能用冰冷的墨水与干涸的字词，来传达这种激动人心、恐怕你再也没有力量能感受的情感呢！"有些人因苏格兰而反思浪漫主义的真正本质："以景色而论，浪漫难道不正是狂野自然的吸引力吗？废墟、岩石以及孤单之情不仅动人，而且引人幽思，这就是我们称之为浪漫的所在。"[36]

英国历史为法国的过去与未来提供了钥匙："六十年前，法兰西走上了英格兰开辟的道路。"[37]沃尔特·斯科特爵士笔下生动的历史故事，不仅让过去还了魂，更将英国与法国的历史变为同一部史诗的两个部分，他也因此博得很高的人气。比起路易十六，人们比较能自由谈论查理一世之死，但这两件事传达出同一种关于革命与恐怖统治的信息。无独有偶，保罗·德拉罗什（Paul Delaroche）也以英国重大史事为题，绘制动人、深受欢迎的画作，包括知名的《简·格雷夫人之死》（Death of Lady Jane Grey）。维克多·雨果在1827年写了一部戏——《克伦威尔》（Cromwell）。法国似乎也走上了相仿的历史道路：先是革命，接着受到军事领导人统治，最后则是权力受限的君主国复辟。"英格兰的革命……结出双重的果实：发起革命者在英格兰建立了君主立宪制，其后代在美洲建立了共和制的美国。"[38]法国必然要跟上脚步。历史发展成为政治辩论的重点。奥古斯汀·蒂埃里（Augustin Thierry）看出二者有一种相同的根本模式［迪斯累里后来接受他的看法，写在小说《西比尔：两国记》（*Sybil, or The Two Nations*）中］。英格兰社会起自诺曼征服，撒克逊人遭到罢黜，受异国贵族所统治。蒂埃里表示，高卢人也被法兰克贵族所征服，后来的历史发展（包括革命）就是两者之间斗争的延续。法国历史学家写英国的历次革命时,强调人民自己开辟道路的重要性。弗朗索瓦·基佐志在解释为何两国虽然从类似的起点出发,但英国发展出自由的体制,而法国却不然。这个问题让群众挤满他在索邦的讲座——人们前去听讲,不仅是为了违逆当局(政府禁止他讲学,长达7年),更是为了听到法国为何陷于高压体制下,受到波旁王朝、共和政府与拿破仑统治。

综观整个19世纪20年代,法国每一个文化领域的创新,都浸润着英国主题。拜伦的异国情调、斯科特的史诗和莎士比亚光彩夺目的剧目,皆化为绘画、歌剧与音乐[例如罗西尼的《奥赛罗》(Otello)1821年在巴黎大获成功,以及埃克托·柏辽兹(Hector Berlioz)根据拜伦作品创作的《哈罗尔德在意大利》(Harold in Italy)]。渡过海峡的艺术家双向皆有,前往对岸寻找主题、顾客,同时与其他艺术家交流。对拿破仑着迷的伦敦民众,蜂拥前往观赏雅克-路易·大卫(Jacques-Louis David)的巨幅加冕画。但法国浪漫主义者对这类"单调的巨作"感到厌烦,[39]道貌岸然的新古典主义已经成了政治宣传,和他们渴望的个人创造力完全相反。欧仁·德拉克罗瓦(Eugène Delacroix)对伦敦艺术界心向往之,称之为"流金国度",意味着免受官方影响的自由。透纳、约翰·康斯太布尔(John Constable)、理查德·帕克斯·波宁顿(Richard Parkes Bonington)与托马斯·劳伦斯爵士(Sir Thomas Lawrence)的作品更有个人特色、更写实,也不那么政治——例如风景、肖像与动物画,风格更自然写意,带来自由感。青年波宁顿将水彩画的速笔与明快引介给法国艺术家,尤其是他的友人德拉克罗瓦(此前法国人认为水彩画是种次等、女性、英式的绘画类别)。根据小说家泰奥菲尔·戈蒂耶所言,"从波宁顿掀起的绘画革命,与起于莎士比亚的文学革命如出一辙"。1824年,康斯太布尔在官方的沙龙画展展出《干草车》(The Hay Wain)时，也造成类似的冲击——"说不定，这是第一次，"法国画家保罗·于埃（Paul Huet）如是说，"人们看到的是一片葱郁、青翠的自然。"劳伦斯闲适而动人（有人说是伤感）的肖像画则激起争议。德拉克罗瓦（最亲英的画家）在19世纪20年代画了一系列具有戏剧性、色彩丰富、以狂野风格为特色，受波宁顿、康斯太布尔、透纳与意大利文艺复兴所影响的画作。这些作品让他同时在伦敦与巴黎声名鹊起（其作品受伦敦赞赏，却在巴黎引来争议），成为法国浪漫主义绘画的领袖。他那幅狂暴的《萨达纳帕拉之死》(Death of Sardanapalus, 1827)以拜伦为灵感，结果招来警告——倘若他继续以这种骇人风格作画，将会失去政府的赞助。法国艺评家们对"盎格鲁－法兰西画派"感到担忧，认为相对于法国古典主义画作的理想、奋发、精准与完美，这些作品不仅反智、煽情、琐碎、笔触粗糙，而且是以市场为导向。同样的激辩正好也能在戏剧方面听到：有位重要艺评家还真用"莎士比亚风格"来形容英国绘画——但他意不在赞美。

法国人与莎士比亚：浪漫时代

莎士比亚是英格兰最大的荣耀……牛顿之上有哥白尼与伽利略，培根之上有笛卡儿与康德，克伦威尔之上有丹东与拿破仑，莎士比亚之上则别无一人。

——维克多·雨果[40]

1822年，某个英国剧团首度在巴黎以英语演出《奥赛罗》（因性与暴力元素而名声不佳），观众不仅大喝倒彩，更是丢东西把"威灵顿的军官"给轰下舞台。等到另一个剧团试着在1827年于巴黎奥德翁剧院（Odéon）搬演《哈姆雷特》《罗密欧与朱丽叶》《奥赛罗》《理查三世》《麦克白》与《李尔王》时，却大获成功。年轻的浪漫主义者（许多人曾经在伦敦看过戏）宣称莎士比亚是他们造反的先知，"诠释了我的生命"。[41]1827年9月11日，当《哈姆雷特》在法国首演时（这部戏向来是法国人最喜爱的莎士比亚作品），雨果、维尼、戈蒂耶、大仲马与德拉克罗瓦都出席了。"这是入侵"，兴高采烈的德拉克罗瓦对雨果说，"削弱了所有戏剧原则与规矩⋯⋯这部戏必然会让法兰西学院发出声明，表示所有这类外国戏码全然不符社会上的高雅标准"。[42] 24岁的埃克托·柏辽兹对音乐学院的音律传统揭起叛旗。他太过沉醉其中，结果疯狂爱上剧团中饰演奥菲莉亚与朱丽叶的爱尔兰演员——哈丽雅特·史密森（Harriet Smithson）。

崛起中的浪漫主义文学领袖——聪明而好斗的维克多·雨果，自命为莎士比亚的代言人。他后来回忆道，年方23岁的他"就跟其他人一样，不仅没读过莎士比亚，而且还取笑他的作品"。1825年，查理十世在兰斯加冕。雨果的朋友趁冗长的加冕仪式进入中场休息时，把一本在旧货铺用6苏买到的《约翰王》递给他，两人接着花了整个晚上深入其堂奥。[43]两年后，雨果写了《克伦威尔》，其前言堪称法国浪漫主义宣言——这是他向"荒谬的伪亚里士多德"古典传统的宣战布告，同时也是对"永远的顶尖诗人"莎士比亚——"剧场之神"的赞辞。

雨果对于知识界当权派的挑战，远甚于伏尔泰一个世纪之前所为。

甜 蜜 的 世 仇
英国和法国，300 年的爱恨情仇

伏尔泰用高人一等的态度，表示"吉尔斯"（Gilles）莎士比亚是个有点小聪明的乡巴佬，比不上法国的大师们。但雨果认为莎士比亚所谓的瑕疵，反而是他更胜一筹的证据："大橡树形状扭曲，枝干打结，叶子黝黑，树皮坚硬粗糙。这才叫橡树。"他将莎士比亚誉为"戏剧本身"，因为莎翁将"扭曲与崇高、恐怖与可笑、悲剧与喜剧"熔于一炉。莎士比亚并非伏尔泰所说的古板、原始的剧作家，而是现代戏剧的奠基者——"冲出河岸的奔流"。古板的是法国古典主义，自视为莎士比亚传人的雨果，要把法国戏剧拖进 19 世纪。[44]

1830 年 3 月，雨果的《爱尔那尼》（*Hernani*）——剧评家将之形容为西班牙浪漫主义与莎士比亚的结合（剧中有点《罗密欧与朱丽叶》的影子）——在法兰西剧院（Théâtre Français）首演，开启了一场有名的文学论战。演出的每晚，古典传统的卫士都跑来起哄、吹口哨。雨果的众友人（他发了一大堆赠票）则来捧场叫好，责骂那些来捣乱的人。剧评痛恨的正是伏尔泰批评莎士比亚的地方：格律不规则、用语不诗意、卑鄙的角色与暴力的事件——一位女子称自己的爱人为"我的雄狮"（演员坚持把这句改成"我的主子"）；舞台上有强盗；君主口出秽言；贵族女子的扮相"有失尊严体面"；以及自然的对话，比如"几点了？差不多午夜"。根据雨果一位朋友的看法，剧评想要的措辞，要像"白日终将归于其安宁"这样。问题的关键与上一个世纪一样，在于人们对戏剧、艺术的看法不同。借雨果的话说，古典主义者希望艺术能对自然进行提纯加工，要能带来提升、带来鉴别，但他认为艺术应该"画出生活"。[45] 不过，雨果虽然精心策划了这场喧哗，却并未击败古典的端庄——许多浪漫主义者纵然有革命的愿望，实际上仍尊重传统标准，不仅改动莎士比亚剧作的结局，而且把他的用语改得更有诗意。以法语版的《奥赛罗》而论，过了100年之后，才有译本称苔丝狄蒙娜（Desdemona）的手帕为"手帕"（Mouchoir），接着还得再过100年，才有译本描述手帕上有"一点一点的草莓花样"。[46]

写出《爱尔那尼》之后过了30年，雨果为第一部未删节的莎士比亚法语译本写了一大篇前言。译者是他的儿子弗朗索瓦·维克多，维克多从24岁还不懂英语时便开始翻译了。这部大作（其中大部分仍然是未来140年的标准译本）有其特殊意义，因为在流亡中完成，而且在英国土地上完成，因此"献给英格兰"。维克多忍不住指出，在伦敦"想找莎士比亚雕像的人，只能找到威灵顿的雕像"，他还尖酸评论说，莎士比亚给全人类的礼物，使英格兰似乎没那么自私，"减少了英格兰与迦太基的相似之处"。[47]莎士比亚确实相当体贴：他的鬼魂对雨果（他是位狂热的招魂术士）口授了一整部新剧本，而且是用法文——莎士比亚终于意识到"英语比较低等"了。[48]

棉花国王与丝绸女王

他们的物质文明远远领先于今日所有的邻国，观察其文明，多少就等于预见欧洲的未来……这前景真是骇人。

——阿斯托尔夫·德·屈斯蒂纳（Astolphe de Custine），1830年[49]

英格兰人……能铸铁、驾驭蒸汽，把东西造成任何一种形状，发明出令人震惊的强大机器……但他们永远无法掌握真正的艺术……尽

管他们物质方面极为先进，但他们不过是文雅些的蛮子。

——泰奥菲尔·戈蒂耶，1856 年[50]

  和平带来繁荣的希望。虽然姗姗来迟，但一定程度的荣景还是来临了。不过，革命、战争与战后的贸易条件，却以非常不同的方式影响两国，影响所及不仅有两国的经济体系，其社会与文化亦在其列。两国在经济上渐行渐远的程度，远超过 1786 年《伊登条约》签订时。条约成立后，两国都成为活跃的海上贸易国与成长中的制造业国家。法国革命与随后的战事，对法国有深远的经济影响。第一，中小型地主人数大增，农业生产力下降：截至 1815 年，法国已有 500 万地主；1830 年后，随着选民范围的扩大，这个规模巨大的利益团体的势力得到增加。第二，虽然不容易评估，但人们似乎发展出某种本能的担忧，不鼓励在经济上冒险。投资人对通货膨胀与财政崩溃记忆犹新，倾向于购买土地、房产，甚至是政府债券。政府对群众暴力也有记忆，希望能避免经济剧变与不满情绪。第三，曾经为法国 18 世纪发展提供动力的殖民地贸易已一去不返；英国的封锁限制了繁荣口岸及其腹地的发展。直到 19 世纪 40 年代的荣景来临，法国出口业才重新恢复 18 世纪 80 年代的水平。第四，战争令法国难以取得英国技术，此前虽有法律限制，但仍有引进。总之，法国经济无法直接与英国抗衡，英国的产品（尤其是纺织品）在 1815 年后如洪水般涌入欧洲。大多数法国人也不想努力和英国人竞争：他们一致认为，英国烟雾弥漫的城镇与过剩的工业劳动力，会招致社会灾难与政治灾难。法国人出于选择与必要，得发展不同种类的经济与社会。保护政策得到铺天盖地的支持，早在 1816 年，当局便实施配额限制与补助。棉布进口遭到禁止，铁料则课以120%的关税。结果，法国进出口的制造品都相对稀少，刻意放缓了经济变化的速度。[51]

尽管战时与战后有所起伏，但英国经济仍在继续增长。该国的经济有根本的优势：便宜的水路运输与巨大的煤炭储量——不仅能创造低廉的蒸汽动力，还能炼出价格低廉的铁。英国在海上享有无可挑战的自由，生产的商品（尤其是棉布）在世界各地都有市场，不分帝国领土内外。运载商品的是英国船只，伦敦金融城则为贸易融资，并放款给发展中国家。这些条件让英国经济有别于其余各国，跟法国的差距尤其明显。英国着力于大规模生产便宜的商品供应远方市场，时间至少有一个世纪：直到1914年，棉纺织品仍然是最大宗的出口品（特别是销往印度）。到了1840年，英国制造业的劳动力已经让农业瞠乎其后；但在法国，同样的现象要到20世纪50年代才发生。相较于英国，法国始终是以拥地农民、工匠个体户和小城镇小村落为主的国家。1850年，3/4的法国人所居住的行政区，其主要人口中心居民人数少于2 000人。只有三个城市——巴黎、里昂与马赛拥有超过10万的人口。小规模手工业依旧存在，受到严格的配额限制与关税壁垒所保护。有些人支持自由贸易（其中许多都跟葡萄酒出口业有关），其中一位代言人是经济学家弗雷德里克·巴师夏（Frédéric Bastiat）：他语带挖苦，呼吁关闭所有的百叶窗，以保护法国蜡烛制造商免受阳光带来的"不公平"竞争。但工人、雇主与政治家不分派系，对此皆不为所动。对英国竞争的恐惧，是反英情绪的强大来源。他们的观点相当骇人，说1786年的条约促成了法国革命。保护措施确实有效。手工纺织业成长了：截至1860年，法国有20万台手摇织布机，同时间的英国只有3 000台。铁则以木炭炉熔制。机械以水力为动力。主要的制造业城市——巴黎,在1870年有10万间工厂,但其中将近2/3只雇了一名工人,不然就是老板独立作业。由于政府用津贴保护制造业,以抵御蒸汽机带来的竞争,法国在1900年时拥有全世界最大的帆船船队。[52]

法国制造商无法在大规模生产、供应海外市场上与英国竞争,国内市场又由消费甚少的大批农业人口所主导,于是他们往市场上层发展,为欧陆、美国,甚至是英国的有钱消费者提供奢侈品。法国商品的卖点是流行、质量与独特性,而非廉价和技术。法国制造出口业在19世纪的两大支柱,是里昂的精致丝织品与所谓的巴黎物品——衣服、鞋子、珠宝与香水的流行款式。在农业领域亦然,出口依赖于奢侈产品——葡萄酒与白兰地。传统生产方式达到精致的巅峰。农民有闲暇时,会在蕾丝手套或钟表等特定产业中兼职。19世纪60年代,强大的里昂丝绸业雇用超过30万人,复杂的国内外包制作体系能从里昂市向外延伸到方圆100英里之远。奢侈品产业的利润支持着法国贸易,提供大笔海外投资所需的资金。巴黎工匠(女性例外)收入颇丰。然而大部分的经济活动(尤其是大部分的农业经济)仍然生产力低下、产品质量不好,整体收入与薪资水平不仅跟不上英国产业的脚步,后来甚至连其他欧洲国家都比不上。到了19世纪90年代,兰开夏郡棉纺工人的收入,已经是孚日(Vosges)或诺曼底同业工人的两倍,而且他们的单位劳力成本还低了30%。

法国人将自己的产品与1851年伦敦世界博览会(London Great Exhibition)上的其他商品相比,他们深信自己能在设计与品味上赢过对手。法国人专注于奢侈品,其豪奢风格会让人想到昔日的贵族。但他们也没有忽略成本问题,从而成功为中产阶级提供了能够负担起的奢华。[53]这些经济模式也影响了人们的观点,巩固了法国人与英国人彼此都接受的刻板印象。法国人有美感、成熟世故，天生具备品味，一如德·蓬帕杜夫人的时代。英国人踏实、粗鲁、重视物质，愿意跑银行以及打造船只或火车引擎，大量生产价格低廉的标准化商品，但无法创造美，甚至"连一顶给巴黎女店员戴的帽子都做不出来"。法国人似乎珍视永恒的价值：文化精英思想、农民生活中的斯巴达美德，以及匠人的执着。

价值观的影响极为深远。19 世纪晚期与 20 世纪时，两国经济都难以适应技术和制造业的现代化，当时的英国与法国皆落后于德国与美国。两国在劳动力的教育上都相对薄弱，英国依赖半熟练的工厂劳动力，法国则依赖继承的农业技能和手艺学徒制。影响所及至今犹见，在法国表现为支持政府扮演保护与管制的角色；对全球化与经济自由主义保持怀疑态度；农业拥有政治影响力；高质量、高知名度与时尚商品出口贸易十分重要［这一点从保护高价值品牌名誉，以及原产地标注管控（Appellation Contrôlée）的程度可见一斑］。英国则更为接受自由贸易与竞争，在全球范围内贸易，倚重伦敦金融城，普及教育与技术培训则长期薄弱。

然而，两国之间在社会经济方面最深刻、长期，也最神秘的差异，在于人口。法国向来是欧洲人口最多的国家，一直到 18 世纪末才有俄国堪与匹敌。相形之下，英国就是个侏儒。不过，尽管英国移民北美洲与澳大拉西亚的人数居高不下，且法国海外移民几乎可以忽略，但英国人口仍然在 19 世纪 90 年代早期超越了法国。到了 1900 年，法国人口增长陷入停滞，甚至在 20 世纪 30 年代变为下跌，爱国人士对此感到绝望。法国人选择不生孩子，在婚姻关系中使用各种避孕措施。生育率从革命与拿破仑时期开始下降。许多人试图解释原因，但答案肯定相当复杂——部分是因为革命削弱了生养大家庭的传统压力，部分则恐怕跟不确定的未来有关。可以确定的是，1789年之后需要有存款、受教育，才能有社会地位向上流动的机会——许多中下阶级的家庭因此只想生独子。英国被卷入（除了其在引发革命的过程中所扮演的角色）是拿破仑战争与英国战后取得经济优势所带来的诸多全球性后果之一。法国变得更停滞、更着眼于国内。法国人向来对于移民殖民地并不热衷，在滑铁卢一役后，海外世界更显得不吸引人。但生育率下降不单纯是缺乏工作机会所带来的影响：许多工作（尤其是较新的产业部门）都被移民拿走了——例如比利时人、德意志人、意大利人，甚至是英国人。在法国人于后革命、后拿破仑世界所选择的生活方式中，少生孩子是非常关键的部分。法兰西缩水了：弗朗索瓦·克鲁泽曾指出，假使人口增长率与英国相当，法国在1914年时会有1亿人口。[54]

粗工与"瘤头棒子"

理论上，从英国购入机器、引进技术工人之举，在1825年之前皆属非法。尽管如此，上千名工人与管理者仍帮忙把"工业革命"带到法国。技工与企业家开设公司。詹姆斯·杰克逊（James Jackson）将法国人早在舒瓦瑟尔公爵时代便一直试图通过刺探与贿赂取得的炼钢技术引进法国。由于技术细节必须当面传授，法国人因此用大笔的现金引诱拥有技术的工人。这让当地工人心生忌妒。语言障碍、傲慢心态、同行工厂的挖角、大把现金、远离故乡……都让英国工人难以管束。洛林铁器制造商弗朗索瓦·德·温德尔在1824年派手下的英格兰工头回国招募更多人手，却发现自己管不住底下的工人："你不在时我很难做事。我付钱给你的工人,可他们不工作;那个木匠是个醉鬼,不该雇用他。我觉得你还是回来待在这里比较好。"[55]

英国工人中人数最多的群体是粗工,他们受雇于知名工程师托马斯·布拉西(Thomas Brassey)等英国承包商,兴建法国最早的铁路,用的英国资金也相当可观。法国政府早先对铁路运输的价值存疑,马车夫与船夫也激烈反对,但当局意识到有跟英国开战的可能,因而希望拥有一条能连接英吉利海峡与地中海的战略要道。布拉西的第一个合同是巴黎至鲁昂路段,1841年开工,这一段也能作为旅客运输之用。他雇了5 000名英国粗工作为劳动力主干,另外再雇同样人数的法国工人。一种结合英语、法语的铁道综合用语随之出现,继而使用于欧洲各地。有些用词得到各国采用:rail(铁轨)、tunnel(隧道)、tender(煤水车)、wagon(台车)、ballast(道砟)。英国工人吃苦耐劳,而且有相关经验,因此得到高于法国工人的薪水,做的也是最艰难、最危险的工作——不过,他们发现法国法律在发生意外时,可以给他们更多的保障。但他们也是一群麻烦的家伙,把大部分的周薪拿来买酒,而且是大买特买。等到1842年与1843年之交的寒冬停工期,许多人只好投靠鲁昂的赈济所。大约有1 000人继而前往新起建的巴黎防御工事做工(1840年一场危机让法国与英国的冲突迫在眉睫,此后巴黎开始大兴防务)。大批工人继续建设铁路,直到1846年的财政危机迫使建设中断数年。这时,法国3/4的铁路工程都有布拉西的影子。由于两国经济处于竞争状态,加上民族主义宣传,英国人与法国人之间的关系通常相当恶劣。法国工人攻击铁路与桥梁,而一座英国人建造的高架桥在1846年6月垮下来之后,民族主义立场的报纸甚至大声叫好。巴黎人给英国工人起了个"瘤头棒子"的绰号,显示这些工人对两国关系没什么帮助。1848年革命时（正值高失业率期间）发生了针对英国工人的暴动——光是诺曼底，就有4 000名英国工人。在勒阿弗尔，暴民将某些工人一路追上船，其他地方的工人对于针对自己的敌意感到恐惧，想方设法前往海峡边的港口。不过，仍然有些英国工人在法国安家落户，与法国女子结婚，另一些人则是在19世纪50年代铁路工程重启时再度到法国工作。

愁云惨雾

> 法兰西与英国只能靠开枪来沟通吗？确实不行；两国必须彼此看见、了解、交谈才行……因此，让我们冒险晕船吧。
>
> ——维克多-安托万·亨尼昆（Victor-Antoine Hennequin），《哲学之旅》（*Voyage philosophique*，1836）[56]

> 没有什么能让想象力摆脱气候创造出的消沉，在这个无聊的神殿中，最勇敢的好奇心也抵挡不住无情的单调生活。
>
> ——阿斯托尔夫·德·屈斯蒂纳，《英格兰与苏格兰的比赛》（*Courses en Angleterre et en Ecosse*，1830）[57]

> 法国人很少离开自己的国家，一旦他们冒险动身，旅行的脚步却又太急躁……我们待在家里的习惯，让我们的教育出现一道鸿沟，从而造成我们的许多偏见，也让我们与其他民族关系困难。
>
> ——弗朗西斯·韦侬（Francis Wey），《在家学英语》（*Les Anglais chez eux*，1854）[58]

滑铁卢一役后的数十年间，自愿造访英国的法国人远较以往更多，虽然比起造访法国的英国人，他们的人数始终是小巫见大巫。历史学家保罗·热尔博（Paul Gerbod）运用官方记录，估计在1815年时有1 450名法国游客前往英国，1835年时有3 700人，到1847年有4 290人。旅行变得更容易、更快速，也更便宜。自1816年起，便有明轮蒸汽船往来于英吉利海峡，接着在十年内取帆船而代之。虽然汽船无法防治晕船，但起码能减少晕船的时间。通往鲁昂的火车以及航行于塞纳河下游的汽船进一步缩短了旅行时间。从巴黎到伦敦能在20小时内抵达，最便宜的票价为31.75法郎——大约是技术工人一周的薪水。[59]"没有一个人想听我说英语……光是把单词讲出来还不够，还得用特定搭配的方式来发音才行"，这让屈斯蒂纳大动肝火。[60]语言挑战经常困扰那些聚集在莱斯特广场（Leicester Square）附近、讲法语的大人物。莱斯特广场有法语旅馆［布吕内旅馆（Brunet）最为知名］，以及韦里餐馆（Véry，以皇家宫殿广场的知名餐厅命名）等法国菜餐厅。有人觉得这些餐馆虽然比英格兰小吃店贵，但东西并没有好吃多少。许多人跟18世纪时如出一辙，前来世界上最大、最有活力的城市讨生活，其中不乏语言教师、旅馆女服务生、厨师、珠宝匠、美发师、鞋匠与葡萄酒商人。据女性主义作家弗洛拉·特里斯坦（Flora Tristan）所言，许多人都是冒名寻求庇护的人。19世纪中期的伦敦有超过7 000名法国人，足以构成相当大小的移民聚落。1842年，法国人在此成立家扶会（Société de Bienfaisance），也有人想成立法语教师协会（Society of French Teachers）。[61]作家纷纷跨海来观察、提出评论，让从报端获得对英国印象的大多数民众能有更多的认识。

甚至连亲自前往英国的法国人，通常也提前知道可能发生的情况，以及如何应对。通常先知道的都是坏事，因为反英情绪是"爱国论述中最基本的形式"。[62]但他们不得不承认英国著名的优点：富裕的乡间、绝佳的公共运输、清洁的环境，甚至还有厕所（有些人觉得太奢侈了）。知识分子赞叹（至少也会忌妒）牛津与剑桥的富有与美丽，甚至有人觉得让没教养的英格兰人享受是种浪费。不过整体而言，19世纪的法国游客不喜欢英格兰，也不喜欢英格兰人。唯一称得上狂热分子的，只有自由主义经济学家与工程师。1816年，夏尔·迪潘（Charles Dupin）在英伦诸岛溜达，从海军造船厂一路逛到济贫院，随后出版六卷正面的观察报告，帮助法国开拓了技术教育。另一些人则五味杂陈。浪漫主义者对湖区赞不绝口，却对伦敦与曼彻斯特的环境震惊不已。保守派认可英国对雅各宾主义所取得的胜利，却谴责英国人的粗俗举止、新教信仰与代议政府，尤其抨击当局对待天主教爱尔兰的方式。自由派称赞下议院，对警察与军人数量相对较少表示欣赏，但对于糟糕的咖啡、乏味的言谈以及天气感到失望。然而，对拿破仑追随者、共和主义者与少数社会主义者而言，一切都令人不满。英国是所有罪恶的根源，是他们担忧的前景，最重要的是以胜利羞辱他们的敌人。有位作家宣称，自己曾因为计程马车载他从滑铁卢车站出发，行经滑铁卢桥、滑铁卢广场，前往滑铁卢旅馆而痛打车夫。

法国人通常对英国的第一个看法是——英国很诡异，是"欧洲的日本"。[63]"这儿很奇怪，"法国国王路易-腓力表示，"跟法国完全不像"——太整齐、太干净，而且太安静。[64]文化史学者阿兰·柯尔班（Alain Corbin）曾经指出，"冷雾"在当时已成为尽人皆知的英伦印象，然而南英格兰的气候其实不比法国北部更多雾。不过，都市雾霾确实不同于法国，霾害也同时成为忧郁与现代性的象征。时人对食物的态度与18世纪许多人的正面评论截然不同——东西不仅难吃，而且能显现英国人的性格。人们尤其讨厌大量使用胡椒与咖喱的做法——这两种东西刚刚开始演变为英格兰人的民族菜。"他们的恶劣气候、冷淡人格与调味过度的餐点之间是有关联的。"一位社会主义者如是说。[65]英国人缺少法国人典型的特质——品味，从油腻的海龟汤、咖喱炖菜、水煮蔬菜与英式布丁，以及建筑与妇女时尚，便能明显看见其症状。事实上，妇女已成为与浓雾或甘蓝不相上下的英格兰象征：至今仍然有人认为英格兰妇女没有女人味、有失风雅，这种看法便起于当时。英格兰人没有"品味"，只求"舒服"——这在法语中找不到对应的单词（"算他们走运"，屈斯蒂纳嗤之以鼻）。

工业革命既让人着迷，又令人恐惧。英格兰中部与北部如今成为求知性游客路线中的两地，但他们的反应却是一边倒的不满意。英格兰城市的大小、人口及烟雾，成为神话风格夸示修辞的灵感：屈斯蒂纳认为遍地煤炭、矿渣的黑乡是"属于独眼巨人的平原"，曼彻斯特是"这个新地狱里的冥河"，要是"伯明翰的居民下了地狱，他们对一切都不会觉得陌生"。经济学家阿道夫·布朗基［Adolphe Blanqui，创造工业革命（Révolution Industrielle）一词的人］对工业的规模及其展现的力量感到敬畏。考察完黑乡的铸造厂，"我才头一次开始理解英格兰产业"。他记得，这些工厂"1个月能生产1.5万支滑膛枪"来对付法国，而在他了解到"一个伟大的帝国何以屈服于区区几百万岛民的作为"时，"钦佩便化为泪水与复仇的念头"。虽然一位不情不愿的仇英者承认英格兰平民的衣着比法国平民更好，一位曾经旅居美国的里昂生意人也认为英格兰的"穷人似乎没有其他地方来的贫穷",但这些看法并不普遍。[66] 许多游客强调都市劳工阶层的贫穷,面有病容、浑身脏污的矿工与工厂工人,以及他们眼中贫富之间不断扩大的鸿沟。英国正显露病态,朝灾难前进。

弗洛拉·特里斯坦笔下阅读者众的《伦敦漫步》(*Promenades dans Londres*, 1840)一书,堪称敌意最强烈、充满价值观指责的夸张之作。她所描绘的伦敦意象,是个冷雾弥漫、点了瓦斯灯的贫穷地狱,充斥着压迫、伪善与犯罪,到处都是妓女、乞丐与小偷。"忧郁弥漫在你呼吸的空气中,创造出一种无法抵抗、想以自杀终结生命的渴望……英格兰人受其气候诅咒,行为有如野兽。"特里斯坦身为女性主义与社会主义先驱,除了上述的老生常谈,还添了几分法国左派的反英民族主义。英格兰的自由只是假象:因为"学校、教会与报纸"创造了"无知与恐惧",导致"英格兰民众陷入绝境,等着饥饿带来的缓慢、抽搐之死",而"一小撮贵族……主教、地主与尸位素餐的人"便能"折磨、饿死这个有2 600万人口的国家"。对法国"无产阶级"而言,这既是教训,也是警钟。而对于盼望与英国关系更为紧密的法国政治人物来说,这种仇恨是个难题。

是盟友,还是"反法"?

七月王朝……法国社会有了英国的自由,我们全部的理念都实现了。
——夏尔·德·雷米萨(Charles de Rémusat)[67]

如果法国征服英格兰,全世界将会由24个字母所统治;如果英格兰战胜法国，称霸世界的将是10个数字。是思考，还是数数？这就是可能的未来。

——维克多·雨果[68]

连英格兰绅士的不绝唠叨，也无法淹没神在法兰西人与英格兰人之间创造的反感……就把英格兰关在她的岛上，保持神造英格兰时为之所做的安排：欧陆所有民族与生俱来的敌人。

——《改革报》（La Réforme，共和派大报），1847年[69]

1830年的七月革命（July Revolution）之后，一群政治亲英派统治了法国——这恐怕是法国历史所仅见。遭到这批人取代的查理十世及其"铁杆保王派"支持者，跟"亲英"可是相去甚远。保王派采取较为强硬的外交政策，希望能借此获得英国的另一个大敌——俄国的协助。他们在1823年入侵西班牙，1830年占领阿尔及尔，法国国内视这些行动为蔑视英国之举，对此表示欢迎。保王派充其量只是勉强改变立场、支持代议政府而已——国王曾表示"他宁可砍柴，也不想当英格兰国王"——他们在1830年7月的举动①跟政变相去不远，结果巴黎民众反抗，推翻了这个政权。英国驻法国大使是卡斯尔雷性好享乐的弟弟——斯图尔特勋爵（Lord Stewart），据说他如此回报本国："这些傻子以为一切都会顺他们的意，这下他们麻烦大了。"[70]等到查理十世再度躲回霍利鲁德（Holyrood）时，英国很少有人感到遗憾。

1830年7月的"光荣三日"（Three Glorious Days，人们将之

---

① 保王派在1830年7月时宣布解散议会，并通过新法限制选民资格，引发七月革命。——编者注

诠释为1688年"光荣革命"的法国版本），让一批思想杰出、品格高尚的自由派精英获得权力——他们以英国为政治典范，期盼身为欧洲进步国家的两国变成伙伴。新国王是过去的奥尔良公爵（代代都是亲英派）——聪明、健谈的路易－腓力：他会在信件与言谈中夹杂大量英语，本人曾经流亡英国与美国，而且还希望通过婚姻成为英国王室的一员（最后他真的做到了）。近年来，传记作家甚至认为他真的一度担任英国间谍。他在1804年写道："我很早就离开自己的国家，早得几乎没有任何法式的习惯，而我可以坦承——我跟英格兰关系紧密不光是因为感恩，更是因为品味与个性的关系……欧洲与全世界的和平，人类未来的福祉与独立自主，皆有赖英格兰的安全与独立。"[71] 新政权的政界要人，是束身自修的加尔文信徒弗朗索瓦·基佐（吉本与莎士比亚著作的译者，也是研究英格兰自由史的首屈一指的历史学家），以及年轻力壮的记者兼政治人物阿道夫·梯也尔——早在革命发生前，他就预测波旁王朝会以斯图亚特王朝的方式结束，后来他也因此闻名。莎士比亚的崇拜者维克多·雨果，波宁顿的门徒欧仁·德拉克罗瓦，美国民主制度分析家亚历西斯·德·托克维尔，在苏格兰受教育的政治哲学家与"现代"自由权倡议者邦雅曼·贡斯当，以及许多杰出的英国历史、政治评论家，都在新政权的文化苍穹上闪烁。在英国，执政的辉格党中有许多人都渴望响应他们——尤其是"福克斯派"（Foxite）——格雷、克拉伦登、兰斯当等几位勋爵，以及福克斯的侄子霍兰勋爵（Lord Holland）。他们对英国长久对抗法国的斗争表示谴责，认为1830年是1789年希望的重生，也是对他们亲法意见与品味姗姗来迟的肯定。时任驻伦敦大使的基佐，受邀前往霍兰公馆做客，而东道主"是欧陆、是法国，也是英格兰的一员，程度几乎不分轩轾……我们用许多时间聊法国的伟大作家与雄辩家——拉布吕耶尔、帕斯卡（Pascal）、塞维涅夫人（Madame de Sévigné）、波舒哀、费纳隆（Fénelon）"。霍兰呼吁，为了抵抗欧洲的反动国家，法国与英国之间要有"挚诚的理解"（Cordial Understanding）——这个词之后会有一段光明灿烂的未来。[①][72]

1830年革命曾让人们短暂担心18世纪90年代的战事会重演，但路易-腓力遵循极为审慎的路线——一位大臣创造出"不计代价维持和平"这种声名狼藉的说法。即便比利时发生革命、脱离荷兰，导致法国在比利时人的请求下派军队介入，当局对兼并比利时的请求仍置之不理，拒绝这个为路易-腓力之子准备的王座；民族主义者要求法军在行经滑铁卢时，至少要炸掉反法同盟的战争纪念碑，但政府顶住了来自他们的压力。老练的法国大使塔列朗与英国新任外相巴麦尊子爵两人就解决了比利时危机，以《伦敦条约》（Treaty of London, 1839）作为担保——人们今天之所以记得《伦敦条约》，多半是因为这纸条约让英国在1914年以法国盟友身份参战。比利时人的新国王——萨克斯-科堡的利奥波德（Leopold of Saxe-Coburg，他后来成为路易-腓力的女婿，以及维多利亚女王的舅舅），成为两国之间积极搭桥的人。英法两国同样通过塔列朗与巴麦尊之间的协商解决了西班牙的问题。到了1834年，两国更与西班牙、葡萄牙组成四国同盟，意在为伊比利亚半岛上的自由派政府提供支持。

[①] 挚诚一词成为1904年《挚诚协定》（Entente Cordial）的先声。详见第八章。——编者注

七月王朝是一套妥协的体系；有人甚至认为是个矛盾的体系。保守派政府从民众的起义中现身，政府有个非常王室气派的君主，但这位君主的举止却很"布尔乔亚"，不仅送自己的儿子上巴黎的学校，还会自己带伞四处闲逛。这类妥协不必然是缺点：1830年，年迈的拉法耶特将之描述成"被共和制度包围的人民御座"，事实也证明这套方法在欧洲大部分地区都行得通，包括英国。但从事后来看，在该政权追求和平、亲英的本能，以及其无法回避的、创造爱国形象的需要之间，却有无法解决的冲突。许多曾经在1830年的"光荣三日"期间与波旁王朝部队战斗的人（包括拿破仑以前的部下），都相信自己不只是在对抗1815年建立的国内制度，也是在抵御人们称之为"神圣联盟"的外部体系——他们认为这既是羞辱又是压迫，而且反动。曾经与威灵顿作战的拉马克将军，如今成为民族主义者音量最大的代言人（而且他也不喜欢"瘦竹竿似的"英格兰妇女）。他在议会宣称："巴黎的大炮已经让滑铁卢的大炮哑火了！"法兰西此时一定要重启斗争。在左派历久不衰的幻想中，从爱尔兰到波兰之间受压迫的人民，都会集结到法国解放者身边，而解放者将"半以说服，半以武力"，创造一个由法国主导的欧洲共和国。

　　对左翼爱国人士而言，英国是他们通往理想国路上的邪恶阻碍。在后滑铁卢时代那面世界性的压迫与腐败之网中，英国就是那只蜘蛛；与此同时，英国又是未来的典范（自由、改革、重视贸易），与他们的革命愿景（民主、权力主义、尚武）为敌，因此有必要强调英格兰有多么可怕——是"一座大岛上的大商店"，是"癌症"——免得让英格兰证明自己比他们的斯巴达式理想更有吸引力。弗洛拉·特里斯坦（我们已经见识过她的煽情描述了）也是其中一员：他们坚称英格兰人既受剥削又剥削别人，是个受贪婪驱使的腐败民族，服膺于无情的贵族阶级，打算将新形态的工业奴隶制度强加于全世界，并利用他们的力量迫使满心不愿的民族接受其商品、机械与移民劳工。他们使用的表达方式与18世纪90年代的雅各宾宣传相呼应，把英格兰人民整体视为全面的敌人——"社会吸血鬼"，甚至称不上是个真正的"民族"，仅仅是个"注定要灭亡的族群"。[73] 根据伟大的共和派历史学家儒勒·米什莱（Jules Michelet）所言，英格兰是"反法"（anti-France），是"寰宇第一民族"在政治、道德与文化上的对立面。[74] 即便是温和派也同意两国已卷入一场斗争，通过价值观、贸易与殖民竞赛塑造这颗星球的未来。仇英世界观（延伸成为反美与反犹太主义）足以解释一切。法国工人的苦难来自英国的经济竞争。法国国内的政治压迫，则是法国统治者服从其英国主子所造成的影响。甚至连抵抗法国殖民主义的行动，也能说是英国的阴谋。总之，英国的势力必须打破，必要时不惜一战。抱持这种观点的人虽然是少数，但他们是音量很大的少数，能够传到广大听众的耳中。因此，七月王朝试图与英国建立友好关系的做法，反而带来"背叛民族"、"怯懦"与"腐败"的指控——简言之，与遭到罢黜的波旁王朝相去不远。支持波旁王室的"正统派"（Legitimist）同样积极投身反对，指控他们所唾弃的新政权，并谴责英国——正统派也认为英国是现代世界多数罪孽的化身。将七月王朝贬为"反民族的"产物、"统治法兰西的英格兰政府"的，正是正统派的报纸（不过左派报纸也有相同看法）。[75]

总之，七月王朝无论如何得设法证明自己既爱国，又爱和平。但这不是个好策略。自由派也爱国，许多人还是法兰西帝国甚至是共和政府的老兵。更有其者，他们相信在政局与社会动荡时团结民族，就不能没有爱国情操。七月王朝宣称自己是"［无论君主制、共和制还是拿破仑治下的］法兰西所有荣耀记忆的唯一合法继承者"。[76] 历史记忆崇拜的优点，在于将情感聚焦于过去。让巴黎凯旋门落成的不是拿破仑，而是七月王朝。凯旋门上还加了出自弗朗索瓦·吕德（François Rude）之手、激动人心的1792年共和志愿军雕像——法国爱国主义最重要的符号之一。路易－腓力一再提起1792年时，他曾经在热马普的三色旗下作战过。如今，冒险家们在远离欧洲的地方，以安全的方式一展身手，即征服阿尔及利亚（对此，英国人的默许非常勉强），法国国王精神抖擞的儿子们在当地扮演了重要角色。

这种以爱国象征掩盖和平外交政策的策略，在1840年达到巅峰。新任总理阿道夫·梯也尔既渴望展现自己的爱国心，也渴望展示与英国的良好关系。他要求伦敦方面交还拿破仑埋在圣赫勒拿的遗体（伦敦当局表示同意，只是私底下态度相当倨傲），让法国当局举办仪式迁葬巴黎。"只要英格兰把我们要的给我们，她和法兰西的和解便能达成，过去50年的仇怨就此一笔勾销。这对法国会有重大的影响。"[77] 事实证明，对于七月王朝来说，让这个计划服务于自己的利益实在太有难度了。"拿破仑的骨灰都还热着，"拉马丁抱怨，"他们就开始玩火。"皇帝的遗骸一抵达法国，数十万群众马上齐聚巴黎，掀起堪称法国历史上最大的一场和平时期爱国游行。

甚至在此之前，即"骨灰"还在从南大西洋归国的路上，爱国心与政治情绪便已失去控制。皇帝的侄子路易·拿破仑·波拿巴试图发动政变。巴黎爆发罢工与暴动，还有人试图暗杀法国国王。1815年以来最危险的国际危机发生在7月，引发人们对新拿破仑战争爆发的恐惧。法方支持其拥护者——埃及帕夏（Pasha）穆罕默德·阿里（Muhammad Ali）扩张领土、深入叙利亚的行动。英国与俄国不愿见到法国在近东地区重建势力，同时担心过程中恐怕会摧毁奥斯曼帝国，于是命令埃及人撤退①。奥地利与普鲁士对两国的做法也表示支持。对法国人而言，这无异于1814年反法同盟的恼人复活。一个看似微不足道、距离遥远的议题（但此事却造成黎凡特地区长久动荡），在法国国内激起强烈情绪。连托克维尔这位沉稳的自由主义者，都希望法国为自己站出来："无论是哪一个政府，甚至是哪一个王朝，只要是试图说服这个国家袖手旁观，就别想能自外于毁灭的危机。"一旦让步，便会重伤民族自豪感——"这往往是幼稚、夸大其词，但仍然是……维系这个民族最强大的纽带"——同时让法国在政治上与道德上显得衰弱，"比输了二十仗还要命"。[78] 由于英国海军主宰了东地中海，梯也尔为了虚张声势、使各盟国让步，只好威胁入侵意大利与德意志——此举对反法的德意志民族主义而言堪称里程碑，成为刺激《德意志高于一切》（*Deutschland über Alles*）歌词创作最重要的因素。回到法国内部，爱国派大声要求开战。当时住在巴黎的德意志诗人海因里希·海涅（Heinrich Heine）写道："欢腾的好战情绪……人们一致高呼向背信弃义的阿尔比恩开战。"

在奥地利、普鲁士与英国，有许多人［包括维多利亚女王、首相墨尔本勋爵（Lord Melbourne）与多位内阁阁员］敦促外相巴麦尊勋爵给法国政府一个台阶下。据巴麦尊表示，有"来自伦敦［内部亲法人士］

---

① 此事酿成所谓"东方危机"（Oriental Crisis of 1840），并促成列强于隔年签署《海峡公约》。——编者注

的信件"在鼓励梯也尔坚持立场。但路易-腓力和大使基佐所做的暗示，却间接表明不会允许梯也尔得寸进尺。巴麦尊认为法国的态度是种需要强烈回击的姿态，如此才能阻止进一步的伤害。他以"尽可能友善、不冒犯的态度"告知梯也尔，"倘若法兰西……开战，她肯定会失去其船舰、殖民地与贸易……穆罕默德·阿里会被丢进尼罗河"。[79] 梯也尔的装腔作势就此结束，路易-腓力在 1840 年 10 月罢了他的官。以支持和平闻名的基佐则受召从伦敦返国，组成政府。

总之，1840 年原本是梯也尔希望能让法国-英国和解成为定局的一年，却反而加深了反英情绪，最后更是在议会的激辩中，以拉马丁所说的"法国的外交滑铁卢"告终。[80] "巴麦尊勋爵对两国、对全世界犯下的，是多么严重的恶行啊，其后果甚至是无可挽救的。"

从圣赫勒拿岛归还拿破仑遗骸之举，本是为了改善法国与英国的关系，但爱国狂热却让局势愈演愈烈，酿成滑铁卢以来最严重的政治危机。

托克维尔下了定论。[81] 不过，一位资深的法国外交官则断言，"持平而论……巴麦尊一方的主张相当有力"。[82] 责任可以分成好几个方面来谈。巴麦尊的问题是，当法方弄巧成拙时，他仍拒绝放对方一马。他把这场危机怪罪于：

> 各阶层、各党派的法兰西人之间，对英格兰不断滋长的强烈敌意；这迟早要引发冲突……法国人讨厌我们，这我不怪他们。他们的虚荣心驱使他们做世界第一等的民族；偏偏每一回他们都发现我们任何事情都强过他们。一个了不起的强大民族……居然有这种民族性格，实乃欧洲之不幸。[83]

至于法国，19世纪40年代早期的反英仇恨，导致当局在阻止非洲奴隶贸易的长期行动上拒绝与英国合作，着实令人遗憾：法方认为，好逐利的英国人不可能真心想保护非洲人，此举必定是干涉法国贸易的托词。基佐与路易-腓力试图修复两国的关系，但他们的努力却对政局有害。路易-腓力一语成谶——人们咒骂他是"外人的国王"。

第八章：不成战争的战争

> 法国的政策就像潜伏在房屋墙上的传染病，在一个个进入其影响范围内的住户身上暴发。
>
> ——巴麦尊勋爵[1]

我们知道，法国与英国再也没有彼此为敌过，但在时人眼中看来并非如此。拿破仑战争投下的阴影历久弥新。19世纪中叶的数十年间，最显著的就是一连串的危机、战争恐慌以及双方的备战行动。但两国只会作为盟友作战，对抗俄国与中国，甚至考虑共同介入美国内战。不过，由于彼此猜忌，双方无法在19世纪60年代给欧洲带来稳定的影响，最后导致19世纪70年代灾难性的普法战争。两国的不和确实会影响局势。英国与法国无法建立信任关系——这也不是第一次了，但这样的关系原本或许能让欧洲免于未来的某些灾祸。

美梦：第一次《挚诚协定》[①]，1841—1846 年

> 英格兰与法兰西"紧密、长久联手"或许是个梦，却是个美梦。由这两个伟大的民族……将寰宇收入他们宽广的怀抱，使之维持安宁与和平——这可是个了不起的理念。
>
> ——亚历西斯·德·托克维尔对议会的发言，1843 年[2]

> 我相信，两国实际的利益与欧洲和平真正的堡垒，在于巴黎与伦敦之间建立友好、真心的协议。只是，经过四十年来与对方的接触，我们很难打消英格兰人对我国利益的幻想、怀疑与误解……这大大削弱了我对于订立协约的信心。
>
> ——路易-腓力向基佐如此表示[3]

对路易-腓力与基佐来说，战争与革命会摧毁一切。两人的父亲（一个是亲王，一个是地方律师）皆死于断头台——借路易-腓力的话来说，他们都是"凶残野兽"的受害者，那头野兽"喜欢把嘴浸在鲜血里"。[4] 两人对逃难与流亡都略知一二。他们认为自己的使命，是让法国成为自由与和平的屏障。他们期待此举能获得其他国

[①] 英法《挚诚协定》，在历史上共有两次：第一次是法国国王路易-腓力于 1843 年演说时提出，但当时并未书载于文字，因国际形势无疾而终，仅象征双方对彼此的态度开始转变。第二次则是英法于 1904 年正式签订的《挚诚协定》，双方正式进入同盟、合作关系，此词因此也被译为"英法协定"。英、法两国后来也与俄国签订"三国协约"——这也是后来英、法、俄阵营在第一次世界大战期间被称为"协约国"的由来。 编者注

家的尊敬，尤其是英国，从而安抚国内温和的爱国派。1841年，爱国自由主义人气代言人兼欧陆保守主义的苦难——巴麦尊，在保守党胜选后下野。新任外相阿伯丁勋爵向路易-腓力致意。他跟基佐保持着私人关系，绕过了外交渠道。阿伯丁得到女王与兰斯当等辉格党领袖的支持，迫切想"理顺逆羽"。1843年，维多利亚女王与阿尔伯特（Albert）前往诺曼底，到路易-腓力位于厄镇（Eu）的城堡拜访他——这是自亨利八世以来首度有英国君主造访法国，[5] 也是第一次有欧洲君主以个人身份向这位"公民国王"（Citizen King）表现出团结的姿态。路易-腓力的女儿——比利时王后，要自己的父亲拿出最好的一面："维多利亚从来不谈政治……她想拜访的是一位家长，而非国王……亲爱的父亲因此得如平常一般自然、慈爱、真诚，有家长风范。"[6] 结果真的有效，女王也适时以热情对待奥尔良家族，态度真挚、亲切而充满关爱——十足的"维多利亚风格"。1843年，法国国王在御座上发表演说时，用了"挚诚协定"的说法。他计划在1844年到温莎回访（他的妻子还写信请维多利亚确保他不会吃太多，也别让他骑马），并开始让王室与大臣举行年度会面。路易-腓力对维克多·雨果吐露心声：

> 我在那儿会受到欢迎的：我会讲英语。英格兰人也相当感谢我，因为我很了解他们，对他们没有恨意——毕竟每个人起先都恨英格兰人……但我尊重他们，而且也表现出我的尊重。在我与英格兰人之间唯一需要担心的，只有太过热情的招呼……在英格兰受欢迎，或许代表在本国不受欢迎……但我绝不能在那儿受到不体面的待遇：一旦如此，连本国也会挖苦我。[7]

这次的访问相当顺利，基佐相当开心："成效绝佳，在英格兰好，在本国也好……他在英格兰受到的欢迎令人骄傲，全欧洲都看到了这次的盛大场面。人们对于和平得到巩固感到满意……对于英格兰，我们要的也就只有这些。"[8] 历史上很少有如此瞬间，能让一位法国政府领袖写下如此字句。

偏偏事情急转直下的速度，也和扶摇直上的速度一样快。卫理公会传教士乔治·普里查德（George Pritchard）正好从南太平洋归国，带来一段法国人暴行与侮辱的故事。此前他成功在塔希提传福音，成为塔希提女王波马雷（Pomare）的幕僚兼英国荣誉领事。1842年，法国太平洋分舰队指挥官小图阿尔将军（他是尼罗河战役那位无脚英雄的侄子）宣布塔希提为受保护国。小图阿尔的行动并未得到授权，但符合法国在远洋攫取基地，作为殖民扩张垫脚石的政策。爱国舆论（特别是左派）赞同此举，视为拓展法国文明、与英国抗衡的方法。小图阿尔在1843年11月废黜波马雷，宣布塔希提为法国领土，同时逮捕普里查德，将他驱逐出境。普里查德抵达英格兰后，让阿伯丁与基佐极为尴尬。阿伯丁写道："这事实在是糟透了，你我这两位管和平的大臣，居然非得因为世界另一端一帮光溜溜的野人而争执。"[9] 媒体与教会慈善家们怒不可遏。沙夫茨伯里勋爵对一个"和平而无助的民族"的命运感到"悲愤"，这个民族是"基督教的典范"，而且是"法律和宪法意义上的英国人"，他们"被血腥、破坏、挥霍和犯罪吞没"，而英国却无所作为，这是"令人厌恶和懦弱的态度"。[10] 基佐试图对整件事情冷处理，但最终仍为普里查德提供财产赔偿。虽然连阿伯丁都觉得这笔钱"相当微薄"，但法国议会反对，报界的看法也与阿伯丁完全相反：受到伤害的一方是法国，法国让塔希提更为开化的高贵努力遭受阻拦，被一个英格兰人和一个偷偷摸摸的卫理公会教徒踢到一旁。政府居然真的支付赔偿金，这不仅骇人听闻，而且证明"基佐勋爵"是个卑微傀儡。一篇讽刺文章写道："我们有个浑蛋英格兰人担任大臣／他是普里查德牧师最谦卑的仆人。"[11]"普里查德分子"（Pritchardiste）变成基佐支持者身上的负面标签，直到他下野为止。民众募资将一把精致的荣誉佩剑送给小图阿尔，路易 – 腓力在海军服役的儿子儒安维尔亲王（Prince de Joinville，曾护送拿破仑的遗骸回到法国）也出了钱。

如果说塔希提令人尴尬，那西班牙就是一桩悲喜剧。每个人都记得那削弱拿破仑的力量，同时让整座伊比利亚半岛化为焦土的"西班牙溃疡"。一个世代之后，西班牙仍然是一片混乱，法国与英国则各自支持敌对的派系。商业利益或许重要，但威望与国防安全比商业利益更重要。巴麦尊习惯做最坏的打算，他担心法国会占领马德里，西班牙人将再度反抗，而英国则会卷入另一场半岛战争——但若是姑息，便会鼓励法国人在比利时与其他地方采取更具威胁性的冒险举动。宫廷与军队派系主宰了马德里。由于西班牙女王伊莎贝拉（Isabella）和她的妹妹都还是少女，为她俩挑选丈夫，便成为获得重大政治影响力的方法。阿伯丁与基佐都认为彼此得达成协议。英国人只要得到大致的协定就满意了，但法国人的脑筋都放在协约的细则上——这不是第一次，也不是最后一次。协议的内容是让女王与她的一位表亲成婚［可能是加的斯公爵（Duke of Cadiz）］，之后（英国人的想法是，等到她生下继承人）再将她的妹妹嫁给路易 – 腓力的幺子，蒙庞西耶公爵（Duc de Montpensier）。但一位历史学家表示，外号"帕姬塔"（Paquita）的加的斯"称不上一匹很有吸引力的种马"，人们普遍怀疑他是否能生出继承人——即便路易 –

腓力语气轻松，承诺"动个手术，一切就都成了"，这还是无法打消众人疑虑。假如加的斯表现不佳，西班牙王位就会在某一刻传给路易－腓力未来的孙子——法国人偷偷期待的是这个结果。西班牙的亲英派则开始思考，萨克斯－科堡亲王（维多利亚女王的另一位亲戚）兴许比帕姬塔更有繁衍能力。为了先发制人，亲法派赶在同一天——1846年10月10日，让一开始规划的两对新人成婚。基佐庆幸自己做了"这么件天大的好事"。[12] 法国人知道伦敦方面会很生气，但他们却没料到愤怒之情不仅攫住了巴麦尊及其大使（他打算派一批暴民到马德里掀起暴动）这样的强硬派，连法国最好的友人阿伯丁，以及兰斯当等一辈子亲法的人士都怒不可遏（兰斯当对"腐败"、"欺骗"和"背信"火冒三丈）。维多利亚女王还写信给曾经的友人路易－腓力——巴麦尊称这封信为"一种抗议"。

为何《挚诚协定》会落得如此下场？一般人都怪巴麦尊，甚至有一位今天的法国学者在描述他时，说"法国人对他的恨意与藐视，只有整个英格兰民族能与之相比"。[13] 但巴麦尊确实是真心诚意，渴望为自由政府的普及尽一份力；此外，普里查德事件与西班牙王室婚姻问题都发生在他下野之后。历史学家道格拉斯·约翰逊（Douglas Johnson）点出真正的问题所在：对英国人来说，"协议"是种约束法国的手段；对于法国人来说，"协议"是种约束英国的手段。[14] 即便是最鸽派的法国政治人物，也希望法国得到平等伙伴一般的对待——1815年一定要留在过去才行。他们想要殖民地、经济特权以及对西欧小国的影响力——特别是希腊、比利时与西班牙。但是，没有一个英国政治人物（无论对法国多友好）打算假装拿破仑战争从未发生，而且他们绝不可能表现得像法国赢得战争一样。由于法国人对英国以及

巴麦尊勋爵。这位爱国的自由派对法国的野心感到不耐烦。

对国内"普里查德分子"的敌意如此强烈,路易-腓力及大臣也不敢太过温和。据国王的敌人所说,"求你今天赏给我们日常的平庸"① 就是国王的晨祷词——法语中的"platitude"在此指的不是陈词滥调,而是自贬之举。即便是一再遭人挖苦为"基佐爵士""英格兰人口袋里的伪善新教徒"的基佐,心中也抱持"不断滋长的复仇渴望,表皮下的深仇大恨隐约可见"。[15]用基佐的话来说,"你得在大胜与惨败、战败与代价高昂的凯旋之间做选择"。复仇是甜蜜的:"1840年,针对不幸的埃及问题,英格兰在欧洲取得了胜利。1846年,关于西班牙

---

① "求你今天赏给我们日常的……"典出《马太福音》第6章9—13节,为基督信仰中知名的主祷文。法语的"platitude"在此不是作"陈词滥调"解,而是取"平庸"之意,讽刺法国国王每天晨祷都在行自贬之举。——编者注

的重大事件,她不仅遭到挫败,而且只身一人。"[16] 法国外交官主张,法国对于西班牙王室婚姻问题有其权利,英国人只是"输不起"的伪善者——法国历史学家至今仍抱持这种看法。我们无须拘泥于是非对错:看似击败英国,让这起事件在政治上变得极为重要。但此事对当局的政治声望没什么帮助:批评家将基佐的"胜利"贬为区区的王室计谋,与法兰西真正的名声和利益无涉。

从有如奥林匹斯众神的视野来看,我们或许会认为西班牙女王的婚事、普里查德的赔偿金,甚至是埃及对贝鲁特的主张①,都不值得大惊小怪。但政治家、记者与选举人难免都是其时代的囚犯。双方都认为彼此是全球范围内的敌人,而且他们确实没错。滑铁卢战后的法国并未放弃斗争:事实上,法国从未放弃。两国想法最开明、心地最高尚的人物——包括托克维尔与约翰·斯图尔特·密尔(John Stewart Mill)等伟大的自由派思想家,都对各自民族的权利与责任坚信不疑,自视为进步的先锋,要决定地球的未来。英国之所以如此,是因为过去的胜利、技术的先进以及自诩的道德高度——福音派的慈善事业强化了这种看法。至于法兰西,则是因为其引以为豪的优越文化,以及普世性的意识形态主张——尤其是来自1789年的《人权宣言》。结果,两国具备影响力的人物,仍然用法兰西与英国之争的角度来看世界,他们也因此成为新自由帝国主义的拥护者。[17]

没有人能知道,这种竞争再也不会带来一场法国与英国之间的战争。总之,西班牙的争议有着不成比例的结果,就像一只蝴蝶在东京拍动翅膀,却为纽约带来一场风暴一样。儒安维尔亲王发表了一本小

---

① 这里指1840年东方危机的爆发点,参见第七章。 编者注

册子，探讨法国的汽船攻击英国贸易、劫掠其海岸的可能。法国陆军利用"蒸汽桥"出其不意地入侵——威灵顿与巴麦尊对此都感到恐惧，认为确有可能。[18]政府宣布大幅增税，以支付强化海军与本土防务所需。此举造成反对与激烈的示威游行。为了安抚不满情绪，伦敦方面开始将若干负担转移给殖民地，指示殖民地上缴更多，并且自己建立防御部队。但这种要求反而在整个帝国掀起不满的风暴，人们甚至公然反抗政府，结果使之成了殖民地朝自治国家历史性转变的开端。[19]英国的做法在欧洲的影响甚至大于殖民地。法国与英国的分裂，让奥地利人与俄罗斯人见猎心喜，打算让裂缝扩大。两国入侵独立城市克拉科（Cracow）、在瑞士内战中鼓励保守的天主教州，并威吓意大利的民族主义者。"自西班牙婚姻问题以来，"拉马丁控诉，"法兰西背叛了自己的本性与数世纪以来的传统……皮埃蒙特有奥地利人，克拉科有俄罗斯人，到处都没有法国人，到处都在反革命！"这一次突如其来的不稳定，开启了整个脆弱欧洲体系的崩溃。

1848年——"革命之年"让欧洲各国政府陷入混乱，七月王朝就是其中一个受害者。历史学家们无法明确说出革命发生的原因。19世纪40年代晚期的经济大萧条显然有其影响：西欧大部分地区陷入饥荒，经济遭受重击，出现大批饥饿的无业工人与破产的生意人。但革命为何发生在法国，而非比利时、荷兰或英国？因革命与拿破仑战争而动荡不安、同时实力不足以应付社会与政治严重动乱的国家中自然也有法国。法国与英国令人忧心的关系，也造成双重的影响。其一，路易－腓力与基佐遭人攻击为不愿捍卫法国利益与颜面的"普里查德分子"，过去的支持者因而渐行渐远。其二，他俩相信（不是空穴来风）自己受到鲁莽的军国主义者围困，这导致两人决心继续抓紧政权，拒绝政治改革。"你们想改革，但你们得不到！"国王告诉其中一位大臣，"改革会导致……战争！我不会破坏我的和平政策。"[20]

1848 年 2 月 24 日，群众涌向杜伊勒里宫，国王和家人马上往英吉利海峡出逃。[①]英国人对于西班牙王室婚姻的气还没消。路易－腓力的女儿很确定："父亲的尊严不允许他前往英格兰领土上的任何地方寻求庇护。"偏偏革命席卷欧洲，他没有其他地方可去。英国驻勒阿弗尔的副领事用墨镜、帽子帮他乔装，把他的胡子刮掉，让他搭上英国的渡轮，持假造的英国护照偷渡出境。最后一位法国国王以领事的叔叔——比尔·史密斯（Bill Smith）的身份离开自己的国家："我亲爱的叔叔不光多话，讲话又大声，我费尽九牛二虎之力，才让他安静下来。"[21] 基佐则逃往约克郡。维多利亚女王说话得体，表示领事的做法表现了"坚定的道德"，但她实则对此并不欢迎。当局没有多少尊敬的意思，将伦敦南边的克莱尔蒙特公馆（Claremont House）借给流亡的法国国王一家，结果这几位难民因为水管中的铅而严重中毒。巴麦尊向巴黎的新共和政府保证不会允许流亡人士密谋复国。路易－腓力就在海滨伦纳德（Leonard's-on-Sea）的病人扶手椅上结束了生命。

"天佑这道狭窄的海"：从革命到帝国，1848—1852 年

天佑这道狭窄的、使她免于纷扰的海，

使我们的英国尽皆存乎其内……

[①] 史称"二月革命"（February Revolution，1848）。——编者注

> 我愿（这海）宽广有如整面大西洋。
>
> ——阿尔弗雷德·丁尼生（Alfred Tennyson），《公主》，1850 年

法国发生的革命既吓人又刺激，揭开了一幕幕流血、解放与战争的景象。随着消息从巴黎传出来，革命也在欧洲各地爆发。身在巴黎与伦敦的波兰、意大利与德意志的流亡人士欢欣鼓舞，起草各种宣言，购买枪支。政界与各国君主战栗不已。普鲁士国王预测自己将在断头台上结束生命，一位奥地利大臣则被人以法国革命时的方式吊死在维也纳的一盏街灯上。连维多利亚女王都担心："接下来即将降临在我们身上的是什么，只有上帝知道。"[22] 法国当局宣布阿尔方斯·德·拉马丁（从保守派转变为共和派，是一位伟大的法国抒情诗人）为临时共和政府领袖。这不是他诗艺使然，反而是因为他不久前写的畅销书《吉伦特派历史》（History of the Girondins）——书中赞扬革命，从而在民众心中建立起对他的信任。法国内外普遍松了口气，因为整个七月王朝统治期间，他一直勇敢抨击无所不在的民族主义。"我不认为不停神化战争是件好事，"他在 1840 年对议会大胆表示，"在经过 25 年和平日子之后鼓励法国人热血沸腾，这种做法简直是把全世界的和平、幸福与光荣当成民族耻辱。"[23] 他向欧洲保证，第二共和不打算模仿第一共和。拉马丁在政府中的同僚包括好战的左翼民族主义卫士。过去在路易-腓力统治时，他们一再要求革命式的末日对决，但掌权后面对混乱与破产，他们都收手了。"我们热爱波兰，热爱意大利，我们热爱所有受压迫的人民，"拉马丁宣称，"但我们爱法国胜于一切。"[24]

英国无人对路易-腓力的遭遇感到遗憾，一份报纸表示，"全人

类或许有 3/4 会用满意的笑来迎接"他的失势。[25] 新共和国有许多热情的支持者。牛津大学埃克塞特学院（Exeter College）的青年学者詹姆斯·安东尼·弗劳德（James Anthony Froude）雇了一支管乐队，到校长的窗下演奏《马赛曲》。革命的消息令激进派、宪章派①、爱尔兰民族主义者与流亡政治人物闻风而动。有些人在伦敦参加政治集会的过程中听到消息："法国人、德意志人、波兰人、马札尔人跳了起来，以最激动的热情互相拥抱、高声道贺……当晚，响亮的碰杯声响彻苏活区与莱斯特广场内外。"[26]

白厅气氛严肃得多，但人们对于西班牙王室婚姻的怒意依旧强烈，甚至已经准备好向法国新政权表示祝贺了。"我们渴望友谊，并且扩大与法国的贸易交流，"巴麦尊写道，"我们会出手防止欧洲其他国家干预……法国统治者则得预防法国攻击欧洲其余地方：以此为基础，我们与法国的关系或许能……远比欧洲其他地方……跟路易-腓力和基佐的关系更为友好。"[27] 双方若无其事地解决了关于英国工人遭追赶、逃出法国的问题。形势不比 1789 年，法国政府热情地接受建议，深知英国人的保护能让俄罗斯人和奥地利人无从攻击，拉马丁写道："一旦法兰西与英格兰同意共同保障欧洲之和平，没有一国能扰乱和平却不受惩罚。"[28] 他甚至去信给年迈的威灵顿公爵，向其保证自己希望让法国采用英国式的宪政体制。他跟英国大使——前托利党议员诺曼比勋爵（Lord Normanby）天天会面。诺曼比认为，拉马丁的优点就在于他是唯——位真心喜爱英国的共和主义者；他甚至娶了英格兰

---

① 宪章运动是英国最重要的民主运动，成员中有大批工人阶级，要求实现以民主权利为内容的《人民宪章》（People's Charter）。——作者注

妻子。拉马丁通过使馆，告知伦敦并与之商讨共和国的对外政策，甚至是国内政策——例如官员任命和选举制度——有时一天好几次。众恨所归的仇法人士、有本事到每一场圣诞童话剧中扮演"约翰牛"的巴麦尊，以及平淡自适的诗人、能带着同一种安逸上台饰演法国人的拉马丁——两人肩并肩，看顾法国第一个真正民主制度的摇篮。

革命发生后的几星期，宪章派的代表与爱尔兰民族主义者赶往巴黎，一面传达祝贺之意，一面寻求支持。宪章派（从英格兰的爱尔兰移民身上获得浓厚的爱尔兰元素）举行多场公开集会，赞扬革命："法兰西有了共和国，英格兰也该拥有宪章。"若干激进的宪章派领导人对法国感到非常亲切：费格斯·奥康纳（Feargus O'Connor）是爱尔兰人联合会会员之子，其父在拿破仑手下担任将领；布隆特尔·奥布莱恩（Bronterre O'Brien）正在写罗伯斯庇尔的传记；乔治·朱利安·哈尼（George Julian Harney）则是马拉的崇拜者。英国当局对法国和爱尔兰激进分子的联络相当警惕，尤其在爱尔兰正深受饥荒与乡间暴动之苦的情况下。威廉·史密斯·奥布莱恩（William Smith O'Brien）是其中一位代表，他在演说时提到丰特努瓦战役中的法国–爱尔兰同盟，让诺曼比火冒三丈。拉马丁的回应则是告诉"青年爱尔兰党"（Young Ireland，爱尔兰民族运动中的激进派）代表，"我们现在处于和平状态，我们希望维持和平——不光是跟你们，跟大不列颠的一部分，更是跟整个大不列颠保持和平"。巴麦尊称赞此举"最是高尚而绅士"，《潘趣》（Punch）杂志则把此事画成爱尔兰人被人泼了冷水。[29] 在爱尔兰领袖的演说中（以及期待中），法国占的分量开始迅速下跌。

遭受激进派与民族主义者包围的拉马丁，以一份措辞谨慎的宣言（发表于3月2日）为共和国的外交政策定调，试图讨好国内舆论，

同时安抚外国政府。他提前将宣言内容告知诺曼比,确保诺曼比对此有充分的了解:

> 战争……对于 1792 年的共和国非常关键,更是其必要的光荣,但如今已不是法兰西共和国的方针……全世界与我国人民皆渴望推动兄弟情谊与和平……在法兰西共和国眼中,1815 年的条约已不再有合法的根据;即便如此……那些条约仍然是事实……本共和国……不会以秘密或煽动的方式宣传观点;而是采用唯一光明正大的方式,即以尊重及同情来服人。[30]

拉马丁甚至为西班牙王室婚姻一事谴责七月王朝,"阻碍我们的自由联盟"。巴麦尊则断言,"等水汽散去,捞去浮渣,你会发现剩下来的是与其他政府和平、友好的伙伴关系"。[31] 但法方仍留有后手。拉马丁与其他共和主义者并无二致,都想摆脱 1815 年的条约,重获拿破仑所失去的领土,并鼓励各地的民族运动以法国为领导。他和继任者儒勒·巴斯蒂 [Jules Bastide,好战派报纸《民族报》(*National*) 前总编] 暗中积极援助意大利、比利时、波兰、匈牙利与德意志的革命者。但咬人的狗不会叫:仇英人士一片缄默。如果我们想指出法国与英国关系的转折点,这便是其中之一:七月王朝的亲英派曾严肃考虑对英国开战,共和政府的仇英派却否定这种做法。他们寻求良好的关系,以防反法同盟再次出现。1848—1849 年,俄罗斯人与奥地利人在匈牙利与意大利残酷镇压民族解放运动,英国舆论因此反转,法国也从中获益。巴麦尊甚至考虑鼓励法方动武,终结奥地利对意大利北部的统治。他加入法国人保护匈牙利难民的行列,而且当奥地利将领朱利叶斯·雅各布·冯·海瑙（Julius Jacob von Haynau）遭伦敦工人痛打时，他也拒绝道歉。

1848年春夏之时，英国与法国两国的注意力都放在国内政局上。宪章派在英国工业地带举办一系列集会，以4月10日的伦敦大规模游行为高潮，并且向议会递交了一份厚重的请愿书，要求制定宪章。政府（在威灵顿的建议下，而且也从法国的事件中学到教训）集结了人数庞大、仅配有警棍的志愿警察特别部队。这一天变得非常有名，成为若干互相冲突的传说的主题。游行平和度过，议会对请愿不予理会，英国各地的观察家因此相信本国不会加入"革命之年"的行列——其实原本就不会有机会。英国统治阶级远不向法国那么分化。当局采取措施，成功维持秩序。各界轻松得出"英国无须革命"的论点：《苏格兰人报》（*The Scotsman*）表示，"法国发生革命，是因为该国民众连要求比我们已经拥有的更少的东西，都不被允许"。[32] 前面已经提到，英国的海外帝国领土对革命可没那么冷漠——拥有的权利甚至比法国人更少。加拿大（议会大厦被人烧掉）、澳大利亚、锡兰、开普敦与许多小型殖民地都发生骚乱，人们经常公开呼吁以法国为榜样。[33] 爱尔兰一如既往，是志向最远大的殖民地，但若少了法方的支援，"青年爱尔兰党"的起事也就不成气候。

法国的革命浪潮也发生转变，而且更为血腥。1848年6月，巴黎失业工人出于对政治与社会的不满，发动了大规模武装叛变，但被路易-欧仁·卡芬雅克（Louis-Eugène Cavaignac）将军指挥的部队击溃——卡芬雅克是少数几位真正的共和派将领，后来也成为政府的新领袖。路易-腓力在英格兰发表评论，"共和政权真是幸运，可以朝人民开枪"。卡芬雅克告诉诺曼比，"他相信伦敦与其他地方都会感到相当满意"。[34] 此时，法国的革命已经结束了，而且再也无法激励英国的激进分子。

真正的受益者另有其人，此君不久前才开始在英国吸引众人目光——路易·拿破仑·波拿巴，拿破仑的侄子。皇帝唯一的儿子——"拿破仑二世"，"小鹰"（The Eaglet），年纪轻轻便已死在奥地利。路易·拿破仑是皇帝在政治上的传人。直到1848年为止，他的职业生涯都是一桩烂笑话。1836—1840年，他数次以荒唐的方式试图夺权、被关进牢里、越狱，之后在伦敦过起花花公子的生活。革命发生后，他重返法国，发现自己成为政界名人。等到他宣布自己将竞选共和国的第一任民选总统时，形势立即明朗开来——他会以压倒性的票数胜选；到了1848年12月，他也一如所料当选。拿破仑神话——成形于圣赫勒拿岛，将皇帝描绘成无私的善心人士——让他得以宣称"我的名字就说明我是天选之人"。他塑造了一种关心社会问题的形象。其他政治选项——共和派、保王派、社会主义者，全都把自己搞得大失民心。他因为不同甚至是冲突的原因而吸引到人们的支持：他防止革命进一步发展，同时阻止保王派的反革命；他帮助穷人，同时恢复商界信心；他既能让法国伟大，又能维护和平。然而，新宪法只容许四年一任的总统担任一届，这对拿破仑家的人来说不够。为了留住权力，他在1851年12月2日发动政变，巴黎陷入短暂的动乱，地方则发生大规模叛乱。一场公民投票让他获得民众压倒性的支持；但人们决不会忘记他让法国人流血，还把上千人送去流放殖民地。

亲王总统的第一夫人

"哈丽雅特·霍华德小姐"(Miss Harriet Howard)生于1823年,本名伊丽莎白·哈丽特(Elizabeth Harryett)。她是布赖顿一间酒店老板的女儿,面容姣好、人聪明,是位谈吐得体的交际花,也是几位能在法国因为魅惑人心而知名的英格兰女士之一(虽然她人们仍旧对她抱有过时的刻板印象)。没有任何英格兰女士能在法国政局中扮演如此重要的角色——或许只有维多利亚女王例外。她从当冠军骑师杰姆·梅森(Jem Mason)的情妇开始展开自己的事业,后来在伦敦遇见路易·拿破仑,于是精明地挑了一位赢家。她不仅为这位觊觎权力的人提供宽慰,更在他仍然是个受人鄙夷的局外人时,为他的政治事业投注重要的资金。路易·拿破仑不像小仲马《茶花女》(*La Dame aux Camélias*)的主角,他丝毫不在意从爱人不体面的挣钱方式中获益。然而,无论霍华德小姐的魅力多么赚钱,她都不太可能让自己富有到能给他好几十万法郎。说不定,她是为秘密捐献者提供一条渠道?等到路易·拿破仑成为"亲王总统"后,他经常在她离爱丽舍宫非常近的房子里,与政治盟友秘密会面。但当她在路易·拿破仑1851年政变后,以他的非正式伴侣身份出现在杜伊勒里宫时,巴黎社交界大为震惊。一旦总统成了皇帝,她马上就得让路给一位安分的妻子、王朝世系的母亲。她梦想幻灭,心中的苦楚用一座城堡、一份年俸、一位丈夫与一个头衔都无法抚慰,后来在1865年便过世了。

从酒吧到王宫：名花霍华德小姐。

1848—1851年这段时间的发展，推翻了正统自由派认为"法国与英国遵循的道路将趋于一致"的看法。法国发生了一场革命、一次内战与一场政变，接下来20年间，路易·拿破仑（在1852年称帝，称拿破仑三世）将法国转型为现代化的独裁国家。英国却与此相反，平安度过"革命之年"，甚至没有一位阁员下台。宪章派与爱尔兰人在1848年的行动若非迅速遭人遗忘，就是融入连续、一致、温和与改革的民族叙事中。一位奥地利大臣说，英国"与欧洲社群相去甚远"。[35] 借丁尼生的知名诗句来说，就是——

> 一个拥有稳固政府的地方，
> 一个以公正和古老闻名的地方，
> 自由之河在此向下缓缓拓宽，
> 从一个先例到另一个先例。

这种隔绝感影响了英国人的认同，法国则再度成为绝佳的实例，代表英国所远离的一切：1830年终究没有成为法国的1688年。法国似乎配不上自由。英国人则是得到自我满足感，而且说不定是历来最强烈的满足感。学童将学到自己属于"最伟大、最有文化的民族，世所仅见……欧洲近代文明在不列颠群岛得到最完整的展现……英国人是独一无二的民族"。[36] 法国人遭人调侃，或者更惨——受人同情。有人判断这不过是寻常仇法心态的表现。[37] 但情况已有变化。首先，若与18世纪90年代和19世纪初相比，旧有的"排法"意象——浮夸的言谈举止、细瘦身形、纨绔子弟的外表——已经消失了。漫画中的法国人〔有些出自法国画家之手，如为《潘趣》杂志工作的保罗·加瓦尔尼（Paul Gavarni）〕不再画得像是与英格兰人不同的人种。自卡芬雅克与路易·拿破仑·波拿巴的独裁统治以来，最常见的法国人特质符号，已经变成军服、流行的军人胡与山羊胡。从1814年开始，法国人便形成了一套固定的"英格兰人"刻板印象，但英国人对近代法国人却再也没有明确的形象。其次，"排法"的英国人的批评之词，跟法国评论家自己表示的说法是分不开的：英国人的看法受到自由派与流亡的共和主义者影响，而流亡人士则是对自己母国抱持悲观看法。

去国怀乡：雨果与法国的雷霆之声们

> 戏剧中的维克多，浪漫故事的维克多，
> 为幻梦中的希望与恐惧编织云朵，
> 法兰西人中的法兰西人，人类眼泪的主宰……
> 至今仍桀骜不驯，法兰西的雷霆之声！
> 一个不爱我们英格兰的人——人们如是说；
> 但我不知道——英格兰或法兰西，所有人都
> 将在人类的赛跑中成为一体之人。
>
> ——阿尔弗雷德·丁尼生，《致维克多·雨果》（*To Victor Hugo*）

> 如今的问题在于，这几座岛究竟属于我们，还是属于维克多·雨果和他的同伴。
>
> ——巴麦尊勋爵，1855 年 10 月

1848 年，一位法国流亡人士——路易·拿破仑·波拿巴——离开英格兰，还有一条人流流回英格兰。先是路易-腓力及其随员，接着是基佐与其他大臣。左翼的难民则在 1848 年 6 月后来到，而后又有更多左翼政治人物在 1849 年 5 月注定失败的起事后前来。1851 年 12 月政变后，一批为数可观、成分各异的人涌入英国，包括天主教保守派、自由派、共和主义者，以及"变色龙"维克多·雨果——他曾经担任过好几种政治理念的化身，但如今发觉自己的天命是当流亡名人。流亡英伦的人总数约 4 500 人，有些人是被放逐，但多数是为了躲避牢

狱或流放殖民地之灾。虽然多佛当地抱怨纳税人的负担,但整体而言,英国对于自己二话不说便为难民提供庇护相当得意：自1823年至19世纪末,英国没有拒绝任何一位寻求政治庇护的人,或是将之驱逐出境。这种做法令其他国家的政府大为不满,怀疑英国人与巴麦尊这位"受到所有欧洲人真心痛恨的人"是为了他们自身马基雅弗利式的目标而煽动颠覆。[38]

流亡、贫困、低潮与挫折并未让人产生对东道主,或是对其他流亡人士的钦羡。多数的流亡人士相当封闭,对英式生活不感兴趣。英格兰人同样对他们漠不关心,毕竟这些人并非一场共同抗争中的盟友。许多难民集中在苏活区与莱斯特广场附近消费便宜、肮脏的街道——传统上流亡者的聚集地,流亡者经常在此光顾咖啡店、政治性俱乐部,以及托马斯·怀尔德氏图书室(Thomas Wyld's Reading Rooms)。1851年3月,一场共和主义者的宴会共有600人出席。一位警察回报,表示这类聚会是"非常奇妙的光景……杂碎(Canaille)、小偷(Voleur)、强盗(Brigand)、匪类(Coquin)、恶棍(Jean-Foutre)等字眼一直出现在彼此的言谈中"。[39]流亡人士对收容他们的东道主也毫不客气地批评。激进派领导人亚历山大·赖德律－洛兰(Alexandre Ledru-Rollin)快笔写出《英格兰的堕落》(*La Décadence de l'Angleterre*),满心期待地预测英国将因大规模饥荒而逃不过崩溃的命运,结果引起不满。这本书是对"在巢穴中孤身等待的秃鹰"常见的长篇谩骂,堪称酣畅淋漓,内容痛批该国有剥削人的贵族阶级、饥饿的工人、地狱般的贫民窟、受苦的殖民地、沦陷于"逸乐放荡"的大学,而且缺乏理念、组织,甚至连语法都没有。[40]流亡的俄罗斯人亚历山大·赫尔岑(Alexander Herzen)认为,"法国人不愿饶过英格兰人,首先是因为他们不讲法语,其次是因为当法国人把查令十字车站(Charing Cross)读成'沙兰-克罗'(Sharan-Kro),或是把莱斯特广场读成'列赛斯迭尔-斯库阿'(Lessesstair-Skooa)时,英格兰人都听不懂。还有,法国人的胃无法消化英式餐点……英格兰人所有的习惯,无论好坏,法国人都讨厌"。雨果则是放出豪语,"英格兰想跟我交谈时,就会学着讲法语了"。[41]

入乡随俗(假使真有可能)会伤害流亡人士的团结。基佐谢绝了牛津大学的教席。有位社会主义领袖因为适应得太好——甚至读起英文书,买了英式家具,结果被人嘲笑是"路易·布兰克先生"[①](Louis Blanc Esquire)。雨果拒绝过伦敦的文艺圈社交生活,也拒绝别人接待,拒绝乡间别墅——以他的名声与版税,他是能过上这样的生活的。就连他对性事的贪婪,也无法阻止他尽其所能地选择住到最靠近法国的地方——海峡群岛(Channel Islands,侍女和当地的贫妇让他感到心满意足)进行流放。他别出心裁,设法把他用书本篇幅骂人的《小拿破仑》(*Napoléon le Petit*)与《惩罚集》(*Les Châtiments*)偷渡进法国;这两本书在英国也颇具影响力。他创立了一种新宗教[②](至今在越南仍有人信奉),进行降神术实验(拿破仑一世借此传达他对雨果反对其侄子的赞许)。大约有100位最激进的流亡者——据长期与雨果共甘苦的爱人朱丽叶·德鲁埃(Juliette Drouet)所说,他们"披头散发、驼背而迟钝"[42]——来到泽西岛(Jersey),聚集在他身边,受

---

① "Louis Blanc"仍然是法文名,但"esquire"是英文对男子的尊称。其他人故意用这种方式揶揄之。——译者注
② 越南高台教(Caodaism)是1926年兴起于越南的新兴宗教,今日越南第三大宗教。雨果、孙中山、释迦牟尼与耶稣等各方宗教人士成圣贤皆为其供奉对象。——编者注

甜 蜜 的 世 仇
英国和法国，300 年的爱恨情仇

维克多·雨果在泽西岛上。

到法国副领事与皇家海军的监视。但他们在这儿得到的法律保障不比在英格兰，一位流亡人士发表对维多利亚女王的不敬之词后，有好几十个人跟着他一起被驱逐。英国此举实际上是为了讨好法国政府——此时的法国，是英国在克里米亚战争中的盟友。雨果则是直接搬到根西岛（Guernsey）。真正的流亡人士——比如他过去崇拜的英雄拿破仑，就该待在一块被海包围的岩石上："我要凝望海洋。"拿破仑曾经拥

第二部 共存

有朗伍德公馆，雨果则有奥特维尔公馆（Hauteville House），两座公馆对于其主人来说都是各自的圣地。对于维多利亚时代的英格兰和法兰西第二帝国来说，根西岛都是个无人问津的地方——特别是因为英格兰在这时开始寻求法国的帮助。

雨果思索自己的岛屿流放生活，视之为"命运"的浪潮。

雨果在自己超人般多产的岁月，花了将近二十年在流亡生活上，而他也因此闻名于世，甚至比同样多产的英格兰文人狄更斯和丁尼生名气更大。他完成了《悲惨世界》（*Les Misérables*）——后拿破仑时代法国政治与社会的磅礴史诗，叫好叫座的伟大成就。他写了大量的诗作、文学预言以及两部小说。其一以海峡群岛为背景，另一部则是幻想中的英国，住着格温普兰（Gwynplaine）、黛雅（Dea）、林奈乌斯·克兰查理勋爵（Lord Linnaeus Clancharlie）等角色。与此同时，他的儿子则翻译了莎士比亚。雨果与大多数幻想破灭的法国左派一样，放弃了被拿破仑三世挟持的民族主义。法兰西"是个可怜家伙的妓女"，

537

已经证明自己没有资格执行解放人类的神圣使命。拉马丁对此郑重表示，"对人民来说实在太不幸了"。雨果转向反战思想，为废除死刑而奋斗，并梦想着统一欧洲——届时，人们得设法在没有法国领导的情况下创造这样的欧洲，但它将会以巴黎为首都："在它的人民出现之前，欧罗巴便有了一座城市。"最后，他始终是反对拿破仑三世独裁的"持续之声"：

> 如果我们只有一千人，那算我一个；
> 如果只有一百人，也会有我。
> 如果十人坚定不退，我会是那十人之一；
> 要是只有一人，那铁定是我！

"这般忠实的盟友"：1853—1866 年

拿破仑会为一个想法深思数年，之后迟早会实践之……在他成为皇帝之前，就有一个根深蒂固的念头，是要借由羞辱英格兰，以洗刷滑铁卢之耻……此后，他就不知道过 6 个月或 12 个月的感觉有什么不同。

——巴麦尊，1859 年[43]

这实在糟透了！没有任何国家，没有任何人会以骚扰或攻击法兰西为梦想；看到她的繁荣，每一个人都会感到高兴：可她就非得去全球各个角落引发骚动，试图添乱。

——维多利亚女王，1860 年[44]

拿破仑三世是法国自他伯父以来最有野心的领袖,连夏尔·戴高乐都比不过他。他的名声之所以不如两人,是因为他的失败堪称灾难,但他的失败却无法像滑铁卢一样转变为英勇的传说。在国内,他希望通过名气支持独裁政府,以"终结革命",兼以现代化的经济体系为支柱。他和查理十世以来的所有前任统治者一样,期盼能撤除"1815年诸条约",重获拿破仑战败所失去的土地,使法国在新的欧洲体系中成为霸主。这个体系建立在他所谓的"民族身份原则"上,大致上与民族自决相仿。这一"原则"能作为法国扩张至其"天然疆界"的根据,分裂其多民族敌国——奥地利与俄国,同时为法国创造新的民族国家盟友(尤其是波兰与意大利)。假如推行,法国难免会和其他大国起冲突,但若是成功,便能重建法兰西霸权。拿破仑三世宣称(很可能是真心的)要实现伯父的理念,但他从圣赫勒拿宣言中学到了关键一课:"我们所有的战争,皆起自英格兰"——虽然他一再表示这是令人遗憾的误会。[45] 想改变欧洲,他需要英国人的默许。他因此采取与查理十世及路易-腓力不同的态度,捍卫法国与英国民众支持的目标,表示愿意做英国的盟友。路易·拿破仑是法国民族主义者中最不反英的一位,不仅享受自己在伦敦的流亡生活,而且利用这段时光建立友谊。他称赞英国的现代性——即便连相对亲英的知识分子也会流露出吹毛求疵的心态,但他完全没有展现这种态度。他还绝对是唯一一位曾担任特别警察,为英国君主效力的法国统治者。

英国内部对于这位新皇帝的看法,和法国国内一样存在分歧。他究竟是注定拯救法国于无政府状态的英雄,还是像阿尔伯特亲王所说的,是"阴谋家……行走的谎言",[46] 将残暴摧毁法国的自由?英国

甜蜜的世仇
英国和法国，300年的爱恨情仇

人的批评是否该为了两国的良好关系而有所收敛——"我国自由的媒体"是否该按照多产的政治诗人丁尼生所言"停止喧哗"，免得"刺激易怒的法国人开战"？拿破仑宣称"这个帝国代表和平"，这是真的吗？还是说，拿破仑家的人免不了会威胁到英国？打从一开始，英国人便表现出心中的疑惑。1851年12月，巴麦尊在未得到授权的情况下对政变表示支持，结果因此免官。外交部对于拿破仑自称"拿破仑"或"三世"感到不悦，尤其是因为1815年的《巴黎条约》对此有明文禁止。驻法国口岸的英国众领事奉命提高警惕，以防法国准备入侵。接下来的两年，英国急忙打造海军，以吓阻法国产生入侵的念头，最后却成为法国的盟国，在对抗俄国的战争中投入这些船只。

今天，英吉利海峡两岸对于克里米亚战争，只记得几张图像——《攻占马拉科夫》（*Taking of the Malakoff*）、《轻骑兵的冲锋》（*Charge of the Light Brigade*）、《提灯女士》（*Lady with the Lamp*）。但是，克里米亚战争却是1815—1914年在世界各地爆发的战争中伤亡最惨重的，将近50万人丧生，主要是俄罗斯人与土耳其人。这场战争敲碎了欧洲在1815年建立的和平，连同1848—1849年的多场革命（克里米亚战争就是革命的结果之一），点燃了长达一个世纪的冲突。未受革命影响的沙皇尼古拉一世打算活动筋骨，他对这位新的拿破仑王朝成员抱持敌意，就巴勒斯坦地区基督教会的冲突主张，与法方起了争执。这场修士争吵的背后，是两个国家以"保护"基督徒的古老主张为托词，行干预奥斯曼帝国政局之实。尼古拉不顾后果，利用冲突制造危机，试图摧毁奥斯曼帝国，重新分配其领土。对此，没有任何国家乐见，而英国尤其想支持土耳其人，好让欧洲对手无法靠近通往印度的陆路。

拿破仑三世和他有能力的幕僚们意识到,他们无论是跟英国达成和解,还是以盟友身份与之并肩作战,这次危机都能让法国重回欧洲事务的中心——根据法国外相亚历山大·瓦莱夫斯基(Alexandre Walewski,拿破仑一世的私生子)所言,这将是"神意赐予的礼物。"[47]1853年,俄罗斯人进攻土耳其,英国与法国海军因而开进黑海以保护伊斯坦布尔,结果导致战争。伦敦与巴黎决定攻击位于塞瓦斯托波尔(Sebastopol,位于克里米亚半岛)的俄国海军基地——沙皇从海上威胁伊斯坦布尔的力量来源。一支远征军在1854年9月适时登陆克里米亚,杀出一条通往塞瓦斯托波尔的血路——海峡两岸的人都用爱国画作、诗句与街道名称纪念这次史诗般的行动。拿破仑到英国进行国事访问,女王很欣慰地发现他"几乎不像是个法国人"。她也回访法国,带着儿子前往拿破仑的陵寝参谒,希望这种表示能抹去"古老的不和与敌意"。巴麦尊(1855年起担任首相)与拿破仑都幻想"席卷"俄国的势力,两国海军也在波罗的海(轰炸俄国基地)和黑海行动。但塞瓦斯托波尔挺住了,盟军被迫在冬季围城,过程中因疾病与寒冬而死的人,比子弹杀的人还多。

军中同袍

这场战争,是法国人与英国人自1674年的荷兰战争以来,首度以盟国身份并肩作战。英国指挥官是老迈乍高的拉格伦勋爵,他曾经是威灵顿手下活跃的副官,在滑铁卢一战中失去一条手臂。每一本教科书都会提到,拉格伦时常不经意地脱口而出,把敌人唤作"法国人"。但他跟法军相处融洽,法语也讲得相当流利。其实,盟军上下关系都不错。一位英国陆军下士写道:"法国人跟我们挺合得来,尤其是轻步兵团,大家都觉得他们是一群好玩的家伙。"英国人对穿了制服的女性食堂招待(Cantinières)印象深刻,"实在很丑,但着实让我们的弟兄吓了一跳"。甚至连剑桥公爵的失礼举动也被对方一笑置之——他没想清楚,便邀请法国的弗朗索瓦·塞尔坦·德·康罗贝尔(François Certain de Canrobert)将军参加滑铁卢纪念日的阅兵,不过康罗贝尔也忘了这是什么日子。两个盟国的差异,在于法军专业得多。康罗贝尔说,见到英国人,感觉仿佛回到一个世纪之前。法军职业水准的一种表现是抢走最好的营帐和最好的食物,英国士兵对他们这方面的能耐感到叹为观止。至于英国人的鲁莽之举——轻骑兵的冲锋最令人哗然——似乎既激起人们的同情,又招致专业人士的否定。皮埃尔·弗朗索瓦·博斯凯(Pierre François Bosquet)将军的评语——"场面很壮观,但这不叫战争",至今仍是名言;另一位法军将领则惊呼,"我见识过许多战斗,但这场面对我来说都是出乎意料的"。由于己方的人数与士气因为疾病而起起落落,只好让法军做主角,有些英国人为此感到生气,此外也有人指责法军"吹嘘太多"。但在围城战正酣时,法军攻下了关键据点马拉科夫,英国人却打不下自己的目标雷丹堡(Redan)——"丢脸的惨败",此后法军似乎就不再正眼看英国人了。[48]英国陆军装备、管理不佳,指挥官领导无方,结果成了政坛丑闻;法国陆军则是证明自己再度成为欧洲最高效的军队(但疾病造成的伤害却比战场伤亡更严重)。

| 第二部 共 存 |

以克里米亚战争为题的缎带,象征新的同盟关系。

甜 蜜 的 世 仇
英国和法国，300 年的爱恨情仇

战争的长度与代价引起法国的警觉，尤其是当拿破仑宣布他将亲赴战场、执掌兵符时——他的幕僚想方设法避免此事发生。法军终于在 1855 年 9 月攻下塞瓦斯托波尔，此时法国人决定议和。这场战争彻底扭转了拿破仑三世与法国的地位，打破了当年曾击败第一位拿破仑、让波旁王朝与路易 – 腓力屈居下风的英国、俄国、奥地利与普鲁士联盟。1856 年，和会于巴黎召开，等于承认法国的地位。对皇帝而言，这是他迈向心中欧洲新愿景的第一步。他清楚地向大臣表示，这一仗就是"每一个人所期待的革命"，并"坦白"告诉英国外相克拉伦登勋爵：他真正的目标向来是"波兰与意大利"。俄国人此前拒绝承认他是正统君主，如今却得依赖他的保护，才能躲过战败的结果，因此当他待俄罗斯人为久违的故人时，俄罗斯人也感到相当宽慰。英国人大发雷霆，"皇帝和他的大臣举止……不友善"，[49]但有用。俄罗斯人疲弱、脸上无光，而且感觉被过去的盟友奥地利与英国背叛，因而愿意让拿破仑在西欧自由发挥。1858 年 7 月，奥赛码头（Quai d'Orsay）边的和会仍在进行，皇帝却溜去温泉胜地普隆比埃莱班（Plombière）——不是为了泡温泉，而是秘密会见撒丁王国（Kingdom of Sardinia）首相加富尔伯爵卡米洛·本索（Camillo Benso di Cavour）。[①] 两人计划用一场战争，将奥地利人逐出意大利，并成立一个受到法国保护的意大利邦联。作为回报，法国能得到萨伏依与尼斯（Nice）——拿破仑一世得而复失的土地。

英国无意间为拿破仑的意大利密谋做了贡献。1858 年 1 月 14 日，

---

① 尽管撒丁王国以撒丁岛为名，但王国统治者却是萨伏依王朝，主要的领土及其首都都灵（Turin）皆位于意大利本土，坐跨阿尔卑斯山两侧。该王国因此常称为皮埃蒙特王国。——作者注

三名流亡英国的意大利共和派民族主义者在菲利斯·奥西尼（Felice Orsini，其父是拿破仑从莫斯科撤军过程中的生还者）领导下，趁皇帝的车驾抵达巴黎歌剧院时丢掷炸弹。他们希望能炸死他，让法国变回一个会介入意大利的共和国。皇帝毫发无伤，但有156人受伤，其中8人后来死亡。奥西尼上了断头台，但获准发表一场煽动人心的公开呼吁，恳求皇帝解放意大利："亲王，你的权力根基依附在革命的主干上。愿你足够强大，能确保自己的独立与自由，它们将令你立于不败之地。"拿破仑本人对此也深信不疑，这回死里逃生，也让他觉得自己应该行动——因此才有了那场与加富尔的会面。然而，他和众位大臣对于暗杀事件也感到气愤与后怕：假使拿破仑身亡，法国将被迫再度陷入动荡。当他们得知奥西尼与同伙是在英国进行的准备时，拿破仑派立刻回头攻击老对手。

奥西尼在巴黎歌剧院外的炸弹攻击。

甜 蜜 的 世 仇
英国和法国，300年的爱恨情仇

袭击拿破仑用的伯明翰炸弹

1857年10月，伯明翰铸铁师傅约瑟夫·泰勒（Joseph Taylor）接到一份不寻常的订单，下单的人名叫托马斯·阿尔索普（Thomas Allsop），泰勒认为这人应该和军方有关系。规格要求用薄钢片制成六枚设计新颖的大型手榴弹。每一枚都分为两个半球，下半有几个突出的雷管，上半则割了好几条线，以制造150块破片。阿尔索普是位中产阶级宪章主义者，其父是一位与激进作家威廉·科贝特和威廉·哈兹里特熟识的德比郡地主。一个法国难民西蒙·贝尔纳（Simon Bernard）从好几家伦敦药房买来水银与硝酸，用于制作极不稳定的水银炸弹。奥西尼的管家伊莉萨·切尼（Eliza Cheney），在位于肯迪什镇（Kentish Town）的自家炉灶前帮他们烘干材料。原型炸弹在谢菲尔德一处空旷的采石场成功试爆，负责引爆的乔治·霍利奥克（George Holyoake）原本是位伯明翰工匠，后来转职记者，曾经是宪章派的下院议员候选人，也是合作社运动（Cooperative Movement）的支持者。钢片制的半球组件取道比利时，以"瓦斯灯具"名义过关，并且在巴黎装配。尽管所有炸弹都在投掷的当下爆炸，其中一枚更是丢到了皇帝的车厢下，但它们没能完成主要的目的。飞散的破片造成多人受伤，但弹体的设计恐怕让碎片变得太小，无法穿透车身外壳。不过，这些"英格兰相关人士"都没有被捕。[50]

白厅面红耳赤——"对欧洲来说，我们很可恨"，克拉伦登承认。不过，是否移交流亡者倒不成问题："我们不妨要求议会把英格兰并进法兰西。"人在巴黎的英国大使考利勋爵（Lord Cowley）力陈，"有所作为本身是最重要的，做的事情反而没有那么重要"。这条亘古弥新的政治智慧，促使巴麦尊提出《阴谋谋杀法案》（Conspiracy to Murder Bill），他一方面试图借此说服法方已有采取行动，一方面向英国人保证一切依旧。不过，一位阁员在日记中吐露，"约翰牛已经绷紧自己的肩膀了"。有位自由派领袖谴责当局"唯唯诺诺，害怕法国，只有在屠杀中国人时才大胆起来"①。人们在海德公园举行示威抗议。法案过不了下议院，政府跟着辞职。奥西尼的多数帮手都逃脱了，但西蒙·贝尔纳在1858年4月落网，在老贝利街（Old Bailey）的中央刑事法院因谋杀罪受审。辩方将此事变为政治审判，声称审判的目的在于"让异国君主满意"，其王座则"建立在一个民族之自由的废墟上，这个民族曾经享有自由，如今依旧强大"。他呼吁陪审团"即便有60万把明晃晃的法国刺刀出现你们眼前"，也要为了"全欧洲的自由与文明大业"挺身而出。陪审团颇识时务，判贝尔纳无罪。外交大臣认为这种判决"是种奸诈的表现，丢我国的脸"。[51]

法国大使佩西尼公爵（Duc de Persigny）大骇，外相瓦莱夫斯基更质疑是不是"庇护权允许这种行为？对刺客客气，这应该吗？"。[52] 好几个兵团向皇帝请愿，希望让他们"把这些野兽抓来，深入龙潭虎穴也不惜"。法军入侵的可能性再度隐现，当局更担心得放弃印度〔当时正值混乱的印度大起义（Great Mutiny）〕，以集中兵力保卫本土。然而，拿破仑决心避免破局，更在3个月后迎接维多利亚与阿尔伯特前往瑟堡参加海军基地剪彩仪式，但这座基地正是在路易十六时代开

---

① 此处指发生在1856—1860年的英法联军参与的第二次鸦片战争。——编者注

始兴建的——此举仿佛暗中向他致敬,毕竟这座基地是作为入侵行动根据地之用,"一把尖刀直指英国的喉头"。[53]

1859年4月,拿破仑与加富尔展开他们对付奥地利——法国欧陆主要敌人的战争。1815年以来,奥地利一直是主导意大利地区的国家,将奥地利逐出意大利则是法国政策梦寐以求的结果。1848—1849年的反革命相当激烈,而奥地利是其中最残酷的力量,英国舆论不仅因此变得反奥地利,而且以至少同样的程度挺意大利。"谁跟俄国和罗马、跟俗世与精神界的专制政权作战,"下院议员威廉·格莱斯顿有位朋友写道,"谁为受奴役民族之自由与良心挺身而出,我就跟他站在同一边。"民族主义游击队员朱塞佩·加里波第(Giuseppe Garibaldi)在英国成为英雄——说不定是该国历来最受欢迎的外国风云人物。英国政府协商和解的呼吁被各方所无视。虽然法国人的"海盗行径"着实令人怀疑,但这绝对不代表法国要帮助奥地利的"暴政"。[54]因此,法国部队得以搭乘渡船,从马赛前往热那亚,无须担心皇家海军干预,随后在1859年6月击败奥地利人。撒丁王国扩张为意大利王国。英国人为之叫好,同时试图邀点功。这个新国家随后将萨伏依与尼斯割让给法国。

英国舆论彻底迷糊了。自从革命发生以来,法国爱国派便一直要求拥有由山海、河流构成的"天然疆界"。萨伏依与尼斯让法国得到阿尔卑斯山。但"天然疆界"同样意味着莱茵河,暗示法国将吞并部分的德意志、卢森堡,以及最敏感的问题点——比利时。拿破仑是否也打算得到这些地方?拿破仑家的人似乎向来不忘初衷。1860年,全世界最强大的战舰——铁甲船"光荣号"下水,让英国的木造战舰舰队有如半个古董。英国当局开始以绅士的方式刺探军情,例如海军部政务次官克拉伦斯·佩吉勋爵（Lord Clarence Paget），他一路连哄带骗，上了"光荣号"，再拿自己的雨伞测量尺寸。英国人打造更强大的"勇士号"——第一艘全用钢铁打造的战列舰——作为回应，一场昂贵的军备竞赛就此展开。双方的专家都出于职业习惯按最糟糕的情况进行分析，彼此都认为对方正计划侵略。拿破仑派军官到英格兰，表面上是为了他写关于尤利乌斯·恺撒的书而做研究，实则为研究登陆地点。[55] 两国都在海岸防卫上花费巨资。巴麦尊说服议会将军事预算增加为两倍，以加强南海岸与殖民地的防务——自西班牙王室婚姻争议以来，就有人提倡并草草修筑了一些防御工事。如今，雄伟的砖石与钢铁结构终于成形，镇守朴次茅斯、普利茅斯与泰晤士河出海口；这一回或许是英国史上最庞大的计划，一共建了76座碉堡与炮台，甚至远在澳大利亚与新西兰都有。其中一些至今从瑟堡仍然能看到。

女王担心未来将是"血腥的战争与寰宇的苦难"。[56] 丁尼生也担心地写下：

别对警醒之声充耳不闻，
别被暴君的托词哄骗！
蒺藜中能收无花果？荆棘上能收葡萄？
一个暴君对自由会有什么感想？
....
列队，准备开战或准备就义！
以自由之名与女王之名列队！
真是，我们有了——这般忠实的盟友
唯有恶魔能分辨他的打算。

这首诗发表在《泰晤士报》（The Times，在巴黎被禁），不仅表达了恐惧，同时也提出了"解药"：拿破仑一世以来还未出现过的志愿军事单位。人们蜂拥加入行伍。他们既怀有爱国心和真实的恐惧，也为穿军服、拿步枪而感到兴奋——志愿从军在苏格兰最受欢迎，但这儿反而是入侵威胁最小的地方。志愿军人数迅速达到10万人。军事单位以地方社群和既有社会网络为基础，有大学兵团、工厂兵团（通常是工人先动起来）、知名的"能手步枪兵团"（Artists' Rifles）与"伦敦苏格兰人兵团"（London Scottish），此外还有禁酒人、板球手、共济会员，甚至某些激进派的军事单位还穿起了加里波第式的红衫。简言之，志愿兵团涵盖了社会与政治上的各个领域，也是无可否认的团结表现，令爱国者极为自豪。有时候从军的人甚至达到每12人便有1人之多。他们改变了英国的面貌，让军人风格的胡子大为流行。许多人相信，志愿军无从抵挡在北非、克里米亚与意大利历练过的法国正规军，但他们确实带来"英国维多利亚时代中期的观赏性运动（Spectator Sport）"，[57]他们的阅兵游行、舞会、音乐会、射击比赛与户外演习都吸引了群众，只是这些活动也招来一些嘲讽——乔治·格罗史密斯（George Grossmith）与威登·格罗史密斯（Weedon Grossmith）兄弟的《小人物日记》（Diary of a Nobody，1892）里，普特先生（Mr Pooter）在东阿克顿步枪旅（East Acton Rifle Brigade）舞会中的经历，就是个小小挖苦的例子。直到1908年，志愿兵团才被陆军预备役部队（Territorial Army）取代。

不过，英国与法国仍然一起行动。两国在1860年远征中国之举至今仍声名狼藉：因为，英法联军攻陷并火烧圆明园——中国最伟大的文化成就之一。战利品随后出现在拍卖行与博物馆。维克多·雨果谴责此次暴行——接着为他的根西岛沙龙买了一点丝织品。而在 1861 年，英国、法国与西班牙派遣船只，强迫墨西哥政府承兑欠款——不过，巴麦尊（此前早已驳回墨西哥加入大英帝国的请求）倒是拒绝与法国一同派兵。最严重的一次事件是，两国在介入美国内战的边缘上摇摆不定。法国与英国民众对于是非对错意见纷纭，但两国皆依赖从拥有奴隶的美国南方进口而来的棉花。英国政府希望置身事外——"介入争吵的那些人，经常会搞得自己一鼻子血"，巴麦尊妙语如珠。[58] 但英国人因为中立国身份（与交战双方贸易、供应武器）而面临出乎意料的问题，继而成为海上封锁的受害者（居然不是实施者）。华盛顿与伦敦之间的交流措辞强硬。对拿破仑来说，介入有政治利益，因为美国南部同盟能为他在墨西哥的盘算提供支持——他正试图将墨西哥变成半殖民地，由爱打板球的哈布斯堡马克西米连大公（Archduke Maximilian）统治。1862 年夏天，美国内战显然已陷入僵局，拿破仑提议由法国、英国与俄国联合调停。但英国与俄国皆不同意。不久，北军形势出现短暂的好转，更重要的是亚伯拉罕·林肯姗姗来迟地发表了奴隶解放宣言，让英国绝无可能站在奴隶主一方介入。英法的调停（在海军突破封锁的支持下）将能拯救美国南部同盟，带来难以预料的长期影响。但拿破仑若少了英国人的支持，便什么都不能做。突然发生的欧洲问题导致他放弃墨西哥与马克西米连，后者被人处死。19 世纪 50 年代与 60 年代的事件，显示了法国与英国联手将多么强大，但也显示出两国伙伴关系有多么不稳定、缺乏信任。

不过，英国与法国确实成为经济盟友，在 1860 年签订一纸由自由贸易理想派理查德·科布登（Richard Cobden）与米歇尔·舍瓦利耶（Michel Chevalier）磋商的商约。提议的是英国人，拿破仑也欣然接受了，因为他想以此作为"骨头"来诱使英国这条"恶犬"不再虎视眈眈地惦记着吞并萨伏依。[59] 对拿破仑与其幕僚而言，这纸商约也是减少工人阶级生活花费、刺激经济增长的大胆举措。过去的圣西门主义者（19 世纪 30 年代的派系，结合社会－经济与宗教双方面的乌托邦思想）在帝国治下的法国有极强的影响力，舍瓦利耶也是其中一员。他们对铁路、运河（巴拿马与苏伊士运河皆出自他们的规划）、现代化与自由贸易怀抱热情。商约在英国产业人士与伦敦金融城之间也大受欢迎。法国势力强大的丝绸与红酒制造商也赞成，他们的出口商品能确保本国对英国取得贸易顺差。但商约却不受法国煤矿业、冶金、棉产业欢迎。雇员与工人的抗议，让此前拿破仑受到的微弱反对得以复苏。批评人士提起 1786 年的《伊登条约》，这正是革命的先兆。他们主张法国不同于英国，也不该有样学样：英国到处都是吃不饱的无产阶级，其粮食与原材料皆依赖进口，这是尽人皆知的事。法国应该保持"平衡"、和谐，必要时得自给自足。这纸条约对经济史学者而言始终具有争议性，他们也延续了当年的争论：自由贸易是一阵新鲜空气，让法国与英国贸易翻倍，吹走经济体上的蜘蛛网；还是一场教条式的实验，伤害了法国的农业、工业，加速经济萧条发生？

英法之间的条约，是欧洲经济共同体雏形的核心。这个雏形迅速扩大到整个西欧与中欧，人口可以自由移动，并拥有特定的公民权。欧洲大陆一度成为英国主要的贸易出口地。[60] 法国同样出资投入拉丁货币同盟（Latin Monetary Union），与意大利、比利时、瑞士及教皇国共同发起，其共同货币更延续到第一次世界大战为止。但跨海峡的关系仍然紧绷、多疑。

| 第二部　共　存 |

双城记

> 伦敦或许会成为罗马，但绝对不会成为雅典：雅典是巴黎独有的命运。我们能在前者找到黄金、权力，物质进步登峰造极……实用与舒适，有；但宜人与美丽，没有。
> ——泰奥菲尔·戈蒂耶，1852 年[61]

> 巴黎……虽然有美妙的吸引力，却是个道德沦丧、可憎的地方。
> ——查尔斯·狄更斯[62]

城市——人口以失控的态势迅速增长、泛出其边界，飘着臭味冒着烟，新的疾病、邪恶与罪行萌芽于斯，机会与风险在此翻倍，旧习俗与界限在此瓦解，令人赞叹的技术与财富在此诞生——成为 19 世纪本身，以及虚荣心与恐惧的主要体现。伦敦与巴黎就是两座出类拔萃的城市，不断互相比较也互成对比，是"文明的两种面貌"，也是其所属国家各自的差异与敌对关系的结晶。[63]作家与艺术家用属于双城的奥妙与危险传说，让人们感到激动和警觉。政府则争相洞察其堂奥、控制其危险，让人看不见其污秽，同时让城市登上舞台。

19 世纪的两大人气小说家——查尔斯·狄更斯与维克多·雨果，在人们心中创造了这两座城市萦绕不去的形象，其中之最为《雾都孤儿》（Oliver Twist，1837—1838）与《悲惨世界》（1862）。巴尔扎克、司汤达与一大群名气没那么响亮，但仍然受人欢迎的作家共享着魅力与销量。雨果以《巴黎圣母院》（Notre Dame de Paris，1831）

553

开创风潮,译本迅速问世,让巴黎这座中世纪城市成为其主角。威廉·哈里森·安斯沃思(William Harrison Ainsworth)的《老圣保罗教堂》(*Old St Paul's*,1841)是雨果此作的二流模仿。当代都市浪漫故事先锋是皮尔斯·伊根(Pierce Egan),他的《伦敦生活》(*Life in London*,1821),双主角为汤姆(Tom)与杰瑞(Jerry)。狂放的花花公子、赛马会会员兼精明的民粹主义者欧仁·苏(Eugène Sue),则是受人委托,以巴黎为题写出与伊根类似的作品。他那部想到哪写到哪的《巴黎传奇》(*Mystères de Paris*,1842—1843)结合了性、暴力描写与浪漫情怀,他保证"这些野蛮人生活中的片段,就跟费尼莫尔·库柏描写的蛮族部落一样未开化。但这些蛮子就在我们之间"。书中贫穷却正直的受害者、令人不寒而栗的罪犯、无情的迫害者、一个悔罪的妓女与一位微服出巡的善心亲王,从首相以下的各个阶层中吸引了一批期盼下回分解的庞大读者群。当报纸连载小说出现,读者便开始与作者通信,对故事走向提出要求,给予建议,甚至选他进入议会,为社会主义者喉舌。苏创造了一波跨国文学狂热浪潮。保罗·费瓦(Paul Féval)厚颜无耻,用《伦敦传奇》(*Mystères de Londres*,1844)大搭苏的顺风车——此君从未踏足伦敦,却把这座城市描写为"专精于每一种罪孽的大淫妇,其腐败之程度一旦显露,必将震惊世界;其必然因其耻辱之沉重而崩塌,如所多玛与尼尼微般腐坏"。[64]但苏的作品真正的对手,是乔治·威廉·麦克阿瑟·雷诺兹(George William MacArthur Reynolds)的《伦敦传奇》(*Mysteries of London*,1844—1848)。雷诺兹的政治生涯与苏相仿,他成为宪章派领袖,也是激进派报纸《雷诺兹新闻》(*Reynolds' News*)的老板。当时还有许多凭借部分调查与揭露的事实所写的作品,最有名的有从罪犯转业成侦探的巴黎人欧仁·弗朗索瓦·维多克（Eugène François Vidocq）的回忆录、悲观的政治经济学家 H.A. 傅雷吉（Frégier）的《危险分类》（*Des Classes Dangereuses*，书中认为犯罪的穷人对国家是威胁），以及亨利·梅修（Henry Mayhew）更有同理心的《伦敦劳工与伦敦穷人》（*London Labour and the London Poor*，1851）。真实犯罪案件报道在两座城市都很受欢迎。

伦敦与巴黎之间的这种文学交流，创造出了 19 世纪的城市图像，至今仍为我们所识。这样的城市是"由街道与院落组成的、最最复杂的迷宫"[65]，充满难以理解的行为与密语［巴黎有俚语（Argot），伦敦有黑话（Cant）］，到处都是野孩子与阴险的罪犯。"巴黎有骇人的小径、迷宫、废墟……巴黎的夜令人恐惧……地下世界的部族纷纷现身……巴黎凭借城里的华美建筑隐藏极其恐怖的怪兽巢穴……隐约可见一大群缓缓移动的人群。"[66] 这种神秘的都会生活就发生在地底世界里——有时是种隐喻，有时则是真实的地底世界（洞穴与下水道）；偶尔也会发生在渺无人烟、体面人士绝不冒险涉足的郊区，以及内城区的罪犯大本营。雨果的奇迹花园（Cour des Miracles）堪比狄更斯笔下的雅各布岛（Jacob's Island），医院大道（Boulevard de l'Hôpital）有如番红花丘（Saffron Hill），加夫洛许（Gavroche）也不逊于机灵鬼（Artful Dodger）。巴黎有其恶臭，令人想起腐败，伦敦则有其雾霾——诡秘的象征。

巴黎有一项伦敦没有的秘方：革命。《悲惨世界》的诸多高潮戏之一，便发生在 1832 年那场流产叛乱中的路障间，主角们凭借"这座城市的良心"——巴黎的古老下水道逃了出来。描写 19 世纪巴黎的作品，多半都藏着对革命的恐惧。不过，没有任何一部伟大的法国小说以 1789 年革命期间的巴黎为背景——作为挑战，这次的革命牵连太广、争议太深，连巴尔扎克和雨果都不发一语。因此，唯一一部谈革命期间巴黎的小说剧作，就只有狄更斯的《双城记》（*A Tale of Two Cities*，1859）：这部作品奠定了英语世界中对革命的集体想象，从而创造出人们对法国人挥之不去的看法。

狄更斯的小说将他萦绕心头的概念——监禁、重生、忘我、牺牲——具象化，情节则假借于一部已为人遗忘的通俗剧。这本书反映了英国人对革命的矛盾心态，"心向改革，却激烈反对暴力"。[67] 不过英国人同样对暴力着迷，从杜莎夫人举办的革命惨状展览大获成功可见一斑。狄更斯不仅热爱杜莎蜡像展，也同样对自己的朋友托马斯·卡莱尔绚丽的《法国革命史》印象深刻，难以忘怀其中的道德思想、传奇事件、多愁善感与激动人心的言辞。卡莱尔为狄更斯的大革命时期研究领路，狄更斯研究得很认真——他的法语相当好——而且很介意别人批评他的描写失真。他以夸张、讽刺的方式表现"卑躬屈膝、谄媚巴结"的法国旧政权，笔下都是些残暴而浮夸的贵族、饥饿的巴黎工人与穿着木鞋的憔悴农民——好似威廉·贺加斯与吉尔雷的画作。《双城记》里有件震撼人心的事件——某个贵族的马车轧死了一个孩童，让人想起 18 世纪许多人对巴黎街头的抱怨。狄更斯宣称这起事件"绝对可信"，并坚持认为贵族特权导致"对农民的恶劣压迫"，"假若世上有什么能确定的事情，那就是农民们'遭受的……难以容忍的命运'。"[68] 总之，他将革命表现为人民追求正义与复仇的恐怖举动，只是报复心腐化了那些发动革命的人。《双城记》里没有法国英雄，只有掠食者与受害者。反过来说，英格兰人虽然常常怪里怪气，却表现出善意、仁慈与自我牺牲；英格兰虽然有其明显缺陷，却是个避风港，让人们过着"安稳、发挥所长、繁荣而幸福的日子"。连流亡者的藏身处——苏活区也"森林繁茂、野花丛生……乡间空气流动挟带着朝气蓬勃的自由"。[69]这种把英格兰当避难所的看法,在奥切女男爵(Baroness Orczy)的《海绿》(*Scarlet Pimpernel*,1905)里有进一步的描绘,深受民众喜爱。狄更斯把自己对法兰西的期许,表现在书中主角在断头台下时预言似的念头中:贵族与革命人士——"从旧世界的破坏中崛起的新压迫者"——共同造成"此刻的邪恶",终将"逐渐为自己竭力赎罪"。[70]

《双城记》既不反法,也不反动。保守的法国评论家因为内容宽恕革命而抨击之。尽管书中对革命的诠释是英格兰人的典型看法,但这样想的不止他们,多数的法国人同样摈弃恐怖统治时期。"人血有种恐怖的力量,能够对抗制造流血的人,"共和派历史学家米什莱写道,"恐怖统治者对我们造成巨大而长久的伤害。倘若你前往欧洲最偏远乡下的最偏僻小农舍里,你也能与那种记忆和诅咒相遇。"[71]改变法国自身看法的,是自由派与温和共和主义者自19世纪20年代以来长期的平反——他们与恐怖统治断绝关系,为革命创造出一种经过净化的愿景,认为那标志着更好时代的诞生,只是伴随着混乱而已。这跟狄更斯式的图像能够兼容。但法国共和派还高举革命分子为英雄,将革命誉为现代史的巅峰,法国则是人类的先驱。他们的革命并非只是一场悲剧(对狄更斯而言就是如此),而是神秘的赎罪:法国"欠这个世界……那些法律,那些鲜血与眼泪是她给所有人的,她说:拿着喝了,这是我的血"。[72]海峡对岸的人对这种版本的世界史置若罔闻,"进步"在此来自不同的起源,视革命为悲剧而非凯旋的狄更斯式观点则占了上风。

18世纪时，伦敦因为缺少庄严宏伟的建筑而被人轻视，但伦敦在滑铁卢后接下了挑战。摄政王敦促建筑师约翰·纳什（John Nash），要超越巴黎。这次建筑计划在伦敦的规模是空前的，在实行过程中，纳什打造了摄政街（Regent Street）、摄政公园（Regents Park）与卡尔顿公馆连排屋（Carlton House Terrace），改造了圣詹姆斯公园（St James's Park）与白金汉宫（Buckingham Palace），并规划了特拉法尔加广场。但1825年的经济不景气、乔治四世驾崩以及美学风格的彻底改变，让灰泥涂面建筑的壮丽远景就此终结。巴黎在拿破仑时代之后大致上没有改变，中世纪的街道规划带来了雨果与苏提及的那种拥挤、奇特、肮脏而危险的交错巷弄。市中心成为庞大的贫民窟，挤满人、车辆与垃圾，被更富有的居民所遗弃。

巴黎与伦敦都是制造业中心，专门进行小规模、高技术的生产活动，但巴黎重工业较多，也更官僚主义，伦敦则是更倾向贸易与银行业。这两座城市已经是欧洲最大都会，也都得应对迅速发展的问题。19世纪前半叶，巴黎人口增为两倍，伦敦增为三倍；伦敦人口在1811年达到100万人，巴黎则在1846年到达。两城都在1832年接到霍乱的无情提醒——霍乱通过饮用水传染，害死了1.9万名巴黎人与5000名伦敦人。伦敦已经开始从事艰巨任务（无论多么缓慢），试图保持相当程度的清洁与卫生。两座城市都在下水道体系上打了史诗般的一仗，但巴黎落后好几个世代：明沟排水，街道有如"乌黑腐臭的粪便河流"，污水横流，郊区的垃圾山更是臭名远播。虽然法国（以及许多英国）观察家指摘伦敦是秽物、贫穷与雾霾之炼狱，比不上巴黎迷人，但伦敦人拥有更多的空间、更好的卫生、更高的生活水平、更多的孩童（上学的比例也更高），以及更长的预期寿命。尽管伦敦素有"严重阶级不平等缩影"的骂名，但市民的收入分配远较巴黎平均，巴黎以非劳动收入过活的人更多，童工也更多。[73] 一位英国画家在19世纪60年代造访巴黎，他发现"法国工人的普遍生活水平远低于英国工人"。[74]

1851年的世界博览会（举办的时间紧接在19世纪40年代晚期的大萧条，以及1848—1851年的动荡后）展现出英国的自信与伦敦的优越。博览会的构想出自商人亨利·柯尔（Henry Cole），他的灵感则是来自1849年在巴黎举办的展览——该展览是展示法国商品的定期展。然而，世界博览会的国际性是前所未有的。以玻璃与钢铁打造的水晶宫立面比圣保罗教堂长四倍，令人瞠目结舌，女王更认为水晶宫"瑰丽无以言喻"。抱持异议的人少之又少——1.5万名参展人士从世界各地前来展示其商品，时间长达6个月，平均日参观人数达4.3万人——这是到当时为止集结人数最多的室内人群。法国报界敦促读者前往伦敦，"神魂颠倒"一下。参展的法国人与法国政府把世界博览会当成法英之间的较量——其他较量都不算数——并且认为自家赢在质量上。他们决心凭借1855年于巴黎举行的法国版世界博览会，超越伦敦的原版："胜负在毫厘之间……一切与艺术、品味、精巧、高雅、卓越有关的事物，法国皆毋庸置疑拔得头筹……英格兰则在强度、力量、惊人、庞大、实用等方面领先。"[75] 整体来看，法国作者倾向于宣称巴黎是世界文化之都，英国人则认为伦敦是全球政治、道德与经济发展的中心。

尽管（或是因为）有其去中央化的治理方式，但伦敦却是两者中更现代，经济也更成功的城市。多数的法国人恐怕不会承认，但路易·拿破仑·波拿巴却不是其中之一，而他的看法确实有影响力。他希望巴黎改头换面，让这座城市成为其治世的丰碑。他当选总统不过几个月，便开始规划工人的居住；青年建筑师维克多·巴尔塔德（Victor

Baltard）则获命设计一处庞大的有顶市集，于 1851 年起建，此即著名的中央市场（Halles Centrales），其灵感来自水晶宫。政变之后，拿破仑得到此前的各个政权梦寐以求的权力，之后更找来一位高效的代理人——塞纳-马恩省长乔治·奥斯曼（Georges Haussmann）。伦敦是他们的模范。他们在布洛涅森林（Bois de Boulogne）为巴黎构思了一处"海德公园"，以蛇形湖（Serpentine）点睛，并规划了若干小型都会公园，用法语化的英文单词"square"来称呼。巴黎版的"英式花园"坐落在蒙苏里（Montsouris）、肖蒙山丘（Buttes Chaumont）与蒙索（Monceau，奥尔良公爵在 18 世纪 70 年代举办盛大娱乐活动的地方，当时已疏于保养）等新公园内，园内有人造湖与假山——但规定禁止人们踩上稀疏的草皮。当局的努力不仅成功追上伦敦的治安、街道照明、交通便利、大众运输、购物、卫生规范与供水标准，甚至后来居上。至少在 19 世纪 70 年代，巴黎开始有了真正的下水道体系，6 万处家用污水池就此在气味的记忆中淡去。不过，巴黎地铁（Métro）还是比伦敦地铁（Tube）晚了 40 年。

两座城市都拆毁了自己的大片历史建筑，都市规模与财富皆有增长，成为人们所歌颂的"世界之都"，或是人们所贬斥的"当代巴比伦"。它们对彼此了如指掌，而后刻意渐行渐远。管理松散、市场导向的伦敦往周遭的乡村延伸，土地、建筑与租金因此维持价格低廉达一个世纪之久，连工人阶级家庭都能买房置产。维多利亚时代的人痛恨在城里人挤人，认为城市既脏乱又危险：他们想要空间、自由、家庭生活与家庭隐私——一言以蔽之，就是要城郊（suburbia）。人们的理想，是借由各种风格、装潢与器物展现个性。直到 20 世纪 20 年代为止，巴黎的范围都局限在一条护城河与众多城墙之中（其线条至今仍构成行政管理与心理上的边界),由权力集中的权责单位管理,该城也始终更为密不通风、人口众多。城市防务、形象与内部安全才是巴黎的要务。巴黎的新风格是纪律、一致、宏伟、积极现代。有些人拿巴黎与伦敦相比:"去看看和平街(Rue de la Paix)、卡斯蒂格利翁街(Rue Castiglione)和里沃利街(Rue de Rivoli)——根本就是塞纳－马恩省河畔的伦敦。"[76] 也有人想到纽约或旧金山。当局强行在容易发生动乱的贫民窟开新路,驱走其居民。中世纪的城岛(Ile de la Cité)几乎全部夷平,成为政府机构所在地。宽敞的大道包围了革命温床圣安东尼郊区(Faubourg Saint-Antoine),当局的意图在于"确保在首都重要城区与保护首都的军事基地之间,有多条开阔的笔直大道"。[77] 一位批评家则挖苦政府的目标是"促成思想与军队的自由流动"。[78] 奥斯曼不像自己的上司那样好心肠,他把注意力集中在富有的西区,而非较贫穷的城东。有一大堆的工人阶级移民的偏远城区,是受到忽略的废地,也是"都市史上最早的大型社会隔离区"。[79] "家庭成员挤在一起,远比任何爱尔兰人的茅舍更糟,"伦敦发行的《建筑新闻》(*Building News*)在1861年表示,"屋子用一大堆房屋拆除剩的灰泥夹板搭建而成……屋顶则是旧锡盘。"[80] 我们很难得知巴黎人想要什么样的城市,但这肯定不是奥斯曼想要的。由于拿破仑与奥斯曼面对这些城区的反应,是把工厂与工人往外推到城郊,这带来政治上的反对,使问题恶化。直到20世纪,当局才提案在巴黎近郊做实验,将英式"花园郊区"(Garden Suburb)复制到当地,却未能对郊区的特色造成整体性的影响。150年后,法国仍为城市改造引发的问题所苦。不过,20年累积的成就依旧可观,而且来得正是时候。伦敦同样活在其维多利亚的遗留问题中,伦敦"内城"问题跟巴黎疏于管理的城郊可谓不相上下。

　　伦敦与巴黎发生的变化，成为现代性的两种冲突愿景，引来英吉利海峡两岸的赞美与谴责。两座城市分别成为人们眼中另一座城市的对立面。批评者认为伦敦（规模是巴黎的四倍，人口则是两倍）是个单调乏味、毫无特色的怪物，其居民往城郊散去、遁入独门独户的房子，摧毁了社群。"伦敦算不上是个城市，"一位法国散文家在1862年写道，"而是自治市、村庄、乡野、平原、牧场与花园……的凝聚，不算是个整体。"[81] 巴黎更为密实、拥挤，也更有交际气氛；但对英格兰人与若干法国批评者而言，这等于缺乏居家生活，缺乏那个难以翻译的概念——隐私。巴黎变得更像塞缪尔·约翰逊的伦敦，尤其是公开的社交生活；伦敦则是让沙龙走入民间，毕竟中产阶级家庭都在家待客。尽管这两座城市为法国与英国之间水火不容的壮阔故事写下了又一篇章，但其中并非只有惯常的偏见。人们对新巴黎的态度与民族情绪无涉，而是跟美学、政治与道德有关。批评法兰西帝国的人（不分法国人或英国人）认为巴黎是集权独裁体制的荒谬表征："我们只有一种街道……只是取了各式各样的名字。"[82] 卫道士抨击巴黎重视物质而腐败。纳税人因花费而感到厌恶。美学家则在飞速变为碎块的旧城区里挖宝，"贫穷、耀眼、欢乐、崇高、肮脏又迷人的巴黎"已被"一座没有过去……集乏味、排场与直线条之大成的城市"所取代。[83] 批评言论不分左派与右派，以多种形式表达出来。法国共和主义者谴责投机商人只会赚钱，抱怨经济与社交生活上的花费，并要求城市自治。英国自由派则以奥斯曼那些"非英式"的做法作为论据来反对伦敦城内规定太过烦琐、成本高昂的新建筑计划。另一方面，英国当局也决定让政府建筑物〔最著名者有外交部、印度事务部（India Office）与萨默塞特府（Somerset House）]、教堂、法院、博物馆，以及新的泰晤士河河堤（Thames Embankment，要与塞纳－马恩省河岸一较高下）跟上巴黎的脚步，以维系伦敦作为"世界之都"的地位。[84]

治安也是造成热议的因素。虽然这两座城市素有犯罪之都的名声，但巴黎的治安管控公认更为严格——尽管第二帝国的警方是照搬英国的"警棍"制度。自由主义者常对法国警察随处可见一事提出批评，但人们仍然因为警力使巴黎更有秩序而接受之。街道与剧院更安全，无人斗殴、醉酒；连妓女也受到警方的规范，没有伦敦那样明目张胆。巴黎公共场所这种相对的"体面"，意味着布尔乔亚妇女有更多在附近四处活动的自由。然而，等到19世纪60年代一连串的《传染病防治法》通过，有驻军的英格兰城镇以巴黎的做法为榜样规范妓女之后，这种"以罪恶为名针对妇女立法"的"拿破仑式制度"却受到女权主义道德人士的抵制。[85]

卡莱尔将巴黎斥为"一座腐败、可憎的城市……纯粹是妓院与赌博之地狱"，但对其他维多利亚时代人而言，这样的巴黎却有强大的吸引力——"一所巨型的大学，让男人们上那儿钻研罪恶"。[86]自1855年起，巴黎在80年内接连举办六届世界博览会，不仅次数远多于其他曾举办的城市，而且一次比一次盛大，促使许多人造访。第二帝国与随后的第三共和国精心策划，不仅要胜过原本的世界博览会，同时也要取代伦敦作为世界中心的地位。成千上万人首度体验跨国旅游，旅游业者托马斯·库克（Thomas Cook）也把自己的营业范围延伸到欧陆：1852年时有2.6万名英国游客造访巴黎，1856年有4万人，1867年则有6万人。兴奋之情多半出自想象，毕竟公认奥斯曼巴黎所独有的新事物，其实经常可以在其他地方见到，而现实也经常比不上幻想。比方说，林荫大道上重口味的新娱乐与音乐咖啡馆，通常只是伦敦音乐厅的三流模仿。拿破仑宫廷的"所多玛与蛾摩拉"（维多利亚女王担心巴黎已经对"英格兰社会造成恐怖的伤害"[87]）通常相当于槌球与猜字谜。但更重要的是崭新的印象、激动的情绪，以及"未来的美国巴比伦"［这是吹毛求疵的龚古尔兄弟（Goncourt brothers）给巴黎起的绰号］所引发的警觉心。[88] 怀旧书籍谈"消失中的巴黎"的风潮，跟谈未来风幻想的风潮不相上下。巴黎与伦敦就此调换了位置：古色古香的传统都市刻意让自己成为新事物的缩影。借夏尔·波德莱尔（Charles Baudelaire）的著名诗句来说：

老巴黎从此不再（唉！一座城市发生改变的速度比人心还快）。

这正是拿破仑的意思——但在崭新的建筑背后，在不知不觉的象征主义倾向之下，巴黎保有的古老建筑仍然比任何欧洲北部大都会都多。法国在19世纪40年代晚期的艰难岁月后迎来了经济复苏；军事实力重新展现；精力十足的政权不仅对新贵相对开放，而且全力引领流行；法国人在19世纪60年代甚至出现了一种自己"正在火山口跳舞"①的感觉（法国过去的政权对此并不陌生）——这一切为巴黎创造了一种现代典范的世界性形象。未来几代人的时间里，艺术家与作家前往巴黎捕捉华丽的标本，继而巩固了这种形象。波德莱尔、龚古尔兄弟、古斯塔夫·福楼拜（Gustave Flaubert）、爱德华·马

----

① 形容美好表象下潜藏等待爆发的危机。日后德国总理古斯塔夫·施特雷泽曼（Gustav Stresemann，1878—1929）曾用同样的话来形容魏玛共和时期的德国。——编者注

奈（Édouard Manet）、皮埃尔·奥古斯特·雷诺阿（Pierre Auguste Renoir）、古斯塔夫·卡耶博特（Gustave Caillebotte）、卡米耶·毕沙罗（Camille Pissarro）、克劳德·莫奈（Claude Monet）、贝尔特·莫里索（Berthe Morisot）、埃德加·德加（Edgar Degas）、埃米尔·左拉（Émile Zola）、亨利·德·图卢兹－洛特雷克（Henri de Toulouse-Lautrec），甚至是雅克·奥芬巴赫（Jacques Offenbach），都以各自不同的方式前去"临摹现代生活"——隐藏身份、腐化而充满诱惑——基本上就是巴黎生活。"愉悦巴黎"那种跳着康康舞、撩拨情欲的印象（多半源于旅游业的塑造，为的也是旅游业的发展），在19世纪60年代之后渐渐成为英国人对法国刻板印象中的重点特色。

巴黎的英国特性：女装设计师与妓女

> 我们正让自己越来越英格兰。妇女开始用以金属饰边的英式皮带……她们找一位英格兰人——大名鼎鼎的沃斯（Worth）做自己的服装设计师；她们还会买苏格兰格子布与花呢。这时，男人的英式胡须、英式套装、英式举止与用词也已无可救药。那些为巴黎人提供优雅的商家若非叫"沃斯"，就是叫"约翰氏"（John's）或"彼得氏"（Peter's）。
> ——《恋恋巴黎》（*Paris Amoureux*），1864 年[89]

新巴黎有两位名人出生于英格兰。查尔斯·弗雷德里克·沃斯（Charles Frederick Worth）奠定了高级时装作为跨国产业的地位，他也在无意之间，让"有范儿"这种说法普及于世。[90]科拉·珀尔（Cora Pearl）则是巴黎几十位最有名的高级交际花之一。

沃斯（1825—1895）是一位破产的林肯郡（Lincolnshire）事务律师之子，在摄政街的时髦服饰店——斯旺与埃德加（Swan & Edgar）担任学徒。1845年，他到法国拓展眼界——最好的织品都从此而来，接着为巴黎首屈一指的服装公司加热兰－奥比吉（Gagelin-Opigez）工作。他的一项工作是以真人为模特，将披肩与斗篷展示给顾客看。为了衬托商品，他为模特设计了素雅的连身裙。在顾客要求下，加热兰勉强同意销售这类连身裙，后来在1851年的伦敦世界博览会与1855年巴黎世界博览会展出，并且获得一面奖牌。沃斯在和平街（当时还不是流行的商业街）开了自己的店，找了一位同样在伦敦当过学徒的瑞典男性作为合伙人。男性女装设计师——何况还是外国人——可说是前所未闻，而且不得体，因为女装设计师会跟顾客的身体有亲密接触。沃斯的突破得归功于另外两位不受巴黎传统束缚的外国人。他以非常有竞争力的价格，为跳脱传统的奥地利大使夫人梅特涅夫人（Princess Metternich）提供服饰，夫人继而将他介绍给友人——西班牙裔的新婚法国皇后欧仁妮（Empress Eugenie），皇后相当喜欢他狂放斑斓的风格。沃斯因此功成名就。同样的服装，这位新皇后绝不穿第二次，所有宫廷妇女也受到一样的要求：光是在贡比涅（Compiègne）待一周，就需要15套新衣服。沃斯先生极受欢迎，他设计的衣服也出现在许多肖像画中，例如雷诺阿、马奈与德加的画作中。他怎么办到的？沃斯的销售技巧（从12岁便开始打磨）起了大用，他把推销用语发展为一套"天才艺术家"的夸张描述："我采用类似德拉克罗瓦的色彩来制作。"[91]他引入英式男装裁缝手法，以求更合身的剪裁与收边，此外还利用缝纫机、设计工作室与1 200名员工加速生产。他了解纺织业，有各种上好的料子可用。服装业在第二帝国时代的巴黎成为重要产业：为 1864 年社交季的 130 场舞会提供服饰，需花费约 2 900 万法郎。[92] 沃斯要价之高前所未闻，赚钱之多前所未有。他还让近代时尚产业的特色——季节服装、真人模特、品牌标签与授权经营——成为标准。沃斯得到几届巴黎博览会之助，让时尚成为全球产业，在英国与美国销路大开——想以一己之力完成这种事情，只有在当时才有可能发生。一代代的英格兰时装设计师跟随其后［包括在 1885 年引进女性西服套装的约翰·雷德芬（John Redfern），还有查尔斯·克里德（Charles Creed）与爱德华·莫利纽克斯（Edward Molyneux）］，他们进一步将阳刚的剪裁与布料，以及更自由、贴身的运动风格引入法国女性时尚——堪称古老传统的延续。连巴黎时尚的化身——可可·香奈儿（Coco Chanel）在 20 世纪 20 年代的大胆创新，也是以从英格兰情人那儿借来的服装为基础。[93] 英国设计师在 20 世纪 90 年代"降临"巴黎时装界一事，其实是恢复一种历史悠久的关系。

"科拉·珀尔"本名艾玛·克劳奇（Emma Crouch, 1835—1886），父亲是一位犯下重婚罪的音乐家。她赢得相当名气，但财务上的成功难免没那么长久。她在布洛涅一所女修道院受教育，19 世纪 50 年代成为妓女，从伦敦迁往巴黎，迅速因自己招摇、花钱如流水的生活而成名；富有的纨绔子弟一个个为她的生活买单，其中有不少人还是赛马俱乐部的会员。包养她，成为某个准入条件严格的放荡兄弟会入会的仪式——成员包括皇帝的堂亲拿破仑亲王，据说连威尔士亲王也赫赫在列。由于年华老去、政治氛围变化，加上丑闻——一位因她而破产的年轻继承人在她家自杀身亡，她的事业在 19 世纪 70 年代每况愈下。她逐渐依赖过去爱人的馈赠为生，此外也试图靠自己的回忆录赚钱。她得到大笔的款项，接着花掉。奢华的娱乐、珠宝、衣物、马匹与车驾都是必要的职业成本,因为恶名昭彰——尤其是"只有非常有钱的人才养得起她"的认知——在她的魅力中占了相当重要的部分,比美貌(或许是性)更重要。小仲马写道:"女人是公开消费的奢侈品,就像猎犬、马匹与车驾。"[94]

沃斯与珀尔身为英格兰人,在一般人不认为英国人能从事的行业中成为佼佼者。但两人都高调展示自己身上的英格兰特色,也借此获利。沃斯只找英格兰人担任销售助手。高级的法国妓女在公开场合会表现得像淑女,但珀尔这位"英式交际花"却以刺眼、"非法式"的举止、口音与外貌闻名——例如,她是当时极少数将自己的头发染成金色的女子。英国人的身份,使他们能为跳脱传统的举止(如积极的事业心)开脱,甚至得利。法国人认为英格兰人性情古怪,这种成见或许对珀尔有利,而她绝对因为自己在赛马俱乐部那帮人之间善驭马的名声而得益。一位同时代的人写道:"她在马上像骑师一样,趾高气扬地挥舞着马鞭,她能豪饮……她的胸部妙不可言。"[95]

沃斯与珀尔的成就不仅显示出亲英狂热仍旧强劲,也显示出巴黎的风格与形象越发海纳百川。

法国人眼中的伦敦

19世纪60年代,古斯塔夫·多雷(Gustave Doré)为"狄更斯式"的城市——伦敦——创作了若干最出名的版画,在1872年以《伦敦巡礼》(*London, a Pilgrimage*)为名出版。人们特别在伦敦成立一间画廊摆放他的作品,他在英格兰受欢迎的程度可见一斑。多雷跟众多法国观察家不同,他喜欢当地的生活与熙来攘往。他让人看到工作与休闲活动的"典型"景象,包括码头、贫民区、海德公园、牛津剑桥赛艇对抗赛(Boat Race),以及德比马赛。不过他看似写实的图像却有某种如梦似幻的特质:阴沉、多雾的天气,极其密集但有序、不具威胁感的群众,称得上漂亮却单调的面孔——这都反映了法国人常有的看法。

1870 年与德意志的战争和 1871 年的巴黎公社(Paris Commune),导致好几位法国艺术家逃到英国避难,包括住到肯辛顿(Kensington)的克劳德·莫奈,以及卡米耶·毕沙罗——他是在克罗伊登(Croydon)登记结婚的。"莫奈和我热爱伦敦的景致。莫奈在公园里画画,我呢,则是在当时还是个迷人郊区的下诺伍德(Lower Norwood)生活,钻研雾霭、雪和春日带来的效果。"[96] 两人也研究透纳与康斯太布尔的作品,

多雷画笔下的英国人:奇特但无害的一群人。

尤其是关于光线与"瞬间印象"的"户外"画作。这是否对两人的艺术手法有深刻的影响？英国与法国历史学家对此长期意见不同。事情很明显，对毕沙罗来说恐怕只是表面影响，但对莫奈来说，透纳成了他一辈子的灵感泉源，在他画泰晤士河与塞纳－马恩省河的画作中，透纳的影响清晰可见。当时甚至有一位艺术评论家称莫奈是"法国透纳"。[97]

毕沙罗发现没人找他作画，抱怨说"除非出了国，你才会感觉到法国如此美丽、伟大而亲切。这里跟法国实在天差地远，举目所见都是鄙夷、漠不关心，甚至无理……这儿没有艺术，只有生意"。讽刺的是，他的收信人也正写信给他："巴黎四处都是骇人、恐怖的惨状……我一心想逃出这里……世人会认为巴黎从无艺术家。"[98] 毕沙罗对伦敦的态度不太公平，但当时的法国绘画在人们心中确实不比英国人和德意志人的画作。因为公社之故而离开巴黎的雅克－约瑟夫·詹姆斯·蒂索也发现了这个现象。没过几个月，德加酸溜溜地写信给他："人家告诉我你赚了很多钱。是赚多少？"蒂索事业有成，但根据一位忌妒的法国同胞所言，这是因为他"别出心裁，利用英格兰人的愚蠢"。他的作品因其法国特色——第二帝国的法国特色，即花哨、新颖、生硬而浅薄——而同时受人赞扬与批评。他笔下油润、时尚的英格兰景致与民众表现出"新法英混合"风，但人们认为他的作品几近于不得体，让伦敦上层人士看来庸俗、像暴发户，仿佛巴黎的"浮夸人物"或"法国女演员"，不然就像法国漫画中英国人的特色，"桀骜不驯""目中无人""冷淡而一脸反感"，生了一副"难看的长脸与高高的脖子"。许多人认为蒂索在传达负面的信息。奥斯卡·王尔德（Oscar Wilde）觉得他"缺乏感情与深度"，呈现"过度打扮、长相平凡无奇的人"。[99]

第二部 共 存

毕沙罗的印象派画作。

蒂索：让伦敦高雅起来。

隔岸观火：1870—1871 年

> 英格兰人是群恐怖的人，我可不愿意自己的祖国与之为敌——或是为友。
>
> ——朱尔斯·瓦利斯（Jules Vallès）[100]

> 我担心，法国人如此出尔反尔、腐败愚昧、自负又愚蠢，别想指望能以合于情理的方式治理他们……虽然就个人而言，他们非常迷人，但作为民族，恐怕是无可救药了。
>
> ——维多利亚女王[101]

1870 年 7 月，法兰西一头栽进其历史中最惨的年份之一——雨果称之为"凶年"。英国则五味杂陈、作壁上观。英国与法国只要联手，便强得足以抵抗任何对欧洲权力结构的攻击。但两国并不团结。英国对拿破仑的意图抱持怀疑，显见该国视拿破仑为问题，而非解决方法。因此，伦敦没有采取有效策略，未能防止普鲁士在 1864 年对丹麦、1866 年对奥地利以及与其他德意志国家成功发动的侵略战争。

拿破仑还在玩火。他受到国内压力，必须表现出自己仍是欧洲事务的主导者。因此到了 1870 年 7 月，皇帝与大臣们（就西班牙王位问题与普鲁士有所争执）将危机推向战争的边缘。法国将领相信本国拥有世界上最高效的军队，满心鼓舞的巴黎群众也高唱："进军柏林！"普鲁士首相奥托·冯·俾斯麦（Otto von Bismarck）则认为在德意志统一之前，免不了要与法国一战，于是他不断招惹法国人宣战。他还向《泰晤士报》泄露消息，证明拿破仑密谋并吞比利时，坐实伦敦方面最深刻的疑虑。[102] 英国舆论认为法国人是侵略者，一如既往。人们认为德意志处于劣势——卡莱尔致《泰晤士报》的知名投书称之为"高贵、耐心、沉稳、虔诚而坚定的德意志"——多数人皆报之以同情。女王用一段带着强调语气的文字，表达了普遍的观点："我们必须尽可能保持中立，但对于这场极端不公平的战争，以及法国人毫无道理的举动，这儿没有一人会隐藏自己的意见！"[103]

战争已经成了焦点赛事。电报、战场画家与摄影师将克里米亚战争与美国内战的实时战况传回给国内民众。离伦敦不过几小时之遥的战役自然是激动人心的场面。发行全国的各家日报与《伦敦新闻画报》（London Illustrated News）拥有无与伦比的能力，快速将新闻与图像带入国内。这些媒体在双方军队中皆派有知名的特派记者，他们与将领、政治家熟识，当时也没有有效的审查机制。8月时，法军与德意志军在前线激战，英国人则隔岸观火。德意志军队非但没有被久经战阵的法军打得落荒而逃，反而以惊人的速度推进。多数的法国正规军被迫着跑，躲进梅斯要塞，遭遇围城战。其余部队及皇帝本人，则在9月2日当天被迫于色当（Sedan）投降。这条难以置信的消息一抵达巴黎，帝国政权旋即烟消云散。欧仁妮皇后（后来连同皇帝）成为连续第四位逃往英吉利海峡对岸的统治者。

经验丰富的阿道夫·梯也尔前往伦敦，恳求英国协助，确保能达成适度的议和条件。首相威廉·尤尔特·格莱斯顿（William Ewart Gladstone）清楚表示法国应该做出让步。该国拒绝割让领土的做法跟军事形势"不符"。以英国利益为标准，他并不反对德国兼并领土，但他不喜欢"把人类当私产般易手"；"如果阿尔萨斯人愿意成为德意志人，我会觉得比较舒坦。"[104] 媒体界倾向认为法国自作自受，而

573

梯也尔——1840年时的极端爱国主义者,则是承受罪有应得的羞辱最理想的人物。《曼彻斯特卫报》(Manchester Guardian)幸灾乐祸,"待他求和时……该国极度的虚荣心(他就是其化身)终于受到足够的惩罚"。[105]《帕摩尔报》(Pall Mall Gazette)以一句丁尼生风格的俏皮话挖苦他的请求:"梯也尔,无用的梯也尔,我不懂你的意思。"[典出丁尼生的长诗《公主》,原句是"眼泪,无用的眼泪,我不懂它们的意思……"。]然而,当局允许法国向伦敦金融城借钱,武器也能售予新的共和政府。梯也尔精准总结英国的立场:"我们不停对她诉说欧陆权力平衡,但对她来说,这平衡没有多大改变……法兰西过去带给她的无眠夜晚,从今以后将从普鲁士而来"。[106]有个愤慨的巴黎人写信给伦敦的朋友说,"英国在欧洲的影响力已然不再;英格兰如今是个属于商人的国家,跟美国一样"。[107]住在巴黎的英国人成了过街老鼠。认为英国人旁观看好戏的看法,出现在居伊·德·莫泊桑(Guy de Maupassant)写的一桩故事中——两名英格兰游客目击一名恃强凌弱的德意志军官和一位爱好和平的法国布尔乔亚之间的决斗,"凑前看得更清楚……满心欢喜与好奇,准备对决斗的双方下注"。[108]

9月19日,巴黎被包围。对英国来说,这场围城战变成一场吸引目光的大戏(对法国而言则是英勇事迹),对于4 000名在城内一直待到自己真正受困的英国居民而言,则是一场一辈子难遇的冒险。其中包括埃德温·柴尔德〔Edwin Child,一位在巴黎学艺的珠宝匠学徒,志愿加入国民卫队(National Guard)〕、赫特福德家的富有继承人理查德·华莱士(Richard Wallace)、弗雷德里克·沃斯、科拉·珀尔、教士、记者、医生,以及为英国红十字会与英格兰种子基金会(English Seed Fund Society)工作的慈善工作者。[109]使馆成员与领事尽数离境,留下 1 000 名英国国民，靠富有同胞的经济资助维生——有钱人成立了一笔英国慈善基金（British Charitable Fund），由华莱士担任主席管理。基金的运用由艾伦·斯帕克斯（Ellen Sparks）与安妮特·斯帕克斯（Annette Sparks）监督，每周提供金钱与适量的粮食——两盎司的浓缩高汤、1 磅米，以及 8～12 磅的面包。[110] 许多经历围城的英国人后来发表回忆录，例如富有的激进派国会议员亨利·拉布切（Henry Labouchère）。19 世纪 60 年代的浮华巴黎是"以美女与糖果闻名的现代巴比伦"、"罪恶在街头尽情展现"[111]，在 1870 年却成了热血爱国的堡垒城市，其间的对比让所有人深受吸引——人们也从这种改变中吸取道德教训。新闻报道与回忆录强调格格不入的景象：美食家吃起老鼠汤，纨绔子弟穿上军服，温和的布尔乔亚背着步枪，时髦的女演员为伤者包扎，英式肉店买下动物园的大象。英国人通常语带讥讽——有时候是为了跟共和主义者的夸夸其谈作对，这些共和主义者包括从流亡中返国的维克多·雨果。许多人认为是帝国导致了这一回的衰落，对此摇头叹息，同时也怀疑法国人是否能涌现真心诚意，而非装腔作势的爱国心。"帝国的巴黎与奥斯曼的巴黎只是栋纸牌屋……让战争与围城一敲就倒。"[112] 这种态度反映了法国上层阶级的氛围，许多记者也受到影响，既鄙视帝国，同时貌视左派。

1871 年 1 月 18 日，德国在路易十四的凡尔赛宫镜厅（Hall of Mirrors）中宣布诞生，巴黎接着在十天后投降，连场辉煌血战都没打——双重的羞辱证实了许多人对巴黎人能耐、勇气与道德品格的怀疑。埃德温·柴尔德写道：

向上尉提出我的辞呈，打从心里对整件事情感到恶心。40 万人

甜蜜的世仇
英国和法国，300 年的爱恨情仇

投降……二十年不间断的繁荣居然就此终结，对一个爱好奉承、自诩为文明先驱的民族来说是什么样的教训啊……经过一场不流血的行动……几乎连敌军都没见到……他们居然讨论给每个人一枚勋章。我何必挂起来，让自己丢脸！ [113]

不过，随着战争继续，英国人的态度有了转变。法国恶霸已经变成落水狗。一位英国激进人士写道，"关于这场战争，我起先觉得普鲁士人有理，但到了目前的阶段，我对法国人痛切感到同情"。英国外相格兰威尔勋爵则表示，"我的心为法兰西的悲剧淌血——我躺在床上，思考是否已无事可为"。[114] 新招募的法国陆军在地方上艰苦战斗，尽管装备简陋、训练不足，却屡败屡战，让许多人为之动容。至少有一位英国后备军官加入他们——赫伯特·基钦纳（Herbert Kitchener）。在真正的饥馑、寒冷与疾病开始让居民送命之后，巴黎围城战就再也不是个笑话。妇女们在食物店门外耐心排起一长条队伍，称为"长列"（Les Queues）——是个新词，"在英文里没有对应的词——太好啦！"[115] 德国人对于巴黎拒绝投降感到不满，开始在1871年1月炮轰巴黎，外交人士随之抗议，特拉法尔加广场也出现小型示威。同情对象的转变，可以清楚地在《潘趣》杂志的漫画中看到。象征法国与共和政府的图像首度画得英勇而引人恻隐，而且毫不含糊，而德国人开始长得像是没心没肺的野人，成为1914—1918年"匈人"（Huns）的先声。

法国在1871年投降，英国国内对此表示乐见。福南＆梅森（Fortnum & Mason）与克罗斯＆布莱克威尔（Crosse & Blackwell）等食品公司，接获人在巴黎、饥肠辘辘的英国人下的大礼物篮订单。伦敦市长大人纾困基金（Lord Mayor of London's Relief Fund）得到英国政府协助，送去一船船的物资——1 000吨面粉、450吨米、900吨饼干、360吨鱼、7 000头牲畜与4 000吨煤，此外更为一贫如洗的农民与工人提供补助，以帮助他们购买种子与工具。巴黎市长拍了电报，表示"巴黎市民永志难忘"，反英情绪也逐渐消退。此时，理查德·华莱士已默默提供总额估计达250万法郎的资金，在巴黎城内济贫救苦。[116]

巴黎与法国面临更严重的灾难。1871年3月，巴黎的爱国激进派对梯也尔为首的民选新政府举起叛旗，两周后便爆发全面内战。政府（已后撤马赛）控制的正规军在巴黎展开第二次围城，守城方则是共和派的国民卫队［若干士兵配有战时供应的英国制施耐德步枪（Snider Rifle）］，由民选的公社指挥——"公社"一词取自18世纪90年代的革命派市政府。英国人对叛军的同情有限，最倾向支持他们的是共和主义者、社会主义者、自由思想家与非国教新教徒。有些人赞扬公社拥护者是"彻底的爱国人士与真正的共和主义者"，他们在海德公园举办集会，有三四千人参加。《雷诺兹新闻》与国际工人协会（International Working Men's Association，接受卡尔·马克思在伦敦的指挥）给予支持。乔治·霍利奥克（帮奥西尼试爆炸弹的人）把公社拥护者比作英格兰内战时的圆颅党。《经济学人》（*Economist*）认可巴黎公社是实质合法的政府，诗人兼评论家马修·阿诺德则私下写道："一切的严肃态度、澄明心志与坚定目标，迄今皆为红军①一侧所有。"[117] 一些英国旅客（有得到进出许可）语带同情，回报表示巴黎形势平稳正常。至少有一位英格兰青年受到征召加入国民卫队，

---

① 巴黎公社放弃共和象征的三色旗，改用象征主义的红色旗帜。——编者注

甜蜜的世仇
英国和法国，300 年的爱恨情仇

"CALL OFF THE DOGS!"

人们起先把战争归咎于法国人，但后来却逐渐同情甚至钦佩起他们。

"加入公社，不然就死"：英国人想象中的巴黎公社，是一个上下颠倒的噩梦世界。

PUNCH, OR THE LONDON CHARIVARI.—July 8, 1871.

FIRE AND SMOKE.

French Communist. "ALLONS, MON AMI, LET US GO BURN OUR INCENSE ON THE ALTAR OF EQUALITY."
British Workman. "THANKS, MOSSOO, BUT I'D RATHER SMOKE MY 'BACCY ON THE HEARTH OF LIBERTY."

正直的英国工人拒绝法国的极端主义。

他写道:"我绝对无法忘记他们待我之亲切。"[118] 卫理公会牧师威廉·吉布森(William Gibson)多少有些赞同公社痛恨"教士专权"的态度,公社支持者则主张"罗马的神职人员"是"自由与进步的积极敌人",以此解释公社成员的反教权主义。《泰晤士报》(同样反天主教)使公社支持者口中神职人员犯罪的传说更为可信。不过,新教徒虽然认为天主教是部分法国问题的始作俑者,但他们普遍厌恶反天主教的暴力举动。许多英国共和人士与工会成员都跟"红色共和人士"(Red Republicans)保持距离。古板的埃德温·柴尔德认为"自由、博爱、平等等词意味着听我们的命令,劫掠所有的教堂,还要跟你们自己的弟兄为敌"。巴黎公社让《泰晤士报》所说的"奉1793年为丰臬的恐怖统治"[①]起死回生（只是种比喻），英国报界对此抱有戒心。媒体斥公社的政治操作"幼稚"而"做作"，却又着迷于穿上军服、在政治俱乐部中演说的妇女——这以令人惊讶而兴奋的方式，证明了巴黎人的勇气。等到巴黎公社逮捕巴黎大主教与几位神职人员之后，民众对公社的反感开始增加。许多观察家认为公社已经掌握在极端人士所操纵的"暴徒、盗贼与杀手"手中了。柴尔德"想吊死这些割人喉咙的无赖"。[119]

1871年5月21日，正规军突破巴黎的防御工事，长达一周的噩梦般的巷战就此展开。人们点燃大火，作为防御或藐视的举措。许多最壮丽的公共建筑——包括杜伊勒里宫、巴黎市政厅（Hôtel de Ville）、巴黎司法宫（Palais de Justice）与皇家宫殿广场——遭到焚毁或严重破坏。卢浮宫、圣母院与圣礼拜堂（Sainte-Chapelle）勉强逃过一劫。《每日新闻报》（Daily News）将之比喻为"伦敦塔、议会大厦、白金汉宫、温莎古堡、国家美术馆（National Gallery）与大英博物馆"同时陷入烈火之中。[120]伦敦消防队伸出援手。英国报界（和法国同行一道）将女性汽油纵火犯焚烧建筑的流言传播出去。法军射杀上千名真正的叛军战斗人员、纵火犯与嫌疑人。叛军则射杀若干人质回敬，主要是警察或教士——包括大主教。"这一周的恐怖"所造成的感受怎么说都不为过，"为世界史之最"——但这类言谈间不时带有一丝卫道士的满足感，因为"巴比伦"受到了惩罚。英国报界以痛切口吻报道军队的暴行——"枪杀、用刺刀捅，将战俘、妇女与小孩开膛破肚"——叛军的举动也不例外。英国记者与报纸插画家恐怕

[①] 法国大革命后，罗伯斯庇尔的恐怖统治时期始于1793年。——编者注

造访巴黎残垣断壁的英国游客造成民怨：图中，一个巴黎街头乞丐正威胁"老爷"说，如果他觉得眼前的景象有意思，那么巴黎人说不定也能把英国变成这样。不过，许多"老爷"出手大方，不仅养活众人，也重建了城市。

是唯一能在城内自由活动的人（最不容易被双方处死），他们也提供了目击报道与图片。《每日新闻报》有位记者亲眼看着战俘被人抓出来枪杀："那天，要是有人注意到你比隔壁的人高些、脏些、干净些、老些或丑些，可不是好事。"《泰晤士报》高调表示，"法国人正在他们自己甚或全世界的史书上写下最黑暗的一页……马赛的部队显然打算比公社成员带来的流血还要多"。[121] 在成千上万名被射杀的战俘中，最后一批受死的人里有个英格兰学生，名叫马克思（与卡尔·马克思并无血缘关系）。

人们大力强调这些事件中无情的反讽意味："文明之都"如今"火

581

焰冲天"，"法国人正按照法国文化自豪的做法，拿滑膛枪托打碎彼此的脑袋"。报纸上不偏不倚地报道双方的暴行，必定让许多英国人觉得（感受甚至比1848—1851年后更强烈）法国各党各派的行为都不能接受。法国"是个注定无法恢复的国家"，国内"人们心中所有的狂野热情，已经融为一体，化为火势惊人、不分你我的烈焰"。[122] 英国又一次与法国不同，这实在太幸运了！对《潘趣》杂志来说，这是场"法国教训"。

　　遭到严重破坏的巴黎成为旅游胜地，虽然市政当局急着将巴黎"再度恢复原样"。法国政府一如既往，将内战冲突的痕迹迅速清除。沃斯买来杜伊勒里宫里焦黑的石头，摆在自家的郊区花园，当作别致的遗存。埃德温·柴尔德在战斗结束两周后写信给父亲，表示不到6个月后，"我们便不会记得所有的大火究竟发生在哪儿了"。这座城市似乎没有"因为灾难而伤心"，这让吉布森牧师相当震惊。[123] 托马斯·库克规划参观事发地点的行程，"一大群英格兰人，脖子上挂着双筒望远镜，腋下夹着废墟旅游指南"，"匆匆写下笔记……不时用喉音发出感叹，透露了这些人是从海峡对岸而来"，让巴黎人大为恼火。[124] 观光客会购买革命场面的假照片——包括杀害人质的情景。法国大使馆则是从伦敦拍卖行手中，将倒塌的旺多姆石柱上的雕塑残片买回国内。法国观察家蔑称"英格兰"旅客是幸灾乐祸的偷窥狂；但他们也捐钱修复受损的建筑物。[125] 至少有些人这样做显然不仅是因为好奇，更是出于与灾民同在的心。

流亡人士：经历"凶年"之后

加来与多佛之间只隔着 7 里格的海水，但英格兰人与法兰西人的特质之间却是一道深渊。

——朱尔斯·瓦利斯，流亡的公社成员 [126]

政府的镇压行动中，至少有 1.2 万人被杀，4 万人被逮捕。三四千名男女老幼渡过英吉利海峡，以躲避相同的命运。这一回，英国人对他们的同情心，不比过去前来寻求政治庇护的人：巴黎公社令全世界震惊，法国保守派的宣传以不公允的方式扭曲事实。但镇压之残酷多少抵消了这种恐惧之情。法国当局急于撇清责任，试图把罪过推给国际工人协会在伦敦指导的跨国阴谋。若干保守人士斥之为一场新教徒与共济会联手针对法国的阴谋：起头的是晚年的巴麦尊勋爵，而"他的弟子格莱斯顿"也继承了这种看法——俾斯麦与卡尔·马克思（"俾斯麦的大臣"）都是其中的共犯。[127] 法国当局对外国政府施加压力，要求以罪犯身份认定公社成员，拒绝为其提供政治庇护。《经济学人》则回应：英格兰虽然"对公社最后采取的骇人暴行感到不齿"，但他们显然是政治犯，无须引渡。这一回与过去无异："无论如何，我国政府都无权阻碍任何一位共产主义领袖前来英格兰。"[128] 英格兰是最安全的藏身处，许多领导人确实也来了。英国当局对此不太关心，顶多要求卡尔·马克思提供信息，又派了一名警官去伊斯灵顿（Islington）某间酒吧参加"共产主义者"的聚会。他马上被人撺出去，还遭到威胁，若是再来保证会打破他的头。"我没有回去，"警官回报的口气泰然自若,"免得和平的气氛遭到破坏"。[129]

一如往常,多数的难民都集中在苏活区。几百人留在这里,一直到1880年政府大赦为止。有些人则定居于此——这是一场常见的、受尽贫困折磨的严峻考验,生活中还点缀着互相指责、派系斗争,以及"当警察线人"等指控(有时是事实)。马克思与公社社员不和(虽然有两人与他的女儿结婚),第一国际从此分裂。一开始将公社成员理想化的支持者们,也很快停止了经济援助。难民因此得自力更生,继而成立互助会、一间学校、政治俱乐部、共济会聚会所与一间合作社。

超过50位难民在伦敦做起生意,运用自己做巴黎商品的技术。卡姆登镇(Camden Town)有位乐器匠雇了另外15位公社成员;有人做起壁纸生意,有人则制作人造花——典型的巴黎制造业。有些人投资瓷器彩绘,结果血本无归。贝尔多之家(Maison Bertaux)则成功得多,这间位于希腊人街(Greek Street)的法式糕点店在2006年时依旧门庭若市。前公社外交部长帕斯卡·格罗塞特(Pascal Grousset)对运动起了兴趣,后来将之引入法国。雕刻家儒勒·达鲁(Jules Dalou)虽然语言不通,但他却发现"英格兰人张开双手欢迎我们"。[130]他在皇家艺术学院教书,在英国引领新自然主义流派,承接了包括位于弗罗格莫尔(Frogmore)的皇家礼拜堂等多件委托,后来更重返巴黎,制作民族广场(Place de la Nation)的巨型雕像——《共和之凯旋》(Triumph of the Republic)。革命激进分子乔治·皮洛特尔(Georges Pilotell)的事业则格外不同——这位艺术家因为杀害人质而获判死刑,但他先是逃走,后来成为一位成功的剧场设计师。他在威廉·吉尔伯特(William Gilbert)与亚瑟·萨利文(Arthur Sullivan)的轻歌剧《佩蒂恩斯》(Patience)中,为"超美学"诗人邦索恩(Bunthorne)一角所设计的戏服尤其为人所铭记。[131] 文人的生活则拮据得多。有些人勉强靠写报纸文章赚钱，以为英国读者引介巴黎艺术与文学为目标。在布鲁姆斯伯里（Bloomsbury）成立法国文化中心的计划则失败了。教书是永远的备案。陆军师将军拿破仑·拉·塞西利亚［Napoléon La Cécilia，曾争取伦敦大学学院（University College London）梵语教席，但未能获选］、陆军上校布鲁内（因焚毁里沃利街而留下恶名）和其他公社领导人在伊顿公学、桑赫斯特皇家军事学院（Royal Military Academy Sandhurst）、伍尔维奇（Woolwich）的陆军军官学校与达特茅斯（Dartmouth）的海军学院执教。布鲁内在达特茅斯教了30多年书，未来的乔治五世说不定也曾是他的学生。诗人保尔·魏尔伦（Paul Verlaine）与亚瑟·兰波（Arthur Rimbaud）——两位巴黎绅士，在《每日电讯报》（*Daily Telegraph*）登广告"LEÇONS de FRANÇAIS, en français-perfection, finesses"（法文课，法国人授课——完美而精妙），至少有一位学生以一堂10先令的学费上过课。兰波后来在伯克郡（Berkshire）一所语言学校找到工作。[132]

魏尔伦与兰波来到伦敦，一来是逃离人们对他俩同性情侣关系的反对，二来是想躲避可能的警方调查——他们跟公社有些微不足道的联系，魏尔伦曾担任其中的报纸检查员。兰波对于法国游客通常会讨厌的事物感到"惊喜"——"活力"、"辛苦"但"健康"的生活、浓雾（"想象通过灰绉纱的日落"）、酗酒与罪恶，让巴黎仿佛成了乡下。[133] 两人觅得一份工作，为一家美国报纸写法语商业信件。兰波在大英博物馆阅览室花去大把时间，在《绅士杂志》（*Gentleman's Magazine*）上发表一首诗，接着写出最伟大的法式英语作品——《彩图集》（*Illuminations*）。

公社出身的优秀记者朱尔斯·瓦利斯对伦敦没有兰波那样的兴奋

585

之情，他抱怨"爱尔兰淡啤酒之糟"，也抱怨"每个人"都醉醺醺的。他顺着弗洛拉·特里斯坦40年前的脚步，写了酸味十足的《伦敦街头》(*La Rue à Londres*, 1876)，英格兰生活的几乎所有层面——从街上吹着口哨的男孩到建筑物的色彩——都受到猛烈批评。他还补充了若干特里斯坦的忽略之处，例如伦敦缺乏环境让人从事违法性行为，实属可悲。英格兰女孩居然愿意在公园板凳上激吻爱抚，令人"震惊"，但潮湿的气候让她们"笨拙"又"冷淡"，无法真的得到肉欲满足。年纪稍长的英格兰女士则有"马一般的嘴唇"，无精打采、醉酒，20岁出头便让人敬谢不敏——她们老得很快，"堪比野味"。此外，她们对流亡的外国作家缺乏兴趣，实在太不像话。最糟糕的是女"怪胎"：为反对妓女或残忍对待动物大声疾呼的人，还有探险家、登山家或布道家——"不男不女"。伦敦工人缺乏阶级意识——衣着与其他人无异，而非穿上其行业的服装，令他惊骇莫名。穷人的爱国心也让他感到恼怒。事实上，对于瓦利斯来说，爱国精神正是英格兰人最深的罪孽，尤其是他们对法国人的憎恶，甚至导致他们一意孤行走上歧路。两国的冲突非常根本："顽强的浓雾令太阳愤怒……啤酒与葡萄酒的对决！"然而，他还是勉为其难，承认"这座漆黑的城市"很自由：虽然"这座城市从来不说女王坏话，但它教会我——一个来自共和国的人，让我知道自由是什么"。[134]

理查德·华莱士则是类型极为不同的难民——有鉴于自己差点躲不过轰炸与纵火，他决定将赫特福德家庞大的艺术品收藏中最有价值的部分搬到伦敦。自从第一代赫特福德侯爵在1763年担任驻法大使以来，一代代的侯爵和其私生子女便成为名声最响亮、最富有、最有教养也最放荡的巴黎英国人家庭。如今的华莱士舍弃了林荫大道，成为一位法式派头的乡绅、准男爵兼保守党下院议员；他在爱尔兰与英格兰的慷慨作风一如巴黎，因此颇受民众欢迎。巴黎人之所以记得他，是因为他送给这座城市的临别礼物——在战后立刻捐赠的饮用水喷泉（至今仍有约50座留存）。华莱士死于1890年，将一切留给婚前原名阿米莉亚·卡斯特诺（Amélie Castelnau）的遗孀——50多年前，他在巴黎一间商店里遇见卖着香水、年仅19岁的她。后来，她将世上最精美的18世纪法国绘画、家具、珠宝与瓷器收藏遗赠予英国政府，成立华莱士典藏馆——"史上由私人送给国家最重要的一份礼物"。[135]

第九章：衰颓与重生

> 我们得记住，进步并非始终如一的铁律。
>
> ——查尔斯·达尔文（Charles Darwin），《人类的由来》（The Descent of Man），1871 年 [1]

> 佩库歇（Pécuchet）认为人类的未来一片黯淡：当今的人不若以往，变成机器。人类最终将一片混乱。和平无望。过度的个人主义与科学的疯狂导致野蛮的诞生……此后再无理想、宗教与人性。美国将征服世界……布瓦尔（Bouvard）认为人类的未来一片光明。现代人不断进步……热气球。潜艇……邪恶将与匮乏一同消失。哲学将成为宗教。所有人团结一致……当大地耗竭时，人类将移居星辰。
>
> ——古斯塔夫·福楼拜，约 1880 年 [2]

确信的事物正在瓦解。宗教遭受质疑，但理性思想也腹背受敌。传统已经陨落，但革命同样倾颓。"进步"本身产生了无法理解的新罪恶。欧洲各地的人们都嗅到一丝衰颓的气息。乐观者期盼衰颓能滋养出重生，而它确实也为欣欣向荣的智识、政治与艺术发展提供了原料——只是有些发展是掠夺性的。保守派要求回归信仰与纪律。但若干陌生的新信念却与秩序相去甚远。有人试图从政治逃往美学领域

（"为艺术而艺术"），但也有人让美学服务于政治，这正是集权主义的种子之一。理性主义者相信科学，但科学却不一定理性。事实证明，理性有其局限，心理学理论则强调无意识的重要性。福楼拜未完成的这本《布瓦尔与佩库歇》（*Bouvard et Pécuchet*）带有深刻的讥讽，不光讽刺书只念一半的人假聪明，也讽刺近代文化的混乱无序：一切都是老调重弹，结局总是响亮而刺耳。

知识界的警告多跟社会与政治动荡有关：人口增长、都市化、经济变迁、移民、劳工抗争、普及教育与增进民主权利的压力，终将演变出社会主义，甚至是激烈的无政府主义。在许多人看来，所谓的"群众"兴起，将威胁社会与政局稳定，文化水平尤其会受到商业文化的"庸俗"与"鄙俚"所威胁。

科学家提出理论，为这种大难临头的感觉背书，并提供解释。达尔文与那些主张将他的学说用于人类社会的人，造就了"一种永久的危机感"，[3]从内部威胁着上个世纪的成就。都市生活、工业社会、群众与民主……似乎导致人类退化。优生学运动要求限制低等人种的繁衍。欧洲各地都有愤愤不平的现代主义知识分子，他们谴责"布尔乔亚"与"大众"，自己则追求"前卫"的艺术形式与"贵族"价值观，孤芳自赏。

法国近年来的灾难加深了国内的智识与道德混乱。人们将败于德国与巴黎公社危机视为衰颓的信号［衰颓（decadence）本身则是个新词］。保守派怪罪革命削弱了宗教、稳定与阶级体系。共和派怪罪天主教摧毁了阳刚的爱国主义。自由派怪罪过度的中央集权。人人皆谴责第二帝国的物质主义、道德沦丧，而且特别埋怨其战败。法兰西似乎病了：低落的生育率与接近停滞的人口增长，仿佛是无可辩驳的证据。政治人物与知识分子提出彼此冲突的补救措施，导致三十多年严重的政治冲突，人们更是视之为衰颓的进一步证据。谁知当法国人哀叹其地位滑落时，法国却奇异地获得世界性的文化主导权——尤其是精致艺术。这可是路易十四时代以来所仅见。

关于衰颓，英国亦有其理由担心。该国的工业革命创造了丑陋的城市，仿佛新危机的温床，此外还造成知识分子、中产阶级对返璞归真、手工商品与退隐山林的渴望，即便躲在郊区的灌木篱笆后也行。经济的优势地位过去还能遮丑，如今也在滑落。在1867年巴黎世界博览会的90个类别中，英国商品只赢得其中10面奖牌。法国质量仍然领先，美国与德国在数量上则稳步前进。宗教复兴运动以人数庞大、事业有成、受过教育、值得尊重的中下阶级与工人阶层男女为诉求对象，对道德与社会之罪恶（尤其是性与酒精）有种强迫性的关注——过去几代人若非对此习以为常，就是认为无力回天。

这些净化社会的运动，正是艺术家与作家［以沃尔特·佩特（Walter Pater）、阿尔杰农·斯温伯恩（Algernon Swinburne）与后来的奥斯卡·王尔德为首］受到吸引，渡过海峡追求讲究的贵腐（Pourriture Noble）的一个原因。到了19世纪末，英国已呈现出其他的衰颓迹象，例如生育率下降、薄弱的战略形势，以及许多城市居民糟糕的体格条件。基督徒、优生学者、帝国主义者、激进派与女权人士组成了一支杂牌十字军，经营各式各样、直言不讳的改革团体。一些知识分子——最知名的有吉尔伯特·基思·切斯特顿（Gilbert Keith Chesterton）、英法混血儿西莱尔·贝洛克（Hilaire Belloc），以及后来的托马斯·斯特恩斯·艾略特（Thomas Stearns Eliot）——深受对抗腐败现代性的猛药所吸引，而散播现代性最力者，则是夏尔·莫拉斯（Charles

Maurras）等法国民族主义者。他再次发扬天主教信仰，作为对抗民主的屏障与区别人我贵贱的泉源，表现出"我们才是老大，才时髦"的样子。[4]

德国力量日渐增长，改变了法国与英国之间的关系。两个世纪以来，两国始终关注彼此，既是冤家，又是文明的竞争典范。两国以外的人皆深受其吸引。但法国如今身处另一种紧张关系中，而且延续至今。德国成为法国（与其他国家）的新典范，结合威权式的指导与现代的效率。对英国而言，德国成了经济上的对手，其成就令人怀疑起英国视自由贸易、公司自由与政府低度干预为进步的假设。美国与俄国向来是人们心中的未来强权，这时也搅和进来。文化上的灵感也开始从非欧洲社会而来。除了从加来往多佛方向看以外，还有其他愿景。

即便如此，旧有的魅力仍未消失。尽管德国的大学、工业、音乐与军事科技令人神魂颠倒，但该国的政治与社会制度太过陌生，难以对法国或英国造成太多影响。法国在1875年采用共和宪政，创造这套制度的人多半是亲英派。他们试图让结构尽可能类似代议君主国，设有保守的上议院与一名总统，总统有得到预先知会、提供建议与警告之权。全球竞争导致一波帝国扩张浪潮，英国与法国在此背景下再度成为对手，如同19世纪40年代。无论目的是寻求差异还是找到相似之处，人们依旧渡过海峡去学习，同时去称赞、批评，一如既往。

下入深渊

> 我称不上是个进步或博爱的人。但我也有我的梦!而且,我没料到会看到世界末日。现在就是末日。我们正目睹拉丁语世界的终结。
>
> ——古斯塔夫·福楼拜,1871 年 [5]

> 作家——散文家、无神论者、小说家、现实主义者、好押韵者各司其职,
> 以艺术鲜活呼号在凡人身上涂抹自然之羞惭。
> 扯开你兄弟的罪孽于光天化日,剥光你自身邪恶热情;
> 讳莫如深、心怀崇敬而下——前进——赤裸——任人直视。
> 浇灌童年含苞蔷薇以你阴沟之污水;
> 引阴沟入泉,免得水洁净流出。
> 使处子渴求于左拉主义之沟中打滚——
> 前进,前进,后退,下入深渊。
>
> ——阿尔弗雷德·丁尼生,1886 年 [6]

法国观察家诠释"凶年"的灾难时,仍然套用既有的意识形态框架,哪怕扭曲框架以配合解释也在所不惜。两位最引人注目的知识分子——欧内斯特·勒南(Ernest Renan)与伊波利特·泰纳(Hippolyte Taine),便发挥得淋漓尽致。勒南远远称不上是个亲英派,他和一般人一样有刻板印象,认为英国人崇尚物质、实际、不用脑、缺乏理想。但到了1870 年后,他开始认为法国多少该尝试得到这些特质所

带来的好处。泰纳则是真正的哈英族,他主要是借由研究英语文学培养喜好,亲自造访英格兰的次数寥寥无几、为时短暂,英语口语也不流利。他认为人类社会是种族、地理与客观环境的产物,其《英格兰评论》(*Notes sur l'Angleterre*, 1871)便带有这种色调。这本书是旅游类作品中独具慧眼的一部,很快便以英语出版。泰纳的观察当然不脱传统的标签:浓雾;潮湿的礼拜日;伦敦暴雨;速度与效率;高水平的生活与极端的贫穷比邻;丑陋、穿着糟糕的妇女;残忍的庶民娱乐与酗酒;偏好事实而非理论;势利眼;选举腐败;无所事事的牛津、剑桥大学的学生等。他的结论相当有名,"英格兰人比较强大,法兰西人比较快乐"。[7]但他最主要的训诫和英格兰称职的统治阶级有关:"坚定而能传达情感的表情,承担着——或者说展现出责任的重量。既不像法国统治阶级一样精疲力竭,也不会匆匆堆笑,用些看起来客气的把戏,而是创造出一种稳重的大致印象……贵族、议员、地主的举止与相貌,皆显示他们习惯于发号施令与行动。"[8]最关键的原因在于教育——"别无其他方面的比较,能更凸显出两个民族之间的差异"。[9]他虽然对英格兰公学学生的粗野与智识之狭隘感到震惊,但也认为他们更自由、更自然:"学童"——又是个老掉牙的比喻——"好比英式花园中的树木,我国的学童则像凡尔赛宫经过修剪的笔直树篱"。公学学生的运动虽然消耗大量时间,却让他想起古代的奥林匹克运动会——这个想法即将在法国开花结果。学生的自治与球队、社团和年级长,都是"为指挥与服从做准备"。[10]泰纳后来投身于笔调悲观的《现代法国的起源》(*Les Origines de la France contemporaine*, 1878—1894)六卷本,描写法国困境的历史全貌,不偏不倚地抨击旧政权、革命与帝国应为法国的衰落负责,隐约间不断与英国对比。简言之，法国在走下坡路。泰纳的论点掷地有声。

作家和艺术家都很关注各种衰颓的观念。19世纪40年代的欢快文学与政治浪漫思想在今人眼中既荒唐又空洞，一般人不仅排拒之，也对第二帝国腐败的民粹作风感到嫌恶，将之比作罗马帝国的衰亡。许多艺术家反对让艺术扮演公共角色，认为这是制造媚俗的宣传品。他们强调以艺术本身为艺术的根据——为艺术而艺术。有些人采取这种挑剔态度，遁入纯粹的美学价值、内省、社会与智识精英主义，并且轻视政治与惯例。波德莱尔与福楼拜就是这股潮流的主角，两人在19世纪50年代皆曾因违反公共道德而被起诉。"高蹈派"（Parnassian）诗人则比较不具争议性，他们拥护纯粹的美感，关心风格与美的问题。"现实主义"与"自然主义"——志在反浪漫主义，创造客观、"科学"的艺术——激发了古斯塔夫·库尔贝（Gustave Courbet）与马奈的画作，以及龚古尔兄弟的小说。经历1870年之败与帝国失势后，埃米尔·左拉与其追随者（受到泰纳与当时的遗传科学理论影响）开始有意揭露法国堕落社会之贪婪、欲望、伪善与残忍，让人震惊。魏尔伦、斯特凡·马拉美（Stéphane Mallarmé）与兰波等象征主义诗人，则为诗歌表现与自我探索寻求新形式。还有一份叫《颓废》（*Le Décadent*）的评论性刊物，用诱人的方式来描述与杂志同名的这种状态，是"精于欲望、感受、品味、奢华、快乐；神经症、歇斯底里、催眠术、吗啡成瘾、科学的伎俩、极端的叔本华主义（Schopenhauerism）"。[11]

法国人的自我鞭笞与自我沉溺同样吸引外国人。英国传教士努力让法国工人改信新教——勒南等法国自由主义者对此表示支持。法国在16世纪时错过了宗教改革，公认这是该国走向堕落的第一步；

据说能促进工作伦理与思想自由的新教，则是通往现代性的道路。另一项使命则属于富有领袖魅力的基督教女权主义者约瑟芬·巴特勒（Josephine Butler），她把对抗卖淫的圣战推向海峡对岸："一位女士以所有女人之名，从口中吐出四个字，这四个字就是——我们反抗！"[12]她和许多支持者对《传染病防治法》深感愤怒——这项法律让警方有权宣称妇女为妓女，强迫她们接受私密性的医检。《传染病防治法》以欧陆的习惯为摹本，其中发展最完整的是巴黎，当地的"道德警察"严密管制妓女，将之编入邻近的妓院与监狱医院。巴特勒以消除卖淫为目标，她首先瞄准法律与规定，因为法国与英国政府借此纵容这门生意。维克多·雨果写信给她（从雨果的嗜好来看，无疑是因为他有点愧疚），"美国已废除奴役黑人女性之举，但欧洲仍在奴役白人女性"。拿奴隶制比喻的做法实在恰到好处，因为美国的奴隶制瓦解后，庞大的废奴主义者联盟正好能腾出手，追求新的道德目标。巴特勒在法国找到盟友——经历"凶年"后，有人希望重振法国社会。新教徒、女权人士与自由派皆给予支持，痛恨警方高压权威的左翼人士也不落人后。他们与英国的废奴主义者看法相近，认为卖淫是阶级问题：有钱人的儿子亵渎穷人的女儿，国家却视若无睹。一场追求道德纯净的伟大圣战正推而广之，试图让文化去性化，强调性病与自慰的致死风险。这项运动经常与优生学有关，执着于满足"振兴种族"的需要。"性行为"——无论是异性间、同性间还是自渎，两国的医生皆视之为危险、使人虚弱的活动，必须尽可能压抑。

不过，人们对法国最重要的反应，并非道貌岸然摇着头。作家与艺术家望向"衰颓"的法国（尤其是巴黎），寻找灵感，热烈的程度为一个世纪以来所仅见，而且将延续到1940年的灾难为止。我们可以提出几个推波助澜的因素。巴黎依旧享有帝国的负面魅力,新成立的第三共和国也继续以"世界文化中心"之名推销这座城市——1889年铺张的世界博览会,就让埃菲尔铁塔成为举世公认的现代性无畏的象征。法语仍然是最多人使用的外语。巴黎有高水平、低学费的公私立艺术学校 [名气最响亮的是法兰西艺术学院(Académie des Beaux Arts)]、主要大学、政府出资的展览以及法兰西学术院(Académie Française)等得天独厚的官方文化机构。作为世界上最主要的观光目的地,城里有大量的旅馆、餐厅、咖啡店、剧场……以及妓院。巴黎经济、政治、社会与文化生活集中的程度,其他所有城市皆望尘莫及:只有 1/3 的英国知识分子住在伦敦,而法国 2/3 的知识分子都在巴黎生活。[13] 因此,巴黎有许多小众评论刊物,拉丁区(Latin Quarter)或嬉皮风的蒙马特区(Montmartre)又有咖啡馆与俱乐部,让作家、艺术家齐聚一堂,在此受人追捧,甚至亲近。包括威廉·巴特勒·叶芝(William Butler Yeats)与约翰·辛格(John Synge)在内的爱尔兰文学界领袖,对巴黎皆印象深刻,希望用咖啡馆取代都柏林的酒吧。

第三共和有种独特的自由。教会影响力下降,言论审查松弛。社会壁垒相对容易渗透——只是马塞尔·普鲁斯特(Marcel Proust)积极尝试后,依旧发现知识分子很少甚至无法受到社会上层接纳。个人自由——艺术、思想,尤其是性方面的自由——也在增加。改革人士向卖淫开战时,画家与作家却发现这是个迷人的主题。知名的私人艺术学校朱利安学院(Académie Julian),有一种世界大同、热闹而不受约束的气氛,比一板一眼的伦敦大学斯莱德艺术学院(Slade School)刺激得多——小说家乔治·莫尔(George Moore)说,朱利安学院有种"性感"。[14] 莫尔的评论指的主要不是学生,而是巴黎名产——裸体模特。毕竟巴黎的学校以男学生占多数,不像斯莱德以女学生为主,法兰西艺术学院更是只收男生。看到裸体的经验有可能很吓人:一名苏格兰女学生第一次看到裸男之后,"我躲进厕所里,感觉很不舒服"。[15] 最后一点是,巴黎物价便宜——至少对挤满艺术学校的英国人与美国人来说如此:"上好的白兰地一瓶两法郎,干红葡萄酒也很廉价;一大堆桃子和葡萄只要两便士,至于女人,开口问就有。"[16] 巴黎庞大的时尚产业中,有许多收入不丰的年轻女子,等着担任模特、用人,提供性服务。当然,男人的性解放通常意味着女人的性奴役。波希米亚生活的黑暗面就是梅毒——年少时的风流,将在几年之后回头复仇,摧毁心灵与身体,而且会传给下一代。这种病也因此成为对堕落的文学隐喻,挥之不去。[17]

巴黎的吸引力也有纯文化的理由。对于谴责西方社会、试图将法国艺术取径应用在自己文化上的知识分子而言,法国的"衰颓"以及由此而生的文化反应,似乎值得他们注意。这或许意味着不遗余力地研究自然主义者;或许代表到更温暖的气候带寻找未受污染的奇风异俗;或许是追求精致的美学——无精打采的埃辛特斯公爵(Duc des Esseintes)即为其化身,他是乔里-卡尔·于斯曼(Joris-Karl Huysmans)小说《逆流》(*A Rebours*,1884)的主角,该书英译本书名叫《违抗自然》(*Against Nature*)。埃辛特斯是某个"阴柔"贵族家庭中最后的成员,对纵欲与"女人与生俱来的愚蠢"感到无趣。他举办一场宴会,来哀悼自己死去的雄风〔每一道菜都是黑色的——例如鱼子酱、松露、血肠〕。随后他隐遁,带着一只宠物蟋蟀、一只贴了金箔的海龟、土耳其香烟、一台用来调异国鸡尾酒的机器与一批由拉丁文作家所写的"堕落"藏书，退入一个由细腻感官快乐构成的世界，一个躲避"一波波人类平庸浪潮"的庇护所，在此以灌肠的方式吸收美食佳肴的营养。埃辛特斯成为审美家的英雄。"我也得了同一种病。"奥斯卡·王尔德如此宣称，但他似乎误解了于斯曼的讽刺。

简言之，巴黎文化处处能带给人灵感。王尔德在写作《莎乐美》（Salome）时虽有埃及香烟提神，搭配鸦片与无数杯的苦艾酒，却仍缺乏灵感。在林荫大道旁一间咖啡店的他，要求一位小提琴手来点即兴音乐，要适合"一名女子光着脚，在一名她渴望而后杀害的男人血泊中起舞"。乐手拉奏出如此"狂乱而恐怖的音乐，让在场的人都停止聊天，苍白的脸孔面面相觑。接着我回头完成了《莎乐美》"。查令十字路口的皇冠酒吧（Crown）就不可能发生这种事情：因为没有苦艾酒，王尔德和友人只能喝加热的黑啤酒将就将就。[18]

英国、爱尔兰与美国知识分子（其实也不止知识分子）群聚巴黎。愤世嫉俗的亨利·穆杰（Henri Murger）在19世纪40年代所写的短篇故事，让拉丁区"波希米亚"的生活形象广为人知，而英法混血画家兼作家乔治·杜·莫里耶（George du Maurier）广受欢迎的小说兼剧本《软帽子》（Trilby，1894），更为之增添情怀。波希米亚（法语中对"吉卜赛"的称呼）许诺了一种远离家庭束缚的成年出逃：痛饮苦艾酒、流连咖啡馆、决斗、跟惹人怜爱的女工睡觉——或者还能学画画。穆杰笔下的法国波希米亚人向来穷困，但效仿他们的外国人通常不穷。爱尔兰小说家乔治·莫尔本来是个画家，他是一处大采邑的继承人，在19世纪70年代的巴黎开风气之先，过起讲究的"学生"生活。巴黎的工作室与模特费用都比伦敦便宜，在伦敦一年要花400英镑，是法国学校老师薪水的六倍。他自吹自擂、添油加醋的《一名青年的自白》（*Confessions of a Young Man*，1888）有不少精彩的自嘲，比如他描述自己住处的段落："客厅采用深红色调……有许多绳结，以塑造帐篷的意象；有尊陶制牧神像，在红色的阴郁气氛中笑着；还有土耳其长沙发与台灯……一张圣餐桌、佛龛、阿波罗的雕像与雪莱半身像……一只波斯猫，以及一条每月吃一顿豚鼠大餐的巨蟒。"[19] 追求文化的游客涌向拉丁区、蒙帕纳斯区（Montparnasse）与蒙马特区。他们与其他国家的人摩肩接踵。巴黎至少有一所艺术学校以英语授课。连许多模特也是外国人，意大利移民尤多，但"巴黎最有名的模特"却是个英格兰女孩，莎拉·布朗（Sarah Brown）。她在一年一度的学生舞会——四艺舞会（Bal des Quat'z Arts）中，冒着因"违反公共道德"而被关好几天的风险，以埃及艳后克娄巴特拉（Cleopatra）之姿出场，身上只穿金色的薄纱，结果成了丑闻。[20]《软帽子》有个不寻常的特色：全书主要的角色中没有法国人。故事的主角是三位英国裔艺校学生、英法混血模特特里比·奥费拉尔（Trilby O'Ferrall），以及一位阴险的犹太裔德国音乐家、催眠术士斯文加利（Svengali）。特里比本人（喜欢戴软帽子）是位让人印象深刻的前拉斐尔派美人坯子，书中将她描述得更像英国人（而非法国人），尤其是让她拥有结实的体态。故事结局中，她和穆杰笔下的咪咪（Mimi）一样不得不去死：一名女工（即便是一位三一学院出格学者之女）跟一位绅士（即便是个画家）是不会有未来的。

在巴黎待过一段时间，摆出跟法国文化亲近的样子，就是不凡的象征："再也没有其他国家，能让人们一直用来划分英国的阶级。"[21] 在一个由庸俗的布尔乔亚所统治，嗓音粗哑、教育程度不高、过分拘谨的"群众"日益主导的英国里，文化正渐渐贬值、俚俗化——这样

599

的看法，成为这几年"衰颓"的中心议题。英国"不学无术"（Philistine，亲法派马修·阿诺德让这个词流行起来）。法国文化与巴黎风格，成为有能力"用优美的英语欢呼，超越卑下的英式文学、英式艺术、英式英语和其他一切英式事物"之人逃脱的方法与武器。[22] 奥斯卡·王尔德却向一家法国报纸表示，"对我来说，世上只有两种语言：法语和希腊语。虽然我有英格兰朋友，但整体而言我不喜欢英格兰人。英格兰有无数伪善之举，你们在法国的人埋怨得确实有理。典型的英格兰人就像伪君子①，人就坐在自己店里收银台后"。[23] 英国与美国现代主义艺术家不分类别，都跟巴黎建立了关系：例如画家沃尔特·西克特（Walter Sickert）与詹姆斯·惠斯勒（James Whistler，他为说英语的学生成立了一所艺术学校）；乔治·吉辛（George Gissing）与阿诺德·班奈特（Arnold Bennett）等"自然主义"小说家与剧作家；还有彼此重叠的"审美"与"颓废"小圈子——如沃尔特·佩特及其信徒、奥斯卡·王尔德与友人、文艺期刊《黄皮书》的读者群、皇家咖啡馆（Café Royal）一派、韵痴俱乐部（Rhymers' Club），以及新英格兰艺术俱乐部（New English Art Club）。20 世纪早期，T. S. 艾略特［受象征主义者与极端民族主义运动——法兰西运动（Action Française）所影响］和布鲁姆斯伯里派（Bloomsbury group，一群设法仿效 18 世纪法国沙龙文化，以此为风尚的人）也以类似的方式发展与巴黎的关系。1910 年，罗杰·弗莱（Roger Fry）在伦敦举办一场诉诸感官的画展，并起了"后印象派"（post-Impressionism）之名。"就在 1910 年 12 月前后，"弗吉尼亚·伍尔芙（Virginia Woolf）以一种既包容又狭隘的奇特笔调

---

① 伪君子，典出自法国剧作家莫里哀的同名喜剧。——编者注

写道，"人性有了变化。"[24]

尽管这些年来，法国艺术的影响席卷英国，但也有趣味横生的逆流。有些法国评论家甚至谴责英国与"北方"文化的"入侵"——乔治·艾略特（George Eliot）的小说也在其列——斥之为滥情、说教。英国的现代主义艺术以"积极的国际主义（Internationalism），甚至是反民族主义"为表征，[25]但法国的主流却是在法兰西的"澄澈"（经常与艳阳高照、产生希腊罗马古典文艺的南方相关）与英国（或德国、斯堪的纳维亚）的模糊（与阴郁、浪漫的北方有关）之间不断的冲突中重申民族认同。不过，有若干法国艺术家希望能触碰超越视觉与理性之上的真实，并试图以新手法表现之。对浓雾的古老执着因此有了新的意义，而莫奈画泰晤士河的画作，便是这种执着最伟大的艺术丰碑。1899—1901年，莫奈从圣托马斯医院（St Thomas's Hospital），以及他位于萨伏依旅馆（Savoy Hotel）的房间望向泰晤士河："我热爱伦敦"——星期日除外——"但我爱之甚于一切的，则是雾……两个月间我在泰晤士河上观察到的美妙光影，实在令人难以置信……对一位画家来说，别无其他国家能更超凡卓绝。"[26] 兰波与马拉美两人都是英语老师，对英语单词的发音深感兴趣。马拉美认为英语保有古法文的年轻活力。他翻译埃德加·爱伦·坡（Edgar Allan Poe）与丁尼生的诗作，为学英文的人写些艺术价值不高的文字（以"给我的狗儿织一条短裤，给我的猫儿一袭燕尾服"这类的表述为特色），还发明了一种有可移动舌头的玩偶，帮助法国孩童发出"th"的音。马拉美对英语下的功夫，同时影响了他发展的独门法语词汇与语法。马塞尔·普鲁斯特相当推崇乔治·艾略特，他本人也受到约翰·罗斯金（John Ruskin）美学理念的影响。虽然普鲁斯特的英语不太灵光（但他说，他了解罗斯金），可他还是翻译了罗斯金的若干作品。年轻的雕刻家亨利·戈迪埃（Henri Gaudier）在伦敦度过他短暂的职业生涯：他到伦敦既是为了找工作和躲避兵役，也是因为他跟年纪较他年长的索菲亚·布尔泽斯卡（Zofia Brzeska）有着非比寻常的柏拉图式情感关系，借由前往伦敦逃离烦人的困扰。[27]

英国人在巴黎随处可见。于斯曼笔下性格软烂的埃辛特斯公爵发现只要碰上下雨天，他就能来一趟地道的伦敦之旅，"浸淫于英式生活"，还能免于渡海的波涛。他上里沃利街，造访加利尼亚尼氏英文书店，还进了一间酒吧，里面提供黑啤酒、雪利酒、帕默氏牌（Palmer's）的饼干、肉派与"将呛人芥末酱藏在无味外皮里"的三明治。到了圣拉扎尔车站（Gare Saint-Lazare）附近的英式客栈，他居然吃下了牛尾汤、黑线鳕、烤牛肉、斯蒂尔顿干酪（Stilton，"甜中带苦"）与大黄馅饼，还将三品脱的啤酒一饮而尽（"有点麝香、牛棚的气息"）。最关键的是还有英格兰人——穿着花呢，闻起来像湿答答的狗。男人有"陶瓷般的双眼、红润的面孔、深思熟虑或傲慢的表情"；"强壮"的女人用牛肉派填饱自己，"一群女人聚在一起用餐，无须男人护花，其长相仿佛男孩，牙齿跟蝙蝠一样大，脸似苹果，手长脚长"。[28]

感官之乐朝圣者：威尔士亲王与奥斯卡·王尔德

我想让自己的一生成为艺术作品。我清楚写一首好诗的代价，但也知道一朵玫瑰、一瓶美酒、一条斑斓的领带、一道佳肴的行情。

——奥斯卡·王尔德，1891年于巴黎[29]

看见我眼中的闪烁吗?

刚从法兰西回来,就是原因

喜欢我的妆吗?不是很漂亮吗?

这可是从巴黎直接来的最新潮流

我还想再去一回

去塞纳河畔的巴黎

巴黎就是一出货真价实的童话剧

只要他们把哈克尼路(Hackney Road)搬过去安在那儿

我就想一直住在巴黎!

——玛丽·劳埃德(Marie Lloyd),《巴黎小贩女孩》,1912 年

19 世纪 70 年代以来,威尔士亲王一直是法国的常客。他经常隐瞒身份,秘密出访,以避开繁文缛节,不过仍有多不胜数的正式访问,有时则是政治会议。巴黎能让他恣意沉醉在自己最喜欢的娱乐中,即性爱、食物、赌博、剧院、赛马、与老友聚首。亲王的朋友多半是法国贵族,他们的先祖在 18 世纪 80 年代时,也是之前一位威尔士亲王的"哈英"狐群狗党。赛马俱乐部会在隆尚(Longchamps)与尚蒂伊举办投其所好的比赛。林荫大道上的剧院则提供各种夜里的活动:相较于一心一意探讨社会问题,他比较偏好制造问题——但报纸曾经报道,他对女演员莎拉·伯恩哈特(Sarah Bernhardt)的喜爱,促使内容大胆的《茶花女》得以解禁,作者小仲马因此感谢他的"仁慈庇护"。[30]赌博要在看完戏之后的深夜,到私人住宅中进行——有些私人宅邸是半职业的专门赌场。至于吃呢,当然有各式佳肴提供。亲王的心

头好正是英格兰咖啡馆,这间餐厅数十年来都是巴黎最好的馆子之一。他的巴黎生活很有规律:先去旺多姆广场,然后往北几百码[①],去大马路边的餐厅与剧院,接下来前往邻近街区的友人家,最后去郊区的赛马场。这一圈相当累人,很难在白天结束。威尔士王妃(如果有来的话)会在剧院之行结束后就上床睡觉。他的社交生活称得上尽人皆知。1886年发生了一件事——警方将一部出版作品的广告海报尽数撕下,其书名就叫《威尔士亲王的爱好》(*Les Amours du Prince de Galles*)。

警方密切注意他的活动,既是为了确保他的安全〔尤其是因为城里有爱尔兰芬尼亚(Fenian)阴谋人士〕,也是监督政治与其他方面的接触。[31] 他有些贵族朋友与共和国为敌。更叫人担心的是,他有几次与政府的共和派反对者会面——莱昂·甘必大(Léon Gambetta)最为有名。1878 年,亲王第一次与甘必大见面,居中牵线的可能是他的友人:身为贵族但心怀共和的加利费将军(General de Galliffet)与激进派下院议员查尔斯·迪尔克爵士(Sir Charles Dilke)。会议的目的似乎是想帮助甘必大这位崛起中的法国政治家,提升他作为跨国政治人物的地位,同时为未来的英法修好(包括一纸贸易协议)做准备。迪尔克告诉亲王:"甘必大先生支持自由贸易,与我们有同样的渴望。"[32] 亲王虽然热切地想成就他个人的外交贡献,但他可不是大炮:这次会面是由白厅与使馆安排的。19 世纪 80 年代,极端民族主义者乔治·埃内斯特·布朗热(Georges Ernest Boulanger)将军满怀希望地在亲王下榻的旅馆附近徘徊,但亲王也以类似的谨慎,巧妙避免与他相遇。

关于他赌博这件事,法国警方也很关心。亲王似乎很缺钱,在巴

[①] 1 码 =0.914 4 米。——编者注

黎赢钱就是赚钱的一种方法。但他有些赌友赌品不佳,赌输的法国人也颇有怨言。警察同样关心女人问题,他们想知道亲王有哪些爱人,主要是为了确保这些女士不是保王派"影响力的推手"。警方会盯着这些女士,确保警员能认出她们,必要时还会向其邻居、仆人与门房打探。但亲王做事谨慎:无论传说如何,他的情妇几乎没有一个是巴黎人。警方只有一次报告提到,他和几位赛马俱乐部密友色眯眯地盯着大马路上的专业户看。之所以就这么一次,恐怕不只是因为亲王有特定的喜好——根据警方记录,他偏爱高挑、衣着得体的金发女郎——也是因为他对守密、信赖有所要求。他当时的情妇会先他一步离开伦敦,通常会选择住在莱茵旅馆(Hôtel du Rhin),更刺激一点就住在巴摩罗旅馆(Balmoral),离亲王的临时寓所——旺多姆广场的布里斯托旅馆(Hôtel Bristol,馆内始终为他留一套家具)更近。牵着狗出去散步,就是幽会的秘密机会。1884年,出生于巴尔的摩、趋炎附势的珍妮·张伯伦小姐(Miss Jennie Chamberlain)便在母亲的陪同下住进旺多姆广场的寓所中。后来她嫁给一位禁卫军官。19世纪80年代,好几位俄国贵族在外交团施压下被迫提供幽会场所,例如皮拉·冯·皮尔萧男爵夫人(Baroness Pilar von Pilchau,一位俄国驻伦敦武官的妻子),以及布图林伯爵夫人(Countess Buturlin,华沙警察局长夫人,另一位武官的嫂子)。但这不保证能完全保密:爱八卦的龚古尔兄弟曾传言称,一位俄国女士说:"威尔士亲王让人精疲力竭:他不只是与你发生关系,还要生生吃掉你。"[33]1888年,警方一度感到非常忧心,因为亲王盯着一位不知其名但称呼听起来像法语的"胡德里夫人"(Madame Hudrie)的女人。但调查后很快发现,她其实是俄罗斯人,只是借了侍女的姓来用。[34]

1891年，王尔德浩浩荡荡造访了巴黎一回，在那儿遇见真爱、向好交际的马拉美献殷勤、粗鲁对待普鲁斯特，还跟年轻的安德烈·纪德（André Gide）成为朋友。有人为他倾倒，有人嫌他无聊。或许他苦心孤诣的隽语，用口音重的法语来读就没那么有趣，又或许法国人比较难逗乐［诗人让·莫雷亚斯（Jean Moréas）就觉得这个英国人挺恼人］。[35]

亲王与这位诗人似乎没有在巴黎聚首过。不过这类会面也不是不可能，毕竟爱德华曾要求与王尔德见面，1881年也曾经与他一同度过傍晚时光，同席的还有女演员莉莉·兰特里（Lillie Langtry）——她是王尔德的朋友，也是爱德华的情妇。亲王后来对王尔德的剧作大加赞赏，觉得太对自己的胃口——"实在是个了不起的国家，王侯与诗人相知相惜。"[36] 两人在巴黎的足迹不难在剧院或林荫大道交会，甚至出现在更刺激、王公贵族与其他旅客不时涉足的地方，像是红磨坊（Moulin Rouge）、以艺术气息闻名的黑猫夜总会［Chat Noir，有作曲家埃里克·萨蒂（Erik Satie）演奏钢琴，艺术界大佬与前卫新锐在此交流］，或是名声不佳的拉丁区马比耶舞厅（Mabille，传统上学生与女工相会的地方）。王尔德也曾经在底层场所厮混，去过蒙马特的红色城堡舞厅（Chateau Rouge），但他觉得里面相当恐怖。

"维多利亚思想"（Victorianism）要反击"颓废"与"左拉思想"（Zolaism）。1888年3月，正气凛然的《帕摩尔报》与一位法国出版商进行了一场访谈，题目是"法国小说何以畅销"。[37] 答案是，"贵国的年轻贵族姑娘，多半对任何下流的事情都感兴趣……你们英格兰人就喜欢絮絮叨叨，说自己的文学多纯洁，但英格兰社会却在为左拉尖叫"——所以巴黎交际花的故事《娜娜》（Nana），才会在英国卖出 20 万本。6 月，布洛涅的英文报纸《海峡报》（Channel）报道称，舞台剧版的《娜娜》让当地戏院挤满了观众，想来也包括几位英格兰旅客。[38]8 月，全国守望协会（National Vigilance Association）开始展开对亨利·维泽特利（Henry Vizetelly）的自诉。维泽特利是伦敦首屈一指的外国文学出版商，在左拉遭禁的"卢贡－马卡尔家族"23 册系列作品中，他销售其中 3 本——《娜娜》、《泣血乡恋》（La Terre）与《家常事》[Pot-Bouille，英文本起了耸动书名《滚烫》（Piping Hot！）]稍微删节过的英译本。当局根据《淫秽出版物法》（Obscene Publications Act）起诉维泽特利，等到满脸通红的陪审团请求不要再读其他摘录段落之后（让他们喊停的故事场景，是一位小女孩帮助公牛趴到母牛身上交配），维泽特利便认罪了。法庭判处维泽特利罚款。但他马上推出新的删节本，接着在 1889 年再度被告。这一回他在霍洛韦监狱（Holloway Prison）蹲了 3 个月，成为第一位因出版公认具有重要文学意义的作品而入狱的出版商。"异国秽物"洪流可没那么容易止住。来年，伊顿公学校长向首相抱怨，表示学生不断收到一包包从巴黎寄来的色情书刊。最后，全国守望协会找到自己的法国盟友——令人敬畏的参议员勒内·贝朗热（René Béranger），共同起诉主要的跨国书商，结果发现是位名叫查尔斯·卡林顿（Charles Carrington）的英格兰人。

《莎乐美》（以法语写就）在英格兰遭禁，原因是在舞台上搬演圣经人物。王尔德当时深感挫折，他愤慨表示，"我决心离开英国，到法国定居，我会提交入籍文件。这么一个在艺术评判上展现狭窄心胸的国家，我绝不会称自己是该国的公民"。[39]

607

维泽特利与左拉恐怕找不到比 19 世纪 80 年代更有敌意的处境了。我们先前已经提到，英国与法国内部都有政治与道德上的动荡。1887 年，贪腐的政治与布朗热将军蛊惑人心的民族主义正撼动法兰西，同时间的伦敦则发生"流血星期日"（Bloody Sunday）的动乱。范围跨越英吉利海峡，对抗卖淫、虐童、酗酒（新划分的社会疾病之一）与虐待动物的激进运动始终存在，而且在 19 世纪 80 年代到达高峰。1885 年，一名女士指控查尔斯·迪尔克爵士教会她"每一种形式的法国罪恶"，迪尔克耀眼的政治生涯也随之瓦解。[40]1889 年的克利夫兰街丑闻（Cleveland Street Scandal，事由与态度积极的送电报男孩将电报送给上流顾客时，得到比规定递送费更多的钱有关）成为世界头条，许多法国人对英格兰人的变态心理感到不齿。《帕摩尔报》及其总编威廉·斯特德（William Stead）将道德训诫与报纸销量相结合，在 1885 年 7 月推出具争议性的"白奴"披露报道——《现代巴比伦的女童贡品》(*The Maiden Tribute of Modern Babylon*)：斯特德在文中宣称自己若有意，是能够跟 12 岁的女孩买春的。抗议声浪化为聚集在海德公园的 10 万民众，其中包括女权主义者、社会主义者、所有宗派的神职人员以及工会成员。舆论迫使议会废除《传染病防治法》，并通过《刑法修正案》（Criminal Law Amendment Act），宣布妓院与拉皮条非法，将合意性交的合法年龄提高到 16 岁，并且（根据亲法激进派下院议员亨利·拉布切的修正案）将同性性行为入罪。全国守望协会（在这次行动中确立其地位）旋即起诉强暴犯、恋童者、同性恋者、制作色情作品的人与皮条客。最惨的是，维泽特利正好与八件谋杀案一同受审——死者多为妓女，下手的则是"开膛手杰克"（Jack the Ripper）。在维泽特利的审判中呈堂的左拉作品片段，特别选了涉及胁迫性的女性性关系、儿童性行为、乱伦，以及这一切的结合——一名女孩因亲姐姐的教唆而遭人强暴；最让人震惊的是，受害者居然享受其中。推动起诉的人认为维泽特利要罪加一等，因为他出版便宜的插画译本系列，称之为"耸动小说"和"林荫道小说"，让年轻女性获得，并且"在教育程度不高的人之间传播"。他们相信性事在文化中的再现，会刺激出他们所对抗的社会犯罪。

有人提出请愿书，呼吁释放维泽特利。作家、艺术家、演员与少数持异见的下院议员一同署名。虽然他们对维泽特利的入狱表示谴责，惊觉艺术自由受到威胁，但他们的评论却弄巧成拙，内容多半在批评左拉的作品。左拉本人也并未出手相救，他说自己的书本来就不是为广大读者所写，不该阅读译本，而且法国人也不允许年轻女性读他的书。[41] 批评左拉的人为数众多（包括格莱斯顿），他们声称左拉与维泽特利几近于制作、贩卖色情作品的人，动机都是钱。整起事件导致英国作家投鼠忌器，同时郁郁寡欢地自我审查。他们比以往更清楚地体会到，这里不比法国，"杂货店国度（Grocerdom）是由非国教信徒的聚会、教会所组成的，而且讲话口气充满敌意"。[42] 抗争继续了下去。一位法国艺术家以弗朗索瓦·拉伯雷（François Rabelais）的故事场景为蓝本，画了 22 幅画，狂热的纯洁十字军却打算毁了他的画。英国当局抢救了他的画作，勉强避开一场外交事件。当德加的《苦艾酒》（*L'Absinthe*）在 1893 年展出时，也发生数起群情激愤的抗议活动。

堕落与腐败

怎么能让异国秽物泛滥于英格兰，让我们的年轻人因为置身最离经叛道的法国人劣迹描述中而受到污染？

——《帕摩尔报》，1889 年 5 月 1 日 [43]

这些英格兰苦行僧的盎格鲁-撒克逊式伪善令人难以容忍……全世界会因此以为该国社会体系中所有的罪恶都是我们引入的，而且，他们似乎认为我是法兰西一切至恶的化身。

——埃米尔·左拉，1888 年 [44]

英格兰绅士何以读左拉的作品，《潘趣》杂志对真正的原因毫不怀疑。

左拉、德加与其他人的法国人身份就是邪恶腐化的初步证据,甚至身为法国人本身就有罪。巴尔扎克名气响亮且人已作古,却仍躲不过全国守望协会曼彻斯特分会将 25 000 本他的小说打成纸浆的狂热之举。许多法国小说有好几年的时间停止在大不列颠流通,直到受无情删节为止;左拉的作品即便在爱尔兰独立许久之后依然遭禁。不过,卫道士虽然为"含苞待放的孩提时光",为不受控制的"处子渴望"而忧,但最受英格兰读者欢迎的法国书籍,显然是大仲马笔下的侠义冒险故事,以及拿破仑时代的历史。[45]

人们之所以夸大压抑(或正直)的英国与解放(或腐化)的法国之间的对比,显然是为了口头之争。许多现代法国艺术家在英国受到盛情款待,无论是在当权派或异议圈内皆然。印象派横扫英国的艺术学校,此时法国艺术界大佬仍在抵制之。法国艺术品定期在伦敦展出,而且所有英国评论刊物都会报道巴黎的表演,巨细靡遗。魏尔伦与马拉美受邀到伦敦、剑桥与牛津演讲,得到的认可也多于法国——牛津基督堂学院在请心情愉快的魏尔伦腾出房间时,甚至碰到了困难。[46]奥古斯特·罗丹(Auguste Rodin)在法国"始终无法摆脱与现代艺术有关的丑闻气息",但他却在英格兰受到拥戴,人称米开朗琪罗的传人。[47]1907 年,牛津大学授予他荣誉学位,他对此深感光荣,他在巴黎时经常穿着自己的博士袍,还希望把袍子带进棺材里。英国国王爱德华七世在 1908 年拜访他的工作室。[48]埃德蒙·德·龚古尔有位女性友人向他打包票,伦敦舞台上的"亲吻与爱抚比任何法国戏院里都大胆"。[49]另一方面,经历 1895 年的起诉之后,王尔德发现自己被巴黎社会列入黑名单——左翼的巴黎市政厅不久前向议会施压,要禁止同性性行为。法国乡下的性行为比较接近爱尔兰的戈尔韦(Galway),

而非蛾摩拉,年轻女性受到"严格对待的程度,是英格兰人无从想象的"。[50] 英格兰妇女有更多的自由,她们的法国姐妹总怀疑她们不检点。迟至1907年,还有督学因为某位老师在她服务的地方小城独自一人走路,而批评她"丢脸":"在英格兰待太久,她已经接受英格兰小姐们那种随便的举止。"[51] 法国布尔乔亚家庭不准儿女到巴黎学艺术,当地的艺术学校之所以如此依赖英国与美国学生,这也是其中一个原因。至于"左拉思想",法国人也是大皱眉头。左拉本人为了避风头,在19世纪70年代晚期推迟发表自己的小说,而且曾二十四度被法兰西学术院拒之门外。但在19世纪80年代,有七位"自然主义"作者(包括居伊·德·莫泊桑)因为作品淫秽而被起诉,其中三人入狱。左拉有五位门生因为《泣血乡恋》——维泽特利为之遭人控诉的一本书——而与他公开断绝关系。[52] 最后,就算英国确实假正经,法国人是否有资格像其一贯所做的那样抨击英国人更伪善,也是不好说的。借用法国人优雅的说法:邪恶向美德所致上的最崇高敬意,是受到管理的卖淫——这是个尽人皆知但官方故意忽略的秘密。[53]

尽管左拉、莫泊桑等人创造出粗鄙的法国农民生活印象,但英国人对法国乡间的长久喜爱便始于这些年。当然,自从1815年起,便有成千上万的英国人到法国乡间消磨时间。但他们认为大多数的风景都千篇一律,过多的杨树、无趣的平原,[54] 眼前出现的法国人不再有任何吸引力,而是成了躲不开的碍眼事物。然而,与衰颓有关的一个方面,就是拒绝跟"群众"的都市工业社会往来,并寻求原始、没被糟蹋的事物。在前一个时代时,只要躲到湖区就行了。但到了19世纪最后25年,由于人口增长、都市扩张与教育普及,挤满观光巴士的城市社会遍地可见。法国由于人口几乎没有增长,因此许多地区"没被糟蹋"，地方民众似乎体现出那些已经在英国消失，或是行将消亡的价值观。有些读者不仅对波城或比亚里茨的舒适环境，或是阿尔卑斯山与比利牛斯山的壮阔感兴趣，而且也想了解当地人民以及非热门地区的生活方式。许多记述与小说应运而生。移居乡间、书写法国农村的先驱，是艺术评论家菲利普·吉尔伯特·哈默顿（Philip Gilbert Hamerton）。他为了"美景与方便"，在罗讷河谷（Rhône valley）买了间房子。在《我家门前》（*Around My House*，1876）一书中，他以巨细靡遗的方式，将农业社会描写为法国的基石，同时强调其文化上的疏离。哈默顿笔下的农民虽然没有20世纪人气作品中那么讨喜，但他与其他作家开始抬高其道德地位，甚至高于英格兰农民与工人。罗伯特·路易斯·史蒂文森（Robert Louis Stevenson）则凭借《骑驴漫游记》（*Travels with a Donkey*，1879），描述一次在塞文高地徒步旅行的过程，成为另一种文体的先驱。过程一点都不浪漫——农民多半不友善，史蒂文森还带了一把左轮手枪防身。这本书超前于时代，连作者本人都觉得自己想法古怪。还需要一整代的观光客朝法国乡间（始终以脏乱、语言费解与糟糕的食物为典型）渗透，当地人对游人才友善起来。亨利·詹姆斯（Henry James）的《法国小旅行》（*A Little Tour in France*，1884）谈的大多仍是建筑与历史，只要突然提到人，都是因为其肮脏、寡言、吃恶心的食物，让人大失所望之故。但大量的新观点已经开始浮现，例如《西法一载》（*A Year in Western France*，1877）、《法国农村生活》（*Life in a French Village*，1879）、《吾乡亚维农》（*Our Home in Aveyron*，1890），甚至还有《法国牧师馆罗曼史》（*The Romance of a French Parsonage*，1892）。到了20世纪30年代，作家如福蒂斯丘夫人（Lady Fortescue）则以《普罗旺斯来的香水》（*Perfume from Provence*），创造出今人所熟悉的、"英镑崩盘前"的异国闲适情调。她笔下的工人滑稽而"粗俗幽默",农民"让人大发雷霆,丝毫没有主动精神,非常不负责任,但多半还算可爱",有时候还"非非常常睿智"。[55] 伊丽莎白·戴维(Elizabeth David)[①]、彼得·梅尔(Peter Mayle)[②]与大规模农舍改造的时代即将降临。

重生:权力与帝国

> 我们必须治好法兰西的灵魂。
> ——哲学家兼政治家朱尔·西蒙(Jules Simon)在法兰西学术院演说,1871年[56]

> 在北边,我们有冉冉升起的未来;在南边,则是衰亡倾颓的过往。
> ——埃德蒙·德莫林斯(Edmond Demolins),《盎格鲁-撒克逊之优越》(Anglo-Saxon Superiority, 1898)[57]

当若干知识分子、艺术家与政治人物谴责或颂扬"颓废"时,另一些人(有时候还是同一批人)正试图终结之。勒南与泰纳虽然悲观,但他们并未对法兰西绝望:两人提倡彻底改革政治与教育,以治愈这个国家的病痛。共和人士在19世纪70年代末掌权,他们打算重新打造一个健康、爱国的民族,涤清天主教与拿破仑主义的所有罪孽。

[①] 伊丽莎白·戴维,英国烹饪书作家,以介绍法国和地中海菜式闻名。——编者注
[②] 彼得·梅尔,英国作家,其代表作主要介绍他在普罗旺斯的生活。——编者注

天主教徒虽然对共和制的胜利感到沮丧，倾向于把法国的命运看成上天的惩罚，但他们也没有放弃赎罪的希望。许多人仍然对未来感到乐观，而儒勒·凡尔纳的小说或福楼拜笔下布瓦尔先生的意见，比左拉、于斯曼、亨利克·易卜生（Henrik Ibsen）或托马斯·哈代（Thomas Hardy）的著作更贴近他们的观点。但乐观不等于自满：虽然在手段上存在分歧，但改革人士皆认为法国需要更大胆、更健康，接受更好的教育。

自波旁复辟以来，殖民扩张一直是治疗法国病症的药方，其论点从托克维尔到戴高乐都鲜有不同。法兰西必须证明自己仍是大国，处在战败、颓废的时代，这件事比以往更为迫切。共和派领导人朱尔·茹费里（Jules Ferry）在1882年说，"如果法国对这个世界的重要性不过只像个大比利时，那法兰西可不会轻易满足"。帝国主义将成为全民一心的事业，更将创造一支由无畏的军人、坚忍的殖民者组成的血脉，让松垮的政治体制恢复精神。庞大的海外帝国人口将弥补停滞的生育率——这是19世纪晚期的民族主义者最关注的其中一项议题。共和派的爱国者莱昂·甘必大宣称："借由扩张，借由影响外面的世界，借由在人类日常生活中占有的土地，这个民族才能长久延续。"扩张算是左右两派都支持的事。对右派来说，法国要通过广泛的传教活动，将天主教与法国的影响力传播出去。左派则在1883年成立法国文化协会（Alliance Française），作为世俗版的传教组织，"让我们的语言为人所知所爱"，从而为"在欧陆增长速度太慢的法兰西民族扩展到海外"带来贡献。[38] 皮埃尔·洛蒂（Pierre Loti）与埃内斯特·皮夏里（Ernest Psichari）等小说家，称赞沙漠空气与东方感官享受具备的振奋效果；保罗·高更（Paul Gauguin）的友人甚至出资，让他到塔希提的黝黑少女之间寻求热情与灵感。连兰波都壮起胆子，在阿比西尼亚做咖啡与军火买卖。

并非所有人都对这些愿景感到兴奋。选民担心战争与代价。投资人要的是更安全的利润。有些民族主义者认为帝国主义会削弱法国在欧陆的力量，他们轻视殖民地，觉得不值得为之分散收复阿尔萨斯与洛林的力量。"我没了两个姐妹，结果你给我 20 个仆人。"民族主义领袖保罗·德罗莱德（Paul Déroulède）高喊着。俾斯麦鼓励法国发展海外野心，确实是出于这个原因，此外还有附带好处——为英国创造对手。法国的殖民扩张，靠的是共和派政治领袖、地理学社团、传教士、军队与少数经济利益相关者等少数狂热分子。他们把目光投向北非与中南半岛。事实证明，法国跟英国能就后者达成妥协；法国在 1881 年宣布突尼斯为受保护国时，伦敦表示的反对甚至比法国国内的评论家更少。甘必大宣称"法兰西已恢复其为大国之地位"。

法国与英国确实曾因埃及而发生严重冲突。1798—1956 年，两国不时争夺埃及。例如 1840 年，法国人不仅认为自己在埃及有利益，而且两国间有一种亲近的关系，拿破仑的入侵仿佛是对一个古老文明的精心礼赞。他们投入金钱与精力，打造文化、经济与政治上的影响力。1869 年苏伊士运河开通，便是其中之最：这条运河是拿破仑与圣西门主义者的构想，由法国最伟大（但晚景凄凉）的经济冒险家斐迪南·德·雷赛布（Ferdinand de Lesseps）主持开凿。这条运河深具战略价值，对英国人与印度的联系尤其重要。因此，当埃及赫迪夫（Khedive）在 1875 年因缺钱而出售手上的苏伊士运河公司股份时，迪斯累里政府迅速出手抢购。1881—1882 年，埃及发生民族主义动乱，导致英国海、陆军行动干预。但法方并未介入，主要是国内反对之故。

英国发现自己统治了埃及。法国殖民者与（后知后觉的）法国国内舆论，因为背信弃义的阿尔比恩最近以诡计破坏法国重要的殖民目标而暴跳如雷。法国人甚至指控英国人贿赂埃及人，要他们假装革命，以造成军事干预的处境。情况和19世纪40年代的殖民摩擦类似，法国海军暗中策划如何抢先于英国人。英法海底隧道的计划（挖掘已经开始）这时也受到质疑。

英法海底隧道：虚假的曙光

第一份海底隧道计划，是1802年亚眠和会（Peace of Amiens）期间，由法国工程师阿尔贝·马蒂厄（Albert Mathieu）提出的。这个构想称不上痴人说梦。人们有各式各样的计划，要建桥梁、挖隧道、安置水下管路，甚至有用高压空气为动力的防水列车。渡过英吉利海峡的新方法总是能保证宣传效果。早在1785年，便有人首次乘热气球飞越海峡（实现者是一名法国人与一名美国人）。海底电报缆线已经在1851年铺设——据一位热心人士所言，此举让英国与法国成了"连体婴"。美国人保罗·博伊顿（Paul Boyton）利用充气服、一只桨与一面小帆，叼着根雪茄，在1875年4月"游"过海峡。第一起真正泳渡海峡的事件发生在同年8月，主角是武装商船队船长马修·韦布（Matthew Webb），途中则靠啤酒、白兰地与咖啡提供营养。这时，海峡两岸都有人强烈支持建设隧道，他们为宣传而赞助泳渡海峡的活动。法案送交国会，一个由英法双方组成的调查团在1876年起草条约，等待批准。人们无来由地乐观，认为不久前为凿穿阿尔卑斯山所开发的技术，能解决隧道工程问题，大陆海底铁路公司（Submarine Continental Railway Company）与

甜蜜的世仇

英国和法国，300年的爱恨情仇

维多利亚时代的技术受阻于政治。

法国海底隧道公司（Société Française du Tunnel Sous-marin）由此成立。它们用一位英国陆军上校发明的钻孔机，在多佛附近的莎士比亚悬崖（Shakespeare Cliff）与加来附近的桑加特（Sangatte）试钻。到了1882年，英国一侧的隧道已经推进超过1英里，政客、记者、军人与名流获邀到海底下喝香槟、吃开胃点心。两家公司预期两国隧道将在四五年内合龙。然而，双方也各有顾虑。法国有人担心英国人对加来有所图谋，但对隧道最担心的还是英国人（因为自家陆军不强），军方反应尤其强烈。无论提出多少保证——隧道可以加盖防御工事、灌毒气，或是轻易用水淹没——都无法完全消除入侵部队占领隧道的可能。随着海峡两岸关系急转直下，一个由国会选派的委员会在1883年对隧道表示反对，格莱斯顿政府也同意了。虽然两国隧道公司态度不变，下议院也在1913年4月得知隧道仍在考虑之中，但1914年以前没有一届政府愿意重提这个问题。[59] 搁置的做法确实能至少避免发生技术与财政灾难。此时，路易·布莱里奥（Louis Blériot）已让人们见到未来，在海峡两岸激起一阵狂热——1909年7月25日清晨，他驾驶飞机从桑加特附近起飞，降落在多佛附近的一处高尔夫球道。

虽然这么说不太公平，但英国人无疑是更成功的帝国主义者，不仅在埃及或印度如此，在大量设立拓垦殖民地（例如美国）时也是如此。有些法国人强调盎格鲁－撒克逊人——这个词此时进入了法国政治用语当中——的全球力量。[60] "严重的危机、强大的对手"这时已不在"莱茵河对岸"，而是在"海峡与大西洋的对岸"。[61] 美方提议各国采用同一条本初子午线，这意味着采用格林尼治子午线（Greenwich Meridian），当时几乎只有法国人表示反对，他们的不满一览无余；1894年，一位法国无政府主义青年试图炸掉格林尼治天文台，结果身亡。[62] 19世纪80年代与90年代，有几位具有影响力的评论家（多半是备受尊重的自由派）坦率提出明摆着的问题。要怎么解释盎格鲁－撒克逊人的高人一等？法国得做什么才能竞争，维持它在天底下的位置？一系列的出版作品指出"英格兰民族的政治心理"和"中间阶层与统治阶层受的教育"为其优势。[63] 这些诊断都不新鲜。有些其实不只能回溯到泰纳，甚至能追溯至托克维尔，以至于伏尔泰。但还是有个重要的变化：此时的法国人不再那么钦佩英国的议会制度——1884年《改革法案》通过后，看起来跟法国的制度鲜有不同。人们转而把焦点集中在他们认为真正的统治者身上——公务人员、殖民地行政官员与商人——并致力于探索这些人是如何出现的。

他们主张，英国的教育制度不像法国那样，用死背经典与无法消化的理论填鸭，而是教实用的技术、鼓励自由思考，尤其是发展自立、团队合作与品格——这正是"重实效、有活力"的近代经济与政治精英所需要的。[64]泰纳在一个世代以前，可没把话说得这么满。毕竟，法国评论家与许多英国评论家向来都有共识，抨击英国的大学与各级学校不仅无用，甚至更糟；一般人都认为，无论法国人在其他方面有什么问题，他们总是受过良好的教育。拉格比公学（Rugby）的名校长托马斯·阿诺德博士认为法国培养出比英格兰"更开明、更宽宏的心灵"，并多次带自己的孩子前去游历。[65]他的儿子马修·阿诺德（维多利亚时代最有影响力的知识分子之一）在19世纪60年代曾因一所地方高中为中产阶级提供有质量的教育而赞其为"法国伊顿"，并推动法式的教育改革。就是他，用羡慕的口吻讲述这段知名的传闻——法国教育部长可以从办公室墙上的图表，了解每一位学童在一天中每一分钟的作息。但1870年法国战败（一般人将战败归因于"普鲁士学校老师"），让法国教育的名声蒙尘，导致共和人士往海外寻找模范。他们为了创造法国特色的标杆——世俗学校（École Laïque）[①]，研究了英格兰与苏格兰的教育法规。[66]批评人士

[①] 法国政府特别以法律保障一般公立学校不受各种意识形态或宗教之干扰；但学校亦不得教导宗教教义或干涉学生之信仰自由，故称"世俗学校"。——编者注

攻击法国古典传统本身毫无成果，拿破仑时代的高中则是令人厌倦的"兵营"。更有甚者，他们要采取行动。1899 年，社会学家埃德蒙·德莫林斯以贝达尔斯学校（Bedales）等改良式的英格兰寄宿学校为榜样，在诺曼底成立示范性的奥施学校（Ecole des Roches，至今仍是法国首屈一指的私立学校）。埃米尔·布特米（Emile Boutmy，他找泰纳担任顾问）在 1871 年成立的巴黎政治学院（Ecole Libre des Sciences Politiques）更是重要——旋即以"Sciences Po"的校名闻名。这间学校并未模仿任何英格兰的教育机构［伦敦政经学院（London School of Economics）其实是抄它的］，而是一次有意识的尝试：立校者认为英国躲过了革命，躲过了拿破仑政权，其统治阶级具备务实的心态，而他们也想创造出这样的新统治阶级。在一代人的时间里，政治学院所培养的学生，在法国公务人员高层占据相当高的比例，而且这种成就一直延续至今。

教育、教育、教育

无论阿诺德与德莫林斯等教改人士有什么抱负，事实证明两国的教育理念、习惯与机构都无以让另一方的影响力渗透——原因本书就不赘述了。但我们得稍微指出教育差异（跟英、法各自的宗教、司法体系与知识传统有关）对教育以外的两国关系所造成的影响。长话短说。法国教育本质上始终是"古典"的，是要将行事时受众人肯定的准则、正确方法传递下去，熟习、复制之。从幼儿园到高等专业学院皆是如此。一位前途看好、在牛津受教育的英国年轻公务员，在 2004 年借调到精英辈出的法国国家行政学院（École Nationale d'Administration），后来他告诉我们俩，"如果你没有在讲座课上坐满四小时，他们就不觉得你有学到任何东西"。公认的典范可以是理念、技术以及组织与呈现知识的风格（这是最重要的特色）——通常是以逻辑与修辞学的传统原则"正、反、合"为基础的著名"三段论"。人们通常将之形容为"笛卡儿式"（Cartesian）的方法，以演绎推理为本。也就是"先理论，后应用"。英国的教育没什么系统，注重培养个人的表达，既不是让人掌握正确答案，亦非精通一套知识体系。想成功，就需要起码的原创性与"横向思维"，有错误或欠缺知识都可以接受。思考多半先于归纳，归纳即"从事实到理论"。法国传统认为，每一种层次的职业活动都需要专门训练；层次越高，专门的程度越高。英国人对"证书"抱持更为怀疑的态度，认为热情、团队合作与想象力等非知识性特质具有价值，并推崇非专业教育，认为这才能带来潜在的新见解。这两种取径当然有其独一无二的优点与缺点。从我们的角度看，重要的地方在于两国教育方式仍在培养不同的思考与表达风格，无论法国人与英国人在什么方面有所接触，都能清楚看出。在政治上，法国人已经抱怨了好几个世代的时间，说英国人拒绝讨论假设，只愿意考虑实际问题。巴麦尊表示，"对英格兰来说，动手处理尚未完全浮现的情况并非寻常做法"；格兰威尔在一个世代后与他呼应，指出英国的做法是"避免用预想的看法处理偶发事件，因为事情通常不会按照预料发生"。[67] 英国人无法以逻辑的方式思索未来的可能性（法国人如此认为）。20世纪20年代，未来的法国总理安德烈·塔迪厄（André Tardieu）谴责"盎格鲁-撒克逊人对拉丁人心灵有序的建构抱持反感"。一位20世纪50年代的大使也赞同："对英格兰人来说，定理并非真实的存在。"情况到2003年同样没有改变：一位英国外交官发现"能

清楚列出一套原则时，法国人感到最安心……英国人则是避免原则".[68]
总之，英国人习惯将有关未来意向的整体陈述，视为拗口的空话，不予理会——这种习惯有时候会让他们后悔。例如，玛格丽特·撒切尔（Margaret Thatcher）承认在讨论欧洲一体化时，"我们英国代表团倾向于把这类浮夸的言辞当成脱离现实、不切实际的期待打发掉，根本没有实现的可能".[69]在商业关系上，公认法方参与讨论的人准备比较充分，他们提前拟定清楚的议程，但没有能力"集思广益"，也不愿意讨论、采纳新观点。他们习惯在一开始便表明立场，逻辑清楚，之后就是坚守立场。英国人经常视之为傲慢、没有弹性："法国人不愿意听，他们只顾自己的立场，藐视你的想法。"但英国人的"开放态度"在法国人眼中，却叫没有逻辑、没有魄力、浪费时间。[70]欧洲隧道公司（Eurotunnel）财务长格雷尼姆·科比特（Graham Corbett）总结了两国的差异："法国人只会用'三段论'思考，英国人则是根本没有结构；法国人比较倾向于不让你碰上麻烦，而英国人则是一旦你陷入麻烦，就会救你出来。"[71]

让法国人有点血色

我要在孤僻、受限的青年脸颊上添上血色。

——皮埃尔·德·顾拜旦（Pierre de Coubertin）[72]

模仿英格兰人。法国人在运动场上学到了对竞争的爱好，从而勇敢展现自己，试图在全球征服更大的领域。

——探险家加布里埃尔·邦瓦洛特（Gabriel Bonvalot）[73]

623

> 对于法国学童来说，从用整个下午的时间在球场上玩球的过程中觉察其诗意，似乎比设法发掘……诗意是否居于拉辛特定的诗句中重要得多。
>
> ——作家亨利·德·蒙泰朗（Henry de Montherlant）[74]

在英格兰文化与教育中，有一个方面长期遭到法国人鄙视，如今却被人提出来，视为盎格鲁-撒克逊成就中的关键要素：比赛。巴黎近郊一所多明我会学校的校长，在参观伊顿公学之后断言，"孩子们在比赛中学习发号施令，同时也在学习统治印度"。[75]1870年之败，让体能训练成为一种爱国责任。人们的首要目标是军事训练，一开始表现在仿效德国、大规模发展体操的风气。综合体操能强化军事操演所需的力量与肢体协调性。体操在数十年间受到极大的欢迎，尤其是爱国风气旺盛的法国东北部，而且直到1900年仍是群众最重要的休闲活动。但体操有其极限。体操无法培养人们所渴望的自由自愿合作品质，也无法将个人的努力与创造性的团体合作相结合，更别提公平竞赛的精神了。这时，所谓的英格兰的运动便能派上用场，例如自行车、游泳、划船、田径、拳击、网球、竞技滑雪——其中又以足球与橄榄球两种团队运动最为重要。起先作为教育改革的一个方面、作为对抗民族颓废手段的体育运动，在不出一代人的时间里为大众文化带来彻底变革。体育运动和议会制度，是法国自英国引入的最重要的舶来品。

19世纪60年代之前，法国人不太打团体比赛，有时候还称之为英格兰的小游戏。很少有人自发参与户外活动。波城市长在1842年解释，"'运动'这个词，是无法翻译为法语的英语表达方式之一"。19世纪90年代，一份巴黎报纸还相信足球需要用"扁长的击球棍"。[76] 上层阶级与其仿效者依然在打猎、赛马。有位法国总理曾夺得剑桥赛艇头奖（Cambridge Rowing Blue），这属于平时罕见的例外情况。击剑连同决斗，在19世纪下半叶扩大到中下阶级。下层阶级则有狗斗牛（Bull-Baiting）、滚木球、斗鸡、射击等等，这些活动不仅留存下来，而且还随着休息时间增加而进一步发展。英式运动少不了激烈的身体接触，为法国人长久以来所不齿，认为这表现了英格兰人的粗野、愚昧，缺乏社交礼节。贝朗热最损人的反英歌曲之一，歌名就叫《拳击手》。早期的巴黎橄榄球球员觉得身体接触、在泥里打滚很恶心，他们也比较不注重争球与擒抱——堪称法国橄榄球球风之始。[77]

19世纪中叶在英国各级学校与大学中盛行的运动，很快便在法国的劳动者和度假者中流行开来。与英国的社会、经济接触，影响了法国运动的地方分布：海峡口岸、巴黎地区、法国西南（旅游业发达且出产红酒）与北部（纺织与工程方面与英国多有来往）是受到影响的主要区域。法国最早的运动俱乐部是勒阿弗尔田径俱乐部（Le Havre Athletic Club，1872）与巴黎的英国泰勒俱乐部（English Taylors' Club，1877）。苏格兰天主教学校的毕业生则是创立足球运动的先驱。这些侨居外地的人并未以在法国推广运动，或是与法国人捉对厮杀为使命。引领本地风潮的，反而是巴黎的学生。知名的法国竞技俱乐部（Racing Club de France）是第一个本土运动俱乐部，1882年由四所右岸学校的学生所成立，其对手法国体育会（Stade Français）主要由左岸的圣路易斯中学（Lycée Saint-Louis）的学生所组成。"竞技"（俱乐部以其为名）的价值观与参与者，都体现了极度的"贵族风范"与知性。他们起步不佳，在圣拉扎尔车站附近横冲直撞，穿得像骑师，还会下注。其他俱乐部则是以杂技为主，而且形成高度排外的私人圈子。但英国风格的正统运动迅速席卷一切，侨民也加入了。1892 年，法国首场橄榄球冠军赛就有英国球员参加。1893 年，竞技俱乐部与牛津大学比赛，赛后还带着他们的客人去见识红磨坊之乐。1900 年，他们主办了第二次奥林匹克运动会中的田径项目。[78]

运动的推广，多半得归功于热情的个人，他们相信自己正对抗着现代的颓废。法国人在筹组国际运动组织时的重要作用，便能显示出他们使命般的热忱——因此国际足联的缩写才会是"FIFA"，而非"IFAF"。政治学院毕业生皮埃尔·德·顾拜旦男爵便是一位伟大的倡导者。鼓舞他的，是泰纳对英式公学的推崇，是阅读《汤姆·布朗的学校生活》(*Tom Brown's Schooldays*) 的体会，是公平竞争的理想，也是"歌颂祖国、民族与旗帜"的愿望。在他 20 多岁时（19 世纪 80 年代），他便利用自己的社会与政治关系，为引入运动游说。一开始也有挫折：1893 年，他带一队法国船员参加亨利赛艇比赛（Henley Regatta），结果泰晤士河赛艇俱乐部（Thames Rowing Club）撞翻了他们。但顾拜旦不屈不挠，在 1894 年筹组法国最大的运动协会，并于同年开始推动现代奥林匹克运动。他的灵感得自马奇文洛克奥林匹克运动会（Much Wenlock Olympian Games）：这是一场有各种运动竞赛的盛宴，由列队入场、颁奖典礼、旗帜等增添活络气氛，每年都在什罗普郡（Shropshire）的一处村庄举办，顾拜旦曾经在那儿当个开开心心的游客。[79] 其他的运动先驱有乔治·圣克莱尔（Georges de Saint–Clair），他是法国驻爱丁堡前领事，希望运动比赛能"铸就行动者……让人懂得如何运用意志力，鼓起勇气，敢于行动、组织、治理与受治理"。[80] 前巴黎公社流亡人士帕斯卡·格罗塞特不希望把体育运动留给右翼或亲英者，于是在 19 世纪 80 年代晚期试图将法国的体育运动朝民族主义的方向推进，仿效美国与爱尔兰，发展本土的体育运动。菲利普·蒂西尔（Philippe Tissier，是位医生）在 1888 年成立了第一个巴黎以外的运动协会——波尔多的吉伦特体育联盟（Ligue Girondine de l'Education Physique）。这些人都是亲英派，只有格罗塞特除外。他们在一个相对反英的时代取得成功，再次证明交恶的感觉也无法阻止人们跟从风尚。

这些开路先锋运用既有的教育、宗教与政治网络。蒂西尔让橄榄球成为法国西南部的运动。他借助英国人对波尔多、波城与比亚里茨的强大影响力，说服共和派的教育当局支持公立学校发展橄榄球，尤其借此与教会赞助的足球相抗衡。人们不免觉得橄榄球与南方乡村粗野阳刚的文化一拍即合——夏天斗牛，冬天争球。橄榄球成为对城市、村庄，甚至是对巴斯克（Basque）、贝阿恩（Béarn）和普罗旺斯等族群表现强烈忠诚心的方式。朗德（Landes）一座村庄里，有间橄榄球圣母礼拜堂（Notre Dame du Rugby），花窗玻璃上的圣母与圣子拿着一颗橄榄球，仿佛正参与天界的争边球过程。今天，朗德的小镇圣樊尚德蒂罗斯（Saint Vincent de Tirosse，有七个俱乐部）堪称法国橄榄球之都。到了 1900 年，橄榄球已经成为法国国球。1911 年，法国首度在国际比赛中获胜，对手是苏格兰。原本是赛艇俱乐部的阿维隆巴约纳（Aviron Bayonnais）橄榄球会，让迅速、开放的打法（法式球风）成为新标准，并称霸赛场数年——这要归功于队上的威尔士接锋（Fly-Half）兼教练欧文·罗伊（Owen Roe），比亚里茨的英国教会也用一面玻璃花窗来纪念他。这支有骨气的巴斯克球队让当地的贝雷帽蔚为风尚——先是在年轻男女间流行，后来连外国人都认为这是法国人人都戴的帽子。

拳击是另一项盎格鲁－撒克逊舶来品［1907年，巴黎第一所拳击馆成立时，是以伦敦白教堂区（Whitechapel）的拳击馆之名，命名为"仙境"（Wonderland）］。当乔治·卡尔庞捷（Georges Carpentier）在1913年世界轻重量级锦标赛中击败"炮手"比利·韦尔斯（"Bombardier"Billy Wells）之后，这项运动也就生根落户了。拳击跟某些人们对法国的刻板印象有所冲突："全英格兰都在起哄。打拳的法国人！绝对是最古怪的矛盾。"但其他的刻板印象依旧维持：法国评论人夸奖卡尔庞捷的技术、速度、勇气与荣誉，不像盎格鲁－撒克逊的蛮力。[81] 足球在第一次世界大战前并不兴盛，而且一开始几乎只有英国人在踢。法国第一个俱乐部是标准竞技（Standard Athletic，至今仍是个使用英语的孤岛），由巴黎某家英国公司的员工成立。1894年的全国锦标赛，由一支有10名英国球员的队伍夺得冠军。到了1914年，法国只有四家算是大型的俱乐部：巴黎、马赛、里尔与斯特拉斯堡。有兴趣的民众仅限于北方的工业区与东南方的城镇。[82] 第一次世界大战成了分水岭，这得归功于与英国士兵的接触，以及军队举办的足球赛。此后，足球迅速发展，不过人气与专业程度始终比不上英国或邻近的欧陆国家，法国在国际赛事中自然也不成功。

自行车、田径、团队运动与拳击，为社会与文化生活、服装体态、性别关系，甚至是思想观念带来改变。不过，人们接纳运动时，也会加以改造。自行车就是最好的例子。最早的自行车公路赛在19世纪70年代举办，由英国与法国的上层阶级业余选手称霸。但在1896年，英国禁止了公路赛，运动风气随之衰微。但在法国，随着自行车越来越便宜，自行车运动走入民间，自行车生产也成为重要的产业。赞助赛事（室内赛与道路赛皆有）让生产商与新的运动报纸得以触及成长中的市场。[83]自行车比赛成为法国第一种商业观赏型运动——不仅非常有利可图，而且腐败。环法自行车赛（Tour de France）成为最早的全国运动赛事，"环法"之名令人联想到传统上出师工匠的漫游之行，同时也是一本畅销的爱国童书的书名。"环法"始于1903年[正值混乱的德雷福思事件（Dreyfus affair）发生之时]，由右派运动报纸《汽车报》（L'Auto）主办，意在打击政治上的竞争报刊。这场比赛（骑着沉重的单速车，是一场对意志力与耐力的严峻考验）成了一场对法国多元融合的礼赞，一堂历史与地理课，也让赛道沿线的偏远城镇与乡村兴奋地品尝了现代的滋味。民众"从酒馆里跑出来"为骑士欢呼，"和过去群众热情迎接拿破仑手下从西班牙、奥地利归国的疲惫老兵一样"。[84]

  知识分子与艺术家被运动吸引，视之为民族复兴的手段。运动表现出现代性、对传统的反叛以及身体的一种新体验。前卫艺术家以运动为主题作画。若干战前与战时最追求流行的文艺界人物也是运动爱好者，包括小说家阿兰－富尼耶（Alain-Fournier）、作家兼制作人让·科克托（Jean Cocteau），以及剧作家让·季洛杜（Jean Giraudoux）与亨利·德·蒙泰朗。诗人夏尔·佩吉（Charles Péguy）将街头踢的足球引入自己在奥尔良读的高中，等到他搬去巴黎之后，就改打橄榄球。由于与民族主义者和军国主义者的关联——"战争就是真实的运动"——体育运动长期都是属于男性的活动，女性始终处于边缘（网球除外），这种情况直到第二次世界大战后才结束。

  第一次世界大战增加了体育运动的吸引力，甚至使之走出了上层阶级的亲英背景。政治团体与标致（Peugeot）、米其林（Michelin）等公司对运动越来越有兴趣。南法的矿业城镇卡尔莫（Carmaux，劳资关系向来很紧张）有两家俱乐部，一家是老板们资助的天主教球队，另一家则是工会支持的球队。这类联系让球场内外已然很严重的暴力更加恶化——1905年一场校园足球锦标赛中，有球员的金属指套被没收；1913年法国对苏格兰的橄榄球赛导致暴动发生，比赛的英格兰籍裁判甚至得靠宪兵搭救才能逃出来。[85] 20世纪20年代无法控制的暴力，让英国、自治领与爱尔兰橄榄球联盟断绝关系。法国继续跟德国、意大利与罗马尼亚较劲，这些国家的政府也支持橄榄球。但橄榄球也在法国式微，人气地位被足球所取代。在两国政府强烈施压下，一支英国橄榄球队才同意与法国队在1940年1月比赛，作为巩固邦谊的表示：英国以38 : 3赢了。

近代法国体育运动在人气、素质与参与程度的上升，与英国以勇敢的业余精神或营利的职业主义建构的体系相比，有非常不同的基础，那就是政府的支持。学校老师与军人向来扮演一定的角色，但从20世纪30年代晚期，中央政府的重要性便开始提升。左翼的人民阵线（Popular Front）开始把钱花在运动设施上，右翼的维希政权（Vichy Regime）在体育部长、温布尔登（Wimbledon）网球冠军让·波罗特拉（Jean Borotra）的主导下，大幅提升投入的资金。戴高乐将军本人对20世纪60年代的运动成就也很感兴趣。体育实质上已国家化：政府担负起筹备大型体育赛事与国家队选拔的任务。[86] 到了21世纪初，英国有10名公务员的职责与经营体育运动有关；法国却有12 000名。体育运动是一种可预测、有规则、重复性的活动，也是官僚体制能发挥作用的地方。情况一如19世纪80年代，民族的重生与声望成了动机。国家通过把注的大批教练课提升草根参与度［包括让学童滑雪，以及将必修运动纳入学士文凭（Baccalauréat）与大学等级课程的一部分］，同时改善训练设施，并且为在国际舞台上表演的人提供经济支持。2002年时，15～75岁的法国人中有83%参与某些体育活动，有800万人参加比赛。[87]这解释了法国运动员在各种运动项目中的成就，也说明法国训练的专业人士在转变英国足球队的训练方式、战术、饮食与纪律时的重要影响——历史的讽刺真是够味。如果我们考虑体育在法国文化中显著的程度、参与各种活动的人数，以及在特定运动范围（从橄榄球与足球，到网球与田径，以至滑雪与海上帆船）的高度国际成就，法国堪称世界上最爱好运动的国家。换作一度作为典范的英国，若以相同的运动领域来看，人们恐怕会觉得该国是个与第一名相去甚远的亚军。

有一项英国主流运动是法国人不玩的——板球。这是他们对维多利亚运动帝国唯一的反抗。是有人尝试过。标准竞技俱乐部在巴黎南方不远处有块场地，而在1900年的巴黎奥运会，法国则是错失了唯一一次赢得板球金牌的机会，输给了德文郡流浪者队（Devon County Wanderers）。不过从当时到今天，法国板球协会（Fédération Française du Cricket）的选手其实一直都是外国侨民。[88]法国人不玩板球，这背后一定有原因，但原因是什么？维多利亚时代的人在法国玩的团队运动，是否多为冬季运动？是不是有什么社会－经济上的障碍？板球与最典型的城市性运动——足球不同，板球要打得好，就需要精密的队伍组织、复杂的技术、一个球场、精良的球具以及空闲时间。不过，连英格兰孩童也和印度、巴基斯坦与加勒比海的小孩们一样，找几根木棍就能玩，三柱门就用粉笔画在墙上。那么，是否如人们常常所笑称的那样，有什么无法跨越的法国文化障碍呢？但橄榄球与拳击明明更格格不入。相形之下，板球倒是完美符合法国人的自我形象——细心、聪明、灵巧、勇敢、优雅。更有甚者，板球的运动家精神、团队合作与自我控制，皆完美符合亲英派教改人士的目标——公平竞争（Le Fair-Play）确实进入法语词汇了。对于抵抗条顿铁骑的爱国行动来说，击球手面对重重困难时的孤独斗争，似乎是很得体的训练。我们只好对从未出现过巴黎贵族击球手与剽悍的巴斯克投手表示惋惜。运动史学者理查德·霍尔特（Richard Holt）主张，板球看起来不够有精神，对顾拜旦等人来说也太过平民，而且板球实在跟英格兰乡村田园风光密不可分。在法国与板球地位相当的是环法自行车赛——一种既漫长、需要策略，而且外行人难以承受的夏季运动，也是做日光浴的好理由。

食物与文明

巴黎是全世界的饮食重镇。所有传播好厨艺的伟大使节皆由此出发，而巴黎的料理在过去、现在与未来都是世界上一项伟大艺术中最卓越的表现方式。

——《欧洲美食指南》（The Gourmet's Guide to Europe，伦敦，1903）

如果说，运动是英国对法国最重要的文化输出，那法国人的回报就是料理（La Cuisine）。英国人"一向是法国食物最重要的顾客"。[89] 在饮食上，英国人同样有意模仿，同样哀叹本国不如人，也同样受到其流行的影响。饮食甚至与世纪末对于颓废的恐惧有关：对许多文化评论家而言，英格兰食物低人一等，就是美感衰颓的症状，证明没有教养的"群众"正在兴起，也证明都市生活之骇人。艺术评论家约翰·凯瑞（John Carey）曾经提到，罐头食物特别能激起英国知识分子的愤怒。布鲁姆斯伯里派的评论家克莱夫·贝尔（Clive Bell）则感叹"伦敦只有两三家餐厅，能让人享有不受限制的进餐之乐"。[90]法国菜就像法国艺术与文学，受到有教养的英国人所倾慕。然而，英国人在内化法国料理时，却没有法国人内化英式运动来得成功。法国料理影响英国的历史不仅复杂，而且相当悲惨。英国社会上层与其模仿者对于"像法国人那样吃"有毋庸置疑的渴望，但在国内却一再大失所望。这也是他们前往法国乡间寻幽探胜，甚至移居过去的主要原因。

18世纪晚期巴黎发展出的餐厅，其实部分是参考伦敦的酒馆而来——反映出当时亲英的一面。第一个有名而成功的例子，是前御厨博维利埃在18世纪80年代于皇家宫殿广场开的餐厅，店名叫伦敦大酒店。相较于巴黎，当时的伦敦是个普遍以外出就餐为社交活动的城市。这也受人指责为伦敦生活野蛮成性的一点，而就体面的娱乐来说，伦敦的住宿也不够好。革命废除了当时仍有的行会限制，创造出包括政治人物与新贵在内的新客群，让巴黎的餐厅大有起色。餐厅与酒馆、客栈之间最大的区别，在于分桌、相对高的隐私，以及菜色选择。出身宫廷与贵族宅邸的厨师开餐馆的老故事多少有点真实性，不过早在革命前，就有这样的事情了。[91]有些厨师去了伦敦，有名者如路易斯-尤斯塔西·乌德（Louis-Eustache Ude）——此前他受雇于路易十六，如今则在克罗克福德俱乐部（Crockford's Club）掌厨。吊诡的是，革命使得宫廷与大贵族家的烹饪手法成了新兴营利性的高级料理（Haute Cuisine）的基础——法国新统治者对旧政权的这一面倒不排斥。有些厨师成为国际名人，来往于私人顾客、官方招待所与餐馆之间。地位最崇高的要数安托万·卡莱姆（Antonin Carême），他曾为塔列朗、摄政王与沙皇掌厨。卡莱姆为高级料理制定了严格标准，与家常菜布尔乔亚料理（La Cuisine Bourgeoise）完全不同。极致的高级料理风格有种贵族式的炫富，花钱如流水，视觉上要让人印象深刻，食物有如装饰品般摆盘，放在柱座上展示。在隆重的场合中，还会有用动物油脂雕出来的别致遗址造景，以及卡莱姆本人的专长——以冰糖制成的迷你古典建筑。

经过整个19世纪的发展，这种高级料理（对钱包和血管都很折磨）成为巴黎餐厅的招牌。大多数的高级餐厅先是在皇家宫殿广场比邻而居，后来则在林荫大道旁开设——英格兰咖啡馆、巴黎咖啡馆（Café de Paris）、里奇咖啡馆（Café Riche）、金屋餐厅（Maison Dorée）、普罗旺斯三兄弟（Trois Frères Provençaux）与（唯一现存的）韦弗餐厅（Grand Véfour）。他们创造了一种独立的创新专业烹饪形式，凭借质量与推陈出新来吸引客人：例如贝阿恩酱（Sauce Béarnaise），便出自林荫大道，而非比利牛斯山。[92] 法式料理无论过去或现在皆非单一风格，而是有多种风味，能工巧手的厨师将技术与专注灌注其中。在这种文化脉络下，食物就像衣着与仪态，是人们眼中高贵的象征。高级料理成为饮食中优雅与杰出的缩影，也是社会名望的重要方面。塔列朗以卡莱姆的厨艺为外交工具，巴黎的罗斯柴尔德家族也靠他"作为家族社会地位攀升早期阶段最主要的魅力"，每周举办四次盛宴以款待各国贵族与外交使节团。[93] 摩根夫人在参加过一次宴会后表示，会上的料理是一种"衡量现代文明的艺术形式"。[94]

英国游客占餐厅客群相当重要的一部分。第十一代汉密尔顿公爵（Duke of Hamilton）甚至为高级料理殉难——1863年7月15日，他在金屋餐厅享用了一顿很棒的晚餐,之后却跌下楼梯,摔断了脖子。有人说英国人缺乏品味,拉低标准,但知名餐厅邻馨(Voisin's)有位一流服务生捍卫了这些标准——某年圣诞节,一位英国客人点了葡萄干布丁,这位服务生告诉他"邻馨家不做葡萄干布丁,以前没做过,未来也绝不会做"。[95] 法国厨师(都是男性)受过严格训练,行事有条有理,讲话清楚而霸道,在世界各地都很受欢迎。伦敦改革俱乐部(Reform Club)主厨亚历克西斯·索耶(Alexis Soyer)是最有名的厨师之一,他成为维多利亚时代一位引人注目的花花公子、企业家,也是个不同凡响的人——19世纪40年代,他在伦敦与爱尔兰安排济贫的流动厨房,最后还跟佛罗伦斯·南丁格尔(Florence Nightingale)一起在克里米亚工作,改善部队的营养。伦敦成为高级料理的主要附属地。然而,19世纪中叶的伦敦实际上没有餐厅,只有苏活区(烟雾弥漫、嘈杂,陌生得让人紧张)有少数几家,既由侨民经营,也供侨民用餐。伦敦当然有许多吃东西的地方,从一端的酒吧到另一端的绅士俱乐部。后者(有名者如克罗克福德俱乐部与改革俱乐部)提供一些伦敦最好的食物,填补了巴黎餐厅的若干功能——巴黎的餐厅其实也很类似绅士俱乐部,不习惯让男人带妻子上门。然而,巴黎餐厅与伦敦俱乐部不同的是,男人可以带别的女人去,林荫大道各餐厅的私人包厢更是以提供美食以外的乐趣闻名。法式高级料理在英国的其他圣地,则是少数贵族的宅邸,以及一两家旅馆。伦敦与巴黎的这种差异(1890年时,巴黎约有1万人在餐厅工作)反映出巴黎作为旅游重镇的独有地位,此外也反映出先前已经提过的一处不同。伦敦的发展强调舒适的家庭生活、空间与隐私,郊区宅院随之发展——晚餐聚会便是这种英格兰现象的生态表现。多数的巴黎人住在相对狭小的公寓或家具套房里,到各种饮食场所用餐、找乐子,价格从低廉到高昂都有。总之,巴黎拥有庞大、高度专业的饮食业,而大多数训练不足、薪水不高的英格兰职业厨师,则是为一般家庭工作。

这对英国人的吃饭习惯有两种影响。其一,法国菜最有声望,最好的厨师都在尝试做法国菜——许多二流厨师也是。直到18世纪末,人们仍认为英格兰"乡间别墅"的料理声望不下法国料理,甚至在某些方面的质量还胜过法国。这种饮食传统下的最后一些重要英式食谱,时代可以回溯到18世纪,例如伊丽莎白·拉法尔德(Elizabeth Raffald)的《英格兰家政老手谈》(The Experienced English Housekeeper, 1769)。[96] 此后的情况[用社会学家斯蒂芬·梅内尔(Stephen Mennell)的用词]就是"断头",[97] 声望陡降,没有受过良好训练的职业厨师制定准则与创新,不像法国餐厅的大厨会通过食谱、讲座与报章杂志为之。19世纪期间,一种衍生出来、"血统不纯"的假法式风格变得相当普遍,法式的外表比实质更为重要。[98]1860—1880年,皇家咖啡馆与标准餐厅(Criterion)等现代大型餐厅确实在伦敦开张,但提供的就是假法国菜,无论火候跟技巧都无法与巴黎正宗老店相比。

英格兰本土烹饪若非沦落为廉价小吃,就是降级为家庭料理。家庭烹饪法通常是为社会阶层在攀升但条件有限的家庭所用,比顿女士(Mrs Beeton)19世纪中的厨艺大全即为其缩影。家庭烹饪开始强调经济实惠、方便、简单而安全。善用剩菜成为主题——大块烤肉在英式烹饪中占有重要位置,剩菜便是其影响。英国厨师突然反转18世纪的习惯,开始把肉跟蔬菜煮得过头——这时的法国人反而受到过去英国的影响,与现在的英国人背道而行。英国人这么做,卫生是个明显的原因,德国化学家尤斯图斯·冯·李比希(Justus von Liebig)

对此倡导尤力，但文雅风度或许也有影响：血淋淋的肉与重口味的蔬菜感觉没那么"好"。总之，英国最后集两国料理缺点之大成：法式高级料理的声望导致人们忽略本土传统，但只有极少数的人能确实吃到真正的法式食物，而他们的影响总是名大于实。中产阶级的法国大使保罗·康邦，对维多利亚女王在温莎古堡"恐怖的"食物大为震惊："我家里绝对不允许这种晚餐上桌。"[99]没那么气派的英国家庭，只吃得起"炸肉丸配水煮蔬菜"风格的英式家庭烹饪；如果他们外出就餐，吃的东西也"煮得不用心且安上法文菜名，因为觉得用餐的人会被唬住，认为食物会比较好吃"。[100]无怪乎他们会试着迅速扫光盘中物，尽可能不讲话。当然，我们不能把一切都解释成法国影响力之下的反常效应。都市化、即食食物兴起、进口食物以及无能而贪婪的餐饮业造成的恶性影响，都开始给英国人的味蕾带来强大而历久不衰的影响。[①]

伟大的乔治·奥古斯特·埃斯科菲耶（Georges Auguste Escoffier）在1890年前来救援，他先后经营萨伏依旅馆与卡尔顿旅馆（Carlton Hotel）的厨房长达一代人的时间，使之成为现代高效烹饪的蓝本。他让伦敦成为新"法式"料理的大本营。其中一项噱头，是在塞西尔酒店（Cecil Hotel）准备的一道"丰盛飨宴"，同时在欧陆37座城市一同为上百位饕客上菜。[101]埃斯科菲耶重写了职业烹饪的准则，并推行至全世界，成为标准。传统的法式高级料理已经变得过于死板、昂贵、油腻，甚至难以入口。埃斯科菲耶将之简化、合理化、现代化，

---

① 罗伯特·托姆记得第一次到法国时，一位法国友人的妈妈问他英格兰人怎么做英式蛋奶酱（Crême Anglaise）。她原本期待有些关于香草荚和蛋黄的小窍门；他只好承认是用博德牌（Bird's）的蛋奶粉。——作者注

637

以配合人数日渐增长的各国顾客（多半是新兴海滨胜地与城市旅馆中的游客）。他的《烹饪指南》（*Guide Culinaire*，1903）成为后人所谓"国际旅馆业与餐厅烹饪"的宝典——法式香煎比目鱼片（Sole Véronique）与蜜桃梅尔芭（Pêche Melba）或许是他最知名的新创菜色。1898年，埃斯科菲耶因为侵吞公款（金额远超过这一行容许的范围）而被萨伏依旅馆开除，但他的拥护者（包括威尔士亲王）根本无所谓。[102] 毕竟身为艺术家，有点缺陷也无伤大雅。

埃斯科菲耶最伟大的创新，是将改良版的法国地方烹饪带入专业菜单里。此前，人们眼中的乡间食物顶多是种引人疑虑的怪味料理。巴黎唯一一家与地方有联系的知名餐馆——普罗旺斯三兄弟，很快便放弃了几乎所有地中海菜色。在大仲马1869年殚精竭虑所写的《烹饪大辞典》（*Grand Dictionnaire de Cuisine*）一书中，完全没有提到白扁豆炖肉（Cassoulet）、勃艮第红酒炖牛肉（Boeuf Bourguignon）、红酒炖香鸡（Coq au Vin）、巴斯克炖鸡（Poulet à La Basquaise）或阿尔萨斯酸菜（Choucroûte à l'alsacienne）等后来的标准菜色，但书里倒是有葡萄干布丁，"近年来在法兰西非常普遍"。[103]

先前提到过，法国乡村开始引人注意，乡村菜肴便是其中重要一环。英国人一马当先。陆军中校纳撒尼尔·纽纳姆－戴维斯（Nathaniel Newnham-Davis，早期的美食记者）与阿尔杰农·巴斯塔（Algernon Bastard）所著的《欧洲美食指南》提供了最早的考察之一。20年前，亨利·詹姆斯表示牛肚（Gras Double）"是种浅灰色、带黏性、恶心的脏东西"，但《欧洲美食指南》与他的意见不同，认为卡昂式牛肚（Tripes à La Mode de Caen）是"一道家常菜，但可别瞧不起它"。书中涵盖的范围只有巴黎以及海岸与比利牛斯山的度假地区；整个法国内陆,甚至连法国第二大料理城市——里昂,对这本书的作者与读者来说都是未知之地。卡昂是"西诺曼底糟糕烹饪中的绿洲"。作者还把奶酪城罗克福尔(Roquefort),跟海港罗什福尔混为一谈。他们将奶油鳕鱼酱(Brandade)描述为"炖鳕鱼",油封(Confit)料理则是"一种炖鹅,和你以前尝过的菜完全不同"。尽管《欧洲美食指南》已经做出许多英勇尝试了,但它还是会不时警告读者:万一碰上大蒜或其他强烈的口味或香气中,可千万要挺住。[104]

直到20世纪20年代与30年代,巴黎人才开始对地方烹饪有兴趣,这跟汽车与《米其林指南》(Guide Michelin)的发展有关。例如奥尔良近郊的姐丹姊妹(Demoiselles Tatin)无意间创造的倒扣焦糖苹果塔,便是在20世纪30年代被第一部地方菜百科——《美食法国》(La France Gastronomique)所发掘,并广为周知的。[105] 几位年轻姑娘因此流芳千古——甚至连放在英国超市冷冻食品区、索然无味的低脂版苹果塔也纪念着她们的名字。传统农家菜的风潮,要晚至20世纪70年代才算席卷法国。

地方菜向来是法国料理中对英国饮食习惯影响最深的一个方面——连白扁豆炖肉后来都演变成"一些放久的香肠和豆子一起煮"的料理。这也难怪,毕竟地方料理的发展多半得归功于观光业。贫困意味着法国农家日常的饮食相当寒酸(与英格兰农家菜一样)、单调,准备也很随便——而且至今仍然如此。蔬菜汤[吉尔雷挖苦为"无肉汤"(Soupe Maigre)]是最常见的主食,加了干面包来勾芡。好的食物"是昂贵的奢侈品……不是他们所能享用的"。[106] 人们只在特殊场合才会备办节庆餐点,不过,处境比较好的农家、工匠和乡间的中产阶级倒是比较常吃这类菜色。观光客在20世纪早期发现的地方特色菜,主要就是这类节庆料理。一些乡间客栈为了赚旅游业的钱，把自己打理成旅馆和餐厅，提供这类节庆料理，最后在埃斯科菲耶一派底下普及开来。经历艰苦的第二次世界大战之后，美食作家佩兴丝·格雷（Patience Gray）、伊丽莎白·戴维和她们的传人，让聪明的英格兰都会妇女以拥有"像理想中的法国老奶奶一样煮饭的能力"，带点地中海夏日享乐风为目标。

　　一位英国作家曾调侃，说巴黎社会仿佛为兰开夏郡羊肉锅（Lancashire hot-pot）疯狂一样。[107] 这话以一种有趣的方式，显示出法国美食家自19世纪中叶承认对烤牛肉、葡萄干布丁等食物的喜好以来，情况有了多少转变。到了20世纪20年代，连英国美食家都对农家菜不感兴趣。英格兰民间厨艺协会（English Folk Cookery Association）尝试搜集、推广英国传统食谱时，受到专业餐饮业者与英国美食家的劝阻——两者都将法国菜奉为圭臬。我们可以打包票，绝对没有民间料理食谱从北往南渡过英吉利海峡。阿尔弗雷德·苏桑（Alfred Suzanne）整个职业生涯都在为英国贵族下厨，他在1894年发表的《英格兰料理》（*La Cuisine anglaise*），或许是唯一一本由法国人所写、谈英格兰烹饪的重要著作。他无意将牛排腰子布丁（Steak and Kidney Pudding）与葡萄干布丁的美好介绍给法国饕客，而是打算给在英格兰工作的法国厨师一点建议，让他们知道如何不时给自己的雇主做些孩提时的享受——不过是法国化的，添上了"精致改良与美味的名声"。[108]

　　无论如何，英国人的品味（不管讲不讲究）都改变了法国人的饮食习惯——通过流行，通过他们给巴黎人与后来专做观光客生意的地方餐厅带来的影响，以及通过曾在英格兰工作一段时间的法国厨师。牛肉在18世纪时是人们眼中的英格兰特色菜，到了19世纪却"君临"巴黎高级料理。[109]卡莱姆推出英式烤牛肉，而改革俱乐部[110]与巴黎林荫大道餐厅所提供的、听来像法国菜的料理（例如羊肋排和烤野鸡）不免启人疑窦，根本就是英格兰料理。18世纪时，炙烤与烘烤的半熟肉还显现英格兰人的野蛮，如今却生根落户。我们已经见识到牛排是如何来到法国的。桑威治伯爵（赌徒、色鬼兼有能力的海军大臣）的桌边点心英式吐司（Tartine à l'Anglaise）在19世纪时流行开来。法国饕客接受这些进口食物，加进自己的爱好中。为了制作三明治，大仲马想出了相当讲究的备餐指示。比起法国人喜欢用索然无味的牛腰，他赞成英格兰人选用"绝对更有滋味"的臀肉做牛排的做法（"牛排就要在英式酒馆吃"）。但他提到英格兰酱汁不足，建议用松露或小龙虾奶油为牛排增添风味。大仲马在1869年称英式小羊排"深受巴黎饕客所夸奖，我们与英格兰之间217年的战争，从来没有让他们对渡过海峡而来的一切感到根深蒂固的恐惧"。[111]然而乡间的农民"对羊肉深感嫌恶"。[112]但过了一个世纪，英格兰招牌菜烤羊腿（Gigot Rôti）却成为法国最受欢迎的菜色，不分年龄、社会群体和政治倾向，比法国菜的精华——火锅声势更旺，也最受农民所欢迎。威士忌也变得比雅文邑（Armagnac）或卡尔瓦多斯（Calvados）白兰地更有人气。①

最后，或许我们该明智地想想人类的虚荣野心，大英帝国几乎只在体育领域留存下来。法国人影响普世文化的远大志向只有在餐桌

---

① 这依据的是1984年9月《法国菜与葡萄酒》（*Cuisines et Vins de France*）杂志的调查。烤羊腿最受戴高乐主义者喜爱，共产党人则最排斥。人们喜欢的搭配方式是：生蚝、熏鲑鱼、羊腿、卡芒贝尔干酪（Camembert）与草莓夏洛特蛋糕（Strawberry Charlotte）。这称不上传统法国菜，但说到"海纳百川"这点，还比不上英国人对咖喱的爱。早在18世纪，他们便深深爱上了咖喱。——作者注

上才能成功实现。但英国的足球队得靠法国球员，而伦敦则成为人人称道（希拉克总统例外）的世界美食之都。更糟的是，法国家庭厨师求助于杰米·奥利弗（Jamie Oliver）的《摇滚料理》（*Rock'n Roll Cuisine*）与迪莉娅·史密斯（Delia Smith）的《日常简便料理》（*La Cuisine Facile d'Aujourd'Hui*）。

临渊：1898—1902 年

> 整体而言，法国已经乱了套……对欧洲是个长期的危险与威胁。
> ——英国大使埃德蒙·蒙森爵士（Sir Edmund Monson），1898 年 2 月 [113]

> 在各国之中，英格兰最是跋扈乖戾。
> ——法国外长泰奥菲勒·德尔卡塞（Theophile Delcassé），1900 年 4 月 [114]

三起同时发生的危机——法绍达事件（Fashoda Incident）、德雷福思事件与布尔战争（Boer War），让世纪之交的法国与英国关系比过去至少五十年来的任何时候都要糟糕。双方不仅彼此叫骂，许多人甚至担心有战争的危机。这三起危机都跟人们对衰落无所不在的恐惧有关。法国与英国皆渴望巩固其帝国力量，免得德国、俄国、日本与美国等新对手的挑战大得难以面对。非洲的两起事件都由此而来。德雷福思事件直接来自法国人对国内外威胁的恐惧。一位重要的法国民族主义者深信，"共济会员、犹太人与外国人沆瀣一气，试图让军队声威重挫，借此把我们的国家交到英格兰人与德国人手中"。[115] 英国人的看法是：法国真是堕落到家了。

1894年，陆军上尉阿尔弗雷德·德雷福思（Alfred Dreyfus，法国陆军少数的犹太裔军官）被控为德国间谍。军法审判其有罪，他被终身单独监禁于法属圭亚那外海小小的恶魔岛（Devil's Island）。英国观察家认为这起叛国阴谋是法国腐败的症状，但没有表示德雷福斯是无辜的，也不认为法国已濒临重大危机。三年后，德雷福思家（雇用伦敦一家侦探社）发现声名狼藉、品味高贵的陆军少校费迪南德·沃尔辛·埃斯特哈齐（Ferdinand Walsin Esterhazy）才是真正的叛徒，危机至此方才浮现。驻巴黎的使馆迅速告诉伦敦方面德雷福思实属无辜，是军队"狠毒阴谋"的受害者，而这起阴谋还得到"狂热的反犹民众"所支持。[116] 但整起事件直到1898年1月军事法庭宣布埃斯特哈齐无罪时——《泰晤士报》认为这是"颠倒是非，实在叫人吃惊"的判决——才引发了英国舆论的注意。威尔士亲王断定，"肯定有些文章是法国政府不希望公之于世的"。[117] 人们的观点一面倒：唯一要隐藏的秘密，就是参谋本部的偏见与腐败。随着局势越发明朗，英国报界的评论也变得越来越刻薄，连法国政府都正式提出抗议。等到一位情报官员被人发现捏造证据、抹黑德雷福思，接着自杀后，丑闻也随之爆发。1899年8月和9月，德雷福思（因遭受严酷对待而健康不佳）在雷恩接受军事法庭重审。这件事情引来的关注之多，连女王都要求皇家首席大法官前去旁听，并对自己报告。当德雷福思再度被判有罪时，一场抗议风暴跟着发生，而且不只是在英国，而是在全世界：有人说，德雷福思成了拿破仑之后最有名的法国人。[118]

得知迫害德里福思的人是反英民族主义者，还指控英国与德国为德雷福思阵营提供资金时，英国人开始有激烈反应。1898年11月的法绍达事件似乎显示了双方的敌意。驻法国大使警告，法国若发生军事

643

政变（1899 年便有未遂的政变，只是政变方无能得可笑），将给英国带来危险，因为民族主义政权会试图"用外交上的争端，转移人们对内部不和谐与丢脸事件的注意力"。[119] 维多利亚女王对于"可怜的烈士德雷福思受到荒谬不公的骇人判决"尤其义愤填膺。她不仅对首相索尔兹伯里勋爵（Lord Salisbury）这么说，而且还在一封拍给驻巴黎使

象征法国的小红帽"玛丽安娜"。注意"阿尔比恩"凌乱的头发与暴牙——这是法国人眼中英格兰妇女的特色。

馆的明码电报中重申类似的情绪——她必然已料到，电报内容会有人泄露给报界。女王还取消了自己在法国的例行度假——两国政府（以及旅游业）都认为女王到法国过节，是关系友好的重要象征。[120]女王大部分的子民也怀抱着与她相同的愤怒。英国游客离法国远远的。各行各业考虑抵制1900年的巴黎世界博览会。相关人士促请英国科学协会（British Association for the Advancement of Science）取消即将在布洛涅举行的英法会议。湖区的旅馆取消了一对法国新婚夫妻的蜜月预约。法国大使受到抗议的轰炸，他要求当局部署3 000名警察，以免法国三色旗在5万民众齐聚海德公园抗议时遭到侮辱。

  支持德雷福思的英国人，觉得自己对于法国堕落的偏见得到证实。他们认为德雷福思遭受的迫害，是法国悠久的暴虐压迫史之结果。个人的权利不受国家、暴民和报界所尊重。《布莱克伍德杂志》（Blackwood's Magazine，1899年10月）宣称法国文明"只不过是外皮，虚饰腐化、崩坏、行将就木的身体"。并非所有人都接受这种看法。最主要的例外看来是天主教徒，他们视德雷福思事件为左派对教会的迂回攻击。皇家首席大法官基洛文的拉塞尔勋爵（Lord Russell of Killowen）也包括在这一派人里。他是都柏林人，在向女王报告雷恩审判时，对"长相邪恶"的德雷福思态度出奇地冷淡。[121]另一个未与国人一同抱持德雷福思狂热的主要群体，则是反犹太的社会主义者。他们夹在自己对英国国内"反动分子"、"无赖犹太报界"、"自认有理的伪善者"以及"我们超级偏好德国的王室"的不屑之间，"对德雷福思感到作呕"。此外，以"一群贪婪的犹太钻石窃贼的佣兵"身份在南非开战的英国人，也没有资格说教。[122]整体而言，针对德雷福思的大辩论还是证明了普遍的观点（不限于英国）——法国既不稳定，又堕落。然而在1899年6月，态度温和、亲德雷福思的"捍卫共和的政府"上了台，阁员有激进派、一名社会主义者，以及威尔士亲王的密友加利费将军等若干共和派。由"诚实正直之人"与英国之友（两者实际上等于同义词）组成的政府让人们松了一口气。法国政府赦免了德雷福思，随后将其无罪释放。

1898年7月10日，德雷福思危机正烈时，从法属西非出发、用两年时间试图穿越非洲的8名法国士兵与120名塞内加尔士兵，在荒废的法绍达要塞（位于苏丹境内的尼罗河上游河畔）升起了三色旗。若要穿越中非，即使这么小一支队伍也需要庞大的努力，尤其是成千上万的脚夫与桨手——"我们能找到的任何男男女女"所付出的劳力。他们通常是强迫征召而来，以人力搬运装备与补给。其中包括10万卷弹药、16吨彩珠、7万米彩布、10吨米、5吨咸牛肉、1吨咖啡（但茶只有50公斤）、1台自动演奏钢琴、1 300升干红葡萄酒、50桶保乐牌（Pernod）苦艾酒、白兰地、香槟，还有一艘很不耐用的小汽船——经常得拆解后拖行穿越树丛。行进速度有时候平均一天只有300码。尽管有蚊子、鳄鱼、生气的河马与相当害怕他们的原住民（"射杀或吊死那些抓到的人一点用也没有……有时候一整群人都逃走了，这时我会烧掉一两间草屋，通常能让所有人回头……唯有如此，才能从这些蛮子身上得到东西"），他们还是抵达了目的地。[123]

除了激怒在埃及的英国人——作为"海峡对岸的当局故意抵制我们的举动"之外，这次远征的计划其实并不明确。[124] 自1882年起，原由埃及统治的苏丹落入一位伊斯兰"马赫迪"（Mahdi）之手。他驱逐境内的埃及人，还在1885年杀了苏丹总督——英国陆军将领查尔斯·乔治·戈登①（Charles George Gordon）。1898 年，一支由基钦纳将军指挥的英埃联军击败了马赫迪派，将苏丹纳入英埃共管。法国民族主义者还没原谅英国一开始对埃及的占领，而今英国人居然厚颜如斯，利用埃及为进一步扩张的基地。让-巴普蒂斯特·马尔尚（Jean-Baptiste Marchand）的远征行动就是阻止英国扩张的仓促之举，试图以建立据点以及赢得马赫迪派、当地居民或独立的阿比西尼亚的支持来达成目标。早有人提出华而不实的计划，要在尼罗河上游兴建水坝以挟持埃及，迫使英国人让步——但连移动一台自动钢琴到尼罗河都有困难，兴建水坝只能是不自量力的挑战。简言之，法国人希望挑起足够的纠纷，迫使各国召开会议决定埃及的未来，借此动摇英国对该国的控制。马尔尚抵达法绍达的 3 周后，基钦纳麾下 2.6 万人的部队在 1898 年 9 月 2 日于恩图曼（Omdurman）击溃马赫迪方。法国报界大为赞许，称之为文明的胜利。但到了 9 月 18 日，基钦纳亲自率领五艘炮舰、一连喀麦隆高地兵团（Cameron Highlanders），以及两营的苏丹士兵抵达法绍达。"可怜的法国蛙们实际上等于我们的囚犯，动弹不得。"一位军官写道。[125] 基钦纳的指示是劝他们离开。

奥斯卡·王尔德察觉到生活就好比艺术，基钦纳与马尔尚之间的交锋就是一场法国与英国的童话剧。看戏的人拿着双筒望远镜，看马尔尚做手势，基钦纳则一派淡然。基钦纳给了对方一杯威士忌苏打："喝下这杯恐怖冒烟的酒，算是我对自己国家所做的最大牺牲之一。"等到基钦纳回访时，马尔尚的人马全穿上了崭新的制服，这是他们小心

---

① 在太平天国战争期间，李鸿章组织的淮军曾聘请戈登指挥洋枪队（日后更名为"常胜军"），获清廷赐予"提督"称号。后调任苏丹总督。——编者注

甜 蜜 的 世 仇
英国和法国，300 年的爱恨情仇

翼翼带过整个非洲的。双方拿香甜、温暖的香槟敬酒。基钦纳注意到法国人已经盖了一座花园——"法绍达有花！哦，这些法国人！"基钦纳警告马尔尚麾下的军官，表示法国正因其他事情分身乏术，无法给予他们支持。为了证明，他留下几份法国报纸，上面记载了德雷福思事件的细节，而法国远征队对此事一无所知："我们翻开了法文报纸，一小时后大家都在颤抖流泪。"[126]

远方对峙的消息让两国人皆义愤填膺。双方都不想打仗，但双方一度认真考虑开战的可能。法国人希望英国人提出协议，但英国人反而加强地中海舰队的武装。法国人担心哥本哈根式的突击[①]会摧毁他们脆弱的海军，于是马尔尚同意无条件撤回。豪壮的马尔尚坚持行军穿越阿比西尼亚，而非舒舒服服搭乘英国炮舰，沿尼罗河而下。幸好士兵当时的健康状况都良好。基钦纳会讲法语，曾经在1871年志愿加入法国陆军。马尔尚离开时，英国人送给他一面缴获的马赫迪旗帜，并演奏《马赛曲》。

马尔尚以英雄身份归国，法国政客称之为一场道德胜利。温斯顿·丘吉尔同意："真高兴这个国家能出现这样的汉子。虽然她国运晦暗，政局纷扰，但法兰西仍然能找到马尔尚这样的军人……她的公民不需绝望。"许多法国政治人物了解到自己是勉强逃过一劫，法国总统表示"我们在非洲行事就像疯子"。殖民狂热人士也意识到他们与英国正面对决的方针已经失败了，此后变成《挚诚协定》的早期推动者。但受辱的苦楚仍在。夏尔·戴高乐当年8岁，他后来回忆："当我国的脆弱与错误暴露在我童稚的凝视下时，没有什么比这更教我伤

---

① 此处指纳尔逊在拿破仑战争期间突袭法国盟友丹麦的舰队一事。——编者注

心了：法绍达拱手让人、德雷福思事件、社会冲突、宗教斗争。"[127]

流亡：奥斯卡·王尔德与埃米尔·左拉

奥斯卡·王尔德在1895年进了本顿维尔（Pentonville）监狱，离阿尔弗雷德·德雷福思抵达恶魔岛后还不满1个月。王尔德的苦难始于1894年，他因为昆斯伯里侯爵（Marquess of Queensberry）骂他"性悖轨者"，一时冲动诉其诽谤，结果被人告发与少年男妓发生关系。处境尴尬的人传统上会逃往法国，但他拒绝这么做。他的命运在法国已广为人知，反英人士对此津津乐道。流行作家威利（Willy）写道，"看到你鼻子脱白可真乐啊，老英格兰"。《巴黎回声报》（*Echo de Paris*）则宣称其龌龊细节"绝不会在法国任何法庭上公布"——总之，这种事情在法国不会发生。据埃德蒙·德·龚古尔的文艺圈成员所推测，英格兰人的性怪癖"出自盎格鲁-撒克逊人的习惯，鸡奸的增加则是自由的结构带来的"；或者问题在于英格兰女人因为运动而身型细瘦，"仿佛男人"。《街灯杂志》（*La Lanterne*）认为无论如何解释，来自"背信弃义的阿尔比恩"的丑闻"在法国人听来都尤其开心"，"对我们来说，这一丝淫秽的气息仿佛复仇的香水"，证明堕落的英格兰人"比我们更有净化的迫切需要"。这件事也为文学界宿敌提供了武器。《费加罗报》（*Le Figaro*）开始公布王尔德巴黎友人的名字。诗人卡蒂勒·门德斯（Catulle Mendès）否认与王尔德有交情，"我对他的才情评价不高"，还跟一名暗示内情不单纯的记者决斗。法国人说，王尔德被判做两年苦工，这既伪善又野蛮，因为英格兰上流社会多半跟王尔德有一样的性倾向："伦敦比开罗或那不勒斯更像所多玛。"

因此"我对这位美学家感受到的恶心，同样能从那些谴责他的人身上感觉到"，门德斯如是说。《巴黎回声报》为了"其监狱与劳改营……的骇人残忍"而痛斥英格兰可耻，"在我们的法国，人们要宽大、友善得多"，王尔德能在这里找到人为他喉舌。一位支持王尔德的人说，"假使我能代吾辈所有异端艺术家与作家……亲见本顿维尔烧起来，不知会多么欢喜"。然而，人们虽然对英格兰感到愤慨，对王尔德的同情却相当有限。包括左拉在内，许多文坛要人并未在为王尔德开恩的请愿书上签字。不过，前卫剧场导演朗格·坡（Lugné-Poë）倒是在王尔德入狱时搬演《莎乐美》。王尔德在 1897 年获释后渡过英吉利海峡，先是待在迪耶普，为维多利亚女王登基钻禧纪念筹备宴会。但餐厅取消他的预约，副省长更威胁要将他驱逐出境，他只好搬到更能隐姓埋名的巴黎世界。[128]

埃米尔·左拉跟王尔德一样是个恶名昭彰的作家。他在 1898 年 1 月 13 日发表著名的公开信《我控诉》（J'accuse），时间是雷恩军法审判的两天后，也是王尔德到巴黎寻求庇护的 1 个月前。他在信中控诉陆军、政府阁员与教士密谋惩罚无辜的人。左拉因侮辱军队而被起诉，接着在混乱与威胁中被判一年监禁——这提醒人们，书写性事的自由并未扩及政治领域。英国大使回报，"许多人高喊若无罪释放他，将会带来一场革命，或者至少是一场犹太人大屠杀"。[129]左拉潜逃英格兰。他半色情作家的名声，意味着许多人会怀疑他的动机：有人指控他利用左拉事件重振自己摇摇欲坠的事业。但是人们对德雷福思的同情沛然莫之能御，公众的态度因此转变。《泰晤士报》迅速将左拉抬举为新伏尔泰。他既未庆祝也未参与德雷福思支持者的抗议活动，而是不露行踪，免得正式收到定罪与判刑的通知书。他多半在韦布里奇（Weybridge）一间租来的房子里生活，接受他忠实的出版商维泽特利的保护。除了靠文法书来爬梳《电讯报》与《旗帜报》（Standard）上对德雷福思事件的报道之外，他还忙着在巷弄中骑脚踏车，写另一本小说——《繁殖》（La Fécondité）。[130]

　　王尔德同样在巴黎静静生活，在那度过生命中余下的几个月时光。这是段悲惨岁月。巴黎社会对于公然的同性关系感到震惊，何况堕落已不再流行：他们"不过十年前还在舔我的征服者之靴"，但"现在每个人都砍我一刀"。唯一来取暖的人是埃斯特哈齐中校。这次古怪的相遇激发了王尔德若干最愚蠢的声明。"无辜的人总是受苦……这是他们的专长，"他要埃斯特哈齐放宽心，"获判有罪，接着将罪恶的诱惑当光环一般戴上，肯定是件趣事。"[131] 有时候他潦倒到跟人讨酒喝，甚至在街上跟半生不熟的人要钱。他靠着左岸阿尔萨斯旅馆（Hôtel d'Alsace）主人的接济度日，这家位于布杂艺术街（Rue des Beaux-Arts）的旅馆当时仍相当简陋。1900 年 11 月，他在旅馆内过世，死于脑膜炎。

....

　　布尔战争始于 1899 年①。这场战争为法国提供机会，在政治与道德上对他们的英国敌人精彩复仇。英国人试图压制两个布尔人的共和国——奥兰治自由邦（Orange Free State）与德兰士瓦（Transvaal）。原因并非过于自负的帝国傲慢，而是恐惧。伦敦相信，比勒陀利亚（Pretoria）政府②因兰德山脉（Rand）所产的金子而致富（布尔人拥

---

① 1899 年的战争其实是"第二次布尔战争"。英国与南非的布尔人曾在 1880 年发生过一次规模较小的冲突，史称"第一次布尔战争"。一般常讲的布尔战争多半是指第二次。——编者注
② 比勒陀利亚是德兰士瓦首都。——编者注

有的武器与弹药，足以射倒全欧洲的军队），准备在法国与德国的支持下摧毁英国人在非洲南部的优势地位。这不仅威胁至关重要的、通往亚洲的开普海路，还会向全世界展现英国不再是主导力量。以殖民事务部大臣约瑟夫·张伯伦（Joseph Chamberlain）为首的帝国主义者深信，若要创造一个帝国邦联，且实力足以同俄国、德国与美国等正在崛起的强权抗衡（其中任何一国都有可能与永远的捣蛋鬼——法国结盟），这将是他们最后的机会。"如今最关键的，就是大不列颠在南非的地位，我国的实力、对殖民地与全世界的影响力均系于此。"[132]

全世界都同情布尔人的抗战，为他们初期的胜利感到喜悦，为他们的受挫感到失望，也对英国人对待妇孺的方式感到愤怒（数千人死于"集中营"）。例外的是非洲人与其支持者，他们希望英国的胜利能保护他们免于布尔人的伤害，而他们也在布尔人最终战败的过程中扮演重要角色。布尔人自称"对抗新世界的资本主义暴政"。[133]在法国，人们对布尔人的赞赏让痛恨英国人与犹太人的民族主义者、厌恶帝国主义与资本主义的社会主义者、称赞白人农民家长制的保守派，以及尊重民族自决的共和主义者全部团结起来。女士们戴起布尔样式的垂边软帽。圣西尔军校（Saint-Cyr）的学生将他们的1900年一届命名为"德兰士瓦"。1900年巴黎世界博览会最受欢迎的展览品之一，就是一栋布尔农舍。这场战争的起因是"伦敦金融城的金商永不餍足的胃口"，对此几乎没有法国人表示怀疑。[134]这也吻合"对英格兰人来说，唯有经济利益算数"的老观念。全欧洲都和法国站在同一边，如今正是机会去伤害那些在埃及与法绍达羞辱自己，用德雷福思事件侮辱自己的人："法国志愿军把在法绍达被人扯下，以及在伦敦遭人撕毁的三色旗都带去了比勒陀利亚。"[135]

这些志愿者［包括法国罢黜王室的一位王子，以及 18 世纪 90 年代朱安党领袖沙雷特（Charette）的一位后人］加入一支奇特的跨国兵团，人数约 1 600 人，有俄罗斯人、德国人、荷兰人、爱尔兰人、凡·高的兄弟、教宗的侄子与齐柏林伯爵（Graf von Zeppelin）。这群人则由一位法国军官——陆军上校维勒布瓦 - 马勒伊伯爵（Comte de Villebois-Mareuil）所指挥。《事件报》（*L'Evénement*）写道，"他像拉法耶特一样展现法国是弱者的保护者，无须任何人请求其宝剑与盾牌的帮助"。[136] 人们之所以对自己知之甚少的远方问题采取极端立场，多半是受到与本国更接近的事件所影响。维勒布瓦 - 马勒伊便是如此。身为古老军人家族之子，他是激进的反德雷福思派，也是民族主义的法兰西运动的共同发起人。对德雷福思事件的反感，导致他辞去军职，改为布尔人效力。他希望此举多少能为法国及其军队的荣誉平反。"法兰西"，他宣称，"受到其他国家轻蔑以待……堕落与各种异国风俗见证了民族精神的终结。"[137] 维勒布瓦 - 马勒伊的表现就像典型的法国英雄：广受赞誉的剧作家埃德蒙·罗斯丹（Edmond Rostand）是他的表亲，罗斯丹很可能以他这个人（及其浓密而威严的大胡子与发表浮夸声明的爱好）作为自己《大鼻子情圣》（*Cyrano de Bergerac*，1897）的角色模板。但维勒布瓦 - 马勒伊也有出人意料的一面。他是知名的哈英族，一口流利英语，衣服在伦敦定制，还为女儿找了位英格兰女家教。他认识奥斯卡·王尔德与威尔士亲王，与作家约翰·爱德华·库尔特奈·博德利为友——博德利有本讲法国的重要著作，他已经着手翻译，临出发前往非洲前，还在博德利位于比亚里茨的别墅里做客。

维勒布瓦 - 马勒伊和跨国兵团的英勇冒险相当短暂。布尔人觉得欧洲的志愿者都很惹人讨厌，维勒布瓦－马勒伊决心向怀疑的布尔人证明兵团的价值。于是，他在1900年4月率领600人发动了一场无谋的袭击，无视敌军有优势兵力的情报。梅休因勋爵（Lord Methuen）与帝国自由民兵团的一支部队包围了他们。维勒布瓦－马勒伊拒绝投降，在一座小山上挖起壕沟。等到英国人终于发起冲锋时，他在自己阵亡之前，还先射杀了陆军中士帕特里克·坎贝尔（Patrick Campbell，知名女演员的丈夫）。这场无意义的小小惨败非但没人挖苦，也没有人对这些在今天会归类为"非法战斗员"（Illegal Combatants，本来就会被射杀）的人感到愤怒，他们反而认为骑士精神在此得到了不凡表现。在维勒布瓦－马勒伊的葬礼上（梅休因写自己"伤心得说不出话"），兵团的副指挥官（另一位法国贵族）布雷达伯爵（Comte de Bréda）表示"我们是一支最勇敢的军队、勇士中的勇士底下的战俘"。梅休因出了墓碑钱，还写信向维勒布瓦－马勒伊的女儿致上"我与同袍的惋惜之情"："我们都为这位有能力而英勇的军人之死感到哀痛，只是他宁可死，也不愿沦为战俘。"这位法国人的马被人带回英格兰，作为宝贵的战利品，甚至今天在白金汉郡村庄的青草地上还有这匹马的纪念碑。法国志愿军发现俘虏他们的人是"出身良好家庭的年轻人，几乎所有人都是牛津大学的成员"，因此感到放心。一位英格兰陆军少校"待我们极为亲切，法语讲得很好，是在圣芭芭拉高中（Lycée Sainte-Barbe）念书的"。许多人获释，包括布雷达。至于比较不幸的人，下场就是跟着拿破仑的脚步，去了圣赫勒拿岛。[138] 维勒布瓦－马勒伊在法国成了英雄。1971年，他的遗体仪式性地迁葬于布尔国家公墓，法国政府的使节也到场观礼——这算是欧洲人最后一次表现出与南非白人民族主义

（Afrikaner Nationalism）团结一致的态度。

在这段大小事情不断的岁月里，英国人与法国人几乎就要成为敌人，而且也准备好如此想象彼此的关系（下面将会提到）。但无论口头交锋多么激烈，冲突当下的私人关系似乎没有苦涩与真正的恨意。两国内，某些圈子的愤恨情绪有其他圈子的赞赏来中和。或许文化与个人间的频繁接触创造出了期盼关系改善的愿望。坚实的经济联系也确实存在。作为欧洲最民主、最自由的强权，两国在政治上也相仿。当然，有种感觉也在浮现——在某些情况下，英国与法国应该站在同一边。

想象敌人

对入侵的恐惧以及谈战争的小说都不是新鲜事，但19世纪90年代与20世纪初确实是幻想战争小说在英格兰与法国的黄金时期。顶尖的作家有英法混血的空想家兼业余间谍威廉·勒丘（William Le Queux），以及信奉民族主义的法国军官，陆军上尉埃米尔·德里昂（Emile Driant）。两人的作品在类似阿尔弗雷德·哈姆斯沃斯（Alfred Harmsworth）的《每日邮报》（*Daily Mail*）等新兴大规模流通报纸上连载，触及庞大的读者群，也曾改编搬上舞台。勒丘的一本书有27种语言的译本，卖了100万本。哈姆斯沃斯坚持故事要在尽可能多的地方爆发血战，以吸引地方读者。赫尔（Hull）、伯明翰、格拉斯哥、伊斯特本、伦敦与许多其他地方在小说中都遭到炮轰与入侵，文中不厌其烦地罗列街道名称与建筑，真实存在的地方民兵单位与其指挥官也在报纸上悲壮地遭人杀害。英国文学著作中的警世论调并非偶然。

在如今分为数个联盟的国际体系中,英国孤身一人。"我们是其余大国羡慕嫉妒的标的。"印度事务大臣在1901年表示感叹。[139] 悲观论者则想象不列颠总有一天会成为一座"受到严重破坏的岛屿,被踩在某个专制军事政府的脚跟下,变成比保加利亚更不重要的朝贡国,人民意志粉碎、一文不名、受人奴役"。[140]

如果说英格兰的小说是岌岌可危的噩梦,法国小说就是复仇的幻想。在畅销的《并吞英格兰》[*Plus d'Angleterre*, 1887, 译本书名叫《打倒英格兰》(*Down with England*)]里,埃及争夺战以英国失去其殖民地、额尔金的大理石像被没收为结局。[141] 德里昂[笔名"唐里上尉"(Capitaine Danrit)]写了好几部畅销小说,描述对英格兰的战争,在三卷本的《命定之战:法兰西对英格兰》(*La Guerre fatale: France–Angleterre*, 1902—1903)中走向高峰。这场"无法避免的战争"是要对抗英国的全球经济宰制。主角亨利·阿贡(Henri d'Argonne)注定是反英派,他出身布列塔尼,与一头红发的爱尔兰美女茉德·卡蒂(Maud Carthy)结为连理[卡蒂的原型是在法国布尔支持者当中与反犹太圈内为人熟知的极端爱尔兰民族主义者茉德·冈妮(Maud Gonne)]。德里昂采用为人熟知的主题:英国是剥削世界的"迦太基",但其实力量远比外表虚弱。法军在迪尔登陆并攻下伦敦,饱受压迫的英格兰工人在伦敦迎接他们。他们炸掉"滑铁卢纪念柱"(Waterloo Column),将英国海外帝国领土分给更有资格的国家,解放爱尔兰,并且索求百亿法郎的赔款。为了让英国人永远低头,法国人让他们来盖海底隧道,由法军士兵镇守。虽然德里昂自1906年起开始写对德战争,据说也已改变自己反英的立场,但迟至1908年,新版《命定之战》书中仍表示反英情绪早已"弥漫于法国民众间,无视官方的压力和《挚诚协定》的把戏"。

尽管这些小说内容耸动血腥，而且非得让外国政府显得阴险狡诈、无情冷血，但它们通常不会深入刺激非理性的民族仇恨。就连勒丘笔下的法国间谍头子加斯顿·拉图什（Gaston La Touche），这个"恶魔心肠"而"毫无怜悯"的恶棍，也"性情随和、漫不经心"，拥有"钢铁一般的神经与肌肉，让他在扭打中不会受伤"，有一箩筐"离奇的故事，让同伴爆笑不止"。[142] 另一位人气作家崔西（Tracy）也提及"法国军人的光荣精神"。[143] 小说里很少夸大地描写敌人（这在20世纪的战争小说中相当常见），也不会长篇幅描述暴行。法国陆军表现得有效率、英勇而爱国，只是经常乐于承认英国人更为优秀。当一位勇猛顽抗的考克尼（Cockney，伦敦工人的俗称）自行车手被法国轻步兵抓起来、威胁要把他当作间谍射杀时，他反抗高喊"英格兰是世界上第一等的国家"，让法国人不禁低语"了不起，是条汉子！"，接着放了他，与他热情握手。[144]

这些小说最明显的特色，在于显示出敌人的身份有了变化。19世纪90年代出版的作品中，法国人和他们的俄国盟友永远是入侵者。哥萨克骑兵与法国轻步兵若非自波罗的海破浪而来，就是从海底隧道猛攻。美国与意大利通常以友邦或中立国身份出现，澳大利亚、加拿大与印度军队（有时候甚至是德军）则是最后时刻的救星。在一桩故事里，英德签订盟约引发了法国与俄国的突袭。阵容在20世纪初有了变化，原因是人们担心德国海军扩军。厄斯金·奇尔德斯（Erskine Childers）大获成功的作品《沙洲之谜》（*The Riddle of the Sands*，1903），是这类作品中的杰作。书中，德国海军计划从潮湿的弗里西亚海岸动身，在某个多雾的早晨突然入侵。这种可能性足以让海军部着手调查。海军部发现其危险纯属幻想——德国人也知道,他们曾在 1896 年起草实验性的入侵计划。奇尔德斯与其他后起之秀的著作之所以重要,是因为它们一再重申如今的德国才是威胁,法国与英国因此成为潜在的盟友。这些小说家的法国同行也做了一样的事,最后连"唐里上尉"等满腔怒火的反英人士也不例外。

这些故事情节虽然荒唐,但也并非全不合理。无论是战争突然因为一场发生在巴尔干的暗杀行动而爆发,德国取道比利时发动突袭,海军炮轰赫尔与洛斯托夫特(Lowestoft),还是英国巡洋舰在海峡被潜艇击沉——勒丘或唐里的疯狂读者对此都不陌生。更有甚者,这些故事启示性的大结局——战争以全面胜利告终,接着一片寰宇升平——可以说预示了以一场大战终结战争的理念。

离渊:迈向新《挚诚协定》,1902—1904 年

让我们好好承认,作为一个做生意的民族,
我们有学不完的教训:这对我们有无尽的好处。

——拉迪亚德·吉卜林

这种政策……导致我们跟英格兰起冲突,亦即跟我国农业、商业与工业的主要顾客起冲突,甚至并非只是跟英格兰,而是……跟整个大英帝国,跟那些年轻的国家起冲突……我们向来太过愚昧,没料到它们的大幅进步。

——保罗·德斯图内勒(Paul D'Estournelles),共和派议员[145]

| 第二部　共　存 |

> 我担心……这两国之间不可能有任何由衷的善意。
>
> ——首相索尔兹伯里勋爵[146]

英国终于在 1902 年 5 月在布尔战争中取胜。对大英帝国，甚至是对"光荣孤立"①来说，这都是一场胜利。本土与澳大利亚、新西兰和加拿大之间的团结更加巩固。主要的战略目标与政治目的——英国对开普地区的控制——始终不受影响，更历两次世界大战而不坠。英国与布尔领导层妥协，创造出自治的南非联邦（Union of South Africa），双方甚至结为同盟。长期的输家是非洲人——白厅虽然是真心想限制布尔人的压迫，让斯威士兰、贝专纳兰（Bechuanaland）与巴苏陀兰（Basutoland）以保护国身份，不加入南非联邦。[147] 这一仗远比人们预期的更长、更血腥，代价也更大。从白厅的角度看，一个四散全球各地的帝国容易受到攻击，国防花费恐怕会压垮财政。但在巴黎、圣彼得堡与柏林眼里，这个帝国却令人畏惧。法方甚至曾担心英国先发制人，攻击他们的海军或殖民地。法国陆军部长提出警告，表示英国陆军在南非战胜后，可能会挟其胜利入侵马达加斯加。[148] 无论布尔人的目标多么受人拥戴，都没有国家会想对付皇家海军，顶多就是有些谨慎的外交论调，想先看看其他国家可能的想法。其中最小心的，就是 1898—1905 年担任法国外交部部长的泰奥菲勒·德尔卡塞。

因为小心翼翼，所以很难得知他和其他法国决策者决定改变对英

---

① 19 世纪下半叶，英国奉行光荣孤立政策，不积极干预欧洲事务，亦不与其他列强组成同盟关系。此政策止于 1902 年英日同盟与 1904 年英法《挚诚协定》签署。——编者注

国政策，认为此举可能有利的确切时间。他告诉英国大使，希望英国、法国与俄国之间重修旧好，大使回报国内时也说"我确实相信这个小矮个儿说的是真心话"。[149]法国人的牛皮在法绍达吹破了，法国的盟友俄国也拒绝支持其殖民冒险。布尔战争期间，法国与德国、俄国曾打算合作，却在德方坚持法国明确承认1871年已失去阿尔萨斯－洛林后告吹。假如俄国与德国都不支持法国与英国的殖民竞争，另一种做法就是直接与英国打交道。法绍达事件后，法国的殖民游说团体（此前是反英情绪的温床）便开始促成英法间的协议。政治人物开始讨论"挚诚协定"，虽然一开始对此不予理会。摩洛哥是让他们上钩的饵。摩洛哥的吸引力在于，殖民主义者把它想成北非帝国的基石，当地跟法国距离近，不太需要依赖海上力量保护。摩洛哥几乎是"法国的一部分"，可以变为法国的澳大利亚，最终将有"1 500万到2 000万同胞"住在那里。[150]

英国人知道，在跟任何强权没有条约关系的条件下，"光荣孤立"正益发危险而代价高昂。俄国（所有国家都高估了其实力）似乎是目前最危险的敌人。该国在中东、中亚与中国采取扩张态度，工业化速度惊人，而且"比我们的帝国……难以攻击。其领土完全没有我们能施以打击之处"。[151]德国显然是个制衡力量。所有人都认为种族与宗教上的亲近关系非常重要，即便撇除这一点不谈，德国的陆上力量也能与英国的海上力量相辅相成。有关人士在19世纪90年代进行接触，但徒劳无功。德皇不可信赖，德国舆情反英，德国海军又在1900年开始扩军——海军大臣在1902年就此警告内阁，德国海军"是以与我国开战的角度仔细打造的"。[152]法国因此成为可能的伙伴，只是在德雷福思危机余波中，当局认为法国政治不稳、军力弱小——而且还一心向着俄国,从根本上采取仇英态度。20世纪开始时,很少有人想到英国与法国即将展开一段历史性的崭新关系。英国首相索尔兹伯里勋爵只希望双方起码"相互间有种无动于衷的宽容态度"。[153]

为了减轻本国的战略负担,索尔兹伯里政府非但没有向任何欧洲国家寻求结盟,反而致力改善与美国的关系,并且在1902年与日本签订条约。此举是为了鼓励日本,在中国北方对抗俄国的扩张。事实证明,这纸条约成了法国与英国关系的催化剂,因为日本希望英国阻止法国在战时援助俄国。无论是白厅或奥赛码头,都不希望自己因为俄国与日本在伪满洲国或朝鲜的冲突,而在英吉利海峡开打。根据艾伦·约翰·珀西瓦尔·泰勒(Alan John Percivale Taylor)的看法,英国与法国之间的协议因此"势在必行"。[154]

然而,考虑到两国国内的敌意,达成政治协议并不容易。"我们不能忘记,"法国驻伦敦大使提醒德尔卡塞说,"法国舆论中有相当一部分反英格兰成见。"[155] 英国国王爱德华七世得到政府不温不火的默许,采取个人行动,让1903年5月的行程成为近代史上最重要的王室访问。由于法国人错以为国王"个人能影响大不列颠外交政策的走向",此行因此变得格外重要。[156] 矛盾的是,法兰西共和国若与英国君主国相比,其外交政策反而是由少数核心圈内人所决定的。知道国王心里话的人不多,但一般认为他偏爱法国(早在1878年,他便在某次演说中提到《挚诚协定》),[157] 加上怀疑自己的德皇侄儿,导致他希望恢复邦谊。这是个大胆的策略,毕竟若无法通过访问成功得到民众的响应,将会让外交协议更难达成。1900年与1905年都有人试图暗杀来访的国家元首,侮辱维多利亚与爱德华的漫画也早已引发愤怒。如果国王被人嘲讽——尤其是在巴黎街头受人侮辱的话,事情就完了。但此次拜访成了分水岭,化为传奇美谈——不过几天,国王便以睿智的魅力与恭维话赢得一个不友善民族的心。但真实情况比这复杂一些。

我们的好爱德华万岁

他以征服者之姿前来,
却只征服最可爱的女孩
所以来吧,小姐们,排好行列
他在我们之间度过青春年华
亦是唯一一位国王同意
这儿是个自由的领域。
他认为自己的王国就在这里
让我们为这位拉伯雷般的国王欢呼,
因为这能让威廉皇帝不是滋味
还能促进巴黎的生意。

——1903 年的歌谣[158]

王室的计划是在欧洲巡访结束时,到巴黎待几天,并邀请法国总统埃米尔·卢贝(Émile Loubet)回访。主要的风险来自反英、亲布尔与反犹太的民族主义者,他们在巴黎声势最旺,而且素有暴力前科——包括公然袭击卢贝本人。当"法兰西人世仇之国王"来访的消息宣布时,《祖国报》(La Patrie)的头条便是《打倒法绍达!打倒布尔人的谋杀犯!》。许多人打算到国王走的路线旁高喊支持布尔人的口号,挥舞德兰士瓦旗帜。不过,民族主义者的最高领袖——侠义心肠的保罗·德罗莱德,却是个亲英派(非比寻常)。他向来把收复阿尔萨斯-洛林的顺位摆在殖民扩张之前,而且认为与英国达成协议能强化法国对抗德国的力量。他的爱国者同盟(Ligue des Patriotes)威胁要开除任何一位煽动反英情绪的成员,因为这等于"资敌"——支持德国。他的追随者虽然不满,但仍服从决定,继而支持以《挚诚协定》为同盟的官方政策。[159]此外,出身上流的民族主义者通常是保王派(他们政治上反英,社会发展上亲英,两相冲突),不太可能侮辱一位君主,或是在某个自己扮演重要角色的场合搞破坏。总之,"布尔人万岁"或"法绍达万岁"的口号很少袭击御耳——即便真的有,德尔卡塞也假装那是热情欢呼。

另一股受民众欢迎的势力是社会主义者,他们没那么危险——虽然国王抵达的时候是五一劳动节,是往往会发动激烈抗议的时节。德尔卡塞后来开起玩笑,"他一定很有兴趣见识一场革命"。[160]其实,社会主义者与工会相对亲英,认为英国是高周薪、社会福利法与限制工时的典范。尽管有些社会主义领袖谴责"群众简直愚蠢,忽视自己的利益,跑去看国王路过",但多数还是欢迎此次访问,视为国际和平的象征,也证明法兰西共和国并非像右翼宣传所说的"在其他大国眼中是一片废墟、毫无尊严"。[161]爱德华在老革命的圣安东万郊区受到的欢呼,比优雅的巴黎西区还响亮。

宾主尽欢。在爱丽舍宫,人们为国王端上(可以想象不是他的最爱)温莎酱(Crème Windsor)、牛尾汤、里奇蒙鸡蛋(Oeufs à La Richmond)、英式羊肋排与温莎布丁(Pudding à La Windsor)。奥赛码头用约克火腿佐香槟区松露作为午餐,成就了真正的跨海峡结合。国王充分利用自己身为巴黎浪子的名声。他跟赛马俱乐部的友人去看赛马(名字叫"约

法国警方在爱德华七世到访前没收了许多讽刺明信片,这类明信片此后几乎彻底消失。这是其中一张。他好享乐的名声尽人皆知。

翰牛"的马赢了——这真的没有作弊吗?)。到了剧院,他和一位在伦敦结识的女演员交谈,赞美她"有着法国人所有的优雅与精神"。他在爱丽舍宫"风度迷人",谈到自己"孩提时对巴黎的记忆",以及后来多次造访这个城市,遇见的人"都很聪明漂亮"。报纸报道这些言谈,对他真心喜爱法国和"巴黎国王"的形象有所帮助。他以法语迷住、奉承其听众,演说不看稿,并一再强调他个人对良好关系的期待。

欢呼的群众对政治场合再好不过了,群众也适时出现,高喊"我

们的好爱德华万岁！"和"吾王万岁！"，夹了几声不怀好意的"共和国万岁！"。英国旅客让人群更加拥挤。商业界非常希望关系能更好，毕竟英国是法国最大的顾客。商界也为这种节庆气氛出了力。街上大量的装饰，有部分是英国商店提供的，此外英格兰商品也大打广告。新时尚开始流行，例如叫作"爱德华国王"（Le King Edward）的大衣；街上的小贩兜售印有访问日程表的手帕、刻了国王头像的手杖，以及无数的小装饰品和明信片。咖啡店老板热心营造欢乐气氛，趁着当局允许人们上街跳舞时大赚一笔。

卢贝总统立即回访，虽然没那么魅力四射，但也很成功。根据法国大使保罗·康邦所言"英格兰人典型的冷淡与矜持一时间都消失了"，总统也得到群众的热烈欢迎。[162] 他与伦敦的"法国殖民地"居民相见，有些人告诉他自己是"政治流亡者的孩子"，已经在"这个伟大的国家"生活了半个世纪。相关单位允许他和德尔卡塞"穿宽裤而非'紧身裤'"进宫，从而克服了棘手的问题——对无套裤汉的后代来说，穿紧身裤是件尴尬的事。[163] 国王设想周到，用"巴黎市送给我的高脚杯"向卢贝祝酒，女高音内莉·梅尔巴（Nelly Melba）献唱乔治·比才（Georges Bizet）、夏尔·古诺（Charles Gounod）与雷纳尔多·哈恩（Reynaldo Hahn）的歌曲。爱德华决定，既然卢贝是农民，那就送他一头纯种短角牛与一头来自温莎的小母牛——收礼的人显然很受用。[164] 卢贝平实的形象颇受英国报界好评。康邦总结，媒体喜欢他"对简约的爱好，他的冷静态度、辛勤工作、无瑕的私生活，喜欢他偏好踏实而不浮华，而且聪明"。[165] 简言之，英格兰人喜欢卢贝，是因为他们认为他具备非法国的特质，就像法国人是因为爱德华的非英格兰特质而喜爱他——以投其所好的方式达成跨海峡的和解。

665

修好的过程原先可能顶多是小气的讨价还价，但这两次访问将诚挚注入其中。法国外交老手阿尔古子爵（Vicomte d'Harcourt）私下写道，国王已经"吹走了乌云"；对于"误解与偏见"的岁月已经结束，子爵表现出自己的"欣喜"。[166] 报纸反复报道雀跃的群众与友谊的表现，世界各地对此皆有回应，尤其是摩擦最严重的殖民地。澳大利亚政府对法属邻居新喀里多尼亚发去友好信息。在新加坡，有400名法国海军陆战队员获准参观景点，当英国军乐队奏起《马赛曲》时，他们也不禁叫好。不久前，马达加斯加才为了应对皇家海军的袭击而做准备，如今皇家海军"福克斯号"却受到法国驻军的慷慨招待。[167]

爱德华七世一生经常造访法国，人们总待他为《挚诚协定》的化身。赫伯特·阿斯奎斯（Herbert Asquith）是在1908年4月于比亚里茨正式成为首相的，这在英国史上绝无仅有——比亚里茨王宫酒店（Hôtel du Palais）大厅还有一块铭版纪念此事。国王生命中最后几个月多半在当地的海边度过，他还拜访了波城与比利牛斯山。他在1910年5月驾崩，距他返回英格兰不过10天。

....

现在可以开始讨价还价了。"总之，"康邦在谈判开始时说，"我们把埃及给你们，用来交换摩洛哥。"[168] 这件事自始至终都是关键，但谈判也是把两个世纪的争吵解开来的漫长过程。A. J. P. 泰勒指出：英国赢了，乐得给"英勇的输家……竞赛胜利者的喝彩"。[169] 阿尔古希望"我们的自尊心得到一些安慰奖"。[170] 自从《乌得勒支条约》签订以来，每一回谈判中最难解的问题里都包括法国在纽芬兰的捕鳕鱼特权。困难之处，在于纽芬兰政府对外相兰斯当勋爵施压，而布列塔尼渔业港口的代表们对瑟库夫先生，也同时对德尔卡塞施压——据推测，瑟库夫是那位圣马洛知名海盗的后代，其祖上在拿破仑时代让英国芒刺在背。经过9个月的艰辛磋商后，康邦与兰斯当握手通过了协议，法国承认英国占领埃及，英国则保证帮助法国得到残破不堪的摩洛哥为保护国，细节上则互有来往。兰斯当是第五代的侯爵，他肯定想过其家世与自己的角色多么般配：初代的侯爵（原为谢尔本勋爵）在1783年签订了终结美国独立战争的《巴黎和约》，对法国革命也表示欢迎。后来的兰斯当家族也承袭了塔列朗的作风。1904年4月8日，正式协议签订——早在议定之前，便已得名《挚诚协定》。

人们很难确认这是不是众所期盼的那道历史性分水岭。对白厅而言，协议的目的在于消弭冲突，而非创造友好关系。之所以需要这纸条约，以及在1907年与法国的盟友俄国签订类似的协议，是因为这两个国家跟英国有最多冲突。解决这些问题之后，英国便确定能超然于欧洲的各同盟，用比布尔战争前更强大的海上力量保卫自己。而欢呼的群众（愤世嫉俗的人因群众展现激情而非秩序而抨击之）也藏不住深刻的犹疑——法国人与英国人对彼此抱持的那种犹疑。

结论与异见

经历一个世纪的战争后,一个世纪的和平降临法国与英国之间。从两国的历史来看,这可是了不起的成就。和平也让造成我们俩意见不合的原因少了些。不过,双方至少有六七次对战争严肃以待,甚至花大钱备战。战争之所以没有发生,原因不只是幸运或理智。滑铁卢一役后,法国就不太可能甚至完全不可能在欧陆称霸了。拿破仑三世的扩张政策近似于威胁,可他其实决定绝对不与英国为敌。因此,从七月王朝到第三共和国,多数的争端都关乎殖民。塔希提、埃及或法绍达虽然造成强烈情绪,但其重要性从来不足以成为重大冲突的动力。此外,只有在双方都认为自己能获胜时,战争才会爆发。而法国人不再确信自己能胜利。皇家海军让英国固若金汤,只有发生了什么,让英国人对海军实力有所疑虑时,他们才会担心——例如1860年,法国的蒸汽动力铁甲船"光荣号"下水一事。但英国的海上力量足以面对任何挑战,其经济实力甚至连人口都远超法国。

和平为贸易、投资、观光与文化交流带来契机。人们一如18世纪时积极投身这些活动,但如今其影响两国人口的比例大得多,甚至延伸进更多生活领域。在经济发展、文学、思想、政治、时尚、艺术、运动甚至是饮食方面,两国给予(或售予)对方之多,让彼此的物质与文化生活相互渗透。如果说巴黎和人们常说的一样,是时尚与娱乐的"19

世纪之都",那么伦敦就是金融与政治的世界之都。两国对彼此都很有兴趣,许多杰出作家都写了颇具见地的分析。从苏格兰赫布里底群岛(Hebrides)到比利牛斯山,越来越多的人前去见识、学习和享受。尽管如此,19世纪的关系仍经常留下一股不愉快的味道:双方的争吵、讥笑与傲慢自夸很快就不再让人满意,无论是出自浮夸的英国保守派,还是嫉妒的法国共和派。恫吓之举经常在无意间流露出不安,但事情很难因此改善。

虚张声势很重要吗?普里查德事件、西班牙王室婚姻问题、反左拉分子的假道学、因法绍达事件而起的军国主义……可以单纯当成夸张之举。但事情还是有严肃的一面。法国与英国是两个最强大的宪政国家。理想主义者希望两国结为同盟,在欧洲捍卫、促进自由价值;只要携手,它们或许便能平息19世纪中叶发生在西班牙、意大利与中欧的政治冲突。假使它们克制在殖民事务上的敌对,或许便能饶益非欧洲民族。只要法国与英国真心合作,一个更稳定的世界说不定就能在它们的能力范围之内实现,甚至延续到20世纪。总之,两国的失败有着严重的后果。

罗伯特:很不幸,在稳定欧洲局势、推广自由,甚至及于更广大的世界时,法国不是个可靠的伙伴。近年来一份研究认为在法国外交政策中"自由团结扮演不起眼的角色"。[1]法国一再试图推翻1815年的条约。法国历史学家如今也承认法国民族主义的害处,连基佐这样的理想主义者也被迫向民族主义低头。到了欧洲以外的地方,法国——无论其政权的性质——则攫取其势力范围内的一切,从墨西哥到中南半岛都不放过。自由思想与共和思想皆鼓励肆意掠夺的帝国主义,其根据则是"肩负独一无二的全球'教化使命'"的主张。从后见之明

669

来看，英国或许该更努力尝试限制普鲁士在 19 世纪 60 年代的扩张。但有鉴于拿破仑三世刻意在欧洲造成不稳局面，恐怕英国也无能为力。何况英国就算有能力，也没有理由在 1870 年介入，拯救拿破仑三世，增加他进一步投机的气焰。未来的灾难无可避免。

伊莎贝尔：问题真正的根源，是英国在外交与心理上日渐从欧洲抽离，而且对法国满怀疑虑。我们已经看到七月王朝对一纸《挚诚协定》的真诚渴望，是如何一次次受到巴麦尊这样的沙文主义者所冷落的——他们心怀荒谬的恐惧，担心法国始终抱持敌意，甚至在英格兰南海岸盖满巨大的碉堡。结果就是 19 世纪 60 年代的目光短浅，对欧洲事务缺乏兴趣，以及在 1870—1871 年时对法国的命运几乎不闻不问。法国政界已经警告，这对英国自己的利益没有好处，会让俾斯麦的普鲁士成为一个不自由、有潜在侵略性的德意志帝国，给法国、英国与全世界带来恐怖的后果。等到为时已晚，英国才意识到这一切。

插曲：各种观感

> 英格兰男人：都很有钱。
> 英格兰女人：她们居然生得出这么漂亮的孩子。
> ——古斯塔夫·福楼拜，《庸见词典》(Dictionary of Commonplaces)[1]

> 维多利亚时代的英格兰人，大致相信19世纪的法国过得太好，法国人笑得太多，吃得也太好……更有甚者，维多利亚时代的英格兰人认为法国人对性的投入和从中得到的收获，比英格兰人更多。对于事情何以如此，维多利亚时代的英格兰人想法非常清楚，深信法国人的优势并不公平，也非常确定这不是好事！
> ——罗伯特·范西塔特爵士（Sir Robert Vansittart），外交官[2]

法国与英国之间相互的看法（以法国人的角度来看，是法国与英格兰之间），是一再重复、积累而成的。许多陈词滥调都很古老：蜗牛、大蒜与青蛙腿在贺加斯的时代已经尽人皆知；法国人对英格兰的天气、妇女与英国人沉默寡言的看法亦然。大量的形象经过修改、增添，但很少有新发明，旧形象也很少被抛弃：18世纪的英格兰有钱老爷，便是如此演变为20世纪的英格兰绅士的。这类形象在词组、典故、歌曲、书籍、事件、传说与图像中具象化，由接收者不见得能掌握的历史与逻辑维系在一起。人们（不光是作家和政治人物）经常相信自己所思、所说是某种原创的东西，实际上他们的思维仍运行在传统的轨道上。

双方相互的刻板印象多为彼此所接受。有些话不可能被明确区分为"英格兰人"说的或"法国人"说的，比如"英格兰人重视传统""法国人在政治上并不坚定""英格兰人古怪""法国人轻浮"，甚至是"英格兰食物难吃"或"法国女人很吸引人"。但有些例外：英国人绝不接受别人说自己背信弃义，法国人也绝不接受别人说自己娘娘腔。不过，有许多正面或负面的观点，是海峡两岸的人都接受的。许多法国的"反英"观点在英格兰得到接受［例如"我们英格兰人不懂艺术"，许多英国的"反法"观点在法国也深有共鸣（例如"我们法国人自视甚高"）］。同时我们已经强调过，两国总是对彼此的特质有强烈（但经常五味杂陈的）赞赏——从伏尔泰到克里孟梭，从切斯特菲尔德勋爵到温斯顿·丘吉尔皆然（"那些英国人真守秩序""那些法国人好有教养"）。

许多关于法国特色与英国特色的看法，都可以从褒奖或贬抑的角度来诠释："偏好"与"恐惧"经常是一体两面的。例如，英国的经济成就可以视为"进取"或"贪婪"。法国人的礼貌可以描述成"迷人"或"卖弄"。法国人的品味可以赞许为"高雅"，或是批评为"浮夸"。英国人的"淡然"可以用"冷静"赞美，或是用"冷淡"指责。诸如此类。"偏好"与"恐惧"不一致时，人们也很少为了某种特色是否吻合事实而你来我往——例如否认法国人有品味，或是不承认英格兰人冷淡。对彼此的共同看法，加上犹疑不定的矛盾情感，让一种紧密但不稳定的关系得以实现，也让正面与负面感受的转换轻而易举，无须任何重新评价。《挚诚协定》签订时，不满的敌意迅速变为奔放的友谊。这也造成一种相互理解的幻觉。"典型的英国人/法国人就是这样"总是比"或许我们误会了法国人/英国人"更容易说出口。

民族成见是以观察为根据的，只是经常来自二手或三手的观察。判断其中一些成见的正确程度是有一定可能的，甚至还有些趣味。（伦敦是否如法国作家所说的多雾？不是。伦敦生活水平不平等的程度大于巴黎？否。英国旅客穿粗花呢？经常如此。法国人吃得比英国人好？这要看人。法国人的性行为没那么压抑？不一定。[3]）但人们对成见的解读，也就是人们如何将零星片段组织成整体看法，比成见的正确程度重要得多。观感是选择性的（人们只重视特定事情）、片面的（人们从来不会看到、了解到其他社会的全貌），以及陈旧的（根据过去几代人经历的事件或留下的记载）。对于观感来说，书籍（以及后来的报纸、电影与电视）始终是关键。伏尔泰、拜伦、狄更斯、大仲马、萨克雷、泰纳、凡尔纳与柯南·道尔（Conan Doyle）都有深远的影响。20世纪的安德烈·莫洛亚（André Maurois）、阿加莎·克里斯蒂（Agatha Christie）、伊恩·弗莱明（Ian Fleming）、乔治·西默农（Georges Simenon）亦然——或许可以加上彼得·梅尔与朱利安·巴恩斯（Julian Barnes）。一旦人们接受特定的性情属于"英国人"或"法国人"，就会影响所见所感。马尔尚中校讨厌基钦纳的威士忌，原因并非杯中物是劣等的威士忌，而是因为尝起来有英国风味——不是让马尔尚想起看牙医之折腾的爱尔兰威士忌。巴黎时尚之所以优雅，并非出于其本身的特质，而是因为来自巴黎。

法国人对英国的观感素来受到法国国内政局所左右，甚至在革命前便是如此：极右派与极左派倾向反英，中间派亲英。但英格兰人对法国的观感却很少受到政局决定（自18世纪90年代以来，就鲜有英国人对法国政局感兴趣，经常完全不关心），反而跟文化、社会或道德有关。至于"喜好"与"厌恶"情绪的整体平衡，则受两国的相对成就、财富与力量影响。[4]低人一等的感受会制造出强烈的情绪，有赞许也有愤恨。因此，相对力量的剧烈改变一向是重塑观感的分水岭。

纵使在关系紧绷的时节，法国与英国的评论家仍多少认可对方为模范，例如英国的政府与行政管理，法国的文化。这一点在20世纪也与18世纪时无异。英国知识分子赞许、羡慕，甚至是希望与他们的法国同路人生活在一起。法国社会改革家则追求英国人在健康、社会保障、薪资与住房供给方面的成就。这种跨越海峡的参照点，是对抗本国对手的顺手武器——无论是劝诫英国"不学无术之人"展现有如法国人对文化的重视，还是要求法国共和人士表现出"对我国工人的照顾，至少要跟英格兰君主国的表现不相上下"。[5]尽管老大不情愿，多数人仍同意彼此为具有历史重要性的文化与国家，在世界上扮演特殊的角色——说得难听点，就是"教化使命"和"白种人的负担"。

英格兰特色与法国特色的"表现方式"，对大多数的受众都很好理解：这些刻板印象出现的频率与一致性，足见众所周知。让我们试着探索其根源、意义与逻辑。

起源：种族、土地、气候

有关英国与法国为什么不同的看法，至少能回溯到17世纪，接着受到19世纪气候、种族与历史理论的更新。米什莱如是说，"巢是什么样，鸟是什么样"。英国人的鸟窝是块四面环海的岩石，荒凉、潮湿、多雾、偏北、与世隔绝。法国人至今还会讲一个关于英国岛民心态的笑话,据说其根据是某份英国报纸的头条:《海峡起雾,孤立欧陆》(*Fog in the Channel: Continent isolated*)。法国位于欧陆,舒适、充满阳光、位置居中,类似欧洲的"中国",人们经常说它自成一格:"法兰西是座美丽的花园。其各省有如各种花朵……一同让我们深爱的祖国成为最美好、生活最舒适的国家。"[6]此外,在19世纪晚期,人们逐渐认为法国的基石在于农民:这也反映在英国的漫画里,法国的形象是个农村姑娘,而非士兵。随着种族理论影响力渐涨,一般人接受英国人本质上是日耳曼人的看法,其历史悠久的自由从条顿部落继承而来。公认法国人主要以凯尔特人与拉丁人为主——"高卢–罗马人"(Gallo-Roman)。尽管法国人口多半生活在湿冷的北部,这点无可否认,但人们仍然认为法国本质上是地中海的。他们就像拉丁人,理应有文化、社会稳定,至于凯尔特元素则能从社会的平等思想、文化自由与普遍的顽固个性(而非政治自由)看出来——一般都说法国人喜欢权威。重要批评家保罗·布尔热(Paul Bourget)在1891年郑重表示,"盎格鲁–撒克逊人与高卢–罗马人之间彼此无法理解,在心智与感受上有着无法克服的差异"。[7]

宗教、不道德与背信

看起来,新教与天主教之间的对比一直都很重要。直到19世纪晚期,新教都是自由与个人主义公认的基础,天主教则意味着权威与阶级。颇具影响力的民族主义者夏尔·莫拉斯在19世纪末提出这种看法。他称赞天主教为国家统一与古典文化(法国独一无二的传承)的支柱,并且将法国大革命归罪于路德,最终更怪到散播个人主义与反抗的人——亚伯拉罕头上。同样有人认为新教阴郁而压抑，随着法国部分地区在19世纪晚期越发公开地反宗教，这种观点也变成主流。因此，人们认为法国更"思想自由"，"异教徒"坦然享乐，不像道德拘谨、压抑，因而伪善的英国。"背信弃义的阿尔比恩"这张老标签（原先用来责备英国对罗马的不忠），这时指维多利亚时代的人表面虔诚、实则罪恶之间的鸿沟（法国人如此认为），无论在正式或私人生活皆然。情况一如18世纪，天主教修士是专制与法国特色的象征。到了19世纪晚期，新教牧师成了英国性的代表——他们先是强迫国人接受浓缩的阴郁，然后将偏见、棉布教士服与资本主义强加在自由而快乐的原住民身上。"新教传教士向来是纯粹的生意人。"1895年有人在参议院抛出此等论断。[8]

英国人倾向于同意上述分析，至少是同意其中一部分：也就是说，他们会批评法国人的放浪形骸（有时候则是赞美）。法国，尤其是巴黎，成为英国人眼中（当然不止他们这么看）性放荡的缩影。但情况在1850年前并非如此。这一部分是因为人们出于反拿破仑，而批评第二帝国时期的巴黎为腐败的"新巴比伦"（结合政治压迫与道德堕落），接着又受到第三共和国时期文化与道德放荡所影响。幻想破灭的马修·阿诺德在19世纪80年代大声疾呼，反对法国人对"大淫荡女神"的崇拜。"法国的"成为英语口语中指性露骨的形容词。

"自然"对"文明"

另一种根本的差异源自18世纪，亦即"英国代表自然，法兰西代表文明"的看法。这种看法仍然套用在文化、社会规约，甚至是政治上。一位20世纪早期的法国作家说，英国人"令人不快的注重实际的性格","使我们从骨子里"产生了你我有别的感觉。[9]英国人崇尚"事实",法国人崇尚"理论";英国人偏好家居生活,法国人喜欢社交;英国人"幽默",法国人"机智";英国人"就是吃",法国人"会用餐";英国人重视"实际",法国人重视"优雅";诸如此类。有许多视觉图像以不同的方式表现这个主题。英国人是"斗牛犬";法国人(在英国人的想象中)是"贵宾犬",爱打扮、不自然且不实用。伊波利特·泰纳分析约翰牛的形象,认为其重要性在于这是英格兰人自己选择的形象,因此有其"民族性格的精华"。他像一条"斗牛犬",是个"牛贩子","想法有限",但"通情达理""精力十足""性情和善""正直""有决心"——都是让一个人成功的特质,"就算不讨喜,至少很有用"。[10]

自然与文明之间的区别,以及各种用以诉说之的词汇与意象,几乎套用在每一个生活领域。我们可以想想艺术与文学(英国"天才"对阵法国"品味"),莎士比亚仍然是其试金石。因此,马修·阿诺德虽然心向法国,却仍断定法国戏剧永远无法达到莎士比亚的层次,因为亚历山大诗体(Alexandrine)"无可救药地矫揉造作"。[11]法国古典学者的主张完全相反:无韵诗就像日常言谈,无从创造最崇高的诗意。法国评论家不能接受狄更斯是最伟大的小说家,虽然他的英文带有他典型的谈笑风生、自然而然,但他不讲究、粗俗、大惊小怪、感情用事。文化萌发之处——教育,成为人们讨论两国差异最彻底的领域。英格兰的学校据说是以家庭这种"自然的"制度为模板建设的,因此能促进个人发展。法国的学校则是以军队或修院等"人为"规范的环境为模型。学校本身[通常与刻板印象大致符合,就像乌尔苏拉会(Ursuline)学校800页的规定体现的那样]与关于学校的论辩,大有巩固、长久延续对于两国相异看法的趋势。[12] 法国人是真的有教养、比较聪明，还是只是死守规矩、重视表面，"对每件事浅尝辄止，对每件事都能写、能谈"？英格兰人是"实际而有活力"，"不只是学究"。[13] 但他们会不会只是对艺术一窍不通、"修饰过的野蛮人"呢？

阳刚和阴柔

人们对女性的角色、性格与待遇的重视，也跟"自然／文明"的分野有关。在由男人主宰的社会中，女人是献殷勤与奢侈品的受者，是重要价值观的承载者，也是文明的缩影。作为差异的象征，法国与英国女士之间所谓的差异，总是被人们一而再，再而三以严肃或挖苦的方式反复提及——毫无疑问，这也是侮辱人的有效方式。海峡两岸皆公认法国（尤其是巴黎）女人是法国文明最好与最差之处的化身：优雅、聪慧、合群、迷人、世故，但也流于表面、奢侈、变幻莫测、不道德。英国女人则被人刻画为真诚、腼腆、虔诚、严肃而独立；反过来说，她们幼稚、拘谨、不优雅、无理、像男人。

女人作为文明象征的重要性，足以解释法国人攻击英国女人何以如此恶毒——不仅是反英宣传中，连严肃的分析亦然。这有一部分或许跟女性角色的变化有关，但相关看法远早于平权思想与妇女参政运动兴起。自18世纪以来，英格兰妇女的丑陋与缺乏服装品位，便是法国人一再重述的题材。牙齿变成持续不断的主旋律，让人吃惊。连美丽的特里比都长着"英国人的大门牙"。有学者气息的泰纳提到英国女人"突出的肉食动物下颌"[14]——用至今仍流行的词组，就是吃了牛排才长的牙齿。这些都出现在英国女神的讽刺画上，连一个世纪之后画伊丽莎白二世与玛格丽特·撒切尔的漫画都还有出现。其他男性特质也几乎一样常见,例如大手和大脚(尤其是后者)。这在一幅漫画中相当明显,图注解释道:"英格兰女士的身体相当庄重,没有法国女人多得令人难过的那些轻浮、下流的吸引力。"[15]

英国女人不像女人,是因为英国特色就是阳刚。反过来说,法国特色就是阴柔。早在18世纪,这种分野便很常见。"姑且不论好坏,法国始终是个阴柔的国家:不是娘娘腔,也不是懦弱,只是国内绝大多数人都有女人的美德与缺点,从母亲到交际花皆然。"[16] 两国的象征经常有性别含意,最明显的就属约翰牛与玛丽安娜。法国的符号象征并非只是带有女性寓意,而是阴柔魅惑,不像冷淡的英国女神或男性化的德国女神(Germania)。人们也视典型的英国活动为阳刚的活动——无论是重工业还是体育运动(女性的参与就是"像男人"的迹象)。许多法国与众不同的活动——最明显的就是烹饪与流行商品制造业,都有阴柔的弦外之音。以19世纪规模最大的产业——纺织业来说,法国将女装所需的毛料与丝织品出口英国,英国则将男装用的羊毛出口法国。男性时尚由英国人主导,法国在女性时尚方面则有压倒性的地位。归诸法国男人的特征(最明显的是浮夸的衣着)便被人视为娘娘腔。两国在19世纪时国力差距越来越大,也加强了这种印象——法国生育率下跌成为凸显问题的痛苦方式,海峡两岸皆认为这是民族生育能力岌岌可危的证据。法国人对这类看法有多不悦,或许可以从他们经常声称英格兰人性匮乏或性偏差看出——这在今天的法国民间传说中仍层出不穷,尤其是跟一国的象征——王室有关。[17] 法国人宣称同性恋是英国人的专长,法国文学也常以英国人异性关系的压抑、假道学与古怪为题材——跟精力旺盛的法国人的传统做法天差地远。

679

英格兰妇女是下手的好目标:左图是不性感、大脚的女子;右图则是两名其貌不扬的游客,居然还担心会有法国男人来求爱。

崇尚物质、剥削、贪婪

　　法国人认为(其他人也有一样看法)英国这个国家有着物质至上的阴谋,意在经济宰制。这种想法同时跟"新教／天主教"与"自然／文明"的对比有关。法兰西的历史使命,就是要领导世界抵抗英格兰黄金的力量。我们已经知道,"迦太基"或"小店主之国"之说[18]在15年之前便已盛行,19世纪中叶的法国左派将之吸收,再传给19世纪晚期与20世纪的民族主义者。早在19世纪30年代,这些看法已跟反犹太主义与反美思潮相结合,而反美思想基本上就是重新诠释人们熟悉的反英思想。唐里上尉笔下一位英格兰恶棍在1902年揭露了其真面目:

祖国啊，旗帜啊！这都是另一个时代的偏见……但在今天，凭借我们的文明，我们已经有方法运输、联系，将距离最遥远的国家结合起来……"边界"一词如今已无意义！现在只有一个人类族群凭借科学之应用，追求尽可能大的福祉。这种福祉放诸四海的关键是什么？就是钱！……尽管我们做了这么多宣传，但因为法国反对所有新思想之故……法国完蛋了！[18]

就连没有唐里那么狂热的作家与政客，也理所当然认为利用海军与（后来令人讨厌的）情报机构之力的英国政府，不过是伦敦金融城的打手而已。英国做的任何看似无利可图的事情，都只是经济自利行为上的伪善外衣。法兰西——无论是王国、帝国或共和国——与之对立，承担教化与解放的利他使命。借用一本极多人使用的教科书里面的说法，"像法兰西这样高贵的国家，不会只想到赚钱"。[19] 这类观感至今仍旧强烈，从 2012 年奥运主办权在 2005 年奖落伦敦而非巴黎时法国人对此的反应可见一斑——评论家与政治人物怪罪英国人作弊、跨国资本主义、盎格鲁－撒克逊人沆瀣一气，甚至怪情报组织。[20]

19 世纪期间，英国人所呈现的法国人视觉形象变得越来越不发自内心、不鲜活，但法国的情况却正好相反。这无疑反映出权力平衡的变化、忌妒与恐惧，以及维多利亚时代人的克制。贺加斯、吉尔雷或罗兰森画的是搔首弄姿的纨绔子弟与饥肠辘辘的农民，但 19 世纪中晚期英国人描绘的形象却与之不同，其中鲜有什么本质上"属于法国"，或是带有与生俱来的敌意。画中往往要靠制服或是其他传统的象征来分辨人物的国籍。最常见的法国人样板就是士兵（尤其是异国风的北非殖民地轻步兵），到了 1871 年后，则是穿着共和国时代弗里吉亚

681

甜蜜的世仇
英国和法国，300 年的爱恨情仇

— La loge du Président de la Répioublique, please?

《你好，我要共和国总统的包厢》：文雅的法国人与丑陋、怪异的英格兰人对比鲜明，后者穿着难看的花呢格纹旅人装，讲差劲的法语，要求特权待遇。这是另一种常见的创作主题。有首流行的歌厅曲子，唱的是在巴黎歌剧院里，有个英格兰人拒绝把自己的帽子从另一位法国人的座位上移开。

（Phrygian）系带帽与（或）农家木屐的漂亮女性。虽然有人在描绘1848 年与 1871 年的法国革命时带有敌意，但其程度远比吉尔雷或是当代法国画家温和得多。法国讽刺家反而发展出各式各样刻薄的英国人形象，其神韵与敌意堪比吉尔雷笔下的法国人，甚至连今人也能认出来。这些形象显然出自对英国游客的观察，极尽夸张之能事，并加以裁剪以吻合反英看法，教导法国民众如何诠释自己所见。花呢衣物成了英国人的标志："中产阶级的英格兰人在欧陆旅游时……穿着约定俗成的方格套装"，有时候戴了"板球帽，但帽檐的方向是错的"。[21]19 世纪的法国人与 18 世纪无异，认为轻便的运动服冒犯了法国的优雅端庄。但许多人眼中的没教养与粗野，也同样会有人欣赏——刻板印象自相矛盾的完美例子。德莫林斯遇到一位穿花呢的英格兰校长，留下深刻的印象。这位校长让他想到"拓荒者、

噜啦啦，噜啦啦，英格兰人来啦……

甜 蜜 的 世 仇
英国和法国，300 年的爱恨情仇

遥远西部的牧羊场主"，对他大加描述："高瘦结实……穿灰花呢外套……灯笼裤，厚毛袜拉到膝下，穿双大靴……戴顶苏格兰圆扁帽"，跟穿着"黑色长大衣"且"骄傲溢于言表"的陈腐法国学校老师截然不同。[22] 他的话总结了两国文化的差异，这在卢梭的时代便相当清楚——崭新、鲜活与"自然"的文化对垒过时、传统而"文雅"的文化。

法国人的敌意在法绍达事件、布尔战争以及爱德华七世访法期间达到高峰。民族主义者与无政府主义者的出版作品最是直言不讳。下图所绘[23] 正是两个重要的题材——背信弃义的阿尔比恩之残暴贪婪，以及英格兰民族有多么讨厌（尤其是他们来法国时）。

阿道夫·威莱特（Adolphe Willette）1899 年的全景画里，画着行进中的背信阿尔比恩人：衣服花哨的军人（包括一位穿迷你裙、引人

典型的英格兰人："一位在自己家里让别人尴尬，却又把别人家当自己家的先生。"

684

遐想的苏格兰人)、古板的救世军（Salvation Army）卫道士（格外令人不快，因为他们打着保守道德之名，却有着女性的行为举止，让人生厌）与雏妓并列；一位不苟言笑的牧师发放《圣经》、火药与样品；野蛮的约翰牛一手拿着步枪，一手夹着钱袋；他们所到之处一片狼藉，布尔人吊在电线杆上摇来晃去，而那面军旗上则绣着从圣女贞德、拿破仑到德兰士瓦等战役荣衔。

图注无法翻译，大意是这个人令来到自己家的访客感到别扭，却又太把别人家当自己家一样：这个粗野无知的男人满脸是毛，仪容疏于整理，而且太过随便，对于合宜的举止与仪态不在乎到轻慢的程

— Une seule chambre pour Monsieur et Madame ?
— Né... deux chambres... avec communiquécheun...

《分开的房间，带有可以相通的门》：描述一位伪善、带有一丝古怪性癖的漂亮英格兰女孩（就漂亮这么一回）、典型的脑袋空空、傻里傻气——泰纳把这类型的女孩描述为"容易受骗的宝贝，像蜡像娃娃，玻璃眼珠背后的头脑中空无一物"。[24]

度——这是法国人的老题材。一部 1908 年发表的通俗小说声称:"英格兰人无论去到何处,都会因为他不可一世的态度,加上全然缺乏得体言行而招人憎恨。他在自己的国家过度有礼,因此深信一旦出了国就不用再管礼貌,把外国当自己家,粗鲁无视他人。"[25]

为戏谑而仿造的英国商品广告体现了典型的伪善:有新教教士穿的"隐士用救赎衫"、救世军妇女吃的堕胎药丸,以及"满足一切需要"的电报童——暗指 14 年前骇人听闻的克利夫兰街丑闻。

注释

第二部 共存

1.Bodley（1898），vol. 1, pp. 59-61.

第七章 摘下和平果实

1.Chateaubriand（1947），vol. 4, book 5, p. 15.

2.Guizot（1854），p.310（13th lecture）.

3.Rosanvallon（1994），pp. 7-8.

4.Poumiès de La Siboutie（1911），p. 171.

5.Browne（1905），p. 122.

6.Léribault（1994），p. 7.

7.Browne（1905），p. 22.

8.Beal and Cornforth（1992）.

9.Martin-Fugier（1990），p. 151.

10.Browne（1905），p. 67.

11.Hantraye（2005），pp. 19-20.

12.Longford (1969), vol. 2, pp. 16, 26, 42.

13.Hazareesingh (2004), p. 64.

14.Wheeler (1951), pp. 176-177.

15.Boigne (1971), vol. 1, p. 348.

16.Mansel (2001), pp. 92-96.

17.Antonetti (1994), p. 523.

18.Mansel (2001), pp. 58-59.

19.Darriulat (2001), p. 144.

20.Browne (1905), p. 84.

21.Duloum (1970), p. 136.

22.Hickman (2000), pp. 121, 123.

23.Léribault (1994), p. 59.

24.Dumas (2000), p. 142. 薯条的起源尚不确定。

25."Le bifteck et les frites," in Barthes (1957).

26.Ibid., p. 60.

27.Browne (1905), p.105; Mansel(2001), p.47;Fierro(1996), p. 1177.

28.Martin-Fugier(1990), pp. 332-340. See also Guillaume(1992), vol. 3, pp. 511-512.

29.Tucoo-Chala(1999), p. 26.

30.Duloum(1970), p. 120.

31.Tucoo-Chala (1999), p. 57.

32.Duloum (1970), p. 136.

33.*Pyrénées Magazine* (Juillet—Août 2004), p. 7.

34.Noon (2003), p. 13.

35.Boigne (1971), vol. 1, p. 373.

36.Gury (1999), pp. 591, 608, 617, 622.

37.Guizot (1850), p. 1.

38.Ibid.

39.Arnold Scheffer, in Noon (2003), p. 21.

40.*William Shakespeare*, published 1864, in Hugo (1937), p. 195.

41.Berlioz, in Cairns (1989), p. 228.

42.Ibid.

43.Hugo (1937), p. 250.

44.Hugo (1922), pp. 19, 20, 25, 32, 50.

45.Ibid., pp. 714, 719, 726, 15, 20.

46.Pemble (2005), pp. 105-106.

47.Hugo (1937), p. 195.

48.Robb (1997), p. 337.

49.Gury (1999), p. 1079.

50.Ibid., p. 939.

51.Asselain (1984), vol. 1, p. 136.

52.Katznelson and Zolberg(1986), p. 116; Rougerie (1971), p. 13.

53.Walton (1992), pp. 222-223.

54.Crouzet (1996), p. 448. 这1亿人口后来成了戴高乐的幻想。

55. Landes (1969), pp. 288, 149.

56. Gury (1999), p. 82.

57. Ibid., p. 111.

58. Ibid., p. 92.

59. Gerbod (1995), pp. 26-27, 29-30.

60. Gury (1999), p. 111.

61. Gerbod (1995), pp. 32-33.

62. Darriulat (2001), p. 104.

63. Custine, in Gury (1999), p. 1051.

64. Hugo (1972), p. 294.

65. Gury (1999), p. 81.

66. Ibid., pp. 788, 1021.

67. Pilbeam (1991), pp. 6-7.

68. Darriulat (2001), p. 53.

69. Ibid., p. 58.

70. Beach (1964), p. 133.

71. Antonetti (1994), p. 356.

72. Guizot (1971), p. 356; Bullen (1974), p. 4.

73. Considérant (1840), p. 8; *L' Atelier* (socialist workers' paper), May 1842.

74. Michelet (1946), p. 240.

75. Tudesq (1964), vol. 1, pp. 486-487.

76.Antonetti（1994），p. 816.

77.Guizot（1971），p. 344.

78.Bury and Tombs（1986），p. 67.

79.Ibid., p. 72.

80.*AP*（1840—1841），vol. 3, p. 195.

81.Letter to J. S. Mill, February 6, 1843, in Lawlor（1959），p. 90.

82.Knapp（2001），p. 98.

83.Bourne（1982），p. 613.

第八章　不成战争的战争

1.Longmate（2001），p. 307.

2.Lawlor（1959），p. 74.

3.Antonetti（1994），p. 858.

4.Ibid., p. 897.

5. 当然，查理二世和詹姆士二世也曾流亡法国。

6.Antonetti（1994），p. 858.

7.Hugo（1972），p. 292.

8 Guizot（1884），p. 227.

9 Bullen（1974），p. 38.

10.Saville（1987），p. 53.

11.Johnson（1963），p. 203.

12.Guizot（1884）, p. 244.

13.Antonetti（1994）, p. 821.

14.Johnson（1963）, p. 308.

15.Knapp（2001）, p. 100.

16.Letter of November 4, 1846, in Guizot（1884）, pp. 244-245.

17.Pitts（2005）.

18.Hamilton（1989）, pp. 18-21.

19.Taylor（2000）, pp. 146-180.

20.Antonetti（1994）, pp. 904, 906.

21.Grenville（1976）, p. 24.

22.Ibid., p. 22.

23.Tudesq（1964）, vol. 1, p. 546.

24.Jennings（1973）, p. 48.

25.Saville（1987）, p. 77.

26.Thompson（1984）, p. 318.

27.February 26, 1848, in Bullen（1974）, p. 330.

28.Lamartine（1870）, p. 277.

29.Jennings（1973）, p. 50.

30.Lamartine（1870）, pp. 278-285.

31.Jennings（1973）, p. 19.

32.Saville（1987）, p. 89.

33.Taylor（2000）, pp. 173-175.

34.Saville (1987), p. 131.

35.Porter (1979), p. 64.

36.Constable Educational Series, 1860, in Baudemont (1980), p. 157.

37.See the valuable survey by Bensimon (2000).

38.Porter (1979) , p. 56.

39.Ibid., pp. 27-28.

40.Ledru-Rollin (1850).

41.Porter (1979), pp. 23-24; Robb (1997), p. 324.

42.Robb (1997), p. 330.

43.Beales (1961), p. 120.

44.Newsome (1998), p. 110.

45.Bonaparte (1839), pp. 143, 145.

46.Parry (2001), p. 152.

47.Goldfrank (1994), p. 178.

48.Hibbert (1961), pp. 17, 18, 28, 45, 147, 274, 298-299.

49.Echard (1983), pp. 51, 63.

50.Packe (1957).

51.Porter (1979), pp. 192-194.

52.Ibid., pp. 173-174.

53.Hamilton (1993), p. 84.

54.Beales (1961), pp. 20, 55.

55.Hamilton (1993), pp. 83-89, 275, 280, 285.

56.Beales (1961), p. 142.

57.Cunningham (1975), p. 70 and *passim*.

58.McPherson (1988), p. 384.

59.Lord Clarendon, in Beales (1961), p. 139.

60.Marsh (1999).

61.Marchand (1993), p. 156.

62.Delattre (1927), p. 170.

63.Jules Vallès, in Bernard (2001), p. 229.

64.Gibson (1999), p. 47. Our translation.

65.*Oliver Twist* (1994), p. 103.

66.Jules Janin, in Chevalier (1973), p. 67.

67.Ben-Israel (1968), p. 278.

68.Dickens (1965), vol. 9, pp. 258-259.

69.*A Tale of Two Cities* (1993), p. 95.

70.Ibid., p. 403.

71.Furet (1992), p. 374.

72.Jules Michelet (1847), in Talmon (1960), p.252.

73.Lees (1973).

74.Olsen (1986), p. 181.

75.Hancock (2003), p. 259.

76.Ibid., p. 229.

77.Gaillard (1977), p. 38.

78.Veuillot (1867), p. v.

79.Marchand (1993), pp. 156-157.

80.Olsen (1986), p. 181.

81.Hancock (2003),p.60.

82.Bernard (2001), p. 184.

83.Edmond About, in Fournier (2005), p. 45; Veuillot (1867), pp. vii, x.

84.Bremner (2005).

85.Hancock(2003), pp. 158-159, 182-183; Parry (2001), pp. 166-167.

86.Helen Taylor (daughter of J. S. Mill), in Watt (1999), p. 11.

87.Parry (2001), p. 166.

88.Christiansen (1994), p. 94.

89.Gibson (1995), p. 211.

90.Marly (1980), p. 209.

91.Simon (1995), p. 128.

92.Marly (1980), p. 52.

93.J.-D. Franoux, in Bonnaud (2004), pp. 175-180. See also Charles-Roux (2005).

94.Rounding (2003), p. 234.

95.Rounding (2003), p. 237. See also *ODNB* (2004).

96.Brettell and Lloyd (1980), p. 117.

97.Lochnan (2004), pp. 22, 33, 40-49, 181, 183.

98.Adler (2003), p. 8; Frankiss (2004), p. 472; Tillier (2004), p. 82.

99. Tillier (2004), p. 189; Wentworth (1984), pp. 88, 95-98, 122, 139.

100. Vallès (1951), p. 184.

101. Pakula (1996), p. 278.

102. Millman (1965), pp. 114-122, 199-207.

103. Pakula (1996), p. 271. See also Varouxakis (2002), pp. 152-163.

104. Ramm (1952), vol. 1, pp. 124, 135, 137.

105. Raymond (1921), p. 228.

106. Bury and Tombs (1986), p. 186.

107. Horne (1965), p. 165.

108. "Un Duel" (1883), in Maupassant (1984), pp. 192-198.

109. Watt (1999), pp. 3-4.

110. Horne (1965), pp. 170-171.

111. Watt (1999), p. 10.

112. Ibid., p. 13.

113. Horne (1965), pp. 241-242.

114. Ibid., p. 163; Millman (1965), p. 216.

115. Horne (1965), p. 182.

116. Blount (1902), pp. 218-219; Horne (1965), pp. 167, 249.

117. Watt (1999), pp. 19, 26; Lenoir (2002), p. 55.

118. *Macmillan's Magazine*, vol. 24 (May-October 1871), p. 386.

119. Watt (1999), pp. 14, 15, 29.

120. Lenoir (2001), p. 185.

121.Ibid., pp. 189, 194.

122.Watt（1999）, pp. 37, 39, 40.

123.Horne（1965）,pp.421-422.

124.Contemporary quotations, in *La Commune photographiée* 2000）, p. 7. See also Fournier（2005）, pp. 384-392.

125. 感谢 Florence Bourillon 教授提供的信息。

126.Vallès（1951）, p. 247.

127.Roberts（1973）, pp. 15, 41.

128.Lenoir（2001）, pp. 199-200.

129.Andrew（1986）, p. 17.

130.Tillier（2004）, p. 188.

131. 信息由 Pilotelle 的孙子 A. E. Bohanman 友情提供。

132.Martinez（1981）, vol. 1, pp. 138-146, vol. 2, 340-374; Delfau（1971）, pp. 70, 354; Horne（1965）, p. 425; Robb（2000）, pp. 208-209.

133.Robb（2000）, pp. 184, 194.

134.Vallès（1951）,pp. 2, 3, 7, 90-91, 164-168, 174-177, 184-185, 223, 250.

135.Mallet（1979）, p. XVIII. 他们在曼彻斯特广场的住所，也就是曾经的法国大使馆，现在仍然向公众免费开放。

第九章　衰颓与重生

1.Pick（1989）, p. 19.

2.*Bouvard et Pécuchet* (1991), pp. 411-412.

3.Burrow (2000), p. 95.

4.Belloc, in Carey (1992), p. 82.

5.Swart (1964), p. 124.

6."Locksley Hall, Sixty Years After."

7.Taine (12th edition, 1903), p. 394.

8.Ibid., p. 26.

9.Ibid., p. 135.

10.Ibid., p. 139.

11.Pick (1989), pp. 41-42.

12.Bristow (1977), p. 82.

13.Charle (2001), pp. 185-186.

14.Moore (1972), p. 57.

15.Reynolds (2000), p. 333.

16.Moore's valet, 1873, in Moore (1972), p. 235.

17.Corbin (1978), part Ⅲ.

18.Ellmann (1988), p. 324; Rothenstein (1931), vol. 1, p. 238.

19.Moore (1972), p. 75.

20.Rothenstein (1931), vol. 1, p. 129; Weber (1986), p. 10.

21.Crossley and Small (1988), p. 7.

22.Du Maurier (1995), p. 165.

23.Ellmann (1988), p. 352.

24.*Mr Bennett and Mrs Brown*（1924）.

25.Collini（1993）, p. 369.

26.Lochnan（2004）, pp. 52, 180, 181.

27.Sieburth（2005）, p. 4；Aubert（2004）, p. 117.

28.Huysmans（2001）, pp. 237-248.

29.Ellmann（1988）, p. 329.

30.*L' Eclair*（January 23, 1901）.

31. 法国警方关于亲王的档案 *APP* Ba 1064 报告的准确性，似乎被他在温莎的会面日记（RA VIC/EVIID *passim*）悄悄地证实了。

32.RA VIC/Add C7/1/21, February 1881：Dilke to Knollys. See also Bury（1982）, pp. 196-197.

33.Goncourt（1956）, vol. 3, p.625.

34.APP Ba 1064. 感谢 Hubertus Jahn 对她是俄罗斯人进行的核实。

35. "This Englishman's a bore." Ellmann（1988）, p. 328.

36.Ibid., p. 360.

37. 承蒙作者应允，此处论述主要基于 Caie（2002）。

38.*The Channel/Le Détroit*: *A Weekly Résumé of Fact, Gossip and Fiction*（June 25, 1881）. BL（Colindale）F Misc 2213.

39.Ellmann（1988）, p. 352.

40.Gibson（1999）, p. 46.

41.Caie（2002）, pp. 59-60.

42.Frank Harris, in Bristow（1977）, p. 202.

699

43. Caie (2002), p. 24.

44. Ibid., p. 15.

45. Campos (1965), pp. 242–245.

46. Rothenstein (1931), vol. 1, p. 151.

47. Whiteley (2004), pp. 17–18.

48. RA VIC/EVIID/1908.

49. Goncourt (1956), vol. 3, p. 1142.

50. Hamerton (1876), p. 365.

51. Weber (1986), p. 263.

52. Leroy and Bertrand–Sabiani (1998), p. 168; Leclerc (1991), pp. 387–421.

53. Corbin (1978), pp. 460–464.

54. Marandon (1967), pp. 155–157.

55. Fortescue (1992), pp. 1, 59.

56. Digeon (1959), p. 79.

57. Demolins (1898), p. 93.

58. Andrew and Kanya–Forstner (1981), p. 27.

59. Navailles (1987).

60. Pitt (2000).

61. Demolins (1898), p. 104.

62. Galison (2004), pp. 144–151, 159.

63. Edmond Demolins, *A quoi tient la supériorité des Anglo–Saxons?*

(1897); Émile Boutmy,*Essai d'une psychologie politique du peuple anglais au XIXe siècle* (1901); Max Leclerc, *L' Education des classes moyennes et dirigeantes en Angleterre* (1894).

64.Demolins (1898), p. 51.

65.Varouxakis (2002), p. 47.

66.Bauberot and Mathieu (2002), p. 22-23.

67.Millman (1965), p. 207.

68.MacMillan (2001), p. 63; Bell (1996), p. 50; Cogan (2003), p. 123.

69.Thatcher (1993), p. 552.

70.Cogan (2003), ch. 4; Clodong and Lamarque (2005), pp. 3-7; Chassaigne and Dockrill (2002), p. 159. 感谢维多利亚·阿盖尔的评论。

71.Mayne et al. (2004), p. 263.

72.Weber (1991), p. 208.

73.Quoted by Dick Holt in his Sir Derek Birley Memorial Lecture, April 2003.

74.Dine (2001), p. 61.

75.Holt lecture, 2003.

76.Tucoo-Chala (1999), pp. 56, 177; Weber (1986), p. 220.

77.Dine (2001), p. 33.

78.Guillaume (1992), vol. 3, pp. 513-516; Dine (2001), pp. 25-27; Weber (1986), p. 221.

79.Buruma (2000), pp. 173-175.

80.Guillaume (1992), vol. 3, p. 515; Weber (1991), p. 205.

81.Holt (1981), pp. 143-144; Holt (1998), p. 291.

82.Holt (1981), p. 66; Weber (1986), p. 222; Lanfranchi and Wahl (1998), pp. 322-323.

83.Vigarello (1997), p. 472.

84.Ibid., pp. 470, 471, 477.

85.Dine (2001), pp. 63, 80-82.

86.Dine (1998), p. 305.

87.*Le Monde* (August 2, 2004).

88.Holt lecture, 2003. See also Labouchere et al. (1969), pp. 83-85.

89.Trubek (2000), p. 42.

90.Carey (1992), p. 80.

91.Spang (2000), p. 140.

92.Pitte (1991), p. 167; Aron (1973).

93.Ferguson (1998), p. 208.

94.Ibid., p. 209.

95.Newnham-Davis and Bastard (1903), p. 11.

96.Spencer (2002), p. 229-230.

97.Mennell (1985).

98.Spencer (2002).

99.Andrew (1968), p. 113.

100.Spencer (2002), p. 299.

101.Pitte (1991), p. 175.

102.Taylor (2003), pp. 147-156.

103.Dumas (2000); see also Aron (1973), pp.181-183.

104.James(1984), p. 112; Newnham-Davis and Bastard (1903), pp. 44, 49, 55, 69-70.

105.Pitte (1991), pp. 178ff.

106.Hamerton (1876), p. 243.For modern confirmation of this summary, see Weber (1976), ch. 9.

107.Mennell (1985), p. 329.

108.Ibid., p. 176.

109.Aron (1973), p. 125.

110.Trubek (2000), p. 46.

111.Dumas (2000), p. 88.

112.Hamerton (1876), p. 245.

113.Tombs (1998), p. 500.

114.Brisson (2001), p. 9.

115.Ibid., p. 32.

116.PRO FO 27 3320 696 (November 19,1897) and 698 (November 23).

117.RA VIC/Add A 4/48 (January 25, 1898).

118.On British reactions, see Cornick (1996) and Tombs (1998).

119.PRO FO 27 3459 382 ("Secret"), August 14, 1899.

120.Victoria (1930), vol. 3, p. 386; RA VIC/ Add U 32/September

16, 1899.

121.The original is in RA VIC/J 91/61; and see O'Brien (1901), pp. 314-325.

122.See e.g., socialist papers *Justice* (May 20 and September 16, 1899) and *Clarion* (September 23).

123.Edwards (1898), p. 371.

124.Ibid., p. 362.

125.Smith (2001), p. 105.

126.Ibid., pp. 110, 112.

127.Gaulle (1998), p. 4.

128.Langlade (1994), pp. 111, 115, 117, 119, 125, 128, 136, 137; Goncourt (1956), vol. 3, pp. 1118, 1136-1137, 1216; Ellmann (1988), pp. 453, 466.

129.PRO FO 27 3393 100 (February 20, 1898).

130.Vizetelly (1904), pp. 467-480.

131.Ellmann (1988), pp. 530, 540.

132.Wilson (2001), pp. 14, 22.

133.Iain R. Smith, in Lowry (2000), p. 26.

134.Speech in French parliament, Brisson (2001), p. 28.

135.Vaïsse (2004), p. 30.

136.Macnab (1975), p. 235.

137.Ibid., p. 53.

138.Ibid., *passim*.

139.Wilson（2001）, p. 160.

140.Tracy（1998）, pp. 2, 13.

141.Clarke（1992）, pp. 53-54.

142.Andrew（1986）, p. 35.

143.Tracy（1998）, p. 80.

144.Ibid., p. 271.

145.Brisson（2001）, p. 97.

146.Andrew（1968）, p. 116.

147.Hyam and Henshaw（2003）, pp. 98-99.

148.Andrew（1968）, p. 114.

149.Ibid., p. 91.

150.Ibid., p. 106.

151.First Lord of the Admiralty, Lord Selborne, in Wilson（2001）, p. 161.

152.Kennedy（1976）, p. 215.

153.Andrew（1968）, p. 116.

154.Taylor（1971）, p. 404.

155.MAE Papiers Delcassé: Angleterre Ⅱ, vol. 14（March 15, 1903）.

156.A senior French diplomat, in Andrew（1968）, p. 195.

157.Cutting from *Morning Post* (May 1, 1878), in RA.

158.APP Ba 1064.

159.APP Ba 112: daily reports to prefect of police（April-May 1903）；

see also Joly (1998), pp. 331-332.

160.RA PS/GV/Visits/France/1914/12; and X32/306.

161.APP Ba 112 (May 2 and 3, 1903).

162.Cambon to Delcassé, July 31, 1903, MAE Grande-Bretagne (nouvelle série), vol. 14, fo 136.

163.Bodleian Library, Monson Papers, MS Eng. Hist. c. 595, fos 108-109.

164.RA PP/EVII/B2164.

165.MAE Grande-Bretagne (nouvelle série), vol. 14, fo 137.

166.RA VIC/W 44/49 (our translation from French original).

167.MAE Grande-Bretagne (nouvelle série), vol. 14.

168.Andrew and Vallet (2004), p. 23.

169.Taylor (1971), p. 413.

170.RA VIC/W 44/49.

结论与异见

1.Rendall (2004), p. 599.

插曲：各种观感

1."Dictionnaire des Idées reçues," in *Bouvard and Pécuchet*.

2.John Keiger, in Mayne et al. (2004), p. 4.

3. 例如，在法国，非法行为较少，更加乡村化，因此社会更易被掌控。另一方面，法国夫妇通常生育更少的孩子，但他们结婚更早，生育更早，然后采取避孕措施；英国夫妇结婚更晚，孩子也更少，这可能是因为性生活不频繁。（感谢 Simon Szreter 提供这一信息。）

4.See discussion by Crouzet (1999).

5.Brisson (2001), p. 11.

6.School book, in Maingueneau (1979), p. 273.

7.Pemble (2005), p. 58.

8.Brisson (2001), p. 58.

9.Pemble (2005), p. 58.

10.Taine (1903), pp. 277-278.

11.Arnold (1960), vol. 9, p. 71.

12.Bellaigue (2003), p. 35.

13.Demolins (1898), p. 12, 51.

14.Taine (1903), p. 25.

15.*Le Rire* (November 23, 1899).

16.*Fortnightly Review*, 1888, in Marandon (1967), p. 230.

17.Roudaut (2004), p. 230；Gibson (1999), pp. 51-52.

18.*La Guerre fatale: France-Angleterre*(1902—1903), in Cornick (2004b).

19.Maingueneau (1979), p. 61.

20.*Le Canard Enchaîné* (July 13, 2005), pp. 1, 8.

21.Cornick (2004b).

22.Tracy (1896), p. 7; Du Maurier (1998), p. 79.

23.Demolins (1898), p. 52.

24.Taine (1903), p. 25.

25.*L' Assiette au Beurre*: "Les Anglais chez nous" (January 3,1903).

甜蜜的世仇

下

Britain and France, the History of a Love-Hate Relationship

Robert Tombs
Isabelle Tombs

英国和法国，
300年的爱恨情仇

［英］罗伯特·图姆斯
［法］伊莎贝尔·图姆斯
——著——

冯奕达
——译——

That Sweet Enemy

中信出版集团 | 北京

目 录

第三部 生存 … 709

第十章：止战之战 … 711
- 从协议到同盟，1904—1914 年 … 711
- 英国与法国的防御：1914 年 … 720
- 汤姆大兵与法国人 … 728
- 僵局与屠戮，1915—1917 年 … 742
- 惨胜之路：1918 年 … 755
- 悼念 … 761

第十一章：失去和平 … 764
- 令人失望的悲剧：巴黎与凡尔赛，1918—1919 年 … 764
- 疏远：1919—1925 年 … 781
- 五味杂陈：1919—1939 年 … 789
- 通往黝黯深渊：1929—1939 年 … 796

第十二章：辉煌时刻，惨淡年代 … 815
- "假战"：1939 年 9 月—1940 年 5 月 … 816
- 大难临头，1940 年 5 月—1940 年 6 月 … 824
- 丘吉尔与戴高乐 … 851
- 扛起洛林十字 … 857
- 添柴加薪 … 870
- 解放：1943—1944 年 … 883

结论与异见 … 894
- 战间期 … 894

I

  第二次世界大战 895
插曲：法国人跟莎士比亚——另一场法国大革命 898
注释 901

第四部　重振 921
第十三章：寻求定位的失落帝国 924
  欧洲远景，1945—1955年 925
  帝国溃败：1956年 933
  欧洲的复仇，1958—1979年 942
  尊大自满与堕落之乐 960
第十四章：貌合神离 968
  法国的欧洲？英国的欧洲？拿破仑对上亚当·斯密 968
  咫尺天涯 992
  大小很重要 1011
  欧洲战斗民族 1019
  2005年：似曾相识又一回 1047
结论与异见 1055
注释 1058

后记：抽丝剥茧 1074
致谢 1086
注释缩写 1089
全书引用书目 1090

II

第三部

生 存

甜 蜜 的 世 仇
英国和法国，300 年的爱恨情仇

　　为了从历史上两起最具毁灭性的战争中生存下来，法国人与英国人并肩作战。经历了恐怖的试炼与苦难之后，他们两度以胜者之姿现身，并且在凯旋的时刻互相致上大方而真心的敬意。但两国彼此并不了解。无论是在政府层面还是大部分的公民之间，两国都无法建立信任与长久的喜爱（当然偶有例外）。连在情势最好的时候，同盟关系也是怨恨的潜在来源，毕竟伙伴会追求不同的目标，还会试图将若干苦难的负担转移到对方身上。第一次世界大战自不例外。两国人民曾为了"一场止战之战"而奋斗，但法国与英国在战间期的数十年间缺乏团结，灾难性地粉碎了两国（以及全世界）的希望。虽然两国是第二次世界大战的胜利国，但在战争期间不同的命运，却进一步种下了不信任的种子，也创造出迥异的民族神话。

第十章：止战之战

> 有人主张，我国与法国之间没有成文的条约结合彼此，严格来说这是对的。我们没有约定要履行的义务。但《挚诚协定》既成，而且经过巩固，经受了考验并得到了赞扬，并在某种程度上证明了"道德纽带正在建立"。如果《挚诚协定》指的不是在一场合理的争端中，英格兰将支持其友人……那整个政策就没有意义。事实将证明，在法国需要的时候支持之，才是我国责任与利益之所在。法国并未试图挑起争端，是争端找上了她。
>
> ——英国外交部备忘录，1914 年 7 月

从协议到同盟，1904—1914 年

> 法兰西……这个国家与这个民族，其想法、目标、理念是我们所能了解，也知道其极限的……双方如今没有恐惧，也没有感伤……法国已经变得保守……敏感、审慎，提防自己的老迈。
>
> ——乔治·桑德斯（George Saunders），外事记者[1]

> 《挚诚协定》并非一纸盟约。人们或将发现其完全不具实质内容，而是以防紧要关头。
>
> ——外交官艾尔·克劳（Eyre Crowe），1911 年[2]

20世纪初，英国人无论是抱着赞赏还是不以为然的态度，都已不再害怕法国，他们倒是担心俄国，也开始对德国有所警惕。法国人很少对英国特别有好感，但他们把《挚诚协定》当成面对德国时的潜在保障——法国人不只认为德国人是历史上的大敌，更是卷土重来的威胁。然而，《挚诚协定》并非两国关系更为亲密的证据。如果说有哪两个欧洲国家长期认为彼此关系匪浅，那就是英国与德国了。它们是非常重要的贸易伙伴国。自由派称赞德国人的认真与效率，左派羡慕德国社会民主党与工会的大规模组织，知识分子则称许其大学。德国骑兵军官会参加皮特奇里（Pytchley）与阔恩（Quorn）等地的打猎比赛。德国学生会获得罗德斯奖学金并前往牛津就读，法国则几乎没有学生念英国的大学。海军将领阿尔弗雷德·冯·提尔皮茨（Alfred von Tirpitz，他策划了德国带来的海军挑战）把自己的女儿送到了切尔滕纳姆女子学院（Cheltenham Ladies' College）。[3] 法国人跟英国人之间就很难看出这种自发性的联系，只有我们先前提到的艺术、文学界例外。法国与英国的外交官、政治人物，在文化与社交上经常出现分歧。鲜少有法国政治人物造访英国［乔治·克列孟梭（Georges Clemenceau）是明显的例外］。双方试图组织友谊活动以拉近距离。最有名但后来为人所遗忘的是1908在伦敦举行的法国-英国科学艺术产业博览会（Franco-British Exhibition of Science, Arts and Industries，人称"Franco"），场馆则是专为此博览会所兴建的"白城"（White City）。[4] 官方还有许多其他的善意表现，包括尼斯与比亚里茨的维多利亚女王像，以及戛纳和巴黎的爱德华七世像。

没有人确定英国会在任何欧洲战事中与法国成为盟友。两国都有若干颇具影响力的声音,想抵抗对《挚诚协定》的兴奋之情。阿瑟·詹姆斯·贝尔福(Arthur James Balfour)是签订《挚诚协定》时的首相,他完全不知道"应该对这英法协议有何期待,甚至还准备明天就跟德国签署协议"。[5] 法国只对喜爱大把钞票的勇武保镖俄国抛媚眼。但英国与俄国的关系就比较冷淡了。海军部与印度政府认为长远而言,俄国与法国仍然是全球的主要威胁。无论是巴黎还是伦敦,都有人担心本国做了过多让步,更不妙的是,对方恐怕会把自己拖下水,迫使自己不情不愿地参与一场对德冲突。

让局面彻底改变的,则是柏林的举动——如此无法预测、教人困惑,甚至至今仍没有人能确切诠释之。德国在 20 世纪初打造了一支短程战舰舰队,唯一的目的就是威胁英国的本土安全。1905 年 3 月,德国干预英法之间让法国取得摩洛哥的协议。原因是要让全世界看到,尤其是让法国看到,没有任何协议能在缺少德国的认可、以牺牲德国为代价的前提下成立,继而显示《挚诚协定》不值一哂。法国政府如坐针毡。策划《挚诚协定》的德尔卡塞在 1905 年 6 月被迫下野。但结果却跟德国在那几年里的外交举措一样,与原本的意图背道而驰:英国与其死敌俄国的关系越来越近。爱德华·格雷爵士(Sir Edward Grey)自 1905 年起担任外交大臣,他写道:"一纸俄国、法国与我国之间的友好协议绝对能成。只要是钳制德国所必需,就能签成。"1906 年 4 月,他开启磋商,结果就是 1907 年 8 月的英俄协约。但在殖民问题上,英国与法国,以及英国与俄国之间仍然彼此猜疑与不满,直到 1914 年。

1911 年,德国第二次试图就摩洛哥事务施压,派出炮舰"黑豹号"到阿加迪尔"保护"德国侨民。(德国政府还特意派人去当"被保护者"。)

甜 蜜 的 世 仇
英国和法国，300 年的爱恨情仇

德皇担纲舞台上的恶棍，让法国与英国团结一致。时人已习惯将法国画成漂亮的农村女孩了。

此举惹恼了英国人，他们认为派战舰是自己的特权。财政大臣大卫·劳合·乔治在伦敦市场官邸发表了一场措辞强烈但内容模糊的演说，实则意在威胁与德国开战。没人想为了摩洛哥打仗，就像过去没人想为南非打仗，但这场演讲确实是欧洲外交冲突日深的一个迹象。相关国家的政府与人民开始认为大战可能爆发，甚至为此准备。英国人意识到了（或许是夸大了）德国的野心。许多德国人认为英国傲慢、暴虐而腐败（其实许多法国人也这么觉得）。但柏林实际上的外交方针与全球争霸的反英幻想相去甚远——德国的外交虽然前后不一致、咄咄逼人，但并非妄自尊大。

劳合·乔治的演说之所以重要，是因为他是激进派领导人，也是前"亲布尔派"。尽管他措辞强烈，1905年上台的自由派却比他们的托利前任更爱好和平、不亲法国、支持德国以及反对俄国。多数的自由派希望安抚德国，拒绝对法国做出任何承诺。格雷的外交政策因此必须模棱两可，甚至欺瞒。格雷是一个老辉格世家的后裔，也是一位内省的赏鸟人士，他温和的举止掩盖了他令人惊讶的不懈毅力。他必须权衡国防安全所必需者与自由党及其工党盟友所能忍受者——大致上就是不带威胁、有原则、不倾向俄国的举动。格雷与兰斯当、索尔兹伯里等保守党前辈不同，他不会讲法语。保罗·康邦（自1898年起担任大使，却从不待在伦敦）不会说英语。两人以极慢的速度、咬字清晰地使用各自的母语交谈。不出所料，英国政策中的细微巧妙之处（法国人倾向认为那叫背信与伪善）就在传达过程中不见了。不过，双方真正的误会不在语言，而在政治——这是格雷的模糊、讳莫如深，以及有时候傲慢的口是心非，跟康邦执着于逻辑、一厢情愿的看法加在一起的结果。对康邦来说，他希望有个法国－英国同盟：无论自由派政府与其威斯敏斯特的追随者怎么想，只要顺着之前的协议，同盟便理所当然，必须视为已经存在。英国与法国将领开始秘密会面，商讨如何将英国陆军派到法国（假使有必要）。有关单位鼓励低阶将领友好接触。陆军部行动指挥官亨利·威尔逊（Henry Wilson）将军是个热情亲法的爱尔兰阿尔斯特人，放假时会到法国骑单车，侦察地形。他甚至在法国某个1870年战场的战争纪念碑上留下一小张地图，当成凭吊的祭品，上面画了他规划的英国部队移防动向。[6] 两国达成协议，让皇家海军集中军力于近海，面对德军舰队，法国海军则着力在地中海。1912年11月，格雷与康邦鱼雁往返，确认当战争威胁出现时，两国对于采取的行动有共同认知。英国人坚持以口头承诺，否认有任何义务。法国人希望两国"要立即考虑共同行动的方式"，但英国人只愿同意"与对方讨论是否要共同行动……以及假使共同行动，双方准备采取何种手段"。[7] 这让格雷与阿斯奎斯得以向议会保证英国未受任何承诺所约束。法国人认为，假如自己成了德国侵略的受害者，英国将会支持自己。格雷希望发生这种情况时，舆论会明确要求介入。但1914年4月时，一位外交部高级官员仍认为"假使欧陆爆发战争，我国派出任何远征军的可能性仍微乎其微"。[8]

1914年7月，灾难降临。战争随着塞尔维亚、奥匈帝国与俄国之间一场背地里的争端而起——这正是自由派与自由派的媒体最不愿卷入的那种冲突。"我们对贝尔格莱德毫不关心"，《曼彻斯特卫报》如此表示，"贝尔格莱德对曼彻斯特一样毫无兴趣"。[9] 格雷察觉到，英国人认为法国之所以被卷入事件，只是因为它"不幸跟俄国的争端牵涉在一起"。阿斯奎斯的想法跟自己的政策有所抵触，内心一直天人交战。他在8月2日的日记中写道："无论对法国还是对俄国，我们都没有任何义务给予其陆军或海军的援助……我们绝不能忘记我国与法国长久而亲密的友谊所建立的纽带。"[10]

德国在8月1日对法国宣战。这是长久以来的既定计划：为了因应与俄国开战，就必须先消灭法国。阿斯奎斯、格雷与其他若干自由派（尤其是温斯顿·丘吉尔），还有多数的保守党以及许多外交官与军人，皆相信防止法国战败不仅有益于英国的国家利益，英国也有这么做的道德义务。格雷后来写道，"德国……原本有机会成为欧陆全境与小亚细亚的霸主"，而这将意味着"英国的孤立，无论担心她介入还是希望她介入的人都会痛恨她；德国终将掌握欧陆大权"。[11] 丘吉尔认为在负担不大的情况下，英国的干预将有决定性的影响，有限的驻军便能造成强烈的道德、政治甚至战略影响，重责大任则由皇家海军负担。总之，"英国陆军现身与否……非常有可能决定法国的命运"，但"海战代价才低"。格雷甚至声称，置身战争之外或是参战，英国受到的实际影响都一样大。[12]

英国政府面临垮台危机：如果内阁拒绝援助法国，阿斯奎斯与格雷就会辞职；但若内阁同意援助，至少有三到五名阁员也会辞职。自由党的后排议员强烈反战。[13] 假如政府垮台，包括保守党阁员在内的联合政府会倾向介入，但英国国内肯定会严重分裂，行动将因此延宕，跟法国的关系也会紧绷。正当内阁深入地反复商讨时（一位反战的阁员说："要下定决心不做决定。"[14]），格雷拼命争取时间，告诉德国人他们不该指望英国人保持中立，也告诉法国人他们不能指望英国的协助。康邦正经历"我一生最黑暗的时刻"，他痛陈"'荣誉'这个词是不是该从英语辞典里划掉了"。[15] 与他同为大使、驻巴黎的弗朗西斯·伯蒂爵士（Sir Francis Bertie）感到"恶心、耻辱……今天这儿还喊着'英格兰万岁'，明天说不定就是'背信弃义的阿尔比恩'了"。[16] 他开始要使馆做好准备，以防暴民袭击。

8月2日，德国为了绕过法国边防、从后方袭击法军而入侵中立的比利时，结果却终结了英国的两难。英国在《伦敦条约》（1839）中承诺捍卫比利时的中立。《伦敦条约》表现了英国外交政策中最古老的一项原则：低地国港口是入侵英格兰的跳板，因此有必要让潜在的敌人（在当时自然是法国）跟当地保持距离。保卫比利时既是英国

717

介入的托词，也为英国参战提供了真正的理由。然而在内阁看来，如果"支持法国对英国利益至关重要"这种观点站不住脚，保卫比利时就不能够成为参战的充分理由。劳合·乔治等犹豫不决的阁员知道，辞职只会让自由党与保守党联合政府上台，最后还是会介入。至于在民众眼中，比利时的遭遇显示这是一场义战——德军对平民犯下的野蛮暴行则证明他们的印象是正确的。

争议此后始终不断。战争刚刚开始，就有人争辩说，如果英国公开而明确地表示它是否参战，那么德国或法俄同盟就会撤退。历史学家如今同意，其他政府决策时，并未考虑英国是行动或不行动。各方大多希望冲突尽快取得结果，但柏林与巴黎方面都相信英国陆军弱到不足以影响战局。法国人（与俄国的关系比和英国的关系更紧密）希望得到政治、经济与海军的支持，但认为英国部队出现在法国只有象征作用。1909年，威尔逊将军询问其友人斐迪南·福煦（Ferdinand Foch）将军，假若战争发生，英国至少要派多少人才能有用。福煦回答："一个二等兵就好，要是他阵亡，我们会妥善处理的。"[17]

第二个争议分量更重，跟战争的广泛影响有关：1914—1918年的极大苦难与毁灭让欧洲受到永久的打击，使英国衰落，为后来的灾难创造了条件，但似乎没有政治目标值得用这一切来换。将近100年后，我们倾向于认为这场战争不值得打，不仅其目标昙花一现，追求国家威望等陈旧的价值更是徒劳而没有意义。当然，多数参战国并不做如是想。各方民众皆深信自己不只是在捍卫国家、抵御侵犯，更是为普世价值而战。法国与英国国内迅速形成以下观点——自己是在捍卫正义、民主与文明，对抗"军国主义"的暴行，因此打的是诗人贝玑所说的"终极一战"（La Dernière des Guerres），或是如赫伯特·乔治·威尔斯（Herbert George Wells）的名言所说，是"止战之战"。人们的观念改变了。但纵使是现在，人们也无法想象民主国家面对类似德国在 1914 年发动的侵略之举时，不会以武力反击之。

1914 年时，鲜少有人甚至是没有人意识到工业化的战争能有多恐怖。协约国经历 4 年屠杀后得不偿失的胜利，会不会比让德军迅速取胜（假设这是英国拒绝援助法国的结果）更加惨痛？这仍有争议。像这样的判断少不了后见之明，但我们能确定事后的认识就一定正确吗？主张介入的人担心德国战胜意味的不是和平，而是对英国与海外帝国的进一步侵略（或许是在法国与俄国默许的情况下），迫使英国打一场惨痛的战争，以毁灭、失去独立而告终。我们或许认为这太戏剧性了。但如果乐观地以为英国的中立与德国的胜利意味着长远的和平，认为英国与其帝国将完好无缺，认为这只不过会创造出由开明的德国霸权主导的欧盟前身，这也同样不具说服力。[18] 我们不可能知道德国若全面胜利，会对胜利国与战败国造成什么影响。毫无疑问，欧洲的自由与民主政府不会因此向前发展，甚至无法保存下来。德国、俄国、奥地利与法国尽数由极权政权统治，低地国、北法与东欧的众多人口则在违逆其意愿的情况下被战胜国吞并——这样的局面完全有可能出现。殖民地人民也不会从战争与分裂中得益。格雷担心，凯旋后的德国将不会满足于称霸欧洲，而是会把英国当成下一个目标。他的担忧在当年言之成理，如今来看也相当可信。

英国与法国的防御：1914 年

> 我们……与我们英勇的盟友在法国与比利时并肩作战，这不是出于傲慢而发动的战争，而是要维护我们国家的荣誉、独立与自由。我们并未侵犯中立，也没有违反任何条约……秉持着对我们公义目标的信心，对我们光荣尚武传统的骄傲，以及对我国陆军效率的信念，我们一同前进，为上帝、国王与国家而战而亡。
>
> ——约翰·弗伦奇爵士（Sir John French），《当日训令》[19]

英国在没有行动计划的情况下，于 8 月 4 日参战。直到最后一刻，当局才决定派出英国远征军（British Expeditionary Force，简称 BEF，原先是规划到印度效力，抵抗俄国）——两天前，阿斯奎斯才说"绝不可能"有此等冒险之举。[20] 当时似乎别无选择。海军计划在德国海岸登陆（让人想起老皮特的美好时代），但陆军出手阻止。远征军以令人印象深刻的效率抵达法国。用了 1 800 趟特殊专列、240 艘征用船只、16.5 万马、伦敦巴士与货车（有些车上还写着 HP 酱是"世界性的开胃食品"）——一位法国人回忆称当时"无边无际的车队"，"装载着培根、茶和柑橘酱"——战争开始才 16 天，一切便已在法国到位。[21] 远征军中某些部队带着木髓头盔，好像殖民地官员；最早登陆的部队是穿着苏格兰短裙、带着风笛的高地兵团，这让布洛涅居民大吃一惊。现代多数陆军的卡其布制服会让某些人想到高尔夫球服。军乐队演奏《马赛曲》，士兵把硬币丢给小孩。法国人以大量的酒回敬，甚至如甚嚣尘上的传闻所说，有出于爱国的性招待。一名士兵回忆当时称："在那天身为英格兰人可真好；那时，英格兰人能在法国正眼看法国人的脸,感觉真棒。"[22]

人们常说英国远征军是英国有史以来最精锐的陆军。这支部队确实比英国以前用于开战的部队都要出色。军方在南非得到教训:步兵接获的指示要求他们精准而快速地射击,骑兵则能选择在马上或徒步作战。部队士气高昂:"我们的座右铭是:'我们能行。要做什么?'"[23]但部队人数太少。战争之初,远征军囊括联合王国几乎所有的正规军,加上补充的后备役(总数的60%)约有11万人,其中7.5万人为战斗部队。但德军有170万人,法军有200万人。新任陆军大臣是陆军元帅基钦纳勋爵,他向远征军指挥官陆军元帅约翰·弗伦奇爵士下指示,要他别期望会有多少援军,因此必须避免严重的伤亡。即便如此,当局仍估计在6个月的战斗后,远征军会有75%伤亡或被俘。[24]事实证明还是低估了。

无论英国人还是法国人,都对彼此的打算没什么概念。由陆军将领约瑟夫·霞飞(Joseph Joffre)指挥的法军,一直不确定他们称之为"W陆军"的英军会不会出现,也不确定假设出现的话会有多少人,因此没有规划英国远征军的工作内容。根据先前的协议,英国远征军将在法军左侧集结,包围比利时边境附近的古老城塞莫伯日(Maubeuge)。他们左右则有一支法国骑兵团(在军队侧翼的空旷地带巡逻)以及若干年迈的法国义勇军。远征军依靠法军的计划,也没有做好局面有变时的撤退计划。[25]人们八成觉得危险远在天边,毕竟主要的战斗预料将发生在东边150英里外的德国边境上。

长久以来,人们(包括畅销小说家)都认为德国人会派军进入比利时,但法国最高指挥部坚持己见,认为只会是佯攻。到了8月中旬,多方(包括基钦纳)皆推断不只如此。事实上,比利时正是声名狼藉的施里芬计划（Schlieffen Plan）之矛头所在。施里芬计划意在击溃法国，借道比利时中部与法国西北直至巴黎，施以决定性的打击，从法军主力背后攻击之。这份计划（如果成功的话）预计在几周内结束西边的战事，让德国与奥地利调动主力对付俄国。

没有人预料到，刚刚抵达的五个英国师将直接站在德军右勾拳挥动的路径上：这可是有34个师，58万人啊。比利时人决定抗击，并促请盟军支持。英国远征军与法国部队推进到比利时，希望能阻止德军的攻势，但此时他们仍大大低估了德军。几位年轻的英国军官在夜色降临时领悟到真相：

傍晚宁静、和平而美好……有条狗对几头羊吠叫。一个女孩唱着歌，从我们后方的小巷走过……接着连片刻的警告都没有，突然间发生的事让我们跳起来……我们眼见整条地平线成了一片火海……恐怖的寒意笼罩了我们……我们感觉好像有什么恐怖的事情将要抓住我们，毫不留情。[26]

英国远征军在附近的工业城镇蒙斯（Mons）挖起掩体。急行军的德国人并未发现远征军在此，于8月23日发生交战——这是自滑铁卢一役以来，英国人首度在西欧作战，地点距离滑铁卢30英里。英国人步枪开火，给密集纵队带来5 000～10 000人的伤亡，火线之密集让德军以为自己碰上了自动武器。但远征军人数处于1∶3的劣势，右翼的法军又突然撤退，他们只好退兵，在26日于勒卡托（Le Cateau）的另一场迟滞行动中作战，而且同样寡不敌众。这一回他们损失惨重得多，被迫在十天内沿挤满车辆与难民的道路迅速后撤100

英里，在令人挥汗如雨的高温中艰难行进，后头还有德国骑兵追赶。部队仓皇撤退，有一部分得怪他们的指挥官约翰·弗伦奇爵士——他在南非是位光鲜亮丽的骑兵指挥官，但法国的情况超出了他的能力。新盟友之间的不信任与误会差点造成灾难。右翼的法军突然撤退，吓坏了约翰爵士。率领这支部队的是指挥无能、心高气傲、不顾英国人的查尔斯·兰瑞扎克（Charles Lanrezac）将军。双方的高阶指挥官没有能力以对方的语言沟通，让情况雪上加霜，重责大任因此落在低阶联络官的肩上，例如能通双语的陆军中尉爱德华·斯皮尔斯（Edward Spears）——他出身国际化的法国－爱尔兰家庭，不仅出生于法国，成长时也大多在此。有些文化障碍比语言障碍更神奇：一名英国军官被法国人逮捕，抓到他的人怀疑他是间谍，这时居然要他脱掉衣服，提供"一些证据证明你是英格兰人"。实在不晓得法国人到底期待看到什么。[27]

弗伦奇的目标变成拯救麾下的英国远征军，使其免于歼灭的危险，不管盟友打算怎么做。他一度打算冲向海岸，几乎成了1940年事件的预演①。他在9月初抵达巴黎近郊，要求脱离战线两周以休整部队——这是个疯狂的念头，战争都到了决定时刻了。阿斯奎斯写道："我们都觉得此举错得离谱，因为他将从此……给我们的盟友留下口实，说英格兰人在紧要关头遗弃他们。"[28] 基钦纳赶往巴黎，告诉他继续战斗。约翰爵士的恐慌从某种程度来说是可以理解的，毕竟法军似乎深陷危机，许多英国军队一直没停下撤退的脚步，平均每晚只睡3小时。超过两万人阵亡、负伤、被俘，或是掉队。[29] 一名龙骑兵事后回忆了当

---
① 这里指1940年的敦刻尔克大撤退，英法联军于敦刻尔克成功撤离欧陆之事。——译者注

时人困马乏的处境："我不止一次从马上跌下来……痛可以忍，食物可以讨到，但想休息的渴望永无止境。"[30] 幸好追击的德军情况也没好多少，他们的卡车几乎都坏了，马几乎都死了，人也都精疲力竭。

到了9月5日，德军已经大致沿巴黎东边的马恩河（River Marne）摆好阵势，最近的军队距离巴黎城墙仅约20英里。霞飞从东线抽调数个师以遏阻这一回的攻势，他下令将任何表现怯懦的人就地正法，并撤换无能的将领。兰瑞扎克亦在其列，改由气宇轩昂的弗朗谢·德斯佩雷（Franchet d'Esperay）接任，英国远征军很快对他满心敬佩，称呼他"敢死法兰奇"（Desperate Frankie）。霞飞再三请求弗伦奇加入大反攻："元帅阁下，法兰西恳求你。"约翰爵士先是艰难地用法语回答，接着爆粗口："该死，我不知道怎么说。就告诉他咱们的小伙子会跟别人干一样的活。"[31] 远征军偶然发现自己正对上德军第一集团军与第二集团军之间的一个巨大缺口，那里只有一支骑兵队把守。根据一位可靠的法国历史学家所说，"尽管有霞飞的请求与压倒性的人数优势，英国人进攻时却带着严重的怯态，完全没能利用局部取得的成功"。[32] 远征军确实一直小心翼翼，但"马恩河奇迹"本来就不以快速或决定性的行动为特色：所有军队都已力竭。真正的奇迹是，德军司令部居然认定自己打输了，继而在9月9日—14日后撤到30英里外的埃纳河（River Aisne）。这代表德国迅速击溃法国的计划失败了，但德军仍让法军在五周的战斗中出现38.5万人的伤亡。[33]

英国历史学家经常强调英国远征军的关键角色。部队正好出现在险要位置，扭转马恩河战役的局势，延缓了德军的攻势。这种观点肯定了那些在战争爆发时力主介入者的主张：假使远征军没有出现在那儿，或者晚几天抵达，德国便会征服法国，世界史就此不同。然而，法国历史学家却鲜少承认有欠这么一份情。就他们看来，是法国陆军阻挡了德军入侵，远征军扮演的角色微不足道。很难说远征军是否对延缓德军先锋部队的攻势有决定性的影响，因为德军也精疲力竭、缺少补给，还将部队分散到其他前线，无论如何都会停下脚步。"马恩河奇迹"是场超过100万人参战、战线长达100英里的庞大军事行动。英国人战斗不多，仅1701人伤亡。相形之下，法军损失了8万人。相较于实际的作为，远征军的重要性在于德军担心其可能的动向：他们决定，只要英国人渡过马恩河（英国人在9月9日过河），就要撤退。[34] 因此，远征军确实对德军突然丧失信心有所贡献，而这正是马恩河战役的主要战果。

1914年剩余的时间里，双方为了尽快取胜而不断奋斗，彼此都想从西北方包抄对手。英国远征军重新部署在协约国战线的左翼，靠近自己的补给港。10月和11月，法国人、英国人、印度人与比利时人在比利时城镇伊珀尔（Ypres）打了场血腥的防御战——有四场战役在伊珀尔的废墟上打响，一场比一场血腥，这回是第一场。此后，战线便固定下来。原本的远征军几乎彻底消失，9万人伤亡或被俘，而且有2/3发生在伊珀尔。许多远征军中的团减员到仅剩100人；3个月前，第二高地轻步兵团在奥尔德肖特（Aldershot）集结时有600多人，如今只剩30人。到了1914年底，法军有99.5万人伤亡或被俘，德军则有80万人。这几个月是整场大战中伤亡最惨重的月份——军队在开阔地的交手，远比最惨烈的堑壕战更致命。[①][35]

---

① 以阵亡人数而论，法国陆军在1914年每月大约6万人死亡，1915年每月3万人，1916年每月2.1万人，1917年每月1.4万人，1918年每月2.2万人。——作者注

这一年不如多数人所期盼的，战事并未结束。法军与法国政府十分强大且坚韧，并未被施里芬计划击倒。这场战争将化为一次令人肠断的耐力、鲜血与财富的考验，而德国从来没有赢的可能。基钦纳很早便预料到这是一场长期抗战，英国将首次招募一支大军。他警告法国人，英国其实没有更多部队可用，毕竟"把没受过训的人送上战线，几近于谋杀"。因此，"直到1915年晚春之前，都不能期待英国对实际战力有非常重要的补充，而且……要到1917年夏天……英国陆军才能拿出全部兵力"。[36] 目前，法国人得承担杀戮的正面冲击。

德国人占领了煤田、铁矿与法国北部的工业城市。因此法国人在巴黎、里昂与图卢兹新建工厂，香水厂改生产炸药，山谷里也盖了数十座水力发电厂。法国兵工厂及时将大炮、机枪，以及后来的飞机与坦克供应给塞尔维亚人、俄罗斯人，最后则是美国人。[37] 但一切皆依赖英国的钱、煤矿、钢铁与船只，毕竟德国夺取了法国75%的煤产量与63%的钢材。法国政府原打算以黄金储备应对短期战争，但早从1915年4月起，当局便非得向英国借贷15亿法郎，才有资金向美国、加拿大与英国采购，而这只是许多笔借款中的第一笔。1916年8月之后，法国便依赖英国的补助，少了这些钱，仗就打不下去。这让人想起1688年以来的每一场战争：英国为欧陆盟友提供金援，以防敌对势力称霸。在现代条件下，两国的经济少不了前所未有的控制。协约国成立联合采购权责单位，如此一来，各国才不会在小麦、糖等商品上彼此竞价，抬高其整体的价格。随着战争继续，经济共生关系不断加强。英国与美国的进口对武器生产至关重要。法国平时与欧陆邻国的陆上贸易已经停顿，因此需要出口英国，以维持平民就业，并遏止贸易逆差。截至1917年，法国已有超过60%的国民生产总值消耗在战争上——堪比苏联在第二次世界大战期间的情况。[38]

双方为钱争吵，导致长久的不满——法国人怀疑英国人从战争中获利，英国人则对法国人想保留黄金储备，同时却花英国提供的补助而恼火。多数的进出口货物得由英国船只载运，而且需求越来越大，这实际上等于让法国经济受到英国人监管。英国政府征用所有船只，限制非必要商品进口英国（包括对法国经济至关重要的奢侈品），为食物与原料腾出装载空间。当局坚称，法国人如果想用英国的船，就该遵守同样的规矩。1916 年 9 月，英国的领事报告说有 200 艘商船在法国港口中闲置，英国政府于是开始从法国业务中抽回船只。此举延缓了煤、钢进口与武器生产。有人指控英国船只遭到"滥用"，两国媒体对此都有愤怒的评论。法国政府同意释放更多铁路运量，以加速船只装运与卸载——这意味着限制平民出行与军人的探亲。英国与法国经济处于官方的联合控制之下，由跨盟国的权责单位负责购买、分配商品，目标是让所有协约国公民担负相仿的经济负担。到了 1917 年 11 月，英国与法国实际上等于将各自的经济资源集合起来。两国还创建了一个专门的机构，向美国购买补给。法国贸易部长艾蒂安·克莱门特（Etienne Clémentel）希望这个联合贸易体系在战后继续下去，作为对德国经济宰制的屏障。他会讲英语的助手让·莫内（Jean Monnet），则在第二次世界大战让这类思想重出江湖。

法国的部长们知道管制有其必要性，但把不受欢迎的限制怪罪到英国的压力，对政治确有大用。英国大使伯蒂警告："人们倾向……认为我们利用法国与德国的对抗，纯为我们自己的益处。"英国工会成员前往法国，试图让法国社会主义者相信英国并非为利润而战，连学校教师代表团都去了。曾在法国求学的历史学家赫伯特·阿尔伯特·劳伦斯·费雪（Herbert Albert Laurens Fisher），在1916年执行官方交派的任务。他观察到人们没有意识到英国人的付出，甚至"实际上是贬低英格兰在战争中扮演的角色"，特别是在让法国人饱受苦难的凡尔登战役之后，对此他表示忧心。但白厅不喜欢做宣传，也很少在法国为英国辩护。大使在自己的日记中写道，许多法国人相信英国"正因战争而富，因此我们希望战争延长下去，拖得越久，我们越能确保将全世界的贸易……掌握在自己手里"。[39] "迦太基"活得好好的。

汤姆大兵与法国人

只要战争结束，
英格兰士兵就会离开。

——歌谣

英国远征军在1914年8月登陆时，布洛涅市长呼吁向"英勇坚定的英国部队"致上"热情、友好的欢迎"。基钦纳担心欢迎会超乎友好，于是提醒要抵抗"酒和女人的诱惑。诸君必须坚定抗拒两者的诱惑……以完美的礼节对待所有女性，避免任何亲密互动"。[40] 人们鲜少如此热情地违反一位将帅的命令。

到了1917年夏季的高峰期，有超过200万"英国"部队（包括印度人与自治领人）驻在法国。整个战争期间有超过500万人在法国服过役，这是两个民族间有史以来最密集、人数最多的直接接触，也是英国人经历过的最大规模"出国"经验。谁知这居然鲜有人研究，[41] 这证明了人们对第一次世界大战的记忆变得多么内敛而具选择性，两国皆埋首于自己的创伤中。因此，我们所能谈论的，既偏重印象，也多少出于猜测。

这种经验之所以很少有人记得（比方说，相较于第二次世界大战期间出现在英国的美军），遗留的感受之所以矛盾，部分可以通过情势造成的限制来解释。双方的接触有地理上的限制。自1915年来，战局多半处于停滞状态，而英国远征军的活动范围也因为政治、实际需求与战略之故，主要局限在西北的三个省——加来海峡（Pas de Calais）、诺尔（Nord）与索姆（Somme），而且还被战壕线切成两半。这个地区有着跟英格兰北部纺织业接触的历史。里尔是法国人学习英语的重镇。鲁贝（Roubaix）有法国历史第二悠久的足球俱乐部，是由英格兰纺织工程师成立的。[42] 驻扎的英国军队庞大可见。许多地方的英国人甚至比法国人还多。当地有英国式的巴士、路标，商店里也有英国广告海报与商品。地名也非正式地英语化了，例如蒙希布雷顿（Monchy Breton）变成"猴子英国"（Monkey Britain），奥康维勒（Auchonvillers）变成"临海别墅群"（Ocean Villas）。军事上的需要让士兵不断移动，从平民人去楼空、满目疮痍的战区，前往后方有人居住的休整区，再经由转运点与基地（主要是亚眠、鲁昂、勒阿弗尔与埃塔普勒）往返英国。军民之间最密切的接触，便发生在休整区。法国多数地方都见不到汤姆大兵，至于确实能看到大兵的地区，也是看到他们在移防。私人的接触因此都很匆忙。更有甚者，军方高层与社会福利机构也设法限制他们与平民的接触，避免部队通过运动、音乐会、培训、食堂、图书馆与旅舍而有"不当行为"。[43] 只有军需库里与交通网上的非战斗部队（人数相当多，包括行政人员、仓管人员、

甜蜜的世仇
英国和法国，300年的爱恨情仇

医务人员与宪兵），才会跟法国平民有持续的接触。

战争同样对社会、经济生活带来限制。法国北部的生活已经毁于一旦，家庭破碎，人们失去生计，陷入贫困。许多民众逃离当地，或是被迫撤离；另一些人则是作为比利时与被占领的北法的难民来到此处的，德国人对这些地方的统治非常严酷。虽然英国远征军是战争的一种展现，这支部队本身也是造成破坏的工具，但它也是个收入来源：相较于法国士兵，英国人有大把的钱，自治领部队的钱甚至更多。一旦1914年8月那种兴高采烈的欢迎过去之后，军人与平民日常的接触就纯属（或者部分是）生意性质：农民与酒吧的店主、店员一起贩卖食物与非法酒类，房主提供住宿，妇女则提供性服务。一位愤世嫉俗的法国官员在1917年表示："英格兰人受喜爱的程度与留下来的钱成正比。"[44]农业为主的社会与多半出身都市的军队之间有不少文化差异，军人经常嫌当地的情况原始："农夫跟他妻子脾气都很暴躁，到处脏兮兮的；我们宁可睡国内的'跳蚤旅馆'，也不想睡房里脏臭的床。"[45]至少有一个营穿着短裤，仿佛自己还在印度，而且"成员待法国平民有如'黑鬼'，拳打脚踢，对他们讲部队里用的印度斯坦语"。[46]许多法国家庭认为强制分配住宿的大批士兵经常喧哗，需索无度的部队更是打乱生活的负担："这一带没有谁是自己房子的主人"。[47]

人们迅速采用洋泾浜英语与法语，克服了语言困难［例如 iIn'y a plus（没了）和 ça ne fait rien（不要紧）就演变成 napoo 和 san fairy ann］。"哦，简单，"一名苏格兰士兵解释，"我只是跟那个老女人说'twa iffs'，她就给我三颗蛋。"有位法国女侍讲得也很流利："先生，等你忙完再说。"（Messieurs, when you'ave finis,'op it.）但写信就很困难，也因此人

730

一旦离开之后关系就很难维持下去了。尽管如此，1916年，一名法国信件检查员震惊于英国士兵离开后，给他们写信的女人如此之多，"好像订了婚一样"。爱尔兰战地画家威廉·奥本（William Orpen）认为，到了1917年"几乎每位法国女孩都能讲一点英语，要是别人听不懂，她们还会非常生气"。[48]

对于这种漫长、反常，而且经常紧张的关系，我们所知多来自信件（受到当局监管，写信者往往也会为了家人而自我审查）、日记、后来写的回忆录与文学作品，此外也来自有关秩序与军纪的军事当局记录——有时候其内容难免影响我们的看法，盗窃、恶意破坏物品、醉酒与嫖妓占据明显位置。盗窃与毁损物品有许多形式。从蒙斯撤退之后，士兵们又饥又渴，只能偷偷在苹果园摘苹果，或是拿走自己能找到的任何东西。来到战区，遭人遗弃或半废弃的房舍与农场，就是生火木料与建材的来源。生火是为了取暖，但火势也会蔓延。虽然德军做法更糟，法军也差不多，但当地人很难因此感到安慰。"白拿"成了驾轻就熟的事情，规模也很庞大。任何能带走的东西——马铃薯、煤炭、稻草、鸡、鸡蛋、牛奶、木头，都可能被人拿走。让宪兵大感挫折的是，团部军官居然对这些行为睁只眼，闭只眼。我们或许会觉得奇怪，这关宪兵什么事？但他们得回应当地民众与市长的抱怨，从1916年起可以说是怨声载道。英国人深信法国人夸大了损失，因为法国人知道军队会出面赔偿。官方军事活动的影响更为严重。马匹在田间吃草，军队操演时也会踩坏庄稼。草料遭征收，牲棚遭占据，打断了农事。土地还被人拿去用，从足球场到飞机场都有。[49]

酒成了法国与英国关系的推动力。少数能在前线附近蓬勃发展的产业中，就包括了酒类生产与供应，这得益于既有的私酿、蒸馏习惯。在某些聚落，每两三间房子就有一间变成酒吧，同时供应食物。"只要酒吧有便宜的红酒，还有鸡蛋跟马铃薯可吃，对我们来说就是天堂。"[50] 当然会有人为价格起争执（不安分的士兵绝对很难应付），但士兵与平民之间合谋哄骗军事当局的例子也很多。年轻的军官罗伯特·格雷夫斯（Robert Graves），对于整个情况感到恶心：

> 我很难喜欢这里的法国人……人们会在其他国家遇到好客的农民，但我在这里从没遇过任何好客的例子，虽然我们正在为他们肮脏卑微的生命作战。他们还从我们这儿捞走大量的钱……每个二等兵每10天会领到一张5法郎的纸钞（将近4先令），接着立刻到当地酒馆把钱花在鸡蛋、咖啡与啤酒上。东西价格荒谬，质量又差……后来某天，我还看到人们用软管取运河的水，加进一桶桶已经很稀的啤酒里。[51]

让他惊讶的是，"英国人与法国当地人之间居然没有发生多少冲突——法国人也很憎恶我们，而且他们深信战争结束时，我们会留下来守住海峡边的港口"。虽然这是一种极端的观点——格雷夫斯一本正经的吹毛求疵更是将其大加渲染——但就连法国政府圈内人，也表现出对战后军事占领的古老恐惧。英王乔治五世前来劳军，邀请法国总统雷蒙·普恩加莱（Raymond Poincaré）共进午餐，但普恩加莱对此坐立不安——他觉得在法国土地上，他应该才是东道主。[52] 至于在没那么高的阶层里，老百姓纯粹是对这么多外国人排山倒海而来感到腻了。

廊酒加热水

有个生动的例子表明法国可以对英国人的行为留下影响,那就是来自兰开夏郡的部队养成了喝香甜利口酒廊酒(Benedictine)的习惯,特别是在酒里掺热水——"廊酒加热水",创造出某种类似温热止咳药水的饮料。这种习惯在战后发展起来,兰开夏郡也变成廊酒消费中心。将近100年后,伯恩利矿工俱乐部(Burnley Miners' Club)仍然是世界上最大的廊酒消费者。

威廉·奥本绘制的《迪耶普》:英国军人爱上了廊酒。

足球

英国人的出现,是否给法国人的生活带来了持久的影响?对此我们所知不多,除了一个重要的领域:足球。一有空闲就开始踢球,情势允许就筹办赛事——英国人这种无所不在的习惯,让法国人与德国人都惊叹不已。德国人认为,英国人把球踢进无人地带并将此作为进攻信号的做法,实在不像军人干的事,因而大为震惊。法国人"无法理解英格兰人何以在足球上耗费这么多生命……而不去为战争操演"。[53]最后,法国第五集团军还是成立了运动队伍,举办盟军间的赛事。法国人显然缺乏经验,"法国球员完全没有能力控球到球门口……他们速度很快,只要多跟英国球队练球,绝对会是优秀的足球运动员"。[54]这种战时经验让足球起飞,成为法国的全民运动。

位于休整区的村落为士兵们提供了一处避风港(他们通常每12天里在此停留4天),他们在这里洗澡、睡觉、吃饭,暂时忘记战争。相较于"一片破烂荒芜,到处都是卡其服"的战壕,这儿简直像首田园诗:"地上长满银莲花与黄花九轮草……在森林的深处,根本不可能听到外界的声音";"这个在战线后方14英里的平静村庄,恢复了我们所有人的心智健康与惯有的奋发精神,我们的亏欠不知凡几。"除了亲近自然,与平民(尤其是女人)以正常人性进行的接触对放松至关重要:"一直看到穿长裤和卡其服的人,已经让人厌烦至极!"[55]在房舍与农庄中寄宿,让人得以培养类似家庭生活的人际关系——借宿的津贴(军官每日1法郎,士官50分,列兵5分)让许多法国家庭得以维持生活。士兵对寄宿家庭的亲切非常感激:一位得到主人家照料的病人说,"他们待我的方式,让我觉得即便是待他们的至亲,也莫过于此"。[56]

法国地方社群变成以女性为主,毕竟年龄18～50岁的男性已经接受征召,到英国驻扎区以外的地方作战。对年轻士兵来说,这不仅创造出一种母性的氛围,同时也意味着有某种很具挑逗性的气息。战前的刻板印象给英国人带来了幻想,不仅巴黎成了"某种巨型妓院,里面的女人除了乔其纱内衣与超长丝袜,什么都没穿",连整个法国"对性都有一套不同的禁忌"。这样的期待相当滑稽,不仅让士兵感到失望(觉得"贫穷阶级"的人"相当倒胃口"[57]),还造成严重的误解——战时极为不寻常的性行为(在法国遭到强烈反对)被英国人诠释成"典型的法国做法"。

当时的人一再表示战争创造了特殊的条件:缺乏正常的社会控制;饱受惊吓、遭受创伤的男人(包括"不希望死时还是处男"的少年[58])有感情与亲密关系的需要;证明自己是个男人的同侪压力;无聊、有钱无处花、酒精的影响,以及大量的机会(不在战线上的人更是得天独厚)。而在平民这一方,没有男性养家糊口,无家可归,还有在食物短缺但物价上涨的情况下(1916—1917年寒冬时尤其严重)养育小孩的需要,政府援助不足,以及官方征收农产品的严酷政策……这一切共同创造出一批贫困的女性人口。正是在这种背景下,人际关系从法国人这方的爱国痴情与英国那厢的孩子气幻想出发(有位士兵"只要坐着看……不用讲话",看着自己寄宿家庭的女儿就感到满足[59]),经过调情与爱抚,演变为浪漫热情、纯为赚钱或半为赚钱的性关系。有些农家采取莫泊桑的读者不会感到惊讶的务实态度,而且(至少在有些情况下)想必同时收获了利益和快乐:"这个农场是由一位寡妇和她的三个女儿经营的,四人都相当貌美。中士就睡在农庄里,两天后我才知道我的两名战友已经跟其中的两个女儿搞上,睡在一起,打算把小女儿留给我。离开的时候,我真的感到很抱歉。"[60]这类关系以及军事基地、港口与火车站附近的性交易,导致性病大流行(在澳大利亚人之间最为严重),"严重危害部队战力,军官情况尤甚"。[61]光是1917年,就有大约55 000名英国士兵(将近1/30)需要住院治疗。[62]劝诫和处罚的收效有限,一如预期。陆军最后只能不顾英国国内批评,求诸法国模式,开办有牌妓院——军官上的妓院点蓝灯,其他衔级则是红灯。据估计,有五六万名女性以妓女身份服务英国军人。一旦被人发现是带有性病者,就有可能被送到鲁昂拘留。

幻想中与实际上的法国女孩。英国人对法国的期望造成了这种荒唐的误解。

法国士兵天生不喜欢英国人（les Anglais）。英格兰人更有钱，制服也比较好看——因此得到谐音诨号"束腰仔"（les Sanglés）。各国军人都十分担心家里的女人会不忠。在战争的大多数时候，法国人眼中最主要的勾引者就是英国人（除了人人厌恶的逃兵）。一本知名战争小说中的一个角色抱怨说："在英格兰人营地逮到的女人更多。而且你确定她们不是妓女，而是结了婚的女人……等到她们的丈夫发现，那会是多大的打击……真该把她们剃光头。"[63] 已婚妇女若是被人看到与英国士兵在一起，是件"很可耻"的事，义愤填膺的邻人还

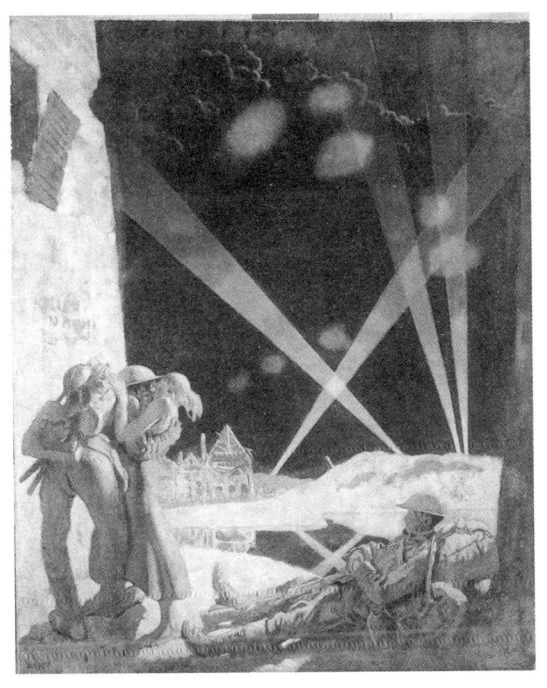

威廉·奥本绘制的《更换寄宿点》（*Changing Billets*）：寄宿在法国平民家中的军人经常展开一段热烈但恐怕相当短暂的情爱关系。

会把不守规矩的人当成妓女抓起来。有份报告指出,一名已婚妇女发现放假回家的丈夫正要进门,便宣称自己是遭人强暴。一位访法的英国政治人物担心"我们的年轻军官……对法国妇女的态度,光天化日下用那种轻浮举止待人"。[64]法国女性主义者震惊地发现士兵们有本"几近于淫邪"的会话手册,标题是"跟年轻小姐的五分钟对话"。一开始是"Voulez-vous accepter l'apéritif?"(喝点开胃酒吗?)和"Pouvez-vous dîner avec moi?"(要不要共进晚餐?),接着飞快进展到"Permettez-moi de vous baiser la main – de vous embrasser"(让我吻你的手——吻你的唇)和"Où habitez-vous?"(你住在哪里?),然后是伤感但坦白的观察——"Notre bonheur sera de courte durée"(我们的幸福不会长久)。这本书不仅被斥为对法国的侮辱,对盎格鲁-撒克逊妇女也是打击,她们可是期待自己的男人返家时"道德上、身体上都清清白白的"。[65]

以上种种原因,导致战时的互动未能创造出纯粹的好感。给英国人留下回忆的除了欢呼的群众与好客的农民,也有贪财、性乱交与流言蜚语。法国人虽然对他们的英国保护者相当感激,但也经常觉得他们的举止就像征服者。大量出现的英国人虽然创造了友情与少数的婚姻,但也同样在海峡两岸间制造了反感——甚至是罗伯特·格雷夫斯所说的"憎恶"。幸好,英国远征军还是"史上最有教养的一支军队"。[66]法国人与军纪素来不佳的澳大利亚人,以及姗姗来迟的美国人之间关系更差,最后演变成法军与美军在巴黎的一连串闹事,以及1919年盟军橄榄球赛中法国对美国"野蛮至极"的比赛(法国获胜)。[67]尽管如此,美军的到来还是让英国人失宠了。理由看来很简单:1914年,人们热情欢迎英国远征军抵达,但远征军并未迅速带来胜利，可是 1918 年抵达的美国远征军却很有可能实现这个目标。

我们不可能算清正面记忆与负面记忆各有多少，但有两点值得一提。一方面，法国人对于英国驻军的记忆大体上是正面的，足以使之在 1940 年成为号召法国人反抗德军新一次占领的一个因素，也为 1944 年北法地区迎接英国人时添了额外的温暖。另一方面，法国人与英国人通婚的数量似乎相当少——以加来为例，整场战争期间只有 51 对新人。[68] 历史学家理查德·科布（Richard Cobb）提到有少数汤姆大兵后来在北法定居，他们经常是近水楼台先得月，与商店或酒吧老板的女儿结婚，说话时将"英语和北方工业地带的方言掺杂在一起，古怪得很"。[69] 无论如何，这场战争并未建立起无数的跨海峡家庭纽带。

有些法国平民与英国人的接触不仅很危险，有时甚至是悲剧。很早就发生这种情况了，而且是意外发生的——1914 年英国远征军撤退后，就有法国家庭（包括孩童）发现、帮助掉队的士兵，有时他们已经在树林里躲了几个星期了。一般人都认为德军会杀害甚至是折磨被捕的士兵——从德军在比利时的暴行来看，这大有可能。几个月过去后，孤立无援的士兵越来越有可能被人当成间谍射杀，帮助他们的平民则有可能被杀或被迫劳动、家园被烧。在一起事件中，11 名躲在一处磨坊中的英国士兵被逮捕，和保护他们的法国人一同死在枪下。有些法国人建立了不算太正式的逃脱网，其他人则单纯将英国军人藏在自己家里。第十一骠骑兵团的特鲁珀·福勒（Trooper Fowler）的经历堪称噩梦。1915 年 1 月，人们发现他浑身脏污，饿着肚子在勒卡托附近的森林中失神游荡。农民贝尔蒙-戈贝尔一家人将他藏在厨房的橱柜里，但他们家已住满寄宿的德军士兵。他在橱柜里一直待到 1918 年，通过木头间的缝隙呼吸、拿到食物，等到德国人离开才能出来。尽管他和收留他的一家人的身心健康都受到极大考验，但他们还是设法在这场战争中活了下来。和福勒同兵团、躲在同个村庄里的一位下士就没那么幸运了——他在1915年9月被俘、枪决，庇护他的女主人则被判在德国做20年的苦工。类似的事情还发生过几次。[70]

最知名的故事要属二等兵罗伯特·迪格比（Robert Digby）的遭遇了，这得归功于作家本·麦金泰尔（Ben Macintyre）近年来的挖掘。迪格比是汉普郡人，从1914年9月起便与几名同袍一起接受维勒雷（Villeret，位于勒卡托西南方20英里）村民的庇护。[71] 好几家人直接参与了此事，他们将彼此微不足道的口粮集中起来，为这些士兵提供躲藏的地方，不让村里驻扎的德军找到。许多邻居都知道此事，因为这些士兵试图像当地人那样在路上走动——这在德军惦记其他事情时不难，但真正的皮卡第人一眼就能看穿。迪格比由德塞纳家庇护——这务农的一家人也兼做烟草走私。他与20岁的克莱儿相恋，两人生了个女儿，即1915年11月出生的爱伦/埃莱娜（Ellen/Hélène）。不知是出于嫉妒或村里的封建规矩，还是单纯由于害怕德军对庇护英国"间谍"的"同犯"的威胁越来越严重，总之，迪格比与三名同袍被人出卖，1916年5月在村里被公开枪决。他写下"我这一生最后一封信"给"亲爱的克莱儿"："永别了，别忘了罗伯特，他可是为法国与自己的国家牺牲的，死而无憾……替我拥抱我的小女儿，等她长大后，告诉她关于父亲的真相。"[72]

来年德军撤退到兴登堡防线时，他们按部就班，将维勒雷与其余数百个村庄夷为平地，化为一大片荒土。人们在停战后返乡，身上一贫如洗。20世纪20年代，有些居民得到英国政府与民众提供的奖章与经济补偿,感谢他们帮助英国士兵。贫困的贝尔蒙－戈贝尔夫人不仅获奖,还得到福勒躲在她家农舍期间的补发食宿费(两便士一天);第十一骠骑兵团为她募集了更多钱,并买下那个橱柜,供兵团收藏。[73]

法国平民跟英国人之间另一种危险的关系,是在德军防线后从事间谍或抵抗活动。女性领导重要的网络,这得益于她们更有能力在法国与比利时的德军占领区移动。出身里尔的学校老师路易丝·图利兹(Louise Thuliez)开始"像条意志坚定的狸犬般"四处奔走,接触失散的士兵,为他们寻找寻躲藏之处,之后引领他们穿越比利时并来到荷兰。玛丽·德·克罗伊公主(Princesse Marie de Croÿ,她是半个英国人)也加入了,将她位于勒卡托北边的庄园(当时已经成了军医院)作为藏身处,并提供衣物、食物、金钱与伪造的文件。这些网络也向盟军提供军事情报(例如计算部队火车数量),散发反抗传单。这类网络有好几个,但没有保密经验,得到帮助的士兵也没有相关经验。一位满怀谢意的逃脱者从英国寄来感谢信,玛丽·德·克罗伊因此暴露了。另一位名叫欧仁·雅凯(Eugène Jacquet)的里尔红酒商之所以遭到枪杀,其间谍网被破坏,部分是因为一名逃脱的英国空军士兵留下的日记成了证据。[74]这类组织很快便遭人渗透,主事者成为阶下囚。比利时有位重要的联络人——埃迪特·卡维尔(Edith Cavell)。卡维尔是布鲁塞尔一所护理学校的校长,她同意为路易丝·图利兹带来的一群群逃脱者提供庇护,继而由情报传递小组(有些成员在承平时是走私贩)带领他们到荷兰边境。路易丝·德·贝蒂尼(Louise de Bettignies)从事的抵抗活动更专业。她来自里尔,是位受英式教育的年轻女家庭教师。1914年她以难民身份抵达福克斯通(Folkestone)时,被英国情报部门吸纳。贝蒂尼利用天主教的关系,打造了有200名间谍的网络,收集德军情报，用无线电与信鸽维持联络。她被视为"完全值得信任的可靠人物，擅长判断人的个性，对手下的间谍相当严格"。1915年，帝国总参谋长提到她，说她"不要求也不接受任何奖励，她组织、指挥一个庞大、成效卓著的情报机构……在过去多个月送来完整的部队动向报告"。[75]

1915年8月，埃迪特·卡维尔被捕，原因可能是她和逃脱的士兵保密不够到家。出于不知道的理由，她把事情和盘托出，包括网络中其他成员的姓名与活动内容。[76]10月时，卡维尔与一位男性伙伴被处决。人们推崇她为烈士，在法国经常称她为新圣女贞德——这是和解的真正迹象，毕竟贞德长期都是反英的象征。图利兹、克罗伊等人被判处长期监禁，但在1918年获释。路易丝·德·贝蒂尼在1915年11月被捕，但她把身上带着的一份报告吞下肚，完全没有透露任何情报。由于国际挞伐枪杀卡维尔一事，德国人因此将贝蒂尼的死刑减为苦工，但她在狱中不懈抵抗，遭受的虐待导致她在1918年身亡。里尔为她立起纪念碑，她的名字也在20世纪40年代用来呼吁反抗，只是后来她和其他的反抗人士（战争结束时有600名妇女被关在德国监狱中）消逝在群众的记忆中，为第二次世界大战时的抵抗行动所掩盖。[77]

僵局与屠戮，1915—1917年

我们正在法国击败英格兰……这话再确切不过了。

——《德军参谋本部对未来战争行为的报告》（*A Paper by the General Staff on the Future Conduct of the War*, 1915）[78]

> 在我看来，多得到两三公里的土地，意义并不大……我们的目标更像是尽可能多杀一点德国人，同时自己人损失越少越好。
>
> ——英国将领[79]

> 不管你怎么做，你都会损失很多人。
>
> ——法国将领[80]

战争该怎么打？怎么做才能赢得胜利？多数的专家认为，由于军事、经济与政治因素，现代战争只能维持不过数月，但他们的观点已被证明是错误的。有人断定，决定性的对决在于西线，英国与法国必须在此击败德军——这是"西线派"的看法。这种看法要求英国尽速投入其最大军力，最好通过强制征兵来实现。人数与火力能让敌人流血致死，但自家士兵也得付出必要的代价。不赞成这种观点的人则寻求其他战略：以海上封锁扼杀德国的贸易，必要时就让其民众挨饿；或是在巴尔干或土耳其人的帝国开辟新的东部战线。"东线派"希望迫使德国分散战力援助其盟国。他们也想帮助俄罗斯人，俄罗斯人虽然遭遇惨败，但其人力资源或许终将带来胜利。这种战略需要人们接受长期作战，西线也要采取防守策略。这也意味着新集结的英国部队要赶赴其他舞台，法军得因此承受西线的主要压力。此举在道德上与政治上都会产生影响。法国人（与俄罗斯人）将暂时承担大多数的伤亡，但可以指望英国人在 1917 年军力达到巅峰时扮演赢得战争的关键角色，从而让英国政府在和平时期占据主导地位。

这种战略上的两难并未成为法国与英国之间的嫌隙。有些法国政治人物不相信本国的将领，很能接受"东线"计划；多数的英国将领则是"西线派"，或是正在成为"西线派"；所有的英国政客与将领都晓得，自己要想全身而退，法国就不能战败或求和。但实际上，讨论的重点逐渐转向英国是否愿意答应法国的要求，派更多的人到法国，负责更长的战壕线。战壕已经发展到450英里长，但英国人至多只负责1/4，虽然其中包括需要重兵镇守的兵家必争之地。但怎么样算重兵？英国人不该负起更多责任吗？没完没了的争吵意味着英国与法国政府，以及英国与法国司令部之间的关系经常紧绷，不时濒临瓦解："英国人觉得法国人期待太多，催得太急；法国人则认为英国人出力太少，行动迟缓；至少在双方眼里是如此。"[81] 彼此难免恶意怀疑对方。"我们忠诚而无私且'堂堂正正'地对待盟友，我们自己是清楚这一点的，"一名英国远征军高阶军官以平淡的口气说道，"但'背信弃义的阿尔比恩'的观念却没有在法国消失，恐怕我们的朋友对于我国政策与外交并没有绝对的信心。"[82]

两个盟友虽然肩并肩，却是各自战斗，自然很难解决分歧并做出共同决策。两个主权政府掌控两支独立的军队，做自己的决定，守自己的秘密。合作则由内阁或军事会议磋商决定。两国没有联合战略权责单位，也没有统一的指挥，许多事务取决于来来去去的阁员与将军彼此间的个人接触与信心。法国与英国的传统偏见总会有影响，语言不通又让情况更加恶化。约翰·弗伦奇爵士是个狂热的拿破仑纪念品收藏家，接替他的道格拉斯·黑格爵士（Sir Douglas Haig）更是在降神会与拿破仑的灵魂有过对话，但这似乎没有多少帮助。英国人认为法国人需索无度、事事保密、感情用事、唠叨、没规矩。法国人认为英国人业余、迟缓、胆小、不合作又不愿沟通。语带机锋的约翰·弗伦奇爵士在日记中写道:"交谈的方式一如既往,就像我以前面对法国将军时那样。情况实在难以形容;一旦他们的想法受到丝毫反对,他们便把所有的逻辑论证一股脑地抛出来。他们简直像驴子一样顽固。"黑格至少上过法语课,而且他的法语显然讲得越来越流利——至少对一个众所周知不善言辞的人来说,已经足够流利了。他喜欢霞飞("不聪明,但可靠"),而且尽管"这群法国将军就是些可笑的家伙……但我想我能跟他们合作"。但我们不该过度夸大个人与民族间摩擦的影响。双方都知道他们得继续合作,虽然起初在1914年并不理想,但之后双方的关系多少有所改善。"和他们打交道时牢记一点,"皇家参谋总长的建议是,"他们是法国人,不是英格兰人,看事情的方式不管现在还是未来都跟我们不一样。我猜,他们也觉得我们是群怪人。"[83]

到了1915年,"东线派"迎来了他们的机会。法军提议远征萨洛尼卡,驰援塞尔维亚人。英国人(尤其是基钦纳与丘吉尔)偏好从海上攻击伊斯坦布尔——"协约国这方一次很有想象力的战略构想"。[84] 相较于在法国的血腥僵局,这次相对小的付出带来的潜在收益似乎让人眼花缭乱:把德国的新盟友土耳其打得退出战争;让俄国得以从土耳其人在高加索地区的攻势中解放出来;获得通过黑海为俄国提供军需的温水水道,从而确保俄国庞大的潜力为协约国所用。还有其他好处——有机会把意大利与若干巴尔干国家拉进战争,站在协约国一方。但这是否太乐观了?就算计划成功,舰队也抵达伊斯坦布尔,土耳其政府难道就会乖乖投降?可以说,这整个战略都很不切实际。[85]

法国人跃跃欲试,毕竟英国人会提供大半的部队,承担大半风险。1915年3月18日,英法联合舰队(包括16艘几乎要淘汰的战列舰)在英国海军将领约翰·德·罗贝克(John de Robeck)指挥下,试图强行通过前往伊斯坦布尔的狭窄海峡。他们几乎就要成功了,但面对岸上炮火时很难扫除水雷,沉了几艘船(包括3艘战列舰),舰队于是撤退,胜利或许也从他们的手心里溜走了。部队必须扫除陆上守军。4月25日,英国部队、法国殖民地部队以及澳大利亚与新西兰军团(Australian and New Zealand Army Corps,简称 ANZAC)乘坐200艘船,在加里波利半岛(Gallipoli Peninsula)的狭窄尖端登陆。他们几乎打得土耳其人措手不及,抢在土耳其军队集结前突破敌营就是他们最好的机会。眼看目标就在眼前,ANZAC 却陷入苦战。面对土耳其人越来越激烈的抵抗,他们无法推进。到了8月,2万名英国人与廓尔喀(Gurkhas)部队发起第二次登陆,再度距离突破只剩几码之遥。这次行动极为惨烈——战场极为狭小、缺乏炮火遮蔽处、高热、口渴,还有传染病。一名法国殖民地轻步兵中尉写道:

疾病蹑手蹑脚,在炽热阳光下穿越战壕……出现在空气里、食物里、脏臭的水里,以及蚊子恼人的嗡嗡声、巨型苍蝇吓人的嘤嘤声、跳蚤与虱无数折磨人的叮咬里……同时更有无数的金属破片划破难以呼吸的空气……我们跪在地上吃面包,呼吸的空气是由尘土与钢铁组成的。[86]

伤亡非常惨重:恐怕有超过25万土耳其人阵亡,盟军也有46 000人战死(2.1万名英国人,1.5万名法国人与 ANZAC 的1万人)。温斯顿·丘吉尔是另一种受害者,他辞去内阁职位,前往战壕中作战。盟军决定终止行动,部队在12月与1月时高效撤离,过程中未失兵卒。法军领衔的萨洛尼卡远征同样失败了,只是血流得少些。从北方港口摩尔曼斯克(Murmansk)兴建的铁路多少缓解了补给俄国的问题——

历史证明，这条铁路在第二次世界大战中成了一条生命线。

战争双方都打算在1916年硬打出个结果，结局便是一系列工业化规模的毁灭之战，在所有参战国的社会、文化与记忆中留下永久的疤痕。1915年12月6日，一场总参谋部会议在尚蒂伊举行。会中，法国、英国（在1916年初采取征兵制）、俄国与意大利同意发动"一次同步的联合攻势，在各自的战线投入尽可能多的部队"。[87] 此举将迫使德军同时四处作战，"耗损"（也就是杀死）他们的后备军人，以人数压倒他们，带来胜利。经过大量的客气磋商后（霞飞不愿"强迫盟友接受我的战场选择"，黑格则表示愿"尽己所能"配合他的计划[88]），会中决定，主要行动将同时调动法军与英军，于1916年6月在索姆河两岸发动攻击，以配合俄国与意大利的攻势。

德军同样有终结战争的计划。陆军将领埃里希·冯·法金汉（Erich von Falkenhayn）打算抢在协约国进攻前先发制人，而不是等到"敌军人数优势夺走德国剩余所有希望"的时刻。他和许多德国民族主义者都认为英国是维系《挚诚协定》的"头号敌人"，就像当年英国领导反拿破仑同盟一样。英国战略家担心德国突袭、占领海峡口岸，趁英国远征军困在佛兰德泥淖时入侵英格兰。但法金汉认为入侵不可行，因而未予考虑，而且他相信英国陆军防御到家，不能直接攻击之。他转而决定摧毁法国陆军，让英国失去欧陆援军：

法国已坚持到极限——当然，这是因为有人民最了不起的奉献。如果我们成功让法国人民睁开眼睛看见事实，知道从军事角度来看他们已经没什么能期待了，就能凿出突破口，把英格兰最好的剑从她手中打掉。

法军实力强大，无法以传统方式击败他们，因此法金汉决定迫使法军在不利的情势下作战。他的做法是攻击一处要地，重要到让法国不得不"投入手头所有人。只要他们这么做，法国便会流血致死"。假如法国人不吃毒饵，选择撤退，"对法军士气也有极大影响"。[89]更有甚者，法国人的困境将迫使经验不足的英国人进攻以帮助他们，从而蒙受巨大的伤亡。法金汉为"审判"行动（Operation Gericht）挑选的杀戮场是显而易见的凡尔登要塞。"审判日"在1916年2月21日到来。"唐里上尉"（民族主义作家埃米尔·德里昂）当时正守着一处前沿阵地。他在前一天写信给朋友："预见'明日之战'并不难：这一仗必然会来临。预料这次会攻击凡尔登……就属于更大胆的猜测了。我们准备要打仗了。"[90]最早阵亡的那批人当中就有他。德军在4个月时间里奋力向前，双方都有不少人在一场所有人都难以形容的毁灭性混战中丧命。"如果能办到的话，你可以想象一阵强风、一场风暴愈演愈烈，雨水全是由石块构成，冰雹也全是砖头。"没有人能找到办法精确计算人命损失——"从我脚下的土地给我的触感，我意识到自己正踩在尸体上，感觉又滑又软"——且双方皆蒙受超过30万人的伤亡。[91]

黑格为了回应霞飞的请求，心不甘情不愿地接手法国部分的防线。基钦纳的新部队根本没有准备进攻，黑格也不希望让手下代替法国人被杀。他不愿意从计划中6月的索姆河攻势中分力，也不愿意带兵向前，除非"情况紧急，要拯救法国人于危亡，或是避免巴黎被占领"。[92]因此，法国人有3个月的时间得独自承担凡尔登攻势的冲击。此事长远影响了法国人对英国人的观感，许多士兵的家书都在抱怨英国人毫无作为。其中一人说英国人是想"保留他们漂亮的军队，供战后之用"。[93]英国人愿意"打到法国只剩最后一人"的看法流传之广，不仅足以为德国战时宣传所用，甚至到20世纪三四十年代都有效果。

凡尔登成为法兰西民族的各各他山①，是对意志与坚忍的终极考验；是第一次世界大战的转折点；也是整场战争最恐怖的所在，至今仍留在法国人的记忆中。这场战役之所以延续，是因为对法军与德军来说，凡尔登已经成了胜利或战败的象征：战死的士兵越多，对凡尔登的坚持便越发重要。凡尔登战役在法国人的想象中占有重要地位。他们之所以在记忆中把第一次世界大战当成一场法国人（而非协约国）的奋斗，凡尔登是很重要的因素——虽然德军进攻凡尔登是为了打击英国。

对英国人来说，地位与凡尔登相当的民族记忆就是"凡尔登的鬼魅双胞胎"索姆河的记忆。[94]总参谋部希望这场攻势能挥出决定战局的一拳。英国陆军将首度领衔——日后戏份也越来越重，毕竟法军在凡尔登大失血，英国人因而大有义务减少法军在这次攻势中承担的分量。法国总统普恩加莱担心"英格兰人以后会说他们拯救了法国，胜利将是英格兰的胜利，和平将是英格兰的和平"。[95]但胜利没有发生。1916年7月1日，19个英国师与3个法国师同时进攻。法军取得了一定进展，一些英国编队也是，主要是那些得益于法军重炮支持的军队。但推进的10万名英国军队却承受了5.7万人的伤亡，其中1.9万人阵亡——这是英国陆军史上最惨重的单日伤亡，相当于法军在拿破仑战争中最血腥的莱比锡战役（1813）里的伤亡。推进的援军听到的声音就像"用湿手指在超大片的玻璃上划出尖锐的声响"——成千上万名伤者的惨叫声。[96]一名英国军官在几周后推进到同一片地方，发现当

---

① 这里指耶路撒冷郊山，耶稣在此被钉上十字架受难。——译者注

749

天受伤的这些人"爬进炮弹坑中,用防水布裹着自己的身体,拿出随身带的《圣经》,死在了那里"。[97]7月1日的大屠杀是个至今仍能引起激烈论战的主题。它之所以会发生,是因为高估了巨炮轰出170万发炮弹的效果——盟军错以为这能粉碎德军的防御。进攻的法军伤亡较少,而英国指挥官没能从法军先前的惨痛经验中得到教训,或许这也是盟国间不完美关系的结果之一。

尽管凡尔登与索姆河在人们的记忆中都是恐怖与毁灭,但两者之间有很大的差异。凡尔登是大无畏地守护法兰西土地,自有其意义。索姆河战役却是一场在异国泥泞土地上的失败进攻,变成徒劳无功的完美象征——虽然这种徒劳无功的核心形象,也就是"训练不足的英国部队在机枪前成排推进",在后来成了神话。黑格事后辩解,自己之所以发动、延续这场攻势,是为了减轻法军在凡尔登的压力。至于是否如此,至今仍是个争议。[98]这次的行动早在德军攻击凡尔登前就已安排,是盟军协同战略的一部分。行动并未提前,而是按照原本的时间表进行,只是参与的法军远少于预期。帮助法军虽然变成重要的目标,但这既非主要、亦非原始的作战动机,而且也不能作为英国人损失惨重的理由。以提前攻击的方式帮助凡尔登的,不是英国人,而是俄罗斯人。俄罗斯陆军将领阿列克谢·布鲁西洛夫(Alexei Brusilov)的计划一丝不苟,他们的攻势也是盟军唯一的胜绩。他们打垮了奥地利陆军,在宽阔的前线推进约60英里,迫使德军从西线与意大利战线调军。不过消耗战的恐怖逻辑确实让索姆河造成了重大影响。德国人发现英国陆军远比想象中更难对付,己方损失也极为惨重,甚于凡尔登一役。虽然英国一方失去的生命差不多是德军的两倍,但他们没有崩溃,德军也无法发动计划中能一锤定音的反攻。德军与赢得战争相去甚远，只是撑着而已。英国人尽管损失惨重，如今却成了协约国领袖。[99]

法国与英国决心在1917年再试一次，当时新成立的苏维埃政权（自3月起掌权）仍在东线作战。英国的大卫·劳合·乔治与法国的阿里斯蒂德·白里安（Aristide Briand）两位新首相，对惨重的伤亡感到恐惧，不相信手下的将领，希望有不同的解决方式。"他们想找个能带来新希望的新人，"这是历史学家威廉·菲尔波特（William Philpott）的看法，"而他们找到了个光会承诺的人。"[100]这人便是法国陆军将领罗贝尔·尼维勒（Robert Nivelle），他母亲是英国人，尼维勒因而能讲一口流利的英语。这原本该是个优点，结果却促成了灾难。尼维勒人聪明、乐观，有说服力。他说服劳合·乔治支持他的计划，借由一次法国与英国的协同进攻，一举赢得战争。法国内阁虽然默许，但不无疑虑。持怀疑态度的黑格被劳合·乔治摆在尼维勒的节制之下。尼维勒相信，自己已经发现可以迅速突破又能避免重大损失的"窍门"：先是精密协调的压倒性炮火，接着是步兵密集阵形的迅速推进。这和布鲁西洛夫前一年的做法有相似之处。但尼维勒不是布鲁西洛夫，德国人也不是奥地利人。德军决定维持西线的守势，同时终结俄军，但被布鲁西洛夫代价高昂的胜利所阻止。因此在1917年3月，德军大出协约国意料，放弃了与英国对峙的阵地，后撤30英里到兴登堡防线。弃守的地区一片狼藉：建筑物被炸毁，树被砍断，水井下了毒，废墟里还装了诡雷。新的防线较短，需要的守军也较少。这意味着英国人为支持尼维勒的攻势所计划的攻击行动，已大半失去意义。但尼维勒继续推进，法军在4月16日进攻，目标位于埃纳河北边高处的贵妇小径（Chemin des Dames）。结果是一场大屠杀，与英国人在索姆河的遭遇不相上下：5天内有13万名士兵伤亡。高层喊停进攻，将尼维勒解职。法国政府与最高指挥部焦头烂额。法国士兵觉得受够了，半数的陆军师都发生哗变，将近4万人参与。

然而，这几场哗变却很奇特。当时发生了骚动，也有大量的演说与破坏公物的情况，甚至有人高喊"革命万岁！"——无疑是受到俄国近期的事件与法国人自己的历史所启发。但暴力事件相当少，也几乎没有人向敌人输诚或弃守自己的阵地。他们是为了无意义的屠杀而罢工。当局的回应也很温和。虽然有少数军官下令集体处刑，但多数人在新任参谋总长——沉着的陆军将领菲利普·贝当（Philippe Pétain）领导下，采取措施稳定人心。他们还保证不会再有无用的进攻，会有更好的食物、休息与假期。虽然有超过3 000人因哗变而被判有罪，499人判处死刑，但只有27人遭处死。[101] 德军从没意识到1917年夏天的法军有多么脆弱。假使他们晓得，或许就赢下战争了。可以说，法国陆军直到1918年的最后几场战役为止，态度都相当消极——只是坚持这种主张的英国作家比法国作家多得多。贝当决定"等美国人和坦克来"。

黑格并未追随贝当的防守策略，反而深信自己能从伊珀尔获得突破。这么做有个重要原因，是迫使德军远离海岸，从而占领其潜艇基地——其潜艇行动目标在于让英国陷入饥饿状态，如今击沉的船只数量已达到最高峰。黑格采信了乐观的情报，而该情报的根据却是繁复但不可靠的德军伤亡估计。报告指出德军已濒临瓦解，只消最后一击便能打垮他们。[102] 此举的结果便是1917年7月打响的第三次伊珀尔战役，人称帕斯尚尔战役（Battle of Passchendaele）。战局阴郁得令人熟悉——僵局与互相杀戮紧跟着初期的推进而来，还要加上泥泞的折磨，炮弹与超乎寻常的大雨搅动着泥水："地面被搅拌成三米多深的泥塘，跟粥一样黏稠。"[103] 成千上万的人死在这片泥塘中。英国、澳大利亚与加拿大军队死了超过25万人，德军也差不多。继索姆河之战后，再度有人指出为了帮士气不振的法军减轻负担，这一仗非打不可，但真正的原因是黑格确信英国人能挥出重拳，加速战争结束。

所有强行决定战局的计划，无论是在加里波利、凡尔登、索姆河还是伊珀尔，都变成消耗战：进攻方（通常是协约国）难免损失惨重，但防守方亦然，毕竟双方皆被迫在铺天盖地的炮火下让援军推进。英国人称之为"耗损"，法国人称之为"消耗"。但各国军队消耗敌军的同时，自己也消耗同样多的人，每一方都想靠近突破口，有时候也真有所突破。布鲁西洛夫的攻势沉重打击了奥地利军队，后者开始因临阵逃脱与集体投降而瓦解；但俄罗斯人自己也损失了100万人，促成革命发生。法军接连被凡尔登战役与尼维勒的徒劳攻势搞得面目全非，在1917年4月兵变。意大利陆军在1917年10月解体。英国与德国陆军继续战斗，但深受索姆河与伊珀尔之骇人折磨。1918年3月—4月，德军发动最后一次猛攻，承受攻击的英国军队一度濒临崩溃，但真正崩溃的是1918年8月以后的德军。

德国人对于持久战向来感到悲观。就人力与生产而言，轴心国远逊于协约国。奥地利与土耳其需要德军做后盾。西线的大屠杀使他们的军队元气大伤。同样具有影响力的斗争正发生在海上。皇家海军扼制了德国海上贸易，并对中立国施加压力。英国的钱与信贷不仅支持着协约国的行动，就连在皇家海军无法控制的少数中立市场，也能喊出比敌国更高的价格（拿破仑深有体会）。德国产业原料短缺，人民逐渐陷入饥荒。每人每天摄取的热量从 3 400 千卡跌到 1 000 千卡，民众的死亡率也增加了 37%。德军的水面舰队（导致冲突的因素之一）纵使在北海也无法撼动英国的控制，而且在日德兰海战（Battle of Jutland，1916 年 5 月）之后，舰队便停在港内。既然英国正让德国饿着，潜艇就不失为让英国挨饿的手段。但德国海军的计划乐观得出奇。1915 年时，德国只有 27 艘 U 型潜艇，而且它们只在进出英国的 5 000 艘船中击沉 21 艘。德国在 1915 年 2 月宣布发动无限制潜艇战，将欧洲水域所有能见范围内的船只一律击沉——这是一场政治灾难，尤其是 1915 年 5 月击沉邮轮"卢西塔尼亚号"之举。美国已经是协约国战时原料的重要来源，如今与战争也更加靠近。1917 年，德国人把最后的希望寄托在再发动一场潜艇战上。据海军估计，只要每月击沉 60 万吨的船运量，持续 6 个月时间，就能迫使英国在 1917 年 8 月 1 日前投降。虽然德军击沉的船只数量在 1917 年春天达到恐怖的高峰，英国也开始采取适度的配给措施，但德军的计算大错特错，英国从未因此面临战败的危机。[104] 这次行动的主要结果，是让美国不得不参战。

各国都有议和的呼吁，声音主要来自左派、人道主义者或宗教界。美国总统伍德罗·威尔逊（Woodrow Wilson）发表"十四点原则"，以妥协与民族自决作为和议的基础。但妥协已经不可能了：各国损失之惨重，让政府与民众都希望胜利，而且双方都认为胜利是可能的。1917 年 12 月，有关单位以士兵家书审查为基础，发表了英国军队士气报告，结论是："厌战情绪是存在的，几乎所有人都期盼和平，但也有一股强烈的感受，认为只有一种和平是有可能实现的，而且还没到时候"。[105] 各国军队都能得出类似的评估，只有俄军与部分的奥地利军队例外。协约国打的是一场摧毁"军国主义"的战争,这不只需要胜利,更要瓦解德国与奥地利国内维持其军事力量的结构。德国如今实际上掌控在军事独裁体制下,由冷淡的陆军元帅保罗·冯·兴登堡与才华横溢、毫不留情又变幻莫测的埃里希·鲁登道夫(Erich Ludendorff)将军主导。这个国家需要胜利,以维持德国的大国地位,同时延缓国内的革命。

惨胜之路:1918年

我们当中许多人如今已相当疲惫。我想对这些人说,胜利将属于坚持最久的一方……我们面前没有坦途,而是要自己打出一条路。每个阵地都要坚守到最后一人,不能有人离开岗位。我们每一个人都要背靠着墙,战斗到最后,相信我们的目标是正义的。我们家园与人类自由的安危,皆系于我们每一个人在这个关键时刻的行动。

——陆军元帅黑格,《当日训令》,1918年4月11日

德国人知道,他们最后的胜利机会就出现在1918年上半年。列宁的布尔什维克政权(1917年11月掌握俄国大权)放弃战争,将庞大的领土割让给德国,不仅为德国提供重要的战争资源,更解放了德军部队供西线之用。美国在1917年4月宣战,但在好几个月的时间里美国的兵力都没有在欧洲形成规模。鲁登道夫重回施里芬计划的思路:先摧毁最危险的敌人。如今,这就是英国陆军。1917年11月11日,德军决定发动"毁灭之一击"——一连串的大规模突袭。这是德国赌的最后一把。

甜 蜜 的 世 仇
英国和法国，300 年的爱恨情仇

1918 年 3 月 21 日，第一拳打在旧索姆河战场。在浓雾掩护下，"米夏埃尔行动"（Operation Michael）以 6 600 门大炮与 3 500 门迫击炮的密集炮轰开始，接着是配有火焰放射器与机枪的突击队率领的进攻。英国第五集团军首当其冲——兵力分散而薄弱、缺乏火炮，而且因为不久前守卫部分法军防线而防备力量不完整。英国人原以为德军会攻击更北的地方，用来威胁英吉利海峡。但德军反而打中他们的弱点，即与法军的接合部。德军就像 1914 年时，几乎就要切断盟军。慌张与混乱之下，大量士兵投降，无序的撤退过程中经常有人抢劫与醉酒。一名法国妇女写道："德国佬再坏也不过如此。"平民们突然再次遭受德军入侵，许多人只得抛下一切逃走。他们对英国人感到失望，诺尔省省长更表示英国远征军已经"赢得民众的敌意"。一位澳大利亚士兵在劫掠一间房子时，被屋主射杀身亡。[106] 部分地区的联络与指挥系统已崩溃，德军突破的谣言加剧了人们的恐慌。英国官方历史学家后来评论称："实情难以为外人道。"[107] 这是否终于成了战争的突破点，是否是索姆河战役与帕斯尚尔战役迟来的结果？此时的英国人领教到了俄罗斯人、奥地利人与意大利人曾领教的那种溃逃："我们只得仓皇撤退，丢下所有财物——每一条离开村庄的道路都挤满湍急的车流——卡车、炮架……手推车、拉着大炮的履带拖拉机全都奔腾向前。"[108] 德国皇帝欢欣鼓舞："要是英格兰代表来求和，就必须跪在德国的旗下，毕竟现在的局面是君主国战胜民主国家。"[109] 一位老练的法国步兵军官对此全无同情（而且态度完全不公允[110]）：

> 英格兰人放弃了……我军又一次力挽狂澜……居民很高兴再度看到法军。他们对英格兰人再也没有信心……第一天在亚眠时，他们的

> 兵团就丢下武器，跟平民一起逃离。据说他们损失了7万人与1 100门大炮……
>
> 民众都在称赞加拿大人、澳大利亚人与印度人——是他们阻止了敌军的攻势……英格兰人已经逃了15公里，抵达时惊慌失措，喊着"快逃啊"……大家异口同声：英格兰人没希望了，事情全是苏格兰人、澳大利亚人和加拿大人在做。[111]

> 邮件检查员报告说："自从德军展开攻势……就出现对英国部队明显的敌意。"[112]

对英国远征军来说，事情其实没那么糟。尽管有2.1万人在3月21日沦为战俘（英国历史上总数最多的一次），但这多半是因为遭人突袭、寡不敌众和错误的守备位置。涌向后方或在附近走失的人，通常都是后勤部队或非战斗人员。根据宪兵的看法，路上的战斗部队"主要是那些真的迷了路、急着回到大部队的人"。如果第五集团军的士气真的瓦解，德军恐怕已经赢下战争了。[113]尽管德军在英国防线上凿开了宽40英里的大空当，而且推进到亚眠的通信中心，但从行动伊始，他们就没有达到既定目标。

英国向法国求援。但对于派太多后备部队去做没有希望的事情，贝当将军感到相当不情愿。他打算自己发动进攻，而且决心要保卫巴黎——3月23日，德军在65英里外以重炮轰击了这座城市。他告诉克列孟梭英国陆军业已战败，将被迫投降，法军可能也是。[114]他的消极态度以及对英国人的不信任，将在1940年宿命般地重演。尽管如此，法军各师还是在几天内抵达，填补了两军之间的空隙。这次的危机催生了几年来一直讨论无果的东西：联合指挥。斐迪南·福煦将军获命为协约国最高指挥官。他是唯一能担任总指挥的人选,这主要是因为劳合·乔治痛恨黑格。福煦的智慧与人格都很有影响力,他自1914年起便参与英法间的协调,而且已经是跨政府的最高作战委员会(Supreme War Council)的军事顾问。

4月9日,鲁登道夫发动他的第二轮攻势,即"小乔治行动"(Operation Georgette),对付更北方的英国远征军,对海峡港口,也就是协约国运送补给与美国人力的颈动脉形成了威胁。英国人与德国人如今皆疲惫不堪。黑格发表著名的《当日训令》,呼吁战斗到最后。福煦(就英国人来看)吝于动用法军增援,但远征军设法阻止了德军的推进。德军碰到的其中一个意想不到的阻碍,是物资丰富的英国临时补给存放处——靠代用面包与芜菁果腹的德军部队到了这儿,便停下来"拿食物与酒类狼吞虎咽"。[115]他们失望地发现,尽管有备受夸耀的潜艇行动,协约国的补给仍然比自己和国内亲人得到的补给好太多。鲁登道夫接着在5月27日发动第三次攻势,这一回是对付埃纳河沿岸的法军与美军,后者也被击退。德军跨过马恩河,远及1914年时曾经占领的地方。推进的步伐超过鲁登道夫的希望,他攻击此处只是为了声东击西,让法美联军无暇他顾,同时则能对佛兰德的英国军队发动最后的致命一击。他因此被迫暂停脚步,而法军则在美国、英国与意大利部队支持下,于7月反攻马恩河。

鲁登道夫攻击英国人之前,英国人反而先攻击他。8月8日,德军在亚眠东方的一次攻势中遭到彻底偷袭——450辆英国坦克领着加拿大与澳大利亚步兵前进。他们推进了8英里,这是整场战争中单日最远的推进距离。鲁登道夫后来称这是"德军的倒霉日……这天明白显示我军战力的崩溃,双方全体都看见了"。[116]德军不光对不知不觉间集结的英国军力大吃一惊，被战争新技术压倒，许多士兵还放弃了抵抗。德国领导人们意识到自己再也无法赢得战争，但他们相信自己仍能坚持。

福煦将军虽然跟1914年全面进攻的要命政策脱不了干系，但他也和其他协约国将领一样，反省自己的观点。他"先是激烈挥着拳，接着又跺脚"，向大出意料的英国首相阿瑟·詹姆斯·贝尔福表达自己的看法。[117]他希望沿德军防线各处运用火炮、坦克与飞机的数量优势，发动一系列快速打击。目标并非创造突破口（已经多次证明不可能），而是迫使敌军全面撤离。他的命令是："每个人都要作战！"9月12日，疲惫的法军与跃跃欲试但没有经验的美军，都挤到了阿戈讷（Argonne）。每个人都在等大批美军到来。等到美军真来了，人人却又百感交集。一位法国士兵在1918年8月写道："到处都有美国人入侵，想要什么就拿什么。但你不能怪他们，因为他们真的有在做事，他们战斗的时候从来不像胆小的英格兰人，他们会痛打德国佬。"[118]但在德军占领区，对英国人的态度就不同了。品尝了3月撤退的苦涩滋味后，远征军终于可以放下心来，以解放者的身份受人款待。"他们被德国兵一贯的残酷摧残得苦不堪言，我们哪怕展现出一丁点善意，他们都承受不起，眼泪就这么从他们的脸颊滚落。"当苏格兰部队解放里尔时（风笛队被当地人形容是"可笑但亲切"），迎接的群众将他们团团包围，在他们身上撒满鲜花。在英格兰侦察队解放的工业城阿韦讷（Avesnes），民众"又哭又笑，人人带着狂喜彼此握手。只有经历过那种难忘时刻的人才能理解"。[119]

战争中最浩大、最能决定结果的行动，发生在1918年秋天，主要在英国人与德国人之间进行。自1914年以来，这是英国人首次证明自己的战技、战术、领导、理念、组织与装备远优于对手。德军坚守在自己史上最坚固的防守据点——深达六层的兴登堡防线。亨利·罗林森（Henry Rawlinson）将军的第四集团军在9月底进攻了兴登堡防线。主要的防线沿着水深的圣康坦运河（Saint-Quentin Canal）布防，战车无法通过，更有大量的带刺铁丝网与机枪台巩固之。只有一处地方有可能发动攻击，即运河流经隧道处。不过，澳大利亚军团与两个精力充沛但缺乏经验的美军师仔细准备的突击行动，却在一片混战中被击退。第四十六北中部师（46th North Midland Division）另起炉灶，在双方都认为不可能的地方发动攻击：渡过运河。9月29日，在得来不易的情报、详细的计划、成功的保密与科学般精准的炮火的助力下，他们穿上救生衣，使用运河渡口的筏船迅速渡河，只有150人伤亡。北斯塔福郡人攻占了关键的里克瓦尔桥（Riqueval Bridge），用刺刀刺死一名正要点燃引信炸桥的德军工兵。这一回惊人的战绩，证明英国远征军如今有能力刺穿德军所建造的最坚固、由最强的部队镇守的防御据点。他们"不仅击破兴登堡防线，还击溃了德国陆军与德国领袖的信心"。[120]此后，整条战线上的德军纷纷撤退，同盟国也开始瓦解。伤亡非常恐怖，空旷地带的战事让伤亡人数再度达到1914年的水平。远征军在整场战争中伤亡率最高的一天里有26万人伤亡。但结果是决定性的。法军、美军与比利时军队在最后4个月的战斗中掳获19.3万名战俘；人数不到他们一半的英国本土及海外帝国部队，则掳获20万人。[121]但协约国这方鲜少有人认为战争会立即结束。英国人认为要战斗到1920年。但兴登堡防线被突破后，德军最高指挥部担心军队全面瓦解，同时也担心本土陷入无政府状态。因此在10月5日，他们离间敌人，向美国总统威尔逊请求停战。法国与英国政界与将领打算同意，而非要求无条件投降。他们担心，假如战争继续，美国将会坐大，自己的影响力则式微，自己在和约谈判中的地位也会随之降低。[122]11月11日，各方停止战斗。远征军——如今有185.9万人，半数是青少年——就在蒙斯北边止步，也就是1914年开始战斗之处：

> 我们回师15英里……雾气像毯子覆在乡间。11点整，我们背着行囊，在泥泞的步道上踱步。乐队奏着曲子，但很少有人唱歌……我们历经沧桑，疲惫不堪，如今眼已雪亮。[123]

悼念

这场战争创造了新的跨海峡纽带。许多人对法国人在战祸摧残的北部受的苦难感到同情。温尼弗雷德·斯蒂芬斯（Winifred Stephens）的《法兰西之书》（*Book of France*，1915）是募集纾困基金的手段之一。战后，英国及其自治领与美国的城镇认养了毁坏的城镇与村庄，为之募捐并给予直接援助。例如新堡认养阿拉斯（Arras），谢菲尔德认养巴波姆（Bapaume），兰迪德诺（Llandudno）认养马梅斯（Mametz），伯明翰认养阿尔贝（Albert）——通常都是当地的军团曾经作战的地方。停战之后不久，便有死者家属来到战区，也有些老兵和其家人前来这些地方。米其林出版旅游指南。最早大批前往法国的就是英国人。1928年，英国兵团安排了一场让15 000人造访伊珀尔的行程。[124]相关单位为战死法国的60万人建起纪念碑，有些到下一场战争开始时才刚刚完工。人们前来凭吊自己国家的牺牲者，也悼念自己失去的亲人。英国人的情感焦点在佛兰德与皮卡第，许多人到英国军人公墓追思。法国人自己的悲剧圣陵则远在东方的凡尔登。

这样的分歧或许在每一场战争后都会出现。只是这一回似乎是个极端例子。部分原因与打这场战争的方式有关。威廉·罗伯森（William Robertson）将军曾在1915年写道："我相信法国人是任何国家不可多得的好盟友。我只想强调，由联军指挥的军事行动向来极为困难，在未来也是如此。这很自然。"[125]英美在第二次世界大战的关系，或许得益于这样一个事实：两个同盟国各自在不同战场作战，只有往凯旋终局前进的几场战事例外。相形之下，1914—1918年的西线尤其不适合促进协约国之间的好感。原因不只是战争场面骇人、不光彩。英国人与法国人虽然肩并肩，却多半是各打各的仗，不像同袍，反而像提防彼此并且有时会心生嫉妒的邻人。一位法国历史学家说，当两国军队确实一起作战时（例如在加里波利），他们会有"强烈的团结感"。[126]但在西线，他们泰半局限在彼此危机之时出手帮忙，这难免会造成紧张。英国人对于接手法国战壕感到愤恨，因为他们觉得挖得不好，而且很脏——这个记忆在民间挥之不去。我们已经看到，有些法国人变得相当鄙视英国（尤其是英格兰）士兵，嫌他们迟缓、无能，甚至懦弱。从他们的信件来看，多数时候他们都不太在乎英国人的存在。[127]1918年8月—10月，英国远征军终于迫使德军撤离法国的英勇事迹，泰半为人相忘于协约国的整体攻势中，各国都在为自己的成就欢呼。今天的法国历史学家认为战争的转折点并非英国人进攻亚眠——也就是鲁登道夫说的"倒霉日"，而是法军攻击马恩河。另一方面，英国人在3月仓促撤军一事未能为人所遗忘——许多法军士兵肯定会认为这让他们又回到1914年的起点。陆军上尉夏尔·戴高乐在战争结束时深深认为"盟国军官粗鲁而无能",他心中"全面的排外情绪排山倒海而来"。罗伯特·格雷夫斯上尉回到牛津后,发现从战壕中回国的大学生们有一股"反法情绪……强烈得几近于偏执"。[128]

许多回忆录、历史著作与小说直接忽略了盟友的存在,而且至今亦然。至于没有忘记盟友的作品,则传达出一种混杂的讯息。拉迪亚德·吉卜林与约翰·巴肯(John Buchan)夸奖法军,强调他们顽强的农民士兵有多么坚忍不拔。作家安德烈·莫洛亚曾担任负责联系英国远征军的联络官,他写了一系列广为人阅读、以"布兰布尔上校"(Colonel Bramble)及其友人为主角的小说——据说是怀着好意,将英国人描绘成无来由地古怪、冷淡与疏离。另外两位联络官斯皮尔斯与于盖都留下个人的记录,远征军在他们笔下分别是极其重要和无足轻重的——于盖认为,远征军的微不足道,正反映了英国民族偏狭、图利、背叛的天性。官方的纪念碑与仪式当然会感谢协约国盟友。尤其是在法国,当局依旧如此,在马恩河战役90周年纪念仪式上大大感谢远征军。但胜利并未为战后那些年的法国与英国带来信任与友好。要想如此,"止战之战"后就该跟着一纸关于维持和平的、充满信心的协议。偏偏事情不然。对杀戮者的痛恨,对于与过去的敌人和解的渴望,以及对于鲜血白流的担忧,难免让战时的盟友关系有所贬值。

第十一章：失去和平

> 没错，我们赢了战争，赢得不轻松；但如今我们得赢得和平，这恐怕比打胜仗更困难。
>
> ——乔治·克列孟梭，1918 年[1]

> 这不是和平，而是二十年的休战。
>
> ——福煦元帅[2]

我们两国共同历史上最大的失败，便是错失 1918 年惨胜后巩固和平的契机。责任不全在于甚至不主要在于法国与英国。毋庸置疑，德国是罪魁祸首。美国因为不负责任而难辞其咎。苏联、日本与意大利则在慢慢下毒。但坚定、互信的英法伙伴关系本应是防止另一场甚至更惨烈的战争的最大希望。两国无法发挥坚定与信任的品质，这是世界的悲剧。这个故事无关恶意，而是关乎恐惧与自私、个别与集体。

令人失望的悲剧：巴黎与凡尔赛，1918—1919 年

> 我真心希望自己是错的——但我所见似乎是场令人失望的悲剧。
>
> ——伍德罗·威尔逊，1918 年[3]

> 我恳求你们理解我的立场,就像我正试图理解你们一样。美国远在天边,兼有海洋屏障。英格兰连拿破仑本人都无法企及。你们都受到掩蔽,两国都有;但我们没有。
>
> ——乔治·克列孟梭,1919年[4]

> 我发现法国人满肚子阴谋诡计,完全不守规矩。
>
> ——和会书记莫里斯·汉基(Maurice Hankey),1919年[5]

和会在法国坚持下于巴黎召开。协约国(如今为数众多)[①]代表、记者与大批热爱政治八卦的人蜂拥到这座城市。融合政治与享乐的氛围,令许多人想起1814年的维也纳。英国外交部设想周到,发放了由历史学家查尔斯·韦伯斯特(Charles Webster)所写、谈维也纳会议时期的英国外交史,觉得说不定能提供有用的洞见。书是很有价值,但读的人不多。1814年与1918年确实有些相似处。"三巨头"——伍德罗·威尔逊总统和大卫·劳合·乔治与乔治·克列孟梭两位首相——经常一起秘密会晤,三人都讲英语,发挥的个人影响力与卡斯尔雷勋爵、沙皇亚历山大与梅特涅亲王也相去无几。他们无视幕僚、同僚与国会,把成堆的专家报告摆着不看,同时把记者挡在门外。三巨头的维也纳前人们都具备无分国界的贵族举止与观念。他们当然与前人不同,但确实也建立了紧密的私人关系。他们还试图在利他思想与国家利益间取得平衡,以创造持久的和平。但他们跟前人不同,必须不时关注选民——这是外交难题,却也是有用的外交制衡力。

---

① 严格来说,美国并非协约国,而是"协力国"(Associated State)。——译者注

仔细阅读韦伯斯特史书的读者虽然会赞成卡斯尔雷的格言"不要搜刮战利品,而是为世界带回和平的习惯",但也会意识到有个地缘问题是1815年没有的。当年,法国显然已经战败,盟国(军队驻在巴黎)有志一同要防止法国威胁再兴。各国也有足够的力量做到。法国人大有自知之明,复辟的波旁王朝能从与盟国的合作中得益,后者最终允许塔列朗加入协商。即使经历了拿破仑的百日复辟,反法同盟国家也有足够的信心,敢于宽容地对待法国——只是法国人不做如是想。但在1918年,人们却不敢说德国已经彻底被击败。德国蒙受的实质伤害微乎其微。该国军队在外国土地上,而且甚至连最善战的军人(比如福煦)也怕入侵德国心脏地带。只有少数边境地区是由协约国占领的,而协约国的厌战军队也已经复员。之所以必须得将德国排除在协商之外,并不是因为德国无力,而是因为该国仍有相当力量。对战胜国而言,最困难而且分歧最大的问题,就是如何处理其力量。而他们没有解决好这个问题。

大批代表们以相当隆重的排场在巴黎安顿下来。劳合·乔治向一位富有的英格兰女士租了一大间公寓,带着情妇兼秘书法兰西丝·史蒂文森、十多岁的女儿梅甘(Megan)与助手菲利普·柯尔(Philip Kerr)住了进去。大英帝国代表团以威仪酒店(Hôtel Majestic)为根据地。这里成了凯旋门附近的小英格兰,酒店里的法籍员工改由英国人担任(避免刺探),食物因此"像间不错的铁路旅馆"提供的,管理规定也让人想起某些学校。酒类免费提供给自治领与印度代表,但英国代表得自己买酒。一安顿下来,代表与职员们便举办音乐会与大量的宴会[不修边幅的官方画家奥古斯都·约翰(Augustus John)花在宴会上的时间比画画来得还多,而他的同事威廉·奥本则为音乐会设计海报]。周六晚上的舞会大受欢迎，甚至让当局考虑命其停办。有位年迈的外交官觉得护理师与打字员仿佛"小仙女"。代表们知道所有最新的舞步，福煦对于"英国人脸这么臭，屁股居然这么会扭"而大感惊讶。英国外相贝尔福勋爵在美国社交名流艾尔莎·麦克斯韦（Elsa Maxwell）的带领下，平生第一次踏进夜总会——"是我经历过的最开心、最堕落的一晚"。不过，为首的政治家埋首于工作，很少分心。克列孟梭78岁高龄，过着仿佛修士的生活，晚餐吃完面包、牛奶之后，9点就上床睡觉了；63岁的威尔逊通常在晚上10点就寝。56岁的劳合·乔治精力充沛，"像无人管教的放假儿童"，他的乐子就比较多——上咖啡馆和餐厅观察巴黎人，还在自家公寓的钢琴边领唱。[6]

"三巨头"不喜欢彼此。众人没多久便发现，威尔逊浑身充满理想主义的缺点：假道学、虚荣而傲慢。绰号"老虎"的克列孟梭，骂劳合·乔治"是个难相处，脾气颇糟的老蛮子"。克列孟梭在弱肉强食的法国政坛发迹，一开始是反对拿破仑三世的极左派，在19世纪80年代后以打击政府闻名，最后以罢工终结者的身份掌权。他有许多敌人，其中一位说他有三件事情让人害怕：他的剑、他的手枪和他的舌头。年纪没有让他变得温和。他在1917年的黑暗时刻上台，用牢房与行刑队扑灭失败主义。许多人以为他主导和会，毕竟他主导其进程。但他很清楚，法国是三个大国中最小的一个，他的态度也比批评家或支持者深信的更中庸。克列孟梭对于劳合·乔治"不是英格兰绅士"大感遗憾——劳合·乔治是现代职业政治人物的典型，聪明、勤奋、奸诈、肤浅。克列孟梭认为劳合·乔治不诚实、投机、粗鲁——他在一次唇枪舌剑后大喊"你这小子真是可恶至极"，据说还下战书要跟劳合·乔治决斗。[7]但两人知道彼此得继续合作，而且也确实合作到了相当可观的程度。但私人冲突却让国家利益的分歧更为恶化。他们让真诚地理解与同情观点的差异变得困难得多。

克列孟梭——幻想破灭的亲英派

我这辈子已不再对英格兰抱有幻想。

——乔治·克列孟梭

英国人眼中的克列孟梭是固执己见的化身,他是自基佐以来法国统治者中的头号亲英派,或许也是最后一位。他不只在英式服装、英式猎犬、枫木家具、出席阿斯科特(Ascot)赛马日、握手的习惯等流行时尚方面亲英,连思想、友谊与品味也不例外。年轻时的克列孟梭曾亲炙约翰·斯图亚特·密尔,翻译他的一本书,同时跟英格兰激进派、自由派与社会主义者培养出长期的关系。他在1917年说自己曾读过"20年来每一本出版的重要英语著作",[8]这可比劳合·乔治还多。他在纽约生活过,曾与一位美国人结婚(挺不情愿)。他最密切的跨海峡关系,是跟实证主义这种法国进步哲学兼教派的英国信徒之间的关系,这些人亲法、支持民主、反帝国主义、反德意志。他跟卓尔不群的马克西家有着长久的友谊——"我的英格兰家人"——这家人设法将实证主义、新闻业、对法国文化的兴趣和成功的军旅生涯相结合。他们圈子里的亲法知识分子包括马修·阿诺德与乔治·梅瑞狄斯(George Meredith),以及约瑟夫·张伯伦与约翰·莫莱(John Morley)等激进派政治人物。上述与英格兰的联系,导致克列孟梭在19世纪90年代遭受严重攻击,对手指控他是英格兰的间谍:他演说时,民族主义者更大喊"Aoh yes!"来干扰他。

克列孟梭在1906—1909年担任首相,致力于化《挚诚协定》为同盟关系。双方展开秘密军事对话,他还命令军队撕毁对英国的战争计划。1910年,他和约翰·弗伦奇爵士参观边境,甚至在1911年加入英国的全国兵役联盟(British National Service League),推动征兵制。战争期间,他和陆军将领伊佛尔·马克西(Ivor Maxse,英国最有能力的兵团指挥官之一)的友谊,促成了与英国陆军之间的诚挚交流,可能还有助于他决定支持福煦的决策,在1918年春天危机之时支持英国人。这些接触让克列孟梭对英国政界当权派产生了相当程度的不信任,尤其是对劳合·乔治等中间派的政治人物。但他不信任的程度还不够,我们之后会提到。

克列孟梭在1921年前往英格兰,接受牛津大学的荣誉博士学位,并接受劳合·乔治的邀请,拜访议会。心有不满的克列孟梭质问劳合·乔治为何变成"法兰西的敌人",后者答道:"这不一直都是我们的传统政策吗?"[9]克列孟梭不够"英格兰",不了解这是个冷笑话,反而把这当成"利己"的承认,而且是出自他心中"背信弃义的阿尔比恩"——或者应该说是"背信弃义的威尔士"①的化身之口。但他仍然认为法国与英国的关系至关重要。只是英国人不做如是想。

和会与会人士发现自己要处理全世界的问题,尤其是俄罗斯、奥匈与奥斯曼等帝国崩溃后带来的难题。但最棘手的问题则是如何处置

---

① 劳合·乔治的双亲皆是威尔士人。——译者注

甜蜜的世仇
英国和法国，300年的爱恨情仇

德国。德国政治人物表示，他们是因为了解和约将遵循伍德罗·威尔逊"不吞并、不瓜分、不报复性伤害"的原则，才要求停战的。许多盎格鲁－撒克逊人四处宣称法国坚持严厉处置德国，不像他们开明宽大，但这种说法只是利己的宣传。各方皆同意德国必须接受惩罚与限制。除非先满足自己的利益，不然没人打算宽宏大量。英国人得到自己想要的：德国丧失其海军与殖民地，比利时恢复独立。他们还坚持要有经济赔偿，而且拿到了一大部分。但协约国在原则上也有差异。威尔逊与美国人（和他们的英国追随者）希望以民族自决为基础，打

克列孟梭真心亲英，早在民族主义者指控他收英国人的钱之前好几年就是如此——这张 1893 年的讽刺漫画里，他正抛接着一袋袋的英镑。

造世界新秩序，而且相信他们看重的国际联盟能解决所有问题。劳合·乔治则志在与德国和解，反对会造成长期敌意的领土变迁——例如1871年德国吞并阿尔萨斯－洛林给法国带来的影响。英国人与美国人大出彼此意料，发现他们居然有类似的观点。克列孟梭与法国人对国际联盟以及对德和解表示怀疑。他们跟盟国不同，不认为德国变成共和国就能除去潜在的威胁。他们宁可瓦解德意志帝国，否则便要求具体的领土、战略、经济与条约保证，以对抗卷土重来的攻击。路易十五想必会对他们关注的焦点感到熟悉：创造强大的波兰，控制莱茵河流域，在法国与德国之间要有"天然疆界"。霞飞元帅写道："1815年的疆界是给战败国划分的，已经不再适合此次大战的胜利国。"[10]

各方就波兰的边界达成妥协。莱茵河的问题困难得多，因为法国人认为此事攸关本国安危。控制渡口将保障法国，令德国不设防，再加上解除军备，等于德军未来不可能入侵。美国与英国否决了吞并德国领土的方案。法国转而要求让莱茵地区变成法国掌控的独立国家，并且要求驻军于莱茵河西岸与德国一侧位于科隆、科布伦茨（Koblenz）与美因茨（Mainz，拿破仑认为这是中欧的战略要地）的桥头堡。法国人还想要萨尔州（Saarland），原因主要在于当地的煤田。盎格鲁－撒克逊人只同意范围有限的占领与后续莱茵地区的非军事化，以及暂时占领萨尔。

这些意见冲突险些毁了和会，其间充满恶意气氛，不时有人威胁要退出。1919年3月，劳合·乔治急转弯，向法国提供对抗德国侵略的永久保证，威尔逊也同意照做。劳合·乔治还提议兴建海底隧道，一旦未来德军进攻，便能加速英国驰援，让承诺更为有力。此举打破了僵局：法方同意不再坚持建立独立的莱茵兰国家。克列孟梭是个现实主义者，认为协约国的团结是法国唯一真正的保障。他喜出望外："这对法兰西的未来真是幸运！"但他隐藏了自己的感受，并要求军事占领莱茵地区至少15年，若德国行为不轨则再度占领。此举让盎格鲁－撒克逊人大为光火，但他们还是同意了。贝尔福认为"对莱茵河边界的任何操弄，都无法让法国脱离二流国家之列"，因此法国人应该致力于稳定的国际体系，而非以"藏不住的嘲弄态度"待之。[11]但克列孟梭看来已经得到自己真正想要的了。

其他的重大议题则是"赔偿"——这是个政治正确的新造词。加诸德国的赔款后来变成（或许至今仍是）条约最受批评的部分，人们斥之为卑鄙、不理智，造成德国局势不稳，扭曲世界经济，导致希特勒掌权，继而促成第二次的战争。但在1919年，各方都相信赔偿在原则上符合公益、有其必要性，也是遏止未来侵略者的因素。用协约国直白的官方宣言的话来说："非得有谁来承受战争的结果。这该是由德国，还是只由她所伤害的民众来承担呢？"[12]德国此前承受的代价与伤害少于大多数的战胜国。德国劫掠其征服的领土，将北法纺织业的多数毛料、存货与线捆带回德国。德国在战争末尾的几个月里，对法国与比利时刻意实施报复性破坏，甚至在停战协商期间亦如此。看来，德国理应协助"弥补"伤害，毕竟经济与金融之健全，决定了军事实力。各国皆欠下巨额债务，以战争公债的形式向本国人民借钱，此外也向英国与美国借款。英国与法国向来是人均开支最高的国家。据估计，法国国债相当于其国民财富的94%。英国本身花了70亿英镑，相当于战前四十年的公共开销。英国也是最大的放贷国，借了16亿英镑给各协约国盟友，以俄国为主。该国也借了4亿1 600万英镑给法国，法国再转而借给俄国与其他较小的协约国盟友。英国同样跟美国借了8亿英镑，泰半转借给信用较差的国家。[13]

假如欧洲经济潜力最大的国家德国不付钱，负担便会落在法国、英国或美国纳税人身上，尤其是英国人。美国人表现得公正无私，强烈拒绝任何减免协约国间债务的提案。虽然法国与意大利一再寻求机会，要英国将自己的债务一笔勾销，但英国人不会在偿还对美债务的情况下同时免除两国债务。法国政府不敢一面让德国逃过惩罚，一面让本国民众承受加税与失业。唯一可以接受的解决方法，似乎就是尽可能榨取德国，将之根据战争中付出的代价分给协约国各成员——此举带来难看的讨价还价，以及德国人的哭天喊地。和约中列入了一条债务条款（后来成为恶名昭彰的"战争罪责条款"，但条文中并未提到罪责），为赔款提供法律基础。最终要求的赔款金额为66亿英镑，以36年时间支付。但这只是个象征性的数字，不到公认实际补偿需求的半数。[14]

协商过程中没有德国代表的位子。1919年5月7日，他们受召领取《凡尔赛和约》文件。场面变得相当不堪——德国代表团长拒绝接受战争责任——德国人称其为"谎言"，并错误指责协约国在停战后继续封锁，"冷酷地从容"杀害"成千上万"的德国民众。[15]德国人获得两周时间形成书面意见，等到书面意见出炉，内容实际上等于拒绝整份和约。德国人大有可能拒绝签字，一旦如此，协约国便得面临在一片混乱中入侵、接管德国的可能。劳合·乔治与大英帝国代表团最早胆寒。南非将领扬·史末资（Jan Smuts）"悲痛溢于言表"，说自己恐怕不会签这么一纸"对欧洲的未来充满恶意"的条约。内阁一致挞伐，多数从实际角度下手，有些人则诉诸道德立场。年轻的政府官员感到愤慨:"这份恃强凌弱的该死和约将是旧传统的最后余光……我们年轻人会再度开创新局面。"[16]他们展开游说,试图软化波兰、赔款与莱茵兰相关条文。5月30日,他们在威仪酒店成立国际事务研究所(Institute of International Affairs),表达他们的不满。坎特伯雷大主教表示于心不安。劳合·乔治开始退让。

人们迫切想让德国人息怒,自然会责怪法国人心怀报复。史末资对代表团说,"法方在协议中提了过多的要求"。一位颇具影响力的外交部官员认为"他们在各方面似乎都缺乏正义感、公平竞争和宽容的精神","他们讨价还价时像犹太人,而且也多半是犹太人"。温斯顿·丘吉尔表示:"法国人对德国人的恨,已经超过人类的程度了。"[17]因此,战争结束时使人怀抱希望的理想主义开启了"绥靖"潮流,迅速主导英国官方政策,继而让推动《凡尔赛和约》的举措显得相当无情。英国人的第一步,是坚持允许上西里西亚(Upper Silesia)仍然作为德国的一部分,而非划归众所鄙夷的法国卫星国——波兰[史末资称之为"黑鬼"(Kaffirs)]。[18]另一方面,失去耐心的威尔逊拒绝做出修改。入侵德国的备战工作于是展开,德国人因此放弃。法方安排在镜厅——德意志军队在1871年结束其征途、宣布德意志帝国成立的地方——举办盛大的签字仪式。有些人认为这种做法很不厚道。英国军官向德国代表行礼——他们也是唯一这么做的人。

这张洞若观火、描述和谈的漫画,与福煦元帅说"和平只是一段二十年休战"的预测观点相同,但漫画家威尔·戴森的解释完全不同——他怪克列孟梭无视未来。

让-路易·福楠(Jean-Louis Forain)的漫画《打听点消息》(Pour un Renseignement)。描绘一名伤残的法国士兵跑到巴黎和会会议厅,问政治人物:"我是不是胜利者,是或不是?"这问题可不好回答。

凯恩斯先生的政治后果

假如我们认为……我们近年来的敌人……是恶魔的子嗣,必须年复一年让德国非常贫困,让她的孩子饥饿且伤残,且必让她受敌人环伺;那……求上苍保佑我们大家吧。

——约翰·梅纳德·凯恩斯[19]

我们必须温柔

还要谨言慎行

一旦他们受战败所苦

我们可不能让

他们感觉沮丧

或是让他们觉得

我们对他们生气或恨他们的感受

我们未来的政策必得是扶持他们。

——诺尔·寇威尔(Noel Coward),《咱们别像野兽般对德国人》[20]

1919年6月正值条约悬而未决的紧绷时日,剑桥大学教授兼参加和会的英国财政部首席幕僚约翰·梅纳德·凯恩斯辞去职务,断定"草约已经没有做出重大修正的希望了"。史末资敦促他就和会写一份老妪能解的批评报告,于是《凡尔赛和约的经济后果》(The Economic Consequences of the Peace)便在12月应运而生。这本书迅速销售超过10万本,在英国与美国成为畅销书,并被译成11种语言。根据一位法国评论家的看法,自埃德蒙·伯克的《反思法国大革命》(Reflexions on the French Revolution)以来,还没有一本书像凯恩斯的著作这般,"对欧洲的命运……发挥如此广泛而直接的影响"。[21]这本书比其他任何一本著作都更让凡尔赛的协议遭人质疑,其主张也成为几个世代中进步思想的常识。此外,这本书也为英国人对法国的敌意添柴加薪。

该书的冲击力部分归诸凯恩斯以内部人士的身份,表现了英国与美国官员广泛认同的观点。而这又大多归因于他在困难而棘手的赔款问题上是公认的专家,颇具权威。但他以掷地有声的散文所表达的强烈看法,才是主因。巴黎成了"病态的……背信的……泥淖",是一场"梦魇"。威尔逊是个"又盲又聋的堂吉诃德",被诡辩家与伪善者哄骗,特别是机巧的劳合·乔治和损人利己的克列孟梭。站在背后的都是些"面无表情的人,仿佛自己在战争中表现出众"。推动和约签订的是"愚蠢的贪婪……偏见与欺瞒……这是残酷的胜者在文明史上做出的最令人发指的举动之一"。战胜国强加诈欺、不可能的赔款,"是要德国沦为奴隶"。他支持德国代表团长的抗议:"在这条约上签字的人,等于签下上百万德国男女与孩童的死刑令。"[22]

假如德国人是受害者,那恶棍就是法国人——早在战争期间,凯恩斯便已表现出对法国缺乏同情。[23]他虽然宣称理解克列孟梭的担忧,但还是将克列孟梭刻画成皮肤干瘪的厌世者,对新黎明视而不见:

> 心灵干枯、空无希望……他只对法兰西抱有幻想,却对全人类感到幻灭……,他的哲学中没有为国际关系中的"多愁善感"留下余地,所以他对国际联盟所代表的所有信条保有怀疑……他是从法国与德国的角度看待

这个议题，而不是从人性与欧洲文明奋力朝新秩序前进的角度出发。[24]

凯恩斯指控法国人出于"不明智的贪婪"，"无耻夸大"物质损害的程度，他还用夸张的口吻告诉法国人，"我的观点在法国以外的地方不会引发强烈的争议"，而法国的政治人物只知道"蒙上自己的双眼，捂住自己的双耳"。他后来谴责法国是个"夏洛克"[①]，为"那一磅肉""埋怨"，他还指控法国遵循"一套明确而几乎不掩藏的计划行事，想借此主宰全欧洲"。[25]

那一磅肉自然指的是赔款，凯恩斯主要抨击的是法国人出于"报复"与"贪婪"而强加的金额，是多么不切实际与不公平。这歪曲了事实。现代经济史学家多半认为赔款是合理的，而且在德国能力范围内。新成立的德意志共和国为了削弱条约而精心宣传，凯恩斯则让自己成了他们无价的帮凶。身为一位与战争脱不了干系的自由派知识分子，他绝对有个人动机，而他对"白白净净"的汉堡银行家卡尔·梅尔基奥（Karl Melchior）的迷恋更强化了他的动机。[26]但传记细节对此解释不多，毕竟凯恩斯写的是许多人都在说的事情：他所用的词汇，可以在大英帝国与美国驻巴黎代表的信件与日记中找到。

凯恩斯的主张为何受到英国、美国，甚至是法国自由派精英的欢迎？年轻的金斯利·马丁［Kingsley Martin，日后的《新政治家》（*New Statesman*）总编］当时就读于剑桥大学，听过凯恩斯的课，觉得"能有一位了解和约内情的高级权威讲出我们的感受，对我们来说太棒

[①] 这里指莎士比亚《威尼斯商人》中的犹太裔放高利贷者。主角安东尼奥与他是仇家，为帮助友人而向他借贷，承诺以自己一磅肉为抵押。当安东尼因故无力偿还时，夏洛克坚持不和解，要求那一磅的肉。——译者注

了"。[27] 这种情绪源自过去用来为战争辩护的理想主义，来自对战壕恐怖处境的憎恶，也来自晚期受伍德罗·威尔逊的"十四点原则"激发的乐观主义洪流。凯恩斯将《凡尔赛和约》斥为"终结和平的和约"，厌战的民众对于该和约可能使终结战争的牺牲前功尽弃的任何迹象都深感恐惧。只要战胜国够宽大，以"我们对未来国际关系的道德回应与情绪反应"为指引，便能确保未来的和解。[28] 用贝尔福的话来说，理想主义者想要相信"德国后悔已极，她的灵魂已经历转变，如今绝对是个不同的国家"。[29] 此外，许多人因为德国与苏联的宣传，坚持认为德国不该承受开启战端的罪责——错的是沙皇，是普恩加莱，是格雷，是帝国主义，或是资本主义。

总之，大家都有罪。如今的危险不在德国，而在法国：英国人把战间期的紧张关系怪罪于法国。凯恩斯把克列孟梭当对手，他是对的。鲜少有人想听克列孟梭不快的预言："我们得如履薄冰……没错，这纸条约将为我们带来负担、麻烦、痛苦、困难，而且将持续漫长的岁月。"[30] 还有一位稍微有些幻灭的亲英法国人——艾蒂安·曼图（Etienne Mantoux）。他真心诚意，写了对凯恩斯一书的驳斥：《迦太基的和平：凯恩斯先生的经济后果》（*The Carthaginian Peace, or The Economic Consequences of Mr Keynes*，1946）。曼图的父亲是伦敦大学的法语教授，曾经在巴黎和会上担任官方翻译。曼图在英格兰度过一部分成长时光。他的观点是，凯恩斯削弱了协约国的团结，促成对德国的姑息，从而为希特勒与另一场战争铺了路。他在1944年完成该书，当时他正效力于自由法国的空军。"凯恩斯先生25年前的书，是献给下一代的。本书便是这一代的回应。"曼图在战争结束前十天阵亡。

威尔逊与劳合·乔治签署和约后旋即离开法国。威尔逊必须说服美国参议员批准条约,并加入国际联盟。在国会辩论时,他的对手在攻击条约时大篇幅引用或者转述凯恩斯书中的内容。参议院拒绝批准《凡尔赛和约》,拒绝成为国际联盟会员,也拒绝同意保障法国安全的条约。美国放手撤出欧洲事务。美利坚合众国在世界史上作为无可争辩的道德领袖的短暂瞬间就此结束。

劳合·乔治跟英国下议院没有这种问题。1919年,下议院未经分组表决,便通过了《英法条约(法国国防)法案》[Anglo-French Treaty (Defence of France) Act],这在承平时期是史无前例的。他原本甚至能在美方(以及打退堂鼓的自治领)不参与的情况下维持和法国的同盟,但他选择不这么做。劳合·乔治在草约中悄悄塞了一个条款,规定"唯有[美方的条约]得到批准的时候"条约才会生效;劳合·乔治向克列孟梭宣读内文时,显然没人注意到这一条。他恐怕是铁了心要耍法国人,他知道美方的保证不大可能落实。[31] 当克列孟梭同意放弃将莱茵地区从德国分裂出来,却又坚持军事占领时,他可能就做了这个决定——法方的做法也是欺骗,毕竟他们打算用尽每一种理由,尽可能地长久驻军,争取时间秘密推动莱茵分离。包括劳合·乔治在内的英国人,都没意识到法国在没有外援的情况下与德国保持国力平衡的能力只是暂时的。[32] 英国方面在巴黎的代办警告,假如法国人守住莱茵河,他们"将能让德国人一直看他们的脸色;等到他们感觉自己是欧陆绝对的主人,他们便会转头对付我们,就像冬去夏来一样自然"。外相乔治·寇松勋爵(Lord George Curzon)也有这种恐惧,他说法国或许会成为欧洲的"黩武之君"。他的话言过其实、荒诞不经,但法方武力威胁之举却为之带来可信度。

1919年，法国当局举办了一场场面盛大的军事仪式，将革命将领奥什迁葬于莱茵兰，象征着再度征服："此刻，"一位法国将军公开表示，"法兰西再度感觉到自己是个伟大的国家。"总之，双方都很无辜，但英国人实际上更背信弃义些。"我相信劳合·乔治，"克列孟梭承认，"而他摆了我一道。"[33]

疏远：1919—1925年

拉丁人的思维比我们更有逻辑，而且总倾向于将论证导向……他们符合逻辑的结论上。我们的天性则是回避这些符合逻辑的结论。

——英国外相奥斯汀·张伯伦，1926年[34]

和讨厌做假设、只活在此刻的人一起制定长期的政策，是件傻事。

——法国驻伦敦大使保罗·康邦，1898—1920年[35]

劳合·乔治让防务条约无效之举，导致英国与法国分道扬镳。巴黎重视英国人的保证，甚于美方含糊的承诺。一位资深法国外交官表示："如果跟英格兰没有协议，我们就无法保持欧洲局势稳定。"[36] 这样的保证也是和约的支柱，分量不下于国际联盟。少了英国人的保证，法国人恐怕会拒绝对莱茵兰做出重要让步。法国政界与民众感觉被英国欺骗了。由于同时丧失了战略与政治上的国防保障，法国人再度尝试严格实施《凡尔赛和约》，并与波兰和捷克斯洛伐克建立密切的军事关系。此举令他们跟英国与德国的关系同时恶化。

自拿破仑以来，中东就是法国与英国你争我夺的对象，如今也成了敌意更甚的原因。英国人在对抗土耳其人时,对犹太复国主义者、托马斯·爱德华·劳伦斯(Thomas Edward Lawrence)的阿拉伯友人以及尤其是法国人(通过1916年的《赛克斯-皮科协定》)做出了可能有冲突的承诺。古怪的外交官马克·赛克斯爵士(Sir Mark Sykes,他私下认为法国殖民者"不能受人尊重,他们不是欧洲老爷,个个都不是绅士")曾经答应让法方控制叙利亚海岸。如今,英国人想在承诺中灌水,声称法国人在对抗土耳其人时出力甚微。这话激怒了法国人,他们认为英国部队大幅分兵中东,留他们在西线承担不成比例的战斗。实际上,要达成协议(包括涉及石油的协议)并不困难——其实尽量少介入这个地区对英法都有利,这两国也很快开始意识到这一点——但这有损国威。英国人认为法国人很没礼貌,干预一个照理与其无关的地区。法国人则决心显示自己并非英国的附庸。正是那些琐碎的议题让争端更加带有恶意。"发自法国当局的照会,"英国大使在1919年回报本国,"简直不能更糟,仿佛我们不是盟友,而是敌人。"[37]20世纪20年代初期,英国情报部门一再揭发法国人在黎凡特干的"脏活"。"法国人卑鄙下流。他们不……守规矩。"1922年,英国外相寇松勋爵跟同职位的对手雷蒙·普恩加莱一度对质,之后他噙着泪,踉跄地走出房间,不停咕哝:"我受不了那个讨厌的矮子。我受不了他。"[38] 两国原本计划同时在伦敦与巴黎举办殖民地博览会,表现出两大帝国联手合作的姿态,这时法国人喊停了他们这一方的活动。

金钱是泰半恶意与恨意的根源。美国人深信自己对欧洲的帮助已经够了,坚持他国偿还借款。法国人认为自己应该什么都不用还,毕竟他们付出了不成比例的鲜血:法国士兵穿着进口的军服赴死,盟国怎么能为这些衣服大敲竹杠?英国人持续施压,希望能全面减少债务与赔款金额，但不愿意只有自己还钱。德国人则用尽每一个借口以避免还钱。法国当局试图利用不稳定的世界经济情势来累积大量英镑与黄金，与伦敦的欧洲金融中心地位一较高下。此举让英格兰银行与法兰西银行（Banque de France）之间起了龃龉，更导致前者的总裁蒙塔古·诺曼（Montagu Norman）把法国人加进自己的黑名单（与天主教徒、犹太人、特许会计师以及苏格兰人做伴）。[39] 钱就是力量。法国人一边表示没有能力偿还债务的利息，一边却在军备上花更多钱。英国人为此大为光火，甚至起了戒心。随着英美复员与德国解除武装，法国因此拥有当时全世界最强大的军力：法国在1920年7月仍有90万军人，还有全世界最多的空军。进一步的军费开支（尤其是花在轰炸机上的）引起伦敦的关注。虽然鲜少有人认为"世界级灾难"的英法之战会爆发，但英国认为有必要对空防押注更多，以防万一。[40]

1923年1月，在数度警告德国之后，7万人的法军部队不顾英国与美国反对，占领了鲁尔河（Ruhr）流域——当地为德国提供85%的煤与80%的钢铁。许多法国士兵痛恨德国人，因为有机会报复德军在法国曾经的所作所为而心花怒放。尽管法军指挥官似乎在努力维持军纪，但还是有不少对劫掠、破坏、不时发生的暴力与强暴的投诉。德国人针对法方的暴行发动强力的宣传战，强调法军中的非裔与阿拉伯裔士兵对雅利安女性造成了种族冒犯和威胁。[41]（最近的研究指出，双方的性关系多半出于合意，甚至发展为长期关系；因此诞生的混血儿后来成了纳粹受害者。）英国战时舆论虽然也反德，但鲜少有切身因素让民众长期保有恨意，如今更有人接受德国宣传的说法。工党议会领袖菲利普·斯诺登（Philip Snowden）挞伐占领鲁尔之举为"陈腐、恶毒的政策"，运用"野蛮人……强烈性本能"的做法更是令人发指。

法国社会主义政党同样谴责本国政府的行动。[42]

普恩加莱起先拒绝对批评让步。德国人开始罢工、"消极抵抗"并破坏机器——部分出于自发,部分则是由柏林组织的行动。货币严重贬值,一张公车票旋即要价1亿5 000万马克。法军宣布戒严,射杀若干从事破坏活动的人,甚至将15万名"麻烦制造者"从占领区中驱逐——包括公务员与警察。德国人只好放弃抵抗,多少偿还一些赔款。经济混乱与随之而来的政治动荡(包括慕尼黑发生的一起民族主义政变,一位叫阿道夫·希特勒的人也参与其中),让柏林大为震动。占领鲁尔不仅让法方付出的代价比确保的赔款更多,还加速法郎严重挤兑,导致丧失48%的货币价值。"法国已经变得侵略成性"成了普遍的共识,而且人们认为法国的做法坐实了他们的看法。贝尔福认为法国人"不可救药"又"疯狂","担心被老虎吞下肚……却总在捋虎须"。[43]美国与英国(短暂由同情德国人的工党政府执政)呼吁妥协。道威斯计划(Dawes Plan)于焉成形,意味着赔款处理终成定案——金额减少,强制执行的条款也得到取消。德国总计只需在13年间支付约10亿英镑,以现金支付者不到其中的1/3。[44]但魏玛共和国进一步被削弱,民族主义宣传则言之凿凿,充满怨言。

紧跟着道威斯计划而来的,是英国、法国、德国与意大利在洛迦诺(Locarno)敲定的条约——接纳德国加入国际联盟,并共同担保德国的西部(而非东部)国界线。签约国同意放弃军事入侵。保守党新任外相、相对亲法的奥斯汀·张伯伦畅谈此事:"法国外相邀请德国外相和我,到一艘叫'橙花号'、通常用来办婚宴的汽艇上游湖,为我太太庆生,顺便聊聊公事。这时我不禁揉揉眼,想知道自己是不是在做梦。"[45]1925年12月1日,公约正式在伦敦签订——为了这个场合,喜出望外的外交部重新装潢最华丽的房间，至今仍叫洛迦诺套间（Locarno Suite）。

法国单方面实施《凡尔赛和约》的打算，在这片洋洋喜气中失败了。盎格鲁－撒克逊人在德方的抵制下妥协。这对法国人"有着巨大的心理冲击"。[46]白厅几乎没人对此感到遗憾。当财政大臣丘吉尔主张英国应该自外于欧陆争议、专心经营帝国时，他是在表达一般人的心声。法国不得不对德国人做出"全面"的让步，因此德国得以在东欧大展拳脚，而英国对此并不关心。人们视洛迦诺的边境保证条约为问题的结束，而非军事承诺的开端，英国的国防开支也进一步削减。法军撤出鲁尔地区，仍然驻留在莱茵兰的协约国部队也在不久后离开。法国政府索性顺水推舟，在外相白里安主导下提倡法德和解与建立欧洲联邦，借此短暂赢得掌声。当他表示法国与德国母亲再也不用担心孩子的未来时，连利字当头的外交官们都流泪了。白里安本人没哭："我是根据我国出生率来制定外交政策的。"[47]但柏林出现了不和谐之音，在这儿连道威斯计划都有人谴责。一些党派说这纸条约是资本家和犹太人强加的。德国政府正致力于重建德国作为欧洲主导势力的地位，做法包括非法再武装。洛迦诺的决定让监督德国解除军备的残余安排烟消云散：外国政客倾向于视而不见。

战争胜利后才过5年，法国人与英国人便已不信任、讨厌、无法理解彼此。法国人眼中的英国马基雅弗利主义，泰半是一厢情愿的理想主义。英国人眼中的法国穷兵黩武，则体现了暴露在危险前的恐惧感。双方对这样的误会都有责任。以"老虎"克列孟梭极其顽固的继任者普恩加莱为首的法国政治人物，既不善于交朋友，也不擅长影响舆论。他们战后在军事和金融上显威风的做法，恐怕是误判了情势。但海峡北边的人误判更为严重，他们不仅高估了法国的实力，而且还荒唐地怀疑残破不堪、忧心忡忡、虽为胜利者却害怕战败的法国有意让拿破仑式霸权复活。有些误解能以双方陈旧的偏见来解释。英格兰人铁定为利所趋、伪善；法国人必然口是心非、虚荣。但是，真正的问题在于两国对德国的评价是矛盾的。法国人不相信德国人。他们不觉得有理由为自己的胜利赔不是——克列孟梭如是说。他们这样很没气度，但是……唉，他们也没错。只有一纸不带任何惩罚，能让德国成为欧洲主宰，同时让其邻国脆弱、贫困的和约，才足以避免德国人的气愤。但连这也无法保证未来的和平，毕竟"生存空间"（Lebensraum）并非希特勒的发明。德意志民族主义早在纳粹现身前便相当强势，而且民族主义者从未接受战争的结果。协约国的让步没能安抚之。但英国舆论（至少政界精英间如此，民众或许比较不这么想）认为必须要安抚民主德国，增强其实力。劳合·乔治的某位密友在日记中写道：

英国官方的观点是：德国不用为战争负责，贵族地主势力必须排除，德国政府理当支持，德国产业需要振兴，而且整体来说不该怀疑德国人。[48]

一位英国重要的历史学家在不久前推论说："若盎格鲁－撒克逊人接受更多法方的要求，或许更能维护国际局势稳定。"[49]实际情况却是，法国的遏止政策（以占领莱茵地区为基础）遭到反对。条约中解除武装的条款被各方心照不宣地舍弃。长期而言，欧洲的安全将系于德国的自制。白厅与威斯敏斯特宫都能接受，或许只有军队保持异议。奥斯汀·张伯伦认为德国不可能在1960年以前成为威胁。他的老对手普恩加莱与克列孟梭却有如出一辙的预测。据前者观察，和平

"全赖德国的善意……不光是当今的柏林政府,还有后续的所有政府"。克列孟梭则认为德国必然再度进攻——"看是6个月内、1年内、5年内还是10年内,看他们什么时候想,随他们意思"。[50]

海底隧道:顺天命

> 天意赐我们一座岛——我想,这对欧洲与世界历史有其深意。
> ——内阁秘书莫里斯·汉基,1919年11月[51]

早在1914年,海底隧道便再度受到帝国防务委员会(Committee of Imperial Defence)讨论。委员们断定:"假如我国部队要参与欧洲战事,与法军并肩作战,我们拥有的隧道就越多越好;反之,倘若不考虑这类军事行动,则我们完全不打算建隧道。"除非英国与法国成为紧密盟友,关系好到"在每一起战事中皆能视为同一个国家",隧道才是理想解决方案。[52]法方在1918年成立委员会研究隧道可行性,认为具有战略与经济上的好处。我们先前提到,劳合·乔治在1919年利用隧道的愿景吸引法国人放弃对莱茵兰的打算:隧道能加速英国调度部队,情况会异于1914年,协约国将得以保护北法工业区,从而降低莱茵兰防区的必要性。下议院海底隧道委员会(Channel Tunnel Committee)得到310位坚信隧道计划极为有利的议员支持。法国人提议一起研究,但白厅却有所迟疑。陆军表示,建海底隧道将使英国与法国、比利时国防紧密相依,而且由于苏俄不再是盟国,国防将需要"竭尽我国最大的努力",否则隧道将成为风险:"如果在欧陆打一场进攻战,我们就需要隧道,但如果是在英格兰打一场防御战,我们就不希望有隧道。"奥斯汀·张伯伦认为,倘若事情果真如此,隧道便成了"我国军事与政治未来的主宰",因此不希望建隧道。[53] 此外,兴建隧道所费不赀,估计需要6 000万英镑。汉基在内阁会议记录中称未能达成决议。外交部提醒每一个人:"直到100年前,法国仍是英格兰在历史上的天敌,两国人民之间始终难以建立真挚友谊。"结论并不乐观:"我国与法国的关系向来不够、现在不够,未来恐怕也不够稳定而友好,难以成为兴建海底隧道的理据。"[54]

威廉·希思·鲁宾逊(William Heath Robinson)绘制的《海底隧道漏水》(*A Leak in the Channel Tunnel*),描绘海底隧道在战间期成了笑柄。

五味杂陈：1919—1939 年

我们在法国不受欢迎，也永远不会受欢迎，没有什么能改变这个根本事实。

——外交部备忘录，1920 年[55]

无论有多少回报，我都不想再打仗了！除非是打法国人。如果要跟他们打仗，我会冲得跟子弹一样快。

——战争诗人埃德蒙·布伦登（Edmund Blunden）[56]

"一战"影响了生活的每一个层面。战争强行挤进人们的思维与记忆，改变文化、行为、信仰、忠诚对象、价值观、恐惧与希望。然而，"一战"的恐怖所引发的厌恶情绪，也让人们渴望恢复正常，以及恢复战前社会公认的支柱。法国人与英国人之间的各种关系也符合这个模式。在战争造就的新局面中，我们也会看到似乎未曾改变的观念与习惯。

英国知识分子迅速与战前的巴黎前卫艺术重新搭上线："战争从未扼杀这股动向。"布鲁姆斯伯里的评论家克莱夫·贝尔（Clive Bell）这么写着。1919 年，年轻的奥斯伯特·西特维尔（Osbert Sitwell）刚从陆军退伍，旋即举办了伦敦自 1914 年以来的第一场法国画展。巴黎现代主义领袖现身会场，如马蒂斯、毕加索、安德烈·德兰（André Derain）、莫里斯·德·弗拉曼克（Maurice de Vlaminck）与阿梅代奥·莫迪利亚尼（Amedeo Modigliani）。由于不合传统艺术的要求，现代艺术是有争议的，因"艺盲之愤"而起的辩论连续六周见诸报端，若干参与者还记得 19 世纪 80 年代的激辩。[57]主流艺术界内部出现变化——多年来,传统艺术权威始终对于将当代法国艺术引进英国的国家收藏中感到犹疑。直到1914年,国家美术馆仍有一位年迈的信托人表示抗议,说自己"八成马上就会听闻有摩门教徒……在圣保罗大教堂中服侍,就像在特拉法尔加广场的圣域中……眼见现代法国艺术乱贼的展览"。但情况迅速起了变化——多半得感谢纺织业巨子塞缪尔·库托(Samuel Courtauld)的慷慨与热心。国家美术馆与泰特美术馆也都在20世纪20年代搜罗出色的印象派与后印象派画作。[58] 巴黎仍保有艺术圣地的地位,法国人高调坚称巴黎的地位至高无上,深知其民族与政治上的价值——虽然普鲁斯特对于"安给自己这样的头衔"感到尴尬。[59]

不过,从克里斯托弗·伊舍伍德(Christopher Isherwood)到佩勒姆·格伦维尔·沃德豪斯(Pelham Grenville Wodehouse)的年轻世代却望向别处,寻求刺激,如柏林、莫斯科、维也纳、罗马,甚至纽约和好莱坞。巴黎再也不是唯一能提供解放与有利汇率的异国城市了。更有甚者,盎格鲁-撒克逊旅客在巴黎遭遇公开的敌意(恐怕是史上头一遭),甚至是群众暴力,观光巴士不时遭受攻击。[60] 这似乎既是由于巴黎人在经济上感到不满,也是由于他们觉得前盟友出卖了法国。旅客至少还能带钱来。到法国工作的人觉得"我们……并非真受人欢迎,法国人只是勉强容忍我们而已"。[61] 对法国人来说,英国长期以来都是新娱乐活动的源头,但在美国的强烈影响下,英国也相形见绌,出现在法国的美军更加速了这个过程。美国对流行文化具有毫无疑义的影响力。爵士乐在20世纪20年代的巴黎红极一时,英国却没能带来和约瑟芬·贝克(Josephine Baker)同样性感的人物。美国的冲击激起若干反对。以反战小说闻名的杜亚美(George Duhamel)呼吁"我们西方人""从我们的房子、我们的衣物与我们的心灵中"根除一切美国的事物。[62] 演员莫里斯·舍瓦利耶（Maurice Chevalier）的职业生涯，勾勒出潮流从伦敦转往纽约与好莱坞的变化。

从"巴黎的英格兰人"到"好莱坞的法国人"

年轻的莫里斯·舍瓦利耶（生于1888年）在战前以喜剧歌手的身份出道。他在战争中负伤被俘，在战俘营中跟英国战俘同伴学习英语，并与他们一同举办音乐会——这是他踏入英国演艺圈的开始。停战之后，他前往伦敦工作，采用英式表演风格，穿上晚礼服或条纹西装外套，配上领结与硬草帽——这套扮相也成为他漫长职业生涯的标志。他将英国元素融入自己下了舞台后的形象，尤其广为人知的是他热爱运动，他由此打造出了一个法国男子汉的现代形象："他很优雅……他是个运动员，风格自由。他属于汽车、拳击与橄榄球的时代……感谢他如此出色地展现我们的特点。"[63] 但美国对于后来演变出来的中大西洋风格影响越来越深——结合了盎格鲁-撒克逊的光彩与传统巴黎工人阶级厚颜粗俗、诱人魅力的内涵。舍瓦利耶在1928年前往美国，收入比当时任何法国演员都高。他把自己重塑成英语世界中的典型法国人（小心翼翼保留自己的法语口音），而非人在法国的英式风格表演者。

自法兰西第二帝国以来（也可能是从革命以来），反法思维首度成为进步派的主张。剧作家兼外交官让·季洛社感叹不已，"不过五年时间，我们便从代表世界之自由的国家，变成反动的化身"。[64] 这种态度以各种不同的方式涵盖整个政治光谱，从希望英国裁军、放弃海外帝国的工党领袖乔治·兰斯伯里（George Lansbury）等和平主义者，到打算放弃欧洲乱局的丘吉尔等保守党帝国主义者皆然。支持绥靖德国的态度，在自由党与工党支持者之间最为强烈。这类观点相当美好、大方而得体（至少对德国而言如此），却也自以为是、自我欺骗，而且难免是反法的。如果德国人正尽力成为好公民，那么在理论上，所有问题必然都是那些"不可救药的人"——法国人的错。[65]

海峡两岸投身论战的人都在历史里寻找相似的情况与解释的样板。双方都很有见地，提到拿破仑战争。根据工党重要新闻人亨利·诺尔·布雷斯福德（Henry Noel Brailsford）所言，"法国已经恢复她在第一位拿破仑治下所享有的支配性军力"，并对"这个最民族主义的民族毫不间断的黩武传统"提出警告。工党党魁菲利普·斯诺登的敌对态度，让他的法国对手威胁要跟他决斗，法国报界更将他比为杀害圣女贞德的刽子手（斯诺登的太太则出面澄清，说态度强硬是他们约克郡人的一贯作风）。攻击英国人的文字在法国出现，广泛为人阅读，内容足以让白厅心烦意乱，甚至正式提出抗议。[66] 民族主义者与左派谴责伦敦金融城的罪孽。最恶毒的攻击发表于1935年，知名新闻记者亨利·贝劳德（Henri Béraud）探讨是否"必须让英格兰沦落到奴隶的境地"。他的主旨放到19世纪90年代，甚至18世纪90年代也不奇怪："约翰牛只有一种政策，就是银行家跟商人的政策。"英国引发全球动荡以获得权力与利益，将一船船"维克斯公司（Messrs Vickers）的玩具、情报部门的先生、胡说瞎扯的大脚小姐和来自牛津的乏味处男"送去统治海外帝国。限于篇幅，贝劳德无法"重新提起每一件臭名远播并使其历史蒙羞的事例来证明其暴力、背信、无情自私与不忠"。最常见的受害者是爱尔兰人、布尔人、印度人、阿拉伯人（以极为卑鄙的把戏,鼓励他们抵制饶有益处的法国统治)、全欧洲的人(仿佛"出身加来的黑奴")——尤其是法国人。"英格兰人向来是我们世世代代的敌人,也是欧洲的敌人。"大战期间,英格兰人虽然"与我们一同作战",却"并非为我们而战"。如今他们跟德国人站在一起,甚至在滑铁卢战役纪念日和德国签署海军协议,故意侮辱法国。"我生来恨这个民族,我本人与我的祖先皆如此":他们故意"破坏我们的胜利"。[67] 新的恶棍已经出现了,就是"恶魔般的"情报局——在不少畅销小说中,情报局都是英国全球势力的象征,也是世界上费解难题的始作俑者。罗伯特·布卡尔(Robert Boucard)在1926年一篇耸人听闻的披露报道中,揭发情报局的秘密总部就在唐宁街十号——"一栋正面令人感到压迫、线条十分死板的建筑,充分展现英格兰清教思想的特质"。情报局让战争延续,好让伦敦金融城得以从与德国的秘密贸易中获利。[68] 销路上佳的类似作品必然有其影响。1935年10月,一位震惊的使馆官员回报本国,表示有一部新闻短片内容是威尔士亲王在巴黎被人报以嘘声。使馆外甚至派驻有荷枪实弹的警察。[69]

跨海峡的敌意并不普遍。白厅与威斯敏斯特宫还是有亲法的声音(有些是最近才改变立场的人),他们从20世纪30年代中期开始推动与法国建立更紧密的联系,在更坚定的阵线上一致对德。这些"亲蛙小子"[Pro-Frog Boys,政坛伯蒂·伍斯特(Bertie Wooster)①——保守党下院议员、日记作家"薯条"香农这么称呼他们]有外交部万年次长罗伯特·范西塔特爵士(Sir Robert Vansittart)、大不列颠-法兰

---

① 伯蒂·伍斯特是小说家沃德豪斯笔下的人物,形象为年轻的英格兰绅士,有钱有权,有强烈道德意识,对形形色色的人都能亲切以待,却常常与朋友遭遇窘境,每每由精明的男仆雷金纳德·吉福斯(Reginald Jeeves)助他脱险。——译者注

甜 蜜 的 世 仇
英国和法国，300 年的爱恨情仇

西协会（Great Britain-France Association）主席爱德华·斯皮尔斯爵士，以及他们的靠山温斯顿·丘吉尔。而在奥赛码头①（以及法国的广大地方），一直有人不停强调与英国的关系不可或缺。支持者有温文尔雅的菲利普·贝特洛（Philippe Berthelot，在奥赛码头中担任范西塔特职务的人）以及他身边的外交官知识分子群，包括他后来的接班人阿列克西·莱热［Alexis Léger，即诗人圣 - 琼·佩斯（Saint-Jean Perse）］。有些小规模的推广性、地方性的行动，还有通过上层阶级压力团体［例如协约俱乐部（Club Interallié）］进行的礼貌接触。大不列颠－法兰西协会兼具两者的功能，一方面举办年度晚宴，邀请部长们参加，地方分会也安排谈话会与社交活动。在英国这一方，政府过了很长时间才对宣传活动渐渐有了兴趣，认为这与英国人的作风不符。因此，1926 年成立于巴黎的英国学社（British Institute）只获得两三千英镑的补助，相形之下，位于肯辛顿的法国文化中心（Institut Français）却获得 20 万英镑补助。英国文化协会（British Council）直到 1939 年才成立巴黎办公室。从不热络的学术交流在 20 世纪 20 年代逐渐减少，尽管有些表示——例如伦敦大学开设了福煦法国史讲席教授一职，但也无济于事。1914 年前，每年约有 200 名法国学生到英国的大学上课，到了 1926 年却只剩一位。[70]

到了"友好"变得极为迫切的 20 世纪 30 年代晚期，两国皆做了许多引导民众情绪的努力，以符合战略需求。有人安排艺术活动。1937 年，托马斯·比彻姆爵士（Sir Thomas Beecham）和伦敦爱乐

---

① 奥赛码头（Quai d'Orsay），位于巴黎第七区、塞纳河左岸的一段堤岸，是法国外交部的所在地与代名词。——译者注

乐团（LPO）到巴黎演出爱德华·埃尔加（Edward Elgar）、弗雷德里克·戴留斯（Frederick Delius）与柏辽兹的作品。剑桥大学牧歌社（Madrigal Society）也跟上脚步。1938 年，卢浮宫举行英国画展。同年 7 月还有一次成功的王室访问。相关单位安排演出一曲《英格兰颂》（*Ode à l'Angleterre*），向"躺在白色十字架下的英格兰士兵"致敬，《费加罗报》还贴心刊印了音标版的《天佑女王》（*Godd Saive Zhe Kingg*）歌词。一座巨大的英国女神纪念碑，在第一个英国远征军单位于 1914 年登陆布洛涅的地点揭幕，距离拿破仑在 1805 年出军失败的地方不远。（两年后，德军炸毁了这座纪念碑。）法国总统阿尔贝·勒布伦（Albert Lebrun）在 1939 年 3 月拜访伦敦，香农蓂称这段时间为"青蛙周"［Frog week，但他很开心能穿起法袍——"我心爱的丰特瓦勋爵（Lord Fauntleroy）天鹅绒装"］。当年 7 月适逢法国革命 150 周年庆，英国的掷弹兵卫队也在香榭丽舍大道上参加阅兵。此举意在强调民主国家共有的文化、历史与政治遗产。1939 年成立的戛纳电影节也以此为公开的目标，和墨索里尼的威尼斯电影节叫阵。法国使馆的文化专员请求亚历山大·柯尔达（Alexander Korda），让他的爱国大片《四片羽毛》（*The Four Feathers*）在戛纳上映，而非威尼斯。这部电影的剧情是：一位英国军官因为畏战而开小差，但重新归队成为英雄，这必定让许多身历其境的人心有戚戚焉。马塞尔·莱尔比埃（Marcel L'Herbier）的巨作《挚诚协定》（*Entente Cordiale*，1939）也在戛纳电影节放映。这个美化过的历史故事（剧本出自安德烈·莫洛亚之手）赋予爱德华七世一种相当恭维的形象——"最伟大的外交官"，同时强调英法伙伴关系对和平与胜利的历史必要性。电影温和地展示了海峡两岸的刻板印象，讲一段可人但健康不佳的英格兰外交官之女（"我宁可她跟个英格兰人结婚,虽然比较无趣,但婚姻能更长久")和一对帅气法国兄弟之间的三角恋。兄弟俩一位是参加过远征法绍达的军人,另一位则是某家疯狂仇英报纸的记者——"一个法国人,一名舞者,再加个记者——这样就够了!"不过,在跨海峡的好感集体爆发之前还是有许多尚待完成的工作,而且也和1914年前一样,需要一个人人喊打的德国对手。

通往黝黯深渊:1929—1939年

没道理急着建立同盟关系,让德国感到自己受威胁。

——英国首相詹姆斯·拉姆齐·麦克唐纳,1933年[71]

早该告诉法国人"自己下来走"……时候到了,我们别再跟他们的学步车绑在一起,这个国家里有许许多多的人也这么想。

——帝国防务委员会助理秘书,1936年3月[72]

法国有谁能在1930年便想到这个伟大的民主国家不出十年就成了二流国家,失去对中欧的影响力,还得为了自己的安全而依赖某个固执、苛刻的盟友?

——美国财政部部长亨利·摩根索(Henry Morgenthau),1938年9月[73]

20世纪20年代步入尾声时,乐观人士可能相当满意了。丘吉尔在蒙特利尔告诉听众:"50年以来,和平的前景从未如此乐观。"[74]战争的后遗症似乎已经在胁迫、贿赂与疲惫的共同作用下清扫而空。[75]

德国向美国借钱,部分用于支付大幅削减后的赔款,但也是为了增加本国的公共支出。英国重新采用金本位制,回到战前英镑对美元的平价汇率,以表明事情恢复正常、伦敦仍是世界金融市场。美国享有一阵投资荣景。法国稳定法郎对英镑汇率,维持战前汇率1/4的水平。得益于汇价低估,法国出口强劲,将外币收入转为黄金——多少是为了增加影响力,与法兰西银行总裁所谓的"英格兰银行帝国主义"相抗衡。[76]然而,金融体系仍然脆弱,大半个欧洲的政治制度同样如此。1929年10月,纽约股市崩盘。个人与公司皆毁于一旦。银行倒闭。美国停止放款。各国削减国内花费与成本,减少进口,试图以此自保。世界贸易崩溃。千百万人失业。经济崩盘的原因与后续影响至今仍在吸引经济史学家的注意力。许多当时的人认为原因显而易见——就是法国。英国财政部认为"法方追求的货币政策,要为这场世界危机负起大部分的责任"。[77]法国的低价货币与累积黄金之举,削弱了国际金融体系,迫使其他国家采取通货紧缩措施,从而扩大、加深经济萧条的范围与影响。与此同时,法国本身却相对不受结果所动摇。上述分析有些道理,但原因比此更为深刻。

各国皆感受到政治冲击。愤怒的选民转向极端政党,极端政党则诉诸战争经验,鼓吹国家作为、纪律与激烈手段。1932年7月,德国最极端的民族主义政党——希特勒的国社党获得两倍于1928年选举的总票数,拿下37.4%的选票,接着在来年1月筹组联合政府。他们把握机会,建立一党独裁。支持者希望他们降低失业率,大体而言他们做到了。他们也计划加速执行、激化历届前政府所追求的方针——摧毁《凡尔赛和约》残余的安排(他们把德国的经济灾难怪罪于和约),从而推翻战争的结果。

这种惊人的发展并未让英国与法国政策改弦更张。许多人做出和希特勒从前的联合执政伙伴相同的假设：他的夸张言论不可能是认真的，掌权的现实会让他冷静下来，否则他会被人推翻。绥靖的逻辑已根深蒂固——正因为德国遭受"无情"对待，才会涌现这股民族主义反弹，因此要以温和、合理的让步平抚之。《曼彻斯特卫报》便认为，"纳粹革命"是"对德国受的苦耿耿于怀"造成的结果。此话泰半在怪罪法国人：英国首相麦克唐纳提到近年来态度强硬的法国总理，他认为"要不是塔迪厄"，"就不会有希特勒总理"。[78]

更有甚者，不安抚德国的危险突然陡增。英国与法国情报倾向于低估德国的野心，同时高估德国的军力——堪称让步的完美配方。对于两国而言，所有的回应都会同时受到成本，以及民众对任何动武迹象的强烈反对所掣肘。以英国来说，工党谴责"主张还得花好几百万在军备上的做法……纯属恐吓"。丘吉尔希望结合威吓与让步来限制希特勒，如此一来，强大的英国便能对欧陆冲突"作壁上观"："我希望也相信法国人会照顾自己的安危，让我们能在我们的岛上过自己的生活……我们必须足够强大，以捍卫我国的中立。"[79] 至于在如今受到经济衰退迟来打击的法国，人们的主张也很类似。法国政坛与外交界对于姑息虽有疑虑，但他们别无选择，只能等待、希望英国与法国选民会在为时已晚前支持更强硬的政策。

法国此时的政策建立于两个基础之上。由于失去莱茵兰，法国只得兴建缜密而昂贵的防御工事体系，即马其诺防线（Maginot Line），宛如现代版的沃邦城堡。法国也和德国的其他潜在目标巩固邦谊，其中最重要的是波兰与捷克斯洛伐克。这些国家在军事上是否可靠仍属未知。但墨索里尼的意大利则是另一回事，毕竟意大利与法国有共同的利益，要防止德国吞并奥地利。与意大利结盟将扭转法国的战略位置。墨索里尼计划征服非洲的独立君主国阿比西尼亚。法国政府（和更不情愿的英国人）准备默许之，当作换取意大利在欧洲支持自己的代价。法国总理皮埃尔·赖伐尔（Pierre Laval）与英国外相塞缪尔·霍尔爵士（Sir Samuel Hoare）在1935年秘密达成妥协，将部分的阿比西尼亚让给意大利。消息走漏到报界，结果在英国造成强烈抗议：居然有人密谋纵容明目张胆的侵略，削弱国际联盟的地位。霍尔辞职。英国支持国联对意大利实施的经济制裁，同时将一支舰队派往地中海。法国则被迫跟随英国的脚步。制裁的主要影响，在于让法意同盟的前景（或者说幻想）就此结束。法国民族主义者勃然大怒。背信弃义的阿尔比恩先是剥夺了法国在莱茵河的屏障，如今又破坏该国国防安全最好的机会。英国民众的理想主义，因此被法国人诠释成白厅的利己行为。

但白厅的利己作为在这一年确实存在。英国想避免跟希特勒进行军备竞赛，提议签署双边限武协定。但此举等于接受德国重新武装，而这违反了《凡尔赛和约》。英国甚至没跟法国商量。英国展开为期5年的军备汰换计划，但目的却不是抵抗希特勒。早期支持更新军备的人（以丘吉尔为首）希望规模更大的海军与空军能让英国足够强大，避免欧陆争端，同时捍卫帝国。人们希望皇家空军（RAF）能成为相对节省金钱、人力的威慑力量。陆军并非优先考虑对象。"英国远征军"一词弥漫着1914年的气息，成了禁语。白厅顶多愿意考虑象征性的两师"野战部队"。

法国与英国的紊乱步伐，让希特勒放胆第一次赌博：1936年3月，莱茵地区非法再武装化。事情的开端是用军靴的鞋尖做最踌躇的试探。德国陆军还没准备好作战，因此仅有一支3 000人的部队推进到非武装区。他们有令在身,只要法方有所回应,就要立即撤退。根据传说(希特勒本人鼓吹的传说),纳粹大业原本可能在此刻破灭:元首会颜面扫地,军队恐怕会推翻他。其实这种风险很小。连丘吉尔都希望有"和平、友好的解决方案"。[80] 对理想的绥靖主义者来说,莱茵兰问题承袭自"不义的"《凡尔赛和约》,是法国"军国主义"的象征。麦克唐纳期待希特勒的大胆举动,能给法国人来场"严重教训"。斯诺登则嘀咕说:"该死的法国人又玩起他们的老把戏,拉这个国家跟随他们包围德国的政策。"[81] 这和事实差了十万八千里。伦敦没有必要限制巴黎做出军事行动,因为巴黎没有动武的意思。其他国家仍然认为法国陆军强大而危险,但他们的指挥官却过度高估德军实力,因此告诉政府军队没有足以逐出德军的快速反应部队。[82]

在接下来三年的模式里,法国一直顺从于英国的绥靖政策,让人松了口气。法国历史学家弗朗索瓦·贝达里达(François Bédarida)把这描述成"英格兰女家庭教师"用辅步绳牵着法国——这在法语著作中是很有影响力的看法。英国历史学家的回应是,法国政界利用英国,为自己不愿作为找借口。这一点在西班牙问题上清楚可见。1936年7月,西班牙发生了反对左派政府的民族主义军事政变。该国成为欧洲的意识形态与政治战场,情况在意大利与德国援助民族主义阵营后愈演愈烈。当时的西班牙由共和派、社会主义者与共产主义者组成的反法西斯"人民阵线"(Popular Front)联合政府所统治,而1936年6月后的法国也是由反法西斯的社会主义者莱昂·布鲁姆(Léon Blum)执政。布鲁姆政府(尤其是特定几位阁员)希望协助西班牙共和人士。全欧洲的左派都持有相同态度。但英国政府与大多数民众(除了左派团体)反而对双方皆不甚同情。他们希望能阻止战局扩大,无论哪一方获胜，都要将情况维持在合理限度内。当时与此后的许多著述皆指出，英国看似要阻止法国政府驰援共和派，但实情却是布鲁姆当局提议不要军事干预，并鼓励伦敦带头采取成效不佳的反干预措施。布鲁姆心知，若法国公开援助西班牙共和政府，他的联合政府便会垮台，

法国的厌战情绪远甚于英国，而且政治光谱两端皆然。保守派担心只有共产主义者会得益。此图名为《笑面人》（*L'Homne Qui Rit*）。图中，象征英国的约翰牛与象征法国的玛丽安娜正跟墨索里尼与佛朗哥大吵，希特勒作壁上观，巨大的斯大林则在背景中沾沾自喜。

造成法国国内动荡。因此，他一边允许象征性地运送武器，一边放手拿英国当保持中立的挡箭牌。奥赛码头认为此举能拯救法国政府。[83] 法国民族主义者原本强烈认同墨索里尼与西班牙将领弗朗西斯科·佛朗哥（Francisco Franco），如今转而支持绥靖政策。此时的法国外交政策在意识形态上远比以往更为分歧。无论如何，布鲁姆在 1936 年 9 月踏出了勇敢的一步，开展关键的法国军备重整工作，但军费却迫使他搁置社会改革，让他的支持者大感失望。

法国与英国并没有决心或信心进行再武装。人人都担心发生新的索姆河与凡尔登战役，政坛许多人都亲历其间。人人都担心重整军备造成的经济与政治影响。人人都害怕毒气与生物武器。人人夜不成眠，耳朵注意着空袭警报。英国人得到新任首相斯坦利·鲍德温（Stanley Baldwin）警告，"轰炸机将不停飞越空中"，他们史上头一次深信英吉利海峡无法提供屏障。哲学家伯特兰·罗素（Bertrand Russell）在 1936 年预言"伦敦……将会满目疮痍，医院被狂轰滥炸，车流不再，无家可归的人尖声求救……而政府……将被恐惧的洪流冲走"。一位法国专家指出，在 1 小时之内，100 架轰炸机便能让一层厚达 20 米的毒气覆盖全巴黎。巴黎消防队指挥官警告称，只要 50 枚燃烧弹，便能让整个城市灰飞烟灭，唯一的希望就是逃跑。有人认真提议要巴黎居民迁居到屋顶铺有装甲的高楼，让他们高于毒气的覆盖范围。[84] 这一切都不是歇斯底里：大英帝国防务委员会预料战争头几周将有五十万伤亡，而照料他们的计划，成了国民健康服务体系（National Health Service）的雏形。

人们（尤其在法国）对未来有种阴郁的恐惧，认为一切都徒劳无功：德国不断巩固人力与生产力的领先地位。法国人口增长停滞半个世纪，1914—1918 年的迟来影响，更是让人口在 20 世纪 30 年代呈实质下降趋势。老兵与农民（他们清楚自己得为大多数士兵提供补给，许多人因此转向共产主义）之所以有反战心态，是因为深信法国无法承受又一场战争。一家农民报纸在1938年写道："再浴血一回，就意味着我国农民阶层的毁灭。少了农民，法兰西还剩什么？胜利几乎和战败一样有破坏力。"[85]

英国反战热的高峰在1933年1月到来：纳粹在此时上台，首度唤起战争的鬼魅。当时有不少众所周知的活动，例如牛津辩论社（Oxford Union）在1933年2月进行的"国王与国家"（King and Country）辩论，[①]以及1934—1935年的"和平投票"（Peace Ballot）。主办和平投票的是国际联盟协会（League of Nations Union），有超过1100万人联署，强调裁减军备、支持国际联盟，并以经济制裁防止侵略。至于法国，大部分的左派和他们的英国同志一样，不仅对国际联盟有种半宗教的渴慕，也同样谴责《凡尔赛和约》、怀疑"帝国主义式"的军事盟约，对绥靖德国有理想般的热情。法国学校教师领袖教学生痛恨战争，认为自己正致力于"道德去武装"。[86]工党领袖乔治·兰斯伯里与工人国际法国支部总书记保罗·富尔（Paul Faure）都是反战人士。但随着法西斯势力增长，左派也开始改变立场。工运人士欧内斯特·贝文（Ernest Bevin）在1935年的工党大会激烈抨击兰斯伯里，说他"四处叫卖自己的良心……要别人告诉自己该怎么做"——此情此景令弗吉尼亚·伍尔芙不禁泪下。法国共产党则支持布鲁姆强化军备的做法，作为对莫斯科突然警告法西斯威胁的回应。阿比西尼亚与影响更大的西班牙情

---

① 这个声誉卓著的学生辩论社团通过动议，表示"本社将不会为国王与国家而战"，一般将此诠释为青年领袖之间反战态度的证明。——作者注

势,促成了上述的转变。工党开始慢慢放弃党内知识分子与工人一概反对重整军备的宝贵立场,在1937年对保守党的计划给予有保留的支持。但绝大多数的法国与英国民众仍相信绥靖能缓和冲突。"即便是希特勒,"布鲁姆写道,"我们也不该认为他的念头有这么荒唐而疯狂。"兰斯伯里前去与希特勒会面,热情写下后者对和平的渴望——毕竟,他"滴酒不沾、不抽烟,而且吃素"。[87]由于善意的进步人士过去并不相信1914—1918年的反德宣传,如今他们也拒绝视希特勒的德国为罪无可逭。他们和军方将领一样,为逼不得已的战争做准备。

出于职业使然,陆军、海军和外交官已经对战争的可能性见怪不怪了,但连他们也困于无法解决的战略问题中。法国人如今受到意大利与西班牙,以及德国和日本的潜在威胁,同时也相信印度支那这块自己最富有的殖民地简直毫不设防。英国人预料从赫布里底到香港都得面临战争,这意味着英国全球霸者的地位就此结束。他们拒绝与法国人进行任何严肃的计划,因为后者会拿来"炫耀",继而招惹德国。每个人都希望增加军备最终带来裁减军备的协商,而不是战争。为了确保战争不会发生,外交部努力要"削弱"布鲁姆,让他"难堪",觉得他跟捷克人关系太过密切了。[88]

1938年3月,一场由纳粹策划的政变在维也纳爆发,希特勒应邀前去将奥地利并入德意志第三帝国。《凡尔赛和约》虽然禁止德奥合并,但是否合法已无关紧要。民族自决原则有无所不在的战车撑腰。丘吉尔如今发出明确的警告:"我看着这座岛不由自主、不负责任地走下通往黝黯深渊的阶梯。"他开始接触有志一同的法国人,但舆论仍支持绥靖,支持这"外交辞令中最高贵的词语"。[89]内维尔·张伯伦(1937年5月起担任首相)便表示:"我们每个人都是人类的一员……我们彼此间必定有共通之处，只要我们能找到它——或许再加上利用与欧洲其余各地所保持的距离——我们便能扮演特别的调停角色。"[90]

捷克斯洛伐克是瑞士以东最后一个真正的民主国家，如今几乎被德国团团包围，显然就是下一个目标了。《凡尔赛和约》将以德语人口为主的苏台德地区（Sudetenland）划入该国（主要是为了让这个新国家有可以防守的边界），而当地的族群民族主义者（Ethnic Nationalist）自哈布斯堡时代便是害群之马。希特勒承诺将德语人口从捷克人的宰制中解救出来。捷克斯洛伐克和波兰都是法国的跟班，也是巴黎方面期待能集体制衡德国力量的国家。然而，这项对策已经无法奏效了。捷克人拥有一支装备精良、由35个师组成的陆军，而且做好了应战的准备。但意大利与德国结盟，加上希特勒占领莱茵兰，等于让法国无法迅速伸出援手。白厅始终谴责法国的东欧盟友是刺激德国的因素，坚决反对为"某个我们既不了解也拼不出名字的国家"而战，何况白厅上下普遍认为该国是《凡尔赛和约》带来的错误后果之一。法国与英国情报部门都过于夸大德国的陆军与空军力量，英国人甚至相信德军能在24小时内，造成英国5万平民伤亡。[91]

借一位法国左派工运人士的话来说，光想到要为了"将300万德意志人留在捷克斯洛伐克境内"而打一场世界大战（日本与意大利可是跃跃欲试），就觉得不可理喻。[92] 右派记者亨利·贝劳德也同意："何必为苏台德地区送命？"心惊胆战的民众开始离开巴黎，其中包括空军部长的家人。伦敦与巴黎听任德国掌控中欧与东欧大部分地区的经济与政治，认为无论德国人行径如何粗鲁，只要遵守规则就好。外交部的观点是，"只要希特勒能假装自己只是将德意志人纳入德意志第三帝国，我们就能当作他有理"。[93] 伦敦与巴黎分别得出一样的

805

结论：捷克人必须允许苏台德德意志人自己做决定，捷克政府也勉强同意了。但希特勒就是想动武取得别人和平奉上的东西。张伯伦相信德军的攻击迫在眉睫，于是在 1938 年 9 月 15 日不请自来，前往贝希特斯加登[①]（Berchtesgaden），告诉他其实可以用苏台德区交换四国对其新国界的保证，但此举却让希特勒感到难堪。工党大报《每日先锋报》（Daily Herald）表示张伯伦"对各地的意见皆表同情，独独不顾党意"。莱昂·布鲁姆在其政党喉舌《人民报》（Le Populaire）上承认，自己"被怯懦的庆幸与羞耻所撕裂"——英吉利海峡两岸许多人都有同感。一位党内同志轻蔑回应称"我们会怕，这是好事"。[94]9 月 22 日，张伯伦在莱茵河畔的巴特戈德斯贝格（Bad Godesberg）与希特勒二度会面。他想敲定协议，却又惊又怒地发现希特勒扯下了国际外交的遮羞布，要求得到更多领土，还威胁会立刻发动入侵。张伯伦返回伦敦，内阁则驳回德方的要求。英国与法国两国舆论不仅存在分歧，而且极易恶化。

以"沃克吕兹蛮牛"（Vaucluse bull）之名闻名的法国总理——南法铁杆激进派爱德华·达拉第（Édouard Daladier）痛下决心，认为"与其接受这等羞辱，不如战死"。[95]9 月 25 日，他前往伦敦告知张伯伦，法国将抵抗毁灭捷克斯洛伐克之举。他极有说服力地警告说希特勒的野心远甚于拿破仑——"一派胡言"，外交部如是想。[96]法军开始部分动员。伦敦警告柏林，表示英国也会参战。但张伯伦清楚地告诉法方（同时试着避免"冒犯法国人的程度超出绝对必要的限度"），英国能为欧陆做的事情不多。[97]英国大使（与达拉第赞成绥靖的对手

[①] 希特勒用来款待重要客人的别墅——"鹰巢"坐落于此处。——编者注

关系友好）则坚称法国人是真心想要和平。

各国领导诉诸其民众。希特勒在柏林体育宫（Berlin Sportpalast）对一群发出嘶吼的纳粹听众发表了一次充满咆哮的可怕讲话。达拉第态度坚决，告诉法国民众不能以令国家蒙羞为代价买来和平，这会"为未来的灾难开启大门"。张伯伦则讲了一席恶名昭彰、不出意料令人泄气的广播谈话，对于为"一个吾人一无所知的遥远国家"而战的"噩梦"感到悲痛。法国人认为他的发言堪称"绥靖政策的完美范例"。[98] 由于战争似乎无法避免，墨索里尼于是提议立即召开会议，以期达成和平协议。

"慕尼黑"——9月29日召开会议之处——后来进入西方世界政治辞典，成为缺乏远见、背叛与胆怯的代称，也是法国与英国两国史上最丢脸的篇章之一。当时，这似乎是拯救世界免于战争的唯一机会。从下议院的座席到慕尼黑街头，民众皆是一片欢呼，慕尼黑人甚至高喊："张伯伦万岁！"连此时批评绥靖最有力的丘吉尔，也祝张伯伦好运。达拉第曾经在张伯伦动身前往巴伐利亚前与他通电话，却找不到人。等到代表团抵达各自在慕尼黑的旅馆后，法方再度尝试联系英国人，但仍然不果。双方根本没有讨论。直到会议在新落成的奢华元首行馆（Führer Building）开幕，张伯伦与达拉第才见上面。前者表情一派淡然，达拉第开始担心自己"掉进某个陷阱"。[99] 会议以希特勒对捷克人咄咄逼人的攻击开场，达拉第愤怒地回应，表示若希特勒计划毁了捷克斯洛伐克，他绝不会纵容这种罪行，还会就此返回巴黎。墨索里尼打起圆场，提出一份"妥协"计划（是德方交给他的），让各国代表在午餐后研究。这一回，法国与英国之间还是没有商讨，双方的说法存有分歧。法国人相信达拉第试图坚守原则，却遭到倾向姑息的张伯伦刻意孤立、放弃："我独木难支，张伯伦根本不帮我。"但张伯伦则宣称法国代表团"消极"又"士气低落"，胆小至极、缺乏自信的达拉第则任由他们摆布。[100] 对此可能的解释是，英国人已经全面失去对法国政治领袖的信心，尤其相信达拉第并未得到内阁的支持——英国驻巴黎使馆力陈这种观点。结果，张伯伦将实质的协商掌控在自己手中，把达拉第蒙在鼓里。会议通过"意大利"的方案，德国则做出为数不多的小规模让步——荦荦大者如苏台德区的接管必须在国际监督下，分阶段进行。

张伯伦要求与希特勒私下会面，在会面时表明"我们两国人民绝不再彼此杀伐的渴望"，并承诺"磋商"，"努力消弭可能的分歧原因……以确保欧洲和平"。他跟希特勒都签字了。达拉第回到巴黎后才得知此事，他不禁怀疑起英国对法国的承诺。希特勒非常生气，认为自己被人骗来协商，使他失去一场军事胜利所能带来的威望——"张伯伦这家伙扫了我进布拉格的兴头"。[101] 他对于自己失去坚持的勇气而暗自感到羞耻，决心下一回定要策动他所渴望的战争。只是世事难料，希特勒的人气与威望还是有所提升——尽管手下许多军界与外交界随员感到失望，但他毕竟获得了苏台德区，而且没有发生德国人民担心的战争。军中原有一桩不甚可靠的密谋，若发生战争就要罢黜他，但也因此取消了。此后，希特勒的行动再也不受拘束："我们的敌人不过是虫子。我在慕尼黑看穿他们了。"[102]

张伯伦与达拉第赢得掌声，但只是暂时。法国的社会主义反战人士宣称这是"民主国家的胜利"，过程中"没有尸体，没有木头十字架，没有寡妇，没有孤儿。拿破仑、英雄豪杰、圣女贞德的时代已经结束了"。[103] 张伯伦成了"世界上最受欢迎的人"，收到 4 万封以祝贺为主旨的信，以及成百上千件的礼物。布莱克浦足球俱乐部以他的名义捐钱，盖了 12 栋给退伍军人住的房子。法国右派知识分子夏尔·莫拉斯得到 14 国立场相同的学者提名角逐诺贝尔和平奖，但莫拉斯则声明他更希望奖能颁给张伯伦。[104] 为数甚多的法国城镇有了各自的"张伯伦街"（Rue Chamberlain），巴黎还出现一种新的舞步——"张伯伦舞"（Le Chamberlain），要拿雨伞跳。《巴黎晚报》（*Paris-Soir*）发起认捐，为张伯伦买一条有鳟鱼的小溪，这样他就能在法国尽情享受自己的兴趣。至于在舰队街，只有《每日电讯报》抱持强烈批评态度。而在政治光谱另一端，也有若干左派反法西斯人士表示不满。张伯伦深信自己获得了成功，失望之情溢于言表的达拉第则不这么认为。两人返回时都有欢呼的民众接机。作为回礼，张伯伦挥舞着他那份友好宣言，就"我们时代的和平"发表谈话。达拉第则简练评道："群众一片狂热。"若用让-保罗·萨特的讲法，就是："一堆白痴！"

张伯伦与达拉第之间的不和，就是英国与法国自 1919 年以来态度分歧的结果。达拉第对战争的痛恨不下张伯伦，他本人曾经在战壕中重伤。两人都知道战争带来的惨状，也晓得胜利的前景多么遥不可及。我们不能简单说张伯伦相信希特勒，达拉第不信；但张伯伦确实仍愿意怀抱希望，想引导希特勒多少顾及国际上的规矩，以合理的方式行事。这便是绥靖政策自 1919 年以来的基础：德国有些合理的不满是可以化解的，而造成敌意的原因也能解决。但达拉第意识到，希特勒把《凡尔赛和约》引发的怨言当作无限制扩张的借口。他断定，假如法国将被迫作战，就应该在自尊心、国际信誉与盟友还没进一步失去的时候开战。可是，少了英国的支持，就不可能打仗。慕尼黑会议的真正目标，是否是为无法避免的战争争取时间，这点犹在热议之中。但这种算计似乎不存在于法国一方,毕竟法国政府意见严重分歧。至于英国这厢,目标亦非为未来的冲突做准备,而是想争取时间建立空军来吓阻冲突——纵使这意味着陆军不足以在欧陆作战,或是海军孱弱到无法与日本抗衡也在所不惜。唯一利用这个间隙备战的,就是德国人:"现在就是要武装、武装、再武装。"[105]

虽然慕尼黑会议在过去和现在都是个强而有力的象征,但这场会议却不是强行与德国摊牌的理想场合。不只法国人,甚至连英国人都考虑过终须一战,这点颇出人意料。苏台德区主权转移是否称得上民族自决仍有争议,但总之是通过了,因此争议在于其方法,而非结果——某个法国工会的宣言谴责此决定只不过是"程序、自尊或威信问题"。[106] 这个议题无法让法国、英国与自治领的绥靖派团结起来,更别说美国了。希特勒深信自己能打赢战争,不见得会接受退让的羞辱,因此法国、英国与捷克斯洛伐克恐怕真得开战。在1938年击败德国的可能性,是否比1939年或1940年更大?这件事始终受人热议。各方都晓得,自己能为包围下的捷克人做的事不多,甚至无能为力——据法军估计,捷克人只能撑1个月。至于1938年9月向德国开战,既有理由说是太晚,也有理由说是太早。说太晚,是因为进攻的起点——莱茵兰已经没了,而且法国陆军已经不比以往。虽然部队人数仍然可观,但训练或装备皆不足以进攻德国。说太早,则是因为绥靖政策还没信用破产:希特勒一再宣称苏台德区是他在欧洲索要的最后一个地方,许多人想相信他;此外也是因为英国与法国刚开始重整军备。法国空军认为自己会在两星期内被歼灭,而皇家空军刚从1918年后的蛰伏中探出头来。到了1940年,两国空军的战备会更充分。德军也是。

不过，假如希特勒坚持强行开战，假如张伯伦没有急着协商，假如达拉第能坚守立场、拒绝让步，假如法国与英国能同时做好进攻的准备（一大堆的假如）……毕竟德国陆军军力不强，也无法同时维持两面作战，击败或推翻希特勒是可以想象的，而全世界也能躲过森然逼临的灾难。

《慕尼黑协定》的头号反对者是丘吉尔："别以为这样就结束了……这只是第一步，浅尝的第一口苦酒。"（一位默默无闻的法国陆军上校夏尔·戴高乐，也在给妻子的信上写了类似的话："我们得整杯喝完。"[107]）丘吉尔呼吁法国与英国结盟，作为"大同盟"（Grand Alliance）的核心，以遏止希特勒。英国与法国的舆论走向，如今皆与丘吉尔及其法国友人——例如中间偏左的政治人物保罗·雷诺（Paul Reynaud）——方向一致。但绥靖政策还没告终。法国左派基层仍有强烈的反战情绪："最艰巨的让步也好过最彻底的胜仗。"[108] 极右派也极端反战，他们发现莫斯科希望西方爆发战争，以摧毁法国、带来共产革命。英国在意识形态上分歧没那么严重。大部分的报纸（尤其是《泰晤士报》）仍然偏好绥靖，但这或许无法及时反映民众的意思。有些威尔士矿工甚至上街抗议慕尼黑会议。尽管贝文与工会大会（TUC）表示支持，但工党与自由党仍批评军费开销，并反对1939年4月的第一步征兵计划［工党领导人克莱门特·艾德礼（Clement Attlee）发言时气得发抖］。[109]

形势的发展旋即证明了丘吉尔的悲观预测。水晶之夜（Kristallnacht）——德国首度针对犹太人的集体暴力事件，发生于1938年11月9日。香农抱怨，"我得说，希特勒从来没帮上忙，总是让张伯伦的任务更加艰难"。[110] 若干意见调查显示，多数民众不再相信希特勒声明自己对

811

甜蜜的世仇
英国和法国，300年的爱恨情仇

欧洲没有进一步领土野心的说法。法国有70%的人认为应抵制德国进一步的要求。帮张伯伦买条钓鱼小溪的募捐只筹到1 500英镑。1939年3月13日，德军违反《慕尼黑协定》，占领布拉格。盖洛普公司的调查显示，有87%的英国人如今支持英国、法国与苏联结盟，但仍有55%的人相信张伯伦。[111]

骇人的情报指出德国正计划突袭荷兰，甚至英国。这是由德国国内反纳粹保守派人士泄露出来的假情报，以期刺激西方国家采取行动。他们成功造成群情激愤，白厅也闻风而动。随着军备重整的步调加速，英国人不但一点都不慌张，反而一反常态，信心十足：张伯伦在2月写道："面对独裁者，我们终于占了上风。"[112] 他突然公开保证会支持法国，大出议会意料——一位下院议员说："张伯伦真是个令人吃惊又让人摸不着头绪的老家伙。"[113] 联合军事计划终于展开。英国政府现在全盘接受法国的政治与军事策略——晚了好几年。支持如雨点般落在法国的东欧盟国身上，尤其是罗马尼亚（其石油非常重要）与波兰。波兰的情况最棘手，毕竟纳粹已经开始重复他们的苏台德战术，以同样的逻辑为借口，进攻但泽（Danzig）以及穿过德国领土连接波兰与海岸的走廊地带。1939年3月31日，张伯伦告诉下议院，一旦波兰的独立遭受威胁，英国与法国将援助波兰。[114] 然而，是否接受希特勒的挑战、面对不可避免的战争，却不是他能下的决定。伦敦与巴黎的阁员与政府官员依旧通过吓阻（升级军备与军事同盟）与安抚（为希特勒提供非洲殖民地与经济诱惑）相结合的方式，以避免战争为目标。

法国与英国之所以不情不愿，在1939年8月试图与苏联就结盟磋商，也是为了吓阻效果。此举如今仍争议不断。人们当时并不清楚

（现在也不确定）两面押宝、多疑的斯大林究竟想要什么，也不了解如果发生战争，他是否有意愿或能力提供实际协助。此外，无论是波兰还是罗马尼亚，都不希望红军出现在自己的国土上。谈判陷入僵局。到了8月23日，斯大林转而与德国签订一纸互不侵犯协议，几乎震惊全世界。说不定他一直打算这么做：跟法国与英国协商，是为了从希特勒身上得到条件更好的谈判筹码，而互不侵犯条约还能在"帝国主义"国家之间促成一场毁灭性的战争。苏联开始出售大量食物与原料给德国。希特勒的战争从此成为定局。

战祸以令人为之战栗的可预见性降临。希勒特加大对但泽的压力。这一回没有慕尼黑会议：希特勒想打他的仗，达拉第与张伯伦则比当时更不愿意妥协。希特勒已经掏空了绥靖政策，让众人看到其理念与效果都是幻觉。一份法国右翼报纸以挖苦的语气问道："要为但泽而死吗？"但民调却显示有76%的法国民众准备冒这个风险。[115] 慕尼黑危机才过了12个月，此时却鲜有当时的情绪。"我想，这就像结婚吧，"香农回忆当时，"结第二次婚时不可能激起同样的紧张情绪。"[116] 法国与英国政府重申对波兰的保证（不知为何，两国都夸大了波兰的军事力量），两国民众也有开战的心理准备。"希特勒或许在虚张声势"，这是他们最后的希望。

"绥靖"大致上是英国的选择，法国则不得不为。关于以国际联盟为基础、打造世界新秩序，"盎格鲁－撒克逊人"的意见向来都比旁人乐观许多。他们认为，只要德国的合理不满得到解决，德国人就会真心加入这个新秩序。例如外交部便表示："身为实事求是的民族，我们清楚和约有其站不住脚、不可原谅的地方。自战后最初几年起，我们的政策便是要消除这些部分。"[117] 希特勒的降临并未带来不同：白

813

厅对纳粹外交政策的真正目标——无止境的扩张——了解并不透彻。绥靖的失败不仅是英国外交政策的失败，也是英国对欧洲了解的失败——甚至可以说，英国对人性的了解也失败了。福煦、普恩加莱与克列孟梭的悲观预测成真：欧洲并未得到和平，有的只是休战，其间法国则越来越弱。人人认为重理论的法国人，居然一直保有怀疑、现实的态度；理应重实用、重经验的英国人（在对强大法国的恐惧与弱小法国的鄙视间疯狂摆动），却始终受乌托邦主义与一厢情愿的想法所掌控。

战争原本有可能避免吗？丘吉尔在回忆录里断言，免于战争的唯一机会，在于法国与英国之间结成强大同盟。后世历史学家也有相同结论。但这个分析只有一个问题——包括丘吉尔在内，英国没有人想跟法国结盟，直到为时已晚。外相哈利法克斯勋爵总结说，法国人因此认为"战争之所以再度降临在他们身上，都是因为我们没有紧咬着《凡尔赛和约》，此后甚至还在处理德国问题时表现得感情用事、没有骨气"。[118]

连德国在9月1日进攻波兰时，白厅与巴黎甚至还无法采取一致的行动。墨索里尼试图重复慕尼黑的花招，提议召开另一次会议。愤怒的英国下议院迫使慌张的张伯伦对他置之不理，并且在9月3日早上9点向德国发出最后通牒。然而以外长乔治·博内（Georges Bonnet）为首的法方却想拖延，导致盟国间言辞益发激烈。法国最后晚英国六小时宣战。

第十二章：辉煌时刻，惨淡年代

> 基督教文明的存亡，系于此役。我们英国人的生命亦系于此……希特勒知道，他得击败这座岛上的我们，否则便会输掉战争。假如我们能起身反抗他，全欧洲或许就能自由，全世界的生灵就能前进到一片阳光照耀的宽阔高地。可一旦我们失败，则全世界……便将落入新黑暗纪元的深渊中……因此，让我们向前拥抱自己的义务，起身担起责任，倘若大英帝国及其英联邦成员能延续千年，众人必定传颂："此时是他们最辉煌的时刻。"
>
> ——温斯顿·丘吉尔在下议院发表的演说，1940 年 6 月 18 日

> 已经有结论了吗？希望必然会消失吗？战败已成定局吗？不！……因为法兰西并不孤单！她并不孤单！她并不孤单！她身后有个辽阔的帝国。她能跟统御大海并依旧奋战的大英帝国志向一致……法兰西战役（Battle of France）并未决定这场战争的结果。这是一场世界大战……全世界的命运正值存亡关头……无论发生什么，法国人的抵抗烈焰都绝不能也绝不会冷却。
>
> ——夏尔·戴高乐在英国广播公司（BBC）发表演说，1940 年 6 月 18 日

1940 年 6 月 18 日，两个国家的命运交会了。两个在各自国家的

近现代历史上占据重要地位的人物呼吁两国共赴一场抗争,不只为了彼此,更是为了全人类——爱国人士经常宣称自己扮演如此伟大的角色,但理由从未如此充分。接下来的五年时光,虽然让它们的距离远比以往更近,却也使其情绪与记忆出现差异,为两国留下维持整个世纪甚至延续至今的印记。

"假战":1939 年 9 月—1940 年 5 月

> 对于英国人的背叛,他[达拉第]做了充分的准备,还补充说这就是英国盟友一贯的命运。
> ——法国总理爱德华·达拉第的评论,1939 年 1 月[1]

> 英格兰人……对法国陆军居然这么有信心,大胆认为自己的军事援助只是展现团结的姿态,而不是少不了的关键。
> ——法国大使,1939 年 10 月[2]

随着张伯伦发布英国再度开战的消息,空袭警报也响彻伦敦,可是却没有炸弹掉下来。法国陆军担心轰炸会打乱他们的动员,而这正是法国延迟宣战的原因,但这和英伦的警报声一样毫无根据。兵营满员;人员进驻马其诺防线;皇家空军为法国的基地运补;英国陆军渡过海峡、畅通无阻,重返前辈们熟悉的地方。一位将军来到朗斯(Lens),前往战争纪念碑参加法国、英国联合献花仪式,他想起 20 年前自己下令时,"炮击的就是这个广场"。[3] "假战"(Phoney war)——法语称之为"怪战"(Drôle de guerre)——已经展开。法国与英国政府、军部皆深信自己无法拯救波兰人。法军向华沙承诺，将在动员后的第十七日发起攻势。这次攻势采取的形式是象征性地进攻萨尔，媒体却厚颜无耻地大书特书。2/3 的德国陆军正在波兰。至于西线，德国则是以中年的后备军人防守，他们只有三天的弹药，而且没有空中支持。同盟国拥有 3：1 的人数优势，火炮比更达到 5：1，而且所有德国坦克此时都在东部。但盟军没有进攻的意思，甚至不打算轰炸德国在鲁尔区的工厂，担心法国遭受报复。波兰被盟国抛弃，进行了一场无望的防守之战，延续了 1 个月时间。德军指挥官无法相信自己这么好运。[4]

盟国什么都不做，就怕前一场战争的屠杀重演。战争双方都利用上次的经验，根据科学计划打造的防御体系——"齐格菲防线"（Siegfried Line）和马其诺防线，可说是 1916—1918 年所学教训的具象化，巨细靡遗。德方生产的带刺铁丝网和炮弹远比飞机、坦克更多。盟军则计划以比上一回更现代、相对不流血的方式来作战。当时，德国已经因为同盟国的资源优势与让人喘不过气的封锁而疲惫不堪。自 1936 年以来，盟国最担心的向来是德国从空中直接发动致命一击。由于此事没有发生，人们或许可以像张伯伦所说的一样，相信希特勒已经错失良机。英国人与法国人看来信心十足，而且都高估了彼此的实力。[5] 根据计划，随着英国陆军因征兵而军容壮盛、两个帝国会师一处、军备重整计划（渐渐为人所接受）在 1940—1941 年趋于完善，两国的力量也会提升。德国国力则会衰落，因为经济封锁剥夺了该国重要的食物与原材料，国内舆论也转而反对希特勒。德国将在 1943 年或 1944 年被击败，除非德国人如乐观主义者预测般更早推翻希特勒。意大利与日本没有立刻参战，让同盟国松了口气。等时间一到，美国说不定会再度加入同盟。

然而，由于东线情势急转直下、法国国内政治分歧，加上了解到法国产业无法达到武器生产目标，法方突然对这种乐观愿景有了质疑。[6] 他们开始担心拉长战事实际上有利于德国，因此不顾一切、想方设法尽速取胜。他们有两个主要构想，其一是帮助芬兰人（当时正抵抗苏联的进攻），其二是轰炸苏联油田。一旦与芬兰结盟，他们就能切断瑞典铁矿石出口（占德国40%的需求量），轰炸巴库（Baku）则能减少流向德国的苏联石油。达拉第嘲笑对此表示怀疑的英国人，说他们是"一群老头"。法国的这个战略不切实际得出奇，而且有让苏联以希特勒盟友身份参战的风险。但先动手的是德国。1940年4月，德军在苏联人和瑞典人的默许下，入侵丹麦与挪威。盟军支持挪威的远征行动的确让德国海军的水面舰艇蒙受巨大损失，但并未达到目标。达拉第与张伯伦辞职，由保罗·雷诺与温斯顿·丘吉尔接任。

英国远征军——正确名称是"野战部队"——一如1914年，只是个小帮手，规模大致是法国陆军的1/10。部队接受法方指挥，承认名将莫里斯·甘末林（Maurice Gamelin）麾下的法军指挥官更有军事素养。法军对待英国同僚时确实带着一些优越感："我们有必要给予他们道德支持、规划行动策略，并提供必要的计划和灵感。"[7] 英国部队依赖程度惊人，这一点从帝国陆军总参谋长埃德蒙·艾恩赛德（Edmund Ironside）将军晚至12月17日的日记里仍可看到："关于可能的攻势，目前我还猜不透甘末林的想法。说他大概没想法，或许也不为过。"[8] 到了1940年5月，远征军从原有的4个师扩增到9个师与1个装甲旅。不像1914年，如今的远征军置于法军指挥下，只是没有明说出来。虽然部队人数多于1938年承诺的两个象征性的师，但仍然远远不及法方的期待。他们希望英国人建立一支机械化装甲打击部队，弥补他们人数上的不足，以防施里芬计划重现江湖。但英国的扩军集中在皇家空军，为本土防务打造一支具有吓阻力的轰炸机与战斗机部队。这需要钱和生产力，陆军因此被忽略。

英国人20年来都不愿考虑涉入另一场欧陆战事，远征军就体现了这种心态。部队人数少、训练糟，装备也烂，甚至连现代法国地图都没有。英国正规军不久前还在巴勒斯坦与印度执行帝国警队（Imperial Police）的勤务，国防义勇军仍是业余人士。远征军是唯一公认的机械化陆军，拥有大量军用卡车——德国陆军跟他们买了不少淘汰的马匹。但他们的火炮少得可怜，可用的无线电很少，而根据陆军总司令戈特勋爵（Lord Gort）无可辩驳的观察，他们"主要的短处"是"连一辆配备火炮的坦克都没有"。[9]法方希望能用皇家空军弥补防空力量，一来防御法国城市，二来支持两国陆军。但英国人的目光死守在未来的战略性空战上——守护英国城市，轰炸德国城市。军方派了少量的飓风式战斗机和侦察机部队给远征军，并派遣一支先遣空中打击部队（Advanced Air Striking Force，10个中队的老朽短距离轻型轰炸机与6个中队的战斗机）到法国东部，伺机轰炸接壤的德国各地。英国空中支持之限度，将成为盟国之间"最令人恼火"和法国痛心谴责之事。[10]

法国陆军太晚更新其装备，但其诸多难处也显而易见。强大的利益团体长期为1914—1918年发挥作用的方法辩护。比如，机械化就会威胁那些提供马匹、骡子与草料的法国农民。当达拉第开始用军用卡车取代牲口时，深具影响力的国会游说团体马上抗议。即便如此，人民阵线及其继任者仍强行通过军备更新计划，法国在1940年已拥有比德军更庞大的战车部队，战车本身也更精良。但1914—1918年的经验让他们自废武功。陆军指挥官以复杂的理论与数学计算为基础，建构完美的防守战术:"一切都在预料之中,准备妥当。"他们相信战略性的突破不可能发生。这是种不在乎外界发展、不愿考虑其他可能性的伪科学。其中一种古怪的现象,就是军事作家对于借用英语为法语新词的"没教养"做法所表现的不悦,例如"le tank"(战车)、"la motorisation"(摩托化)和"la mécanisation"(机械化)——"我们非得继续师法英格兰人那恐怖的语言吗?"[11]守势信条得到贝当元帅的大力背书。贝当是战间期的军界巨头,小心翼翼的个性使他在 1917 年奠定其成就与名望:防守意味着饶了士兵的命。"防御"以马其诺防线这种具体的形式得到了体现——让好几位参访的人联想到一支由不沉战舰组成的舰队。一位英国将军跟人四处参观后,留下相当深刻的印象——"此道中的杰作"。但他自忖,假如把钱花在战车和飞机上,难道不会更好吗?他还担心,假如这道"栅栏"倒了下来,"法军的战意将随之土崩瓦解"。[12]不过,马其诺防线并未导致消极心态:法国最精良的步兵与装甲部队得以自由行动,推进到比利时与荷兰。法国人甚至积极派遣远征军,前往从芬兰到萨洛尼卡的遥远彼方。只是旧有的设想仍挥之不去。法军虽然急于打造新的机动装甲师,但 2/3 的战车仍像 1918 年一样打散成小组,由旗号沟通(而非无线电),用于支持步兵。一位法国将领后来说得好:法军有上千组的战车,每三辆一组;德军有三组战车,每组上千辆。

盟军在该世纪最寒冷的冬天里按兵不动。国王、首相与女演员格雷西·菲尔兹(Gracie Fields)前来劳军。高级军官与法国要人共进午餐,有人认为吃生蚝"对'挚诚友谊'是非常大的考验"。由香烟与培根构成的典型英格兰气息,让一位法国访客迷恋不已。[13]皇家空军飞行员好意找法国飞行员一起大吃大喝,偶有没结果的混战点缀其间。

陆军训练防御作战，并兴建碉堡。陆军少将伯纳德·蒙哥马利（Bernard Montgomery）以十分"下流"的方式提醒手下要注意性病（"哪一位士兵需要平躺乐一下，我非常推荐他找个警察问个恰当的地址"），军队里的国教与天主教随军教士差点想把他撵出去。伟大的法国历史学家马克·布洛赫（Marc Bloch）被人从剑桥找来，担任法军与远征军之间的联络官。他对英国正规军的感受可说是五味杂陈。"因吉卜林而永垂不朽的士兵懂得怎么服从、怎么战斗……但他天生就是个打家劫舍的浪荡子……一旦有损于农地、有损于女儿的两罪并犯，法国农民恐怕很难原谅他。"他甚至提到英格兰人在国内虽然"态度亲切，天性善良"，一旦出了国，却倾向"把他的欧陆东道主当成'土著'"——"天生的不善言辞"让这种粗野行径更严重。英国士兵薪资远高于法军，引人不满。英国军官（若干回忆录指出）过度热衷于了解他们的法国同袍是不是"绅士"。他们肯定常常失望。有时候，步兵团高达40%的军官原本是学校老师，许多人还是社会主义者。[14]

第二集团军司令艾伦·布鲁克（Alan Brooke）将军会讲法语，他在波城长大，念当地的法语学校。布鲁克"不禁怀疑法国人是否仍是个够坚强的民族，能经受这场战争，再度承担自己的责任"。他虽然感受到法国人的好客，但他们的"邋遢、肮脏和无效率，我觉得比以往糟得多"，许多防务"实际上等于没有"。士兵"看起来非常业余"，甘末林则一副"又老又累"的模样。布鲁克对于自己几乎没受过训练的手下也没少挑剔，他的长官——拿过维多利亚十字勋章（Victoria Cross）的戈特勋爵，"头脑……和过誉了的童子军差不多"。[15] 人们在表面上还是信心满满。丘吉尔在10月造访法国，法国陆军给他留下深刻印象。1940年3月，艾恩赛德发现法国官兵"辛勤工作，而且

甜 蜜 的 世 仇
英国和法国，300 年的爱恨情仇

此图名为《乐着听》（*Happy Listening*）。英国远征军准备好长期抗战。根据若干记载，远征军的生活很宁静。托马斯·蒂普莱迪牧师（Revd Thomas Tiplady）对此相当满意，并在《卫理公会纪要》（*Methodist Recorder*）上报道："我没见过英军士兵受到酒精的影响。军队谦冲自牧……我的确很少看到有军官或士兵身边跟着小姐，纵使看到，当时的情境也不会让我认为其间的交往有所不妥。"[16]

非常聪明"，深感欣慰，英国人却得为"扼杀军人才干"的队列训练而分心。[17] 法军对远征军也信心有限。甘末林认为："1914—1918 年的经验明摆着，你得一直在英国人身边……留法军的大部队。只要部队不在，英国人就会在危急时刻奔逃。" 他把法国战略储备兵力中最强的第七集团军重新部署在英国远征军左翼，一来迎击德军可能推进荷兰的行动,二来想打消英国人逃往港口的任何念头。[18]事后证明此举大错特错。

法国政府与民众有不少怨言,泰半是因为他们得承认法国有上百万人从军,受到战争影响的程度远甚于英国。有人担心英国人"和他们的主教跟社会主义者"会在和平协商时再度让人失望。为了强化同盟关系,巴黎和白厅提出各种让经济、政治事务"更加紧密结合"的方案以供参考,甚至连"建立英法联邦"的提案都出炉了。人们提出点子,从基层强化法国与英国的团结:在电影院播放彼此的国歌、发行特别邮票、政治正确的历史教科书、强制语言课,还有在英国学校展示法式烹饪。

两国都有人力陈应停止战争,跟希特勒或更理性的纳粹领袖达成协议。当时仍有一股支持绥靖的潮流,成员有反战主义者、反帝国主义的左派、担心革命的右派、因为害怕世界末日而痴心妄想,或是根本不思考的人。其中不乏当权派、名人和知识分子。以英国而论,有劳合·乔治、萧伯纳、一群教士、和平宣誓联盟(Peace Pledge Union)与直言不讳的平权主义者维拉·布里顿(Vera Brittain)、布鲁姆斯伯里派美学家、演员约翰·吉尔古德(John Gielgud)等娱乐圈名人、边缘的亲法西斯主义者、乔治·道格拉斯·霍华德·科尔(George Douglas Howard Cole)等社会主义学者、一批横跨各党派的下院议员以及有资格进上院的贵族——为首的是工党的"议会和平目标小组"(Parliamentary Peace Aims Group),他们甚至跟德国人有联络。至于法国,反对者行动激烈得多。对工会深具影响力的共产党发动反战游行,继而遭禁。有些亲法西斯派采取类似做法,但其中许多人接获征召,后来加入战场。但统治集团内部宣扬停战的人更是危险,包括前总理皮埃尔·赖伐尔等支持绥靖的政治人物,以及外长乔治·博内——他当时虽然支持继续作战,但对结果表示悲观。当情势发展远不如预期,其中就有许多人改变立场。他们在当时算是少数,毕竟对反战主义的大规模支持已经瓦解。在多数民众看来,绥靖已经失败了,想阻止希特勒就需要战争。不过,法国人与英国人对此也有分歧,这反映了双方战前的观点。民意调查显示,法国人认为自己在跟德国人打仗。英国人则以压倒性多数认为自己是跟希特勒为敌,而非对抗整个德意志民族。[19]

希特勒回敬的方式,是把英国当成自己的头号敌人。他计划猛攻荷兰与比利时,确保机场和港口,供轰炸与最终入侵英格兰所需。盟军截获计划副本,决定急行军穿越比利时阻击之。但先前希特勒重新武装莱茵兰时,法国与英国毫无作为,吓得比利时人宣布中立。他们担心和同盟国合作将导致德军进攻,因此拒绝让联合作战计划实现。比利时人有自己的现代边防,有信心能撑到援军抵达。法国与英国军队未来得因此离开自己仔细修筑的战壕,在未知的比利时土地上急就章,匆匆建立防线。兵贵神速,两国得派自己装备最精良的机动师。布鲁克担心,一旦情势急转直下,"我们不光会失去整个比利时,恐怕连整场战争都跟着葬送"。[20]

大难临头,1940 年 5 月—1940 年 6 月

[内阁的工党成员]阿瑟·格林伍德(Arthur Greenwood)常常把"这些该死的招摇盟友"挂在嘴边。我告诉他,我们少不了法国陆军。毕竟我们没有陆军,因此没有资格骂"这些该死的招摇盟友"。他们用

这话来骂我们还差不多。

——帝国陆军总参谋长，陆军上将埃德蒙·艾恩赛德爵士，1940 年 5 月 17 日[21]

你们英格兰人以前［1918 年 3 月时］一败涂地，但我派了 40 个师去救你们。今天换我们兵败如山倒。你们的 40 个师去哪了？

——1940 年 6 月 11 日，贝当元帅对温斯顿·丘吉尔如是说[22]

5 月 10 日，即丘吉尔就职当日，德军对荷兰、卢森堡与比利时发动他们准备已久的入侵行动。荷兰人撤退，比利时人守不住自己的边防要塞，盟军轰炸机也没能摧毁马斯特里赫特（Maastricht）跨莱茵河的桥梁。皇家空军投入此役的全部 32 架飞机均受损或遭击落。地面支持作战喊停，因为先遣空中打击部队在 48 小时内损失半数的飞机。法国与英国陆军赶赴北方，在比利时中部与荷兰西南部设下防线。历史上最早的几场坦克战就此爆发，法军成了赢家，在布雷达（Breda）附近摧毁 100 辆德军战车，自己只损失 5 辆。[23]

然而按照原定计划（盟军也知道），德军还有一次大胆、危险的附加行动。他们会一面入侵低地国，一面在南方发动一场几乎同时进行的攻击，穿过阿登（Ardennes）林木苍郁的山丘。一旦抵达马斯河流经色当的防守空虚处，德军便能突破，截断驻比利时盟军的退路，一举结束战争。这个计划不是信心的产物，而是孤注一掷的结果：似乎只有这样才能避免法德双方都畏惧不已的"一战"那种无望取胜的漫长战斗重演。德军参谋总长决定："纵使这次行动只有 10% 的成功机会，我也不会放弃。唯有此举能毁灭对手。"为免行动失败，希勒特下令继续为长期战事做准备。[24]

行动成功靠的是保密与出其不意。穿越阿登的坦克与车辆速度不快,处境危险,毕竟它们得行驶于道路上,辎重车列也经不起空袭。经常有人说,法军指挥官以为阿登难以通过。其实,甘末林早料到德军会攻击该地。但法国人多估了进攻方穿越当地地形所需的时间。他们原以为在必要时刻自己有时间驰援阿登。盟军受其截获的德军原始计划所误导——堪称历史上最惨痛的情报成就。情报部门未能察觉莱茵兰南部有另一批部队集结。两国空军注意力投注于北方,因而未攻击由13.4万名德军士兵、1 200辆战车以及上千其余车辆组成的世界史上最大堵车行列。连德军缓缓走出森林时,法军也没有赶往增援,消灭他们。花了四天,盟军才在5月14日发现这不只是佯攻。此时,德军已经抵达色当(1870年,他们曾在此获得压倒性的胜利),更在5月13日渡过马斯河。大多数在这个守区的法军部队是第二线的补充兵,缺乏有效的反坦克和防空武器。他们在没有空中支持的情况下,遭受了截至当时史上最密集的空中轰炸,措手不及:"一轮接着一轮……连一架法国或英国的飞机都没看到。它们死去哪了?"[25]整支部队最终瓦解。到了5月14日,同盟国空军终于出手,试图轰炸色当的桥梁。根据法军指挥官加斯顿·比约特(Gaston Billotte)将军所言,成败在此一举。分成小组的老式轻型轰炸机失败了:桥梁是很难瞄准的目标,炸弹又太小。飞机要是飞高,会被战斗机击落;要是飞低,则是被地面炮火击落。即便皇家空军的71架轰炸机中有40架被击落(皇家空军遭受过的最严重的伤亡率),但还是有些法国军官怪他们没把攻击挡回去。法国空军在1个月内损失30%的空勤人员——高于陆军在1918年整年的伤亡比例——而且根据报告,再过两周就会连战斗机都不剩了。[26]

| 第三部 生 存 |

1940年的德文杂志《痴儿西木》(Simplicissimus)上的反英漫画。这幅德国的宣传画是以自第一次世界大战起便有的一种许多人深信不疑的看法为基础创作的：英国人乐得靠法国人承受战斗的煎熬。英国人仿佛在说，"怎么啦，吾友阿勇（Poilu）。"①

---

① 阿勇（Poilu）这个词专指第一次世界大战时的法国士兵。类似用法包括称英国士兵为汤姆（Tommy）、称德国士兵为杰瑞（Jerry）。——编者注

色当被突破的消息造成了司令部的动摇与恐慌。"部队连试着认真抵抗都没有便放弃阵地……当法国军官得知这骇人事实,不得不忍受这带来的耻辱时,眼泪都流了下来。"[27] 色当以南确实仍在抵抗。一位德国军官后来提到某个摩洛哥骑兵旅有半数成员阵亡,"我在两次大战中面对许多敌人……很少有人打得这么出色"。[28] 他们镇守在马其诺防线北侧,认为这里是德军的目标。但德军并未往南或西南方朝巴黎前进,而是全速往西走,路上完全没有阻碍。这并非原计划,而是海因茨·古德里安将军无视命令的行动,结果导致他被暂时撤职。[29]

雷诺在5月14日致电丘吉尔,告诉他坏消息,请求再增援10个战斗机中队来对付俯冲轰炸机。一位与皇家空军对口的英国陆军联络官认为,"有500架战斗机就能挽救色当",把德军的斯图卡("俯冲轰炸机")赶跑,"就我看来,缺少战机支持是法国人对我们唯一有理的抱怨"。人在伦敦的艾恩赛德将军为那些"遭殃"的空军而愤怒,他也有相同看法,认为"此役恐怕能左右整场战争,不可能忽视来自法国的这种请求"。但皇家空军决定不要大举增援。轰炸机司令部自欺欺人,认为只要获准轰炸鲁尔,就能赢下战争。战斗机司令部则认为英国的存亡和战斗机分不开,坚称本国至少要留36个中队。驻守在法国的皇家空军在十天内损失将近一半的战力,包括195架飓风式战机(英国所有新式战机的1/4),对于德军推进的影响却微不足道。多数的飓风式战机若非正在修理,就是没有燃油,于是在撤退时遭到放弃。一位飞行员如是说:"咱们全跟自己帅气的小飞机一块儿在这里,只是没有该死的部队、该死的装备、该死的汽油。"[30] 以这种速率来看,无论是哪个基地,两星期内就会连一架飓风式战机都没了。少了战机反制,德国空军便能在大白天轰炸工厂，削弱海军，并掩护入侵。空军元帅休·道丁爵士（Sir Hugh Dowding）将事情挑明来说："假如本国的防御部队为了扭转法国的局面而孤注一掷、涓滴不剩，那么在法国的败局便会带来这个国家最终、最全面也最无法挽救的失败。"雷诺提出再增援10个中队的请求遭到拒绝，但空军答应投入4个中队。[31]

5月15日时，德军已有7个装甲师能自由运用。雷诺在早上7点半打电话给丘吉尔，"显然压力很大"，用英语讲"我们打败仗了……我们已经输了这场战役"。丘吉尔希望他只是夸大，并提议搭飞机过去"谈谈"，但也告诉他"无论法国怎么做，我们都该继续战斗——必要时独立作战也行"。丘吉尔在隔天下午抵达巴黎，得知法方预计德军不日便会抵达。他在奥赛码头和法国政军高层会面时，烟云也从官方文件的火堆中冉冉上升。根据丘吉尔回忆录的戏剧性说法，甘末林描述了情况，当丘吉尔问起战略后备部队时，他答道："没了。"[32]还记得吗？最精良的后备部队已经赶往荷兰，部分是因为法国人对英国远征军抱持怀疑。丘吉尔的记录——"极为巧妙的一段话"——在历史上被当成全无想法与决心的"第三共和国的讣闻"。事实上，雷诺根本没有接受战败，商讨过程远没有丘吉尔的描述那么"情节耸动"。[33]尽管如此，英国人仍得面对一再发生且无法化解的两难局面：胜利的任何契机，似乎都少不了法国的士气与抵抗，那么，在支持他们的同时，要如何为独力作战的可能性做好准备呢？前一个目标需要全心投入，后一个目标却得保存远征军与皇家空军的战力。英国人的第一个举动便展现出这种矛盾。他们这时虽然同意法方早先的请求，新投入10个战斗机中队，但又将之部署在肯特；与此同时，仍然驻扎于法国的中队却马上开始撤军。丘吉尔还下令为远征军可能的撤离制订初步计划。[34] 当天深夜，他在雪茄的烟雾中试图让法国部长们"重新打起精神"，承诺英国无论如何都会作战，还会轰炸德国城镇，焚烧他们的谷物和森林。这种"末世预言般的景象"对不止一位的法国官员造成反效果：丘吉尔"以为自己置身加拿大的心脏地带，在新大陆指挥空战，飞越被高爆弹夷为平地的英格兰，飞越废墟早已冷却的法兰西，对付旧大陆"。[35] 这幅景象可不吸引人，法国政坛与军界有越来越多人开始认为自己必须"让法兰西挣脱她正经历的苦难，即便在战场上被击败也行，如此才能让她再度崛起"。[36]

德军心知肚明，当他们试图切断盟军时，推进中的战车无法抵挡同时从南北两侧来的进攻，被切断的恐怕是自己，因此大为紧张。希特勒此时濒临精神崩溃，下令部队放慢速度。[37] 如今由陆军上将马克西姆·魏刚（Maxime Weygand）指挥的法军，希望涉入战局尚浅的英国远征军带头，从北进攻。但英国人此时正在跟比利时的德军交战，掉头作战非常危险，甚至不可能。部队粮食与油料短缺，弹药只能再打一仗。戈特越来越怀疑法军的反击能力，他相信撤离才是拯救麾下军队唯一的方法。但伦敦方面坚持加入魏刚的行列，发动进攻，孤立德军的先头部队。高大威武的艾恩赛德前去让戈特和法军振作起来。他大发雷霆，让沮丧的法国将军比约特（名义上远征军由他负责）连"紧身军夹克的扣子"都在晃动。但任何激励士气的效果都维持不久。远征军最出色的攻击行动发生在5月21日的阿拉斯近郊，只靠一个装甲旅［由皇家战车团（Royal Tank Regiment）的2个营组成，达勒姆轻步兵团（Durham Light Infantry）2个营的义勇军提供支持］便让埃尔温·隆美尔（Erwin Rommel）将军的战车师惊慌失措，在他们的后勤纵队上凿了个洞，杀了一些训练不足的党卫军步兵。过程中，这支部队失去了大多

830

数的坦克,继而撤退。戈特原本安排两个师跟法军可能从南方发动的攻击协同作战,但他在 5 月 25 日重新部署,以应付东北方德军与日俱增的压力——事前没有和法军商讨,而且也违反了伦敦的命令。许多法国人责怪这个决定,不只是因为反英情绪,也是因为扭转情势的最后机会就此破灭。但魏刚的部队真会反攻吗?戈特可不相信。

盟军接受的是应对稳定战况的训练,他们反应迟缓、混乱、不时惊慌失措,通信与补给线中断,而且缺少有效的领导,其行动之慢、协调之差不足以抵挡德军的突袭。部队得不到情报与指示,数以百计的坦克与飞机没有燃油与弹药,大部分军队开始崩解。"这就像某种荒唐的噩梦,"一位英国军官在日记中写道,"远征军被敌军截断。我们的通信没了……我一遍遍对自己说,德军的威胁不可能维持,谁知居然维持住了,根本违反所有作战准则。德军无险不涉,而且是蠢得无以复加的危险,但他们却成功了。"艾恩赛德认为法军将领"处在消沉至极的状态中。没有计划,也没有想到要有计划。他们精疲力竭……已然坐以待毙"。[38] 戈特坚持撤到敦刻尔克。远征军完成了难度甚高的且战且退,但他们炸了桥梁,放弃并摧毁了里尔电话局,导致法国第一集团军的大部分通信中断,妨碍了自己的盟友。[39]

此刻是英国的最低点。远征军看来受困在敦刻尔克了。政府内外都有力主求和的声音,人们私底下抱怨丘吉尔。5 月 28 日,丘吉尔对同僚坚称仍有可能抗战成功,而且完全不该对希特勒有所指望。"假如我们这座岛屿的悠久历史就要结束了,那也得等我们每一个人都被自己的鲜血呛死才能结束。"[40]

831

敦刻尔克与法军，5月26日—6月4日

> 哈罗德·亚历山大（Harold Alexander）将军：能救的都已经救了。
>
> 德拉彼鲁兹（de La Pérouse）上尉：不，将军。还有荣誉可救。
>
> ——敦刻尔克，5月31日下午4点半[41]

> 英格兰的时代已经过去了。无论发生什么事，她都会失去她的帝国……她再也无法立足于欧洲。她离开敦刻尔克那会儿，就是永远离开了……一切最后不是落入俄罗斯人手中，就是美国人手中……大英帝国将让位给美利坚帝国。
>
> ——维希法国总理皮埃尔·赖伐尔，1940年8月[42]

敦刻尔克——对英国人来说，是他们历史上最惊人的壮举。一支寡不敌众、看来在劫难逃的军队，在敌人的眼皮底下靠着民众的沉着勇气与自发精神回到故乡，择日再战；平民百姓驾着渔船、帆船和游船出海，为的不是征服，而是在一次听天由命的任务中手无寸铁地面对炸弹与炮弹。对一群担心欧陆危险的岛民来说，敦刻尔克有深远的意义。但对许多法国人来说，这展现的是另一种英国人的典型特征："他们抵抗不了港口的呼唤，"魏刚揶揄着，"早在1918年3月，他们就想上船了。"[43]敦刻尔克意味着被英国人抛弃，独自面对战败。

德军展开攻击一周后，英国人开始考虑撤离。他们和1914年一样不相信盟友，担心一旦法国人和比利时人放弃，自己便会陷入重围。早在5月18日，当局便有从敦刻尔克撤离的初步规划。当时处境相

当危急，没有人相信能让大部队逃脱。到了 23 日，布鲁克将军心想："唯有奇迹才能拯救英国远征军……我们已经……开始缺少弹药，补给还能完整撑三天，但之后就不够了。"[44] 德军已经抵达海岸，切断了部队与加来、布洛涅的联系。但到了 5 月 24 日，神经依旧紧绷的希特勒命令战车止步。法国人同意朝敦刻尔克撤退，但两个盟国的想法不一样。英国人想上船，丘吉尔也在 5 月 26 日下令撤离。但法国人想建立强大的法国－英国联合桥头堡，通过海路供应物资，一旦德军转为南进、入侵法国内陆，便能威胁德军后方。这个方法能争取时间，但英国无法接受其代价——恐怕会牺牲整支陆军，海、空军也会伤亡惨重，让英国门户大开。虽然法军铁定意识到远征军可能会走人（1914 年和 1918 年差点发生过），但英国仍把自己的意图一直保密到 5 月 27 日。这导致法军上下的愤怒与不谅解。法军主帅威胁以武力阻止撤离。法军士兵还想继续作战，准备撤离的英国部队却摧毁武器与装备，让他们勃然大怒。一旦英国人离开，法军得独力防守的敦刻尔克周边地区会越来越多。马克·布洛赫便提到，法军士兵"眼见一艘接着一艘的船开离岸边，载着他们的外国同袍前往安全处，他们得超乎常人地宅心仁厚，才不会感觉怨恨"。[45] 等到 5 月 29 日时，英军已有 72 000 人离开，但法军只有 655 人。若干试图登船的法军被赶下船，有时候甚至兵戎相见——但许多受此待遇的是掉队的军人或逃兵，当船位不够，甚至得把伤兵抛下时，人们认为这些人没有资格撤离。

戈特在接获命令返回英格兰之前，曾经保证会让 3 个英国师帮助守下敦刻尔克。但在 5 月 31 日一次紧张而痛苦的场合上，哈罗德·亚历山大将军告诉法军指挥官、海军上将让·阿布里亚尔（Jean

Abrial），英国远征军将尽快撤军。"你等于是在承认让法军独力掩护英军上船，而英军自己撤退时却完全不帮法军，"法国军官抗议道，"你的决策……让英格兰蒙羞。"[46] 巴黎方面也同样愤怒，丘吉尔倒是命令英国人和法国人一定要"手挽着手离开"。他承诺远征军会协助防守周遭地区，也确实撑了一下子。但陆军部与现场指挥官不同意丘吉尔的命令。一旦有机会回家，就很难要求人坚守阵地，许多单位也真溜走了，最终让法军孤立无援。幸亏法国部队在里尔寸土不让，把德军的7个师挡在敦刻尔克之外，争取到了关键的4天，直到6月1日。当时，法军第十二步兵师得到当地后备军支持，"有意牺牲"以守住通往敦刻尔克的路。[47] 德军既疲惫又缺乏弹药，希特勒担心有诈，命令不用坚持进攻。人员与战车需要往南移动，完成征服法国的行动。希特勒不相信远征军能全身而退——毕竟连英国人或法国人自己也不相信。

截至5月31日傍晚，留在敦刻尔克的英国部队只剩5万人，法军则有20万人。船上现在已经腾出一些空间，留给法国部队。从6月1日起，由于英国远征军已经几乎全部离境，行动的目的改为尽可能多带点法国人走。法国海军舰艇与法国、比利时民间船只一起加入，载走约三四万人。6月3日，皇家海军凿船封港，想让港口变得对德军毫无用处；假使这招奏效了，剩余的法军将困在港内。但当晚又有3万名法军上了船。等到殿后部队终于离开战斗位置时，最后一艘船已经先走了。有位英国海军军官把他们比拟成死守温泉关（Thermopylae）的斯巴达人。另一位德军军官的说法则没那么优雅："汤姆大兵走了，你们还在这儿；你们疯了。"[48]

法军抵达英格兰时，欢迎他们的是"身穿五颜六色衣服的女孩从窗口递来的火腿和奶酪三明治……我们沐浴在香烟似有若无的香甜气息中……柠檬水的酸味和红茶倒了太多牛奶的腻味……平交路口成群欢呼的孩子……'他们可真是亲切！'，我的战友这么说"。他们飞速穿越普利茅斯，只迷蒙一瞥"舒服的青草地，一片由公园、教堂尖顶和树篱构成的风景"，接着被送回瑟堡重新加入战局，在英格兰才待了几小时。[49]

敦刻尔克在6月4日投降。大约有4万名法军被俘。但18.6万名英军（大多在5月29日—6月1日撤离）和12.5万名法军与其余同盟国部队（主要在6月1日—4日撤离）逃出生天——远超过任何人认为能够得救的人数。[50]尽管丘吉尔提醒下议院光靠撤离不能赢下战争，但这次行动肯定是让英国免于战败了。一位德国军事史学家认定，敦刻尔克撤退"对德军战略是致命一击"。[51]若不是皇家海军大无畏的专业能力、平民船员的勇气以及法军阻挡德军时的顽强，英国远征军可是无法保住性命、来日再战的。阿布里亚尔将军获邀在6月5日前往白金汉宫，接受英王个人的感谢。或许这多少有点安慰效果。但丘吉尔在下议院时鲜少提及法军的勇气，法国大使对此极为失望。此番壮举令英国人信心大振，也让丘吉尔能在6月4日发下豪语（灵感或许来自克列孟梭的一次名演说，他对此知之甚详）——"我们将在滩头上作战，在跑道上作战，在原野上和街头作战，我们会在山岗上作战；我们绝不投降。"①

在海峡对岸，仇英情绪开始滋长，敦刻尔克也成了反英国宣传的材料。可是真的有理由责备他们吗？有些法军指挥官指控英国人对他们

---

① 克列孟梭是说："我们将在巴黎前方作战，在巴黎城内作战，在巴黎后方作战。"丘吉尔曾在自己演讲的几天前向贝当引述这段话。——作者注

隐瞒撤离计划，弃法军于不顾。但事情没那么单纯。直到 5 月 28 日晚上，法国陆军高层才命令部队上船，而法国海军更迟至 29 日才参与行动。法方那时才后知后觉地意识到时间所剩不多了，也没有告知皇家海军得载运多少人。有些法军官兵则是决定无论如何都寸土不让。

在这张维希政府的海报上，敦刻尔克大撤退被描绘成一场背叛：英军离开了，还强迫法军留下。

法国当局一开始考虑了两种继续作战的方式：将陆军撤到布列塔尼与诺曼底，跟英国保持海上联系，或是立即撤退至北非。然而，魏刚却坚持走另一条路：沿着索姆河与埃纳河——1914—1918年的杀戮战场，设立一条横跨北法的最后防线。假如失败，法国几乎没有求和以外的选择，魏刚也很清楚。但法国与英国曾在3月28日签署协议，一方不同意就不能议和。雷诺在5月26日前往伦敦，暗示两国一同请求停战，或是英国同意法国求和。英国人不仅拒绝，还敦促法国人继续作战。

双方开始把打败仗的责任甩到对方身上。"许多人如今把整个丑态怪罪于英格兰最高指挥部，或是传言中丘吉尔某些前后不一的命令，说这导致魏刚最后突围的尝试功败垂成。"[52]魏刚指责英国远征军"拒绝作战"。[53]英国人可以回应称法军指挥官嘴里说要打下去，却没有实际的计划，而且说不定并非真相信自己有成功的机会（早在5月16日就开始考虑停战），何况他们也无权要求英国的陆军与空军为没有希望的事情牺牲。姑且不论情绪性的互相指责，两国政府的目标也渐不相同：英国政府想为本国诸岛的防务做准备，继续战争；法国政府则希望延长抗战时间，争取合理的议和条件。法国政府、军界与民间有越来越多人相信，法国如今得为自己打算。

法军继续作战，但此时已失去1/4的军力。6月7日，一位年轻军官在信中以坚毅的口吻写道（丘吉尔肯定会喜欢他的话）："我正等着和我出身法兰西乡间的农夫们一块儿上火红的铁砧，他们没有什么了不起的信念，但准备好徒劳赴死了。"英国联络官与德军皆报告法军士气渐高，抵抗益强，此时他们正为守住索姆河与埃纳河而战。这是1940年的一场大战，但在法国已基本被人遗忘，在英格兰甚至闻所未闻。德军的伤亡率在6月3日后翻了一番。6月5日—7日，德军第十装甲师在亚眠附近损失2/3的坦克。法军第十七步兵团在败下阵来之前，每一门反坦克炮平均击毁5辆德国坦克。有个外籍志愿兵团力战而终，最后几人甚至自尽，以免落入德军手里。一位法国战车军官写信对妻子说：

我们兵败如山倒，几乎连人都不剩，但留下来的人仍有极高的士气……我们再也不去想自己经历过什么样的梦魇。法国士兵都是这样；你只知道，和这样一群弟兄上战场有多么快乐……我身上的伤已经完全好了。我不知道新闻报道里会不会提到自己，但话说回来，我才不在乎。你就是做你该做的事，不去想回报。[54]

工厂与造船厂的生产也在加速。尽管遭受入侵与轰炸，法国的武器产量仍在5月与6月激增。来到北方最大的战车工厂，工人在德军丢的炸弹之间，将尚未完工的战车装载上火车。泰半的军备最后都帮了德军，让他们在1941年进攻苏联时，得到充分供应的法国坦克和飞机。法方要求皇家空军全力投入战斗，毕竟法军寡不敌众，前线的飞机数量为1:3。但皇家空军已经在2个月里损失959架飞机与435名飞行员，对地攻击也完全无效：轰炸机在白天会被击落，晚上却又看不见目标。皇家空军在法国已损失超过400架飓风式与喷火式战斗机，只剩331架新式战机。飞机可以靠增加产量补充，但人命不行。因此，人们没有理由指望皇家空军有能力拯救法国，军方的参谋长们更是正式建议政府，表示只有空中战力能防止德军入侵英格兰。虽然驻英格兰基地的飞机确实有出动若干架次到西法，但军方拒绝将仍然驻在法国的3个空军中队投入战斗。[55]6月7日与9日,德军战车开始刺穿对手硬撑的战线,魏刚也在12日下令全面撤退。德军在两天后开进巴黎。

越来越多法国人认为他们付出了不成比例的牺牲,而英国人却保留了自己的实力。这种看法严重伤害了同盟关系。魏刚与贝当(当时的副总理,也是法国人气最高的人物)对于英国人的"自私"大为愤慨,怪英国害法国无法阻止德军推进。有几回发怒时,魏刚还因为英国人故态复萌而"破口大骂"。[56]贝当对美国大使表示,英国将"战到法国只剩一兵一卒,接着求和",他还对战时内阁书记保罗·博杜安(Paul Baudoin)说:"英格兰害我们陷入这般境地。我们的责任不是忍受,而是摆脱这种处境。"[57]魏刚决心维护陆军(和他自己的)尊严,强迫政治人物要求停战。政府内大多数人想继续作战,但他们的决心正被逐渐侵蚀。6月10日从巴黎疏散之后,部长们与政府官员四散于卢瓦尔河各地的庄园,通信也因为乡间缺乏电话而受到妨碍,"车辆……和博斯沃思战场上的马匹一样重要,但也一样稀少"。[58]雷诺渐渐陷入重围,连他那无处不在、爱管闲事的情妇——失败论者波尔泰女伯爵伊莲(Comtesse Hélène de Portes),也在向他施压。她穿着红色睡衣裤的模样,让爱德华·斯皮尔斯想到"1914年之后,我还没看过法国人脚上套红裤子"。此情此景坐实了吹毛求疵的英国人对法国人的偏见。斯皮尔斯在1914年是个年轻的联络官,如今已经发福,成了陆军将领和保守党下院议员。丘吉尔派斯皮尔斯担任他的私人代表。尽管斯皮尔斯是"亲蛙小子"中为首的成员,但他太了解法国,不是眼冒爱心的哈法族。他跟丘吉尔旋即认为他们挚爱的盟友已经药石罔效。

丘吉尔决心延长法国的抵抗，甚至从北非发起抗战也行。两国都受到3月协议的约束，不能独自求和。对法国人来说，这既是面子问题，也是为了避免激怒大英帝国与美国。6月13日，丘吉尔与法方的最后一次会面在图尔举行。英国人发现机场无人接待，找不到法国政府，也找不到午餐，因此戒心大起。等他们找到指定的会场时，丘吉尔坚持战争一定要继续：英国决不接受任何条件，也不同意法国考虑任何条件。雷诺尖酸回嘴，说自己确信大不列颠决不会放弃，"除非她感受到跟法国人民如今所承受程度相当的苦"。丘吉尔表示美国很快就会成为盟友。同时，法国要作战下去，绝不能指望希特勒。如果军队寡不敌众，就应该打一场"规模庞大"的游击战。政府在必要时刻可以撤到北非。法国人必须接受英国将自卫放在第一位，因为"假如德国无法摧毁英格兰……整栋纳粹主义的可恨大厦必将垮下"，法国也能共享盎格鲁－撒克逊人的最终胜果。[59]法国人面对赌局，得决定是把自己的未来押在似乎晕头转向的英国身上，还是讨价还价，在一个由德国主宰的欧洲获得一席之地。雷诺仍然倾向前者。他告诉同僚，希特勒不是德国皇帝，而是成吉思汗。刚升官的陆军准将兼国防部次长夏尔·戴高乐衔命前往伦敦，安排通往北非的运务。但政府内部意见的天平正倒向另一方。

此时，最后一批英国部队正在撤离。先前当局曾派遣增援（包括从敦刻尔克回国的单位）重返诺曼底，组织第二支英国远征军。第五十一（高地）师是唯一真正加入战局的部队，他们受困于诺曼底港口索姆河畔圣瓦莱里－昂科（Saint-Valéry-en-Caux），并于6月12日投降。其余部队则在6月14日接获命令重新登船。他们的指挥官"心急如焚，除非必要，否则连一小时都不想在这个国家多待"。[60]不久后，皇家空军的最后一架飞机也飞回本国。部队再度放弃大量的战争物资。无法使用的飞机与其他军备遭到破坏——除了一辆军官座车,送给了一位好心的咖啡店老板。

1940年6月16日,发生了堪称"一连串事件中最戏剧性也最让人不知所措的一件事,或许是两国历史记载中所仅见"。[61] 法国政府要求英国同意商讨停战条件。英国人一开始的回应一如既往,要法国继续奋战,政府可以流亡到英格兰或北非。后来转念一想,情势或许已无力回天,控制伤害范围才是最佳选择。伦敦方面在中午通知法方,表示可以研究议和条件,但法国舰队必须立刻启程前往英国。不久后,人在伦敦的戴高乐便打电话回国,传达了一项惊人的提案——法国与英国在政治上合并,打造单一战争内阁、双重国民身份、统一军事指挥以及经济伙伴关系。戴高乐甚至提议由雷诺领导联合政府。

"再也不是两国":1940年6月16日

这只是神话,跟让·莫内想象的其他神话一样子虚乌有。无论丘吉尔或我,都没有一丝幻想。

——夏尔·戴高乐[62]

"法兰西与大不列颠将再也不是两个国家,而是单一的法兰西-英国联邦"——在任何"历史本来可能如何发展"的清单上,这项提案都能名列其中。6月14日的一场会议后,几个人将这个想法提交给丘吉尔——包括丘吉尔的亲法首席外交幕僚罗伯特·范西塔特爵士、私人秘书陆军少校德斯蒙德·莫顿（Desmond Morton），以及人在伦敦的法国经贸代表团员勒内·普利文（René Pleven）与让·莫内。后两人共同起草了一份联邦宣言。建立联邦的想法，咸认出自莫内，而他后来的"欧洲之父"生涯，更是为这个点子添了点额外的趣味。联邦的构想来自莫内在第一次世界大战期间的研究，以及更早之前的经济联盟提案。但也有其他源头。皇家国际事务研究所所长阿诺德·汤因比（Arnold Toynbee）教授曾在1939年末提出这个看法。左翼知识分子休·道尔顿（Hugh Dalton）与菲利普·诺埃尔－贝克（Philip Noel-Baker）希望法国与英国组成战后欧洲联盟的核心，以及"新世界秩序的中流砥柱"。某位法国参议员曾在1940年3月提议两国合并。好几个委员会曾讨论这个构想（甚至连由绝对称不上亲法的汉基勋爵所主持的委员会亦然），关于英法联合的论调也渐渐在白厅成为一股潮流。3月28日的法国－英国联合宣言，也已经宣布"在各个层面建立采取行动的团体"。

丘吉尔对这份6月的提案持怀疑态度，但他对自己内阁与法方在伦敦的代表所表现的支持印象深刻——特别记得性格冷淡的戴高乐展现的"不同寻常的热情"。或许是戴高乐的奋战精神，让丘吉尔认为值得去做点吸睛的事情，好把法国留在战局之中。然而，英国人对于欧洲的投入，没有表面上来的热衷。汉基对于"这类半吊子的点子""让我们的民族性……我们最珍贵的财产消失于其中"感到"震惊"，他尤其把战争与战败怪罪于法国——"自凡尔赛和会以来纠缠我国的邪灵"。但他得到时任枢密院议长的张伯伦与外相哈利法克斯勋爵的保证，两人都表示联邦构想只是战时权宜之举。法国部长们的反应甚至更为多疑。多数人认为这不是决心的迹象，而是瓦解的病征，是让法国受到英国最终的战败所牵连的诡计。贝当不友好地说这是在引诱人结冥婚。波尔泰女伯爵力劝雷诺不要模仿巴伐利亚的伊莎贝尔（Isabelle of Bavaria）——这位法国王后为了讨好英格兰的亨利五世，在1420年剥夺其子的继承权。法方怀疑，英国人真正的动机是想控制法国的舰队与殖民地，根深蒂固的反英情绪使他们将之描述为经过算计的自私之举，而非作战到最后的决心。当天傍晚，法国部长会议便轻蔑拒绝了两国联合的提案。有人酸言酸语，说不希望成为英国国王陛下的子民，不想让法国成为大英帝国的一个自治领。雷诺随即辞职，由他的副手贝当接任。计划正式提出后不过一星期，哈利法克斯便大松一口气，说这个构想已经"死透了"。但法方拒绝方式之粗鲁，却对英国的态度造成极大影响。此后再也没有人提议建立如此密切的盟友关系或战后的联盟，对未来局势也不再有承诺，除了帮助恢复独立这种基本保证。哈利法克斯预测，英国与美国之间的特殊关系将会在战后取代《挚诚协定》。[63]

关于这些事件以及主要人物的复杂动机，其是非功过已经有许多人写过。我们不能忘记，法国遭受了一场令人头晕目眩的危机。军队开始瓦解。敌人的推进已无法阻挡。600万～800万难民从战区涌入南方。政府在整个法国被敌人追着跑，从巴黎经图尔到波尔多，没有国会，也没有平时的权力制衡。民众施压要求和平，波尔多甚至受暴动所威胁。寻求出路的压力令人伤透脑筋，温和派就此屈服。

当时自动走向幕前的人，都倾向基于意识形态立场认为"这场战争是个恐怖的错误，战败早已注定"。贝当仰慕佛朗哥将军，他有种浪漫的看法，认为自己对法国有如父亲般的救世主，就像当年在凡尔登战役里那样。他完全拒绝政府应该渡海的观点，拒绝让国家听天由命，也拒绝抢着登上英国人正在进水的船只：法兰西将不只任由德国人摆布，也将由其共产盟友摆布。魏刚问，一个共和国究竟要怎么流亡？贝当的第一步，是在6月17日通过广播向全国宣布"带着沉重的心，我在今天告诉各位：战斗必须停止"。当天傍晚，他请求停战。

由于尚未停战，贝当语意不清的广播等于给仍在战斗的人拆台。德军士兵挥舞白旗，促使法军相信战争已经结束。直到这时为止，才有人大规模投降：全体法国战俘中将近2/3是在贝当的广播后被俘的，有超过100万士兵开始放下手上的武器。地方官员试图停止战斗，特别是新任内政部长下令城镇无须抵抗之后。但仍然有些军人坚持战斗。直到6月20日，卢瓦尔河上的桥梁一直有人镇守：与索米尔骑兵学校的贵族见习军官并肩作战的是正在接受后备军官训练的普通学生和一个因左翼激进主义而声名狼藉的步兵营。战意最坚决的还包括非洲来的殖民地部队，其中有3 000人随后被德军杀害——多少算是对法军1923年占领鲁尔的迟来报复。[64]法军总计有5万人阵亡，英国远征军有1.3万人，德军则超过2.7万人。[65]

丘吉尔和英国人了解法国处境艰难，深感同情，但不到默许法国全面投降的程度。丘吉尔跳过法国新政府领袖，通过广播直接向法国民众发出呼吁，他的内阁则"在并非没有争议的情况下"同意让"一位法国将军"在6月18日晚上10点上BBC发表演说。这就是戴高乐的《告法国人民书》——法国史上最有名的广播演说，但听过直播的人少之又少，内容也没有录音。戴高乐号召民众反对贝当的政策，并加入自己的行列,与英国一起继续奋战。[66]他对这场战争抱持全球性的观点——"法兰西并不孤单!"——与贝当和魏刚的欧洲中心观点大相径庭,反而与丘吉尔不谋而合。

英国人当下的首要之务,是不能让法国海军有落入德国手中的危险。伦敦一再坚持法国海军舰艇必须开往英国或美国,这是英国同意法国政府求和的先决条件。但法方(连支持盟约的人亦然)认为海军是其海外帝国抵抗意大利攻击的重要保险,同时能强化未来与希特勒谈判时的地位。不支持盟约的人则认为英国陆、空军支持之敷衍,让伦敦完全没有谈条件的资格。让舰队开往英国将会触怒德国人,破坏谈出有利条件的机会,何况英国马上就会投降了。法方保证不会允许舰队用于对付英国,法国人一致认为英国应接受这个承诺。希特勒展现出不寻常的敏锐嗅觉,提供贝当政府一座"金桥":在法国南部保留一块非军事占领区,允许法国保有政府和管理权、一支10万人的军队,以及继续拥有其殖民地与海军。他和英国人一样,想的是未来。

伦敦方面的压力因为6月21日的停战条件而加倍——德国声明"没有意图"利用法军舰队,却同时要求法军舰队"在德国或意大利控制下"解除武装。语意问题让争议更加严重:"contrôle"的意思是监督,但"control"却暗示着占有。假如法国海军被德国或意大利吸收,皇家海军在主力舰数量上就会占下风。地中海形同拱手让人,而大西洋舰队受到的水面船舰威胁,将远甚于此前潜艇带来的危害。丘吉尔强烈抗议,表示英国"历经千年"都不会原谅如此背叛之举。[67]法国将面临封锁与轰炸,战后也将承受严厉的惩罚。两国政府等于在6月的最后一周断绝关系。

米尔斯克比尔港

双方在7月3日撕破脸。英国发动"弩炮作战"(Operation Catapult),以夺取或摧毁法军舰艇为目标。部队登上留在英国各口岸的法国船只(总数约200艘),在仅有些微抵抗的情况下将之占领(连同7 000桶红酒)。[68]下锚于亚历山大的船只,则在紧张的协商后同意自行解除武装。一艘在达喀尔(Dakar)的战列巡洋舰挨了鱼雷。但问题的关键在于大西洋主力舰队的核心——当时已开往位于阿尔及利亚西北方奥兰(Oran)的海军基地米尔斯克比尔港(Mers-el-Kébir)。法国海军最大的船只有半数在此——两艘新式战列巡洋舰与两艘旧型战列舰,此外还有若干驱逐舰与一艘水上飞机母舰。海军将领詹姆斯·萨默维尔爵士(Sir James Somerville)在7月3日抵达,带着一支由1艘战列巡洋舰、2艘战列舰与1艘航空母舰组成的部队。他提出一份措辞礼貌的最后通牒:法国海军将领马塞尔·让苏尔(Marcel Gensoul)可以"即刻加入其同袍"与德军作战,带人数减少后的船员航向英国口岸、法属西印度群岛,或是前往美国,或是自沉船只。否则,他将动用"任何必要武力"。海军部预测法军将选择自沉。让苏尔认为出于荣誉与责任,他不能接受最后通牒的要求。(递交文件的人只是区区一位海军上校——一位会讲法文的前使馆武官,这也让他感到受辱。)他认为英国人在虚张声势,于是拖延时间,等待援军抵达。但丘吉尔可没唬人。海军部提醒萨默维尔,增援的法军已经在路上,萨默维尔则不情愿地告诉让苏尔:他必须接受条件,不然会被击沉。让苏尔的处境令人感到心酸。他不是一般法国海军军官,不仅会讲英文，是亲英的新教徒，妻子更是威灵顿公爵的远亲。他钦佩皇家海军，一度指挥一支由法国与英国船舰组成的混合舰队，并引以为其职业生涯的高峰。尽管已经准备好开战，但他还是说服自己，认为他的英国同袍绝对不会开火。经过11个小时的僵持，他们开火了，不到10分钟便发射144枚15英寸炮弹，将1艘战列巡洋舰与2艘战列舰击沉或使之失去战斗能力。法国海军有1 297人阵亡，351人负伤，这是其在整场战争中最惨重的伤亡。[69] 两名英国水兵受到轻伤。17天之内，两国便从讨论一个牢不可破的联邦，走向了武装冲突。

法国人对米尔斯克比尔港的记忆仍是全然的愤怒（这事在英国几乎没人记得），也不断有著作以此役为主题。今天的法国海军军官受训时会以此为个案，研究指挥的问题。多数人认为让苏尔并没有错。[70] 历来鲜少有法国人认为英国师出有名：法国政府与海军已经承诺，这些舰艇不会用于对付英国，他们也会守信。几位法国海军军官给萨默维尔将军写信表达了他们的"不屑"，"光荣的英国白船旗已经染上无法抹灭的谋杀污点"。[71] 希特勒对此感到大悦。人们用"愤怒"或"震惊"描述戴高乐的反应，而他有一瞬间真的考虑离开英国，前往加拿大。但几天之后，他"不动感情"地现身并发表演说，一方面表达对这起"惨痛悲剧"的痛心，一方面也承认摧毁这些舰艇比交出去好。[72] 这一点事后看来还是很难说。德军在1942年占领南法时，土伦的法国战舰确实是自沉了，但停在比塞大（Bizerta）的船却交了出去。1940年，英国人不确定自己能否相信贝当政府，对于未来某个未知人物主导的政权甚至更难相信，但他们相当确定不能相信德国人。美方对此"非常理解"。罗斯福总统还说，哪怕德军只有1/10的机会得到这些舰艇，英国也不能纵容危机发生。人们研究了一周是否有其他选择——甚至有人提议用1亿英镑买下这支舰队。[73] 海军部愿意相信法国海军,内阁最初也是。他们认为纵使德国人取得这些船只,也不大可能找到船员开船。参与其中的英国海军军官极度不情愿攻击自己过去的僚友。但丘吉尔在各军种参谋长的支持下,最终坚持采取无情的行动。根据他自己的说法,他不仅意识到也克服了一场要命危机,这能证明英国是真心打算继续作战,就像法国大革命时用断头台处死路易十六的人一样。"我想起1793年的丹东:'各国国王联合起来威胁我们,我们便拿一位国王的头颅往他们的双脚狠砸,当作下战书。'"[74]

法国的败象看在许多英国人以及世界各地人们的眼里,他们认为这是决心、领导与国家凝聚力的失败。人们的看法持续受此扭曲:几十年后批评法国政策的人还会声称闻到了1940年失败的气息。英国军界、政界与媒体界,很早就通过与法国政治人物与将领的接触形成这种观点。但这不只是传统反法情绪的再现,幻灭的亲法派似乎也有一样的想法,例如丘吉尔、斯皮尔斯与艾恩赛德。艾恩赛德更是不客气,直说"法国人没在打仗,连试着打仗都没有"。[75] 这颠覆了主流的(尤其是1919年以来的)反法观点:此前认为法国人侵略成性、穷兵黩武,如今法国人却成了人们眼中由软弱投降者组成的民族。"他们太放不下自己的情妇、他们的汤品和他们的小房产,"新任的工党战时经济大臣道尔顿写道,"我们仿佛眼睁睁看着法国化为一摊水。"[76] 类似的观点连法国人自己也在传播,特别是贝当和他上百万的追随者。贝当不只把战败归咎于软弱的盟友,还归咎于民族的劣根性。他语带阴沉,表示自1918年以来,"享乐的精神便胜过了牺牲的精神"。战前的领导人（尤其是布鲁姆与达拉第）因战败而遭追责、交付审判。无足轻重的议会通过投票，将完整的权力授予贝当，新首都则设在涌泉城镇维希。当局发动一场极端的"民族革命"（National Revolution）来改造国家，方法是消灭民主制度与个人主义，铲除犹太人、共济会成员与外国人，恢复宗教权威，推行传统价值——简言之，就是扫除1789年的遗产。

假如1940年之败是国家"堕落"的证据，那么，有罪的就不只是法国（与其他遭人击败的国家），英国也脱不了干系。英国对盟国的贡献软弱得可耻。人们公开挞伐导致英国弱势的"罪人"，其做法与法国无异。只是造化弄人，两国内承受怪罪的人，居然包括此前力排众议、展开军备重整的人。虽然法国政府没能带来团结的领导层，但这在欧洲并不特别。假如德军成功入侵英国，劳合·乔治或温莎公爵恐怕也会扮演贝当的角色。

其实，法国1940年之所以战败，原因并非某种普遍的道德问题。法国民众面对战争的方式和1914年时并无二致，军队也奋战不懈，直到贝当元帅——他们信任的人——叫他们停手为止。战败的原因在于战略错误与政治决策。自1940年以来，人们普遍批评法国人试图重打上一次的战争。说起来，他们（和英国人）确实如此，但德国人也是。差别在于后者成功了（无论对自己成功的机会有多么担心），他们进一步发展了1918年交战双方开创的战术与科技——地面渗透、坦克与飞机。1940年的突破，实现了施里芬计划未能达成的目的：击溃法军、占领巴黎，再把英国远征军丢进海里。法国与英国政界、军界未能充分备战，因为他们希望永远不要打仗：他们的目标始终是威慑，不是凯旋。他们以限制战争规模、与战争保持距离为目标，而非

849

甜 蜜 的 世 仇
英国和法国,300 年的爱恨情仇

重演 1914—1918 年的大屠杀。法国战败至少能避免那样的苦难发生,也能避免盟军重启法方轰炸苏联油田的计划,从而躲过创造出"纳粹-苏联同盟"这种无法估量的危机。接着就是 1940 年版本的"马恩河奇迹"——不列颠之战。希特勒没有能力击败或劝降英国,结果刺激他把他多年以来的幻想付诸实施——在 1941 年对苏联展开种族灭绝式的攻击。日本将冲突扩大,因而迫使美国参战。英国与法国之所以能成为战胜国,泰半得归功于东线的大屠杀与美国的资源。法国历史学家罗伯特·弗兰克(Robert Frank)便指出,西线仍在采用最初的假战逻辑:盟军等到 1944 年才发动一次攻势,这时他们的兵力已经颇具规模,德军实力却已被削弱。[77]

然而,英国人与法国人确实以不同的态度面对 1940 年的灾难,而这不仅是地理因素使然。法国重点政治人物未战先败甚至是叛国的行为,其实是 20 世纪 30 年代派系斗争明目张胆的延续。英国面对灾难时,确实有更强的政治凝聚力——但根据雷诺的观察,这是因为他们面对的灾难远没有法国那般排山倒海。美国历史学家约翰·卢卡奇(John Lukacs)做了一番全面但精准的评估,他指出英国人有种"迟钝"的勇气,拒绝认清情势危急的程度。他引述乔治·奥威尔(George Orwell)的话:"人们向来有股冲动,想踹向那堵无法穿透的愚蠢之墙。但他们的愚蠢当然也不时对他们大有好处。"卢卡奇强调两国历史经验的差异:"英格兰人已经将近一千年没有被入侵者征服过了。他们骨子里清楚,自己的失败将意味着英格兰一命呜呼,其影响绝非一时半刻。另一方面,在法国人的脑海里……国家战败与国家复兴的记忆同时存在。"[78] 外交部有份备忘录直言不讳地表达了英国人的观点:"输的若非德国,就是我国,而且不只是输,是一败涂地。"[79] 丘吉尔与贝当分别是两种不同看法的化身，好斗的丘吉尔说要献出"鲜血、辛劳、泪水与汗水"，容易落泪的贝当则承诺会"减轻这场灾难"。

虽然差异颇大，但英国的抗战不仅有赖于海峡的宽度、英勇的"少数人"和德军的失败，也欠法国士兵未获承认的牺牲一份情。反过来说，法国之所以战败，英国在战前的绥靖做法有很大的责任，绥靖政策不仅让英国成了无力的盟友，而且对法国的外交、战略与信心也有深远的影响。许多法国人觉得敦刻尔克撤退是冷酷无情的背弃，纵使不是，它也是1918—1939年来，英国采取有意疏远法国的政策所造成的影响。英国得到了一直以来所期待的持久战，该国人民也度过了"他们最辉煌的时刻"。但是法国——唯一一个与德国之间没有海洋或距离所保障的大国——却不出福煦、克列孟梭与普恩加莱许久前的预测，屈服面对其最惨淡的年代。

丘吉尔与戴高乐

在我看来，我的使命既突然、清晰而又可怕。此刻，也就是她历史上最糟糕的时刻，轮到我挑起法兰西的重担了。

——夏尔·戴高乐[80]

我知道他不是英格兰的朋友。但我总能在他身上发现"法兰西"的精神，以及史册中该词所代表的观念。我一方面对他的傲慢举止感到愤怒，一方面却也理解、钦佩他……德国人已经征服了他的国家。无论何处，他都没有真正的立锥之地。但没关系，反正他目空一切。

——温斯顿·丘吉尔[81]

从这些粉碎西方世界的事件中，丘吉尔先生和我至少都能得出这点共识，甚至可以说是最终的结论：等到一切尘埃落定，大不列颠会是座岛，法国会是一个大陆上的海角，美国则是另一个世界。

——夏尔·戴高乐[82]

丘吉尔与戴高乐被各自的同胞皆视为该国最伟大的历史人物，两人之间火花迸溅的亲密关系，便体现了法国与英国历史紧密交织的程度。两人都是作家，也都是行动者，凭借其言语的力量为不胜负荷的民族带来生气。两人都诉诸历史、戏剧、诗词与爱国心。两人皆深谙公开演说的戏剧效果，其雄浑甚至不会因为广播电波的亲切友好而削弱。他们召唤过去，配上千秋万世、命中注定和浪漫的意象，以挫败希特勒与墨索里尼所勾勒的末世未来。"感性的一面让我倾向于把法国想象成童话故事里的公主……注定有崇高而不群的命运。""我们必须把接下来几周的重要性，与西班牙舰队逼近英吉利海峡、德雷克快打完滚球比赛①，或是纳尔逊挡在我们和拿破仑大军之间的时刻相提并论……只不过现在发生的一切……对于世人的生活与未来影响深远得多。"[83]

是什么让他们有信心，为大难临头的国家发声？两人自孩提时便幻想自己是命定之人，而且他们都这样说过。5月10日就职这天，丘吉尔感觉"仿佛我与命运同行，我过往的生命都是为这一刻所做的准

---

①1588年，西班牙无敌舰队进攻英格兰前夕，据说英格兰舰队中将弗朗西斯·德雷克（Francis Drake，同时也是探险家、私掠船船长）仍在玩滚球。得知西班牙人来袭的消息时，他表示时间充裕，可以把比赛打完，然后解决敌人。——译者注

备"。戴高乐在 6 月 18 日广播演说，"那些一出口便收不回去的言辞自己流泻而出，我深深感觉到自己的某种生活结束了……我走上冒险之途，就像个被命运丢出自己权责范围之外的人"。[84] 这种自命不凡虽令人恼怒、怀疑，但也带来忠诚与崇拜。丘吉尔清楚自己是一代政治领袖马尔伯勒公爵的后人，呼吁他重回内阁的呼声早自 1938 年便与日俱增，而且他掌握了合法政府的力量与威望，隆重上位，执掌独一无二的权力。戴高乐则是里尔一位教师的儿子，是位默默无闻的中阶陆军军官，从未跻身当权派，对祖国的救世主①来说是个叛徒。他只能像拿破仑一样，顺着乱世的发展崛起。曾经有人以或挖苦、或歌颂的方式，把戴高乐比作路易十四或圣女贞德。但他既没有路易十四的王室血统，也没有圣女贞德所受到的天启，那是什么让他如此厚颜无耻，去"挑起法兰西的重担"？身为天主教徒、共和主义者与军人，他将法国认同中最强大却经常互相冲突的元素集于一身，但也因此有凝聚广泛支持的潜力。身为穿着军服的作家（就像拿破仑），他的灵感不仅来自法国高雅文化，也来自过去流亡英格兰的爱国知识分子——勒内·德·夏多布里昂与维克多·雨果——他钦佩他俩，也引述他们的话来用。

丘吉尔与戴高乐皆是从事后证明其正确而获得道德高度。丘吉尔过去以反对裁军和绥靖闻名，只是没有后来的史书（部分也是他自己编的）所指陈的那么早、那么直接。"我过去 6 年来的警告……如今大大证明我的看法不容反驳。"戴高乐生来带刺、桀骜不驯，此前他批评最高指挥部的保守，提倡建立新式、机械化的军队，并预言若非

---

① 此处指贝当。——译者注

如此，德国人将"在三周内从阿登推进到巴约讷"。[85] 他受到以贝当为首的军界上层的抵制。当后者把法国之败归咎于根深蒂固的民族病时，戴高乐却反驳，表示真正的原因是贝当这类人的盲目。丘吉尔与戴高乐都意识到，他们打的是一场长期的世界大战。想理解这个事实，在岛上会比在"大陆上的海角"来得容易。魏刚曾在6月8日对戴高乐说："至于世界，要是我在这儿打败仗，英格兰等不到一星期就会和谈。"戴高乐不相信他的话，这证明他有远见。

戴高乐一待获命成为国防部次长，便立即召开发布会。据一位目击者说，他正在准备写法国的"复活神话"，自己就是弥赛亚。[86] 但他想显灵的话，还得靠别人——尤其是丘吉尔。两人在6月9日一早见面——一位法国历史学家称之为"世纪会面"。[87] 一位资深的戴高乐主义者把两人的关系总结为"一见钟情，接着是冲动订婚、急就章的婚礼和一段动荡不安的婚姻，最后成了一对因过往而永远相连的老夫老妻"。[88] 戴高乐从波尔多出逃一事，是由斯皮尔斯所安排的，后者在6月17日把他生生拉上了英国籍的飞机。隔天，他便获准发表他那历史性的广播演说，回复贝当30小时前的讯息。

外交部抱怨，说丘吉尔把"世界上每一个怪胎"都招募过来。[89] 他太没名气了，似乎不够格领导全国抗战。原本的打算是集结一批更有分量的人物，只让戴高乐负责指挥在英国的法军部队。更有资格的人——例如雷诺或布鲁姆，若非不来，就是来不了。乔治·曼德尔（Georges Mandel）——克列孟梭坚毅无畏的前助手、丘吉尔钦佩的友人——原本是英国人的首选。但他的踌躇太要命：他是犹太人，知道反犹分子会指控他逃跑。这一犹豫就太迟了。为防他离境前往英格兰，他被逮捕、入狱，最后被法国法西斯主义者杀害。

丘吉尔一辈子亲法。自从童年时几度到访巴黎以来，他在法国的时间加起来将近有4年。他对法国军事荣耀的钦佩（"将贝玑与拿破仑熔于一炉"）[90]可以回溯至1907年参加陆军演习时。1916年献身战壕时，他戴的是顶法军头盔。他崇拜克列孟梭。他和寻常爱德华时代人有一样的享受——法国景点、品味与阳光，而且定期到里维埃拉过冬。1945年7月，他在比亚里茨度过战后的第一个假日。他喜欢讲一口"古怪且有时难以理解"的法语。"他讲得非常流利，但懂的人不多。"他这么做，多少是为了符合"约翰牛"的形象："要是我讲得太完美，他们可不会太开心。"[91]20世纪30年代晚期，他和"亲蛙小子"与有志一同、反对绥靖的人培养政治友谊，包括雷诺与曼德尔。但此举代表的是改变方针，不能说明他一直就有先见之明。仅仅几年前，他还大力支持让法国"自食恶果"，而且倾向一纸包括德国在内的三边协议，而非单独与法国结盟。[92]20世纪20年代时，他和一般人同样有与德国和解、避免参与欧陆事务的渴望。他唯一与主流观点不同的是无法忍受裁减军备，以及坚持只有在强势时才能绥靖。他在1933年讲了句有名的喟叹——"感谢老天，有法军！"他的意思不是呼吁建立同盟，而是支持法国遏制德国，英国则"作壁上观"。这根本是做梦。直到1938年，他才力陈看待"两国的国防需求时，要当作它们是同一个国家"。[93]

对于英国，戴高乐没有类似的浪漫情感。他在爱国氛围中长大，对"英格兰"的愤恨不下于德国：他记忆中的法绍达是孩提时的悲剧，对莫里斯·巴雷斯（Maurice Barrès）与贝玑歌颂法兰西土地、天主教、圣女贞德、拿破仑的爱国作品赞赏有加。他的法军历史里略去了滑铁卢。在这些人的圈子里，怀疑英国——"拿破仑所嘲笑的那个寡头政权"——是第二天性，他也仍然保有之。戴高乐对英格兰民族性格的看法相当传统：他认为"这群人有着压抑的天性，不时想粉碎一切藩篱"，米尔斯克比尔港的举动"就是其中一回恶毒的迸发"。[94] 他对英语文学知之甚微，只读过一些莎士比亚与吉卜林的译本。他不太会讲英语，就算讲也很不情愿。1940 年以前，他从未到过英国。他贬低英国在第一次世界大战中的军事贡献，认为 1940 年的灾难多半是英国的错。[95] 1940 年后，他得依赖丘吉尔才能得到地位和一切行动所需：办公空间、钱、部队、武器以及最重要的——跟法国的联系。"他从未假装自己喜欢英格兰人，此时却在祖国的惨状烙印在他的额头与心头之际如乞丐般向他们求助，这实在让他难以忍受。"[96] 一位认识他的人记得："他对英格兰与英格兰人的批评经常尖酸刻薄……不下于对法国的批评，甚至有过之而无不及。"[97] 这理所当然，但他也是经过思考，才认为咄咄逼人是跟英国人打交道的正确方式。"你得拍桌，"他对属下说，"他们才会退让。"[98] 至于这种做法是不是万灵丹，恐怕有待商榷：咄咄逼人反而让盟军在解放法国海外帝国领土时，将戴高乐排除在外。但是，对这位视英国人冷酷、无情、欺瞒成性的人而言，这很合理。1940 年时，他认为"掌握实权的是区区几百名贵族、大商人与银行家"。[99] 他深居于自己的总部，被法籍随员团团围绕，缩在自己的偏见硬壳中，跟外界切断联系，因此错过了历史上纯属平民自发的抵抗运动里最重大的行动之一。这不禁让人想到多塞特公爵试图靠一场板球赛阻止法国大革命的举动。

人们经常以丘吉尔与戴高乐作为各自民族性的代表。其实，他们在很大程度上改变了人们对这些形象的看法：过去在整个欧洲，一板一眼、带把雨伞的张伯伦和短小精干的雷诺才是众人心目中的民族形象典范。丘吉尔和戴高乐分别体现了对方民族公认的许多特色。这位高大的法国人个性冷淡、寡言、尖酸、拘谨、只会一种语言、举止傲慢,活像从《布兰布尔上校》书里走出来的人物。那位富态的英格兰人却个性奔放、情感丰富、爱好艺术、崇尚享乐、能言善道,跟西拉诺①一定会相处愉快。这或许多少能解释他们何以能这么理解彼此的国家。

扛起洛林十字

我们这两群古老的人民,我们这两个伟大的民族,仍然彼此相连。若非一起屈服,就是一起胜利。

——夏尔·戴高乐,1940 年 6 月 23 日 [100]

法国人一般的特色……是喋喋不休、过度激动、胡子不多,个性多少有点好色。

——民意调查,《大众对于法国的认识》,1939—1941 年 [101]

有时候,我们能在伦敦街道的尽头,看到法兰西有如海市蜃楼般闪动。

——流亡记者安德烈·拉巴特(André Labarthe) [102]

---

① 此处指西拉诺·德·贝尔热拉克(Cyrano de Bergerac),法国小说家埃德蒙·罗斯丹(Edmond Rostand)剧作的主角,是个多才多艺、热情洋溢、能吟诗作乐的法国后备军官,因为自己生了个大鼻子而自我怀疑。热爱自己的远亲罗珊娜(Roxane),却帮助友人兼情敌克里斯蒂安(Christian)追求罗珊娜。——译者注

甜蜜的世仇
英国和法国，300 年的爱恨情仇

> 我们再也没有盟友需要以礼相待、忍气纵容，我个人感到快乐多了。
>
> ——乔治六世，1940 年 6 月 27 日

国王乔治六世道出许多人的心声。英国人一如法国人，把灾难归咎于盟友的失败。这种心情在英国成了继续作战的动力，用丘吉尔的话来说，"只要有必要，就多打几年；只要有必要，就自己作战"。历史学家乔治·麦考莱·屈维廉（George Macaulay Trevelyan）是剑桥三一学院（Trinity College）院长，他在 6 月 18 日给高桌点了香槟，宣布"我知道我们能打赢这一仗"。加拿大历史学家塔尔伯特·伊姆利（Talbot Imlay）也主张，欧陆战事在 1940 年暂止，对英国与全世界确实是"所有选择中最好的一个"，毕竟这让最终的凯旋有了可能。[103]

法国的情况相反，孤立感反而让人有理由接受战败。反英情绪是促成接受的积极因素，让自视甚高的人有了替罪羔羊，得到安慰。他们从古老而熟悉的题材中汲取灵感。不消说，这种情绪泰半有凭有据，其中最具有意识形态色彩的观点，将英国视为全球资本体制的核心，为古老的"迦太基"印象注入反犹太思想，使之更新换代。一位法国将领说："英国人代表那些几乎摧毁我们的事物：民主－共济会式的政治，以及犹太－撒克逊式的金融。他们代表过去，毫无建设性可言。"这种看法尤其打动夏尔·莫拉斯等反动知识分子，以及迫切想站到赢家这一边、自抬身价的人。老派的威权主义者没有忘记具有重大历史意义的悲剧——维希政府的宣传就利用了圣女贞德，如今他们又得到一批新的题材，特别是敦刻尔克与米尔斯克比尔港。有些人希望英国人打败仗，一来能宽慰他们的自尊，二来能改善法国相对的国际地位。

报纸、书籍、漫画、新闻影片、电影与广播节目声嘶力竭,一再重复这种观点,而且在德军占领区与"自由地区"皆然。伦敦轰炸后那些关于恐慌和饥荒的报道,让读者喜形于色。后来英国轰炸法国,等于提供了新的反英题材。

反英宣传成效有限,而且在德国空军输了不列颠之战、德意志国防军入侵英格兰失败之后效果有所减少。非占领区的法语报纸依旧刊登英国的官方公报,版面甚至排在德国公报前面。报上也会刊登官方的反英声明,但鲜少得到主笔评论支持。英国观察家注意到这点:"从字里行间,可以读出对'合作'抱持的保留态度,以及对英国及其努力心照不宣的认可。"[104] 许多人效忠贝当元帅,同时对英国保持善意。他们认为贝当是秘密与伦敦合作,对德国人阳奉阴违。另一些人则在对英国人的愤怒和对德国人的憎恶之间左右为难。有个人对英国的偏爱,到了足以写信给 BBC 的程度,此君总结这种矛盾的心态:

尽管米尔斯克比尔港遭遇的懦弱攻击引发了仇恨,尽管发生了这一切,绝大多数民众仍然希望看到英格兰获胜。虽然法国人因为阿尔比恩的极端利己而无法从英格兰的胜利中有所收获,他们仍然知道要是希特勒赢了,自己就会失去一切。[105]

维希政权观点相反,赌德国会胜利。贝当在人前表现审慎,私底下则直言不讳:"一切降临在法兰西的灾祸,其源头皆是英格兰。"早在 1936 年,他就告诉驻大利大使,"英格兰向来是法兰西最不共戴天的敌人",希望法国、意大利与德国建立同盟,以确保"英国殖民地能更公平地分配,为所有人带来财富与益处"。[106] 皮埃尔·赖伐尔在1940—1941年、1942—1944年担任总理，他深信无论海外发生什么事，德国都会主宰欧陆，法国因此必须通过"合作"，寻求次一级的伙伴关系。海军上将弗朗索瓦·达尔朗（François Darlan）是海军总司令，曾在1941—1942年短暂担任总理。他希望德国对英国的胜利，能让法国免于"在这场折磨精神、带来饥荒的战争里当最大的受害者"，免于承受失业、贫困、革命、失去殖民地之苦。[107] 他打算利用殖民地与海军，让法国在一场欧陆与盎格鲁－撒克逊人之间的全球斗争中成为关键伙伴，最终成为未来由德国领导的欧洲联邦中的首要国家。

法国人民（包括许多反抗人士）花了很长的时间，才意识到维希领导人是真心为德国效力。有些人甚至永远不明白。贝当德高望重，既是仁慈的凡尔登捍卫者，也是法国人遭逢厄运时会投靠的统帅。有句口号是："你能比他更称得上法国人吗？"对于试图继续抵抗的人来说，他是无法攻克的阻碍。维希政府确实与同盟国维持着态度暧昧的接触。多疑的英国人很早便认定"这位元帅和他的朋友若非太老，就是太爱出老千，没有能力处理好法国或其他一切的问题"。[108] 他们愿意保持间接接触，期待维希政府或海外帝国或许有少数人会改变阵营。尽管情势相当清楚，但后来美国人仍不放弃与维希政府恢复友好的想法，触怒了戴高乐，伤害了两国战后的关系。

丘吉尔在1940年6月28日正式承认戴高乐为"所有自由法国人的领袖"。这虽然关键，却也让他遭人公开指责为英国傀儡。贝当的权威与四处弥漫的反英气氛，伤害了戴高乐凝聚支持的努力。米尔斯克比尔港事件在最糟的一刻发生。一位在英格兰的法国海军军官写道："再也用不着犹豫是否要加入那些手上满是法国人鲜血的人了。只有投机分子和傻子才会留在英格兰。就算不说我们的两个国家，即

维希法国的宣传海报《昨日－今日－明日》（Hier-aujourd'hui-demain），条列英法之间的新仇旧恨，圣女贞德、拿破仑、法绍达事件与敦刻尔克撤退皆出现在这张海报上，将法国人对历史的不满情绪与对未来的恐惧结合在一起。

便在我们的两支海军之间,也必然有和特拉法尔加之后相同的长久恨意……持续一个世纪!"滞留英格兰的法国海军士兵有 11 500 人,其中只有 882 人加入戴高乐的行列,700 人加入皇家海军(薪水比法军高三倍),其余都回到法国了。有些空军官兵加入皇家空军,参与不列颠之战。截至 1940 年 7 月,戴高乐在陆军中募集到 2 000 人。海军与陆军官兵受到松散的拘留——松散到至少有一人在舞会结识一位英格兰女孩,后来还与之成婚。一开始的艰困处境,让法国人越发认为自己遭受了不公平对待,亲贝当派的军官也鼓动这种情绪。加入戴高乐阵营的人不仅好冒险,阶级也不高,通常还相当不循常理——就此而论,没人比得过原为出身贵族的修士、后为海军军官的蒂埃里·阿让利厄(Thierry d'Argenlieu)。自由法国因此有了极端与古怪的名声。即便在久居伦敦的法裔居民之间,戴高乐也没更成功:大约 1 万侨民中,只有 300 人志愿入伍。[109]平民身份的难民和穿着军服的人一样,多半都想回国。

许多人对戴高乐所知不多——只知道他是个正规军军人,观念保守,性格专横——因此为之却步。说实话,假如他是政治人物,恐怕会疏远更多人。斯皮尔斯(此时是丘吉尔派去与自由法国沟通的代表)的评价鞭辟入里:他"让人不得不佩服他,却同时让人不想同情他"。[110]如果用比较不礼貌的方式来描述,他就是个冷淡、粗鲁、傲慢的人,拥有疏远善意人士的超凡能耐。无论是出于政治因素还是审慎之故,留在伦敦的法籍要人都拒绝加入他的阵营。安德烈·莫洛亚(以描绘英国闻名)、雅克·马里坦(Jacques Maritain)与乔治·贝尔纳诺斯(George Bernanos)等作家分别前往南美或北美,前驻伦敦大使夏尔·科尔班(Charles Corbin)也离开英格兰。诗人外交官阿列克西·莱热与生意人兼官员让·莫内则前往华盛顿劝说美国反对戴高乐,造成伤害性的结果。甚至连决定坚守伦敦的政治人物、学者和记者也并非全急着想投奔至戴高乐的旗帜下。有些人倾向独立行事,或是直接参与英国的活动,在 BBC 和特别行动处(Special Operations Executive,简称 SOE)扮演关键角色。最有影响力的流亡派报纸《自由法国》(*La France Libre*),由左翼科学家安德烈·拉巴特经营,与戴高乐保持着距离。

许多流亡人士让"我们的伦敦……成了流放者的首都",[111] 自由法国的成员在他们之间形成明显而独特的群体。一开始,法侨会提供衣物和金钱,并接待他们。戴高乐得到卡尔顿花园四号(4 Carlton Gardens,巴麦尊勋爵公馆也在卡尔顿花园,可以俯瞰市场),他将其作为总部。(今天当地有他的雕像,只是不巧看起来像个要小费的人。)他下榻在康诺特酒店(Connaught Hotel),周末时会到郊区和家人团圆。自由法国部队在奥林匹亚展览馆与白城(为 1908 年的英法博览会而建)安营,之后才迁往各个陆军基地,对基地中"营房之舒适印象深刻"。[112] 平民在肯辛顿找到便宜的住所,有些人住在法国文化协会的房间里,或是住到索霍——法国流亡人士的传统区域。他们占据酒吧、俱乐部和餐厅,包括天境酒吧(Chez Céleste)与蔷薇酒吧(Chez Rose)(自由法国水兵和索霍妓女经常上门)。位于圣詹姆士广场(St James's Square)阿斯特饭店(Astors' House)的小法国俱乐部,成为战时伦敦最讲究也最热闹的夜总会。英国政府积极提升自由法国成员的形象,国王与王后拜访了他们。丘吉尔邀请戴高乐到契克斯庄园(Chequers),丘吉尔夫人也送花到他的办公室。政府不管这位将军高不高兴,就为专业公关活动出资,确保报纸上一片戴高乐的好话,说他是命定之人,"新兵如洪水般涌入":"圣女贞德的旗帜在英格兰飘扬。"1940年7月14日,自由法国在白厅阅兵;21日,法籍飞行员在空袭轰炸鲁尔时扮演象征性的角色。1940年9月,民意调查显示,戴高乐是最受欢迎的外国要人。敦刻尔克撤退之后,在英格兰的法军人员一直引来舆论批评,因为他们急着接受停战,而且行为缺乏纪律。但这些军人返回法国之后,自由法国的志愿兵却越来越受人欢迎,经常有英格兰家庭邀请他们到家里住。[113]一位年轻的法国女兵记得曾经有英格兰无名善心人士为她付餐厅账单,而且"当我穿着自己的制服时,街上居然经常有人对我高喊'法兰西万岁!'"。[114]交谊性社团举办时装展,法国合唱团举办音乐会,还有大量安排好的运动赛事。更好的是,"英格兰女孩接受我们的追求"。[115]戴高乐本人也记得"英格兰各地民众表现出来的慷慨善意"。当维希政府判他死刑、没收其财产时,人们将大量的礼物送到他的办公室。[116]

但官方的关系在1940年秋天恶化。丘吉尔迫使戴高乐同意法国与英国联合远征达喀尔——法属西非的海军基地,出于战略需要而设在通往开普敦的中途。达喀尔有新式战列舰"黎塞留号",以及比利时和波兰的黄金储备。戴高乐相信自己能说服驻军加入他的行列,但以防万一,一支颇有规模的英国海军部队也陪同前往。偏偏多数的法国殖民地官员都亲维希、反英国,达喀尔的官员也不例外。这次行动大出洋相——计划数度匆促改变,运气不佳,最后以失败的登陆行动与长时间的对轰告终,好几艘英国船舰严重受损。戴高乐对于自己牵连进一场英国对法国部队的失败进攻感到绝望,这不仅毁了他团结海外帝国领土的希望,而且似乎也坐实了维希政府对于英国意图染指法国殖民地的宣传。有些人认为他考虑过自杀。斯皮尔斯对此否认,但他发现戴高乐变得更冷淡、更难相处。戴高乐确实考虑要放弃自己的整个使命。丘吉尔和英国人在关键时刻深受羞辱:"在大半个世界看来,这件事似乎是误判、混乱、胆小和糊涂的绝佳例证。"[117]丘吉尔在下议院公开为戴高乐辩护,但双方仍彼此指责。自由法国情报部门对驻军的态度过于乐观。一旦事情出了错,英国人就认为自由法国不愿意在作战时对付自己的同胞。他们还指责法国人对保密毫不在乎:有人在公开场合敬酒说"去达喀尔!"戴高乐还在众目睽睽下到皮卡迪利大街的辛普森氏服饰店购买热带装备。维希政府从未听到达喀尔一事的风声,但英国人相信自由法国口风实在不紧,因而认为他们是长期的安全隐患,会造成严重影响。戴高乐[绰号叫"打气夏尔"(Cheer-Up Charlie)]更加努力地断言自由法国在政治上独立于盟友,而且用的方法令人反感至极。白厅有些人想找其他法国人合作:"很多英国官员跟卡尔顿花园接触后,收回了自己要支持它的承诺,这种情况之多实在吓人。"[118]姑且不论个性与文化风格的抵触,形势也越来越清楚——戴高乐和英国人的当务之急互相冲突。前者志在拿下海外帝国,最终掌握法国,从而重建法国的独立国家地位。后者(和后来的美国人一样)让法国政坛为己所用以赢得战争,准备使用任何手段或任何人来达到目标。

英国对法政策是由好几个彼此竞争的部门制定出来的:外交部、秘密情报局(Secret Intelligence Service)、政治作战处(Political Warfare Executive)、特别行动处,以及BBC。政策中有三个彼此相关的根本问题。第一,如何应对维希政府与贝当;第二,如何对待戴高乐;第三,如何回应法国抵抗行动。贝当仍旧受欢迎,这一点所有人都知道。德国情报部门在1941年5月的报告中表示:"100个法国人里,有90个人认为元帅代表法国,不容批评。即便在工人阶级圈内,人们也对他相当满意,视之为民族的向导。"[119] 迟至1944年,巴黎仍有大量群众为贝当欢呼。在宣传中直接攻击他恐怕会有反效果,而且也不利于赢得法国本土与海外帝国爱国人士的心。若干维希政府官员与军人已经秘密与同盟国合作,让争取人心的做法显得很有吸引力。

第二个问题:如何对待戴高乐。根据戴高乐派的观点(如今在法国广为人所接受),英国人出于偏见、想谄媚美国人之故,因此以糟糕的方式对待戴高乐,担心他会傲然自立。但现实复杂得多。对戴高乐的敌意泰半源于在伦敦的法裔政治人物、记者与广播员,以及前往华盛顿的莫内与莱热等人——他们推了一把,让罗斯福转而反对戴高乐。这些人担心戴高乐观点反动,甚至是法西斯,而且有独裁野心。更有甚者,1941—1942年的戴高乐看来就是个败者。他无法在"满脸是沙的殖民地人、少数军人,以及法兰西运动中最死忠的恐条顿读者们"以外吸引到支持。[120] 他无法赢得海外帝国的心。他很少提出具有建设性的政治理念或社会理念。他似乎更关心累积权力,而非与德国人作战:这同样是某些法国爱国人士与伦敦、华盛顿当局共有的印象,而且这种印象确实部分反映了实情。英国施压,意在促使戴高乐拓展在政治上得到的支持,而此举(有些人希望)或许会减少他对自由法国成员的掌控。1941年7月,他不得不同意筹组法兰西民族委员会(French National Committee)。自由法国新组织架构的真正建筑师来自法国。1941年10月,年轻的前省长让·穆兰(Jean Moulin)取道里斯本抵达伦敦,以数个重要抵抗组织(伦敦方面多半闻所未闻)的代言人身份出现。他令英国人印象深刻,同时说服戴高乐同意成立一个广泛的组织,将抵抗运动、伦敦的自由法国成员以及其他持同情立场的政治人物囊括在内。该组织将在法国内部发起更积极的行动,"组织法国人民,在适当的时机发动全国性的起义",[121] 尤其能让全世界看到戴高乐是法国内部公认的领导人。此前,这位将军对秘密活动都没多少兴趣。穆兰回国成立了全国性的抵抗运动联盟,适时增加了戴高乐制衡盎格鲁-撒克逊人的力量。[122]

戴高乐坚持声称自己为"同盟国盟友",有权采取独立的政策。这种态度在他的支持者(和后世崇拜者)眼中是爱国勇气的高度展现,但对批评者来说则是傲慢、不负责任。我们可以通过黎凡特地区看到最好的戴高乐(或最糟的戴高乐),1940 年救他出来的斯皮尔斯在此成为他的头号敌人。1941 年 5 月,由于中东地区与其油藏受到隆美尔的威胁,一支英国与自由法国部队进攻由法国统治的叙利亚和黎巴嫩,以避免维希政府将空军基地提供给德国空军使用,过程中也与维希部队发生激战。英国需要安抚阿拉伯舆论,希望这两块领土独立。戴高乐深信这是英国人不利于法国的阴谋,反应非常激烈。这招奏了效,英国人大打退堂鼓(英国代表坦承英国人讨厌吵架)。但超过合理范围的小吵小闹持续了整场战争,甚至战后依旧未止。这一切都严重损害了戴高乐跟他所依赖的英国人之间的关系。但他已经下了判断,认为自己最有效的战术就是坚持己见。这得付出代价,尤其是证实了美国人的疑虑。戴高乐和他麾下的部队从此被排除在未来的殖民地远征行动中,连英国在 1942 年 5 月占领法国殖民地马达加斯加,以及一支美国与英国部队在同年 11 月登陆摩洛哥时,戴高乐都未接获通知。这给戴高乐的地位带来最大的威胁——美国人不断尝试以更听话、比较不反对维希政府的人取而代之——例如陆军将领亨利·吉罗(Henri Giraud)、魏刚,甚至是海军的达尔朗将军。

甜 蜜 的 世 仇
英国和法国，300年的爱恨情仇

危机在1942年下半年爆发。其中最糟的时刻，发生在9月30日的唐宁街，丘吉尔与戴高乐面对面恶狠狠地吵了一架。丘吉尔对他说："我没法当你是同志或朋友……你不跟德国开战，反而跟英格兰打仗，你根本是大不列颠跟美利坚合众国有效合作的最大障碍。"戴高乐以傲慢的寥寥数语回敬他。[123]丘吉尔决心不为戴高乐的问题与罗斯福起争执，放手让美国人把自己推向激烈反戴高乐的阵营。但美国寻求维希政府支持的政策，却不被白厅待见，包括丘吉尔的阁僚。外交部警告，此举有可能在北非创造一个半法西斯寡头政权，以及造成法国内战。这场战争理应是为民主与进步而战，若与维希政权交好，形同对欧洲受到占领的地方传达灾难性的讯息。跟维希政府谈条件，也等于让美国主导对法国的政策。外交部常务次长亚历山大·卡多根（Alexander Cadogan）暗自发誓，要跟美方"决一死战"。[124]尽管"圣人夏尔"①（Charles of Arc）造成白厅内一片不满，但他仍保有支持——部分是因为否定自己创造的怪物相当丢脸，部分则是因为只有他能团结瞬息万变的抵抗活动。丘吉尔的阁员说服他要放下身段，他则力劝戴高乐保持冷静，等待美方意识到自己的错误。[125]美国国务卿科德尔·赫尔（Cordell Hull）抱怨英国人"用金钱、他们的广播设备的帮助，以及通过其他方法"为戴高乐"撑腰"。[126]美国的方针被1942年11月德军占领全法（终结了维希政府独立的假象）、英国对戴高乐的坚定支持，以及戴高乐将军本人的精明给打趴下了。1942年12月，华盛顿最为属意的法国领袖候选人——达尔朗将军，在阿尔及尔被一名与SOE有关系的法裔青年暗

----

① 这里指夏尔·戴高乐。——编者注

868

杀。由于此人立即被处决,他跟SOE的完整关系也从未揭露。于是乎,戴高乐仍然是战斗法国唯一可以信任的领导人,只是罗斯福不断提出荒唐的方案,想摆脱他。戴高乐认为盎格鲁-撒克逊人背信弃义的坚定看法得到证实。他告诉莫内,法国在战后恐怕会转向德国或苏联,以抵抗盎格鲁-撒克逊人的宰制。[127]

英国政策的第三个问题是:法国人的抵抗所为何来?BBC极为成功地在法国创造出一股异见氛围并制衡了反英情绪。伦敦的乐观人士希望具有影响力的法国舆论能迫使维希政府改变政策。对于许多法国爱国人士来说,异议氛围本身就是创造这股氛围的目的:他们争的是自尊。[128]但是,若干英国与法国政策制定者却担心,让法国人感觉处境改善对于解放法国或协助奋战中的盟军完全没有帮助。[129]有些人希望采取激烈行动抵抗维希政权,以军事行动为目标——像丘吉尔就想点燃法国。反过来看,诸如让火车出轨、杀害落单德国人等偶发而不成熟的行动,只会引来大规模的报复——许多人认为这种战略不仅缺德,还会带来反效果。盟军的参谋长们则希望法国人的抵抗是有纪律的军事抗战,能服从命令,支持入侵部队,但这短期内还无法实现。对戴高乐一行人而言,抵抗行动的真正目的不在军事——虽然出身正规军,但他并未严肃看待抵抗运动中的这一面。抵抗运动是法国通过参与自己的解放来重申其独立性的方式。抵抗也是从维希政府手中夺权的手段之一。为此,戴高乐派努力将所有的抵抗活动收入自己的掌控下。此举引起法国国内与同盟国圈内的疑虑,尤其是因为自由法国在保密一事上相当无能。

这一切左支右绌所造成的影响,就是一套变化不定的英国政策——可能会让人觉得畏首畏尾,或是平衡微妙,或者像个目标不同、彼此竞争的组织所创造的产物,难免首尾不一致。一面避免激烈批评贝当,却又批评其政府的举措,并鼓动人变节。一面避免促成漫无目标的暴力,却又不谴责这种暴力。一面建军,却又按兵不动,等待正确时机。一面试图影响并控制戴高乐,却又对他不置可否。整体而言,英国人——内阁、官僚机构与民众一直支持戴高乐,甚至为他与美国对抗,不时也抵触丘吉尔。等到人们了解到他再怎么古怪都不是个狂人时,他那异于常人的风格也开始让人赞赏。[130] 热情亲法的英国外相安东尼·艾登（Anthony Eden）在安抚美方的敌意与丘吉尔的怒火时扮演了关键角色。但英国人仍然会限制戴高乐,尤其是限制自由法国使用广播,对内容进行审查。此外,他们也坚持在法国运作分散而独立的情报与抵抗组织。

添柴加薪

亲英派就是希望"我们的英格兰友人"胜利的人,反英派则是希望"那些英格兰猪猡"胜利的人。

——*法国人评论*[131]

法国已经战败,英国被人从欧陆赶出来,这仗还怎么打？战略轰炸是一种方法,所需的投入后来变得远比空军在战前所想象的要多。另一条路则是鼓励被占领国家奋起抵抗,借此"点燃欧洲"（丘吉尔倾向于这种做法）。但这同样需要漫长、所费不赀的准备,何况英国在法国没有情报网。

法国战败后,自发性的抵抗马上出现。早期的行动与亲英国的情绪有关,尤其是北部地区——人们对于先前英国人的解放还有记忆,而且也再度经历了德国的军事统治。根据警方报告,"北部民众如今期待1918年再来一回……他们的救命稻草就是英格兰"。[132] 驳斥维希政府反英态度的言论,经常会提到上一次的战争。一份地下报纸提到1914—1918年英国战死者的"伟大声音","他们反驳了你贝当今天的批评"。有些行动属于象征性或纪念性的举措,而且事无大小,都能创造出一种抵抗的感觉。"一战"停战日时,可以看到民众齐聚战争公墓,在英国人的坟头摆上花圈,并发放传单:"英格兰人会援救我们,法兰西将再度成为法兰西,要有信心。"人们当着德军士兵的面唱起英国军歌,在英王生日当天佩戴红玫瑰。1941年初,BBC发起"V代表胜利"(V for Victory)活动,接着有许多的V字出现在墙上,德军甚至试图禁止贩卖粉笔。民众到位于里尔的路易丝·德·贝蒂尼纪念碑献花。德军则以其他象征性的举动回应,例如炸掉特定几个第一次世界大战纪念碑,尤其以处理布洛涅新"英国女神纪念碑"的做法最引人注目。

另一些行动则以上一次战争的经验为基础,例如协助英国陆、空军士兵逃脱——如今是一条横跨法国前往西班牙的漫漫长路。梅尔维尔伯爵夫人〔婚前原名玛丽·林德尔(Mary Lindell)〕钦佩埃迪特·卡维尔,她组织逃脱路线,穿着红十字会制服,上面别着1914—1918年得到的英国勋章,以这样的装扮前往法国各地。当时,缜密的逃脱网络以女性为主力,其中有向导、文件伪造专家、医生、比利牛斯山走私者,以及供应食物、衣物与庇护所的人。甚至还有一位"脱衣舞娘"(后来得到英国政府表扬),她的私人表演帮助躲藏、等待的逃脱者维持士气。[133] 每一个人不仅自己冒着生命危险,连家人和友人都可能受到牵连。这在法国人与英国人之间创造出相当紧密、私人的纽带，毕竟逃脱的人必须毫无保留地信任援救他们的人——医生、家庭主妇、农人、学生、铁道工人、老师甚至是苏格兰传教士。一位澳大利亚飞行员估计，一路上有20个家庭帮助他逃脱。许多帮手都很年轻，但最成功的一位却是老小姐弗朗索瓦丝·迪萨尔［Françoise Dissart，以及她的猫咪芙（Mifouf）］。她把逃脱的人藏在自己位于图卢兹的公寓，附近就是盖世太保的指挥部，利用警察吃午餐时秘密把人送进送出。虽然有不少浪漫冒险故事，但帮人逃脱是有生命危险的。虽然玛莉·德·梅尔维尔会带着剪刀帮人剪掉胡须，但不谙法语的挺拔年轻人通常一眼就会被人识破身份：一位军官穿上工人的衣服伪装，但长得仍然"仿佛刚从皮尔布莱特（Pirbright）的军需库走出来一样"。接待未知逃脱者的需求，也让组织容易受到德国间谍或叛徒的渗透。其中最糟糕的一位，就数真假莫辨的英国骗子哈罗德·科尔（Harold Cole）：他是个小贼，从英国远征军临阵逃脱，接着为德军效力，渗透并暴露了知名的"帕特·奥利里"（Pat O'Leary）逃脱路线，后来在1946年与法国警方交火时身亡。此外，军人和1914—1918年时一样，有时候会疏于防范。曾经有一群逃脱者被抓，女向导遭刑讯、送进集中营，只因为有个皇家空军士兵点了根烟。玛莉·德·梅尔维尔"对英格兰人有个规定……禁女色！……一旦他们碰上漂亮女孩，一切就都完了"。不过，至少还是有一对佳偶结了婚。[134] 飞行员知道一旦被击落，自己还是有很大的机会能获救。意识到这一点对他们的士气大有帮助，但私下流传去哪儿、和谁接触的信息，却让组织者的风险剧增。曾经有皇家空军飞行员穿着制服，走进一家已然成名的咖啡馆，公开要求帮忙。1941年末，一位成功逃脱的人把曾经协助他的几家人的联络细节告诉了一位密友。这位朋友被击落后牺牲,敌军从尸体上找到那些地址,这几家人因此丧命。忠实的业余组织者能从伦敦方面得到的帮助有限,为了安全起见,伦敦也会长期置之不理。其中一条规模最大、曾经救出 600 名空军人员的逃脱路线,在巅峰期有 250 名协助者。但这一路也曾损失 100 人,若非被杀,就是进了集中营。整场战争共有五六千名空军官兵得到帮助。约有 1.2 万人曾参与组织逃脱路线,此外还有自发伸出援手的人。成千上万的人遭到刑讯、进集中营或是丧命。[135]

对于本土及其航运深受入侵与袭击船只所威胁的英国而言,情报搜集至关重要。法国战败时,自发性的谍报也同时展开——民众将自己在住家附近所见,或是工作时得知的事情设法传出去。有位右翼的爱国者建立了一个庞大的情报网,渗透到维希情报局,将情报发给军情六处(MI6,即秘密情报局)。邮局职员窃听主要的德军电话线,一连数月将一连串的情报交给维希政府,政府内的高级官员再转交 MI6。好几个情报团体在法国西部形成。当地的军港是此前为了与英国作战而兴建的,如今对于德军水面舰船与潜艇来说,这些军港在令人精疲力竭的大西洋海战中有关键的战略地位。成员多为天主教徒的圣母兄弟会(Confrérie Notre-Dame)是其中一个谍报网,他们送去有关德军舰队的情报,对盟军 1941 年成功猎杀战列舰"俾斯麦号"也有贡献。希特勒兴建岸防工事"大西洋长城"(Atlantic Wall)的详细计划,早在兴建前便有人交给伦敦了。[136]

没那么引人注目的情报种类,则来自出版品。[137]1940 年 8 月,丘吉尔抱怨情报稀少,连来自非占领区的都不多:"我们和这些地方就仿佛跟德国一样断绝联系。"[138]然而一段时间之后,法国被研究得不能再透彻了，法国民众通过BBC与大量印刷品受到的英国之影响也不能再强了。战争总动员提供了前所未有的资源。1939年9月，皇家国际事务研究所成立外国研究与报纸部门（Foreign Research and Press Service）。该部门一度以牛津大学贝利奥尔学院（Balliol College）为活动地点，后来在1943年成为新成立的外交部研究司（Foreign Office Research Department）的一部分。其中的法国处［后来由剑桥历史学家约翰·帕特里克·图尔·伯里（John Patrick Tuer Bury）主持］有150人持续监控、解读法国广播、报纸内容以及来自间谍的可靠情报。发自法国的信件会被拆开阅读。他们甚至得到维希政府内友好的消息来源所提供的法国官方舆情报告。间谍将材料携带出境。连用来包东西的报纸都会被打开来分析。打从一开始，最初的几种反抗行动便带来大量的秘密情报——从手写的传单到弦外之音越来越浓的报纸。1941年下半年，一位间谍将一个装满上述地下出版品的手提箱带到英国，这是到当时为止抵达的最大一批材料。从1942年起，自由法国便一步步将获得的样本加以复制、流通。英国驻里斯本与斯德哥尔摩的使馆也会购买、送回合法的法国报纸。

　　通过这些方式打探而来的情报有许多用途。关于法国局势、舆论、政治变化的双周报在20多个政府部门中流通，内容极为详细，对政策有关键的影响。当局知道反英情绪有限，反英国宣传效果不彰。人们越来越清楚，贝当个人非常受欢迎，所以持反面立场的宣传要指向他周围的人，而不是他。1943年，戴高乐显然已经成为所有抵抗运动所接受的领袖。详细的新情报使英国的宣传资料可信度大增。对间谍单位来说，确保新探员熟悉细节以免露出马脚是当务之急："我们想知道脚踏车税要缴多少？某份原本用来包难民偷带的葡萄酒瓶……名不见经传的地方报纸……就能给我们一点线索。"[139]

对法国现状的了解，同样有助于持续投入心力，让英国人对法国人有更好的印象。许多报纸文章和BBC节目以自由法国、抵抗运动为主题。1943年7月14日，BBC有了"法语夜"。同年10月，一场由自由法国与英国政府赞助的抵抗运动展在伦敦举行。国家美术馆也举办了印象派画展。法国－英国友谊周有个活动，是学童比赛画自己对法国的印象，带来许多迷人的画作——美丽的乡村景致、穿着传统服饰的妇女，以及受到约翰牛和英国女神欢迎的圣女贞德。这类活动连同法国、英国文坛大将以《挚诚协定》为主题写的专文，又通过广播与法语报纸反过来影响法国，成为英国友谊的证明。

"起先，"一位法国社会主义者写道，"BBC-就是一切。"[140]BBC还击维希官媒，为英国与法国民众之间建立的联结更是无人能出其右。一位在法国的外国记者报道说："英国的广播一片喧腾，消息不断从阳台、窗户和天井流泻。"德国情报部门在1941年2月的报告中说："大多数民众仍然相信英国终将获胜。"德军意识到，法国年轻人私底下会讲英语——"虽然口音很糟，但确实是英语"。维希政府的广播宣传虽然不是完全没有效果，但相关人士仍在1943年末承认自己败下阵来。一份维希政府密件（有人传给BBC）抱怨"家家户户都听得越来越多"。承认不敌的当局一开始禁听，后来徒然下令将无线电设备充公。[141]BBC的成就依赖于一支优秀的法国团队。成员是广播新手，新闻、秀场或艺术方面的经验反倒更丰富。他们成为家喻户晓的名字——只是有好几个是假名。"皮埃尔·波丹"（Pierre Bourdan）是记者皮埃尔·马约（Pierre Maillaud）。"雅克·迪歇纳"（Jacques Duchesne）是剧场制作人米歇尔·圣－德尼（Michel Saint-Denis），他曾担任法军与英国远征军之间的联络官,后来从敦刻尔克撤退。让·奥贝莱(Jean Oberlé)是画家。皮埃尔·达克(Pierre Dac)是夜店喜剧演员,曾因试图前往伦敦而两度入狱,专长是为流行曲调写讽刺歌词。从这批人最受欢迎的节目《这里是法国》(*Ici la France*)和《法国人对法国人语》(*Les Français parlent aux Français*)的名称可以看出,节目必须是地道的法国内容,不能是英国的政治宣传。一位听众说:"法国人的慧黠灵魂已经逃到伦敦了。"除了提供可靠的消息、谈话与讨论之外,讽刺剧、好记的口号跟顺口溜亦为其特色——最有名的就是[搭配民谣《蟑螂》(*La Cucaracha*)的曲调来唱]"Radio Paris ment, Radio Paris ment, Radio Paris est allemand"。① 巴黎电台(Radio Paris)是法国最大的广播电台。一家西班牙报纸报道说,在整个欧洲都能听到有人哼唱他们的歌。他们以巧妙的方式和听众密切联系。听众居然不断来信:数以百计的信从非占领区寄来,甚至连占领区的民众也设法让信穿越封锁。一位听众写道,他"最大的乐趣就是听英格兰广播,这是唯一能让我得知真相、不受德国佬掌控的电台"。一位法国邮件检查员在一封寄给BBC的信上留下自己的感言:"我衷心祝福你们这些有勇气为自由而战的人。"[142] BBC有自己的法国情报部门。信件经过仔细分析,从法国出发抵达英国的人也会接受访谈。许多信件是在直播过程中公开确认收到的,借此激发一种参与感,并鼓励更多来信。读者信件同样能提供价值不菲的情报,定期在政府部门与自由法国之间流通。

广播得到政治作战处制作的大量印刷品所支持。皇家空军老大不情愿载着这些文件,他们只喜欢空投会爆炸的东西。一架轰炸机能载

---

① 此句意为"巴黎电台在撒谎,巴黎电台在撒谎,巴黎电台德国腔"。——作者注

多达 24 000 份的传单，其中超过 500 种是以法语印行，例如有插图的《协议杂志》（*Accord*）。印刷品上有英国政策的澄清说明，还能让世界各地与法国国内的详尽战争消息（包括抵抗活动与德国的苛刻要求）得以流传，并提供建议（"看好你的收音机"）。定期发行的《空中信使报》（*Courrier de l'Air*）刊有 BBC 频道信息、新闻、照片、专题报道与漫画。[143] 文学评论的目标，在于让民众知道知识界的精英并未与德国人合作，并刊载托马斯·斯特恩斯·艾略特和乔治·贝尔纳诺斯等文坛要人的作品。空投的还有一本挖苦维希政府与德军的讽刺广播歌曲集（由"你们在皇家空军的朋友"所投递），里面收录的《游击队之歌》（*Song of the Partisans*），成了抵抗运动的圣歌。有报刊以英语发行，将法国观点带给全世界。最早的这种报刊是《自由法国》，始于 1940 年 11 月。来自法国国内的地下报纸在国外重新发行，并收录精选段落的译文。当然，这些报纸最重要的主题之一，就是法国与英国之亲密友谊。报上强调英国国内的改变，以显示战争的目标不仅是击败德国，也要创造更美好的世界。《贝弗里奇报告》（*Beveridge Report*）[①] 此时发挥重大影响力，吸引广泛关注。

一家地下的天主教报纸提到英国不再符合"布兰布尔上校的熟悉印象"："丘吉尔先生表现出……约翰牛的老样子。但他的同胞却有了极大的变化！"[144]

性质更积极的抵抗活动，属于 SOE——特别行动处的范畴。[145] 法国是 SOE 最重要的活动舞台，最后更是在当地有五个科（包括逃脱

[①] 二战期间，英国政府成立跨部门委员会，调查英国社会保险与福利情况。成果由经济学家威廉·贝弗里奇（William Beveridge）编写为《社会保险和相关服务》（*Social Insurance and Allied Service*），成为英国战后发展社会福利的出发点。——译者注

科，以及一个与波兰移民协作的科室），阿尔及利亚另有一科室。这些科室对法国抵抗运动影响很大，不仅控制所有广播与电波通信、提供所有武器与炸弹，甚至实地投入 1 200 名英国、法国与波兰间谍。SOE 最重要的两个科是 F 科与 RF 科。F 科是一开始的法国科，成立于 1940 年 10 月，招募通法语的英国子民与法裔志愿者。RF 科成立于 1941 年 5 月，支持自由法国：RF 科的探员几乎都是法国人，其行动实际上由戴高乐的情报部门——中央情报与行动局（Bureau Central de Renseignements et d'Action，简称 BCRA）所指挥。

　　BCRA 和 SOE 都是从零开始。戴高乐的情报头子——外号"帕西上校"的安德烈·德瓦弗兰（André Dewavrin），是位非常年轻的陆军军官，没有受过情报训练：戴高乐对颠覆工作不感兴趣，从不期待能发挥重要作用。[146] F 科多年的科长陆军上校莫里斯·巴克马斯特

一部分由"你们在皇家空军的朋友"空投的大规模宣传品，这本文宣小册中有着替 BBC 播放的流行歌曲特别编写的讽刺新歌词。

（Maurice Buckmaster）也是从新手开始，此前他在法国从事汽车买卖。许多招募来的人都有类似的英法商界背景。RF科最有名的英国裔成员，是科内勇敢的二把手——弗瑞斯特·弗雷德里克·尤-托马斯（Forest Frederick Yeo-Thomas）。他负笈法国，大半光阴都在此度过，在巴黎从事时尚业——作为一位在1920年志愿为波兰人而战、对付布尔什维克，后来掐死守卫而逃过处刑的人，他的职业实在让人意想不到。RF科泰半是法国公民，出身五湖四海。科里最成功的敌后破坏队在英国受训，由一名消防员、一名司机、一名修车工和一名学生组成。他们摧毁了一个具战略重要性的运河系统，严重破坏一处战车工厂，还干掉了11名秘密警察［事情发生在鼠患周作战①（Operation RATWEEK）期间，作战名称恰如其分］。F科的成员以英国子民为主，要求其法语流利，足以用法国人身份（或者至少像比利时人或瑞士人）通过国界，这代表成员一般都出身法国-英国联姻家庭和国际贸易圈内。其背景"从皮条客到公主"都有。约有500名成员获派前往法国，其中超过100人牺牲。F科通常通过推荐来招募新人：SOE试图排除某些动机有问题的热情志愿者，尤其是"为爱发狂或失恋"的人。[147] 有些人是第一次世界大战的产物——英国军人的孩子。无论在当时或是今天，加入的动机都很难评估，但对法国与英国的爱国情操、想尝试冒险，以及对敌人的个人恨意，构成了卓有成效的组合。以1921年生于巴黎的维奥莱特·萨博（Violette Szabo）为例，她的双亲分别是英国陆军拳击冠军与出身索姆的法国裁缝师，萨博与一位

---

① 鼠患周作战（Operation Ratweek），1944年由SOE策划，在法国、荷兰、丹麦、挪威等被占领国内暗杀纳粹情报人员的秘密行动。该作战旨在扰乱占领军、强化地方抵抗，为盟军诺曼底反攻铺路。——译者注

自由法国军官结婚，后者在阿拉曼阵亡。受到招募时，她人正在布利克斯顿（Brixton）的乐蓬马歇百货（Bon Marché）香水专柜当柜姐。毫不引人注意的招募网偶尔会让人吓一跳：F科情报员弗朗西斯·卡默茨（Francis Cammaerts）是一位在剑桥念书的比利时人，当他正准备返回法国时，以前的学院导师冷不防问他的意愿，让他大吃一惊。[148] 他们也会招募当地人：F科就有两位法国警督。女性在 SOE 相当重要，SOE 有 3 000 名女性雇员，而全部也就 1 万人。F科的情报官及"中枢"，是能力出类拔萃的维拉·阿特金斯（Vera Atkins）——她生于布加勒斯特，父母是犹太裔乌克兰人，本身在瑞士与巴黎受教育。在法国，女性作为情报员和无线电操作员较少受到怀疑，有 50 人因此被派往法国，其中约 1/4 再也没有回来。其中一位情报员珀尔·威特灵顿（Pearl Witherington），最后在法国中部指挥 3 000 人。有些人（尤其是悲剧身亡者）在战后成为名人，最有名的是维奥莱特·萨博与努尔·伊纳亚特·汗（Noor Inayat Khan）——蒂普苏丹（Tipu Sultan）的直系后代。[149]

通信是组织抵抗活动的关键，而通信被英国人控制。起先，他们依赖传统方法——通常非常古老，近似于和波旁王朝与拿破仑作战时使用的方法，例如渔船和跨比利牛斯山的走私路线。小型船只组成的小船队在康沃尔与直布罗陀之间运作。其中一处便利的布列塔尼海湾，早在法国革命战争期间就使用过了。[150] 最后，皇家空军成为联络的主要手段，让情报员跳伞，并空投武器与装备。当然，他们同样在失误中不断学习：有一次一队人落在警察局屋顶，还有一次他们跳进了战俘营。1941 年之后，空军用小型的吕山德式飞机（Lysander），在临时起降场接送情报员。虽然风险不小，但对抵抗人士来说，飞机起降可是个让人兴奋，甚至有些欢乐的时刻。英国人试着三令五申："起降场绝不能有家庭在此聚会。只要飞行员看到群众，就不会降落……任何人……若从飞机右侧接近，便有可能被飞行员射杀。"无线电不可或缺，但也是最容易受打击的标的。无线电设备体积很大，与沉重的旅行箱相仿，德军也发展出有效的技术侦测之，甚至有时候能利用缴获的无线电来设陷阱。

戴高乐对 SOE 深怀怨恨，尤其讨厌 F 科，认为它是对自己统治权（与法国主权）的挑战。战间期流行的反英著作中对"情报工作"的偏执看法，似乎深深影响了他的观点。他和德瓦弗兰相信他们得不到多少资源，是因为有关单位特别照顾英国的行动——事实上，资源的确十分短缺——他们还经常毫无由来地大发脾气，SOE 一度拜托说："天啊，叫那个发疯的圣女贞德到中非视察自己的部队吧。"[151] 英国人拒绝将所有地下工作交到自由法国手中。他们不愿意让戴高乐成为法国人抵抗活动的唯一领袖，并且坚持要有与非戴高乐派组织合作的机会。这也有行动上的考虑。戴高乐派的首要之务关乎政治，在于带起一场服从其命令的大规模全国性运动。英国人的重点工作则有两个方面是非政治的。他们不希望涉入法国本国的密谋策划，无意以此"确保任何特定政府形态，或任何特定人物所筹组的政府……在战后成立"。[152] 他们确实想让推翻、破坏与游击战等行动最大化。轻重缓急的不同，造成行动方式的根本差异。戴高乐派希望成立由中央控制的组织——最有名的就是全国抵抗运动委员会（Conseil National de la Résistance，简称 CNR）——并招募大量成员。F 科想要小组织、训练有素、去中心化、彼此互不相识，最后成立了 100 个独立的"传道会"（Circuits，这是 SOE 给他们的称呼）。前一个模式非常危险，后者则相对安全。但这无法说服戴高乐或德瓦弗兰："身为法国人，我们不能接受英国人的主张，管它多有理……对我们来说，首要工作是创造全国性的抗战实体……向全世界证明法兰西是个整体，正逐渐在战争中重新获得其地位，与盟友比肩。"[153] 英国人认为法国人保密很疏忽，法国人认为英国人不想放手。双方都有过保密灾难，这是他们活动的固有性质。但法方的失败却因为目标集中、缺乏基本预防措施而更为严重。缺乏预防措施，意味着他们跟法国之间的所有无线电通信都有被敌方解读的可能，这正是英国人不信任他们的主要原因。最后，一位年轻的 SOE 破译员只好用黑板，到处向法国人解释他们的密码有多么容易破解。[154] 时人认为这种满不在乎的态度是"法国人的常态"，但这或许可以用高官缺乏训练，以及一项意想不到的难处来解释：在本土进行情报工作，会产生一种危险的安全感。戴高乐派与英国政府不时冻结合作，但下级军官之间的关系普遍比长官之间好得多。实地工作的情报员与抵抗组织成员常常不晓得任何的分歧，这真是万幸。对他们来说，"伦敦"代表一股团结的力量，代表武器、无线电、技术训练与金钱的来源，更是范围更广、声望更高的全国运动之象征。

这些年充满沮丧与考验。若干证据显示，法国舆论批评英国人推迟进军欧洲——"好水手，烂士兵"。丘吉尔与幕僚确实担心若仓促进军，会重复 1914—1918 年的杀戮惨剧。此外还有大量的实际问题。但法国国内的这种看法导致英国威望大减，越来越多人崇拜美苏，这一点从战争末段与战后走向便能看出。英国的民意调查也显示，英国人对法国人的友好情绪有类似的下降。[155]

解放：1943—1944 年

> 正打破弟兄们牢笼栅栏的就是我们，
> 恨意凝聚于我们的脚跟，饥饿与折磨驱使着我们。
> 其他国家的人民躺在温暖的床上做梦，
> 可在这里，你没看到吗？我们在行军、杀人、丧命。
> ——《游击队之歌》，约瑟夫·凯塞尔（Joseph Kessel）与莫里斯·德吕翁（Maurice Druon）1943 年 5 月写于伦敦萨维尔俱乐部（Savile Club），由皇家空军空投进法国

> 少了 SOE 提供的组织、通信、物资、训练与领导，……"抵抗"就没有军事价值。
> ——致盟军参谋长联席会议（Combined Allied chiefs of staff）的秘密报告，1945 年 7 月 18 日[156]

自 1940 年德国未能击败英国，而"合作"的好处也未能落实之后，法国民间对维希政府的支持便一路衰落。戏剧性的变化分别在 1941 年与 1942 年出现。苏联遭到入侵，让法国共产党投入护国大业。美国参战，似乎像 1917 年一样，成为德军终将战败的保证。从 1941 年 8 月 19 日，一位共产党员在巴黎巴贝斯（Barbès）地铁站杀死一名德国海军军官之后，激烈的反抗行动也就此展开。丘吉尔身上的压力逼使他得做点事情帮助苏联人，他对这类行动表示赞成，英国人也决定为共产党提供武器，后者则发展大范围的多样运动。维希政府积极"合作"，导致犹太人被大规模集中（一项不受众人欢迎的措施）、

883

成千上万人迫迁至死亡集中营,接着在 1942 年 9 月又推出强制劳动措施（Service du Travail Obligatoire）——征召工人前往德国。这项为人诟病的"STO"政策迫使法国年轻人和家人面临两难,如果不反抗政府,就得冒着在德国过悲惨未来的风险——BBC 对此大书特书。成千上万的青年为了逃避 STO,遁入中法森林、东法山区与"马奇"（Maquis）——原指地中海地区的矮灌木丛,后来成了大规模抵抗的代名词。盟军登陆摩洛哥,导致德军在 1942 年 11 月入侵非占领区,终结了停战唯一的好处。投入抵抗的人数迅速增加。但加入镇压抵抗的法国人也越来越多,尤其是准法西斯的民兵。惨烈的半隐性内战于焉展开。

让·穆兰在 1943 年 5 月成功建立了全国抵抗运动委员会（CNR）,为反抗运动提供统一的领导。戴高乐与"伦敦"具有强大的吸引力,不相统属的抵抗运动网络与若干后备军人也赞成穆兰的计划。历史学家迈克尔·斯坦顿（Michael Stenton）便表示,"假如戴高乐从未获邀,穆兰恐怕无法凝聚抵抗运动"。这给战后法国带来重大的政治后果。但在一瞬之间,穆兰与其他七位抵抗运动领袖就在 1943 年 6 月 21 日于里昂近郊会面时被逮捕。穆兰死于刑讯。此事是抵抗运动史上最为疑云重重,也最动人的篇章——一直有人指控穆兰是叛徒。无论真相如何,戴高乐派中央集权的野心,加上无可否认的安全疏忽,引来了灾祸。陆军中将德莱斯特兰曾根据戴高乐的命令组织"秘密军队",并担任指挥官。早在穆兰遇难前,德莱斯特兰就因为忘记预定停留的巴黎藏身处暗号,改到附近的旅馆以本名进房,结果被逮捕。后来他死于达豪（Dachau）。9 月,戴高乐的一名副官被捕,其巴黎公寓搜出 4 个月的解密电报,从中能查到 14 个有可能是 CNR 成员的名字。[157] 戴高乐的全国性层级体系就此夭折。后来重建的 CNR 与基层抵抗者少有接触。本质上政治性的CNR将注意力投入在战后行政管理的规划上。抵抗运动的实战层面改为采用去中心化的英国模式。没有全国性的起事,而是出现几百场小规模军事行动。这些行动泰半依赖SOE提供武器、装备和一捆捆钞票,在不疏远当地农民的情况下资助马奇游击队。此举并未改变政治上的效果,毕竟戴高乐有伦敦与莫斯科支持,如今华盛顿也不得不接受他。无论他怎么做,他都是法国抵抗运动名义上的领导人,能从抗争中获益。他也做好准备,一旦开始解放,他就要掌权。[158]

1943年与1944年初,抵抗运动开始为战争组织起来。过程相当缓慢,毕竟受过训练、负责给予军事指导的男男女女得空降进法国,还要准备成堆的武器、炸弹与弹药。只要可以朝德国城市丢炸弹,皇家空军对于往法国原野上丢司登冲锋枪(Sten-gun)就绝不会感兴趣。此外,1943—1944年的冬天迫使行动延迟,德军因此夺得许多临时武器库。即便如此,得到丘吉尔支持的SOE终究还是发去了10 000吨的物资,包括将近20万把司登冲锋枪与80万枚手榴弹。[159]SOE计划在盟军D日登陆时发动破坏与扰敌行动,并且在部队杀出桥头堡的过程中持续进行。战场上的领导层得到2 000名空降特勤队(SAS,包括两个法国SAS兵团)、93个由3名情报员(英国、美国与法国各一,其中一人操作无线电)组成的"杰德堡"(Jedburgh)小队,以及独立工作的情报员所支持。21岁的法国-威尔士混血儿安德烈·休(André Hue)是其中一名独立情报员,他原从事情报搜集与逃脱路线运作,后来被带出法国,接受SOE训练。1944年6月,他随英国陆军一次行动空降回法国,安排与布列塔尼马奇游击队联络。他接着策划武器空投和安排法国SAS部队抵达事宜,在布列塔尼掀起全

885

面起义，延缓德军移防，对美军南推离开诺曼底大有帮助。[160] 总之，英法之间的不和谐终于在战场上的紧要关头化解了。D 日之后，伦敦的各个抵抗组织合而为一，变成法国内陆军参谋本部（État-Major des Forces Françaises de l'Intérieur，EMFFI）——它是个名义上由戴高乐手下的陆军将领马里－皮埃尔·柯尼希（Marie-Pierre Koenig）指挥的混乱组织。

戴高乐跟丘吉尔为了 D 日的事又吵了一架。众所周知，进攻行动马上就会展开。但日期与地点是最高机密，情报部门还用精心设计的花招，说服德军相信登陆会在加来发生。1944 年 4 月，英国当局暂停各国外交特权，坚持所有传出英国的消息都要经过译码审查。虽然法国人在保密工作上劣迹斑斑，但他们仍然认为此举相当侮辱人。无人将 D 日的计划告诉在阿尔及尔的戴高乐。丘吉尔请他飞到英格兰，并且在 6 月 5 日时于朴次茅斯近郊亲口告诉他进攻法国的行动即将展开。戴高乐的部队完全没有参与实际行动。美方与丘吉尔的参谋本部都反对在进攻开始前告知戴高乐，但丘吉尔坚决不顾他们的反对，打算以此作为和解的表示。他真的张开双臂欢迎戴高乐。至于戴高乐是否因为自己蒙在鼓里而发火，各方说法不一。丘吉尔一如往常，在他的两个古怪盟友之间搭桥。当他敦促戴高乐去见罗斯福，就解放后的法国统治事宜达成协议时，戴高乐确实大发雷霆。戴高乐对此深恶痛绝，他用自己招牌的冰冷怒气回应，表示自己决不会像个要统治法国的"候选人"让罗斯福打量："法兰西政府已经存在。就此而言，我完全不需要征求美利坚合众国或大不列颠的同意。"他拒绝与丘吉尔一起用餐，留丘吉尔一个人"冷汗直流"。形势每况愈下，戴高乐拒绝通过 BBC 向法国广播，甚至不允许法军联络官前往诺曼底。"我就知道他会坏事，"布鲁克将军写道，"所以强烈建议把他留在非洲，但安东尼·艾登非要坚持带他过来！"一位外交部资深官员在盛怒之下写道："这简直是间女校。罗斯福、首相跟……戴高乐——做事都跟快到青春期的女孩子一个样。"[161] 好几位和事佬（最重要的就是艾登）试图缓和场面，但骂声依旧不绝。大半个内阁、议会与舰队街都支持戴高乐，让丘吉尔大为光火。戴高乐对盎格鲁-撒克逊阴谋的怀疑进一步加深。他描述的与丘吉尔的交谈，至今在法国依旧有名，成为阿尔比恩一贯态度的总结："每一次我们得在欧洲与辽阔的大海之间选择时，我们总会选择辽阔的大海。每一次我非得在你跟罗斯福之间做选择时，我永远会选罗斯福。"[162]

尽管有这么一番响当当的宣言，向来把恢复法国的大国地位当成战争主要目标之一的英国，仍然通过丘吉尔与艾登的口，坚持应以对待战胜国的方式对待法国，让法国在德国拥有一块占领区。1945年2月的雅尔塔会议上，罗斯福与斯大林纡尊降贵同意了这件事，愿意迁就他们眼中英国盟友奇怪的纵容做法。

最早在1944年6月6日破晓时分踏上法国的盟军士兵，是第二牛津郡与白金汉郡轻步兵团的一个连。不久后，其余英国与美国空降部队也跟着加入，接着则是美国、英国与加拿大的大规模登陆战。德军从未严重威胁滩头的桥头堡，但他们确实阻挡了盟军往内陆推进。这导致空军与海军的猛烈轰炸，严重破坏了诺曼底土地，数千名法国平民丧生。在一位英国士兵笔下，卡昂镇成了"一处砖石废墟，仿佛犁过的麦田。民众毫无表情地注视着我们，你很难直视他们的脸，知道是谁造成这一切"。[163] 之后是英军（有加拿大与波兰军队支持）与德军主力（包括10个装甲师里的7个）之间长达10周的消耗战，造成英国 6.5 万人伤亡——伤亡率与 1917 年的帕斯尚尔战役相当。这帮助了美军往南方突破。德军紧守易守难攻的田埂与篱笆地形——英国人上一回遇到这个问题，是 1758 年的事。虽然德军遭受猛烈的空袭，但直到 8 月最后一周，盟军才粉碎、俘获或击退他们。

D 日带来了法国各地抵抗行动最辉煌的时刻。抵抗组织的任务，是妨碍、迟滞往滩头移动的德国援军。成千上万的游击队员在 6 月 5 日接获 BBC 著名的暗码信息①，纷纷响应。如今他们获得相当充足的小型枪械、爆裂物、训练、领导与无线电。当晚，铁道系统便遭受 950 次攻击。电话线网络也遭到破坏，迫使德军使用无线电，盟军得以窃听。其中最著名的联合行动，延缓了获命由图卢兹前往诺曼底的党卫军装甲师。F 科情报员炸了他们的储油库。德军试图通过铁路运输移动，又因无数的破坏而受阻。搜集到更多燃油后，党卫军再度尝试走公路，却被好几个 SOE 小队不断骚扰。原本三天的路程，结果用了两周——比从苏联前线赶来花的时间还要多一倍。[164] 对此，德军最臭名远扬的报复，就是屠杀格拉讷河畔奥拉杜尔（Oradour-sur-Glane）的居民。另一起悲剧发生在东法的韦科尔（Vercors）高原，一支大型游击队试图在此奋起对抗人数多得多、有战车与飞机支持的德军部队，结果血流成河。这两起事件并非彼此无关的暴行：德军和法国通敌者通常会刑讯、伤人四肢，甚至杀害囚犯、人质与当地民众。抵抗运动成员以干扰和制造混乱等方式，为 D 日前后的关键时期做出巨大的贡献。8 月 15 日，以法军、美军为主的普罗旺斯登陆行动，便少不

---

①1944 年 6 月 5 日 D 日前夕，BBC 播出法国象征派诗人保罗·魏尔伦（Paul Verlaine）的《秋之歌》，作为入侵行动即将展开的密语："秋声悲鸣 / 犹如小提琴 / 在哭泣。/ 悠长难耐的阴影 / 刺痛了 / 我心脾。"——译者注

了皇家海军、皇家空军与英国指挥的抵抗团体带来的帮助——他们清理出道路,让登陆部队能迅速往北挺进。法兰西终于烧起来了。

抵抗运动成员与法国正规军参与解放行动,对民族自尊和戴高乐本人非常重要——帮助他取得他向来主张的法国合法统治者地位。他坚持要菲利普·勒克莱尔(Philippe Leclerc)将军的第二装甲师(在英国受训,部分成员抽调自英国第八集团军的法裔单位)快马加鞭"赶往埃菲尔铁塔","民族起义"早在8月19日时就在巴黎展开了。戴高乐意图抢在德军进行报复性掳掠前抵达,显示首都并非被动地由盎格鲁-撒克逊人解放,并确保戴高乐一派能掌权。勒克莱尔在25日抵达巴黎,戴高乐本人紧跟在后。他在巴黎市政厅发表了一场著名演说,宣布"巴黎是自己解放自己,是巴黎人民在法军的帮助下,在全法兰西——正在战斗的法兰西、独自战斗的法兰西的支持与协助下解放的"。[165] 戴高乐完全没有慷慨大度的意思,不管在哪儿遇见英国SOE官员,他的反应都是"这儿没你说话的余地",接着命令对方离开这个国家。指挥大半个加斯科涅地区的英国陆军中将乔治·雷金纳德·斯塔尔(George Reginald Starr)直接回嘴,而这一段争吵最后以戴高乐握着斯塔尔的手说"人家告诉我……你无所畏惧,而且知道怎么用法语骂'干'"而告终。尽管如此,F科仍然"收拾打包,以尽可能优雅的姿态悄悄离开"。[166] 年轻的探员彼得·马罗热(Peter Maroger)出身一个英法联姻家庭,他决定前往巴黎加入解放阵营,后来在巴黎遭杀害。[167] 英国军队完全没有分享到这份光荣。据记者兼情报官员马尔科姆·蒙格瑞奇(Malcolm Muggeridge)所说:"美方坚持,由于米尔斯克比尔港的关系(更别提特拉法尔加海战了)……英国人在法国不受欢迎,应当尽可能不要出现在视线里。"但他和几位同事还是去了巴黎,乐得因为英国军服"物以稀为贵"而得益，那身制服确保他们得到"友善的微笑、拥抱，甚至是想要的时候就有床伴，以及无止境的好客"。包括彼得·卡林顿（Peter Carrington，未来的外相）在内的几位卫队军官靠着外表唬人，就得到在豪华宾馆小住的机会。[168]

此时，英国陆军正往北移动。经历了争夺诺曼底的战役——"尘土、狭长的壕沟、推土机和死牛"——之后，部队在熟悉的道路上迅速行军，穿过皮卡第与佛兰德，取道亚眠、阿拉斯与里尔，抵达海峡口岸，进入比利时，群众夹道欢呼。这一回行军堪称军事史上最快速的推进，只遭遇偶发的抵抗："整体而言……疲惫多于危险。"[169]法国人与英国人的接触也因此相当短促，无论好坏。英国当局担心部队不守规矩。一位军官警告："我们还带有父辈当年在巴黎荒唐胡闹的记忆，把法国人看成不甚道德、色欲熏心的民族，不仅不好客，还很贪婪……他们则以我们在维多利亚时代晚期假正经的声名评判我们……双方都错得离谱。"军方发放指示小册，告诫人们不要暴饮暴食——法国人讨厌英国人发酒疯——此外还要避免因1940年的事情而争论。手册上还呼吁抛弃"任何以蒙马特区的故事和夜总会脱衣秀为根据来看待法国女子的想法……法国人与我们一样，整体而言是个重视传统的民族"。对多数军人来说，这类问题很少发生。第六空降师的一位军官写道："我没什么机会遇见任何法国百姓。多可惜啊，我真想多知道点和他们有关的事。"[170]陆军中士理查德·科布（后来的杰出法国历史学家）就没有这种怨言。他的任务是制作法语新闻传单，这让他有机会与形形色色的人打交道，包括一位诺曼女老师，"发色金黄，看起来就像维京人的直系后代。她对我有好感（这一点彼此彼此），经常弄牛排给我吃，我们俩会在菜园里一起享用……我常觉得，我说不定是英国陆军里最幸运的一个"。[171]

领导人之间的龃龉、出于政治动机的刻意冷淡与政策差异，都无法减损解放的喜悦，连战斗与轰炸造成的破坏与死亡亦然。欢欣与报复的场面，在所有目睹的人记忆中留下难以磨灭的印象，继而随着新闻纪录片的影像，进入未来几代人的集体记忆中。科布经过纺织城鲁贝，见识到"无边的友好"：许多人家摆出1918年在家里借宿的英国士兵相片。新任大使达夫·库珀（Duff Cooper）认为"英格兰人在法国从来没有这么受欢迎……人气最旺的就是首相……一般大众对他和戴高乐之间的其他一切都一无所知，只知道他们是最忠贞的朋友。"1944年11月11日，丘吉尔来到巴黎。戴高乐写道："巴黎真心欢呼着。"库珀认为场面"比我晓得的一切都要盛大"。两位领导人一起走过香榭丽舍大道，法国与英国部队正在大道上行进，丘吉尔还到他崇敬的克列孟梭的雕像前献上花圈。乐队奏着轻快的进行曲，是丘吉尔很熟的《胜利之父》（*Père la Victoire*）。这首曲子是写来歌颂上一次胜利的缔造者克列孟梭的，但今天"要献给你"——戴高乐用英语对他说。丘吉尔"泪如雨下"，对戴高乐说"我觉得自己仿佛看见他复活"。[172] "挚诚友谊的推动者"爱德华七世的大型骑马像躲过了破坏，被兴业银行（Société Génerale）的职员们悄悄藏了两年，此时重新安回原本的基座，作为"诚挚谢意与深刻友谊"的表示。但法国橄榄球代表队就没么客气了，以21∶9血洗英国陆军队。[173]

协定终于真的有了挚诚。战间期的苦涩与1940年的创伤，都敌不过共同的喜悦与凯旋。反英的传统随着采纳之的维希政权一起身败名裂，残余的只有碎片。法国的爱国英雄故事中充满着英国的意象：丘吉尔、BBC、人在伦敦的戴高乐、皇家空军、跳伞到灌木丛的场景，以及 D 日。对英国人来说，戴高乐这号不屈不挠的人物，已成为其"最辉煌的时刻"的一部分；法国抵抗过程中的英雄事迹与受苦的男女老幼（英国人原有可能也经历此情此景），遮盖了 1940 年的共同失败。这些强大的印象因演说、影片、口述、公开仪式、历史著作、儿童图画书与小说而得到展示，连记忆淡去时为一个民族用以认识另一个民族的图景增色不少，甚至为人熟知到成为温情喜剧的主题。法国史上最受欢迎的电影，是热拉尔·乌里（Gérard Oury）动作夸张的喜剧《虎口脱险》（*La Grande Vadrouille*，1966），有 1 700 万人看过，剧情是三名英国空军官兵在一位巴黎居家装修工人与一位交响乐团指挥的帮助下，逃出生天的过程。这部片在英国几乎不为人知。如今看来引人注意的是，片中的英国角色态度和善但感觉疏远，突兀得像是来自另一个星球的生物。真正紧密的关系存在于法国人与德国人之间。

时光荏苒，罗伯特·弗兰克所说的"有意的失忆症"也跟着发作。民意调查显示，如今的法国人不分年龄、性别与阶级，皆认为英国人在法国解放的过程中扮演的角色微不足道——远不及美国人、马奇游击队和自由法国，甚至是苏联人来得重要。根据一般的诠释，法国外交部部长菲利普·杜斯特－布拉吉（Philippe Douste-Blazy）在 2005 年 9 月所做的评论，显示他认为英国也已被德国击败并占领。弗兰克指出，承认英国人的真正贡献，会提醒法国人"两国的不同命运"，而这太过痛苦。[174] 英国人也没更高尚：谁还记得为守卫敦刻尔克而死的法国军人？2004 年适逢 D 日的 60 周年纪念与《挚诚协定》的 100 周年纪念。双方都有大大小小的仪式，既彰显友谊，也能唤起两国共同生存下来的记忆。不过，一次意见调查却显示出法国人描述英国人时，最常选用的词是"孤僻""偏狭""自私"。英国人的选择虽然没那么负面，但通常也将法国人形容为"不值得信任"或"背叛成性",而且将近 1/3 的人认为法国人"懦弱"[175]——无疑是 1940 年的扭曲回声。我们两国民众得先轻视对方才能感到自豪,这多可悲。

双方的奋斗,都成为另一方国家历史中的一部分。就如同二战时的法国抵抗运动斗士,也成为英国国家历史的一部分。这些法国抵抗运动人士会画上代表胜利的"V",以示反抗。

结论与异见

我们可以庆祝两国在1918年与1945年的共同胜利，即便千百万人死亡、百业萧条、政治衰落也还是可以，因为战败的后果恐怖得让人不敢想象。共同奋战理所当然会让法国与英国的民众关系远比以往紧密。1914年爆发战争的根本原因至今仍难以全面理解，可纵使法国与英国关系更为密切，似乎也不太可能防止这场战争发生。根据当时的各种标准来看，甚至是以我们现代的方式衡量，一旦战争爆发，两国就很难置身事外。在我们俩看来，两国难辞其咎的错误始于1918年。无论从现在还是当时来看，理由都一样清楚。

战间期

罗伯特：欧洲泰半遭到战祸肆虐，需要合作与重建。德国本来就强大到无法以武力永久限制之，理想主义者的看法也没错——根据民族自决、国际合作为基础建立新的民主秩序，以国际联盟为其象征和论坛，才是唯一的希望。欧洲各地皆渴望和解，终结由敌对与权力政治构成的旧体系。法国人的恐惧可以理解，但他们确实破坏了氛围，恐怕也削弱了德国国内的民主力量——原因不光是他们在凡尔赛提出的要求，甚至连对于莱茵兰的秘密领土野心、武力恫吓、1923年的实际出兵，以及与东欧国家结盟之举，事后皆证明只是为德国的再武装提供口实，为希特勒的言论提供把柄而已。

伊莎贝尔：这种看法太天真了。靠德国自己一直保持善意显然不足以保证和平。合理的遏制手段——结盟、驻军莱茵兰、坚决阻止非法再武装等——非但并不压迫，而且原本还能通过表明未来没有侵略的可能，强化德国的民主。这种做法在1945年后就发挥了作用。问题不在法国的野心，而是英国泛滥的理想主义、愚蠢的反法情绪和铺天盖地的两面手法。法国与英国的团结，是一套和平体系所不可或缺的核心，但英国人却悄悄回避了自己在和会上所做的承诺。无论是自由党、工党还是保守党领袖执政，英国人想象力与责任感之匮乏皆令人痛心，慕尼黑会议就是结果。英国人——连他们当中最聪明的一员也是——太晚才意识到其手段之错误，他们要为接下来的灾难负起沉重的责任。

第二次世界大战

双方对1940年的军事失利都有责任。由于两国皆未尽其力，我们俩也找不到什么大吵特吵的理由。法国暴露自己政治上的痛处，英国则显示出自己在军事上的满不在乎。前者成为法国后来蒙羞的原因，后者则因为不列颠之战而为人淡忘。但事实摆在眼前：两国让彼此失望，双方对此也始终未曾完全忘怀。1945年的胜利在军事上与道德上一样圆满，不仅丝毫没有像1918年时的阴影，更将1940年的创伤泰半抹去——只是并不完整。但结盟鲜少能带来好感，两国制造出太多的矛盾了。

罗伯特：我对批评法国的民族英雄颇有疑虑，而我也承认自己很佩服戴高乐在1940年抗命的豪放姿态，但此后他就成了个麻烦人物。民主共和国哪里需要一个天命所归之人？丹麦、挪威、荷兰与比利时在没有这种人的情况下，仍然设法抵抗、获得解放，重建自己的战后社会。戴高乐不只"接下"法兰西的重担，连众多与他完全无关的勇士勠力付出所应得的赞赏，也被他"接收"了。除了发展出一套后来让民族主义者点头称道的神话之外，戴高乐到底做过什么？他的注水声望不是该重新严格评价吗？但这是法国人自己的事，不是法国跟英国之间的问题。回来谈两国的关系——盟国正试图拯救上百万人的性命、解放欧洲，他难道不能对盟国的战备工作做点更负责、更正面的贡献吗？比起他的阴郁、多疑、固执己见，稍微牺牲自己的野心——甚至是一点民族自尊，不是更有助于真正光荣的爱国大业吗？

伊莎贝尔：其实，法国还真需要有个"命定之人"。因为，当时面对前所未有的危机，面对背叛其民主传统、与纳粹德国合作的，是欧洲最大的两个民主国家之一。戴高乐得说服一个士气低落的民族，拒绝看似难免的战败，并为自己的解放做准备。英国在1940年面临战败时，不也需要一个"命定之人"吗？只是英国不像法国，其国家象征（主要是君主与议会）完好无损而已。戴高乐固执己见的主因，正是他和自由法国成员受到的不公待遇。无可否认，这主要是因为美国一意孤行，坚持与不光彩、没信用的维希政府维持关系所致。但丘吉尔也默许并违逆自己的亲法个性，去贴罗斯福的冷屁股——这根本是未来"特殊关系"的样板！戴高乐坚持法国主权，坚持自己与盟友平起平坐的做法是正确的。他在不可能的局势下展现了了不起的决心与尊严，从而维护了法国的自尊，这对法国战后的长期复苏而言价值巨大——事实上，如果欧洲希望不再只依赖超级大国，这对欧洲的长远未来而言也很重要。

　　1940—1944年的战争经历，为两国留下不同的印记。英国留下的是历久不衰的自豪感与团结感，或许还有自满与自瞒的倾向。法国留下的则是自豪与耻辱的混合情绪，让每个人都耿耿于怀——这造成内部的分歧，却也让人愿意改变自己的做法。这样的差异对英法关系造成长远的影响。但我们先看积极的一面，以此作为总结。两国一同挺过了其历史上最大的危机，帮助全世界免于经历一段被丘吉尔恰如其分地称为新黑暗的时代。无数男女老幼一同真心付出，创造出相互间的好感与尊敬。对此，人们并未完全遗忘。无论有多少不和，法国与英国还是一起度过了其近代史上最重大的时刻。

插曲：法国人跟莎士比亚——另一场法国大革命

> 拉辛在情感上给我的启迪，是莎士比亚无法赋予的——情感出自完美。
>
> ——安德烈·纪德，小说家暨莎士比亚作品译者[1]

> 在法国民众面前完整演出的莎士比亚，就该大获成功……我不是说这不好，也不是说这很好。我只是说，等到事情发生时——如果会发生的话——法兰西民族也将永远不同了。
>
> ——文化史学家埃米尔·法盖（Émile Faguet），1904年[2]

历史学家约翰·潘博尔（John Pemble）写道："法国接受莎士比亚的缓慢而曲折的过程是另一场法国大革命。"[3]20世纪初，莎士比亚、易卜生和奥古斯特·斯特林堡一同登上前卫艺术舞台。1904年，《李尔王》首度以法语完整演出，实验剧场导演安德烈·安东尼（André Antoine）扮演李尔王；《脱爱勒斯与克莱西达》（Troilus and Cressida）则于1912年首度在巴黎奥德翁剧院（Paris Odéon）全本演出。但在20世纪的多数时候，法国的莎剧演出场面始终带有外国气质，演员阵容庞大，舞台表现丰富。一如两个世纪前，人们认为他的作品体现了那道分隔法国与英格兰文化、才智甚至是民族的鸿沟。如今，莎士比亚成了多雾

"北方"对比艳阳"南方"、背信对比忠诚、"条顿"对比"拉丁"的具体呈现。对于 20 世纪 20 年代与 30 年代许许多多的民族主义者、天主教徒和新古典作家而言,"兽行……本能……与血腥的戏剧"和"理念高尚、情感高贵的戏剧"之间的鸿沟,想必比伏尔泰的时代显得更宽。[4] 但是,20 世纪的连串灾难,却让古典完美主义中条理分明的剧情、严谨的格律、"高雅"的言语与大团圆的结局,仿佛成了消逝时代的遗迹。存在主义作家阿尔贝·加缪说得好,如今再也别想期待应许之地。莎士比亚式的悲剧终于进入了法国人的意识里。在莎士比亚的黯淡世界里,"我们之于诸神,有如苍蝇之于顽童;它们以杀我们为消遣"。借信奉天主教的小说家弗朗索瓦·莫里亚克(François Mauriac)的话来说,"在这个冷冽的 1945 年 5 月里,欧洲有 3/4 的地表成了废墟。对于在其上挣扎求生的幸存者来说",莎士比亚的世界"悚然降临"。[5] 莎士比亚式的题材与表现方式,出现在加缪、让·阿努伊(Jean Anouilh)、塞缪尔·贝克特(Samuel Beckett)与路易·阿拉贡(Louis Aragon)等一流现代作家的作品中。如今,莎士比亚得以首度以未经雕琢、十分简朴的方式呈现,而非展示为色彩斑斓的陈腐场面。莎士比亚有 20 部剧作在 1940—1960 年登台,许多更是在法国首演。人们过去认为莎士比亚的精神属于英格兰人,其作品要经过改写,变得更有条理、更有逻辑,也更有诗意,才能为法国人截然不同的鉴赏力所接受。这种老观点如今也烟消云散。就是在这场革命中,法国人"拒绝了语法、结构与喜剧结局,为莎士比亚时代不规则的脉动打开了自己的心胸与舞台"。[6] 一套附上英语原文对照的全新法语译本,于 2002 年起陆续推出[7]——这既是法国戏剧界接受莎士比亚的征兆,也是英语阅读能力普及的迹象。法国人习惯以一种包含嫉妒与讽刺的独特口吻,称英语为"la langue de Shakespeare"(莎士比亚的语言)。自伏尔泰的时代以来的两个世纪里,平均每20年就会有一套莎士比亚法语全译本问世——每一代人都有自己的译本。随着莎士比亚使用的英语对母语人士日渐生疏,"每一回的翻译都是一次复活"。[8]如此说来,法语也是莎士比亚的语言。

注释

第三部　生存

第十章　止战之战

1.Morris(1984), p. 52.

2.Hinsley(1977), p. 324.

3.Richard Cobb, in Evans and von Strandmann(1990).

4.Martyn Cornick, in Mayne et al.(2004), pp. 17-19.

5.Andrew and Vallet(2004), p. 23.

6.Terraine(1972), p. xix.

7.Taylor(1971), p. 480. Taylor's italics.

8.Sir Arthur Nicholson, in Wilson(1996), p. 90.

9.Steiner(1977), p. 223.

10.Andrew and Vallet(2004), p. 30.

11.Ferguson(1998b), p. xxxix.

12.Wilson(1995), p. 177.

13.Bernstein(1986), p. 193; Steiner(1977), pp. 223, 231-233.

14.Wilson(1995), p. 189.

15.Keiger(1983), p. 116, 162.

16. Andrew and Vallet (2004), p. 31.

17. John Keiger in Mayne et al. (2004), p. 8.

18. E. g. Ferguson (1998b), pp. 460-462.

19. Macdonald (1989), p. 76.

20. Philpott (1996), pp. 7-8.

21. Strachan (2001), vol. 1, p. 206; Keegan (1998), p. 83; Macdonald (1989), p. 73; Lyautey (1940), p. 8.

22. Terraine (1972), pp. 7-8.

23. Ibid., p. 4.

24. Strachan (2001), vol. 1, p. 200.

25. Philpott (1996), pp. 4-6.

26. Spears (1999), p. 106.

27. Macintyre (2001), p. 20.

28. Philpott (1996), p. 26.

29. Macintyre (2001), p. 12.

30. Keegan (1998), p. 118.

31. Spears (1999), pp. 417-418.

32. Isselin (1965), p. 192.

33. Strachan (2001), vol. 1, p.278.

34. Stevenson (2004), p.59.

35. Strachan (2001), vol. 1, p. 278; Farrar-Hockley (1970), p. 190; Herwig (1997), p. 119; J. -J. Arzalier, in Jauffret (1997), p. 400.

36. Neillands (1999), p. 133.

37. Greenhalgh (2005), p. 610.

38. Godfrey (1987); Serman and Bertaud (1998), p.728; Horn (2002), p. 141.

39.Horn(2002), p. 118; Ogg(1947), p. 58.

40.Terraine(1972), pp. 7-8.

41.Kenneth Craig Gibson 最近的开创性工作标志着这一研究迎来可喜的变化。

42.Cobb(1983), p. 45.

43.Fuller(1990), *passim.*

44.Gibson(2003), p. 180.

45.Holmes(2004), p. 354.

46.Graves(1960), p. 107.

47.Gibson(2003), p. 183.

48.Gibson(2001), p. 574, and (2003), p. 161; Orpen(1921), p. 57.

49.See Gibson(1998), (2001), (2003) and (2003b) *passim.*

50.Gibson(1998), p. 53.

51.Graves(1960), p. 140.

52.Bell(1996), p. 99.

53.Fuller(1990), p. 135.

54.*The Outpost*(trench newspaper), May 1917, in Fuller(1990), p. 136.

55.Orpen(1921), p. 41; John Glubb, in Keegan(1998), p. 336; Gibson(2001), pp. 545, 541.

56.Gibson(1998), p.53.

57.Lewis(1936),p. 74; soldiers' memoirs, in Gibson(2001), pp. 537, 539.

58.Graves(1960), p. 195.

59.Gibson(2001), p. 540.

60.Ibid., p. 546.

61.Official report, in Ibid., p. 569.

62.Rousseau(2003), p. 313.

63. Dorgelès, "Les Croix de bois," in Rousseau (2003), p. 193.

64. Gibson (2001), pp. 560–561.

65. Grayzel (1999), pp. 126–127.

66. Gibson (2001), p. 564.

67. Dine (2001), p. 63.

68. Gibson (2001), pp. 573–577; Bell (1996), p. 99.

69. Cobb (1983), p. 46.

70. Spears (1999), pp. 519–524; McPhail (1999), pp. 27–30.

71. Macintyre (2001).

72. Ibid., p. 191.

73. Spears (1999), pp. 523–524.

74. McPhail (1999), pp. 117–123.

75. Occleshaw (1989), p. 244; McPhail (1999), p. 153.

76. Hoehling (1958), pp. 88–91.

77. Darrow (2000), pp. 277–284.

78. Philpott (1996), p. 83.

79. Sir Henry Rawlinson, in Travers (1990), p. 135.

80. General Charles Mangin, in Sheffield (2001), p. xxii.

81. Philpott (1996), p. 94.

82. Ibid., p. 94.

83. Ibid., pp. 98, 103, 115.

84. Marder (1974), p. 1.

85. Stevenson (2004), p. 118.

86. Jauffret (1997), pp. 361–362.

87. Conference conclusion, Philpott (1996), p. 112.

88. Ibid., p. 115.

89.Foley(2005), pp. 187-192; Herwig(1997), pp. 180-188; Ousby(2002), pp. 39-40; Keegan(1998), pp. 299-300.

90.Ousby(2002), p. 49.

91.Ibid., pp. 65-66, 245.

92.Philpott(1996), p. 121, 124.

93.Gibson(1998), p. 63.

94.Ousby(2002), p. 231.

95.Horn(2002), p. 128.

96.Macdonald(1983), p. 65.

97.Keegan(1998), p. 318.

98.See Greenhalgh(1999); Philpott(2002); Prior and Wilson(2005), pp. 47-50.

99.Foley(2005); Prior and Wilson(2005).

100.William Philpott, in Mayne et al. (2004), p. 58.

101.Serman and Bertaud(1998), pp. 764-766. 更多人因其他罪名被处死。

102.Travers(1990), p. 208; Occleshaw(1989), pp. 336-339.

103.Keegan(1998), p. 388.

104.Herwig(1997), pp. 287, 295-296, 312-325.

105.Occleshaw(1989), p. 372.

106.Gibson(1998), pp. 216-217.

107.Travers(1990), pp. 221-231.

108.Sheffield(2001), pp. 226-227.

109.Herwig(1997), p. 406.

110. 英国军队的相对战斗力，参见 Holmes(2004), pp. 180-181。

111.Desagneaux(1975), pp. 56-58.

112.Gibson (1998), p. 217.

113.Sheffield (2001), p. 232.

114.Griffiths (1970), p. 71.

115.Herwig (1997), p. 410.

116.Ludendorff (n. d.), vol.2, pp. 680, 684.

117.William Philpott, in Mayne et al. (2004), p. 60.

118.Jauffret (1997), p. 378.

119.Gibson (1998), p. 220; McPhail (1999), pp. 192, 199.

120.Hughes (1999), p. 56.

121.Statistics (1922), p. 757.

122.Stevenson (2004), pp. 476-481.

123.Holmes (2004), p. 614.

124.Becker et al. (1994), pp. 413-414, 419-424.

125.Philpott (1996),p. 161.

126.Jauffret (1997), p. 363.

127.Bell (1996), p. 96.

128.Adamthwaite (1995), p. 79; Graves (1960), p. 240.

第十一章　失去和平

1.MacMillan (2001), p. 39.

2.Churchill (1948), vol. 1, p. 7.

3.Mantoux (1946), p. 3.

4.Adamthwaite (1995), p. 40.

5.MacMillan (2001), p. 39.

6.Ibid., pp. 53-54, 156-158; Lentin (2001), p. 4.

7. MacMillan (2001), pp. 43, 447.

8. Hanks (2002), p. 56. See also Hanks, in Mayne et al. (2004).

9. Watson (1974), p. 388.

10. Guiomar (2004), p. 281.

11. Lentin (2001), pp. 50-54; MacMillan (2001), p. 205.

12. "Reply of the Allies and Associated Powers," June 16, 1919, Mantoux (1946), p. 94.

13. Turner (1998), pp. 4-5; Marks (1998), p. 360; Horn (2002), pp. 120-124, 183.

14. Shuker (1976), p. 14.

15. Marks (1998), p. 351.

16. Harold Nicolson, in Lentin (2001), p. 74.

17. Lentin (2001), pp. 73-77; MacMillan (2001), p. 479.

18. Lentin (2001), p. 81.

19. Keynes (1971), pp. 169-170.

20. Coward (2002), p. 271.

21. Mantoux (1946), p. 6.

22. Keynes (1971), pp. 2, 26-28, 32, 90, 91, 92, 146.

23. Horn (2002), p. 119.

24. Keynes (1971), pp. 20-23.

25. Preface to French edition of Keynes, in Mantoux (1946), pp. 22-23.

26. Skidelsky (1983) vol. 2, p. xvii.

27. Ibid., p. 4.

28. Keynes (1971), p. 170. See comments by Martel (1998), pp. 627-636.

29. Lentin (2001), p. 81.

30. Watson (1974), p. 361.

31. Lentin (2000), pp. 106-108.

32. Steiner (2005), p. 605.

33. Lentin (2001), pp. 60, 64; Guiomar (2004), p. 282.

34. Adamthwaite (1995), p. 74.

35. Keiger (1998), p. 41.

36. Adamthwaite (1995), p. 75.

37. MacMillan (2001), p. 404.

38. Alexander and Philpott (1998), p. 56; Andrew (1986), p. 296.

39. Turner (1998), p. 241.

40. Ibid., p. 20.

41. Fischer (2003), *passim*; Cabanes (2003), pp. 86-95, 234-239; Kleine-Ahlbrandt (1995), p. 117.

42. Shuker (1976), p. 380; Jackson (2003), p. 67; Gombin (1970), pp. 49-50.

43. Shuker (1976), p. 388.

44. 价值215亿金马克的现金和货物。Marks (1998), p. 367.

45. Bell (1996), p. 150.

46. Shuker (1976), p. 392.

47. Jackson (2003), p. 215; Steiner (2005), pp. 615-619.

48. George Riddell, in Lentin (2001), p. 65.

49. Stevenson (1998), p. 24.

50. Shuker (1976), pp. 388, 393.

51. Bell (1996), p. 157.

52. Wilson (1994).

53. Ibid., pp. 86, 89, 90.

54. Bell (1996), pp. 158-159.

55.Ibid., p. 159.

56.Graves (1960), p. 240.

57.Sitwell (1949), pp. 151-152, 331.

58.House (1994), pp. 11-21.

59.Adamthwaite (1995), p. 78.

60.Ibid., p. 79.

61.Chalon (2002), p. 13.

62.Rioux and Sirinelli (1998), p. 162.

63.Rearick (1997), p. 80.

64.Adamthwaite (1995), p. 77.

65.Balfour, in Shuker (1976), p. 388.

66.Bell (1996), p. 161; Adamthwaite (1995), p. 129; Cornick (1993), pp. 3-17.

67.Béraud (1935), pp. 6, 7, 8, 11, 13, 17, 19.

68.Boucard (1926), pp. 17, 264-265, 269.

69.Cornick (1993), p. 12.

70.Chalon (2002), *passim*，承蒙作者应允，本段论述很大程度上是以此文献为基础的。

71.Bell (1996), p. 175.

72.Col. H. R. Pownall, in Dockrill (2002), p. 95.

73.Adamthwaite (1995), p. 140.

74.Parker (2000), p. 14. 对英国政策更综合的分析见 Reynolds (1991)。

75.Maier (1975), p. 579.

76.Keiger (1997), pp. 327-331; Frank (1994), p. 161.

77.Thomas (1996), p. 10.

78.Bell (1996), p. 178.

79.To House of Commons, 14 March 1933, in Carlton (2004), p. 170.

80.Parker (2000), p. 87. See Kershaw (1998), vol.1, pp. 582-589.

81.Adamthwaite (1995), p. 203.

82.Doise and Vaïsse (1987), pp. 303-304.

83.Thomas (1996), p. 69.

84.Dutton (2001), p. 170; Mysyrowicz (1973), pp. 185, 195-197, 320; Weber (1995), p. 239.

85.Mysyrowicz (1973), p. 337.

86.Siegel (2004), *passim*.

87.Lacouture (1977), p. 251; Lansbury (1938), pp. 127-145. See also Shepherd (2002), pp. 325-327; Gombin (1970), p. 122.

88.Dockrill (2002), pp. 97-98; Dutton (2001), p. 164.

89.Thompson (1971), p. 27.

90.Mangold (2001), p. 147.

91.Bell (1996), p. 212; Stone (2000), p. 193.

92.Siegel (2004), p. 200.

93.Mangold (2001), p. 56.

94.Crémieux-Brilhac (1990), vol. 1, pp. 94-95.

95.Réau (1993), p. 268.

96.Sir Alexander Cadogan, permanent under-secretary, Cadogan (1971), pp. 72-73.

97.Dockrill (2002), p. 99.

98.Réau (1990), pp. 273-274.

99.Ibid., p. 277.

100.Ibid., pp. 278-279.

101.Kershaw (1998), vol. 2, p. 164.

102.Ibid., vol. 2, 123.

103.Crémieux-Brilhac (1990), vol 1, p. 95.

104.Weber (1962), pp. 394, 426.

105.Hermann Goering, in Kershaw (1998), vol. 2, p. 122.

106.Siegel (2004), p. 200.

107.Lacouture (1990), vol. 1, p. 154.

108.*Bulletin Socialiste* (September 1938), in Gombin (1970), p. 246.

109.Channon (1967), p. 194; Dutton (2001), p. 132.

110.Channon (1967), p. 177.

111.Frank (1994), p. 88; Jackson (2003), p. 149; Parker (2000), p. 223.

112.Watt (2001), pp. 99-108, 164.

113.Nicolson (1980), p. 145.

114.Watt (2001), p. 185.

115.Adamthwaite (1995), p. 221.

116.Channon (1967), p. 209.

117.Memorandum, 1935, in Dutton (2001), p. 201.

118.November 1939, in Gates (1981), p.61.

第十二章　辉煌时刻，惨淡年代

1.Conversation with American ambassador, in Jackson (2003), p. 70.

2.May (2000), p. 306.

3.Alanbrooke (2001), p. 43.

4.Crémieux-Brilhac (1990), vol. 2, pp. 400-401; Jersak (2000), pp. 566-567.

5.See Alexander and Philpott (1998), pp. 72-76.

6.This is the argument of Imlay (2003).

7.Gamelin, in Bloch (1949), p. 74n.

8.Ironside (1962), p. 172. See also Alexander and Philpott (1998).

9.Harman (1980), p. 70.

10.Gates (1981), p. 74.

11.Mysyrowicz (1973), pp. 43, 49, 155−156.

12.Alanbrooke (2001), pp. 26, 37.

13.Ibid., p. 7; Lyautey (1940), p. 14.

14.Bloch (1949), pp. 69−70; Johnson (1972), p. 145; Crémieux-Brilhac (1990), vol. 2, p. 508.

15.Alanbrooke (2001), pp. 4, 7−8, 13, 18, 20, 35.

16.Barsley (1946), p. 3.

17.Johnson (1972), p. 145; Ironside (1962), pp. 231−232.

18.Letter of February 6, 1940, in Rocolle (1990), vol.1, pp. 282−283.

19.Jackson (2003), pp. 201−206; Gates (1981), pp. 21−25; Crémieux-Brilhac (1990), vol. 1, p. 61; Frank (1994), p. 251.

20.Alanbrooke (2001), p. 18.

21.Ironside (1962), p. 313.

22.Gaulle (1998), p. 65.

23.May (2000), pp. 402−404.

24.Jersak (2000), p.5 68.

25.Jackson (2003), p. 164.

26.*Diary* (1941), p. 13; Rocolle (1990), vol.2, pp. 83−85; Richards (1974), p. 120; Crémieux-Brilhac (1990), vol. 2, pp. 657−659.

27.*Diary* (1941), p. 10.

28.May (2000), p. 432.

29.Jersak (2000), p. 568.

30.Richey (1980), p. 106. See also Richards (1974), pp. 125-127.

31.*Diary* (1941), p. 18；Ironside (1962), p. 307；Gates (1981), pp. 74-79, 125.

32.Churchill (1948), vol. 2, pp. 38-39, 42；Gates (1981), p. 124.

33.Reynolds (2004), pp. 166-167.

34.Churchill (1948), vol. 2, pp. 41-42；Gates (1981), pp. 77-79.

35.Churchill (1948), vol. 2, p. 46；Réau (1993), p. 425；Gates (1981), pp. 125-126.

36.Paul Baudoin, in Gates (1981), p. 134.

37.Jersak (2000), p. 568.

38.*Diary* (1941), p. 26；Ironside (1962), p. 321.

39.Bloch (1949), p. 75.

40.Dalton (1986), pp. 27-28.

41.Rocolle (1990), vol. 2, p. 224.

42.Lukacs (1976), p. 407.

43.Spears (1954), vol. 2, p. 24.

44.Alanbrooke (2001), pp. 67-68.

45.Bloch (1949), p. 71.

46.Rocolle (1990), vol. 2, p. 224.

47.Crémieux-Brilhac (1990), vol.2, pp. 631-632.

48.Harman (1990), p. 228.

49.Bloch (1949), pp. 20-21.

50. 数据来源于 Harman (1990)，*passim*。此数据有不同的估算，主要看是否包括早期撤离的英国非战斗人员。

51.Magenheimer (1998), p. 25.

52.Clare Booth Luce, in Gates (1981), p. 133.

53.Spears (1954), vol. 2, p.24.

54.Crémieux-Brilhac (1990), vol.2, p. 641.

55.Ibid., vol.2, pp. 337-345, 668; Gates (1981), pp. 118-119, 161; Richards (1974), p. 150.

56.Spears (1954), vol.2, p. 76.

57.Lukacs (1976), p. 406.

58.Spears (1954), vol.2, p. 188.

59.Churchill (1948), vol.2, pp. 159-160; Gates (1981), pp. 191-192.

60.Alanbrooke (2002), p. 84.

61.Gates (1981), p. 219.

62.Lacouture (1990), vol.1, p. 202.

63.Johnson (1972), p. 154; Dalton (1940), p.154; Mayne et al. (2004), pp. 99-100; Gates (1981), pp. 227-233, 517-518; Delpla (2000), pp. 515-516; Frank (1994), pp. 260-61. For the full text, Churchill (1948), vol.2, pp. 183-184.

64.Crémieux-Brilhac (1990), vol.2, pp. 696-698; Jackson (2003), p. 179; Scheck (2005), pp. 325-344.

65.Jackson (2003), pp. 179-180; Horne (1979), p. 650.

66.Full text in English, Gaulle (1998), pp. 83-84.

67.Delpla (2000), p. 505.

68.Atkin (2003), p. 98.

69.Lasterle (2000), pp. 71-91; Marder (1974), ch.5; Brown (2004).

70.我们非常感谢海军历史档案馆的 Jean de Préneuf 提供的这一信息。

71.Marder (1974), p. 277.

72.Lacouture (1984), vol.1, p. 402.

73.Marder (1974), p. 222; Bell (1974), pp. 142−143.

74.Churchill (1948), vol.2, p. 206; Gates (1981), pp. 258−261, 352−368, 555−563.

75.Ironside (1962), p. 355 (June 6, 1940).

76.Dalton (1986), p. 48.

77.Frank (1994), pp. 91−93. See also Imlay (2003), p. 363.

78.Lukacs (1976), pp. 417−419.

79.Robert Vansittart, September 6, 1940, in Jersak (2000), p. 578.

80.Gaulle (1998), p. 88.

81.Churchill (1989), p. 646.

82.Gaulle (1998), p. 104.

83.Ibid., p. 3; Churchill (1948), vol.2, p. 291.

84.Churchill (1948), vol.1, pp. 526−527; Gaulle (1998), p. 84.

85.Lacouture (1990), vol.1, p. 154.

86.Ibid., vol.1, p. 191.

87.Delpla (2000), p. 450.

88.Maurice Druon, in Mayne et al. (2004), p. 102.

89.Stenton (2000), p. 123.

90.Roy Jenkins, in Mayne et al. (2004), p. 93.

91.Cooper (1953), p. 341; Briggs (1970), vol.3, p. 230.

92.Adamthwaite (1995), p. 120.

93.Parker (2000), pp. 31−34, 43, 157.

94.Gaulle (1998), p. 92.

95.Kersaudy (1981), pp. 34−35.

96.Lady Spears, in Lacouture (1990), vol.1, p.265.

97. Egremont (1997), p.203.

98. Crémieux-Brilhac (1996), p.161.

99. Larcan (2003), p.490.

100. Crémieux-Brilhac (1996), p.65.

101. Atkin (2003), p.66.

102. Roderick Kedward, in Mayne et al. (2004), p. 132.

103. Imlay (2003), p. 16.

104. "The French Press since the Armistice", Foreign Research and Press Service, January 20, 1941. Cambridge University Library Official Publications Room.

105. Cornick (2000), p. 80.

106. Lukacs (1976), p. 408; Cornick (2000), p. 69.

107. Frank (1993), p. 315.

108. Foreign Office minute, July 6, 1940, Stenton (2000), p. 127.

109. Crémieux-Brilhac (1996), pp. 87-88, 91-92; Atkin (2003), p. 84.

110. Egremont (1997), p. 209.

111. Jean Oberlé in *Le Populaire*, November 4-5, 1944.

112. Jacques Herry 写给作者的信，他年仅 18 岁时，驾着一艘渔船前往法尔茅斯当一名志愿者。

113. Atkin (2003), pp. 158, 259.

114. Torrès (2000), pp. 182, 220.

115. Letter from Jacques Herry.

116. Crémieux-Brilhac (1996), pp. 72-75; Gaulle (1998), p. 102.

117. Churchill (1948), vol.2, p. 437.

118. Atkin (2003), pp. 257-258.

119. Stenton (2000), p. 163.

120.Ibid., p. 173.

121.De Gaulle to Major Morton, October 1941, in Young de la Marck (2003), p. 26.

122.Stenton (2000), p.198; Crémieux-Brilhac (1996), p. 305.

123.Lacouture (1990), vol.1, p. 368; Crémieux-Brilhac (1996), p. 414.

124.Cadogan (1971), p. 494.

125.Lacouture (1990), vol.1, p. 404.

126.Stenton (2000), p. 219.

127.Jackson (2003), p. 241.

128.Frank (1995), p. 471.

129.Stenton (2000), p. 170.

130.Ibid., p. 181.

131.Frank (1994), p. 256.

132.Police report, November 1940, kindly communicated to us by Professor Annette Becker.

133.Ottis (2001), p. 45.

134.Ibid., pp. 41, 160.

135.Neave (1969), *passim*; Foot (2004), pp. 87-94; Ottis (2001), pp. 22, 44-46.

136.Roderick Kedward, in Mayne et al. (2004), pp. 124-125; Foot (1978), pp. 239-245.

137.See Tombs (2002).

138.Cornick (1994), p. 319.

139.Buckmaster (1952), pp. 67-68.

140.Briggs (1970), vol.3, p. 251.

141.Ibid., p. 255; *Pariser Zeitung*, in Foreign Research and Press

Service report, May 18, 1942; Stenton (2000), p. 161; Cornick (2000), p. 77.

142.Cornick (1994), p. 322.

143.Noblett (1996), p. 23; see also "A Complete Index of Allied Airborne Leaflets and Magazines," Cambridge University Library Official Publications Room.

144.*Témoignage Chrétien*, February 23, 1945.

145. 关于抵抗运动及其与伦敦联系的著作不计其数。想要简洁的摘要，可以参考 Foot (1978) 和 Kedward，in Mayne et al. (2004)。Crémieux-Brilhac (1975) and (1996) 是公认权威的法语著作。关于SOE，Foot 于 1966 年出版，2004 年新版的作品至今仍是重要著作；也可以参阅 Mackenzie (2000) 最近出版的官方机密历史。

146.Young de la Marck (2003), p. 22.

147.Foot (2004), pp. 41-58, 222, 322.

148."A Useful Racket," *TLS* (April 27, 2001).

149.Foot, entries on Szabo and Atkins in *ODNB* (2004); Binney (2002), *passim*.

150.Foot (1978), p. 39.

151.Mackenzie (2000), p. 289.

152.Foreign Office policy statement, 1942, Mackenzie (2000), p. 265.

153.Passy (1947), vol.2, p. 167.

154.Marks (1999), pp. 390-396.

155.Frank (1994), pp. 258-259, 270.

156.Foot (2004), p. 388.

157.Ibid., p. 217.

158.Young de la Marck (2003); Buton (2004), pp. 85-86, 93-95; Crémieux-Brilhac (1996), pp. 778-782.

159.Foot (2004), pp. 421-424.

160.See his recently published memoir, Hue (2004).

161.Alanbrooke (2001), p. 554; Kersaudy, (1981), p. 346.

162.Gaulle (1998), p. 557. 英国官方的记录没有那么诗意，见Kersaudy (1981), p. 343。

163.Keegan (1983), p. 188.

164.Foot (2004), pp. 386-387.

165.Lacouture (1990), vol.1, p. 575.

166.Mackenzie (2000), pp. 584, 598.

167.Castetbon (2004), p. 168.

168.Muggeridge (1973), vol.2, pp. 210-215; Carrington (1988), pp.53-55.

169.Carrington (1988), p. 57.

170.*Instructions 1944* (2005); Footit (2004), pp. 24-26, 45, 63.

171.Cobb (1998), p. 28.

172.Kersaudy (1981), p. 369; Cooper (1953), p. 341; Gaulle (1998), p. 723; Nicolson (1967), p. 412.

173.*Résistance*, September 5, 1944 and January 2, 1945.

174.Frank (1994), p. 244.

175.*Libération*, April 5, 2004.

插曲：法国人跟莎士比亚——另一场法国大革命

1.Pemble (2005), p. 133.

2.Ibid., p. 119.

3.Ibid., p. 141.

4.Léon Daudet, in Ibid., p. 63.

5.Pemble (2005), p. 155.

6.Ibid., p. 163.

7.Morse (2002), pp. 4-5.

8.Ibid.；Pemble (2005), pp. 69, 92.

第四部 重振

甜 蜜 的 世 仇
英国和法国，300 年的爱恨情仇

[英格兰人]是群精疲力竭的人。他们得自己打起精神。

——*夏尔·戴高乐，1964 年* [1]

半个世纪以来，有个疑惑一直缠着我们：我们还是个伟大的民族吗？

——*法国总理爱德华·巴拉迪尔（Édouard Balladur），1994 年* [2]

第二次世界大战与冷战，终结了欧洲内部三个世纪以来的战争与帝国争霸。上位者与民众心甘情愿用一种对和平、繁荣与合作的"维纳斯式"①（Venusian）奉献，取代民族主义的狂热；迨苏联解体后，这种精神更是延伸到大半个欧陆。但有两个重要的例外：法国与英国并未抛弃战神马尔斯（Mars），也还没习惯自己的角色重要性缩水。两国继续索求与众不同的权利（甚至声称自己拥有不同于他国的长处），并承担相应的责任。两国的政治人物与民众显然忧心于国家的衰落。这样的情绪，在英国经常表现为充满酸味的自贬，在法国则是爆棚的自我肯定。遏止衰落的渴望，有助于两国撑过无可否认的改变。咸认法国与英国在经济、社会或政治上江河日下，但从 1958 年戴高乐再度执政以及 20 世纪 80 年代的撒切尔年代以来，两国便已不再如此。它们在财力、权力与人口上趋向一致，但重新振作时采取的却是不同路径。两

---

① 维纳斯也就是金星。在霍尔斯特的《行星组曲》中，金星是象征和平的和平之神。同理，下文战神马尔斯也同时指火星。——译者注

国仍然在欧洲内外同时扮演着要角,至于谁领头,两国也经常互不相让。这种共同的态度,不时让《挚诚协定》重新浮现,六十多年来也定期有建立伙伴关系的呼声。只是,两国的野心导致的竞争通常多于团结。可以稳稳地预测,未来任何一方仍将向另一方寻求必要的协助,也将一直找对方麻烦,在充分的友好表示与传统的恶言相向间摆荡。

第十三章：寻求定位的失落帝国

悲剧的一切原因，在于我们与戴高乐几乎事事意见一致。我们喜欢戴高乐所喜欢的政治欧洲［多祖国的联盟（union des patries）］。我们反联邦，他也是。我们在本国的经济规划上态度务实，他也是……但他的自负、他与生俱来对英格兰的恨意……最严重的是他对法国的强烈"虚荣心"，非要让她做主——让我们一半欢迎他，一半讨厌他，一种奇怪的"爱恨交织"情结。

——英国首相哈罗德·麦克米伦（Harold Macmillan），1961 年 11 月 29 日 [1]

我们世世代代最大的敌人不是德国，而是英格兰。从百年战争到法绍达，她难得不跟我们作对……她想阻止我们成就共同市场。的确，她在两次世界大战期间是我们的盟友，但她天生见不得我们好。

——夏尔·戴高乐，1962 年 6 月 27 日 [2]

丘吉尔与戴高乐分别在 1945 年 7 月与 1946 年 1 月下野，表明他们的选民希望尽快收割和平的果实。但两国继任的政府却远不愿减少野心。它们渴望为伙伴关系赋予新动力、加以深化，好让它们能一同领导、捍卫欧洲，应付苏联可能带来的威胁、美国的撤出或美国霸权。我们将会看到，两国在与德国、美国及阿拉伯世界的关系问题上出现了真正的意见分歧，让它们的伙伴关系瓦解。关系的瓦解则让两国在欧洲以外实力大减，一场以它们自己的形象塑造欧洲的斗争也就此开始，这场斗争至今仍在延续。

欧洲远景，1945—1955 年

按照法国人的主张行事——先提出承诺，接着期待细节会自己办妥——很可能会导致极大的失望。

——英国外交部公文，1950 年[3]

英国人普遍认为自己的国家不知怎的，错失了战后的大好机会：国家领导人追逐过时的帝国荣耀，或幻想与美国建立特殊关系，拒绝领导欧洲，从而错失了对"欧洲建构"形成时期的掌控。用托尼·布莱尔[①]的话来说，"英国政界在那个还有脱水蛋粉与海外帝国的几乎遥不可及的年代仔细打量欧洲，结果紧抓着无关紧要的假设和为人遗忘的陈腐口号……导致没有通过考试"。[4] 有这种看法的人，有些相信欧洲必然会稳定走向统一，因此目标应该是这个方向；另一些人则认为应该将之导向不同方向。但这只是想象。英国的政策制定者既不盲目，对于正在发生的事情也并非漠不关心。英国确实有成为欧洲领袖的宏大目标。但历史学家艾伦·米尔沃德（Alan Milward）话说得直接，"欧洲可没求人领导"。那种认为英国能够掌舵的看法"充斥着民族主义的设想"，

[①] 托尼·布莱尔（Tony Blair），英国工党政治家，1997—2007 年担任英国首相。——译者注

它的误导性"丝毫不亚于"相信英国仍为世界强权的看法,"甚至危害更甚"。[5]

1945—1950年,性格豪爽的工会老将欧内斯特·贝文担任工党外相。他想建立一个"西部联盟"(Western Union),以法国与英国的伙伴关系为中心,将荷比卢三国、斯堪的纳维亚与民主化的德国拉进来,再跟英国、法国、比利时的非洲殖民地和独立的英联邦国家相联结。他相信,此举创造出的共同体,在经济与军事上的行动将能与美国平起平坐,并足以对抗苏联。贝文希望得到美国的保护,以抵抗红军,但这只是为了"争取时间",直到"西欧国家同时独立于美国与苏联"。他希望在四五年内,让美国人"对我们百依百顺"。[6]法国政治人物(尤其是在德国集中营中幸存的社会主义者莱昂·布鲁姆)大致上接受这种观点,也愿意跟随英国的领导。布鲁姆协商出第一步——法国与英国签订《敦刻尔克条约》(Treaty of Dunkirk, 1947),他跟贝文选择这个地点,以显示旧盟约重生。下野的戴高乐对此表示反对。《布鲁塞尔条约》(Treaty of Brussels, 1948)纳入荷比卢三国,承诺在经济事务上"和谐一致",并采取共同的社会与文化政策。英法联合领导野心勃勃的、外向欧洲的前景,似乎已水到渠成。贝文期待共同市场与共同货币,相信"我们已建立英格兰与法兰西的联盟"。[7]但逆流却沛然莫之能御。

英吉利海峡两岸的经济利益有所分歧。自18世纪以来,两国经济逐渐互补:法国购买英国的煤矿与机械,英国购买法国的农产品和奢侈品。英国向来是法国最大的出口市场。但华尔街崩盘、20世纪30年代的恐慌保护主义与接下来的战争,让两国的交易减少,甚至停止。和平并未使两国恢复往日关系。事实证明两国经济无法协调,毕竟工党奉行撙节政策,以控制通货膨胀为目标,与法国出口导向的现代化政策相悖。如今已为人遗忘的两起事件，点出了双方分道扬镳的事实。1947年的寒冬，暴风雪瘫痪了交通与工业，经济危机带来威胁，巴尔干与巴勒斯坦也爆发问题，欧洲缺少煤炭，而煤炭供应了超过80%的基础能源需求。英国因此暂停将煤炭输往法国，造成严重的经济乱象。这"几乎与1940年的心理崩溃一样严重"。[8]时局将欧陆煤矿供应推向整合的最初几步，英国的煤矿被德国煤取代。两年后的1949年，英国没有提前警告法国便让英镑贬值，重创法国出口业。德国取代英国的地位，成为法国的主要贸易伙伴。此外，英国购买的商品仍以传统商品（时尚商品、红酒、烈酒）为大宗，德方采购品项（汽车、化学材料、电器产品）则有助于迅速现代化，而法国早已在过程中产生转变。

一种深远的政治歧见也开始浮现——罗伯特·弗兰克称之为"法国人对德国人的执念，以及英国人对美国人的执念"。[9]对法国人来说，德国纵使在经济上不可或缺，却始终是潜在的敌人与威胁——这种根深蒂固的信念，是以80年内的三次战争与三次入侵为基础的。他们拒绝接受德国有可能成为盟友的建议。1945年，戴高乐曾要求鲁尔区与莱茵兰从德国脱离（1918年的回声），同时控制莱茵兰的煤矿，好让法国取代德国，成为欧洲最主要的钢铁生产国，借此限制德国未来重新武装。但英国人与美国人认为苏联是更大的威胁。他们决定维持德国的西部国界线，恢复其经济，成为欧洲经济复苏的火车头。两国倾向认为，新成立的联邦德国假以时日将成为盟友的一员。他们承诺保障法国的安全，但法方想起20世纪20年代的往事，认为盎格鲁-撒克逊人的保证并不足够：美国有可能再度从欧洲抽身，一旦如此，英国也会跟进。法国人得找另一种控制德国的方法，而这一直是其欧洲政策的出发点。

苏联解放捷克斯洛伐克、施压斯堪的纳维亚与德国,引发的危机导致1948—1949年的柏林封锁与空中走廊。英国与法国军事高层会面,制订应变计划以防苏联入侵,这时双方只能就是否应立即撤退至敦刻尔克,或是更远地撤退到比利牛斯山争论。[10]贝文建立独立欧洲的想法前途渺茫。伦敦与巴黎皆断定,美国的保护在可预见的未来是不可或缺的。贝文渐渐认为英国的角色不是法国的伙伴,而是欧洲与美国之间的"枢纽"或桥梁。《北大西洋公约》(North Atlantic Treaty,法国是主要倡议国)于1949年4月签订,一开始仅为期10年。但条约中有一项条款,让联邦德国得以在适当时间加入。法国人虽然忧心忡忡,但仍被迫接受盎格鲁－撒克逊人的欧洲安保观点。

法国人对于德国军事复兴、盎格鲁－撒克逊人可能的遗弃始终感到恐惧,这加深了他们收紧对德控制的渴望。自从阿里斯蒂德·白里安努力在20世纪20年代达成和解以来,超国家的欧洲控制便成为人们熟知的概念,此时也为法国人提供了解答。也就是说,法国人的恐惧(事后看来并没有根据)对欧洲一体化有决定性的影响。20世纪20年代起,便有许多力陈欧洲统一的呼声——心地高洁者有之,怪人有之,精打细算者亦有之。法国哲学家朱利安·班达(Julien Benda)在1933年写道:"欧洲不会只是经济转变甚至政治转变的结果,唯有接受一套道德与美学价值体系,欧洲才能真正存在。"[11]英国也有态度积极的联邦论者,若干先驱(乍看之下颇令人意外)也是颇有远见的帝国主义者。作家吉尔伯特·基思·切斯特顿、托马斯·斯特恩斯·艾略特与克莱夫·斯特普尔斯·刘易斯(Clive Staples Lewis)等基督教反现代主义者,呼吁建立"一个由类似威塞克斯(Wessex)与皮卡第的单位所组成的超民族国家"。[12]即便在比较低的层级,也有钢铁业同业联盟与推行关税同盟的行动。战争为这类构想提供了强大的推动力，同时影响右派与左派。对某些人而言，纳粹拥护"欧洲"主题之举非但没有使之蒙尘，反而进一步证明独立国家的年代已经结束。就费边社（Fabian Society）主席乔治·道格拉斯·霍华德·科尔看来，"一堆意志不坚、半吊子的社会民主党员……还相信他们各自陈旧的民族国家是'独立的'。与其被他们统治，还不如给斯大林统治"。[13] 人们在1929年与1945年共同经历的灾难，创造出一股克服过往敌意、从头再来的渴望。对于20世纪30年代经济萧条的记忆及战时经济管制的经验，让战后岁月成为中央集权与总体规划的高峰期。不光"白厅要人"，连巴黎、波恩、莫斯科与卢森堡要人仿佛都知道该怎么做。冷战与去殖民化似乎将带来贸易障碍、地区性联邦与超国家组织。一流的工党知识分子哈罗德·拉斯基（Harold Laski）在1944年预测："民族国家时代……就经济上而言已经结束，现在是以大洲为单位：美国、苏联，接着是中国与印度，最后则是非洲……这场战争的真正教训是，我们应该让全欧陆结为同盟，不然就会窒息而亡。"

多数的愿景后来都消失了，像是泛非主义（pan-Africanism）、泛阿拉伯主义（pan-Arabism）、欧洲防务共同体（European Defence Community，20世纪50年代的规划，由一个欧洲准政府控制欧洲的武装力量）与欧洲政治共同体（European Political Community，1952），有一些则留了下来。对于留下来的组织而言，理念与外交及经济上的需要相比，影响力远远不如。但欧洲一体化的理想面，确实是让通常相当龃龉的协商有了一点光彩，也让欧洲煤钢共同体（European Coal and Steel Community）这类很难鼓舞人心而平平无奇的经济组织得到了一批热情支持者。相关组织打造起源神话，凭借后见之明，将过去出于实际考虑推行而且相当杂乱无章的初步措施，诠释为注定朝统合前进的发展。这种信念的主要意义在于方便扩大成员总数，而成立于难以重现的20世纪50年代环境中的各个组织，也必然因此彻底转变。[14]

在英国与法国内部，民间与政界都有人抵制联邦主义。两国皆拥有强大的代议政府传统，不久前还在捍卫国家独立；两国也都保有帝国或英联邦的联系，对外人的干预都只感到怀疑。更有甚者，对英国来说，整合有悖于其庞大的经济利益。伦敦因此坚持推动公开的跨政府组织，例如欧洲经济合作组织（Organization for European Economic Cooperation）、欧洲理事会（Council of Europe）与西欧联盟（Western European Union），避免超国家或联邦机构。但法国人对于置身于潮流外比较没信心。巴黎在与英国的紧密同盟以及和欧陆伙伴国更整合性的战略间摆荡。古老的恐惧成了决定因素。一定程度的整合，将能防止法国被别国抛弃（就像20世纪20年代）、独力控制德国，而且或许能诱使德国放弃其主权中的关键部分。若干政治人物与官员（特别是有区域主义、天主教与工会背景者）渴望建立超国家的非政治实体。让·莫内则相信唯有强大而无须负责的行政机构，才能采取迅速而决定性的行动。舒曼计划［Schuman Plan，由莫内起草，再由法国外交部部长罗贝尔·舒曼（Robert Schuman）于1950年推动］为中立的专家提供"最高权力"，以控制联邦德国、法国与荷比卢的煤矿和钢铁业。此外，计划还加上一个部长会议、一个法院与一个代表大会，以提供一定合法性与理想性——"幻觉与梦想"，一位法国部长这么对贝文说。这项措施虽然没有贝文的世界主宰愿景那么恢宏，但仍然需要"艰难甚至残酷"的协商。美方施加强大的压力，以促成结果。所有参与的政府中，美国是到当时为止对超国家机制最热切的一个。

因为，有些事情似乎重要到不能受制于不稳固的欧洲民主国家，在这些事情上，美国需要一个可以合作的有效经济伙伴与冷战伙伴。[15] 欧洲人虽然少了几分热情，但也看得出被其吸引："对法国人来说是面方便旗①；对意大利人来说，这正投罗马政府所好；对德国人来说，是条求之不得的活路；对荷比卢国家来说，则是个比受到强大邻国宰制更好的选择。"[16] 对政治人物来说，超国家权责单位成了一种把不受欢迎的决策（关闭煤矿）和昂贵的负担（农业补助）推给别人的方法。《巴黎条约》（Treaty of Paris，1951年4月）签订后，欧洲煤钢共同体随之成立，内容明确承诺最终将走向政治统合。

艾德礼的工党政府并未加入。人们经常认为，英国没有从一开始就参与欧洲一体化，不仅是一次历史性的挫败，也是英国外交与国内政局超过半个世纪不断因"欧洲"而两难的起源。此外，法国也因此得以在欧洲内部取得政治领导地位，并保持至少40年，堪称贯彻决心后一次前所未有的胜利。为了踏出勇敢的一步，舒曼与莫内在美方的支持下行动。贝文告诉美国国务卿迪安·艾奇逊（Dean Acheson），英国不会为了在欧洲承担"责任"而限制在其他地方的利益。五天后，艾奇逊便敦促舒曼为了法国接下"欧洲领导权，解决这些问题"。[17] 贝文非常生气，认为这就像法国与美国共谋。英国人对超国家机构充满疑虑，据说贝文称之为"装满特洛伊木马的潘多拉盒子"。工党的全面国有化政策（尤其是煤与钢的国有化）意味着政府与工会不愿意将不久前获得的控制，交给卢森堡某个不用对他们负责的单位。内政

---

① 方便旗指船东因躲避规范或降低成本之故，将自家船只登记为他国国籍的做法。——译者注

甜 蜜 的 世 仇
英国和法国，300年的爱恨情仇

大臣赫伯特·莫里森（Herbert Morrison）的知名声明——"达勒姆的矿工决不会容许"就是这个意思。[18]

英国处境确实艰难。自20世纪30年代以来，英国贸易已经转移到欧洲之外，来到美国、海外帝国领土与英联邦国家（尤其是后两者），并以英镑支付和关税特惠促进贸易发展。英国进口廉价食品，出口工业制品。到了1950年，欧洲（虽然市场在恢复）只占英国出口量的10%，英联邦与殖民地却超过50%。澳大利亚在经济上对英国的重要性，等于"六国"（the Six，煤钢共同体成员）①的总和，新西兰也比联邦德国重要。这显然不正常——欧陆市场距离近、规模大，如果市场更为自由，自然会吸引贸易，英联邦国家的贸易也会多样化。假如欧洲出现贸易壁垒，英国长期下来必然受到伤害，但英国也无法承受失去对英联邦的贸易。此外，当时的欧洲似乎太容易受到苏联影响，因此不适合作为英国经济支柱。这种疑虑并非英国独有的现象：比利时外交部部长（也是未来的"欧洲之父"）保罗－亨利·斯巴克（Paul-Henri Spaak）认真考虑过比利时与荷兰是否应申请加入英联邦的问题。[19] 开放的"单一世界"贸易体系向来是英国人的雄心壮志。最糟的结果就是英国孤立于保护主义的欧洲和关注国内的美国之间。除了会酿成经济灾难之外，孤立还会损及英国的影响力与威望，而这对白厅向来关键：英国恐怕会全盘皆输，在欧洲毫无力量，在英联邦中声势大减，对华盛顿无足轻重。

20世纪中叶，法国与英国走在平行的道路上。两国都希望采取独立的军事方针。两国都有世界性的利益。两国都希望维持帝国的

---

① 六国指法国、联邦德国、意大利、比利时、荷兰和卢森堡。——译者注

角色。在欧洲事务上，两国都反对联邦制。1955年，荷兰与比利时坚决要求成立委员会，由斯巴克主持，研究欧洲一体化的进一步措施。此时两国也都持怀疑态度。在斯巴克的会议上，法国代表向他的英国同僚保证，法国只会在一种情况下接受进一步的整合："即联合王国同样参与其中，或是以某种方式密切相连……倘若联合王国不表赞成……法国也不会跟进。"驻巴黎使馆相信法国国会持类似的立场。因此，英国代表从委员会中离席，正如一位外交部官员所说，他深信"法国延缓的脚步能阻止六国高速往前冲"。[20] 也就是说，英国的策略——与欧洲在经济上"打交道"，同时维持全球联系的做法——有赖法国的支持。一场场的帝国危机，似乎让这样的支持比以往更加稳固。

帝国溃败：1956年

战争让英国与法国有了期待维持帝国角色的新理由。两国都想壮大自己的声势。两国都需要殖民地贸易与资源。两国皆以对抗共产主义为目标。因此，两国愿意保持若干程度的合作，只是不时认为对方的存在令人恼火。但两国的策略并不相同。海外帝国领土向来是自由法国的支柱。戴高乐在1943年立阿尔及尔为其首都；殖民地部队曾协助解放巴黎；法国受损的名声也让维持帝国势力成为感受深刻的重责大任。相形之下，英国很清楚帝国防务带来的战略与金融负担。两国也有长期存在的意识形态差异。根据共和传统来看，法国帝国主义是种解放，解放未开化的民族，仿佛1789年的革命解放法国农民一样。这就需要他们接受法国的价值与文化。放弃这项"教化使命"，不但是法国这个国家的失败，也是法国进步理念的挫败。他们减轻不满的方式不是去殖民化，而是更新帝国的结构。1944年，戴高乐召开布拉柴维尔会议（Brazzaville Conference），会中宣布"教化使命的目标……不包括任何自治的想法，也不考虑任何需要在法兰西帝国以外发展的可能性"。独立的要求被谴责为反动。大英帝国主义就连在最热切传道的时候，也从不曾如此野心勃勃。大英帝国主义志在现代化、维持和平、确保通信与贸易，并且在必要时吸收合作的当地统治者。但英国人很少试图取代当地文化，或是吞并领土、人民为大不列颠所有。大英帝国主义不曾认真试图阻止移垦殖民地自治。因此，一般人也接受帝国自然发展到最后就是一个关系自由的英联邦。若以比较犬儒的角度看，一旦帝国变得无利可图、不受欢迎或不可能维持时，这种英联邦理念等于提供一种放弃帝国的体面方法。地理与现实因素当然也很重要。印度版图之大，就连最顽强的帝国主义者都知道无法以武力维系。但印度支那的情况就没有那么明显。由于距离近的关系，把阿尔及利亚想象成法国的一部分，确实比肯尼亚之于英国更容易。结果，英国愿意接受逐步去殖民化的过程（工党政府执政也有很大的影响）。法国即便在社会主义政府执政的情况下，都不愿接受。

伦敦与巴黎在解放后的第一次争执，再度因叙利亚与黎巴嫩而起，而欧洲与亚洲在当时仍在激战。法国宣称自己对当地有特别的权利，戴高乐指控英国人以肆无忌惮的做法，试图将法国人挤出这个地区。对于未来发生的事，黎凡特是个不祥的征兆。法国决心重获对印度支那与北非的权力，但这跟地方民族主义者的期待相冲突，他们认为1940年的失败，就是法国统治告终的开始。阿尔及利亚第一次爆发大规模动乱，就发生在1945年5月8日的欧战胜利日（VE Day）纪念活动中,这并非巧合。尽管英国人在1944—1945年帮助法兰西帝国重新立足(例如用船把法军载往叙利亚与印度支那),但他们对于印度支那与阿尔及利亚逐渐成形的全面殖民战争越来越反对。法国人决心在印度支那继续作战下去(日渐得到美方支持),而非协商出一套解决方案。在伦敦看来,此举不仅无望,而且会让整个地区动荡不安,尤其是经济地位重要的马来亚——英国人成功挫败当地的共产主义运动,其保证当地独立的承诺在此过程中起到了一定作用。印度支那的最终灾难(一如英国人预料),发生在1954年5月——大批法军在奠边府阵亡或被俘。奠边府一役带来了协商,英国首相安东尼·艾登担任中间人,7月时在日内瓦达成协议。阿尔及利亚又是另一回事。法国人眼中的阿尔及利亚,相当于把印度、爱尔兰、澳大利亚与南罗得西亚(Southern Rhodesia)对英国人的重要性加总起来:阿尔及利亚是他们的帝国冠冕,是国内激烈争执的原因,是他们最大的一个殖民地,也是一群桀骜不驯的移民的家园。更有甚者,阿尔及利亚为法国提供石油、天然气以及核试爆空间。

自1955年以来,阿尔及利亚动乱变得益发激烈,波及范围日广。这起事件也严重影响了法国与英国的关系。英国人认为法国人太过固执己见。英国人正试图通过支持依附国家,以维持阿拉伯世界和平——法国人对此气愤批评——而法国人的行动正伤害西方国家(尤其是英国)与阿拉伯世界的关系。艾登虽然亲法,却仍愤怒宣称法国人是"我们在中东的敌人",尤其是因为法国支持以色列——英国人认为此举会使局势不稳,恐怕还会让英国为了保护其附庸约旦,而卷入一场与以色列的战争。英国拒绝供应直升机于阿尔及利亚使用,也不允许该国镇压动乱的专家杰拉德·坦普勒(Gerald Templer)将军根据马来亚经验提供建议。不过,阿尔及利亚对法国与英国关系最主要的冲击,在于间接引发了两

甜蜜的世仇
英国和法国，300年的爱恨情仇

大帝国暮年最戏剧性的事件：苏伊士运河危机。

身受民众爱戴的埃及领导人——陆军上校贾迈勒·阿卜杜勒－纳赛尔（Gamal Abdel-Nasser），让法国与英国暂时搁置了彼此的歧见。他志在摧毁西方（主要指的是英国）在中东的势力。他也支持阿尔及利亚对法国的抵抗，提供武器（有些是英国制）、训练与政治支持。1956年7月，他下令将苏伊士运河收归国有，而这条运河原本由一家国际公司营运，股权多半掌握在英国与法国手中。除了实际影响之外，此举对伦敦与巴黎也是公然的反抗，是针对两国在阿拉伯世界声望的刻意打击。因此，法国与英国有了共同敌人。

两国的首相——保守党的安东尼·艾登与社会主义者居伊·摩勒（Guy Mollet）——是百年来首对愿意使用且能流利使用彼此语言的领导人，而且都希望强化彼此的同盟关系。摩勒原本是英语老师，出身于传统上亲英的新教徒背景。艾登则是彻头彻尾、至死不渝的亲法派。他热爱法语文学，搜藏的画作包括让－巴蒂斯特－卡米耶·柯罗（Jean-Baptiste-Camille Corot）、莫奈、德加、保罗·塞尚（Paul Cézanne）与乔治·布拉克（Georges Braque）的作品。战争期间，他为戴高乐向美方与丘吉尔辩护，至于法国在战后获得的认可——包括联合国安理会永久席位，他的贡献远比其他任何个人都多。[21]艾登欣赏他的法国同僚，其中好几个都有抵抗运动背景。对于摩勒，他说"我从未在其他任何人处，得到比他更完整而忠实的理解"。[22]偏偏这也会增加风险：海峡两岸一贯对彼此的疑虑，恐怕也会让人更加审慎。

历史的号角在两国首都吹响，两国政府都想象自己正面对另一次慕尼黑事件，纳赛尔扮演希特勒——这是"慕尼黑"第一次成为现成修辞。虽然情况确实相当危急，但双方还是过于夸大了。法方相信阿尔及利亚动乱与紧接而来的印度支那之败，会威胁法国的自尊、地位与国内稳定，但若没有纳赛尔的帮忙与鼓动，他们是可以镇压动乱的。他们反过来跟美国人打包票，表示若不阻止动乱，整个非洲都会拱手让给共产主义。[23] 英国人相信自己在中东的霸权面临存亡关头，以英镑支付的便宜原油供应也随之受到威胁。白厅估计，如果用美元购买石油，其经济体每年将额外支付5亿～7亿美元，这将导致经济瓦解。英国的黄金储备将会消失，英镑区会解体，英国人将无法支付军队开销——"一个国家要是不能提供国防所需，就会亡国"。[24]

1956年9月10日，摩勒前往伦敦，重提1940年时建立英法联盟的想法，希望法国（或许还有比利时、荷兰与挪威）能加入英联邦贸易体系。虽然白厅大加反对，但艾登仍然热情响应。别的欧洲国家从来不曾两度考虑自愿缔结政治联盟。此举显示法国左派多么渴望与英国维持特殊关系。记得这种做法的人不多，至多认为结盟只是古怪。不过，假使苏伊士危机以不同方式落幕，或许两国在欧洲历史转折点上至少会象征性地联结。法国与英国必然将在关于欧洲共同市场的谈判中采取统一立场，谈判成果将在数月之后以《罗马条约》的形式确定下来。简言之，英国与欧陆在接下来半个世纪中的关系，是在塞纳河畔以及尼罗河畔决定的。

当白厅上下为埃及干着急时，奥赛码头想出了一项大胆的计划：以一次入侵除掉纳赛尔。他们提议将自己的武装部队交由英国人指挥。此举并非表示对英国人带兵更有信心，完全不是，这只是一种把他们绑在一起联合行动的手段。但英国人有个问题（法国人却显然无此困扰）：纳赛尔有合法的权利将运河收归国有。王室司法官员表示"我们处在极坏的境地"。[25] 幸好大法官想出办法绕过联合国宪章。但风险依旧存在，纳赛尔可能会提出让步。对此，法方还是有答案：他们的以色列朋友会进攻埃及，法国与英国远征军便能介入，把双方隔开，并保护运河——再找某个更听话的人取代纳赛尔。紧张兮兮的艾登派了两名官员，到巴黎郊外一间私人房子里和法国人、以色列人秘密会面。等到他们带着一纸书面协议归国时，艾登大为崩溃——他不希望有任何白纸黑字的东西。武装干涉部队集结之慢令人咋舌。指挥官是个新西兰人，他担心法国人"暗中做了很多事"帮助以色列人。艾登警告摩勒，类似的举动将"有损于……我们作为调停人的角色"[26]——法方绝对会认为这话是英格兰伪善作风的典型实例。在这些明显的秘密活动中，美方一再警告不要动武。但艾登认为，只要事实既成，他们就会默许。

1956年10月，以色列部队越过边界。埃及空军尚未升空便全军覆没。11月5日，联军抵达塞得港（Port Said）。苏联出言威胁，但两国并未严肃看待。强大的美元是另一个问题。人们卖掉英镑，英格兰银行正流失其黄金与美元储备，而储备量太少，无法应对这个情况。1956年10月时，美元与黄金储备有22.4亿美元。央行认为至少要有20亿美元，等于只有2亿4 400万的缓冲，但光是在苏伊士行动的前两天就损失了5 000万美元。简单的加减乘除就能看出英镑的危机——可能的货币挤兑、英镑区的崩溃、英国断送商业地位——几天内就会发生，除非美方以美元提供贷款。人人都以为美国会像过去一样借钱。但美国总统德怀特·艾森豪威尔（Dwight Eisenhower）对于遭到忽视与欺瞒感到震怒，表示"他看不出一个不值得信赖的盟友有多少价值，支持他们的必要性恐怕没有他们以为的那么大"。[27] 为了维持、增加英镑的使用性，英格兰银行已经在不久前的1955年2月，让部分的英镑可以与美元互兑。正是这个举动，让英国无法承受美方压力，而法国却能无视之——法国货币不能跟美元互兑。财政大臣哈罗德·麦克米伦告知内阁，英国即将面临英镑危机。华盛顿的借款条件是立即停火，并迅速撤回英法联军。一位驻华盛顿的英国外交官写道："他们似乎打定主意，把我们当成得受点教训的坏小子，这样才会知道得到保姆允许之前不可以自己出去玩。"[28]艾登在11月6日下午4点致电摩勒。摩勒的外长克里斯蒂安·皮诺（Christian Pineau）与联邦德国总理康拉德·阿登纳（Konrad Adenauer）碰巧也在房间里。艾登告诉他们，英国担心英镑面临挤兑，而且艾森豪威尔坚持在12小时内停火。摩勒劝他以撑待变，部队则继续推进。艾登回他说已经太迟了：他在没有与法方商讨的情况下同意了美方的要求。皮诺"猜想摩勒的感受……对于一个热情拥护英法结盟的人来说，在这种处境下被人抛弃可是重重一击"。[29]阿登纳建议，接受失败才是明智之举。"欧洲"，他补了一句，"将为你复仇"。

苏伊士事件在英国、法国以及在两国相互的关系上掀起涟漪。英国的世界观以与美国的伙伴关系、英联邦的领导地位、英镑的国际角色、中东地区的霸权以及与法国的相互理解（从而影响欧洲）为基础，环环相扣。这件事情让他们的世界观面临全面瓦解的危机，偏偏美国持否定态度，英联邦意见分歧且无能为力，英镑则是致命伤；中东霸权崩解，埃及表示敌意，伊拉克发生民族主义革命，区域不稳日益严重。事实证明，英国与法国的盟友关系实力不足。更有甚者，英国政治圈（包括执政的保守党）因为苏伊士而分裂：艾登的继任者哈罗德·麦克米伦旋即让世人明白，政界没有不计代价维持世界角色的意思。当时的政治气候是迅速去殖民化，并放弃以世界大国自居的做法。英联邦关系是重建了，但意义已然生变：政治人物再也不认为英联邦国家是获得权力的工具；事实上，某些人更视之为疲弱的源头。

苏伊士事件对法国影响远比对英国更大：经历此事之后，法国"再也不同了"。[30] 法国与英国一样面临自身实力的极限。艾森豪威尔让英国乖乖听话，区区一通艾登打来的电话对法国也有一样的效果。懦弱的阿尔比恩再次让法兰西失望了。法国失去中东地区仅剩的据点，包括150年间在埃及设立、曾经在旧埃及统治阶级与法国之间建立文化亲和力的文化机构。不过，相较于英国人的悔不当初，法国人对于这次耻辱的反应却是绝不原谅、绝不放弃。苏伊士事件后1个月，法国政府便订购钚原料，供核计划使用。当局决心不计代价赢得阿尔及利亚战争。摩勒决定派遣应征兵员到北非，最后有40万法军在阿尔及利亚服役。军队再也不愿意让政治人物像印度支那与苏伊士的情况那样接受挫败，于是采取无情的措施。最终的结果却是一场兵变，让戴高乐成为拯救阿尔及利亚、阻止内战的人，继而在1958年5月重新执政。但戴高乐和艾登的继任者麦克米伦有志一同，认为再也不值得为帝国主义付出，接着在1962年撤出阿尔及利亚。他将心力转而投注在改造法国，以及扭转法国与欧洲、与世界的关系上。

苏伊士让英国人与法国人有必要重新评估与彼此、与美国以及与欧洲的关系。伦敦与华盛顿急着想修复关系。英国人的反美情绪虽然一度高涨，但威斯敏斯特意识到艾登过于鲁莽了，也意识到美方可以说是对的。1957年的英国国防报告论定："若要在地中海或远东地区打一场规模有限的战争，联合王国只能在与美国合作的情况下行动。"[31] 法国人觉得自己被排除在重修旧好的范围外，对盎格鲁－撒克逊人只顾自身的不满也自然被证明是有道理的。一位英国外交部官员说（幸好不是对法国人说），英国跟法国的盟友关系就像是失意的追求者上窑子:"美国是他爱的女人,法国则是妓院。"[32] 对英国人而言,苏伊士事件证明美国才是其国家安全、力量与利益的靠山。对法国人来说,苏伊士事件证明美国绝不是那座靠山。这自然导致两国对"欧洲"的诠释不同。

英国与法国都需要欧洲作为两国萎缩的全球力量的经济后盾与政治后盾。英国想要一个以欧洲为中心的广泛自由贸易体系。摩勒接受了阿登纳的提议——让欧洲"复仇",在苏伊士事件后几周便解决了法国与联邦德国的分歧,并开始接受更超国家的架构。《罗马条约》因此在1957年3月签订,欧洲经济共同体(European Economic Community,简称EEC)随之成立,承诺"更加紧密结合"。法国可望领导之,以平抚苏伊士之耻。苏伊士的惨败因此造成"两个古老的民族国家走上各自不同的道路……此后再无英法同盟。法国惴惴不安,在没有英国作陪的情况下走向共同市场"。[33]

"没有汽油了"的告示:苏伊士运河危机导致法国与英国同时出现用油短缺。

欧洲的复仇，1958—1979 年

我要她一丝不挂。

——夏尔·戴高乐[34]

他嘴里说欧洲，心里想法国。

——哈罗德·麦克米伦，1961 年 11 月[35]

人们常说，经过苏伊士的震撼教育，英国与法国都面临选择，看是在整合中的欧洲扮演某个声势稍减但有存在感的角色，还是徒然尝试紧抓着权力消失后的一鳞半爪不放。看到这两种选项的人，必然会认为法国选了条康庄大道。不过，这种分析会让人误会，仿佛暗示"欧洲政策"对法国来说意味着告老还乡，有如过去的德国与意大利。对法国来说，"欧洲"并非全球角色的替代品，而是扮演全球角色的手段；"欧洲"并非分享主权的手段，而是强化权力的方法。巴黎因此加速其核计划，操作欧洲市场与资金以巩固法国对非洲的新殖民影响力（让人想起欧内斯特·贝文此前的梦想），并且放大自己在全球事务中的音量。英国也认为投入欧洲不是退隐，而是维持对华盛顿与英联邦国家影响力的必要之举。这种非常类似的目标，让竞争难以避免。麦克米伦就认为戴高乐只是想在山中称大王。

苏伊士事件后，法国与英国的关系在数年间彻底发生转变：法国占了上风——这是自 19 世纪 60 年代甚至是 1812 年以来的第一次。这样的情况持续超过 30 年。苏伊士事件前，法国政府鲜少考虑在没

有英国支持的情况下，于欧洲内外采取重要行动，而英国人也将此视为理所当然。随着戴高乐回归，通过政治自信与相对优秀的经济表现两相结合，形势无疑有了改变。这也贴近政治圈、媒体界与舆论对于两国走向的一般看法。法国在20世纪50年代末的处境简直不能更糟了，当时法国深陷阿尔及利亚战争的暴行、军队哗变与移民起义之中，国家面临土崩瓦解的危机。戴高乐凭借一场体面的政变，在12年的政治放逐后于1958年5月重掌大权。他镇住军队，准备撤离阿尔及利亚。此举使他成为拥护"法属阿尔及利亚"狂热分子的暗杀目标，但他挺了过来，为这个国家带来稳定却相对不负责任的政府。相形之下，英国似乎渐渐走向衰落，局势迅速恶化，充满政治丑闻、对统治者的刺耳挖苦、社会动荡，经济危机与金融危机以一个世纪以来所未见的规模一再发生。虽然麦克米伦以"你从来没那么好过"为口号赢得1959年的大选，但英国旋即成为"欧洲病夫"。"英国病"让人摇头，甚至有些幸灾乐祸。法国的强大与英国的衰弱或许都被夸大了，但悲观的情绪确实盘踞白厅与威斯敏斯特宫一整个世代。中东影响力的瓦解、经济加速降低、社会与文化凝聚力明显消失——一切仿佛失去了控制，而英国的海外力量也由此开始削弱，导致社会中坚在恐慌下失去自信。

经济表现是国内政治与国际地位的基石。1945年之后的一代人见证了相当程度的经济变革与社会变革在法国发生——人称"光荣三十年"（Thirty Glorious Years），让法国得以克服长期的国内政治冲突，从血腥、耻辱的殖民地战争中复原。法兰西脱胎换骨，从一个称得上古老、农业部门庞大、生育率降低的脆弱经济体转为工业国家，到了20世纪60年代更是成为世界上技术与产量最出众的国家。卡拉维尔

甜蜜的世仇
英国和法国，300年的爱恨情仇

客机［Caravelle，用的虽然是劳斯莱斯（Rolls-Royce）的发动机］、雷诺太子妃车款（Renault Dauphine）、"幻影"战斗机（Mirage）、蒙帕纳斯大厦（Tour Montparnasse）与核武器都是新法国的象征，强大而优雅。战后婴儿潮让人口突然以一个多世纪都未见的幅度增加。对于这些转变，一般认为厥功甚伟的有睿智技术官僚让·莫内的中央计划委员会（Commissariat-Général du Plan）所做的国家计划、逐渐整合的欧洲经济体，以及从战乱中出现的集体心态变化——拒绝旧习惯，全民都有改变的决心。戴高乐在国际上重新表现强势的做法也得益于此。法国因此超前英国，不仅是财富方面，连可见的国际影响力亦然。反法情绪随之遽增，但不情不愿的赞赏也一样多。英国毕竟并未经历经济的转变。英国没有相应的农业部门可以发展。但这或许也有文化与政治上的因素。据观察，战败通常是20世纪50年代"经济奇迹"的必要条件，法国败得够彻底，得以与过去一刀两断。英国则为战时的经济、社会与军事领域的成就自豪，渴望享受胜利的成果，没有承受这种改变的压力：旧产业、旧方法、旧市场与旧态度留了下来，甚至一度蓬勃发展。要等到20世纪50年代晚期，事情看来才不对劲，20世纪60年代晚期之后的情况更是严重。问题是，没有人知道怎么把情况导正——如果真的有方法的话。

英国政府从一开始就尝试过跟"六国"协商建立伙伴关系。保护性的欧陆体系将会减少对英联邦和北美的贸易，英国政府不可能受此吸引。加入欧陆体系对经济会有破坏性的影响，而且在政治上也绝对不可能。英国政府自1945年以来，便不断提倡在全球范围内减少贸易障碍，期待得以与欧陆贸易，又不会跟世界其余各地断绝关系。但《罗马条约》却有关税壁垒、农业保护政策以及经济与通货合一的目标，跟英国的目标相冲突，除非条约能够修正或规避。英国的答案是建立自由贸易区。有了自由贸易区，六国便能通过新的共同市场追求经济与政治整合，同时允许其他欧洲与英联邦国家与之贸易。这个点子不傻，而且有用，不仅对第三世界经济发展饶有帮助，对欧洲的长期成长也有好处。[36]最大的障碍在于农业——农业在各国皆得到补助、受到规范，也有强大的政治影响力。法国（以及意大利与丹麦）农民不愿在欧洲市场与英联邦进口产品竞争。英国因此提议将农业排除在自由贸易体系外。可是，一旦排除农业，该体系对其他欧陆农民的吸引力将会骤减：他们希望自由进入欧洲最大的进口国——英国的粮食市场。还有其他政治障碍。联邦论者对自由贸易深恶痛绝，毕竟这会削弱联邦的规范与保护功能，而这两个功能正是政治整合的力量来源。尽管如此，自由贸易区的提案还是很有机会通过。此举能带来政治与经济上的好处，尤其利于联邦德国出口商，他们希望英国加入欧洲贸易体系。颇具影响力的联邦德国财政部部长暨"经济奇迹"推手路德维希·艾哈德（Ludwig Erhard），是自由贸易区的强力支持者。[37]英国人认为德国（特别是艾哈德）会有决定性的影响力。至于现实问题，似乎可以靠协商解决。麦克米伦在1958年6月与戴高乐会面，是第一位拜会戴高乐的外国领导人。他试图说服戴高乐，表示在面临苏联威胁的情况下，英国的欧洲计划不可或缺。

然而，戴高乐担心英国人打算夺取欧洲的领导权。[38]自由贸易将会伤害法国农业。更有甚者，法国意欲对德国施加的经济与政治影响力将因此松弛，但影响德国向来是法国主要的政策目标。1958年11月，协商——"无益的讨论"[39]——被戴高乐骤然中断，他担心谈判会成功。他曾三次动用否决权，这是第一次，也是杀伤力最大的一次。

945

这证明法国因为苏伊士危机而与英国脱钩。联邦德国总理阿登纳认为巴黎与波恩①的关系不可或缺，戴高乐则向他保证会跟着他的脚步，艾哈德的意见也被驳回。[40] 巴黎这么做需要胆量，毕竟此举（以及所有戴高乐时代与后戴高乐时代的政策）的基础并非对法国实力的信心，而是出于"弱势，有时甚至是绝望"。[41] 法国人认为自己的经济、政治与军事力量相对衰落，他们希望趁着还有时间出手止损。戴高乐是个强硬的反联邦论者，假如《罗马条约》出炉时他已握有大权，恐怕他会拒绝签署，但既然执政了，他就接受这纸条约。法国产业（尤其是农业）需要有特别待遇的欧洲市场，而非跟新西兰奶油或加拿大小麦同场自由较劲。戴高乐动用否决权的 3 年多后，1962 年的共同农业政策（Common Agricultural Policy，简称 CAP）便确立了农业的特殊待遇。国际上，法国的第一要务是在整合（但非联邦）的欧洲体系中与联邦德国建立伙伴关系——自 20 世纪 20 年代，甚至是 19 世纪 60 年代以来，法国便想过各种类似的做法，这是其中一种。戴高乐暂时能以纡尊降贵甚至是目中无人的态度对待波恩。但法国人知道，若要将联邦德国困在欧洲之网中，自己的时间相当有限。绝不允许英国用自由贸易区的提案划破这张网——"自由贸易区"甚至成了脏话。

戴高乐出手否决，促使英国在 1959 年成立欧洲自由贸易联盟（European Free Trade Association，简称 EFTA），成员包括瑞典、丹麦、挪威、冰岛、芬兰、瑞士、奥地利、爱尔兰与葡萄牙。EFTA 运作有效、实惠而友好——不久前，有人提议以此模式建立一个去中心、非官僚的欧洲联盟。若非 CAP 与法国的决心，EFTA 与 EEC 说不定会以相当快

---

① 波恩是联邦德国首都。——译者注

的速度融合，形成更广大的自由贸易区，类似既有的欧洲经济共同体与EFTA剩余成员国中的瑞士、挪威与冰岛组成的架构。[42]但EFTA太小，不足以为白厅提供念兹在兹的外交影响力。此外，华盛顿也不喜欢EFTA，认为这会偏离他们建立整合欧洲的目标——对麦克米伦而言，这是个很有分量的意见，需要认真对待。美国人向伦敦施加极大压力，迫使其申请加入《罗马条约》，伦敦当局也不出所料地照办了。"真正吸引人的，"一位乐观派的官员写道，"在于完全加入其中后控制、主导欧洲的可能性。"白厅仍然认为自己能让"欧洲"迁就其保有的非欧政治与经济联结，至少在一段漫长的转型期中会如此。"问题是，"外交大臣塞尔温·劳埃德（Selwyn Lloyd）说，"如何在经济上接受共同市场，同时将其政治影响导入对我们无害的方向。"

英国当局的中心目标依然是利用共同市场的成员资格，加强英国对华盛顿与英联邦的影响力，担任两者与欧洲之间的"桥梁"。外交部认为若不如此，"我们顶多还能在某个由美国主导的联盟中当个小国，情况最差的话，我们只会在两大势力集团渐渐分裂时留在中间，万念俱灰"。内阁如今首次考虑起主权问题，相较于主权，外交部更关心影响力，而有些人用"路易十四与拿破仑的鬼魂"表达自己的忧心。大法官指出，《罗马条约》"交托出去的广泛权力……将远超过我国此前经历过的程度"。但负责主导协商的使节爱德华·希思（Edward Heath）声称，主权只有在特定的贸易政策上会受到影响。他说，条约里没有联邦思想，况且只要英国加入，联邦论就会退去。"我们当然可以在议会或其他场合明确表达无意加入某个联邦。"[43]相关人士中，有人想阻止或减轻条约中对于进一步紧密联合的积极承诺，有人斥之为异国的奇特论调，有人则认为一旦英国加入其中便能阻止之，而希思的说法正合其意。英国人有种根深蒂固的倾向，会忽视协议实际所说，坚持用英国的常理推断协议应该是什么内容——法国人至少从拿破仑时代就开始抱怨这一点。希思的话堪称是绝佳范例。艾伦·米尔沃德说过，英国人普遍愿意接受没人提出的方案，[44] 尤其是戴高乐没有提出的方案。一位挺有历史思维的官员下了结论："让我们祈祷皮特一语中的：我们将凭借自己的努力拯救英格兰，凭借我们的榜样拯救欧洲。"[45]

戴高乐完全了解英国的立场，毕竟跟他自己的立场相当类似——利用欧洲作为国家力量的基座。通过搞垮自由贸易区，他阻挡了英国一直以来将"欧洲"与全球联系结合起来的远大目标。戴高乐也怀疑，英国人希望在加入之前有漫长的过渡期，是另一个想达到相同目的的诡计，将破坏原本完好的共同体。他经常想起丘吉尔宣称英国总会选择"辽阔的大海"而非欧洲，因此想强迫英国做选择：只能在欧洲和其他选项之间二选一。[46] 英国人向来坚持拒绝做出这个选择——法国人自己也是。麦克米伦试图让戴高乐改变心意，提议协助他取得核武器，并说服华盛顿允许法国至少在名义上成为盎格鲁－撒克逊人的伙伴，主持北大西洋公约组织。但是，这将会让法国重新扮演以前的角色，加入一个由盎格鲁－撒克逊人（戴高乐让这个词在法国政治词汇中流行起来）主宰的同盟中，成为英国的小伙伴。戴高乐的诸多前任或许会受到吸引。但戴高乐对此深恶痛绝，虽然他认为英国会让步（其实不好说）。[47]

两人的会面在朗布依埃（Rambouillet）的总统别邸与麦克米伦位于萨塞克斯伯奇格罗夫（Birch Grove）的别墅举行。斯情斯景相当奇特。麦克米伦的厨师拒绝在她的冰箱里找地方放戴高乐的血（供输血之用，以防另一起暗杀事件发生）："冰箱已经摆满黑线鳕了。"虽然有警犬跑到灌木丛里捣乱，但麦克米伦还是打了许多野鸡。到了朗布依埃，场面更加气派，还有穿制服的助猎者与脚夫，让麦克米伦想起爱德华时代的英格兰——差别在于他要自己装子弹。戴高乐参与不多，只在一旁看，在客人没打中时提点个几句。尽管有些许个人间的温情，政治气氛仍然相当凝重。麦克米伦觉得戴高乐"显然没在听人讨论……他只是一遍遍重复自己之前说过的话……根据的是直觉，而非推敲"。戴高乐告诉自己的部长，说他没有给"那个可怜人"什么鼓励：他似乎是想引用埃迪特·比阿夫（Edith Piaf）的歌词——"Ne pleurez pas, milord!"（别哭，大人！）[48]

维克多·怀兹（Victor Weisz）所绘制的漫画《舞会结束后》（After the ball was over）。麦克米伦试图拉拢戴高乐，结果没得到多少谅解，更谈不上得到热情欢迎。

1961—1963年，英国展开进入共同市场的艰难协商。法国外交部长莫里斯·顾夫·德姆维尔（Maurice Couve de Murville）故意在某些会议上读自己的书，加入讨论也只是为了拒绝英国人的每一项修正。一次挑灯夜战之后，卢森堡外交部长甚至累晕了过去。希思向国内汇报，"法国人用尽办法反对我们，不管对错。他们真是态度决绝。他们不知为何，要用自己高人一等的智慧、傲慢的精神以及对真理和荣誉的无耻漠视吓唬六国"。[49] 英联邦的进口品是反复出现的问题，尤其是印度的纺织品与澳大拉西亚的食物。外交官们在希思不屈不挠的率领下，为了糖、香蕉、小羊肉和罐头菠萝投入无穷的创造力，知其不可为而为之。英国人发现欧陆国家比他们推测的更支持保护主义、更"狭隘"——艾伦·米尔沃德说，"都缩进欧洲了"——对世界其余各地的需求也毫不关心，不像英国对这样的需求更敏锐。只是英国的大臣与官员们深为衰落与孤立的恐惧所苦，想不到办法，只能放弃跟多数英联邦国家的联系，变得"跟欧洲共同体一样目光狭隘"。[50] 1962年12月，美国前国务卿迪安·艾奇逊（"是个自负的蠢蛋"——麦克米伦语）用白话道出了他们的恐惧：

> 大不列颠失去了整个帝国，但还没找到一个角色。试图凭借美国的某种"特殊关系"……自外于欧洲……扮演某种强大的角色或是在某个不团结也没力量的……"英联邦"里当老大……这个角色已经快要没戏了。

企业与政府部门预期英国将对六国让步，对英联邦贸易也随之急遽减少。对法国人来说，风险在于协商说不定会因此成功——可即便如此，英国政府内部有可能分裂，议会和舆论也可能认为条件无法接受。戴高乐为英国人带来这种痛苦的两难。

他在 1963 年 1 月 14 日（他成功捍卫共同农业政策的周年纪念日）举行一场著名的电视新闻发布会，内容大出所有人意料——包括他自己的阁员。他是展现帝王风范的佼佼者，是一位哲人王，在爱丽舍宫金碧辉煌的沙龙中，在大批受邀的听众前，将别人恭恭敬敬地事先安排好的问题——化解。谈到英国与欧洲的议题时，他发表了自己的恢宏判断：

> 英格兰是座朝海洋发展的岛屿，因其贸易、市场、粮食供应之故，而与各式各样的国家——常常是最为遥远的国家相联结……先是大不列颠，接着是其他国家加入，这将完全改变整套业已达成的平衡、协议、补偿与规范……我们得思考打造另一个共同市场，面对我们与一大批其他国家的经济关系带来的所有问题……跟这一切为数甚多、国情各异的成员之间的凝聚恐怕无法长久，最后出现的将是一个庞大的大西洋社群，仰美国之鼻息，受美国之指挥……这绝对不是法国历来与此后所一直追求的、纯粹的欧洲建构。或许有一天，英格兰能设法转变自己到足以参与欧洲共同体的程度，不仅没有限制、没有保留，也符合其余任何期待，这样一来……法兰西将不会出手阻拦。[51]

这份尖锐至极的声明总结了戴高乐真正的想法，而德法两国在两周后签订的《爱丽舍条约》（Elysée Treaty）也强调了他的见解。早在 1961 年 11 月，他就已经在四下无人时告诉麦克米伦，英国为全球联系而生的"伟大护航舰队"，将会干扰六个邻国之间付出极大努力才协商出的繁复安排。早有人告诉英国人，虽然戴高乐一派认为莫

951

内的超国家理念"完全不切实际,而且非常危险",但他们同样排斥某种"西方世界自由贸易区"和任何会冲淡由白种人、基督徒与非美国人构成的"欧洲人的欧洲"愿景的事物。[52]虽然麦克米伦已经向他保证,英国已经准备放弃英联邦、拥抱CAP,并且参与欧洲核保护伞的合作,但戴高乐并不相信这个"举世无双、无可改变"的民族,会这么容易改弦更张。戴高乐认为欧洲800年来的历史,都是以英国与欧陆之间的对抗为核心。他向麦克米伦表达疑虑,认为英国不会真的同意以更广泛的利益为代价,"把自己关在欧洲"。[53]有些人在解读时,强调戴高乐对美国霸权毫无疑问的厌恶,他们认为英国在替美国扮演"特洛伊木马"——麦克米伦与美国总统约翰·肯尼迪(John Kennedy)谈过这件事,两人一致同意戴高乐已经"疯了",但这反而坐实了他的看法。[54]英美之间的"特殊关系"因《拿骚协议》(Nassau Agreement)授权将"北极星导弹"(Polaris)售予英国而延长——戴高乐表示,英国"为了一大堆北极星导弹卖掉自己与生俱来的权利"。[55]英国追求全球贸易的强烈念头会威胁共同农业政策,但CAP对于法国经济和戴高乐的选票都非常重要。对于一个把关乎国家命运的浪漫理念与对当前政治现实的精准理解相结合的人来说,上述考虑全都"密不可分地纠缠在一起"。[56]

总之,作为对当时问题的精准历史描述,他的分析言之成理。从此以后,同样的问题一直是欧洲政局的关键议题,若用布鲁塞尔的行话来说,就是"深化"与"扩大"的抗衡。他意识到,英国想要"一个没有国界的欧洲",而他认为这是"美国人的欧洲",这样的欧洲将会"失去灵魂"。[57]能够对古往今来盎格鲁-撒克逊人带来的侮辱进行报复,戴高乐无疑相当享受。他私底下对此可是耿耿于怀,偶尔也会表现出来。当保罗·雷诺（1940年的法国总理）批评他孤立法国、"蔑视《挚诚协定》"时，他只用一张潦草的便条回应，写着"转发到阿金库尔或滑铁卢"。麦克米伦心想，"假使希特勒成功在伦敦跳起舞，我们跟戴高乐就不会有争执了"——将军本人的若干声明肯定了这种看法。[58] 但是，除了认为英法敌对天经地义之外，戴高乐排斥英国的最深层理由，其实是他的悲观看法：他和其他理想主义者所展望的传统、密闭、以法国为中心的欧洲，将会因为盎格鲁－撒克逊人不守规矩而分崩离析。"我们是尚属基督教王国的欧洲里最后的欧洲人……问题再也不是法国是否能成就欧洲，而是要认识到欧洲若亡、法国亦亡的道理。"[59]

英国人就像喜剧演员格劳乔·马克斯（Groucho Marx），更看重那些否决自己入会的俱乐部。自1964年起担任首相的工党政治人物哈罗德·威尔逊（Harold Wilson），一开始表示对于当时已改称为欧洲经济共同体（EEC）的组织不感兴趣，而他所属的政党也承诺要发展与英联邦的关系。只是不到两年，他便考虑重新申请加入，只要"是对的那种欧洲……是对外发展，而非故步自封"——换句话说，是个不会伤害联邦贸易，也不反美的欧洲。[60] 威尔逊的动机与麦克米伦无异，本质上都出于外交。外交部孜孜不倦，一再重申孤立与失去影响力的风险。财政拮据削弱了英国对"苏伊士以东"的军事投入，让欧洲似乎成为英国扮演国际角色仅存的舞台，这也是英国对华盛顿有特殊意义的理由。事实上，威尔逊曾告诉美国总统林登·约翰逊（Lyndon Johnson），英国既无力在"苏伊士以东"担起重任，也无力变为EEC成员，两者皆所费不赀。威尔逊希望英国有能力搭桥，连接欧洲与美国，甚至是英联邦与联合国。否则，戴高乐（在德国人的追随下）似乎有能力摧毁大西洋联盟,让易攻难守的富裕欧洲向东方阵营大开门户。若干大臣［尤其是道格拉斯·杰伊（Douglas Jay）等与工党立场一致者］担心会失去主权。对此的正统回应是:实际上不会有这样的问题,而任何想象中的主权损失,都比不过无形的要素——"影响力"带来的收益。然而,经济与财政长期疲软的萧条景象,却跟这些重塑全球新角色的宏伟愿景格格不入。一连串计划经济政策的失败,似乎让 EEC 成为这位过于衰老无能、无以处理国内事务的欧洲病夫所不可或缺的拐杖。威尔逊深思后,认为英国就像年华老去的美人,欧洲则是积极进取、前景看好的年轻男人。就算不是情投意合的姻缘,这恐怕也是英国得到舒适晚景的最后机会。可它出得起嫁妆吗?

英国早已准备好加入"对的那种欧洲"。但如果是错的那种——由夏尔·戴高乐小心守卫的实际上的那种欧洲呢?威尔逊和同僚就跟他们的前后任一样,说服自己相信,只要能够加入,他们便能将欧洲导向英国的方向。"如果我们不能主宰全局,"威尔逊说,"我们也就没有多少话好说了。"说来奇怪,戴高乐虽然怀疑小国会成为英国潜在的卫星国,但他居然倾向同意英国加入。不过他实在无须担心:英国人没有念头、信心不足,也没有计划跟法国人争夺主控权。他们所期待的,是戴高乐一旦走人后——真心希望他离开——就跟巴黎缔结具有主导性的盟友关系。

此外,英国人也打算用"协和式"客机、"美洲豹"战斗机与空中巴士（Airbus）的合作计划来促成将来的协定。法国人迫不及待想接受这些提案,跟英国专家学习——法国无法成功制造喷气式发动机,戴高乐因此感到不悦。但他无意把欧洲、北约甚或是在非洲的竞争利益让出去。1966 年 10 月,威尔逊在没有明确先决条件的情况下提出新的申请——假使戴高乐动用否决权，也会因此更加尴尬。假如他无论如何都要否决，这项申请就会被搁置到他卸任为止——"把球踢回……将军的 25 码线"——毕竟对英国加入 EEC 来说，戴高乐本人显然是唯一无法克服的障碍。

威尔逊仍怀有争取戴高乐支持的希望，他的私人秘书迈克尔·帕里瑟（Michael Palliser）对此也表示赞成——帕里瑟是位极端亲欧的外交部官员，"欧盟之父"保罗－亨利·斯巴克恰好是他岳父。帕里瑟的计划是"诉诸戴高乐的历史感与他巨大的虚荣心。他毫不怀疑自己是拿破仑以来最伟大的法国人……说实话，他说不定是对的，而他也想在历史上留下相应的位置"。威尔逊主张，唯有在一个接纳英国的欧洲里，法国才称得上真正伟大。谁知戴高乐不屑一顾，轻松把英国人抛到脑后。他说自己"或许会接待"威尔逊，但不会与他"交流"："他已神志不清，像只在桶里撞来撞去的虫子。"[61] 他向威尔逊坦承，说他想要相信英国如今确实渴望"成为一个欧洲国家"。[62] 但英国还没成为这样的国家。

为了让英国加入，英国外相乔治·布朗开始争取其他五国的支持，因此此时的戴高乐处境艰难。巴黎起先试图说服英国人放弃申请。在他们坚持不懈的情况下，戴高乐便以经济疲软为由，在 1967 年 5 月 16 日的新闻发布会上为另一次的否决提供依据。外交部认为他的表达方式带有"相当不寻常的挖苦、敌意与轻蔑"。[63] 戴高乐说，英国在经济上无法承担作为成员国的义务，而该国意欲加入的不成熟渴望，是受到绝望所推动——"她的国民性正岌岌可危"。英国的加入会扰乱共同体。人们对他的另一项反对理由也是耳熟能详：英国只是想要自由贸易区，而这会削弱整个共同体。英国人则自我安慰：法国与其他五国的关系已经受到伤害，他们相信时间是站在自己这一方的。

就这一点而言，英国人是对的，戴高乐似乎也已意识到。他甚至告诉威尔逊，说自己担心"欧洲人的欧洲"恐怕有一天会完全为某个大西洋共同体所掩盖——这段悲观的告解鼓励了英国人。[64]事实上，欧洲理事会的每一次会议都是对法方"无止境"的压力。但一直要等到南泰尔大学（Nanterre）与索邦大学（Sorbonne）的学生在1968年的运动让将军威望大损，继而加速他下台之后，让英国成为ECC成员国的护城河吊桥才降了下来，渐进扩充成员的原则也才得到决定性的支持。英国人（如今由爱德华·希思的保守党政府执政）毫不掩饰自己的渴望，抓住了这个机会。此时，官僚圈中多数人的正统观点是不计代价加入ECC，相信这是英国外交、经济与政治顽疾唯一的解药：英国是"沉没中的'泰坦尼克号'"，而"欧洲"则是救生艇。[65]谁知天不从人愿，这艘救生艇马上就开始进水了。

第一次申请时，希思在协商过程中不屈不挠，他也因此声名鹊起。眼下的成功将能确保他的历史地位。罗伊·登曼爵士（Sir Roy Denman）担任过威尔逊与希思的幕僚，他认为威尔逊与工党不会推动谈判，希思所把握的恐怕是英国最后一次加入的机会。[66]希思向法国总统乔治·蓬皮杜（Georges Pompidou）承诺，表示英国人准备好"将欧洲的顺位摆在他们在世界上的其他利益之前"。前驻布鲁塞尔大使欧念儒爵士（Sir Con O'Neill）受命担任官方谈判长，他同时也是英国加入EEC的主要谋士。欧念儒的观点很简单：ECC关乎国力。"其政策对我国皆非必需，许多甚至令人反感。"但若不加入，英国将退化成"大一点的瑞典"[67]——白厅认为这样的命运比死还糟。欧念儒对超级亲欧的保守党后排议员安东尼·迈耶爵士（Sir Anthony Meyer）表达的观点也有同感："无论有什么条件，加入ECC都对这个国家有利。"尽管条件相当苛刻——"要不是法国人，我们肯定能更容易加入"——英国代表团还是得像欧念儒所说，"全吞下去"。他们接受了共同渔业政策（Common Fisheries Policy，简称CFP），让所有近海渔业水域成为共同资源——既有成员国忙不迭将之安排成既成事实。（挪威拒绝CFP，因此不加入EEC。）他们接受通过CAP付出不成比例的财政补助，以此为代价来换取各国同意英国从新西兰进口食物的让步。但欧念儒对于英国未来影响共同体的能力感到"相当得意"：他认为渔业政策之后可以调整，CAP的代价"将趋于减少"。[68]英国（与爱尔兰和丹麦一道）在1973年1月1日正式加入EEC。工党在1974年重新上台，他们表示有意对这份他们评为不合适的协议重新磋商，将结果诉诸公投。他们的谈判没有取得重大结果，但当局仍将之认为是一场胜利。公投中，有67%的选票支持留在ECC，但只有全体选民的40%参与投票。

这很难称得上是民众欢欣鼓舞的表现：英国是因为害怕孤立与经济颓势而被这种恐惧所钳制，才会加入一个由法国主导、结构上不利于英国经济利益的共同体。英国统治者的主要动机一直是提高外交影响力；但对公共消费来说，经济利益才是该强调的。政治人物与外交官隐瞒了（或许自己也有意无视）条约中明确规定的未来进一步一体化的承诺，认为只是说说而已。他们的态度既反映了对英国经济与社会处境高度悲观的解读，又体现了认为自己有能力领导新伙伴国的诡异乐观信念。他们抱着真诚的爱国动机，但这是一批社会名流的绝望爱国心——他们对这个国家失去信心，不相信有能力抑制衰退，认为只有爬上别人的"救生艇"才是唯一的救赎。未来的政治问题，就酝酿于加入过程中的摇摆不定。

偏偏海面突然刮起暴风。起于1973年的中东石油危机不仅对英国火上浇油，也终结了法国的"光荣三十年"与联邦德国的"经济奇迹"。战后欧洲的太平岁月也就此落幕，这段时期的发展与整合是以战后重建与经济现代化两者独一无二的结合为基础的。CAP大幅提高英国国内的粮食价格，开征增值税（VAT）则进一步提高了零售价格。借用近来一位美国历史学家的话，这相当于"对联合王国每个公民个体最大的负面冲击"。[69] 由于政府东施效颦，模仿法国计划经济与联邦德国统合主义（Corporatism），却没有第五共和国（Fifth Republic）的中央集权或德国的"社会伙伴关系"（Social Partnership），试图控制情势的努力在情况最好时也效果不彰，情况最差时甚至会造成伤害。希思、威尔逊与詹姆斯·卡拉汉（James Callaghan）接连被经济停滞与通货膨胀的致命组合击倒，通货膨胀更是达到发达国家鲜见的程度。1974年的公共借贷花费提高的速度，比1797年小皮特被迫放弃金本位制时还快。限制政府开支与工资通货膨胀的努力，导致自20世纪20年代甚至是19世纪30年代以来所未见的罢工与秩序混乱。英国毫无地位去染指自己吹擂的欧洲领导资格。戴高乐与阿登纳建立的法德关系，得到瓦莱里·吉斯卡尔·德斯坦（Valéry Giscard d'Estaing）与赫尔穆特·施密特（Helmut Schmidt）的巩固——对于盎格鲁－撒克逊的失败，两人鲜少掩饰其蔑视。英国驻巴黎大使尼古拉斯·亨德森爵士（Sir Nicholas Henderson）曾经指出，吉斯卡尔认为"法国与联合王国之间长年来的竞争已经全部结束了，法国是赢家"。亨德森似乎也同意，他在公文上汇报本国，哀叹"与欧洲伙伴国相比，我国衰落得太明显了，今天的我们已不再是世界强国，甚至称不上是欧洲强国"，结果这份报告在1979年6月遭人泄露给报界。[70]

更高、更快、更昂贵:"协和式"情结

英国与法国在 20 世纪 50 年代各自展开超声速客机计划。[71] 步调掌控在英国人手中。开发客机的政治动机与商业动机同等重要:一方面促进世界级的技术发展,一方面为加入共同市场提供润滑剂。法国人对此虽然没那么热衷,却允许别人来讨好自己。1962 年 11 月,两国签订条约,成立一个极为复杂的共管机构。随着法国与英国制造商开始学习合作,这个机构也需要不断重新组织。麦克米伦坚持加入不得解约的条款,以防法国人打退堂鼓——谁知此举产生了反效果,阻止工党政府在 20 世纪 60 年代与 70 年代成本激增时取消计划。热情洋溢的技术大臣安东尼·韦奇伍德·本恩(Anthony Wedgwood Benn)强调该计划对就业机会的重要性。他也平息了长久以来对名称的争议:"Concord"(英语)或"Concorde"(法语),据说戴高乐本人坚持要后者。本恩接受了那个"e",说那代表杰出(Excellence)、欧洲(Europe)与挚诚协定(Entente Cordiale)——只是看起来像是以妥协的态度承认了法国人说飞机泰半属于他们的说法。当美国放弃打造超声速客机的计划时,英法两国的工程已经雇用了 3 万人,似乎证明前景看好。一家苏联的对手(谣传以偷来的计划打造飞机)在巴黎航空展中坠机。1971 年 5 月,蓬皮杜总统搭乘"协和式"一号机首航,女王则乘二号机飞往图卢兹。但超声速飞行时的巨大声爆导致美国在 1973 年禁止"协和式"飞越上空,美国各家航空公司纷纷取消订单,世界上的其他国家也跟进。与此同时,世界原油价格三级跳,两国的预算随之紧缩,让"协和式"飞天变得越来越贵。经过大量讨论,两

国政府同意维持计划：名誉才是关键。但自始至终只有16架客机出厂——原本预期数字的1/10。由于纳税人负担了开发与生产成本，英国航空（British Airways）与法国航空（Air France）才买得起飞机。"协和式"是一项了不起的技术成就，得到许多人的喜爱（甚至是负担不起票价的人），被视为爱国象征与一件优雅的空中雕塑。

"协和式"计划有一种模式，是半个世纪以来其他合作计划所一再重演的：政治与外交动机、繁复的管理、抽身之困难、威信的重要性，以及不幸中的大幸——别人会买部分的账。

尊大自满与堕落之乐

少了壮丽辉煌，法兰西就不是法兰西。

——夏尔·戴高乐

性交始于1963年，
发生在《查泰莱夫人的情人》一书解禁与披头士首张唱片之间。
——菲利普·拉金（Philip Larkin），《奇迹之年》（Annus mirabilis, 1974）

1958年12月21日，戴高乐将军获选为新成立的第五共和国（一套按他的意思设计的制度）首任总统。1960年2月，法国在撒哈拉沙漠引爆了它的第一枚原子弹。同年，法国人均GDP（国内生产总值）数世纪以来首度超越英国。戴高乐准备好让法国再度成为强权，领导欧洲。他打算与盎格鲁-撒克逊人抗衡，坚持地位平等，以不结盟国家代言人之姿行事。一切之所以可能，是因为戴高乐的威望——他既是战争英雄（只是这不足以让他在1946年遂行己意），也是拯救法国于水火的救世主。第五共和国有意领导（而非顺从）动荡的民意——戴高乐对他们满怀深情，却又充满鄙夷。他支持共和，也支持民主——戴高乐的崇拜者说得真心诚意。但这种民主不同于他在战间期与1945年以来所批评、归咎为法国羸弱之罪魁祸首的那种民主制度。第三与第四共和国都是国会制，政府要对国会负责，而且常常遭到倒阁。戴高乐的制度——根据这位宪法主要起草人所说，是"共和君主制"。[72]政党与国会权力受到削减。国家追求经济现代化，政府提供支持与指导，非政界的专家也出任高官。总统并非对国会，而是直接对人民负责，漫长任期让他能统而治之。即便一开始饱受批评［弗朗索瓦·密特朗（François Mitterrand）称之为一场"永远的政变"］，戴高乐当政时也从未广受爱戴，但这套制度确实赢得广泛的接受，甚至在戴高乐下台后更形稳固。

若是没有这些政治变化，没有经济活力的支持，很难想象戴高乐能在欧洲内外扮演如此强势的角色。他的继位者此后皆拥戴这样的方针（只是没那么浮夸）：以对德伙伴关系为基础，不仅在欧洲内部发挥影响力，也通过欧洲施加影响力；始终坚持法国在世界上的特殊角色，尤其是对前殖民地；独立的军事力量；以及对盎格鲁-撒克逊霸权的高声反对。这是后来的领导人无法否认的遗产。考虑到此前40年政治分裂、经济疲软、领导不稳的历史，这对法国来说堪称惊人的复苏。最相形见绌的国家就是英国，其未来似乎任由法国总统摆布。看来，英国不仅衰退无可避免，而且越发难以统治。

然而，衰退中也能有愉悦，辉煌反会带来烦恼。整个西方世界在战后年代（尤其是婴儿潮迈入青春期的 20 世纪 60 年代与 70 年代）发生了深远的文化变迁，而这跟收入、教育机会与娱乐活动增加脱不了关系。这些改变在英国——此前异常稳定、异常安全，说不定也异常听话的国家——感受特别明显。征兵制在 1960 年废除，大学数量也同时激增。统治精英的丑事与失败令他们的子民拍手叫好。英国人对诙谐模仿与怪诞的传统偏好走向政治化，"讽刺"成了电视、广播与报纸标志性的表现方式。人们乐得打破种种禁忌。当局因企鹅出版社（Penguin Books）在 1960 年出版戴维·赫伯特·劳伦斯（David Herbert Lawrence）1928 年的小说《查泰莱夫人的情人》而起诉之，但起诉失败，再加上 1963 年的普罗富莫丑闻（Profumo scandal，保守党的陆军大臣因涉嫌召妓而被迫辞职），这一切都让权威显得既伪善又荒谬——媒体的报道也等于为孩童提供了早期形式的性教育。戏剧审查在 1969 年废除。老旧产业衰败，家长式工人阶级社群也随之式微。这虽然导致民众度日艰难，自信心长期低落，却也将新世代推向其他的生活方式。

无怪乎伦敦取代巴黎成为欧洲文化中心，英格兰更是在将近两个世纪以来首度成为新潮文化的缩影。如果衰落意味着解放，戴高乐式的辉煌也就意味国家力量深入媒体和赞助艺术，最后演变成一个熔墨守成规、官僚控制与裙带关系于一炉的"文化国家"。法国文化生活中的特定领域将令人印象深刻的知性与时尚优雅结合在一起，不仅风靡英国知识界，更是享誉国际。法国前卫电影人人必看。无论是哲学味浓厚的戏剧与小说、历史学界的年鉴学派，还是将重新诠释后的德国哲学应用于文学和人文学科的做法，都对英语世界的大学科系产生了不可估量的影响。但谈到青少年大众文化，尤其是与音乐、服装与举止规范有关的方面，伦敦与利物浦（充满异国想象的城市）却有全球性的冲击力。相形之下，巴黎的时尚与娱乐只属于风雅的中年人与中产阶级。这一点尽人皆知,无须赘述。从我们俩的角度来看,有趣的是法国人对英国认知的改变。假如说礼帽、王权、苏格兰裙和茶杯代表法国人想象中的英国特色〔根据幽默作家皮埃尔·达尼诺斯(Pierre Daninos)所说,还有九尾鞭与穿黑色长袜的女学生〕,如今更加入了长发、迷你裙、"yé yé"音乐①、电影、电视节目、时尚设计师,以及后来的光头党、朋克族、足球流氓与饶舌歌手。

不过,商界与知识界一开始也有抵抗。20世纪60年代早期,法国自有其相当美式风格的娱乐人,例如约翰尼·哈里戴〔Johnny Hallyday,本名让-菲利普·斯梅(Jean-Philippe Smet)〕与埃迪·米切尔(Eddie Mitchell)。1964年,早已世界知名的披头士首次到法国巡回演唱时,却没有受到多少关注——官方新闻台几乎完全忽略之,《法兰西晚报》(*France-Soir*)甚至批评他们"过时"。等到1965—1966年,滚石乐团(Rolling Stones)与披头士还是激起了法国年轻人的热情,此时批评家则斥之为不健康的商业剥削现象。不过,大批法国青少年开始蜂拥渡过英吉利海峡,这还是史上头一遭。碧姬·芭铎(Brigitte Bardot)唱起《恶魔是英国人》(*Le diable est anglais*),住到伦敦的卡纳比街(Carnaby Street)。至于剧场、电视与电影亦然,20世纪60年代中叶见证了从莎士比亚到《007》系列电影等英国作品的涌入。[73]

假如真如拉金所宣称,英国的性交始于1963年的话,法国人也

---

① "yé yé"音乐是20世纪60年代风行南欧的流行音乐,得到英国摇滚乐所启发。"yé yé"为当时英语流行乐中(例如披头士)常出现的"yeah, yeah"呼喊。——译者注

马上就发现了。这是个意料之外的发现。"英国人性无能"以前是、现在也依旧是法国人根深蒂固的看法，是法国人自称技术高超的衬托。皮埃尔·达尼诺斯的畅销书《汤普森少校笔记》（*Les Carnets du Major Thompson*，1954）打趣道，"假如英格兰人找到不用女人也能生小孩的方法，他们就会是世上最快乐的一群人……法国人在爱中是美食家，英格兰人纯粹只是做"。[74] 但"纯粹只是做"，对于身处当时（现在多少也是）相对受到控制、传统、温顺的社会中的法国青少年来说，也不是那么不齿的事。1968年5月的学生运动起于南泰尔大学，起因据说是学生要求准许男女学生能进入彼此的宿舍，但教育部长命令他们去新建的游泳池里"冷静一下"，粗暴拒绝了学生的请求。当意识到来自非天主教与非"拉丁"社会中的女孩实际上比较容易靠近时，法国少年们欣喜若狂。英格兰女孩素有特立独行的名声，但"摇摆60年代"（Swinging Sixties）的迷你裙、鲜花与自由恋爱等意象，却为她们添上了新的面貌。法国的男孩子希望他们民族魅力与浪漫的名声，能在一个女孩轻佻、贩卖机卖保险套的地方占得先机。[75] 1975年票房火热的电影《过来吧，英格兰女孩》（*A nous, les petites Anglaises*）就表现出这种幻想，也为法语创造了新的词组。电影讲的是两个被人送到英格兰的法国男学生，家人送他们去学语言，但他们最喜欢的课外活动是片名暗示的事情。

我爱你——我不爱你了

20世纪60年代最恶名昭彰的英法文化产物，是《我爱你——我不爱你了》（*Je t'aime, moi non plus*）的录音——这首亲昵耳语、娇喘的二重唱,让两国为之兴奋或震惊,推出的时间就在"五月风暴"使巴黎成为青年人革命的共同首都后不久。无论是 BBC 的禁播、法国电台在晚上 11 点前禁播的做法,还是梵蒂冈的谴责,都等于为这首歌拉抬声势。它在 1969 年的英国流行音乐排行榜高居第二名,后来被撤榜。女声部分原先是在巴黎录音,歌手是碧姬·芭铎——全球性的法式肉欲象征,但她的工作人员投反对票,觉得性意味太浓。在伦敦大理石拱门录音室(Marble Arch Studio)录新版本取而代之的,是年轻的英格兰女演员简·柏金(Jane Birkin)。柏金后来与对唱的歌手赛日·甘斯布(Serge Gainsbourg)结婚,而甘斯布正是写这首歌的人。柏金与噘嘴、肉感的芭铎的对比之大,恐怕举世无双。她出身伦敦近郊,是一位海军军官的女儿,手长脚长,有点龅牙,拥有天使般的脸庞,以及浓重英格兰口音与唱诗班男童般的声音——正是法国人认为英国女孩该有的样子。她天真无邪的声线,为这份录音带来的变态印象可不止一点点——毕竟法国人确信,英国人虽然对异性恋并不擅长,但性变态却是他们的强项。甘斯布似乎集法国左岸特色之大成,他愤世嫉俗、喜怒无常、聪明、醉醺醺,散发高卢牌(Gauloises)香烟的呛鼻味。甘斯布死后,人们将他与拉伯雷、波德莱尔与兰波等触怒传统的人并列。但他有不为人知的一面——也很"法国人"的一面,即害羞、传统,甚至对性拘谨。他和戴高乐将军一样,从没有人看过他裸体。但他是哈英族,"摇摆伦敦"(Swinging London)尤其让他印象深刻,这一点就跟将军不一样了。他的艺名显示出对画家庚斯博罗的崇拜。他喜欢在伦敦工作,到国王路买衣服,写的歌里还有几句英语或法式英语。这不只是跟英语流行歌的风行挂钩。"他喜爱喜剧演员汤米·库珀(Tommy Cooper)、莫堪比与怀斯(Morecambe and Wise)……以

甜蜜的世仇
英国和法国，300 年的爱恨情仇

及伦敦的出租车"，在柏金的回忆中，"要是有英国的重要歌手——例如他的偶像滚石乐团——哪怕只翻唱一首他的歌，对他的意义都会相当重大。可惜从来没有"。然而，她却有一段成功的电影与舞台生涯，成为英格兰人纯真天性的化身，也因此在 2001 年获颁官佐勋章（OBE）。她想："如果我当时留在英格兰，最后应该就是成了某个人的太太，而我也常常会想——如果在肯特有间小农舍，有个人会在傍晚为我倒一杯雪利酒，那该有多好。但我认为，我们的一生反映了我们的本质，而那种生活就是不适合我。"[76]

这段横跨海峡的关系至少还是以某种形式开花结果：看看甘斯布与柏金在电影《大麻》（*Cannabis*）中多迷人。

前往另一个国家，以满足对方期待的方式表现自己的国家，是可以有生意的——情况与18、19世纪时无异。柏金就像夏洛特·兰普林（Charlotte Rampling）与时代更晚的克里斯汀·斯科特－托马斯（Kristin Scott-Thomas）等英格兰名花一样，以率直的表演开始发展。沙夏·迪斯特（Sacha Diestel）、时代稍近的安东尼·德科内（Antoine de Caunes），甚至是足球运动员埃里克·坎通纳（Eric Cantona），则是有意自我夸大（追随莫里斯·舍瓦利耶的脚步，即那位担心失去自己法语口音的演员）。人在法国的英国文化标志性人物都是女性，而她们在英国的同路人却都是男性，怪哉。

虽然人们如今不常把英国女人想象成衣着过时、态度拘谨的样子，但英国男人却没能在各方面提升自己的名誉——靠米克·贾格尔（Mick Jagger）与詹姆斯·邦德也没用。法国首位女性总理（1991）埃迪特·克勒松（Edith Cresson）是位出身上流的新教徒，能讲一口流利英语（归功于她的保姆）。克勒松对伦敦街头居然没人色眯眯看自己而大为光火（"每个女孩子都有注意到我"），她抱怨"盎格鲁－撒克逊人对作为女人的女人不感兴趣……这是幼年教养的问题，我觉得这算是某种疾病"。她后来解释自己之所以会知道这一点，是因为她的几个兄弟曾经念过公立学校——"在那经历的一切很难恢复"。[77]

第十四章：貌合神离

自 20 世纪 70 年代以来，法国与英国变得越来越像彼此，远甚于其他任何两个大国。两国的财富、人口、军力与对外影响力首度达到几乎一样的水平，国际比较与运动赛事成绩也皆显示出惊人的相似性。此前从来没有这么多法国与英国民众到彼此的国家造访、工作或生活，打量彼此的特质，或者对彼此的语言有如此深刻的理解。法国人甚至找到办法笑对英国人的幽默感。他们的领袖经常宣称两国存在（或者至少期待达成）某种特殊关系。可是（到底有多少"可是"啊！）政治人物、评论家和普罗大众拥护的政治、社会与经济生活观点却彼此冲突。从第一位拿破仑以来，两国人民鲜少显示出如此明确的差异，也很少试图按照各自相去甚远的面貌来重塑欧洲。

法国的欧洲？英国的欧洲？拿破仑对上亚当·斯密

> 一开始我就很清楚，有两种互相冲突的欧洲愿景存在。
>
> ——玛格丽特·撒切尔[1]

在各种看法中，有一端是那些支持制度性甚至是政治性规划的国家。这些规划是为了确保所有坚定可靠的欧洲人都关心的质变；而我得说，我自己也是其中一员。至于另一端，则是那些无论是出于理想还是意识形态，都对欧洲有纯粹自由至上愿景的国家。

——雅克·德洛尔（Jacques Delors），1986 年 [2]

22 年前，我在巴黎当酒保……店里有个存放公共基金的罐子，人家告诉我要把所有小费丢进去。2 个月后，我发现我是唯一这么干的人！这是我从社会主义体验到的第一个教训！

——托尼·布莱尔在法国国民议会的演说，1998 年 3 月 24 日

英国在 20 世纪 70 年代的欧洲共同体中举步维艰，而欧洲共同体是法国人的创造成果，其机构与秩序皆以法国为模型。这并非出于"开国元勋"的某种愿景，他们的行动大多出于实际，而且其中只有一些是法国人，有名者如莫内与舒曼。之所以如此，是因为一代代的法国政治人物与官员坚决追求国家目标。德国经常被人期待成为欧洲真正的领袖，但实情则不然。德国在各方面捉襟见肘，政治上是在 1989 年以前，经济上是 1989 年后，心理上恐怕向来皆如此。"欧洲"因此能替法国实现控制德国、与美国竞争的目标，并为法国生气勃勃、转变中但脆弱的经济所用，以及让"欧洲人的欧洲"这样的认同至臻完美。法语与法国文化将在这样的欧洲占有最重要的位置。

戴高乐警告过，英国就是忍不住想当这座伊甸园中的大蛇。无论由哪一党执政，该国历届政府皆一再推动相对自由、大西洋主义的欧洲观点。他们支持扩增欧洲共同体成员国——法国人确实有理由怀疑这是颠覆欧洲体系的策略。但英国政府也发现，引领共同体的目标远比麦克米伦与威尔逊时代乐观主义者所预期的更难。部分原因是法国

寸步不让地反对——利用"欧洲"论调便能轻易对付英国。也有一部分原因是英国经济疲软，领导人缺乏信心，没有明确理念。人们指责英国政界对于失去的光荣念念不忘，怀抱排外的反欧洲思想。他们虽然在调整现况上有些成果，却经常在唇枪舌剑中败阵。欧洲论调在法国人耳中，确实比在英国人耳中听来顺耳，毕竟这代表法国实现了成为欧洲先驱的国家命运。法国的"欧洲主义"（Europeanism）可以回溯到19世纪中叶的维克多·雨果、拿破仑军靴底下的整合、法国大革命的"武装传教"，以及启蒙时代温和的"文学界"。总之，至少法国的联邦论者对此乐见其成。[3]

法国历来对主权与承担责任等议题高度敏感，人们在这些方面感到的恐惧，较易通过法国从欧洲领导地位中获得的政治、经济与精神利益（想得到的其实更多）得到抚平。但法国政府（法国公民也是，只要有人问的话）对真正的联邦架构向来充满疑虑，因为这会带走他们的权力：一位法国社会科学家说得好，法国政界想要"一个组织弱小的强大欧洲"。[4] 戴高乐在1965—1966年的"空椅"（empty chair）危机中反对共同体事务，让超国家的潮流中断了20年。1971年，乔治·蓬皮杜与爱德华·希思达成成立欧洲理事会的协议，其中也确立了一套混合的三分管理架构——一部分是联邦的雏形，另外两部分则是以国家为单位的联盟。这个管理架构与维也纳会议一样含糊、无权责，使用的手段对卡斯尔雷与塔列朗想必不陌生，而这也正是政界与外交界喜欢的原因。落实共同体管理工作的是其组成国家，即戴高乐的"多祖国的欧洲"（Europe des patries），而非委员会或议会等联邦机构。就此而言，英国与法国（以及两国大部分民众）意见一致。法国总统瓦莱里·吉斯卡尔·德斯坦后来表示，"大不列颠加入共同体，让此前一直主导的联邦理念不可能实现"。但这不是问题的症结。吉斯卡尔说过:"我们必须在一套有秩序的制度与一个未定型的空间(un Espace mou)之间做出选择。"[5]

如何选择,就是法国与英国的核心差异:欧洲是要朝经济自由、中央控制最小化的英国模式("未定型的空间")发展,还是朝调节欧洲经济、社会的法国模式("有秩序的制度")演变呢?说成"英国"和"法国"模式,当然是种简化,毕竟这场辩论跨越了国家边界,但这也只是稍微简化而已。英国与法国几乎总在提倡实践不同的经济、社会与外交策略,两国民众对相关议题也各自表现出高度的共识。这种差异一开始聚焦在 CAP 上,在数十年间展现出法国人与英国人对于欧洲、经济、社会政策、与外界的关系,甚至是国家认同的迥异看法。英国人对于小农业部门和廉价进口食物习惯已久,批评 CAP 显然是种不公平、成本过高的荒唐措施。法国人认为 CAP 是共同体最大的成就,创造出跨越国界线的团结,力抗无情的商业压力,保护了一种作为法国特色缩影的宝贵生活方式。CAP 关系到的不只是理性的经济利益,更是一系列风俗、情感与信念,其古老根源足以激起论证或辩解所难以抚平的情感。

从 20 世纪 80 年代起,英国与法国出现了严重的分歧。这厢是玛格丽特·撒切尔,那厢则是弗朗索瓦·密特朗与雅克·德洛尔。他们在面对 20 世纪 70 年代早期以来持续存在的经济停滞时,采取了截然不同的大胆解决方法。这些受意识形态推动的政府,与前一代人相对凝聚的共识出现断裂,并且将自己的做法从国内推向欧洲,甚至是国际舞台。从此之后,法国与英国为欧洲打造的"模式"也就确切无疑了。

英国加入 EEC 之后旋即遭逢巨变。金融危机带来了国际货币基金组织（International Monetary Fund，简称 IMF）的干预与"第三世界待遇"。首相詹姆斯·卡拉汉在 1976 年承认，"说好会永存的温暖世界……已经消失了"。当局试图限制工资调涨，结果公营机构在 1978—1979 年的"不满的冬天"发生大规模罢工。玛格丽特·撒切尔主导的保守党政府因此在 1979 年 5 月上台，坚定认为要下猛药、采取极为不同的行动，才能扭转经济颓势。她推动的经济自由化——反对国家干预、限制工会力量、通货紧缩和国有产业民营化——导致严重的分裂。不具竞争力的产业崩盘，失业率翻倍。1981 年，法国在英国正值危机时走上了彻底相反的道路。弗朗索瓦·密特朗当选，成为第五共和国首位支持社会主义的总统。狂喜的群众挥舞着红玫瑰，他和财政部部长雅克·德洛尔倏地展开"一国社会主义"（Socialism in One Country）计划，让人想起 1936 年的人民阵线。这是世界上最后一场血统纯正的左派实验。数十家银行、数十种产业收归国有，1/4 的产业工人因此改由政府雇用。当局颁布每周工作 39 小时的命令，最低工资也大幅提高。

手段有多不同，结果就有多不同。1982—1983 年，英国的通货膨胀开始下降，生产力提升。当时虽然看不出来，但 1985 年确实是分水岭：此前，英国经济表现一直比法国与德国差，此后则始终优于两国。[6] 至于法国，密特朗 - 德洛尔的实验导致剧烈通货膨胀与进口激增，但经济发展仍然迟缓，失业的情况事实上还更严重了。法郎不得不二度贬值，IMF 与联邦德国政府更威胁撤回支持。德洛尔厉行撙节以控制通货膨胀。1983 年，法国将经济政策与联邦德国挂钩——这既是该国经济自主的结束，也是试图让联邦德国金融力量"欧洲化"的强烈理由。密特朗与德洛尔断定，自己的做法之所以失败，是因为法国太小了。现在需要采取更大的、全欧洲规模的行动，如此一来，政治人物才能控制经济力量。"唯有欧洲，"密特朗宣称，"能让政界恢复其力量。"[7]

密特朗对政治凌驾于经济的渴望，让人想起已经提过的一点：亚当·斯密的思想向来无法说服法国人。自由贸易也未曾像在19世纪的英国一样，成为受人欢迎的政治与道德号召。过去两个世纪以来，重要的法国自由派经济学者屈指可数。右派与左派政治人物一致谴责"凶猛的自由主义"，赞扬良善的政府是公共利益的守护者。小企业主与农民早在1848年便握有选票，也愿意运用路障与投票箱。他们向来熟练于迫使政治人物顺从他们的希望，通常包括以保护措施对抗"不公平"的竞争。政治人物也相应注意到利益均沾对选举的好处。20世纪30年代与20世纪90年代，法国政府在国内扮演的经济角色与其他国家一样日渐增长，而且法国政府的重要性甚至比大多数国家增长更多。国内领公家薪水者（占总人口57%），以及许许多多在复杂权利制度中享有雇用与补助特权的人，他们的政治影响力因此大幅提升。[8]一群同质性极强的精英主宰了政界、公务机关与商界，其顶点则是国家行政学院校友［énarques，"ENA"即国家行政学院（Ecole Nationale d'Administration）。学院成立于1945年，比牛津、剑桥两校最小的学院还小］。截至1997年，三位前总统中的两位，八位前总理中的六位，以及三大主要政党的许多领袖皆出身ENA。[9]这一切都让政坛人物在经济保护、社会保护、国家干预、官僚价值与"欧洲"相关事务上有历久不衰的跨党派共识——人们常称之为"统一思想"（La Pensée Unique）。撒切尔式的自由化对此不仅是种挑战，甚至是种冒犯，会转而支持自由化的法国人少之又少。

法国与马岛战争

我们打算巩固与大不列颠的团结,大不列颠……是侵略的受害者,其国家利益与民族自豪同时受到侵略。

——弗朗索瓦·密特朗[10]

密特朗与法国人在诸多方面都是我们最重要的盟友。

——约翰·诺特(John Nott),国防大臣[11]

阿根廷在1982年4月2日出兵马尔维纳斯群岛——这是1770年以来,这些人迹罕至的领土首度引发的危机。密特朗隔天便致电撒切尔保证给予支持,并驳回本国外交部部长克劳德·谢松(Claude Cheysson)出于"反殖民"的立场打算支持阿根廷的做法。密特朗郑重表示"我们是英格兰人的盟友,不是阿根廷的盟友",其他的做法都会导致政治"灾难",何况法国自己也有岛屿殖民地。最为吊诡之处,在于法国曾将军火售予阿根廷,包括"幻影"战斗机与"超军旗"攻击机,以及少量的"飞鱼"反舰导弹——其中有5枚服役中。这些导弹对英国特遣舰队是严重威胁:其中1枚击沉了驱逐舰"谢菲尔德号"。阿根廷人又下了50枚"飞鱼"导弹的订单,但法国人延迟出货。他们还找理由推迟交货给秘鲁,以免导弹落入阿根廷手中。法方并未撤回派驻阿根廷负责武器运作的技术人员,但他们把关于阿根廷军事力量的完整技术情报告诉了英国人,包括如何对付"飞鱼"导弹。法国空军还飞了一架"幻影"战斗机与一架"超军旗"到东安格利亚(East

Anglia），这样皇家空军飞行员就能知道这两种飞机的能耐。后者发现在缠斗时，"幻影"战斗机与"超军旗"并非"鹞式"战斗机的对手，因此松了口气。[12]

密特朗在政治上维持"中间立场"，支持英国予以还击，但敦促就马尔维纳斯群岛进行协商。此举让法国比其他大多数欧洲国家（挪威除外）和英国关系更紧密。法国人的支持多少比摇摆不定的美国更为稳定，当然还是无法与多数英联邦国家相比。在欧洲理事会内部，法方支持对阿根廷进行经济制裁，力抗爱尔兰与意大利的反对。但法国人忍不住趁英国之危，在共同体预算与CAP方面否决他们——一位法国欧洲议会议员（MEP）说，"欧洲的团结不该只有一种方式"。这是自戴高乐将国家否决权引入欧洲审议机制以来，英国首次遭到否决。[13] 在联合国，法方在6月的停火决议中投了弃权票（而非与英国投下相同票）。但在历史学家菲利普·贝尔（Philip Bell）眼中，法国的支持远超过自利的范围，而英国、美国与法国组成的"大西洋三角"（Atlantic triangle）也终于发挥了一次作用。[14]

撒切尔个人相当感谢密特朗。然而，法国特工在1985年炸了停在奥克兰（Auckland）港内的绿色和平组织的"彩虹勇士号"时，英国人却没有投桃报李，法国人因此感到委屈——谢松认为"他们不该这样诋毁我们"[15]。

密特朗与撒切尔有种微妙的关系。密特朗认为撒切尔是个"小布尔乔亚思想家"，撒切尔则认为他的经济理念"愚蠢疯狂"。但他不仅是个花丛老手——虽然他有某种不讨喜的特质，但或许这正是他成为老手的原因——也认为自己能凭借英国人视为典型法式的繁复礼节，

"大献殷勤"来影响她。他有段臭名昭著的评论,(以各种形式重复)说她有"卡里古拉(Caligula)[①]/斯大林的双眼,梅莎琳娜(Messalina)[②]/玛丽莲·梦露(Marilyn Monroe)的嘴/双腿",但这或许既表现了他对这位"身处众男人之间,令他们的苦行光彩焕发的唯一女人"的真心赞赏,也表现了法国人对政治正确的无动于衷。[16]而她以一种常见的英国风格表现出对法国或多或少的喜爱:她享受奢华的美食,也会收集菜单。对于他的言论,她还挺受用,对他也很有好感。对于他在马尔维纳斯战争期间的支持,她也铭感五内。当然,这无法避免英国因对共同体预算不成比例的付出而生敌意。这种高比例的支出是CAP带来的结果,英国也因此成为唯一的净支出国。两人都想在数字上智取对手:撒切尔比慷慨的密特朗更注意细则,她在1983年争回一笔为数可观的退款,让当时担任欧洲理事会主席的密特朗对此"背信、伪装、欺瞒"之举怒不可遏。[17]1984年,密特朗拜访伦敦期间,一名法国情报员在法国大使馆放置了塑料炸弹,以考验伦敦警方——英国人可不觉得这个把戏好玩,这也无助于双方改善关系。

最初,英国与法国推动各自的自由主义与社会主义实验时,是分别进行的。20世纪70年代休眠的"欧洲"让两国面对面了。撒切尔的经济成就对全欧乃至于欧洲以外都造成冲击。密特朗的失败亦然。英国人收获了信心,也得到推动欧洲自由化的契机。自由化是他们的老调重弹,但今天的自由化却是以远比此前的历届政府所希望甚至是所能想

---

① 卡里古拉是罗马帝国第三任皇帝,本名盖乌斯·恺撒(Gaius Caesar),"Caligula"意为"小军靴"。统治时期不长,传闻他残忍施虐、纵欲、性变态。——译者注
② 梅莎琳娜是罗马帝国第四任皇帝克劳狄(Claudius)的第三任皇后,政治影响力强大的女性。据说她计划暗杀皇帝,因曝光而被处死。——译者注

象的更进一步的方式,所推动的一种价值观与一套规划。自由化也符合如今,在欧洲与世界其他角落改变的观念与实践。白厅的报告《欧洲即未来》(Europe-the Future, 1984),成为1986年《单一欧洲法案》(Single European Act,简称SEA)的先声,后者是一项要创造"内部没有国界,从而确保商品、人民、服务与资本得以自由移动"的单一市场的法案。这是自欧洲经济共同体成立以来第一个全面自由化的措施,也是"撒切尔夫人的小宝贝"[18]。推动法案的人,是她任命为布鲁塞尔执委会(Brussels Commission)成员的前贸易与工业大臣(Trade and Industry Minister)科克菲尔德勋爵(Lord Cockfield)。科克菲尔德的计划在"没有太多反对"的情况下得到委员会通过。[19]SEA为"欧洲联盟"铺了路,并逐步消弭300种以上的非关税贸易障碍(包括公共契约、政府补助、财政规范、贸易限制协议与歧视性标准),让真正的欧洲市场有落实的前景。近年来,一部谈欧洲一体化的重要历史著作,将之描述成"或许是历来对欧洲建设所做的最重要贡献",接着半开玩笑地将玛格丽特·撒切尔拥戴为"新欧洲之母"。[20]

欧洲共同体内部的自由化"补充、强化并延伸了"朝更自由的贸易发展的"世界潮流"。[21]单一市场计划为1986—1994年的乌拉圭回合(Uruguay Round)国际贸易协商带来推动力,产业关税在这一回合后开始废除,服务与投资也得以自由化。为了追求这些目标,更有力的世界贸易组织(World Trade Organization,简称WTO)于焉成立。WTO从农业改革着手,不过CAP(以及作用相仿的美国、日本农业保护措施)仍然保留了下来,让自由派与第三世界说客大为不满。接下来十年间,欧共体与其他国家敲定了无数的双边贸易协议,但共同体贸易执委里昂·布里坦(Leon Brittan)关于与美国签订条约、成立"新大西洋两岸市场"（New Transatlantic Market）的提案，却在1998年遭到法方严正拒绝。所有欧共体国家对共同体外的贸易皆有增加。

单一市场方案以潜在的方式改变了共同体存在的目的与执行委员会的角色。欧内斯特·贝文搞不好会说"这头特洛伊木马肚子里都是潘多拉的盒子"。成员国以"相互承认"彼此的标准（只要一项商品可以在某一国贩卖，就能在所有国家贩卖）为关键原则，这意味着布鲁塞尔无须为复杂的"和谐一致"进行协商、制定规范。自由化大有让欧共体机构越来越多余的可能，毕竟内部障碍与外部边界皆已瓦解。1992年5月，撒切尔在海牙演说时提到，自由贸易的欧洲"不需要眼下这种形式的执行委员会"。撒切尔式的EC将必然发展为法国人向来厌恶的"自由贸易区"（Zone de Libre-échange）。"欧洲"也一样会消亡。[22]

对于许多意识到其深远影响的人来说，这种前景令他们深恶痛绝。视自由市场为至善的自由主义拥护者从不是多数，或是无法长久作为多数，纵使在英国亦然。很多人（包括撒切尔自己的若干支持者）认为自由化是必要之恶。其余许多人则认为自由化就是恶。雅克·德洛尔（1985年起，从密特朗手下的倒霉财政部部长转任欧洲执委会主席）则持偏中庸的态度：经济变革势不可免，但需要有人指导，并严格规范。

德洛尔与撒切尔对彼此小心翼翼、互敬互重。他们对理念的兴趣、对细节的关注，以及不懈的抱负都很相似。德洛尔回忆两人的讨论时，得体地表示内容"总是趣味盎然"。[23]他们跟谨慎、现实又有些懒惰的政治同僚［以密特朗与联邦德国总理赫尔穆特·科尔（Helmut Kohl）为首］大相径庭。撒切尔与德洛尔同一年出生，也是两种文化的完美化身。撒切尔是信奉新教的个人主义者，是"小店主之国"的女儿［出身格兰瑟姆（Grantham）分店］，继承了非国教派的工作伦理与自信,也是威斯敏斯特政坛这所严酷学校的毕业生。德洛尔则是家长作风的天主教徒,天性像个财政官员(确实占了职业生涯的一部分),是白领的基督徒工会积极分子;他一开始是以台面下的幕僚身份参与政治,后来进入欧洲议会的象牙塔。他是人格主义(Personalism)的忠实信徒——这种流行于20世纪30年代至50年代的基督教"中间路线"哲学,同时拒斥他们认为不人性的资本主义与极权式群众政治,志在以人类的创造力与团结为基础(而非自由个人主义与竞争)来创造社会与经济制度。有些人格主义者提倡通过区域性认同与无党派(即非选任)的联邦机构来瓦解民族国家。他与密特朗的策略虽然在20世纪80年代早期失败,但两人并未因此改信自由主义,他们反而确信,法国必须接受此前考虑已久的、更大程度的欧洲一体化。他们意识到:若用面对革命时的法国保守派的睿智格言来说,就是"一切都得改变,才能让一切保持不变"。德洛尔受命成为主席,主持此前被动的欧洲执委会——这是他创造"欧洲社会模式"的最后一次机会,而这样的欧洲将会是个"部分德意志化、扩大了的……法兰西"。[24] 若要守住战后的基督教民主制度与社会主义所带来的社会福利,就必须在经济上有足够的成就。用德洛尔本人的话来说,就是"在一个因全球化而上下颠倒的世界中,成为一个希望、一套典范与一处庇护所"。[25] 他的信息很吸引人,对英国亦然,甚至让该国的工党与工会团体一改传统的反欧洲论。简言之,撒切尔视"欧洲"为迈向全球化的一步,德洛尔却将新的目的赋予欧洲:躲避撒切尔主义的避风港。

德洛尔策略大胆,利用撒切尔的单一市场,作为将欧洲同时带往相反方向的契机。他主张,由于单一市场消弭了国家的现有控制,因此需要将执委会的权力延伸到环境、社会、货币与地区领域。他一再坚持，在成立单一市场与共同体扩大之前，必须先有更进一步的政治整合与执委会控管职权的延伸（即"深化"）。《单一欧洲法案》的第三部分（撒切尔勉强同意）扩大了执委会的职权，让深化有了可能。尽管表面上是出于功能需要与经济需求，但此举实出于意识形态与政治目的——德洛尔的原话是，借此创造"有组织的空间"，而非"自由贸易区"。[26] 为了达到这个目标，尤其是为被当作联邦化措施的货币联盟做准备，是值得付出可观的经济代价的（包括经济增长缓慢与失业）。德洛尔并未低估撒切尔式自由主义给他的"欧洲典范"带来的危害。他相信自己只剩有限的时间能反对之。

德洛尔继续进行他"疯狂的国家建设"，[27] 增加执委会在经济、调控与政治上的权力，并如他的一位崇拜者所写，"提高自己的位置，达到执委会的制度结构正式容许的程度以上"。[28] 他让执委会满是由国家行政学院校友帕斯卡·拉米（Pascal Lamy）与弗朗索瓦·拉穆勒（François Lamoureux）领导的法国官员。新成立的"架构"、"地区"与"研究与发展"等基金，则是在政界与商界，尤其是在爱尔兰和希腊等主要受款国赢得盟友的手段，这些受款国的金融状况因为大笔注入的资金而彻底转变。所有政治人物都会用自己的钱贿赂别人，但德洛尔有个难以抵挡的优势——他能拿别人的钱贿赂人，还能让人觉得把钱放进口袋才是对的。浪费、贪腐，以及国际说客大军常驻布鲁塞尔，就是无可避免的结果。执委会成了一位高度亲欧的英国官员口中的"操法语口音的坦曼尼厅①（Tammany Hall）"。[29] 拉穆勒将德洛尔

---

① 坦曼尼厅，即18世纪80年代成立于纽约的政治性团体坦曼尼协会，它以金援等方式影响纽约地区政局、候选人提名，于20世纪60年代解体。——译者注

的手法命名为"俄罗斯套娃","一个娃娃里有另一个娃娃,打开来又是下一个……直到来不及回头"。据知情人士所说,"这把戏是把一批批能吸引不同成员国关注的复杂交易……全绑在一起"。其中相当重要的一部分,是要找出"足以安抚英国新自由主义的提案,以降低英国人对于进一步集中主权的警惕"[30]。

"俄罗斯套娃"策略掀起了一体化的势头,沛然莫之能御,尤其此时唯一有分量的对手是日益孤立的撒切尔——她拒绝一体化,认为会伤害经济,在政治上也无法接受。德洛尔的活动惹来部分英国媒体的不齿,程度不亚于后来法国人对随和的英国贸易执委里昂·布里坦的谴责,将他妖魔化为追随撒切尔的成吉思汗。但不可否认,民粹反法小报《太阳报》(头条标题《去你的,德洛尔》招来不少骂声)跟《世界报》或《新观察家》(*Nouvel Observateur*)那种儒雅知识分子的反英表现实在不怎么像。除了法国内部的支持,德洛尔还有一项重要优势,即与赫尔穆特·科尔的盟友关系。联邦德国的"莱茵资本主义"(Rhenish capitalism)稳定且得到一致的肯定,拥有高度社会福利而又具有国际竞争力,对德洛尔影响很深。莱茵模式因僵化与高昂成本而产生的问题,在20世纪70年代已经开始出现,但其成就仍然让人印象深刻。更有甚者,这些难以解决的问题甚至被人用来证明应该将德国风格的社会政策推及整个共同体,以保护体制不受"不公平"竞争的伤害。冷战终结,德国再统一的前景一片光明,科尔因此迫切想争取盟友的支持,并再度对盟友(尤其是法国人)保证德国是个"好欧洲人"。当密特朗与撒切尔以笨拙的方式力阻德国统一时,德洛尔则是以精明的欢迎来响应科尔。科尔-德洛尔联盟就此巩固。随着统一已成定局,密特朗也做出取舍,认为进一步的欧洲一体化是"我们所面临的问题的唯一解决方法"，因为那将会把更强大的德国绑在更紧密的经济与政治结构中。[31]

德洛尔的执委会是个机敏的政治角色，对选民或结果应尽的责任并未减轻其分量。执委会就是个梦工厂，其任务在于"创造并促成可能的前景"，[32] 能够从《社会宪章》（Social Charter, 1989）极为看重的环境保护、区域援助、健康、安全和劳工权益等事业中，挑出受欢迎的来推动。此举在不经意间孤立了英国人，让撒切尔"在国内岌岌可危"，也为后来英国的180度转弯铺好了路。[33] 从20世纪80年代后半段的选举结果中便能看出撒切尔在本国越来越不受欢迎，而她与外交大臣杰弗里·豪（Geoffrey Howe）、财政大臣奈杰尔·劳森（Nigel Lawson）等强大政坛同僚的公开争执，也削弱了她的声望。豪与劳森都想跟德洛尔的策略达成妥协，认为撒切尔的固执抵制注定会失败。

撒切尔与革命，1989年

1989年7月，密特朗在巴黎举行一场盛大的政治嘉年华，庆祝1789年革命200周年——革命之虎如今已成人见人爱的玩偶。西方领袖齐聚峰会，世界上其他地方也有许多政治人物获邀。撒切尔送给密特朗一本初版的《双城记》（*A Tale of Two Cities*），这是一本在她年轻时对她影响至深的书。[34]《世界报》进行专访，邀请来访的政治人物向大革命与法国独特的历史角色致敬。许多人逢场作戏，结果制造出若干相当戏谑的结果，例如奥地利的库尔特·瓦尔德海姆（Kurt Waldheim）便盛赞《人权宣言》（后来爆出他在二战期间曾为德军服役的消息）。《世界报》把撒切尔留着当压轴，在7月13日刊登。"人权是否始于法国大革命?"她在面对这个难题时,只简短地提到了犹太教与基督教的共同传统、《大宪章》、《权利法案》与光荣革命。这对法国人来说并不新鲜:早在 19 世纪 20 年代,伟大的自由主义者弗朗索瓦·基佐便已让大家明白《大宪章》的重要性。其他的受访者也有类似的回答,甚至连丹尼尔·科恩-本迪(Daniel Cohn-Bendit)——1968 年法国学运领袖"红色丹尼"(Danny the Red)——也提到了《大宪章》。但《世界报》却赏了撒切尔一面头版与一幅漫画。是谁招惹谁?对于许多批评撒切尔的人来说,是她先招惹人,毕竟她的形象经常是挑衅、偏狭反法。老牌左翼历史学家克里斯托弗·希尔(Christopher Hill)还点名让她"向法兰西人民道歉"。

《世界报》通过这幅漫画,讽刺玛格丽特·撒切尔拒绝头戴法国大革命弗里几亚无边便帽①。她那口龅牙十分突出,这是法国人眼中英国女性的象征。

---

① 弗里几亚无边便帽(Phrygian bonnet),在法国大革命与美国独立战争中都象征着自由与解放。——译者注

甜蜜的世仇
英国和法国，300年的爱恨情仇

撒切尔在1990年11月下台，一场由保守党中最亲欧派系发起的反叛拉倒了她。不过，与撒切尔有关的单一市场立法活动仍在延续。德洛尔心知肚明，而且"有时候怀疑欧洲一体化是否会如他所愿进行"[35]。但他是个"积极的悲观主义者"——这个人格主义术语，意思是即便你预料会失败，也应该要坚持。通过单一市场与WTO进一步推动自由化，同时扩大社会保障（无论多受欢迎，都会增加成本与僵化程度）——两者之间的紧张关系在所难免，其间更有风险让"欧洲"变成将投资与工作机会转移到其他地方的某种机制。成员国公民逐渐上升的不安也不容小觑。莫内规划让非政治专家进行超国家层级的管理，而备受讨论的"民主赤字"（democratic deficit）[①]却是其蓝图与生俱来的现象。只要这些专家的活动有严格的限制，而且泰半不着痕迹，人们就能接受。撒切尔与德洛尔越是分别以除去旧有保护与实施新限制的方式，将"欧洲"带入日常生活，这种"赤字"就越刺眼。单一市场会威胁既有利益，同一时间所推行的"俄罗斯套娃"的整合手法却又等于"问这对佳偶〔'欧洲'及其民众〕想不想结婚之前，就先起草婚前协议书"[36]——这是德洛尔的原话。他的解决方法，是在反对势力壮大之前抢先出手（他说，自己的目标是在2000年成立联邦），成事之后再按照19世纪国家建立的模式来塑造民众的共识："我们已经创造了欧洲，现在我们必须创造欧洲人。"[37] 德洛尔借由他称之为"文化经营"的方式——半官方的游说团体、补助文化活动、青年团、各种奖项、400个讲席教授职位、1 700个教学计划，以及引导性的教科书、

[①] 民主赤字是指表面上具备民主机制与基础的组织结构或团体，实际上已无法实践民主原则。——译者注

电影与视频——对民众灌输身为欧洲人的自豪感，使之接受"更加紧密结合"是历史的归趋。

标志欧盟成立的《马斯特里赫特条约》（Maastricht Treaty，1992年2月）将德洛尔规划的"经济与货币联盟"与单一市场正式结合起来。这场赌局差点就赔了。丹麦人在公投中投票反对批准。密特朗也举办了一次公投，期待用深具说服力的"是"来反制丹麦人的"否"。法国当局采用传统的爱国措辞向投票人喊话："在欧洲居首的法兰西"能扩大"主权法兰西"的力量，并且在面对外面世界时为其社会制度、经济与文化提供保障。[38] 有个口号是"拿破仑也会投'是'"。但法国选民就跟拿破仑的大军团一样怨声载道，在1992年9月20日以极小的差距追随了其政治人物的路线：51%对49%。大致上，投"是"的选票都来自都市与中产阶级（所有主流政党也都鼓吹投"是"），对于意图让CAP自由化的尝试感到愤怒的工人与农民则选择"否"。

密特朗在9月3日一次选举谈话中向选民保证，计划中的欧洲中央银行（European Central Bank）将服膺于政治调控（但他说错了），暗示会有更宽松的货币政策。据历史学家约翰·吉林厄姆（John Gillingham）的看法，国际货币市场因为他的发言而"发狂"，投机客开始对早已摇摇欲坠的欧洲汇率机制（Exchange Rate Mechanism，功能为协调欧共体各国货币价值）展开一系列攻击，迫使芬兰、瑞典、意大利与西班牙货币贬值。投机操作的高峰发生在"黑色星期三"（Black Wednesday，1992年9月16日），英镑被迫脱离欧洲汇率体系，此时距离法国公投只剩4天。[39] 也就是说，密特朗的政治操作给约翰·梅杰（John Major）的保守党政府——远比以往更居于"欧洲的心脏地带"——带来沉重的打击。不过，事实证明这次羞辱对于英国经济是有利的——一旦少了币值高估的负担，经济表现也随之提升。后来，英国出于政治与经济的综合考虑，退出了单一货币欧元体系。法国的战略是化德国金融力量为欧洲所用，创造足以在全球经济中与美国抗衡的经济与政治体系，在这个策略中，1999—2002年逐渐启用的欧元堪称巅峰成就。

撒切尔与德洛尔离任时，心里都很痛苦，认为赢的是别人。但英国与法国模式的拔河仍未停歇。英国政坛喜欢一再重复他们"在欧洲辩赢了"，但他们在法国肯定没有赢。两国的歧见一如往常地明显：面对全球竞争浪潮，是该跃向浪头，还是爬上堤防？法国政府紧守CAP不放，劳动就业部长玛蒂娜·奥布里（Martine Aubry，德洛尔的女儿）更在1998年推行强制性的每周工作35小时政策。尽管欧盟要求实行竞争政策与公开市场，但法国政府依旧通过正式的政府持股和拨款，或是非正式的施压与偏袒的方式来指导、保护产业。法方不停要求欧洲正式采用这种"产业政策"，并一再痛斥单一市场竞争不理性、造成破坏。至于这些"护国卫士"的巨额损失，政府却不予理会。其中一个护国卫士——里昂信贷银行（Crédit Lyonnais）给纳税人带来的损失，相当于法国所有家庭放1个月的假。这家银行的巴黎总行在火灾中被烧毁，让可能得出难堪结果的调查提前结束。几年下来，其他的财政黑洞还有法国航空（德洛尔亲自出手相救）、计算机制造商布尔（Bull）、跨国集团威望迪（Vivendi）以及科技集团阿尔斯通（Alstom）。这类的失败引发公众的指责，以及对肆无忌惮的产业大亨（此前可是被人们奉为英雄）一连串的检举，连少数的贪婪政客也卷进官司。但人们对保护政策的原则却少有质疑，而英国的不干预做法（撒切尔与继任者所奉行）似乎独好脆弱的服务业，结果导致经济的产业基础无谓牺牲——这样的前景可不吸引人。因此，法国财政部依旧拨出庞大款项、提供优惠贷款，无视单一市场的竞争政策。法国电力公司（Electricité de France）与法国电信（France-Télécom）等公用事业在国内得到保护，无须面对外资购买或竞争，因此有能力收购欧洲其他国家的公共事业，其中又以解除管制后的英国为甚。可是尽管有这些努力，法国经济仍然疲软。传统产业失去活力：法国最后一处煤矿场在2004年4月关闭。《稳定与增长协议》（Stability and Growth Pact，欧元的担保）带来的通货紧缩效果，让局面每况愈下。法国与德国在2003年后公然打破协议，并且在2005年迫使协议废除。英国财政部觉得开心，因为这显示他们留在欧元区外是正确的做法。法国人觉得开心，因为这显示他们有权利打破或修改规则。但其他小国不开心，因为让·莫内推崇的法治与中立专业人士调控失败了，暴露出它们有多弱小。

　　法国经济衰落的明显迹象（尤其是与英国相比），成为21世纪初热议的主题。但很少有人呼吁追求英国式的自由化——不仅破坏力强大且无情，在政治上也等于自杀。《世界报》、《解放报》与《新观察家》等进步派报纸的一代读者，以及肯·洛奇（Ken Loach）等英国激进导演的众多法国支持者，对于新英国的狄更斯式恐怖景象，以及该国的乞丐大军和骄横富豪皆感到不寒而栗。法国与欧洲不仅要避免其失败，也要避免其成就。若干事件强化了这种反感。20世纪90年代的"疯牛病"危机，以及民众对于牛海绵状脑病（BSE）传染给人的恐慌，导致法国政府对英国牛肉进口实施禁令。这纸禁令直到2002年，也就是欧盟解除其牛肉禁令之后的第三年，依旧得到民众的支持。如果要大力宣扬法国农业之优越与 CAP 的价值，这可是个不能错过的良机。前往英格兰的法国游客拒绝接触任何与肉有关的东西，父母禁止小孩吃可能含有明胶的甜食。报纸揪出了某个在英国陆军协助下，将死牛肉走私进法国的秘密组织；此时，背信弃义的托尼·布莱尔还将英国所禁止的动物饲料出口至法国。[40] 供应英国牛排的连锁餐厅业主被当局逮捕下狱。无怪乎等到禁令终于解除，进口也未见起色。2001 年，英国暴发口蹄疫，电视不断回放大规模屠杀牲口，以及焚烧动物尸体的画面。"火葬堆的中世纪红光"，就是对"二十年极端自由主义"的严厉报应。[41] 人们一再重申这起教训，表示相较于法国模式的明智干预做法，英国模式根本是公共危险。具争议性且广为人知的商业决策——例如关闭法国境内所有的玛莎百货（Marks and Spencer）分店，以及胡佛公司（Hoover）从勃艮第迁厂至苏格兰的"去本地化"，都为那种威胁提供了进一步的证据。报纸开始出现《英格兰全面陷入危机》以及《极端自由主义幻象》这类头条标题。[42] 没有人提到"迦太基"（因为法国的古典教育跟英国一样日趋消亡），但"小店主之国"的看法并未远去。桑加特难民营（最终在英国的压力下于 2002 年 11 月关闭）就是两国差异的缩影。国籍不属于欧洲的移民会从这里无票偷乘海底隧道列车前往英格兰。寻求庇护的人急着想离开法国，法国人虽然松了口气，但多少也感到冒犯。法方谴责英国缺乏管制的体系：没有身份证，治安管理宽松，任由非技术性工作构成"灰色"经济。英国正在其做错的地方遭受惩罚。

总之，"法国"与"英国"模式继续针锋相对。法国之所以成为最不顺从布鲁塞尔指示的国家之一（英国则是最快听命的国家之一），原因并不在于疏忽。2004 年，咸认是自由派的法国财政部长尼古拉·萨科齐（Nicolas Sarkozy），为了防止破产的阿尔斯通落入德国的西门子公司这个"外人"手中而费尽心思。欧盟单一市场执委弗里茨·博尔克斯坦（Frits Bolkestein）愤怒地表示，"我不禁感觉自己所处的时空错位了。我得捏自己一把，才能确定自己没有穿越到20世纪60年代、70年代或80年代……听听看最近法国与德国政坛的声明，你会以为单一市场策略从不存在"。他批评两国偏袒自家的公司，同时强迫欧盟新成员国提高成本，意在对它们设下不利条件。[43] 欧盟成员国之间的贸易陷入停滞。据估计，2004年时，"反倾销"措施（反制可疑的不公平竞争）与其他非关税性障碍相当于对欧盟外的产品征收40%的进口税，如果是"高科技"制品，更是高达60%。尽管有所改革，但CAP仍然让欧洲的食物价格高于世界水平50%～60%。《单一欧洲法案》通过20年后，成员国本身的采购只有16%完全遵从单一市场规则，而服务业（英国的强项）也仍然受到严格限制。[44] 英国也因此长期对欧洲其余国家维持贸易逆差，尤其是对法国。博尔克斯坦开始对若干服务业推动单一市场的温和计划，在法国造成公开抗议，后来更在法国总统雅克·希拉克（Jacques Chirac）与德国联手之下，于2005年3月被驳回。若干英国工运人士希望本国模仿法国的保护手段。财政大臣戈登·布朗（Gordon Brown）驳斥，"旧有的整合计划……欧洲贸易圈的愿景，已经受到无可挽回的削弱"。要知道，他是在一次谈"英国特色"的演说中提出这些看法的。[45] 但德洛尔的前任助手弗朗索瓦·拉穆勒（仍然在布鲁塞尔身居高职）却自豪宣称"今天的欧洲……并非自由主义的欧洲。欧洲受到严格的规范，以维护特定的社会模式"。[46] 这时的欧洲仍然与撒切尔和德洛尔的时代一样，同时朝相反的方向前进。

由于承诺要在2004年扩大欧盟的承诺（英国对此最为热情，法国则最意兴阑珊），[47]多年来的歧见化为难题。若让大半个东欧加入欧盟，CAP与德洛尔式补助款会吃不消。更有甚者，新国家倾向于不按照法国模式发展。正当英国人认为自己胜券在握时，法国人却先发制人。法国与德国对于盎格鲁－撒克逊人处理伊拉克问题的做法不表赞同，这对"法德佳偶"也因此重燃热情。2002年10月，希拉克在未与其他政府商讨的情况下，说服德国总理格哈德·施罗德同意为了既有受益国而维持CAP，提高其预算，扣住给予欧盟新成员国的结构基金，并削减新成员国公民在西欧的工作权——简言之，是将新成员排除在完整的参与之外，借此维持"法国模式"。希拉克后来对法国选民夸口，"给予法国农民的补助有80%来自欧洲。我们是唯一需要补助的国家。那我们是如何办到的？是靠我们德国朋友的谅解"[48]。法方的意外一击，导致布莱尔与希拉克激烈交锋。对法国来说，这场胜利所费不赀——法国一心一意捍卫自己的利益，曲解或无视欧盟的规定，而且摆明对新成员国缺乏同情心，这等于让法国成为新欧洲领袖的希望完全烟消云散。戴高乐当年希望"欧洲"成为法国发挥力量的"手段"，但在目前法国人眼中，"欧洲"泰半成了阻挡改变的屏障。虽然"法德佳偶"宣称要当"欧洲发电机"，但当这两个"欧洲病夫"奋力阻止扩大的共同体脱离自己时，它们实际上成了欧洲的刹车。

欧洲联盟未来大会（Convention on the Future of Europe）的成员在2002年2月挑选出来，大会的原意是负责提出让欧盟与其公民更为贴近的措施，结果反而是"深化"欧盟，在接纳新成员国之前先起草宪法。英国力荐采用更简单、更有弹性的规则，外相杰克·斯特劳（Jack

Straw）更敦促其公约最好"几行就好了"。[49]但大会（法国前总统瓦莱里·吉斯卡尔·德斯坦担任主席）却写出了上百页的规范。2004年6月，欧盟领袖齐聚布鲁塞尔，为的是批准宪法并选出新的执委会，只是任务难度空前。对于伊拉克战争的交相指责在欧洲政坛爆发，各方的歧见因此加剧。

不止一位中立观察家指出，若想维持英国对布鲁塞尔与华盛顿的影响力，布莱尔政府此时只能假意支持一套濒死的联邦制度，直到法国模式必然失效的那一刻到来为止。[50]假使布莱尔政府真是在演戏，那可是很有说服力的演出。布莱尔把臃肿的吉斯卡尔宪法当成区区某种"修订练习"，试图推动国会通过。但他在2004年4月屈服于政治与媒体压力，并承诺举行公投。鲜少隐藏其愤怒的法国政府，也觉得有必要这样做。因此，一场比赛便在从撒切尔与德洛尔时代累积至今的易燃物上展开。民意调查显示，英国选民极有可能投下否决票。向来对海峡彼端的阴谋提防再三的《世界报》，担心布莱尔会输掉公投，"拉着宪法跟自己一起下台"，借此"赢得背信阿尔比恩的谢意"。[51]英国政府尽可能推迟公投时间，最后定在2006年。这样一来，就可能会有其他国家（也许是波兰）率先投出否决票，英国自己就不用做出这一艰难决定了。而如果其他成员大多投下赞成票，政府便能运用哀兵之计，表示英国不敢"错过欧洲列车"、面临孤立。

《欧盟宪法》是否是在新成员国有发言权之前，让"法国模式"成为法律的最后机会？还是终于让百般不情愿的法国接受"英国模式"的最后手段？或是一场虚与委蛇的练习，结果造成长达数年的政治与法律纠纷？我们永远不会知道。不过，发生在英国与法国的争论，却显示海峡两岸之间的分歧已经扩大到什么地步。在英国，批评者攻击欧盟，认为干预过多。而在法国，批评者却谴责欧盟介入得不够。

991

咫尺天涯

我们在离开时，总带着晒伤脱皮的鼻子和不舍对自己许下承诺，有朝一日一定要到这儿生活。我们已经在漫长、灰白的冬日与油绿的夏日讨论过这件事……到了现在，我们居然实现了愿望，这多少出乎我们预料。我们对自己做过承诺。我们买了栋房，上了法语课，跟大家告别，让我们的两条狗漂洋渡海，然后成了外国人。

——彼得·梅尔，《普罗旺斯的一年》，1989年

以联合王国为据点的话，你比较会感觉自己是全球经济体的一部分。法国做生意的步调就是比较慢。虽然近年来企业文化有长足发展，但跟联合王国比，法国铁定落后许多。

——人在伦敦的法国生意人，2000年[52]

英格兰人恨法国人，法国人也彼此彼此。一片"世仇面包"上涂了一层偏见的果酱。法国人认为英格兰人是傲慢的岛民、吃水煮小羊肉并佐以薄荷，对于勾引人一无所知。英格兰人认为我们啰唆、傲慢、肮脏、浑身是汗味和大蒜味、轻浮、欺瞒腐化……英格兰人爱法国，但不爱法国人。

——《观点》（Le Point），1999年7月30日

史无前例的跨海峡移民现象在20世纪90年代开始出现。旅游业的爆炸性发展也是故事的一部分：2000年，有1 190万英国人（每五人就

有一人！）平均在法国待过一星期，300万法国人则在英国度过长周末。[53] 但真正新奇的是居住，而非只是观光。截至2002年底，约有7.4万名英国成年人拥有法国居留证，得以在法国工作——这个数字可是在十年内增加了1/4。居住在法国的总人数其实更多，还要包括投亲、退休养老的人，短暂居留者更是为数众多。此时出现了一种前所未有的现象：根据法国官方数字，估计有60万栋房子为英国人所有。[54] 这大致等于每30个英国家庭，就有一家在法国有栋房子。传统的南法度假区始终是人们的最爱，但西法也有新一轮涌入（布列塔尼增加了120%），南法乡间如朗格多克与加斯科涅亦然。移民人数增加最多的，则是新开发、便宜的地区，例如普瓦图－夏朗德（Poitou-Charente，增长170%）。[55] 至于北部－加来海峡（Nord-Pas-de-Calais）、洛林与香槟－阿登（Champagne-Ardennes）等阳光不那么充足的若干地区，无论距离多近、风景多美，移民人数都有所减少。廉价航空、便宜的汽车轮渡与高速列车让距离逐渐不再重要。

不过，自20世纪90年代起，来到英国的法国人都比沿相反方向去的英国人数量更多，更为惊人：史上第一次，在英国的法国人多于在法国的英国人。在英国的法国领事馆就登记有9.15万名法国公民住在英国——这个数字是10年来增加250%的结果。然而据估计，真正的人数在30万人左右，其中或许有2/3住在伦敦地区。同一时期，由于公司企业为躲避法国劳动规范，纷纷集中于伦敦，结果旅居巴黎的英国人人数减少将近1/4。长久以来，德国与比利时都是法国移民主要的目的地，但短短几年间，英国便将这两国远远甩在身后，与美国并驾齐驱，甚至超乎其上。伦敦霎时变成世界上第八大法语城市。来到英国的法国人与前往其他国家者不同，他们身份地位各异，而且年轻许多，泰半是二十几岁的人。[56]

这些人口流动让一项非常古老、早在 18 世纪时便清楚显示的差异重现江湖。"从没有法国人去英格兰找乐子，他绝不会自己选择在那儿生活，只想尽快返国"——这是人们向来熟悉的老话。[57] 严格来说，这种说法并不比其推导出的另一种看法"英格兰人去法国只是找乐子"更靠谱——2000 年，英国人有 150 万人次前往法国的商务旅行，法国人前往英国者则是 100 万人次[58]——但大致上还是对的。多数前往英国的法国人是要赚钱，多数前往法国的英国人是要花钱：一年至少花掉 50 亿欧元，对于乡间经济是一大助力。中年事业有成、在朗格多克置产的英国家庭，在许多方面都跟他们定居在不远处波城的老祖宗们非常类似。数世纪以来，法国消费相对低廉，容许他们过着上流生活，兼有宜人的天气、少有人居的乡间，以及美食享受。

无独有偶，在餐馆、酒吧、足球队以及法国报纸所谓的"欧洲黄金国"（European Eldorado）的岗位上十分抢眼的优秀法裔年轻男女，也跟三个世纪以来先他们而去的假发匠、舞蹈教师、女仆、男侍与厨师并无二致。法国匠人在特定的奢侈品行业总是有更好的训练。伦敦向来是块磁铁，但 20 世纪 90 年代的荣景更是让其吸引力迅速增加。以 2003 年为例，里昂商学院（Lyon Business School）有 1/3 的毕业生在伦敦金融城就业，人数比在巴黎工作者更多。当代版的舞蹈老师，或许就是足球教练了：阿瑟·温格在法国经历一段二流的职业生涯后，前往巴黎学习科学化的运动管理，再到剑桥的语言学校学英语。雅号"教授"的他，在 20 世纪 90 年代将一丝不苟的职业态度注入阿森纳俱乐部的训练中，给英格兰足球带来革命性的冲击，阿森纳队也在他手中成为全世界最优秀的球队之一。

2004年，法国国内的失业率是英国的两倍，年轻人的失业率据估计达26%（少数族群居住区内更是它的两倍），这是欧洲最高的数字。[59]找到工作的人若想升职，则得听命于在法国公司中地位依旧重要的老手们。找工作或试图转换跑道的人会到英格兰寻找机会：他们倾向于待几个月，甚至几年，获取经验，并增进英语能力。纵观欧洲或美洲，没有其他地方能提供这种环境。《快讯周刊》（L'Express）的商务副刊《成就》（Réussir）在1999年发行了一份84页的特刊，为在英格兰深造、找工作、成立公司的人提供建议："趁你还年轻，你可以在这儿从零开始。""对英格兰人来说，结果才是一切；你读哪间学校一点都不重要，职场也没那么多小团体。"法国公司无论规模大小，都成立了英国分公司，甚至是搬到英国：截至2004年，英国已有1700家法国公司，雇用33万人。税款较低、监管较少，是强大的吸引力。在英国成立一家公司，只需要2天时间与200英镑；在法国，费用是前者的35倍，时间则是40倍。[60]法国在新兴产业方面出现企业家人才外流，例如世界顶尖人力服务公司的创办人菲利普·弗德赛（Philippe Foriel-Destezet），以及"法兰西网络公司的翘楚、第五共和国的比尔·盖茨"马克·拉叙斯（Marc Lassus）。[61]法国的"硅谷"是泰晤士河口。2004年的法国国家足球队中，有七名球员受雇于英格兰的俱乐部。在英国的税制之下，他们的单位薪水是在本国工作时的五倍。"超级名模"利蒂希娅·卡斯塔（Laetitia Casta）在2000年离开巴黎前往伦敦，惹毛了爱国人士，因为第五共和国的象征——摆在所有地方政府的玛丽安娜官方雕像，是以她为模特所做。也算得上是号人物的前内政部长让-皮埃尔·舍韦内芒（Jean-Pierre Chevènement）则不怀好意地警告说：她不只会发现伦敦的房租比巴黎贵、伦敦地铁没有巴黎地铁好,而且"要是她生病——我是希望她不会——英国医院的照顾可是远不及法国医院"。

如舍韦内芒所料,许多法裔伦敦客着实觉得大囊肿①(Great Wen)难以理解。《快讯周刊》告诉读者,他们会对人们宽容古怪举止的程度、啤酒饮用量、对顾客的尊重、不拘礼节的职场关系以及轻易就能找到工作而感到不可思议。[62] 其实,这话跟法国人在18世纪50年代说的相去不远。多数人只待相当短的时间,融入当地甚或是彼此凝聚的程度因而有限。月刊《这里是伦敦》(*Ici Londres*,20世纪40年代的讽刺回响)便刊登有法国人的商店、牙医、医生、通灵师、征友者以及玩贝洛特(Belote)纸牌的团体名单。不愿指望英国公立和私立学校的家庭若想与南肯辛顿的夏尔·戴高乐高中(Lycée Charles de Gaulle)离得够近,就得勇敢面对西区(West End)的生活开销。南肯辛顿取代了索霍区,成为最接近法国人殖民地的所在。大使馆、领事馆、文化中心与法语中学附近涌现咖啡馆与书店,街道上可见精心打扮、穿着悠闲的年轻人,感觉他们仿佛是直接从圣米歇尔大道(Boulevard Saint-Michel)来的。富勒姆(Fulham)有家当地引以为豪的法国人酒吧。地方城镇也有自己的小小法国人殖民地。但整体而言,这些侨居地的出现并未引起什么注意。伦敦以外的侨居地向来能见度不高:我们不妨拿这唯一的一所法语高中和西班牙的30所相比,拿两家领事馆与英国在法国的五家相比,或是拿两家法国教堂跟八家英国教堂与30个驻外教士职位相比。[63] 这当然反映了法国人的

---

① 大囊肿是威廉·科贝特对伦敦的称呼,热爱乡村的他认为快速增长的城市仿佛一国颜面上的囊肿。——译者注

涌入相当突然，或许也默默表明要在英国正式树立一种值得一提的文化氛围，是一件非常花钱又费力的事。

正当法国青年结伴前来体会"英国模式"的刺激与好处时，年纪渐长的英国人则是带着家人寻求"法国模式"的安全与舒适。高速列车、细心维护的公路、地方小机场、过度的医疗照护以及获得补助的文化活动所带来的满足，完全让人忘记这一切需要的税金。连英国保守党都表现出对法国医院与公立学校的赞赏。法国乡间得到了人们独一无二的钟爱，让人都忘了考虑价格、便利性与天气；我们已经提过，这个现象可以回溯到19世纪，然而此时却掀起了一阵置产的风潮，前几个世代倒是选择租房。他们因英国房地产价格激增而获益，得以购买、翻修从庄园到乡间小屋等因乡村人口减少而废弃的房产。《法国地产新闻》（*French Property News*）刊登有理想待售宅清单。英国人心里有个阿卡迪亚桃源梦①，但无法在本国以合理的成本实现。到法国拥有一隅，作为第二个甚至是第一个家，等于是梦想成真。在法国买房子的人，理由有"生活风格""缓慢些的生活步调"以及"传统乡间"氛围。据估计，半数的买家已经退休，1/4是来度假，还有1/4（人数逐渐增加）是来寻求崭新的、没那么"有压力"的职业发展。[64]

像梅尔说的那样，变成外国人，可以是一场重生，摆脱旧身份。但重生也是考验，尤其在接生婆是法国公证人、市长或税监时。多数人会在头两年内卖掉房子，度过这段时间的人则倾向留下来。[65] 电

---

① 阿卡迪亚位于希腊伯罗奔尼撒半岛，在希腊神话中是牧神潘（Pan）的领地，自古便以田园景致著称，后来在文学中逐渐成为桃花源般的存在。——译者注

视节目会跟进报道这些勇敢的买家，跟拍他们买下杂草丛生的葡萄园、废弃的露营车营地以及没水管的破烂小屋的冒险和不幸。外籍地产经纪人、顾问、建筑师、建筑商、园林设计师与专做疑难解答的人越来越多，为这些人效劳。以如何在法国生活为题的书籍纷纷出版。类似《法兰西》（*France*，"是您通往法国与法式生活的护照"）这样的杂志，则用旅游特色、简单的知识（"法国人称早餐是'Petit déjeuner'"），或是看屋、防蚊、迅速学成法语的妙招以及有关法国税法的严肃建议，来鼓励潜在的移民。这个社会被描述成古拙但仁慈的卢里塔尼亚（Ruritania）①，人们普遍带着热情的善意对待它："你能想象有一条法律规定父母得从政府提供的名单中为小孩取名吗？简直难以置信，但法国法律直到 1981 年都有这种规定。"[66] 法国乡间有超过 100 个英国人俱乐部与社团，包括多尔多涅女子俱乐部（Dordogne Ladies Club，成立于 20 世纪 80 年代中叶，会组织前往波尔多与圣诞市集的购物之旅）、多尔多涅老绅士会（Dordogne Old Gentlemen，英国退伍军人协会的分会）以及若干板球队。

这些团体会让人想起波城狩猎会、英格兰俱乐部等不对外开放的侨民社团。一家法国报纸确实对"殖民者"表示不满，指出香港最后一任总督彭定康用太平山山顶区的别墅交换布鲁塞尔执委职位与阿尔比（Albi）附近的一栋房子。但现代的英国移民与前辈不同，他们巴不得得到当地人的接纳。对于彼得·梅尔的死忠支持者而言，这一点相当重要。一份针对下诺曼底（Basse Normandie）的研究发

---

① 卢里塔尼亚是小说家安东尼·霍普（Anthony Hope）在作品中虚构的中欧国家，相关的故事通常以乡村为背景，文化风俗古朴而奇特。——译者注

现不仅所有人都想成为社群的一分子，甚至多数人认为自己已经是当地的一员了。少数个案的确毋庸置疑，现在已经有了英裔的市长、市议员，以及教区神父。但整体而言，诺曼人认为英国人的参与"非常肤浅"；他们对经济、文化与政治的了解相当"粗浅"；他们的法语能力也"非常有限"。不是所有诺曼人都愿意被人当成与世隔绝、风景如画的乡间的本地人。他们虽然对初来乍到的人少有敌意（尽管有少数人仍然认为这些人是"宿敌"），但也没有多少热情，除非是那些对乡下贫穷地方经济有所帮助的人。对外来者最友善的就数年轻人、中产阶级，以及会讲英语的人。有些人批评英国人小气、只顾自己、时间都花在翻修自己的房子上。他们也因为跟"烟酒扫货行游客"（booze-cruisers）与足球流氓有牵扯而获罪，受人怀疑有酗酒与暴力的嗜好。最糟的是，他们会让房产价格抬高到本地人付不起的程度——2000—2002年，阿基坦（Aquitaine）房价涨了35%。早已生根落户的亲法派也指责如今到来的这些人是无知的新移民："村里有一户外国人家就够了。"彼得·梅尔因为引来一车车的旅客，结果造成邻里间的不满。在沙慕尼（Chamonix）这个"除了税务以外，就完全是个英格兰郊区"的地方，有10%的人口是英国人。法国人苦中作乐，开玩笑说夏朗德的每个村子里只有一个英格兰人，但在多尔多涅却是每个村子里只有一个法国人。一位政治人物警告："等到多尔多涅有80%的人口是英格兰人，多尔多涅就称不上是多尔多涅了。"[67]至少就我们俩所知，目前还没有人对南肯辛顿的命运表达过同样的恐惧。

海底隧道：突破

第二次世界大战期间，位于桑加特的旧隧道工程被德军炸毁，英国人则是竖起耳朵，从莎士比亚悬崖这端仔细听可能秘密进行的挖掘行动。海底隧道的构想在1954年，即《挚诚协定》50周年时重见天日，带着另一种历史的回音。提议的人是保罗·勒鲁瓦-博利厄（Paul Leroy-Beaulieu），他是隧道公司（1874年成立，至今犹存）的管理者之一，也是1860年自由贸易条约法方协商代表米歇尔·舍瓦利耶的外孙。[68]1956年，苏伊士运河公司在失去运河之后，也加入了隧道计划。随着英国试图加入共同市场，海底隧道的构想也得到了新的意义。麦克米伦与戴高乐曾短暂讨论过，而戴高乐的"Non"（不）也没能扼杀这个计划。真正的问题在于钱：英国财政部与法国财政部势同水火。但提倡的人依旧不懈，等到英国终于加入欧洲经济共同体后，挖条隧道似乎成了新纪元的重要象征。1973年，两国签订条约与协议，距离最早的工程喊停时，已过了90年。然而，开隧道的成本令人胆寒，而且没有人想要"地底'协和式'"。隧道计划在1975年再度搁置，只挖了1 000米。不止一位法国政坛要人认为，这证明英国"对欧洲缺乏兴趣"。[69]让海底隧道计划重新再来的人，是玛格丽特·撒切尔。她在与密特朗首度高峰会谈后让该计划复活，条件是要由私人资金来支付经费。1982年的计划再度采用了20世纪70年代的规划，挖掘一条铁路隧道，而非以预制组件来搭设一条通道，比如桥梁或某种混合的形式。银行与小股东（以法国人为主）被低成本估算与乐观过头的交通前景挠得心痒，后来却后悔莫及。1994年，海底隧道由女王与密特朗总统揭幕启用。密特朗表示，法国游客将有闲暇欣赏肯特的乡间景致，因为英格兰火车车速不快。历经 192 年、138 份计划，英国人的羞怯终于被克服了。

总之，英国人与法国人彼此的接触越来越多、越来越久，理由也远多于以往。双方都想从对方身上得到特定的东西，倾向于忽略其余一切。当然，会有例外。肯定有年轻法国企业家经常造访泰特美术馆，体验乡村酒吧风情，到凯恩戈姆山脉健走。当然，无疑也有住在普罗旺斯的英国屋主会关注《世界报》的政治报道，读最新的法语小说，成为地方历史的专家。但是，对于彼此生活与文化的那种积极兴趣，是否也像 18 世纪与 19 世纪时一样，吸引了这么多人呢？

书籍的交流就是一项指标。[70] 法国人翻译出版的英文书与进口的英语原文书，远比英国人翻译、进口的法国书更多。这是否成为英国人性格封闭、不懂艺术，法国人品味高雅、海纳百川的又一项证据？不见得。法国人进口的书籍种类相当有限，以童书、语言教科书和《吉尼斯世界纪录大全》（*Le Livre Guinness des Records*）等非虚构类畅销书为主。若干较受欢迎的英国作家——如朱利安·巴恩斯（"坚定不移的亲法者"——《快讯周刊》）、历史学家西奥多·泽尔丁（Theodore Zeldin），当然还有彼得·梅尔——都是写法国好话的人。说起来，法国人翻译的当代英语小说比较多，英国人则持续购买大量的 19 世纪法国小说。相较于法国人，英国人进口的严肃非虚构类作品更多，显示其学术界的目光更为开放。有些严肃著作，例如埃马纽埃尔·勒华拉杜里的《蒙塔尤》，甚至成为畅销书。出自米歇尔·福柯、雅克·德里达、雅克·拉康、罗兰·巴特、皮埃尔·布迪厄、费尔南·布罗代尔等人手笔的哲学与批判之作，对盎格鲁－撒克逊学界有巨大的影响力。法国人对于任何英语世界的知识分子（无论多么声名远扬）都没有表现出与此相当的兴趣。

书籍与电影的人气，经常能反映既有的成见。[71] P. D. 詹姆斯与鲁斯·伦德尔［Ruth Rendell，法国悬疑大师克洛德·夏布洛尔（Claude Chabrol）将她的一本小说搬上银幕，在《冷酷祭典》（*La Cérémonie*）一片中原汁原味地传达了原著带给人的战栗感］之所以成功，多少是因为她们的作品是法国人认为的英式精华——谋杀谜团。若干在英国取得成功的法国作家——例如米歇尔·维勒贝克（Michel Houellebecq），也会得到类似的评论，因为情色、哲学与刺激向来是人们心中的法国典型。色情也是凯瑟琳·布雷亚（Catherine Breillat）《罗曼史》（*Romance*，1999）之中的一个主题。这部影片改变了英国的电影审查，是第一部呈现真枪实弹性交场景的主流电影，被划为了"十八禁"：英国电影分级委员会（British Board of Film Censors）解释说，本片"非常法式"。[72] 影评人也认为：这部片展现了"法国闺房哲学令人肃然起敬的传统"，"以布里吉特·琼斯（Bridget Jones）永远不懂的方式，单刀直入性事的核心"。

较低的年龄层显示出兴趣比较不刻板的迹象，或许反映了伦敦与巴黎对彼此造成的吸引力。以轻松且（或）高度浪漫化的形式呈现都市的作品拥有庞大的市场，这正是尼克·霍恩比（Nick Hornby）与海伦·菲尔丁（Helen Fielding）等作家，以及《天使爱美丽》（*Amélie*）或《诺丁山》（*Notting Hill*）等电影会成功的原因。音乐方面，蠢朋克（Daft Punk，由两个法国人组成）在20世纪90年代风靡一时，成为英国音乐刊物着重探讨的对象。然而，世纪之交时最让人啧啧称奇的文化现象，却是受英国影响、原本主要是为孩童所创作的书籍与电影居然风靡全球——《哈利·波特》（*Harry Potter*）与《指环王》（*The Lord of the Rings*）。2000 年，4 本在法国最畅销的虚构著作，全都是"哈利·波特"（Arri Pottair）的小说，4 年内就卖了 700 万本。我们根本不可能想象同一群受众中有哪怕只是一小部分人会对以真实的英国为背景的书或电影感兴趣，无论时间设定是现代还是古代。

两国对于南美洲、印度、非洲与美国电影或小说皆有旺盛需求，而且感兴趣的通常是一样的作品。法国人（先别算哈利·波特！）买的德国、意大利、比利时与美国小说比买的英国小说要多。除了少数例外，当代法国小说家的作品在英国销路有限，而且只有少数严肃的周刊偶尔评介未经翻译的法语著作。一家英国出版社怪法国作家故步自封、自鸣得意、眼光褊狭。[73] 总之，无论特定的作品多么迎合受众的口味，21 世纪初的法国与英国普罗大众对于彼此的当代文化表现出的兴趣皆远低于历史上的关键时期。但两国人民之间的个人接触，在这段时期却也史无前例地频繁。会不会只是因为熟悉，所以毫不在乎？

两国民众都期望在对方身上感受到辉煌过去的回声，而非平淡无奇的当下。这些隐隐约约却由来已久的感受，会在广告意象、消费商品与意见调查中浮现。法国杂志中的英国产品或仿英国产品广告，会强调精致、贵族、独特和传统，有时甚至还有古怪——全都是古老的主题。（2005 年，巴黎某家知名百货在展示一个时装品牌时，居然名之为"埃塞克斯女郎"，或许是个例外。）捷豹与路虎（Rover）车的卖点是其皮革座椅与木质边饰，而非车辆性能。这是种"英式"意象，虽然有时明明是苏格兰花格纹。[74]法国上层阶级仍然喜欢找讲英语的保姆,有些保姆讲话会拖长语调,让口音稍微像英格兰人。巴黎老店"老英格兰"(Old England,几代下来都是由同一个法裔家族所拥有)提供昂贵的花呢与麦金托什风(Mackintosh)给"时尚风格、优雅风情"(Bon Chic Bon Genre)的巴黎客:他们的理想,就是"要来点历史情调与乡村元素"。这种所费不赀的便装风格一如过往两个世纪,是以男性为主导的;而且在整个这段时期里,服饰风格的极致优雅都是通过穿在女性身上体现出来的。

法国商品在英国的广告方式也很传统:时尚跟性感的老题材。雷诺汽车在20世纪90年代有一系列的广告,播放率很高,广告里是一位典型左岸风格的"妮可"(Nicole,由一位捷克女演员饰演);她放荡不羁、世故的"爸爸";爸爸的情妇、母亲以及私人司机——上演了仿佛迷你版的马塞尔·帕尼奥尔(Marcel Pagnol)的故事,弥漫着20世纪50年代的味道。近年来的汽车广告之所以试图以更露骨的方式展现色欲,越来越不那么"法国",原因或许正在于此:不再强调法国或英国的品牌形象,似乎成为普遍趋势,而这可能反映了海峡两岸的紧张关系。时代啤酒(Stella Artois)是个例外,这个牌子的酒在英国酿造,用喜剧版的"恋恋山城"乡村气息来营销。唯有在女性时尚与化妆品方面,"法国特色"才会代表"现代性"。法式男性形象(除了偶有的阳刚足球运动员)显然无法吸引英国男性消费者。这或许反映了19世纪晚期出现的民族刻板印象性别化过程。

民意调查使我们得以从别样的角度洞察怀旧情感、当前事件以及记忆交织产生的印象。针对20世纪90年代,以及2004年《挚诚协定》

100周年的深入研究，显示出许多延续与些许改变。[75]古老的刻板印象生命力依旧旺盛。英国人把法国人跟高雅、教养、文化、健谈、讲究美食、诱人魅力与傲慢联系在一起。说到英国人，法国人会想到幽默、古怪、岛民性格、冷漠、有原则、自我中心、酗酒、传统与势利，他们还认为"五点钟喝茶"①是英国普遍的风俗。即便是约翰逊博士、布朗神父、弗洛拉·特里斯坦与威廉·梅克皮斯·萨克雷，对这些深植于文学、记忆与语言中的观念也不会陌生。现实经常为了迎合刻板印象而扭曲——因此搞笑喜剧演员班尼·希尔（Benny Hill）在法国才会始终人气不坠，成为观众眼中英国幽默的超现实绝妙化身；也因为如此，英国人才会以为法国足球运动员都能聊哲学。两国仍有一小部分人认为对方又臭又恶心，但其实两国在个人卫生上已经进步到对方认不出来的程度了。延续之外，亦有改变。英国人对一度遭人遗忘的法国乡间（周末副刊经常出现的主题）表示赞赏，而一度异口同声对英国风景赞不绝口的法国人，却再也不把这放在心上。法国人也不再羡慕英国的政治制度。许多英国人仍然认为法国人"胆怯"（马尔伯勒与威灵顿绝不会这么想，他们反而认为不顾一切的勇气是法国人的特色）。曾经铺天盖地的陈腔滥调，有些似乎正逐渐消失。法国人普遍不常把英国人描述成"背信弃义"或"假道学"，其实，他们认为英国人最强烈的个性，就是"坚守原则"，只是不认为这是纯粹的德行。他们也不再视英国人为"好运动者"。两国人仍旧认为对方独立、自私、骄傲且自大——这些抱怨由来已久，

---

① 典出玛丽·卡萨特（Mary Cassatt）19世纪80年代的画作之名，图中是两名妇女喝下午茶的模样。——译者注

起因则是对方"对自己国家的自豪之情,居然能高到无视海峡对岸典范人物的地步",令人恼火。[76] 不过,英国人反倒不受自家八卦小报的反法心态(通常是开玩笑)影响,他们对法国人的喜爱、推崇与信任显然比法国人对他们的高上不少。[77]

对于彼此的这些看法虽然根深蒂固,但它们根据的只是少之又少的地理、历史、文化与政治知识。报纸杂志虽然经常报道彼此——诸如旅游业发展、巴黎与伦敦景点建议、书评与影评,以及大量关于时尚的文章——但留下来的明确印象却很少。只有伦敦与巴黎,只有大本钟(Big Ben)、埃菲尔铁塔、卢浮宫金字塔、凯旋门以及牛津和剑桥,能立刻拨动人们的心弦。21世纪初的上百万游客似乎没有多少常识。关于历史,人们只知道大规模的动乱:英国人知道法国大革命,许多法国人记得滑铁卢,但除此之外就只有第二次世界大战是双方都有深刻印象的事件,戴高乐与丘吉尔则跨越在两国人的共同记忆之上。关于政界,只有现任的法国总统与英国首相为海峡两岸所知,此外还有玛格丽特·撒切尔。王室成员永远在法国人的脑海中占据显著位置,但除此之外,就很少有当代英国人为法国人所知。两国人对彼此文化的了解都很粗浅。法国人知道莎士比亚,英国人知道印象派画家。当代文化则是船过水无痕。对于20世纪90年代的英国人来说,西蒙·德·波伏瓦与让-保罗·萨特依旧是备受推崇的知识分子,而最有名的法国女人则是埃迪特·比阿夫(她都去世30年了)与碧姬·芭铎——她是在《上帝创造女人》(*Et Dieu Créa La Femme*)上映将近40年后,唯一在英国人记忆中留下深刻印记的法国女演员。[78] 多数人的文化认知似乎都有一大段时间差。几乎所有以法国为题的英国广播节目,都会配上20世纪50年代流行的手风琴音乐。在英国文化的各个方面中，"音乐"是法国人在2002年时声称自己最欣赏的一面［然而不包括亨利·珀塞尔（Henry Purcell）、埃尔加和本杰明·布里顿（Benjamin Britten）的作品］，但他们想到的都是一两代人以前的名字——披头士与性手枪（Sex Pistols）。虽然有80%的英国人表现出自己对法国艺术、文化与创造力的钦佩，但在2004年的调查中，他们认得出来的当代人姓名都是足球运动员，以及（高达1%的人晓得）身材魁梧的演员热拉尔·德帕迪约（Gérard Depardieu）。每10个人里，就有6个人完全讲不出任何还在世的法国名人。[79] 简言之，英国人对于他们认为的法国还算喜欢；法国人对于他们印象中的英国则是相当不喜欢。

两国向来都是对方能用来自我检视的一面镜子。在1960年之后的一代人的时间里，英国人看到了一个成功、坚定的法国，并以此衡量自己的衰败。等到颓势在20世纪80年代反转时（至少在经济上），他们则用法国"生活方式"——从高速列车到悠长午餐——提醒自己用撙节与工作狂换得复兴的代价。这是许多法国人渴望听到的消息，毕竟这对他们在本国与欧洲捍卫"法国模式"的决心是种肯定。只是异议之声在英国与日俱增，到了21世纪初，书店里满是主张法国正在衰落的小书。有些人甚至指向英国，作为法国复兴时应该遵循的典范。

语言：用舌头投票

还记得查理五世的妙语吗：人对神要讲西班牙语，对男人讲法语，对女人讲意大利语，对马讲德语……他完全想不到该对谁讲"天杀的"的语言……连马都不听！

——夏尔·戴高乐[80][①]

一国的经济实力与其文化传播之间互有关联……这正是我们必须不停在世界上加强、拓展法国文化传播的原因。

——瓦莱里·吉斯卡尔·德斯坦[81]

谈到语言，没有哪个国家比法国更为敏感。早在 18 世纪，法国人便开始关心如何维持法语新取得的国际地位了。这件事向来同时是政治与文化议题，因为法语既是影响的手段，又是影响力的象征。当物质力量减弱后，法国的语言、价值观与文化仍然确保法国拥有独一无二的声望。法国当局努力维持：2000 年时，有 8.5 万名文化专员在海外工作，政府也为巩固法语区（以语言基础来划分，大致类似英联邦）付出相当心力。国际上减少使用法语的情况，颇能解释法国对外界的悲观态度。法兰西学院与法国文化部等政府机构，把注意力摆在一个敌人身上：英语。法语若从其他语言借用词汇，很少会造成纷

[①]"天杀的"（les Godons）是法国人给英格兰人起的诨号，由来是英国人常常骂骂咧咧。——作者注

争。没有人会坚持称呼"pizza"（比萨）为"flan aux fromages"（奶酪馅饼），或是管"corrida"（斗牛，直接借自西班牙语）叫"concours tauromachique"（斗牛术比赛）。相较之下，"软件"与"电子邮件"却因为法语最高委员会（Haut Comité de la Langue Française）之故，正式改名为"le logiciel"与"le courrier électronique"。1994年的《图邦法》[Toubon Law，由文化部长雅克·图邦（Jacques Toubon）所提出]要求官方文件上全部采用法文，包括由公基金赞助的学术会议与讲座。"语言的使用绝非无害，"部长解释道，"语言会成为……宰制的工具。"[82]法语的使用和欧洲的规范（由巴黎所促成）皆是以保护法国商业文化、对抗美国竞争为目标，例如限制可以出现在广播中的美国流行乐数量。法国的人气表演者八成是看到市场上的空缺，于是录起英文歌——有些英国乐评认为，法国歌手得天独厚，能比别人更有胆唱出像"嗯嗯嗯宝贝，感觉真棒"这样的英语歌词。法国当局也在电信通信与广播体系、配音与字幕上设有许多规范性与技术性障碍。"欧洲"一直是法国人心中对抗图邦所谓"盎格鲁商人文化"最强大的屏障（坏心眼的同胞给图邦取绰号叫"都好"①）。[83]直到1995年，英语还禁绝于欧洲执委会新闻发布室。但欧洲一体化其实成了传播英语的最佳媒介之一。2004年扩大欧盟后，执委会就多半讲英语了——虽然法国政府在阿维尼翁（Avignon）附近一处庄园，为新的执委们提供充满享受的法语课程。有些英国与法国官员认为，用语的转变必然对布鲁塞尔的看法有潜移默化的改变；但惹人厌的行话恰如其分地得了个"坏英语"

---

① 英语的"都好"（All Good）可以直接译为"Tout bon"，与"Toubon"近似。——译者注

(Le Bad English)的绰号，这也暗示了布鲁塞尔的思考没那么简单。连法国财政部内部也开始使用英语，只要讨论的文件最终要送到布鲁塞尔，就会用英语撰写，因为布鲁塞尔所有经济与金融报告都以英语起草。自告奋勇的看门狗——英语门垫学会（Académie de la Carpette Anglaise）每年都会在传播英语的"通敌"国内名人中选人出来，颁发"不名誉公民"奖（"英语门垫"）。相较于这个古怪组织的存在，这个组织抹黑的范围之广更引人注意，包括欧洲央行总裁、布鲁塞尔高官帕斯卡·拉米、法兰西大学出版社（Presses Universitaires de France）社长（因为出版社以英语出版一本管理学教科书）、迪奥的老板——因为这家公司用"哈英"的名称为美妆商品做营销。可就连这个学会的网站也在宣传伦敦的浸入式语言课程，和巴黎一家英语交友会的广告。呼吁不要使用英语的运动显然更是反动，希拉克就曾于2006年3月在一场欧盟峰会结束后因为听到某个法国人讲英语而"深感震惊"。

超乎寻常的变化发生在大众阶层：法国人学起英语，或者像某些人偏好的说法——学美语。不过才一代人之前，受过教育的法国民众都很少会说英语，读也只能读一点点。自认为懂英语的人里，讲得流利的也不多。顶尖学者出版重要著作时不会采用任何英语文献。到了21世纪初，就鲜有受过相当教育的人一点英语都不懂了，而且人们普遍英语相当流利。2004年，谈教改的《特洛报告》（Thélot Report）呼吁小学要教更多英语（从而为报告的作者赢得一张"英语门垫"）。自20世纪60年代起，到英国念一段时间的语言学校，便已成为许多法国青少年的成年仪式。法国精英的摇篮如巴黎政治学院（Sciences Po）与"HEC"（Hautes Études Commerciales de Paris，简称巴黎高等商学院）[84]也开始全英语授课。事实证明，高等教育的欧洲一体化是英语化的进一步工具，交换生制度使大量学子涌入英国——2004年时有5万名全日制大学生——却没有另一个方向的涌出加以平衡。有远见的法国亲欧派人士有意重新恢复均势，要求欧洲所有大学生在两个国家强制学习。

英国人虽然仍然是世界上学法语的主要外国人，但他们难免越来越不想学其他语言。[85] 盎格鲁－撒克逊人旅游、谈生意用英语都行得通，但这种便利的代价是贫瘠的单语文化。法国人再也不能视自己的语言为全世界首要的文化媒介了——其实，法语拥有这种地位的时间相当短暂。但学习其他语言的刺激成了补偿，而且对于一个传统上一向相当内向、不出家门的社会来说，学习外语有着无法估量的长期重要性。否则，法国会越来越边缘化，老笑话也能改为"雾锁巴黎，世界孤立"。

大小很重要

各国都会不断与邻国相比较，但少有国家像法国与英国这般强迫性地担忧。两国评论家与政界一再宣称自己是"世界第四大经济体"，仅次于美国、日本与德国。[①] 法国评论家自信满满，说法国是世界"第三大军事强国"，甚至是美国以外唯一的"世界级"强国。虽然英国人不常发出类似的声音，但很少有人会承认法国排在自己前面。民意调查经常显示，两国皆认为自己比对方更重要。

---

① 然而就购买力而言，两国并列第七，落后于中国、印度……以及意大利！——作者注

甜蜜的世仇
英国和法国，300年的爱恨情仇

两国在各自的历史上首度并驾齐驱。尽管法国领土大得多，但两国的人口如今其实一样多。虽然双方大力宣称彼此在教育与医疗保健领域采取不同的方法，但两者在经济、社会与文化发展的广泛措施上却没有太多区别。在各种饶富兴味的生活领域——例如第一次性交的年龄（据说法国人平均早别人1个月失去自己的童贞）、运动成就、艺术活动，甚或是抽烟与谋杀率——两国人皆相去不远，或者根本一样。某些明显的差距（例如交通事故伤亡）正在缩小。酒类消费也趋于一致，法国人减少了饮酒量，英国人则是酩酊大醉。贪腐指数（Corruption Index）倒是呈现不同，英国仍然是公认的全世界最清廉的大国，法国则显示出恶化的危急迹象。

谁领了最多补助？英国（布莱尔）还是法国（希拉克）？

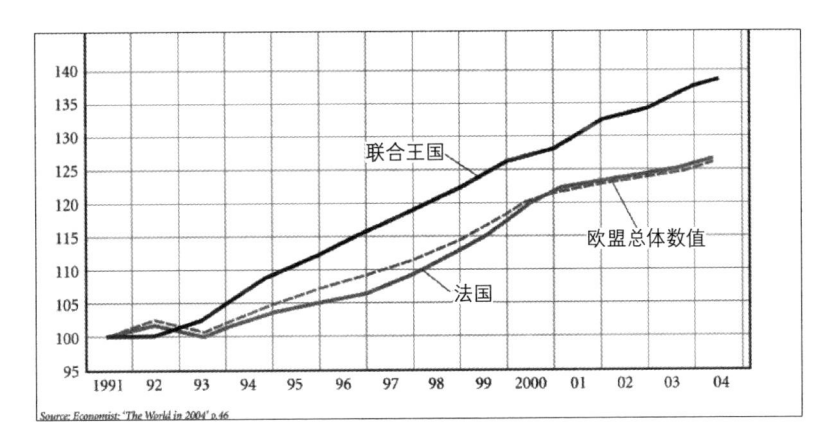

增长率，1991—2004年

增长率（实际GDP：1991年数值=100）

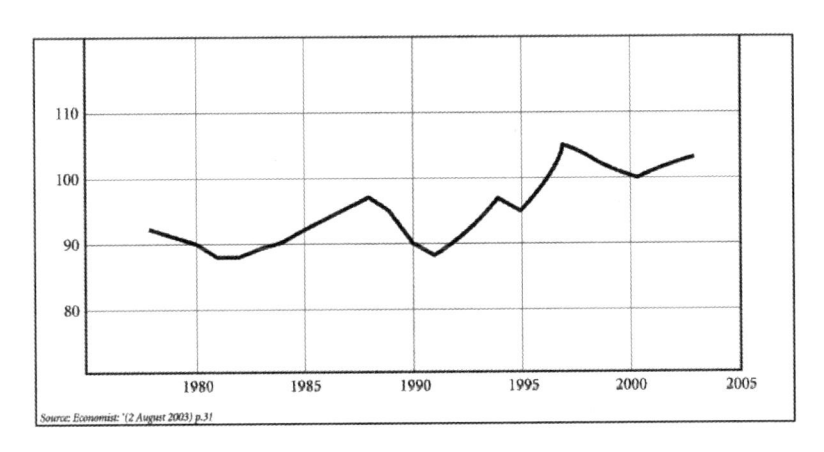

财富，1980—2004年

财富（英国人均GDP化为法国人均GDP百分比）

唯有当真正的国力与人们印象中的国力，也就是经济表现与军事实力受到影响时，英法之间的比较才会引发争议。这两个经济体的表现不相上下。两国在"可见"（商品）与"不可见"（金钱与服务）的层面都是主要贸易国。两国各有其独特的优势，例如英国的伦敦金融城（有助于该国成为世界第二大服务出口国）与法国的旅游业（该国有 2/3 收入来自服务业）。两个经济体规模变得相当类似，让爱国的统计学家对于哪一国更大难以得到共识，光是英镑或欧元价值的小幅震荡就能让一国看起来富于另一国。但发展的趋势很清楚。战后年代，法国的经济增长速度显著提升，其人均 GDP 也在 1960 年超越英国。形势从 20 世纪 80 年代开始反转。英国的增长率反超 20 世纪 90 年代早期的法国，人均财富则在 20 世纪 90 年代中叶超越法国，一度让英国成为欧洲最富有的大国。

不甚相像的双胞胎[86]

	法国	英国
人口	6 040 万人	6 050 万人
人口密度（每平方公里）	108 人	244 人
GDP	1.911 万亿美元	1.927 万亿美元
人均 GDP	2.86 万美元	3.02 万美元
GDP 增长率（%）	1.7	3
通货膨胀率（%）	1.6	1.5
总劳动力	2 720 万人	3 020 万人

续表

失业率（%）	9.8	4.8
年工时	1 500 小时	1 750 小时
国债占 GDP 百分比（经合组织排名）	50.9（世界第十）	40.4（世界第十六）
政府支出（占 GDP 百分比）	53.5	40.7
贸易占世界出口百分比（%）（与排名）	5.18（世界第六）	6.74（世界第四）
无形贸易占世界出口百分比(%)	5.61（世界第五）	10.91（世界第二）
贸易差额（2003—2004 年）	顺差 46 亿美元	逆差 884 亿美元
最大贸易伙伴国	德国	美国
对海峡彼岸出口[87]	香水、塑料、橡胶、纸、汽车、家具、时尚产品	化学材料、金属商品、机械、电器、男性与运动服饰
制造业生产力[2000—2002 年增加百分比（%）][88]	13.7	11.3
外商直接投资（1994—2003 年）	3 516 亿美元	4 631 亿美元
欧洲排名（2004 年）[89]	第二名	第一名
竞争力（2004 年世界排名）[90]	第二十七名	第十名
人类发展指数	92.8	92.8
诺贝尔奖数量	44	88

续表

占世界前二十五名大学数量[91]	0	4
贪腐指数（10＝绝对清廉）	6.3	8.7
保健支出占GDP百分比（%）	9.7	7.7
预期寿命	79岁	78.2岁
第一次性经验平均年龄（1998年）[92]	16.6岁	16.7岁
监狱人口	63 000人	73 000人
谋杀案数（1999年）[93]	953件	927件
交通意外死亡人数（1996年）[94]	8 080人	3 598人
吸烟（人均年吸烟数与欧洲排名）	1 303支（第十三名）	1 106支（第十四名）
酒类（人均年饮用量）	11升	8升
书籍销售（年额度）	25亿美元（世界第七）	43亿美元（世界第四）
外援（年额度）	42亿美元	46亿美元
奥运金牌数（1896—2004年）	200枚	197枚
欧洲歌唱大赛排名（2005年）	第二十三名	第二十二名

法国评论家指出,该国每位劳工平均生产力较高,贸易也长期保持净出口(但势头有所减弱)——与英国的贸易顺差大于与其余任何国家的。这显示出法国经济在特定领域的实力(例如汽车、奢侈品、旅游业、食品加工业)、更多的投资以及有多少训练有素的劳动力。这种观点不仅将英国的优势(以金融服务业为主,面临中国与印度的经济复苏,这是唯一不会遭受打击,甚至仍有潜在获利能力的部门)缩到最小,也忽略了法国的弱项。高生产力是高度管制的劳动市场与独一无二的沉重工资税造成的结果,企业因此宁可设置机械设备,也不愿意雇用工人。如果扩大经营就意味着更多员工,许多公司宁可拒绝扩厂。多数涌入的外国投资因此注入大量生产的产业部门,创造的新工作少之又少。后果就是长期失业问题,生产力也未能充分发挥。英国增长率较高、失业率较低的事实,冲击了法国的公众意识——到了 2005 年,这已经成了"尽人皆知"的事。[95] 简而言之,英国的情况是国家拿得少,更多人有工作,有工作的人工时更长。法国则是政府与公共部门大得不寻常,失业率高得不寻常,有工作的人做的事情更少。当然,两种模式各有认同者,这一点从跨海峡的移民就能看出。尽管工党政府遵循的政策不像保守党以市场为导向,但布莱尔与撒切尔之间的差异,仍小于布莱尔与希拉克之间的差异。从若干标准来看,21 世纪初的英国在经济上更接近于美国或日本,而非法国。两国的这种分歧在某些方面越来越大,证实了英国确实是欧盟各经济体中最不"欧洲"的一个。英国对美国贸易份额自 20 世纪 90 年代起不断提升,对欧盟者则不断下降。据戈登·布朗观察,英国有 80% 的潜在贸易会发生在欧盟之外。欧陆对英国的投资在 2002 年后一度突然减少,此时来自美国的投资则高速前进,使英国成为目前为止美国资本最大的目的地（金额超过全亚洲），也是接受外国资本最多的欧洲国家（法国第二）。英国也是目前欧洲最大的对外投资国，投注在欧盟外的资金是对内的两倍。[96]

不过，我们不清楚英国与法国之间的经济分歧还会持续多久。托尼·布莱尔在2005年向欧洲议会保证，说英国"紧抓着某种极端盎格鲁－撒克逊市场哲学"的说法是"过于夸大了"：他已经"提升对我国公共部门的投资，幅度远大于其他任何欧洲国家"[97]。在税率水平、公共借贷、公共部门雇员与开支上（8年间提高了64%），英国确实在往欧元区靠近。多年来远远领先于法国的外国资金流入，也暂时呈落后趋势（2003年时为146亿美元，法国得到的外国投资则有453亿美元），而长期的走向尚不明朗。[98]到了2005年，英国经济增长突然放缓，达到1993年以来的最低水平，有些人预测法国经济增长将在2006年领先——这是二十年来的第一次。[99]正当英国朝法国方向走去时，法国似乎早已走向英国。更有甚者，许多评论家开始公开承认"欧洲"不能把全世界关在外面，尤其是亚洲崛起的经济强权。一份官方报告承认"我国模式的局限"，郑重表明法国必须大幅削减"令人窒息"等级的公共开销，缩减公营事业规模，减少公债，对外界也不能那么"害怕"。[100]为了回避"法国模式"中的合法雇用保障，私营部门雇主逐渐增加临时工与短期契约工的人数。政府在2005年加速天然气、公路与电力的民营化，以堵住国家税收缺口。综前所述，法国与英国似乎有可能再度交换经济地位。不过，外国投资人仍然对法国是否真会改变保有怀疑，[101]而2005年突然因《欧盟宪法》而起的政治风暴，也显示出民众对于经济自由化，尤其是公共部门的自由化依然有着深厚、强烈的敌意。

| 第四部　重振 |

欧洲战斗民族

就是因为法兰西不再是个大国，所以她行事更该继续像个大国。

——夏尔·戴高乐

近年来，英国在世界上不断超常发挥。我们打算让形势继续下去。

——外交大臣道格拉斯·赫德（Douglas Hurd），1992年

我们两国人民都了解权力。我们无惧于权力，也不耻于权力。两国皆希望在世界上保持前进的势头。

——托尼·布莱尔在法国国民议会的演说，1998年

有条分隔线……一边是对欧洲抱持某种中立、和平甚或享乐的愿景，对国际关系则有某种理想展望的人；另一边的人则知道这个世界仍然由权力平衡所宰制……就此而论，法兰西与英国应该会站在同一边才是。

——法国前外交部长于贝尔·韦德里纳（Hubert Védrine），2004年

英国希望在世界上发挥超乎其实力的表现。法国也是。或者，至少两国政界与外交界是这么想的。但这种志向不仅非比寻常，而且冒险。多数国家倾向于在能力范围内行动，多数欧洲国家乐得完全不行动，而这向来是人们口中的欧洲"美神维纳斯"与美国"战神马尔斯"之间的对比。[102] 然而，英国与法国却是欧洲尚存的战神之子。两国皆强调其武装力量,作为国家认同与国际影响力的象征。两国是欧洲仅剩的既有持续的意愿,也有能力在距离本国遥远的地方动武的国家。战争对两国国库消耗甚巨,也让军人的鲜血汩汩流出,对国内经济与政治生活产生了重大影响。英国人比欧洲其他民族更相信战争有时候是合理的。法国人想让欧盟成为一股军事力量。[103]这种倾向既让两国水火不容,也让它们团结一致。

法国评论家按照戴高乐的思路,强调法国独一无二的自主性,并用传统武器和核武器来武装它。戴高乐说过,"咱们用自己的杯子喝酒,杯子小归小,好歹是自己的杯子"。其实,法国的核威慑向来得依赖北约的预警机制与其他技术合作,才能发挥作用。[104]法国人反而常常认为英国人依赖美国,只不过是美国的附庸,因而轻视英国人。法国政界因此宣称法国才是欧洲真正且唯一的大国,自然也是欧洲的领袖与保护者。这种主张在法国之外从来没人买账。法国推动欧洲形成独立军事力量的不懈努力并未得到多少结果。事实上,这需要支持北约的英国人合作才行。法国的独立性向来代价高昂,而且不只花钱,其武装部队也无法取得最精良的装备,除非正好是由法国生产的。法国也为其独立行径(例如在太平洋进行不受欢迎的核试爆)付出外交上的代价。法国在情报事务方面,处在盎格鲁-撒克逊体系之外,让情报部门捉襟见肘。除了驻非洲的小规模远征军,法军缺少运送大部队所需的船只与飞机。更有甚者,直到2002年,重心摆在欧洲的法军仍是以短期的义务役军人为主;志愿役只占少数,人数远不及训练糟、装备烂、没有应变能力的庞大征召兵部队。无论是独立出兵,还是与盎格鲁-撒克逊人联合出动,法军都没有能力以最高专业水准与技术水准行动。总而言之,法国军事自主是象征意义大于实际意义。

有两起冲突揭示了英国与法国在实力上的差距。1982年马岛战争中,英国派遣一支能独力作战的特别部队到远方,即便有其风险,却仍在阿根廷国土附近击败敌军。法国就无法打类似的主意。1991年的第一次海湾战争(First Gulf War)显示出其陆军之弱。法军得将职业军人从平时所属的单位抽调出来,才能凑成一小支轻武装机动部队,而且只能在距离主力英美联军甚远处发挥象征性作用。名义上的独立自主被实际上的无力抵消了。法国人因此对军队展开革新。核威慑力量被削减了,征兵制也在1996—2002年逐渐废除,法国人放弃了珍视的"公民成军"共和原则。这是法国历史上第一次决定追随英国陆军。

漫长的巴尔干悲剧从1991年延续到1999年,是欧洲历史自1945年以来最血腥的篇章,至少导致上万人死亡,甚至可能高达数十万人。对于英国与法国而言,南斯拉夫分裂一事考验了两国成为欧洲军事领袖与保护者的能力与意愿。美国不希望被迫卷入,欧洲国家则不想主动插手。人人都说这场危机是"欧洲的关键时刻"。法国与英国负起责任。法方有明确的追求目标。根据英国外交大臣道格拉斯·赫德的看法(他对法国相对友善,但不无疑虑),法国人志在让"法兰西与法国政策鹤立鸡群",在"南斯拉夫派驻一支欧洲大军,使其成为英法保护国",并且(一如往常)促使欧洲形成一股独立于美国的军事力量。对英国政府来说,自从玛格丽特·撒切尔下野后,随法方一同行动就一直是个契机,能展现其"位于欧洲心脏"的新位置。赫德宣称,"在欧洲内部提供保护可不像《社会宪章》那样有权选择退出"。"与法国合作是一项重要的考虑。"[105] 英国与法国主导了欧洲政策走向,因此也必须对结果负责。两国固执于对危机的错误解读,战争的煎熬也因为两国不愿意采取其他做法，而不必要地延长。[106]

但是，无论伦敦还是巴黎，都没有意愿或没有能力以相应的军事力量支持自己的政治主张，这是南斯拉夫民众的大不幸。两国都不愿意让事情自己化解——这个选择虽然残忍，但符合逻辑。偏偏英国与法国将领与半退休的政治人物［尤其是英国，包括卡林顿与大卫·欧文（David Owen）两位勋爵］一个接着一个出山，试图运作巴尔干事务。英国人与法国人同样喜欢宣称自己拥有丰富的国际事务经验（承袭自帝国时代），以此作为涉入这类事件的正当理由。这一回，过去的经验让他们走上歧路。他们从三点假设的基础上形成了错误的共识。第一，巴尔干冲突是一场无解的"部落"冲突，根植于古老的仇恨，涉事各方皆有错。第二，事件未来肯定会成为一片"泥淖"（常有人将之与越南和北爱尔兰类比），成千上万的士兵将深陷其中，造成庞大伤亡。第三，塞尔维亚人不会屈服，实际上也无法战胜之（常有人错举第二次世界大战为例）。从这些假设导出来的结论是——局外人应有的态度，就是拒绝选边站，避免人道角色以外的军事干预，并施压促成必然有利于大塞尔维亚的妥协。联合国的武器禁令对塞尔维亚人有利，他们早已充分武装。这些观点高度"现实主义"，表明两国拒绝"简化"，提出批评的人则被愤怒和轻蔑地反驳。

但这种分析是错的。造成这场危机的根本不是伸手不见五指的巴尔干历史迷雾，而是塞尔维亚前政权的敌对态度，先是针对克罗地亚，接着是波黑与科索沃。从后来的情势来看，要击败塞尔维亚人可说是相对轻松迅速。英国与法国政界、军界跟塞尔维亚人发展出不寻常的融洽关系。对法国人来说（尤其是总统密特朗），这是因为某种迷糊的感觉——两国曾经在两场世界大战中作为盟友，应该用安抚的方式对待他们。英国人也同意。不断有人提到1941—1944年德国大军无法击败塞尔维亚的往事。主要责任虽然是由巴黎与伦敦的执政者承担，但他们极为悲观的看法却也得到两国政界各党派、军界以及政府、学界和媒体界专家的压倒性支持。两国的知识分子对自己的判断信心过度，但他们的判断不但缺乏实地见闻，还用不准确且引喻失当的历史与政治的类比来支持。少数真正的专家从亲身经历得知传统的见解是种曲解，但他们的意见却遭到忽视。[107]

英法两国的共识堪称灾难，不仅拖长冲突，更无意间鼓励了塞尔维亚人。然而，当其方针显然不奏效时，两国仍继续推动之。华盛顿的克林顿政府不得不提倡"解除与打击"政策——解除对波黑的武器禁运，并空袭塞尔维亚军事目标，此时伦敦与巴黎还在长篇大论为自己的做法辩护。赫德在日记中写道："我国的审慎立场显得既无力又不人道。但我不认为空袭有多大用处，对付狙击手等等的地面行动只会没完没了。"[108]保守党阁员嘲笑撒切尔等国内的批评者，法国社会主义内阁则忽视左派提倡的"人道干预"。两国主持政策走向的人不考虑改变，以免打击自己先前的立场。更有甚者，英国与法国终于同意出于人道原因投入少量部队后，却发现部队实际上已成为人质，无法进一步采取军事行动。法国人道组织无国界医生（Médecins Sans Frontières）的秘书长谴责这是一场"可耻的闹剧"。[109]

在巴尔干的局面一团乱麻之际，非洲爆发了一场规模有过之无不及的惨剧：1994年的卢旺达种族灭绝。英国人与法国人身为主要的前殖民势力，向来对非洲事务采取睁一只眼闭一只眼的不负责态度。自20世纪60年代起，法国人就在西非与中非采取新殖民主义政策，由直接对总统负责的小型核心集团主导。为了追求商业利益、战略基地与特权，他们对于手段没有什么顾忌，贪污也很普遍。巴黎用钱、武器与军队支持了好几个政权，交换对法国的优待。其中一个得到法国人支持的是卢旺达的胡图族（Hutu）政府，特别因为胡图族讲的是法语。在巴黎看来，图西族（Tutsi）反对派不仅"讲英语"而且与盎格鲁－撒克逊人关系太近。1994年4月，胡图族当局对少数民族图西族发动种族灭绝攻击，其间有80万人惨遭杀害。法方应对迟缓，后来还披着联合国的外衣继续操弄权术，"保护种族屠杀的刽子手，使当地长期动荡不安"[110]。英国人深陷巴尔干，对此充耳不闻。没有其他国家关心此事，直到为时已晚。

到了1994年底，英国的巴尔干政策"在我们四周化为碎片"，[111] 白厅避免行动的做法日益受到抨击。结局在1995年来到。塞尔维亚持续炮击波黑首都萨拉热窝（Sarajevo），导致新上任的英国指挥官下令空袭塞尔维亚弹药库：这是整场战争中第一次类似行动，这位指挥官有一位法国前任，就是因为力荐空袭而被撤职。塞尔维亚人的反应是扣押联合国军人（包括30名英国人）为人质。1995年7月，塞尔维亚武装占领斯雷布雷尼察的"避风港"，屠杀了上千名波黑成年男人与少年。虽然斯雷布雷尼察名义上的保护者是一小支荷兰部队，但最终的失败要算到英法头上。新任法国总统雅克·希拉克与英国人决裂，同意美方对于军事干预的要求。伦敦惊觉法美协议有可能排除自己，于是急忙同意，将一支几个月前建军的英法小规模快速反应部队派往当地。不过，新战略中的关键要素为克罗地亚与波黑部队的反击提供支援的美国空军力量。塞尔维亚人迅速撤军，足证先前的预测有误，于是各方在美国俄亥俄的代顿签署和解协议。许多人评论说，事情原本可以早几年结束。这场战争不仅让过去的南斯拉夫化为焦土，也伤害了英美关系。人们批评英国人畏畏缩缩，冥顽不灵。美国人甚至提到苏伊士事件和20世纪30年代。据说撒切尔曾将赫德与张伯伦相提并论，希拉克对于此前英法对塞尔维亚的政策也有类似的谴责，"就好比张伯伦与达拉第"[112]。美国政界有些人公开质疑英国与美国的"特殊关系"，甚至质疑整个北约的价值。

在军事压力与政治压力下，法国人与英国人走到了一起。根据赫德的看法，"波黑将英国与法国之间的军事合作带往二战后的新高度"[113]。1993年与1994年，双方采取措施，在空军与核威慑方面往合作发展。1997—2002年的法国国防计划提到与英国建立"特别的伙伴关系"，新上任的布莱尔政府也在1998年时到圣马洛签署军事协议，内容为在2000年时以英法部队为核心，建立欧洲快速反应部队。但签约国一如既往，对于目标没有一致看法。英国外交大臣指出"集体防御并非欧盟的任务，而是北约的工作"。法国外交部长则表示其目标为"超过"北约，不过希拉克同意"包含一些北约的成分"，算是对伦敦让步。[114]

投入与回报

21世纪初伊始，法国的传统武力与核力量仍远超英国，但随着前者结束征兵制，两国的发展也趋了一致。从支出来看，英国、法国与日本几乎相同，但远远落后于美国，（根据若下衡量方式）也稍稍落后于中国。有鉴于日本基本采取守势，中国、俄罗斯与印度军队机动性差且有技术限制，英国与法国因此成为全世界最有实际战力的二等军事强国。[115] 两国（与欧洲其余各地）皆因20世纪90年代减少开支而获得"和平效益"（Peace Dividend）。但在欧洲只有这两个国家自2003年起小幅增加国防预算，其预算占了全欧洲军事装备开销的2/3。法国的有效军事力量受到其军事独立方针束缚，包括规模庞大、昂贵且过时的核威慑。部队的混合性质也有影响，直到征兵制终于逐步退场为止。无论是朝全职部队转变，还是装备的现代化，都需要金钱与时间，预计到2015年才会全部完成。法国军备泰半不堪使用或居于劣势，例如勒克莱尔坦克（Leclerc）、没有夜视能力的"幻影"战斗机以及仅剩巡逻能力的战舰。威吓"流氓国家"、采取行动对付难以捉摸的恐怖分子网，以及在失能国家中维和——这些后冷战时代的需求少不了训练有素的人员，要能够迅速反应、广泛部署，使用昂贵的侦测与通信装备，并配备精准武器。英国历来在装备、研究以及发展较小规模职业部队上会花费相当多的资金，这一点很关键。军队愿意购买武器与装备，投入海外，以提升他们的效益。皇家海军远比法国海军更有能力将军力投射到一定距离之外。

两国始终保持武器生产，作为国防安全的基础，以及从海外获利与外交制衡力的重要来源。两国都在独立项目与合作计划上浪费大量资金——这在外交需求超过军事与经济需求时大概是难免的，要是能力追不上目标，花费更是加倍。人们很难决定是要把吊车尾的殊荣颁给法国那艘老出意外的航空母舰"夏尔·戴高乐号"，还是给英国对造价奇高的欧洲战斗机（Eurofighter）所做的投资。2004年6月，期待战胜了经验，两国同意合作建造多达3艘大致一样的航空母舰。不过，主要的龃龉（反映了法国与英国价值观的基本差异）在于英国政府鼓励国际参与航母武装供应的竞争，而且英国的军火产业确实更独立于

军事力量比较表[116]

	法国	英国
国防预算（2003 年）[117]	350 亿美元（世界第四）	371 亿美元（世界第三）
占 GDP 百分比（%）	2.5	2.4
总兵力（包括文职人员）	428 000 人	304 000 人
陆军（2004 年）	134 000 人	113 000 人
海军与陆战队（2004 年）	42 866 人	40 880 人
空军（2004 年）	60 990 人	53 390 人
军队装备支出（2003 年）	72 亿美元	87 亿美元
每名士兵支出（1999 年）	92 400 美元（世界第十五）	167 000 美元（世界第三）
舰船（2003 年）		
航空母舰\直升机母舰	2 艘	3 艘
水面主力军舰	23 艘	31 艘
潜艇	10 艘	15 艘
核弹头	348 枚（世界第四）	185 枚（世界第五或第六）
战机	329 架	324 架
装甲车	754 辆	1 026 辆

该国政府，在欧洲各国之间与大西洋两岸的交流中都很活跃。法国政府与本国武器制造商保持极为密切的关系，主要的武器都跟它们购买，也不跟美国打交道。为了强化这种关系，这些武器公司到 2004 年时甚至拥有法国约 70% 的媒体。[118] 法国推动各项欧洲军事合作计划，包括设置间谍卫星与通信设备，并剑指欧洲太空军事产业。爱挖苦的人说不定会怀疑其目标在于某种军事版的共同农业政策，法国是主要受益者，英国则是主要出资者。法国身为武器生产国与出口国，虽然有

着恶名昭彰、毫无道德原则的销售方针，但重要性却远不如英国。不过，由于英国武器出口在21世纪初期减少50%，同时法国销往中东地区、中国台湾、印度与巴基斯坦的军火量遽增（许多以低于生产成本的价格卖出），法国因此成为世界第三大武器供应国。英国则落到第六位（主要供应英联邦国家）。[119]

尽管英国与法国军力在账面上大致均衡，但当有人告诉法国国防部长米谢勒·阿利奥－玛丽（Michèle Alliot-Marie，2002年获得任命），法国在海陆空三军的装备与部署能力上仍然"远逊于英国人"时，她还是相当"震惊"。[120] 一位顶尖的美国国防专家告诉《世界报》，"就影响力与世界角色而言"，英国是世界第二强国，德国第三。[121] 法国决心至少要追上英国（否则后者便会主宰任何欧洲防御组织），并且公开宣布与英国结成"特殊伙伴关系"。一切皆有赖于两国愿意花多少，能够花多少。两国面临类似的两难。政府支出、借款与税收已经达到在政治上相当危险、经济上伤害不小的等级了。两国皆对社会福利与扩大中的一般公共部门投入大量预算。两国都有隐隐约约的退休金危机。偏偏两国都希望有能力独立行动，或是作为欧洲联军的领袖。英国人希望保持技术上的领先优势，使自己足以与美国一同行动；法国则打算领导欧洲，将欧洲作为反制美国的力量。这意味着在技术上花大钱（包括为过去的错误买单），代价则是精简人力。法国大幅提升国防支出，过程中打破了欧盟的《稳定与增长协议》——法国主张国防支出不应纳入规范，接着直接无视协议。英国国家财政在五年内从大笔预算盈余摆荡为大笔赤字，在这种情况下，英国在2004年7月设法增加了国防支出，但大幅削减了人力、兵团、战车、舰船与飞机。不过，维和任务和与日俱增的海外投入所需要的不只是工具，还需要人力。尽管政治立场有所差异，可一旦两国利益有重叠之处，财政逻辑便会将两国推向合作。比方说，法国为了与英国的"势力范围"相匹配，放弃了对非洲法语区的军事保护；两国虽然因伊拉克而争执，但联合航空母舰计划理论上仍在2006—2007年度展开。

这一切是否表示，两国的挑战确实超过了自己的能力？一位因伊拉克之灾而愤怒的左派评论家咆哮说，英国花了"比法国以外的全欧洲都要多的钱在国防上，我们无法像家道中落的贵族那样，为了保持门面，让自己在跟我们同个阶级的人眼中显得可笑又讨厌，像个孤立于欧洲的……欧洲国家，在世界上到处教训别人，摆出荒唐的架子……我们必须放弃挑战任何有分量的对手，只对联合国与欧洲部队做出维和上的贡献"[122]。有些右派评论人士虽然不认同他的情绪，但也同意他的结论。不过，法国与英国仍然在世界最富裕国家的行列中，有广泛的利益与义务。对两国来说，无论人们如何评判特定政策，参与国际事务都绝非过时或可笑之举。我们可以说，两国目前是打比自己轻的对手——如果不用拳击做比喻，那就是两国不愿意为自己所标榜的一切付出代价。两国国防花费在GNP（国民生产总值）中的比例远少于美国（甚至少于希腊），只比挪威稍多。假如美国的支出多少能让人了解国际雄心要付出的代价，这就代表英国与法国需要将国防支出提升1/3——这对两国皆无法想象。英国与法国政界经常为本国的特殊角色自圆其说，但不是靠财富与力量的现况，而是靠宣称自己拥有"新"强国无法比肩的卓越智慧。但20世纪90年代与21世纪初的经验已经充分说明，这种智慧在伦敦和巴黎就像在其他地方一样罕见。这是否能成为要两国放弃"摆架子"、管好自家事的有力论点？各人自扫门前雪，就意味着让美国成为世界舞台上唯一的演员。假如两国不希望这种情况发生,就得设法付出其代价。没有力量还想担起责任,恐怕带来的伤害会多于好处,无论是对己还是对人。

雅克·希拉克在1995年当选为总统,托尼·布莱尔则在1997年5月成为首相。从之后的事件来看,前者是个超乎寻常的大西洋派,后者则是热情奔放的"欧洲派",都让人大跌眼镜。两人皆从目光远大的新外交政策着手。希拉克在太平洋展开为期短暂的核试爆,并声明会更投入北约事务。1995年,法国人在英国人鼓励下,30年来首次参加北约高峰会,但他们打算让北约按照自己的意思发展:"我们投入北约的程度,将反映北约改变的程度。"[123] 他们志在获得与英国人同等的地位,同时在北约体系中发展出一种欧洲自主的行动手段。希拉克提议(接着在1996年9月不明智地公开表示)让一位欧洲将官(意思是法国将官)取代美国人指挥北约南区。美方反对,希拉克颜面扫地,从此结下梁子。[124] 布莱尔的方针意在比他的保守党前任更有原则、更坚定也更有效率,同时修复英国与美国的关系,使英国成为欧洲事务的重心。军事行动因此达到前所未有的频率:六年内五次。[125] 尽管布莱尔主张自己承继自格拉斯顿,但他其实是巴麦尊的传人,综合了类似的理想主义与夸夸其谈,他在1997年声明:"我是英国爱国者,我眼里的英国,并非背向世界的英国——狭隘、羞怯、不确定……我们若非万国之领袖,则无以为领袖。"[126] 但他恐怕缺乏巴麦尊的冷静,而且绝对没有巴麦尊的实力。

新政府挟国内的高人气与在国外创造的利益,明确制定一套新的"伦理"——甚至是"后现代"的战略,与传统的国家利益和国家主权观脱钩。新战略的目标是为善而自得。第一步是在1998年参与美国主导的伊拉克轰炸行动。第二步则是随着1999年巴尔干局势的发展而发生的。法国外长于贝尔·韦德里纳与英国外相罗宾·库克（Robin Cook）联合主持会议，在朗布依埃与塞尔维亚领导人米洛舍维奇会面，但收效甚微。布莱尔强力主张先轰炸塞尔维亚人，随后要求派出地面部队，承诺必要时将派出1945年以来规模最大的英国远征军。最后，由英国与法国领军的北约部队与俄罗斯部队一同占领科索沃，以恢复和平。这段过程很难称得上不流血——左派反战人士大为愤怒，大规模的难民危机顿时爆发，让暴力与不稳定的余波在当地荡漾。不过，一般仍认为此举是两害相权取其轻，而且是"人道干预"新信条的一次胜利——法国左派创造了这个信条，布莱尔拿来用，而且得到工党多数人的支持。虽然联合国并未开绿灯，但北约、欧盟与大多数舆论的认可，足以为这场布莱尔认为是历来第一场"带来进步的"战争提供充分理由。法国与英国同心协力，巴尔干这场危机得以平息。

傲慢之情蠢蠢欲动。20世纪90年代的失败，原因始终是逡巡不前——对此，唐宁街与白宫意见一致。当突如其来的灾祸打击波黑与卢旺达时，负责的都是不断指出困难的外交与军事专家。此前对外交并无兴致的布莱尔，将欧洲与美国同时纳入自己的巴尔干政策中。胆识与新思维奏效了。

人们经常说2001年9月11日纽约世贸大厦倒塌，改变了全世界。但"9·11"事件并未改变一切。伊拉克问题早就发生了。萨达姆·侯赛因——伊拉克领导人——使用过化学武器。他攻击邻国，发展长程火炮与导弹，而且有可靠证据显示他仍意图制造、购买生物武器或核武等"大规模杀伤性武器"。他全神贯注于自己的老敌人伊朗，伊朗本身也企图获得大规模杀伤性武器。击败伊朗能让他成为伊斯兰世界的主宰人物，对于一大部分的全球原油也有潜在的支配力。自从1990年入侵科威特遭到击败以来，伊拉克不时成为联合国经济制裁与武器检查的对象。这种应对方式比任何人以为的还要有效，萨达姆根本不敢承认：他手边再也没有大规模杀伤性武器了。

萨达姆的首要之务，在于终结联合国禁令与控制。为了与美国恢复友好，他提出各式各样的秘密提议，但遭到美方忽略。尽管美国态度如此，对于伊拉克的钳制仍然告终。其中一项原因是，禁令对伊拉克人民带来惊人的伤害——萨达姆为了宣传需要，甚至使情况更为恶化。另一项原因则是，除了美国与英国以外，每一个国家都不愿意实施制裁。联合国的以石油换食品计划（Oil for Food Programme, 1995）表面上是为了让必需品得以进口，减轻民众受的折磨，却也让萨达姆有了收买政治与经济友人的方法。法国属于收取贸易回扣最多的国家。[127] 伊拉克人相信（多少想得简单了点），法国的兴趣纯粹跟钱有关，尤其是石油。他们以为巴黎的白手套能让他们与希拉克牵上线。[128] 他们之所以这么想，原因很简单：付钱给政党是法式生活最阴暗的一面，也是法国国内外贪腐四处蔓延的源头。但法国人的动机更深沉，而且跟他们的大国野心有关。

法国的政策起源于20世纪20年代，即伊拉克的石油成为第一次世界大战一部分战利品的时候。在与盎格鲁－撒克逊人的竞争中使对方认识到自己对中东的影响力，是戴高乐后来念兹在兹的事。至于在核能、武器销售与石油等战略领域中分食全球市场，则是戴高乐的后继者全神贯注的焦点。1972年，阿拉伯复兴社会党（Baathist）政权的第二把交椅——年轻的萨达姆·侯赛因应邀前往爱丽舍宫，向东道主保证他已经"选了法国"——而非英国、苏联或美国，这对法国有数不尽的好处。法国开始销售军火，法国的石油公司道达尔（Total）则确保了特权。身为青壮派总理，雅克·希拉克在外交事务上首度大胆冒险，便是与萨达姆建立私交。1975年，他邀请萨达姆参观法国核设施，招待他周末到普罗旺斯私下会面，并且在凡尔赛宫隆重接待之。希拉克宣布，法国将帮助伊拉克获得两座反应堆与600位法国训练的技术人员。萨达姆对阿拉伯报界表示，这是"阿拉伯人生产原子弹的第一步"[129]。以色列人——法国的前门徒——在1981年6月7日轰炸尚未完工的第一座核反应堆，让计划戛然中止。伊拉克在同年进攻伊朗，对法国军火的需求因此增加——阿拉伯各个政府也呼吁巴黎供应之。法国欣然从命。伊拉克成为法国重要性第二的石油来源，而伊拉克的战争也帮助法国军火工业蒸蒸日上：1981年出口值达140亿法郎，1982年则是130亿法郎。伊拉克很快便欠下大笔债务，法国财政部长雅克·德洛尔便指出，这是法国帮助伊拉克打胜仗的代价。法国最先进的飞机也交到伊拉克手上，有些还是从自家海军拨过去的。国防部长声明："伊拉克的安全是法国国防的责任。"[130]石油公司埃尔夫（Elf）——法国政府的下手，也是21世纪初一连串贪腐指控的焦点——在巴格达如鱼得水。

第一次海湾战争令人心寒。密特朗和阁员是真的直到最后一刻还在说服萨达姆和平撤出科威特，但他们后来感觉有义务加入联合国批准的联合军事行动，对此只有国防部长让－皮埃尔·舍韦内芒辞职抗议。法国政界、石油与军火业和其他商业相关人士在20世纪90年代与伊拉克恢复关系，他们预料联合国将结束禁令。自20世纪

甜蜜的世仇
英国和法国，300年的爱恨情仇

英国观点：浓妆艳抹的玛丽安娜挑逗萨达姆·侯赛因。

90年代晚期开始，法国公司便暗度陈仓，供应飞机、军事车辆与其他武器给伊拉克。1997年，法国人要求终结制裁与联合国武器核查。萨达姆趁机开始阻碍武器检查，核查人员随后也撤离。此举相当危险，让美国人与英国人往最坏的情况想。1998年，两国不顾法国与德国反对，对怀疑有发展武器的地点发动空袭。法国成功撮合双方和解，但退出了实行控制的行列。2000—2001年，法国与其他政府要求联合国宣布伊拉克已解除武装，并终结武器核查，停止制裁。法国生意人前往伊拉克，就重建石油合约进行磋商。巴黎的游说团体与"巩固邦谊"

的各个委员会获得"大量的石油收入",振奋不已。[131] 许多国家逐渐忽视仍未取消的各项制裁,其中以法国为甚。这些国家购买石油,销售农产品与武器,并签订公共建设合约——2001 年时价值已达 16 亿欧元。伊拉克外交部长观察到,巴黎遵奉的是制裁的文字,而非其精神。[132] 所有人都放眼未来的庞大利益。他们的贪婪让情势危险不稳。

没有人知道萨达姆·侯赛因是否已解除武装,放弃他的军事野心。假使他放弃了,关系的正常化也就指日可待;而且,如果——这是一个很大的假设——萨达姆此后听劝,对自己的人民与邻国更好,说不定还能皆大欢喜。但如果他没有放弃,制裁的终结将使他摆脱控制,利用伊拉克的石油财富,持续对国内压迫,恢复大规模杀伤性武器计划,为未来的侵略做准备。布莱尔因为伊拉克武器的"恐怖"情报而大为紧张。他急着想做点事情以避免未来的危险,并且与美国总统克林顿讨论这个问题。早在 1997 年 11 月,布莱尔便私下表示萨达姆"即将拥有骇人的若干大规模杀伤性武器。我不懂为何法国人和其他人都不了解这件事情"[133]。他的疑惑不难解答:法国人跟其他大国与联合国专家一样,都认为萨达姆仍然拥有武器,且计划获得更多军火。各方都预料武器核查能找到证据。除非能找到新的遏制手段,否则一场推翻他的战争就势在必行——尤其是"9·11"事件后美方先发制人对付"流氓国家"的渴望愈演愈烈的情况下。和平遏制的唯一希望,是西方大国以联合阵线威吓萨达姆,而法国身为萨达姆在西方最好的友邦,将处在关键位置。布莱尔希望法国人能谈出"一条保存颜面的出路"。但萨达姆在 2002 年 5 月时从伊拉克情报部门得知:某位法国政治人物向他们保证,法国将利用自己在联合国安全理事会的位置,否决任何军事攻击提案。[134] 假如是这条情报让伊拉克人过度自信,那可真要命，因为美国人早就准备好打仗了。

英美的"特殊关系"从来没有像2001—2003年这么特殊过。丘吉尔从未对罗斯福政府如此亦步亦趋，他也不可能接受这样的事情，撒切尔也不会跟里根政府合并到这种程度。布莱尔出于内政、外交等诸多因素，说服持怀疑态度的乔治·W.布什利用联合国程序对抗萨达姆·侯赛因，并承诺他将"捎去"欧洲的支持。作为交换，他很可能承诺在必要时与美军共同作战——这种结果既符合他的意愿，也吻合对情势的解读。[135]看起来，他是在2002年春季或夏季时暗自下此决心的——说不定正是8月间在法国沉浸于比利牛斯山自然景色的时候。[136]英国政府倒退回17世纪，布莱尔及其一小群随员在愿景、胆识、欺瞒与无能构成的无解纠葛中制定国策。他们跟华盛顿之间的亲密接触已经超越了查理二世与凡尔赛宫的关系——只是不知道是否有朴次茅斯女公爵那样的人物。内阁态度消极，连偶尔"不打草稿"的指示都照单全收。[137]内阁的国防与海外政策委员会（Defence and Overseas Policy Committee）和情报委员会（Intelligence Committee）从未彼此商讨。外交部没有得到征询，法律建议则遭到忽视。首相深信通往天堂的道路是由善意铺成的，而立宪政府实际上等于被他架空。结果就是唐宁街一小撮兴奋但相当无知的廷臣们外汉一样使用"挑逗"的情报，出现低级的事实谬误，疯狂而徒劳地试图"拯救"欧洲和联合国。一心一意想兜售而非质疑政策的他们，一再被情势打得措手不及，而且还误解其他国家的观点，尤其是法国人的看法。

酝酿中的危机让缺乏激情的"法德佳偶"重燃爱火，德国舆论对美国政策越来越反感。一位圈内人评道，这是法德关系首度跨过警惕有礼，达到真心诚恳。德国总理施罗德乐于追随希拉克的脚步——法方可是很想利用形势得利。这在欧盟政局造成回响。2002年10月24日，英国人在布鲁塞尔欧盟峰会突然面对法德间一纸同意保持CAP的协议。布莱尔谴责这种做法既于法无据，也对第三世界农民造成了打击。希拉克此前曾劝诫布莱尔，让布莱尔想一想要是他儿子"小里欧"（Little Leo）哪天开始思考爸爸在战争中做了什么，那该怎么办。这一回希拉克大发雷霆。或许是习惯第五共和国总统得到的尊重与服从，他追着布莱尔骂，斥责他"没礼貌"，然后取消了英法年度峰会。1987年，希拉克曾经在撒切尔长篇大论时鲁莽插嘴，这事相当有名。[①] 对于还记得这件事的人来说，现在这一幕真是珍贵的瞬间。一位英国目击者说两人就像"星期五晚上在酒吧外找架打的小伙子"[138]。两人之间的私交原本相当友好，此后变得越来越敌对。

发生在爱丽舍宫与奥赛码头里的事情向来远没有唐宁街透明，未来肯定也如此。每一届法国政府都绝对会试图放缓美方行动，以维系经营已久的阿拉伯之友形象。此举不只是为了保住自己藏污纳垢、有利可图的经济基础，也是为了确保能收回伊拉克的巨额债款。法国政客不仅对处在欧洲与阿拉伯世界"断层线"的地中海立场非常敏感，[139] 对于国内穆斯林公民的人数与感受也极为敏感。一般认为希拉克是个刚愎自用的人物，他的外交部长多米尼克·德维尔潘则是个花拳绣腿、充满贵族气息的职业外交官，怀抱政治野心与拿破仑式的怀旧之情。两人是否对处理萨达姆问题有长期规划，人们不得而知。

---

① 有个版本是："Est-ce qu'elle veut mes couilles？"（"她是想要我的命根子吗？"）另一个近于成语，而且无法翻译的版本，则是"Ça men touche une sans faire bouger l'autre"。见《快讯周刊》（2002年11月14日）与《世界报》（2004年4月4日—5日）。——作者注

然而，他们不太可能计划与盎格鲁－撒克逊人直接产生冲突。法国情报部门一如往常与盟国合作，巴黎也向巴格达施压，要求让步。[140] 巴黎同意《第1441号决议》（2002年11月8日），对伊拉克提出严格要求，但不同意一旦伊拉克未满足要求便自动开战。法国的方针是，利用其在伊拉克及其他阿拉伯国家的合约，劝服伊拉克接受更大规模的武器检查。我们可以推测，这么做是为了挽救伊拉克政权，或者至少是为了保护法国在阿拉伯世界的影响力。话虽如此，从2002年9月—2003年1月，法国人（不像德国人）仍然表示他们在必要时将加入军事行动，就像在第一次海湾战争中所为。不过，唯有在萨达姆抗拒武器核查，且联合国安理会批准进攻的情况下，法国才会加入。2003年1月，美国人与英国人开始派部队到波斯湾。1月7日，希拉克决定让法国武装部队准备参战。[141] 谁知萨达姆非但没有抵制联合国的要求，反而允许武器核查员搜索大规模杀伤性武器的证据，借此争取时间。巴黎以实际行动支持他，在核查员进行他们"漫长且艰巨的任务"时呼吁暂缓行动。但盎格鲁－撒克逊人无法让军队无限期待在波斯湾。除非萨达姆屈服并同意，接受更严格的核查（这等于终结他的威望，甚至是葬送其权力），否则他们将不得不动武。法国与英美的立场迅速、公开走向分歧。

法国与英国的关系没能成为横跨大西洋的桥梁——从贝文到布莱尔，英国政界始终渴望将两国的关系打造成这样。跨海峡的外交几乎没有发挥作用。影响舆论变得比政府间的礼貌更重要，至于严肃的商议就更谈不上了。法国与其他国家的舆论对美国政策厌恶已极，希拉克与德维尔潘肯定是同时感到要被迫发声的。希拉克在2002年重新当选为总统，当时形势相当低迷——他有些支持者用的口号是"选骗子比选法西斯好"。①对他来说,这是一个成为国家真正领袖的契机。对德维尔潘这位执迷于重振法国辉煌的浪漫民族主义者来说,[142]此时则是向戴高乐的时代看齐,与超级大国的傲慢公然对抗的机会。

英国与法国政策在2003年1月惊天相撞。20日,德维尔潘在联合国声明"今天没有任何理由,能让军事行动合理化",广受好评——暗示法国或许会动用安理会否决权。接着就是一场法国与英国在欧洲内外的外交角力,一旁看着的美方多少有点困惑。法国与德国国会在凡尔赛举行一场仪式性的双边会议。1月30日,布莱尔与7位(最后变成15位)欧洲国家政府首脑在未知会法国外交官员(甚至英国外交官员)的情况下起草了一封公开信,支持美国对伊拉克政策。一位法国评论家形容这份借"欧洲"之口发表的宣言,是在"英格兰人口授下写成的"。[143]法国人认为,背信弃义的阿尔比恩故意公然分裂欧洲,为的是讨好美国人——戴高乐一直以来担心的就是这件事。更有甚者,布莱尔还拉拢新加入欧盟与尚待审查加盟的国家,貌视法德的领导。粗鲁的美国国防部长唐纳德·拉姆斯菲尔德(Donald Rumsfeld)幸灾乐祸,表示法国、德国与其支持者不过只是"老欧洲"。希拉克以他标志性的无礼回应,告诉"幼稚的"新欧盟成员国:要是他们知道什么对自己才好,就会闭嘴。此事表明法国鲜少掩饰对于"上下两层"欧洲的渴望。

颜面扫地的要么是布莱尔,要么是希拉克。2月20日,法方私下

---

① 法国的选举制度碰上社会民主党的溃败,导致年长的右派煽动政客让-玛丽·勒庞(Jean-Marie Le Pen)成为唯一的其他候选人,迫使左派转投希拉克。——作者注

1039

敦促美国放弃以联合国决议作为出兵根据的念头,直接在没有决议的情况下进攻,如此便能避免安理会公开分裂。[144] 此举显示希拉克正试图避免最后的冲突。美方暗示英国或许倾向不让其部队加入伊拉克的行动,这也就消除了重返安理会的需要。但布莱尔坚持英国完整参与,因此要求有新的安理会决议。出于国内因素——工党议员一反常态地越来越难驾驭,而抗议群众又挤满街头——布莱尔需要决议文。伦敦的抗议群众唱起《马赛曲》,法国使馆收到洪水般的来信,赞扬法国的政策——在英国,这种对法国领导地位的拥护,是18世纪90年代以来所仅见。在法国,舆论压倒性反对战争,若干观察家认为直到这最后阶段,法国政策才确定下来。[145] 布莱尔在3月2日于勒图凯(Le Touquet)与希拉克短暂会面,会后他看起来有十足把握能赢得法国的支持,而英国人也蠢到公开暗示希拉克准备放弃立场。[146]《卫报》(3月2日)认为,法方"几乎肯定愿意……对伊拉克开战,在后萨达姆时代的重建过程中占有一席之地"。

英国人旋即意识到这是种幻想。两国外交首脑在联合国交换着裹了糖衣的侮辱言辞,斯特劳带着不自然的友善,称呼德维尔潘为"多米尼克"。法国与英国的阁员追着彼此绕着地球跑,试图在安理会争取到更多支持票。两国与"法语区"或英联邦的关系也被动用起来。津巴布韦领导人罗伯特·穆加贝(Robert Mugabe)获邀前往巴黎,这是对非洲的示好——英国人认为此举相当无耻。愤怒的布莱尔断定希拉克想破坏他在欧洲的地位,甚至想拉他下台。希拉克心里说不定也有类似的怀疑。3月10日,后者粗心铸下大错。希拉克在一次广播访谈中,说"无论情势如何",法国都会对英美提出的联合国决议案投下反对票,也就是动用否决权,"因为以解除伊拉克武装……为目的而开战根本没有依据"。白厅抓住话柄（法国人认为此举是他们典型的背信弃义），作为避开联合国投票的方式。英国人说，如果法国人不管怎样都会否决决议案，那整个投票过程也就随之失效——但英国总检察长私底下曾驳斥这种论点，认为毫无法律基础。[147]法国与其支持者宣称英国的主张只是借口，因为英国无论如何都会输掉投票。但假如果真如此，希拉克何必动用否决权？布莱尔用"愚蠢"与"不负责任"来形容希拉克的态度。斯特劳则称之为"拿破仑路线——别忘了后来是谁赢了"。法国大使遇见得意扬扬的斯特劳挥着《世界报》跟他打招呼，说："真是份大礼，我们不会就这样放手。"德维尔潘发牢骚："对于一个既是盟友，也是欧洲伙伴的国家，真不该有这种评论。"[148]

2003年4月时迅速击败伊拉克军队的兴奋之情，很快便被不祥的幻灭所掩盖。关于大规模杀伤性武器的夸大假情报（绝对是1939年以来最严重的和平时期失败），以及各种错误、愚行与始料未及的后果（包括英国国内的恐怖活动），带来无边无际的政治伤害。两国报界的评论重新提起过往彼此之间的憎恶，强调希拉克的不诚实和布莱尔的阿谀谄媚，还暗示后者已经失去理性，陷入宗教狂热、"新世纪精神错乱"与"现成的神秘主义"。[149]这些攻击已经超越政治人物本身，触及了民族的层次。

但盎格鲁-撒克逊的失败并不代表法国的胜利。一位乐观的法国社会主义者一开始宣称反战示威意味着"有个新民族诞生在街头——欧洲民族"。但另一位有分量的批评家，却看出法国整体战后策略的"崩盘"。[150]萨达姆垮台时，法国似乎将面临"外交上的阿金库尔"，但联军随后的麻烦让法国逃过一劫。尽管如此，巴黎失去了在欧洲的权威，也失去左右世界大事的能力，下场相当骇人。当法国呼吁召开高峰会，成立新的防御组织时（对英国人下战书），响应的只有德国人、比利时人与卢森堡人。波兰与葡萄牙等国家曾支持盎格鲁－撒克逊人，它们或许会后悔自己涉足此事，但它们并未原谅希拉克的托大，或是遗忘他的软弱：由六个欧洲国家组织的象征性部队，甚至曾一度在南伊拉克接受英国人指挥。布莱尔立刻设法支撑摇摇晃晃的大西洋之桥（小布什则不情不愿），与巴黎和柏林接触，但几乎得不到回应，甚或根本没有回应。双方仍然坚持自己才是对的。小布什在 2004 年再度当选为总统，巴黎方面原本希望小布什败选，换一个更好说话的政府，这对巴黎无疑是个挫折。法国（与德国）拒绝参与伊拉克维和与重建：法方居然只答应派一名官员！这让两国得以占据道德制高点，何况愤怒的舆情无论如何都不允许两国涉入此事。但这也让"老欧洲"与"新欧洲"之间的分裂延续下去，凸显巴黎与柏林的孤立，两国也在关键时刻错失对中东政局的发言权。法德政治同盟的构想（让人想到 1940 年与 1956 年胎死腹中的英法同盟）在 2003 年 11 月浮现。法国总理让－皮埃尔·拉法兰（Jean-Pierre Raffarin）说得好，"假如二十五国组成的欧洲瓦解了，法国还剩下什么？就是法德友好"[151]。法德重修旧好在过去原本是件令人兴奋的事，如今却几乎没有任何人关心。到了 2004 年，组建和批准新任欧盟执委会遭遇前所未有的困难。新执委会由"自由市场派与大西洋派"主导（此乃根据《费加罗报》所言），主席是何塞·曼努埃尔·巴罗佐（José Manuel Barroso）——他是 1 月那封恶名昭彰的公开信上的一位联名者。巴黎对此咬牙切齿，但也逐渐了解到"欧洲"正从手中溜走。

这场危机再度凸显了实现真正的欧洲防务与外交政策多么希望渺

茫，尽管在制度层面做做样子还是能办到的。法国人知道这样的政策若要有可信度，就需要英国——欧洲最主要的军事强国加入。虽然一位法国外交官重申有关"英国必须选择"的旧调——"他们要不与我们一起，团结在他们理应所属的欧洲，要不就注定成为……类似美洲的国家"，但法国人私底下很害怕英国人会在后伊拉克战争的相互指责中，对防御伙伴关系"失去兴趣"。[152]

四十年前，迪安·艾奇逊用"过时"来嘲笑英国以"特殊关系"和英联邦为基础的角色。入侵伊拉克之后，某些评论家赞扬英国首相是美国"真正的副总统"（一个众所周知的无权职位，真讽刺），

在法国舆论看来，布莱尔谎言连篇。该国人气最旺的漫画家普朗图（Plantu）在这幅漫画中表达的便是这一点。

1043

甜蜜的世仇
英国和法国，300年的爱恨情仇

美国到处都有人认为他是温斯顿·丘吉尔与纳尔逊·曼德拉（Nelson Mandela）的结合。英国跟澳大利亚都是进攻伊拉克联军的一部分，其中还有一大票欧洲国家。当年艾奇逊口出此言时，把未来寄托在欧洲的英国，已经从"苏伊士以东"撤离了。如今，英国的前线部队泰半都在伊拉克。戴高乐下野将近四十年后，法国反对盎格鲁－撒克逊人的程度，远比将军在任时还要强烈。历史的根本教训是——未来永远会超乎我们的预料。但历史也教会我们，我们对意外的反应，是由长久以来的思维与情感习惯所塑造的。因此，尽管协商过程激烈，气氛不稳而焦虑，布莱尔与希拉克最后仍一如预期，扮演起迷你版的丘吉尔与戴高乐。长久以来对于国家利益的设想，以及本能的同理心与偏见，在两国民众、政界与外交圈内依旧很有影响。两国政府其实也没有多少行动自由：本性毕竟难移。法国有着反对盎格鲁－撒克逊主宰北约的夙愿，而且已实现到远比以往更彻底的程度。但该政策的目标——打造出由法国主导、与美国抗衡的强大欧洲——却烟消云散。英国同样有个长久珍视的政策，即成为连接大西洋两岸的桥梁。但事实证明这对国内政局相当危险，而且跟布莱尔此前加入法国与德国行列、一同领导欧盟的愿景也格格不入。伦敦与巴黎之间历史性的谅解，恐怕尚在未定之天。

死活都要当朋友：庆祝《挚诚协定》，1904—2004 年

正值这一代人争吵最烈时，两国居然不畏险阻，着手纪念《挚诚协定》100 周年庆，讽刺之感无以复加。19 世纪哲学家欧内斯特·勒南名言道，一国之团结少不了遗忘无益历史的意愿。跨国的团结要的也是这些。学者（包括我们俩）参加了无数的学术会议，发表论文和书籍。横跨海峡两岸的企业也为庆祝活动提供了相当的补助。宴会举行，节目上档，增刊付梓。女王跟随其父与祖母的脚步，在 4 月协议签署的纪念日出发，迷倒法国民众。法国人——忠贞的共和派与王室追星族——也礼尚往来。王室来访一事，或许能解释协约在法国引起比英国更多、更深刻讨论的原因。7 月 14 日，第一皇家近卫步兵团齐步走过香榭丽舍大道，这点出了英国与法国尽管江河日下，却仍然是欧洲的勇士："我们的军事关系向来……让两国走到一块儿。"[153] 法国电台由于担心发生敌意示威，错把卫队说成是仅供阅兵之用，而非伊拉克驻军那种实战部队。希拉克在 11 月的回访并未引起多少冲突，但他应邀前往温莎城堡的滑铁卢厅观赏音乐剧版《悲惨世界》的御前表演，却让若干法国新闻人士怀疑此举是故弄玄虚的精妙侮辱。

两国都有一种值得赞许、想表现友好，像历史学家菲利普·贝尔所说的，以理想样貌表现两国关系的渴望。法国媒体表示，在自己喜欢的那种英格兰，怪诞、喝茶和侦探小说是其主要特色。基层有数十个感人的古怪庆祝活动，显示出个人层面的接触有多么广泛：索米尔酒品酒骑士团沃里克团部（Warwick Chapter of the Commanderie du

1045

Taste Saumur)举办了一次盛宴,切斯特(Chester)有一场法国古董车展和1918年停战日纪念活动,萨拉热窝有辆电车漆成了红、白、蓝三色。[154] 但是,尽管存在个人之间的友好,从民意调查仍能清楚看到政治情感已经受到伊拉克战争的影响。只有9%的法国人对"亲美"的英国人表示"大为信任",相形之下,大为信任德国人的比例却达到28%。只有美国人跟俄罗斯人得到更低的信任度。英国人信任美国人,程度远甚于对法国人的信任。一份对法国民众态度的全面研究显示,欧洲各民族中激起的反应最强烈、最不讨喜的就是"英格兰人"。字词自由联想测验得到的结果则是"自负"、"势利眼"、"无礼"、"高傲"、"冷淡"、"自私"、"自大"、"假道学"与"不舒服";不过,当然还是有少数传统的哈英族,想到的是"实际"、"优雅"、"风趣"、"客气"、"绅士"、"亲切"与"宽容"等。但法国人普遍同意英格兰人非常不同:"岛屿性格"、"君主主义者"、"反欧洲"与"自行其是"。[155]

两国人普遍对于反感维持之久大感不解且深感诧异,但造成反感的因素其实越发明显了。不过,他们想跟对方做朋友的渴望同样根深蒂固,这更教人讶异。你很难想到还有哪两个国家会如此费力地相互展现亲切友好,恐怕只有法国与德国例外,原因由此略显端倪:喜爱的丰沛表现,是为了去除敌意。但索米尔酒品酒骑士团沃里克团部(与许多类似他们的人)的欢声笑语足以证明,英国人与法国人都觉得彼此让人好奇、发噱,甚至挺好相处,而且几个世纪以来都这么觉得,何况他们也比自己以为的还要相像——远比英国人跟美国人,或是法国人跟德国人之间的相似程度高。如果让我们俩针对法国人与英国人的相似处做个关键词联想测验,我们想到的会是"犬儒"、"无礼"、"自持"、"刻薄"、"个人主义"与"宽大"——当然还有"自以为是"。

2005年：似曾相识又一回

> 黑格尔曾在某处说过，世界历史上所有的伟人和事件都会以或此或彼的形式重现。他忘记补充说：第一次出现是悲剧，第二次是闹剧。
>
> ——卡尔·马克思

> "盎格鲁－撒克逊模式"……根据的是英国人接受的那种社会不平等，但我们这儿显然无法接受不平等……你不能期待一个由革命所造就、把自己的国王送上断头台、把贵族吊死在路灯柱上的民族，会跟某个议会里有一院全由贵族组成的君主国对社会关系有同样的看法。
>
> ——《世界报》，2005年6月5日—6日

> 我是热诚的亲欧派……我相信整合欧洲是个政治发展方向。我对欧洲的信念带有强烈的社会关怀面向。我绝不接受纯粹是个经济市场的欧洲……可你告诉我：哪种像样的社会模式会导致2 000万人失业？
>
> ——托尼·布莱尔对欧洲议会演说，2005年6月23日

> 布莱尔是恶劣版的撒切尔。不但一样傲慢，而且还很自私。
>
> ——雅克·布拉克，2000年6月[156]

2005年5月29日，法国人民拒绝了《欧盟宪法》，他们瞧不起

自己的政府，震惊所有主流政党，让整个国家在政治上进退无依。这场公投及其余波（包括数天后荷兰投下的反对票）让法国与英国半个世纪以来的斗争仿佛回到戴高乐时代，再度成为欧洲政坛的显著焦点。一位敏锐的法国新闻人士指出，2005年的"否"跟1963年戴高乐对英国加入共同体的"否"的确如出一辙——两次都表现出法国对于英国与广阔世界的联系"长久的怀疑"。[157]

目前看来，法国这一回的投票结果，是将近半个世纪以来的英法历史上最重要的事件，让英国统治精英自20世纪60年代所采取的策略——以尽可能优雅的姿态，爬上正要离站的欧洲列车——就此失效。长久以来，布莱尔皆宣称自己的使命是确保英国不会被"孤立或遗弃"，他也公开表示会加入欧元区，接受宪法。法国的投票结果让他能停办英国的公投，免于最终的耻辱——民意调查显示，会有70%的人投下否决票。他巧妙利用这次机会，重新定义了"亲欧"的意思。一位深感佩服的对手表示，这"就跟我们许多人向来所说的欧盟怀疑论意思一样"[158]。英国人有关"欧洲"的分歧因此暂时打住。布莱尔恢复在国内的威望，并成为（尤其是在法国人看来）主导欧洲的人物。他运气好得不得了，正好接任八国集团（G8）主席与欧盟高峰会主席的位置。为了庆祝特拉法尔加海战两百周年，史上在承平时期规模最大的一次战舰集结在朴次茅斯举行，仿佛衬托他重振的声威。法国人甚至把2012年奥运会主办权在7月5日奖落伦敦一事，解释成布莱尔无可抵挡之魅力的胜利、法国非商业化与公平竞争理念的挫败、盎格鲁-撒克逊人实力的证明，以及法国全球影响力衰退的又一次警讯。海峡两岸媒体习以为常的互喷口水，也因为7月7日伦敦恐怖袭击爆炸案的悲剧而中断。换作几个月前，这样的事件会动摇布莱尔的地位，如今反而是让批评噤声。

事后来看，法国人的否定似乎是可以预见的：他们差点在1992年否决《马斯特里赫特条约》，不但一直对真正的联邦体制抱持怀疑（"你无法把我们不喜欢的东西强加在我国之上"[159]），对于扩大、自由化的"欧洲"也越来越不抱幻想。人们能轻易料想到，"一旦珍视的国内传统与外交政策碰撞，马上就会面临当今的欧洲政策是否能与充分的民主共识兼容的问题"[160]。不过，虽然否定在情理之中，但投票过程却难以预料。对《欧盟宪法》表示反对的民意调查遭到忽略。法国人居然真能抵抗一直吸引民族自豪感的诱惑，不去当欧洲的历史领袖，而且居然连害怕在不友善的世界中遭到孤立这种法国人的集体恐惧也无法动摇他们，这简直难以想象。吉斯卡尔声称《欧盟宪法》将能让欧盟成为"与地球上几个最强国家平起平坐的政治势力"[161]。对法国民众来说，这种半民族主义式的愿景是最强大的主张。用最直白的方式来说，"对欧洲宪法说不，就是对布什说好"。但经济恐惧压倒了政治期望。法国社会主义者凭借"反对自由主义欧洲"的造势活动，在2004年的欧洲议会选举中有所斩获。几乎每一个人（尤其是此前支持欧盟的天主教徒）都强烈反对让土耳其加入欧盟（英国表示支持）；一旦土耳其入欧，戴高乐的"欧洲人的欧洲"就会走向终结，带来的是个"多元文化的空间，变动而缺乏认同"[162]。法国凭借修改本国宪法，让欧盟无法在未经法国特别公投允许的情况下扩大，从而为土耳其最终加入欧盟设下单边障碍。布鲁塞尔与斯特拉斯堡都有人抨击英国的预算减免、英国选择退出最高工时的限制，以及博尔克斯坦对服务业下达采用单一市场的指令，显见法国政界抱持的忧虑相当普遍。但这些争议在法国轰动的程度，让人渐渐有种"欧洲"走错路的感觉。[163] 甚至连支持《欧盟宪法》，视为通往"欧洲共和国"之路的法国联邦主义者，都批评现在的欧洲"社会福利不够，联邦性不够，民主不够，太过复杂，太自由"，而且对"英格兰人"太过迁就。[164]

即将担任总理的多米尼克·德维尔潘总结了问题症结："我们不要自由主义的欧洲——自由主义欧洲等于是将欧洲仅仅视为市场的英国式愿景获得胜利。"[165] 支持《欧盟宪法》的人坚持宪法能防止这样的灾难发生。雅克·希拉克尝试通过电视呼吁大众投下同意票，他坚称《欧盟宪法》将防止"一个盎格鲁－撒克逊的、大西洋的欧洲"诞生。当某位新闻业人士谈到英国较低的失业率时，他说其原因在于"我们不会接受，也无法接受的……若干办法与社会规范"。他私底下讲得更明白："多年来，英格兰人已经毁了他们的农业与工业。如今他们之所以能活命，全是靠资产价格膨胀、金融投机，以及他们的石油和天然气。"[166]

多年来未曾思考欧洲一体化方向之优劣的法国人，如今却在疑心病上超越英国人，用一种少有其他政治文化能及的细心与公民责任感，开始爬梳这部宪法的细则。文件内容模棱两可之高超，挑战着法国人引以为豪的"笛卡儿思想"。《欧盟宪法》一方面包含他们熟悉的德洛尔式"社会市场经济"元素，以及赋予执委会的新"权限"——包括约束公家机关的新权力——另一方面，宪法中的条款1.3与1.4却要让"自由公平竞争（non faussée）的内部市场"，以及"人员、服务、商品与资本的自由流动"成为欧洲基本法的一部分。反对者抓住这些文字。从博尔克斯坦的指令来看，这样的文字等于威胁让不受法国劳动法管辖的外国劳工涌入（无论是波兰水电工还是英国银行家），让他们得以拿较低的薪资与法国劳工竞争就业机会。一份被人压下来的政府研究警告将有20万个服务业工作机会流失，当报纸头条披露这份报告的内容时，劳工问题便成为造势活动的焦点话题。[167]《欧盟宪法》支持者指出，过往所有欧洲一体化的条约中都有这类令人不快的措辞。但他们的努力徒劳无功：多数的法国选民如今反对（至少是含蓄地反对）共同市场最早打下的基础。

55%的票为否决票。投票后的民调显示失业的恐惧是反对的关键。法国的100个省里，只有16个最发达、以天主教徒为主的省份投下赞成票，但与反对票的差距大多并不明显。欧洲一体化的热情支持者局限于巴黎最富有的郊区与居住区，以及太平洋和加勒比海海外领土。至于法国内陆，投下赞成票的社会经济群体只有大企业、自由职业者、学者与退休人士。年轻选民与传统左派则果断投下反对票。投票结果的天平之所以从1992年小幅领先的赞成，变成2005年明确的否定，是因为大量公共部门中产阶级改变了主意，例如教师、护士、社工与公务人员，[168]而他们的政治代表社会党中也有一部分人随之改为反对态度。这个群体虽然偏好"更加紧密结合"的政治愿景，但必须要保护好公务员，即保证他们的工作机会免于"极端自由式"竞争才行。

法国政界与学术界当权派受到极大震撼。这可不是反抗掌权的政治人物这么简单的事，当权者对于"英国式欧洲愿景"的反对跟选民是一样的。虽然这些政治人物坚称《欧盟宪法》反映了法国的理念与传统，但选民却认定他们无法确保欧洲仍然是法国的屏障。人们也因此对于历史、对于未来的整幅愿景以及法国在其中的位置产生怀疑。或许就像一位评论家所自忖的"欧洲历史的潮流"终归是朝"阿尔比恩的渴望"流去了。[169] 财政大臣戈登·布朗大表赞同：

> 单一市场与单一货币将带来税务协调、联邦财政政策，以及某种类似联邦国家的存在——这些假设已经在欧洲一体化的概念中根深蒂固。但全球化从本质上改变了这一切……身份认同仍然根植于民族国家，有关联邦体制的陈旧假设与我们的现况不合。[170]

法国人高估了白厅的远见，以为英国人不知怎的早就计划好这一切。人们带着苦涩——有时也带着赞赏，将布莱尔追捧为新"欧洲强人"。

希拉克用公投后首度的公开声明来面对挑战："为维护我国利益……我将坚决……根据法国模式，而非盎格鲁-撒克逊模式行动。"[171]据说，他私底下的反应一如往常不客气："布莱尔那个骄傲的白痴……对否决的结果沾沾自喜。你看把他美的。他想利用英国的主席职位大出风头……我才不会忍受他这种英式傲慢。"[172] 希拉克的开局方式令人熟悉，不出伦敦与巴黎双方的预料：他攻击玛格丽特·撒切尔为英国争取的退税，借此让布莱尔在国内难堪，趁他任期刚开始时在欧洲孤立他。英国人的回应同样直来直去：攻击共同农业政策，希拉克称此举为"他们的执念"。布莱尔对于将欧盟"现代化"有着全新的热情，等到据说德国反对党领袖安格拉·默克尔（Angela Merkel，不久后成为德国总理）与他颇有同感时，法国人也开始担心他们与德国的特殊关系似乎出了问题。

根据启蒙的宏大叙事，[173] 欧洲历史注定超越民众的选择，走向更紧密的结合。但《欧盟宪法》的触礁相当于欧盟内发生的天鹅绒革命，破除了最后一丝启蒙论调，动摇了所有曾经确定的事。《世界报》断定，法国统治精英坚定而巧妙奉行的欧洲领导策略遭遇了滑铁卢，标志着一场"英国对法国及法式欧洲理念的漂亮胜利"：

> 阿尔比恩看来从未如此卑劣，却又如此幸运……毕竟法国选民用自己的选票，满足了英格兰人的两大夙愿：他们对政治统合的计划造成了打击，而且说不定是致命一击；他们也造成了法德同盟的嫌隙。[174]

此前，人们认为布莱尔的政治生涯濒临失望的结局，这时他却磕磕绊绊走向胜利。法国民众让他得到在历史上留名的机会。他政治才能与表演能力的吸睛结合，让他与其他深具领袖魅力，在与法国抗衡的重要时刻掌权的英国领导人——老皮特、巴麦尊、劳合·乔治、麦克米伦等人并列。刹那间，足以影响欧陆未来、自贝文以来的每一位英国政治人物所能得到的最好机会，就这么落到他身上。

但贝文早就发现欧洲很难影响。等到 6 个月后，即 2005 年 12 月英国主席任期结束时，有关欧洲未来的讨论寥寥无几，一切仍悬而未决。巴黎坚定执行捣蛋战术，这对一个除了劝告以外似乎别无他法的英国政府来说非常有效。英国大使对《世界报》（2006 年 1 月 4 日）解释，英国已经暂缓提出任何明确的建议，以免激起反对。法国评论家大松一口气，他们了解到欧洲不会天翻地覆，甚至连英国人改革预算的远大目标也只是薄弱的幻想。至于登得上头版的标志性议题——当英国放弃其预算减免时，CAP 在欧盟支出中占的比例其实还增加了，这和布莱尔对欧洲议会的表态直接抵触。2006 年新年演说时，希拉克表示法国将继续领导欧洲，走向更重视"政治"

1053

与"社会福利"以及保护主义与干预主义的未来。他的发言以欧盟全数24种官方语言发送出去,可就连法国舆论都怀疑有谁在听他讲话。法国获得短期的战术胜利,但也再度显示出该国没有能力在欧洲政坛采取任何正面的行动。

总之,法国与英国的愿景一如既往相互对立,其决议也无限期推迟。不过,英国主席任期的一项重要举动,却有促成结果的潜力:土耳其加入欧盟的谈判正式展开。法国与其他国家有许多人力阻土耳其得到会员资格,因为这很可能终将摧毁"更加紧密结合"的目标,欧盟的内涵也将因此稀释为戴高乐所担心的"广大自由贸易区"。但从另一个角度来看,欧陆或许会因为土耳其加入欧盟,而分裂成法国政策所追求的"内围"与"外围"。欧洲的"大博弈"(Great Game)还在等人出招。

| 第四部　重振 |

结论与异见

我们两国过去这 60 年的故事始终叫人惊讶,甚至是鼓舞人心。1945 年,半残的法国与力竭的英国在战后的寒冷中打着哆嗦。衰亡直盯着它们的脸:失去海外帝国领土,失去名望,失去财富,失去凝聚力,失去信心——"瞧啊,我们昨日一切的盛况,今与尼尼微及提尔同逝"①。不过,亚当·斯密曾经说过,要毁掉一个国家,得先搞垮很多东西。两国恢复了活力。当年很难相信两国将在一个和平而未分裂的欧洲里成为最坚定、最有目标与态度最明晰的成员,可用的军力超越俄罗斯,而且位居世界上最富有的几大国家之列。至于它们有没有明智地利用自己的新生命,就是另一回事了。两国虽然同样有衰落的问题,都有意识地渴望抵抗衰落,但两国鲜少展现出团结。两国遵循非常不同的道路,而且在国内外皆然。两国近年来的竞争历史,更是其他盟国之间所难以比拟的,而且丝毫没有减缓的迹象。

伊莎贝尔:问题的核心向来都很清楚:英国出于不安,无法接受自己在世界上的位置,也就是位居欧洲心脏的国家。这正是英国与法

---

① 尼尼微(Nineveh),古代亚述帝国的首都,位于今伊拉克。提尔(Tyre,又译推罗),腓尼基人的重要城市,位于今黎巴嫩。两者皆为《圣经》中所提及之古都,在 19 世纪的英国文学中被视为文明与强权走向衰弱与灭亡的象征。——编者注

国和其他邻国相处困难、深陷伤害性的外交缠结、国内产生政治分歧的共同根源。英国本该像法国，从20世纪50年代起便意识到自己能找到新角色（也是抵抗衰落的方法），全心投入欧洲的建设，这才是真正具有历史重要性的任务。假如英国在20世纪50年代掌握机会，成为战后欧洲初期的几个领袖之一，其世界地位与经济、社会便不会那么动荡。托尼·布莱尔说过："我们说这不会发生。接着我们说这不会奏效。接着我们说自己不需要它。但事情确实发生了。英国也被人抛在脑后。"[1] 英国采取两种自贬身价、自寻败局的立场，即跟随美国与跟随欧洲——把前者视为理所当然，把后者视为负担。尤其是，假如英国基于代议政府与民族认同等双方共有的深厚传统，而在欧洲与法国建立伙伴关系，并且积极参与外部事务，英国本可以帮助欧盟内部更为民主，对外也更有影响力。结果英国背对未来，如今欧洲面临的危机，正是此举的一项后果。

罗伯特：这个观点真是相当浪漫，而且从几个角度来看当然也是非常法式的观点——这样的见解假设各国与各大洲各有其命运，假定历史会遵循注定的路径发展。但没有路能通往未来：我们得一边走，一边开路。为了讨论，就假设有人接受这种"命定"说吧。就算是接受此说的人，可能也会断定英国跟法国所主张的天命截然不同。英国似乎决心"更加紧密结合"于世界，也就是戴高乐说的"辽阔的大海"。这人甚至有可能相信欧洲亦终将选择走向这样的天命，如此一来，英国历来以及未来的影响就很重要了。这才是戴高乐所忧心、不愿接受的。从20世纪70年代看，英国政府在20世纪50年代置身于早期欧洲共同市场之外是件错事，如今看来却很难说，因为共同市场将摧毁其全球贸易，让后来的经济复苏更加困难。的确，若从经济角度来看，

EFTA与EEC创造纯粹贸易伙伴关系的策略或许会更有效益。但英国的动机向来是政治多于经济,追求的也是传统方针:防止单一强权(此时则是集体强权)宰制欧洲,并促成更自由的贸易——此举实际上等于防止新的"大陆封锁"成真。由此而论,英国一直相当成功,2005年的情势更是成功得不得了。你可以认为这是瞎蒙、是远见,或只是走运,但这确实关乎合理的政治选择:"历史"没有规定我们必须顺服于"单一的未来"。

注释

第四部 重振

1.Peyrefitte（1994），vol.2, p. 311.

2.Thody（1995），pp. 27-28.

第十三章 寻求定位的失落帝国

1.Diary entry, Horne（1988），vol.2, p. 319.

2.Peyrefitte（1994），vol.1, pp. 153-154.

3.Mangold（2001），p. 55.

4.Speech to European Research Institute, Birmingham, November 23, 2001.

5.Milward（2002），p. 3.

6.Greenwood（2000），p. 259.

7.Cooper（1953），p. 377.

8.Frank（1994），p. 271.

9.Ibid., p. 260.

10.John Young, in Sharp and Stone (2000), p. 268.

11.Réau (2001), pp. 77−78.

12.Passerini (1999), p. 218.

13.Cole (1941), pp. 102−103.

14.See the brilliant summary by Judt (1997), and for detail Milward (1992) and (2002).

15.Gillingham (2003), pp. 25, 27, 496.

16.Ibid., p. 27. See also Greenwood (2000), and Milward (1992), chs.3, 5 and 6.

17.Milward (2002), p. 44.

18.Ibid., p. 71.

19.Milward (1992), p. 210.

20.Milward (2002), pp. 200, 203.

21.David Dutton, in Mayne et al. (2004), pp. 136−138.

22.Milward (2002), p. 258.

23.Vaïsse (1989), p. 137.

24.Permanent Under-Secretary of Foreign Office, in Kyle (1989), p. 123; Kunz (1989), p. 220.

25.Kyle (1989), p. 114.

26.Ibid., p. 128.

27. Kunz (1989), p. 225.

28. Kunz (1989), 228.

29. Ibid., p. 177.

30. Vaïsse (1989), p. 335.

31. Kyle (1989), p. 130.

32. Fry (1989), p. 312.

33. Milward (2002), p. 260.

34. Ibid., p. 475.

35. Diary entry, Horne (1988), vol.2, p. 319.

36. Milward (2002), pp. 306-308.

37. Mierzejewski (2004), pp. 158-159.

38. Milward (2002), p. 288.

39. Gaulle (1970), pp. 196, 204.

40. Schaad (2002), pp. 70-77.

41. Milward (2002), p. 291.

42. Gillingham (2003), pp. 37, 76.

43. Milward (2002), pp. 317-318, 330, 345, 348, 444-448.

44. Ibid., p. 60.

45. Ibid., p. 327.

46. Gaulle (1970), p. 236; Peyrefitte (1994), vol.1, pp. 368, 370-371.

47. Lacouture (1990), vol.2, pp. 355-357. 对戴高乐立场的细致分析

见 Milward（2002），pp. 463-483。戴高乐使"盎格鲁－撒克逊"成为常用说法，是 Colin Jones 在 2005 年于剑桥艺术社科人文研究中心未发表的论文中指出来的。

48.Horne（1988），vol.2, pp. 314-319, 429-332；Lacouture（1990），vol.2, p. 357.

49.Horne（1988），vol.2, p. 428.

50.Milward（2002），pp. 416-420.

51.Full text, Lacouture（1984），vol.3, p. 337.

52.Milward（2002），pp. 474-475；Gaulle（1970），pp. 185, 186, 215；Peyrefitte（1994），vol.1, p. 61；see also Horne（1988），vol.2, pp. 314-319.

53.Gaulle（1970），pp. 203, 236；Peyrefitte（1994），vol.1, p. 63.

54.Horne（1988），vol.2, p. 446；Peyrefitte（1994），vol.1, p. 348.

55.Peyrefitte（1994），vol.1, p. 348.

56.Ibid., p .303.

57.Ibid., p. 367.

58.Horne（1988），vol.2, p. 319；and see Peyrefitte（1994），vol.1, pp. 62-63.

59.Larcan（2003），p. 670.

60.Wilson in 1965, in Parr. 非常感谢 Dr. Helen Parr 允许我们浏览她的著作 *Britain's Policy towards the European Community: Harold Wilson and Britain's World Role, 1964—1967* (London: Routledge, 2005)，本节的

内容参阅了此书，包括未注明出处的引文。

61.Vion（2002），p. 219.

62.British record of January 1967 talks, in Parr（2005）.

63.O'Neill（2000），p. 11.

64.In Parr（2005）.

65.Denman（1996），p. 233.

66.Ibid., pp. 231-232.

67.O'Neill（2000），p. 355；dispatch 1964, in Parr（2005）.

68.O'Neill（2000），pp. 39, 40, 355, 358-359.

69.Bernstein（2004），p. 243.

70.Henderson（1987），p. 143.

71.Bonnaud（2004），pp.220-221.

72.Michel Debré, in Gildea（1994），p. 82.

73.Lemonnier（2004），pp. 196-202.

74.Daninos（1954），pp. 91, 97.

75.Lemonnier（2004），p. 214.

76. Interview in *Daily Telegraph*（May 10, 2003）；and see Simmons（2001），and *Le Monde*（July 19, 2005），p. 16.

77.Vion（2002），p. 273.

第十四章 貌合神离

1.Thatcher(1993), p.536.

2.Gillingham(2003), p.240.

3.For a semi-official reiteration of these themes, see "Building a Political Europe" (2004), a report commissioned by the European Commission from a committee chaired by a former French finance minister, Dominique Strauss-Kahn, pp.31-35.

4.Anne Marie Le Gloannec, in Gillingham(2003), p.343.

5.*L' Express* (May17, 2004), p.34.

6.Card and Freeman(2002), pp.20, 70.

7.Gillingham(2003), p.143.

8.Smith(2004), ch.2.

9.Keiger(2001), p.27.

10.Freedman(2005), vol.2, p.531.

11.Nott(2002), p.305.

12.Favier and Martin-Rolland(1990), vol.1, pp.382-385; Nott(2002), p.305; Freedman(2005), vol.2, pp.71, 281.

13.Edwards(1984), p.307.

14.Bell(1997), p.249.

15.Favier and Martin-Rolland(1990), vol.1, p.385.

16.Ibid., p. 364, quoting former ministers Claude Cheysson and Michel Jobert.

17.Ibid., p. 370.

18.Gillingham (2003), p. 231; Reynolds (1991), p. 267; James (2003), pp. 368–369.

19.Delors (2004), p. 255.

20.Gillingham (2003), p. 136, 146.

21.Ibid., pp. 307, 310–311.

22.See e. g. , Thatcher (1993), pp. 548–549, 553.

23.Delors (2004), p. 237.

24.Gillingham (2003), p. 160.

25.Interview in *Le Nouvel Observateur* (March 20–26,1997), p. 26.

26.Speech in Stockholm, 1988, in Ross (1995), p. 43.

27.Gillingham (2003), p. 261.See also Shore (2000), *passim*.

28.Ross (1995), p. 36.

29.Denman (1996), p. 281.

30.Ross (1995), pp. 34, 229.

31.Quoted in an unpublished paper by John Keiger, cited by kind permission of the author.

32.Ross (1995), p. 29.

33.Ibid., p. 45.

34.Campbell (2000), vol.2, p. 619.

35.Interview in *Le Nouvel Observateur* (March 20-26, 1997), p. 25.

36.*Le Monde* (October 30, 1994); Ross (1995), pp. 232-234.

37.Strauss-Kahn (2004). See also Shore (2000), pp. 21-29, 58-61.

38."Lettre de Matignon", July 1992.

39.Details in Gillingham (2003), pp. 288-289.

40.See e. g. *Le Canard Enchaîné* (July 9, 1997), *Le Monde* (November 29, 2000).

41.*Le Monde diplomatique* (April 2001), p. 1.

42.See e. g. *Le Nouvel Observateur* (June 7-13, 2001).

43.*Financial Times* (June 14, 2004), p. 19.

44.Frits Bolkestein, paper given at ELDR seminar at European Parliament, January 8, 2004; Patrick Minford, unpublished lecture, June 2004, cited by kind permission of the author.

45.British Council lecture, July 2004.

46.Interview in *Le Monde* (April 5, 2005), p. 16.

47.一项民意调查显示，40%的英国人支持扩张，在法国的支持率只有26%，为欧洲最低。*Gillingham* (2003), p. 416.

48.Broadcast "débat avec les jeunes," April 14, 2004.

49.*The Economist* (July 10, 2004).

50.Gillingham (2003), p. 403.

51."Tony Blair, l'européen?," *Le Monde* (April 30, 2004), p. 16.

52.*The Spectator* (August 19, 2000), p. 13.

53.Bell (2004), p. 246.

54.感谢 Senator Joëlle Garriaud-Maylam 提供的数据。

55.Garriaud-Maylam, in Mayne et al. (2004), p. 271.

56.Ibid., pp. 271-272; *L'Express* (October 14, 1999), pp. 34-38 and (January 31, 2002), pp. 126-128; *Le Monde* (May 21, 1997).

57.Lemoinne (1867), vol.2, p. 1053.

58.Bell (2004), p. 246.

59.Bavarez (2003), pp. 46, 82-83; Smith (2004), pp. 178-179.

60.Kremer (2004), p. 87.

61.*The Spectator* (August 19, 2000), pp. 12-13.

62.*L'Express* (January 31, 2002), p. 127.

63.Garriaud-Maylam, in Mayne et al. (2004), p.273.

64.*Le Point* (July 30, 1999).

65. 感谢 Moncla 的城主 John O'Beirne Ranelagh，感谢他对这一章的一些见解和总体评论。

66.*France* (May-June 2003).

67.*Le Point* (July 30, 1999), pp. 46-48; Aldridge (1992), pp. 98-100; *L'Express* (July 19, 2004); Roudaut (2004), p. 247; Gillian Tindall, in Mayne et al. (2004), p. 276; *The Spectator* (October 16, 2004), p. 57.

68.Bonnaud(2004), p. 218. See also Navailles(1987).

69.Bonnaud(2004), p. 239.

70.See Ardagh, Crouzet and Delouch(1996).

71.特别感谢Simon Prince为此处论述提出的指导性意见。

72.*Guardian*(October 8, 1999).

73.Evans(2004), pp. 42-45.

74.Sadler(1992), pp. 67-79.

75.Campos(1992) and (1999); *Libération/Guardian*, Apri l5, 2004——a telephone poll of 1 005 people.

76.Campos(1999), p. 42.

77.*Libération/Guardian* poll, April 5, 2004.

78.Campos(1999), pp. 50-52.

79.*Libération/Guardian* poll, April 5, 2004.

80.Vion(2002), p. 219.

81.Keiger(2001), p. 21.

82.Keiger(2001), p. 224; see also Thody(1995), *passim.*

83.Thody(1995), p. 63.

84 The Institut des Sciences Politiques and the École des Hautes Études Commerciales.

85.*The Economist*(October 25, 1997), p. 68.

86.除非另有说明,表中均为2003年的数据,资料来源为:*OECD*

in Figures（2004）；*OECD Main Economic Indicators*（2004）；*The Economist*（June 19,2004）；*Pocket World in Figures 2004*（Economist and Profile Books, 2003）；*The World in 2004*（London：Economist, 2003）；OECD International Direct Investment Database。

87.此处指有贸易顺差的商品类别。Isabelle Lescent-Giles, in Bonnaud（2004）, pp. 248-249.

88.U. S. Dept. of Labor:Bureau of Labor Statistics.

89.*Le Monde*（June 30, 2005）, p. 17.

90.World Economic Forum ranking.

91.Shanghai Jiao Tong University study, 2004.

92.*L' Express*（January 3, 2002）, p. 53.

93.UK Home Office Crime Statistics.

94.International Road Federation Statistics.

95.*Le Monde*（January 3,2005）, p. 1.

96.Sources: A. T. Kearney（report on foreign direct investment, October 2004）；HM Treasury paper "UK and EU Trade," pp. 21-23；G. Brown,Mansion House speech, June 22, 2005.

97.Speech of June 23, 2005.

98.OECD International Direct Investment Database.

99.*The Economist*（July 9, 2005）, pp. 12-13, 25；*The World in 2006*（*The Economist*, 2005）, pp. 106-108.

100. Letter from finance minister Nicholas Sarkozy to Michel Camdessus (honorary governor of the Banque de France) and Camdessus report "Vers une nouvelle croissance pour la France," October 19, 2004.

101. Report by Ernst & Young, in *Le Monde* (June 30, 2005), p. 17.

102. Kagan (2004).

103. Transatlantic Trends 2004 (German Marshall Fund), pp. 8, 18.

104. Keiger (2001), p. 76.

105. Simms (2003), p. 111.

106. See Simms (2003)，文中相关论述主要基于此文献。

107. Simms (2003), pp.264-266.

108. August 1992, Hurd (2003), p. 455.

109. Simms (2003), p. 35.

110. Dallaire (2004), p. 515.

111. Hurd (2003), p. 471.

112. Simms (2003), pp.50, 325.

113. Ibid., p. 111.

114. Robin Cook to Foreign Affairs Select Committee, November 21, 2000; Cogan (2003), p. 143.

115. For a concise summary, see Stockholm International Peace Research Institute [SIPRI] *Yearbook* (2004), pp. 322-323.

116. Sources: *SIPRI Yearbooks*, 2003 and 2004; Ministry of Defence/

Ministère de la Défense nationale, "Une commemoration statistique de l'entente cordiale" (2004); *Jane's World Armies* (2003); *Jane's World Air Forces* (2004).

117.按2000年恒定的美元价格与市场汇率计算。

118.*The Economist* (August 7, 2004), p. 36.

119.*SIPRI Yearbook* (2004), pp. 456-457.

120.*Jane's World Armies*, issue December 14, 2003, p. 264.

121.Zbigniev Brzezinski,in *Le Monde* (July 15,2004),p.2.

122.Polly Toynbee, *Guardian* (July 16, 2004), p. 27.

123.Simms (2003), pp. 111, 113.

124.Keiger (2005); Cogan (2003).

125.Kampfner (2003), p. ix.

126.April 21, 1997, in Kampfner (2003), p. 3.

127.*Comprehensive Report of the Special Adviser to the DCI on Iraq's WMD* (2004), p. 31.

128.Ibid., p. 56.

129.*L'Express* (February 13, 2003), p. 85.

130.Ibid., p. 88.

131.Styan (2004), p. 377.

132.*Comprehensive Report*,p.111; Styan (2004), p. 378.

133.Ashdown (2001), p. 127.

134.Ibid., p. 163; *Comprehensive Report*, p. 56.

135.Kampfner(2003); Stothard(2003), p. 13.

136.此处要感谢正为布莱尔作传的 John Ranelagh 的启发。See also Hoggett(2005), p. 418.

137.Butler(2004) para. 610.

138.Kampfner(2003), p. 245.

139. Keiger(2001), p. 221.

140.Kampfner(2003), p. 204; Styan(2004), p. 381.

141.Cogan(2003), p. 206.

142.See review of Villepin's book on Napoleon by Bell(2003).

143.Bavarez(2003), p. 57.

144.Cogan(2003), pp. 209-210.

145.Styan(2004), p. 384.

146.Naughtie(2005), p. 143; Kampfner(2003), p. 267.

147.Lord Goldsmith's secret advice to the prime minister, March 7, 2003, para. 31.

148.Kampfner(2003), pp. 286-288; Stothard(2003), pp. 14, 28, 41-42; Roudaut(2004), p. 39.

149.E. g.,"Blair est-il fou?" *Marianne* (July 24-30, 2004), pp. 34-35.

150.Bavarez(2003), pp. 43, 61.

151.*Sunday Times* (November 23, 2003), p. 25.

152.Ibid., *Jane's World Armies*, issue 14, December 2003, p. 262.

153.Geoff Hoon, defence secretary, in *Daily Telegraph* (July 15, 2004), p. 3.

154. 关于英法庆祝活动的大量信息中，有一部分为巴黎市政厅的 Patrice Porcheron 友情提供。

155.Clodong and Lamarque (2005), pp. 17-19.

156.Private remarks reported *in Le Canard* Enchaîné (June 15, 2005), p. 2.

157.Jean-Pierre Langellier, in *Le Monde* (June 7, 2005).

158.Peter Oborne, in *The Spectator* (June 25, 2005).

159.A French diplomat, in Cogan (2003), p. 89.

160.R.Tombs, in *TLS* (January 19, 1996), p. 7.

161.*The Economist* (September 25, 2004).

162.*Le Figaro* (March 25, 2005), p. 11.

163.Poll and commentary in *L'Express* (March 14, 2005), p. 43; *Le Canard Enchaîné* (March 23, 2005), p. 1.

164.*Le Monde* (July 21, 2004), p. 14.

165.*L'Homme Européen* (Paris, Plon, 2005), in *TLS* (June 3, 2005), p. 24.

166.*Le Canard Enchaîné* (June 15, 2005), p. 2.

167.*Le Monde* (April 20, 2005), p. 1.

168.Goux and Maurin (2005), pp. 16-17.

169.J.-P.Langellier, in *Le Monde* (June 7, 2005).

170. Speech at the Mansion House, June 22, 2005.

171."Déclaration aux Français," May 31, 2005.

172.*Le Canard Enchaîné* (June 15, 2005), p. 2.

173.Shore (2000), p. 207.

174.*Le Monde* (June 6, 2005).

结论与异见

1.Speech of November 23, 2001.

后记：抽丝剥茧

我们已经试着讲出超过三个世纪以来，法国人与英国人彼此关系的故事。我们俩相信，两者的关系在近代世界独一无二。这不光是因为历时之长与其文化、经济和政治影响层面之广，更是因为这段关系对全球造成的影响。若以上述一切为标准来衡量，两国之间的关系远比两国各自对任何国家（例如德国或美国）的关系来得重要。我们还会更进一步说明两国关系造成的结果，向来比现代任意其他两国之间的关系带来的影响更有分量。人们几乎不可能想象，倘若少了彼此，两国分别会变成什么样子。自17世纪80年代以来，两国的政治制度与经济特色，形形色色的人口规模与组成，以及思想和民族情感，皆不断因彼此的接触而得到深刻的塑造、转变。拉迪亚德·吉卜林说得好，两国人各自的任务向来是"以锻造自己命运的方式，去塑造对方的命运"。亚洲、非洲与南北美洲同样深受两国竞争所影响。

开始写这本书时，我们完全不确定是否真能写出一段一以贯之的故事。写到最后，会不会变成只是通过地理关系串联的一系列插曲，以及我们自圆其说的连贯叙事？从太阳王到托尼·布莱尔之间，是否真存在有意义的线索？近年来，一位法国历史学家观察到，"虽然在滑铁卢之后，两国之间就再也没有武装冲突，但斗争在今日仍然以某种方式进行"①。他说对了吗？或者这不过是政治宣传、媒体界、过多的历史书籍所维系的某种幻觉？许多评论家——尤其是法国的亲英人士，以及深受八卦小报"教训青蛙"之举所苦的英国亲法人士——确实认为"斗争"是种幻觉，理应通过说理、正面报道与善意驱散之。直到不久前，人们还常常主张这种对抗只不过是英国人或者说是英格兰人的偏执，是盲目仇外，法国人对此则傲然不置一词。②

乍听之下，说今日的摩擦只是激情过往的绕梁余音，似乎言之成理。一再重复的冲突导致了根深蒂固的差异感受，甚或是世代相传的敌意，进而对"身份认同"这个用烂了的概念大有贡献。19世纪中叶，伟大的历史学家米什莱写道："与英格兰的对抗，大大有益于法兰西，因为这明确了其民族感。地方通过团结对抗敌人的过程，发现彼此是同一个民族。近距离观看英格兰人，让他们感到自己是法兰西人。"③自18世纪中叶以来（尤其是法国革命与拿破仑战争期间），法国人逐渐视英国——应该说英格兰——为死敌，代表的不仅是敌对势力，甚至是一套相反的价值：商业的、不稳定的，以及个人主义的。英国是挑战罗马的"迦太基"，也像迦太基一样必须摧毁之。类似的现象在英国同样能看到。琳达·科利深信，联合王国以及英国人的认同（与岛上各民族各自的认同对立）就是18世纪对法冲突的产物。因此，身为（或自认是）英国人，必然包含反法的感受。

不过，还有一段有平衡作用的英法故事，内容讲的不是冲突，而

---

①Guiomar（2004），p. 21.
②E. g. Young（1998）；Roudaut（2004）.
③Dell（1996），p. 1.

是彼此着迷、取悦、赞赏、交流与模仿。三个世纪以来的旅游观光、找工作和易地而居,让理念、艺术、时尚、运动、食物与文学如此交织,让人经常难以一眼看出从哪儿开始属于英国,哪儿属于法兰西。从若干久得难以置信的刻板印象(其中许多是两国人都接受的)来看,其间有不少悠久的延续。法国人以前倾向于(现在也是?)认为英国在文化上相当独立、不合常理、未经雕琢,因此常有新意与意外之举诞生于此——经常令人发噱,而且总让人不安。英国人过去则认为(如今亦然?)法国人大有文化,无论在服装、食物或艺术上,皆是品味与举止精妙的标志。向来是比较多英国人前往法国,去赞叹、体验与享受。法国人总乐得接受其恭维,而且不礼尚往来。不过法国人从英国那里学习和引入了不少东西,前往英国之行一般出于实际与有限的目的——通常是挣钱。与直觉正好相反,盛行的文化潮流向来是从北往南流,特别是有种新玩意儿都来自英格兰的感觉,只是会改头换面,变成法国的精髓(就像自行车赛、橄榄球、牛排、莫奈的雾或可可·香奈儿的套装)。这种往来的结果,就是其他国家少有的文化混杂。但两国人很好玩,喜欢把对方想成与自己相反。

  无论法国与英国之间的冲突影响多么深远,假如冲突确实在1815年告终,那么剩下来的一切必然是由逐渐褪去的迷思所构成的,而传递迷思的则是种种故事、书籍、图像以及法国人所谓的"记忆所系之处"——例如位于伤兵院的拿破仑墓与特拉法尔加广场的纳尔逊纪念柱(皆来自19世纪40年代)。许多人爱看帕特里克·朗博(Patrick Rambaud)或帕特里克·奥布莱恩的拿破仑小说,但古老的沙文主义传统只存在于少数几个阴暗角落,偶尔被不讲道德的政客与记者唤醒过来。琳达·科利主张,要是没有新教徒的尚武、帝国间的对抗，以及18世纪为对法冲突提供了基础的经济荣景，英国与英国政府也就无用武之处，化为更小与更大的实体——例如苏格兰与欧洲——才合乎情理。同样的道理也适用于法国，假使人们为了让科西嘉、布列塔尼、奥克西坦语区（Occitanie）等地方重新获得独立身份，或是为了欧洲一体化而放弃"雅各宾"中央集权（一套战时体制），则法兰西也会瓦解。① 可是，英国与法国都是古老的国家（与各国的联盟），其统合由来已久的程度，不下于其多样性。说两国会灭亡，这似乎过于夸大。②

那么，从18世纪的敌意到21世纪的友谊，从对外侵略的爱国主义到和平的世界主义，其间的转变是否是我们这段故事中一个连贯的主题？没错，多少算是，只是路途从不平坦。爱与恨向来同时出现，掀起波涛，而非轮流上阵——我们俩就是法国人说的一对怨偶。两国在思想与文化上的关系，从来没有像"第二次百年战争"的无情斗争期间这么张力十足。纵使在战时，法国知识分子也试着像英格兰人一样思考；英国乡绅试图让举止有如法国人；哈英族与花花公子更争相模仿彼此的时尚。1789年后，英国激进分子与法国保守派发现自己更支持敌人。两国的公开冲突在19世纪画下句点。尽管双方都爱讥笑对方，但法国政治人物与英国艺术家都抱着热情与赞叹前往海峡对岸。20世纪时，两国成为盟国，却鲜少成为朋友，而且双双望向别处寻找

---

① 在这两个国家，都有大量关于感知到的国家认同危机的学术和新闻思考。在英国，主流观点认可并接受英国特色的衰落。但在法国，人们一直在后悔，并试图重振法国特色。对于这两个国家，大多数文字都偏向于一种奇怪的自省，就好像身份认同是在与外界隔绝的情况下发展起来的。想要看一个极端的例子，可参阅Nora（1984）；想获得有效的良方，则请参阅Pocock（2005）。
② 对于文中观点和欧洲近代史的其他方面的权威性的叙述，可参阅Judt（2005）。

新意与文化刺激。但到了存亡关头，两国人民却体验了史上难有的亲密。第一次世界大战期间，数以万计的英国人在法国经历生死考验。二战期间，伦敦更成为自由法国的首都。法国海陆空三军将士为保卫英国而战。英国的男男女女——无论是穿着军服或是秘密进行，都为了解放法国甘冒其性命危险。最后在21世纪时，他们尽管相互之间一如既往地尖酸刻薄，却还是创造出历史性的惊异现象：一批批的人以远胜以往的规模横渡英吉利海峡，到彼此的国家追求新生活。

但是，如果我们想把故事简化成国族敌对的消退与友谊的成长，就会有明显的问题。经过两个世纪的和平、协约与同盟关系后，英国与法国政府针对重大议题为何仍奉行互相冲突的政策，而且这种冲突非但不是偶发，反而可以预测，甚至早有计划？两国人民对彼此的感情，无论是感受到的还是表达出来的，也都远不及对其他大多数国家的感情。善意的评论家经常归咎于伦敦小报。不过，尽管没有法国版的《太阳报》或《每日邮报》，法国人对英国人的态度，也比英国人对他们来得冷淡。在法国人眼里，英国与两个世纪前差不多，仍是对法国价值的挑战。

理解法国人与英国人之间的这种差异，而非仅仅将之当成偏见打发，是件非常重要的事。莱昂·托洛茨基（Leon Trotsky）的意思是，你或许会忽略历史，但历史可不会忽略你。历史的一开始，是英国卷入了对抗路易十四的欧陆斗争中。这场斗争发展为以英法之间的对抗为主的冲突，因为英国通过海上力量、贸易与金融，日渐获得动员世界资源用于欧陆竞争的能力。1750—1815年是冲突的关键时期。两国皆被迫参与一场自觉的争霸，以掌控欧洲与外面世界之间的联系。法国更大、更强，能结合陆海力量，似乎在争霸时居于比英国更优越的地位。假如法国真能击倒英国——例如在反复尝试的入侵行动中最终得手——各种迹象皆显示法国将成为全球霸主。但法国却登陆失败,无法给予致命一击。虽然法国在1783年取胜,让美利坚合众国得以成立,英国也没有因此降级到无足轻重的位置。法国的付出反而让波旁君主国破产,导致革命发生。公开战事在1792年重新打响,以拿破仑试图征服欧陆从而控制海洋的致命之举为高潮。法国的挫败意味着"她错过了与大海的约会",英国则保住了"海神的三叉戟与世界的权杖"。

无论是过去或现在,这件事对两国都有重大影响。19世纪时,英国走上了一条商业化、帝国主义与全球化的道路,其经济长于大规模生产,将制成品与资本输出到全世界,其粮食日益从远方的生产者处进口,收入依赖服务业与投资,开辟新市场的追求则毫无止境。英国人口爆炸,移民至每一个大洲,成为"岛民与移民的联盟"[1]。法国则失去18世纪的殖民贸易,沿岸地区也随之衰落。财富的创造如今发生在法国北部与东部,而非西部和南部。法国仍然怀有全球性的目标,与英国一样相信自己既有权利也有责任,要打造一个帝国,在世界各地推动"教化使命"。法国国会在1846年被要求为"某个不确定的时间"做准备,届时"在大海的广袤战场上,我们将与英国的影响力竞争"。但那个"不确定的时间"从未到来,法国人甚至不再从整体角度思考世界:英国、德国与美国都有深具影响力的地缘政治作家,但法国没有。法国把焦点摆在欧洲与地中海,试图将主要的殖民地吸收进母国,让法国特色成为放诸四海皆准的发展

---

[1] Pocock(2005),p. 21.

模式。不过，一位政治领袖却抱怨海外帝国唯一能激起法国民众兴趣的，只有肚皮舞；而阿尔及利亚的白人移民，也泰半出身意大利与西班牙。法国的殖民贸易与投资仍然无足轻重，无论想当海权强国或是大规模工业生产国，都无法与英国竞争。该国的生计反而来自至臻完美的传统产业与手法，以及在欧洲内部销售高质量的商品。英国、德国与俄罗斯是法国的主要经济伙伴国。法国历届政府泰半得到民意支持，保护国内经济不受外部竞争，追求社会稳定甚于经济活力。法国发展趋缓的程度极为惊人，尤其是人口。该国仍然是个由小城镇、小乡村组成的社会，内有大量有地农民，以及许多中小企业。长途迁徙的人有限，出国的人也不多。对都会英国人来说，这正是法国大部分魅力所在：未经破坏、古色古香、便宜，不仅似乎不汲汲于名利，而且保存了传统文化价值。

尽管科技上有全盘的变化，但上面的描述不仅适用于19世纪30年代，也适用于20世纪30年代。不过在此期间，两国之间也有崭新而互有关联的发展。简单来说，法国结束与英国的海上冲突，继而将主要目标重新导向于再度成为欧陆的领导大国，结果与俄国、奥地利和普鲁士接连发生战争，最后以1871年普鲁士击败法国、德意志帝国成立告终。英国将全副心思都放在全球利益上，对此袖手旁观。但到了20世纪初，德国似乎走上了法国此前的道路，以称霸欧陆为务，作为跻身世界大国的手段。德国接连成为法国与英国的国家大敌。局势让法国与犹豫的英国在1914年与1939年成为盟友，而英国就像两百年前一样，化为成功结盟、对抗欧陆威胁的要角，只是结果大不相同。

毋庸置疑，第二次世界大战终结了一个时代。英国与法国国力渐弱，西欧不再是世界的枢纽。冷战代表两大超级强权长达40年的霸权。殖民地纷纷获得自由，或是自我解放，而1956年的苏伊士运河危机也同时让法国与英国学到现实的惨痛教训。此时，英国、法国及其周遭国家正经历一段经济、社会与文化的迅速变动。尤其是法国，1945—1975年的"光荣三十年"是彻底的转变。

不过，18世纪与19世纪的走向不只在1945年后延续，甚至得到强化。法国的政治与经济考虑聚焦于欧陆的程度甚于以往。虽然法国比英国更用心地尝试保住海外帝国的碎片，以及创造后帝国时代的联系，但在失去最大的几个殖民地时却马上不放在心上。法国跟邻国做贸易，此外也得确保德国的威胁不会再现，因此才会参与超国家的计划，以控制、保护西欧。法国的经济活动与政治制度看来有如19世纪般疲软，因此国家开始推动现代化，而且也像过去一样受政府主导与保护，其目标在于应付变局，使安全与稳定最大化。此举奏效，使政府掌握前所未有的经济、财政与社会力量，创造出一套复杂的权力与特权制度，几乎人人有份。英国的立场则相当不同，其政府仍持续致力于减少世界贸易障碍，并维持全球性的联系。对英联邦与美国的贸易，以及伦敦金融城皆极为重要，这意味着英国政府的举动不只是怀旧。英国人向来接受的金科玉律，是在全世界竞争，而非适应某个区域贸易圈。政府福利与经济干预制度的目的在于面对不幸，而非创造幸福。成为EEC成员国一事在20世纪70年代看似彻底掉转方向，事后却证明只是绕了段小路：2005年，英国与欧陆邻国的贸易占不到整体的一半，而且所占比例自20世纪90年代早期便开始下降。这种情况与1900年大致相同，甚至与1800年相仿。但法国却有2/3的贸易是欧洲贸易，这也跟20世纪初相同。①

长久累积的差异造成深远的影响，加起来构成了"离心"（英国）与"向心"（法国）的社会类型。人类学研究则表明法国人在经济生活中的行动更加等级化、小心翼翼且"阴柔"，而英国人的举止则更平等、冒险且"阳刚"。② 这些差异有一部分可以通过贸易与金融之于英国生活，以及农业和中小企业之于法国生活历史悠久的重要性来解释。至于个人与群体权利孰先孰后，两国看法的差异也相当古老。我们先前说过，亚当·斯密从未说服法国人。因此，当法国与英国在20世纪80年代采取截然不同的药方，对治其经济颓势时，两国也是在重申它们在18世纪与19世纪较劲时确立的路线分歧：前者试图抵抗世界经济压力，后者则是拥抱之。人们跨海寻求在本国无法寻得的一切，而且人数远比以往更多，这证明的不是两国相似之处越来越多，而是两国差异还在延续。

从对欧洲与美国的态度，最能清楚看出两国政治上的分歧。法国试图将欧洲一体化转变为满足法国自身安全、利益、野心甚至是幻想的载体，在此过程中法国确实取得了一定成就，国内也出现强大的政治共识，认为所有难题的解决方法，就是"永远更欧洲一些"（密特朗的口号）。从无数谈欧洲历史、概念与政局的文章和书籍就能看出，这正是英国有意无意想忽略的欧洲概念。法国对美国这个"新迦太基"的态度源自传统的反英情绪，法国人使用"盎格鲁-

---

① HM Treasury, "UK and EU trade" (2004), pp. 17-18, 23; *The World in 2006* (*Economist*, 2005), p. 34; Mitchell and Deane (1962), pp. 311, 316-322; French government paper "France in the World" (January 10, 2005).
② Kremer (2004); Lescent-Giles, in Bonnaud (2004), pp. 255-259.

撒克逊"一词的习惯也显示了这一点。① 有些法国人认为"欧洲"证明了拿破仑的远见：欧陆统一在法国的领导下，对抗辽阔的大海。他们可不是闹着玩的。忠于祖国的法国人甚至愿意让法国本身与欧洲这个带有其基因的新造物融合。也正因为如此，等到他们开始怀疑那样的欧洲恐怕不是自己的孩子时，才会如此痛苦，2005年的公投便是其极致体现。潜伏在法国人与华盛顿或伦敦的政治歧见底下的，其实是法国因为感受到自己的语言、文化与价值观势不如前而产生的严重悲观情绪。

英国人对"欧洲"的态度，就相当于法国人对"美国"的态度，而且根源同样来自18世纪的分歧。不同于法国，英国不会有人认为与欧洲一体化是实现其历史命运。人们反而认为此举是垂头丧气、放弃独一无二的世界角色，以悔悟的心情接受降级的地位。对许多人而言，这也是政治与情感吸引力之所在：投入欧洲，就代表抛弃惹人厌的帝国昔日，代表"剪掉维多利亚女王的脐带"②。但这种抛弃可不是人人称道。当然，英国人也不可能欢迎欧洲变成抵御"盎格鲁－撒克逊"世界的屏障，EEC的成员国资格已经意味着英国与这个世界部分脱离了。因此，自欧洲一体化伊始，英国政府便努力当两个世界的"桥梁"，或者用许多法国人的说法，努力也可以说是为混乱而庸俗的全球化力量扮演特洛伊木马的角色。戴高乐心里明白：他用"岛屿性格"来形容英国，但他指的并非孤立，而是联系。

英国（连同戴高乐称之为"成群结队"的海外伙伴）是个试图走

---

① See the important study by Roger (2002).
② Anthony Wedgwood Benn, in Reynolds (1991), p. 232.

向欧洲的全球实体。法国则是试图走向全球的欧洲实体。两国政界都希望欧洲能成为后帝国时代的基座，以强化其国际地位。现代西欧只有这两个国家怀抱在海外扮演政治角色的雄心壮志，而且在武力支持下多少也有能耐。这对两国往欧洲贴近，以及小心贴近彼此的做法，是非常关键的因素。但两国的战略仍然不同。英国（通过与美国亦步亦趋）试图让实力胜过表象。法国（通过宣称其独立自主）则试图让表象胜过实力，就像戴高乐所说，之所以行事像个大国，正是因为法国不再是个大国。英国的立场在法国人眼中就是附庸，而法国的立场对英国人来说则是装模作样。两国对欧洲防御与外交政策的态度，就表现了这种不同。当然，只要两国共同行动，就能夙愿得偿。偏偏两国只有在放弃各自的夙愿时，才愿意共同行动。

20世纪80年代与90年代发生在欧洲内外的事件，让法国与英国的远大志向有了新的迫切性。经济全球化、其他大洲的竞争、冷战结束、两德统一与苏联解体，让欧洲共同体摆脱了死气沉沉的状态。强大经济力重新恢复的英国，是单一市场的主要支持者，该国也始终支持新成员国加入。法国则坚持政治与货币统一。欧洲同时被人拉往相反的方向，只是台面上称之为互补：一边朝向自由化与东扩（可能造就戴高乐讨厌的"广大自由贸易区"），一边朝向经济与政治一体化〔恐怕带来撒切尔谴责的"超级大国"（Superstate）〕。化圆为方的艰巨任务落在欧盟头上，结果就是2004年出炉的宪法，迫使尴尬的政府举行公投，做出若干无法逃避的决定。鲜少有人能料到，居然是法国人在2005年对这部宪法说不，担心其中蕴藏"英国的欧洲愿景"，喊停可预见的未来中会发生的一体化。

法国的亲英派多年来敦促英国拥抱一种欧洲式的命运，即变得更像法国。但英国说不定也会鼓励法国开阔眼界,面向"辽阔的大海",而不是只学英语。我们故事中的种种线索就这么紧紧交织起来,伏尔泰与莎士比亚的分量不亚于马尔伯勒或拿破仑。至少,在历史再一次让我们大感意外之前,都会是如此。

致谢

承蒙女王陛下恩准引用皇家档案馆（Royal Archive）文件。

莱弗尔梅基金会（Leverhulme Trust）的慷慨，让撰写本书所必需的学年轮休得以成真，也感谢剑桥大学圣约翰学院教师勉力支持。

在撰写本书时，能够有这么多人——不只是朋友、同事与知己，甚至是与我们素未谋面的人——慷慨提出意见、提供知识与拨出时间，这是我们莫大的荣幸。我们最希望感谢以下自告奋勇，细读无数段落、做出评论的人：David A. Bell、Steven Englund、M. R. D. Foot、Iain Hamilton、Robin Harris、Dick Holt、John Keiger、Charles-Edouard Levillain、John Morrill、Helen Parr（我们亦有幸提前参阅其新书）、Simon Prince、Jean-Louis Six、John Ranelagh、Dennis Showalter，以及圣约翰学院的三位同僚——Sylvana Tomaselli、Bee Wilson 和 John Harris。

我们想特别谢谢过去和现在教过的学生，他们多数就读于剑桥，或者慷慨应允我们引用他们未出版的著作——如 Katy Caie、Philippe Chalon、Marion Lenoir、Katie Watt 与 David Young de la Marck——或者提供专业意见，如 Edward Castleton、Emmanuelle Hériard-Dubreuil、Sarah Howard、Katsura Miyahara、Siau Yin Goh 与 Kiva Silver。尤其感谢 Katrina Gulliver 整理书目。

| 致 谢 |

在这所出过华兹华斯、卡斯尔雷、威伯福斯、巴麦尊和马修·普赖尔（还有比较名不见经传的詹姆斯·道森，1745年叛乱期间，道森被吊死、泡水，然后分尸），更有一位法国王后在此婚配，诺曼底登陆在此进行部分规划的学院里工作，时时刻刻令人愉悦地提醒我们这面跨海峡交流网有多么绵密。各院系的同事、研究生与本科生在餐桌对面提供及时的专业见解（有时候甚至自己都没有注意到），尤其是Victoria Argyle、Jack Goody、Susie Grant、John Iliffe、Joe McDermott、Richard Nolan、Mary Sarotte、Simon Szreter、George Watson 与 Marcus Werner。我们俩经常觉得要不是在剑桥，哪能这么容易为写这本书做好准备？为此，一代代的图书馆员特别值得我们感谢。

更有其他许多人——学者、事件当事人，有时候两者皆是——耐心回答问题，让我们在著作出版前提供预览，检查文字细节，或是好心（而且是自愿！）提供消息。他们是Martin Alexander、Christopher Andrew、Lucy Ash、Simon Atkinson、Stéphane Audoin-Rouzeau、Christina de Bellaigue、Tom Bartlett、Annette Becker、Jeremy Black、Tim Blanning、Roy Bridge、Tony Bohannon（巴黎公社难民的孙子）、Florence Bourillon、Simon Burrows、Betty Bury（把Patrick Bury晚年的著作给我们看）、Yvonne Bussy（活力无穷、自动自发的公关，也是伊莎贝尔的母亲）、Corinne Chabert、June Charman、Chris Clark、Jonathan Conlin、Martyn Cornick、Martin Daunton、Philip Dine、Jack Douay、David Dutton、Graham Floater、Joëlle Garriaud-Maylam、Caroline Gomez、Björn Hagelin、David Heley、Rachel Hammersley、Jacques Herry（曾效力于勒克莱尔麾下的法国第二装甲师）、Boyd Hilton、John Horne、Hubertus Jahn、Keith Jeffery、Colin Jones、Jean-Marc Largeaud、John Leigh、

1087

Renaud Morieux、Patrick Minford、Bill Philpott、Patrice Porcheron、Jean de Préneuf、Munro Price、Emma Rothschild、Guy Rowlands、George St Andrews、Meg Sanders、Ruth Scurr、Jim Secord、Brendan Simms、Hew Strachan、Kirk Swinehart、Francis Tombs 与 Paul Vallet。Cécile、Bruno、Juliette 与 Charles 让我们实时了解法国初、中、高等教育界的观点。Henry Woudhuysen 无意间帮忙想出了书名。Nicholas Garland 大方允许我们复制他的一幅漫画。

对于前面提到,以及所有其他提供帮助与鼓励的人,我们铭感五内。他们的帮忙,让我们获益甚丰。至于书中传达的所有看法,以及检查到的错误,全由两位作者负责。

Bill Hamilton、Ravi Mirchandani、Caroline Knight 和 Amanda Russell 毫不动摇的鼓励与专业的支持,让我们受惠良多。

第十三与十四章全由罗伯特·图姆斯执笔,其间表示的是他个人的看法。文中没有任何信息,是女王陛下之外交及国协事务部(HM Foreign and Commonwealth Office)的伊莎贝尔·图姆斯借职务之便所提供的。

除非另有说明,所有英译文皆出自两位作者之手。

注释缩写

AN　　　法国国家档案馆

AGR　　比利时国家档案馆

AP　　　法国国会档案（国会议事之公开记录）

APP　　巴黎市警局档案馆

BL　　　大英图书馆

MAE　　法国外交部档案馆

MD　　　法国外交部档案《回忆录与文件》

MDA　　法国外交部档案《回忆录与文件：英国》

MDF　　法国外交部档案《回忆录与文件：法国》

ODNB　《牛津国家人物传记大辞典》（2004年）

OHBE　《牛津大英帝国史》三册（1998年）

PRO　　伦敦公共档案署（国家档案馆）

FO　　　英国外交部档案

RA　　　英国温莎城堡皇家档案馆

SIPRI　　斯德哥尔摩国际和平研究所

全书引用书目

此处所列书目尽量会以可取得之最新版本为主

1.Abarca, Ramón E. (1970), "Classical Diplomacy and Bourbon 'Revanche' Strategy, 1763—1770," *Review of Politics* 32, pp. 313-337.

2.Acomb, Frances (1950), *Anglophobia in France 1763—1789*, Duke, N.C., Duke University Press.

3.Adamthwaite, Anthony (1995), *Grandeur and Misery: France's Bid for Power in Europe 1914—1940*, London, Arnold.

4.Adler, Kathleen (2003), *Pissarro in London*, London, National Gallery.

5.Alanbrooke, Field Marshal Lord (2001), *War Diaries 1939—1945*, eds. Alex Danchev and Daniel Todman, London, Phoenix.

6.Alavi, Seema, ed. (2002), *The Eighteenth Century in India*, New Delhi, Oxford University Press.

7.Albion, Robert Greenhalgh (2000), *Forests and Sea Power*, Annapolis, Md., US Naval Institute.

8.Aldridge, E.-M. (1992), "Le retour de Guillaume le Conquérant," *Franco-British Studies*, 14, pp. 97-101.

9.Alexander, Martin S. (1992), *The Republic in Danger: General*

Maurice Gamelin and the Politics of French Defence, 1933—1940, Cambridge, Cambridge University Press.

10.Alexander, Martin S. , and Philpott, William J. (1998) , "The entente cordiale and the next war: Anglo-French views on future military cooperation, 1928—1939, " *Intelligence and National Security*, 13, pp. 53-84.

11. Alger, J. G. (1898) , "The British Colony in Paris, 1792—1793," *English Historical Review*, 13, pp. 672-694.

12.Allen, Robert C. (2004) , "Britain's economic ascendancy in a European context, " in L. Prados de la Escosura, ed., *Exceptionalism and Industrialisation*.

13.Anderson, Fred (2000) , *Crucible of War: The Seven Years' War and the Fate of Empire in British North America. 1754—1766*, London, Faber and Faber.

14.Andrew, Christopher (1968) , *Théophile Delcassé and the Making of the Entente Cordiale*, London, Macmillan.

15.Andrew, Christopher (1986) , *Her Majesty's Secret Service: The Making of the British Intelligence Community*, New York, Viking.

16.Andrew, Christopher, and Kanya-Forstner, A. S. (1981) , *France Overseas*, London, Thames and Hudson.

17.Andrew, Christopher, and Vallet, Paul (2004) , "The German threat, " in Mayne et al., eds., *Cross Channel Currents*.

18.Andrews, John (1783) , *Remarks on the French and English Ladies in a series of letters interspersed with various anecdotes and additional matter, arising from the subject*, London, Longman & Robinson.

19.Andrews, Stuart (2003) , *Unitarian Radicalism: Political Rhetoric, 1770—1814*, London, Palgrave.

20. Anstey, Roger (1975), *The Atlantic Slave Trade and British Abolition, 1760—1810*, London, Macmillan.

21. Antier, Jean-Jacques (1991), *L' amiral de Grasse, héros de l' indépendance américaine*, Rennes, Ouest-France.

22. Antoine, Michel (1989), *Louis XV*, Paris, Fayard.

23. Antonetti, Guy (1994), *Louis-Philippe*, Paris, Fayard.

24. Ardagh, John, Crouzet, F., and Delouch, F. (1996), "Situation du livre," *Franco-British Studies*, 22, pp.1-37.

25. Arnold, Matthew (1960), *Complete Prose Works*, ed.R. H.Super, 11 vols., Ann Arbor, University of Michigan Press.

26. Aron, Jean-Paul (1973), *Le Mangeur du XIXe siécle*, Paris, Robert Laffont.

27. Arzalier, Jean-Jacques (1997), "Dénombrer les pertes: les difficultés françaises d' adaptation à la Grande Guerre," in Jauffret, ed., *Les Armes et la Toge*.

28. Ashdown, Paddy (2001), *The Ashdown Diaries: vol.2, 1997—1999*, London, Allen Lane.

29. Asselain, Jean-Charles (1984), *Histoire Economique de la France*, 2 vols., Paris, Seuil.

30. Atkin, Nicholas (2003), *The Forgotten French: Exiles in the British Isles, 1940—1944*, Manchester, Manchester University Press.

31. Aubert, Natalie (2004), "L' esthétique des brumes: 1904, Proust traducteur de Ruskin," *Franco-British Studies*, 35, pp.107-119.

32. Baker, Keith M. (1990), *Inventing the French Revolution: Essays on French Political Culture in the Eighteenth Century*, Cambridge, Cambridge University Press.

33.Bamford, P. W. (1956), *Forests and French Sea Power, 1660—1789*, Toronto, Toronto University Press.

34.Barker, Juliet (2001), *Wordsworth: A Life*, London, Penguin.

35.Barnouw, Jeffrey (1997), "The contribution of English to Voltaire's Enlightenment," in Kölving and Mervaud, eds., *Voltaire et ses combats*, vol.1.

36.Barsley, Michael, ed. (1946), *This England*, London, New Statesman.

37.Barthes, Roland (1957), *Mythologies*, Paris, Seuil.

38.Bartlett, Thomas, and Jeffery, Keith, eds. (1996), *A Military History of Ireland*, Cambridge, Cambridge University Press.

39.Battesti, Michèle (2004), *Trafalgar: les aléas de la stratégie navale de Napoléon*, Paris, Napoléon 1er Éditions.

40.Bauberot, Jean, and Mathieu, Séverine (2002), *Religion, modernité et culture au Royaume-Uni et en France, 1800—1914*, Paris, Seuil.

41.Baudemont, Suzanne (1980), *L'Histoire et la légende dans l'Ecole élémentaire victorienne, 1862—1901*, Paris, Klincksieck.

42.Baugh, Daniel A. (2004), "Naval power: what gave the British navy superiority?," in L. Prados de la Escosura, ed., *Exceptionalism and Industrialisation*.

43.Bavarez, Nicholas (2003), *La France qui tombe*, Paris, Perrin.

44.Baxter, Stephen B. (1966), *William III and the Defense of European Liberty 1650—1702*, New York, Harcourt, Brace & World Inc.

45.Bayly, Christopher A. (2004), *The Birth of the Modern World, 1780—1914*, Oxford, Blackwell.

46.Beach, Vincent W. (1964), "The Polignac ministry: a revaluation,"

University of Colorado Studies: series in history 3.

47.Beal, Mary, and Cornforth, John (1992) , *British Embassy, Paris: the house and its works of Art,* London, Government Art Collection.

48.Beales, Derek (1961) , *England and Italy 1859—1860,* London, Thomas Nelson.

49.Beales, Derek (2005) , "Edmund Burke and the monasteries of France, " *Historical Journal*, 48, pp. 415-436.

50.Becker, Jean-Jacques, et al., eds. (1990) , *Les sociétés européennes et la guerre de 1914—1918,* Nanterre, Publications de l' Université.

51.Becker, Jean-Jacques, et al., eds. (1994), *Guerre et cultures, 1914—1918,* Paris, A. Colin.

52.Beddard, Robert, ed. (1991) , *The Revolutions of 1688*, Oxford, Clarendon Press.

53.Bell, David A. (2001) , *The Cult of the Nation in France*, Cambridge, Mass., Harvard University Press.

54.Bell, David A. (2003) , "The Napoleon complex: Dominique de Villepin's idea of glory,"*The New Republic*, April 14, 2003.

55.Bell, P. M. H. (1974) , *A Certain Eventuality: Britain and the Fall of France*, Farnborough, Saxon House.

56.Bell, Philip M. (1995) , "Some French diplomats and the British, c. 1940—1955: aperçus and idées reçues," *Franco-British Studies*, pp. 43-51.

57.Bell, P. M. H. (1996) , *France and Britain, 1900—1940: Entente and Estrangement*, London, Longman.

58.Bell, P. M. H. (1997), *France and Britain, 1940—1994: The Long Separation,* London, Longman.

59.Bell, P. M. H. (2004) , "The narrowing Channel?" in Mayne et al., eds., *Cross Channel Currents*.

60.Bellaigue, Christina de (2003), "A comparative study of boarding-schools for girls in England and France, c.1810—1867," Cambridge University PhD.

61.Belloy, Pierre (1765), *Le Siége de Calais: tragédie dédiée au roi*, Paris, Duchesne.

62.Bély Lucien (1992) *Les relations internationales en Europe, XVIIe -XVIIIe siècles*, Paris, Presses Universitaires de France.

63.Ben-Israel, Hedva (1968), *English Historians on the French Revolution*, Cambridge, Cambridge University Press.

64.Bennett, Martyn (1997), *The Civil Wars in Britain and Ireland, 1638—1651*, Oxford, Blackwell.

65.Bensimon, Fabrice (2000), *Les Britanniques face à la révolution française de 1848*, Paris, Harmattan.

66.Bentley, G. E. (2001), *Stranger from Paradise: A Biography of William Blake*, New Haven and London, Yale University Press.

67.Béranger, Jean, and Meyer, Jean (1993), *La France dans le monde au XVIIIe siècle*, Paris, Sedes.

68.Béraud, Henri (1935), *Faut-il réduire l'Angleterre à l'esclavage？*, Paris, Éditions de France.

69.Bermingham, Ann, and Brewer, John, eds. (1997), *The Consumption of Culture 1600—1800: Image, Object, Text*, London, Routledge.

70.Bernard, Jean-Pierre A. (2001), *Les Deux Paris: les représentations de Paris dans la seconde moitié du XIXe siècle*, Seyssel, Champ Vallon.

71.Bernstein, George L. (1986), *Liberalism and Liberal Politics in*

Edwardian England, Boston and London, Allen & Unwin.

72.Bernstein, George L. (2004), *The Myth of Decline*: *The Rise of Britain since 1944*, London, Pimlico.

73.Bertaud, Jean-Paul (1988), *The Army of the French Revolution*: *From Citizen-Soldiers to Instrument of Power*, Princeton, N. J. , Princeton University Press.

74.Bertaud, Jean-Paul (1998), *Guerre et Société en France de Louis XIV à Napoléon 1er*, Paris, Armand Colin.

75.Bertaud, Jean-Paul (2004), "Le regard des Français sur les Anglais," in Jean-Paul Bertaud, Alan Forrest and Annie Jourdan, eds., *Napoléon, le monde et les Anglais*: *guerre des mots et des images*, Paris, Éditions Autrement.

76.Binney, Marcus (2003), *The Women Who Lived for Danger*, London, Coronet.

77.Black, Jeremy (1987), "Fit For a King," *History Today*, 37 (April 4), p.3

78.Black, Jeremy (1998), *America or Europe? British Foreign Policy, 1739—1763*, London, UCL Press.

79.Black, Jeremy (1999), *The British Abroad*: *The Grand Tour in the Eighteenth Century*, London, Sandpiper.

80.Black, Jeremy (2000), *A System of Ambition*: *British Foreign Policy 1660—1793*, Stroud, Sutton.

81.Black, Jeremy (2000b), *Culloden and the' 45*, Stroud, Sutton.

82.[Blakiston, John] (1829), *Twelve Years' Military Adventures in Three Quarters of the Globe*, 2 vols., London, Henry Colburn.

83.Blanning, T. C. W. (1977), "That horrid electorate" or "ma patrie germanique? George III , Hanover, and the *Fürstenbund* of 1785,"*Historical Journal*,20,pp.311-344.

84.Blanning, T. C. W. (1983) , *The French Revolution in Germany: Occupation and Resistance in the Rhineland 1792—1802*, Oxford, Clarendon Press.

85.Blanning, T. C. W. (1986) , *Origins of the French Revolutionary Wars*, London and New York, Longman.

86.Blanning, T. C. W. (1996) , *The French Revolutionary Wars 1787—1802*, London, Arnold.

87.Blanning, T. C. W. (2002) , *The Culture of Power and the Power of Culture: Old Regime Europe 1660—1789*, Oxford, Oxford University Press.

88.Blanning, T. C. W. (2003) , "The Bonapartes and Germany," in Peter Baehr and Melvin Richter, eds., *Dictatorship in History and Theory: Bonapartism, Caesarism, and Totalitarianism*, Cambridge, Cambridge University Press.

89.Bloch, Marc (1949) , *Strange Defeat*, London, Oxford University Press.

90.Blount, Edward (1902) , *Memoirs of Sir Edward Blount*, ed. S. J. Reid, London, Longman.

91.Bluche, Frédéric (1980) , *Le Bonapartisme: aux origines de la droite révolutionnaire*, Paris, Nouvelles Éditions Latines.

92.Bluche, Frédéric (1990) , *Louis XIV*, Oxford, Basil Blackwell.

93.Bodley, J. E. C. (1898) , *France*, 2 vols., London, Macmillan.

94.Boigne, Comtesse de (1971) , *Mémoires de la Comtesse de Boigne, née d' Osmond*, ed. Jean-Claude Berchet, 2 vols, Paris, Mercure de France.

95.Bombelles, Marc de (1989), *Journal du voyage en Grande-Bretagne et en Irlande, 1784*, trans. and ed. Jacques Gury, Oxford, Voltaire Foundation.

96.Bonaparte, Napoléon-Louis (1839), *Desidées Napoléoniennes*, London, Colburn.

97.Bongie, Laurence L. (1977), "Voltaire's English high treason and a manifesto for bonnie prince Charles," *Studies in Voltaire and the Eighteenth Century*, 171, pp. 7-29.

98.Bonnaud, Laurent, ed. (2004), *France-Angleterre: un siècle d'entente cordiale 1904—2004*, Paris, Harmattan.

99.Bonney, Richard, ed. (1999), *The Rise of the Fiscal State in Europe, c.1200—1815*, Oxford, Oxford University Press.

100.Boswell, James (1992), *The Life of Samuel Johnson*, London, Everyman.

101.Boucard, Robert (1926), *Les dessous de l'espionnage anglais*, Paris, Henri Étienne.

102.Boucher, François (1996), *A History of Costume in the West*, London, Thames & Hudson.

103.Bourguet, M.-N. (2002), "Science and memory: the stakes of the expedition to Egypt 1798—1801," in Howard G. Brown and Judith A. Miller, eds., *Taking Liberties: Problems of a New Order from the French Revolution to Napoleon*, Manchester, Manchester University Press.

104.Bourne, Kenneth (1982), *Palmerston, The Early Years 1784—1841*, London, Allen Lane.

105.Bowen, H.V. (1998), *War and British Society, 1688—1815*, Cambridge, Cambridge University Press.

106.Boyce, Robert, ed. (1998), *French Foreign Policy and Defence Policy, 1918—1940*: *The Decline and Fall of a Great Power,* London, Routledge.

107.Brecher, Frank W. (1998), *Losing a Continent*: *France's North American Policy,1753—1763*, Westport, Conn., and London, Greenwood Press.

108.Bremner, G. Alex (2005), "Nation and empire in the government architecture of mid-Victorian London: the Foreign and India Office reconsidered," *Historical Journal,* 48, pp. 703-742.

109.Brettell, Richard R. and Lloyd, Christopher (1980), *The Drawings of Camille Pissarro in the Ashmolean Museum,* Oxford, Clarendon Press.

110.Brewer, John (1990), *The Sinews of Power*: *War, Money and the English State, 1688—1783*, Cambridge, Mass., Harvard University Press.

111.Brewer, John (1997), *The Pleasures of the Imagination*: *English Culture in the Eighteenth Century*, London, HarperCollins.

112.Briggs, Asa (1970), *The History of Broadcasting in the United Kingdom*, vol.3, *The War of Words,* Oxford, Oxford University Press.

113.Brioist, Pascal (1997), *Espaces Maritimes au XVIIIe Siécle*, Paris, Atalante.

114.Brisson, Max (2001), *1900*: *quand les Français détestaient les Anglais*, Biarritz, Atlantica.

115.Bristow, Edward J. (1977), *Vice and Vigilance*: *Purity Movements in Britain since 1700*, Dublin, Gill & Macmillan.

116.Britsch, Amédée, ed. (1926), *Lettres de L.-P.-F. d'Orléans, duc de Chartres à N. Parker Forth*, Paris, Société d'Histoire Diplomatique.

117.Broers, Michael (1996), *Europe Under Napoleon 1799—1815*, London, Arnold.

118.Broers, Michael (2001), "Napoleon, Charlemagne and Lotharingia: acculturation and the boundaries of Napoleonic Europe," *Historical Journal*, 44, pp. 135-154.

119.Brown, David (2004), *The Road to Oran: Anglo-French Naval Relations, September 1939—July 1940*, London, Frank Cass.

120.Browne, Mary (1905), *Diary of a Girl in France in 1821*, London, John Murray.

121.Browning, Oscar, ed. (1887), *England and Napoleon in 1803, being the dispatches of Lord Whitworth and others*, London, Longman.

122.Browning, Oscar, ed. (1909), *Despatches from Paris 1784—1790*, 2 vols., London, Camden Society.

123.Brumwell, Stephen (2002), *Redcoats: The British Soldier and War in the Americas, 1755—1763*, Cambridge, Cambridge University Press.

124.Buchanan, William (1824), *Memoirs of Painting with a Chronological History of the Importation of Pictures of the Great Masters into England since the French Revolution*, 2 vols., London, Ackermann.

125.Buck, Anne (1979), *Dress in Eighteenth-Century England*, London, Batsford.

126.Buckmaster, Maurice (1952), *Specially Employed*, London, Blatchworth.

127.Bullen, Roger (1974), *Palmerston, Guizot and the Collapse of the Entente Cordiale*, London, Athlone.

128.Burke, Edmund (2001), *Reflections on the Revolution in France*, ed. J. C. D. Clark, Stanford, Calif., Stanford University Press.

129.Burrow, J. W. (1983), *A Liberal Descent*, Cambridge, Cambridge

University Press.

130.Burrow, John (2000), *The Crisis of Reason: European Thought, 1848—1914,* New Haven and London, Yale University Press.

131.Burrows, Simon (2000), *French Exile Journalism and European Politics,1792—1814*, London, Royal Historical Society.

132.Buruma, Ian (2000), *Voltaire's Coconuts, or Anglomania in Europe*, London, Phoenix.

133.Bury, J. P. T. (1982), *Gambetta's Final Years: "The Era of Difficulties," 1877—1882*, London, Longman.

134.Bury, J. P. T., and Tombs, R. P. (1986), *Thiers 1797—1877: A Political Life*, London, Allen & Unwin.

135.Butler of Brockwell, Robin, Lord (2004), *Review of Intelligence on Weapons of Mass Destruction: Report of a Committee of Privy Counsellors*, House of Commons paper 898.

136.Buton, Philippe (2004), *La joie douloureuse: la libération de la France*, Brussels, Complexe.

137.Cabanes, Bruno (2003), *La Victoire endeuillée: la sortie de guerre des soldats français, 1918—1920*, Paris, Seuil.

138.Cadogan, Alexander (1971), *The Diaries of Sir Alexander Cadogan, O. M., 1938—1945*, ed. David Dilks, London, Cassell.

139.Caie, Katy (2002), "The Prosecution of Henry Vizetelly: A Study of Attitudes to French Morals and Literature," Cambridge University MPhil

140.Cairns, David (1989), *Berlioz: The Making of an Artist*, London, André Deutsch.

141.Caldicott, C. E. J., Gough, H., and Pittion, J. P., eds. (1987),

The Huguenots and Ireland: *Anatomy of an Emigration*, Dun Laoghaire, Glendale Press.

142.Campbell, John（2000）, *Margaret Thatcher*, 2 vols., London, Jonathan Cape.

143.Campos, Christophe（1965）, *The View of France*: *From Arnold to Bloomsbury*, London, Oxford University Press.

144.Campos Christophe（1992）, "La Grand-Bretagne et les Anglais," *Franco-British Studies*, 14, pp. 53-66.

145.Campos Christophe（1999）, "English stereotypes of the French," *Franco-British Studies*, 27, pp. 39-54.

146.Card, David, and Freeman, Richard B.（2002）, "What have two decades of British economic reform delivered?," Washington D.C., National Bureau of Economic Research, Working Paper 8801.

147.Cardwell, M. John（2004）, *Arts and Arms*: *Literature, Politics and Patriotism during the Seven Years War*, Manchester, Manchester University Press.

148.Carey, John（1992）, *The Intellectuals and the Masses*: *Pride and Prejudice among the Literary Intelligentsia, 1880—1939*, London, Faber and Faber.

149.Carlton, David（2004）, "Churchill and the two 'evil empires,'" in David Cannadine and Ronald Quinault eds., *Winston Churchill in the Twenty-First Century*, Cambridge, Cambridge University Press.

150.Carpenter, Kirsty（1999）, *Refugees of the French Revolution*: *Emigrés in London, 1789—1802*, London, Macmillan.

151.Carrington, Charles（1970）, *Rudyard Kipling*: *His Life and Work*, Harmondsworth, Penguin.

152.Carrington, Peter, Lord (1988), *Reflect on Things Past*, London, Collins.

153.Castetbon, Philippe (2004), *Ici est tombé: paroles sur la libération de Paris*, Paris, Tirésias.

154.Cénat, Jean-Philippe (2005), "Le ravage du Palatinat: politique de destruction, stratégie de cabinet et propagande au début de la guerre de la Ligue d'Augsbourg," *Revue historique*, 307, pp. 97–132.

155.Chalon, Philippe A. S. (2002), "The setting up of the Anglo-French 'Cultural Front' and Its Manifestations in the French Public Sphere (1938—1940)," Cambridge University MPhil.

156.Chandler, David G. (1966), *The Campaigns of Napoleon*, London, Weidenfeld & Nicolson.

157.Channon, Henry (1967), *Chips: The Diaries of Sir Henry Channon*, ed. Robert Rhodes James, London, Weidenfeld & Nicolson.

158.Charle, Christophe (1991), *Histoire sociale de la France au XIXe siècle*, Paris, Seuil.

159.Charle, Christophe (2001), *Les intellectuels en Europe au XIXe siècle*, Paris, Seuil.

160.Charles-Roux, Edmonde (2005), *The World of Coco Chanel: Friends, Fashion, Fame*, London, Thames & Hudson.

161.Chassaigne, Philippe, and Dockrill, Michael, eds. (2002), *Anglo-French Relations, 1898—1998: From Fashoda to Jospin*, London, Palgrave.

162.Chateaubriand, René de (1973), *Mémoires d'outre-tombe*, Paris, Livre de Poche.

163.Chaunu, Pierre (1982), *La France: histoire de la sensibilité des*

Français à la France, Paris, Robert Laffont.

164.Chaussinand-Nogaret, Guy (1993), *Gens de finance au XVIIIe siècle*, Paris, Seuil.

165.Chaussinand-Nogaret, Guy (1998), *Choiseul (1719—1785): naissance de la gauche*, Paris, Perrin.

166.Chesterfield, Earl of (1932), *Letters of the Earl of Chesterfield to His Son*, ed. Charles Strachey, London, Methuen.

167.Chevalier, Louis (1973), *Labouring Classes and Dangerous Classes in Paris during the First Half of the Nineteenth Century*, London, Routledge & Kegan Paul.

168.Childs, John (1996), "The Williamite war, 1689—1691," in Bartlett and Jeffery, eds., *A Military History of Ireland*, Cambridge, Cambridge University Press.

169.Choiseul, Duc de (1881), "Mémoire de M. de Choiseul remis au roi en 1765," *Journal des Savants*, pp. 171-184, 250-257.

170.Christiansen, Rupert (1994), *Tales of the New Babylon*, London, Sinclair-Stevenson.

171.Christie, Ian R. (1984), *Stress and Stability in Late Eighteenth-Century Britain: Reflections on the British Avoidance of Revolution*, Oxford, Clarendon Press.

172.Churchill, Winston Spencer (1948), *The Second World War*, 6 vols., London, Cassell.

173.Churchill, Winston Spencer (2002), *Marlborough, His Life and Times*, 2 vols., Chicago, University of Chicago Press.

174.Claeys, Gregory (2000), "The Reflections refracted: the critical reception of Burke's Reflections on the Revolution in France during the early 1790s," in John C. Whale, ed., *Edmund Burke's Reflections on the Revolution in France: New Interdisciplinary Essays*, Manchester, Manchester University Press.

175.Clairambault−Maurepas (1882), *Chansonnier historique du XVIIIe siècle*, ed. Émile Raumé, 10 vols,Paris, Quentin.

176.Clark, J. C. D. (2000), "Protestantism, nationalism, and national identity, 1660—1832, " *Historical Journal*, 43, pp.249-276.

177.Clarke, I. F. (1992), *Voices Prophesying War: Future Wars 1763—3749*, Oxford, Oxford University Press.

178.Clodong, Olivier, and Lamarque, J. -M. (2005), *Pourquoi les Française sont les moins fréquentables de la planète*, Paris, Eyrolles.

179.Cobb, Richard (1983), *French and Germans, Germans and French*, Hanover, N. H., and London,Brandeis University Press.

180.Cobb, Richard (1998), *Paris and Elsewhere: Selected Writings*, ed. David Gilmour, London, John Murray.

181.Cogan, Charles (2003), *French Negotiating Behaviour: Dealing with La Grande Nation*,Washington D. C., U. S. Institute of Peace Press.

182.Cohen, Michèle (1999), "Manliness, effeminacy and the French: gender and the construction of national character in eighteenth-century England," in Tim Hitchcock and Michèle Cohen, eds.,*English Masculinities,1660—1800*,London, Longman.

183.Cole, G. D. H. (1941), *Europe, Russia and the Future*, London, Gollancz.

184.Colley, Linda (1992), *Britons: Forging the Nation 1707—1837*, New Haven and London,Yale University Press.

185.Collini, Stefan (1993), *Public Moralists*,Oxford,Clarendon Press.

186.*Commune photographiée, La* (2000), Paris, Éditions de la Réunion des Musées Nationaux.

187.Conlin, Jonathan (2005), "Wilkes, the Chevalier d'Eon and 'the dregs of liberty': an Anglo-French perspective on ministerial despotism, 1762—1771," *English Historical Review,* 120, pp. 1251-1288.

188.Considérant, Victor (1840), *De la politique générale*, Paris, La Phalange.

189.Conway, Stephen (2000), *The British Isles and the War of American Independence*, Oxford, Oxford University Press.

190.Cookson, J. E. (1997), *The British Armed Nation 1793—1815*, Oxford, Clarendon Press.

191.Cooper, Duff (1953), *Old Men Forget: The Autobiography of Duff Cooper*, London, Hart-Davis.

192.Corbett, Graham (2004), "The Tunnel," in Mayne et al., eds., *Cross Channel Currents.*

193.Corbett, Julian S. (1907), *England in the Seven Years War*, London, Longmans, Green.

194.Corbin, Alain (1978), *Les filles de noce*, Paris, Aubier.

195.Cornick, Martyn (1993), "*Faut-il réduire l'Angleterre en esclavage?* French anglophobia in 1935," *Franco-British Studies,* special number (January 1993), pp. 3-17.

196.Cornick, Martyn (1994), "The BBC and the propaganda war against occupied France: the work of Emile Delavenay and the European Intelligence Department," *French History*, 8, pp. 316-354.

197.Cornick, Martyn (1996), "The Impact of the Dreyfus Affair in late-Victorian Britain," *Franco-British Studies*, 22, pp. 57-82.

198.Cornick, Martyn (1999) , "The Dreyfus Affair-another year, another centenary. British opinion and the Rennes verdict, September 1899," *Modern and Contemporary France*, 7, pp. 499-508.

199.Cornick, Martyn (2000) , "Fighting myth with reality: the fall of France, Anglophobia and the BBC," in Valerie Holman and Debra Kelly, eds., *France at War in the Twentieth Century: Propaganda, Myth and Metaphor*, New York and Oxford, Berghahn.

200.Cornick, Martyn (2004) , "The White City, 1908," in Mayne et al., eds., *Cross Channel Currents*.

201.Cornick, Martyn (2004b) , "Colonel Driant and His ' Inevitable War' [*La Guerre fatale*] against Britain ," paper given at the conference *Refocusing on Europe? International Relations from the Entente Cordiale to the First World War* at Salford University, March 2004.

202.Courtney, C. P. (1975) , *Montesquieu and Burke*, Westport, Conn., Greenwood Press.

203.Coward, Noël (2002) , *The Lyrics*, London, Methuen.

204.Crane, Ronald S. (1922) , "The diffusion of Voltaire' s writings in England," *Modern Philology*, 20, pp. 260-271.

205.Cranston, Maurice (1997) , *The Solitary Self: Jean-Jacques Rousseau in Exile and Adversity*, London, Allen Lane.

206.Crémieux-Brilhac, Jean-Louis (1975) , *Ici Londres, 1940—1944: les voix de la liberté*, 5 vols, Paris, La Documentation Française.

207.Crémieux-Brilhac, Jean-Louis (1990), *Les Français de l' an 40*, 2 vols., Paris, Gallimard.

208.Crémieux-Brilhac, Jean-Louis (1996) , *La France libre: du 18 juin à la libération*, Paris, Gallimard.

209.Crossley, Ceri, and Small, Ian, eds. (1988), *Studies in Anglo-French Cultural Relations: Imagining France*, London, Macmillan.

210.Crouzet, François (1996), "The second hundred years war: sone reflections," *French History*, 10, pp. 432-450.

211.Crouzet, François (1999), *De la supériorité de l' Angleterre sur la France: l' économique et l' imaginaire, XVIIIe-XXe siécles*, Paris, Perrin.

212.Cruickshanks, Eveline (2000), *The Glorious Revolution*, London, Macmillan.

213.Crystal, David (2004), *The Stories of English*, London, Penguin.

214.Cullen, Fintan (2000), "Radicals and reactionaries: portraits of the 1790s in Ireland," in Smyth, ed., *Revolution, Counter-Revolution and Union: Ireland in the 1790s,* Cambridge, Cambridge University Press.

215.Cullen, L. M. (2000), *The Irish Brandy Houses of Eighteenth Century France*, Dublin, Lilliput Press.

216.Cunningham, Hugh (1975), *The Volunteer Force: A Social and Political History, 1859—1908*, London, Croom Helm.

217.Dallaire, Roméo (2004), *Shake Hands with the Devil: The Failure of Humanity in Rwanda*, London, Arrow Books.

218.Dalton, Hugh (1940), *Hitler's War, Before and After,* Harmondsworth, Penguin.

219.Dalton, Hugh (1986), *The Second World War Diary of Hugh Dalton, 1940—1945,* ed.Ben Pimlott, London, Jonathan Cape.

220.Daninos, Pierre (1954), *Les Carnets du major W. Marmaduke Thompson*, Paris, Hachette.

221.Darriulat, Philippe (2001), *Les Patriotes: la gauche républicaine et la nation, 1830—1870*, Paris, Seuil.

222.Darrow, Margaret H. (2000), *French Women and the First World War: War Stories of the Home Front*, Oxford, Berg.

223.Das, Sudipta (1992), *Myths and Realities of French Imperialism in India,1763—1783*, New York, Peter Lang.

224.Dedieu,Joseph (1909), *Montesquieu et la tradition politique anglaise en France: les sources anglaises de l'esprit des lois*, Paris, J. Gabalda.

225.Deerr, Noël (1949), *History of Sugar*, London, Chapman & Hall.

226.Delattre, Floris (1927), *Dickens et la France: etude d'une interaction littéraire anglo-française*, Paris, Librairie universitaire J. Gamber.

227.Delfau, Gérard (1971), *Jules Vallès: l'exil à Londres*, Paris, Bordas.

228.Delors, Jacques (2004), *Mémoires*, Paris, Plon.

229.Delpla, François (2000), *Churchill et les Français: six hommes dans la tourmente, septembre 1939—juin 1940*, Paris, Plon.

230.Demolins, Edmond (1898), *Anglo-Saxon Superiority: To What Is It Due?*, London, Leadenhall Press.

231.Denman, Roy (1996), *Missed Chances*, London, Indigo.

232.Desagneaux, Henri (1975), *A French Soldier's War Diary 1914—1918*, Morley, Elmsfield Press.

233.*Diary* (1941), *The Diary of a Staff Officer (Air Intelligence Liaison Officer) at Advanced Headquarters North BAAF 1940*, London, Methuen.

234.Dickens, Charles (1965), *The Letters of Charles Dickens*, ed.Madeline House et al., 12 vols., Oxford, Clarendon Press.

235.Dickens, Charles (1993), *A Tale of Two Cities*, London, Everyman.

236.Dickens, Charles (1994), *Oliver Twist*, London, Penguin.

237.Dickinson, H.T. (1985) , *British Radicalism and the French Revolution, 1789—1815*, Oxford, Blackwell.

238.Dickinson, H. T. , ed. (1989) , *Britain and the French Revolution, 1789—1815*, London, Macmillan.

239.Dickson, P. M. G. (1967) , *The Financial Revolution in England: A Study of the Development of Public Credit, 1688—1756*, London, Macmillan.

240.Digeon, Claude (1959), *La crise allemande de la pensée française (1870—1914)*, Paris, Presses Universitaires de France.

241.Dine, Philip (2001) , *French Rugby Football: A Cultural History*, Oxford, Berg.

242.Dockrill, Michael (2002) , "British official perceptions of France and the French ," in Philippe Chassaigne and Michael Dockrill, eds., *Anglo-French Relations, 1898—1998*, London, Palgrave.

243.Doise, Jean, and Vaïsse, Maurice (1987) , *Diplomatie et outil militaire 1871—1969*, Paris, Imprimerie nationale.

244.Donald, Diana (1996) , *The Age of Caricature: Satirical Prints in the Reign of George III* , New Haven and London, Yale University Press.

245.Drayton, Richard (1998) , "Knowledge and empire," in *OHBE*, vol.2.

246.Druon, Maurice (2004) , "Franco-British union: a personal view," in Mayne et al., eds., *Cross Channel Currents*.

247.Du Bocage, M.-A., (1770) , *Letters concerning England, Holland and Italy: By the celebrated Madam du Bocage*, 2 vols., London, E.and C. Dilly.

248.Duffy, Michael (1987) , *Soldiers, Sugar and Seapower: The*

British Expeditions to the West Indies and the War against Revolutionary France, Oxford, Clarendon Press.

249.Dull, Jonathan R. (1985), *A Diplomatic History of the American Revolution*, New Haven and London, Yale University Press.

250.Dull, Jonathan R. (2005), *The French Navy and the Seven Years War*, Lincoln, Nebr., and London, University of Nebraska Press.

251.Duloum, Joseph (1970), *Les Anglais dans les Pyrénées et les débuts du tourisme pyrénéen, 1739—1896*, Lourdes, Les Amis du Musée Pyrénéen.

252.Dumas, Alexandre (2000), *Grand Dictionnaire de Cuisine*, Paris, Phébus.

253.Du Maurier, George (1995), *Trilby*, Oxford, Oxford University Press.

254.Dutton, David (2001), *Neville Chamberlain*, London, Arnold.

255.Dutton, David (2004), "A Francophile," in Mayne et al., eds., *Cross Channel Currents*.

256.Dwyer, P. G. (2002), "From Corsican nationalist to French revolutionary," *French History*, 16, pp. 132−152.

257.Dziembowski, Edmond (1998), *Un nouveau patriotisme français, 1750—1770: la France face à la puissance anglaise à l'époque de la guerre de Sept Ans*, Oxford, Voltaire Foundation.

258.Eagles, Robin (2000), *Francophilia in English Society 1748—1815*, London, Macmillan.

259.Echard, William E. (1983), *Napoleon III and the Concert of Europe*, Baton Rouge, Louisiana State University Press.

260.Edwards, F. A. (1898), "The French on the Nile," *The Fortnightly Review*, 63, pp. 362−377.

261.Edwards, Geoffrey (1984), "Europe and the Falkland Islands crisis ," *Journal of Common Market Studies*, 22, pp. 295-313.

262.Egremont, Max (1997), *Under Two Flags: The Life of Major-General Sir Edward Spears*, London, Phoenix.

263.Egret, Jean (1977), *The French Pre-Revolution, 1787—1788*, Chicago and London, University of Chicago Press.

264.Ehrman, John (2004), *The Younger Pitt*, 3 vols., London, Constable.

265.Elliot, Marianne (1982), *Partners in Revolution: The United Irishmen and France*, New Haven and London, Yale University Press.

266.Ellis, Geoffrey (1997), *Napoleon*, London and New York, Longman.

267.Ellmann, Richard (1988), *Oscar Wilde*, Harmondsworth, Penguin.

268.Emsley, Clive (1979), *British Society and the French Wars 1793—1815*, London, Macmillan.

269.Engerman, Stanley L. (2004), "Institutional change and British supremacy, 1650—1850: some reflections ," in L. Prados de la Escosura, *Exceptionalism and Industrialisation*.

270.Englund, Steven (2004), *Napoleon: A Political Life*, New York, Scribner.

271.Esdaile, Charles (1995), *The Wars of Napoleon*, London, Longman.

272.Esdaile, Charles (2002), *The Peninsular War: A New History*, London, Allen Lane.

273.Esteban, Javier C. (2001), "The British balance of payments, 1772—1820: India transfers and war finance," *Economic History Review*, 54, pp. 58-86.

274.Esteban, Javier C. (2004), "Comparative patterns of colonial trade: Britain and its rivals," in L. Prados de la Escosura, ed.,

Exceptionalism and Industrialisation.

275.Evans, Eric J. (1999), *William Pitt the Younger*, London, Routledge.

276.Evans, Julian (2004), "Europe's lost stories," *Prospect* (July 2004), pp. 40-45.

277.Evans, R. J. W. and Pogge von Strandmann, Hartmut, eds. (1990) *The Coming of the First World War*, Oxford, Clarendon Press.

278.Farge, Arlette (1994), *Subversive Words: Public Opinion in Eighteenth-Century France*, Cambridge, Polity Press.

279.Farrar-Hockley, Anthony (1970), *Ypres 1914: The Death of an Army*, London, Pan.

280.Favier, Pierre, and Martin-Rolland, Michel (1990), *La Décennie Mitterrand*, 4 vols., Paris, Seuil.

281.Ferguson, Niall (1998), *The World's Banker: The History of the House of Rothschild*, London, Weidenfeld & Nicolson.

282.Ferguson, Niall (1998b), *The Pity of War*, Harmondsworth, Allen Lane.

283.Ferguson, Niall (2001), *The Cash Nexus: Money and Power in the Modern World, 1700—2000*, Harmondsworth, Allen Lane.

284.Ferling, John (2003), *A Leap in the Dark: The Struggle to Create the American Republic*, Oxford, Oxford University Press.

285.Ferrone, Vincenzo, and Roche, Daniel, eds. (1999), *Le monde des lumières*, Paris, Fayard.

286.Fierro, Alfred (1996), *Histoire et dictionnaire de Paris*, Paris, Robert Laffont.

287.Fischer, Conan (2003), *The Ruhr Crisis, 1923—1924*, Oxford,

Oxford University Press.

288.Fitzpatrick, Martin, Jones, Peter, Knellwolf, Christa, and McCalman,Iain,eds. (2004), *The Enlightenment World*, London,Routledge.

289. *A Five Weeks' Tour to Paris, Versailles, Marli &c* (1754), London.

290.Flaubert, Gustave (1991), *Bouvard et Pécuchet*, Paris, Gallimard.

291.Foley,Robert T. (2005), *German Strategy and the Path to Verdun: Erich von Falkenhayn and the Development of Attrition, 1870—1916*, Cambridge, Cambridge University Press.

292.Foot, M. R. D. (1978), *Resistance*, London, Paladin.

293.Foot, M. R. D. (2004), *SOE in France: An Account of the Work of the British Special Operations Executive in France, 1940—1944*, London,Frank Cass.

294.Foote, Samuel (1783?), *The Dramatic Works of Samuel Foote, Esq.*, 4 vols., London, Rivington, Lowndes.

295.Footitt, Hilary (2004), *War and Liberation in France: Living with the Liberators*, London, Palgrave.

296.Foreman, Amanda (1999), *Georgiana Duchess of Devonshire*, London, HarperCollins.

297.Forrest, Alan (2002),"La patrie en danger," in Daniel Moran and Arthur Waldron, eds., *The People in Arms: Military Myth and National Mobilization since the French Revolution*, Cambridge, Cambridge University Press.

298.Fortescue, Winifred (1992), *Perfume from Provence*, London, Black Swan.

299.Fougeret de Montbrun, Louis Charles (1757), *Préservatif contre l' anglomanie*, Minorca.

300.Fournier, Eric (2005) , "Paris en ruines (1851—1882) : entre flânerie et apocalypse, regards, acteurs, pratiques," Paris, Université de Paris I, thèse de doctorat.

301.Frank, Robert (1993) , "Pétain, Laval, Darlan," in Jean-Pierre Azéma and François Bédarida, eds., *La France des années noires*, vol.I, Paris, Seuil.

302.Frank, Robert (1994) , *La hantise du déclin: le rang de la France en Europe, 1920—1960: finances, défense et identité nationale*, Paris, Belin.

303.Frank, Robert (1995) "Résistance et résistants dans la stratégie des Britanniques et Américains," in L. Douzou et al., eds.,*La résistance et les Français: villes, centres et logiques de décision, Bulletin de l' Institut d' Histoire du Temps Présent*, supplement no. 61, pp. 471-483.

304.Frankiss, Charles C. (2004) , " Camille Pissarro, Théodore Duret and Jules Berthel in London in 1871 ," *Burlington Magazine*, pp. 470-502.

305.Freedman, Laurence (2005) , *The Official History of the Falklands Campaign*, 2 vols., London, Frank Cass.

306.Fry, Michael G. (1989) , " Canada, the North Atlantic Triangle, and the United Nations," in Wm Roger Louis and Roger Owen, eds., *Suez 1956*.

307.Fuller, J. G. (1990) , *Troop Morale and Popular Culture in the British and Dominion Armies, 1914—1918*, Oxford, Clarendon Press.

308.Fumaroli, Marc (2001) , *Quand L' Europe parlait français*, Paris, Éditions de Fallois.

309.Furet, François (1992) , *Revolutionary France, 1770—1880*,

Oxford, Blackwell.

310.Gabory, Émile (1989), *Les guerres de Vendée*, Paris, Robert Laffont.

311.Gaillard, Jeanne (1977), Paris, *la Ville*, Paris, Honoré Champion.

312.Galison, Peter (2004), *Einstein's Clocks, Poincaré's Maps: Empires of Time*, London, Sceptre.

313.Garrett, Clarke (1975), *Respectable Folly: Millenarians and the French Revolution in France and England*, Baltimore and London, Johns Hopkins University Press.

314.Garriaud-Maylam, Joëlle (2004), "The French in Britain," in Mayne et al., eds., *Cross Channel Currents*.

315.Garrick, David (1939), *The Journal of David Garrick: Describing His Visit to France and Italy in 1763*, ed.George Winchester Stone, New York, Modern Language Association of America.

316.Gates, David (2002), *The Spanish Ulcer: A History of the Peninsular War*, London, Pimlico.

317.Gates, Eleanor M. (1981), *End of the Affair: The Collapse of the Anglo-French Alliance, 1939—1940*, London, Allen & Unwin.

318.Gaulle, Charles de (1970), *Mémoires d'espoir*, 2 vols., Paris, Plon.

319.Gaulle, Charles de (1998), *The Complete War Memoirs of Charles de Gaulle*, New York, Carroll & Graf.

320.Gault, Henri, and Millau, Christian (1970), *Guide Gourmand de la France*, Paris, Hachette.

321.Gee, Austin (2003), *The British Volunteer Movement, 1794—1815*, Oxford, Clarendon Press. *The Gentleman's Guide in his Tour* through France wrote by an officer in the Royal Navy, n. d[ca. 1760], Bristol and London.

322.Genuist, André (1971) , *le Théâtre de Shakespeare dans l'oeuvre de Pierre Le Tourneur, 1776—1783*, Paris, Didier.

323.*George IV and the Arts of France* (1966) , London, Queen's Gallery.

324.Gerbod, Paul (1995) , *Les voyageurs français à la découverte des îles britanniques du XVIIIe siècle à nos jours*, Paris, Harmattan.

325.Gibson, Kenneth Craig (1998) , "Relations between the British Army and the Civilian Populations on the Western Front, 1914—1918," PhD dissertation, Leeds University.

326.Gibson, Kenneth Craig (2000) , " 'My chief source of worry' : an assistant provost marshal's view of relations between the 2nd Canadian division and local inhabitants on the Western Front," *War in History*, 7, pp. 413-441.

327.Gibson, Kenneth Craig (2001) , " Sex and soldiering in France and Flanders: the British Expeditionary Force along the Western Front, 1914—1919, " *International History Review*, 23, pp. 535-579.

328.Gibson, Kenneth Craig (2003) , "Through French eyes: the British Expeditionary Force and the records of the French postal censor, 1916—1918," *History Workshop Journal*, 55, pp. 177-188.

329.Gibson, Kenneth Craig (2003b) , "The British army, French farmers and the war on the Western Front, 1914—1918," *Past & Present*, 180, pp. 175-239.

330.Gibson, Robert (1995) , *Best of Enemies: Anglo-French Relations since the Norman Conquest*, London, Sinclair-Stevenson.

331.Gibson, Robert (1999), "All done by mirrors: the French and English in each other's fiction," in James Dolamore, ed., *Making Connections: Essays in French Culture and Society in Honour of Philip Thody*, Bern, Peter Lang.

332.Gildea, Robert (1994), *The Past in French History*, New Haven and London, Yale University Press.

333.Gillingham, John (2003), *European Integration 1950—2003*, Cambridge, Cambridge University Press.

334.Gilmour, David (2002), *The Long Recessional: The Imperial Life of Rudyard Kipling*, London, John Murray.

335.Gilmour, Ian (1992), *Riot, Risings and Revolution*, London, Pimlico.

336.Girard, Louis (1986), *Napoléon III*, Paris, Fayard.

337.Girard d'Albisson, Nelly (1969), *Un précurseur de Montesquieu: Rapin-Thoyras, premier historien français des institutions anglaises*, Paris, Klincksieck.

338.Girardet, Raoul (1986), *Mythes et mythologies politiques*, Paris, Seuil.

339.Girardin, René Louis de (1777), *De la Composition des Paysages sur le Terrain, ou des moyens d'embellir les campagnes autour des Habitations en joignant l'agréableàl'utile*, Paris.

340.Godechot, Jacques (1956), *La grande nation*, 2 vols., Paris, Aubier.

341.Godfrey, John F. (1987), *Capitalism at War: Industrial Policy and Bureaucracy in France, 1914—1918*, Leamington Spa, Berg.

342.Goldfrank, David M. (1994), *The Origins of the Crimean War*,

Harlow, Longman.

343.Gombin, Richard (1970), *Les socialistes et la guerre: la SFIO et la politique étrangère française entre les deux guerres mondiales*, Paris, Mouton.

344.Goncourt, Edmond and Jules de (1956), *Journal: mémoires de la vie littéraire*, ed. Robert Ricatte, 3 vols., Paris, Robert Laffont.

345.Gosse, Philip (1952), *Dr. Viper, the Querulous Life of Philip Thicknesse*, London, Cassell.

346.Gotteri, Nicole (1991), *Soult: maréchal d empire et homme d' état*, Besançon, Éditions la Manufacture.

347.Gough, Hugh and Dickson, David, eds., (1990), *Ireland and the French Revolution*, Dublin, Irish Academic Press.

348.Goulstone, John, and Swanton, Michael (1989), "Carry on Cricket: the Duke of Dorset's 1789 tour," *History Today*, 39 (August 8), p. 18.

349.Goux, Dominique, and Maurin, Eric (2005), "1992—2005: comment le oui s'est décomposé," *Le Monde* (June 2, 2005), pp. 16-17.

350.Grainger, John D. (2004), *The Amiens Truce*, Woodbridge, Boydell Press.

351.Grainger, John D. (2005), *The Battle of Yorktown 1781: A Reassessment*, Woodbridge, Boydell Press.

352.Graves, Robert (1960), *Goodbye to All That*, London, Penguin.

353.Grayzel, Susan R. (1999), *Women's Identities at War: Gender, Motherhood, and Politics in Britain and France during the First World War*, Chapel Hill and London, University of North Carolina Press.

354.Greenfeld, Liah (1992), *Nationalism: Five Roads to Modernity*, Cambridge, Mass., Harvard University Press.

355.Greenhalgh, Elizabeth (1999), "Why the British were on the Somme in 1916," *War in History*, 6, pp. 147-173.

356.Greenhalgh, Elizabeth (2005), "Writing about France's Great War," *Journal of Contemporary History*, 40, pp. 601-612.

357.Greenwood, Sean (2000), "The most important of the western nations," in Sharp, Alan, and Stone, eds., *Anglo-French Relations in the Twentieth Century*, London, Routledge.

358.Grente, Georges, and Moureau, François, eds. (1995), *Dictionnaire des lettres françaises: le XVIIIe siècle*, Paris, Fayard.

359.Grenville, J. A. S. (1976), *Europe Reshaped 1848—1878*, London, Fontana.

360.Grieder, Josephine (1985), *Anglomania in France, 1740—1789: Fact, Fiction, and Political Discourse*, Geneva and Paris, Librairie Droz.

361.Griffiths, Richard (1970), *Marshal Pétain*, London, Constable.

362.Grosley, Pierre-Jean (1770), *Londres*, 3 vols., Neuchâtel, Société Typographique.

363.Guéry Alain (1991), "Les comptes de la mort vague après la guerre: pertes de guerre et conjoncture du phénomène guerre," *Histoire et Mesure*, 6, pp. 289-314.

364.Guiffan, Jean (2004), *Histoire de l'anglophobie en France: de Jeanne d'Arc à la vache folle*, Rennes, Terre de Brume.

365.Guillaume, Pierre (1992), "L'hygiène et le corps," in J.-F. Sirinelli, ed., *Histoire des droits en France*, vol.3, *Sensibilités*, Paris, Gallimard.

366.Guiomar, Jean-Yves (2004), *L'Invention de la guerre totale, XVIIIe—XXe siècles*, Paris, Le Félin.

367.Guizot, François (1850), *On the Causes of the Success of the English Revolution of 1640—1688,* London, John Murray.

368.Guizot, François (1854), *Histoire de la Civilisation en Europe,* Paris, Didier.

369.Guizot, François (1884), *Lettres de M. Guizot,* Paris, Hachette.

370.Guizot, François (1971), *Mémoires pour servir à l' histoire de mon temps,* Paris, Robert Laffont.

371.Gunny, Ahmad (1979), *Voltaire and English Literature: A Study of English Literary Influences on Voltaire,* Oxford, Voltaire Foundation.

372.Gury, Jacques (1999), *Le voyage outre-Manche: anthologie de voyageurs français de Voltaire à Mac Orlan,* Paris, Robert Laffont.

373.Gwynn, Robin D. (1985), *Huguenot Heritage: The History and Contribution of the Huguenots in Britain,* London, Routledge.

374.Hamerton, Philip Gilbert (1876), *Round My House: Notes of Rural Life in France in Peace and War,* London, Seeley, Jackson & Halliday.

375.Hamilton, C. I. (1989), "The diplomatic and naval effects of the Prince de Joinville' s *Note sur l' état des forces navales de la France* of 1844," *Historical Journal,* 32, pp. 675-687.

376.Hamilton, C. I. (1993), *Anglo-French Naval Rivalry 1840—1870,* Oxford, Clarendon Press.

377.Hammersley, Rachel (2004), "English republicanism in revolutionary France: the case of the Cordelier Club," *Journal of British Studies,* 43, pp. 464-481.

378.Hammersley, Rachel (2005), "Jean-Paul Marat' s *The Chains of Slavery* in Britain and France, 1774—1833," *Historical Journal,* 48, pp. 641-660.

379.Hampson, Norman (1998), *The Perfidy of Albion*: *French Perceptions of England during the French Revolution*, London, Macmillan.

380.Hancock, Claire (2003), *Paris et Londres au XIXe siècle*: *représentations dans les guides et récits de voyage*, Paris, CNRS Éditions.

381.Hanks, Robert K. (2002), "Georges Clemenceau and the English,"*Historical Journal*, 45, pp. 53-77.

382.Hantraye, Jacques (2005), *Les Cosaques aux Champs-Elysées*: *l'occupation de la France après la chute de Napoléon*, Paris, Belin.

383.Hardman, John (1993), *Louis, XVI*, New Haven, Yale University Press.

384.Hardman, John (1995), *French Politics, 1774—1789*: *From the Accession of Louis XVI to the Fall of the Bastille*.London, Longman.

385.Hardman, John, and Price, Munro, eds., (1998), *Louis XVI and the Comte de Vergennes*, Oxford, Voltaire Foundation.

386.Harman, Nicholas (1980), *Dunkirk*: *The Necessary Myth*, London, Hodder and Stoughton.

387.Harris, J. R. (1998), *Industrial Espionage and Technology Transfer*: *Britain and France in the Eighteenth Century*, Aldershot, Ashgate.

388.Harvey, A. D. (1981),*English Literature and the Great War with France*, London, Nold.

389.Harvey, Karen (2004), *Reading Sex in the Eighteenth Century*: *Bodies and Gender in English Erotic Culture*, Cambridge, Cambridge University Press.

390.Harvey, Robert (2001), *A Few Bloody Noses*: *the American War of Independence*, London, John Murray.

391.Haskell, Francis (1976) , *Rediscoveries in Art*: *Some Aspects of Taste,Fashion and Collecting in England and France*, London, Phaidon.

392.Haudrère, Philippe (1997) , *Le grand commerce maritime au XVIIe siècle*, Paris, Sedes.

393.Hawkes, Jean, ed. (1982) , *The London Journal of Flora Tristan*, London, Virago.

394.Hazareesingh, Sudhir (2004) , *The Legend of Napoleon*, London, Granta.

395.Hedgcock, Frank A. (1911) , *David Garrick and His French Friends*, London, Stanley Paul.

396.Henderson, Nicholas (1987) , *Channels and Tunnels*: *Reflections on Britain and Abroad*, London, Weidenfeld & Nicholson.

397.Herold, J. Christopher, ed. (1955) , *The Mind of Napoleon*: *A Selection from His Written and Spoken Words*, New York, Columbia University Press.

398.Herwig, Holger H. (1997) , *The First World War*: *Germany and Austria-Hungary 1914—1918*, London, Arnold.

399.Hibbert, Christopher (1961) , *The Destruction of Lord Raglan*; *A Tragedy of the Crimean War.1854—1855*, London, Longman.

400.Hickman, Katie (2000) , *Daughters of Britannia*: *The Lives and Times of Diplomatic Wives*, London, Flamingo.

401.Hinsley, F. H., ed. (1977) , *British Foreign Policy under Sir Edward Grey*, Cambridge, Cambridge University Press.

402.Hoehling, Adolphe A. (1958), *Edith Cavell*, London, Cassell.

403.Hoffman, Philip T., and Norberg, Kathryn, eds. (1994) , *Fiscal Crises, Liberty and Representative Government, 1450—1789*, Stanford,

Clalif., Stanford University Press.

404.Hoggett, Paul (2005), "Iraq: Blair's mission impossible," *British Journal of Politics and International Relations*, 7, pp. 418-428.

405.Holmes, Richard (2001), *Redcoat: The British Soldier in the Age of Horse and Musket*, London, HarperCollins.

406.Holmes, Richard (2004), *Tommy: The British Soldier on the Western Front,1914—1918*,London,HarperCollins.

407.Holt, Richard (1981), *Sport and Society in Modern France*, London, Macmillan.

408.Holt, Richard (1998), "Sport, the French and the Third Republic," *Modern and Contemporary France*, 6, pp. 289-300.

409.Holton, Woody (1999), *Forced Founders: Indians, Debtors, Slaves and the Making of the American Revolution in Virginia*, Chapel Hill, University of North Carolina Press.

410.Hopkin, David (2005), "The French army, 1624—1914: from the king's to the people's," *Historical Journal*, 48, pp. 1125-1137.

411.Hoppit, Julian (2000), *A Land of Liberty? England 1689—1727*, Oxford, Clarendon Press.

412.Hoppit, Julian (2002), "The myths of the South Sea Bubble," *Transactions of the Royal Historical Society*, 12, pp. 141-165.

413.Horn, Martin (2002), *Britain, France and the Financing of the First World War*, Montreal, McGill-Queen's University Press.

414.Horne, Alistair (1965), *The Fall of Paris: The Siege and the Commune 1870—1871*, London,Macmillan.

415.Horne, Alistair (1979), *To Lose a Battle: France 1940*, Harmondsworth, Penguin.

416.Horne, Alistair (1988), *Macmillan: The Official Biography*, 2 vols., London, Macmillan.

417.House, John, ed. (1994), *Impressionism for England: Samuel Courtauld as Patron and Collector*, London, Yale University Press.

418.Hue, André, and Southby-Tailyour, Ewen (2004), *The Next Moon: The Remarkable True Story of a British Agent behind the Lines in Wartime France*, London, Penguin.

419.Hughes, Jackson (1999), "The battle for the Hindenburg Line," *War and Society*, 17, pp. 41-57.

420.Hugo, Victor (1922), *Hernani, in Oeuvres Complètes: théâtre*, vol.1, Paris, Albin Michel.

421.Hugo, Victor (1937), *William Shakespeare, in Oeuvres Complètes: philosophie*, vol.2, Paris, Albin Michel.

422.Hugo, Victor (1967), *Les Misérables*, 3 vols., Paris, Garnier-Flammarion.

423.Hugo, Victor (1972), *Choses vues: souvenirs, journaux, cahiers 1830—1846*, ed. H. Juin, Paris, Gallimard.

424.Hulot, Frédéric (1994), *Suffren: l'amiral satan*, Paris, Pygmalion.

425.Humbert, Jean-Marcel, and Ponsonnet, Bruno, eds. (2004), *Napoléon et la mer: un rêve d'empire*, Paris, Seuil.

426.Hurd, Douglas (2003), *Memoirs*, London, Little, Brown.

427.Huysmans, J.-K. (2001), *À rebours*, Paris, Gallimard.

428.Hyam, Ronald and Henshaw, Peter (2003), *The Lion and the Springbok: Britain and South Africa since the Boer War*, Cambridge, Cambridge University Press.

429.Imlay, Talbot C. (2003), *Facing the Second World War: Strategy, Politics and Economics in Britain and France, 1938—1940*, Oxford, Oxford

University Press.

430. *Instructions for British Servicemen in France 1944* (2005), Oxford, Bodleian Library.

431.Ironside, Edmund (1962), *The Ironside Diaries*, ed. R. Macleod and D. Kelly, London, Constable.

432.Israel, Jonathan I., ed. (1991), *The Anglo-Dutch Moment: Essays on the Glorious Revolution and Its World Impact*, Cambridge, Cambridge University Press.

433.Isselin, Henri (1965), *The Battle of the Marne*, London, Elek.

434.Jackson, Clare (2005), "'The rage of parliaments': the House of Commons, 1690—1715," *Historical Journal*, 48, pp. 567-587.

435.Jackson, Julian (2003), *The Fall of France: The Nazi Invasion of 1940*, Oxford, Oxford University Press.

436.James, Harold (2003), *Europe Reborn: A History, 1914—2000*, Harlow, Pearson Longman.

437.James, Henry (1984), *A Little Tour in France*, Oxford, Oxford University Press.

438.Jarrett, Derek (1973), *The Begetters of Revolution: England's Involvement with France, 1759—1789*, London, Longman.

439.Jasanoff, Maya (2005), *Edge of Empire: Conquest and Collecting on the Eastern Frontiers of the British Empire*, London, Fourth Estate.

440.Jauffret, Jean-Charles, ed., (1997), *Les armes et la toge*, Montpellier, Université Paul Valéry.

441. Jennings, Lawrence C. (1973), *France and Europe in 1848*, Oxford, Clarendon Press.

442.Jersak, Tobias (2000), "Blitzkrieg revisited: a new look at Nazi war and extermination planning ," *Historical Journal*, 43, pp. 565-582.

443.Johnson, Douglas (1963), *Guizot: Aspects of French History, 1787—1874*, London, Routledge & Kegan Paul.

444.Johnson, Douglas (1972), "Britain and France in 1940," *Transactions of the Royal Historical Society*, 5th Series, 22, pp. 141-157.

445.Johnson, Douglas, Crouzet, François (1980), *Britain and France: Ten Centuries*, Folkestone, Dawson.

446.Johnson, Jo (2003), "French Farce," *The Spectator* (June 28, 2003), pp. 22-23.

447.Joly, Bertrand (1998), *Déroulède: l' inventeur du nationalisme français*, Paris, Perrin.

448.Jones, Colin (2002), *The Great Nation: France from Louis XV to Napoleon 1715—1799*, London, Penguin.

449.Jones, Colin (2002b), *Madame de Pompadour: Images of a Mistress*, London, National Gallery.

450.Jones, E. H. Stuart (1950), *The Last Invasion of Britain*, Cardiff, University of Wales Press.

451.Judt, Tony (1997), *A Grand Illusion: An Essay on Europe*, London, Penguin.

452.Judt, Tony (2005), *Postwar: A History of Europe since 1945*, London, William Heinemann.

453.Kagan, Robert (2004), *Of Paradise and Power: America and Europe in the New World Order*, London, Vintage.

454.Kampfner, John (2003), *Blair' s Wars*, London, Simon & Schuster.

455.Katznelson, Ira, and Zolberg, A. R., eds. (1986), *Working-Class*

Formation: *Nineteenth-Century Patterns in Western Europe and the United States*, Princeton, N. J., Princeton University Press.

456.Keane, John (1995), *Tom Paine*: *A Political Life*, London, Bloomsbury.

457.Kedward, H. Roderick (2004), "Britain and the French Resistance," in Mayne, Richard, et al., eds., *Cross Channel Currents*.

458.Keegan, John (1983), *Six Armies in Normandy*: *From D-Day to the Liberation of Paris*, London, Penguin.

459.Keegan, John (1998), *The First World War*, London, Hutchinson.

460.Keiger, John F. V. (1983), *France and the Origins of the First World War*, London, Macmillan.

461.Keiger, John F. V. (1997), *Raymond Poincaré*, Cambridge, Cambridge University Press.

462.Keiger, John F. V. (1998), "Perfidious Albion: French perceptions of Britain as an ally after the First World War," *Intelligence and National Security*, 13, pp. 37-52.

463.Keiger, John F. V. (2001), *France and the World since 1870*, London, Arnold.

464.Keiger, John F. V. (2004), "How the Entente Cordiale began," in Mayne, et al., eds., *Cross Channel Currents*.

465.Keiger, John F.V. (2005), "Foreign and defence policy," in Alistair Cole et al., eds, *Developments in French Politics 3*, London, Palgrave.

466.Kennedy, Paul M. (1976), *The Rise and Fall of British Naval Mastery*, London, Allen Lane.

467.Kennett, Lee (1967), *The French Armies in the Seven Years War*:

A Study in Military Organization and Administration, Durham, N.C. , Duke University Press.

468.Kennett, Lee (1977) , *The French Forces in America, 1780— 1783*, Westport, Conn., and London, Greenwood Press.

469.Kersaudy, François (1981) , *Churchill and de Gaulle*, London, Collins.

470.Kershaw, Ian (1998) , *Hitler*, 2 vols., London, Penguin.

471.Keynes, John Maynard (1971) , *The Collected Writings of J. M. Keynes*, 10 vols., London, Macmillan.

472.Kishlansky, Mark (1996) , *A Monarchy Transformed: Britain 1603—1714*, London, Penguin.

473.Klaits, Joseph (1976) , *Printed Propaganda under Louis XIV*, Princeton, Princeton University Press.

474.Klein, Lawrence E. (1997) , "Politeness for plebes: consumption and social identity in early eighteenth-century England ," in Bermingham and Brewer, eds., *The Consumption of Culture 1600—1800*.

475.Kleine-Ahlbrandt, William Laird (1995) , *The Burden of Victory*, Lanham, Md, University Press of America.

476.Klingberg, Frank J., and Hustvedt, Sigurd B. (1944) , *The Warning Drum: The British Home Front Faces Napoleon: Broadsides of 1803*, Berkeley and Los Angeles, University of California Press.

477.Knapp, J. M. (2001) , *Behind the Diplomatic Curtain: Adolphe de Bourqueney and French Foreign Policy, 1816—1869*, Akron, Ohio, University of Akron Press.

478.Kölving, Ulla, and Mervaud, Christiane, eds. (1997) , *Voltaire et ses combats*, 2 vols., Oxford, Voltaire Foundation.

479.Kremer, Thomas (2004), *The Missing Heart of Europe*, Totnes, June Press.

480.Kunz, Diane B. (1989), "The importance of having money: the economic diplomacy of the Suez crisis," in Louis and Owen, *Suez 1956*.

481.Kwass, Michael (2000). *Privilege and the Politics of Taxation in Eighteenth-Century France: Liberté, Égalité, Fiscalité*, Cambridge, Cambridge University Press.

482.Kyle, Keith (1989) "Britain and the crisis, 1955—1956," in Louis and Owen, eds., *Suez 1956*.

483.Labouchere, P. C. G., et al. (1969), *The Story of Continental Cricket*, London, Hutchinson.

484.La Combe, M. (1784), *Observations sur Londres et ses environs avec un précis de la constitution de l' Angleterre et de sa décadence (La vérité offense les méchans et les sots)*, Londres, Société typographique.

485.Lacour-Gayet, Georges (1902), *La marine militaire de la France sous le règne de Louis XV*, Paris, H. Champion.

486.Lacour-Gayet, Georges (1905), *La marine militaire de la France sous le règne de Louis XVI*, Paris, H. Champion.

487.Lacouture, Jean (1977), *Léon Blum*, Paris, Seuil.

488.Lacouture, Jean (1984), *De Gaulle*, 3 vols., Paris, Seuil.

489.Lacouture, Jean (1990), *De Gaulle*, 2 vols. London, Harper Collins.

490.Lamartine, Alphonse de (1870), *History of the French Revolution of 1848*, London, Bell & Daldy.

491.Lancashire, Ian (2005), "Dictionaries and power from Palgrave to Johnson," in Jack, Lynch, and Anne McDermott, eds., *Anniversary*

Essays on Johnson's Dictionary, Cambridge, Cambridge University Press.

492.Landes, David S. (1969), *The Unbound Prometheus*, Cambridge, Cambridge University Press.

493.Landes, David S. (2000), *Revolution in Time*, London, Viking.

494.Lanfranchi, Pierre, and Wahl, Alfred (1998), "La professionnalisation du football en France (1920—1939)," *Modern and Contemporary France*, 6, pp. 313-326.

495.Langford, Paul (2000), *Englishness Identified: Manners and Character, 1650—1850*, Oxford, Oxford University Press.

496.Langlade, Jacques de (1994), *La mésentente cordiale: Wilde-Dreyfus*, Paris, Julliard.

497.Lansbury, George (1938), *My Quest for Peace*, London, Michael Joseph.

498.Larcan, Alain (2003), *De Gaulle inventaire: la culture, l'esprit, la foi*, Paris, Bartillat.

499.Largeaud, J.-M. (2000), "Waterloo dans la mémoire des Français (1815—1914)," 3 vols., doctoral thesis, Université Lumiére Lyon II.

500. La Rochefoucauld, François de (1993), *A Frenchman in England, 1784: Being the Mélanges sur l'Angleterre of François de La Rochefoucauld*, ed. Jean Marchand, Cambridge, Cambridge University Press.

501.Las Cases, Emmanuel de (1968), *Mémorial de Sainte-Hélène*, 2 vols., Paris, Seuil.

502.Lasterle, Philippe (2000), "Marcel Gensoul (1880—1973), un amiral dans la tourmente," *Revue historique des armées*, 219, pp.71-91.

503.Lawlor, Mary (1959), *Alexis de Tocqueville in the Chamber of Deputies: His Views on Foreign and Colonial Policy*, Washington, D. C.,

Catholic University of America Press.

504.Le Blanc, Jean-Bernard (1751), *Lettres de Monsieur l' Abbé Le Blanc,historiographe des bastiments du Roi*,Amsterdam.

505.Le Blanc, Jean-Bernard (1745), *Lettres d' un François*, The Hague, J. Neaulme.

506.Leclerc,Yvan (1991), *Crimes écrits: la littérature en procés au XIXe siécle*, Paris, Plon.

507.Ledru-Rollin, Alexandre Auguste (1850), *The Decline of England*, 2 vols., London, E. Churton.

508.Lees, Lynn (1973), "Metropolitan types: London and Paris compared," in H. J. Dyos and Michael Wolff, ed., *The Victorian City: Images and Realities*, vol.1, London, Routledge & Kegan Paul.

509.Lefebvre, Georges (1962), *The French Revolution from Its Origins to 1793*, London, Routledge & Kegan Paul.

510.Lemoinne, John (1867), "La colonie anglaise," in *Paris Guide par les principaux érivains et artistes de la France*,2 vols., Paris, Lacroix, Verboeckhoven.

511.Lemonnier, Bertrand (2004), "La culture pop britannique dans la France des années 60, entre rejet et fascination, " in Bonnaud, ed. *France-Angleterre: un siècle d' entente cordiale*.

512.Lenman, Bruce (1992), *The Jacobite Cause*, Edinburgh, Chambers.

513.Lenman, Bruce (1998), "Colonial wars and imperial instability, 1688—1793," in *OHBE*, vol.1.

514.Lenman, Bruce (2001), *Britain' s Colonial Wars 1688—1783*, Harlow, Longman.

515. Lenoir, Marion (2002), "Regards croisés: La représentation des nations dans la cariature, Allemagne, France, Royaume-Uni, 1870—1914," *maitrise* dissetation, Université de Bourgogne.

516. Lentin, Anthony (2000), "Lloyd George Clemenceau and the elusive Anglo-French guarantee treaty, 1919: a disastrous episode?" in Alan Sharp and Glyn Stone, eds., *Anglo-French Relations in the Twentieth Century: Rivalry and Cooperation,* London, Routled.

517. Lentin, Anthony (2001), *Lloyd George and the Lost Peace: From Versailles to Hitler,* London, Palgrave.

518. Léribault, Christophe (1994), *Les Anglais à Paris au 19e siècle,* Paris, Éditions des Mussées de la Ville de Paris.

519. Leroy, Géraldi, and Bertrand-Sabiani, Julie (1998), *La vie littéraire à la Belle Epoque,* Paris, Presses Universitaires de France.

520. Lever, Evelyne (1996), *Philippe Egalité,* Paris, Fayard.

521. Levillain, Charles-Édouard (2004), "Ruled Britannia? Le probléme de l'influence française en Grande-Bretagne dans la second moitié du XVIII e siècle," in Bonnaud, ed., *France-Angleterre: un siécle d'entente cordiale.*

522. Lewis, Cecil (1936), *Sagittarius Rising,* London, Davies.

523. Lewis, Michael (1960), *A Social History of the Navy 1793—1815,* London, Allen & Unwin.

524. Lewis, Michael (1962), *Napoleon and His British Captives,* London, Allen & Unwin.

525. Lindert, Peter H. (2004), *Growing Public: Social Spending and Economic Growth since the Eighteenth Century,* Cambridge, Cambridge University Press.

526.Linton, Marisa (2001), *The Politics of Virtue in Enlightenment France*, London, Palgrave.

527.Llewellyn-Jones, Rosie (1992), *A Very Ingenious Man: Claude Martin in Early Colonial India*, Oxford, Oxford University Press.

528.Lochnan, Katharine, ed. (2004), *Turner, Whistler, Monet*, London, Tate Publishing.

529.Longford, Elizabeth (1969), *Wellington*, 2 vols., London, Weidenfeld & Nicolson.

530.Longmate, Norman (2001), *Island Fortress: The Defence of Great Britain 1603—1945*, London, Pimlico.

531.Louis, Wm. Roger, and Owen., R., eds. (1989), *Suez 1956: The Crisis and Its Consequences*, Oxford, Clarendon.

532.Lovie, J., and Palluel-Guillard, A. (1972), *L' épisode napoléonien*, Paris, Seuil.

533.Lowry, Donal, ed. (2000), *The South African War Reappraised*, Manchester, Manchester Univeristy Press.

534.Lucas, William (1754), *A Five Weeks' Tour to Paris, Versailles, Marli &c.*, London, T. Waller.

535.Ludendorff, Erich von (n. d.), *My War Memoirs*, 2 vols., London, Hutchinson.

536.Lukacs, John (1976), *The Last European War, September 1939—December 1941*, London, Routledge.

537.Lüthy, Herbert (1959), *La banque protestante en France de la révocation de l' Edit de Nantes à la Révolution*, 2 vols., Paris, SEVPEN.

538.Lyautey, Pierre (1940), *Soldats et marins britanniques*, Paris, Plon.

539.Lynn, John A. (1989), "Toward an army of honor: the moral evolution of the French army, 1789—1815," *French Historical Studies*, 16, pp. 152-173.

540.Lynn, John A. (1999), *The Wars of Louis XIV 1667—1714*, London and New York, Longman.

541.Macdonald, Janet (2004), *Feeding Nelson's Navy: The True Story of Food at Sea in the Georgian Era*, London, Chatham.

542.Macdonald, Lyn (1983), *Somme*, London, Michael Joseph.

543.Macdonald, Lyn (1989), *1914*, London, Penguin.

544.Macintyre, Ben (2001), *A Foreign Field: A True Story of Love and Betrayal in the Great War*, London, HarperCollins.

545.Mackenzie, William (2000), *The Secret History of SOE*, London, St. Ermin's Press.

546.Mackesy, Piers (1964), *The War for America, 1775—1783*, London, Longman.

547.Mackesy, Piers (1984), *War without Victory: The Downfall of Pitt, 1799—1802*, Oxford, Clarendon Press.

548.Mackesy, Piers (1989), "Strategic problems of the British war effort," in Dickinson, ed., *Britain and the French Revolution*.

549.Macleod, Emma Vincent (1998), *A War of Ideas: British Attitudes to the Wars against Revolutionary France, 1792—1802*, Aldershot, Ashgate.

550.MacMillan, Margaret (2001), *Peacemakers: The Paris Conference of 1919 and Its Attempt to End War*, London, John Murray.

551.Macnab, Roy (1975), *The French Colonel: Villebois—Mareuil and the Boers, 1899—1900*, Oxford, Oxford University Press.

552.Magenheimer, Heinz (1998), *Hitler's War: German Military Strategy, 1940—1945*, London, Arms and Armour.

553.Maier, Charles B. (1975), *Recasting Bourgeois Europe: Stabilization in France, Germany and Italy in the Decade after the First World War*, Princeton, N.J., Princeton University Press.

554.Maingueneau, Dominique (1979), *Les livres d'école de la République, 1870—1914*, Paris, Sycomore.

555.Mallett, Donald (1979), *The Greatest Collector: Lord Hertford and the Founding of the Wallace Collection*, London, Macmillan.

556.Manceron, Claude (1977), *The Men of Liberty*, London, Eyre Methuen.

557.Manceron, Claude (1979), *The Wind from America, 1778—1781*, London, Eyre Methuen.

558.Mangold, Peter (2001), *Success and Failure in British Foreign Policy: Evaluating the Record, 1900—2000*, London, Palgrave.

559.Manning, Catherine (1996), *Fortunes à Faire: The French in Asian Trade, 1719—1748*, Aldershot, Variorium.

560.Mansel, Philip (1981), *Louis XVIII*, London, Blond & Briggs.

561.Mansel, Philip (2001), *Paris between Empires, 1814—1852*, London, John Murray.

562.Mantoux, Etienne (1946), *The Carthaginian Peace, or The Economic Consequences of Mr. Keynes*, Oxford, Oxford University Press.

563.Marandon, Sylvaine (1967), *L'image de la France dans l'Angleterre Victorienne*, Paris, Armand Colin.

564.Marchand, Bernard (1993), *Paris, histoire d'une ville (XIXe—XXe siècle)*, Paris, Seuil.

565.Marder, Arthur J. (1974), *From the Dardanelles to Oran: Studies of the Royal Navy in War and Peace*, Oxford, Oxford University Press.

566.Marks, Leo (1999), *Between Silk and Cyanide: A Codemaker's War, 1941—1945*, London, HarperCollins.

567.Marks, Sally (1998), "Smoke and mirrors: in smoke-filled rooms and the Galerie des Glaces," in Manfred F. Boemeke et al., *The Treaty of Versailles: A Reassessment after 75 Years*, Cambridge, Cambridge University Press.

568.Marly, Diana De (1980), *Worth: Father of Haute Couture*, London, Elm Tree Books.

569.Marsh, Peter T. (1999), *Bargaining on Europe: Britain and the First Common Market, 1860—1982*, New Haven and London, Yale University Press.

570.Marshall, P. J. (2005), *The Making and Unmaking of Empires: Britain, India and America c. 1750—1783*, Oxford, Oxford University Press.

571.Martel, Gordon (1998), "A Comment," in Manfred Boemeke et al., *The Treaty of Versailles: A Reassessment after 75 Years*, Cambridge, Cambridge University Press.

572.Martin, Andy (2000), *Napoleon the Novelist*, Cambridge, Polity.

573.Martin, Jean-Clément(1987), *La Vendée et la France*, Paris, Seuil.

574.Martin-Fugier, Anne (1990), *La Vie élégante, ou la formation du Tout-Paris, 1815—1848*, Paris, Fayard.

575.Martinez, Paul (1981), "Paris Communard refugees in Britain, 1871—1880," 2 vols., University of Sheffield PhD.

576.Maupassant, Guy de (1984), *Boule de Suif*, Paris, Albin Michel.

577.Maxwell, Constantia (1932), *The English Traveller in France, 1698—1815*, London, Routledge.

578.May, Ernest R. (2000), *Strange Victory: Hitler's Conquest of France*, London, I. B. Tauris.

579.Mayne, Richard et al., eds. (2004), *Cross Channel Currents: 100 Years of the Entente Cordiale*, London, Routledge.

580.Mayo, Katherine (1938), *General Washington's Dilemma*, London, Jonathan Cape.

581.McCalman, Iain (1998), *Radical Underworld: Prophets, Revolutionaries, and Pornographers in London, 1795—1840*, Oxford, Clarendon Press.

582.McCarthy, William (1985), *Hester Thrale Piozzi: Portrait of a Literary Woman*, Chapel Hill, University of North Carolina Press.

583.McIntyre, Ian (2000), *Garrick*, London, Penguin.

584.McKay, Derek, and Scott, H. M. (1983), *The Rise of the Great Powers 1648—1815*, London and New York, Longman.

585.McLynn, Frank (1981), *France and the Jacobite Rising of 1745*, Edinburgh, Edinburgh University Press.

586.McLynn, Frank (1987), *Invasion from the Armada to Hitler, 1588—1945*, London, Routledge.

587.McLynn, Frank (1997), *Napoleon: A Biography*, London, Jonathan Cape.

588.McLynn, Frank (1998), *The Jacobite Army in England 1745*, Edinburgh, John Donald.

589.McLynn, Frank (2005), *1759: The Year Britain Became Master *of the World*, London, Pimlico.

590.McPhail, Helen (1999), *The Long Silence: Civilian Life under the German Occupation of Northern France, 1914—1918*, London, I. B. Tauris.

591.McPherson, James M. (1988), *Battle Cry of Freedom*, New York, Ballantine.

592.Mehta, Uday Singh (1999), *Liberalism and Empire: A Study in Nineteenth-Century British Liberal Thought*, Chicago, University of Chicago Press.

593.Mennell, Stephen (1985), *All Manners of Food: Eating and Taste in England and France from the Middle Ages to the Present*, Oxford, Blackwell.

594.Mercier, Louis Sébastien (1928), *The Picture of Paris before and after the Revolution*, London, Routledge.

595.Mercier, Louis Sébastien (1933), *The Waiting City, Paris 1782—1788*, London, Harrap.

596.Mervaud, Christiane (1992), "Des relations de voyage au mythe anglais des Lettres philosophiques," *Studies on Voltaire and the Eighteenth Century*, 296, pp. 1-15.

597.Meyer, Jean, and Acerra, Martine (1994), *Histoire de la Marine Française*, Rennes, Éditions Ouest-France.

598.Meyer, Jean, Tarrade, Jean, and Rey-Goldzeiguer, Annie (1991), *Histoire de la France coloniale* vol 1 *La conquête*, Paris, Armand Colin.

599.Michelet, Jules (1946), *Le Peuple*, Paris, Calmann-Lévy.

600.Middleton, Richard (1985), *The Bells of Victory: The Pitt-Newcastle Ministry and the Conduct of the Seven Years' War, 1757—1762*,

Cambridge, Cambridge University Press.

601.Mierzejewski, Alfred C. (2004), *Ludwig Erhard: A Biography*, Chapel Hill, NC, and London, University of North Carolina Press.

602.Migliorini, Pierre, and Quatre Vieux, Jean (2002), *Batailles de Napoléon dans le Sud-Ouest*, Biarritz, Atlantica.

603.Miller, John (1978), *James II, a Study in Kingship*, Hove, Wayland.

604.Millman, Richard (1965), *British Foreign Policy and the Coming of the Franco-Prussian War*, Oxford, Clarendon Press.

605.Milward, Alan S. (1992), *The European Rescue of the Nation-State*, London, Routledge.

606.Milward, Alan S. (2002), *The UK and the European Community*, vol.1, *The Rise and Fall of a National Strategy, 1945—1963*, London, Frank Cass.

607.Mintz, Max M. (1999), *Seeds of Empire: the American Revolutionary Conquest of the Iroquois*, New York and London, New York University Press.

608.Mitchell, B. R. and Deane, Phyllis (1962), *Abstract of British Historical Statistics*, Cambridge, Cambridge University Press.

609.Mitchell, Harvey (1965), *The Underground War against Revolutionary France: The Missions of William Wickham, 1794—1800*, Oxford, Clarendon Press.

610.Monaco, Maria (1974), *Shakespeare on the French Stage in the Eighteenth Century*, Paris, Didier.

611.Monod, Paul Kléber (1993), *Jacobitism and the English People, 1688—1788*, Cambridge, Cambridge University Press.

612.Moore, Christopher (1994), *The Loyalists: Revolution, Exile, Settlement*, Toronto, McClelland & Stewart.

613.Moore, George (1972), *Confessions of a Young Man*, ed. Susan Dick, Montreal, McGill-Queens University Press.

614.Mori, Jennifer (1997), "The British government and the Bourbon restoration: the occupation of Toulon, 1793," *Historical Journal*, 40, pp. 699-720.

615.Mori, Jennifer (2000), *Britain in the Age of the French Revolution 1785—1820*, London, Longman.

616.Morieux, Renaud (2006), "'An inundation from our shores', travelling across the Channel around the Peace of Amiens," in Mark Philip, ed., *Resisting Napoleon: The British Response to the Threat of Invasion, 1797—1815*, Aldershot, Ashgate.

617.Mornet, Daniel (1910), "Les enseignements des bibliothèques Privées, 1750—1780," *Revue d'histoire littéraire de la France*, pp. 458-462.

618.Mornet, Daniel (1967), *Les Origines Intellectuelles de la Révolution Française 1715—1787*, Paris, Librairie Armand Colin.

619.Morrill, John (1991), "The sensible revolution," in Israel, ed., *The Anglo-Dutch Moment*.

620.Morris, A. J. A. (1984), *The Scaremongers*, London, Routledge & Kegan Paul.

621.Morriss, R. (2000), "British Maritime Supremacy in 1800: causes and consequences," *Napoleonic Review*, 1-2, pp. 193-201.

622.Morse, Ruth (2002), "I will tell thee in French: Pléiade's parallel-text Shakespeare," *Times Literary Supplement* (August 9, 2002), pp. 4-5.

623.Mossner, E. C. (1980), *The Life of David Hume*, Oxford, Clarendon Press.

624.Muggeridge, Malcolm (1973), *Chronicles of Wasted Time*, 2 vols., London, Collins.

625.Muir, Rory (2001), *Salamanca 1812*, New Haven and London, Yale University Press.

626.Murphy, Orville T. (1982), *Charles Gravier, Comte de Vergennes: French Diplomacy in the Age of Revolution, 1719—1787*, Albany, State University of New York Press.

627.Murphy, Orville T. (1998), *The Diplomatic Retreat of France and Public Opinion on the Eve of the French Revolution, 1783—1789*, Washington, D.C., Catholic University of America Press.

628.Mysyrowicz, Ladislas (1973), *Autopsie d'une défaite: origines de l'effondrement militaire français de 1940*, Lausanne, L'Age d'Homme.

629.Napoleon(1858—1869), *Correspondance de Napoléon 1er*, 32 vols., Paris, Imprimerie Impériale.

630.Naughtie, James (2005), *The Accidental American: Tony Blair and the Presidency*, London, Pan.

631.Navailles, Jean-Pierre (1987), *Le Tunnel sous la Manche: deux siècles pour sauter le pas, 1802—1987*, Seyssel, Champ Vallon.

632.Neave, Airey (1969), *Saturday at MI9: A History of Underground Escape Lines in North-West Europe in 1940—1945*, London, Hodder & Stoughton.

633.Neillands, Robin (1999), *The Great War Generals on the Western Front 1914—1918*, London, Robinson.

634.Newman, Gerald (1997), *The Rise of English Nationalism: A*

Cultural History, 1740—1830, London, Macmillan.

635.Newnham-Davis, Lieut.-Col. N., and Bastard, Algernon (1903), The Gourmet's Guide to Europe, London, Grant Richards.

636.Newsome, David (1998), The Victorian World Picture: Perceptions and Introspections in an Age of Change, London, Fontana.

637.Nicolet, Claude (1982), L'idée républicaine en France (1789—1924), Paris, Gallimard.

638.Nicolson, Harold (1980), Diaries and Letters 1930—1964, ed. S. Olsen, London, Collins.

639.Noblett, W. A. (1996), "Propaganda from World War II," Bulletin of the Friends of Cambridge University Library, no. 17, pp. 22-25.

640.Noon, Patrick, ed. (2003), Constable to Delacroix: British Art and the French Romantics, London, Tate Publishing.

641.Nora, Pierre, ed. (1984), Les Lieux de mémoire, 3 vols., Paris, Gallimard.

642.North, Douglas C., and Weingast, Barry R. (1989), "Constitutions and commitment: the evolution of institutions governing public choice in seventeenth-century England," Journal of Economic History, 49, pp.803-832.

643.Nosworthy, Brent (1995), Battle Tactics of Napoleon and His Enemies, London, Constable.

644.Nott, John (2002), Here Today, Gone Tomorrow: Recollections of an Errant Politician, London, Pimlico.

645.Ó Ciardha, Eamonn (2002), Ireland and the Jacobite Cause, 1685—1766, Dublin, Four Courts Press.

646.O'Brien, R. Barry (1901), The Life of Lord Russell of Killowen, London, Smith, Elder.

647.O'Gorman, F. (1967) , *The Whig Party and the French Revolution*, London, Macmillan.

648.O'Neill, Con (2000) , *Britain's Entry into the European Community*: *Report by Sir Con O'Neill on the Negotiations of 1970—1972*, ed. D. Hannay, London, Frank Cass.

649.Occleshaw, Michael (1989) , *Armour against Fate*: *British Military Intelligence in the First World War*, London, Columbus Books.

650.Ogg, David (1947) , *Herbert Fisher, 1865—1940*: *A Short Biography*, London, Arnold.

651.Olsen, Donald J. (1976) , *The Growth of Victorian London*, London, Batsford.

652.Olsen, Donald J. (1986) , *The City as a Work of Art*: *London, Paris, Vienna*, New Haven and London, Yale University Press.

653.Ormesson, François d', and Thomas, Jean-Pierre (2002) , *Jean-Joseph de Laborde*: *banquierde Louis XV, mécéne des lumiéres*, Paris, Perrin.

654.Orpen, William (1921) , *An Onlooker in France, 1917—1919*, London, Williams & Norgate.

655.Ostler, N. (2005) , *Empires of the Word*: *A Language History of the World*, London, HarperCollins.

656.Ottis, S. G. (2001) , *Silent Heroes*: *Downed Airmen and the French Underground*, Lexington , University Press of Kentucky.

657.Ousby, Ian (2002) , *The Road to Verdun*: *France, Nationalism and the First World War*, London, Jonathan Cape.

658.Ozanam, Denise (1969) , *Claude Baudard de Sainte-James*, Genéve, Librairie Droz.

659.Packe, Michael (1957) , *The Bombs of Orsini,* London, Smith,

Elder.

660.Padfield, Peter (1973), *Guns at Sea*, London, Hugh Evelyn.

661.Padfield, Peter (2000), *Maritime Supremacy and the Opening of the Western Mind*, London, Pimlico.

662.Paine, Thomas (1989), *Political Writings*, ed. Bruce Kuklick, Cambridge, Cambridge University Press.

663.Pakula, Hannah (1996), *An Uncommon Woman: The Empress Frederick*, London, Phoenix Giant.

664.Pappas, John (1997), "La campagne de Voltaire contre Shakespeare," in Kölving and Christian Mervaud, eds., *Voltaire et ses combats*, vol.1.

665.Parker, R. A. C. (2000), *Churchill and Appeasement*, London, Macmillan.

666.Parr, Helen (2005), *British Policy towards the European Community: Harold Wilson and Britain's World Role, 1964—1967*, London, Routledge.

667.Parry, Jonathan P. (2001), "The impact of Napoleon III on British politics, 1851—1880," *Transactions of the Royal Historical Society*, 11, pp. 147-175.

668.Pasquet, D. (1920), "La découverte de l'Angleterrepar les Françaisau XVIII e siécle," *Revue de Paris* (Dec.15, 1920).

669.Passerini, Louisa (1999), *Europe in Love, Love in Europe: Imagination and Politics in Britain between the Wars*, London, I. B. Tauris.

670.Passy, Colonel [André Dewavrin] (1947), *Souvenirs*, vols.1 and 2, Monte Carlo, R. Solar; vol.3, Paris, Plon.

671.Patterson, A. Temple (1960), *The Other Armada: The Franco-*

Spanish Attempt to Invade Britain in 1779, Manchester, Manchester University Press.

672.Pemble, John (2005), *Shakespeare Goes to Paris: How the Bard Conquered France*, London, Hambledon & London.

673.Perrod, Pierre Antoine (1976), *L' affaire Lally-Tolendal: une erreur judiciaire au XVIIIe siècle*, Paris, Klincksieck.

674.Peters, Marie (1980), *Pitt and Popularity*, Oxford, Clarendon.

675.Peters, Marie (1998), *The Elder Pitt*, London, Addison Wesley Longman.

676.Petiteau, Natalie (1999), *Napolèon de la Mythologie à l' histoire*, Paris, Seuil.

677.Petitfils, Jean-Christian (1995), *Louis XIV*, Paris, Perrin.

678.Peyrefitte, Alain (1994), *C' était de Gaulle*, 2 vols., Paris, Fayard.

679.Philpott, William (1996), *Anglo-French Relations and Strategy on the Western Front, 1914—1918*, London, Macmillan.

680.Philpott, William (2002), "Why the British were really on the Somme: a reply to Elizabeth Greenhalgh," *War in History*, 9, pp. 446-471.

681.Pick, Daniel (1989), *Faces of Degeneration: A European Disorder, c. 1848—c. 1918*, Cambridge, Cambridge University Press.

682.Pilbeam, Pamela (1991), *The 1830 Revolution in France*, London, Macmillan.

683.Pilbeam, Pamela (2003), *Madame Tussaud and the History of Waxworks*, London and New York, Hambledon & London.

684.Pincus, Steven (1995), "From butterboxes to wooden shoes: the shift in English popular sentiment from anti-Dutch to anti-French in the 1670s," *Historical Journal*, 38, pp. 333-361.

685.Pineau, Christian (1976), *1956: Suez*, Paris, Robert Laffont.

686.Pitt, Alan (1998), "The irrationalist liberalism of Hippolyte Taine," *Historical Journal*, 41, pp. 1035-1053.

687.Pitt, Alan (2000), "A changing Anglo-Saxon myth: its development and function in French political thought, 1860—1914," *French History*, 14, pp. 150-173.

688.Pitt, William (n. d.), *Orations on the French War, to the Peace of Amiens*, London, J. M. Dent.

689.Pitte, Jean-Robert (1991), *Gastronomie française: histoire et géographie d'une passion*, Paris, Fayard.

690.Pitts, Jennifer (2005), *A Turn to Empire: The Rise of Liberal Imperialism in Britain and France*, Princeton, N. J., Princeton University Press.

691.Plaisant, Michel (1976), *L'excentricité en Grande-Bretagne au 18e siècle*, Lille, Publications de l'Universite de Lille III.

692.Plaisant, Michel, and Parreaux, André, eds. (1977), *Jardins et Paysages: Le Style Anglais*, 2 vols., Lille, Publications de l'Université de Lille III.

693.Plank, Geoffrey (2001), *An Unsettled Conquest: The British Campaign against the Peoples of Acadia*, Philadelphia, University of Pennsylvania Press.

694.Pluchon, Pierre (1996), *Histoire de la colonisation française: des origines à la restauration*, Paris, Fayard.

695.Pocock, J. G. A. (1985), *Virtue, Commerce, and History: Essays on Political Thought and History*, Cambridge, Cambridge University Press, 1985.

696.Pocock, J. G. A. (1999), *Barbarism and Religion* vol.1, *The*

Enlightenments of Edward Gibbon, 1737—1764, Cambridge, Cambridge University Press.

697.Pocock, J. G. A. (2005) , *The Discovery of Islands*: *Essays in British History*, Cambridge, Cambridge University Press.

698.Poirier, Jean−Pierre (1999) , *Turgot*: *laissez−faire et progrès social*, Paris, Perrin.

699.Pomeau, René (1979) , "Les lettres Philosophiques: Le projet de Voltaire," in *Voltaire and the English*: *Studies on Voltaire and the Eighteenth Century*, no.179, Oxford, Voltaire Foundation.

700.Pomeau, René (1991) , *L' Europe des lumières*: *cosmopolitisme et unité européenne au XVIIIe siècle*, Paris, Stock.

701.Porter, Bernard (1979) , *The Refugee Question in Mid−Victorian Politics*, Cambridge, Cambridge University Press.

702.Porter, Roy (2000) , *Enlightenment*: *Britain and the Creation of the Modern World*, London, Allen Lane.

703.Poumiès de La Siboutie, François Louis (1911) , *Recollections of a Parisian Doctor under Six Sovereigns, Two Revolutions, and a Republic (1789—1863)*, London, John Murray.

704.Prados de la Escosura, Leandro, ed. (2004) , *Exceptionalism and Industrialisation*: *Britain and Its European Rivals, 1688—1815*, Cambridge, Cambridge University Press.

705.Price, Munro (1995) , *Preserving the Monarchy*: *The Comte de Vergennes, 1774—1787*, Cambridge, Cambridge University Press.

706.Price, Munro (1995b) , "The Dutch affair and the fall of the ancien régime, 1784—1787," *Historical Journal*, 38, pp. 875−905.

707.Prior, Robin and Wilson, Trevor (2005) , *The Somme*, London,

Yale University Press.

708.Quimby, Robert S. (1957), *The Background of Napoleonic Warfare: The Theory of Military Tactics in Eighteenth-Century France*, New York, Columbia University Press.

709.Quinault, Roland (1999), "The French invasion of Pembrokeshire in 1797: a bicentennial assessment," *Welsh History Review*, 19, pp. 618-641.

710.Radisich, Paula Rea (1997), "La chose publique." Hubert Robert's decorations for the "petit salon" at Méréville, in Bermingham and Brewer, eds., *The Consumption of Culture 1600—1800*.

711.Ramm, Agatha, ed. (1952), *The Political Correspondence of Mr. Gladstone and Lord Granville, 1868—1876*, London, Royal Historical Society.

712.Rapport, Michael (2000), *Nationality and Citizenship in Revolutionary France: The Treatment of Foreigners, 1789—1799*, Oxford, Clarendon Press.

713.Rauser, Amelia (2004), "Hair, authenticity and the self-made Macaroni," *Eighteenth-Century Studies*, 38, pp. 101-117.

714.Raymond, Dora N. (1921), *British Policy and Opinion during the Franco-Prussian War*, New York, Columbia University Press.

715.Rearick, Charles (1997), *The French in Love and War: Popular Culture in the Era of the World Wars*, New Haven and London, Yale University Press.

716.Réau, Élisabeth du (1993), *Édouard Daladier 1884—1970*, Paris, Fayard.

717. Réau, Élisabeth du (2001), *L' Idée d'Europe au XXe siècle*,

Brussels, Complexe.

718.Reddy, William M. (2001) , *The Navigation of Feeling*: *A Framework of the History of Emotions*, Cambridge, Cambridge University Press.

719.Regenbogen, Lucian (1998) , *Napolèon a dit*, Paris, Les Belles Lettres.

720.Reitlinger, Gerald (1961) , *The Economics of Taste*, 2 vols., London, Barne & Rockliff.

721.Rendall, Matthew (2004) , " 'The Sparta and the Athens of our Age at Daggers Drawn': Politics, Perceptions, and Peace," *International Politics*, 41, pp. 582-604.

722.Répertoire (1818) , *Répertoire générale du théâtre français*, 67 vols., Paris, Petitot.

723.Reynolds, David (1991) , *Britannia Overruled*: *British Policy and World Power in the Twentieth Century*, London, Longman.

724.Reynolds, David (2004) , *In Command of History*: *Churchill Fighting and Writing the Second World War*, London, Allen Lane.

725.Reynolds, Siân (2000) , "Running away to Paris: expatriate women artists of the 1900 generation, from Scotland and points south," *Women's History Review*, 9, pp. 327-344.

726.Ribeiro, Aileen (1983) , *A Visual History of Costume*: *The Eighteenth Century*, London, Batsford.

727.Richards, Denis (1974) , *Royal Air Force, 1939—1945*, vol.1: *The Fight at Odds*, London, HMSO.

728.Richey, Paul (1980) , *Fighter Pilot*: *A Personal Record of the Campaign in France, 1939—1940*, London, Jane's Publishing Co.

729.Rioux, Jean-Pierre, and Sirinelli, Jean-François (1998), *Histoire culturelle de la France*, vol.4, *Le Temps des masses*, Paris, Seuil.

730.Rivarol, Antoine (1998), *L' Universalité de la langue française*, ed. Jean Dutourd, Paris, Arléa.

731.Robb, Graham (1997), *Victor Hugo*, London, Picador.

732.Robb, Graham (2000), *Rimbaud*, London, Picador.

733.Roberts, Andrew (2001), *Napoleon and Wellington*, London, Phoenix Press.

734.Roberts, J. M. (1973), "The Paris Commune from the Right," *English Historical Review*, supplement 6.

735.Roberts, John L. (2002), *The Jacobite Wars: Scotland and the Military Campaigns of 1715 and 1745*, Edinburgh, Polygon.

736.Robespierre, Maximilien (1967), *Oeuvres de Maximilien Robespierre*, Marc Bouloiseau and Albert Soboul, 10 vols., Nancy, Société des Études Robespierristes.

737.Robson, John, ed., (2004), *The Captain Cook Encyclopedia*, London, Chatham.

738.Roche, Daniel (1993), *La France des lumières*, Paris, Fayard.

739.Roche, Daniel, ed. (2001), *Almanach parisien: en faveur des étrangers et des personnes curieuses*, Saint-Étienne, Publications de l' Université de Saint-Étienne.

740.Rocolle, Pierre (1990), *La guerre de 1940*, 2 vols., Paris, Armand Colin.

741.Rodger, N. A. M. (1988), *The Wooden World*, London, Fontana.

742.Rodger, N.A.M. (2004), *The Command of the Ocean*, London, Allen Lane.

743.Roger, Philippe (2002), *L' ennemi américain: généalogie de l' antiaméricanisme français*, Paris, Seuil.

744. Rogers, Nicholas (1998), *Crowds, Culture and Politics in Georgian Britain*, Oxford, Clarendon Press.

745. Rogers, Nicholas (2004), "Brave Wolfe: the making of a hero," in Wilson, ed., *A New Imperial History: Culture, Identity and Modernity in Britain and the Empire, 1660—1840,* Cambridge, Cambridge University Press.

746. Rosanvallon, Pierre (1985), *Le moment Guizot*, Paris, Gallimard.

747. Rosanvallon, Pierre (1994), *La monarchie impossible*, Paris, Fayard.

748. Rose, Craig (1999), *England in the 1690s: Revolution, Religion and War*, Oxford, Blackwell.

749. Rose, John Holland (1911), *Life of William Pitt*, 2 vols., London, G. Bell.

750. Rose, R. B. (1960), "The Priestley riots of 1791," *Past and Present*, 18, pp. 68–88.

751. Ross, George (1995), *Jacques Delors and European Integration*, Cambridge, Polity Press.

752. Ross, Ian Simpson (1995), *The Life of Adam Smith*, Oxford, Clarendon Press.

753. Rothenstein, William (1931), *Men and Memories, 1872—1900*, 3 vols., London, Faber and Faber.

754. Rothschild, Emma (2001), *Economic Sentiments: Adam Smith, Condorcet, and the Enlightenment*, Cambridge, Mass., Harvard University Press.

755. Rothschild, Emma (2002), "The English Kopf," in Winch and

O'Brien, eds., *The Political Economy of British Historical Experience, 1688—1914*, Oxford, Oxford University Press.

756.Roudaut, Christian (2004), *L'entente glaciale: Français-Anglais, les raisons de la discorde*, Paris, Alban.

757.Rougerie, Jacques (1971), *Paris libre 1871*, Paris, Seuil.

758.Rounding, Virginia (2003), *Grandes Horizontales: The Lives and Legends of Four Nineteenth-Century Courtesans*, London, Bloomsbury.

759.Rousseau, A. M. (1979), "Naissance d'un livre et d'un texte," in *Voltaire and the English, Studies on Voltaire and the Eighteenth Century*, no. 179, Oxford, Voltaire Foundation.

760.Rousseau, Frédéric (2003), *La Guerre censurée*, Paris, Seuil.

761.Rousseau, Jean-Jacques (1969), *Émile, ou de l'éducation*, in Oeuvres Complètes, eds. B. Gagelin and M. Raymond, Paris, Pléiade.

762.Rowe, Michael (2003), *From Reich to State: The Rhineland in the Revolutionary Age*, Cambridge, Cambridge University Press.

763.Sadler, M. (1992), "Classy customers: the image of the British in French magazine advertising, 1991—1992," *Franco-British Studies*, 14, pp. 67-79.

764.Sahlins, Peter (2004), *Unnaturally French: Foreign Citizens in the Old Regime and After*, Ithaca and London, Cornell University Press.

765.St Clair, William (1967), *Lord Elgin and the Marbles*, Oxford, Oxford University Press.

766.Saint-Girons, Baldine (1998), "Le sublime de Burke et son influence dans l'architecture et l'art des jardins," *Canadian Aesthetics Journal/Revue canadienne d'esthétique*, 2.

767.Salmond, Anne (2003), *The Trial of the Cannibal Dog: The*

Remarkable Story of Captain Cook's Encounters in the South Seas, New Haven and London, Yale University Press.

768.Sanderson, Claire (2003), *L' impossible alliance? France, Grande-Bretagne et défense de l' Europe (1945—1958)*, Paris, Sorbonne.

769.Sareil, Jean (1969), *Les Tencin: histoire d'une famille au dix-huitième siècle*, Geneva, Droz.

770.Sargent, T. J. and Velde, F. R. (1995), "Macroeconomic features of the French Revolution," *Journal of Political Economy*, 103, pp. 474-518.

771.Saunders, Andrew (1997), *Channel Defences*, London, Batsford.

772.Saville, John (1987), *1848: The British State and the Chartist Movement*, Cambridge, Cambridge University Press.

773.Scarfe, Norman (1995), *Innocent Espionage: The La Rochefoucauld Brothers' Tour of England in 1785*, Woodbridge, Boydell Press.

774.Schaad, Martin P. C. (2002), "Bonn between London and Paris," in Jeremy Noakes et al., eds., *Britain and Germany in Europe 1949—1990*, Oxford, Oxford University Press.

775.Schama, Simon (1989), *Citizens: A Chronicle of the French Revolution*, London, Viking.

776.Schama, Simon (2005), *Rough Crossings: Britain, the Slaves and the American Revolution*, London, BBC Books.

777.Scheck, Raffael (2005), "'They are just savages': German massacres of Black soldiers in the French army in 1940," *Journal of Modern History*, 77, pp. 325-344.

778.Schom, Alan (1987), *Emile Zola: A Bourgeois Rebel*, London, Macdonald.

779.Schroeder, Paul W. (1994), *The Transformation of European*

Politics 1763—1848, Oxford, Clarendon Press.

780.Scott, H. M. (1990), *British Foreign Policy in the Age of the American Revolution*, Oxford, Clarendon Press.

781.Scott, H.M. (1992), "The second 'hundred years war', 1689—1815," *Historical Journal*, 35, pp. 443-469.

782.Scott, Jonathan (2000), *England's Troubles: Seventeenth-Century English Political Instability in European Context*, Cambridge, Cambridge University Press.

783.Semmel, Stuart (2004), *Napoleon and the British*, New Haven and London, Yale University Press.

784.Serman, William, and Bertaud, Jean-Paul (1998), *Nouvelle Histoire Militaire de la France 1789—1919*, Paris, Fayard.

785.Shackleton, Robert (1961), *Montesquieu: A Critical Biography*, Oxford, Oxford University Press.

786.Sharp, Alan, and Stone, Glyn, eds. (2000), *Anglo-French Relations in the Twentieth Century*, London, Routledge.

787.Shawcross, William (2003), *Allies: The United States, Britain, Europe and the War in Iraq*, London, Atlantic Books.

788.Sheffield, Gary (2001), *Forgotten Victory*, London, Review.

789.Shepherd, John (2002), *George Lansbury: At the Heart of Old Labour*, Oxford University Press.

790.Sheriff, Mary D. (1997), "The immodesty of her sex.Elisabeth Vigée-Lebrun and the salon of 1783," in Bermingham and Brewer, eds. *The Consumption of Culture 1600—1800*.

791.Sherwig, John M. (1969), *Guineas and Gunpowder: British Foreign Aid in the Wars with France, 1793—1815*, Cambridge, Mass.,

Harvard University Press.

792.Shoemaker, Robert B. (2002), "The taming of the duel: masculinity, honour and ritual violence in London, 1660—1800," *Historical Journal*, 45, pp. 525-545.

793.Shore, Cris (2000), *Building Europe: The Cultural Politics of European Integration*, London, Routledge.

794.Shuker, Stephen A. (1976), *The End of French Predominance in Europe*, Chapel Hill, University of North Carolina Press.

795.Sieburth, Richard (2005), "Over to the words: translations from the English and other shimmering Mallarmé," *Times Literary Supplement* (January 14, 2005), pp. 3-4.

796.Siegel, Mona L. (2004), *The Moral Disarmament of France: Education, Pacifism, and Patriotism, 1914—1940*, Cambridge, Cambridge University Press.

797.Simmons, Sylvie (2001), *Serge Gainsbourg: A Fistful of Gitanes*, London, Helter Skelter.

798.Simms, Brendan (2003), *Unfinest Hour: Britain and the Destruction of Bosnia*, London, Penguin.

799.Simms, Brendan (2003b), "Continental analogies with 1798: revolution or counterrevolution? , " in Thomas Bartlett, David Dickson, Daire Keogh and Kevin Whelan, eds., *1798: A Bicentenary Perspective*, Dublin, Four Courts Press.

800.Simon, Marie (1995), *Mode et peinture: le Second Empire et l' impressionnisme*, Paris, Hazan.

801.Sirinelli, Jean-François, ed. (1992), *Histoire des droites en France*, 3 vols., Paris, Gallimard.

802.Sitwell, Osbert (1949) , *Laughter in the Next Room*: *An Autobiography*, London, Macmillan.

803.Skidelsky, Robert (1983) , *John Maynard Keynes*: *A Biography*, 3 vols., London, Macmillan.

804.Smith, Adam (1991) , *The Wealth of Nations*, 2 vols., London, Everyman.

805.Smith, Hillas (2001) , *The Unknown Frenchman, the Story of Marchand and Fashoda*, Lewes, Book Guild.

806.Smith, Timothy B. (2004) , *France in Crisis*: *Welfare, Inequality and Globalization since 1980*, Cambridge, Cambridge University Press.

807.Smollett, Tobias (1999) , *Travels through France and Italy*, Oxford, Oxford University Press.

808.Smyth, Jim, ed. (2000) , *Revolution, Counter-Revolution and Union*: *Ireland in the 1790s*, Cambridge, Cambridge University Press.

809.Sonenscher, Michael (1997), "The nation's debt and the birth of the modern republic: the French fiscal deficit and the politics of the revolution of 1789," *History of Political Thought*, 18, pp. 64-103, 266-325.

810.Sorel, Albert (1969) , *Europe and the French Revolution*: *The Political Traditions of the Old Regime*, ed.and trans.A. Cobban and J. W. Hunt, London, Collins.

811.Spang, Rebecca L. (2000) , *The Invention of the Restaurant*: *Paris and Modern Gastronomic Culture*, Cambridge, Mass., Harvard University Press.

812.Spears, Edward (1954) , *Assignment to Catastrophe*, 2 vols., London, William Heinemann.

813.Spears, Edward (1999), *Liaison 1914*, London, Cassell.

814.Speck, W. A. (2002), *James II*, London, Longman.

815.Spencer, Colin (2002), *British Food: An Extraordinary Thousand Years of History*, London, Grub Street Publishing.

816.Spiers, Edward M., ed. (1998), *Sudan: The Reconquest Reappraised*, London, Frank Cass.

817.Statistics (1922), *Statistics of the Military Effort of the British Empire during the Great War, 1914—1920*, London, HMSO.

818.Steele, Valerie (1998), *Paris Fashion: A Cultural History*, Oxford, Berg.

819.Steiner, Zara S. (1977), *Britain and the Origins of the First World War*, London, Macmillan.

820.Steiner, Zara S. (2005), *The Lights That Failed: European International History 1919—1933*, Oxford, Oxford University Press.

821.Stenton, Michael (2000), *Radio London and Resistance in Occupied Europe: British Political Warfare 1939—1943*, Oxford, Oxford University Press.

822.Stevenson, David (1998), "France at the Paris peace conference: addressing the dilemmas of security," in Boyce, ed., *French Foreign and Defence Policy: The Decline and Fall of a Great Power*, London, Routledge.

823.Stevenson, David (2004), *1914—1918: The History of the First World War*, London, Allen Lane.

824.Stone, Glyn (2000), "From entente to alliance: Anglo-French relations, 1935—1939," in Sharp and Stone, eds., *Anglo-French Relations in the Twentieth Century*, London, Routledge.

825.Stone, Lawrence, ed. (1994), *An Imperial State at War: Britain from 1689 to 1815*, London, Routledge.

826.Stothard, Peter (2003), *30 Days: A Month at the Heart of Blair's War*, London, HarperCollins.

827.Strachan, Hew (2001), *The First World War: vol 1, To Arms*, Oxford, Oxford University Press.

828.Strauss-Kahn, Dominique (2004), *Oui! Lettre ouverte aux enfants d'Europe*, Paris, Grasset.

829.Styan, David (2004), "Jacques Chirac's 'non': France, Iraq and the United Nations, 1991—2003," *Modern and Contemporary France*, 12, pp. 371-385.

830.Subramanian, Lakshmi, ed. (1999), *The French East India Company and the Trade of the Indian Ocean: A Collection of Essays by Indrana Ray*, Calcutta, Munshiram Manoharlal.

831.Swart, Koenraad W. (1964), *The Sense of Decadence in Nineteenth-Century France*, The Hague, Martinus Nijhoff.

832.Taine, Hippolyte (1903), *Notes sur l'Angleterre*, 12th edn., Paris, Hachette.

833.Talmon, Jacob L. (1960), *Political Messianism: The Romantic Phase*, New York, Frederick A. Praeger.

834.Taylor, A. J. P. (1971), *The Struggle for Mastery in Europe, 1848—1918*, Oxford, Oxford University Press.

835.Taylor, Derek (2003), *Ritzy: British Hotels, 1837—1987*, London, Milman Press.

836.Taylor, James Stephen (1985), *James Hanway, Founder of the Marine Society: Charity and Policy in Eighteenth-Century England*, London, Scolar.

837.Taylor, Miles (2000) , " The 1848 revolutions and the British empire, " *Past and Present*, 166, pp. 146-180.

838.Taylor, Patricia (2001) , *Thomas Blaikie (1751—1838) : The "Capability" Brown of France*, East Linton, Tuckwell Press.

839.Terraine, John (1972) , *Mons, the Retreat to Victory*, London, Pan.

840.Thatcher, Margaret (1993) , *The Downing Street Years*, London, HarperCollins.

841.Thicknesse, Philip (1766) , *Observations on the customs and manners of the French nation: in a series of letters, in which that nation is vindicated from the misrepresentations of some late writers*, London, Robert Davis.

842.Thiers, Adolphe (1972) , *Histoire du Consulat et de l' Empire*, Paris, Robert Laffont.

843.Thody, Philip (1995) , *Le Franglais: Forbidden English, Forbidden American: Law, Politics and Language in Contemporary France*, London, Athlone Press.

844.Thomas, Hugh (1997) , *The Slave Trade: The History of the Atlantic Slave Trade, 1440—1870*, London, Picador.

845.Thomas, Martin (1996) , *Britain, France and Appeasement*, Oxford, Berg.

846.Thomas, Martin (1997) , "From Dien Bien Phu to Evian: Anglo-French imperial relations," in Sharp, Alan, and Stone, eds. *Anglo-French Relations in the Twentieth Century,* London, Routledge.

847.Thompson, Dorothy (1984) , *The Chartists*, New York, Pantheon.

848.Thompson, Neville (1971) , *The Anti-Appeasers: Conservative*

Opposition to Appeasement in the 1930s, Oxford, Clarendon Press.

849.Thrasher, Peter Adam（1970）, *Pasquale Paoli： An Enlightened Hero,1725—1807*,London, Constable.

850.Tillier, Bertrand（2004）, *La Commune de Paris, révolution sans images?*,Seyssel, Champ Vallon.

851.Tombs, Isabelle（2002）, "Scrutinizing France： collecting and using newspaper intelligence during World War Ⅱ ,"*Intelligence and National Security*,17, pp. 105-126.

852.Tombs, Robert（1998）, "Lesser breeds without the law： the British establishment and the Dreyfus affair, 1894—1899," *Historical Journal*,41, pp. 495-510.

853.Torrès, Tereska（2000）, *Une Française libre： Journal, 1939—1945*, Paris, Phébus.

854.Tracy, Louis (1998), *The Final War*, ed. G. Locke, London, Routledge.

855.Travers, Tim（1990）, *The Killing Ground*, London, Unwin Hyman.

856.Troost, Wout (2005), *WilliamⅢ, the Stadholder-King： A Political Biography*, Aldershot, Ashgate.

857.Trubek, Amy B.（2000）, *Haute Cuisine： How the French Invented the Culinary Profession*, Philadelphia, University of Pennsylvania Press.

858.Tucoo-Chala, Pierre（1999）, *Pau, ville Anglaise*, Pau, Librairie des Pyrénées & de Gascogne.

859.Tudesq, André-Jean (1964), *Les Grands Notables en France*, 2 vols., Paris, Presses Universitaires de France.

860.Tulard, Jean（1977）, *Napoléon: ou, le mythe du sauveur*, Paris, Fayard.

861.Turgot, Anne Robert Jacques（1913）, *Oeuvres de Turgot et documents le concernant*, ed. Gustave Schelle, 5 vols., Paris, Alcan.

862.Turner, Arthur（1998）, *The Cost of War: British Policy on French War Debts, 1918—1932*, Brighton, Sussex Academic Press.

863.Tyson, Moses, and Guppy, Henry, eds.（1932）, *The French Journals of Mrs. Thrale and Doctor Johnson*, Manchester University Press.

864.Uglow, Jenny（2002）, *The Lunar Men: The Friends Who Made the Future, 1730—1810*, London, Faber and Faber.

865.Vaïsse, Maurice（1989）, "Post-Suez France," in Louis and Owen, *Suez 1956*.

866.Vaïsse, Maurice, ed.（2004）, *L'Entente cordiale de Fachoda à la Grande Guerre: dans les archives du Quai d'Orsay*, Brussels, Complexe.

867.Vallès, Jules(1951), *La rue à Londres*, ed. L. Scheler, Paris, Éditeurs français réunis.

868.Van Kley, Dale K.（1984）, *The Damiens Affair and the Unravelling of the Ancien Régime, 1750—1770*, Princeton, N. J., Princeton University Press.

869.Varouxakis, Georgios（2002）, *Victorian Political Thought on France and the French*, London, Palgrave.

870.Vergé-Franceschi, Michel（1996）, *La Marine française au XVIIIe siècle*, Paris, Sedes.

871.Veuillot, Louis(1867), *Les Odeurs de Paris*, Paris, Balitout.

872.Victoria, Queen（1930）, *The Letters of Queen Victoria*, 3rd series, *A Selection from Her Majesty's Correspondence and journal between the* years 1886 and 1901, 3 vols., London: Murray.

873.Vigarello, Georges (1997), "The Tour de France," in Pierre Nora, ed., *Realms of Memory*: *The Construction of the French Past*, vol.2, *Traditions*, New York, Columbia University Press.

874.Vigié, Marc (1993), *Dupleix*, Paris, Fayard.

875.Villepin, Dominique de (2002), *Les Cent-Jours ou l' esprit de sacrifice*, Paris, Perrin.

876.Vincent, Rose, ed. (1993), *Pondichéry, 1674—1761*: *l'échec d' un réve d' empire*, Paris, Autrement.

877.Vion, Marc (2002), *Perfide Albion! Douce Angleterre?*, Saint-Cyr-sur-Loire, Alan Sutton.

878.Vizetelly, Ernest Alfred (1904), *Emile Zola, Novelist and Reformer*: *An Account of His Life and Work*, London, Bodley Head.

879.Voltaire, François-Marie Arouet de (1785), Du *théâtre anglais* (*Appel à toutes les nations d' Europe*) in vol.61, *Oeuvres Complétes de Voltaire*, 92 vols., Kehl, Société littérairetypographique.

880.Voltaire, François-Marie Arouet de (1946), *Lettres philosophiques*, ed. F.A. Taylor, Oxford, Blackwell.

881.Voltaire, François-Marie Arouet de (1966), *Siècle de Louis XIV*, 2 vols., Paris, Flammarion.

882.Voltaire, François-Marie Arouet de (1992), *Candide and Other Stories*, trans. R. Pearson, London, Everyman.

883.Waddington, Richard (1899), *La guerre de sept ans*: *histoire diplomatique et militaire*, 5 vols., Paris, Firmin-Didot.

884.Wahnich, Sophie (1997), *L' impossible citoyen*: *l' étranger dans le discours de la Révolution française*, Paris, Albin Michel.

885. Walpole, Horace (1904) , *Letters of Horace Walpole*, trans. C. B. Lucas, London, Newnes.

886. Walton, Whitney (1992) , *France at the Crystal Palace*：*Bourgeois Taste and Artisan Manufacture in the Nineteenth Century*, Berkeley, University of California Press.

887. Ward, Marion (1982) , *Forth*, Chichester, Phillimore.

888. Watkin, David (1984) , *The Royal Interiors of Regency England*, London, Dent.

889. Watson, D. R. (1974) , *Georges Clemenceau*, London, Eyre Methuen.

890. Watson, George (1976) , "The revolutionary youth of Wordsworth and Coleridge," *Critical Quarterly*, 18, pp. 49−65.

891. Watt, Donald Cameron (2001) , *How War Came*, London, Pimlico.

892. Watt, Katie (1999) , "Contemporary British Perceptions of the Paris Commune, 1871," Cambridge, historical tripos part II dissertation.

893. Wawro, Geoffrey (2000) , *Warfare and Society in Europe, 1792—1914*, London, Routledge.

894. Weber, Eugen (1962) , *Action Française*：*Royalism and Reaction in Twentieth Century France*, Stanford, Stanford University Press.

895. Weber, Eugen (1976) , *Peasants into Frenchmen*：*The Modernization of Rural France, 1870—1914*. London, Chatto & Windus.

896. Weber, Eugen (1986) , *France Fin de Siècle*, Cambridge, Mass., and London, Harvard University Press.

897. Weber, Eugen (1991) , *My France*：*Politics, Culture, Myth*, Cambridge, Mass., Harvard University Press.

898. Weber, Eugen (1995) , *The Hollow Years*：*France in the 1930s*,

London, Sinclair Stevenson.

899.Weber, Jacques (2002), *Les Relations entre la France et l'Inde de 1673 à nos jours*, Paris, Les Indes Savantes.

900.Webster, C. K. (1921), *British Diplomacy, 1813—1815*, London, G. Bell.

901.Webster, Paul (2001), *Fachoda*, Paris, Félin.

902.Weinburg, Gerhard L. (1994), *A World at Arms: A Global History of World War II*, Cambridge, Cambridge University Press.

903.Weiner, Margery (1960), *The French Exiles, 1789—1815*, London, John Murray.

904.Wells, Roger (1986), *Insurrection: The British Experience 1795—1803*, Gloucester, Alan Sutton.

905.Welsh, Jennifer M. (1995), *Edmund Burke and International Relations: The Commonwealth of Europe and the Crusade against the French Revolution*, London, Macmillan.

906.Wentworth, Michael (1984), *James Tissot*, Oxford, Clarendon Press.

907.Whatmore, Richard (2000), *Republicanism and the French Revolution: An Intellectual History of Jean-Baptiste Say's Political Economy*, Oxford, Oxford University Press.

908.Wheatley, Edmund (1997), *The Wheatley Diary*, Gloucester, Windrush Press.

909.Wheeler (1951), *The Letters of Private Wheeler*, London, Michael Joseph.

910.Whiteley, John (2004), "Auguste Rodin in Oxford," *The Ashmolean Magazine*, summer 2004.

911.Whitcman, Jeremy J. (2003), *Reform, Revolution and French*

Global Policy,1787—1791, Aldershot, Ashgate.

912.Williams, David (1979), "Voltaire's war with England: the Appeal to Europe, 1760—1764," in *Voltaire and the English, Studies on Voltaire and the Eighteenth Century*, no.179, Oxford, Voltaire Foundation.

913.Wilson, Kathleen (1995), *The Sense of the People: Politics, Culture and Imperialisms in England,1715—1785*, Cambridge, Cambridge University Press.

914.Wilson, Kathleen, ed. (2004), *New Imperial History: Culture, Identity and Modernity in Britain and the Empire,1660—1840*, Cambridge, Cambridge University Press.

915.Wilson, Keith M. (1994), *Channel Tunnel Visions, 1850—1945: Dreams and Nightmares*, London, Hambledon Press.

916.Wilson, Keith M., ed. (1995), *Decisions for War,1914*, London, UCL Press.

917.Wilson, Keith M. (1996), "Henry Wilson and the Channel Tunnel before and after the Great War: an example of policy and strategy going hand in hand," *Franco-British Studies*, 22, pp.83-91.

918.Wilson, Keith M., ed. (2001), *The International Importance of the Boer War*, Chesham, Acumen.

919.Winch, Donald, and O'Brien, Patrick K., eds. (2002), *The Political Economy of British Historical Experience, 1688—1914*, Oxford, Oxford University Press.

920.Wolf, John B. (1968), *Louis XIV*, London, Gollancz.

921.Woodbridge, John D. (1995), *Revolt in Prerevolutionary France: The Prince de Conti's Conspiracy against Louis XV ,1755—1757*, Baltimore, Johns Hopkins University Press.

922.Woolf, Virginia（1924）, *Mr Bennett and Mrs Brown*, London, L. and V. Woolf.

923.Young, Hugo (1998), *This Blessed Plot： Britain and Europe from Churchill to Blair*, London, Macmillan.

924.Young, Robert J.（1986）, *France and the Origins of the Second World War*, London, Macmillan.

925.Young de la Marck, David de（2003）"De Gaulle, Colonel Passy and British intelligence, 1940—1942," *Intelligence and National Security*, 18, pp.21-40.